韵 踪

—— 诗词歌赋的音韵溯源

郭宜中 著

团结出版社
UNITY PRESS

图书在版编目（CIP）数据

韵踪：诗词歌赋的音韵溯源 / 郭宜中著 . -- 北京 ：
团结出版社，2023.9
ISBN 978-7-5234-0264-1

Ⅰ．①韵… Ⅱ．①郭… Ⅲ．①汉语－诗歌－音韵学－
研究 Ⅳ．①H11

中国国家版本馆 CIP 数据核字（2023）第 133485 号

出　版：团结出版社
　　　　（北京市东城区东皇城根南街84号　邮编：100006）
电　话：（010）65228880　65244790
网　址：http://www.tjpress.com
E-mail：65244790@163.com
经　销：全国新华书店
印　刷：武汉市籍缘印刷厂
装　订：武汉市籍缘印刷厂

开　本：210mm×285mm　　16开
印　张：37.75
字　数：1275千字
版　次：2023年9月　第1版
印　次：2023年9月　第1次印刷

书　号：978-7-5234-0264-1
定　价：298.00元

序　言

　　音韵是指汉语言的声韵平仄，为诗词歌赋格律的基本要素之一。"诗言志，歌咏言"，诗歌这种源自远古、发轫于文字形成之前的文学形式，其运用音韵变化，使作品音调铿锵、韵律和谐，具有音乐般美感的特色，是区别于其他文学形式的显著标志。华夏诗歌在几千年的发展过程中，不仅演化出了丰富多彩的体裁，而且锤炼出了严整规范的格律，艺术形式臻于完美的顶峰。当我们朗诵那些古今优秀诗篇的时候，会不由自主地陶醉于字里行间唯高唯美的意境，身心会随着抑扬顿挫、悠扬飘逸的音韵相和律动。

　　古人对音韵的运用不止于诗歌，其他形式的文学作品，凡遣词用字注意声韵平仄的，无不平添一层韵味。汉魏六朝以及唐初盛行的骈俪文，就是非常讲究声韵平仄运用的，例如曹子建的《洛神赋》、王子安的《滕王阁序》等，美不胜收，读来不免荡气回肠。而中唐韩文公为矫正奢靡文风倡导的古文运动，其文章固然立论高远、大气磅礴，却免不了因矫枉过正而有诘屈聱牙之讥。故骈俪行文的形式历朝历代缕缕不绝，大凡用于庄严场合的文章，如祭文、铭文等都有浓重的骈俪成分，宋范文正公的《岳阳楼记》即是其中的佼佼者。连清末梁任公先生《少年中国说》的那段振聋发聩、偾张血脉的文字，用的也是骈俪形式。

　　音韵的运用并不限于古典诗词歌赋，现代诗歌在创造意境之外，同样必须讲究音韵。在诗句中，用对一个声韵平仄合适的字词，效果会大不一样。不讲究音韵的诗作，无异于几句分行写的文字，毫无韵味可言。文章也是，有些文句之所以生涩拗口，除了遣词造句的能力弱以外，不注意选词用字的音韵效果也是重要原因，故现代文章家在写作时常常会运用对声韵平仄的直觉以丰富作品的美感。就连翻译文章也有"信、达、雅"的要求，其中"雅"就包含了声韵平仄的运用，否则，译文难免生硬干涩难以卒读。

　　古代的音韵学著作很多，其中工具性的主要是分韵字表，是吟诗填词唱曲作赋的声韵平仄依据，因而《切韵》《广韵》《集韵》《中原音韵》等书，为历代诗家所珍视。在创作实践中，"平水韵"用于诗、宽韵十九部用于词、《中原音韵》用于曲、《十三辙》用于戏曲，是为历代公认的标准。现代许多诗词专家认为，由于时代的演变，许多字的古今读音产生了差异，现代人无论写作新体诗还是旧体诗词散曲，应该一律使用新的标准。于是一些基于汉语拼音的分韵字表应运而生，其中《中华新韵》脱颖而出，成为新的标准。

　　历代字表的体式都是按照字音的韵母平仄（平上去入）分析出若干韵部，再把属于该韵部的字归纳在里面。诗词曲各自有其特定的格律，讲究的是平仄协调、用韵合辙，有专门的诗律、词谱、曲谱对用韵用字加以规范。作者创作格律诗词，用韵必须出于字表的同一韵部，用字的平仄亦必须合于字表韵部的平仄，也就是创作必须以格律为框架，以字表为标准。考校一篇作品

1

的用韵用字是否合乎格律，依据的同样也是字表。

字表一般收字以万数，有的多至数万。创作或者考校作品的时候，对于拿捏不准的字，就需要根据读音从字表中找到相应的韵部，再在该韵部成百上千的字当中检出该字，相当麻烦。对于认读不准或者不能认读的字，查检起来就更为困难。如果字表能够像现代字典一样根据字形的偏旁部首检字，当可以免除这些麻烦和困难，而诗词曲各有其专用字表，如果能将之归并为一部总字表，当更为方便实用。

本字表就是编者在这方面进行探索，花费十年工夫辑录出来的一部音韵总字表。从本字表中查检出来的每一个字，都可以任意用拼音字母、注音字母或者反切认读，同时该字在中华新韵、平水韵、词韵、十三辙和曲韵中各自所属的韵部亦一目了然，可以省去多处查检的麻烦和困难。

字表的功能是对汉字音韵的归类。本字表无须诠释汉字义项，即使有少量义项的表述，也是为音韵归类服务的。

说　明

一、本字表是一部大型综合性音韵总字表，用于古今各体诗歌、词曲、戏曲的音韵查询，为查检方便，特借用现代字典的编排体式。

二、本字表选字 14000 有余，以《辞源》和《新华字典》所选为基础，有所增删，可以满足多数人的需求。

三、本字表所选每一个字都用拼音字母、注音字母和反切三种形式标出其读音，然后依序注明其在中华新韵、平水韵、词韵、十三辙、曲韵中所属的韵部。

四、本字表使用部首检字，少数可以归入不同部首的字，以方便为准，不考虑其含义；部首不明的字，归入附录一《难检字表》，以利查检。附录中还有中华新韵、平水韵、词韵、十三辙、曲韵常用字表。

五、本字表编写所用资料，查阅了《辞源》《新华字典》《汉语大字典》《康熙字典》《古代汉语》（王力），《中华新韵》《中原音韵》《十三辙字表》等文本。

示　例

一、字表正文以部首笔画数为序编排，部首笔画相同的以笔形一、丨、丿、丶、乙（乛丁乁乚）为序编排；同部首的字以除部首外的笔画数为序编排，笔画相同的以笔形一、丨、丿、丶、乙（乛丁乁乚）为序编排。

二、每一个字的标注，依序为：拼音、注音、反切、中华新韵、平水韵、词韵、十三辙、曲韵，如：

七 qī［ㄑㄧ］ 亲吉切　*中*齐韵，阴　*平*入，质韵　*词*第十七部　*戏*一七辙　*曲*齐微韵，上

三、其中各韵部前用楷体加波线标示，*中*表示中华新韵，逗号前为所属韵部，逗号后为阴阳上去

四声；平表示平水韵，逗号前为平上去入四声，逗号后为所属韵部；词表示词韵韵部；戏表示十三辙韵部；曲表示曲韵，逗号前为所属韵部，逗号后为阴阳上去四声，有一部分字或音项没有标注曲韵韵部。

四、如果一个字有两个及以上读音，用汉字序号并列编排，如：

平 (一)píng[ㄆㄧㄥˊ] 仆兵切　**中**庚韵，阳　**平**平，庚韵　**词**第十一部　**戏**中东辙　**曲**庚青韵，阳
　(二)pián[ㄆㄧㄢˊ] 房连切　**中**寒韵，阳　**平**平，先韵　**词**第七部　**戏**言前辙　（～章）

五、其中尾部的括号用于区分不同读音的含义，含义相同的用"又"字表示；含义不同的用简短的文字说明。

六、如果多音字不同读音的义项较多，则分条列出其主要义项，如：

屯 (一)tún[ㄊㄨㄣˊ] 徒浑切　**中**文韵，阳　**平**平，元韵　**词**第六部　**戏**人辰辙　**曲**真文韵，阳
　(1)聚集，储存：～粮　(2)驻守，兵营：～兵　(3)军垦：～田　(4)村庄：皇姑～　(5)土岗：生于陵～　(6)姓
　(二)zhūn[ㄓㄨㄣ] 陟纶切　**中**文韵，阴　**平**平，真韵　**词**第六部　**戏**人辰辙
　(7)艰难：～邅　(8)吝啬：～膏　(9)厚　(10)充盈

七、如果同一拼音对应的有几个不同的反切，只选择韵部不同的用数字序号并列编排，如：

厱 (一)lán[ㄌㄢˊ] 卢甘切　**中**寒韵，阳　**平**平，覃韵　**词**第十四部　**戏**言前辙　（～诸）
　(二)qiān[ㄑㄧㄢ] ①苦咸切　**中**寒韵，阴　**平**平，咸韵　**词**第十四部　**戏**言前辙　（崖岸旁的空地）
　　　　　　　　②丘严切　**中**寒韵，阴　**平**平，盐韵　**词**第十四部　**戏**言前辙　（又）

八、选字编排以标准简体字为主，繁体字、异体字在同一组字的开头用"见×"、"同×"列出，如：

歷（见"历"）曆（见"历"）槩（同"概(一)"）

九、可以归入不同部首的字，在其他部首同一组字的末尾用"查×部"列出，如：

卓（查"十"部）

十、有的字古代没有反切注音，编者根据不同情况补上反切，同时在标注的最后用方括号说明其来源，如：

冇 mǎo[ㄇㄠˇ] 谟袍切　**中**豪韵，阳　**平**平，豪韵　**词**第八部　**戏**遥条辙　【方言字。借用同音字"耗(三)"的反切。】
同 (一)tóng[ㄊㄨㄥˊ] 徒红切　**中**庚韵，阳　**平**平，东韵　**词**第一部　**戏**中东辙　**曲**东钟韵，阳
　(二)tòng[ㄊㄨㄥˋ] 徒贡切　**中**庚韵，去　**平**去，送韵　**词**第一部　**戏**中东辙　（胡～）【音译字。《释文》：徒贡切。用之。】
甭 (一)béng[ㄅㄥˊ] 逋封切　**中**庚韵，阳　**平**平，冬韵　**词**第一部　**戏**中东辙　【现代字，"不用"的合音。按《康熙字典》"不"字的反切以"逋骨"最切近现代音，故取其"逋"；"用"字有平声反切"馀封"，故取其"封"。】

赚 (一)zhuàn [ㄓㄨㄢˋ] 仜陷切　史寒韵，去　乎去，陷韵　词第十四部　戏言前辙　曲监咸韵，去

　　(二)zuàn [ㄗㄨㄢˋ] 仜陷切　史寒韵，去　乎去，陷韵　词第十四部　戏言前辙　曲监咸韵，去　（骗）【两读一音之转，反切仍之。】

抹 (一)mǒ [ㄇㄛˇ] ①莫拨切　史波韵，上　乎入，曷韵　词第十八部　戏梭波辙　曲歌戈韵，上

　　　　　　　　②莫拨切　史波韵，上　乎入，曷韵　词第十八部　戏梭波辙　曲萧豪韵，去　（又）

　　　(1)搽，擦：浓妆淡～　(2)扫过，闪过：四十三年如电～　(3)割，切：～月批风

　　(二)mò [ㄇㄛˋ] 莫拨切　史波韵，去　乎入，曷韵　词第十八部　戏梭波辙　曲歌戈韵，上

　　　(4)轻按：轻拢慢撚～复挑　(5)用手按着移动：向上～了两抹　(6)紧贴：～胸

　　(三)mā [ㄇㄚ] 莫发切　史麻韵，阴　乎入，月韵　词第十八部　戏发花辙　曲家麻韵，去　（擦拭）【现代读音。以"莫""发"二字可以切得。】

目 录

3

字表正文

一　画

一　部

一 yī[丨] ①於悉切　史齐韵，阴　平入，质韵　词第十七部　戏一七辙　曲齐微韵，上
　　　　　②於悉切　史齐韵，阴　平入，质韵　词第十七部　戏一七辙　曲齐微韵，去　（又）

一画

二 èr[儿　丶] 而至切　史齐韵，去　平去，真韵　词第三部　戏一七辙　曲支思韵，去

丁 (一)dīng[匀丨ㄥ] 当经切　史庚韵，阴　平平，青韵　词第十一部　戏中东辙　曲庚青韵，阴
　(二)zhēng[ㄓㄥ] 侧茎切　史庚韵，阴　平平，庚韵　词第十一部　戏中东辙　（拟声词）

七 qī[ㄑ丨] 亲吉切　史齐韵，阴　平入，质韵　词第十七部　戏一七辙　曲齐微韵，上

丂 kǎo[ㄎㄠ　ˇ] 苦皓切　史豪韵，上　平上，皓韵　词第八部　戏遥条辙

二画

三 sān[ㄙㄢ] ①苏甘切　史寒韵，阴　平平，覃韵　词第十四部　戏言前辙　曲监咸韵，阴
　　　　　②苏暂切　史寒韵，去　平去，勘韵　词第十四部　戏言前辙　曲监咸韵，去　（"多次"又读）

亍 chù[彳ㄨ　丶] ①丑玉切　史姑韵，去　平入，沃韵　词第十五部　戏姑苏辙
　　　　　②中句切　史姑韵，去　平去，遇韵　词第四部　戏姑苏辙　（又）

于 (一)yú[ㄩ　ˊ] 羽俱切　史齐韵，阳　平平，虞韵　词第四部　戏一七辙　曲鱼模韵，阳
　(二)xū[ㄒㄩ] 休居切　史齐韵，阴　平平，鱼韵　词第四部　戏一七辙　（~嗟）

亏 (一)kuī[ㄎㄨㄟ] 去为切　史微韵，阴　平平，支韵　词第三部　戏灰堆辙　曲齐微韵，阴
　(二)yú[ㄩ　ˊ] （同"于(一)"）

与 (一)yǔ[ㄩ　ˇ] 余吕切　史齐韵，上　平上，语韵　词第四部　戏一七辙　曲鱼模韵，上
　(二)yù[ㄩ　丶] 羊洳切　史齐韵，去　平去，御韵　词第四部　戏一七辙　（参预；称誉）
　(三)yú[ㄩ　ˊ] 以诸切　史齐韵，阳　平平，鱼韵　词第四部　戏一七辙　曲鱼模韵，阳　（同"欤①"）

上 (一)shàng[ㄕㄤ　丶] 时亮切　史唐韵，去　平去，漾韵　词第二部　戏江阳辙　曲江阳韵，去
　(二)shǎng[ㄕㄤ　ˇ] 时掌切　史唐韵，上　平上，养韵　词第二部　戏江阳辙　（汉语声调之一）

才 cái[ㄘㄞ　ˊ] 昨哉切　史开韵，阳　平平，灰韵　词第五部　戏怀来辙　曲皆来韵，阳

下 xià[ㄒ丨ㄚ　丶] ①胡雅切　史麻韵，去　平上，马韵　词第十部　戏发花辙　曲家麻韵，去
　　　　　②胡驾切　史麻韵，去　平去祃韵　词第十部　戏发花辙　曲家麻韵，去　（又）

丌 (一)jī[ㄐ丨] 居之切　史齐韵，阴　平平，支韵　词第三部　戏一七辙
　(二)qí[ㄑ丨　ˊ] 渠之切　史齐韵，阳　平平，支韵　词第三部　戏一七辙　曲齐微韵，阳　（同"其(一)"；姓）

丈 zhàng[ㄓㄤ　丶] 直两切　史唐韵，去　平上，养韵　词第二部　戏江阳辙　曲江阳韵，去

万 (一)wàn[ㄨㄢ　丶] 无贩切　史寒韵，去　平去，愿韵　词第七部　戏言前辙　曲寒山韵，去
　(二)mò[ㄇㄛ　丶] 莫北切　史波韵，去　平入，职韵　词第十七部　戏梭波辙　（~俟）

干（查"干"部）兀（查"兀"部）卫（查"卩"部）

三画

帀（同"匝"）

亓 qí[ㄑ丨　ˊ] 渠之切　史齐韵，阳　平平，支韵　词第三部　戏一七辙

井 jǐng[ㄐ丨ㄥ　ˇ] 子郢切　史庚韵，上　平上，梗韵　词第十一部　戏中东辙　曲庚青韵，上

开 kāi[ㄎㄞ] 苦哀切　史开韵，阴　平平，灰韵　词第五部　戏怀来辙　曲皆来韵，阴

专 (一)zhuān[ㄓㄨㄢ] 职缘切　史寒韵，阴　平平，先韵　词第七部　戏言前辙　曲先天韵，阴

（二）tuán［ㄊㄨㄢˊ］徒官切　史寒韵，阳　乎平，寒韵　词第七部　戏言前辙　曲桓欢韵，阳　（同"抟（一）"）

丐 gài［ㄍㄞˋ］①古太切　史开韵，去　乎去，泰韵　词第五部　戏怀来辙　曲皆来韵，去
　　　　　　　　②古达切　史开韵，去　乎入曷韵　词第十八部　戏怀来辙　曲皆来韵，去　（又）

廿 niàn［ㄋㄧㄢˋ］人执切　史寒韵，去　乎入，缉韵　词第十七部　戏言前辙

五 wǔ［ㄨˇ］疑古切　史姑韵，上　乎上，麌韵　词第四部　戏姑苏辙　曲鱼模韵，上

丏 miǎn［ㄇㄧㄢˇ］弥殄切　史寒韵，上　乎上，铣韵　词第七部　戏言前辙

不 （一）bù［ㄅㄨˋ］分物切　史姑韵，去　乎入，物韵　词第十八部　戏姑苏辙　曲鱼模韵，上

　　（二）fū［ㄈㄨ］风无切　史姑韵，阴　乎平，虞韵　词第四部　戏姑苏辙　（花萼）

　　（三）fōu［ㄈㄡ］甫鸠切　史尤韵，阴　乎平，尤韵　词第十二部　戏由求辙　（姓）

　　（四）fǒu［ㄈㄡˇ］（同"否（一）"）

不 dǔn［ㄅㄨㄣˇ］敦上声　史文韵，上　乎上，阮韵　词第六部　戏人辰辙　（木墩；方形瓷土坯）【方言字。《陶说·陶冶图说》"白不"注：敦上声。】

牙 yá［ㄧㄚˊ］五加切　史麻韵，阳　乎平，麻韵　词第十部　戏发花辙　曲家麻韵，阳

屯 （一）tún［ㄊㄨㄣˊ］徒浑切　史文韵，阳　乎平，元韵　词第六部　戏人辰辙　曲真文韵，阳

　　（1）聚集，储存：～粮　（2）驻守，兵营：～兵　（3）军垦：～田　（4）村庄：皇姑～　（5）土岗：生于陵～　（6）姓

　　（二）zhūn［ㄓㄨㄣ］陟纶切　史文韵，阴　乎平，真韵　词第六部　戏人辰辙

　　　　（7）艰难：～邅　（8）吝啬：～膏　（9）厚　（10）充盈

互 hù［ㄏㄨˋ］胡误切　史姑韵，去　乎去，遇韵　词第四部　戏姑苏辙　曲鱼模韵，去

丰（查"｜"部）天（查"大"部）夫（查"大"部）无（查"无"部）云（查"厶"部）冇（查"冂"部）乌（查"丿"部）兰（查"丷"部）尹（查"乙"部）丑（查"乙"部）

四画

甘 （一）gān［ㄍㄢ］古三切　史寒韵，阴　乎平，覃韵　词第十四部　戏言前辙　曲监咸韵，阴

　　（二）hān［ㄏㄢ］（同"酣（一）"）

世 shì［ㄕˋ］舒制切　史支韵，去　乎去，霁韵　词第三部　戏一七辙　曲齐微韵，去

丕 pī［ㄆㄧ］敷悲切　史齐韵，阴　乎平，支韵　词第三部　戏一七辙　曲齐微韵，阴

且 （一）qiě［ㄑㄧㄝˇ］七也切　史皆韵，上　乎上，马韵　词第十部　戏乜斜辙　曲车遮韵，上

　　（1）此：匪～有～　（2）表并列或进一层：高～大　（3）表暂时：～慢　（4）尚且：天～弗违，而况於人乎　（5）将，将要：年～九十　（6）句首助词，相当于"夫"　（7）或者，还是：日游食之，则有变乎？～不乎　(8)而：舍慈～勇　（9）表两个动作同时进行：～走～说　（10）姑且：～往观乎　（11）表经久：这双鞋～穿呢　（12）姓

　　（二）jū［ㄐㄩ］子鱼切　史齐韵，阴　乎平，鱼韵　词第四部　戏一七辙　曲鱼模韵，阴

　　　　（13）多：笾豆有～　（14）恭敬：有萋有～　（15）用于人名　（16）助词：狂童之狂也～　（17）次～－越趄，通"趄"　（18）姓

丙 bǐng［ㄅㄧㄥˇ］兵永切　史庚韵，上　乎上，梗韵　词第十一部　戏中东辙　曲庚青韵，上

丘 qiū［ㄑㄧㄡ］去鸠切　史尤韵，阴　乎平，尤韵　词第十二部　戏由求辙　曲尤侯韵，阴

丛 cóng［ㄘㄨㄥˊ］徂红切　史庚韵，阳　乎平，东韵　词第一部　戏中东辙　曲东钟韵，阳

平 （一）píng［ㄆㄧㄥˊ］仆兵切　史庚韵，阳　乎平，庚韵　词第十一部　戏中东辙　曲庚青韵，阳

　　（二）pián［ㄆㄧㄢˊ］房连切　史寒韵，阳　乎平，先韵　词第七部　戏言前辙　（～章）

东 dōng［ㄉㄨㄥ］德红切　史庚韵，阴　乎平，东韵　词第一部　戏中东辙　曲东钟韵，阴

丝 sī［ㄙ］息兹切　史支韵，阴　乎平，支韵　词第三部　戏一七辙　曲支思韵，阴

击（查"凵"部）正（查"止"部）业（查"业"部）且（查"日"部）左（查"工"部）册（查"冂"部）发（查"犬"部）灭（查"火"部）

五画

丢（同"丢"）両（同"两"）亙（同"亘（一）"）

亚 ㈠yà[丨丫ˋ] 衣嫁切　史麻韵，去　平去，祃韵　词第十部　戏发花辙　曲家麻韵，去
　　㈡yā[丨丫] 五加切　史麻韵，阴　平平，麻韵　词第十部　戏发花辙　（枝丫；拟声词）

亘 ㈠gèn[ㄍㄣˋ] 古邓切　史文韵，去　平去，径韵　词第十一部　戏人辰辙　曲庚青韵，去
　　㈡xuān[ㄒㄩㄢ] （同“宣”）

再 zài[ㄗㄞˋ] 作代切　史开韵，去　平去，队韵　词第五部　戏怀来辙　曲皆来韵，去

吏 lì[ㄌ丨ˋ] 力置切　史齐韵，去　平去，寘韵　词第三部　戏一七辙　曲齐微韵，去

丞 ㈠chéng[ㄔㄥˊ] 署陵切　史庚韵，阳　平平，蒸韵　词第十一部　戏中东辙　曲庚青韵，阳
　　㈡shèng[ㄕㄥˋ] 常证切　史庚韵，去　平去，径韵　词第十一部　戏中东辙　（古县名）
　　㈢zhēng[ㄓㄥ] 诸仍切　史庚韵，阴　平平，蒸韵　词第十一部　戏中东辙　（～阳）
　　㈣zhěng[ㄓㄥˇ] （拯救，同“拯”）

百（查“白”部）存（查“子”部）夹（查“大”部）

六画

乪（同“酉”）

严 yán[丨ㄢˊ] 语金切　史寒韵，阳　平平，盐韵　词第十四部　戏言前辙　曲廉纤韵，阳

甫 fǔ[ㄈㄨˇ] 方矩切　史姑韵，上　平上，麌韵　词第四部　戏姑苏辙　曲鱼模韵，上

更 ㈠gēng[ㄍㄥ] 古行切　史庚韵，阴　平平，庚韵　词第十一部　戏中东辙　曲庚青韵，阴
　　㈡gèng[ㄍㄥˋ] 古孟切　史庚韵，去　平去，敬韵　词第十一部　戏中东辙　曲庚青韵，去　（副词）

两 ㈠liǎng[ㄌ丨ㄤˇ] 良奖切　史唐韵，上　平上，养韵　词第二部　戏江阳辙　曲江阳韵，上
　　㈡liàng[ㄌ丨ㄤˋ] 力让切　史唐韵，去　平去，漾韵　词第二部　戏江阳辙　曲江阳韵，去　（同“辆”）

丽 ㈠lì[ㄌ丨ˋ] 郎计切　史齐韵，去　平去，霁韵　词第三部　戏一七辙　曲齐微韵，去
　　　　　(1)并驾的两匹马　(2)附着：附～　(3)缠结　(4)好看，漂亮：华～　(5)数目：商之孙子，其～不亿
　　㈡lí[ㄌ丨ˊ] 吕支切　史齐韵，阳　平平，支韵　词第三部　戏一七辙　曲齐微韵，阳
　　　　　(6)古国名：高～　(7)地名：～水，属浙江省　(8)斜视：～视　(9)稀疏：～廔　(10)骊山，通“骊”　(11)遭遇，通“罹”
　　㈢lǐ[ㄌ丨ˇ] 里弟切　史齐韵，上　平上，荠韵　词第三部　戏一七辙　（数目）

来 ㈠lái[ㄌㄞˊ] 落哀切　史开韵，阳　平平，灰韵　词第五部　戏怀来辙　曲皆来韵，阳
　　㈡lài[ㄌㄞˋ] 洛代切　史开韵，去　平去，队韵　词第五部　戏怀来辙　（劳～）

七画

亞（见“亚”）兩（见“两”）面（同“面”）來（见“来”）並（同“并”㈠：③，㈢）

奉 ㈠fèng[ㄈㄥˋ] 扶陇切　史庚韵，去　平上，肿韵　词第一部　戏中东辙　曲东钟韵，去
　　㈡pěng[ㄆㄥˇ] 抚勇切　史庚韵，上　平上，肿韵　词第一部　戏中东辙　曲东钟韵，上　（手捧）

表 biǎo[ㄅ丨ㄠˇ] 陂矫切　史豪韵，上　平上，篠韵　词第八部　戏遥条辙　曲萧豪韵，上

事 ㈠shì[ㄕˋ] 鉏吏切　史支韵，去　平去，寘韵　词第三部　戏一七辙　曲支思韵，去
　　㈡zì[ㄗˋ] （同“傳”“剚”）

直（查“十”部）丧（查“十”部）画（查“凵”部）亟（查“一”部）

八画

甚 ㈠shèn[ㄕㄣˋ] ①时鸩切　史文韵，去　平去，沁韵　词第十三部　戏人辰辙　曲侵寻韵，去
　　　　　　　　　②常枕切　史文韵，去　平上，寝韵　词第十三部　戏人辰辙　曲侵寻韵，去　（又）
　　㈡shén[ㄕㄣˊ] （什么，同“什”㈡）

甭 ㈠béng[ㄅㄥˊ] 逋封切　史庚韵，阳　平平，冬韵　词第一部　戏中东辙　【现代字，“不用”的合音。按《康熙字典》“不”字的反切以“逋骨”最切近现代音，故取其“逋”；“用”字有平声反切“馀封”，故取其“封”。】
　　㈡qì[ㄑ丨ˋ] （同“弃”）

查（查“木”部）畐（查“田”部）举（查“丶”部）

九画

冓 （一）gōu［《ㄡ］古侯切　史尤韵，阴　乎平，尤韵　词第十二部　戏由求辙

　　　（二）gòu［《ㄡˋ］居候切　史尤韵，去　乎去，宥韵　词第十二部　戏由求辙　（材木交错堆码）

姴（查"女"部）**疍**（查"疋"部）

十画

焉 yān［丨ㄢ］於乾切　史寒韵，阴　乎平，先韵　词第七部　戏言前辙　曲先天韵，阳

十一画

㠂 ào［ㄠˋ］五到切　史豪韵，去　乎去，号韵　词第八部　戏遥条辙

十二画

畺（查"田"部）**亶**（查"亠"部）

十三画

爾（见"尔"）

二十画

亹（查"亠"部）

丨 部

二画

川（查"丿"部）**个**（查"人"部）**丫**（查"丷"部）

三画

丰 fēng［ㄈㄥ］①敷空切　史庚韵，阴　乎平，东韵　词第一部　戏中东辙　曲东钟韵，阴

　　　②敷容切　史庚韵，阴　乎平，冬韵　词第一部　戏中东辙　曲东钟韵，阴　（～采；～茸）

中 （一）zhōng［ㄓㄨㄥ］陟弓切　史庚韵，阴　乎平，东韵　词第一部　戏中东辙　曲东钟韵，阴

　　　(1)与各方等距的地位：～心　(2)在一定的范围内：空～　(3)性质，等级适中的：～庸，～子　(4)适于，符合：～

　　　用　(5)内心：情动于～　(6)表动作正在进行：行进～　(7)正：允执厥～　(8)媒介：～人　(9)指中国　(10)半：夜～　(11)

　　　古代投壶装筹码的器皿　(12)〈方〉可以：～不～　(13)内脏：五～所主

　　（二）zhòng［ㄓㄨㄥˋ］陟仲切　史庚韵，去　乎去，送韵　词第一部　戏中东辙　曲东钟韵，去

　　　(14)科举及第：～举　(15)正对上：一语～的　(16)遭受：～伤　(17)对应：律～黄钟之宫　(18)满：～二千石　(19)～秋，通"仲"

书 shū［ㄕㄨ］伤鱼切　史姑韵，阴　乎平，鱼韵　词第四部　戏姑苏辙　曲鱼模韵，阴

引（查"弓"部）**弔**（查"弓"部）

四画

毌 guàn［《ㄨㄢˋ］古患切　史寒韵，去　乎去，谏韵　词第七部　戏言前辙

旧（查"日"部）**归**（查"彐"部）

五画

师（查"巾"部）**州**（查"丶"部）

六画

芈 mǐ［ㄇㄧˇ］绵婢切　史齐韵，上　乎上，纸韵　词第三部　戏一七辙

串 （一）chuàn［ㄔㄨㄢˋ］枢绢切　史寒韵，去　乎去，霰韵　词第七部　戏言前辙　曲先天韵，去

（二）guàn［ㄍㄨㄢ丶］古患切　史寒韵，去　乎去，谏韵　词第七部　戏言前辙　（习惯；亲近者）

八画

临（一）lín［ㄌㄧㄣˊ］力寻切　史文韵，阳　乎平，侵韵　词第十三部　戏人辰辙　曲侵寻韵，阳
　　（二）lìn［ㄌㄧㄣ丶］良鸩切　史文韵，去　乎去，沁韵　词第十三部　戏人辰辙　曲侵寻韵，去　（吊丧）

丿 部

一画

乂（一）yì［ㄧ丶］鱼肺切　史齐韵，去　乎去，队韵　词第三部　戏一七辙　曲齐微韵，去
　　（二）ài［ㄞ丶］牛盖切　史开韵，去　乎去，泰韵　词第五部　戏怀来辙　（惩创）

乃（一）nǎi［ㄋㄞˇ］奴亥切　史开韵，上　乎上，贿韵　词第五部　戏怀来辙　曲皆来韵，上
　　（二）ǎi［ㄞˇ］依亥切　史开韵，上　乎上，贿韵　词第五部　戏怀来辙　曲皆来韵，上　（欸~）

九（查"乁"部）

二画

凡（同"凡"）

川 chuān［ㄔㄨㄢ］昌缘切　史寒韵，阴　乎平，先韵　词第七部　戏言前辙　曲先天韵，阴

久 jiǔ［ㄐㄧㄡˇ］举有切　史尤韵，上　乎上，有韵　词第十二部　戏由求辙　曲尤侯韵，上

及 jí［ㄐㄧˊ］其立切　史齐韵，阳　乎入，缉韵　词第十七部　戏一七辙　曲齐微韵，阳

千（查"十"部）乞（查"乙"部）义（查"丶"部）丸（查"丶"部）么（查"厶"部）

三画

午 wǔ［ㄨˇ］疑古切　史姑韵，上　乎上，麌韵　词第四部　戏姑苏辙　曲鱼模韵，上

壬 rén［ㄖㄣˊ］如林切　史文韵，阳　乎平，侵韵　词第十三部　戏人辰辙　曲侵寻韵，阳

升 shēng［ㄕㄥ］识蒸切　史庚韵，阴　乎平，蒸韵　词第十一部　戏中东辙　曲庚青韵，阴

乏 fá［ㄈㄚˊ］房法切　史麻韵，阳　乎入，洽韵　词第十九部　戏发花辙　曲家麻韵，阳

爻 yáo［ㄧㄠˊ］胡茅切　史豪韵，阳　乎平，肴韵　词第八部　戏遥条辙　曲萧豪韵，阳

乌（一）wū［ㄨ］哀都切　史姑韵，阴　乎平，虞韵　词第四部　戏姑苏辙　曲鱼模韵，阴
　　（二）yā［ㄧㄚ］於加切　史麻韵，阴　乎平，麻韵　词第十部　戏发花辙　（~杔）

长（查"长"部）夭（查"大"部）币（查"巾"部）反（查"又"部）为（查"丶"部）卅（查"丨"部）

四画

甚 gǎ［ㄍㄚˇ］古黯切　史麻韵，上　乎入，黠韵　词第十八部　戏发花辙　【方言字。借用同音字"嘎"的反切。】

失（一）shī［ㄕ］式质切　史支韵，阴　乎入，质韵　词第十七部　戏一七辙　曲齐微韵，上
　　（二）yì［ㄧ丶］（同"逸"，"佚（一）"）

乍（一）zhà［ㄓㄚ丶］锄驾切　史麻韵，去　乎去，祃韵　词第十部　戏发花辙　曲家麻韵，去
　　（二）zuò［ㄗㄨㄛ丶］（制作，同"作（一）：②"）

乎 hū［ㄏㄨ］户吴切　史姑韵，阴　乎平，虞韵　词第四部　戏姑苏辙　曲鱼模韵，阳

乐（一）yuè［ㄩㄝ丶］①五角切　史皆韵，去　乎入，觉韵　词第十六部　戏乜斜辙　曲萧豪韵，去
　　　　　　　　　②五角切　史皆韵，去　乎入，觉韵　词第十六部　戏乜斜辙　曲歌戈韵，去　（又）
　　（1）音乐：奏~　（2）乐器：太师抱~　（3）六经之一　（4）乐工：女~　（5）地名：~清　（6）姓
　　（二）lè［ㄌㄜ丶］①卢各切　史波韵，去　乎入，药韵　词第十六部　戏梭波辙　曲萧豪韵，去
　　　　　　　　　②卢各切　史波韵，去　乎入，药韵　词第十六部　戏梭波辙　曲歌戈韵，去　（又）
　　（7）喜悦，愉快：~趣　（8）使人获得快乐的事：取~　（9）正好，合意：~得　⑩乐于，乐意：安居~业　⑪笑：可~

㈢ yào［ㄧㄠˋ］五效切　中豪韵，去　平去，效韵　词第八部　戏遥条辙　曲萧豪韵，去　（智者～水，仁者～山）

㈣ lào［ㄌㄠˋ］力角切　中豪韵，去　平入，觉韵　词第十六部　戏遥条辙　曲萧豪韵，去　（地名）

㈤ luò［ㄌㄨㄛˋ］（乐托－落拓，同"落㈠"）

丘（查"一"部）**卮**（查"乚"部）

五画

年 nián［ㄋㄧㄢˊ］奴颠切　中寒韵，阳　平平，先韵　词第七部　戏言前辙　曲先天韵，阳

丢 diū［ㄉㄧㄡ］丁羞切　中尤韵，阴　平平，尤韵　词第十二部　戏由求辙

乔 ㈠ qiáo［ㄑㄧㄠˊ］巨娇切　中豪韵，阳　平平，萧韵　词第八部　戏遥条辙　曲萧豪韵，阳

㈡ jiǎo［ㄐㄧㄠˇ］举夭切　中豪韵，上　平上，篠韵　词第八部　戏遥条辙　（～诘）

乒 pīng［ㄆㄧㄥ］扶冰切　中庚韵，阴　平平，蒸韵　词第十一部　戏中东辙【现代字。与"溯"音同义近，用其反切。】

乓 pāng［ㄆㄤ］普郎切　中唐韵，阴　平平，阳韵　词第二部　戏江阳辙【现代字。与"磅㈠"音同义近，用其反切。】

向 xiàng［ㄒㄧㄤˋ］①许亮切　中唐韵，去　平去，漾韵　词第二部　戏江阳辙　曲江阳韵，去

②式亮切　中唐韵，去　平去，漾韵　词第二部　戏江阳辙　曲江阳韵，去　（地名；姓）

乑 ㈠ yín［ㄧㄣˊ］鱼金切　中文韵，阳　平平，侵韵　词第十三部　戏人辰辙

㈡ pān［ㄆㄢ］（古"攀"字）

囟 xìn［ㄒㄧㄣˋ］息晋切　中文韵，去　平去，震韵　词第六部　戏人辰辙

后 hòu［ㄏㄡˋ］①胡口切　中尤韵，去　平上，有韵　词第十二部　戏由求辙　曲尤侯韵，去

②胡遘切　中尤韵，去　平去，宥韵　词第十二部　戏由求辙　曲尤侯韵，去　（又）

甪 lù［ㄌㄨˋ］卢谷切　中姑韵，去　平入，屋韵　词第十五部　戏姑苏辙

先（查"儿"部）**州**（查"丶"部）**农**（查"丶"部）

六画

兎（同"兔"）

囱 ㈠ cōng［ㄘㄨㄥ］仓红切　中庚韵，阴　平平，东韵　词第一部　戏中东辙　曲东钟韵，阴

㈡ chuāng［ㄔㄨㄤ］（同"窗"）

卮 zhī［ㄓ］章移切　中支韵，阴　平平，支韵　词第三部　戏一七辙　曲支思韵，阴

兵（查"八"部）**系**（查"糸"部）

七画

乖 guāi［ㄍㄨㄞ］古怀切　中开韵，阴　平平，佳韵　词第五部　戏怀来辙　曲皆来韵，阴

垂 ㈠ chuí［ㄔㄨㄟˊ］是为切　中微韵，阳　平平，支韵　词第三部　戏灰堆辙　曲齐微韵，阳

㈡ zhuì［ㄓㄨㄟˋ］驰伪切　中微韵，去　平去，寘韵　词第三部　戏灰堆辙　（古乡名）

卑 ㈠ bēi［ㄅㄟ］必移切　中微韵，阴　平平，支韵　词第三部　戏灰堆辙　曲齐微韵，阴

㈡ bān［ㄅㄢ］通还切　中寒韵，阴　平平，删韵　词第七部　戏言前辙　（～水）

八画

乌（见"鸟"）

禹 yǔ［ㄩˇ］王矩切　中齐韵，上　平上，麌韵　词第四部　戏一七辙　曲鱼模韵，上

胤 yìn［ㄧㄣˋ］羊晋切　中文韵，去　平去，震韵　词第六部　戏人辰辙

拜（查"手"部）**重**（查"里"部）

九画

乘 ㈠ chéng［ㄔㄥˊ］食陵切　中庚韵，阳　平平，蒸韵　词第十一部　戏中东辙　曲庚青韵，阳

(1)骑，坐：～船　(2)登上：～彼垝垣　(3)趁着，利用：～势　(4)战胜，压服：周人～黎　(5)计量：～其事，试其弓弩　(6)算术方法之一：～法　(7)佛教名词：大～　(8)姓

（二）shèng[ㄕㄥˋ] 实证切　史庚韵，去　平去，径韵　词第十一部　戏中东辙　曲庚青韵，去
　　　(9)古代兵车计算单位：千～之国　(10)古赋税单位：四丘为～　(11)春秋时晋国史书名：史～

十一画

喬（见"乔"）
㲋（查"儿"部）**奧**（查"大"部）

十二画

奧（见"奥"）

十三画

睪 gāo[ㄍㄠ] 古劳切　史豪韵，阴　平平，豪韵　词第八部　戏遥条辙

丶　部

二画

义 yì[丨ˋ] 宜寄切　史齐韵，去　平去，寘韵　词第三部　戏一七辙　曲齐微韵，去
丸 wán[ㄨㄢˊ] 胡官切　史寒韵，阳　平平，寒韵　词第七部　戏言前辙　曲桓欢韵，阳
之 zhī[ㄓ] 止而切　史支韵，阴　平平，支韵　词第三部　戏一七辙　曲支思韵，阴
凡（查"几"部）

三画

为（一）wéi[ㄨㄟˊ] 薳支切　史微韵，阳　平平，支韵　词第三部　戏灰堆辙　曲齐微韵，阳
　　　(1)作，当：所做所～，选～　(2)造成，变成：一分～二　(3)治学，治理：女～周南召南矣乎　(4)使，令：～我心
　　　恻　(5)是：夫执舆者～谁　(6)将：骠骑始～出定襄，当单于　(7)被：～人所笑　(8)则：君子有勇而无义～乱　(9)助
　　　词，1. 用于词尾，表疑问：何以家～ 2. 用于句中，宾语提前：惟弈秋之～听　(11)与：道不同不相～谋　(10)如果：
　　　～近王，必掩口　(12)附于单音形容词后，表程度范围：大～赞赏　(13)附于单音副词后，加强语气：极～重要　(14)有：
　　　犀首与张寿～怨
　　（二）wèi[ㄨㄟˋ] 于味切　史微韵，去　平去，寘韵　词第三部　戏灰堆辙　曲齐微韵，去
　　　(15)帮助，卫护：～吕氏右袒，～刘氏左袒　(16)替，给：～民请命　(17)由于，为了：～了祖国　(18)对，向：～诸君言
　　　之　(19)因为：不足者～宠骄　(20)认为，称为，通"谓"
卞（查"亠"部）**丹**（查"冂"部）**书**（查"丨"部）

四画

主 zhǔ[ㄓㄨˇ] 之庾切　史姑韵，上　平上，麌韵　词第四部　戏姑苏辙　曲鱼模韵，上
半（查"丷"部）

五画

州 zhōu[ㄓㄡ] 职流切　史尤韵，阴　平平，尤韵　词第十二部　戏由求辙　曲尤侯韵，阴
农 nóng[ㄋㄨㄥˊ] 奴冬切　史庚韵，阳　平平，冬韵　词第一部　戏中东辙　曲东钟韵，阳

六画

甫（查"一"部）

八画

举 jǔ[ㄐㄩˇ] 居许切　史齐韵，上　平上，语韵　词第四部　戏一七辙　曲鱼模韵，上

乙（乛丁乁乚）部

乙 yǐ[丨ˇ] 於笔切　史齐韵，上　平入，质韵　词第十七部　戏一七辙　曲齐微韵，去

一画

九 jiǔ[ㄐ丨ㄡˇ] 举有切　史尤韵，上　平上，有韵　词第十二部　戏由求辙　曲尤侯韵，上

了 (一)liǎo[ㄌ丨ㄠˇ] 卢鸟切　史豪韵，上　平上，篠韵　词第八部　戏遥条辙　曲萧豪韵，上

　　(二)le[˙ㄌㄜ] 卢则切　史波韵，阴　平入，职韵　词第十七部　戏梭波辙　（助词）【现代读音。借用同音字"仂"的反切。】

刁 diāo[ㄉ丨ㄠ] 都聊切　史豪韵，阴　平平，萧韵　词第八部　戏遥条辙　曲萧豪韵，阴

乜 (一)miē[ㄇ丨ㄝ] 弥也切　史皆韵，阴　平上，马韵　词第十部　戏乜斜辙

　　(二)niè[ㄋ丨ㄝˋ] 弥也切　史皆韵，去　平上，马韵　词第十部　戏乜斜辙　（姓）

七（查"一"部）

二画

也 yě[丨ㄝˇ] 羊者切　史皆韵，上　平上，马韵　词第十部　戏乜斜辙　曲车遮韵，上

乞 (一)qǐ[ㄑ丨ˇ] 去讫切　史齐韵，上　平入，物韵　词第十八部　戏一七辙　曲齐微韵，上

　　(二)qì[ㄑ丨ˋ] 去既切　史齐韵，去　平去，未韵　词第三部　戏一七辙　（给与）

习 xí[ㄒ丨ˊ] 似入切　史齐韵，阳　平入，缉韵　词第十七部　戏一七辙　曲齐微韵，阳

乡 (一)xiāng[ㄒ丨ㄤ] 许良切　史唐韵，阴　平平，阳韵　词第二部　戏江阳辙　曲江阳韵，阴

　　(二)xiàng[ㄒ丨ㄤˋ] 许亮切　史唐韵，去　平去，漾韵　词第二部　戏江阳辙　曲江阳韵，去　（通"向①"）

　　(三)xiǎng[ㄒ丨ㄤˇ] 许两切　史唐韵，上　平上，养韵　词第二部　戏江阳辙　曲江阳韵，上（通"响""享""饷"）

卫（查"卩"部）乃（查"丿"部）丸（查"丶"部）飞（查"飞"部）

三画

尹 (一)yǐn[丨ㄣˇ] 余准切　史文韵，上　平上，轸韵　词第六部　戏人辰辙　曲真文韵，上

　　(二)yún[ㄩㄣˊ] 于伦切　史文韵，阳　平平，真韵　词第六部　戏人辰辙　（尹~）

卍 wàn[ㄨㄢˋ] 无贩切　史寒韵，去　平去，愿韵　词第七部　戏言前辙　【佛教符号。按《华严音义》："卍本非字，周长寿二年，权制此文，音之为萬。"用其反切。】

夬 (一)jué[ㄐㄩㄝˊ] 古穴切　史皆韵，阳　平入，屑韵　词第十八部　戏乜斜辙

　　(二)guài[ㄍㄨㄞˋ] 古卖切　史开韵，去　平去，卦韵　词第十部　戏怀来辙　曲皆来韵，上　（分决）

　　(三)kuài[ㄎㄨㄞˋ] 古迈切　史开韵，去　平去，卦韵　词第十部　戏怀来辙　曲皆来韵，上　（㈡旧读）

丑 chǒu[ㄔㄡˇ] 敕久切　史尤韵，上　平上，有韵　词第十二部　戏由求辙　曲尤侯韵，上

巴 bā[ㄅㄚ] 伯加切　史麻韵，阴　平平，麻韵　词第二部　戏发花辙　曲家麻韵，阴

予 (一)yǔ[ㄩˇ] 余吕切　史齐韵，上　平上，语韵　词第四部　戏一七辙

　　(二)yú[ㄩˊ] 以诸切　史齐韵，阳　平平，鱼韵　词第四部　戏一七辙　曲鱼模韵，阳　（我）

　　(三)zhù[ㄓㄨˋ] 丈吕切　史姑韵，去　平上，语韵　词第四部　戏姑苏辙　（帝~）

书（查"丨"部）及（查"丿"部）乌（查"丿"部）为（查"丶"部）孔（查"子"部）㞢（查"丨"部）

幻（查"幺"部）

四画

㐺（同"㐺"）

民 mín[ㄇ丨ㄣˊ] 弥邻切　史文韵，阳　平平，真韵　词第六部　戏人辰辙　曲真文韵，阳

司（查"口"部）戹（查"户"部）

五画

瓨 dū [ㄉㄨ]　都毒切　史姑韵，阴　乎入，沃韵　词第十五部　戏姑苏辙　【与"毂"音同义同，用其反切。】

氹 jī [ㄐㄧ]　①坚奚切　史齐韵，阴　乎平，齐韵　词第三部　戏一七辙

　　　　　　②康礼切　史齐韵，阴　乎上，荠韵　词第三部　戏一七辙　（又）

买 mǎi [ㄇㄞˇ]　莫蟹切　史开韵，上　乎上，蟹韵　词第五部　戏怀来辙　曲皆来韵，上

丞（查"一"部）**皈**（查"白"部）

六画

乱 luàn [ㄌㄨㄢˋ]　郎段切　史寒韵，去　乎去，翰韵　词第七部　戏言前辙　曲桓欢韵，去

甬 (一) yǒng [ㄩㄥˇ]　余陇切　史庚韵，上　乎上，肿韵　词第一部　戏中东辙

　　　(二) tǒng [ㄊㄨㄥˇ]　他总切　史庚韵，上　乎上，董韵　词第一部　戏中东辙　（古量器）

七画

承 (一) chéng [ㄔㄥˊ]　署陵切　史庚韵，阳　乎平，蒸韵　词第十一部　戏中东辙　曲庚青韵，阳

　　　(二) zhěng [ㄓㄥˇ]　之废切　史庚韵，上　乎上，迥韵　词第十一部　戏中东辙　（援救）

亟 (一) jí [ㄐㄧˊ]　纪力切　史齐韵，阳　乎入，职韵　词第十七部　戏一七辙　曲齐微韵，上

　　　(二) qì [ㄑㄧˋ]　去吏切　史齐韵，去　乎去，真韵　词第三部　戏一七辙　（屡次）

乳 rǔ [ㄖㄨˇ]　而主切　史姑韵，上　乎上，麌韵　词第四部　戏姑苏辙　曲鱼模韵，上

函（查"凵"部）**虱**（查"虫"部）

八画

胤（查"丿"部）

十画

乾（查"卓"部）

十二画

辇（同"辖"）**亂**（见"乱"）

豛 yì [ㄧˋ]　①乙冀切　史齐韵，去　乎去，真韵　词第三部　戏一七辙

　　　　　②於笔切　史齐韵，去　乎入，质韵　词第十七部　戏一七辙　（又）

十五画

豫 (一) yù [ㄩˋ]　羊洳切　史齐韵，去　乎去，御韵　词第四部　戏一七辙　曲鱼模韵，去

　　　(二) xiè [ㄒㄧㄝˋ]　词夜切　史皆韵，去　乎去，祃韵　词第十部　戏乜斜辙　（古代州学名）

二　画

十　部

十 shí [ㄕˊ]　是执切　史支韵，阳　乎入，缉韵　词第十七部　戏一七辙　曲齐微韵，阳

一画

卄（同"廿"）

千 qiān [ㄑㄧㄢ]　①苍先切　史寒韵，阴　乎平，先韵　词第七部　戏言前辙　曲先天韵，阴

　　　　　　②七燃切　史寒韵，阴　乎平，先韵　词第七部　戏言前辙　曲先天韵，阴　（秋~）

二画

卆（同"卒(一)"）

卅 sà［ㄙㄚ ˋ］苏合切　史麻韵，去　乎入，合韵　词第十九部　戏发花辙

廿（查"一"部）**井**（查"一"部）**午**（查"丿"部）**壬**（查"丿"部）**升**（查"丿"部）

三画

卉 huì［ㄏㄨㄟ ˋ］①许贵切　史微韵，去　乎去，未韵　词第三部　戏灰堆辙　曲齐微韵，上

　　　　　　　　　　　②许伟切　史微韵，去　乎上，尾韵　词第三部　戏灰堆辙　曲齐微韵，上　（又）

卌 xì［ㄒㄧ ˋ］先立切　史齐韵，去　乎入，缉韵　词第十七部　戏一七辙

平（查"一"部）**击**（查"凵"部）**古**（查"口"部）**半**（查"八"部）

四画

丗（同"世"）**叶**（同"协"）

华（一）huá［ㄏㄨㄚ ˊ］户花切　史麻韵，阳　乎平，麻韵　词第十部　戏发花辙　曲家麻韵，阳

　　（二）huā［ㄏㄨㄚ］呼瓜切　史麻韵，阴　乎平，麻韵　词第十部　戏发花辙　曲家麻韵，阴　（同"花"）

　　（三）huà［ㄏㄨㄚ ˋ］胡化切　史麻韵，去　乎去，祃韵　词第十部　戏发花辙　曲家麻韵，去　（~山；姓）

　　（四）kuā［ㄎㄨㄚ］空娲切　史麻韵，阴　乎平，佳韵　词第十部　戏发花辙　（~离）

协 xié［ㄒㄧㄝ ˊ］胡颊切　史皆韵，阳　乎入，叶韵　词第十八部　戏乜斜辙　曲车遮韵，阳

卍（查"乙"部）**共**（查"八"部）**早**（查"日"部）**并**（查"丷"部）

五画

皁（同"皂"）

半（查"丨"部）**甫**（查"一"部）**克**（查"儿"部）**孛**（查"子"部）

六画

協（见"协"）

卓 zhuó［ㄓㄨㄛ ˊ］竹角切　史波韵，阳　乎入，觉韵　词第十六部　戏梭波辙　曲萧豪韵，上

直 zhí［ㄓ ˊ］除力切　史支韵，阳　乎入，职韵　词第十七部　戏一七辙　曲齐微韵，阳

丧（一）sàng［ㄙㄤ ˋ］苏浪切　史唐韵，去　乎去，漾韵　词第二部　戏江阳辙　曲江阳韵，去

　　（二）sāng［ㄙㄤ］息郎切　史唐韵，阴　乎平，阳韵　词第二部　戏江阳辙　曲江阳韵，阴　（~事）

卖 mài［ㄇㄞ ˋ］莫懈切　史开韵，去　乎去，卦韵　词第十部　戏怀来辙　曲皆来韵，去

奉（查"一"部）**垂**（查"丿"部）**卑**（查"丿"部）**卒**（查"亠"部）**单**（查"丷"部）

七画

南（一）nán［ㄋㄢ ˊ］那含切　史寒韵，阳　乎平，覃韵　词第十四部　戏言前辙　曲监咸韵，阳

　　（二）ná［ㄋㄚ ˊ］女加切　史麻韵，阳　乎平，麻韵　词第十部　戏发花辙　（~无）【梵文音译字。借用同音字"拏"的反切。】

举（查"丶"部）

八画

剋（同"剋"）

真 zhēn［ㄓㄣ］职邻切　史文韵，阴　乎平，真韵　词第六部　戏人辰辙　曲真文韵，阴

隽（查"佳"部）

九画

啬 sè［ㄙㄜ ˋ］所力切　史波韵，去　乎入，职韵　词第十七部　戏梭波辙

乾（查"乞"部）章（查"立"部）率（查"亠"部）

十画

準（见"准"）
博 bó[ㄅㄛˊ] 补各切　史波韵，阳　乎入，药韵　词第十六部　戏梭波辙　曲萧豪韵，阳

十一画

嗇（见"啬"）準（见"准"）
幹（查"乞"部）

十二画

嘏（一）gǔ[ㄍㄨˇ] 古疋切　史姑韵，上　乎上，马韵　词第十部　戏姑苏辙
　　（二）jiǎ[ㄐㄧㄚˇ] 古疋切　史麻韵，上　乎上，马韵　词第十部　戏发花辙　（又）
兢（查"儿"部）

十六画

乾（查"乞"部）鞞（查"丷"部）

十九画

贑（同"赣"）
贛（查"立"部）赣（查"乞"部）

二十画

囊（查"口"部）

二十二画

贛（见"赣"）
矗 chù[ㄔㄨˋ] 初六切　史姑韵，去　乎入，屋韵　词第十五部　戏姑苏辙

厂　部

厂（一）chǎng[ㄔㄤˇ] ①昌两切　史唐韵，上　乎上，养韵　词第二部　戏江阳辙
　　　　　　　　②尺亮切　史唐韵，上　乎去，漾韵　词第二部　戏江阳辙　（又）
　　（二）hǎn[ㄏㄢˇ] ①呼旱切　史寒韵，上　乎上，旱韵　词第七部　戏言前辙　（崖穴）
　　　　　　　　②呼旰切　史寒韵，上　乎去，翰韵　词第七部　戏言前辙　（又）
　　（三）ān[ㄢ]（同"庵"，多用于人名）

二画

厅 tīng[ㄊㄧㄥ] 他丁切　史庚韵，阴　乎平，青韵　词第十一部　戏中东辙　曲庚青韵，阴
仄 zé[ㄗㄜˊ] 阻力切　史波韵，阳　乎入，职韵　词第十七部　戏梭波辙　曲皆来韵，上
厉 lì[ㄌㄧˋ] 郎击切　史齐韵，去　乎入，锡韵　词第十七部　戏一七辙　曲齐微韵，去
厄 è[ㄜˋ] 於革切　史波韵，去　乎入，陌韵　词第十七部　戏梭波辙　曲皆来韵，去

三画

厉（一）lì[ㄌㄧˋ] 力制切　史齐韵，去　乎去，霁韵　词第三部　戏一七辙　曲齐微韵，去
　　（二）lài[ㄌㄞˋ]（同"癞"）

四画

压（一）yā[ㄧㄚ] 乌甲切　史麻韵，阴　乎入，洽韵　词第十九部　戏发花辙　曲家麻韵，去

（二）yà[丨丫`] 乌黠切　史麻韵，去　平入，黠韵　词第十八部　戏发花辙　曲家麻韵，去　（~根儿）【方言字。借用同音字"轧（一）"的反切。】

厌（一）yā[丨丫]　①於叶切　史麻韵，阴　平入，叶韵　词第十八部　戏发花辙　曲家麻韵，去

　　(1)镇压，抑制：东~诸侯之权　(2)堵塞：~其源，开其渎，江河可竭　(3)闭藏：其~也如缄　(4)作法辟邪：~胜　(5)倒塌，通"压"　(6)按捺，通"擪"

　　　　　②乙甲切　史麻韵，阴　平入，洽韵　词第十九部　戏发花辙　曲家麻韵，去　（不伸）

（二）yàn[丨马`] 於艳切　史寒韵，去　平去，艳韵　词第十四部　戏言前辙　曲廉纤韵，去

　　(7)憎恶：~弃　(8)饱，满足：贪得无~　(9)古祭名：~祭　(10)禾苗美盛：~~

（三）yǎn[丨马`] 於琰切　史寒韵，上　平上，俭韵　词第十四部　戏言前辙　曲廉纤韵，上　（通"魇"）

（四）yān[丨马] 於盐切　史寒韵，阴　平平，盐韵　词第十四部　戏言前辙　曲廉纤韵，阴

　　(11)气息微弱：病~~　(12)安静，通"懨"　(13)突然，通"奄"

（五）yì[丨`] 乙及切　史齐韵，去　平入，缉韵　词第十七部　戏一七辙　（~浥行露）

厙 shè[アさ`] 始夜切　史波韵，去　平去，祃韵　词第十部　戏梭波辙

厊 yǎ[丨丫ˇ] 五下切　史麻韵，上　平上，马韵　词第十部　戏发花辙

五画

厏（一）zhǎ[ㄓㄚˇ] 侧下切　史麻韵，上　平上，马韵　词第十部　戏发花辙

（二）zhǎi[ㄓㄞˇ] 陟格切　史开韵，上　平入，陌韵　词第十七部　戏怀来辙　（狭窄）

底（一）dǐ[ㄉㄧˇ] 职雉切　史齐韵，上　平上，纸韵　词第三部　戏一七辙

（二）zhǐ[ㄓˇ] 诸市切　史支韵，上　平上，纸韵　词第三部　戏一七辙　（旧读）

严（查"一"部）

六画

厓 yá[丨丫´] ①五佳切　史麻韵，阳　平平，佳韵　词第十部　戏发花辙　曲皆来韵，阳

　　　　②牛懈切　史麻韵，阳　平去，卦韵　词第十部　戏发花辙　（同"睚"）

厔（一）zhì[ㄓ`] 陟栗切　史支韵，去　平入，职韵　词第十七部　戏一七辙

（二）shī[ㄕ] 式质切　史支韵，阴　平入，质韵　词第十七部　戏一七辙　（室）

厕 cè[ちさ`] ①札色切　史波韵，去　平入，职韵　词第十七部　戏梭波辙　曲支思韵，去

　　　　②初吏切　史支韵，去　平去，寘韵　词第三部　戏梭波辙　曲支思韵，去　（间杂）

七画

厘（见"厙"）厗（同"锑（一）"）

厖 máng[ㄇㄤ´] 莫江切　史唐韵，阳　平平，江韵　词第二部　戏江阳辙　曲江阳韵，阳

厘（一）lí[ㄌㄧ´] 里之切　史齐韵，阳　平平，支韵　词第三部　戏一七辙　曲齐微韵，阳

（二）chán[ㄔㄢ´]　（同"廛"）

厚 hòu[ㄏㄡ`] ①胡口切　史尤韵，去　平上，有韵　词第十二部　戏由求辙　曲尤侯韵，去

　　(1)扁平物体上下两个面的距离或这个距离比较起来相对大些的：~度，~纸　(2)深，重，大，多：~德载物　(3)浓：~酒肥肉

　　　　②胡遘切　史尤韵，去　平去，宥韵　词第十二部　戏由求辙　曲尤侯韵，去

　　(4)不刻薄：忠~　(5)富：富~之家　(6)重视，注重：~此薄彼

八画

厝 cuò[ちㄨㄛ`] ①仓各切　史波韵，去　平入，药韵　词第十六部　戏梭波辙

　　　　②仓故切　史波韵，去　平去，遇韵　词第四部　戏梭波辙　（措置）

厞（一）féi[ㄈㄟ´] 符非切　史微韵，阳　平平，微韵　词第三部　戏灰堆辙

（二）fèi［ㄈㄟˋ］父沸切　中微韵，去　平去，未韵　词第三部　戏灰堆辙　（又）

厜 zuī［ㄗㄨㄟ］姊规切　中微韵，阴　平平，支韵　词第三部　戏灰堆辙

原 yuán［ㄩㄢˊ］愚袁切　中寒韵，阳　平平，元韵　词第七部　戏言前辙　曲先天韵，阳

九画

厠（见"厕"）

厢 xiāng［ㄒㄧㄤ］息良切　中唐韵，阴　平平，阳韵　词第二部　戏江阳辙　曲江阳韵，阴

厣 yǎn［ㄧㄢˇ］於琰切　中寒韵，上　平上，俭韵　词第十四部　戏言前辙　曲廉纤韵，上

厩 jiù［ㄐㄧㄡˋ］居祐切　中尤韵，去　平去，宥韵　词第十二部　戏由求辙　曲尤侯韵，去

十画

厰（同"厂"）厤（同"历"）

厨 chú［ㄔㄨˊ］直诛切　中姑韵，阳　平平，虞韵　词第四部　戏姑苏辙　曲鱼模韵，阳

厦（一）shà［ㄕㄚˋ］①胡雅切　中麻韵，去　平上，马韵　词第十部　戏发花辙　曲家麻韵，去
　　　　　　　　　②所嫁切　中麻韵，去　平去，祃韵　词第十部　戏发花辙　曲家麻韵，去　（又）

（二）xià［ㄒㄧㄚˋ］所嫁切　中麻韵，去　平去，祃韵　词第十部　戏发花辙　曲家麻韵，去　（～门）【方言读音。反切仍之。】

雁 yàn［ㄧㄢˋ］五晏切　中寒韵，去　平去，谏韵　词第七部　戏言前辙　曲寒山韵，去

厥 jué［ㄐㄩㄝˊ］①居月切　中皆韵，阳　平入，月韵　词第十八部　戏乜斜辙
　　　　　　②九勿切　中皆韵，阳　平入，物韵　词第十八部　戏乜斜辙　（突～）

十二画

厲（见"厉"）厰（见"厂（一）"）厭（见"厌"）

厮 sī［ㄙ］息移切　中支韵，阴　平平，支韵　词第三部　戏一七辙　曲支思韵，阴

厬 guǐ［ㄍㄨㄟˇ］居洧切　中微韵，上　平上，纸韵　词第三部　戏灰堆辙

愿（查"心"部）

十三画

鴈（同"雁"；同"赝"）

厴（一）yè［ㄧㄝˋ］於叶切　中皆韵，去　平入，叶韵　词第十八部　戏乜斜辙
（二）yǎn［ㄧㄢˇ］於琰切　中寒韵，上　平上，俭韵　词第十四部　戏言前辙　曲廉纤韵，上　（脸上黑痣）

魇 yǎn［ㄧㄢˇ］①於琰切　中寒韵，上　平上，俭韵　词第十四部　戏言前辙　曲廉纤韵，上
　　　　　　②於叶切　中寒韵，上　平入，叶韵　词第十八部　戏言前辙　曲廉纤韵，上　（又）

餍 yàn［ㄧㄢˋ］①於艳切　中寒韵，去　平去，艳韵　词第十四部　戏言前辙　曲廉纤韵，去
　　　　　　②一盐切　中寒韵，去　平平，盐韵　词第十四部　戏言前辙　曲廉纤韵，去　（又）

厱（一）lán［ㄌㄢˊ］卢甘切　中寒韵，阳　平平，覃韵　词第十四部　戏言前辙　（～诸）
（二）qiān［ㄑㄧㄢ］①苦咸切　中寒韵，阴　平平，咸韵　词第十四部　戏言前辙　（崖岸旁的空地）
　　　　　　②丘严切　中寒韵，阴　平平，盐韵　词第十四部　戏言前辙　（又）

十四画

歷（见"历"）曆（见"历"）櫐（同"橛（一）"）

赝 yàn［ㄧㄢˋ］五晏切　中寒韵，去　平去，谏韵　词第七部　戏言前辙　曲寒山韵，去

十五画

壓（见"压"）

曆 lì［ㄌㄧˋ］郎击切　中齐韵，去　平入，锡韵　词第十七部　戏一七辙

十六画

懕（同"恹"）龐（同"庞"）

魘 yǎn[丨ㄢˇ] ①於琰切　史寒韵，上　平上，俭韵　词第十四部　戏言前辙
　　　　　　　②乙减切　史寒韵，上　平上，豏韵　词第十四部　戏言前辙　（黑色印痕）

靥 yǎn[丨ㄢˇ] 於琰切　史寒韵，上　平上，俭韵　词第十四部　戏言前辙

螷（查"虫"部）

十七画

厴（见"厣"）贋（见"赝"）躤（同"蹝"）

二十画

贗（同"赝"）

二十一画

矕（见"矋"）魘（见"魇"）黡（见"餍"）

二十四画

黶（见"黡"）

匚（匸）部

二画

区 (一)qū[ㄑㄩ] 岂俱切　史齐韵，阴　平平，虞韵　词第四部　戏一七辙　曲鱼模韵，阴
　(二)ōu[ㄡ] 乌侯切　史尤韵，阴　平平，尤韵　词第十二部　戏由求辙　曲尤侯韵，阴　（古量词；姓）
　(三)gōu[ㄍㄡ] 居侯切　史尤韵，阴　平平，尤韵　词第十二部　戏由求辙　曲尤侯韵，阴　（弯曲的生长）
　(四)gòu[ㄍㄡˋ] 丘堠切　史尤韵，去　平去，宥韵　词第十二部　戏由求辙　（～霜）

匹 (一)pǐ[ㄆㄧˇ] 譬吉切　史齐韵，上　平入，质韵　词第十七部　戏一七辙　曲齐微韵，上
　(二)pì[ㄆㄧˋ]（比如，同"譬"）

巨 (一)jù[ㄐㄩˋ] 其吕切　史齐韵，去　平上，语韵　词第四部　戏一七辙　曲鱼模韵，去
　(二)qú[ㄑㄩˊ] 求于切　史齐韵，阳　平平，鱼韵　词第四部　戏一七辙　（未央）
　(三)jǔ[ㄐㄩˇ]（直尺，同"矩"）

三画

叵 pǒ[ㄆㄛˇ] 普火切　史波韵，上　平上，哿韵　词第九部　戏梭波辙　曲歌戈韵，上

匝 zā[ㄗㄚ] 子答切　史麻韵，阴　平入，合韵　词第十九部　戏发花辙　曲家麻韵，上

匜 yí[丨ˊ] ①弋支切　史齐韵，阳　平平，支韵　词第三部　戏一七辙
　　　　②移尔切　史齐韵，阳　平上，纸韵　词第三部　戏一七辙　（又）

四画

匞（同"炕(一)"）

匡 (一)kuāng[ㄎㄨㄤ] 去王切　史唐韵，阴　平平，阳韵　词第二部　戏江阳辙　曲江阳韵，阴
　(二)wāng[ㄨㄤ]（小腿弯曲，同"尪"）

匠 jiàng[ㄐㄧㄤˋ] 疾亮切　史唐韵，去　平去，漾韵　词第二部　戏江阳辙　曲江阳韵，去

五画

匣 xiá[ㄒㄧㄚˊ] 胡甲切　史麻韵，阳　平入，洽韵　词第十九部　戏发花辙　曲家麻韵，阳

医 (一)yī[丨] 於其切　史齐韵，阴　平平，支韵　词第三部　戏一七辙　曲齐微韵，阴

　　(二)yì[丨`] 於计切　史齐韵，去　平去，霁韵　词第三部　戏一七辙　（弓箭匣）

六画

匦 guǐ[ㄍㄨㄟˇ] 居洧切　史微韵，上　平上，纸韵　词第三部　戏灰堆辙

匼 (一)kē[ㄎㄜ] 苦合切　史波韵，阴　平入，合韵　词第十九部　戏梭波辙

　　(二)ē[ㄜ] 遏合切　史波韵，阴　平入，合韵　词第十九部　戏梭波辙　（古头巾名）

　　(三)ǎn[ㄢˇ] 乌感切　史寒韵，上　平上，感韵　词第十四部　戏言前辙　（谄媚迎合）

　　(四)qià[ㄑㄧㄚ`] （同"帢"）

七画

匧 qiè[ㄑㄧㄝ`] 苦协切　史皆韵，去　平入，叶韵　词第十八部　戏乜斜辙

匽 yǎn[ㄧㄢˇ] 於幰切　史寒韵，上　平上，阮韵　词第七部　戏言前辙

八画

匿 (一)nì[ㄋㄧ`] 女力切　史齐韵，去　平入，职韵　词第十七部　戏一七辙　曲齐微韵，去

　　(二)tè[ㄊㄜ`] （恶，坏，同"慝(一)"）

匪 (一)fěi[ㄈㄟˇ] 府尾切　史微韵，上　平上，尾韵　词第三部　戏灰堆辙

　　(二)fēi[ㄈㄟ] （马匹躁动不安，同"騑"）

　　(三)fēn[ㄈㄣ] （~颁－分颁，同"分(一)"）

九画

匬 （见"匦"）匾 （见"区"）

匮 (一)kuì[ㄎㄨㄟ`] 求位切　史微韵，去　平去，寘韵　词第三部　戏灰堆辙　曲齐微韵，去

　　(二)guì[ㄍㄨㄟ`] 求位切　史微韵，去　平去，寘韵　词第三部　戏灰堆辙　曲齐微韵，去　（柜；蓄水~）

匾 biǎn[ㄅㄧㄢˇ] 方典切　史寒韵，上　平上，铣韵　词第七部　戏言前辙　曲先天韵，上

十一画

匯 （见"汇①②"）

十二画

匷 （同"夜"）匱 （见"匮"）

匰 dān[ㄉㄢ] 都寒切　史寒韵，阴　平平，寒韵　词第七部　戏言前辙

十三画

厴 （同"夜"）

赜 zé[ㄗㄜˊ] 士革切　史波韵，阳　平入，陌韵　词第十七部　戏梭波辙

十四画

籭 suǎn[ㄙㄨㄢˇ] ①式撰切　史寒韵，上　平上，铣韵　词第七部　戏言前辙

　　　　　　　　②苏管切　史寒韵，上　平上，旱韵　词第七部　戏言前辙　（古代淘米用具）

十五画

匵 （同"椟"）

十七画

匷 （同"枢"）

卜（卜）部

卜 ㈠ bǔ[ㄅㄨˇ] 博木切　史姑韵，上　乎入，屋韵　词第十五部　戏姑苏辙　曲鱼模韵，上
　　㈡ bo[·ㄅㄛ] 蒲没切　史波韵，阴　乎入，月韵　词第十八部　戏梭波辙　（萝~）

一画

卞（查"一"部）上（查"一"部）

二画

卞（查"亠"部）

三画

卡 ㈠ qiǎ[ㄑㄧㄚˇ] 从纳切　史麻韵，上　乎入，合韵　词第十九部　戏发花辙
　　　　(1)戍守，检查，收税的地点：关~　(2)夹东西的器具：头发~子　(3)夹住，堵塞：~在里面
　　㈡ kǎ[ㄎㄚˇ] 恪甲切　史麻韵，上　乎入，洽韵　词第十九部　戏发花辙【现代读音。借用同音字"擖㈠"的反切。】
　　　　(4)一种汽车：~车　(5)小硬纸片：~片　(6)热学单位：~路里　(7)动画片，漫画：~通　(8)扼制，阻拦
　　㈢ zà[ㄗㄚˋ] 从纳切　史麻韵，去　乎入，合韵　词第十九部　戏发花辙　（"守~"旧读）
卢 lú[ㄌㄨˊ] 落胡切　史姑韵，阳　乎平，虞韵　词第四部　戏姑苏辙　曲鱼模韵，阳
占（查"口"部）处（查"夂"部）

四画

朮（同"菽"）
乩（查"乚"部）贞（查"贝"部）

五画

卣 yǒu[ㄧㄡˇ] ①与久切　史尤韵，上　乎上，有韵　词第十二部　戏由求辙
　　　　　　　②以周切　史尤韵，上　乎平，尤韵　词第十二部　戏由求辙　（又）
芈（查"丨"部）卤（查"卤"部）

六画

卦 guà[ㄍㄨㄚˋ] 古卖切　史麻韵，去　乎去，卦韵　词第十部　戏发花辙　曲家麻韵，去
卓（查"十"部）

八画

卨 xiè[ㄒㄧㄝˋ] 私列切　史皆韵，去　乎入，屑韵　词第十八部　戏乜斜辙

九画

卨（同"卨"）

十二画

睿（查"目"部）

冂（冂）部

二画

冄（同"冉"）
冇 mǎo[ㄇㄠˇ] 谟袍切　史豪韵，阳　乎平，豪韵　词第八部　戏遥条辙　【方言字。借用同音字"耗㈢"的反切。】

丹 dān[ㄉㄢ] 都寒切　史寒韵，阴　平平，寒韵　词第七部　戏言前辙　曲寒山韵，阴

内 (一)nèi[ㄋㄟˋ] 奴对切　史微韵，去　平去，队韵　词第三部　戏灰堆辙　曲齐微韵，去

　　(二)nà[ㄋㄚˋ] 奴荅切　史麻韵，去　平入，合韵　词第十九部　戏发花辙　曲家麻韵，去　（同"纳"）

冈 gāng[ㄍㄤ] 古郎切　史唐韵，阴　平平，阳韵　词第二部　戏江阳辙　曲江阳韵，阴

三画

冊（同"册"）囘（同"回"）

用 yòng[ㄩㄥˋ] 余颂切　史庚韵，去　平去，宋韵　词第一部　戏中东辙　曲东钟韵，去

甩 shuǎi[ㄕㄨㄞˇ] 所律切　史开韵，上　平入，质韵　词第十七部　戏怀来辙　【现代字。借用近音字"率(一)"的反切。】

冉 (一)rǎn[ㄖㄢˇ] ①而琰切　史寒韵，上　平上，俭韵　词第十四部　戏言前辙　曲廉纤韵，上

　　　　　　　　②汝盐切　史寒韵，上　平平，盐韵　词第十四部　戏言前辙　曲廉纤韵，上　（又）

　　(二)nán[ㄋㄢˊ] 那含切　史寒韵，阳　平平，覃韵　词第十四部　戏言前辙　（古族名）

册 (一)cè[ㄘㄜˋ] 楚革切　史波韵，去　平入，陌韵　词第十七部　戏梭波辙　曲皆来韵，上

　　(二)zhà[ㄓㄚˋ]　（篱栅，同"栅(一)"）

丙（查"一"部）

四画

同 (一)tóng[ㄊㄨㄥˊ] 徒红切　史庚韵，阳　平平，东韵　词第一部　戏中东辙　曲东钟韵，阳

　　(二)tòng[ㄊㄨㄥˋ] 徒贡切　史庚韵，去　平去，送韵　词第一部　戏中东辙　（胡~）【音译字。《释文》：徒贡切。用之。】

网 wǎng[ㄨㄤˇ] 文两切　史唐韵，上　平上，养韵　词第二部　戏江阳辙　曲江阳韵，上

再（查"一"部）甪（查"丿"部）向（查"丿"部）

五画

冏 jiǒng[ㄐㄩㄥˇ] 俱永切　史庚韵，上　平上，梗韵　词第十一部　戏中东辙　曲庚青韵，上

甫（查"一"部）两（查"一"部）甬（查"乛"部）

六画

兩（见"两"）岡（见"冈"）

周 zhōu[ㄓㄡ] 职流切　史尤韵，阴　平平，尤韵　词第十二部　戏由求辙　曲尤侯韵，阴

罔 (一)wǎng[ㄨㄤˇ] 文两切　史唐韵，上　平上，养韵　词第二部　戏江阳辙　曲江阳韵，上

　　(二)wáng[ㄨㄤˊ] 武方切　史唐韵，阳　平平，阳韵　词第二部　戏江阳辙　（汪~氏）

七画

冒（查"日"部）胄（查"冃"部）

八画

冓（查"一"部）冔（查"日"部）

九画

冕（查"日"部）

十二画

爾（见"尔"）

人（入亻）部

人 rén[ㄖㄣˊ] 如邻切　史文韵，阳　乎平，真韵　词第六部　戏人辰辙　曲真文韵，阳

入 rù[ㄖㄨˋ] ①人执切　史姑韵，去　乎入，缉韵　词第十七部　戏姑苏辙　曲齐微韵，去

②人执切　史姑韵，去　乎入，缉韵　词第十七部　戏姑苏辙　曲鱼模韵，去　（又）

一画

个 ㈠ gè[ㄍㄜˋ] 古贺切　史波韵，去　乎去，箇韵　词第九部　戏梭波辙　曲歌戈韵，去

㈡ gàn[ㄍㄢˋ] 居案切　史寒韵，去　乎去，翰韵　词第七部　戏言前辙　（箭靶左右伸出的部分）

㈢ gě[ㄍㄜˇ] 古贺切　史波韵，上　乎去，箇韵　词第九部　戏梭波辙　曲歌戈韵，去　（自个儿）【方言读音。反切仍之。】

亿 yì[ㄧˋ] 於力切　史齐韵，去　乎入，职韵　词第十七部　戏一七辙

二画

介 jiè[ㄐㄧㄝˋ] 古拜切　史皆韵，去　乎去，卦韵　词第五部　戏乜斜辙　曲皆来韵，去

从 ㈠ cóng[ㄘㄨㄥˊ] ①疾容切　史庚韵，阳　乎平，冬韵　词第一部　戏中东辙　曲东钟韵，阳

(1)依顺：服～ (2)参与：～政 (3)自，由：～南到北 (4)由此：～而 (5)向来：～来

②疾用切　史庚韵，阳　乎去，宋韵　词第一部　戏中东辙　曲东钟韵，去　（随～）

㈡ zòng[ㄗㄨㄥˋ] 似用切　史庚韵，去　乎去，宋韵　词第一部　戏中东辙　曲东钟韵，去

(6)同宗族的亲属：～兄弟 (7)次要的：分别首～ (8)副次：～二品官 (9)跟随者：随～ ⑽放纵，通"纵"

㈢ zǒng[ㄗㄨㄥˇ] 祖动切　史庚韵，上　乎上，董韵　词第一部　戏中东辙　（很高）

㈣ cōng[ㄘㄨㄥ] 七恭切　史庚韵，阴　乎平，冬韵　词第一部　戏中东辙　（～容不迫）

㈤ zōng[ㄗㄨㄥ] （踪迹，同"踪"；纵横，同"纵㈡"）

㈥ sǒng[ㄙㄨㄥˇ] （～容－怂恿，同"怂"）

仑 lún[ㄌㄨㄣˊ] ①卢昆切　史文韵，阳　乎平，元韵　词第六部　戏人辰辙　曲真文韵，阳　（昆～）

②龙春切　史文韵，阳　乎平，真韵　词第六部　戏人辰辙　曲真文韵，阳　（又）

③力迍切　史文韵，阳　乎平，真韵　词第六部　戏人辰辙　曲真文韵，阳　（伦理；次序）

今 jīn[ㄐㄧㄣ] 居吟切　史文韵，阴　乎平，侵韵　词第十三部　戏人辰辙　曲侵寻韵，阴

仓 ㈠ cāng[ㄘㄤ] 七冈切　史唐韵，阴　乎平，阳韵　词第二部　戏江阳辙　曲江阳韵，阴

㈡ chuàng[ㄔㄨㄤˋ] （悲伤，同"怆①"）

以 ㈠ yǐ[ㄧˇ] 羊已切　史齐韵，上　乎上，纸韵　词第三部　戏一七辙　曲齐微韵，上

㈡ sì[ㄙˋ] 象齿切　史支韵，去　乎上，纸韵　词第三部　戏一七辙　曲支思韵，去　（通"似"）

仁 rén[ㄖㄣˊ] 如邻切　史文韵，阳　乎平，真韵　词第六部　戏人辰辙　曲真文韵，阳

仃 dīng[ㄉㄧㄥ] 当经切　史庚韵，阴　乎平，青韵　词第十一部　戏中东辙　曲庚青韵，阴

什 ㈠ shí[ㄕˊ] 是执切　史支韵，阳　乎入，缉韵　词第十七部　戏一七辙　曲齐微韵，阳

㈡ shén[ㄕㄣˊ] 时鸩切　史文韵，去　乎去，沁韵　词第十三部　戏人辰辙　曲侵寻韵，去　（～么）【同"甚么"。用"甚㈠"的反切。】

仆 ㈠ pú[ㄆㄨˊ] ①蒲木切　史姑韵，阳　乎入，屋韵　词第十五部　戏姑苏辙　曲鱼模韵，阳

②蒲沃切　史姑韵，阳　乎入，沃韵　词第十五部　戏姑苏辙　（飞扑）

㈡ pū[ㄆㄨ] ①芳遇切　史姑韵，阴　乎去，遇韵　词第四部　戏姑苏辙　曲鱼模韵，去　（向前跌倒）

②蒲北切　史姑韵，阴　乎入，职韵　词第十七部　戏姑苏辙　曲鱼模韵，去　（又）

③敷救切　史姑韵，去　乎去，宥韵　词第十二部　戏姑苏辙　曲鱼模韵，去　（～顿）

④普木切　史姑韵，阳　乎入，屋韵　词第十五部　戏姑苏辙　曲鱼模韵，去　（群飞状）

仉 zhǎng[ㄓㄤˇ] 诸两切　史唐韵，上　乎上，养韵　词第二部　戏江阳辙

仇 ㈠ qiú[ㄑㄧㄡˊ] 巨鸠切　史尤韵，阳　乎平，尤韵　词第十二部　戏由求辙　曲尤侯韵，阳

㈡chóu[彳又ˊ] 巨鸠切　史尤韵，阳　平平，尤韵　词第十二部　戏由求辙　曲尤侯韵，阳　（～敌；～恨）

化 ㈠huà[厂ㄨㄚˋ] 呼霸切　史麻韵，去　平去，祃韵　词第十部　戏发花辙　曲家麻韵，去

㈡huā[厂ㄨㄚ]（用掉，同"花"）

㈢huò[厂ㄨㄛˋ]（法～－法货，同"货"）

仂 lè[ㄌㄜˋ] 卢则切　史波韵，去　平入，职韵　词第十七部　戏梭波辙

仍 réng[ㄖㄥˊ] 如乘切　史庚韵，阳　平平，蒸韵　词第十一部　戏中东辙　曲庚青韵，阳

仅 ㈠jǐn[ㄐㄧㄣˇ] 渠遴切　史文韵，上　平去，震韵　词第六部　戏人辰辙

㈡jìn[ㄐㄧㄣˋ] 巨靳切　史文韵，去　平去，问韵　词第六部　戏人辰辙　（将近）【与"近"音同义同，用其反切。】

仄（查"厂"部）**内**（查"冂"部）

三画

尔（同"尔"）

仝 tóng[ㄊㄨㄥˊ] 徒红切　史庚韵，阳　平平，东韵　词第一部　戏中东辙

令 ㈠lìng[ㄌㄧㄥˋ] ①力政切　史庚韵，去　平去，敬韵　词第十一部　戏中东辙　曲庚青韵，去
②郎定切　史庚韵，去　平去，径韵　词第十一部　戏中东辙　曲庚青韵，去　（又）

(1)指令，法令：明～规定　(2)发令：自公～之　(3)时节：节～　(4)古官名：～尹　(5)善，美好：～名　(6)敬辞：～尊　(7)短小的词调：小～　(8)使，使得：～人敬佩

㈡líng[ㄌㄧㄥˊ] ①郎丁切　史庚韵，阳　平平，青韵　词第十一部　戏中东辙　曲庚青韵，阳
②吕贞切　史庚韵，阳　平平，庚韵　词第十一部　戏中东辙　曲庚青韵，阳　（又）

(9)让，使：臣能～君胜　(10)如果：假～　(11)姓：～狐

㈢lián[ㄌㄧㄢˊ] 力延切　史寒韵，阳　平平，先韵　词第七部　戏言前辙　（～居）

㈣lǐng[ㄌㄧㄥˇ] 良郢切　史庚韵，上　平上，梗韵　词第十一部　戏中东辙　（纸张的单位）【音译字。借用同音字"领"的反切。】

仨 sā[ㄙㄚ] 山戛切　史麻韵，阴　平入，曷韵　词第十八部　戏发花辙　【方言字。借用同音字"撒"的反切。】

仕 shì[ㄕˋ] 鉏里切　史支韵，去　平上，纸韵　词第三部　戏一七辙　曲支思韵，去

付 fù[ㄈㄨˋ] ①方遇切　史姑韵，去　平去，遇韵　词第四部　戏姑苏辙　曲鱼模韵，去
②符遇切　史姑韵，去　平去，遇韵　词第四部　戏姑苏辙　（通"裰"）

仗 zhàng[ㄓㄤˋ] ①直亮切　史唐韵，去　平去，漾韵　词第二部　戏江阳辙　曲江阳韵，去
②直两切　史唐韵，去　平上，养韵　词第二部　戏江阳辙　曲江阳韵，去　（又）

代 dài[ㄉㄞˋ] 徒耐切　史开韵，去　平去，队韵　词第五部　戏怀来辙　曲皆来韵，去

仙 xiān[ㄒㄧㄢ] 相然切　史寒韵，阴　平平，先韵　词第七部　戏言前辙　曲先天韵，阴

仟 qiān[ㄑㄧㄢ] 苍先切　史寒韵，阴　平平，先韵　词第七部　戏言前辙

亿 ㈠yì[ㄧˋ] 鱼迄切　史齐韵，去　平入，物韵　词第十八部　戏一七辙

㈡gē[ㄍㄜ] 去逸切　史波韵，阴　平入，质韵　词第十七部　戏梭波辙　（～佬族）

仪 yí[ㄧˊ] 鱼羁切　史齐韵，阳　平平，支韵　词第三部　戏一七辙　曲齐微韵，阳

仫 mù[ㄇㄨˋ] 莫六切　史姑韵，去　平入，屋韵　词第十五部　戏姑苏辙　【现代字。借用同音字"牧"的反切。】

伋 jí[ㄐㄧˊ] ①居立切　史齐韵，阳　平入，缉韵　词第十七部　戏一七辙
②极入切　史齐韵，阳　平入，缉韵　词第十七部　戏一七辙　（狂狂～～）

们 ㈠mén[ㄇㄣˊ] 莫奔切　史文韵，阳　平平，元韵　词第六部　戏人辰辙

㈡mèn[ㄇㄣˋ] 莫困切　史文韵，去　平去，愿韵　词第六部　戏人辰辙　（～浑）

仔 ㈠zǐ[ㄗˇ] 即里切　史齐韵，上　平上，纸韵　词第三部　戏一七辙

㈡zī[ㄗ] ①子之切　史齐韵，阴　平平，支韵　词第三部　戏一七辙　（～肩）
②即里切　史齐韵，阴　平上，纸韵　词第三部　戏一七辙　（又）

（三）zǎi[ㄗ ㄞ ˇ]（幼小的，同"崽"）

他 （一）tā[ㄊ ㄚ] 托何切　史麻韵，阴　乎平，歌韵　词第九部　戏发花辙　曲歌戈韵，阴
　　（二）tuó[ㄊ ㄨ ㄜ ´]（纵横交错，同"佗（一）"；负载，同"驮（一）"）

仞 rèn[ㄖ ㄣ `] 而振切　史文韵，去　乎去，震韵　词第六部　戏人辰辙　曲真文韵，去

从（查"一"部）

四画

佢（同"渠（一）"）**仔**（同"好"）

全 quán[ㄑ ㄩ ㄢ ´] 疾缘切　史寒韵，阳　乎平，先韵　词第七部　戏言前辙　曲先天韵，阳

会 （一）huì[ㄏ ㄨ ㄟ `] 黄外切　史微韵，去　乎去，泰韵　词第三部　戏灰堆辙　曲齐微韵，去
　　（1）聚合，汇拢：～师　（2）相见：～客　（3）时机：适逢其～　（4）恰巧：～天大雨　（5）一定，应当：～当临绝顶　（6）能，
　　能够：他不～　（7）理解，领悟：～意　（8）城市：都～　（9）带有某种目的的集合：开～　⑽团体：农民协～　⑾付钱：
　　～账　⑿一小段时间：一～儿　⒀姓
　　（二）kuài[ㄎ ㄨ ㄞ `] 古外切　史开韵，去　乎去，泰韵　词第三部　戏怀来辙　曲齐微韵，去
　　　　⒁总计：岁计为～　⒂食器的盖：簋～　⒃地名：～稽　⒄管理和计算财务的工作及其人员：～计
　　（三）kuò[ㄎ ㄨ ㄛ `] 古括切　史波韵，去　乎入，曷韵　词第十八部　戏梭波辙　（～撮）

合 （一）hé[ㄏ ㄜ ´] ①侯阁切　史波韵，阳　乎入，合韵　词第十九部　戏梭波辙　曲歌戈韵，阳
　　　　　　　　　　②古沓切　史波韵，去　乎入，合韵　词第十九部　戏梭波辙　曲歌戈韵，阳　（桓公九～诸侯）
　　（二）gě[ㄍ ㄜ ˇ] 葛合切　史波韵，上　乎入，合韵　词第十九部　戏梭波辙　（量词）

企 qǐ[ㄑ ㄧ ˇ] ①丘弭切　史齐韵，上　乎上，纸韵　词第三部　戏一七辙
　　　　　　　　②去智切　史齐韵，上　乎去，寘韵　词第三部　戏一七辙　（又）

众 （一）zhòng[ㄓ ㄨ ㄥ `] 之仲切　史庚韵，去　乎去，送韵　词第一部　戏中东辙　曲东钟韵，去
　　（二）zhōng[ㄓ ㄨ ㄥ] 职戎切　史庚韵，阴　乎平，东韵　词第一部　戏中东辙　（中药贯～）

伞 sǎn[ㄙ ㄢ ˇ] 苏旱切　史寒韵，上　乎上，旱韵　词第七部　戏言前辙　曲寒山韵，上

伕 fū[ㄈ ㄨ] 方鸠切　史姑韵，阴　乎平，尤韵　词第十二部　戏姑苏辙

伟 wěi[ㄨ ㄟ ˇ] 于鬼切　史微韵，上　乎上，尾韵　词第三部　戏灰堆辙　曲齐微韵，上

传 （一）chuán[ㄔ ㄨ ㄢ ´] 直挛切　史寒韵，阳　乎平，先韵　词第七部　戏言前辙　曲先天韵，阳
　　（1）转授：～道授业　（2）转达，递送：～球　（3）宣扬：～播　（4）流布：～染　（5）叫来：～上堂来　（6）传导：～电　（7）表达：
　　～神　（8）移置：父母舅姑之衣衾簟席枕几，不～
　　（二）zhuàn[ㄓ ㄨ ㄢ `] 直恋切　史寒韵，去　乎去，霰韵　词第七部　戏言前辙　曲先天韵，去
　　（9）符信：除关无用～　⑽驿站及其车马：驿～，～召　⑾解说儒家经义的文字：公羊～　⑿记载人物事迹的文字：
　　马克思～　⒀故事书：水浒～

休 xiū[ㄒ ㄧ ㄡ] 许尤切　史尤韵，阴　乎平，尤韵　词第十二部　戏由求辙　曲尤侯韵，阴

伍 wǔ[ㄨ ˇ] 疑古切　史姑韵，上　乎上，麌韵　词第四部　戏姑苏辙　曲鱼模韵，上

伎 （一）jì[ㄐ ㄧ `] 渠绮切　史齐韵，去　乎上，纸韵　词第三部　戏一七辙
　　（二）qí[ㄑ ㄧ ´] 巨支切　史齐韵，阳　乎平，支韵　词第三部　戏一七辙　（行步舒缓状）

伏 （一）fú[ㄈ ㄨ ´] 房六切　史姑韵，阳　乎入，屋韵　词第十五部　戏姑苏辙　曲鱼模韵，阳
　　（二）fù[ㄈ ㄨ `] 扶富切　史姑韵，去　乎去，宥韵　词第十二部［兼第四部遇韵］　戏姑苏辙　（鸟孵蛋）

伛 yǔ[ㄩ ˇ] 於武切　史齐韵，上　乎上，麌韵　词第四部　戏一七辙　曲鱼模韵，上

优 yōu[ㄧ ㄡ] 於求切　史尤韵，阴　乎平，尤韵　词第十二部　戏由求辙　曲尤侯韵，阴

伢 yá[ㄧ ㄚ ´] 五加切　史麻韵，阳　乎平，麻韵　词第十部　戏发花辙　【方言字。借用同音字"牙"的反切。】

伅 dùn[ㄉ ㄨ ㄣ `] 杜本切　史文韵，去　乎上，阮韵　词第六部　戏人辰辙

伐 fá[ㄈ ㄚ ´] 房越切　史麻韵，阳　乎入，月韵　词第十八部　戏发花辙　曲家麻韵，阳

仳 （一）pǐ[ㄆ ㄧ ˇ] 匹婢切　史齐韵，上　乎上，纸韵　词第三部　戏一七辙

㈡ pí［ㄆㄧˊ］ 房脂切　史齐韵，阳　平平，支韵　词第三部　戏一七辙　（～惟）

佤 wǎ［ㄨㄚˇ］ 五寡切　史麻韵，上　平上，马韵　词第十部　戏发花辙　【现代字。借用同音字"瓦"的反切。】

仲 zhòng［ㄓㄨㄥˋ］ 直众切　史庚韵，去　平去，送韵　词第一部　戏中东辙　曲东钟韵，去

伣 ㈠ qiàn［ㄑㄧㄢˋ］ 苦甸切　史寒韵，去　平去，霰韵　词第七部　戏言前辙
㈡ xiàn［ㄒㄧㄢˋ］ 胡典切　史寒韵，去　平上，铣韵　词第七部　戏言前辙　（间谍）

仵 wǔ［ㄨˇ］ 疑古切　史姑韵，上　平上，麌韵　词第四部　戏姑苏辙　曲鱼模韵，上

件 jiàn［ㄐㄧㄢˋ］ 其辇切　史寒韵，去　平上，铣韵　词第七部　戏言前辙　曲先天韵，去

任 ㈠ rèn［ㄖㄣˋ］ 汝鸩切　史文韵，去　平去，沁韵　词第十三部　戏人辰辙　曲侵寻韵，去
　　(1)担保，保举：使州里～之　(2)负担，担当：～劳～怨　(3)抵挡：重怒难～　(4)胜任：病不～行　(5)任命：～用　(6)信赖：信～　(7)听凭，由着：放～　(8)放纵：～性，～气　(9)职务，职责：仁以为己～　⑽人质：～子　⑾不论：～谁说也不听　⑿怀孕，通"妊"
㈡ rén［ㄖㄣˊ］ 如林切　史文韵，阳　平平，侵韵　词第十三部　戏人辰辙　曲侵寻韵，阳
　　⒀王莽时称公主　⒁周朝国名　⒂地名：～丘　⒃姓

伤 shāng［ㄕㄤ］ ①式羊切　史唐韵，阴　平平，阳韵　词第二部　戏江阳辙　曲江阳韵，阴
　　　　②式亮切　史唐韵，阴　平去，漾韵　词第二部　戏江阳辙　曲江阳韵，阴　（又）

伥 ㈠ chāng［ㄔㄤ］ 褚羊切　史唐韵，阴　平平，阳韵　词第二部　戏江阳辙
㈡ chéng［ㄔㄥˊ］ 除庚切　史庚韵，阳　平平，庚韵　词第十一部　戏中东辙　（独立状）

价 ㈠ jià［ㄐㄧㄚˋ］ 古讶切　史麻韵，去　平去，祃韵　词第十部　戏发花辙　曲家麻韵，去
㈡ jiè［ㄐㄧㄝˋ］ 古拜切　史皆韵，去　平去，卦韵　词第五部　戏乜斜辙　曲皆来韵，去　（～人；贵～）
㈢ jie［˙ㄐㄧㄝ］ 古拜切　史皆韵，阴　平去，卦韵　词第五部　戏乜斜辙　（震天～响）【方言读音。与"价㈡"一音之转，反切仍之。】

伦 lún［ㄌㄨㄣˊ］ 力迍切　史文韵，阳　平平，真韵　词第六部　戏人辰辙　曲真文韵，阳

份 ㈠ fèn［ㄈㄣˋ］ 扶问切　史文韵，去　平去，问韵　词第六部　戏人辰辙　曲真文韵，去　【与"分㈡"音同义同，用其反切。】
㈡ bīn［ㄅㄧㄣ］ （文质～～，同"彬㈠"）

伀 zhōng［ㄓㄨㄥ］ ①职容切　史庚韵，阴　平平，冬韵　词第一部　戏中东辙
　　　　②（征～－怔忪，同"忪㈡"）

伧 ㈠ cāng［ㄘㄤ］ 助庚切　史唐韵，阴　平平，庚韵　词第十一部　戏江阳辙
㈡ chéng［ㄔㄥˊ］ 助庚切　史庚韵，阳　平平，庚韵　词第十一部　戏中东辙　（旧读）
㈢ chen［˙ㄔㄣ］ 初朕切　史文韵，阴　平上，寝韵　词第十三部　戏人辰辙　曲侵寻韵，上　（寒～）【与"寒碜"同。用"碜"的反切。】

仰 yǎng［ㄧㄤˇ］ ①鱼两切　史唐韵，上　平上，养韵　词第二部　戏江阳辙　曲江阳韵，上
　　　　②鱼向切　史唐韵，上　平去，漾韵　词第二部　戏江阳辙　曲江阳韵，去　（～给）

仿 ㈠ fǎng［ㄈㄤˇ］ 妃两切　史唐韵，上　平上，养韵　词第二部　戏江阳辙　曲江阳韵，上
㈡ páng［ㄆㄤˊ］ （～偟－彷徨，同"彷㈠"）

伉 ㈠ kàng［ㄎㄤˋ］ 苦浪切　史唐韵，去　平去，漾韵　词第二部　戏江阳辙
㈡ gāng［ㄍㄤ］ 居郎切　史唐韵，阴　平平，阳韵　词第二部　戏江阳辙　（刚正状）
㈢ kǎng［ㄎㄤˇ］ 口朗切　史唐韵，上　平上，养韵　词第二部　戏江阳辙　（人名）

伙 huǒ［ㄏㄨㄛˇ］ 胡果切　史波韵，上　平上，哿韵　词第九部　戏梭波辙　曲歌戈韵，阳　【古同"火"。用其反切。】

伪 wěi［ㄨㄟˇ］ 危睡切　史微韵，上　平去，寘韵　词第三部　戏灰堆辙　曲齐微韵，去

伫 zhù［ㄓㄨˋ］ 直吕切　史姑韵，去　平上，语韵　词第四部　戏姑苏辙　曲鱼模韵，去

伈 xǐn［ㄒㄧㄣˇ］ 斯甚切　史文韵，上　平上，寝韵　词第十三部　戏人辰辙　曲侵寻韵，去

伊 yī［ㄧ］ 於脂切　史齐韵，阴　平平，支韵　词第三部　戏一七辙　曲齐微韵，阴

似 ㈠ sì［ㄙˋ］ 详里切　史支韵，去　平上，纸韵　词第三部　戏一七辙　曲支思韵，去

㈡shì[ㄕˋ] 详里切　史支韵，去　平上，纸韵　词第三部　戏一七辙　曲支思韵，去　（助词）【两读一音之转。反切仍之。】

余（查"水"部）**华**（查"十"部）

五画

夹（见"夹"）**征**（同"征"）**佈**（见"布"）**伷**（同"胄"）**侣**（同"似㈠"）**佇**（见"伫"）

佘 shé[ㄕㄜˊ] 视遮切　史波韵，阳　平平，麻韵　词第十部　戏梭波辙　曲车遮韵，阳

余 ㈠yú[ㄩˊ] 以诸切　史齐韵，阳　平平，鱼韵　词第四部　戏一七辙　曲鱼模韵，阳

㈡tú[ㄊㄨˊ] 同都切　史姑韵，阳　平平，虞韵　词第四部　戏姑苏辙　（接~；梌~）

㈢xú[ㄒㄩˊ] 详余切　史齐韵，阳　平平，鱼韵　词第四部　戏一七辙　（~吾）

㈣yé[ㄧㄝˊ] 余遮切　史皆韵，阳　平平，麻韵　词第十部　戏乜斜辙　（绪~）

佥 qiān[ㄑㄧㄢ] 七廉切　史寒韵，阴　平平，盐韵　词第十四部　戏言前辙　曲廉纤韵，阴

佅 mài[ㄇㄞˋ] 莫话切　史开韵，去　平去，卦韵　词第十部　戏怀来辙

佞 nìng[ㄋㄧㄥˋ] 乃定切　史庚韵，去　平去，径韵　词第十一部　戏中东辙　曲庚青韵，去

佉 ㈠qiā[ㄑㄧㄚ] 丘伽切　史麻韵，阴　平平，歌韵　词第九部　戏发花辙

㈡qū[ㄑㄩ] 丘於切　史齐韵，阴　平平，鱼韵　词第四部　戏一七辙　（梵文音译字）

估 ㈠gū[ㄍㄨ] 攻乎切　史姑韵，阴　平平，虞韵　词第四部　戏姑苏辙　曲鱼模韵，上

㈡gǔ[ㄍㄨˇ] 公户切　史姑韵，上　平上，虞韵　词第四部　戏姑苏辙　曲鱼模韵，上　（旧读）

㈢gù[ㄍㄨˋ] 古暮切　史姑韵，去　平去，遇韵　词第四部　戏姑苏辙　（~衣店）【借用同音字"故"的反切。】

体 ㈠tǐ[ㄊㄧˇ] 他礼切　史齐韵，上　平上，荠韵　词第三部　戏一七辙　曲齐微韵，上

㈡tī[ㄊㄧ] 土鸡切　史齐韵，阴　平平，齐韵　词第三部　戏一七辙　（~己）【与"梯己"同。用"梯"的反切。】

㈢bèn[ㄅㄣˋ] 蒲本切　史文韵，去　平上，阮韵　词第六部　戏人辰辙　（粗劣）

何 ㈠hé[ㄏㄜˊ] 胡歌切　史波韵，阳　平平，歌韵　词第九部　戏梭波辙　曲歌戈韵，阳

㈡hè[ㄏㄜˋ] （担负，同"荷㈠"）

佐 zuǒ[ㄗㄨㄛˇ] ①则箇切　史波韵，上　平去，箇韵　词第九部　戏梭波辙　曲歌戈韵，去

②子我切　史波韵，上　平上，哿韵　词第九部　戏梭波辙　曲歌戈韵，去　（又）

伾 pī[ㄆㄧ] ①晡枚切　史齐韵，阴　平平，灰韵　词第三部　戏一七辙

②敷悲切　史齐韵，阴　平平，支韵　词第三部　戏一七辙　（众多势盛）

佑 yòu[ㄧㄡˋ] 于救切　史尤韵，去　平去，宥韵　词第十二部　戏由求辙　曲尤侯韵，去

伻 bēng[ㄅㄥ] 普耕切　史庚韵，阴　平平，庚韵　词第十一部　戏中东辙

㧟 kǎ[ㄎㄚˇ] 恪甲切　史麻韵，上　平入，洽韵　词第十九部　戏发花辙　【现代字。借用同音字"擖㈠"的反切。】

佔 ㈠diān[ㄉㄧㄢ] 丁兼切　史寒韵，阴　平平，盐韵　词第十四部　戏言前辙　（~侸）

㈡chān[ㄔㄢ] ①痴廉切　史寒韵，阴　平平，盐韵　词第十四部　戏言前辙　（~毕）

②处占切　史寒韵，阴　平平，盐韵　词第十四部　戏言前辙　（喋喋而~~）

㈢zhàn[ㄓㄢˋ] （侵~，同"占㈡"）

攸 yōu[ㄧㄡ] 以周切　史尤韵，阴　平平，尤韵　词第十二部　戏由求辙　曲尤侯韵，阳

但 ㈠dàn[ㄉㄢˋ] ①徒旱切　史寒韵，去　平上，旱韵　词第七部　戏言前辙　曲寒山韵，去

②徒案切　史寒韵，去　平去，翰韵　词第七部　戏言前辙　曲寒山韵，去　（又）

㈡dán[ㄉㄢˊ] 徒干切　史寒韵，阳　平平，寒韵　词第七部　戏言前辙　（姓）

伸 shēn[ㄕㄣ] 失人切　史文韵，阴　平平，真韵　词第六部　戏人辰辙　曲真文韵，阴

佃 ㈠tián[ㄊㄧㄢˊ] 徒年切　史寒韵，阳　平平，先韵　词第二部　戏言前辙

㈡diàn[ㄉㄧㄢˋ] 堂练切　史寒韵，去　平去，霰韵　词第七部　戏言前辙　曲先天韵，去　（租种）

佚 ㈠yì[ㄧˋ] 夷质切　史齐韵，去　平入，质韵　词第十七部　戏一七辙

㈡dié[ㄉㄧㄝˊ] （更替，同"迭㈠"）

作 ㈠ zuò［ㄗㄨㄛˋ］①则落切　史波韵，去　平入，药韵　词第十六部　戏梭波辙　曲萧豪韵，上
　　　　　　　　　　②则箇切　史波韵，去　平去，箇韵　词第九部　戏梭波辙　曲萧豪韵，上　（又）
　㈡ zuō［ㄗㄨㄛ］则落切　史波韵，阴　平入，药韵　词第十六部　戏梭波辙　曲萧豪韵，上　（～坊；～弄）
　㈢ zuó［ㄗㄨㄛˊ］则落切　史波韵，阳　平入，药韵　词第十六部　戏梭波辙　曲萧豪韵，上　（～料；作兴；作践）
　㈣ zǔ［ㄗㄨˇ］（祝祷，同"诅"）
　㈤ zhà［ㄓㄚˋ］（初始，同"乍㈠"）

伯 ㈠ bó［ㄅㄛˊ］博陌切　史波韵，阳　平入，陌韵　词第十七部　戏梭波辙　曲皆来韵，上
　㈡ bà［ㄅㄚˋ］必驾切　史麻韵，去　平去，祃韵　词第十部　戏发花辙　曲家麻韵，去　（通"霸"）
　㈢ bǎi［ㄅㄞˇ］博白切　史开韵，上　平入，陌韵　词第十七部　戏怀来辙　曲皆来韵，上　（夫之兄）【《洪
武正韵》"伯"字条下有此反切，借用之。】

伶 líng［ㄌㄧㄥˊ］郎丁切　史庚韵，阳　平平，青韵　词第十一部　戏中东辙　曲庚青韵，阳

佣 ㈠ yōng［ㄩㄥ］余封切　史庚韵，阴　平平，冬韵　词第一部　戏中东辙　曲东钟韵，阳
　㈡ chōng［ㄔㄨㄥ］丑凶切　史庚韵，阴　平平，冬韵　词第一部　戏中东辙　曲东钟韵，阳　（均等）
　㈢ yòng［ㄩㄥˋ］余颂切　史庚韵，去　平去，宋韵　词第一部　戏中东辙　（～金）【借用同音近义字"用"的
反切。】

低 dī［ㄉㄧ］都奚切　史齐韵，阴　平平，齐韵　词第三部　戏一七辙　曲齐微韵，阴

你 nǐ［ㄋㄧˇ］乃里切　史齐韵，上　平上，纸韵　词第三部　戏一七辙　曲齐微韵，上

佝 ㈠ kòu［ㄎㄡˋ］丘堠切　史尤韵，去　平去，宥韵　词第十二部　戏由求辙
　㈡ gōu［ㄍㄡ］呼漏切　史尤韵，阴　平去，宥韵　词第十二部　戏由求辙　（～偻病）

佟 tóng［ㄊㄨㄥˊ］徒冬切　史庚韵，阳　平平，冬韵　词第一部　戏中东辙

伷 ㈠ zhòu［ㄓㄡˋ］锄祐切　史尤韵，去　平去，宥韵　词第十二部　戏由求辙　曲尤侯韵，上
　㈡ zhū［ㄓㄨ］①庄俱切　史姑韵，阴　平平，虞韵　词第四部　戏姑苏辙　（佅～）
　　　　　　　　②女洽切　史姑韵，阴　平入，洽韵　词第十九部　戏姑苏辙　（又）

住 zhù［ㄓㄨˋ］持遇切　史姑韵，去　平去，遇韵　词第四部　戏姑苏辙　曲鱼模韵，去

位 wèi［ㄨㄟˋ］于愧切　史微韵，去　平去，寘韵　词第三部　戏灰堆辙　曲齐微韵，去

佷 xián［ㄒㄧㄢˊ］胡田切　史寒韵，阳　平平，先韵　词第七部　戏言前辙

伴 ㈠ bàn［ㄅㄢˋ］蒲旱切　史寒韵，去　平上，旱韵　词第七部　戏言前辙　曲桓欢韵，去
　㈡ pàn［ㄆㄢˋ］薄半切　史寒韵，去　平去，翰韵　词第七部　戏言前辙　曲桓欢韵，去　（大）

佗 ㈠ tuó［ㄊㄨㄛˊ］徒河切　史波韵，阳　平平，歌韵　词第九部　戏梭波辙　曲歌戈韵，阴
　㈡ tā［ㄊㄚ］托何切　史麻韵，阴　平平，歌韵　词第九部　戏发花辙　曲歌戈韵，阴　（通"他"）
　㈢ tuō［ㄊㄨㄛ］託何切　史波韵，阴　平平，歌韵　词第九部　戏梭波辙　曲歌戈韵，阴　（通"拕"）
　㈣ tuò［ㄊㄨㄛˋ］他佐切　史波韵，去　平去，箇韵　词第九部　戏梭波辙　（加）
　㈤ yí［ㄧˊ］（委～-逶迤，同"迤㈡"）

佖 bí［ㄅㄧˊ］毗必切　史齐韵，阳　平入，质韵　词第十七部　戏一七辙

伺 ㈠ sì［ㄙˋ］①相吏切　史支韵，去　平去，寘韵　词第三部　戏一七辙
　　　　　　②息兹切　史支韵，去　平平，支韵　词第三部　戏一七辙　（又）
　㈡ cì［ㄘˋ］相吏切　史支韵，去　平去，寘韵　词第三部　戏一七辙　（等候；伺候）

佛 ㈠ fó［ㄈㄛˊ］符弗切　史波韵，阳　平入，物韵　词第十八部　戏梭波辙　曲歌戈韵，阳
　㈡ fú［ㄈㄨˊ］敷勿切　史姑韵，阳　平入，物韵　词第十八部　戏姑苏辙　曲鱼模韵，阳　（仿～）
　㈢ bó［ㄅㄛˊ］（～然大怒，同"勃㈠"）

伽 ㈠ qié［ㄑㄧㄝˊ］求迦切　史皆韵，阳　平平，歌韵　词第九部　戏乜斜辙
　㈡ jiā［ㄐㄧㄚ］古牙切　史麻韵，阴　平平，麻韵　词第十部　戏发花辙　（～利略；～倻琴）　【音译字。借用
同音字"加"的反切。】
　㈢ gā［ㄍㄚ］古黠切　史麻韵，阴　平入，黠韵　词第十八部　戏发花辙　（～马射线）　【音译字。借用同音字"嘎

（一）"的反切。】

佊 bǐ[ㄅㄧˇ] ①甫委切　中齐韵，上　平上，纸韵　词第三部　戏一七辙

②彼义切　中齐韵，上　平去，寘韵　词第三部　戏一七辙　（又）

伿 ㈠yǐ[ㄧˇ] ①羊己切　中齐韵，上　平上，纸韵　词第三部　戏一七辙

②夷在切　中齐韵，上　平上，贿韵　词第五部　戏一七辙　（又）

㈡chì[ㄔˋ]　丑吏切　中支韵，去　平去，寘韵　词第三部　戏一七辙　（～俿）

巫（查"工"部）**两**（查"一"部）**来**（查"一"部）**含**（查"口"部）

<h2 style="text-align:center">六画</h2>

両（见"两"）**侖**（见"仑"）**來**（见"来"）**侀**（同"形"）**徇**（同"徇㈠"）**佫**（同"托"）**併**（同"并㈠"）
俫（同"敉"）

舍 ㈠shè[ㄕㄜˋ]　始夜切　中波韵，去　平去，祃韵　词第十部　戏梭波辙　曲车遮韵，去

(1)居室：馆～　(2)住宿：～于汶上　(3)休息：不～昼夜　(4)住一晚为舍　(5)行军三十里：退避三～　(6)古代食客：～
人　(7)旧称少爷为舍　(8)谦辞：～弟　(9)畜圈：牛～　⑽通"敇"　⑾姓

㈡shě[ㄕㄜˇ]　书冶切　中波韵，上　平上，马韵　词第十部　戏梭波辙　曲车遮韵，上

⑿射出：～矢如破　⒀布施：施～　⒁放弃：锲而不～

㈢shì[ㄕˋ]　（～采–释菜，同"释㈠"）

㈣shá[ㄕㄚˊ]　（什么，同"啥"）

俞 mìng[ㄇㄧㄥˋ]　眉病切　中庚韵，去　平去，敬韵　词第十一部　戏中东辙　曲庚青韵，去

伬 chì[ㄔˋ]　耻力切　中支韵，去　平入，职韵　词第十七部　戏一七辙

佳 jiā[ㄐㄧㄚ]　古膎切　中麻韵，阴　平平，佳韵　词第十部　戏发花辙　曲家麻韵，阴

侍 shì[ㄕˋ]　时吏切　中支韵，去　平去，寘韵　词第三部　戏一七辙　曲支思韵，去

佶 jí[ㄐㄧˊ]　巨乙切　中齐韵，阳　平入，质韵　词第十七部　戏一七辙

佬 ㈠lǎo[ㄌㄠˇ]　力稿切　中豪韵，上　平上，皓韵　词第八部　戏遥条辙

㈡liáo[ㄌㄧㄠˊ]　力彫切　中豪韵，阳　平平，萧韵　词第八部　戏遥条辙　（佬～）

佴 ㈠èr[ㄦˋ]　仍吏切　中齐韵，去　平去，寘韵　词第三部　戏一七辙

㈡nài[ㄋㄞˋ]　奴代切　中开韵，去　平去，队韵　词第五部　戏怀来辙　（姓）

供 ㈠gòng[ㄍㄨㄥˋ]　居用切　中庚韵，去　平去，宋韵　词第一部　戏中东辙　曲东钟韵，去

㈡gōng[ㄍㄨㄥ]　九容切　中庚韵，阴　平平，冬韵　词第一部　戏中东辙　曲东钟韵，阴　（供给）

使 shǐ[ㄕˇ] ①踈士切　中支韵，上　平上，纸韵　词第三部　戏一七辙　曲支思韵，上

②踈士切　中支韵，上　平上，纸韵　词第三部　戏一七辙　曲支思韵，去　（～者）

佰 ㈠bǎi[ㄅㄞˇ]　博陌切　中开韵，上　平入，陌韵　词第十七部　戏怀来辙

㈡mò[ㄇㄛˋ]　（田界，同"陌"）

侑 yòu[ㄧㄡˋ]　于救切　中尤韵，去　平去，宥韵　词第十二部　戏由求辙　曲尤侯韵，去

侉 ㈠kuǎ[ㄎㄨㄚˇ]　枯瓜切　中麻韵，上　平平，麻韵　词第十部　戏发花辙

㈡ò[ㄛˋ]　安贺切　中波韵，去　平去，箇韵　词第九部　戏梭波辙　（痛叫）

㈢kuā[ㄎㄨㄚ]　（夸张，同"夸㈠"）

例 lì[ㄌㄧˋ]　力制切　中齐韵，去　平去，霁韵　词第三部　戏一七辙　曲齐微韵，去

侠 ㈠xiá[ㄒㄧㄚˊ] ①胡颊切　中麻韵，阳　平入，叶韵　词第十八部　戏发花辙　曲家麻韵，阳

②胡颊切　中麻韵，阳　平入，叶韵　词第十八部　戏车遮辙　曲车遮韵，阳　（又）

㈡jiā[ㄐㄧㄚ]　（夹住，同"夹㈠"）

侥 ㈠jiǎo[ㄐㄧㄠˇ]　吉了切　中豪韵，上　平上，篠韵　词第八部　戏遥条辙

㈡jiāo[ㄐㄧㄠ]　坚尧切　中豪韵，阴　平平，萧韵　词第八部　戏遥条辙　（虚伪）

㈢yáo[ㄧㄠˊ]　五聊切　中豪韵，阳　平平，萧韵　词第八部　戏遥条辙　（僬～国）

侄　zhí［ㄓˊ］①直一切　史支韵，阳　平入，质韵　词第十七部　戏一七辙　曲齐微韵，阳　（子~）
　　　　　　　　②徒结切　史支韵，阳　平入，屑韵　词第十八部　戏一七辙　曲齐微韵，阳　（又）
　　　　　　　　③之日切　史支韵，去　平入，质韵　词第十七部　戏一七辙　（牢固）

佌　cǐ［ㄘˇ］雌氏切　史支韵，上　平上，纸韵　词第三部　戏一七辙

侦　zhēn［ㄓㄣ］①丑贞切　史文韵，阴　平平，庚韵　词第十一部　戏人辰辙
　　　　　　　　②丑郑切　史文韵，阴　平去，敬韵　词第十一部　戏人辰辙　（又）

侊　guāng［ㄍㄨㄤ］①古黄切　史唐韵，阴　平平，阳韵　词第二部　戏江阳辙
　　　　　　　　　②古横切　史庚韵，阴　平平，庚韵　词第十一部　戏中东辙　（~饭）

侣　lǚ［ㄌㄩˇ］力举切　史齐韵，上　平上，语韵　词第四部　戏一七辙　曲鱼模韵，上

侗　㈠tóng［ㄊㄨㄥˊ］徒红切　史庚韵，阳　平平，东韵　词第一部　戏中东辙
　　㈡tǒng［ㄊㄨㄥˇ］他孔切　史庚韵，上　平上，董韵　词第一部　戏中东辙　（直通）
　　㈢tōng［ㄊㄨㄥ］他红切　史庚韵，阴　平平，东韵　词第一部　戏中东辙　（个子大）
　　㈣dòng［ㄉㄨㄥˋ］徒弄切　史庚韵，去　平去，送韵　词第一部　戏中东辙　（~族）

侃　kǎn［ㄎㄢˇ］空旱切　史寒韵，上　平上，旱韵　词第七部　戏言前辙　曲寒山韵，上

徊　㈠huí［ㄏㄨㄟˊ］户恢切　史微韵，阳　平平，灰韵　词第三部　戏灰堆辙
　　㈡huái［ㄏㄨㄞˊ］（俳~-徘徊，同“徊㈠”）

侧　㈠cè［ㄘㄜˋ］阻力切　史波韵，去　平入，职韵　词第十七部　戏梭波辙　曲皆来韵，上
　　㈡zhāi［ㄓㄞ］札色切　史开韵，阴　平入，职韵　词第十七部　戏怀来辙　（斜着）
　　㈢zè［ㄗㄜˋ］（日昃，同“昃”）

侏　zhū［ㄓㄨ］章俱切　史姑韵，阴　平平，虞韵　词第四部　戏姑苏辙　曲鱼模韵，阴

侁　shēn［ㄕㄣ］所臻切　史文韵，阴　平平，真韵　词第六部　戏人辰辙

侹　tǐng［ㄊㄧㄥˇ］①他鼎切　史庚韵，上　平上，迥韵　词第十一部　戏中东辙
　　　　　　　　②他定切　史庚韵，上　平去，径韵　词第十一部　戏中东辙　（又）

佸　huó［ㄏㄨㄛˊ］户括切　史波韵，阳　平入，曷韵　词第十八部　戏梭波辙

侨　qiáo［ㄑㄧㄠˊ］巨娇切　史豪韵，阳　平平，萧韵　词第八部　戏遥条辙　曲萧豪韵，阳

恤　xù［ㄒㄩˋ］①况逼切　史齐韵，去　平入，职韵　词第十七部　戏一七辙
　　　　　　　②火季切　史齐韵，去　平去，真韵　词第三部　戏一七辙　（又）

侜　zhōu［ㄓㄡ］张流切　史尤韵，阴　平平，尤韵　词第十二部　戏由求辙

佺　quán［ㄑㄩㄢˊ］此缘切　史寒韵，阳　平平，先韵　词第七部　戏言前辙

侩　kuài［ㄎㄨㄞˋ］古外切　史开韵，去　平去，泰韵　词第三部　戏怀来辙

佻　㈠tiāo［ㄊㄧㄠ］吐彫切　史豪韵，阴　平平，萧韵　词第八部　戏遥条辙　曲萧豪韵，阳
　　㈡tiáo［ㄊㄧㄠˊ］徒聊切　史豪韵，阳　平平，萧韵　词第八部　戏遥条辙　曲萧豪韵，阳　（独行）
　　㈢tiào［ㄊㄧㄠˋ］他弔切　史豪韵，去　平去，啸韵　词第八部　戏遥条辙　（轻疾）
　　㈣diǎo［ㄉㄧㄠˇ］丁了切　史豪韵，上　平上，篠韵　词第八部　戏遥条辙　（悬挂；远）
　　㈤yáo［ㄧㄠˊ］移樵切　史豪韵，阳　平平，萧韵　词第八部　戏遥条辙　（延缓）

佾　yì［ㄧˋ］夷质切　史齐韵，去　平入，质韵　词第十七部　戏一七辙　曲齐微韵，去

佩　pèi［ㄆㄟˋ］蒲昧切　史微韵，去　平去，队韵　词第三部　戏灰堆辙　曲齐微韵，去

佹　㈠guǐ［ㄍㄨㄟˇ］过委切　史微韵，上　平上，纸韵　词第三部　戏灰堆辙
　　㈡guī［ㄍㄨㄟ］俱为切　史微韵，阴　平平，支韵　词第三部　戏灰堆辙　（副词）

侈　chǐ［ㄔˇ］①尺氏切　史支韵，上　平上，纸韵　词第三部　戏一七辙　曲齐微韵，上
　　　　　　　②尺氏切　史支韵，上　平上，纸韵　词第三部　戏一七辙　曲支思韵，上　（又）

侪　chái［ㄔㄞˊ］士皆切　史开韵，阳　平平，佳韵　词第五部　戏怀来辙　曲皆来韵，阳

佼　㈠jiǎo［ㄐㄧㄠˇ］古巧切　史豪韵，上　平上，巧韵　词第八部　戏遥条辙
　　㈡jiāo［ㄐㄧㄠ］（交往，同“交”）

依 (一)yī[ㄧ] 於希切　史齐韵，阴　乎平，微韵　词第三部　戏一七辙　曲齐微韵，阴

　　(1)恃，仰赖：~靠　(2)按照：~法行政　(3)亲爱：有~其士　(4)茂盛状：~彼平林　(5)答允，顺从：不~不饶　(6)仍旧：~然　(7)轻柔摆动状：杨柳~~　(8)留恋状：~~不舍

　　(二)yǐ[ㄧˇ] 隐岂切　史齐韵，上　乎上，尾韵　词第三部　戏一七辙

　　　　(9)譬喻：不学博~，不能安诗　(10)门窗间的屏风

佡 (一)gāi[ㄍㄞ] ①古哀切　史开韵，阴　乎平，灰韵　词第三部　戏怀来辙
　　　　　　②苦哀切　史开韵，阴　乎平，灰韵　词第五部　戏怀来辙 （又）
　　　　　　③胡改切　史开韵，阴　乎上，贿韵　词第五部　戏怀来辙 （又）

　　(二)hài[ㄏㄞˋ] 侯楷切　史开韵，去　乎上，蟹韵　词第五部　戏怀来辙 （无~）

佯 yáng[ㄧㅊˊ] 与章切　史唐韵，阳　乎平，阳韵　词第二部　戏江阳辙　曲江阳韵，阳

佽 cì[ㄘˋ] 七四切　史支韵，去　乎去，寘韵　词第三部　戏一七辙

佗 chà[ㄔㄚˋ] ①丑亚切　史麻韵，去　乎去，祃韵　词第十部　戏发花辙
　　　　　　②敕加切　史麻韵，去　乎平，麻韵　词第十部　戏发花辙 （又）

佷 nóng[ㄋㄨㄥˊ] 奴冬切　史庚韵，阳　乎平，冬韵　词第一部　戏中东辙　曲东钟韵，阳

很 (一)héng[ㄏㄥˊ] 胡登切　史庚韵，阳　乎平，蒸韵　词第十一部　戏中东辙 （~山）

　　(二)hěn[ㄏㄣˇ] （心狠，同"狠(一)"）

侔 móu[ㄇㄡˊ] 莫浮切　史尤韵，阳　乎平，尤韵　词第十二部　戏由求辙　曲尤侯韵，阳

卒 （查"亠"部）贪 （查"贝"部）凭 （查"几"部）

七画

俞 （见"俞"）俌 （同"辅"）俠 （见"侠"）俓 （同"径"）倪 （见"倪"）俈 （同"誉"）係 （见"系"）

侷 （同"局"）

俞 (一)yú[ㄩˊ] 羊朱切　史齐韵，阳　乎平，虞韵　词第四部　戏一七辙　曲鱼模韵，阳

　　(二)yù[ㄩˋ] （更加；病愈，同"愈"）

　　(三)shù[ㄕㄨˋ] （穴道名，同"腧"）

俎 zǔ[ㄗㄨˇ] 侧吕切　史姑韵，上　乎上，语韵　词第四部　戏姑苏辙　曲鱼模韵，上

俦 chóu[ㄔㄡˊ] 直由切　史尤韵，阳　乎平，尤韵　词第十二部　戏由求辙　曲尤侯韵，阳

　　(二)dào[ㄉㄠˋ] 徒到切　史豪韵，去　乎去，号韵　词第八部　戏遥条辙 （华盖；隐蔽）

俏 xiāo[ㄒㄧㄠ] 虚交切　史豪韵，阴　乎平，肴韵　词第八部　戏遥条辙

俨 yǎn[ㄧㄢˇ] 鱼埯切　史寒韵，上　乎上，俭韵　词第十四部　戏言前辙

俅 qiú[ㄑㄧㄡˊ] 巨鸠切　史尤韵，阳　乎平，尤韵　词第十二部　戏由求辙　曲尤侯韵，阳

侼 bó[ㄅㄛˊ] 薄没切　史波韵，阳　乎入，月韵　词第十八部　戏梭波辙

便 (一)biàn[ㄅㄧㄢˋ] 婢面切　史寒韵，去　乎去，霰韵　词第七部　戏言前辙　曲先天韵，去

　　(1)顺利，适宜：~国不必法古　(2)熟习：~弓马　(3)简单，非正式：~宜行事　(4)排泄或排泄物：大小~　(5)纵使：~与先生应永诀　(6)就：纳头~拜　(7)立即：举笔~成　(8)审察，通"辨"

　　(二)pián[ㄆㄧㄢˊ] 房连切　史寒韵，阳　乎平，先韵　词第七部　戏言前辙　曲先天韵，阳

　　(9)安适：~宁无忧　(10)善辩：~~而言　(11)肥满：大腹~~　(12)物价较低：东西~宜　(13)私利，好处：占~宜　(14)辨别，通"平"：~章

俉 (一)wù[ㄨˋ] 五故切　史姑韵，去　乎去，遇韵　词第四部　戏姑苏辙

　　(二)wú[ㄨˊ] 讹胡切　史姑韵，阳　乎平，虞韵　词第四部　戏姑苏辙 （魁~）

俩 (一)liǎng[ㄌㄧㅊˇ] 里养切　史唐韵，上　乎上，养韵　词第二部　戏江阳辙

　　(二)liǎ[ㄌㄧㄚˇ] 里下切　史麻韵，上　乎上，马韵　词第十部　戏发花辙 （两个；几个）【方言字。以"里""下"二字可以切得。】

俪 (一)lì[ㄌㄧˋ] 郎计切　史齐韵，去　乎去，霁韵　词第三部　戏一七辙

　　　（二）lí［ㄌㄧˊ］ 邻知切　史齐韵，阳　平平，支韵　词第三部　戏一七辙　（䣓~）

侲 （一）zhèn［ㄓㄣˋ］ 章刃切　史文韵，去　平去，震韵　词第六部　戏人辰辙

　　　（二）zhēn［ㄓㄣ］ 职邻切　史文韵，阴　平平，真韵　词第六部　戏人辰辙　（养马人）

倈 （一）lái［ㄌㄞˊ］ 里之切　史开韵，阳　平平，支韵　词第三部　戏怀来辙　曲车遮韵，阳

　　　（二）lài［ㄌㄞˋ］ （劳~－劳勑，同“勑（一）”）

修 xiū［ㄒㄧㄡ］ 息流切　史尤韵，阴　平平，尤韵　词第十二部　戏由求辙　曲尤侯韵，阴

俏 （一）qiào［ㄑㄧㄠˋ］ 七肖切　史豪韵，去　平去，啸韵　词第八部　戏遥条辙　曲萧豪韵，去

　　　（二）xiào［ㄒㄧㄠˋ］ （相似，同“肖（二）”）

俚 lǐ［ㄌㄧˇ］ 良士切　史齐韵，上　平上，纸韵　词第三部　戏一七辙

俣 yǔ［ㄩˇ］ 虞矩切　史齐韵，上　平上，麌韵　词第四部　戏一七辙

保 bǎo［ㄅㄠˇ］ 博抱切　史豪韵，上　平上，皓韵　词第八部　戏遥条辙　曲萧豪韵，上

促 cù［ㄘㄨˋ］ 七玉切　史姑韵，去　平入，沃韵　词第十五部　戏姑苏辙　曲鱼模韵，上

俜 pīng［ㄆㄧㄥ］ 普丁切　史庚韵，阴　平平，青韵　词第十一部　戏中东辙　曲庚青韵，阳

俋 （一）yì［ㄧˋ］ 乙及切　史齐韵，去　平入，缉韵　词第十七部　戏一七辙

　　　（二）zhí［ㄓˊ］ 直立切　史支韵，上　平入，缉韵　词第十七部　戏一七辙　（又）

俐 lì［ㄌㄧˋ］ 力至切　史齐韵，去　平去，真韵　词第三部　戏一七辙　曲齐微韵，去　【《龙龛手鉴》：音“利”，用其反切。】

俄 é［ㄜˊ］ 五何切　史波韵，阳　平平，歌韵　词第九部　戏梭波辙　曲歌戈韵，阳

侮 wǔ［ㄨˇ］ 文甫切　史姑韵，上　平上，麌韵　词第四部　戏姑苏辙　曲鱼模韵，上

俆 （一）shū［ㄕㄨ］ 商居切　史姑韵，阴　平平，鱼韵　词第四部　戏姑苏辙　（~州）

　　　（二）xú［ㄒㄩˊ］ （迟缓，同“徐”）

俙 xī［ㄒㄧ］ ①香衣切　史齐韵，阴　平平，微韵　词第三部　戏一七辙

　　　　　②虚岂切　史齐韵，阴　平上，尾韵　词第三部　戏一七辙　（又）

俭 jiǎn［ㄐㄧㄢˇ］ 巨险切　史寒韵，上　平上，俭韵　词第十四部　戏言前辙　曲廉纤韵，去

侳 （一）zuò［ㄗㄨㄛˋ］ ①则卧切　史波韵，去　平去，箇韵　词第九部　戏梭波辙

　　　　　　　　②子舵切　史波韵，去　平平，歌韵　词第九部　戏梭波辙　（又）

　　　（二）cuò［ㄘㄨㄛˋ］ （羞辱，同“剉”）

俗 sú［ㄙㄨˊ］ 似足切　史姑韵，阳　平入，沃韵　词第十五部　戏姑苏辙　曲鱼模韵，阳

俘 fú［ㄈㄨˊ］ 芳无切　史姑韵，阳　平平，虞韵　词第四部　戏姑苏辙

俛 （一）miǎn［ㄇㄧㄢˇ］ 亡辨切　史寒韵，上　平上，铣韵　词第七部　戏言前辙　曲先天韵，上

　　　（二）fǔ［ㄈㄨˇ］ 匪父切　史姑韵，上　平上，麌韵　词第四部　戏姑苏辙　曲鱼模韵，上　（同“俯”）

徎 （一）guàng［ㄍㄨㄤˋ］ ①居况切　史唐韵，去　平去，漾韵　词第二部　戏江阳辙

　　　　　　　　②求往切　史唐韵，上　平上，养韵　词第二部　戏江阳辙　（惶恐）

　　　（二）kuāng［ㄎㄨㄤ］ （同“劻”）

信 （一）xìn［ㄒㄧㄣˋ］ 息晋切　史文韵，去　平去，震韵　词第六部　戏人辰辙　曲真文韵，去

　　　（二）shēn［ㄕㄣ］ 升人切　史文韵，阴　平平，真韵　词第六部　戏人辰辙　曲真文韵，阴　（伸展；申张）

　　　（三）shēn［ㄕㄣ］ （~圭，同“身（一）”）

侻 （一）tuō［ㄊㄨㄛ］ 他括切　史波韵，阴　平入，曷韵　词第十八部　戏梭波辙

　　　（二）tuì［ㄊㄨㄟˋ］ 吐外切　史微韵，去　平去，泰韵　词第三部　戏灰堆辙　（恰好；合适）

俒 hùn［ㄏㄨㄣˋ］ ①胡困切　史文韵，去　平去，愿韵　词第六部　戏人辰辙

　　　　　②户昆切　史文韵，去　平平，元韵　词第六部　戏人辰辙　（又）

俍 （一）liáng［ㄌㄧㄤˊ］ 吕张切　史唐韵，阳　平平，阳韵　词第二部　戏江阳辙

　　　（二）lǎng［ㄌㄤˇ］ 卢党切　史唐韵，上　平上，养韵　词第二部　戏江阳辙　（~伤）

　　　（三）liàng［ㄌㄧㄤˋ］ （~倡－跟跄，同“跟（二）”）

侵 ㈠qīn［ㄑㄧㄣ］七林切　史文韵，阴　平平，侵韵　词第十三部　戏人辰辙　曲侵寻韵，阴
　　㈡qǐn［ㄑㄧㄣˇ］（貌丑，同"寝"）

侯 ㈠hóu［ㄏㄡˊ］户鉤切　史尤韵，阳　平平，尤韵　词第十二部　戏由求辙　曲尤侯韵，阳
　　㈡hòu［ㄏㄡˋ］户鉤切　史尤韵，去　平去，宥韵　词第十二部　戏由求辙　曲尤侯韵，阳　（闽~）【方言读音。
反切仍之。而反切第二字"鉤"有"宥"韵，用之。】

俑 yǒng［ㄩㄥˇ］①余陇切　史庚韵，上　平上，肿韵　词第一部　戏中东辙　曲东钟韵，上
　　　　　　　　②他红切　史庚韵，去　平平，东韵　词第一部　戏中东辙　（通"痛"）

俟 ㈠sì［ㄙˋ］床史切　史支韵，去　平上，纸韵　词第三部　戏一七辙　曲支思韵，去
　　㈡qí［ㄑㄧˊ］渠希切　史齐韵，阳　平平，微韵　词第三部　戏一七辙　（万~）

俊 jùn［ㄐㄩㄣˋ］子峻切　史文韵，去　平去，震韵　词第六部　戏人辰辙　曲真文韵，去

弇 （查"廾"部）

八画

倉（见"仓"）倀（见"伥"）倆（见"俩"）倈（见"俫"）健（同"婕"）條（见"条"）倏（同"倏"）
們（见"们"）個（见"个"）併（见"并㈠"）倫（见"伦"）俾（同"睥"）俻（同"备"）倣（同"仿㈠"）

俸 fèng［ㄈㄥˋ］扶用切　史庚韵，去　平去，宋韵　词第一部　戏中东辙

倩 ㈠qiàn［ㄑㄧㄢˋ］仓甸切　史寒韵，去　平去，霰韵　词第七部　戏言前辙
　　㈡qìng［ㄑㄧㄥˋ］七政切　史庚韵，去　平去，敬韵　词第十一部　戏中东辙　曲庚青韵，去　（女婿；借助）

债 zhài［ㄓㄞˋ］①侧卖切　史开韵，去　平去，卦韵　词第十部　戏怀来辙　曲皆来韵，去
　　　　　　　　②侧革切　史开韵，去　平入，陌韵　词第十七部　戏怀来辙　曲皆来韵，去　（又）

俵 ㈠biào［ㄅㄧㄠˋ］寊庙切　史豪韵，去　平去，啸韵　词第八部　戏遥条辙　曲萧豪韵，去
　　㈡biǎo［ㄅㄧㄠˇ］陂矫切　史豪韵，上　平上，篠韵　词第八部　戏遥条辙　（老~）【方言读音。借用同音字"表"
的反切。】

倰 líng［ㄌㄧㄥˊ］①鲁登切　史庚韵，阳　平平，蒸韵　词第十一部　戏中东辙　（欺凌）
　　　　　　　　②鲁邓切　史庚韵，去　平去，径韵　词第十一部　戏中东辙　（疲惫）

倖 xìng［ㄒㄧㄥˋ］胡耿切　史庚韵，去　平上，梗韵　词第十一部　戏中东辙　曲庚青韵，去

倛 ㈠qī［ㄑㄧ］丘其切　史齐韵，阴　平平，支韵　词第三部　戏一七辙
　　㈡qí［ㄑㄧˊ］渠之切　史齐韵，阳　平平，支韵　词第三部　戏一七辙　（祈雨用的土偶）
　　㈢qì［ㄑㄧˋ］去吏切　史齐韵，去　平去，寘韵　词第三部　戏一七辙　（~儗）

倻 yē［ㄧㄝ］以遮切　史皆韵，阴　平平，麻韵　词第十部　戏乜斜辙【音译字。借用同音字"耶"的反切。】

借 jiè［ㄐㄧㄝˋ］①子夜切　史皆韵，去　平去，祃韵　词第十部　戏乜斜辙　曲车遮韵，去
　　　　　　　　②资昔切　史齐韵，去　平入，陌韵　词第十七部　戏乜斜辙　（假如）

偌 ㈠ruò［ㄖㄨㄛˋ］人夜切　史波韵，去　平去，祃韵　词第十部　戏梭波辙
　　㈡rè［ㄖㄜˋ］人夜切　史波韵，去　平去，祃韵　词第十部　戏梭波辙　（姓）

值 zhí［ㄓˊ］直吏切　史支韵，阳　平去，寘韵　词第三部　戏一七辙　曲齐微韵，阳

偫 zì［ㄗˋ］侧吏切　史支韵，去　平去，寘韵　词第三部　戏一七辙

倴 ㈠bèn［ㄅㄣˋ］甫闷切　史文韵，去　平去，愿韵　词第六部　戏人辰辙　【借用同音字"奔㈡"的反切。】
　　㈡bēn［ㄅㄣ］（同"奔㈠"）

倚 ㈠yǐ［ㄧˇ］①於绮切　史齐韵，上　平上，纸韵　词第三部　戏一七辙　曲齐微韵，上
　　　　　　　②於义切　史齐韵，上　平去，寘韵　词第三部　戏一七辙　曲齐微韵，上　（又）
　　㈡jī［ㄐㄧ］居宜切　史齐韵，阴　平平，支韵　词第三部　戏一七辙　（奇异；~轮）

俺 ㈠ǎn［ㄢˇ］①阿罕切　史寒韵，上　平上，旱韵　词第七部　戏言前辙　曲监咸韵，上
　　　　　　　②安敢切　史寒韵，上　平上，感韵　词第十四部　戏言前辙　曲监咸韵，上　（又）
　　㈡yàn［ㄧㄢˋ］①於验切　史寒韵，去　平去，艳韵　词第十四部　戏言前辙　（大）

　②於剑切　中寒韵，去　平去，陷韵　词第十四部　戏言前辙　（又）

僭 jiàn[ㄐㄧㄢˋ]　慈演切　中寒韵，去　平上，铣韵　词第七部　戏言前辙

倒 (一)dǎo[ㄉㄠˇ]　都皓切　中豪韵，上　平上，皓韵　词第八部　戏遥条辙　曲萧豪韵，上

　(1)倒下：摔~　(2)败落：门户~矣　(3)挫折：~霉　(4)转移，更换：~换　(5)投机买卖：~汇　(6)转让门面：买卖

　折了本，要~给别人　(7)食欲变坏：~胃口

　(二)dào[ㄉㄠˋ]　都导切　中豪韵，去　平去，号韵　词第八部　戏遥条辙　曲萧豪韵，去

　(8)颠倒，倒转：~吃甘蔗节节甜　(9)倾出：~茶　⑩违逆，不顺：至言忤于耳而~于心　⑾向后：~退　⑿相反，

　反而，却：尽管忙，~也不觉累　⒀语气词，表强调：我~要看看会怎么样

俳 pái[ㄆㄞˊ]　①步皆切　中开韵，阳　平平，佳韵　词第五部　戏怀来辙　曲皆来韵，阳

　②蒲枚切　中开韵，阳　平平，灰韵　词第五部　戏怀来辙　（~個）

俶 (一)chù[ㄔㄨˋ]　昌六切　中姑韵，去　平入，屋韵　词第十五部　戏姑苏辙

　(二)tì[ㄊㄧˋ]　他历切　中齐韵，去　平入，锡韵　词第十七部　戏一七辙　（~傥）

倬 zhuō[ㄓㄨㄛ]　竹角切　中波韵，阴　平入，觉韵　词第十六部　戏梭波辙

侟 (一)chí[ㄔˊ]　直宜切　中支韵，阳　平平，支韵　词第三部　戏一七辙

　(二)hǔ[ㄏㄨˇ]　（同"虎"）

倏 shū[ㄕㄨ]　式竹切　中姑韵，阴　平入，屋韵　词第十五部　戏姑苏辙

脩 (一)xiū[ㄒㄧㄡ]　息流切　中尤韵，阴　平平，尤韵　词第十二部　戏由求辙　曲尤侯韵，阴

　(二)yǒu[ㄧㄡˇ]　以九切　中尤韵，上　平上，有韵　词第十二部　戏由求辙　（漆樽）

　(三)tiáo[ㄊㄧㄠˊ]　他彫切　中豪韵，阳　平平，萧韵　词第八部　戏遥条辙　（汉县名）

倘 (一)tǎng[ㄊㄤˇ]　①尺掌切　中唐韵，上　平上，养韵　词第二部　戏江阳辙　曲江阳韵，上　（~然）

　　②他郎切　中唐韵，上　平平，阳韵　词第二部　戏江阳辙　曲江阳韵，上　（又）

　　③坦朗切　中唐韵，上　平上，养韵　词第二部　戏江阳辙　曲江阳韵，上　（~使）

　(二)cháng[ㄔㄤˊ]　齿两切　中唐韵，阳　平上，养韵　词第二部　戏江阳辙　（~佯）

俱 (一)jū[ㄐㄩ]　举朱切　中齐韵，阴　平平，虞韵　词第四部　戏一七辙　曲鱼模韵，阴

　(二)jù[ㄐㄩˋ]　举朱切　中齐韵，去　平平，虞韵　词第四部　戏一七辙　曲鱼模韵，阴　（全，都）【古今音，

反切仍之。】

倮 luǒ[ㄌㄨㄛˇ]　鲁果切　中波韵，上　平上，哿韵　词第九部　戏梭波辙

倱 hùn[ㄏㄨㄣˋ]　胡本切　中文韵，去　平上，阮韵　词第六部　戏人辰辙

倡 (一)chàng[ㄔㄤˋ]　尺亮切　中唐韵，去　平去，漾韵　词第二部　戏江阳辙　曲江阳韵，去

　(二)chāng[ㄔㄤ]　尺良切　中唐韵，阴　平平，阳韵　词第二部　戏江阳辙　（~优；~狂）

候 hòu[ㄏㄡˋ]　胡遘切　中尤韵，去　平去，宥韵　词第十二部　戏由求辙　曲尤侯韵，去

倮 luó[ㄌㄨㄛˊ]　鲁何切　中波韵，阳　平平，歌韵　词第九部　戏梭波辙　曲歌戈韵，阳

倕 chuí[ㄔㄨㄟˊ]　是为切　中微韵，阳　平平，支韵　词第三部　戏灰堆辙

倭 (一)wō[ㄨㄛ]　乌禾切　中波韵，阴　平平，歌韵　词第九部　戏梭波辙　曲歌戈韵，阴　（日本）

　(二)wēi[ㄨㄟ]　於为切　中微韵，阴　平平，支韵　词第三部　戏灰堆辙　（~迟）

　(三)wǒ[ㄨㄛˇ]　乌果切　中波韵，上　平上，哿韵　词第九部　戏梭波辙　（~堕）

倪 (一)ní[ㄋㄧˊ]　五稽切　中齐韵，阳　平平，齐韵　词第三部　戏一七辙　曲齐微韵，阳

　(二)nì[ㄋㄧˋ]　（斜视，同"睨"）

倠 suī[ㄙㄨㄟ]　许维切　中微韵，阴　平平，支韵　词第三部　戏灰堆辙

俾 (一)bǐ[ㄅㄧˇ]　并弭切　中齐韵，上　平上，纸韵　词第三部　戏一七辙

　(二)bēi[ㄅㄟ]　宾弥切　中微韵，阴　平平，支韵　词第三部　戏灰堆辙　（安~县）

　(三)pì[ㄆㄧˋ]　（~倪-睥睨，同"睥"(一)）

倗 (一)péng[ㄆㄥˊ]　①步崩切　中庚韵，阳　平平，蒸韵　词第十一部　戏中东辙

　　②父邓切　中庚韵，阳　平去，径韵　词第十一部　戏中东辙　（又）

(二) pěng [ㄆㄥˇ] 普等切　中庚韵，上　平上，迥韵　词第十一部　戏中东辙　（不肯）

佛 fèi [ㄈㄟˋ] ①父沸切　中微韵，去　平去，未韵　词第三部　戏灰堆辙
　　　　　　②父尾切　中微韵，去　平上，尾韵　词第三部　戏灰堆辙　（薄）

倜 (一) tì [ㄊㄧˋ] 他历切　中齐韵，去　平入，锡韵　词第十七部　戏一七辙
　(二) diào [ㄉㄧㄠˋ] 多啸切　中豪韵，去　平去，啸韵　词第八部　戏遥条辙　（痴呆状）
　(三) zhōu [ㄓㄡ] 张流切　中尤韵，阴　平平，尤韵　词第十二部　戏由求辙　（物咸～倜）

倾 qīng [ㄑㄧㄥ] ①去营切　中庚韵，阴　平平，庚韵　词第十一部　戏中东辙　曲东钟韵，阴
　　　　　　②去营切　中庚韵，阴　平平，庚韵　词第十一部　戏中东辙　曲庚青韵，阴　（又）

倞 (一) liàng [ㄌㄧㄤˋ] 力让切　中唐韵，去　平去，漾韵　词第二部　戏江阳辙
　(二) jìng [ㄐㄧㄥˋ] 渠敬切　中庚韵，去　平去，敬韵　词第十一部　戏中东辙　（强劲）

俯 fǔ [ㄈㄨˇ] 方矩切　中姑韵，上　平上，麌韵　词第四部　戏姑苏辙　曲鱼模韵，上

倅 (一) cuì [ㄘㄨㄟˋ] 七内切　中微韵，去　平去，队韵　词第三部　戏灰堆辙　曲齐微韵，去
　(二) zú [ㄗㄨˊ] 臧没切　中姑韵，阳　平入，月韵　词第十八部　戏姑苏辙　（百名士兵）
　(三) cù [ㄘㄨˋ] （～然－猝然，同"猝"）

倍 (一) bèi [ㄅㄟˋ] 薄亥切　中微韵，去　平上，贿韵　词第五部　戏灰堆辙　曲齐微韵，去
　(二) péi [ㄆㄟˊ] 蒲枚切　中微韵，阳　平平，灰韵　词第三部　戏灰堆辙　（河神名）

倦 juàn [ㄐㄩㄢˋ] 渠卷切　中寒韵，去　平去，霰韵　词第七部　戏言前辙　曲先天韵，去

倓 (一) tán [ㄊㄢˊ] ①徒甘切　中寒韵，阳　平平，覃韵　词第十四部　戏言前辙　曲监咸韵，上
　　　　　　②徒感切　中寒韵，阳　平上，感韵　词第十四部　戏言前辙　曲监咸韵，上　（又）
　(二) tàn [ㄊㄢˋ] 吐滥切　中寒韵，去　平去，勘韵　词第十四部　戏言前辙　（以财赎罪）

倧 zōng [ㄗㄨㄥ] 作冬切　中庚韵，阴　平平，冬韵　词第一部　戏中东辙

倌 guān [ㄍㄨㄢ] ①古丸切　中寒韵，阴　平平，寒韵　词第七部　戏言前辙
　　　　　　②古患切　中寒韵，阴　平去，谏韵　词第七部　戏言前辙　（又）

倥 (一) kōng [ㄎㄨㄥ] 苦红切　中庚韵，阴　平平，东韵　词第一部　戏中东辙
　(二) kǒng [ㄎㄨㄥˇ] ①康董切　中庚韵，上　平上，董韵　词第一部　戏中东辙　（～偬）
　　　　　　②苦贡切　中庚韵，上　平去，送韵　词第一部　戏中东辙　（又）

健 (一) jiàn [ㄐㄧㄢˋ] 渠建切　中寒韵，去　平去，愿韵　词第七部　戏言前辙　曲先天韵，去
　(二) qián [ㄑㄧㄢˊ] 渠焉切　中寒韵，阳　平平，先韵　词第七部　戏言前辙　（～驮罗）【音译字。借用同音字"犍(二)"的反切。】

倨 jù [ㄐㄩˋ] 居御切　中齐韵，去　平去，御韵　词第四部　戏一七辙

倔 (一) jué [ㄐㄩㄝˊ] 衢物切　中皆韵，阳　平入，物韵　词第十八部　戏乜斜辙
　(二) juè [ㄐㄩㄝˋ] 衢物切　中皆韵，去　平入，物韵　词第十八部　戏乜斜辙　（执拗）

躯 （查"卓"部）

九画

偝（同"背(一)：②"）偵（见"侦"）側（见"侧"）偘（同"侃"）偢（同"瞅"）傻（同"叟(二)"）偺（同"咱(一)"）
偽（见"伪"）偉（见"伟"）

偰 xiè [ㄒㄧㄝˋ] ①先结切　中皆韵，去　平入，屑韵　词第十八部　戏乜斜辙
　　　　　　②私列切　中皆韵，去　平入，屑韵　词第十八部　戏乜斜辙　（同"契(二)"）

偆 chǔn [ㄔㄨㄣˇ] 尺尹切　中文韵，上　平上，轸韵　词第六部　戏人辰辙

偾 fèn [ㄈㄣˋ] 方问切　中文韵，去　平去，问韵　词第六部　戏人辰辙

做 zuò [ㄗㄨㄛˋ] 子贺切　中波韵，去　平去，箇韵　词第九部　戏梭波辙　曲鱼模韵，去

偃 yǎn [ㄧㄢˇ] 於幰切　中寒韵，上　平上，阮韵　词第七部　戏言前辙　曲先天韵，上

偪 (一) bī [ㄅㄧ] 彼侧切　中齐韵，阴　平入，职韵　词第十七部　戏一七辙　曲齐微韵，阳

(二) fú[ㄈㄨˊ] 方六切　史姑韵，阳　平入，屋韵　词第十五部　戏姑苏辙　（～阳）

偠 yǎo[丨ㄠˇ] ①乌皎切　史豪韵，上　平上，篠韵　词第八部　戏遥条辙
　　　　　　②以绍切　史豪韵，上　平上，篠韵　词第八部　戏遥条辙　（～绍）

偭 miǎn[ㄇㄧㄢˇ] ①弥兖切　史寒韵，上　平上，铣韵　词第七部　戏言前辙
　　　　　　②弥箭切　史寒韵，去　平去，霰韵　词第七部　戏言前辙　（面对）

偄 ruǎn[ㄖㄨㄢˇ] ①而兖切　史寒韵，上　平上，铣韵　词第七部　戏言前辙
　　　　　　②奴乱切　史寒韵，去　平去，翰韵　词第七部　戏言前辙　（旧读）

偕 xié[ㄒㄧㄝˊ] 古谐切　史皆韵，阳　平平，佳韵　词第五部　戏乜斜辙　曲皆来韵，阴

偿 cháng[ㄔㄤˊ] ①市羊切　史唐韵，阳　平平，阳韵　词第二部　戏江阳辙　曲江阳韵，阳
　　　　　　②时亮切　史唐韵，阳　平去，漾韵　词第二部　戏江阳辙　曲江阳韵，阳　（又）

偶 (一) ǒu[ㄡˇ] 五口切　史尤韵，上　平上，有韵　词第十二部　戏由求辙　曲尤侯韵，上
　　(二) òu[ㄡˋ] 五遘切　史尤韵，去　平去，宥韵　词第十二部　戏由求辙　曲尤侯韵，上　（又）

偈 (一) jié[ㄐㄧㄝˊ] 渠列切　史皆韵，阳　平入，屑韵　词第十八部　戏乜斜辙
　　(二) jiē[ㄐㄧㄝ] 乞揭切　史皆韵，阴　平入，屑韵　词第十八部　戏乜斜辙　（疾驰状）
　　(三) jì[ㄐㄧˋ] 其憩切　史齐韵，去　平去，霁韵　词第三部　戏一七辙　曲齐微韵，去　（～语）

偎 wēi[ㄨㄟ] 乌恢切　史微韵，阴　平平，灰韵　词第三部　戏灰堆辙　曲齐微韵，阴

偲 (一) cāi[ㄘㄞ] 仓才切　史开韵，阴　平平，灰韵　词第五部　戏怀来辙
　　(二) sī[ㄙ] 息兹切　史支韵，阴　平平，支韵　词第三部　戏一七辙　曲支思韵，阴　（切切～～）

偅 zhòng[ㄓㄨㄥˋ] 之用切　史庚韵，去　平去，宋韵　词第一部　戏中东辙　（儱～）

偟 huáng[ㄏㄨㄤˊ] 胡光切　史唐韵，阳　平平，阳韵　词第二部　戏江阳辙

傀 (一) guī[ㄍㄨㄟ] 公回切　史微韵，阴　平平，灰韵　词第三部　戏灰堆辙
　　(二) kuǐ[ㄎㄨㄟˇ] 口猥切　史微韵，上　平上，贿韵　词第三部　戏灰堆辙　（～儡）

傴 yǔ[ㄩˇ] 王矩切　史齐韵，上　平上，麌韵　词第四部　戏一七辙

偫 zhì[ㄓˋ] 丈里切　史支韵，去　平上，纸韵　词第三部　戏一七辙

偷 tōu[ㄊㄡ] 讬侯切　史尤韵，阴　平平，尤韵　词第十二部　戏由求辙　曲尤侯韵，阴

偁 chēng[ㄔㄥ] 处陵切　史庚韵，阴　平平，蒸韵　词第十一部　戏中东辙

偩 fù[ㄈㄨˋ] 房久切　史姑韵，去　平上，有韵　词第十二部 [兼第四部麌韵]　戏姑苏辙

偬 (一) zǒng[ㄗㄨㄥˇ] ①作孔切　史庚韵，上　平上，董韵　词第一部　戏中东辙
　　　　　　②作弄切　史庚韵，上　平去，送韵　词第一部　戏中东辙　（又）
　　(二) cōng[ㄘㄨㄥ] 麤丛切　史庚韵，阴　平平，东韵　词第一部　戏中东辙　（志众）

偯 yǐ[ㄧˇ] 於岂切　史齐韵，上　平上，尾韵　词第三部　戏一七辙

停 tíng[ㄊㄧㄥˊ] 特丁切　史庚韵，阳　平平，青韵　词第十一部　戏中东辙　曲庚青韵，阳

傞 suō[ㄙㄨㄛ] 素何切　史波韵，阴　平平，歌韵　词第九部　戏梭波辙

偻 (一) lǚ[ㄌㄩˇ] 力主切　史齐韵，上　平上，麌韵　词第四部　戏一七辙　曲鱼模韵，上
　　(二) lóu[ㄌㄡˊ] 落侯切　史尤韵，阳　平平，尤韵　词第十二部　戏由求辙　（～㑩）
　　(三) liǔ[ㄌㄧㄡˇ] 力九切　史尤韵，上　平上，有韵　词第十二部　戏由求辙　（～翣）

偏 piān[ㄆㄧㄢ] ①芳连切　史寒韵，阴　平平，先韵　词第七部　戏言前辙　曲先天韵，阴
　　　　　　②匹战切　史寒韵，阴　平去，霰韵　词第七部　戏言前辙　曲先天韵，阴　（又）

假 (一) jiǎ[ㄐㄧㄚˇ] 古疋切　史麻韵，上　平上，马韵　词第十部　戏发花辙　曲家麻韵，上
　　(二) jià[ㄐㄧㄚˋ] 古讶切　史麻韵，去　平去，祃韵　词第十部　戏发花辙　曲家麻韵，去　（～期）

偓 wò[ㄨㄛˋ] 於角切　史波韵，去　平入，觉韵　词第十六部　戏梭波辙

偋 (一) bìng[ㄅㄧㄥˋ] 防正切　史庚韵，去　平去，敬韵　词第十一部　戏中东辙
　　(二) bǐng[ㄅㄧㄥˇ] 必郢切　史庚韵，上　平上，梗韵　词第十一部　戏中东辙　（排除）

十画

伞（见"伞"）備（见"备"）偵（同"颠㈠"）絛（同"绦"）傜（同"徭"；同"瑶"）傖（见"伧"）傑（见"杰"）

傌（见"仿"）偰（同"伐"）傚（同"效①"）

舒 shū[ㄕㄨ] 伤鱼切　中姑韵，阴　平平，鱼韵　词第四部　戏姑苏辙　曲鱼模韵，阴

禽 qín[ㄑㄧㄣˊ] 巨金切　中文韵，阳　平平，侵韵　词第十三部　戏人辰辙　曲侵寻韵，阳

傣 dǎi[ㄉㄞˇ] 多改切　中开韵，上　平上，贿韵　词第五部　戏怀来辙　【方言字。借用同音字"歹"的反切。】

傲 ào[ㄠˋ] 五到切　中豪韵，去　平去，号韵　词第八部　戏遥条辙　曲萧豪韵，去

傃 sù[ㄙㄨˋ] 桑故切　中姑韵，去　平去，遇韵　词第四部　戏姑苏辙

傋 ㈠ jiǎng[ㄐㄧㄤˇ] 古项切　中唐韵，上　平上，讲韵　词第二部　戏江阳辙
　㈡ gòu[ㄍㄡˋ] 居候切　中尤韵，去　平去，宥韵　词第十二部　戏由求辙　（愚昧）

傌 mà[ㄇㄚˋ] 莫驾切　中麻韵，去　平去，祃韵　词第十部　戏发花辙

傅 ㈠ fù[ㄈㄨˋ] 方遇切　中姑韵，去　平去，遇韵　词第四部　戏姑苏辙　曲鱼模韵，去
　㈡ fū[ㄈㄨ] 芳无切　中姑韵，阴　平平，虞韵　词第四部　戏姑苏辙　曲鱼模韵，阴　（通"敷"）

健 ㈠ liàn[ㄌㄧㄢˋ] 郎甸切　中寒韵，去　平去，霰韵　词第七部　戏言前辙　（鸡雏）
　㈡ liǎn[ㄌㄧㄢˇ] 力展切　中寒韵，上　平上，铣韵　词第七部　戏言前辙　（～子）

傈 lì[ㄌㄧˋ] 力质切　中齐韵，去　平入，质韵　词第十七部　戏一七辙

傉 rù[ㄖㄨˋ] ①内沃切　中姑韵，去　平入，沃韵　词第十五部　戏姑苏辙
　　　　　②女足切　中姑韵，去　平入，沃韵　词第十五部　戏姑苏辙　（愁恼）

偨 cī[ㄘ] 叉宜切　中支韵，阴　平平，支韵　词第三部　戏一七辙

傃 ㈠ xiāo[ㄒㄧㄠ] 苏雕切　中豪韵，阴　平平，萧韵　词第八部　戏遥条辙　曲萧豪韵，阴
　㈡ shū[ㄕㄨ] 式竹切　中姑韵，阴　平入，屋韵　词第十五部　戏姑苏辙　（迅速）

傥 ㈠ tǎng[ㄊㄤˇ] 他朗切　中唐韵，上　平上，养韵　词第二部　戏江阳辙
　㈡ tàng[ㄊㄤˋ] 他浪切　中唐韵，去　平去，漾韵　词第二部　戏江阳辙　（意外；希望）

傝 ㈠ tà[ㄊㄚˋ] 吐盍切　中麻韵，去　平入，合韵　词第十九部　戏发花辙
　㈡ tàn[ㄊㄢˋ] 他绀切　中寒韵，去　平去，勘韵　词第十四部　戏言前辙　（～傗）

偫 zhì[ㄓˋ] ①池尔切　中支韵，去　平上，纸韵　词第三部　戏一七辙
　　　　②直离切　中支韵，去　平平，支韵　词第三部　戏一七辙　（同"庴㈢"）

傒 xī[ㄒㄧ] 胡鸡切　中齐韵，阴　平平，齐韵　词第三部　戏一七辙

傍 ㈠ bàng[ㄅㄤˋ] 蒲浪切　中唐韵，去　平去，漾韵　词第二部　戏江阳辙　曲江阳韵，去
　㈡ páng[ㄆㄤˊ] 步光切　中唐韵，阳　平平，阳韵　词第二部　戏江阳辙　曲江阳韵，阳　（旁边；姓）
　㈢ bēng[ㄅㄥ] 逋耕切　中庚韵，阴　平平，庚韵　词第十一部　戏中东辙　（王事～～）

傔 qiàn[ㄑㄧㄢˋ] 苦念切　中寒韵，去　平去，艳韵　词第十四部　戏言前辙

傢 jiā[ㄐㄧㄚ] 古牙切　中麻韵，阴　平平，麻韵　词第十部　戏发花辙　【现代字，可用"家"代。用其反切。】

傧 ㈠ bìn[ㄅㄧㄣˋ] 必刃切　中文韵，去　平去，震韵　词第六部　戏人辰辙
　㈡ bīn[ㄅㄧㄣ] 必邻切　中文韵，阴　平平，真韵　词第六部　戏人辰辙　（～相）

傛 ㈠ róng[ㄖㄨㄥˊ] 余封切　中庚韵，阳　平平，冬韵　词第一部　戏中东辙
　㈡ yǒng[ㄩㄥˇ] 余陇切　中庚韵，上　平上，肿韵　词第一部　戏中东辙　（轻盈）

傓 shàn[ㄕㄢˋ] 式战切　中寒韵，去　平去，霰韵　词第七部　戏言前辙

储 ㈠ chǔ[ㄔㄨˇ] 直鱼切　中姑韵，上　平平，鱼韵　词第四部　戏姑苏辙　曲鱼模韵，阳
　㈡ chú[ㄔㄨˊ] 直鱼切　中姑韵，阳　平平，鱼韵　词第四部　戏姑苏辙　曲鱼模韵，阳　（旧读）

催 ㈠ jué[ㄐㄩㄝˊ] 古岳切　中皆韵，阳　平入，觉韵　词第十六部　戏乜斜辙
　㈡ què[ㄑㄩㄝˋ] 克角切　中皆韵，去　平入，觉韵　词第十六部　戏乜斜辙　（姓）

傩 nuó[ㄋㄨㄛˊ] 诺何切　中波韵，阳　平平，歌韵　词第九部　戏梭波辙　曲歌戈韵，阳

十一画

幹（见"干㈡：②；㈢"）**僉**（见"金"）**會**（见"会"）**債**（见"债"）**僅**（见"仅"）**傳**（见"传"）**傴**（见"伛"）

傾（见"倾"）**僂**（见"偻"）**傷**（见"伤"）**偬**（同"偬"）**傭**（见"佣"）

偃 ㈠ yān［ㄧㄢ］於虔切　史寒韵，阴　乎平，先韵　词第七部　戏言前辙

　　　㈡ yàn［ㄧㄢˋ］於建切　史寒韵，去　乎去，愿韵　词第七部　戏言前辙　（高报价码）

僄 piào［ㄆㄧㄠˋ］①匹妙切　史豪韵，去　乎去，啸韵　词第八部　戏遥条辙　曲萧豪韵，上

　　　　　　　　　②抚招切　史豪韵，去　乎平，萧韵　词第八部　戏遥条辙　曲萧豪韵，上　（又）

僈 màn［ㄇㄢˋ］莫晏切　史寒韵，去　乎去，谏韵　词第七部　戏言前辙

傫 lěi［ㄌㄟˇ］①鲁猥切　史微韵，上　乎上，贿韵　词第三部　戏灰堆辙

　　　　　　　②鲁水切　史微韵，上　乎上，纸韵　词第三部　戏灰堆辙　（姓）

催 cuī［ㄘㄨㄟ］仓回切　史微韵，阴　乎平，灰韵　词第三部　戏灰堆辙　曲齐微韵，阴

倗 ㈠ bēng［ㄅㄥ］悲朋切　史庚韵，阴　乎平，蒸韵　词第十一部　戏中东辙

　　　㈡ péng［ㄆㄥˊ］蒲登切　史庚韵，阳　乎平，蒸韵　词第十一部　戏中东辙　（姓）

傻 shǎ［ㄕㄚˇ］①沙瓦切　史麻韵，上　乎上，马韵　词第十部　戏发花辙　曲家麻韵，上

　　　　　　　②所化切　史麻韵，上　乎去，祃韵　词第十部　戏发花辙　曲家麻韵，上　（又）

傱 sǒng［ㄙㄨㄥˇ］息拱切　史庚韵，上　乎上，肿韵　词第一部　戏中东辙

像 xiàng［ㄒㄧㄤˋ］徐两切　史唐韵，去　乎上，养韵　词第二部　戏江阳辙　曲江阳韵，去

傺 chì［ㄔˋ］丑例切　史支韵，去　乎去，霁韵　词第三部　戏一七辙

偉 zhāng［ㄓㄤ］诸良切　史唐韵，阴　乎平，阳韵　词第二部　戏江阳辙

傹 jìng［ㄐㄧㄥˋ］渠映切　史庚韵，去　乎去，敬韵　词第十一部　戏中东辙

僇 ㈠ lù［ㄌㄨˋ］力竹切　史姑韵，去　乎入，屋韵　词第十五部　戏姑苏辙

　　　㈡ liáo［ㄌㄧㄠˊ］（暂且，同"聊㈠"）

十二画

僥（见"侥"）**債**（见"债"）**僡**（同"惠"）**僕**（见"仆㈠"）**僑**（见"侨"）**僞**（见"伪"）**傄**（同"窘"）

催（同"雇㈠"）

僰 bó［ㄅㄛˊ］蒲北切　史波韵，阳　乎入，职韵　词第十七部　戏梭波辙

僣 tiě［ㄊㄧㄝˇ］他结切　史皆韵，上　乎入，屑韵　词第十八部　戏乜斜辙

僖 xī［ㄒㄧ］许其切　史齐韵，阴　乎平，支韵　词第三部　戏一七辙　曲齐微韵，阴

傝 tà［ㄊㄚˋ］他达切　史麻韵，去　乎入，曷韵　词第十八部　戏发花辙

僛 qī［ㄑㄧ］去其切　史齐韵，阴　乎平，支韵　词第三部　戏一七辙

儆 jǐng［ㄐㄧㄥˇ］①居影切　史庚韵，上　乎上，梗韵　词第十一部　戏中东辙　曲庚青韵，上

　　　　　　　②渠敬切　史庚韵，上　乎去，敬韵　词第十一部　戏中东辙　曲庚青韵，上　（又）

僳 sù［ㄙㄨˋ］相玉切　史姑韵，去　乎入，沃韵　词第十五部　戏姑苏辙　【现代字。借用同音字"粟"的反切。】

僊 xiān［ㄒㄧㄢ］相然切　史寒韵，阴　乎平，先韵　词第七部　戏言前辙

僚 ㈠ liáo［ㄌㄧㄠˊ］①落萧切　史豪韵，阳　乎平，萧韵　词第八部　戏遥条辙　曲萧豪韵，阳

　　　　　　　　　②力小切　史豪韵，阳　乎上，篠韵　词第八部　戏遥条辙　曲萧豪韵，阳　（又）

　　　㈡ liǎo［ㄌㄧㄠˇ］朗鸟切　史豪韵，上　乎上，篠韵　词第八部　戏遥条辙　（美好）

僭 jiàn［ㄐㄧㄢˋ］子念切　史寒韵，去　乎去，艳韵　词第十四部　戏言前辙　曲廉纤韵，去

僓 ㈠ tuǐ［ㄊㄨㄟˇ］①吐猥切　史微韵，上　乎上，贿韵　词第三部　戏灰堆辙　（娴雅；高大）

　　　　　　　　②胡对切　史微韵，去　乎去，队韵　词第三部　戏灰堆辙　（长）

　　　㈡ tuí［ㄊㄨㄟˊ］徒回切　史微韵，阳　乎平，灰韵　词第三部　戏灰堆辙　（放任）

僤 ㈠ dàn［ㄉㄢˋ］①徒旱切　史寒韵，去　乎上，旱韵　词第七部　戏言前辙

　　　　　　　②徒案切　史寒韵，去　乎去，翰韵　词第七部　戏言前辙　（又）

(二)chán [彳ㄢˊ] 市连切 史寒韵，阳 平平，先韵 词第七部 戏言前辙 （婉~）

僬 (一)jiào [ㄐㄧㄠˋ] 子肖切 史豪韵，去 平去，啸韵 词第八部 戏遥条辙

(二)jiāo [ㄐㄧㄠ] 即消切 史豪韵，阴 平平，萧韵 词第八部 戏遥条辙 （~侥）

僝 (一)chuàn [彳ㄨㄢˋ] 枢绢切 史寒韵，去 平去，霰韵 词第七部 戏言前辙

(二)chuǎn [彳ㄨㄢˇ] 尺尹切 史寒韵，上 平上，轸韵 词第六部 戏言前辙 （相背）

僦 jiù [ㄐㄧㄡˋ] 即就切 史尤韵，去 平去，宥韵 词第十二部 戏由求辙

僮 (一)tóng [ㄊㄨㄥˊ] 徒红切 史庚韵，阳 平平，东韵 词第一部 戏中东辙 曲东钟韵，阳

(二)zhuàng [ㄓㄨㄤˋ] 侧亮切 史唐韵，去 平去，漾韵 词第二部 戏江阳辙 【"壮族"旧名。用"壮"的反切。】

僔 zǔn [ㄗㄨㄣˇ] 兹损切 史文韵，上 平上，阮韵 词第六部 戏人辰辙

僧 (一)sēng [ㄙㄥ] 苏增切 史庚韵，阴 平平，蒸韵 词第十一部 戏中东辙 曲庚青韵，阴

(二)céng [ㄘㄥˊ] 慈陵切 史庚韵，阳 平平，蒸韵 词第十一部 戏中东辙 （~陵）

僩 xiàn [ㄒㄧㄢˋ] 下赧切 史寒韵，去 平上，潸韵 词第七部 戏言前辙

僝 (一)zhuàn [ㄓㄨㄢˋ] ①士恋切 史寒韵，去 平去，霰韵 词第七部 戏言前辙

②士限切 史寒韵，去 平上，潸韵 词第七部 戏言前辙 （又）

(二)chán [彳ㄢˊ] 士山切 史寒韵，阳 平平，删韵 词第七部 戏言前辙 （~僽）

僎 (一)zhuàn [ㄓㄨㄢˋ] ①士免切 史寒韵，去 平上，铣韵 词第七部 戏言前辙

②士恋切 史寒韵，去 平去，霰韵 词第七部 戏言前辙 （又）

(二)zūn [ㄗㄨㄣ] 将伦切 史文韵，阴 平平，真韵 词第六部 戏人辰辙 （赞礼）

僜 (一)dèng [ㄉㄥˋ] 徒亘切 史庚韵，去 平去，径韵 词第十一部 戏中东辙 （倰~）

(二)chēng [彳ㄥ] 丑升切 史庚韵，阴 平平，蒸韵 词第十一部 戏中东辙 （僜~）

僪 (一)jú [ㄐㄩˊ] 其述切 史齐韵，阳 平入，质韵 词第十七部 戏一七辙

(二)yù [ㄩˋ] 其律切 史齐韵，去 平入，质韵 词第十七部 戏一七辙 （日边云气）

十三画

舖（同"铺"） 價（见"价(一)(三)"） 償（同"当(一)"） 儂（见"侬"） 儁（同"俊"） 儉（见"俭"） 儈（见"侩"）
傻（见"俊"） 億（见"亿"） 儀（见"仪"）

儚 méng [ㄇㄥˊ] 谟中切 史庚韵，阳 平平，东韵 词第一部 戏中东辙

僅 (一)jìn [ㄐㄧㄣˋ] 居荫切 史文韵，去 平去，沁韵 词第十三部 戏人辰辙 （~佅兜离）

(二)yǐn [ㄧㄣˇ] 牛锦切 史文韵，上 平上，寝韵 词第十三部 戏人辰辙 （仰头状）

僵 jiāng [ㄐㄧㄤ] 居良切 史唐韵，阴 平平，阳韵 词第二部 戏江阳辙 曲江阳韵，阴

傜 tiáo [ㄊㄧㄠˊ] 徒聊切 史豪韵，阳 平平，萧韵 词第八部 戏遥条辙

僶 mǐn [ㄇㄧㄣˇ] 武尽切 史文韵，上 平上，轸韵 词第六部 戏人辰辙

儇 (一)xuān [ㄒㄩㄢ] 许缘切 史寒韵，阴 平平，先韵 词第七部 戏言前辙

(二)xuán [ㄒㄩㄢˊ] 旬宣切 史寒韵，阳 平平，先韵 词第七部 戏言前辙 （古国名；姓）

僽 zhòu [ㄓㄡˋ] 锄祐切 史尤韵，去 平去，宥韵 词第十二部 戏由求辙

僥 jiǎo [ㄐㄧㄠˇ] 古尧切 史豪韵，上 平平，萧韵 词第八部 戏遥条辙

僾 ài [ㄞˋ] ①乌代切 史开韵，去 平去，队韵 词第五部 戏怀来辙

②於岂切 史齐韵，上 平上，尾韵 词第三部 戏灰堆辙 （呼吸不顺）

儋 (一)dān [ㄉㄢ] 都甘切 史寒韵，阴 平平，覃韵 词第十四部 戏言前辙 曲监咸韵，阴

(二)dàn [ㄉㄢˋ] 都滥切 史寒韵，去 平去，勘韵 词第十四部 戏言前辙 曲监咸韵，去 （量词）

(三)shàn [ㄕㄢˋ] 时艳切 史寒韵，去 平去，艳韵 词第十四部 戏言前辙 （济助）

儃 (一)chán [彳ㄢˊ] ①市连切 史寒韵，阳 平平，先韵 词第七部 戏言前辙

②徒干切 史寒韵，阳 平平，寒韵 词第七部 戏言前辙 （又）

(二)tǎn [ㄊㄢˇ] 儃旱切 史寒韵，上 平上，旱韵 词第七部 戏言前辙 （悠闲状）

㈢ shàn[ㄕㄢ丶]　（禅让，同"禅㈠"）

傿 sài[ㄙㄞ丶]①式吏切　史开韵，去　乎去，寘韵　词第三部　戏怀来辙
　　　　　　　　②先代切　史开韵，去　乎去，队韵　词第五部　戏怀来辙　（又）

僻 pì[ㄆㄧ丶]①芳辟切　史齐韵，去　乎入，陌韵　词第十七部　戏一七辙　曲齐微韵，上
　　　　　　　　②普击切　史齐韵，去　乎入，锡韵　词第十七部　戏一七辙　（邪~）

十四画

舘（同"馆"）**儔**（见"俦"）**儺**（同"舞"）**儕**（见"侪"）**儐**（见"傧"）**儘**（见"尽㈡"）

儓 ㈠ tái[ㄊㄞ丷]徒哀切　史开韵，阳　乎平，灰韵　词第五部　戏怀来辙
　　㈡ tài[ㄊㄞ丶]他代切　史开韵，去　乎去，队韵　词第五部　戏怀来辙　（~儗）

儒 rú[ㄖㄨˊ]人朱切　史姑韵，阳　乎平，虞韵　词第四部　戏姑苏辙　曲鱼模韵，阳

儑 ㈠ àn[ㄢ丶]①五绀切　史寒韵，去　乎去，勘韵　词第十四部　戏言前辙
　　　　　　　②五盍切　史寒韵，去　乎入，合韵　词第十九部　戏言前辙　（又）
　　　　　　　③五合切　史波韵，去　乎入，合韵　词第十九部　戏梭波辙　（糊涂）
　　㈡ án[ㄢˊ]吾含切　史寒韵，阳　乎平，覃韵　词第十四部　戏言前辙　（不慧）

儗 ㈠ nǐ[ㄋㄧˇ]鱼纪切　史齐韵，上　乎上，纸韵　词第三部　戏一七辙
　　㈡ yì[ㄧ丶]①鱼记切　史齐韵，去　乎去，寘韵　词第三部　戏一七辙　（儗~）
　　　　　　　②海爱切　史开韵，阳　乎去，队韵　词第五部　戏怀来辙　（痴呆）

儜 níng[ㄋㄧㄥˊ]女耕切　史庚韵，阳　乎平，庚韵　词第十一部　戏中东辙

黔（查"雨"部）

十五画

儥（同"鬻㈠"）**優**（见"优"）**償**（见"偿"）**儩**（同"渐②"）**儲**（见"储"）

儢 lǔ[ㄌㄩˇ]力举切　史齐韵，上　乎上，语韵　词第四部　戏一七辙

儵 ㈠ chóu[ㄔㄡˊ]直由切　史尤韵，阳　乎平，尤韵　词第十二部　戏由求辙
　　㈡ tiáo[ㄊㄧㄠˊ]①田聊切　史豪韵，阳　乎平，萧韵　词第八部　戏遥条辙　（白鲦鱼）
　　　　　　　　　②夷周切　史豪韵，阳　乎平，尤韵　词第十二部　戏遥条辙　（又）

儤 bào[ㄅㄠ丶]布告切　史豪韵，去　乎去，号韵　词第八部　戏遥条辙

儡 ㈠ léi[ㄌㄟˊ]鲁回切　史微韵，阳　乎平，灰韵　词第三部　戏灰堆辙
　　㈡ lěi[ㄌㄟˇ]落猥切　史微韵，上　乎上，贿韵　词第三部　戏灰堆辙　曲齐微韵，上　（傀~）
　　㈢ lèi[ㄌㄟ丶]卢对切　史微韵，去　乎去，队韵　词第三部　戏灰堆辙　（极；重大而偏）

儦 biāo[ㄅㄧㄠ]甫娇切　史豪韵，阴　乎平，萧韵　词第八部　戏遥条辙

十六画

儵 shū[ㄕㄨ]式竹切　史姑韵，阴　乎入，屋韵　词第十五部　戏姑苏辙

儭 chèn[ㄔㄣ丶]初觐切　史文韵，去　乎去，震韵　词第六部　戏人辰辙

儱 ㈠ lǒng[ㄌㄨㄥˇ]力董切　史庚韵，上　乎上，董韵　词第一部　戏中东辙　（~侗）
　　㈡ lòng[ㄌㄨㄥ丶]良用切　史庚韵，去　乎去，宋韵　词第一部　戏中东辙　（~偅）
　　㈢ lóng[ㄌㄨㄥˊ]卢东切　史庚韵，阳　乎平，东韵　词第一部　戏中东辙　（~倲）

十七画

儳 ㈠ chàn[ㄔㄢ丶]楚鉴切　史寒韵，去　乎去，陷韵　词第十四部　戏言前辙
　　㈡ chán[ㄔㄢˊ]士咸切　史寒韵，阳　乎平，咸韵　词第十四部　戏言前辙　（杂乱；丑陋）

儴 ráng[ㄖㄤˊ]汝阳切　史唐韵，阳　乎平，阳韵　词第二部　戏江阳辙

十九画

儺（见"傩"）儷（见"俪"）儼（见"俨"）儸（见"㑩"）儹（同"攒㈠"）

二十画

儻（见"傥"）

二十一画

儽 lěi［ㄌㄟˇ］①力罪切　史微韵，上　平上，贿韵　词第三部　戏灰堆辙

②力追切　史微韵，上　平平，支韵　词第三部　戏灰堆辙　（又）

③卢对切　史微韵，上　平去，队韵　词第三部　戏灰堆辙　（又）

二十二画

儾 nàng［ㄋㄤˋ］奴浪切　史唐韵，去　平去，漾韵　词第二部　戏江阳辙

八（丷）部

八 bā［ㄅㄚ］博拔切　史麻韵，阴　平入，黠韵　词第十八部　戏发花辙　曲家麻韵，上

一画

丫 yā［丨ㄚ］①於加切　史麻韵，阴　平平，麻韵　词第十部　戏发花辙　曲家麻韵，阴

②乌可切　史波韵，上　平上，哿韵　词第九部　戏梭波辙　（树形倾斜）

二画

兮 xī［ㄒ丨］胡鸡切　史齐韵，阴　平平，齐韵　词第三部　戏一七辙　曲齐微韵，阳

六 ㈠liù［ㄌ丨ㄡˋ］力竹切　史尤韵，去　平入，屋韵　词第十五部　戏由求辙　曲尤侯韵，去

㈡lù［ㄌㄨˋ］力竹切　史姑韵，去　平入，屋韵　词第十五部　戏姑苏辙　曲尤侯韵，去　（地名）

公 gōng［ㄍㄨㄥ］古红切　史庚韵，阴　平平，东韵　词第一部　戏中东辙　曲东钟韵，阴

分 ㈠fēn［ㄈㄣ］府文切　史文韵，阴　平平，文韵　词第六部　戏人辰辙　曲真文韵，阴

(1)划分，分开：～类　(2)整体中取一部分：～一杯羹　(3)分支机构：～队　(4)排解，细说：～解　(5)分配：～粮食　(6)辨别：～辨率　(7)一半：师丧～焉　(8)分数：五～之一　(9)化学名词：硫酸～子　(10)量词　(11)适当限度：～寸　(12)节气：春～　(13)离开：呜呼！远哉，其～于道也

㈡fèn［ㄈㄣˋ］扶问切　史文韵，去　平去，问韵　词第六部　戏人辰辙　曲真文韵，去

(14)名位职责权利的限度：本～　(15)成分：养～　(16)素质：天～　(17)某种类型的人：积极～子　(18)料想，应当：自～已死久矣　(19)情谊：在远～日亲　(20)部分，同"份"

㈢fén［ㄈㄣˊ］符分切　史文韵，阳　平平，文韵　词第六部　戏人辰辙　（古地名）

三画

兰 lán［ㄌㄢˊ］落干切　史寒韵，阳　平平，寒韵　词第七部　戏言前辙　曲寒山韵，阳

半 ㈠bàn［ㄅㄢˋ］博漫切　史寒韵，去　平去，翰韵　词第七部　戏言前辙　曲桓欢韵，去

㈡pàn［ㄆㄢˋ］普半切　史寒韵，去　平去，翰韵　词第七部　戏言前辙　曲桓欢韵，去　（一大块）

只（查"口"部）

四画

并 ㈠bìng［ㄅ丨ㄥˋ］①畀政切　史庚韵，去　平去，敬韵　词第十一部　戏中东辙　曲庚青韵，阴

②必郢切　史庚韵，去　平上，梗韵　词第十一部　戏中东辙　曲庚青韵，去　（又）

③蒲迥切　史庚韵，去　平上，迥韵　词第十一部　戏中东辙　曲庚青韵，去　（又）

(1)兼并：魏～中山　(2)合一，具备：四者难～　(3)专：行～植于晋国　(4)排除，屏退：至贵，爵国～焉　(5)连词，

表进一层：～且　(6)副词，加强语气：～不太好　(7)一齐，争竞：诸侯～起　(8)平列，平排：～肩　(9)连同，合并：
～案办理　⑽普遍：～受其福

㈡ bīng［ㄅㄧㄥ］府盈切　史庚韵，阴　平平，庚韵　词第十一部　戏中东辙　曲庚青韵，阴　（～州）

㈢ bàng［ㄅㄤ ｀］（依傍，同"傍㈠"）

关 guān［ㄍㄨㄢ］古还切　史寒韵，阴　平平，删韵　词第七部　戏言前辙　曲寒山韵，阴

共 ㈠ gòng［ㄍㄨㄥ ｀］渠用切　史庚韵，去　平去，宋韵　词第一部　戏中东辙　曲东钟韵，去

(1)同，一齐：～识　(2)总，合计：～十五个　(3)简称：中～

㈡ gōng［ㄍㄨㄥ］九容切　史庚韵，阴　平平，冬韵　词第一部　戏中东辙　曲东钟韵，阴

(4)古人名，古官名：～工　(5)敬，通"恭"　(6)供给，通"供"　(7)古国名　(8)古地名

㈢ gǒng［ㄍㄨㄥ ˇ］古勇切　史庚韵，上　平上，肿韵　词第一部　戏中东辙　曲东钟韵，上　（象征法权的玉）

㈣ hóng［ㄏㄨㄥ ´］胡公切　史庚韵，阳　平平，东韵　词第一部　戏中东辙　（～池）

兴 ㈠ xīng［ㄒㄧㄥ］虚陵切　史庚韵，阴　平平，蒸韵　词第十一部　戏中东辙　曲庚青韵，阴

(1)起来：夙～夜寐　(2)举办，发动：～利除弊　(3)擢用：进贤～功　(4)征集：平颁其～积　(5)旺盛：～衰　(6)精神
振作或激动：～奋　(7)流行：时～　(8)或许：～许　(9)准许：不～胡来　⑽姓

㈡ xìng［ㄒㄧㄥ ｀］许应切　史庚韵，去　平去，径韵　词第十一部　戏中东辙　曲庚青韵，去

⑾诗歌即景生情的表现手法：赋比～　⑿喜悦：高～　⒀兴趣：乘～而行

五画

兵 bīng［ㄅㄧㄥ］甫明切　史庚韵，阴　平平，庚韵　词第十一部　戏中东辙　曲庚青韵，阴

弟 ㈠ dì［ㄅㄧ ｀］①徒礼切　史齐韵，去　平上，荠韵　词第三部　戏一七辙　曲齐微韵，去

②特计切　史齐韵，去　平去，霁韵　词第三部　戏一七辙　曲齐微韵，去　（又）

㈡ tuí［ㄊㄨㄟ ´］徒回切　史微韵，阳　平平，灰韵　词第三部　戏灰堆辙　（～靡）

㈢ tì［ㄊㄧ ｀］（顺从哥哥，同"悌"）

兑（查"儿"部）

六画

並（同"并㈠：③，㈢"）

其 ㈠ qí［ㄑㄧ ´］渠之切　史齐韵，阳　平平，支韵　词第三部　戏一七辙　曲齐微韵，阳

㈡ jì［ㄐㄧ ｀］居吏切　史齐韵，去　平去，寘韵　词第三部　戏一七辙　（彼～之子）

㈢ jī［ㄐㄧ］居之切　史齐韵，阴　平平，支韵　词第三部　戏一七辙　（人名；地名）

单 ㈠ dān［ㄉㄢ］都寒切　史寒韵，阴　平平，寒韵　词第七部　戏言前辙　曲寒山韵，阴

㈡ dǎn［ㄉㄢ ˇ］党早切　史寒韵，上　平上，旱韵　词第七部　戏言前辙　（诚实）

㈢ chán［ㄔㄢ ´］市连切　史寒韵，阳　平平，先韵　词第七部　戏言前辙　（～于）

㈣ shàn［ㄕㄢ ｀］①常演切　史寒韵，去　平上，铣韵　词第七部　戏言前辙　曲先天韵，去　（姓）

②时战切　史寒韵，去　平去，霰韵　词第七部　戏言前辙　曲先天韵，去　（～父）

具 jù［ㄐㄩ ｀］其遇切　史齐韵，去　平去，遇韵　词第四部　戏一七辙　曲鱼模韵，去

典 diǎn［ㄉㄧㄢ ˇ］多殄切　史寒韵，上　平上，铣韵　词第七部　戏言前辙　曲先天韵，上

贫（查"贝"部）

七画

前 qián［ㄑㄧㄢ ´］昨先切　史寒韵，阳　平平，先韵　词第七部　戏言前辙　曲先天韵，阳

兹 zī［ㄗ］子之切　史支韵，阴　平平，支韵　词第三部　戏一七辙　曲支思韵，阴

㈡ cí［ㄘ ´］疾之切　史支韵，阳　平平，支韵　词第三部　戏一七辙　曲支思韵，阳　（龟～）

差（查"工"部）**养**（查"羊"部）**总**（查"心"部）

八画

眞（同"真"）

兼 jiān［ㄐㄧㄢ］ ①古甜切　⊕寒韵，阴　⊕平平，盐韵　词第十四部　戏言前辙　曲廉纤韵，阴

　　　　　　　　　②古念切　⊕寒韵，阴　⊕平去，艳韵　词第十四部　戏言前辙　曲廉纤韵，阴　（又）

真（查"十"部）

九画

兽 shòu［ㄕㄡˋ］ 舒救切　⊕尤韵，去　⊕平去，宥韵　词第十二部　戏由求辙　曲尤侯韵，去

十画

巽 xùn［ㄒㄩㄣˋ］ 苏困切　⊕文韵，去　⊕平去，愿韵　词第六部　戏人辰辙　曲真文韵，去

尊（查"寸"部）**奠**（查"大"部）**孳**（查"子"部）

十一画

與（见"与"）

慈（查"心"部）

十四画

興（见"兴"）

冀 jì［ㄐㄧˋ］ 几利切　⊕齐韵，去　⊕平去，寘韵　词第三部　戏一七辙　曲齐微韵，去

十六画

幱 chǎn［ㄔㄢˇ］ 丑展切　⊕寒韵，上　⊕平上，铣韵　词第七部　戏言前辙

勹　部

一画

勺㊀ zhuó［ㄓㄨㄛˊ］ 之若切　⊕波韵，阳　⊕平入，药韵　词第十六部　戏梭波辙

　　㊁ sháo［ㄕㄠˊ］ 市若切　⊕豪韵，阳　⊕平入，药韵　词第十六部　戏遥条辙　（舀具；量词）

二画

匀 yún［ㄩㄣˊ］ 羊伦切　⊕文韵，阳　⊕平平，真韵　词第六部　戏人辰辙　曲真文韵，阳

勿㊀ wù［ㄨˋ］ 文弗切　⊕姑韵，去　⊕平入，物韵　词第十八部　戏姑苏辙　曲鱼模韵，去

　　㊁ mò［ㄇㄛˋ］ 莫勃切　⊕波韵，去　⊕平入，月韵　词第十八部　戏梭波辙　（卹~）

勾㊀ gōu［ㄍㄡ］ 居侯切　⊕尤韵，阴　⊕平平，尤韵　词第十二部　戏由求辙　曲尤侯韵，阴

　　(1)弯曲　(2)用钩形符号删除：~销　(3)用钩形符号标示：把这些~出来　(4)捉拿，抓走：~魂　(5)描画：~勒　(6)

　　招引，引起：~搭　(7)几何学名词：~股定理　(8)停住：~留　(9)通"钩"

　　㊁ gòu［ㄍㄡˋ］ 古候切　⊕尤韵，去　⊕平去，宥韵　词第十二部　戏由求辙　曲尤侯韵，去

　　(10)办理：~当州学　(11)（坏）事情：偷偷地干什么~当　(12)圈套，同"瞉"　(13)达到，通"够"　(14)姓

三画

匃（同"丐①"）**匄**（同"丐"）

句㊀ gōu［ㄍㄡ］ 古侯切　⊕尤韵，阴　⊕平平，尤韵　词第十二部　戏由求辙　曲尤侯韵，阴

　　㊁ gòu［ㄍㄡˋ］ 古候切　⊕尤韵，去　⊕平去，宥韵　词第十二部　戏由求辙　曲尤侯韵，去　（同"瞉"；~当）

　　㊂ jù［ㄐㄩˋ］ 九遇切　⊕齐韵，去　⊕平去，遇韵　词第四部　戏一七辙　曲鱼模韵，去　（~子；~读）

　　㊃ jiǔ［ㄐㄧㄡˇ］ 举有切　⊕尤韵，上　⊕平上，有韵　词第十二部　戏由求辙　曲尤侯韵，上　（~婴）【同"九

婴"。用"九"的反切。】

(五)qú[ㄑㄩˊ]（鞋头装饰品，同"絇"）

匆 cōng[ㄘㄨㄥ] 仓红切　史庚韵，阴　平平，东韵　词第一部　戏中东辙　曲东钟韵，阴　【《说文通训定声》：正字当作"悤"。用其反切。】

包 (一)bāo[ㄅㄠ] 布交切　史豪韵，阴　平平，看韵　词第八部　戏遥条辙　曲萧豪韵，阴

(二)páo[ㄆㄠˊ]（同"庖"）

四画

旬 (一)xún[ㄒㄩㄣˊ] 详遵切　史文韵，阳　平平，真韵　词第六部　戏人辰辙　曲真文韵，阳

(二)jūn[ㄐㄩㄣ] 规伦切　史文韵，阴　平平，真韵　词第六部　戏人辰辙　曲真文韵，阴　（通"均"）

匈 xiōng[ㄒㄩㄥ] 许容切　史庚韵，阴　平平，冬韵　词第一部　戏中东辙

旭（查"九"部）

五画

甸 (一)diàn[ㄉㄧㄢˋ] 堂练切　史寒韵，去　平去，霰韵　词第七部　戏言前辙　曲先天韵，去

(二)tián[ㄊㄧㄢˊ] 亭年切　史寒韵，阳　平平，先韵　词第七部　戏言前辙　曲先天韵，阳　（打猎）

(三)shèng[ㄕㄥˋ] 石证切　史庚韵，去　平去，径韵　词第十一部　戏中东辙　（古征赋单位）

(四)yìng[ㄧㄥˋ] 以证切　史庚韵，去　平去，径韵　词第十一部　戏中东辙　（～氏道）

六画

匋 (一)yáo[ㄧㄠˊ] 馀招切　史豪韵，阳　平平，萧韵　词第八部　戏遥条辙　曲萧豪韵，阳

(二)táo[ㄊㄠˊ] 徒刀切　史豪韵，阳　平平，豪韵　词第八部　戏遥条辙　曲萧豪韵，阳　（陶器）

匌 (一)gé[ㄍㄜˊ] 古沓切　史波韵，阳　平入，合韵　词第十九部　戏梭波辙

(二)kē[ㄎㄜ] 口荅切　史波韵，阴　平入，合韵　词第十九部　戏梭波辙　（又）

匊 jū[ㄐㄩ] 居六切　史齐韵，阴　平入，屋韵　词第十五部　戏一七辙

七画

匍 pú[ㄆㄨˊ] 薄胡切　史姑韵，阳　平平，虞韵　词第四部　戏姑苏辙

訇 hōng[ㄏㄨㄥ] ①呼宏切　史庚韵，阴　平平，庚韵　词第十一部　戏中东辙
②胡涓切　史庚韵，阴　平平，先韵　词第七部　戏中东辙　（又）

八画

芻（见"刍"）

九画

匎 dā[ㄉㄚ] 德合切　史麻韵，阴　平入，合韵　词第十九部　戏发花辙

匐 fú[ㄈㄨˊ] ①房六切　史姑韵，阳　平入，屋韵　词第十五部　戏姑苏辙
②蒲北切　史姑韵，阳　平入，职韵　词第十七部　戏姑苏辙　（又）

奅（查"大"部）

十三画

匑 (一)qióng[ㄑㄩㄥˊ] 去宫切　史庚韵，阳　平平，东韵　词第一部　戏中东辙

(二)gōng[ㄍㄨㄥ] 居戎切　史庚韵，阴　平平，东韵　词第一部　戏中东辙　（又）

匕　部

匕 bǐ[ㄅㄧˇ] 卑履切　史齐韵，上　平上，纸韵　词第三部　戏一七辙　曲齐微韵，上

二画

化（查"亻"部）仑（查"人"部）

三画

北 (一) běi[ㄅㄟˇ] 博墨切　史微韵，上　平入，职韵　词第十七部　戏灰堆辙　曲齐微韵，上
　　(二) bèi[ㄅㄟˋ] 补妹切　史微韵，去　平去，队韵　词第三部　戏灰堆辙　曲齐微韵，去　（相背）

庀（查"广"部）尼（查"尸"部）

四画

死（查"歹"部）此（查"止"部）旨（查"日"部）华（查"十"部）

五画

皀（查"白"部）

六画

顷（查"页"部）乖（查"丿"部）

八画

眞（同"真"）

鬯 chàng[ㄔㄤˋ] 丑亮切　史唐韵，去　平去，漾韵　词第二部　戏江阳辙　曲江阳韵，去

毙（查"比"部）乘（查"丿"部）能（查"厶"部）

九画

砦（同"寨"）

匙 (一) chí[ㄔˊ] 是支切　史支韵，阴　平平，支韵　词第三部　戏一七辙　曲支思韵，阳
　　(二) shi[˙ㄕ] 是支切　史支韵，阴　平平，支韵　词第三部　戏一七辙　曲支思韵，阳　（钥~）【两读一音之转，反切仍之。】

祡（查"示"部）

十画

彘（查"彑"部）

十一画

肄（查"聿"部）

十二画

嘗（见"尝"）

疑（查"疋"部）

十四画

冀（查"八"部）

儿　部

儿 (一) ér[ㄦˊ] 汝移切　史齐韵，阳　平平，支韵　词第三部　戏一七辙　曲支思韵，阳
　　(二) ní[ㄋㄧˊ] 五稽切　史齐韵，阳　平平，齐韵　词第三部　戏一七辙　曲齐微韵，阳　（姓）
　　(三) rén[ㄖㄣˊ]（古同"人"）

一画

兀（查"兀"部）

二画

元 yuán［ㄩㄢˊ］ 愚袁切　史寒韵，阳　平平，元韵　词第七部　戏言前辙　曲先天韵，阳

允 ㈠yǔn［ㄩㄣˇ］ 余准切　史文韵，上　平上，轸韵　词第六部　戏人辰辙　曲真文韵，上
　　㈡yuán［ㄩㄢˊ］ 余专切　史寒韵，阳　平平，先韵　词第七部　戏言前辙 （～吾，～街）

三画

兄 xiōng［ㄒㄩㄥ］ ①许荣切　史庚韵，阴　平平，庚韵　词第十一部　戏中东辙　曲东钟韵，阴
　　　　　　　 ②许荣切　史庚韵，阴　平平，庚韵　词第十一部　戏中东辙　曲庚青韵，阴 （又）

四画

兇（见"凶"）

光 ㈠guāng［ㄍㄨㄤ］ 古黄切　史唐韵，阴　平平，阳韵　词第二部　戏江阳辙　曲江阳韵，阴
　　㈡guàng［ㄍㄨㄤˋ］ 古旷切　史唐韵，去　平去，漾韵　词第二部　戏江阳辙 （涂刷）

先 xiān［ㄒㄧㄢ］ ①苏前切　史寒韵，阴　平平，先韵　词第七部　戏言前辙　曲先天韵，阴
　　　　(1)时间在前：～一天　(2)次序在前：争～恐后　(3)首要：食货为～　(4)上辈：～祖　(5)已死的人：～烈　(6)走在前头：
　　　　～进　(7)敬称：～生　(8)姓
　　　　　　　 ②苏佃切　史寒韵，阴　平去，霰韵　词第七部　戏言前辙　曲先天韵，阴
　　　　(9)先于，前于：不～父食久矣　⑽前导：～马　⑾事先致意：楚王使大夫二人往～焉

兆 zhào［ㄓㄠˋ］ 治小切　史豪韵，去　平上，篠韵　词第八部　戏遥条辙　曲萧豪韵，去

充 chōng［ㄔㄨㄥ］ 昌终切　史庚韵，阴　平平，东韵　词第一部　戏中东辙　曲东钟韵，阴

五画

兎（见"兔"）

克 kè［ㄎㄜˋ］ 苦得切　史波韵，去　平入，职韵　词第十七部　戏梭波辙　曲齐微韵，上

兕 sì［ㄙˋ］ 徐姊切　史支韵，去　平上，纸韵　词第三部　戏一七辙　曲支思韵，去

兑 ㈠duì［ㄉㄨㄟˋ］ 杜外切　史微韵，去　平去，泰韵　词第三部　戏灰堆辙　曲齐微韵，去
　　㈡duó［ㄉㄨㄛˊ］ 徒活切　史波韵，阳　平入，曷韵　词第十八部　戏梭波辙 （龙～）
　　㈢ruì［ㄖㄨㄟˋ］ （尖锐，同"锐㈠"）
　　㈣yuè［ㄩㄝˋ］ （喜悦，同"悦"）

皃（查"白"部）免（查"ㄅ"部）

六画

兒（见"儿㈠㈡"）

兗 yǎn［ㄧㄢˇ］ 以转切　史寒韵，上　平上，铣韵　词第七部　戏言前辙　曲先天韵，上

兔（查"ㄅ"部）

七画

兖（见"兗"）

八画

剋（同"剋"）

党（查"小"部）竟（查"立"部）

九画

兜 (一)dōu［ㄉㄡ］当侯切　史尤韵，阴　平平，尤韵　词第十二部　戏由求辙　曲尤侯韵，阴

　　(二)dǒu［ㄉㄡˇ］（突然，同"陡"）

竟（查"立"部）

十画

觇 shēn［ㄕㄣ］所臻切　史文韵，阴　平平，真韵　词第六部　戏人辰辙

十二画

兢 jīng［ㄐ丨ㄥ］居陵切　史庚韵，阴　平平，蒸韵　词第十一部　戏中东辙　曲庚青韵，阴

十八画

競（见"竞"）

几（几）部

几 (一)jī［ㄐ丨］①居依切　史齐韵，阴　平平，微韵　词第三部　戏一七辙　曲齐微韵，阴

　　　　　　②居履切　史齐韵，上　平上，纸韵　词第三部　戏一七辙　曲齐微韵，上　（小桌子）

　　(二)jǐ［ㄐ丨ˇ］①居狶切　史齐韵，上　平上，尾韵　词第三部　戏一七辙　曲齐微韵，上　（多少）

　　　　　　②居履切　史齐韵，上　平上，纸韵　词第三部　戏一七辙　曲齐微韵，上　（赤舄~~）

　　(三)jì［ㄐ丨`］①其既切　史齐韵，去　平去，未韵　词第三部　戏一七辙　（未已）

　　　　　　②几利切　史齐韵，去　平去，寘韵　词第三部　戏一七辙　（希望）

　　(四)qí［ㄑ丨ˊ］渠希切　史齐韵，阳　平平，微韵　词第三部　戏一七辙　（器物上的凹凸纹）

　　(五)qǐ［ㄑ丨ˇ］（岂止，同"岂(一)"）

一画

几（同"凡"）

凡 fán［ㄈㄢˊ］符泛切　史寒韵，阳　平平，咸韵　词第十四部　戏言前辙　曲寒山韵，阳

二画

凤 fèng［ㄈㄥ`］冯贡切　史庚韵，去　平去，送韵　词第一部　戏中东辙　曲东钟韵，去

亢（查"亠"部）**冗**（查"冖"部）

三画

処（同"处"）

四画

夙 sù［ㄙㄨ`］息逐切　史姑韵，去　平入，屋韵　词第十五部　戏姑苏辙

凫 fú［ㄈㄨˊ］防无切　史姑韵，阳　平平，虞韵　词第四部　戏姑苏辙　曲鱼模韵，阳

朵（查"木"部）

五画

壳（查"士"部）**秃**（查"禾"部）

六画

凯 kǎi［ㄎㄞˇ］苦亥切　史开韵，上　平上，贿韵　词第五部　戏怀来辙　曲皆来韵，上

凭 píng［ㄆ丨ㄥˊ］①扶冰切　史庚韵，阳　平平，蒸韵　词第十一部　戏中东辙　曲庚青韵，阳

　　　　　　②皮证切　史庚韵，阳　平去，径韵　词第十一部　戏中东辙　曲庚青韵，去　（又）

咒（查"口"部）

七画

凫（见"凫"）
亮（查"亠"部）

九画

凰 huáng［ㄏㄨㄤˊ］ 胡光切　史唐韵，阳　乎平，阳韵　词第二部　戏江阳辙　曲江阳韵，阳

十画

凱（见"凯"）

十二画

鳳（见"凤"）凴（见"凭"）
凳 dèng［ㄉㄥˋ］ 都邓切　史庚韵，去　乎去，径韵　词第十一部　戏中东辙　曲庚青韵，去

十七画

積（同"颓"）

亠　部

一画

亡 ㈠ wáng［ㄨㄤˊ］ 武方切　史唐韵，阳　乎平，阳韵　词第二部　戏江阳辙　曲江阳韵，阳
　　㈡ wú［ㄨˊ］（同"无㈠"）

二画

卞 biàn［ㄅㄧㄢˋ］ 皮变切　史寒韵，去　乎去，霰韵　词第七部　戏言前辙　曲先天韵，去
亢 ㈠ kàng［ㄎㄤˋ］ 苦浪切　史唐韵，去　乎去，漾韵　词第二部　戏江阳辙　曲江阳韵，去
　　㈡ gāng［ㄍㄤ］ 古郎切　史唐韵，阴　乎平，阳韵　词第二部　戏江阳辙　曲江阳韵，阴　（咽喉；古地名）
六（查"八"部）

三画

玄 xuán［ㄒㄩㄢˊ］ 胡涓切　史寒韵，阳　乎平，先韵　词第七部　戏言前辙　曲先天韵，阳
主（查"丶"部）市（查"巾"部）

四画

亦 yì［ㄧˋ］ 羊益切　史齐韵，去　乎入，陌韵　词第十七部　戏一七辙
交 jiāo［ㄐㄧㄠ］ 古肴切　史豪韵，阴　乎平，肴韵　词第八部　戏遥条辙　曲萧豪韵，阴
肓 huāng［ㄏㄨㄤ］ 呼光切　史唐韵，阴　乎平，阳韵　词第二部　戏江阳辙
亥 hài［ㄏㄞˋ］ 胡改切　史开韵，去　乎上，贿韵　词第五部　戏怀来辙　曲皆来韵，去
产（查"立"部）充（查"儿"部）

五画

亩 mǔ［ㄇㄨˇ］ 莫厚切　史姑韵，上　乎上，有韵　词第十二部［兼第四部麌韵］　戏姑苏辙　曲鱼模韵，上
亨 ㈠ hēng［ㄏㄥ］ 许庚切　史庚韵，阴　乎平，庚韵　词第十一部　戏中东辙　曲庚青韵，阴
　　㈡ xiǎng［ㄒㄧㄤˇ］（飨宴，同"享"）
　　㈢ pēng［ㄆㄥ］（烹饪，同"烹"）

六画

京 jīng[ㄐㄧㄥ] 举卿切　史庚韵，阴　乎平，庚韵　词第十一部　戏中东辙　曲庚青韵，阴

享 xiǎng[ㄒㄧㄤˇ] 许两切　史唐韵，上　乎上，养韵　词第二部　戏江阳辙　曲江阳韵，上

夜 yè[ㄧㄝˋ] ①羊谢切　史皆韵，去　乎去，祃韵　词第十部　戏乜斜辙　曲车遮韵，去
②夷益切　史齐韵，去　乎入，陌韵　词第十七部　戏一七辙　（古县名）

卒 (一)zú[ㄗㄨˊ] ①臧没切　史姑韵，阳　乎入，月韵　词第十八部　戏姑苏辙　曲鱼模韵，上
(1)士兵：士~　(2)差役：狱~　(3)春秋齐国居民的编制　(4)春秋时军队的编制
②子聿切　史姑韵，阳　乎入，质韵　词第十七部　戏姑苏辙　曲鱼模韵，上
(5)完毕，终了：~业　(6)究竟，终于：~为善士　(7)死：生~年月　(8)高：维其~矣
(二)cù[ㄘㄨˋ] 仓没切　史姑韵，去　乎入，月韵　词第十八部　戏姑苏辙　曲鱼模韵，上　（~然）
(三)cuì[ㄘㄨㄟˋ] 取内切　史微韵，去　乎去，队韵　词第三部　戏灰堆辙　曲齐微韵，去　（通"倅"）

氓 (一)méng[ㄇㄥˊ] 莫耕切　史庚韵，阳　乎平，庚韵　词第十一部　戏中东辙　曲庚青韵，阳
(二)máng[ㄇㄤˊ] 莫郎切　史唐韵，阳　乎平，阳韵　词第二部　戏江阳辙　（流氓）【现代字。借用同音字"忙"的反切。】

兖（查"儿"部）

七画

亱（同"夜"）兖（同"兖"）

哀 āi[ㄞ] 乌开切　史开韵，阴　乎平，灰韵　词第五部　戏怀来辙　曲皆来韵，阴

亭 tíng[ㄊㄧㄥˊ] 特丁切　史庚韵，阳　乎平，青韵　词第十一部　戏中东辙　曲庚青韵，阳

亮 (一)liàng[ㄌㄧㄤˋ] 力让切　史唐韵，去　乎去，漾韵　词第二部　戏江阳辙　曲江阳韵，去
(二)liáng[ㄌㄧㄤˊ] 吕张切　史唐韵，阳　乎平，阳韵　词第二部　戏江阳辙　（~阴）

彦 yàn[ㄧㄢˋ] 鱼变切　史寒韵，去　乎去，霰韵　词第七部　戏言前辙　曲先天韵，去

纱 (一)yāo[ㄧㄠ] 於霄切　史豪韵，阴　乎平，萧韵　词第八部　戏遥条辙
(二)miào[ㄇㄧㄠˋ] （同"妙"）

帝（查"巾"部）帝（查"巾"部）

八画

畝（见"亩"）

高 gāo[ㄍㄠ] 古劳切　史豪韵，阴　乎平，豪韵　词第八部　戏遥条辙　曲萧豪韵，阴

亳 bó[ㄅㄛˊ] 傍各切　史波韵，阳　乎入，药韵　词第十六部　戏梭波辙

离 (一)lí[ㄌㄧˊ] 吕支切　史齐韵，阳　乎平，支韵　词第三部　戏一七辙　曲齐微韵，阳
(二)lì[ㄌㄧˋ] ①力智切　史齐韵，去　乎去，寘韵　词第三部　戏一七辙　（失去）
②郎计切　史齐韵，去　乎去，霁韵　词第三部　戏一七辙　曲齐微韵，去　（附丽）
(三)lǐ[ㄌㄧˇ] 辇尔切　史齐韵，上　乎上，纸韵　词第三部　戏一七辙　（~跂）
(四)gǔ[ㄍㄨˇ] 古屋切　史姑韵，上　乎入，屋韵　词第十五部　戏姑苏辙　（~嵠山）
(五)chī[ㄔ] 丑知切　史支韵，阴　乎平，支韵　词第三部　戏一七辙　曲齐微韵，阴　（通"螭""魑"）

畜 (一)xù[ㄒㄩˋ] 许竹切　史齐韵，去　乎入，屋韵　词第十五部　戏一七辙　曲鱼模韵，上
(1)饲养：~牧　(2)容留：获罪于两君，天下谁~之　(3)顺从：顺于道，不逆于伦，是谓之~　(4)喜爱，通"慉"
(5)姓
(二)chù[ㄔㄨˋ] 丑救切　史姑韵，去　乎去，宥韵　词第十二部　戏姑苏辙　曲鱼模韵，上
(6)禽兽：牲~　(7)积储：国无九年之~曰不足　(8)限制：~君何尤

兹 (一)xuán[ㄒㄩㄢˊ] 胡涓切　史寒韵，阳　乎平，先韵　词第七部　戏言前辙
(二)zī[ㄗ] （同"兹(一)"）

九画

孰 shú[ㄕㄨˊ] 殊六切　史姑韵，阳　平入，屋韵　词第十五部　戏姑苏辙　曲鱼模韵，阳

商 dí[ㄉㄧˊ] 都历切　史齐韵，阳　平入，锡韵　词第十七部　戏一七辙

商 shāng[ㄕㄤ] 式羊切　史唐韵，阴　平平，阳韵　词第二部　戏江阳辙　曲江阳韵，阴

綵 lú[ㄌㄨˊ] 落胡切　史姑韵，阳　平平，虞韵　词第四部　戏姑苏辙

率 (一) shuài[ㄕㄨㄞˋ] ①所类切　史开韵，去　平去，真韵　词第三部　戏怀来辙　曲皆来韵，去

②所律切　史开韵，去　平入，质韵　词第十七部　戏一七辙　曲皆来韵，去　（又）

(1)捕鸟网　(2)遵循：～由旧章　(3)英俊，漂亮：字写得～　(4)不慎重：草～　(5)爽直：直～　(6)统领或将帅：～师　(7)楷模：表～　(8)大概，大略：～皆如此　(9)类似：大抵～寓言也　⑽捕鸟网（又）　⑾统领或将帅（又）

(二) lù[ㄌㄩˋ] 劣成切　史齐韵，去　平入，质韵　词第十七部　戏一七辙

⑿古太子属官名　⒀规格：羿不为拙射变其彀～　⒁相关两数的比值：圆周～　⒂计算：各以其口数～　⒃刷巾：藻～　⒄缉边，通"縩"　⒅古量词

毫（查"毛"部）牵（查"牛"部）

十画

椉（同"乘(一)"）

就 jiù[ㄐㄧㄡˋ] 疾僦切　史尤韵，去　平去，宥韵　词第十二部　戏由求辙　曲尤侯韵，去

十一画

稟（同"禀"）

亶 (一) dǎn[ㄉㄢˇ] 多旱切　史寒韵，上　平上，旱韵　词第七部　戏言前辙　曲寒山韵，上

(二) chán[ㄔㄢˊ] 时连切　史寒韵，阳　平平，先韵　词第七部　戏言前辙　（～爰山）

(三) zhān[ㄓㄢ]（屯～－屯亶，同"邅"）

雍 yōng[ㄩㄥ] ①於容切　史庚韵，阴　平平，冬韵　词第一部　戏中东辙　曲东钟韵，阴

②於用切　史庚韵，阴　平去，宋韵　词第一部　戏中东辙　（～州）

禀（查"示"部）

十二画

稾（查"木"部）膏（查"月"部）

十三画

稿（同"稿"）

十四画

嚲 duǒ[ㄉㄨㄛˇ] 丁可切　史波韵，上　平上，哿韵　词第九部　戏梭波辙　曲歌戈韵，上

嬴 yíng[ㄧㄥˊ] 以成切　史庚韵，阳　平平，庚韵　词第十一部　戏中东辙　曲庚青韵，阳

十五画

襄 xiāng[ㄒㄧㄤ] 息良切　史唐韵，阴　平平，阳韵　词第二部　戏江阳辙　曲江阳韵，阴

赢 yíng[ㄧㄥˊ] 以成切　史庚韵，阳　平平，庚韵　词第十一部　戏中东辙　曲庚青韵，阳

十七画

蠃 (一) luǒ[ㄌㄨㄛˇ] 郎果切　史波韵，上　平上，哿韵　词第九部　戏梭波辙　曲歌戈韵，上

(二) luó[ㄌㄨㄛˊ] 落戈切　史波韵，阳　平平，歌韵　词第九部　戏梭波辙　曲歌戈韵，阴　（通"螺"）

羸 léi[ㄌㄟˊ] 力为切　史微韵，阳　平平，支韵　词第三部　戏灰堆辙　曲齐微韵，阳

十八画

彈（见"弹"）　**赢**（见"赢"）

十九画

蘤 ㈠wěi［ㄨㄟˇ］无匪切　史微韵，上　平上，尾韵　词第三部　戏灰堆辙　曲齐微韵，上

　　㈡mén［ㄇㄣˊ］莫奔切　史文韵，阳　平平，元韵　词第六部　戏人辰辙　曲真文韵，阳（峡中对峙如门的地方）

赢 ㈠luǒ［ㄌㄨㄛˇ］郎果切　史波韵，上　平上，哿韵　词第九部　戏梭波辙

　　㈡luó［ㄌㄨㄛˊ］（同"骡"）

二十一画

赢（同"骡"）

冫　部

三画

冯 ㈠píng［ㄆㄧㄥˊ］扶冰切　史庚韵，阳　平平，蒸韵　词第十一部　戏中东辙　曲庚青韵，阳

　　㈡féng［ㄈㄥˊ］房戎切　史庚韵，阳　平平，东韵　词第一部　戏中东辙　曲东钟韵，阳　（姓）

冬（查"夂"部）

四画

冱 ㈠hù［ㄏㄨˋ］胡误切　史姑韵，去　平去，遇韵　词第四部　戏姑苏辙

　　㈡hú［ㄏㄨˊ］洪孤切　史姑韵，阳　平平，虞韵　词第四部　戏姑苏辙　（漫~）

冲 ㈠chōng［ㄔㄨㄥ］①直弓切　史庚韵，阴　平平，东韵　词第一部　戏中东辙　曲东钟韵，阴

　　　　(1)空虚：大盈若~　(2)年纪小：幼~　(3)水涌动　(4)向上飞：飞必~天　(5)阴阳五行的术语：相~相克　(6)以水灌注：~洗　(7)水流撞击：~决河堤　(8)互相抵消：~账

　　　　　　②尺容切　史庚韵，阴　平平，冬韵　词第一部　戏中东辙　曲东钟韵，阴

　　　　(9)大路：要~　(10)突闯：~锋　(11)顶撞，碰撞：怒发~冠　(12)古代用来撞击城墙的战车：~车

　　㈡chòng［ㄔㄨㄥˋ］昌用切　史庚韵，去　平去，送韵　词第一部　戏中东辙　【"衝"的简体。《康熙字典》"衝"字条下有此反切，借用之。】

　　　　(13)对着，向：首~南方　(14)猛烈：气味~　(15)凭，根据：~你的水平，肯定没问题

　　㈢chǒng［ㄔㄨㄥˇ］蠢勇切　史庚韵，上　平上，肿韵　词第一部　戏中东辙　（~蓯）

冰 ㈠bīng［ㄅㄧㄥ］笔陵切　史庚韵，阴　平平，蒸韵　词第十一部　戏中东辙　曲庚青韵，阴

　　㈡níng［ㄋㄧㄥˊ］鱼陵切　史庚韵，阳　平平，蒸韵　词第十一部　戏中东辙　（凝结；脂膏）

决 ㈠jué［ㄐㄩㄝˊ］古穴切　史皆韵，阳　平入，屑韵　词第十八部　戏乜斜辙　曲车遮韵，上

　　㈡xuè［ㄒㄩㄝˋ］呼决切　史皆韵，去　平入，屑韵　词第十八部　戏乜斜辙　（~起）

次（查"欠"部）

五画

冻 dòng［ㄉㄨㄥˋ］多贡切　史庚韵，去　平去，送韵　词第一部　戏中东辙　曲东钟韵，去

况 kuàng［ㄎㄨㄤˋ］许访切　史唐韵，去　平去，漾韵　词第二部　戏江阳辙　曲江阳韵，去

冷 ㈠lěng［ㄌㄥˇ］①鲁杆切　史庚韵，上　平上，梗韵　词第十一部　戏中东辙　曲庚青韵，上

　　　　　　②力鼎切　史庚韵，上　平上，迥韵　词第十一部　戏中东辙　曲庚青韵，上　（又）

　　㈡líng［ㄌㄧㄥˊ］郎丁切　史庚韵，阳　平平，青韵　词第十一部　戏中东辙　（~泽）

冶 yě［ㄧㄝˇ］羊者切　史皆韵，上　平上，马韵　词第十部　戏乜斜辙　曲车遮韵，上

六画

洌 liè[ㄌㄧㄝˋ] 良薛切　史皆韵，去　平入，屑韵　词第十八部　戏乜斜辙　曲车遮韵，去

洗 ㈠shěng[ㄕㄥˇ] 色拯切　史庚韵，上　平上，迥韵　词第十一部　戏中东辙　（寒冷状）

　㈡xiǎn[ㄒㄧㄢˇ] 苏典切　史寒韵，上　平上，铣韵　词第七部　戏言前辙　曲先天韵，上　（姓）【与"洗㈠"音同义同，用其反切。】

净 ㈠jìng[ㄐㄧㄥˋ] 疾政切　史庚韵，去　平去，敬韵　词第十一部　戏中东辙　曲庚青韵，去

　㈡chēng[ㄔㄥ] 楚耕切　史庚韵，阴　平平，庚韵　词第十一部　戏中东辙　（冷）

枣（查"木"部）

七画

涂（同"涂㈠：①"）

八画

凍（见"冻"）

清 qìng[ㄑㄧㄥˋ] 七政切　史庚韵，去　平去，敬韵　词第十一部　戏中东辙　曲庚青韵，去

凌 ㈠líng[ㄌㄧㄥˊ] 力膺切　史庚韵，阳　平平，蒸韵　词第十一部　戏中东辙　曲庚青韵，阳

　㈡lìng[ㄌㄧㄥˋ] 里孕切　史庚韵，去　平去，径韵　词第十一部　戏中东辙　（结冰）

淞 sōng[ㄙㄨㄥ] ①息恭切　史庚韵，阴　平平，冬韵　词第一部　戏中东辙

　　②苏弄切　史庚韵，阴　平去，送韵　词第一部　戏中东辙　（又）

凄 ㈠qī[ㄑㄧ] 七稽切　史齐韵，阴　平平，齐韵　词第三部　戏一七辙　曲齐微韵，阴

　㈡qiàn[ㄑㄧㄢˋ] 仓甸切　史寒韵，去　平去，霰韵　词第七部　戏言前辙　（~洌）

准 zhǔn[ㄓㄨㄣˇ] 之尹切　史文韵，上　平上，轸韵　词第六部　戏人辰辙　曲真文韵，上

凋 diāo[ㄉㄧㄠ] 都聊切　史豪韵，阴　平平，萧韵　词第八部　戏遥条辙　曲萧豪韵，阴

凉 ㈠liáng[ㄌㄧㄤˊ] 吕张切　史唐韵，阳　平平，阳韵　词第二部　戏江阳辙　曲江阳韵，阳

　　(1)薄，轻：君子作法于~　(2)微寒，不热：~风习习　(3)灰心失望：心~了　(4)古代饮料名　(5)古地名：~州

　㈡liàng[ㄌㄧㄤˋ] 力让切　史唐韵，去　平去，漾韵　词第二部　戏江阳辙

　　(6)风干：凡戎器，色别而异处，以卫尉幕士暴~之　(7)辅佐：时维鹰扬~彼武王　(8)放置降温：~在那里

九画

飡（同"餐"）

湊 còu[ㄘㄡˋ] 仓奏切　史尤韵，去　平去，宥韵　词第十二部　戏由求辙　曲尤侯韵，去

减 jiǎn[ㄐㄧㄢˇ] ①古斩切　史寒韵，上　平上，赚韵　词第十四部　戏言前辙　曲监咸韵，上

　　②公陷切　史寒韵，上　平去，陷韵　词第十四部　戏言前辙　（~损；~法）

十画

準（见"准"）滄（同"沧"）馮（见"冯"）

澄 yí[ㄧˊ] ①鱼依切　史齐韵，阳　平平，微韵　词第三部　戏一七辙

　　②吾回切　史齐韵，阳　平平，灰韵　词第三部　戏一七辙　（又）

　　③五来切　史齐韵，阳　平平，灰韵　词第五部　戏一七辙　（又）

寒（查"宀"部）

十一画

漼（同"灌㈡"）

窬（查"木"部）

十二画

凭（见"凭"）

澌 sī[ㄙ] 息移切 史支韵，阴 乎平，支韵 词第三部 戏一七辙

十三画

凛（同"凛"）

澤 duó[ㄉㄨㄛˊ] 徒落切 史波韵，阳 乎入，药韵 词第十六部 戏梭波辙

凛 lǐn[ㄌㄧㄣˇ] ①力稔切 史文韵，上 乎上，寝韵 词第十三部 戏人辰辙 曲侵寻韵，上 （~冽）

②巨金切 史文韵，上 乎平，侵韵 词第十三部 戏人辰辙 （~然，~~）

十四画

凝 níng[ㄋㄧㄥˊ] ①鱼陵切 史庚韵，阳 乎平，蒸韵 词第十一部 戏中东辙 曲庚青韵，阳

②牛凌切 史庚韵，去 乎去，径韵 词第十一部 戏中东辙 曲庚青韵，去 （寒~大地）

十五画

瀆（同"渎"）

冖 部

二画

冗 rǒng[ㄖㄨㄥˇ] 而陇切 史庚韵，上 乎上，肿韵 词第一部 戏中东辙 曲东钟韵，上

尤 ㈠yín[ㄧㄣˊ] 余针切 史文韵，阳 乎平，侵韵 词第十三部 戏人辰辙

㈡yóu[ㄧㄡˊ] （~豫－犹豫，同"犹㈠"）

三画

写 ㈠xiě[ㄒㄧㄝˇ] 悉姐切 史皆韵，上 乎上，马韵 词第十部 戏乜斜辙 曲车遮韵，上

㈡xiè[ㄒㄧㄝˋ] ①悉姐切 史皆韵，去 乎上，马韵 词第十部 戏乜斜辙 曲车遮韵，上 （移置；宣泄）

②四夜切 史皆韵，去 乎去，祃韵 词第十部 戏乜斜辙 曲车遮韵，去 （同"卸"）

四画

冃（同"肯"）

军 jūn[ㄐㄩㄣ] 举云切 史文韵，阴 乎平，文韵 词第六部 戏人辰辙 曲真文韵，阴

农（查"丶"部）

五画

罕 ㈠hǎn[ㄏㄢˇ] 呼旱切 史寒韵，上 乎上，旱韵 词第七部 戏言前辙 曲寒山韵，上

㈡hàn[ㄏㄢˋ] 呼旰切 史寒韵，去 乎去，翰韵 词第七部 戏言前辙 （枹~）

六画

眯 mí[ㄇㄧˊ] 必移切 史齐韵，阳 乎平，支韵 词第三部 戏一七辙

七画

軍（见"军"）

冠 ㈠guàn[ㄍㄨㄢˋ] 古玩切 史寒韵，去 乎去，翰韵 词第七部 戏言前辙 曲桓欢韵，去

㈡guān[ㄍㄨㄢ] 古丸切 史寒韵，阴 乎平，寒韵 词第七部 戏言前辙 曲桓欢韵，阴 （帽子，像帽子的东西）

八画

冢 zhǒng[ㄓㄨㄥˇ] 知陇切　叀庚韵，上　乎上，肿韵　词第一部　戏中东辙　曲东钟韵，上

冥 (一)míng[ㄇㄧㄥˊ] 莫经切　叀庚韵，阳　乎平，青韵　词第十一部　戏中东辙　曲庚青韵，阳

　　(二)mián[ㄇㄧㄢˊ] 民坚切　叀寒韵，阳　乎平，先韵　词第七部　戏言前辙　（幎~）

冤 yuān[ㄩㄢ] 於袁切　叀寒韵，阴　乎平，元韵　词第七部　戏言前辙　曲先天韵，阴

十画

幂 mì[ㄇㄧˋ] 莫狄切　叀齐韵，去　乎入，锡韵　词第十七部　戏一七辙

十三画

羃（同"幂"）

二十七画

鬱（查"木"部）

凵　部

二画

凶 xiōng[ㄒㄩㄥ] ①许容切　叀庚韵，阴　乎平，冬韵　词第一部　戏中东辙　曲东钟韵，阴

　　②许拱切　叀庚韵，阴　乎上，肿韵　词第一部　戏中东辙　曲东钟韵，阴　（又）

三画

凷（同"块"）

击 (一)jī[ㄐㄧ] 古历切　叀齐韵，阴　乎入，锡韵　词第十七部　戏一七辙　曲齐微韵，上

　　(二)xí[ㄒㄧˊ] 邢狄切　叀齐韵，阳　乎入，锡韵　词第十七部　戏一七辙　（觋，男巫）

凸 tū[ㄊㄨ] ①陀骨切　叀姑韵，阴　乎入，月韵　词第十八部　戏姑苏辙　（露出）

　　②徒结切　叀姑韵，阴　乎入，屑韵　词第十八部　戏姑苏辙　曲车遮韵，阳　（高出）

出 chū[ㄔㄨ] ①赤律切　叀姑韵，阴　乎入，质韵　词第十七部　戏姑苏辙　曲鱼模韵，上

　　②尺类切　叀姑韵，阴　乎去，寘韵　词第三部　戏姑苏辙　（由内到外）

凹 āo[ㄠ] ①乌洽切　叀豪韵，阴　乎入，洽韵　词第十九部　戏遥条辙　曲家麻韵，去　（低下）

　　②於交切　叀豪韵，阴　乎平，肴韵　词第八部　戏遥条辙　曲萧豪韵，阴　（低于周围）

　　③於交切　叀豪韵，阴　乎平，肴韵　词第八部　戏遥条辙　曲萧豪韵，去　（又）

四画

凼 dàng[ㄉㄤˋ] 他浪切　叀唐韵，去　乎去，漾韵　词第二部　戏江阳辙　【现代字。与"荡"音同义同，用其反切。】

六画

画 huà[ㄏㄨㄚˋ] ①胡麦切　叀麻韵，去　乎入，陌韵　词第十七部　戏发花辙　曲皆来韵，阳

　　②胡卦切　叀麻韵，去　乎去，卦韵　词第十部　戏发花辙　曲家麻韵，去　（绘~；作图）

函 hán[ㄏㄢˊ] ①胡男切　叀寒韵，阳　乎平，覃韵　词第十四部　戏言前辙　曲监咸韵，阳

　　②胡谗切　叀寒韵，阳　乎平，咸韵　词第十四部　戏言前辙　曲监咸韵，阳　（封~；盒子）

十画

凿 (一)zuò[ㄗㄨㄛˋ] ①则落切　叀波韵，去　乎入，药韵　词第十六部　戏梭波辙　曲萧豪韵，阳

　　②昨木切　叀波韵，去　乎入，屋韵　词第十五部　戏梭波辙　曲歌戈韵，阳　（镂花）

　　③在各切　叀波韵，去　乎入，药韵　词第十六部　戏梭波辙　曲歌戈韵，阳（打孔工具；挖孔洞）

④在到切　史豪韵，去　平去，号韵　词第八部　戏遥条辙　曲萧豪韵，阳　（孔洞）
(二) záo [ㄗㄠˊ]　在各切　史豪韵，阳　平入，药韵　词第十六部　戏遥条辙　曲萧豪韵，阳　（今读）

十五画

豳（查"豕"部）

卩（㔾）部

一画

卫　wèi [ㄨㄟˋ]　于岁切　史微韵，去　平去，霁韵　词第三部　戏灰堆辙　曲齐微韵，去

二画

卬　(一) áng [ㄤˊ]　五刚切　史唐韵，阳　平平，阳韵　词第二部　戏江阳辙　曲江阳韵，阳
　　(二) yǎng [丨ㄤˇ]　鱼两切　史唐韵，上　平上，养韵　词第二部　戏江阳辙　曲江阳韵，上　（同"仰①"）
仓（查"人"部）

三画

卮　zhī [ㄓ]　章移切　史支韵，阴　平平，支韵　词第三部　戏一七辙　曲支思韵，阴
印　yìn [丨ㄣˋ]　於刃切　史文韵，去　平去，震韵　词第六部　戏人辰辙　曲真文韵，去
卯　mǎo [ㄇㄠˇ]　莫饱切　史豪韵，上　平上，巧韵　词第八部　戏遥条辙　曲萧豪韵，上

四画

危（查"クˊ"部）

五画

劭（同"劲"）
却　què [ㄑㄩㄝˋ]　去约切　史皆韵，去　平入，药韵　词第十六部　戏乜斜辙　曲萧豪韵，上
卵　(一) luǎn [ㄌㄨㄢˇ]　①卢管切　史寒韵，上　平上，旱韵　词第七部　戏言前辙　曲桓欢韵，上
　　　　　　　　　　　②郎果切　史寒韵，上　平上，哿韵　词第九部　戏言前辙　（睾丸）
　　(二) kūn [ㄎㄨㄣ]　公浑切　史文韵，阴　平平，元韵　词第六部　戏人辰辙　（～酱）
即　jí [丩丨ˊ]　子力切　史齐韵，阳　平入，职韵　词第十七部　戏一七辙　齐微韵，上

六画

卹（同"恤"）
卸　xiè [丁丨ㄝˋ]　司夜切　史皆韵，去　平去，祃韵　词第十部　戏乜斜辙　曲车遮韵，去
卷　(一) juàn [丩ㄩㄢˋ]　居倦切　史寒韵，去　平去，霰韵　词第七部　戏言前辙　曲先天韵，上
　　　　(1)可以舒卷的书画：手～　(2)书籍的册本或篇章：书～　(3)考试纸：答～　(4)存放的档案文件：～宗
　　(二) juǎn [丩ㄩㄢˇ]　①居转切　史寒韵，上　平上，铣韵　词第七部　戏言前辙　曲先天韵，上
　　　　(5)把东西卷成圆筒状：～帘　(6)断绝：我举安邑，塞女戟，韩氏太原～　(7)外力把东西撮起或裹住：风～残云　(8)
　　　　被卷成圆筒形的东西：烟～　(9)量词
　　　　　　　　　　②求晚切　史寒韵，上　平上，阮韵　词第七部　戏言前辙　曲先天韵，上　（姓）
　　(三) quán [ㄑㄩㄢˊ]　巨员切　史寒韵，阳　平平，先韵　词第七部　戏言前辙　曲先天韵，阳
　　　　(10)屈曲：有～者阿　(11)美好，通"婘"　(12)微小，通"拳"　(13)忠诚恳切，"～～"通"拳拳"
　　(四) quān [ㄑㄩㄢ]　驱圆切　史寒韵，阴　平平，先韵　词第七部　戏言前辙　（冠～）
　　(五) jùn [丩ㄩㄣˋ]　巨陨切　史文韵，去　平上，轸韵　词第六部　戏人辰辙　（睔～）
　　(六) gǔn [ㄍㄨㄣˇ]　（卷龙图形的礼服，同"衮"）

卺 jǐn[ㄐㄧㄣˇ] 居隐切　史文韵，上　乎上，吻韵　词第六部　戏人辰辙　曲真文韵，上

七画

卽（见"即"）

卻 ㈠què[ㄑㄩㄝˋ]（同"却"）

　　㈡xì[ㄒㄧˋ]（间隙，同"隙"）

厄（查"兀"部）

八画

卿 qīng[ㄑㄧㄥ] 去京切　史庚韵，阴　乎平，庚韵　词第十一部　戏中东辙　曲庚青韵，阴

十画

寋（查"宀"部）

十一画

厀（同"膝"）

十五画

禦（查"示"部）

刀（刀刂）部

刀 dāo[ㄉㄠ] 都劳切　史豪韵，阴　乎平，豪韵　词第八部　戏遥条辙　曲萧豪韵，阴

刁（查"乙"部）

一画

刃 rèn[ㄖㄣˋ] 而振切　史文韵，去　乎去，震韵　词第六部　戏人辰辙　曲真文韵，去

二画

刅（同"创㈡"）

切 ㈠qiē[ㄑㄧㄝ] 千结切　史皆韵，阴　乎入，屑韵　词第十八部　戏乜斜辙　曲车遮韵，上

　　(1)用刀割：～菜　(2)研讨：～磋　(3)几何学名词：相～

　　㈡qiè[ㄑㄧㄝˋ] 千结切　史皆韵，去　乎入，屑韵　词第十八部　戏乜斜辙　曲车遮韵，上

　　(4)贴近，密合：～身利益　(5)咬：～齿　(6)紧急：迫～　(7)极力：～谏　(8)切实，实在，着实：～记　(9)责备：～

　　　　责　(10)严厉：～让王莽　(11)要领：客自览其～焉　(12)诊脉：～脉　(13)古时汉字标音法：反～　(14)全部：一～

　　㈢qì[ㄑㄧˋ]（同"砌㈠"）

刈 yì[ㄧˋ] 鱼肺切　史齐韵，去　乎去，队韵　词第三部　戏一七辙　曲齐微韵，去

分（查"八"部）

三画

刍 ㈠chú[ㄔㄨˊ] 测隅切　史姑韵，阳　乎平，虞韵　词第四部　戏姑苏辙　曲鱼模韵，阴

　　㈡zōu[ㄗㄡ] 甾尤切　史尤韵，阴　乎平，尤韵　词第十二部　戏由求辙　（草名）

刊 kān[ㄎㄢ] 苦寒切　史寒韵，阴　乎平，寒韵　词第七部　戏言前辙　曲寒山韵，阴

刌 cǔn[ㄘㄨㄣˇ] 仓本切　史文韵，上　乎上，阮韵　词第六部　戏人辰辙

召（查"口"部）

四画

危 wēi[ㄨㄟ] 鱼为切　史微韵，阴　乎平，支韵　词第三部　戏灰堆辙　曲齐微韵，阳

争 ㈠zhēng［ㄓㄥ］侧茎切　史庚韵，阴　平平，庚韵　词第十一部　戏中东辙　曲庚青韵，阴
　㈡zhèng［ㄓㄥˋ］侧迸切　史庚韵，去　平去，敬韵　词第十一部　戏中东辙　（规谏）

刑 xíng［ㄒㄧㄥˊ］户经切　史庚韵，阳　平平，青韵　词第十一部　戏中东辙　曲庚青韵，阳

刓 wán［ㄨㄢˊ］五丸切　史寒韵，阳　平平，寒韵　词第七部　戏言前辙　曲桓欢韵，阳

列 liè［ㄌㄧㄝˋ］良薛切　史皆韵，去　平入，屑韵　词第十八部　戏乜斜辙　曲车遮韵，去

划 ㈠huá［ㄏㄨㄚˊ］①户花切　史麻韵，阳　平平，麻韵　词第十部　戏发花辙　曲家麻韵，阳
　　　　　　　　②胡麦切　史麻韵，阳　平入，陌韵　词第十七部　戏发花辙　曲皆来韵，阳　（又）
　　　　　（1）拨桨行船：～船　（2）计较是否相宜：～算　（3）被有刃口的东西拉开口子：～破　（4）用东西从表面擦过：～火柴
　㈡huà［ㄏㄨㄚˋ］①呼麦切　史麻韵，去　平入，陌韵　词第十七部　戏发花辙　曲皆来韵，阳
　　　　（5）割裂，划破：～崇墉，刳溃汹　（6）忽然：～然　（7）分开：～成两块　（8）筹谋，设计：计～　（9）使，齐：整齐～一
　　　　　　　②胡麦切　史麻韵，去　平入，陌韵　词第十七部　戏发花辙　曲皆来韵，阳　（划分）
　㈢guò［ㄍㄨㄛˋ］古卧切　史波韵，去　平去，简韵　词第九部　戏梭波辙　（镰）

则 zé［ㄗㄜˊ］子德切　史波韵，阳　平入，职韵　词第十七部　戏梭波辙　曲皆来韵，上

刚 gāng［ㄍㄤ］古郎切　史唐韵，阴　平平，阳韵　词第二部　戏江阳辙　曲江阳韵，阴

刉 jī［ㄐㄧ］①居依切　史齐韵，阴　平平，微韵　词第三部　戏一七辙
　　　　　　②古对切　史齐韵，阴　平去，队韵　词第三部　戏一七辙　（又）

创 ㈠chuàng［ㄔㄨㄤˋ］初亮切　史唐韵，去　平去，漾韵　词第二部　戏江阳辙　曲江阳韵，去
　㈡chuāng［ㄔㄨㄤ］初良切　史唐韵，阴　平平，阳韵　词第二部　戏江阳辙　（创伤；伤害）

刖 yuè［ㄩㄝˋ］①鱼厥切　史皆韵，去　平入，月韵　词第十八部　戏乜斜辙　曲车遮韵，去
　　　　　　②五刮切　史皆韵，去　平入，黠韵　词第十八部　戏乜斜辙　曲车遮韵，去　（又）

刎 wěn［ㄨㄣˇ］武粉切　史文韵，上　平上，吻韵　词第六部　戏人辰辙　曲真文韵，上

刘 liú［ㄌㄧㄡˊ］力求切　史尤韵，阳　平平，尤韵　词第十二部　戏由求辙　曲尤侯韵，阳

负（查"贝"部）色（查"色"部）

五画

刧（同"劫"）刦（同"劫"）删（同"删"）

奂 huàn［ㄏㄨㄢˋ］火贯切　史寒韵，去　平去，翰韵　词第七部　戏言前辙　曲桓欢韵，去

免 ㈠miǎn［ㄇㄧㄢˇ］亡辨切　史寒韵，上　平上，铣韵　词第七部　戏言前辙　曲先天韵，上
　㈡wèn［ㄨㄣˋ］亡运切　史文韵，去　平去，问韵　词第六部　戏人辰辙　（古丧制）

刬 ㈠chǎn［ㄔㄢˇ］初限切　史寒韵，上　平上，潸韵　词第七部　戏言前辙　曲寒山韵，上
　㈡chàn［ㄔㄢˋ］初限切　史寒韵，上　平上，潸韵　词第七部　戏言前辙　（一概）

别 ㈠bié［ㄅㄧㄝˊ］方别切　史皆韵，阳　平入，屑韵　词第十八部　戏乜斜辙　曲车遮韵，阳
　㈡biè［ㄅㄧㄝˋ］①必袂切　史皆韵，去　平去，霁韵　词第三部　戏乜斜辙　曲车遮韵，上　（～扭）
　　　　　　②必结切　史皆韵，去　平入，屑韵　词第十八部　戏乜斜辙　曲车遮韵，上　（又）

利 lì［ㄌㄧˋ］力至切　史齐韵，去　平去，寘韵　词第三部　戏一七辙　曲齐微韵，去

删 shān［ㄕㄢ］所姦切　史寒韵，阴　平平，删韵　词第七部　戏言前辙　曲寒山韵，阴

刨 ㈠páo［ㄆㄠˊ］蒲交切　史豪韵，阳　平平，肴韵　词第八部　戏遥条辙
　㈡bào［ㄅㄠˋ］①防教切　史豪韵，去　平去，效韵　词第八部　戏遥条辙　（～子）【同"铇"。用其反切。】
　　　　　　②薄交切　史豪韵，去　平平，肴韵　词第八部　戏遥条辙　（又）

判 ㈠pàn［ㄆㄢˋ］普半切　史寒韵，去　平去，翰韵　词第七部　戏言前辙　曲桓欢韵，去
　㈡pān［ㄆㄢ］普官切　史寒韵，阴　平平，寒韵　词第七部　戏言前辙　曲寒山韵，去　（不顾；豁出去）【同
"拌㈠"。用其反切。】

刜 fú［ㄈㄨˊ］符弗切　史姑韵，阳　平入，物韵　词第十八部　戏姑苏辙

刭 jīng［ㄐㄧㄥ］古挺切　史庚韵，上　平上，迥韵　词第十一部　戏中东辙

初（查"衤"部）

六画

刱（同"创㈠"）刧（同"劫"）剌（同"刺㈠"）剁（见"剁"）

券　㈠quàn［ㄑㄩㄢˋ］去愿切　中寒韵，去　平去，愿韵　词第七部　戏言前辙　曲先天韵，去

　　㈡xuàn［ㄒㄩㄢˋ］去愿切　中寒韵，去　平去，愿韵　词第七部　戏言前辙　曲先天韵，去　（拱~）

兔　tù［ㄊㄨˋ］汤故切　中姑韵，去　平去，遇韵　词第四部　戏姑苏辙　曲鱼模韵，去

刲　kuī［ㄎㄨㄟ］苦圭切　中微韵，阴　平平，齐韵　词第三部　戏灰堆辙

刵　èr［ㄦˋ］仍吏切　中齐韵，去　平去，寘韵　词第三部　戏一七辙

刺　㈠cì［ㄘˋ］①七赐切　中齐韵，去　平去，寘韵　词第三部　戏一七辙　曲支思韵，去

　　　　　②七迹切　中齐韵，去　平入，陌韵　词第十七部　戏一七辙　曲齐微韵，上　（又）

　　㈡cī［ㄘ］七迹切　中齐韵，阴　平入，陌韵　词第十七部　戏一七辙　曲齐微韵，上　（~溜）【现代字。借用同音字"趀"的反切。】

　　㈢qì［ㄑㄧˋ］七亦切　中齐韵，去　平入，陌韵　词第十七部　戏一七辙　曲齐微韵，上　（~促）

刳　kū［ㄎㄨ］苦胡切　中姑韵，阴　平平，虞韵　词第四部　戏姑苏辙　曲鱼模韵，阴

到　dào［ㄉㄠˋ］都导切　中豪韵，去　平去，号韵　词第八部　戏遥条辙　曲萧豪韵，去

刿　guì［ㄍㄨㄟˋ］居卫切　中微韵，去　平去，霁韵　词第三部　戏灰堆辙

剀　kǎi［ㄎㄞˇ］古哀切　中开韵，上　平平，灰韵　词第五部　戏怀来辙

制　zhì［ㄓˋ］征例切　中支韵，去　平去，霁韵　词第三部　戏一七辙　曲齐微韵，去

刮　guā［ㄍㄨㄚ］古滑切　中麻韵，阴　平入，黠韵　词第十八部　戏发花辙　曲家麻韵，上

刽　guì［ㄍㄨㄟˋ］①古外切　中微韵，去　平去，泰韵　词第三部　戏灰堆辙

　　　　　②古活切　中微韵，去　平入，曷韵　词第十八部　戏灰堆辙　（又）

刹　㈠chà［ㄔㄚˋ］初鎋切　中麻韵，去　平入，黠韵　词第十八部　戏发花辙

　　㈡shā［ㄕㄚ］所八切　中麻韵，阴　平入，黠韵　词第十八部　戏发花辙　（~车）【同"煞"。用其反切。】

剂　jì［ㄐㄧˋ］①遵为切　中齐韵，去　平平，支韵　词第三部　戏一七辙　曲齐微韵，去

　　　　②在诣切　中齐韵，去　平去，霁韵　词第三部　戏一七辙　曲齐微韵，去　（药~）

刻　㈠kè［ㄎㄜˋ］苦得切　中波韵，去　平入，职韵　词第十七部　戏梭波辙　曲皆来韵，上

　　㈡kēi［ㄎㄟ］苦得切　中微韵，阴　平入，职韵　词第十七部　戏灰堆辙　曲皆来韵，上　（抠；挖）【方言读音。反切仍之。】

刷　㈠shuā［ㄕㄨㄚ］①所劣切　中麻韵，阴　平入，屑韵　词第十八部　戏发花辙　曲家麻韵，去

　　　　　②数刮切　中麻韵，阴　平入，黠韵　词第十八部　戏发花辙　曲家麻韵，去　（又）

　　㈡shuà［ㄕㄨㄚˋ］数刮切　中麻韵，去　平入，黠韵　词第十八部　戏发花辙　曲家麻韵，去　（脸色~白；~的一下）【方言读音。反切仍之。】

剁　duò［ㄉㄨㄛˋ］都唾切　中波韵，去　平去，箇韵　词第九部　戏梭波辙　曲歌戈韵，去

七画

刱（同"创㈠"）奂（见"奂"）剄（见"刭"）则（见"则"）

荆　jīng［ㄐㄧㄥ］举卿切　中庚韵，阴　平平，庚韵　词第十一部　戏中东辙　曲庚青韵，阴

剋　㈠kè［ㄎㄜˋ］苦得切　中微韵，阴　平入，职韵　词第十七部　戏灰堆辙

　　㈡kēi［ㄎㄟ］苦得切　中微韵，阴　平入，职韵　词第十七部　戏灰堆辙　【方言读音。反切仍之。】

剌　là［ㄌㄚˋ］卢达切　中麻韵，去　平入，曷韵　词第十八部　戏发花辙

剅　dōu［ㄉㄡ］当侯切　中尤韵，阳　平平，尤韵　词第十二部　戏由求辙

削　㈠xiāo［ㄒㄧㄠ］息约切　中豪韵，阴　平入，药韵　词第十六部　戏遥条辙　曲萧豪韵，上

　　㈡xuē［ㄒㄩㄝ］息约切　中皆韵，阴　平入，药韵　词第十六部　戏乜斜辙　曲萧豪韵，上　（剥~）

　　㈢shào［ㄕㄠˋ］所教切　中豪韵，去　平去，效韵　词第八部　戏遥条辙　（古代采地名称）

㈣qiào[ㄑㄧㄠˋ]（刀剑套，同"鞘㈠"）

剐 guǎ[ㄍㄨㄚˇ]古瓦切　史麻韵，上　平上，马韵　词第十部　戏发花辙　曲家麻韵，上

剑 jiàn[ㄐㄧㄢˋ]居欠切　史寒韵，去　平去，陷韵　词第十四部　戏言前辙　曲廉纤韵，去

剉 cuò[ㄘㄨㄛˋ]麤卧切　史波韵，去　平去，简韵　词第九部　戏梭波辙　曲歌戈韵，去

剃 tì[ㄊㄧˋ]他计切　史齐韵，去　平去，霁韵　词第三部　戏一七辙　曲齐微韵，去

俞（查"人"部）前（查"丷"部）

八画

剏（同"创㈠"）剚（同"倳"）劃（见"划"）剛（见"刚"）剮（见"剐"）剝（见"剥"）

剒 ㈠cuò[ㄘㄨㄛˋ]（雕刻，同"错①"）

　㈡zhuó[ㄓㄨㄛˊ]（斩断，同"斲"）

剞 jī[ㄐㄧ]①居绮切　史齐韵，阴　平上，纸韵　词第三部　戏一七辙

　　②居宜切　史齐韵，阴　平平，支韵　词第三部　戏一七辙　（劫夺）

剕 fèi[ㄈㄟˋ]父沸切　史微韵，去　平去，未韵　词第三部　戏灰堆辙

剔 tī[ㄊㄧ]他历切　史齐韵，阴　平入，锡韵　词第十七部　戏一七辙　曲齐微韵，上

剠 ㈠qíng[ㄑㄧㄥˊ]（同"黥"）

　㈡lüè[ㄌㄩㄝˋ]（掠夺，同"掠①"）

剖 pōu[ㄆㄡ]①普后切　史尤韵，阴　平上，有韵　词第十二部　戏由求辙　曲尤侯韵，上

　　②芳武切　史尤韵，阴　平上，麌韵　词第四部　戏由求辙　曲萧豪韵，上　（又）

剡 ㈠yǎn[ㄧㄢˇ]以冉切　史寒韵，上　平上，俭韵　词第十四部　戏言前辙　曲廉纤韵，上

　㈡shàn[ㄕㄢˋ]时染切　史寒韵，去　平上，俭韵　词第十四部　戏言前辙　（地名）

剜 wān[ㄨㄢ]一丸切　史寒韵，阴　平平，寒韵　词第七部　戏言前辙　曲桓欢韵，阴

剥 ㈠bō[ㄅㄛ]北角切　史波韵，阴　平入，觉韵　词第十六部　戏梭波辙　曲萧豪韵，上

　㈡bāo[ㄅㄠ]北角切　史豪韵，阴　平入，觉韵　词第十六部　戏遥条辙　曲萧豪韵，上　（去皮）

　㈢bó[ㄅㄛˊ]（辩驳；驳船，同"驳"）

　㈣pū[ㄆㄨ]（击，打，同"扑㈠"）

剧 jù[ㄐㄩˋ]①奇逆切　史齐韵，去　平入，陌韵　词第十七部　戏一七辙　曲齐微韵，去

　　②其据切　史齐韵，去　平去，御韵　词第四部　戏一七辙　曲齐微韵，去　（又）

剟 duō[ㄉㄨㄛ]①丁括切　史波韵，阴　平入，曷韵　词第十八部　戏梭波辙

　　②陟劣切　史波韵，阴　平入，屑韵　词第十八部　戏梭波辙　（又）

九画

剪 jiǎn[ㄐㄧㄢˇ]即浅切　史寒韵，上　平上，铣韵　词第七部　戏言前辙　曲先天韵，上

象 xiàng[ㄒㄧㄤˋ]徐两切　史唐韵，去　平上，养韵　词第二部　戏江阳辙　曲江阳韵，去

剳 ㈠dá[ㄉㄚˊ]德合切　史麻韵，阳　平入，合韵　词第十九部　戏发花辙

　㈡zhá[ㄓㄚˊ]（旧时公文名，同"札"）

副 ㈠fù[ㄈㄨˋ]敷救切　史姑韵，去　平去，宥韵　词第十二部［兼第四部遇韵］戏姑苏辙

　㈡pì[ㄆㄧˋ]芳逼切　史齐韵，去　平入，职韵　词第十七部　戏一七辙　（剖开）

割 huō[ㄏㄨㄛ]呼麦切　史波韵，阴　平入，陌韵　词第十七部　戏梭波辙

剫 duó[ㄉㄨㄛˊ]徒落切　史波韵，阳　平入，药韵　词第十六部　戏梭波辙

剭 wū[ㄨ]乌谷切　史姑韵，阴　平入，屋韵　词第十五部　戏姑苏辙

犁（查"牛"部）

十画

韌（同"韧"）剴（见"剀"）創（见"创"）

剩 shèng[ㄕㄥˋ] 实证切　史庚韵，去　平去，径韵　词第十一部　戏中东辙　曲庚青韵，去

割 gē[ㄍㄜ] 古达切　史波韵，阴　平入，曷韵　词第十八部　戏梭波辙　曲歌戈韵，上

十一画

刬（同"铲"）

剺 lí[ㄌㄧˊ] 里之切　史齐韵，阳　平平，支韵　词第三部　戏一七辙

詹 (一) zhān[ㄓㄢ] 职廉切　史寒韵，阴　平平，盐韵　词第十四部　戏言前辙　曲廉纤韵，阴

　　(二) dàn[ㄉㄢˋ] 徒站切　史寒韵，去　平去，陷韵　词第十四部　戏言前辙　（充足）

　　(三) chán[ㄔㄢˊ]（同"蟾"）

剀 kuǎi[ㄎㄨㄞˇ] 苦怪切　史开韵，上　平去，卦韵　词第五部　戏怀来辙　曲皆来韵，上

剸 (一) tuán[ㄊㄨㄢˊ] ①度官切　史寒韵，阳　平平，寒韵　词第七部　戏言前辙

　　　　　　　　②旨兖切　史寒韵，阳　平上，铣韵　词第七部　戏言前辙　（又）

　　(二) zhuàn[ㄓㄨㄢˋ] 之啭切　史寒韵，去　平去，霰韵　词第七部　戏言前辙　（用刀细细地切）

　　(三) zhuān[ㄓㄨㄢ]（统管，同"专(一)"）

剽 (一) piāo[ㄆㄧㄠ] 匹妙切　史豪韵，阴　平去，啸韵　词第八部　戏遥条辙

　　(二) piào[ㄆㄧㄠˋ] 匹妙切　史豪韵，去　平去，啸韵　词第八部　戏遥条辙　（旧读）

　　(三) piáo[ㄆㄧㄠˊ] 符霄切　史豪韵，阳　平平，萧韵　词第八部　戏遥条辙　（古钟名）

　　(四) biāo[ㄅㄧㄠ] 卑遥切　史豪韵，阴　平平，萧韵　词第八部　戏遥条辙　（标志）

　　(五) biǎo[ㄅㄧㄠˇ] 俾小切　史豪韵，上　平上，篠韵　词第八部　戏遥条辙　曲萧豪韵，上　（末梢）

鏐 (一) jiū[ㄐㄧㄡ] 居尤切　史尤韵，阴　平平，尤韵　词第十二部　戏由求辙　（～流）

　　(二) lù[ㄌㄨˋ]（同"戮①"）

勦 (一) jiǎo[ㄐㄧㄠˇ] 子小切　史豪韵，上　平上，篠韵　词第八部　戏遥条辙

　　(二) chāo[ㄔㄠ] ①鉬交切　史豪韵，阴　平平，肴韵　词第八部　戏遥条辙　（轻捷；勇健）

　　　　　　　　②初交切　史豪韵，阴　平平，肴韵　词第八部　戏遥条辙　（抄袭；窃取）

十二画

劃（见"划(二)"）**剐**（同"刮"）

劂 jué[ㄐㄩㄝˊ] 居月切　史皆韵，阳　平入，月韵　词第十八部　戏乜斜辙

劁 (一) qiāo[ㄑㄧㄠ] 昨焦切　史豪韵，阴　平平，萧韵　词第八部　戏遥条辙　（阉割）

　　(二) qiáo[ㄑㄧㄠˊ] ①昨焦切　史豪韵，阳　平平，萧韵　词第八部　戏遥条辙　（刈割）

　　　　　　　　②才笑切　史豪韵，阳　平去，啸韵　词第八部　戏遥条辙　（又）

劄 (一) zhá[ㄓㄚˊ]（同"札"）

　　(二) zhā[ㄓㄚ]（针刺，同"扎(一)：②"）

韶（查"音"部）

十三画

劒（同"剑"）**劕**（见"剕"）**劇**（见"剧"）**剿**（同"勦(一)"）**剑**（见"剑"）**劊**（见"刽"）**劉**（见"刘"）

劈 (一) pī[ㄆㄧ] 普击切　史齐韵，阴　平入，锡韵　词第十七部　戏一七辙　曲齐微韵，上

　　(二) pǐ[ㄆㄧˇ] 普击切　史齐韵，上　平入，锡韵　词第十七部　戏一七辙　曲齐微韵，上　（分开）【现代读音。反切仍之。】

劐 huō[ㄏㄨㄛ] ①忽郭切　史波韵，阴　平入，药韵　词第十六部　戏梭波辙

　　　　　　　　②胡麦切　史波韵，阴　平入，陌韵　词第十七部　戏梭波辙　（又）

十四画

劎（同"剑"）**劑**（见"剂"）

劓 yì[丨`] 鱼器切　史齐韵，去　平去，寘韵　词第三部　戏一七辙　曲齐微韵，去

豫（查"⺈"部）

十五画

毚 chán[彳ㄢˊ] 士咸切　史寒韵，阳　平平，咸韵　词第十四部　戏言前辙　曲监咸韵，阳

十七画

劖 chán[彳ㄢˊ] 锄衔切　史寒韵，阳　平平，咸韵　词第十四部　戏言前辙　曲监咸韵，阳

十九画

劗 (一)jiǎn[ㄐㄧㄢˇ] 借官切　史寒韵，上　平平，寒韵　词第十四部　戏言前辙

　　(二)zuān[ㄗㄨㄢ] 在丸切　史寒韵，阴　平平，寒韵　词第十四部　戏言前辙　（旧读）

劘 mó[ㄇㄛˊ] 莫婆切　史波韵，阳　平平，歌韵　词第九部　戏梭波辙

二十一画

劙 (同"劖(一)")

劙 lí[ㄌㄧˊ] ①吕支切　史齐韵，阳　平平，支韵　词第三部　戏一七辙　（分割）

　　②郎计切　史齐韵，阳　平去，霁韵　词第三部　戏一七辙　（又）

　　③卢启切　史齐韵，上　平上，荠韵　词第三部　戏一七辙　（用刀刺）

二十四画

劚 （见"斸"）

力 部

力 lì[ㄌㄧˋ] 林直切　史齐韵，去　平入，职韵　词第十七部　戏一七辙　曲齐微韵，去

二画

办 bàn[ㄅㄢˋ] 蒲苋切　史寒韵，去　平去，谏韵　词第七部　戏言前辙　曲寒山韵，去

劝 quàn[ㄑㄩㄢˋ] 去愿切　史寒韵，去　平去，愿韵　词第七部　戏言前辙　曲先天韵，去

三画

功 gōng[ㄍㄨㄥ] 古红切　史庚韵，阴　平平，东韵　词第一部　戏中东辙　曲东钟韵，阴

劢 mài[ㄇㄞˋ] 莫话切　史开韵，去　平去，卦韵　词第十部　戏怀来辙

加 jiā[ㄐㄧㄚ] 古牙切　史麻韵，阴　平平，麻韵　词第十部　戏发花辙　曲家麻韵，阴

务 (一)wù[ㄨˋ] 亡遇切　史姑韵，去　平去，遇韵　词第四部　戏姑苏辙　曲鱼模韵，去

　　(二)wú[ㄨˊ] 微夫切　史姑韵，阳　平平，虞韵　词第四部　戏姑苏辙　（~娄）

　　(三)wǔ[ㄨˇ] （欺凌，同"侮"）

夯（查"大"部）另（查"口"部）劢（查"山"部）幼（查"幺"部）

四画

动 dòng[ㄉㄨㄥˋ] ①徒揔切　史庚韵，去　平上，董韵　词第一部　戏中东辙　曲东钟韵，去

　　②靓动切　史庚韵，去　平上，董韵　词第一部　戏中东辙　曲东钟韵，去（振动-古之拜礼名称）

劣 liè[ㄌㄧㄝˋ] 力辍切　史皆韵，去　平入，屑韵　词第十八部　戏乜斜辙　曲车遮韵，去

协（查"十"部）劝（查"支"部）

五画

劫 jié[ㄐㄧㄝˊ] 居怯切　史皆韵，阳　平入，洽韵　词第十九部　戏乜斜辙　曲车遮韵，上

励 lì［ㄌㄧˋ］力制切　史齐韵，去　平去，霁韵　词第三部　戏一七辙

助 (一)zhù［ㄓㄨˋ］床据切　史姑韵，去　平去，御韵　词第四部　戏姑苏辙　曲鱼模韵，去

　　(二)chú［ㄔㄨˊ］（除去，同"锄"）

劬 qú［ㄑㄩˊ］其俱切　史齐韵，阳　平平，虞韵　词第四部　戏一七辙　曲鱼模韵，阳

努 nǔ［ㄋㄨˇ］奴古切　史姑韵，上　平上，虞韵　词第四部　戏姑苏辙　曲鱼模韵，上

劭 shào［ㄕㄠˋ］寔照切　史豪韵，去　平去，啸韵　词第八部　戏遥条辙

劲 (一)jìng［ㄐㄧㄥˋ］居正切　史庚韵，去　平去，敬韵　词第十一部　戏中东辙　曲庚青韵，去

　　(二)jìn［ㄐㄧㄣˋ］居正切　史文韵，去　平去，敬韵　词第十一部　戏人辰辙　曲庚青韵，上　（～儿）【方言读音。反切仍之。】

韧（查"韦"部）劳（查"艹"部）男（查"田"部）

六画

効（同"效"）券（同"倦"）

劻 kuāng［ㄎㄨㄤ］去王切　史唐韵，阴　平平，阳韵　词第二部　戏江阳辙

劼 jié［ㄐㄧㄝˊ］恪八切　史皆韵，阳　平入，黠韵　词第十八部　戏乜斜辙

势 shì［ㄕˋ］舒制切　史支韵，去　平去，霁韵　词第三部　戏一七辙　曲齐微韵，去

劾 hé［ㄏㄜˊ］①胡得切　史波韵，阳　平入，职韵　词第十七部　戏梭波辙　曲齐微韵，阳

　　　　　　②胡槩切　史波韵，阳　平去，队韵　词第五部　戏梭波辙　曲齐微韵，阳　（又）

协（查"十"部）

七画

勑（同"敕"）劲（见"劲"）觔（同"筋"；同"斤①"）

勃 (一)bó［ㄅㄛˊ］蒲没切　史波韵，阳　平入，月韵　词第十八部　戏梭波辙　曲歌戈韵，阳

　　(二)bèi［ㄅㄟˋ］（悖乱，同"悖(一)"）

勋 xūn［ㄒㄩㄣ］许云切　史文韵，阴　平平，文韵　词第六部　戏人辰辙　曲真文韵，阴

勉 miǎn［ㄇㄧㄢˇ］亡辨切　史寒韵，上　平上，铣韵　词第七部　戏言前辙　曲先天韵，上

勇 yǒng［ㄩㄥˇ］余陇切　史庚韵，上　平上，肿韵　词第一部　戏中东辙　曲东钟韵，上

八画

勌（同"倦"）

勑 (一)lài［ㄌㄞˋ］洛代切　史开韵，去　平去，队韵　词第五部　戏怀来辙

　　(二)chì［ㄔˋ］（整饬，同"饬(一)"；诏命，同"敕"）

勍 qíng［ㄑㄧㄥˊ］渠京切　史庚韵，阳　平平，庚韵　词第十一部　戏中东辙　曲庚青韵，阳

勐 měng［ㄇㄥˇ］莫杏切　史庚韵，上　平上，梗韵　词第十一部　戏中东辙

九画

勭（见"动"）勚（见"务"）

勘 kān［ㄎㄢ］苦绀切　史寒韵，阴　平去，勘韵　词第十四部　戏言前辙　曲监咸韵，去

勒 (一)lè［ㄌㄜˋ］卢则切　史波韵，去　平入，职韵　词第十七部　戏梭波辙　曲齐微韵，去

　　(二)lēi［ㄌㄟ］卢则切　史微韵，阴　平入，职韵　词第十七部　戏灰堆辙　曲齐微韵，去　（～紧）【古今音。反切仍之。】

勚 yì［ㄧˋ］①余制切　史齐韵，去　平去，霁韵　词第三部　戏一七辙

　　　　　　②羊至切　史齐韵，去　平去，寘韵　词第三部　戏一七辙　（又）

勔 miǎn［ㄇㄧㄢˇ］弥兖切　史寒韵，上　平上，铣韵　词第七部　戏言前辙

勖 (一)xù［ㄒㄩˋ］许玉切　史齐韵，去　平入，沃韵　词第十五部　戏一七辙

（二）mào［ㄇㄠˋ］莫候切　史豪韵，去　乎去，宥韵　词第十二部　戏遥条辙　曲尤侯韵，去　（同"懋"）

十画

勣（见"勋"）勝（见"胜（一）（二）"）劳（见"劳"）靭（见"韧"）

募（查"廾"部）

十一画

勣（同"绩"）勢（见"势"）勡（同"剽"）勦（同"剿"）

勤　qín［ㄑㄧㄣˊ］巨斤切　史文韵，阳　乎平，文韵　词第六部　戏人辰辙　曲真文韵，阳

十二画

勛（见"勋"）勵（见"励"）

勥（一）qiǎng［ㄑㄧㄤˇ］①其两切　史唐韵，上　乎上，养韵　词第二部　戏江阳辙

②巨良切　史唐韵，上　乎平，阳韵　词第二部　戏江阳辙（又）

（二）jiàng［ㄐㄧㄤˋ］（同"犟"）

嘉（查"士"部）

十三画

勧（同"剧②"）勩（同"殚"）

勰　xié［ㄒㄧㄝˊ］胡颊切　史皆韵，阳　乎入，叶韵　词第十八部　戏乜斜辙

十四画

勱（见"励"）勳（见"勋"）辬（见"办"）

嬲（查"女"部）

十七画

勸（见"劝"）

勷　ráng［ㄖㄤˊ］汝阳切　史唐韵，阳　乎平，阳韵　词第二部　戏江阳辙

厶 部

厶（一）sī［ㄙ］息夷切　史支韵，阴　乎平，支韵　词第三部　戏一七辙

（二）mǒu［ㄇㄡˇ］（同"某"）

一画

么（一）me［˙ㄇㄜ］眉波切　史波韵，阴　乎平，歌韵　词第九部　戏梭波辙　曲歌戈韵，阴

（二）ma［˙ㄇㄚ］（助词，同"吗（一）"）

（三）yāo［ㄧㄠ］（小，同"幺"）

二画

厷（同"肱"）厸（同"邻"）

云　yún［ㄩㄣˊ］王分切　史文韵，阳　乎平，文韵　词第六部　戏人辰辙　曲真文韵，阳

厹（一）qiú［ㄑㄧㄡˊ］巨鸠切　史尤韵，阳　乎平，尤韵　词第十二部　戏由求辙

（二）róu［ㄖㄡˊ］而由切　史尤韵，阳　乎平，尤韵　词第十二部　戏由求辙（兽类脚印）

公（查"八"部）允（查"儿"部）勾（查"勹"部）

三画

去（一）qù［ㄑㄩˋ］①丘倨切　史齐韵，去　乎去，御韵　词第四部　戏一七辙　曲鱼模韵，去

②羌举切　史齐韵，去　平上，语韵　词第四部　戏一七辙　曲鱼模韵，上　（去除；弃）

(二) jǔ[ㄐㄩˇ] 苟许切　史齐韵，上　平上，语韵　词第四部　戏一七辙　（通"弃"）

(三) qū[ㄑㄩ] 丘於切　史齐韵，阴　平平，鱼韵　词第四部　戏一七辙　（通驱）

弁（查"廾"部）台（查"口"部）弘（查"弓"部）

四画

丢（同"丢"）

牟（查"牛"部）丢（查"丿"部）乩（查"乁"部）

五画

县 (一) xiàn[ㄒㄧㄢˋ] 苦练切　史寒韵，去　平去，霰韵　词第七部　戏言前辙　曲先天韵，去

(二) xuán[ㄒㄩㄢˊ]（同"悬"）

矣（查"矢"部）私（查"禾"部）

六画

叁 sān[ㄙㄢ] 苏甘切　史寒韵，阴　平平，覃韵　词第十四部　戏言前辙　曲监咸韵，阴

参 (一) shēn[ㄕㄣ] 所今切　史文韵，阴　平平，侵韵　词第十三部　戏人辰辙　曲侵寻韵，阴

(1)星宿名：~宿　(2)药名：人~　(3)长长的：长余佩之~~　(4)丛生状：~~其稼

(二) cān[ㄘㄢ] 仓含切　史寒韵，阴　平平，覃韵　词第十四部　戏言前辙　曲监咸韵，阴

(5)参与，参加：~股　(6)进见：~拜　(7)检验：~验稽考　(8)弹劾：~了一本　(9)高：~寥子　⑽陪同：~乘

(三) cēn[ㄘㄣ] 楚簪切　史文韵，阴　平平，侵韵　词第十三部　戏人辰辙　（~差）

(四) sān[ㄙㄢ] 苏甘切　史寒韵，阴　平平，覃韵　词第十四部　戏言前辙　曲监咸韵，阴　（同"三①"）

(五) càn[ㄘㄢˋ] 七绀切　史寒韵，去　平去，勘韵　词第十四部　戏言前辙　（击鼓三下）

(六) sǎn[ㄙㄢˇ] 桑感切　史寒韵，上　平上，感韵　词第十四部　戏言前辙　曲监咸韵，上　（通"糁"）

八画

畚 běn[ㄅㄣˇ] 布忖切　史文韵，上　平上，阮韵　词第六部　戏人辰辙　曲真文韵，上

能 (一) néng[ㄋㄥˊ] 奴登切　史庚韵，阳　平平，蒸韵　词第十一部　戏中东辙　曲庚青韵，阳

(二) nái[ㄋㄞˊ] 奴来切　史开韵，阳　平平，灰韵　词第五部　戏怀来辙　曲皆来韵，阳　（三足鳖）

(三) nài[ㄋㄞˋ] 奴代切　史开韵，去　平去，队韵　词第五部　戏怀来辙　（姓）

(四) tái[ㄊㄞˊ]（星名，同"台(二)：①"）

(五) tài[ㄊㄞˋ]（形状，同"态"）

九画

叄（见"参"）

十二画

靉 ài[ㄞˋ] ①於岂切　史开韵，去　平上，尾韵　词第三部　戏怀来辙　（~靆）

②乌代切　史开韵，去　平去，队韵　词第五部　戏怀来辙　（~靆）

十三画

靆 dài[ㄉㄞˋ] 徒耐切　史开韵，去　平去，队韵　词第五部　戏怀来辙　曲皆来韵，上

又 部

又 (一) yòu[ㄧㄡˋ] 于救切　史尤韵，去　平去，宥韵　词第十二部　戏由求辙　曲尤侯韵，去

(二) yǒu[ㄧㄡˇ]（同"有(一)"）

一画

叉 (一) chā [彳丫] ①初牙切　史麻韵，阴　平平，麻韵　词第十部　戏发花辙　曲家麻韵，阴

②楚佳切　史麻韵，阴　平平，佳韵　词第十部　戏发花辙　曲家麻韵，阴　（叉）

(二) chá [彳丫´] 初牙切　史麻韵，阳　平平，麻韵　词第十部　戏发花辙　曲家麻韵，阴　（堵住，卡住）【方言字。反切仍之。】

(三) chǎ [彳丫ˇ] 初雅切　史麻韵，上　平上，马韵　词第十部　戏发花辙　（张开）【现代读音。借用同音字"笅"的反切。】

(四) chà [彳丫ˋ]（同"衩"）

二画

收 （同"收"）

友 yǒu [ㄧㄡˇ] 云久切　史尤韵，上　平上，有韵　词第十二部　戏由求辙　曲尤侯韵，上

反 (一) fǎn [ㄈㄢˇ] 府远切　史寒韵，上　平上，阮韵　词第七部　戏言前辙　曲寒山韵，上

(1)覆，翻转：辗转~侧　(2)颠倒：适得其~　(3)反省：不~其过　(4)类推：举一~三　(5)违背：言爽日~其信　(6)背叛：造~　(7)反而：画虎不成~类犬　(8)出乎预想：~常　(9)反对，反抗：~腐败　(10)旧时注音法：~切　(11)回，归，通"返"

(二) fān [ㄈㄢ] 孚袁切　史寒韵，阴　平平，元韵　词第七部　戏言前辙　曲寒山韵，阴

(12)翻案，平反：杜周治之，狱少~者　(13)倾倒：何以知其不~水浆邪

(三) fàn [ㄈㄢˋ]（买货出卖，同"贩"）

(四) bǎn [ㄅㄢˇ]（同"昄"）

双 shuāng [ㄕㄨㄤ] ①所江切　史唐韵，阴　平平，江韵　词第二部　戏江阳辙　曲江阳韵，阴

②朔降切　史唐韵，去　平去，绛韵　词第二部　戏江阳辙　（相配偶）

圣（查"土"部）凤（查"几"部）及（查"丿"部）邓（查"阝右"部）劝（查"力"部）

三画

发 (一) fā [ㄈㄚ] 方伐切　史麻韵，阴　平入，月韵　词第十八部　戏发花辙　曲家麻韵，上

(二) fà [ㄈㄚˋ] 方伐切　史麻韵，去　平入，月韵　词第十八部　戏发花辙　曲家麻韵，上　（头~）

(三) bō [ㄅㄛ] 北末切　史波韵，阴　平入，曷韵　词第十八部　戏梭波辙　（众多状）

对（查"寸"部）

四画

观（查"见"部）欢（查"欠"部）

六画

取 (一) qǔ [ㄑㄩˇ] 七庾切　史齐韵，上　平上，麌韵　词第四部　戏一七辙　曲鱼模韵，上

(二) qū [ㄑㄩ] 逡须切　史齐韵，阴　平平，虞韵　词第四部　戏一七辙　（奔趋；相距）

叔 shū [ㄕㄨ] 式竹切　史姑韵，阴　平入，屋韵　词第十五部　戏姑苏辙　曲鱼模韵，上

受 (一) shòu [ㄕㄡˋ] 殖酉切　史尤韵，去　平上，有韵　词第十二部　戏由求辙　曲尤侯韵，去

(二) dào [ㄉㄠˋ] 刀号切　史豪韵，去　平去，号韵　词第八部　戏遥条辙　（姓）

变 biàn [ㄅㄧㄢˋ] 彼眷切　史寒韵，去　平去，霰韵　词第七部　戏言前辙　曲先天韵，去

艰 jiān [ㄐㄧㄢ] 古闲切　史寒韵，阴　平平，删韵　词第七部　戏言前辙　曲寒山韵，阴

叕 (一) zhuó [ㄓㄨㄛˊ] 陟劣切　史波韵，阳　平入，屑韵　词第十八部　戏梭波辙

(二) yǐ [ㄧˇ] 养里切　史齐韵，上　平上，纸韵　词第三部　戏一七辙　（张网貌）

(三) lì [ㄌㄧˋ] 郎计切　史齐韵，去　平去，霁韵　词第三部　戏一七辙　（止；系）

(四) jué [ㄐㄩㄝˊ] 纪劣切　史皆韵，阳　平入，屑韵　词第十八部　戏乜斜辙　（速）

亟（查"一"部）孯（查"子"部）

七画

叚（同"假㈠"）

叟㈠ sōu［ㄙㄡ］疏鸠切　史尤韵，阴　平平，尤韵　词第十二部　戏由求辙

　　㈡ sǒu［ㄙㄡ ˇ］苏后切　史尤韵，上　平上，有韵　词第十二部　戏由求辙　曲尤侯韵，上　（老年人）

叙 xù［ㄒㄩ ˋ］徐吕切　史齐韵，去　平上，语韵　词第四部　戏一七辙　曲鱼模韵，去

叛 pàn［ㄆㄢ ˋ］薄半切　史寒韵，去　平去，翰韵　词第七部　戏言前辙

八画

隻（见"只㈡"）

难（查"隹"部）砮（查"石"部）

九画

娶（查"女"部）曼（查"日"部）

十一画

叠 dié［ㄉ丨ㄝ ˊ］徒协切　史皆韵，阳　平入，叶韵　词第十八部　戏乜斜辙　曲车遮韵，阳

磐（查"石"部）

十二画

聚（查"耳"部）

十四画

叡（同"睿"）

十五画

燮 xiè［ㄒ丨ㄝ ˋ］苏协切　史皆韵，去　平入，叶韵　词第十八部　戏乜斜辙　曲车遮韵，上

十六画

叢（见"丛"）雙（见"双"）

十七画

彠（查"彐"部）

十八画

矍（查"目"部）

二十画

護（查"音"部）

二十四画

矡（见"彠"）

又　部

三画

巡（同"巡"）

四画

廷 tíng［ㄊㄧㄥˊ］①特丁切　中庚韵，阳　乎平，青韵　词第十一部　戏中东辙　曲庚青韵，阳
　　　　　　　　②徒径切　中庚韵，阳　乎去，径韵　词第十一部　戏中东辙　曲庚青韵，阳　（又）

延 yán［ㄧㄢˊ］①以然切　中寒韵，阳　乎平，先韵　词第七部　戏言前辙　曲先天韵，阳
　　　　　　　②予线切　中寒韵，去　乎去，霰韵　词第七部　戏言前辙　（相通）

五画

迫（同"迫"）

六画

廼（同"乃㈠"）廻（同"回"）

建 jiàn［ㄐㄧㄢˋ］居万切　中寒韵，去　乎去，愿韵　词第七部　戏言前辙　曲先天韵，去

三　画

干　部

干 ㈠gān［ㄍㄢ］古寒切　中寒韵，阴　乎平，寒韵　词第七部　戏言前辙　曲寒山韵，阴
　　　　(1)干燥：～粮　(2)爽快，简捷：～脆　(3)空，徒然：～等　(4)竭净，空虚：外强中～　(5)拜认得亲属：～妈　(6)盾：
　　　　～戈　(7)河岸：置之河之～兮　(8)冒犯，触犯：有～禁例　(9)追求：～禄　⑽关涉：不相～　⑾未确定数量：若
　　　　～　⑿天干：～支　⒀姓

　　㈡gàn［ㄍㄢˋ］①侯旰切　中寒韵，去　乎去，翰韵　词第七部　戏言前辙　曲寒山韵，去
　　　　⒁栏杆：跳梁乎井～之上　⒂柘树　⒃事物的主体：躯～，树～　⒄办事能力：强～　⒅做，搞，办：～事
　　　　　　　　②古案切　中寒韵，去　乎去，翰韵　词第七部　戏言前辙　曲寒山韵，去　（筑墙时立在两头
的木柱）

　　㈢hán［ㄏㄢˊ］河干切　中寒韵，阳　乎平，寒韵　词第七部　戏言前辙　（井垣）

一画

午（查"丿"部）

二画

平（查"一"部）邗（查"阝右"部）

三画

开 jiān［ㄐㄧㄢ］古贤切　中寒韵，阴　乎平，先韵　词第七部　戏言前辙
年（查"丿"部）

四画

旰（查"日"部）旱（查"日"部）罕（查"冖"部）

五画

幷（见"并㈠：①；㈡"）
幸（查"土"部）

六画

奸（同"奸㈠"）

九画

鞚（查"革"部）

十画

幹（见"干⑵：②；⑶"）

<h1 align="center">工　部</h1>

工 gōng［ㄍㄨㄥ］古红切　史庚韵，阴　平平，东韵　词第一部　戏中东辙　曲东钟韵，阴

二画

左 ㈠zuǒ［ㄗㄨㄛˇ］①臧可切　史波韵，上　平上，哿韵　词第九部　戏梭波辙　曲歌戈韵，上
　　　　　　　　　　②则箇切　史波韵，上　平去，箇韵　词第九部　戏梭波辙　曲歌戈韵，去　（辅佐；佐贰）
　　㈡zuò［ㄗㄨㄛˋ］子贺切　史波韵，去　平去，箇韵　词第九部　戏梭波辙　曲歌戈韵，去　（证据）

巧 qiǎo［ㄑㄧㄠˇ］①苦绞切　史豪韵，上　平上，巧韵　词第八部　戏遥条辙　曲萧豪韵，上
　　　　　　　　　　②苦教切　史豪韵，上　平去，效韵　词第八部　戏遥条辙　曲萧豪韵，上　（又）

功（查"力"部）仝（查"人"部）巨（查"匚"部）邛（查"阝右"部）

三画

巩 gǒng［ㄍㄨㄥˇ］居悚切　史庚韵，上　平上，肿韵　词第一部　戏中东辙　曲东钟韵，上

式（查"弋"部）

四画

巫 wū［ㄨ］武夫切　史姑韵，阴　平平，虞韵　词第四部　戏姑苏辙　曲鱼模韵，阳

汞（查"水"部）贡（查"贝"部）攻（查"攵"部）

六画

差 ㈠chā［ㄔㄚ］初牙切　史麻韵，阴　平平，麻韵　词第十部　戏发花辙　曲家麻韵，阴
　　　(1)不同：～别　(2)大致还可以：～强人意　(3)错误：阴错阳～　(4)两数相减的余数
　　㈡chà［ㄔㄚˋ］楚嫁切　史麻韵，去　平去，祃韵　词第十部　戏发花辙
　　　(5)出错：想～了　(6)不相当，不相合：～得远　(7)欠缺：～一个人　(8)不好：太～　(9)特异：刘郎可谓～人
　　㈢chāi［ㄔㄞ］①楚皆切　史开韵，阴　平平，佳韵　词第五部　戏怀来辙　曲皆来韵，阴
　　　⑽选择：既～我马　⑾派遣：～遣　⑿被派遣的人：～人　⒀被派做事：出～
　　　　　　　　　　②楚佳切　史开韵，阴　平平，佳韵　词第十部　戏怀来辙　（夫～）
　　㈣cī［ㄘ］楚宜切　史支韵，阴　平平，支韵　词第三部　戏一七辙　曲支思韵，阴
　　　⒁次第，等级：列官职，～爵禄　⒂不齐：参～
　　㈤cuō［ㄘㄨㄛ］仓何切　史波韵，阴　平平，歌韵　词第九部　戏梭波辙　曲歌戈韵，阴
　　　⒃略微：粮储～积　⒄人名：景～　⒅跌倒，同"蹉"
　　㈥chài［ㄔㄞˋ］楚懈切　史开韵，去　平去，卦韵　词第十部　戏怀来辙　（病愈）
　　㈦jiē［ㄐㄧㄝ］（同"嗟"）

豇（查"羽"部）

九画

巯 qiú［ㄑㄧㄡˊ］氢硫切　史尤韵，阳　平平，尤韵　词第十二部　戏由求辙　【现代字。以"氢""硫"二字相切而得。】

十一画

巰（见"巯"）

十二画

鞏（查"革"部）

十八画

贑（同"赣"）

土（士）部

土 (一) tǔ[ㄊㄨˇ] 他鲁切　史姑韵，上　平上，麌韵　词第四部　戏姑苏辙　曲鱼模韵，上

　　(二) dù[ㄉㄨˋ] 动五切　史姑韵，去　平上，麌韵　词第四部　戏姑苏辙　（根）

　　(三) chǎ[ㄔㄚˇ] 丑下切　史麻韵，上　平上，马韵　词第十部　戏发花辙　（~苴）

　　(四) tú[ㄊㄨˊ] 同都切　史姑韵，阳　平平，虞韵　词第四部　戏姑苏辙　（其后曰~门）

士 shì[ㄕˋ] 鉏里切　史支韵，去　平上，纸韵　词第三部　戏一七辙　曲支思韵，去

一画

圠 yà[丨ㄚˋ] 乌黠切　史麻韵，去　平入，黠韵　词第十八部　戏发花辙

壬（查"丿"部）

二画

圣 shèng[ㄕㄥˋ] 式正切　史庚韵，去　平去，敬韵　词第十一部　戏中东辙　曲庚青韵，去

生（查"丿"部）主（查"丶"部）凷（查"凵"部）去（查"厶"部）

三画

圩 (一) wéi[ㄨㄟˊ] 云俱切　史微韵，阳　平平，虞韵　词第四部　戏灰堆辙

　　(二) yú[ㄩˊ] 云俱切　史齐韵，阳　平平，虞韵　词第四部　戏一七辙　（旧读）

　　(三) xū[ㄒㄩ] 去鱼切　史齐韵，阴　平平，鱼韵　词第四部　戏一七辙　曲鱼模韵，阴　（~场）【同"墟场"。用"墟"的反切。】

圬 wū[ㄨ] 哀都切　史姑韵，阴　平平，虞韵　词第四部　戏姑苏辙

圭 guī[ㄍㄨㄟ] 古携切　史微韵，阴　平平，齐韵　词第三部　戏灰堆辙　曲齐微韵，阴

在 (一) zài[ㄗㄞˋ] ①昨宰切　史开韵，去　平上，贿韵　词第五部　戏怀来辙　曲皆来韵，去

　　　　　　②昨代切　史开韵，去　平去，队韵　词第五部　戏怀来辙　曲皆来韵，去　（又）

　　(二) cái[ㄘㄞˊ]（仅，只，同"才"）

尘 chén[ㄔㄣˊ] 直珍切　史文韵，阳　平平，真韵　词第六部　戏人辰辙　曲真文韵，阳

圪 (一) yì[丨ˋ] ①鱼迄切　史齐韵，去　平入，物韵　词第十八部　戏一七辙

　　　　　　②鱼乙切　史齐韵，去　平入，质韵　词第十七部　戏一七辙　（又）

　　　　　　③女涉切　史齐韵，去　平入，叶韵　词第十八部　戏一七辙　（又）

　　(二) gē[ㄍㄜ] 九杰切　史波韵，阴　平入，屑韵　词第十八部　戏梭波辙　（~垯）【同"纥(二)"，用其反切。】

　　(三) zhé[ㄓㄜˊ] ①女涉切　史波韵，阳　平入，叶韵　词第十八部　戏梭波辙　（墙高状）

　　　　　　②逆乙切　史波韵，阳　平入，质韵　词第十七部　戏梭波辙　（又）

圳 (一) zhèn[ㄓㄣˋ] 子鸩切　史文韵，去　平去，沁韵　词第十三部　戏人辰辙　【《觚賸》：音浸。用其反切。】

　　(二) quǎn[ㄑㄩㄢˇ]（同"甽(一)""畎"）

圾 (一) jí[ㄐ丨ˊ] ①逆及切　史齐韵，阳　平入，缉韵　词第十七部　戏一七辙

　　　　　　②鄂合切　史齐韵，阳　平入，合韵　词第十九部　戏一七辙　（又）

　　(二) jié[ㄐ丨ㄝˊ] 渠劫切　史皆韵，阳　平入，洽韵　词第十九部　戏乜斜辙　（土块）

　　(三) jī[ㄐ丨] 其立切　史齐韵，阴　平入，缉韵　词第十七部　戏一七辙（垃~）【现代字。借用同音字"及"的反切。】

圹（一）kuàng［ㄎㄨㄤˋ］苦谤切　史唐韵，去　平去，漾韵　词第二部　戏江阳辙　曲江阳韵，去

　　　（二）kuǎng［ㄎㄨㄤˇ］苦晃切　史唐韵，上　平上，养韵　词第二部　戏江阳辙　（挖地洞）

圮 pǐ［ㄆㄧˇ］并鄙切　史齐韵，上　平上，纸韵　词第三部　戏一七辙　曲齐微韵，上

圯 yí［ㄧˊ］与之切　史齐韵，阳　平平，支韵　词第三部　戏一七辙　曲齐微韵，阳

地（一）dì［ㄉㄧˋ］徒四切　史齐韵，去　平去，寘韵　词第三部　戏一七辙　曲齐微韵，去

　　（二）de［˙ㄉㄜ］多则切　史波韵，阴　平入，职韵　词第十七部　戏梭波辙　（助词）【现代字。借用同音字"得（三）"的反切。】

场（一）cháng［ㄔㄤˊ］直良切　史唐韵，阳　平平，阳韵　词第二部　戏江阳辙　曲江阳韵，阳

　　　　（1）平整的场地：～院　（2）祭神的场地：坛～　（3）一件事情自始至终的过程：一～战斗

　　（二）chǎng［ㄔㄤˇ］直良切　史唐韵，上　平上，阳韵　词第二部　戏江阳辙　曲江阳韵，阳【古今音。反切仍之。】

　　　　（4）较大的场所，处所：会～　（5）特定的地点或范围：现～　（6）某种时地或情况：～合　（7）戏剧的一节：三幕五～　（8）量词：一～比赛　（9）物理名词：磁～

寺（查"寸"部）压（查"厂"部）吉（查"口"部）壮（查"丬"部）庄（查"广"部）

四画

歿（同"殁"）壮（见"壮"）

坛（一）tán［ㄊㄢˊ］①徒干切　史寒韵，阳　平平，寒韵　词第七部　戏言前辙　曲寒山韵，阳

　　　　　　　　②徒南切　史寒韵，阳　平平，覃韵　词第十四部　戏言前辙　曲寒山韵，阳　（一类陶瓷器皿）

　　（二）dàn［ㄉㄢˋ］徒案切　史寒韵，去　平去，翰韵　词第七部　戏言前辙　（～曼）

　　（三）shàn［ㄕㄢˋ］①时战切　史寒韵，去　平去，霰韵　词第七部　戏言前辙　（清除场地）

　　　　　　　　②上演切　史寒韵，去　平上，铣韵　词第七部　戏言前辙　（又）

坏（一）huài［ㄏㄨㄞˋ］①胡怪切　史开韵，去　平去，卦韵　词第五部　戏怀来辙　曲皆来韵，去

　　　　　　　②古坏切　史开韵，去　平去，卦韵　词第五部　戏怀来辙　曲皆来韵，去　（弄～；战败）

　　（二）pī［ㄆㄧ］铺枚切　史齐韵，阴　平平，灰韵　词第三部　戏一七辙　（土丘；土坯）

　　（三）péi［ㄆㄟˊ］蒲枚切　史微韵，阳　平平，灰韵　词第三部　戏灰堆辙　（补墙；屋子的后墙）

　　（四）huái［ㄏㄨㄞˊ］乎乖切　史开韵，阳　平平，佳韵　词第五部　戏怀来辙　（～隤）

　　（五）huì［ㄏㄨㄟˋ］（伤病，同"瘣（一）"）

坜 lì［ㄌㄧˋ］郎狄切　史齐韵，去　平入，锡韵　词第十七部　戏一七辙

坉 tún［ㄊㄨㄣˊ］徒浑切　史文韵，阳　平平，元韵　词第六部　戏人辰辙

坒 bì［ㄅㄧˋ］①毗至切　史齐韵，去　平去，寘韵　词第三部　戏一七辙

　　　　　　②毗必切　史齐韵，去　平入，质韵　词第十七部　戏一七辙　（又）

址 zhǐ［ㄓˇ］诸市切　史支韵，上　平上，纸韵　词第三部　戏一七辙　曲支思韵，上

坚 jiān［ㄐㄧㄢ］古贤切　史寒韵，阴　平平，先韵　词第七部　戏言前辙　曲先天韵，阴

坝（一）bà［ㄅㄚˋ］必驾切　史麻韵，去　平去，祃韵　词第十部　戏发花辙　曲家麻韵，去

　　（二）bèi［ㄅㄟˋ］博盖切　史微韵，去　平去，泰韵　词第三部　戏灰堆辙　（坡）

圻（一）qí［ㄑㄧˊ］渠希切　史齐韵，阳　平平，微韵　词第三部　戏一七辙

　　（二）yín［ㄧㄣˊ］①语斤切　史文韵，阳　平平，真韵　词第六部　戏人辰辙　（边际）

　　　　　　　②五根切　史文韵，阳　平平，元韵　词第六部　戏人辰辙　（又）

坂 bǎn［ㄅㄢˇ］府远切　史寒韵，上　平上，阮韵　词第七部　戏言前辙　曲寒山韵，上

圿 jiá［ㄐㄧㄚˊ］古黠切　史麻韵，阳　平入，黠韵　词第十八部　戏发花辙

坐 zuò［ㄗㄨㄛˋ］①徂卧切　史波韵，去　平去，箇韵　词第九部　戏梭波辙　曲歌戈韵，去

　　　　　　②徂果切　史波韵，去　平上，哿韵　词第九部　戏梭波辙　曲歌戈韵，去　（又）

坅 qǐn［ㄑㄧㄣˇ］丘甚切　史文韵，上　平上，寝韵　词第十三部　戏人辰辙

坋 fèn［ㄈㄣˋ］①房吻切　史文韵，去　平上，吻韵　词第六部　戏人辰辙

　　②扶问切　史文韵，去　平去，问韵　词第六部　戏人辰辙　（又）

坌 bèn［ㄅㄣ ˋ］蒲闷切　史文韵，去　平去，愿韵　词第六部　戏人辰辙

坁（一）zhǐ［ㄓ ˇ］诸氏切　史支韵，上　平上，纸韵　词第三部　戏一七辙

　　（二）zhì［ㄓ ˋ］丈尔切　史支韵，去　平上，纸韵　词第三部　戏一七辙　（山坡）

坎（一）kǎn［ㄎㄢ ˇ］苦感切　史寒韵，上　平上，感韵　词第十四部　戏言前辙　曲监咸韵，上

　　（二）kàn［ㄎㄢ ˋ］苦绀切　史寒韵，去　平去，勘韵　词第十四部　戏言前辙　（险岸）

坍 tān［ㄊㄢ］他甘切　史寒韵，阴　平平，覃韵　词第十四部　戏言前辙

均（一）jūn［ㄐㄩㄣ］居匀切　史文韵，阴　平平，真韵　词第六部　戏人辰辙　曲真文韵，阴

　　（二）yùn［ㄩㄣ ˋ］（同"韵"）

坞 wù［ㄨ ˋ］①安古切　史姑韵，去　平上，虞韵　词第四部　戏姑苏辙　曲鱼模韵，上

　　　　　　②乌故切　史姑韵，去　平去，遇韵　词第四部　戏姑苏辙　曲鱼模韵，上　（又）

坟（一）fén［ㄈㄣ ´］符分切　史文韵，阳　平平，文韵　词第六部　戏人辰辙　曲真文韵，阳

　　（二）fèn［ㄈㄣ ˋ］①房吻切　史文韵，去　平上，吻韵　词第六部　戏人辰辙　（土质肥沃）

　　　　　　　　②部本切　史文韵，去　平上，阮韵　词第六部　戏人辰辙　（地势高起）

坑（一）kēng［ㄎㄥ］客庚切　史庚韵，阴　平平，庚韵　词第十一部　戏中东辙　曲庚青韵，阴

　　（二）gāng［ㄍㄤ］（高地，同"冈"）

　　（三）kàng［ㄎㄤ ˋ］（同"炕(一)"）

坊（一）fāng［ㄈㄤ］府良切　史唐韵，阴　平平，阳韵　词第二部　戏江阳辙　曲江阳韵，阴

　　（二）fáng［ㄈㄤ ´］符方切　史唐韵，阳　平平，阳韵　词第二部　戏江阳辙　（作~；防范）

壳（一）ké［ㄎㄜ ´］苦角切　史波韵，阳　平入，觉韵　词第十六部　戏梭波辙　（贝~；蛋~）

　　（二）qiào［ㄑㄧㄠ ˋ］苦角切　史豪韵，去　平入，觉韵　词第十六部　戏遥条辙　（地~；甲~）

块 kuài［ㄎㄨㄞ ˋ］①苦对切　史开韵，去　平去，队韵　词第三部　戏怀来辙　曲皆来韵，去

　　　　　　　②苦怪切　史开韵，去　平去，卦韵　词第五部　戏怀来辙　曲皆来韵，去　（又）

声 shēng［ㄕㄥ］书盈切　史庚韵，阴　平平，庚韵　词第十一部　戏中东辙　曲庚青韵，阴

坠 zhuì［ㄓㄨㄟ ˋ］直类切　史微韵，去　平去，寘韵　词第三部　戏灰堆辙　曲齐微韵，去

毐（查"毋"部）

五画

垵（同"雉(一)"）**坵**（同"丘"）

坩 gān［ㄍㄢ］苦甘切　史寒韵，阴　平平，覃韵　词第十四部　戏言前辙

坷（一）kě［ㄎㄜ ˇ］①枯我切　史波韵，上　平上，哿韵　词第九部　戏梭波辙　曲歌戈韵，上

　　　　　　②口箇切　史波韵，上　平去，箇韵　词第九部　戏梭波辙　曲歌戈韵，上　（又）

　　（二）kē［ㄎㄜ］古俄切　史波韵，阴　平平，歌韵　词第九部　戏梭波辙（土~垃）【方言字。借用同音字"柯"的反切。】

坯（一）pī［ㄆㄧ］芳杯切　史齐韵，阴　平平，灰韵　词第三部　戏一七辙

　　（二）pēi［ㄆㄟ］铺枚切　史微韵，阴　平平，灰韵　词第三部　戏灰堆辙　（又）

垅 lǒng［ㄌㄨㄥ ˇ］力踵切　史庚韵，上　平上，肿韵　词第一部　戏中东辙　曲东钟韵，上

垄 lǒng［ㄌㄨㄥ ˇ］力踵切　史庚韵，上　平上，肿韵　词第一部　戏中东辙　曲东钟韵，上

坺 bá［ㄅㄚ ´］①蒲拨切　史麻韵，阳　平入，曷韵　词第十八部　戏发花辙

　　　　　　②房越切　史麻韵，阳　平入，月韵　词第十八部　戏发花辙　（又）

坪 píng［ㄆㄧㄥ ´］符兵切　史庚韵，阳　平平，庚韵　词第十一部　戏中东辙

坫（一）diàn［ㄉㄧㄢ ˋ］都念切　史寒韵，去　平去，艳韵　词第十四部　戏言前辙

　　（二）zhēn［ㄓㄣ］知林切　史文韵，阴　平平，侵韵　词第十三部　戏人辰辙　（短期浅葬）

垆 lú［ㄌㄨ ´］落胡切　史姑韵，阳　平平，虞韵　词第四部　戏姑苏辙　曲鱼模韵，阳

坦 tǎn[ㄊㄢˇ] 他但切　史寒韵，上　平上，旱韵　词第七部　戏言前辙　曲寒山韵，上

坤 kūn[ㄎㄨㄣ] 苦昆切　史文韵，阴　平平，元韵　词第六部　戏人辰辙　曲真文韵，阴

坱 yǎng[丨尢ˇ] 乌朗切　史唐韵，上　平上，养韵　词第二部　戏江阳辙

坳 ào[ㄠˋ] 於教切　史豪韵，去　平去，效韵　词第八部　戏遥条辙　【同"坳"。用其反切。】

垌 jiōng[ㄐㄩㄥ] 古萤切　史庚韵，阴　平平，青韵　词第十一部　戏中东辙　曲庚青韵，阴

坿 (一)fú[ㄈㄨˊ]①防无切　史姑韵，阳　平平，虞韵　词第四部　戏姑苏辙
　　　　　　　　②芳无切　史姑韵，阳　平平，虞韵　词第四部　戏姑苏辙　（同"枹②"）

　　(二)fù[ㄈㄨˋ]　（同"附(一)"）

坼 chè[ㄔㄜˋ] 耻格切　史波韵，去　平入，陌韵　词第十七部　戏梭波辙

坪 hū[ㄏㄨ] 荒胡切　史姑韵，阴　平平，虞韵　词第四部　戏姑苏辙

坻 (一)chí[ㄔˊ] 直尼切　史支韵，阳　平平，支韵　词第三部　戏一七辙

　　(二)zhǐ[ㄓˇ] 诸氏切　史支韵，上　平上，纸韵　词第三部　戏一七辙　（～伏；浮土）

　　(三)dǐ[ㄉㄧˇ] 都礼切　史齐韵，上　平上，荠韵　词第三部　戏一七辙　（山坡）

垃 (一)lā[ㄌㄚ] 郎合切　史麻韵，阴　平入，合韵　词第十九部　戏发花辙

　　(二)la[˙ㄌㄚ] 郎合切　史麻韵，阴　平入，合韵　词第十九部　戏发花辙　（土坷～）

幸 xìng[ㄒㄧㄥˋ] 胡耿切　史庚韵，去　平上，梗韵　词第十一部　戏中东辙　曲庚青韵，去

坨 (一)tuó[ㄊㄨㄛˊ] 徒何切　史波韵，阳　平平，歌韵　词第九部　戏梭波辙　【同"陀"。用其反切。】

　　(二)yí[丨ˊ] 余支切　史齐韵，阳　平平，支韵　词第三部　戏一七辙　（地名用字）

坭 ní[ㄋㄧˊ] 奴低切　史齐韵，阳　平平，齐韵　词第三部　戏一七辙

坲 fú[ㄈㄨˊ] 符弗切　史姑韵，阳　平入，物韵　词第十八部　戏姑苏辙

坡 pō[ㄆㄛ] 滂禾切　史波韵，阴　平平，歌韵　词第九部　戏梭波辙　曲歌戈韵，阴

坶 mù[ㄇㄨˋ] 莫六切　史姑韵，去　平入，屋韵　词第十五部　戏姑苏辙

坳 (一)ào[ㄠˋ] 於教切　史豪韵，去　平去，效韵　词第八部　戏遥条辙　曲萧豪韵，阴

　　(二)āo[ㄠ] 於交切　史豪韵，阴　平平，肴韵　词第八部　戏遥条辙　曲萧豪韵，阴　（旧读）

莹（查"艹"部）卦（查"卜"部）垂（查"丿"部）

六画

垩（同"垭"）垛（见"垛"）垵（同"埯"）

型 xíng[ㄒㄧㄥˊ] 户经切　史庚韵，阳　平平，青韵　词第十一部　戏中东辙

垚 yáo[丨ㄠˊ] 五聊切　史豪韵，阳　平平，萧韵　词第八部　戏遥条辙

垫 diàn[ㄉㄧㄢˋ]①都念切　史寒韵，去　平去，艳韵　词第十四部　戏言前辙　曲廉纤韵，去
　　　　　　　　②徒协切　史皆韵，阴　平入，叶韵　词第十八部　戏乜斜辙　（～江）

垭 (一)yà[丨ㄚˋ] 五加切　史麻韵，阴　平平，麻韵　词第十部　戏发花辙　【方言字。借用同音字"亚"的反切。】

　　(二)yā[丨ㄚ] 衣嫁切　史麻韵，去　平去，祃韵　词第十部　戏发花辙　（又）【方言字。借用同音字"亚"的反切。】

　　(三)wǔ[ㄨˇ]　（山坳，同"坞(二)"）

垩 è[ㄜˋ] 乌各切　史波韵，去　平入，药韵　词第十六部　戏梭波辙　曲歌戈韵，去

垣 yuán[ㄩㄢˊ] 雨元切　史寒韵，阳　平平，元韵　词第七部　戏言前辙　曲先天韵，阳

垮 kuǎ[ㄎㄨㄚˇ] 枯瓜切　史麻韵，上　平平，麻韵　词第十部　戏发花辙　【现代字。借用同音字"侉"的反切。】

垯 (一)dā[ㄉㄚ] 唐割切　史麻韵，阴　平入，曷韵　词第十八部　戏发花辙　【现代字。借用同音字"达"的反切。】

　　(二)da[˙ㄉㄚ] 唐割切　史麻韵，阴　平入，曷韵　词第十八部　戏发花辙　（圪～）【轻声。反切仍之。】

城 chéng[ㄔㄥˊ] 是征切　史庚韵，阳　平平，庚韵　词第十一部　戏中东辙　曲庚青韵，阳

垤 dié[ㄉㄧㄝˊ] 徒结切　史皆韵，阳　平入，屑韵　词第十八部　戏乜斜辙　曲车遮韵，阳

垱 dàng[ㄉㄤˋ] 丁浪切　史唐韵，去　平去，漾韵　词第二部　戏江阳辙　【现代字。借用同音字"当(二)"的反切。】

垌 (一)tǒng[ㄊㄨㄥˇ] 他孔切　史庚韵，上　平上，董韵　词第一部　戏中东辙

（二）dòng［ㄉㄨㄥˋ］徒弄切　史庚韵，去　平去，送韵　词第一部　戏中东辙　（用于地名）　【方言字。借用同音字"洞（一）"的反切。】

（三）tóng［ㄊㄨㄥˊ］徒红切　史庚韵，阳　平平，东韵　词第一部　戏中东辙　（~冢）　【方言字。借用同音字"同（一）"的反切。】

垲 kǎi［ㄎㄞˇ］苦亥切　史开韵，上　平上，贿韵　词第五部　戏怀来辙　曲皆来韵，上

坺 fú［ㄈㄨˊ］①蒲北切　史姑韵，阳　平入，职韵　词第十七部　戏姑苏辙
　　　　　　　②房六切　史姑韵，阳　平入，屋韵　词第十五部　戏姑苏辙　（又）

垡 fá［ㄈㄚˊ］房越切　史麻韵，阳　平入，月韵　词第十八部　戏发花辙

埏 （一）yán［ㄧㄢˊ］以然切　史寒韵，阳　平平，先韵　词第七部　戏言前辙　曲先天韵，阳
　　（二）shān［ㄕㄢ］式连切　史寒韵，阴　平平，先韵　词第七部　戏言前辙　（用水和泥）

垍 jì［ㄐㄧˋ］其冀切　史齐韵，去　平去，寘韵　词第三部　戏一七辙

垧 shǎng［ㄕㄤˇ］许两切　史唐韵，上　平上，养韵　词第二部　戏江阳辙　【方言字。借用同音字"晌"的反切。】

垢 gòu［ㄍㄡˋ］①古厚切　史尤韵，去　平上，有韵　词第十二部　戏由求辙　曲尤侯韵，上
　　　　　　　②丘堠切　史尤韵，去　平去，宥韵　词第十二部　戏由求辙　（解~）

垕 hòu［ㄏㄡˋ］很口切　史尤韵，去　平上，有韵　词第十二部　戏由求辙

垗 zhào［ㄓㄠˋ］治小切　史豪韵，去　平上，篠韵　词第八部　戏遥条辙

垛 （一）duǒ［ㄉㄨㄛˇ］徒果切　史波韵，上　平上，哿韵　词第九部　戏梭波辙　曲歌戈韵，去
　　（二）duò［ㄉㄨㄛˋ］徒果切　史波韵，去　平上，哿韵　词第九部　戏梭波辙　曲歌戈韵，去（堆积；成堆的东西）

垝 guǐ［ㄍㄨㄟˇ］①过委切　史微韵，上　平上，纸韵　词第三部　戏灰堆辙
　　　　　　　②诡伪切　史微韵，上　平去，寘韵　词第三部　戏灰堆辙　（放物的土台）

垎 hé［ㄏㄜˊ］胡格切　史波韵，阳　平入，陌韵　词第十七部　戏梭波辙

垴 nǎo［ㄋㄠˇ］奴皓切　史豪韵，上　平上，皓韵　词第八部　戏遥条辙　曲萧豪韵，上

垐 cí［ㄘˊ］疾资切　史支韵，阳　平平，支韵　词第三部　戏一七辙

垓 gāi［ㄍㄞ］古哀切　史开韵，阴　平平，灰韵　词第五部　戏怀来辙　曲皆来韵，阴

垟 yáng［ㄧㄤˊ］余章切　史唐韵，阳　平平，阳韵　词第二部　戏江阳辙

垞 chá［ㄔㄚˊ］直加切　史麻韵，阳　平平，麻韵　词第十部　戏发花辙

垠 （一）yín［ㄧㄣˊ］语巾切　史文韵，阳　平平，真韵　词第六部　戏人辰辙　曲真文韵，阳
　　（二）kèn［ㄎㄣˋ］苦恨切　史文韵，去　平去，愿韵　词第六部　戏人辰辙　（土埂）

垦 kěn［ㄎㄣˇ］康很切　史文韵，上　平上，阮韵　词第六部　戏人辰辙　曲真文韵，上

垒 （一）lěi［ㄌㄟˇ］力轨切　史微韵，上　平上，纸韵　词第三部　戏灰堆辙　曲齐微韵，上
　　　　　（1）防御工事：深沟高~　（2）堆砌：~墙　（3）姓
　　（二）léi［ㄌㄟˊ］伦追切　史微韵，阳　平平，支韵　词第三部　戏灰堆辙　曲齐微韵，阳
　　　　　（4）硕大：其史多~石　（5）重叠：北邙何~~　（6）捆绑，通"累"
　　（三）lèi［ㄌㄟˋ］卢对切　史微韵，去　平去，队韵　词第三部　戏灰堆辙　（滚木~石）
　　（四）lù［ㄌㄩˋ］劣戍切　史齐韵，去　平入，质韵　词第十七部　戏一七辙　（郁~）

封（查"寸"部）**奎**（查"大"部）**崟**（查"山"部）**重**（查"里"部）

七画

坝（见"坝"）**垄**（同"地（一）"）

埔 （一）pǔ［ㄆㄨˇ］滂古切　史姑韵，上　平上，麌韵　词第四部　戏姑苏辙（黄~）【方言字。借用同音字"浦"的反切。】
　　（二）bù［ㄅㄨˋ］薄故切　史姑韵，去　平去，遇韵　词第四部　戏姑苏辙　（大~县）　【方言字。借用同音字"捕"的反切。】

埂 （一）gěng［ㄍㄥˇ］古杏切　史庚韵，上　平上，梗韵　词第十一部　戏中东辙
　　（二）gēng［ㄍㄥ］古行切　史庚韵，阴　平平，庚韵　词第十一部　戏中东辙　（小坑）

埋（一）mái[ㄇㄞˊ] 莫皆切　史开韵，阳　乎平，佳韵　词第五部　戏怀来辙　曲皆来韵，阳

　　（二）mán[ㄇㄢˊ] 莫还切　史寒韵，阳　乎平，删韵　词第七部　戏言前辙　（埋怨）【现代字。借用同音字"蛮"的反切。】

埘 shí[ㄕˊ] 市之切　史支韵，阳　乎平，支韵　词第三部　戏一七辙　曲支思韵，阳

埙 xūn[ㄒㄩㄣ] 况袁切　史文韵，阴　乎平，元韵　词第七部　戏人辰辙

埕 chéng[ㄔㄥˊ] 直贞切　史庚韵，阳　乎平，庚韵　词第十一部　戏中东辙　【借用同音字"呈"的反切。】

袁 yuán[ㄩㄢˊ] 雨元切　史寒韵，阳　乎平，元韵　词第七部　戏言前辙　曲先天韵，阳

埚 guō[ㄍㄨㄛ] 古禾切　史波韵，阴　乎平，歌韵　词第九部　戏梭波辙

垼 yì[丨ˋ] 营只切　史齐韵，去　乎入，陌韵　词第十七部　戏一七辙

埒 liè[ㄌ丨ㄝˋ] 力辍切　史皆韵，去　乎入，屑韵　词第十八部　戏也斜辙

埠（一）póu[ㄆㄡˊ] 蒲侯切　史尤韵，阳　乎平，尤韵　词第十二部　戏由求辙　（盛大）

　　（二）pēi[ㄆㄟ] 铺枚切　史微韵，阴　乎平，灰韵　词第三部　戏灰堆辙　（制陶的模子）

　　（三）fú[ㄈㄨˊ] 芳无切　史姑韵，阳　乎平，虞韵　词第四部　戏姑苏辙　曲鱼模韵，阴　（城郭）

埆（一）què[ㄑㄩㄝˋ] 苦角切　史皆韵，去　乎入，觉韵　词第十六部　戏也斜辙

　　（二）jué[ㄐㄩㄝˊ] 讫岳切　史皆韵，阳　乎入，觉韵　词第十六部　戏也斜辙　（狱讼；校订）

埖（一）běng[ㄅㄥˇ]（同"埲（一）"）

　　（二）gěng[ㄍㄥˇ]（同"埂（一）"）

埮 xù[ㄒㄩˋ] 象吕切　史齐韵，去　乎上，语韵　词第四部　戏一七辙

垶 xīng[ㄒ丨ㄥ] 思营切　史庚韵，阴　乎平，庚韵　词第十一部　戏中东辙

垽 yìn[丨ㄣˋ]　①鱼觐切　史文韵，去　乎去，震韵　词第六部　戏人辰辙　（渣滓）

　　　　②吾靳切　史文韵，去　乎去，问韵　词第六部　戏人辰辙　（沉淀后的泥浆）

垸（一）huán[ㄏㄨㄢˊ] 胡官切　史寒韵，阳　乎平，寒韵　词第七部　戏言前辙

　　（二）yuàn[ㄩㄢˋ] 王眷切　史寒韵，去　乎去，霰韵　词第七部　戏言前辙　（堤堰）【方言读音。借用同音字"院"的反切。】

埌 làng[ㄌㄤˋ] 来宕切　史唐韵，去　乎去，漾韵　词第二部　戏江阳辙

壶 hú[ㄏㄨˊ] 户吴切　史姑韵，阳　乎平，虞韵　词第四部　戏姑苏辙　曲鱼模韵，阳

堲 jí[ㄐ丨ˊ]　①资悉切　史齐韵，阳　乎入，质韵　词第十七部　戏一七辙

　　　　②秦力切　史齐韵，阳　乎入，职韵　词第十七部　戏一七辙　（憎恶）

埃 āi[ㄞ] 乌开切　史开韵，阴　乎平，灰韵　词第五部　戏怀来辙　曲皆来韵，阴

八画

執（见"执"）埡（见"垭"）堊（见"垩"）堃（同"野"）堅（见"坚"）堝（见"埚"）埳（同"坎（一）"）堃（同"坤"）

埲（一）běng[ㄅㄥˇ] 蒲蠓切　史庚韵，上　乎上，董韵　词第一部　戏中东辙

　　（二）bàng[ㄅㄤˋ] 步项切　史唐韵，去　乎上，讲韵　词第二部　戏江阳辙　（地名用字）【方言字。借用同音字"棒"的反切。】

堵（一）dǔ[ㄉㄨˇ] 当古切　史姑韵，上　乎上，麌韵　词第四部　戏姑苏辙　曲鱼模韵，上

　　（二）zhě[ㄓㄜˇ] 章也切　史波韵，上　乎上，马韵　词第十部　戏梭波辙　（地名；水名）

堎 lèng[ㄌㄥˋ] 鲁邓切　史庚韵，去　乎去，径韵　词第十一部　戏中东辙　【现代字。借用同音字"稜（二）"的反切。】

基 jī[ㄐ丨] 居之切　史齐韵，阴　乎平，支韵　词第三部　戏一七辙　曲齐微韵，阴

埴 zhí[ㄓˊ]　①常职切　史支韵，阳　乎入，职韵　词第十七部　戏一七辙

　　　　②昌志切　史支韵，阳　乎去，寘韵　词第三部　戏一七辙　（又）

域 yù[ㄩˋ] 雨逼切　史齐韵，去　乎入，职韵　词第十七部　戏一七辙

埼 qí[ㄑ丨ˊ]　①渠羁切　史齐韵，阳　乎平，支韵　词第三部　戏一七辙　（曲岸）

　　　　　　②渠希切　史齐韵，阳　平平，微韵　词第三部　戏一七辙　（同"隁"）

埯 ǎn[ㄢˇ] ①乌敢切　史寒韵，上　平上，感韵　词第十四部　戏言前辙　曲廉纤韵，上
　　　　　　②於广切　史寒韵，上　平上，俭韵　词第十四部　戏言前辙　曲廉纤韵，上　（以土覆盖）

堑 qiàn[ㄑㄧㄢˋ]七艳切　史寒韵，去　平去，艳韵　词第十四部　戏言前辙　曲廉纤韵，去

堂 táng[ㄊㄤˊ]徒郎切　史唐韵，阳　平平，阳韵　词第二部　戏江阳辙　曲江阳韵，阳

埧 jù[ㄐㄩˋ]其遇切　史齐韵，去　平去，遇韵　词第四部　戏一七辙

堁 kè[ㄎㄜˋ] ①苦卧切　史波韵，去　平去，箇韵　词第九部　戏梭波辙
　　　　　　②苦对切　史波韵，去　平去，队韵　词第三部　戏梭波辙　（又）
　　　　　　③苦果切　史波韵，上　平上，哿韵　词第九部　戏梭波辙　（尘土飞扬）

埸 yì[ㄧˋ]羊益切　史齐韵，去　平入，陌韵　词第十七部　戏一七辙

堌 gù[ㄍㄨˋ]公悟切　史姑韵，去　平去，遇韵　词第四部　戏姑苏辙

埵 duǒ[ㄉㄨㄛˇ]丁果切　史波韵，上　平上，哿韵　词第九部　戏梭波辙

坭 nì[ㄋㄧˋ] ①五计切　史齐韵，去　平去，霁韵　词第三部　戏一七辙
　　　　　　②研启切　史齐韵，去　平上，荠韵　词第三部　戏一七辙　（又）

堆 duī[ㄉㄨㄟ]都回切　史微韵，阴　平平，灰韵　词第三部　戏灰堆辙　曲齐微韵，阴

埤 ㈠pí[ㄆㄧˊ] 符支切　史齐韵，阳　平平，支韵　词第三部　戏一七辙
　　㈡bì[ㄅㄧˋ] 部靡切　史齐韵，去　平上，纸韵　词第三部　戏一七辙　（低湿处；百亩田）
　　㈢bēi[ㄅㄟ] 布眉切　史微韵，阴　平平，支韵　词第三部　戏灰堆辙　（低下）
　　㈣pì[ㄆㄧˋ] （~埤－睥睨，同"睥㈠"）

埠 bù[ㄅㄨˋ]薄故切　史姑韵，去　平去，遇韵　词第四部　戏姑苏辙

埢 ㈠quán[ㄑㄩㄢˊ] ①古倦切　史寒韵，阳　平去，霰韵　词第七部　戏言前辙
　　　　　　　　　②逵员切　史寒韵，阳　平平，先韵　词第七部　戏言前辙　（~垣）
　　　　　　　　　③驱圆切　史寒韵，阳　平平，先韵　词第七部　戏言前辙　（围墙）
　　㈡juǎn[ㄐㄩㄢˇ] 居转切　史寒韵，上　平上，铣韵　词第七部　戏言前辙　（坟堆上的土）

埶 ㈠yì[ㄧˋ] 鱼祭切　史齐韵，去　平去，霁韵　词第三部　戏一七辙
　　㈡shì[ㄕˋ] （权势，同"势"）

埰 ㈠cài[ㄘㄞˋ] 仓代切　史开韵，去　平去，队韵　词第五部　戏怀来辙
　　㈡cǎi[ㄘㄞˇ] 此宰切　史开韵，上　平上，贿韵　词第五部　戏怀来辙　（坟墓）

埝 niàn[ㄋㄧㄢˋ] ①奴协切　史寒韵，去　平入，叶韵　词第十八部　戏言前辙
　　　　　　　　②都念切　史寒韵，去　平去，艳韵　词第十四部　戏言前辙　（又）

堋 ㈠péng[ㄆㄥˊ] 步崩切　史庚韵，阳　平平，蒸韵　词第十一部　戏中东辙
　　㈡bèng[ㄅㄥˋ] 方隥切　史庚韵，去　平去，径韵　词第十一部　戏中东辙　（放棺进土坑）

堍 tù[ㄊㄨˋ]汤故切　史姑韵，去　平去，遇韵　词第四部　戏姑苏辙　【方言字。借用同音字"兔"的反切。】

埻 ㈠zhǔn[ㄓㄨㄣˇ] 之尹切　史文韵，上　平上，轸韵　词第六部　戏人辰辙
　　㈡duī[ㄉㄨㄟ] 都回切　史微韵，阴　平平，灰韵　词第三部　戏灰堆辙　（古代覆棺物）
　　㈢guó[ㄍㄨㄛˊ] ①古获切　史波韵，阳　平入，陌韵　词第十七部　戏梭波辙　（~端国）
　　　　　　　　　②古博切　史波韵，阳　平入，药韵　词第十六部　戏梭波辙　（又）

培 ㈠péi[ㄆㄟˊ] 薄回切　史微韵，阳　平平，灰韵　词第三部　戏灰堆辙　曲齐微韵，阳
　　㈡pǒu[ㄆㄡˇ] 蒲口切　史尤韵，上　平上，有韵　词第十二部　戏由求辙　（~塿）
　　㈢pēi[ㄆㄟ] 蒲枚切　史微韵，阴　平平，灰韵　词第三部　戏灰堆辙　（屋后墙）

堉 yù[ㄩˋ]余六切　史齐韵，去　平入，屋韵　词第十五部　戏一七辙

埿 ㈠ní[ㄋㄧˊ] 奴低切　史齐韵，阳　平平，齐韵　词第三部　戏一七辙　（粉刷）
　　㈡bàn[ㄅㄢˋ] 蒲鉴切　史寒韵，去　平去，陷韵　词第十四部　戏言前辙　（泥淖）

壸 kǔn[ㄎㄨㄣˇ] ①苦本切　史文韵，上　平上，阮韵　词第六部　戏人辰辙　曲真文韵，上

②去伦切　史文韵，上　平平，真韵　词第六部　戏人辰辙　曲真文韵，上　（又）

埭 dài[ㄉㄞˋ]　徒耐切　史开韵，去　平去，队韵　词第五部　戏怀来辙

埽 ㈠ săo[ㄙㄠˇ]①苏老切　史豪韵，上　平上，皓韵　词第八部　戏遥条辙

②苏到切　史豪韵，上　平去，号韵　词第八部　戏遥条辙　（又）

㈡ sào[ㄙㄠˋ]　先到切　史豪韵，去　平去，号韵　词第八部　戏遥条辙　（古代治河器材）

堀 kū[ㄎㄨ]①衢物切　史姑韵，阴　平入，物韵　词第十八部　戏姑苏辙

②苦骨切　史姑韵，阴　平入，月韵　词第十八部　戏姑苏辙　（又）

堕 ㈠ duò[ㄉㄨㄛˋ]①徒果切　史波韵，去　平上，哿韵　词第九部　戏梭波辙　曲歌戈韵，去

②他果切　史波韵，去　平上，哿韵　词第九部　戏梭波辙　曲歌戈韵，去　（倭~）

㈡ huī[ㄏㄨㄟ]　许规切　史微韵，阴　平平，支韵　词第三部　戏灰堆辙　（输送；毁坏）

董（查"艹"部）

九画

堯（见"尧"）堦（同"阶"）場（见"场"）塊（见"块"）報（见"报"）壺（见"壶"）壻（同"婿"）

牆（见"墙"）

堪 kān[ㄎㄢ]　口含切　史寒韵，阴　平平，覃韵　词第十四部　戏言前辙　曲监咸韵，阴

堞 dié[ㄉㄧㄝˊ]　徒协切　史皆韵，阳　平入，叶韵　词第十八部　戏乜斜辙

塔 tǎ[ㄊㄚˇ]　吐盍切　史麻韵，上　平入，合韵　词第十九部　戏发花辙　曲家麻韵，上

塃 huāng[ㄏㄨㄤ]　呼光切　史唐韵，阴　平平，阳韵　词第二部　戏江阳辙　【方言字。借用同音字"荒㈠"的反切。】

堛 bì[ㄅㄧˋ]　芳逼切　史齐韵，去　平入，职韵　词第十七部　戏一七辙

堰 yàn[ㄧㄢˋ]①於扇切　史寒韵，去　平去，霰韵　词第七部　戏言前辙　曲先天韵，去

②於建切　史寒韵，去　平去，愿韵　词第七部　戏言前辙　曲先天韵，去　（又）

③於幰切　史寒韵，去　平上，阮韵　词第七部　戏言前辙　曲先天韵，上　（又）

堙 yīn[ㄧㄣ]　於真切　史文韵，阴　平平，真韵　词第六部　戏人辰辙

堶 tuó[ㄊㄨㄛˊ]　徒何切　史波韵，阳　平平，歌韵　词第九部　戏梭波辙

堿 ㈠ kǎn[ㄎㄢˇ]①苦憾切　史寒韵，上　平去，勘韵　词第十四部　戏言前辙

②苦感切　史寒韵，上　平上，感韵　词第十四部　戏言前辙　（又）

㈡ xián[ㄒㄧㄢˊ]　胡监切　史寒韵，阳　平平，咸韵　词第十四部　戏言前辙　（~厂）

㈢ jiǎn[ㄐㄧㄢˇ]　（同"碱"）

堧 ruán[ㄖㄨㄢˊ]　而缘切　史寒韵，阳　平平，先韵　词第七部　戏言前辙

堤 ㈠ dī[ㄉㄧ]　都奚切　史齐韵，阴　平平，齐韵　词第三部　戏一七辙　曲齐微韵，阴

㈡ shí[ㄕˊ]　是支切　史支韵，阳　平平，支韵　词第三部　戏一七辙　（~封）

㈢ wéi[ㄨㄟˊ]　匀规切　史微韵，阳　平平，支韵　词第三部　戏灰堆辙　（洗~）

喆 zhé[ㄓㄜˊ]　陟列切　史波韵，阳　平入，屑韵　词第十八部　戏梭波辙

堨 ㈠ è[ㄜˋ]　乌葛切　史波韵，去　平入，曷韵　词第十八部　戏梭波辙

㈡ yè[ㄧㄝˋ]　鱼列切　史皆韵，去　平入，屑韵　词第十八部　戏乜斜辙　（墙缝）

㈢ ài[ㄞˋ]　於盖切　史开韵，去　平去，泰韵　词第五部　戏怀来辙　（青土）

喜 xǐ[ㄒㄧˇ]①虚里切　史齐韵，上　平上，纸韵　词第三部　戏一七辙　曲齐微韵，上

②许记切　史齐韵，上　平去，寘韵　词第三部　戏一七辙　（爱好；适宜；容易）

堮 è[ㄜˋ]　五各切　史波韵，去　平入，药韵　词第十六部　戏梭波辙

塄 léng[ㄌㄥˊ]　鲁登切　史庚韵，阳　平平，蒸韵　词第十一部　戏中东辙　【方言字。借用同音字"楞㈠"的反切。】

塅 duàn[ㄉㄨㄢˋ]　徒玩切　史寒韵，去　平去，翰韵　词第七部　戏言前辙　【方言字。借用同音字"段"的反切。】

堡 ㈠ băo[ㄅㄠˇ]　博抱切　史豪韵，上　平上，皓韵　词第八部　戏遥条辙　曲萧豪韵，上

㈡ bǔ[ㄅㄨˇ]　博古切　史姑韵，上　平上，麌韵　词第四部　戏姑苏辙　（有围墙的村镇）　【方言读音。借用

同音字"补"的反切。】

　　㈢pù[ㄆㄨˋ]　普故切　史姑韵，去　乎去，遇韵　词第四部　戏姑苏辙　（地名用字）【同"铺㈡"，用其反切。】

堠　hòu[ㄏㄡˋ]　胡遘切　史尤韵，去　乎去，宥韵　词第十二部　戏由求辙　曲尤侯韵，去

塆　wān[ㄨㄢ]　乌关切　史寒韵，阴　乎平，删韵　词第七部　戏言前辙　【方言字。借用同音字"弯"的反切。】

塇　㈠ǎn[ㄢˇ]　乌感切　史寒韵，上　乎上，感韵　词第十四部　戏言前辙

　　㈡yìn[ㄧㄣˋ]　於禀切　史文韵，去　乎上，寝韵　词第十三部　戏人辰辙　（又）

堩　gèng[ㄍㄥˋ]　古邓切　史庚韵，去　乎去，径韵　词第十一部　戏中东辙

壹　yī[ㄧ]　於悉切　史齐韵，阴　乎入，质韵　词第十七部　戏一七辙　曲齐微韵，上

墍　㈠jì[ㄐㄧˋ]　具冀切　史齐韵，去　乎去，寘韵　词第三部　戏一七辙

　　㈡xì[ㄒㄧˋ]　许既切　史齐韵，去　乎去，未韵　词第三部　戏一七辙　（又）

堳　méi[ㄇㄟˊ]　旻悲切　史微韵，阳　乎平，支韵　词第三部　戏灰堆辙

堥　㈠móu[ㄇㄡˊ]　莫浮切　史尤韵，阳　乎平，尤韵　词第十二部　戏由求辙

　　㈡máo[ㄇㄠˊ]　莫袍切　史豪韵，阳　乎平，豪韵　词第八部　戏遥条辙　（前高后低的土丘）

　　㈢wǔ[ㄨˇ]　罔甫切　史姑韵，上　乎上，麌韵　词第四部　戏姑苏辙　（瓦器）

十画

塒（见"埘"）塤（见"埙"）壇（见"坛"）塢（见"坞"）塙（同"确"）塋（见"茔"）塗（见"涂㈠㈣"）塱（同"朗"）壸（见"壶"）塚（同"冢"）

塨　gōng[ㄍㄨㄥ]　九容切　史庚韵，阴　乎平，冬韵　词第一部　戏中东辙　【借用同音字"恭"的反切。】

填　㈠tián[ㄊㄧㄢˊ]　①徒年切　史寒韵，阳　乎平，先韵　词第七部　戏言前辙　曲先天韵，阳

　　　　　　　　　　②堂练切　史寒韵，阳　乎去，霰韵　词第七部　戏言前辙　曲先天韵，去　（又）

　　㈡chén[ㄔㄣˊ]　池邻切　史文韵，阳　乎平，真韵　词第六部　戏人辰辙　（孔～不宁）

　　㈢tiǎn[ㄊㄧㄢˇ]　徒典切　史寒韵，上　乎上，铣韵　词第七部　戏言前辙　（哀我～寡）

　　㈣zhèn[ㄓㄣˋ]　陟刃切　史文韵，去　乎去，震韵　词第六部　戏人辰辙　曲真文韵，去　（通"镇"）

　　㈤diàn[ㄉㄧㄢˋ]　（祭奠，同"奠"）

塥　gé[ㄍㄜˊ]　各额切　史波韵，阳　乎入，陌韵　词第十七部　戏梭波辙

塬　yuán[ㄩㄢˊ]　愚袁切　史寒韵，阳　乎平，元韵　词第七部　戏言前辙　【现代字。与"原（高原）"音同义近，用其反切。】

塌　tā[ㄊㄚ]　託盍切　史麻韵，阴　乎入，合韵　词第十九部　戏发花辙　曲家麻韵，上

堽　gāng[ㄍㄤ]　古郎切　史唐韵，阴　乎平，阳韵　词第二部　戏江阳辙

塮　xiè[ㄒㄧㄝˋ]　辞夜切　史皆韵，去　乎去，祃韵　词第十部　戏乜斜辙　【方言字。借用同音字"谢"的反切。】

塕　wěng[ㄨㄥˇ]　乌孔切　史庚韵，上　乎上，董韵　词第一部　戏中东辙

塯　liù[ㄌㄧㄡˋ]　力救切　史尤韵，去　乎去，宥韵　词第十二部　戏由求辙

塘　táng[ㄊㄤˊ]　徒郎切　史唐韵，阳　乎平，阳韵　词第二部　戏江阳辙　曲江阳韵，阳

塑　sù[ㄙㄨˋ]　桑故切　史姑韵，去　乎去，遇韵　词第四部　戏姑苏辙　曲鱼模韵，去

塉　jí[ㄐㄧˊ]　秦昔切　史齐韵，阳　乎入，陌韵　词第十七部　戏一七辙

塓　mì[ㄇㄧˋ]　莫狄切　史齐韵，去　乎入，锡韵　词第十七部　戏一七辙

毄（查"乚"部）墓（查"艹"部）塍（查"月"部）塞（查"宀"部）

十一画

墊（见"垫"）堑（见"堑"）墮（见"堕"）臺（同"台㈡"）堋（同"堋㈡"）墜（见"坠"）墬（同"地㈠"）塲（同"场"）墖（同"塔"）塵（见"尘"）橐（同"橐"）壽（见"寿"）

墈　kàn[ㄎㄢˋ]　苦绀切　史寒韵，去　乎去，勘韵　词第十四部　戏言前辙

墐　㈠jìn[ㄐㄧㄣˋ]　渠遴切　史文韵，去　乎去，震韵　词第六部　戏人辰辙

　　㈡qín[ㄑㄧㄣˊ]　巨巾切　史文韵，阳　乎平，真韵　词第六部　戏人辰辙　（～泥）

塼 ㈠ zhuān[ㅈㄨㄢ]（同"砖㈠"）
　㈡ tuán[ㄊㄨㄢˊ]（同"抟㈠"）

墄 cè[ㄘㄜˋ]七则切　史波韵，去　平入，职韵　词第十七部　戏梭波辙

墆 ㈠ dì[ㄉㄧˋ]特计切　史齐韵，去　平去，霁韵　词第三部　戏一七辙
　㈡ dié[ㄉㄧㄝˊ]①徒结切　史皆韵，阳　平入，屑韵　词第十八部　戏乜斜辙　（积压）
　　　　②直例切　史皆韵，阳　平去，寘韵　词第三部　戏乜斜辙　（又）

墙 qiáng[ㄑㄧㄤˊ]在良切　史唐韵，阳　平平，阳韵　词第二部　戏江阳辙　曲江阳韵，阳

墟 xū[ㄒㄩ]去鱼切　史齐韵，阴　平平，鱼韵　词第四部　戏一七辙　曲鱼模韵，阴

塿 lǒu[ㄌㄡˇ]郎斗切　史尤韵，上　平上，有韵　词第十二部　戏由求辙　曲尤侯韵，上

墁 màn[ㄇㄢˋ]①莫半切　史寒韵，去　平去，翰韵　词第七部　戏言前辙　曲桓欢韵，去
　　②母官切　史寒韵，去　平平，寒韵　词第七部　戏言前辙　（涂抹）

墅 shù[ㄕㄨˋ]承与切　史姑韵，去　平上，语韵　词第四部　戏姑苏辙　曲鱼模韵，上

嘉 jiā[ㄐㄧㄚ]古牙切　史麻韵，阴　平平，麻韵　词第十部　戏发花辙　曲家麻韵，阴

塾 shú[ㄕㄨˊ]殊六切　史姑韵，阳　平入，屋韵　词第十五部　戏姑苏辙　曲鱼模韵，阳

墌 ㈠ zhí[ㄓˊ]之石切　史支韵，阳　平入，陌韵　词第十七部　戏一七辙
　㈡ zhuó[ㄓㄨㄛˊ]职略切　史波韵，阳　平入，药韵　词第十六部　戏梭波辙　（打地基）

墉 yōng[ㄩㄥ]余封切　史庚韵，阴　平平，冬韵　词第一部　戏中东辙　曲东钟韵，阳

境 jìng[ㄐㄧㄥˋ]居影切　史庚韵，去　平上，梗韵　词第十一部　戏中东辙　曲庚青韵，上

墑 dì[ㄉㄧˋ]丁历切　史齐韵，去　平入，锡韵　词第十七部　戏一七辙

墒 shāng[ㄕㄤ]尸羊切　史唐韵，阴　平平，阳韵　词第二部　戏江阳辙

墋 chěn[ㄔㄣˇ]初朕切　史文韵，上　平上，寝韵　词第十三部　戏人辰辙　曲侵寻韵，上

摩（查"麻"部）

十二画

墳（见"坟"）墶（见"垯"）賣（见"卖"）墪（同"墩"）

墝 qiāo[ㄑㄧㄠ]口交切　史豪韵，阴　平平，肴韵　词第八部　戏遥条辙

墣 pǔ[ㄆㄨˇ]①普木切　史姑韵，上　平入，屋韵　词第十五部　戏姑苏辙
　　②匹角切　史姑韵，上　平入，觉韵　词第十六部　戏姑苏辙　（又）

墠 shàn[ㄕㄢˋ]常演切　史寒韵，去　平上，铣韵　词第七部　戏言前辙

墨 ㈠ mò[ㄇㄛˋ]莫北切　史波韵，去　平入，职韵　词第十七部　戏梭波辙　齐微韵，去
　㈡ méi[ㄇㄟˊ]旻悲切　史微韵，阳　平平，支韵　词第三部　戏灰堆辙　（~屎）
　㈢ mèi[ㄇㄟˋ]莫佩切　史微韵，去　平去，队韵　词第三部　戏灰堆辙　齐微韵，去　（毁谤）

墺 ào[ㄠˋ]①乌到切　史豪韵，去　平去，号韵　词第八部　戏遥条辙
　　②於六切　史豪韵，去　平入，屋韵　词第十五部　戏遥条辙　（又）

墦 fán[ㄈㄢˊ]附袁切　史寒韵，阳　平平，元韵　词第七部　戏言前辙

墩 dūn[ㄉㄨㄣ]都昆切　史文韵，阴　平平，元韵　词第六部　戏人辰辙　曲真文韵，阴

墡 shàn[ㄕㄢˋ]常演切　史寒韵，去　平上，铣韵　词第七部　戏言前辙

墫 cūn[ㄘㄨㄣ]七伦切　史文韵，阴　平平，真韵　词第六部　戏人辰辙

增 zēng[ㄗㄥ]作滕切　史庚韵，阴　平平，蒸韵　词第十一部　戏中东辙　曲庚青韵，阴

墀 chí[ㄔˊ]直尼切　史支韵，阳　平平，支韵　词第三部　戏一七辙　曲齐微韵，阳

墱 dèng[ㄉㄥˋ]丁邓切　史庚韵，去　平去，径韵　词第十一部　戏中东辙

墢 fá[ㄈㄚˊ]①北末切　史麻韵，阳　平入，曷韵　词第十八部　戏发花辙
　　②房越切　史麻韵，阳　平入，月韵　词第十八部　戏发花辙　（又）

鞋（查"革"部）

073

十三画

墧（同"堨㈢"）**墻**（见"墙"）**壄**（同"野"）**壋**（见"挡"）**壄**（见"垦"）**壇**（见"坛㈠：①；㈢；㈣；②"）

壏 jī[ㄐㄧ] 古历切　史齐韵，阴　乎入，锡韵　词第十七部　戏一七辙

墿 yì[ㄧˋ] 羊益切　史齐韵，去　乎入，陌韵　词第十七部　戏一七辙

墩 ㈠qiāo[ㄑㄧㄠ] 苦幺切　史豪韵，阴　乎平，萧韵　词第八部　戏遥条辙
　　㈡qiào[ㄑㄧㄠˋ] 口教切　史豪韵，去　乎去，效韵　词第八部　戏遥条辙　（土不平）

壈 lǎn[ㄌㄢˇ] 卢感切　史寒韵，上　乎上，感韵　词第十四部　戏言前辙

壅 ㈠yōng[ㄩㄥ] ①於容切　史庚韵，阴　乎平，冬韵　词第一部　戏中东辙　曲东钟韵，阴
　　　　　　　　②於陇切　史庚韵，阴　乎上，肿韵　词第一部　戏中东辙　曲东钟韵，阴　（又）
　　㈡wèng[ㄨㄥˋ] 乌贡切　史庚韵，去　乎去，送韵　词第一部　戏中东辙　（悬~）

壁 bì[ㄅㄧˋ] 北激切　史齐韵，去　乎入，锡韵　词第十七部　戏一七辙　曲齐微韵，上

十四画

璽（同"玺"）**壓**（见"压"）**壖**（同"壖"）**壔**（同"坝"）**壙**（见"圹"）**壍**（同"堑"）

壔 dǎo[ㄉㄠˇ] 都皓切　史豪韵，上　乎上，皓韵　词第八部　戏遥条辙

壏 ㈠jiǎn[ㄐㄧㄢˇ] 胡黤切　史寒韵，上　乎上，赚韵　词第十四部　戏言前辙
　㈡xiàn[ㄒㄧㄢˋ] 胡黤切　史寒韵，去　乎上，赚韵　词第十四部　戏言前辙　（又）
　㈢làn[ㄌㄢˋ] 卢瞰切　史寒韵，去　乎去，勘韵　词第十四部　戏言前辙　（~埮）

壑 hè[ㄏㄜˋ] 呵各切　史波韵，去　乎入，药韵　词第十六部　戏梭波辙　曲萧豪韵，上

壕 háo[ㄏㄠˊ] 胡刀切　史豪韵，阳　乎平，豪韵　词第八部　戏遥条辙

十五画

壘（同"垒"）

壝 ㈠wěi[ㄨㄟˇ] ①以水切　史微韵，上　乎上，纸韵　词第三部　戏灰堆辙
　　　　　　　②欲鬼切　史微韵，上　乎上，尾韵　词第三部　戏灰堆辙　（筑土围墙）
　㈡wéi[ㄨㄟˊ] 以追切　史微韵，阳　乎平，支韵　词第三部　戏灰堆辙　（又）

十六画

壈（见"坜"）**壚**（见"垆"）**壜**（同"坛㈠：②"）**壞**（见"坏㈠·㈤"）**壠**（见"垅"）**壥**（见"垄"）

壛 yán[ㄧㄢˊ] 余廉切　史寒韵，阳　乎平，盐韵　词第十四部　戏言前辙

十七画

壢 ㈠lián[ㄌㄧㄢˊ] 陵延切　史寒韵，阳　乎平，先韵　词第七部　戏言前辙
　㈡lín[ㄌㄧㄣˊ] 力珍切　史文韵，阳　乎平，真韵　词第六部　戏人辰辙　（又）

壤 ㈠rǎng[ㄖㄤˇ] 如两切　史唐韵，上　乎上，养韵　词第二部　戏江阳辙　曲江阳韵，上
　㈡ráng[ㄖㄤˊ]（丰收，同"穰㈠"）

十九画

壥 yán[ㄧㄢˊ] 丘严切　史寒韵，阳　乎平，盐韵　词第十四部　戏言前辙

二十一画

壩（见"坝㈠"）

二十二画

壪（见"塆"）

寸　部

寸 cùn[ㄘㄨㄣˋ] 仓困切　中文韵，去　平去，愿韵　词第六部　戏人辰辙　曲真文韵，去

二画

对 duì[ㄉㄨㄟˋ] 都队切　中微韵，去　平去，队韵　词第三部　戏灰堆辙　曲齐微韵，去

三画

寺 ㈠sì[ㄙˋ] 祥吏切　中支韵，去　平去，寘韵　词第三部　戏一七辙　曲支思韵，去
　　㈡shì[ㄕˋ] 时吏切　中支韵，去　平去，寘韵　词第三部　戏一七辙　曲支思韵，去　（～人）

寻 ㈠xún[ㄒㄩㄣˊ] 徐林切　中文韵，阳　平平，侵韵　词第十三部　戏人辰辙　曲侵寻韵，阳
　　㈡xín[ㄒㄧㄣˊ] 徐林切　中文韵，阳　平平，侵韵　词第十三部　戏人辰辙　曲侵寻韵，阳　（用于口语）

导 dǎo[ㄉㄠˇ] 徒到切　中豪韵，上　平去，号韵　词第八部　戏遥条辙　曲萧豪韵，去

夺（查"大"部）

四画

寿 shòu[ㄕㄡˋ] ①承呪切　中尤韵，去　平去，宥韵　词第十二部　戏由求辙　曲尤侯韵，去
　　　　　　　②殖酉切　中尤韵，去　平上，有韵　词第十二部　戏由求辙　曲尤侯韵，去　（又）

时（查"日"部）

六画

封 fēng[ㄈㄥ] 府容切　中庚韵，阴　平平，冬韵　词第一部　戏中东辙　曲东钟韵，阴

耐（查"而"部）将（查"丬"部）

七画

尃（同"敷"）尅（见"剋"）

射 ㈠shè[ㄕㄜˋ] ①神夜切　中波韵，去　平去，祃韵　词第十部　戏梭波辙　曲车遮韵，去
　　　　　　　②食亦切　中波韵，去　平入，陌韵　词第十七部　戏梭波辙　曲齐微韵，阳　（又）
　　㈡yè[ㄧㄝˋ] 羊谢切　中皆韵，去　平去，祃韵　词第十部　戏乜斜辙　曲车遮韵，去　（仆～；～干）
　　㈢yì[ㄧˋ] 羊益切　中齐韵，去　平入，陌韵　词第十七部　戏一七辙　曲齐微韵，去　（无～）

辱（查"辰"部）

八画

專（见"专"）將（见"将"）

尉 ㈠wèi[ㄨㄟˋ] 於胃切　中微韵，去　平去，未韵　词第三部　戏灰堆辙　曲齐微韵，去
　　㈡yù[ㄩˋ] 纡物切　中齐韵，去　平入，物韵　词第十八部　戏一七辙　（～迟）

九画

尋（见"寻"）

尌 shù[ㄕㄨˋ] 常句切　中姑韵，去　平去，遇韵　词第四部　戏姑苏辙

尊 zūn[ㄗㄨㄣ] 祖昆切　中文韵，阴　平平，元韵　词第六部　戏人辰辙　曲真文韵，阴

十一画

壽（见"寿"）對（见"对"）

十二画

導（见"导"）

十六画

薅（查"ヨ"部）

二十三画

薅（见"薅"）

廾 部

一画

开（查"一"部）廿（查"一"部）升（查"丿"部）

二画

弁 (一)biàn[ㄅ丨ㄢˋ] 皮变切 史寒韵，去 平去，霰韵 词第七部 戏言前辙 曲先天韵，去

(二)pán[ㄆㄢˊ] 蒲官切 史寒韵，阳 平平，寒韵 词第七部 戏言前辙 曲桓欢韵，阳 （欢乐）

卉（查"十"部）

三画

异 yì[丨ˋ] 羊吏切 史齐韵，去 平去，寘韵 词第三部 戏一七辙 曲齐微韵，去

并（查"丷"部）

四画

弄 (一)nòng[ㄋㄨㄥˋ] 卢贡切 史庚韵，去 平去，送韵 词第一部 戏中东辙 曲东钟韵，去

(二)lòng[ㄌㄨㄥˋ] 卢贡切 史庚韵，去 平去，送韵 词第一部 戏中东辙 曲东钟韵，去 （~堂）【两读一音之转，反切仍之。】

弅 fèn[ㄈㄣˋ] 房吻切 史文韵，去 平上，吻韵 词第六部 戏人辰辙

弃 qì[ㄑ丨ˋ] 诘利切 史齐韵，去 平去，寘韵 词第三部 戏一七辙 曲齐微韵，去

五画

弆 jǔ[ㄐㄩˇ] 居许切 史齐韵，上 平上，语韵 词第四部 戏一七辙

奔（查"大"部）

六画

弇 (一)yǎn[丨ㄢˇ] ①依俭切 史寒韵，上 平上，俭韵 词第十四部 戏言前辙 曲监咸韵，阴

②古南切 史寒韵，上 平平，覃韵 词第十四部 戏言前辙 曲监咸韵，阴 （又）

(二)yān[丨ㄢ] 衣廉切 史寒韵，阴 平平，盐韵 词第十四部 戏言前辙 （山名）

(三)nán[ㄋㄢˊ] 那含切 史寒韵，阳 平平，覃韵 词第十四部 戏言前辙 （姓）

弈 yì[丨ˋ] 羊益切 史齐韵，去 平入，陌韵 词第十七部 戏一七辙

异（查"臼"部）羿（查"羽"部）

十一画

弊 bì[ㄅ丨ˋ] ①毗祭切 史齐韵，去 平去，霁韵 词第三部 戏一七辙 曲齐微韵，去

②必袂切 史齐韵，去 平去，霁韵 词第三部 戏一七辙 曲齐微韵，去 （审断；定罪）

十八画

颡（查"页"部）

大　部

大 (一)dà[ㄉㄚ ˋ] 徒盖切　史麻韵，去　平去，泰韵　词第五部　戏发花辙　曲家麻韵，去
　　　　(1)与小相对：～哉乾元　(2)体量大：～桥　(3)数量多：～众　(4)程度深：～喜　(5)范围广：～国　(6)响度大：～
　　　　吼　(7)年长：～哥　(8)辈分高：～父　(9)时间更远：～前天　⑽一半以上：～多　⑾不很精确：～约　⑿敬辞：尊
　　　　姓～名　⒀夸张：君子不自～其事　⒁古官职名：～夫　⒂尊称国王：～王
　　(二)dài[ㄉㄞ ˋ] 徒盖切　史开韵，去　平去，泰韵　词第五部　戏怀来辙　曲皆来韵，去
　　　　⒃医生：～夫　⒄称强盗：山～王　⒅地名：～城　⒆方言，同"大"
　　(三)tuò[ㄊㄨㄛ ˋ] 唐佐切　史波韵，去　平去，箇韵　词第九部　戏梭波辙　曲歌戈韵，去　（凶猛）
　　(四)tài[ㄊㄞ ˋ] （同"太(一)"）

一画

夫 (一)fū[ㄈㄨ] 甫无切　史姑韵，阴　平平，虞韵　词第四部　戏姑苏辙　曲鱼模韵，阴
　　(二)fú[ㄈㄨ ´] 防无切　史姑韵，阳　平平，虞韵　词第四部　戏姑苏辙　曲鱼模韵，阳　（文言虚词）
天 tiān[ㄊㄧㄢ] 他前切　史寒韵，阴　平平，先韵　词第七部　戏言前辙　曲先天韵，阴
夭 (一)yāo[ㄧㄠ] ①於乔切　史豪韵，阴　平平，萧韵　词第八部　戏遥条辙　曲萧豪韵，阴
　　　　　　　②於兆切　史豪韵，阴　平上，篠韵　词第八部　戏遥条辙　曲萧豪韵，上　（屈，摧折）
　　　　　　　③乌皓切　史豪韵，阴　平上，皓韵　词第八部　戏遥条辙　曲萧豪韵，上　（～折；幼小生物）
　　(二)wò[ㄨㄛ ˋ] 乌酷切　史波韵，去　平入，沃韵　词第十五部　戏梭波辙　（诸～之野）
太 (一)tài[ㄊㄞ ˋ] 他盖切　史开韵，去　平去，泰韵　词第五部　戏怀来辙　曲皆来韵，去
　　(二)tā[ㄊㄚ] 他达切　史麻韵，阴　平入，曷韵　词第十八部　戏发花辙　（～末）
夬 （查"乙"部）

二画

央 (一)yāng[ㄧㄤ] 於良切　史唐韵，阴　平平，阳韵　词第二部　戏江阳辙　曲江阳韵，阴
　　(二)yīng[ㄧㄥ] 於惊切　史庚韵，阴　平平，庚韵　词第十一部　戏中东辙　（旌旗～～）
头 tóu[ㄊㄡ ´] 度侯切　史尤韵，阳　平平，尤韵　词第十二部　戏由求辙　曲尤侯韵，阳
夯 (一)hāng[ㄏㄤ] ①呼朗切　史唐韵，阴　平上，养韵　词第二部　戏江阳辙　曲江阳韵，上
　　　　　　　②呼讲切　史唐韵，阴　平上，讲韵　词第二部　戏江阳辙　曲江阳韵，上　（又）
　　(二)bèn[ㄅㄣ ˋ] 蒲本切　史文韵，去　平上，阮韵　词第六部　戏人辰辙　（蠢笨）【同"笨"，用其反切。】
失 （查"丿"部）

三画

夸 (一)kuā[ㄎㄨㄚ] ①苦瓜切　史麻韵，阴　平平，麻韵　词第十部　戏发花辙　曲家麻韵，阴
　　　　　　　②匈于切　史齐韵，阴　平平，虞韵　词第四部　戏一七辙　（美好）
　　(二)kuà[ㄎㄨㄚ ˋ] （兼有，同"跨"）
夺 (一)duó[ㄉㄨㄛ ´] 徒活切　史波韵，阳　平入，曷韵　词第十八部　戏梭波辙　曲歌戈韵，阳
　　(二)duì[ㄉㄨㄟ ˋ] 徒外切　史微韵，去　平去，泰韵　词第三部　戏灰堆辙　（古地名）
夹 (一)jiā[ㄐㄧㄚ] 古洽切　史麻韵，阴　平入，洽韵　词第十九部　戏发花辙　曲家麻韵，上
　　(二)jiá[ㄐㄧㄚ ´] ①古洽切　史麻韵，阳　平入，洽韵　词第十九部　戏发花辙　曲家麻韵，上　（两层织物；
通"铗"）
　　　　　　　②吉协切　史麻韵，阳　平入，叶韵　词第十八部　戏发花辙　曲家麻韵，上　（又）
　　(三)gā[ㄍㄚ] 古洽切　史麻韵，阴　平入，洽韵　词第十九部　戏发花辙　曲家麻韵，上　（～肢窝）【古今音。
反切仍之。】
　　(四)xié[ㄒㄧㄝ ´] 橄颊切　史皆韵，阳　平入，叶韵　词第十八部　戏乜斜辙　曲车遮韵，阳　（巡行；挟持）

(五) xiá［ㄒㄧㄚˊ］（狭窄，同"狭"）

夷 yí［ㄧˊ］以脂切　史齐韵，阳　平平，支韵　词第三部　戏一七辙　曲齐微韵，阳

夼 kuǎng［ㄎㄨㄤˇ］苦晃切　史唐韵，上　平上，养韵　词第二部　戏江阳辙　【方言字。借用同音字"懭"的反切。】

尖（查"小"部）**乔**（查"丿"部）**庆**（查"广"部）**关**（查"丷"部）

四画

夹（见"夹"）

奀(一) ēn［ㄣ］乌痕切　史文韵，阴　平平，元韵　词第六部　戏人辰辙　（瘦小；人名）【方言字。借用同音字"恩"的反切。】

(二) dí［ㄉㄧˊ］都历切　史齐韵，阳　平入，锡韵　词第十七部　戏一七辙　（小）【方言字。借用同音字"滴"的反切。】

奁 lián［ㄌㄧㄢˊ］力盐切　史寒韵，阳　平平，盐韵　词第十四部　戏言前辙　曲廉纤韵，阳

夋（查"夂"部）

五画

奈 nài［ㄋㄞˋ］①奴带切　史开韵，去　平去，泰韵　词第五部　戏怀来辙　曲皆来韵，去
　　　　　　②奴箇切　史开韵，去　平去，箇韵　词第九部　戏怀来辙　曲歌戈韵，去　（又）

奔(一) bēn［ㄅㄣ］博昆切　史文韵，阴　平平，元韵　词第六部　戏人辰辙　曲真文韵，阴
　　　(1)疾走：～驰　(2)逃亡：虢公丑～京师　(3)旧指男女私自结合：私～　(4)姓

(二) bèn［ㄅㄣˋ］甫闷切　史文韵，去　平去，愿韵　词第六部　戏人辰辙　曲真文韵，去
　　　(5)直往，趋向：～车而来　(6)接近：已是～五十的人了　(7)尽力去做：疲于～命

奇(一) qí［ㄑㄧˊ］渠羁切　史齐韵，阳　平平，支韵　词第三部　戏一七辙　曲齐微韵，阳
　　　(1)特殊，稀罕：神～　(2)出人意料：出～制胜　(3)惊异：世人～之

(二) jī［ㄐㄧ］居宜切　史齐韵，阴　平平，支韵　词第三部　戏一七辙　曲齐微韵，阴
　　　(4)数目不成双的：～数　(5)零数，余数：长八分有～　(6)运气差：以为李广老，数～，毋令当单于　(7)姓

(三) ǎi［ㄞˇ］倚蟹切　史开韵，上　平上，蟹韵　词第五部　戏怀来辙　曲皆来韵，上　（矮）

奄(一) yǎn［ㄧㄢˇ］衣俭切　史寒韵，上　平上，俭韵　词第十四部　戏言前辙　曲廉纤韵，上

(二) yān［ㄧㄢ］於赡切　史寒韵，阴　平去，艳韵　词第十四部　戏言前辙　（宦官；停滞）

奋 fèn［ㄈㄣˋ］方问切　史文韵，去　平去，问韵　词第六部　戏人辰辙　曲真文韵，去

奅 pào［ㄆㄠˋ］匹皃切　史豪韵，去　平去，效韵　词第八部　戏遥条辙

奉（查"一"部）

六画

奂（见"奂"）

契(一) qì［ㄑㄧˋ］①苦计切　史齐韵，去　平去，霁韵　词第三部　戏一七辙　曲齐微韵，去
　　　　　　②去讫切　史齐韵，去　平入，物韵　词第十八部　戏一七辙　（～丹）

(二) xiè［ㄒㄧㄝˋ］私列切　史皆韵，去　平入，屑韵　词第十八部　戏乜斜辙　（人名）

(三) qiè［ㄑㄧㄝˋ］苦结切　史皆韵，去　平入，屑韵　词第十八部　戏乜斜辙　（～阔）

奏(一) zòu［ㄗㄡˋ］则候切　史尤韵，去　平去，宥韵　词第十二部　戏由求辙　曲尤侯韵，去

(二) còu［ㄘㄡˋ］（会合，同"凑"；腠理，同"腠"）

奎 kuí［ㄎㄨㄟˊ］苦圭切　史微韵，阳　平平，齐韵　词第三部　戏灰堆辙　曲齐微韵，阴

奊 (一) xié［ㄒㄧㄝˊ］胡结切　史皆韵，阳　平入，屑韵　词第十八部　戏乜斜辙

(二) xǐ［ㄒㄧˇ］（～诟－奊诟，同"謑(一)"）

奓(一) zhà［ㄓㄚˋ］陟驾切　史麻韵，去　平去，祃韵　词第十部　戏发花辙

(二) zhā［ㄓㄚ］陟加切　史麻韵，阴　平平，麻韵　词第十部　戏发花辙　（地名）

㈢ shē [ㄕㄜ]（同"奢㈠"）

㈣ chǐ [ㄔˇ]（过分，同"侈"）

奖 jiǎng [ㄐㄧㄤˇ] 即两切　史唐韵，上　乎上，养韵　词第二部　戏江阳辙　曲江阳韵，上

奕 yì [ㄧˋ] 羊益切　史齐韵，去　乎入，陌韵　词第十七部　戏一七辙

耷（查"耳"部）奭（查"而"部）尜（查"小"部）峚（查"山"部）美（查"羊"部）类（查"米"部）

牵（查"牛"部）癸（查"癶"部）

七画

套 tào [ㄊㄠˋ] 叨号切　史豪韵，去　乎去，号韵　词第八部　戏遥条辙

奚 xī [ㄒㄧ] 胡鸡切　史齐韵，阴　乎平，齐韵　词第三部　戏一七辙　曲齐微韵，阳

奘 ㈠ zàng [ㄗㄤˋ] ①徂朗切　史唐韵，去　乎上，养韵　词第二部　戏江阳辙
　　　　　　　　　②徂浪切　史唐韵，去　乎去，漾韵　词第二部　戏江阳辙　（又）

㈡ zhuǎng [ㄓㄨㄤˇ] 之爽切　史唐韵，上　乎上，养韵　词第二部　戏江阳辙　（粗大）【以"之""爽"二字可以切得。】

八画

匏 páo [ㄆㄠˊ] 薄交切　史豪韵，阳　乎平，肴韵　词第八部　戏遥条辙　曲萧豪韵，阳

奢 ㈠ shē [ㄕㄜ] 式车切　史波韵，阴　乎平，麻韵　词第十部　戏梭波辙　曲车遮韵，阴

㈡ shá [ㄕㄚˊ] 床斜切　史麻韵，阳　乎平，麻韵　词第十部　戏发花辙　曲车遮韵，阴　（姓）

爽 ㈠ shuǎng [ㄕㄨㄤˇ] 疏两切　史唐韵，上　乎上，养韵　词第二部　戏江阳辙　曲江阳韵，上

㈡ shuāng [ㄕㄨㄤ] 师庄切　史唐韵，阴　乎平，阳韵　词第二部　戏江阳辙　曲江阳韵，阴　（肃~）

奝 diāo [ㄉㄧㄠ] 都聊切　史豪韵，阴　乎平，萧韵　词第八部　戏遥条辙

九画

尞（同"燎㈢"）

奥 ㈠ ào [ㄠˋ] 乌到切　史豪韵，去　乎去，号韵　词第八部　戏遥条辙　曲萧豪韵，去

㈡ yù [ㄩˋ] 乙六切　史齐韵，去　乎入，屋韵　词第十五部　戏一七辙　（腌制；~李；污浊）

奠 diàn [ㄉㄧㄢˋ] 堂练切　史寒韵，去　乎去，霰韵　词第七部　戏言前辙　曲先天韵，去

奡（查"一"部）

十画

奧（见"奥"）奞（同"畬"）

十一画

奩（见"奁"）奪（见"夺"）奬（见"奖"）

十二画

奭 shì [ㄕˋ] 施只切　史支韵，去　乎入，陌韵　词第十七部　戏一七辙　曲齐微韵，上

奫 yūn [ㄩㄣ] 於伦切　史文韵，阴　乎平，真韵　词第六部　戏人辰辙

樊（查"木"部）

十三画

奮（见"奋"）

奯 huò [ㄏㄨㄛˋ] 呼括切　史波韵，去　乎入，曷韵　词第十八部　戏梭波辙

十五画

奰 bèi [ㄅㄟˋ] 平秘切　史微韵，去　乎去，真韵　词第三部　戏灰堆辙

二十画

鼍 (一)duǒ[ㄉㄨㄛˇ] 典可切　中波韵，上　平上，哿韵　词第九部　戏梭波辙

　　(二)chě[ㄔㄜˇ] 昌者切　中波韵，上　平上，马韵　词第十部　戏梭波辙 （宽；大）

尢（兀允）部

尢 (一)wāng[ㄨㄤ] 乌光切　中唐韵，阴　平平，阳韵　词第二部　戏江阳辙

　　(二)yóu[丨ㄡˊ] （同"尤"）

兀 wù[ㄨˋ] 五忽切　中姑韵，去　平入，月韵　词第十八部　戏姑苏辙　曲鱼模韵，上

一画

尤 yóu[丨ㄡˊ] 羽求切　中尤韵，阳　平平，尤韵　词第十二部　戏由求辙　曲尤侯韵，阳

无（查"无"部）元（查"儿"部）

三画

尧 yáo[丨ㄠˊ] 五聊切　中豪韵，阳　平平，萧韵　词第八部　戏遥条辙　曲萧豪韵，阳

尥 liào[ㄌ丨ㄠˋ] ①力弔切　中豪韵，去　平去，啸韵　词第八部　戏遥条辙

　　　　　　　　②薄交切　中豪韵，去　平平，肴韵　词第八部　戏遥条辙 （又）

光（查"儿"部）

四画

尪（见"尪"）

尪 wāng[ㄨㄤ] 乌光切　中唐韵，阴　平平，阳韵　词第二部　戏江阳辙

尨 (一)máng[ㄇㄤˊ] 莫江切　中唐韵，阳　平平，江韵　词第二部　戏江阳辙

　　(二)méng[ㄇㄥˊ] 谟逢切　中庚韵，阳　平平，东韵　词第一部　戏中东辙 （～茸）

　　(三)páng[ㄆㄤˊ] （大，同"庞(一)"）

尬 gà[ㄍㄚˋ] 古拜切　中麻韵，去　平去，卦韵　词第五部　戏发花辙

六画

尵 wù[ㄨˋ] 五忽切　中姑韵，去　平入，月韵　词第十八部　戏姑苏辙

尳（查"虫"部）

七画

尰 huī[ㄏㄨㄟ] 呼恢切　中微韵，阴　平平，灰韵　词第三部　戏灰堆辙　曲齐微韵，阴

九画

尰 zhǒng[ㄔㄨㄥˇ] 时冗切　中庚韵，上　平上，肿韵　词第一部　戏中东辙

就（查"亠"部）堯（查"土"部）靬（查"革"部）

十画

尶（同"尴"）

尴 gān[ㄍㄢ] 古咸切　中寒韵，阴　平平，咸韵　词第十四部　戏言前辙

十四画

尷（见"尴"）

弋　部

弋 yì［丨　ˋ］与职切　史齐韵，去　平入，职韵　词第十七部　戏一七辙

一画

弌（同"壹"）

二画

弍（同"贰(一)"）

三画

弎（同"叁"）

式 shì［ㄕ　ˋ］赏职切　史支韵，去　平入，职韵　词第十七部　戏一七辙

四画

忒 (一)tè［ㄊㄜ　ˋ］他德切　史波韵，去　平入，职韵　词第十七部　戏梭波辙
　　(二)tuī［ㄊㄨㄟ］他盖切　史微韵，阴　平去，泰韵　词第三部　戏灰堆辙　（太）【同"太(一)"，用其反切。】

五画

贷 dài［ㄉㄞ　ˋ］待戴切　史开韵，去　平去，队韵　词第五部　戏怀来辙

六画

贰 (一)èr［ㄦ　ˋ］而至切　史齐韵，去　平去，寘韵　词第三部　戏一七辙　曲支思韵，去
　　(二)tè［ㄊㄜ　ˋ］（差错，同"忒(一)"）

七画

貣（查"贝"部）

九画

貳（见"贰"）

弒 shì［ㄕ　ˋ］式吏切　史支韵，去　平去，寘韵　词第三部　戏一七辙　曲支思韵，去

小（⺌）部

小 xiǎo［ㄒㄧㄠ　ˇ］私兆切　史豪韵，上　平上，篠韵　词第八部　戏遥条辙　曲萧豪韵，上

一画

少 (一)shǎo［ㄕㄠ　ˇ］书沼切　史豪韵，上　平上，篠韵　词第八部　戏遥条辙　曲萧豪韵，上
　　　(1)数量小：～数派　(2)欠缺：～不了　(3)不经常：～见多怪　(4)轻视：左右素习知苏秦，皆～之　(5)不多时：～
　　待　(6)略微：其何德之修，而～光帝室，以逆天休　(7)遗失：屋里～了东西
　　(二)shào［ㄕㄠ　ˋ］失照切　史豪韵，去　平去，啸韵　词第八部　戏遥条辙　曲萧豪韵，去
　　　(8)年纪小：～年　(9)副贰，辅佐：～保，～傅　(10)姓

二画

尒（同"尔"）

尔 ěr［ㄦ　ˇ］儿氏切　史齐韵，上　平上，纸韵　词第三部　戏一七辙　曲支思韵，上

尕 gǎ［ㄍㄚ　ˇ］古黠切　史麻韵，上　平入，黠韵　词第十八部　戏发花辙【方言字。借用同音字"嘎(三)"的反切。】

乐（查"丿"部）东（查"一"部）

三画

尣（同"菽㈠"）

尖 jiān［ㄐㄧㄢ］子廉切　史寒韵，阴　平平，盐韵　词第十四部　戏言前辙　曲廉纤韵，阴

当 ㈠dāng［ㄉㄤ］都郎切　史唐韵，阴　平平，阳韵　词第二部　戏江阳辙　曲江阳韵，阴

　　　　(1)对等，相当，相称：门~户对　(2)担当，担任：~兵　(3)被选上：~选　(4)掌管，主持：~家　(5)抵挡：一夫~关　(6)承受：披襟而~之　(7)遮拦：置戈于车薪以~门　(8)应当：世~有兴者　(9)判断其罪：~恽大逆无道　(10)顶端：瓦~　⑾值，遇到：其~殷之末世　⑿副词，1. 那么：~为宫室不可不节 2. 是，为：宁~举博士邪　⒀介词，1. 正在，正对：~面 2. 立刻：~即，~下 3. 从前：~年 4. 留心：~心

　　㈡dàng［ㄉㄤˋ］丁浪切　史唐韵，去　平去，漾韵　词第二部　戏江阳辙　曲江阳韵，去

　　　　⒁适合，恰当：处理不~　⒂当作，认为：安步~车　⒃抵押：~铺　⒄本，同：~天，~年　⒅抵得上：以一~十　⒆受骗：上~　⒇底：无~之玉碗

尘（查"土"部）**光**（查"儿"部）

四画

肖（查"冂"部）

五画

尚 ㈠shàng［ㄕㄤˋ］时亮切　史唐韵，去　平去，漾韵　词第二部　戏江阳辙　曲江阳韵，去
　　㈡cháng［ㄔㄤˊ］市羊切　史唐韵，阳　平平，阳韵　词第二部　戏江阳辙　（同"徜"）

六画

玅（同"妙"）

尜 gá［ㄍㄚˊ］古黠切　史麻韵，阳　平入，黠韵　词第十八部　戏发花辙　【方言字。借用同音字"嘎㈡"的反切。】

尝 cháng［ㄔㄤˊ］市羊切　史唐韵，阳　平平，阳韵　词第二部　戏江阳辙　曲江阳韵，阳

七画

党 ㈠dǎng［ㄉㄤˇ］①多朗切　史唐韵，上　平上，养韵　词第二部　戏江阳辙　曲江阳韵，上
　　　　　　　　②底朗切　史唐韵，上　平上，养韵　词第二部　戏江阳辙　曲江阳韵，上　（姓）
　　㈡zhǎng［ㄓㄤˇ］止两切　史唐韵，上　平上，养韵　词第二部　戏江阳辙　曲江阳韵，上　（姓旧读）
　　㈢tǎng［ㄊㄤˇ］坦朗切　史唐韵，上　平上，养韵　词第二部　戏江阳辙　曲江阳韵，上　（倘使）

八画

常 cháng［ㄔㄤˊ］市羊切　史唐韵，阳　平平，阳韵　词第二部　戏江阳辙　曲江阳韵，阳

九画

尞（同"燎㈢"）

掌 ㈠chèng［ㄔㄥˋ］他孟切　史庚韵，去　平去，敬韵　词第十一部　戏中东辙　曲庚青韵，去　（斜柱）
　　㈡chēng［ㄔㄥ］抽庚切　史庚韵，阴　平平，庚韵　词第十一部　戏中东辙　曲庚青韵，阴　（支撑）

裳（查"瓦"部）

十画

尠（同"鲜㈡"）**尟**（同"鲜㈡：①"）**當**（见"当"）

十一画

嘗（见"尝"）

门（門）部

門（见"门"）

门 mén［ㄇㄣˊ］莫奔切　史文韵，阳　圡平，元韵　词第六部　戏人辰辙　曲真文韵，阳

一画

闩 shuān［ㄕㄨㄢ］数还切　史寒韵，阴　圡平，删韵　词第七部　戏言前辙　曲寒山韵，阴

二画

闪 shǎn［ㄕㄢˇ］①失冉切　史寒韵，上　圡上，俭韵　词第十四部　戏言前辙　曲廉纤韵，上

　　　　　　　②舒赡切　史寒韵，上　圡去，艳韵　词第十四部　戏言前辙　曲廉纤韵，上　（又）

三画

闫 yán［ㄧㄢˊ］余廉切　史寒韵，阳　圡平，盐韵　词第十四部　戏言前辙

闬 hàn［ㄏㄢˋ］侯旰切　史寒韵，去　圡去，翰韵　词第七部　戏言前辙　曲寒山韵，去

闭 bì［ㄅㄧˋ］①博计切　史齐韵，去　圡去，霁韵　词第三部　戏一七辙　曲齐微韵，去

　　　　　②方结切　史齐韵，去　圡入，屑韵　词第十八部　戏一七辙　曲齐微韵，去　（又）

问 wèn［ㄨㄣˋ］亡运切　史文韵，去　圡去，问韵　词第六部　戏人辰辙　曲真文韵，去

闯 ㈠chuǎng［ㄔㄨㄤˇ］初亮切　史唐韵，上　圡去，漾韵　词第二部　戏江阳辙

　　㈡chèn［ㄔㄣˋ］丑禁切　史文韵，去　圡去，沁韵　词第十三部　戏人辰辙　（出头状）

四画

開（见"开"）

闰 rùn［ㄖㄨㄣˋ］如顺切　史文韵，去　圡去，震韵　词第六部　戏人辰辙　曲真文韵，去

闱 wéi［ㄨㄟˊ］雨非切　史微韵，阳　圡平，微韵　词第三部　戏灰堆辙　曲齐微韵，阳

闲 xián［ㄒㄧㄢˊ］户闲切　史寒韵，阳　圡平，删韵　词第七部　戏言前辙　曲寒山韵，阳

闳 hóng［ㄏㄨㄥˊ］户萌切　史庚韵，阳　圡平，庚韵　词第十一部　戏中东辙　曲庚青韵，阳

间 ㈠jiān［ㄐㄧㄢ］古闲切　史寒韵，阴　圡平，删韵　词第七部　戏言前辙　曲寒山韵，阴

　　(1)中间：课～　(2)时间短：～不容发　(3)某种范围之内：晚～　(4)屋子：衣帽～　(5)量词

　　㈡jiàn［ㄐㄧㄢˋ］古苋切　史寒韵，去　圡去，谏韵　词第七部　戏言前辙　曲寒山韵，去

　　(6)干犯：甚～王室　(7)空隙：彼节者有～　(8)嫌隙，隔阂：亲密无～　(9)更迭：笙镛以～，鸟兽跄跄　⑽隔：～

　　断　⑾差别：丑美有～　⑿参与：肉食者谋之，又何～焉　⒀挑拨矛盾：反～计　⒁趁机：齐人～晋之祸，伐取朝

　　歌　⒂刺探：～谍　⒃乘间：～至赵矣　⒄病情好转：旬有二日乃～　⒅偶尔：～或　⒆跟"直接"相对：～接

闸 ㈠jiǎn［ㄐㄧㄢˇ］贾限切　史寒韵，上　圡上，清韵　词第七部　戏言前辙　（阊～）

　　㈡jiān［ㄐㄧㄢ］（同"间㈠"）

　　㈢jiàn［ㄐㄧㄢˋ］（同"间㈡"）

　　㈣xián［ㄒㄧㄢˊ］（同"闲"）

闵 mǐn［ㄇㄧㄣˇ］眉殒切　史文韵，上　圡上，轸韵　词第六部　戏人辰辙　曲真文韵，上

闶 ㈠kàng［ㄎㄤˋ］苦浪切　史唐韵，去　圡去，漾韵　词第二部　戏江阳辙　（高大）

　　㈡kāng［ㄎㄤ］丘冈切　史唐韵，阴　圡平，阳韵　词第二部　戏江阳辙　（～阆子）【方言读音。借用同音字"炕
㈡"的反切。】

闷 ㈠mèn［ㄇㄣˋ］莫困切　史文韵，去　圡去，愿韵　词第六部　戏人辰辙　曲真文韵，去

　　(1)愁烦，愤懑：群生～满而愁愤　(2)不高兴：～～不乐　(3)不透气：～子车　(4)愚昧，浑噩状：俗人察察，我独～～

　　㈡mēn［ㄇㄣ］谟奔切　史文韵，阴　圡平，元韵　词第六部　戏人辰辙

　　(5)沉默状：～然而后应　(6)因不通畅引起的不适：～热　(7)不出去：～在家里　(8)密闭：～饭　(9)声音不响亮：～

　　声～气

五画

硍（同"砰"）

閜 ㈠xiā［ㄒㅣㄚ］ 许下切　史麻韵，阴　乎上，马韵　词第十部　戏发花辙

　　 ㈡kě［ㄎㄜˇ］ 口我切　史波韵，上　乎上，哿韵　词第九部　戏梭波辙　（~砢）

闸 ㈠zhá［ㄓㄚˊ］ 直甲切　史麻韵，阳　乎入，洽韵　词第十九部　戏发花辙　曲家麻韵，阳

　　 ㈡yà［ㅣㄚˋ］ 乌甲切　史麻韵，去　乎入，洽韵　词第十九部　戏发花辙　曲家麻韵，阳　（开闭门）

闹 nào［ㄋㄠˋ］ 奴教切　史豪韵，去　乎去，效韵　词第八部　戏遥条辙　曲萧豪韵，去

闭 bì［ㄅㅣˋ］ 兵媚切　史齐韵，去　乎去，真韵　词第三部　戏一七辙

闬 biàn［ㄅㅣㄢˋ］ ①皮变切　史寒韵，去　乎去，霰韵　词第七部　戏言前辙

　　　　　　　　　　 ②符万切　史寒韵，去　乎去，愿韵　词第七部　戏言前辙　（又）

六画

闣闟（同"挣㈠"）**関**（见"关"）

闺 guī［ㄍㄨㄟ］ 古携切　史微韵，阴　乎平，齐韵　词第三部　戏灰堆辙　曲齐微韵，阴

闻 ㈠wén［ㄨㄣˊ］ 无分切　史文韵，阳　乎平，文韵　词第六部　戏人辰辙　曲真文韵，阳

　　 ㈡wèn［ㄨㄣˋ］ 亡运切　史文韵，去　乎去，问韵　词第六部　戏人辰辙　（名声）

闼 tà［ㄊㄚˋ］ 他达切　史麻韵，去　乎入，曷韵　词第十八部　戏发花辙

闵 mín［ㄇㅣㄣˊ］ ①武巾切　史文韵，阳　乎平，真韵　词第六部　戏人辰辙

　　　　　　　　　　 ②无分切　史文韵，阳　乎平，文韵　词第六部　戏人辰辙　（又）

闾 lú［ㄌㄩˊ］ 力居切　史齐韵，阳　乎平，鱼韵　词第四部　戏一七辙　曲鱼模韵，阳

闿 kǎi［ㄎㄞˇ］ ①苦亥切　史开韵，上　乎上，贿韵　词第五部　戏怀来辙

　　　　　　　　　 ②苦盖切　史开韵，上　乎去，队韵　词第五部　戏怀来辙　（又）

阀 fá［ㄈㄚˊ］ 房越切　史麻韵，阳　乎入，月韵　词第十八部　戏发花辙

阁 ㈠gé［ㄍㄜˊ］ 古沓切　史波韵，阳　乎入，合韵　词第十九部　戏梭波辙

　　 ㈡hé［ㄏㄜˊ］ （总共，全，同"合㈠：①"）

閦 chù［ㄔㄨˋ］ 初六切　史姑韵，去　乎入，屋韵　词第十五部　戏姑苏辙

阁 gé［ㄍㄜˊ］ ①古落切　史波韵，阳　乎入，药韵　词第十六部　戏梭波辙　曲萧豪韵，上

　　　　　　　　 ②古落切　史波韵，阳　乎入，药韵　词第十六部　戏梭波辙　曲歌戈韵，上　（又）

阂 ㈠hé［ㄏㄜˊ］ 纥则切　史波韵，阳　乎入，职韵　词第十七部　戏梭波辙

　　 ㈡ài［ㄞˋ］ 五溉切　史开韵，去　乎去，队韵　词第五部　戏怀来辙　（把门带上）

　　 ㈢hài［ㄏㄞˋ］ 下改切　史开韵，去　乎上，贿韵　词第五部　戏怀来辙　（藏塞）

　　 ㈣gāi［ㄍㄞ］ 柯开切　史开韵，阴　乎平，灰韵　词第五部　戏怀来辙　（九~）

七画

闈閫（同"挖㈢"）

闽 kǔn［ㄎㄨㄣˇ］ 苦本切　史文韵，上　乎上，阮韵　词第六部　戏人辰辙　曲真文韵，上

阄 jiū［ㄐㅣㄡ］ ①居求切　史尤韵，阴　乎平，尤韵　词第十二部　戏由求辙　曲尤侯韵，阴

　　　　　　　　　 ②居黝切　史尤韵，阴　乎上，有韵　词第十二部　戏由求辙　曲尤侯韵，阴　（又）

闉 yín［ㅣㄣˊ］ 语巾切　史文韵，阳　乎平，真韵　词第六部　戏人辰辙　曲真文韵，阳

阅 ㈠yuè［ㄩㄝˋ］ 弋雪切　史皆韵，去　乎入，屑韵　词第十八部　戏乜斜辙　曲车遮韵，去

　　 ㈡xuè［ㄒㄩㄝˋ］ （洞，同"穴"）

阆 ㈠láng［ㄌㄤˊ］ 鲁当切　史唐韵，阳　乎平，阳韵　词第二部　戏江阳辙

　　 ㈡làng［ㄌㄤˋ］ 来宕切　史唐韵，去　乎去，漾韵　词第二部　戏江阳辙　曲江阳韵，去　（~中）

　　 ㈢liǎng［ㄌㅣㄤˇ］ （冈~－魍魉，同"魉"）

<h2 style="text-align:center">八画</h2>

阇 (一)dū[ㄉㄨ] ①当孤切　中姑韵，阴　平平，虞韵　词第四部　戏姑苏辙　（城台）
　　　　　　②视遮切　中姑韵，阴　平平，麻韵　词第十部　戏姑苏辙　（又）
　　(二)shé[ㄕㄜˊ] 时遮切　中波韵，阳　平平，麻韵　词第十部　戏梭波辙　（梵语音译字）

阈 yù[ㄩˋ] 况逼切　中齐韵，去　平入，职韵　词第十七部　戏一七辙

阉 yān[ㄧㄢ] ①央炎切　中寒韵，阴　平平，盐韵　词第十四部　戏言前辙　曲廉纤韵，阴
　　　　　②衣俭切　中寒韵，阴　平上，俭韵　词第十四部　戏言前辙　曲廉纤韵，阴　（又）

阊 (一)chāng[ㄔㄤ] 尺良切　中唐韵，阴　平平，阳韵　词第二部　戏江阳辙　曲江阳韵，阴　（～门）
　　(二)tāng[ㄊㄤ] 他郎切　中唐韵，阴　平平，阳韵　词第二部　戏江阳辙　（拟声词）

阋 xì[ㄒㄧˋ] 许激切　中齐韵，去　平入，锡韵　词第十七部　戏一七辙

䦜 lìn[ㄌㄧㄣˋ] 良刃切　中文韵，去　平去，震韵　词第六部　戏人辰辙

繻 (一)shā[ㄕㄚ] 山戛切　中麻韵，阴　平入，黠韵　词第十八部　戏发花辙
　　(二)shài[ㄕㄞˋ] 所卖切　中开韵，去　平去，卦韵　词第十部　戏怀来辙　（又）

阌 wén[ㄨㄣˊ] ①无分切　中文韵，阳　平平，文韵　词第六部　戏人辰辙
　　　　　②武巾切　中文韵，阳　平平，真韵　词第六部　戏人辰辙　（又）

阍 hūn[ㄏㄨㄣ] 呼昆切　中文韵，阴　平平，元韵　词第六部　戏人辰辙

阎 (一)yán[ㄧㄢˊ] 余廉切　中寒韵，阳　平平，盐韵　词第十四部　戏言前辙　曲廉纤韵，阳
　　(二)yǎn[ㄧㄢˇ] 以冉切　中寒韵，上　平上，俭韵　词第十四部　戏言前辙　（鬼～）

阏 (一)è[ㄜˋ] ①乌葛切　中波韵，去　平入，曷韵　词第十八部　戏梭波辙
　　　　　②於歇切　中皆韵，去　平入，月韵　词第十八部　戏乜斜辙　（单～）
　　(二)yān[ㄧㄢ] 乌前切　中寒韵，阴　平平，先韵　词第七部　戏言前辙　（～氏）
　　(三)yù[ㄩˋ] 依据切　中齐韵，去　平去，御韵　词第四部　戏一七辙　（～与）

阐 chǎn[ㄔㄢˇ] 昌善切　中寒韵，上　平上，铣韵　词第七部　戏言前辙　曲先天韵，上

<h2 style="text-align:center">九画</h2>

闉 （见"闻"）
阴 yīn[ㄧㄣ] 於真切　中文韵，阴　平平，真韵　词第六部　戏人辰辙
阑 lán[ㄌㄢˊ] 落干切　中寒韵，阳　平平，寒韵　词第七部　戏言前辙　曲寒山韵，阳
阒 qù[ㄑㄩˋ] 苦鶪切　中齐韵，去　平入，锡韵　词第十七部　戏一七辙
阓 huì[ㄏㄨㄟˋ] 胡对切　中微韵，去　平去，队韵　词第三部　戏灰堆辙
阪 (一)pàn[ㄆㄢˋ] 匹限切　中寒韵，去　平上，潸韵　词第七部　戏言前辙
　　(二)bǎn[ㄅㄢˇ] （老～-老板，同"板"）
阇 (一)ān[ㄢ] 乌含切　中寒韵，阴　平平，覃韵　词第十四部　戏言前辙
　　(二)àn[ㄢˋ] （同"暗"）
　　(三)yǎn[ㄧㄢˇ] （忽然，同"奄(一)"）
阔 kuò[ㄎㄨㄛˋ] 苦栝切　中波韵，去　平入，曷韵　词第十八部　戏梭波辙　曲歌戈韵，上
阕 què[ㄑㄩㄝˋ] 苦穴切　中皆韵，去　平入，屑韵　词第十八部　戏乜斜辙　曲车遮韵，上

<h2 style="text-align:center">十画</h2>

闒 （见"闻"）闇 （见"阊"）
阖 hé[ㄏㄜˊ] 胡腊切　中波韵，阳　平入，合韵　词第十九部　戏梭波辙
阗 tián[ㄊㄧㄢˊ] ①徒年切　中寒韵，阳　平平，先韵　词第七部　戏言前辙　曲先天韵，阳
　　　　　②堂练切　中寒韵，阳　平去，霰韵　词第七部　戏言前辙　曲先天韵，去　（于～）
阘 tà[ㄊㄚˋ] 徒盍切　中麻韵，去　平入，合韵　词第十九部　戏发花辙

齧 niè[ㄋㄧㄝˋ] ①鱼列切　史皆韵，去　乎入，屑韵　词第十八部　戏乜斜辙
　　　　　　　　②五结切　史皆韵，去　乎入，屑韵　词第十八部　戏乜斜辙　（又）

阙 (一)quē[ㄑㄩㄝ] 去月切　史皆韵，阴　乎入，月韵　词第十八部　戏乜斜辙　曲车遮韵，上
　(二)jué[ㄐㄩㄝˊ] 其月切　史皆韵，阳　乎入，月韵　词第十八部　戏乜斜辙　（毁伤）
　(三)què[ㄑㄩㄝˋ] 去月切　史皆韵，去　乎入，月韵　词第十八部　戏乜斜辙　（门~）

<h2 style="text-align:center">十一画</h2>

闚 (同"窥(一)") 闞 (同"嫖(三)") 關 (见"关")

闛 táng[ㄊㄤˊ] 徒郎切　史唐韵，阳　乎平，阳韵　词第二部　戏江阳辙

闞 (一)kàn[ㄎㄢˋ] 苦滥切　史寒韵，去　乎去，勘韵　词第十四部　戏言前辙　曲监咸韵，去
　(二)hǎn[ㄏㄢˇ] ①火斩切　史寒韵，上　乎上，豏韵　词第十四部　戏言前辙　曲监咸韵，上　（虎啸）
　　　　　　　　②许鉴切　史寒韵，上　乎去，陷韵　词第十四部　戏言前辙　曲监咸韵，上　（兽吼）
　　　　　　　　③虎览切　史寒韵，上　乎上，感韵　词第十四部　戏言前辙　曲监咸韵，上　（同"闞"）

<h2 style="text-align:center">十二画</h2>

闒 (见"闼") 闟 (见"阗") 闡 (见"阐")

闟 (一)xī[ㄒㄧ] 许及切　史齐韵，阴　乎入，缉韵　词第十七部　戏一七辙
　(二)dá[ㄉㄚˊ] 敌盍切　史麻韵，阳　乎入，合韵　词第十九部　戏发花辙　（山~谷）
　(三)tà[ㄊㄚˋ] （同"闼"）

<h2 style="text-align:center">十三画</h2>

闢 (同"辟(一)")

闤 huán[ㄏㄨㄢˊ] 户关切　史寒韵，阳　乎平，删韵　词第七部　戏言前辙

<h1 style="text-align:center">口　部</h1>

口 kǒu[ㄎㄡˇ] 苦后切　史尤韵，上　乎上，有韵　词第十二部　戏由求辙　曲尤侯韵，上

<h2 style="text-align:center">一画</h2>

中 (查"丨"部)

<h2 style="text-align:center">二画</h2>

叴 (同"厹(一)")

可 (一)kě[ㄎㄜˇ] 枯我切　史波韵，上　乎上，哿韵　词第九部　戏梭波辙　曲歌戈韵，上
　(二)kè[ㄎㄜˋ] 苦格切　史波韵，去　乎入，陌韵　词第十七部　戏梭波辙　（~汗）

叮 dīng[ㄉㄧㄥ] 当经切　史庚韵，阴　乎平，青韵　词第十一部　戏中东辙

叶 (一)yè[ㄧㄝˋ] 与涉切　史皆韵，去　乎入，叶韵　词第十八部　戏乜斜辙　曲车遮韵，去
　(二)shè[ㄕㄜˋ] 书涉切　史波韵，去　乎入，叶韵　词第十八部　戏梭波辙　曲车遮韵，去　（古地名；姓）
　(三)xié[ㄒㄧㄝˊ] 胡颊切　史皆韵，阳　乎入，叶韵　词第十八部　戏乜斜辙　（~韵）

古 (一)gǔ[ㄍㄨˇ] 公户切　史姑韵，上　乎上，麌韵　词第四部　戏姑苏辙　曲鱼模韵，上
　(二)kū[ㄎㄨ] 溪姑切　史姑韵，阴　乎平，虞韵　词第四部　戏姑苏辙　（~成）

右 yòu[ㄧㄡˋ] ①云久切　史尤韵，去　乎上，有韵　词第十二部　戏由求辙
　　　　　　②于救切　史尤韵，去　乎去，宥韵　词第十二部　戏由求辙　曲尤侯韵，去　（偏袒）

号 (一)hào[ㄏㄠˋ] 胡到切　史豪韵，去　乎去，号韵　词第八部　戏遥条辙　曲萧豪韵，去
　(二)háo[ㄏㄠˊ] 胡刀切　史豪韵，阳　乎平，豪韵　词第八部　戏遥条辙　曲萧豪韵，阳　（叫；哭叫）
　(三)hú[ㄏㄨˊ] （疑问代词，同"胡"）

占 (一)zhān[ㄓㄢ] 职廉切　史寒韵，阴　平平，盐韵　词第十四部　戏言前辙　曲廉纤韵，阴

　(二)zhàn[ㄓㄢˋ] 章艳切　史寒韵，去　平去，艳韵　词第十四部　戏言前辙　曲廉纤韵，去　（具有；据有）

卟 (一)bǔ[ㄅㄨˇ] 博木切　史姑韵，上　平入，屋韵　词第十五部　戏姑苏辙　（~吩）【音译字。借用同音字"卜"的反切。】

　(二)jī[ㄐㄧ]（同"乩"）

只 (一)zhǐ[ㄓˇ] ①诸氏切　史支韵，上　平上，纸韵　词第三部　戏一七辙　曲齐微韵，上

　　　　　　②章移切　史支韵，上　平平，支韵　词第三部　戏一七辙　（仅仅；着）

　(二)zhī[ㄓ] 之石切　史支韵，阴　平入，陌韵　词第十七部　戏一七辙　曲齐微韵，上　（量词；姓）

叭 bā[ㄅㄚ] 普八切　史麻韵，阴　平入，黠韵　词第十八部　戏发花辙

史 shǐ[ㄕˇ] 疎士切　史支韵，上　平上，纸韵　词第三部　戏一七辙　曲支思韵，上

叽 jī[ㄐㄧ] 居依切　史齐韵，阴　平平，微韵　词第三部　戏一七辙

叱 chì[ㄔˋ] 昌栗切　史支韵，去　平入，质韵　词第十七部　戏一七辙　曲齐微韵，上

司 (一)sī[ㄙ] 息兹切　史支韵，阴　平平，支韵　词第三部　戏一七辙　曲支思韵，阴

　(二)sì[ㄙˋ]（侦察，同"伺(一)"）

叼 diāo[ㄉㄧㄠ] 都聊切　史豪韵，阴　平平，萧韵　词第八部　戏遥条辙　曲萧豪韵，阴　【现代字。借用同音字"刁"的反切。】

叫 jiào[ㄐㄧㄠˋ] 古弔切　史豪韵，去　平去，啸韵　词第八部　戏遥条辙　曲萧豪韵，去

叩 kòu[ㄎㄡˋ] 苦后切　史尤韵，去　平上，有韵　词第十二部　戏由求辙

叨 (一)tāo[ㄊㄠ] 土刀切　史豪韵，阴　平平，豪韵　词第八部　戏遥条辙　曲萧豪韵，阴

　(二)dāo[ㄉㄠ] 都劳切　史豪韵，阴　平平，豪韵　词第八部　戏遥条辙　曲萧豪韵，阴　（唠~）【现代字。借用同音字"刀"的反切。】

召 (一)zhào[ㄓㄠˋ] 直照切　史豪韵，去　平去，啸韵　词第八部　戏遥条辙　曲萧豪韵，去

　(二)shào[ㄕㄠˋ] 寔照切　史豪韵，去　平去，啸韵　词第八部　戏遥条辙　曲萧豪韵，去　（~公）

另 lìng[ㄌㄧㄥˋ] ①力正切　史庚韵，去　平去，敬韵　词第十一部　戏中东辙

　　　　　　②郎定切　史庚韵，去　平去，径韵　词第十一部　戏中东辙　（又）

叻 lè[ㄌㄜˋ] 卢则切　史波韵，去　平入，职韵　词第十七部　戏梭波辙　【音译字。借用同音字"仂"的反切。】

台 (一)yí[ㄧˊ] 与之切　史齐韵，阳　平平，支韵　词第三部　戏一七辙

　(二)tái[ㄊㄞˊ] ①土来切　史开韵，阳　平平，灰韵　词第五部　戏怀来辙　曲皆来韵，阳　（敬辞；地名）

　　　　　　②堂来切　史开韵，阳　平平，灰韵　词第五部　戏怀来辙　曲皆来韵，阳　（鱼名）

　　　　　　③徒哀切　史开韵，阳　平平，灰韵　词第五部　戏怀来辙　曲皆来韵，阳　（同"臺"）

　(三)tāi[ㄊㄞ] 徒哀切　史开韵，阴　平平，灰韵　词第五部　戏怀来辙　曲皆来韵，阴　（~州）【方言读音。用"台(二)：③"反切。】

叹 tàn[ㄊㄢˋ] ①他但切　史寒韵，去　平去，翰韵　词第七部　戏言前辙　曲寒山韵，去

　　　　②他干切　史寒韵，去　平平，寒韵　词第七部　戏言前辙　曲寒山韵，去　（又）

叵（查"匚"部）句（查"勹"部）加（查"力"部）兄（查"儿"部）

三画

吁 (一)xū[ㄒㄩ] ①况于切　史齐韵，阴　平平，虞韵　词第四部　戏一七辙　曲鱼模韵，阴

　　　　　②王遇切　史齐韵，阴　平去，遇韵　词第四部　戏一七辙　曲鱼模韵，阴　（又）

　(二)yù[ㄩˋ] ①王遇切　史齐韵，去　平去，遇韵　词第四部　戏一七辙　（应答声）

　　　　　②羊戍切　史齐韵，去　平去，遇韵　词第四部　戏一七辙　（呼~）

吐 (一)tǔ[ㄊㄨˇ] 他鲁切　史姑韵，上　平上，麌韵　词第四部　戏姑苏辙　曲鱼模韵，上

　(二)tù[ㄊㄨˋ] 汤故切　史姑韵，去　平去，遇韵　词第四部　戏姑苏辙　曲鱼模韵，去　（呕~；~赃款）

　(三)tū[ㄊㄨ] 陀骨切　史姑韵，阴　平入，月韵　词第十八部　戏姑苏辙　（~谷浑）【音译字。借用同音字"突"

的反切。】

吉 jí[ㄐㄧˊ] ①居质切 中齐韵，阳 平入，质韵 词第十七部 戏一七辙 曲齐微韵，上
　　　　　　②其吉切 中齐韵，阳 平入，质韵 词第十七部 戏一七辙 曲齐微韵，上 （姓）
　　　　　　③极乙切 中齐韵，阳 平入，质韵 词第十七部 戏一七辙 曲齐微韵，上 （同"姞"）

吓 (一)hè[ㄏㄜˋ] ①呼格切 中波韵，去 平入，陌韵 词第十七部 戏梭波辙 曲皆来韵，上
　　　　　　②呼格切 中波韵，去 平入，陌韵 词第十七部 戏梭波辙 曲车遮韵，上 （愤怒状）
　　(二)xià[ㄒㄧㄚˋ] 呼讶切 中麻韵，去 平去，祃韵 词第十部 戏发花辙 曲家麻韵，去 （~唬）

吋 (一)cùn[ㄘㄨㄣˋ] 仓困切 中文韵，去 平去，愿韵 词第六部 戏人辰辙【现代字。借用同音字"寸"的反切。】
　　(二)dòu[ㄉㄡˋ] 田丑切 中尤韵，去 平上，有韵 词第十二部 戏由求辙 （叱）

吕 lǚ[ㄌㄩˇ] 力举切 中齐韵，上 平上，语韵 词第四部 戏一七辙 曲鱼模韵，上

吊 diào[ㄉㄧㄠˋ] 多啸切 中豪韵，去 平去，啸韵 词第八部 戏遥条辙 曲萧豪韵，去

吃 (一)chī[ㄔ] ①居乞切 中支韵，阴 平入，物韵 词第十八部 戏一七辙 曲齐微韵，上
　　　　　　②苦击切 中支韵，阴 平入，锡韵 词第十七部 戏一七辙 曲齐微韵，上 （同"喫"）
　　(二)jī[ㄐㄧ] 居乙切 中齐韵，阴 平入，物韵 词第十八部 戏一七辙 （口~；马蹄~）
　　(三)qī[ㄑㄧ] 欺讫切 中齐韵，阴 平入，物韵 词第十八部 戏一七辙 （笑声）

吒 (一)zhà[ㄓㄚˋ] 陟驾切 中麻韵，去 平去，祃韵 词第十部 戏发花辙
　　(二)zhā[ㄓㄚ] 知加切 中麻韵，阴 平平，麻韵 词第十部 戏发花辙 曲家麻韵，阴 （哪~）
　　(三)chì[ㄔˋ] （吆喝牲畜，同"叱"）

吸 xī[ㄒㄧ] 许及切 中齐韵，阴 平入，缉韵 词第十七部 戏一七辙 曲齐微韵，上

吗 (一)ma[˙ㄇㄚ] 莫霞切 中麻韵，阴 平平，麻韵 词第十部 戏发花辙 （语气助词） 【与"嘛(二)"音同义同。用其反切。】
　　(二)má[ㄇㄚˊ] 莫霞切 中麻韵，阳 平平，麻韵 词第十部 戏发花辙 （什么）【与"嘛(一)"音同义同。用其反切。】
　　(三)mǎ[ㄇㄚˇ] 莫下切 中麻韵，上 平上，马韵 词第十部 戏发花辙 （~啡）【音译字。借用同音字"马"的反切。】

吆 yāo[ㄧㄠ] 伊尧切 中豪韵，阴 平平，萧韵 词第八部 戏遥条辙

吏 (查"一"部) 同 (查"冂"部) 向 (查"丿"部) 凶 (查"凵"部) 后 (查"丿"部) 合 (查"人"部)
各 (查"夂"部) 名 (查"夕"部) 问 (查"门"部)

四画

吕 (同"吕") 叫 (同"叫") 呫 (同"呫") 呷 (同"呷") 吴 (同"吴")

呈 chéng[ㄔㄥˊ] ①直贞切 中庚韵，阳 平平，庚韵 词第十一部 戏中东辙 曲庚青韵，阳
　　　　　　②直正切 中庚韵，上 平去，敬韵 词第十一部 戏中东辙 （自炫）

吴 wú[ㄨˊ] 五乎切 中姑韵，阳 平平，虞韵 词第四部 戏姑苏辙 曲鱼模韵，阳

吞 (一)tūn[ㄊㄨㄣ] 吐根切 中文韵，阴 平平，元韵 词第六部 戏人辰辙 曲真文韵，阴
　　(二)tiān[ㄊㄧㄢ] 他前切 中寒韵，阴 平平，先韵 词第七部 戏言前辙 （姓）

呋 fū[ㄈㄨ] 甫无切 中姑韵，阴 平平，虞韵 词第四部 戏姑苏辙 【音译字。借用同音字"夫(一)"的反切。】

呒 fǔ[ㄈㄨˇ] 斐父切 中姑韵，上 平上，麌韵 词第四部 戏姑苏辙

呓 yì[ㄧˋ] 鱼祭切 中齐韵，去 平去，霁韵 词第三部 戏一七辙

呆 (一)dāi[ㄉㄞ] 丁来切 中开韵，阴 平平，灰韵 词第五部 戏怀来辙 曲车遮韵，阳
　　(二)ái[ㄞˊ] 五来切 中开韵，阳 平平，灰韵 词第五部 戏怀来辙 曲车遮韵，阳 （死板）
　　(三)bǎo[ㄅㄠˇ] （古"保"字）

吾 (一)wú[ㄨˊ] 五乎切 中姑韵，阳 平平，虞韵 词第四部 戏姑苏辙 曲鱼模韵，阳
　　(二)yú[ㄩˊ] 牛居切 中齐韵，阳 平平，鱼韵 词第四部 戏一七辙 （疏远状）
　　(三)yá[ㄧㄚˊ] 五加切 中麻韵，阳 平平，麻韵 词第十部 戏发花辙 （允~）

吱 (一)zhī[ㄓ] 章移切 中支韵，阴 平平，支韵 词第三部 戏一七辙

（二）zī［ㄗ］　章移切　史支韵，阴　平平，支韵　词第三部　戏一七辙　（又）

怌（一）pōu［ㄆㄡ］　普沟切　史尤韵，阴　平平，尤韵　词第十二部　戏由求辙

（二）bù［ㄅㄨˋ］　分物切　史姑韵，去　平入，物韵　词第十八部　戏姑苏辙　（唝~）　【音译字。借用同音字"不（一）"的反切。】

否（一）fǒu［ㄈㄡˇ］　①方久切　史尤韵，上　平上，有韵　词第十二部［兼第四部麌韵］　戏由求辙　曲鱼模韵，上

　　　　　　　　②方久切　史尤韵，上　平上，有韵　词第十二部［兼第四部麌韵］　戏由求辙　曲尤侯韵，

上　（又）

　　　　(1)不　(2)相反：~定　(3)不然：~则

（二）pǐ［ㄆㄧˇ］　①符鄙切　史齐韵，上　平上，纸韵　词第三部　戏一七辙　曲齐微韵，上

　　　　(4)闭塞不通：~者，闭而乱也　(5)中医病名：~块

　　　　　　　　②补美切　史齐韵，上　平上，纸韵　词第三部　戏一七辙　曲齐微韵，上

　　　　(6)恶，坏：~极泰来　(7)贬斥：臧~人物　(8)秽浊：鼎颠趾，利出~　(9)鄙劣：~德

吠　fèi［ㄈㄟˋ］　符废切　史微韵，去　平去，队韵　词第三部　戏灰堆辙　曲齐微韵，去

呔　dāi［ㄉㄞ］　丁来切　史开韵，阴　平平，灰韵　词第五部　戏怀来辙　【方言字。借用同音字"懂"的反切。】

呕（一）ōu［ㄡ］　乌侯切　史尤韵，阴　平平，尤韵　词第十二部　戏由求辙

（二）xū［ㄒㄩ］　①匈于切　史齐韵，阴　平平，虞韵　词第四部　戏一七辙　（爱抚声）

　　　　　　　　②威遇切　史齐韵，去　平去，遇韵　词第四部　戏一七辙　（和悦状）

（三）ǒu［ㄡˇ］　乌后切　史尤韵，上　平上，有韵　词第十二部　戏由求辙　曲尤侯韵，上　（~吐）

（四）òu［ㄡˋ］　（呕气，同"怄"）

呖　lì［ㄌㄧˋ］　郎狄切　史齐韵，去　平入，锡韵　词第十七部　戏一七辙

吰　hóng［ㄏㄨㄥˊ］　户萌切　史庚韵，阳　平平，庚韵　词第十一部　戏中东辙

呃（一）è［ㄜˋ］　於革切　史波韵，去　平入，陌韵　词第十七部　戏梭波辙

（二）ài［ㄞˋ］　乌界切　史开韵，去　平去，卦韵　词第五部　戏怀来辙　（鸣~）

呀（一）yā［ㄧㄚ］　五加切　史麻韵，阴　平平，麻韵　词第十部　戏发花辙　曲家麻韵，阴

（二）xiā［ㄒㄧㄚ］　许加切　史麻韵，阴　平平，麻韵　词第十部　戏发花辙　曲家麻韵，阴　（大空状；张口状）

（三）ya［˙ㄧㄚ］　五加切　史麻韵，阴　平平，麻韵　词第十部　戏发花辙　曲家麻韵，阴　（助词）【轻声。反切仍之。】

吨　dūn［ㄉㄨㄣ］　都昆切　史文韵，阴　平平，元韵　词第六部　戏人辰辙　【音译字。借用同音字"敦（一）"的反切。】

吡（一）pǐ［ㄆㄧˇ］　匹婢切　史齐韵，上　平上，纸韵　词第三部　戏一七辙

（二）bì［ㄅㄧˋ］　毗必切　史齐韵，去　平入，质韵　词第十七部　戏一七辙　（鸟叫声）

（三）bǐ［ㄅㄧˇ］　匹婢切　史齐韵，上　平上，纸韵　词第三部　戏一七辙　（~啶）

吵（一）chāo［ㄔㄠ］　初交切　史豪韵，阴　平平，肴韵　词第八部　戏遥条辙

（二）chǎo［ㄔㄠˇ］　初爪切　史豪韵，上　平上，巧韵　词第八部　戏遥条辙　（喧闹）

呐（一）nè［ㄋㄜˋ］　①奴骨切　史波韵，去　平入，月韵　词第十八部　戏梭波辙

　　　　　　　　②女劣切　史皆韵，去　平入，屑韵　词第十八部　戏乜斜辙　（嗫~）

（二）nà［ㄋㄚˋ］　奴答切　史麻韵，去　平入，合韵　词第十九部　戏发花辙　（~喊）　【现代字。借用同音字"纳"的反切。】

呗（一）bài［ㄅㄞˋ］　薄迈切　史开韵，去　平去，卦韵　词第十部　戏怀来辙　（梵音歌咏）

（二）bei［˙ㄅㄟ］　博盖切　史微韵，阴　平去，泰韵　词第三部　戏灰堆辙　（语气助词）　【现代字。借用同音字"贝"的反切。】

员（一）yuán［ㄩㄢˊ］　王权切　史寒韵，阳　平平，先韵　词第七部　戏言前辙　曲先天韵，阳

　　　　(1)人员：~额　(2)成员：演~　(3)量词　(4)周围：幅~　(5)圆形，通"圆"

（二）yún［ㄩㄣˊ］　王分切　史文韵，阳　平平，文韵　词第六部　戏人辰辙　曲真文韵，阳

　　　　(6)增加，扩大：无弃两辅，~于尔幅　(7)用于人名：伍~　(8)助词，通"云"

（三）yùn［ㄩㄣˋ］　王问切　史文韵，去　平去，问韵　词第六部　戏人辰辙　（姓）

呙 (一) guō[ㄍㄨㄛ] 古禾切 史波韵，阴 平平，歌韵 词第九部 戏梭波辙 曲家麻韵，上 （姓）

 (二) gē[ㄍㄜ] 古禾切 史波韵，阴 平平，歌韵 词第九部 戏梭波辙 曲家麻韵，上 （旧读）

 (三) wāi[ㄨㄞ] 苦切 史开韵，阴 平平，佳韵 词第十部 戏怀来辙 曲皆来韵，阴 （嘴歪）

 (四) wō[ㄨㄛ] 乌禾切 史波韵，阴 平平，歌韵 词第九部 戏梭波辙 曲歌戈韵，阴 （古国名）【同"倭(一)"。用其反切。】

 (五) wǒ[ㄨㄛˇ] 乌果切 史波韵，上 平上，哿韵 词第九部 戏梭波辙 （~堕髻）【同"倭(三)"。用其反切。】

 (六) hé[ㄏㄜˊ] （~氏璧-和氏璧，同"和(一)"）

吽 (一) hǒu[ㄏㄡˇ] 呼后切 史尤韵，上 平上，有韵 词第十二部 戏由求辙 （通"吼"）

 (二) hōng[ㄏㄨㄥ] 晓东切 史庚韵，阴 平平，东韵 词第一部 戏中东辙 （梵文经咒用字）

 (三) óu[ㄡˊ] 鱼侯切 史尤韵，阴 平平，尤韵 词第十二部 戏由求辙 （狗争斗声）

告 (一) gào[ㄍㄠˋ] 古到切 史豪韵，去 平去，号韵 词第八部 戏遥条辙 曲萧豪韵，去

 (二) gù[ㄍㄨˋ] 古沃切 史姑韵，去 平入，沃韵 词第十五部 戏姑苏辙 （~朔之礼）

 (三) jū[ㄐㄩ] （讯问，同"鞫""鞠(一)：①"）

吪 é[ㄜˊ] 五禾切 史波韵，阳 平平，歌韵 词第九部 戏辙梭波

听 (一) tīng[ㄊㄧㄥ] 他丁切 史庚韵，阴 平平，青韵 词第十一部 戏中东辙 曲庚青韵，阴

 (二) tìng[ㄊㄧㄥˋ] 他定切 史庚韵，去 平去，径韵 词第十一部 戏中东辙 曲庚青韵，去 （~任）

 (三) yǐn[ㄧㄣˇ] ①牛谨切 史文韵，上 平上，吻韵 词第六部 戏人辰辙 （~然而笑）

  ②宜引切 史文韵，上 平上，轸韵 词第六部 戏人辰辙 （又）

吟 (一) yín[ㄧㄣˊ] ①鱼金切 史文韵，阳 平平，侵韵 词第十三部 戏人辰辙 曲侵寻韵，阳

  ②宜禁切 史文韵，阳 平去，沁韵 词第十三部 戏人辰辙 （长~）

 (二) jìn[ㄐㄧㄣˋ] （闭口，同"噤①"）

含 (一) hán[ㄏㄢˊ] 胡男切 史寒韵，阳 平平，覃韵 词第十四部 戏言前辙 曲监咸韵，阳

 (二) hàn[ㄏㄢˋ] （死人口中含玉，同"唅(一)"）

吩 fēn[ㄈㄣ] 府文切 史文韵，阴 平平，文韵 词第六部 戏人辰辙 【~咐。同"分付"。用"分"的反切。】

呛 (一) qiāng[ㄑㄧㄤ] 千羊切 史唐韵，阴 平平，阳韵 词第二部 戏江阳辙

 (二) qiàng[ㄑㄧㄤˋ] 七亮切 史唐韵，去 平去，漾韵 词第二部 戏江阳辙 （刺激性气体引起的口鼻不适）【现代读音。借用同音字"跄(二)"的反切。】

吻 wěn[ㄨㄣˇ] ①武粉切 史文韵，上 平上，吻韵 词第六部 戏人辰辙 曲真文韵，上

  ②武尽切 史文韵，上 平上，轸韵 词第六部 戏人辰辙 曲真文韵，上 （~合）

吹 (一) chuī[ㄔㄨㄟ] ①昌垂切 史微韵，阴 平平，支韵 词第三部 戏灰堆辙 曲齐微韵，阴

  ②姝为切 史微韵，阴 平平，支韵 词第三部 戏灰堆辙 曲齐微韵，阴 （~篪）

 (二) chuì[ㄔㄨㄟˋ] 尺伪切 史微韵，去 平去，寘韵 词第三部 戏灰堆辙 曲齐微韵，去 （~奏乐器）

呜 (一) wū[ㄨ] 哀都切 史姑韵，阴 平平，虞韵 词第四部 戏姑苏辙 曲鱼模韵，阴

 (二) wù[ㄨˋ] 乌故切 史姑韵，去 平去，遇韵 词第四部 戏姑苏辙 （哀伤）

吭 (一) háng[ㄏㄤˊ] ①胡郎切 史唐韵，阳 平平，阳韵 词第二部 戏江阳辙

  ②下浪切 史唐韵，阳 平去，漾韵 词第二部 戏江阳辙 （又）

 (二) hàng[ㄏㄤˋ] 胡朗切 史唐韵，去 平上，养韵 词第二部 戏江阳辙 （嗓音）

 (三) kēng[ㄎㄥ] 客庚切 史庚韵，阴 平平，庚韵 词第十一部 戏中东辙 （~声）【现代读音。借用同音字"坑(一)"的反切。】

吣 qìn[ㄑㄧㄣˋ] 七鸩切 史文韵，去 平去，沁韵 词第十三部 戏人辰辙

君 jūn[ㄐㄩㄣ] 举云切 史文韵，阴 平平，文韵 词第六部 戏人辰辙 曲真文韵，阴

吷 xuè[ㄒㄩㄝˋ] 翾劣切 史皆韵，去 平入，屑韵 词第十八部 戏乜斜辙

呎 chǐ[ㄔˇ] 昌石切 史支韵，上 平入，陌韵 词第十七部 戏一七辙 【现代字。借用同音字"尺(一)"的反切。】

吲 (一) shěn[ㄕㄣˇ] 矢忍切 史文韵，上 平上，轸韵 词第六部 戏人辰辙

（二）yǐn［丨ㄣˇ］　余忍切　史文韵，上　至上，轸韵　词第六部　戏人辰辙　（～哚）【音译字。借用同音字"引（一）"的反切。】

吧　（一）bā［ㄅㄚ］　伯加切　史麻韵，阴　至平，麻韵　词第十部　戏发花辙

　　（二）ba［˙ㄅㄚ］　薄蟹切　史麻韵，阴　至上，蟹韵　词第五部　戏发花辙　（语气助词）【与"罢（三）"音同义同，用其反切。】

吼　hǒu［ㄏㄡˇ］　①呼后切　史尤韵，上　至上，有韵　词第十二部　戏由求辙　曲尤侯韵，上

　　　　　　　　　②呼漏切　史尤韵，上　至去，宥韵　词第十二部　戏由求辙　曲尤侯韵，上　（又）

吮　shǔn［ㄕㄨㄣˇ］　①食尹切　史文韵，上　至上，轸韵　词第六部　戏人辰辙　（舔）

　　　　　　　　　　②祖衮切　史文韵，上　至上，铣韵　词第七部　戏人辰辙　曲先天韵，上　（吸）

杏（查"木"部）束（查"木"部）串（查"丨"部）同（查"冂"部）囟（查"丿"部）亨（查"亠"部）

吝（查"文"部）启（查"户"部）

五画

面（同"面"）呪（同"咒"）廻（同"回"）呙（见"呙"）呃（同"呃（一）"）

味　（一）wèi［ㄨㄟˋ］　无沸切　史微韵，去　至去，未韵　词第三部　戏灰堆辙　曲齐微韵，去

　　（二）mèi［ㄇㄟˋ］　莫佩切　史微韵，去　至去，队韵　词第三部　戏灰堆辙　（光泽；姓）

咑　dā［ㄉㄚ］　当割切　史麻韵，阴　至入，曷韵　词第十部　戏发花辙　【与"哒（一）"音同义同，用其反切。】

呿　（一）qū［ㄑㄩ］　①丘伽切　史齐韵，阴　至平，歌韵　词第九部　戏一七辙

　　　　　　　　　　②丘於切　史齐韵，阴　至平，鱼韵　词第四部　戏一七辙　（又）

　　（二）qù［ㄑㄩˋ］　丘倨切　史齐韵，去　至去，御韵　词第四部　戏一七辙　（又）

　　（三）kā［ㄎㄚ］　丘伽切　史麻韵，阴　至平，歌韵　词第九部　戏发花辙　（梵文音译字）

哎　āi［ㄞ］　五盖切　史开韵，阴　至去，泰韵　词第五部　戏怀来辙　【现代字。借用同音字"艾"的反切。】

咕　gū［ㄍㄨ］　古胡切　史姑韵，阴　至平，虞韵　词第四部　戏姑苏辙　【现代字。借用同音字"姑"的反切。】

呵　（一）hē［ㄏㄜ］　①虎何切　史波韵，阴　至平，歌韵　词第九部　戏梭波辙　曲歌戈韵，阴

　　　　　　　　　　②呼箇切　史波韵，阴　至去，箇韵　词第九部　戏梭波辙　（哈气）

　　（二）kē［ㄎㄜ］　古俄切　史波韵，阴　至平，歌韵　词第九部　戏梭波辙　曲歌戈韵，阴　（～罗单）【音译字。借用同音字"柯"的反切。】

　　（三）ā［ㄚ］　（同"啊"）

咂　zā［ㄗㄚ］　子答切　史麻韵，阴　至入，合韵　词第十九部　戏发花辙　曲家麻韵，上

呸　pēi［ㄆㄟ］　铺杯切　史微韵，阴　至平，支韵　词第三部　戏灰堆辙

咙　lóng［ㄌㄨㄥˊ］　卢红切　史庚韵，阳　至平，东韵　词第一部　戏中东辙　曲东钟韵，阳

咔　kǎ［ㄎㄚˇ］　恰甲切　史麻韵，上　至入，洽韵　词第十九部　戏发花辙　【音译字。借用同音字"揢（一）"的反切。】

呫　（一）chè［ㄔㄜˋ］　尺涉切　史波韵，去　至入，叶韵　词第十八部　戏梭波辙

　　（二）tiè［ㄊㄧㄝˋ］　他协切　史皆韵，去　至入，叶韵　词第十八部　戏乜斜辙　（舔尝）

咀　（一）jǔ［ㄐㄩˇ］　①慈吕切　史齐韵，上　至上，语韵　词第四部　戏一七辙　曲鱼模韵，上

　　　　　　　　　　②子与切　史齐韵，上　至上，语韵　词第四部　戏一七辙　曲鱼模韵，上　（配药）

　　（二）zuǐ［ㄗㄨㄟˇ］　（"嘴"俗字）

　　（三）zǔ［ㄗㄨˇ］　（诅咒，同"诅"）

咄　（一）dá［ㄉㄚˊ］　当割切　史麻韵，阳　至入，曷韵　词第十八部　戏发花辙　（呵责）

　　（二）yà［丨ㄚˋ］　乙辖切　史麻韵，去　至入，黠韵　词第十八部　戏发花辙　（相呼）

　　（三）tǎ［ㄊㄚˇ］　瞳轧切　史麻韵，上　至入，黠韵　词第十八部　戏发花辙　（～哒）

呷　（一）xiā［ㄒㄧㄚ］　呼甲切　史麻韵，阴　至入，洽韵　词第十九部　戏发花辙

　　（二）gā［ㄍㄚ］　古黠切　史麻韵，阴　至入，黠韵　词第十八部　戏发花辙　（拟声词）【与"嘎（一）"音同义同。用其反切。】

呻 shēn[ㄕㄣ] 失人切　ᵻ文韵，阴　ᵺ平平，真韵　词第六部　戏人辰辙

殃 (一)yāng[㏑尢] 乌郎切　ᵻ唐韵，阴　ᵺ平平，阳韵　词第二部　戏江阳辙

　　(二)yǎng[㏑尢ˇ] 乌朗切　ᵻ唐韵，上　ᵺ平上，养韵　词第二部　戏江阳辙　（～咽）

咒 zhòu[ㄓㄡˋ] 职救切　ᵻ尤韵，去　ᵺ平去，宥韵　词第十二部　戏由求辙　曲尤侯韵，去

呬 xì[ㄒㄧˋ] 虚器切　ᵻ齐韵，去　ᵺ平去，真韵　词第三部　戏一七辙

呹 yì[ㄧˋ] 弋质切　ᵻ齐韵，去　ᵺ平入，质韵　词第十七部　戏一七辙

咤 (一)zhà[ㄓㄚˋ] 侧驾切　ᵻ麻韵，去　ᵺ平去，祃韵　词第十部　戏发花辙

　　(二)zé[ㄗㄜˊ] ①侧革切　ᵻ波韵，阳　ᵺ平入，陌韵　词第十七部　戏梭波辙　（大声）

　　　　　　　　②锄陌切　ᵻ波韵，阳　ᵺ平入，陌韵　词第十七部　戏梭波辙　（啃咬）

　　(三)zhā[ㄓㄚ] 陟鍻切　ᵻ麻韵，阴　ᵺ平入，黠韵　词第十八部　戏发花辙　（～呼）【方言读音。与"喑"音同义同，用其反切。】

　　(四)zǎ[ㄗㄚˇ] 子荅切　ᵻ麻韵，上　ᵺ平入，合韵　词第十九部　戏发花辙　（怎么）【方言字。借用同音字"咋"的反切。】

咐 (一)fù[ㄈㄨˋ] 方遇切　ᵻ姑韵，去　ᵺ平去，遇韵　词第四部　戏姑苏辙　（吩～）【同"分付"，用"付"的反切。】

　　(二)fú[ㄈㄨˊ] 奉蒲切　ᵻ姑韵，阳　ᵺ平平，虞韵　词第四部　戏姑苏辙　（呕～）

呱 (一)gū[ㄍㄨ] 古胡切　ᵻ姑韵，阴　ᵺ平平，虞韵　词第四部　戏姑苏辙　（婴儿哭声）

　　(二)guā[ㄍㄨㄚ] 乌瓜切　ᵻ麻韵，阴　ᵺ平平，麻韵　词第十部　戏发花辙　（拟声词）

　　(三)guǎ[ㄍㄨㄚˇ] 古瓦切　ᵻ麻韵，上　ᵺ平上，马韵　词第十部　戏发花辙　（拉～儿）【方言读音。借用同音字"寡"的反切。】

呼 (一)hū[ㄏㄨ] ①荒乌切　ᵻ姑韵，阴　ᵺ平平，虞韵　词第四部　戏姑苏辙　曲鱼模韵，阴

　　　　　　　②荒故切　ᵻ姑韵，阴　ᵺ平去，遇韵　词第四部　戏姑苏辙　曲鱼模韵，阴　（又）

　　(二)huò[ㄏㄨㄛˋ] 好货切　ᵻ波韵，去　ᵺ平去，箇韵　词第九部　戏梭波辙　（怒喝声）

　　(三)xū[ㄒㄩ]　（叹词，同"吁(一)"）

呤 (一)líng[ㄌㄧㄥˊ] 郎丁切　ᵻ庚韵，阳　ᵺ平平，青韵　词第十一部　戏中东辙

　　(二)lìng[ㄌㄧㄥˋ] 力政切　ᵻ庚韵，去　ᵺ平去，敬韵　词第十一部　戏中东辙　（嘌～）【音译字。借用同音字"令(一)"的反切。】

呴 (一)xǔ[ㄒㄩˇ] ①香句切　ᵻ齐韵，上　ᵺ平去，遇韵　词第四部　戏一七辙　（鱼吐泡）

　　　　　　　②火羽切　ᵻ齐韵，上　ᵺ平上，虞韵　词第四部　戏一七辙　（吐气）

　　(二)gòu[ㄍㄡˋ] 居候切　ᵻ尤韵，去　ᵺ平去，宥韵　词第十二部　戏由求辙　（野鸡鸣）

　　(三)hōu[ㄏㄡ] 呼侯切　ᵻ尤韵，阴　ᵺ平平，尤韵　词第十二部　戏由求辙　（喘气声）

　　(四)gōu[ㄍㄡ] 俱侯切　ᵻ尤韵，阴　ᵺ平平，尤韵　词第十二部　戏由求辙　（～犁湖）

　　(五)gū[ㄍㄨ] 居六切　ᵻ姑韵，阴　ᵺ平入，屋韵　词第十五部　戏姑苏辙　（鸡鸣）

　　(六)hǒu[ㄏㄡˇ]　（叫，同"吼"）

咎 (一)jiù[ㄐㄧㄡˋ] 其九切　ᵻ尤韵，去　ᵺ平上，有韵　词第十二部　戏由求辙　曲尤侯韵，去

　　(二)gāo[ㄍㄠ]　（～繇－皋陶，同"皋(一)"；大鼓，同"鼛"）

咚 dōng[ㄉㄨㄥ] 都宗切　ᵻ庚韵，阴　ᵺ平平，冬韵　词第一部　戏中东辙　【现代字。借用同音字"冬"的反切。】

鸣 míng[ㄇㄧㄥˊ] 武兵切　ᵻ庚韵，阳　ᵺ平平，庚韵　词第十一部　戏中东辙　曲庚青韵，阳

咆 páo[ㄆㄠˊ] 薄交切　ᵻ豪韵，阳　ᵺ平平，肴韵　词第八部　戏遥条辙　曲萧豪韵，阳

咛 níng[ㄋㄧㄥˊ] 奴丁切　ᵻ庚韵，阳　ᵺ平平，青韵　词第十一部　戏中东辙

咇 (一)bié[ㄅㄧㄝˊ] 蒲结切　ᵻ皆韵，阳　ᵺ平入，陌韵　词第十七部　戏乜斜辙　（芳香）

　　(二)bì[ㄅㄧˋ] 鄙密切　ᵻ齐韵，去　ᵺ平入，质韵　词第十七部　戏一七辙　（拟声词）

咏 yǒng[ㄩㄥˇ] ①为命切　ᵻ庚韵，上　ᵺ平去，敬韵　词第十一部　戏中东辙　曲东钟韵，去

　　　　　　　②为命切　ᵻ庚韵，上　ᵺ平去，敬韵　词第十一部　戏中东辙　曲庚青韵，去　（又）

呢 (一)ní[ㄋㄧˊ] 女夷切　ᵻ齐韵，阳　ᵺ平平，支韵　词第三部　戏一七辙

（二）ne[˙ㄋㄜ]　奴骨切　史波韵，阴　平入，月韵　词第十八部　戏梭波辙　（语气助词）　【现代字。借用同音字"呐（一）"的反切。】

哵 fú[ㄈㄨˊ]　符弗切　史姑韵，阳　平入，物韵　词第十八部　戏姑苏辙

咄 duō[ㄉㄨㄛ]　①当没切　史波韵，阴　平入，月韵　词第十八部　戏梭波辙　（指责）

②丁括切　史波韵，阴　平入，曷韵　词第十八部　戏梭波辙　（呵叱）

呶 náo[ㄋㄠˊ]　女交切　史豪韵，阳　平平，肴韵　词第八部　戏遥条辙　曲萧豪韵，阳

咖 （一）gā[ㄍㄚ]　古黠切　史麻韵，阴　平入，黠韵　词第十八部　戏发花辙　（～喱）　【音译字。借用同音字"嘎（一）"的反切。】

（二）kā[ㄎㄚ]　恪八切　史麻韵，阴　平入，黠韵　词第十八部　戏发花辙　（～啡）　【音译字。借用同音字"擖（一）"的反切。】

哈 （一）hāi[ㄏㄞ]　呼来切　史开韵，阴　平平，灰韵　词第五部　戏怀来辙

（二）tāi[ㄊㄞ]　汤来切　史开韵，阴　平平，灰韵　词第五部　戏怀来辙　曲皆来韵，阴　（姓）

呦 yōu[ㄧㄡ]　於虯切　史尤韵，阴　平平，尤韵　词第十二部　戏由求辙

咝 sī[ㄙ]　先稽切　史支韵，阴　平平，齐韵　词第三部　戏一七辙　【现代字。与"嘶"音同义近。用其反切。】

事（查"一"部）**奇**（查"大"部）**知**（查"矢"部）**和**（查"禾"部）**命**（查"人"部）**周**（查"冂"部）

巫（查"一"部）

六画

咭（同"叽"）**咵**（同"侉（一）"）**呲**（同"龇"）**咲**（同"笑"）

哐 kuāng[ㄎㄨㄤ]　去王切　史唐韵，阴　平平，阳韵　词第二部　戏江阳辙　【现代字。借用同音字"匡（一）"的反切。】

哇 （一）wā[ㄨㄚ]　①於佳切　史麻韵，阴　平平，佳韵　词第十部　戏发花辙　曲家麻韵，阴

②乌瓜切　史麻韵，阴　平平，麻韵　词第十部　戏发花辙　（绵软的乐声）

（二）guī[ㄍㄨㄟ]　涓畦切　史微韵，阴　平平，齐韵　词第三部　戏灰堆辙　（歌唱）

（三）huá[ㄏㄨㄚˊ]　获娲切　史麻韵，阳　平平，佳韵　词第十部　戏发花辙　（梗塞）

哄 （一）hòng[ㄏㄨㄥˋ]　胡贡切　史庚韵，去　平去，送韵　词第一部　戏中东辙　曲东钟韵，去

（二）hǒng[ㄏㄨㄥˇ]　呼孔切　史庚韵，上　平上，董韵　词第一部　戏中东辙　（逗引；欺骗）　【与"唝（一）"音同义近，用其反切。】

（三）hōng[ㄏㄨㄥ]　呼公切　史庚韵，阴　平平，东韵　词第一部　戏中东辙　（～笑）

咡 èr[ㄦˋ]　①仍吏切　史齐韵，去　平去，真韵　词第三部　戏一七辙

②如之切　史齐韵，去　平平，支韵　词第三部　戏一七辙　（又）

哑 （一）yǎ[ㄧㄚˇ]　乌下切　史麻韵，上　平上，马韵　词第十部　戏发花辙

（二）yà[ㄧㄚˋ]　衣嫁切　史麻韵，去　平去，祃韵　词第十部　戏发花辙　（叹词；语气助词；拟声词）

（三）yā[ㄧㄚ]　于加切　史麻韵，阴　平平，麻韵　词第十部　戏发花辙　（拟声词，呕～）

（四）è[ㄜˋ]　乌格切　史波韵，去　平入，陌韵　词第十七部　戏梭波辙　（笑声）

咺 （一）xuān[ㄒㄩㄢ]　许元切　史寒韵，阴　平平，元韵　词第七部　戏言前辙

（二）xuǎn[ㄒㄩㄢˇ]　况晚切　史寒韵，上　平上，阮韵　词第七部　戏言前辙　（哀哭不止）

哂 shěn[ㄕㄣˇ]　式忍切　史文韵，上　平上，轸韵　词第六部　戏人辰辙　曲真文韵，上

咴 huī[ㄏㄨㄟ]　呼回切　史微韵，阴　平平，灰韵　词第三部　戏灰堆辙

哒 dā[ㄉㄚ]　①当割切　史麻韵，阴　平入，曷韵　词第十八部　戏发花辙

②宅轧切　史麻韵，阴　平入，黠韵　词第十八部　戏发花辙　（吧～）

咧 （一）liè[ㄌㄧㄝˋ]　力蘗切　史皆韵，去　平入，屑韵　词第十八部　戏乜斜辙

（二）liē[ㄌㄧㄝ]　力蘗切　史皆韵，阴　平入，屑韵　词第十八部　戏乜斜辙　（哭哭～～）【方言读音。反切仍之。】

（三）liě[ㄌㄧㄝˇ]　力蘗切　史皆韵，上　平入，屑韵　词第十八部　戏乜斜辙　（～嘴）【方言读音。反切仍之。】

（四）lie[˙ㄌㄧㄝ]　力蘗切　史皆韵，阴　平入，屑韵　词第十八部　戏乜斜辙　（语气助词）【轻声。反切仍之。】

咦 (一)yí[丨ˊ] 延知切　史齐韵，阳　平平，支韵　词第三部　戏一七辙
　　(二)xī[丅丨] 喜夷切　史齐韵，阴　平平，支韵　词第三部　戏一七辙　（笑貌）

哓 xiāo[丅丨ㄠ] 许幺切　史豪韵，阴　平平，萧韵　词第八部　戏遥条辙

哔 bì[ㄅ丨ˋ] 壁吉切　史齐韵，去　平入，质韵　词第十七部　戏一七辙

哩 (一)xì[丅丨ˋ] ①丑栗切　史齐韵，去　平入，质韵　词第十七部　戏一七辙　（笑）
　　　　　　 ②虚器切　史齐韵，去　平去，寘韵　词第三部　戏一七辙　（大笑）
　　(二)dié[ㄅ丨ㄝˊ] ①徒结切　史皆韵，阳　平入，屑韵　词第十八部　戏乜斜辙　（咬）
　　　　　　　　 ②丁结切　史皆韵，阳　平入，屑韵　词第十八部　戏乜斜辙　（译音用字）

呰 zī[ㄗˇ] 将此切　史支韵，上　平上，纸韵　词第三部　戏一七辙

哐 guāng[ㄍㄨㄤ] 古黄切　史唐韵，阴　平平，阳韵　词第二部　戏江阳辙　（拟声词）　【现代字。借用同音字"光(一)"的反切。】

咢 è[ㄜˋ] 五各切　史波韵，去　平入，药韵　词第十六部　戏梭波辙

品 pǐn[ㄆ丨ㄣˇ] 丕饮切　史文韵，上　平上，寝韵　词第十三部　戏人辰辙　曲真文韵，上

咽 (一)yè[丨ㄝˋ] 乌结切　史皆韵，去　平入，屑韵　词第十八部　戏乜斜辙
　　(二)yàn[丨ㄢˋ] 於甸切　史寒韵，去　平去，霰韵　词第七部　戏言前辙　曲先天韵，去　（吞~）
　　(三)yān[丨ㄢ] 乌前切　史寒韵，阴　平平，先韵　词第七部　戏言前辙　曲先天韵，阴　（~喉）
　　(四)yuān[ㄩㄢ] 縈玄切　史寒韵，阴　平平，先韵　词第七部　戏言前辙　（有节奏的鼓声）

骂 mà[ㄇㄚˋ] 莫驾切　史麻韵，去　平去，祃韵　词第十部　戏发花辙　曲家麻韵，去

哕 (一)yuě[ㄩㄝˇ] ①於月切　史皆韵，上　平入，月韵　词第十八部　戏乜斜辙
　　　　　　　 ②乙劣切　史皆韵，上　平入，屑韵　词第十八部　戏乜斜辙　（又）
　　(二)huì[ㄏㄨㄟˋ] 呼会切　史微韵，去　平去，泰韵　词第三部　戏灰堆辙　（拟声词；深暗状）

咮 (一)zhòu[ㄓㄡˋ] ①陟救切　史尤韵，去　平去，宥韵　词第十二部　戏由求辙　曲尤侯韵，去　（鸟嘴）
　　　　　　　 ②张流切　史尤韵，阴　平平，尤韵　词第十二部　戏由求辙　（钩形鸟嘴）
　　(二)zhū[ㄓㄨ] 章俱切　史姑韵，阴　平平，虞韵　词第四部　戏姑苏辙　（咮~）

哗 (一)huài[ㄏㄨㄞˋ] ①火怪切　史开韵，去　平去，卦韵　词第五部　戏怀来辙
　　　　　　　　 ②下刮切　史开韵，去　平入，黠韵　词第十八部　戏怀来辙　（又）
　　(二)huá[ㄏㄨㄚˊ] 火夬切　史麻韵，阳　平去，卦韵　词第十部　戏发花辙　（又）
　　(三)guā[ㄍㄨㄚ] 乌瓜切　史麻韵，阴　平平，麻韵　词第十部　戏发花辙　（叽~）　【现代字。与"呱(二)"音同义同，用其反切。】
　　(四)shì[ㄕˋ]　（舔，同"舐"）

咻 (一)xiū[丅丨ㄡ] 希优切　史尤韵，阴　平平，尤韵　词第十二部　戏由求辙　曲尤侯韵，阴
　　(二)xǔ[丅ㄩˇ] ①况羽切　史齐韵，上　平上，麌韵　词第四部　戏一七辙　曲尤侯韵，阴　（噢~）
　　　　　　　 ②许尤切　史齐韵，上　平平，尤韵　词第十二部　戏一七辙　曲尤侯韵，阴　（又）

哗 (一)huá[ㄏㄨㄚˊ] 胡瓜切　史麻韵，阳　平平，麻韵　词第十部　戏发花辙　曲家麻韵，阳
　　(二)huā[ㄏㄨㄚ] 胡瓜切　史麻韵，阴　平平，麻韵　词第十部　戏发花辙　曲家麻韵，阳　（拟声词）　【两读一音之转，反切仍之。】

咱 (一)zán[ㄗㄢˊ] ①庄加切　史寒韵，阳　平平，麻韵　词第十部　戏言前辙　曲家麻韵，阳　（我；我们）
　　　　　　　 ②祖含切　史寒韵，阳　平平，覃韵　词第十四部　戏言前辙　曲监咸韵，阳　（同"喒"）
　　(二)zá[ㄗㄚˊ] 子葛切　史麻韵，阳　平入，曷韵　词第十八部　戏发花辙　（我）

咿 yī[丨] 於脂切　史齐韵，阴　平平，支韵　词第三部　戏一七辙

响 xiǎng[丅丨ㄤˇ] 许两切　史唐韵，上　平上，养韵　词第二部　戏江阳辙　曲江阳韵，上

哌 pài[ㄆㄞˋ] 匹卦切　史开韵，去　平去，卦韵　词第十部　戏怀来辙　【音译字。借用同音字"派(一)"的反切。】

哙 kuài[ㄎㄨㄞˋ] 苦夬切　史开韵，去　平去，卦韵　词第十部　戏怀来辙　曲皆来韵，去

哈 (一)hā[ㄏㄚ] 五合切　史麻韵，阴　平入，合韵　词第十九部　戏发花辙

　　㈡hǎ[ㄏㄚˇ] 呼马切　史麻韵，上　乎上，马韵　词第十部　戏发花辙　（~巴狗；~达；姓）

　　㈢hà[ㄏㄚˋ] 鄂合切　史麻韵，去　乎入，合韵　词第十九部　戏发花辙　（~蟆）【方言读音。反切仍之。】

　　㈣shà[ㄕㄚˋ] 色洽切　史麻韵，去　乎入，洽韵　词第十九部　戏发花辙　（啜饮）

咷 ㈠tiào[ㄊㄧㄠˋ] 他弔切　史豪韵，去　乎去，啸韵　词第八部　戏遥条辙

　　㈡táo[ㄊㄠˊ]（哭声，同"啕"）

哚 duǒ[ㄉㄨㄛˇ] 丁果切　史波韵，上　乎上，哿韵　词第九部　戏梭波辙【音译字。借用同音字"朵"的反切。】

哅 xiōng[ㄒㄩㄥ] 呼公切　史庚韵，阴　乎平，东韵　词第一部　戏中东辙

咯 gè[ㄍㄜˋ] 葛鹤切　史波韵，去　乎入，药韵　词第十六部　戏梭波辙　（野鸡叫声）

　　㈡luò[ㄌㄨㄛˋ] 历各切　史波韵，去　乎入，药韵　词第十六部　戏梭波辙　（争辩）

　　㈢gē[ㄍㄜ] 刚鹤切　史波韵，阴　乎入，药韵　词第十六部　戏梭波辙　（拟声词）

　　㈣kǎ[ㄎㄚˇ] 苦格切　史麻韵，上　乎入，陌韵　词第十七部　戏发花辙　（~痰）【同"喀"，用其反切。】

哆 ㈠chǐ[ㄔˇ] ①尺氏切　史支韵，上　乎上，纸韵　词第三部　戏一七辙

　　　　　　②敕加切　史麻韵，上　乎平，麻韵　词第十部　戏发花辙　（张口）

　　　　　　③陟驾切　史麻韵，上　乎去，祃韵　词第十部　戏发花辙　（又）

　　㈡chě[ㄔㄜˇ] 昌者切　史波韵，上　乎上，马韵　词第十部　戏梭波辙　曲车遮韵，上　（~然）

　　㈢duō[ㄉㄨㄛ] 得何切　史波韵，阴　乎平，歌韵　词第九部　戏梭波辙　（~嗦；~啰呢）【现代字。借用同音字"多"的反切。】

哜 ㈠jì[ㄐㄧˋ] 在诣切　史齐韵，去　乎去，霁韵　词第三部　戏一七辙

　　㈡jiē[ㄐㄧㄝ] 居谐切　史皆韵，阴　乎平，佳韵　词第五部　戏乜斜辙　（拟声词）

咬 ㈠yǎo[ㄧㄠˇ] 五巧切　史豪韵，上　乎上，巧韵　词第八部　戏遥条辙　曲萧豪韵，上

　　㈡jiāo[ㄐㄧㄠ] 古肴切　史豪韵，阴　乎平，肴韵　词第八部　戏遥条辙　曲萧豪韵，阴　（鸟声）

　　㈢yāo[ㄧㄠ] 於交切　史豪韵，阴　乎平，肴韵　词第八部　戏遥条辙　曲萧豪韵，阴　（~哇）

　　㈣jiǎo[ㄐㄧㄠˇ] 吉巧切　史豪韵，上　乎上，巧韵　词第八部　戏遥条辙　（凄切声）

咨 zī[ㄗ] 即夷切　史支韵，阴　乎平，支韵　词第三部　戏一七辙　曲支思韵，阴

咳 ㈠hái[ㄏㄞˊ] 户来切　史开韵，阳　乎平，灰韵　词第五部　戏怀来辙　（笑声）

　　㈡ké[ㄎㄜˊ] 苦代切　史波韵，阳　乎去，队韵　词第五部　戏梭波辙　（~嗽）

　　㈢hāi[ㄏㄞ] 何开切　史开韵，阴　乎平，灰韵　词第五部　戏怀来辙　（叹词）

咩 ㈠miē[ㄇㄧㄝ] ①母婢切　史皆韵，阴　乎上，纸韵　词第三部　戏乜斜辙

　　　　　　　②母野切　史皆韵，阴　乎上，马韵　词第十部　戏乜斜辙　（又）

　　㈡mǐ[ㄇㄧˇ] 迷尔切　史齐韵，上　乎上，纸韵　词第三部　戏一七辙　（旧读）

咪 mī[ㄇㄧ] 母婢切　史齐韵，阴　乎上，纸韵　词第三部　戏一七辙【现代读音。借用同音字"眯㈢"的反切。】

咤 zhà[ㄓㄚˋ] ①陟驾切　史麻韵，去　乎去，祃韵　词第十部　戏发花辙　曲家麻韵，去

　　　　　②陟加切　史麻韵，去　乎平，麻韵　词第十部　戏发花辙　曲家麻韵，去　（又）

哝 nóng[ㄋㄨㄥˊ] ①奴冬切　史庚韵，阳　乎平，冬韵　词第一部　戏中东辙

　　　　　　　②女江切　史庚韵，阳　乎平，江韵　词第二部　戏中东辙　（又）

哪 ㈠nuó[ㄋㄨㄛˊ] 囊何切　史波韵，阳　乎平，歌韵　词第九部　戏梭波辙　曲歌戈韵，阳　（通"傩"）

　　㈡né[ㄋㄜˊ] 女劣切　史波韵，阳　乎入，屑韵　词第十八部　戏梭波辙　（~吒）【借用近音字"呐㈠"的反切。】

　　㈢na[·ㄋㄚ] 乃箇切　史麻韵，去　乎去，箇韵　词第九部　戏发花辙　曲歌戈韵，去　（语气助词）

　　㈣nǎ[ㄋㄚˇ] 奴可切　史麻韵，上　乎上，哿韵　词第九部　戏发花辙　曲歌戈韵，上　（疑问代词）【同"那㈤"，用其反切。】

　　㈤něi[ㄋㄟˇ]（"哪""一"合音）

哏 gén[ㄍㄣˊ] 古痕切　史文韵，阳　乎平，元韵　词第六部　戏人辰辙【借用音近字"根"的反切。】

哞 mōu[ㄇㄡ] 莫浮切　史尤韵，阴　乎平，尤韵　词第十二部　戏由求辙【现代字。借用同音字"牟㈠"的反切。】

哉（查"戈"部）**畐**（查"田"部）**咸**（查"戈"部）**虽**（查"虫"部）**哀**（查"亠"部）**咫**（查"尸"部）

七画

唄（见"呗"）　員（见"员"）　啍（见"唪"）　倉（见"仓"）　啾（同"啇（一）"）　嗳（同"呔"）

哢　lòng［ㄌㄨㄥˋ］卢贡切　史庚韵，去　平去，送韵　词第一部　戏中东辙

唛　mài［ㄇㄞˋ］莫获切　史开韵，去　平入，陌韵　词第十七部　戏怀来辙【音译字。借用同音字"麦"的反切。】

哄　(一) hǒng［ㄏㄨㄥˇ］呼孔切　史庚韵，上　平上，董韵　词第一部　戏中东辙　（～嗃）

　　(二) gòng［ㄍㄨㄥˋ］古送切　史庚韵，去　平去，送韵　词第一部　戏中东辙　（～怀）【音译字。借用同音字"贡"的反切。】

唗　dōu［ㄉㄡ］当侯切　史尤韵，阴　平平，尤韵　词第十二部　戏由求辙　【借用同音字"兜（一）"的反切。】

哥　gē［ㄍㄜ］古俄切　史波韵，阴　平平，歌韵　词第九部　戏梭波辙　曲歌戈韵，阴

哧　chī［ㄔ］施只切　史支韵，阴　平入，陌韵　词第十七部　戏一七辙

喳　zhā［ㄓㄚ］陟鎋切　史麻韵，阴　平入，黠韵　词第十八部　戏发花辙

哲　zhé［ㄓㄜˊ］陟列切　史波韵，阳　平入，屑韵　词第十八部　戏梭波辙　曲车遮韵，上

哮　(一) xiào［ㄒㄧㄠˋ］呼教切　史豪韵，去　平去，效韵　词第八部　戏遥条辙　（呼喊）

　　(二) xiāo［ㄒㄧㄠ］许交切　史豪韵，阴　平平，肴韵　词第八部　戏遥条辙　曲萧豪韵，阴　（吼叫）

咩　miē［ㄇㄧㄝ］①弥嗟切　史皆韵，阴　平平，麻韵　词第十部　戏乜斜辙　（芈～）

　　　　　　　　②（同"哶"）

唠　(一) láo［ㄌㄠˊ］①郎刀切　史豪韵，阳　平平，豪韵　词第八部　戏遥条辙

　　　　　　　　②敕交切　史豪韵，阴　平平，肴韵　词第八部　戏遥条辙　（～叨）

　　(二) lào［ㄌㄠˋ］郎到切　史豪韵，去　平去，号韵　词第八部　戏遥条辙　（谈话）【方言读音。借用同音字"涝（一）"的反切。】

哱　bó［ㄅㄛˊ］普没切　史波韵，阳　平入，月韵　词第十八部　戏梭波辙

哺　bǔ［ㄅㄨˇ］①薄故切　史姑韵，上　平去，遇韵　词第四部　戏姑苏辙　曲鱼模韵，阴

　　　　　　　②薄故切　史姑韵，上　平去，遇韵　词第四部　戏姑苏辙　曲鱼模韵，去　（又）

哽　gěng［ㄍㄥˇ］古杏切　史庚韵，上　平上，梗韵　词第十一部　戏中东辙　曲庚青韵，上

唔　wú［ㄨˊ］五乎切　史姑韵，阳　平平，虞韵　词第四部　戏姑苏辙　【借用同音字"吾（一）"的反切。】

唡　liǎng［ㄌㄧㄤˇ］良奖切　史唐韵，上　平上，养韵　词第二部　戏江阳辙　【现代字。借用同音字"两"的反切。】

唇　(一) chún［ㄔㄨㄣˊ］食伦切　史文韵，阳　平平，真韵　词第六部　戏人辰辙　曲真文韵，阳

　　(二) zhēn［ㄓㄣ］职邻切　史文韵，阴　平平，真韵　词第六部　戏人辰辙　（震惊）

哤　máng［ㄇㄤˊ］莫江切　史唐韵，阳　平平，江韵　词第二部　戏江阳辙

哨　shào［ㄕㄠˋ］①相邀切　史豪韵，去　平平，萧韵　词第八部　戏遥条辙　曲萧豪韵，去

　　　　　　　②七肖切　史豪韵，去　平去，啸韵　词第八部　戏遥条辙　曲萧豪韵，去　（又）

唢　suǒ［ㄙㄨㄛˇ］苏果切　史波韵，上　平上，哿韵　词第九部　戏梭波辙　【音译字。借用同音字"锁"的反切。】

哭　kū［ㄎㄨ］空谷切　史姑韵，阴　平入，屋韵　词第十五部　戏姑苏辙　曲鱼模韵，上

哩　(一) lì［ㄌㄧˋ］力忌切　史齐韵，去　平去，寘韵　词第三部　戏一七辙

　　(二) lǐ［ㄌㄧˇ］良士切　史齐韵，上　平上，纸韵　词第三部　戏一七辙（英里）【现代字。借用同音字"里"的反切。】

哫　zú［ㄗㄨˊ］即玉切　史姑韵，阳　平入，沃韵　词第十五部　戏姑苏辙

喎　wāi［ㄨㄞ］苦緺切　史开韵，阴　平平，佳韵　词第十部　戏怀来辙

唈　yì［ㄧˋ］①於汲切　史齐韵，去　平入，缉韵　词第十七部　戏一七辙

　　　　　②乌荅切　史齐韵，去　平入，合韵　词第十九部　戏一七辙　（又）

哦　(一) é［ㄜˊ］五何切　史波韵，阳　平平，歌韵　词第九部　戏梭波辙　曲歌戈韵，阳　（吟～）

　　(二) ó［ㄛˊ］五何切　史波韵，阳　平平，歌韵　词第九部　戏梭波辙　曲歌戈韵，阳　（叹词．表惊讶）【与"哦（一）"一音之转，反切仍之。】

㈢ǒ[ㄛˋ] 五何切　中波韵，去　平平，歌韵　词第九部　戏梭波辙　曲歌戈韵，阳　（叹词．表领悟）【与"哦㈠"一音之转，反切仍之。】

唌 ㈠xián[ㄒㄧㄢˊ] ①徒干切　中寒韵，阴　平平，寒韵　词第七部　戏言前辙
　　　　　　②徐连切　中寒韵，阴　平平，先韵　词第七部　戏言前辙　（又）

㈡yán[ㄧㄢˊ] 夷然切　中寒韵，阳　平平，先韵　词第七部　戏言前辙　（语言流利）

唣 zào[ㄗㄠˋ] 昨早切　中豪韵，去　平上，皓韵　词第八部　戏遥条辙【借用同音字"皂"的反切。】

唏 xī[ㄒㄧ] ①虚岂切　中齐韵，阴　平上，尾韵　词第三部　戏一七辙
　　　②香依切　中齐韵，阴　平平，微韵　词第三部　戏一七辙　（又）
　　　③许既切　中齐韵，去　平去，未韵　词第三部　戏一七辙　（啼哭）

唑 zuò[ㄗㄨㄛˋ] 徂卧切　中波韵，去　平去，箇韵　词第九部　戏梭波辙　【音译字。借用同音字"坐"的反切。】

唅 ㈠hàn[ㄏㄢˋ] 胡绀切　中寒韵，去　平去，勘韵　词第十四部　戏言前辙　曲监咸韵，去

㈡hán[ㄏㄢˊ]　（放在口中，同"含㈠"）

唤 huàn[ㄏㄨㄢˋ] 火贯切　中寒韵，去　平去，翰韵　词第七部　戏言前辙　曲桓欢韵，去

唁 yàn[ㄧㄢˋ] 鱼变切　中寒韵，去　平去，霰韵　词第七部　戏言前辙

哼 hēng[ㄏㄥ] 虚庚切　中庚韵，阴　平平，庚韵　词第十一部　戏中东辙

唦 shā[ㄕㄚ] 所加切　中麻韵，阴　平平，麻韵　词第十部　戏发花辙【现代字。借用同音字"沙㈠"的反切。】

唠 láo[ㄌㄠˊ] 鲁刀切　中豪韵，阳　平平，豪韵　词第八部　戏遥条辙

唧 jī[ㄐㄧ] ①资悉切　中齐韵，阴　平入，质韵　词第十七部　戏一七辙　曲齐微韵，上
　　　②子力切　中齐韵，阴　平入，职韵　词第十七部　戏一七辙　曲齐微韵，上　（又）

啊 ㈠è[ㄜˋ] 安贺切　中波韵，去　平去，箇韵　词第九部　戏梭波辙

㈡ā[ㄚ] 安贺切　中麻韵，阴　平去，箇韵　词第九部　戏发花辙　（叹词，表惊叹）【古今音。反切仍之。】

㈢á[ㄚˊ] 安贺切　中麻韵，阳　平去，箇韵　词第九部　戏发花辙　（叹词，表追问）【古今音。反切仍之。】

㈣ǎ[ㄚˇ] 安贺切　中麻韵，上　平去，箇韵　词第九部　戏发花辙　（叹词，表惊疑）【古今音。反切仍之。】

㈤à[ㄚˋ] 安贺切　中麻韵，去　平去，箇韵　词第九部　戏发花辙（叹词，表应诺或明悟）【古今音。反切仍之。】

㈥a[˙ㄚ] 安贺切　中麻韵，阴　平去，箇韵　词第九部　戏发花辙　（语气助词）【古今音。反切仍之。】

哿 ㈠gě[ㄍㄜˇ] 古我切　中波韵，上　平上，哿韵　词第九部　戏梭波辙　曲歌戈韵，上

㈡jiā[ㄐㄧㄚ]　（妇女首饰，同"珈"）

唉 ㈠āi[ㄞ] 乌开切　中开韵，阴　平平，灰韵　词第五部　戏怀来辙　曲皆来韵，阴

㈡ài[ㄞˋ] 乌在切　中开韵，去　平去，队韵　词第五部　戏怀来辙　（叹词）

唆 suō[ㄙㄨㄛ] 苏禾切　中波韵，阴　平平，歌韵　词第九部　戏梭波辙　曲歌戈韵，阴

曹 （查"曰"部）党 （查"小"部）高 （查"亠"部）毫 （查"亠"部）唐 （查"广"部）

八画

啞 （见"哑"）啢 （见"唡"）問 （见"问"）喎 （见"㖞"）啗 （同"啖"）啓 （见"启"）

唪 ㈠běng[ㄅㄥˇ] 蒲蠓切　中庚韵，上　平上，董韵　词第一部　戏中东辙

㈡fěng[ㄈㄥˇ] 扶陇切　中庚韵，上　平上，肿韵　词第一部　戏中东辙　（诵念）

啧 zé[ㄗㄜˊ] 侧革切　中波韵，阳　平入，陌韵　词第十七部　戏梭波辙

啪 pā[ㄆㄚ] 普巴切　中麻韵，阴　平平，麻韵　词第十部　戏发花辙　【现代字。借用同音字"葩"的反切。】

啦 lā[ㄌㄚ] 卢合切　中麻韵，阴　平入，合韵　词第十九部　戏发花辙　【现代字。借用同音字"拉㈠"的反切。】

啈 hēng[ㄏㄥ] 亨孟切　中庚韵，阴　平去，敬韵　词第十一部　戏中东辙

唭 qì[ㄑㄧˋ] 去吏切　中齐韵，去　平去，寘韵　词第三部　戏一七辙

啫 ㈠jiè[ㄐㄧㄝˋ] 子夜切　中皆韵，去　平去，祃韵　词第十部　戏乜斜辙　（赞叹）

㈡zé[ㄗㄜˊ] 侧伯切　中波韵，阳　平入，陌韵　词第十七部　戏梭波辙　（吮吸）

㈢jí[ㄐㄧˊ] 资昔切　中齐韵，阳　平入，陌韵　词第十七部　戏一七辙　（鸟鸣声）

㈣zè[ㄗㄜˋ] 庄白切　中波韵，去　平入，陌韵　词第十七部　戏梭波辙　（喧闹声）

喏 ㈠rě[ㄖㄜˇ] 尔者切　中波韵，上　平上，马韵　词第十部　戏梭波辙　（唱~）

　㈡nuò[ㄋㄨㄛˋ] 奴各切　中波韵，去　平入，药韵　词第十六部　戏梭波辙　（~~连声）【同"诺"，用其反切。】

喵 miāo[ㄇㄧㄠ] 武儦切　中豪韵，阴　平平，萧韵　词第八部　戏遥条辙　【现代字。借用音近字"苗"的反切。】

啉 ㈠lán[ㄌㄢˊ] 卢含切　中寒韵，阳　平平，覃韵　词第十四部　戏言前辙

　㈡làn[ㄌㄢˋ] 卢瞰切　中寒韵，去　平去，勘韵　词第十四部　戏言前辙　（愚蠢）【方言字。借用同音字"嚂㈠"的反切。】

　㈢lín[ㄌㄧㄣˊ] 力寻切　中文韵，阳　平平，侵韵　词第十三部　戏人辰辙　（喹~）【音译字。借用同音字"林"的反切。】

啀 yá[ㄧㄚˊ] 五佳切　中麻韵，阳　平平，佳韵　词第十部　戏发花辙

啚 ㈠bǐ[ㄅㄧˇ]（"鄙"的本字）

　㈡tú[ㄊㄨˊ]（"图"的异体字）

唵 ǎn[ㄢˇ] 乌感切　中寒韵，上　平上，感韵　词第十四部　戏言前辙　曲监咸韵，阴

啄 ㈠zhuó[ㄓㄨㄛˊ] ①竹角切　中波韵，阳　平入，觉韵　词第十六部　戏梭波辙

　　　　　　　　②丁木切　中波韵，阳　平入，屋韵　词第十五部　戏梭波辙　（又）

　㈡zhòu[ㄓㄡˋ]（鸟嘴，同"咮㈠"）

喋 ㈠shà[ㄕㄚˋ]（同"唼㈠"：①；通"歃"）

　㈡dié[ㄉㄧㄝˊ]（践踏，同"喋㈠"）

啭 zhuàn[ㄓㄨㄢˋ] ①知恋切　中寒韵，去　平去，霰韵　词第七部　戏言前辙　曲先天韵，上

　　　　　　　②知恋切　中寒韵，去　平去，霰韵　词第七部　戏言前辙　曲先天韵，去　（又）

啡 fēi[ㄈㄟ] 甫微切　中微韵，阴　平平，微韵　词第三部　戏灰堆辙　【音译字。借用同音字"非㈠"的反切。】

啃 kěn[ㄎㄣˇ] ①康很切　中文韵，上　平上，阮韵　词第六部　戏人辰辙　曲真文韵，上　（同"狠"）

　　　　　②苦昆切　中文韵，上　平平，元韵　词第六部　戏人辰辙　曲真文韵，上　（又）

　　　　　③牵茧切　中文韵，上　平上，铣韵　词第七部　戏人辰辙　曲真文韵，上　（又）

啮 ㈠niè[ㄋㄧㄝˋ] 五结切　中皆韵，去　平入，屑韵　词第十八部　戏乜斜辙　曲车遮韵，去

　㈡yǎo[ㄧㄠˇ] 五巧切　中豪韵，上　平上，巧韵　词第八部　戏遥条辙　曲萧豪韵，上　（同"咬㈠"）

啅 ㈠zhào[ㄓㄠˋ] 陟教切　中豪韵，去　平去，效韵　词第八部　戏遥条辙

　㈡zhuó[ㄓㄨㄛˊ]（鸟啄食，同"啄㈠"：①）

唬 ㈠xià[ㄒㄧㄚˋ] ①呼讶切　中麻韵，去　平去，祃韵　词第十部　戏发花辙

　　　　　　②古伯切　中麻韵，去　平入，陌韵　词第十七部　戏发花辙　（又）

　㈡hǔ[ㄏㄨˇ] 呼古切　中姑韵，上　平上，麌韵　词第四部　戏姑苏辙　（威吓；糊弄）【现代读音。借用同音字"虎"的反切。】

啯 guō[ㄍㄨㄛ] 古获切　中波韵，阴　平入，陌韵　词第十七部　戏梭波辙

唱 chàng[ㄔㄤˋ] 尺亮切　中唐韵，去　平去，漾韵　词第二部　戏江阳辙　曲江阳韵，去

啰 ㈠luó[ㄌㄨㄛˊ] 鲁何切　中波韵，阳　平平，歌韵　词第九部　戏梭波辙　曲歌戈韵，阳　（喽~）

　㈡luō[ㄌㄨㄛ] 利遮切　中波韵，阴　平平，麻韵　词第十部　戏梭波辙　（~嗦）

唔 wǔ[ㄨˇ] 五故切　中姑韵，上　平去，遇韵　词第四部　戏姑苏辙

唾 tuò[ㄊㄨㄛˋ] 汤卧切　中波韵，去　平去，箇韵　词第九部　戏梭波辙　曲歌戈韵，去

呱 ㈠wā[ㄨㄚ] 於佳切　中麻韵，阴　平平，佳韵　词第十部　戏发花辙

　㈡ér[ㄦˊ] 汝移切　中齐韵，阳　平平，支韵　词第三部　戏一七辙　（嗯~）

唯 ㈠wéi[ㄨㄟˊ] 以追切　中微韵，阳　平平，支韵　词第三部　戏灰堆辙

　㈡wěi[ㄨㄟˇ] 以水切　中微韵，上　平上，纸韵　词第三部　戏灰堆辙　曲齐微韵，上　（答应声）

啤 pí[ㄆㄧˊ] 符支切　中齐韵，阳　平平，支韵　词第三部　戏一七辙　【音译字。借用同音字"脾"的反切。】

啥 shá[ㄕㄚˊ] 床斜切　中麻韵，阳　平平，麻韵　词第十部　戏发花辙　【现代字。借用同音字"奢㈡"的反切。】

唫 (一) jìn[ㄐㄧㄣˋ] 渠饮切　史文韵，去　乎上，寝韵　词第十三部　戏人辰辙

　　(二) yín[ㄧㄣˊ] （咏叹，同"吟(一)：①"；险崖，同"崟"）

唸 (一) diàn[ㄉㄧㄢˋ] ①都甸切　史寒韵，去　乎去，霰韵　词第七部　戏言前辙

　　　　　　②都念切　史寒韵，去　乎去，艳韵　词第十四部　戏言前辙　（又）

　　(二) niàn[ㄋㄧㄢˋ] （诵读，同"念"）

啁 (一) zhōu[ㄓㄡ] 张流切　史尤韵，阴　乎平，尤韵　词第十二部　戏由求辙　曲尤侯韵，阴

　　(二) zhāo[ㄓㄠ] 陟交切　史豪韵，阴　乎平，肴韵　词第八部　戏遥条辙　曲萧豪韵，阴　（~哳）

　　(三) cháo[ㄔㄠˊ] （调笑，诙谐，同"嘲(一)"）

啕 táo[ㄊㄠˊ] 徒刀切　史豪韵，阳　乎平，豪韵　词第八部　戏遥条辙　曲萧豪韵，阳

唿 hū[ㄏㄨ] 呼骨切　史姑韵，阴　乎入，月韵　词第十八部　戏姑苏辙

啍 (一) tūn[ㄊㄨㄣ] 徒浑切　史文韵，阴　乎平，元韵　词第六部　戏人辰辙

　　(二) zhūn[ㄓㄨㄣ] （郑重叮咛，同"谆"）

啐 (一) cuì[ㄘㄨㄟˋ] ①七内切　史微韵，去　乎去，队韵　词第三部　戏灰堆辙

　　　　　　②苏内切　史微韵，去　乎去，队韵　词第三部　戏灰堆辙　（饮酒声）

　　(二) zú[ㄗㄨˊ] 子聿切　史姑韵，阳　乎入，质韵　词第十七部　戏姑苏辙　（吸吮声）

　　(三) chuài[ㄔㄨㄞˋ] 仓夬切　史开韵，去　乎去，卦韵　词第十部　戏怀来辙　（吃）

　　(四) è[ㄜˋ] 五割切　史波韵，去　乎入，曷韵　词第十八部　戏梭波辙　（用力吐）

唼 (一) shà[ㄕㄚˋ] ①色甲切　史麻韵，去　乎入，洽韵　词第十九部　戏发花辙

　　　　　　②作答切　史麻韵，去　乎入，合韵　词第十九部　戏发花辙　（又）

　　(二) qiè[ㄑㄧㄝˋ] 七接切　史皆韵，去　乎入，叶韵　词第十八部　戏乜斜辙　（~佞）

啖 dàn[ㄉㄢˋ] ①徒敢切　史寒韵，去　乎上，感韵　词第十四部　戏言前辙　曲监咸韵，去

　　　　　　②徒滥切　史寒韵，去　乎去，勘韵　词第十四部　戏言前辙　曲监咸韵，去　（又）

啴 (一) tān[ㄊㄢ] 他干切　史寒韵，阴　乎平，寒韵　词第七部　戏言前辙

　　(二) chǎn[ㄔㄢˇ] 昌善切　史寒韵，上　乎上，铣韵　词第七部　戏言前辙　（舒缓状）

啶 dìng[ㄉㄧㄥˋ] 徒径切　史庚韵，去　乎去，径韵　词第十一部　戏中东辙【音译字。借用同音字"定"的反切。】

啷 lāng[ㄌㄤ] 鲁当切　史唐韵，阴　乎平，阳韵　词第二部　戏江阳辙【方言字。借用同音字"郎(一)"的反切。】

唳 lì[ㄌㄧˋ] ①郎计切　史齐韵，去　乎去，霁韵　词第三部　戏一七辙　曲齐微韵，去　（鹤鸣）

　　　　　　②练结切　史皆韵，去　乎入，屑韵　词第十八部　戏乜斜辙　曲齐微韵，去　（鸟鸣）

啸 xiào[ㄒㄧㄠˋ] 苏弔切　史豪韵，去　乎去，啸韵　词第八部　戏遥条辙　曲萧豪韵，去

唰 shuā[ㄕㄨㄚ] ①所劣切　史麻韵，阴　乎入，屑韵　词第十八部　戏发花辙

　　　　　　②数滑切　史麻韵，阴　乎入，黠韵　词第十八部　戏发花辙　（小尝）

啜 (一) chuò[ㄔㄨㄛˋ] ①昌悦切　史波韵，去　乎入，屑韵　词第十八部　戏梭波辙　曲车遮韵，上

　　　　　　②陟卫切　史波韵，去　乎去，霁韵　词第三部　戏梭波辙　曲车遮韵，上　（又）

　　(二) chuài[ㄔㄨㄞˋ] 尝芮切　史开韵，去　乎去，霁韵　词第三部　戏怀来辙　曲车遮韵，上　（姓）

啬（查"十"部）售（查"隹"部）商（查"亠"部）商（查"亠"部）兽（查"丷"部）

九画

喫（见"吃(一)：②"）喪（见"丧"）單（见"单"）嵒（同"岩"）啣（同"衔"）唺（同"歇"）喬（见"乔"）

喩（见"喻"）喒（同"咱(一)：②"）唤（见"唤"）嘅（同"慨"）哟（见"哟"）

喷 (一) pēn[ㄆㄣ] 普魂切　史文韵，阴　乎平，元韵　词第六部　戏人辰辙　曲真文韵，阴

　　(二) pèn[ㄆㄣˋ] 普闷切　史文韵，去　乎去，愿韵　词第六部　戏人辰辙　曲真文韵，去　（~鼻）

啿 dàn[ㄉㄢˋ] 徒感切　史寒韵，去　乎上，感韵　词第十四部　戏言前辙

喋 (一) dié[ㄉㄧㄝˊ] ①徒协切　史皆韵，阳　乎入，叶韵　词第十八部　戏乜斜辙　曲车遮韵，阳

　　　　　　②丁愜切　史皆韵，阳　乎入，叶韵　词第十八部　戏乜斜辙　曲车遮韵，阳　（流血状）

㈡zhá［ㄓㄚˊ］丈甲切　 中麻韵，阳　 平入，洽韵　 词第十九部　 戏发花辙　（唼~）

嚓 chā［ㄔㄚ］初加切　 中麻韵，阴　 平平，麻韵　 词第十部　 戏发花辙

嗒 ㈠tà［ㄊㄚˋ］吐盍切　 中麻韵，去　 平入，合韵　 词第十九部　 戏发花辙　 曲家麻韵，上　（~然）

　 ㈡dā［ㄉㄚ］都合切　 中麻韵，阴　 平入，合韵　 词第十九部　 戏发花辙　（拟声词）

喃 nán［ㄋㄢˊ］女咸切　 中寒韵，阳　 平平，咸韵　 词第十四部　 戏言前辙　 曲监咸韵，阳

喳 ㈠chā［ㄔㄚ］初加切　 中麻韵，阴　 平平，麻韵　 词第十部　 戏发花辙　（低语声）【借用同音字"嚓"的反切。】

　 ㈡zhā［ㄓㄚ］陟鎋切　 中麻韵，阴　 平入，黠韵　 词第十八部　 戏发花辙　（喧嚷；鸟声）【与"咤"音同义同，用其反切。】

喇 lǎ［ㄌㄚˇ］郎达切　 中麻韵，上　 平入，曷韵　 词第十八部　 戏发花辙

喓 yāo［ㄧㄠ］于霄切　 中豪韵，阴　 平平，萧韵　 词第八部　 戏遥条辙　 曲萧豪韵，阴

喊 hǎn［ㄏㄢˇ］①呼览切　 中寒韵，上　 平上，感韵　 词第十四部　 戏言前辙　 曲监咸韵，上　（尝味）

　　　　　　②呼豏切　 中寒韵，上　 平上，豏韵　 词第十四部　 戏言前辙　 曲监咸韵，上　（呼~）

　　　　　　③下斩切　 中寒韵，上　 平上，豏韵　 词第十四部　 戏言前辙　 曲监咸韵，上　（怒吼）

喱 lí［ㄌㄧˊ］里之切　 中齐韵，阳　 平平，支韵　 词第三部　 戏一七辙　【音译字。借用同音字"厘㈠"的反切。】

喹 kuí［ㄎㄨㄟˊ］苦圭切　 中微韵，阳　 平平，齐韵　 词第三部　 戏灰堆辙　【音译字。借用同音字"奎"的反切。】

喈 jiē［ㄐㄧㄝ］古谐切　 中皆韵，阴　 平平，佳韵　 词第五部　 戏乜斜辙　 曲皆来韵，阴

啙 zǐ［ㄗˇ］①将此切　 中支韵，上　 平上，纸韵　 词第三部　 戏一七辙

　　　　②祖礼切　 中支韵，上　 平上，荠韵　 词第三部　 戏一七辙　（又）

　　　　③祖稽切　 中支韵，上　 平平，齐韵　 词第三部　 戏一七辙　（又）

喔 wà［ㄨㄚˋ］①乌没切　 中麻韵，去　 平入，月韵　 词第十八部　 戏发花辙

　　　　②乌八切　 中麻韵，去　 平入，黠韵　 词第十八部　 戏发花辙　（又）

喁 ㈠yóng［ㄩㄥˊ］鱼容切　 中庚韵，阳　 平平，冬韵　 词第一部　 戏中东辙

　 ㈡yú［ㄩˊ］元俱切　 中齐韵，阳　 平平，虞韵　 词第四部　 戏一七辙　（~~私语）

喝 ㈠hè［ㄏㄜˋ］许葛切　 中波韵，去　 平入，曷韵　 词第十八部　 戏梭波辙

　 ㈡hē［ㄏㄜ］呼合切　 中波韵，阴　 平入，合韵　 词第十九部　 戏梭波辙　（饮）【与"欱①"音同义同，用其反切。】

　 ㈢yè［ㄧㄝˋ］於犗切　 中皆韵，去　 平去，卦韵　 词第十部　 戏乜斜辙　（声流~）

喂 wèi［ㄨㄟˋ］①於韦切　 中微韵，去　 平平，微韵　 词第三部　 戏灰堆辙

　　　　②于伪切　 中微韵，去　 平去，寘韵　 词第三部　 戏灰堆辙　 曲齐微韵，去　（同"餧㈡"）

喟 kuì［ㄎㄨㄟˋ］①丘媿切　 中微韵，去　 平去，寘韵　 词第三部　 戏灰堆辙

　　　　②苦怪切　 中微韵，去　 平去，卦韵　 词第五部　 戏灰堆辙　（又）

嵒 ㈠niè［ㄋㄧㄝˋ］而涉切　 中皆韵，去　 平入，叶韵　 词第十八部　 戏乜斜辙

　 ㈡yì［ㄧˋ］逆及切　 中齐韵，去　 平入，缉韵　 词第十七部　 戏一七辙　（古地名）

　 ㈢yán［ㄧㄢˊ］（高峻的山崖，同"岩"）

咒 ㈠zhōu［ㄓㄡ］①职流切　 中尤韵，阴　 平平，尤韵　 词第十二部　 戏由求辙

　　　　　②之六切　 中尤韵，阴　 平入，屋韵　 词第十五部　 戏由求辙　（又）

　 ㈡zhòu［ㄓㄡˋ］职救切　 中尤韵，去　 平去，宥韵　 词第十二部　 戏由求辙　（~法）【同"咒"，用其反切。】

喘 chuǎn［ㄔㄨㄢˇ］昌兖切　 中寒韵，上　 平上，铣韵　 词第七部　 戏言前辙　 曲先天韵，上

喂 ㈠wā［ㄨㄚ］乌八切　 中麻韵，阴　 平入，黠韵　 词第十八部　 戏发花辙

　 ㈡gū［ㄍㄨ］（拟声词，同"骨㈡"）

啾 jiū［ㄐㄧㄡ］即由切　 中尤韵，阴　 平平，尤韵　 词第十二部　 戏由求辙　 曲尤侯韵，阴

嗖 sōu［ㄙㄡ］所流切　 中尤韵，阴　 平平，尤韵　 词第十二部　 戏由求辙　【与"飕"音同义同，用其反切。】

喤 huáng［ㄏㄨㄤˊ］①户盲切　 中唐韵，阳　 平平，庚韵　 词第十一部　 戏江阳辙

　　　　　②虎横切　 中庚韵，阴　 平平，庚韵　 词第十一部　 戏中东辙　（声音喧闹）

喉 hóu［ㄏㄡˊ］户鉤切　 中尤韵，阳　 平平，尤韵　 词第十二部　 戏由求辙　 曲尤侯韵，阳

喻 (一)yù[ㄩˋ] 羊戍切　史齐韵，去　平去，遇韵　词第四部　戏一七辙　曲鱼模韵，去

　　(二)yú[ㄩˊ] 容朱切　史齐韵，阳　平平，虞韵　词第四部　戏一七辙　（愉快）

啽 (一)án[ㄢˊ] 吾含切　史寒韵，阳　平平，覃韵　词第十四部　戏言前辙

　　(二)ān[ㄢ] 乌含切　史寒韵，阴　平平，覃韵　词第十四部　戏言前辙　（~默）

喨 liàng[ㄌㄧㄤˋ] 力让切　史唐韵，去　平去，漾韵　词第二部　戏江阳辙

嗵 duó[ㄉㄨㄛˊ] 徒落切　史波韵，阳　平入，药韵　词第十六部　戏梭波辙

喑 (一)yīn[ㄧㄣ] ①於金切　史文韵，阴　平平，侵韵　词第十三部　戏人辰辙　曲侵寻韵，阴

　　　　　　②乌含切　史寒韵，阴　平平，覃韵　词第十四部　戏言前辙　（无声哭泣）

　　(二)yìn[ㄧㄣˋ] 於禁切　史文韵，去　平去，沁韵　词第十三部　戏人辰辙　（~噎；声相应）

喭 yàn[ㄧㄢˋ] ①鱼变切　史寒韵，去　平去，霰韵　词第七部　戏言前辙　（吊喭）

　　　　　　②五旰切　史寒韵，去　平去，翰韵　词第七部　戏言前辙　（粗鲁）

啼 tí[ㄊㄧˊ] 杜奚切　史齐韵，阳　平平，齐韵　词第三部　戏一七辙　曲齐微韵，阳

啻 chì[ㄔˋ] 施智切　史支韵，去　平去，寘韵　词第三部　戏一七辙

嗟 jiē[ㄐㄧㄝ] 子邪切　史皆韵，阴　平平，麻韵　词第十部　戏乜斜辙　曲车遮韵，阴

喽 (一)lóu[ㄌㄡˊ] 落侯切　史尤韵，阳　平平，尤韵　词第十二部　戏由求辙　（~啰）

　　(二)lǒu[ㄌㄡˇ] 郎斗切　史尤韵，上　平上，有韵　词第十二部　戏由求辙　（喽~）

嗞 zī[ㄗ] 子之切　史支韵，阴　平平，支韵　词第三部　戏一七辙

嚳 kù[ㄎㄨˋ] 苦沃切　史姑韵，去　平入，沃韵　词第十五部　戏姑苏辙

喧 (一)xuān[ㄒㄩㄢ] 况袁切　史寒韵，阴　平平，元韵　词第七部　戏言前辙　曲先天韵，阴

　　(二)xuǎn[ㄒㄩㄢˇ] 许远切　史寒韵，上　平上，阮韵　词第七部　戏言前辙　（哀哭不止）

喀 (一)kā[ㄎㄚ] 苦格切　史麻韵，阴　平入，陌韵　词第十七部　戏发花辙

　　(二)kè[ㄎㄜˋ] 苦格切　史波韵，去　平入，陌韵　词第十七部　戏梭波辙　（旧读）

喔 wō[ㄨㄛ] 於角切　史波韵，阴　平入，觉韵　词第十六部　戏梭波辙

喙 huì[ㄏㄨㄟˋ] 许秽切　史微韵，去　平去，队韵　词第三部　戏灰堆辙　曲齐微韵，去

喆（查"吉"部）喜（查"吉"部）斝（查"斗"部）善（查"羊"部）

<h2 style="text-align:center">十画</h2>

嗸（同"嗷"）聖（见"圣"）嗎（见"吗"）嗊（见"唝"）嘩（见"哗"）嗇（见"啬"）嗹（同"謰"）

嗊（见"唝"）當（见"当"）嗶（见"哔"）嗚（见"呜"）嘀（同"啼"）嗆（见"呛"）

嗪 qín[ㄑㄧㄣˊ] 匠邻切　史文韵，阳　平平，真韵　词第六部　戏人辰辙　【音译字。借用同音字"秦"的反切。】

嗷 áo[ㄠˊ] 五劳切　史豪韵，阳　平平，豪韵　词第八部　戏遥条辙　曲萧豪韵，阳

嗉 sù[ㄙㄨˋ] 桑故切　史姑韵，去　平去，遇韵　词第四部　戏姑苏辙

嘟 dū[ㄉㄨ] 当孤切　史姑韵，阴　平平，虞韵　词第四部　戏姑苏辙　【借用同音字"都(一)"的反切。】

嗜 shì[ㄕˋ] 常利切　史支韵，去　平去，寘韵　词第三部　戏一七辙　曲支思韵，去

嗑 (一)kè[ㄎㄜˋ] 古盍切　史波韵，去　平入，合韵　词第十九部　戏梭波辙　曲歌戈韵，去

　　(二)hé[ㄏㄜˊ] 胡腊切　史波韵，阳　平入，合韵　词第十九部　戏梭波辙　曲歌戈韵，去　（嗫~）

　　(三)xiá[ㄒㄧㄚˊ] 许甲切　史麻韵，阳　平入，洽韵　词第十九部　戏发花辙　（笑声）

嗫 (一)zhé[ㄓㄜˊ] 之涉切　史波韵，阳　平入，叶韵　词第十八部　戏梭波辙

　　(二)niè[ㄋㄧㄝˋ] 而涉切　史皆韵，去　平入，叶韵　词第十八部　戏乜斜辙　（~嚅）

嗼 mò[ㄇㄛˋ] ①莫白切　史波韵，去　平入，陌韵　词第十七部　戏梭波辙

　　　　　　②慕各切　史波韵，去　平入，药韵　词第十六部　戏梭波辙　（又）

嗬 hē[ㄏㄜ] 胡歌切　史波韵，阴　平平，歌韵　词第九部　戏梭波辙　【现代字。借用同音字"荷(二)"的反切。】

嗔 (一)chēn[ㄔㄣ] 昌真切　史文韵，阴　平平，真韵　词第六部　戏人辰辙　曲真文韵，阴

　　(二)tián[ㄊㄧㄢˊ]　（盛大，众多，同"阗①"）

嗦 suo[˙ㄙㄨㄛ] 苏禾切　史波韵，阴　乎平，歌韵　词第九部　戏梭波辙　【方言字。借用同音字"唆"的反切。】

嗝 gé[ㄍㄜˊ] 古核切　史波韵，阳　乎入，陌韵　词第十七部　戏梭波辙

嗕 rù[ㄖㄨˋ] 而蜀切　史姑韵，去　乎入，沃韵　词第十五部　戏姑苏辙

嗄 (一)shà[ㄕㄚˋ] ①所嫁切　史麻韵，去　乎去，祃韵　词第十部　戏发花辙　（声音嘶哑）

　　　　 ②於犗切　史开韵，去　乎去，卦韵　词第十部　戏怀来辙　（语气助词）

　　(二)xià[ㄒㄧㄚˋ] 胡雅切　史麻韵，去　乎上，马韵　词第十部　戏发花辙　曲家麻韵，去　（~饭）【同"下饭"，用"下"的反切。】

　　(三)á[ㄚˊ] （叹词，同"啊(三)"）

嘈 chái[ㄔㄞˊ] 鉏加切　史开韵，阳　乎平，佳韵　词第十部　戏怀来辙

嗣 sì[ㄙˋ] 祥吏切　史支韵，去　乎去，寘韵　词第三部　戏一七辙　曲支思韵，去

嗅 xiù[ㄒㄧㄡˋ] 许救切　史尤韵，去　乎去，宥韵　词第十二部　戏由求辙　曲尤侯韵，去

嗥 háo[ㄏㄠˊ] 胡刀切　史豪韵，阳　乎平，豪韵　词第八部　戏遥条辙　曲萧豪韵，阳

嗲 diǎ[ㄉㄧㄚˇ] 都下切　史麻韵，上　乎上，马韵　词第十部　戏发花辙　【方言字。以"都""下"二字可以切得。】

嗳 (一)ài[ㄞˋ] 於盖切　史开韵，去　乎去，泰韵　词第五部　戏怀来辙　【与"嗳(三)"一音之转，反切仍之。】

　　(二)ǎi[ㄞˇ] 於盖切　史开韵，上　乎去，泰韵　词第五部　戏怀来辙　（叹词，表否定）

　　(三)āi[ㄞ] 於盖切　史开韵，阴　乎去，泰韵　词第五部　戏怀来辙　（叹词，表不满或提醒）　【与"嗳(一)"一音之转，反切仍之。】

嗡 wēng[ㄨㄥ] ①乌公切　史庚韵，阴　乎平，东韵　词第一部　戏中东辙

　　　　 ②邬孔切　史庚韵，阴　乎上，董韵　词第一部　戏中东辙　（又）

嗬 (一)hè[ㄏㄜˋ] 呵各切　史波韵，去　乎入，药韵　词第十六部　戏梭波辙　（严酷状）

　　(二)xiāo[ㄒㄧㄠ] 许交切　史豪韵，阴　乎平，肴韵　词第八部　戏遥条辙　（箫管声）

　　(三)xiào[ㄒㄧㄠˋ] 呼教切　史豪韵，去　乎去，效韵　词第八部　戏遥条辙　（声音大）

嘣 (一)bēng[ㄅㄥ] 甫盲切　史庚韵，阴　乎平，庚韵　词第十一部　戏中东辙

　　(二)pǎng[ㄆㄤˇ] 匹朗切　史唐韵，上　乎上，养韵　词第二部　戏江阳辙　（吹牛）　【方言读音。借用同音字"髈"的反切。】

嗌 (一)yì[ㄧˋ] 伊昔切　史齐韵，去　乎入，陌韵　词第十七部　戏一七辙

　　(二)ài[ㄞˋ] 乌懈切　史开韵，去　乎去，卦韵　词第十部　戏怀来辙　（室塞）

　　(三)wò[ㄨㄛˋ] 乙角切　史波韵，去　乎入，觉韵　词第十六部　戏梭波辙　（笑声）

嗛 (一)qiǎn[ㄑㄧㄢˇ] 苦簟切　史寒韵，上　乎上，俭韵　词第十四部　戏言前辙　（动物颊囊）

　　(二)qiān[ㄑㄧㄢ] 苦兼切　史寒韵，阴　乎平，盐韵　词第十四部　戏言前辙　（谦虚）

　　(三)xián[ㄒㄧㄢˊ] （同"衔"）

　　(四)qiàn[ㄑㄧㄢˋ] （歉收，同"歉"）

　　(五)qiè[ㄑㄧㄝˋ] （满足，快意，同"慊(三)"）

嗍 suō[ㄙㄨㄛ] 色角切　史波韵，阴　乎入，觉韵　词第十六部　戏梭波辙

嗨 (一)hāi[ㄏㄞ] 何开切　史开韵，阴　乎平，灰韵　词第五部　戏怀来辙　（同"咳(三)"）　【现代字。同"咳(三)"，用其反切。】

　　(二)hēi[ㄏㄟ] 迄得切　史微韵，阴　乎入，职韵　词第十七部　戏灰堆辙　（同"嘿(二)"）　【现代字。同"嘿(二)"，用其反切。】

嗐 hài[ㄏㄞˋ] 下盖切　史开韵，去　乎去，泰韵　词第五部　戏怀来辙

嗤 chī[ㄔ] 赤之切　史支韵，阴　乎平，支韵　词第三部　戏一七辙

嗋 xié[ㄒㄧㄝˊ] 虚业切　史皆韵，阳　乎入，洽韵　词第十九部　戏乜斜辙

嗵 tōng[ㄊㄨㄥ] 他红切　史庚韵，阴　乎平，东韵　词第一部　戏中东辙　【现代字。借用同音字"通(一)"的反切。】

嗓 sǎng[ㄙㄤˇ] 写朗切　史唐韵，上　乎上，养韵　词第二部　戏江阳辙　曲江阳韵，上

辔 pèi[ㄆㄟˋ] 兵媚切　史微韵，去　乎去，寘韵　词第三部　戏灰堆辙　曲齐微韵，去

觳（查“殳”部）**亶**（查“亠”部）**㯃**（查“木”部）

十一画

嘖（见“啧”）**壽**（见“寿”）**嘆**（见“叹”）**嘍**（见“唛”）**嘔**（见“呕”）**嘗**（见“尝”）**嘍**（见“喽”）

嘓（见“啯”）**嘊**（见“啀”）**鳴**（见“鸣”）**嗽**（同“唊①”）

嘒 huì[ㄏㄨㄟˋ] 呼惠切　中微韵，去　平去，霁韵　词第三部　戏灰堆辙

嘕 xiān[ㄒㄧㄢ] 许延切　中寒韵，阴　平平，先韵　词第七部　戏言前辙

嘈 cáo[ㄘㄠˊ] 昨劳切　中豪韵，阳　平平，豪韵　词第八部　戏遥条辙　曲萧豪韵，阳

嗽 ㈠sòu[ㄙㄡˋ] 苏奏切　中尤韵，去　平去，宥韵　词第十二部　戏由求辙　曲尤侯韵，去　（咳~）

㈡shù[ㄕㄨˋ] 所救切　中姑韵，去　平去，宥韵　词第十二部　戏姑苏辙　曲尤侯韵，去　（~口）

㈢shuò[ㄕㄨㄛˋ] ①所角切　中波韵，去　平入，觉韵　词第十六部　戏梭波辙　（~吮）

②桑谷切　中波韵，去　平入，屋韵　词第十五部　戏梭波辙　（又）

嘌 ㈠piāo[ㄆㄧㄠ] 抚招切　中豪韵，阴　平平，萧韵　词第八部　戏遥条辙

㈡piào[ㄆㄧㄠˋ] 匹妙切　中豪韵，去　平去，啸韵　词第八部　戏遥条辙　（~呤）【音译字。《集韵》：匹妙切。借用之。】

嘁 ㈠qī[ㄑㄧ] 仓历切　中齐韵，阴　平入，锡韵　词第十七部　戏一七辙　（说话声）【现代读音。借用同音字“戚㈠”的反切。】

㈡zī[ㄗ] 子答切　中支韵，阴　平入，合韵　词第十九部　戏一七辙　（~咨）

嘎 ㈠gā[ㄍㄚ] 古黠切　中麻韵，阴　平入，黠韵　词第十八部　戏发花辙　（拟声词）

㈡gá[ㄍㄚˊ] 古黠切　中麻韵，阳　平入，黠韵　词第十八部　戏发花辙　（鸟鸣声）【与“嘎㈠”一音之转，反切仍之。】

㈢gǎ[ㄍㄚˇ] 古黠切　中麻韵，上　平入，黠韵　词第十八部　戏发花辙　（调皮）【与“嘎㈠”一音之转，反切仍之。】

嘘 ㈠xū[ㄒㄩ] ①朽居切　中齐韵，阴　平平，鱼韵　词第四部　戏一七辙

②许御切　中齐韵，阴　平去，御韵　词第四部　戏一七辙　（又）

㈡shī[ㄕ] 朽居切　中支韵，阴　平平，鱼韵　词第四部　戏一七辙　（叹词）【现代读音。反切仍之。】

嘑 ㈠hù[ㄏㄨˋ] 荒故切　中姑韵，去　平去，遇韵　词第四部　戏姑苏辙　（~尔）

㈡hū[ㄏㄨ]　（叫喊，同“呼㈠：①”）

嘡 tāng[ㄊㄤ] 吐郎切　中唐韵，阴　平平，阳韵　词第二部　戏江阳辙【现代字。借用同音字“镗㈠”的反切。】

噭 jiào[ㄐㄧㄠˋ] 古弔切　中豪韵，去　平去，啸韵　词第八部　戏遥条辙

嗺 suī[ㄙㄨㄟ] 素回切　中微韵，阴　平平，灰韵　词第三部　戏灰堆辙

嘣 bēng[ㄅㄥ] 北滕切　中庚韵，阴　平平，蒸韵　词第十一部　戏中东辙【方言字。借用同音字“崩”的反切。】

嘤 yīng[ㄧㄥ] 乌茎切　中庚韵，阴　平平，庚韵　词第十一部　戏中东辙　曲庚青韵，阴

嘄 jiāo[ㄐㄧㄠ] 坚尧切　中豪韵，阴　平平，萧韵　词第八部　戏遥条辙

嘚 dē[ㄉㄜ] 东客切　中波韵，阴　平入，陌韵　词第十七部　戏梭波辙

嘦 jiào[ㄐㄧㄠˋ] 古弔切　中豪韵，去　平去，啸韵　词第八部　戏遥条辙【方言字。借用同音字“叫”的反切。】

嗿 tǎn[ㄊㄢˇ] 他感切　中寒韵，上　平上，感韵　词第十四部　戏言前辙

嗻 zhè[ㄓㄜˋ] ①之夜切　中波韵，去　平去，祃韵　词第十部　戏梭波辙

②之奢切　中波韵，阴　平平，麻韵　词第十部　戏梭波辙　（啤~）

嘛 ㈠má[ㄇㄚˊ] 莫霞切　中麻韵，阳　平平，麻韵　词第十部　戏发花辙【现代字。借用同音字“麻”的反切。】

㈡ma[˙ㄇㄚ] 莫霞切　中麻韵，阴　平平，麻韵　词第十部　戏发花辙　（语气助词）【轻声。反切仍之。】

嗾 sǒu[ㄙㄡˇ] ①苏厚切　中尤韵，上　平上，有韵　词第十二部　戏由求辙

②苏奏切　中尤韵，上　平去，宥韵　词第十二部　戏由求辙　（又）

嘀 ㈠dí[ㄉㄧˊ] 都历切　中齐韵，阳　平入，锡韵　词第十七部　戏一七辙【现代字。借用同音字“啇”的反切。】

（二）dī［ㄉ丨］ 都历切　史齐韵，阴　乎入，锡韵　词第十七部　戏一七辙　（拟声词）【现代字。借用同音字"啇"的反切。】

嘧 mì［ㄇ丨 ˋ］ 美毕切　史齐韵，去　乎入，质韵　词第十七部　戏一七辙　【音译字。借用同音字"密"的反切。】

嘐（一）xiāo［ㄒ丨ㄠ］ 许交切　史豪韵，阴　乎平，肴韵　词第八部　戏遥条辙

　　（二）jiāo［ㄐ丨ㄠ］ 古肴切　史豪韵，阴　乎平，肴韵　词第八部　戏遥条辙　（拟声词）

嘉（查"士"部）**嘏**（查"十"部）**碧**（查"石"部）**韶**（查"音"部）

十二画

曉（见"哓"）噴（见"喷"）噠（见"哒"）噘（同"撅（一）"）喟（同"喟①"）噐（同"器"）噿（见"啴"）

嘸（见"呒"）噑（同"嗥"）嘮（见"唠"）噷（见"哟"）嘰（见"叽"）

嘻 xī［ㄒ丨］ 许其切　史齐韵，阴　乎平，支韵　词第三部　戏一七辙　曲齐微韵，阴

嘭 pēng［ㄆㄥ］ 蒲庚切　史庚韵，阴　乎平，庚韵　词第十一部　戏中东辙

噎 yē［丨ㄝ］ 乌结切　史皆韵，阴　乎入，屑韵　词第十八部　戏乜斜辙　曲车遮韵，去

噁（一）wù［ㄨ ˋ］ 乌路切　史姑韵，去　乎去，遇韵　词第四部　戏姑苏辙

　　（二）ě［ㄜ ˇ］ （要呕吐，同"恶（二）"）

嘶 sī［ㄙ］ 先稽切　史支韵，阴　乎平，齐韵　词第三部　戏一七辙　曲齐微韵，阴

噶（一）gé［ㄍㄜ ´］ 古渴切　史波韵，阳　乎入，曷韵　词第十八部　戏梭波辙

　　（二）gá［ㄍㄚ ´］ 古黠切　史麻韵，阳　乎入，黠韵　词第十八部　戏发花辙　（译音字）【借用同音字"嘎（二）"的反切。】

嘲（一）cháo［ㄔㄠ ´］ 陟交切　史豪韵，阳　乎平，肴韵　词第八部　戏遥条辙　曲萧豪韵，阴

　　（二）zhāo［ㄓㄠ］ 陟交切　史豪韵，阴　乎平，肴韵　词第八部　戏遥条辙　曲萧豪韵，阴　（～哳）【两读一音之转，反切仍之。】

嘾（一）dàn［ㄉㄢ ˋ］ 徒感切　史寒韵，去　乎上，感韵　词第十四部　戏言前辙

　　（二）tán［ㄊㄢ ´］ 徒南切　史寒韵，阳　乎平，覃韵　词第十四部　戏言前辙　（沉迷）

嘹 liáo［ㄌ丨ㄠ ´］ ①落萧切　史豪韵，阳　乎平，萧韵　词第八部　戏遥条辙

　　　　　　　　　②力弔切　史豪韵，阳　乎去，啸韵　词第八部　戏遥条辙　（又）

噆（一）zǎn［ㄗㄢ ˇ］ 七感切　史寒韵，上　乎上，感韵　词第十四部　戏言前辙

　　（二）zā［ㄗㄚ］ 子答切　史麻韵，阴　乎入，合韵　词第十九部　戏发花辙　（又）

噗 pū［ㄆㄨ］ 普木切　史姑韵，阴　乎入，屋韵　词第十五部　戏姑苏辙　【现代字。借用同音字"仆（二）"的反切。】

嘬（一）chuài［ㄔㄨㄞ ˋ］ 楚夬切　史开韵，去　乎去，卦韵　词第十部　戏怀来辙

　　（二）zuō［ㄗㄨㄛ］ 则落切　史波韵，阴　乎入，药韵　词第十六部　戏梭波辙　（吮吸；～口）【现代读音。借用同音字"作（二）"的反切。】

嘿（一）mò［ㄇㄛ ˋ］ 莫北切　史波韵，去　乎入，职韵　词第十七部　戏梭波辙　（闭口不言）

　　（二）hēi［ㄏㄟ］ 迄得切　史微韵，阴　乎入，职韵　词第十七部　戏灰堆辙　（拟声词；叹词）

噍（一）jiào［ㄐ丨ㄠ ˋ］ 才笑切　史豪韵，去　乎去，啸韵　词第八部　戏遥条辙　曲萧豪韵，去

　　（二）jiāo［ㄐ丨ㄠ］ 即消切　史豪韵，阴　乎平，萧韵　词第八部　戏遥条辙　（急促）

　　（三）jiū［ㄐ丨ㄡ］ 将由切　史尤韵，阴　乎平，尤韵　词第十二部　戏由求辙　（鸟叫声）

噢（一）yǔ［ㄩ ˇ］ ①於武切　史齐韵，上　乎上，麌韵　词第四部　戏一七辙　（～咻）

　　　　　　　　　②於六切　史齐韵，去　乎入，屋韵　词第十五部　戏一七辙　（～咿）

　　（二）ō［ㄛ］ 五何切　史波韵，阴　乎平，歌韵　词第九部　戏梭波辙　（叹词）【与"哦（二）"音近义近，用其反切。】

噅 huī［ㄏㄨㄟ］ 呼为切　史微韵，阴　乎平，支韵　词第三部　戏灰堆辙

噏 xī［ㄒ丨］ 许及切　史齐韵，阴　乎入，缉韵　词第十七部　戏一七辙

噙 qín［ㄑ丨ㄣ ´］ 巨金切　史文韵，阳　乎平，侵韵　词第十三部　戏人辰辙　曲侵寻韵，阳　【借用同音字"禽"的反切。】

噜 lū［ㄌㄨ］ 龙五切　史姑韵，阴　乎上，麌韵　词第四部　戏姑苏辙

嘁 cù[ㄘㄨˋ] 子六切 中姑韵，去 平入，屋韵 词第十五部 戏姑苏辙
噇 chuáng[ㄔㄨㄤˊ] 传江切 中唐韵，阳 平平，江韵 词第二部 戏江阳辙
噂 zǔn[ㄗㄨㄣˇ] 兹损切 中文韵，上 平上，阮韵 词第六部 戏人辰辙
噌 ㈠ cēng[ㄘㄥ] 慈陵切 中庚韵，阴 平平，蒸韵 词第十一部 戏中东辙
㈡ chēng[ㄔㄥ] 楚耕切 中庚韵，阴 平平，庚韵 词第十一部 戏中东辙 （~吰）
噚 xún[ㄒㄩㄣˊ] 徐林切 中文韵，阳 平平，侵韵 词第十三部 戏人辰辙【音译字。借用同音字“寻”的反切。】
嘱 zhǔ[ㄓㄨˇ] 之欲切 中姑韵，上 平入，沃韵 词第十五部 戏姑苏辙 曲鱼模韵，阳
噀 xùn[ㄒㄩㄣˋ] 素困切 中文韵，去 平去，愿韵 词第七部 戏人辰辙 曲真文韵，去
噔 dēng[ㄉㄥ] 丑陵切 中庚韵，阴 平平，蒸韵 词第十一部 戏中东辙
噊 yù[ㄩˋ] 余律切 中齐韵，去 平入，质韵 词第十七部 戏一七辙
匵（查“匚”部）

十三画

嚍（见“吨”）**嚱**（见“哕”）**噹**（见“当”）**噥**（见“哝”）**噲**（见“哙”）**嗳**（见“嗳”）**嘯**（见“啸”）

嚄 ㈠ huò[ㄏㄨㄛˋ] 胡伯切 中波韵，去 平入，陌韵 词第十七部 戏梭波辙
㈡ ǒ[ㄛˇ] 屋虢切 中波韵，上 平入，陌韵 词第十七部 戏梭波辙 （又）【《集韵》：屋虢切。用之。】
嚆 hāo[ㄏㄠ] 虚交切 中豪韵，阴 平平，肴韵 词第八部 戏遥条辙
噩 è[ㄜˋ] 五各切 中波韵，去 平入，药韵 词第十六部 戏梭波辙
噤 jìn[ㄐㄧㄣˋ] ①巨禁切 中文韵，去 平去，沁韵 词第十三部 戏人辰辙 曲侵寻韵，去
②渠饮切 中文韵，去 平上，寝韵 词第十三部 戏人辰辙 曲侵寻韵，上 （寒~）
嘴 zuǐ[ㄗㄨㄟˇ] 祖委切 中微韵，上 平上，纸韵 词第三部 戏灰堆辙
噱 ㈠ jué[ㄐㄩㄝˊ] 其虐切 中皆韵，阳 平入，药韵 词第十六部 戏乜斜辙
㈡ xué[ㄒㄩㄝˊ] 极虐切 中皆韵，阳 平入，药韵 词第十六部 戏乜斜辙 （~头）
噳 yǔ[ㄩˇ] 虞举切 中齐韵，上 平上，麌韵 词第四部 戏一七辙
器 qì[ㄑㄧˋ] 去冀切 中齐韵，去 平去，寘韵 词第三部 戏一七辙 曲齐微韵，去
噪 zào[ㄗㄠˋ] 苏到切 中豪韵，去 平去，号韵 词第八部 戏遥条辙 曲萧豪韵，去
噠 tà[ㄊㄚˋ] 他合切 中麻韵，去 平入，合韵 词第十九部 戏发花辙
噣 ㈠ zhòu[ㄓㄡˋ] 陟救切 中尤韵，去 平去，宥韵 词第十二部 戏由求辙
㈡ zhuó[ㄓㄨㄛˊ] 竹角切 中波韵，阳 平入，觉韵 词第十六部 戏梭波辙 （同“啄㈠：①”）
㈢ zhú[ㄓㄨˊ] 之欲切 中姑韵，阳 平入，沃韵 词第十五部 戏姑苏辙 （鸟名）
噬 shì[ㄕˋ] 时制切 中支韵，去 平去，霁韵 词第三部 戏一七辙 曲支思韵，去
噭 ㈠ jiào[ㄐㄧㄠˋ] 古弔切 中豪韵，去 平去，啸韵 词第八部 戏遥条辙
㈡ qiào[ㄑㄧㄠˋ] 诘弔切 中豪韵，去 平去，啸韵 词第八部 戏遥条辙 （嘴）
噞 yǎn[ㄧㄢˇ] 鱼检切 中寒韵，上 平上，俭韵 词第十四部 戏言前辙
噡 ㈠ zhān[ㄓㄢ] 职廉切 中寒韵，阴 平平，盐韵 词第十四部 戏言前辙
㈡ dān[ㄉㄢ] 都甘切 中寒韵，阴 平平，覃韵 词第十四部 戏言前辙 （罗嗦）
噫 ㈠ ài[ㄞˋ] 乌界切 中开韵，去 平去，卦韵 词第五部 戏怀来辙
㈡ yī[ㄧ] ①於其切 中齐韵，阴 平平，支韵 词第三部 戏一七辙 曲齐微韵，阴 （叹声）
②於希切 中齐韵，阴 平平，微韵 词第三部 戏一七辙 曲齐微韵，阴 （呼痛声）
③於拟切 中齐韵，上 平上，纸韵 词第三部 戏一七辙 （恨声）
噰 yōng[ㄩㄥ] 於容切 中庚韵，阴 平平，冬韵 词第一部 戏中东辙
嚅 sāi[ㄙㄞ] 苏则切 中开韵，阴 平入，职韵 词第十七部 戏怀来辙【音译字。借用同音字“塞㈠”的反切。】
噼 pī[ㄆㄧ] 频弥切 中齐韵，阴 平平，支韵 词第三部 戏一七辙【现代字。借用同音字“辟㈤”的反切。】
嬴（查“亠”部）

十四画

𪒠（同"䨿"）𠴢（见"吓"）噇（同"尝"）嘛（同"喊③"）嚌（见"哜"）嚀（见"咛"）

嚏 tì[ㄊㄧˋ] 都计切　史齐韵，去　平去，霁韵　词第三部　戏一七辙　曲齐微韵，去

𪗴 (一)làn[ㄌㄢˋ] 卢瞰切　史寒韵，去　平去，勘韵　词第十四部　戏言前辙

　　(二)hǎn[ㄏㄢˇ] ①呼览切　史寒韵，上　平上，感韵　词第十四部　戏言前辙　曲监咸韵，上　（喊叫）
　　　　　　　　②苦滥切　史寒韵，上　平去，勘韵　词第十四部　戏言前辙　曲监咸韵，上　（又）

嘣 (一)yè[ㄧㄝˋ] 益涉切　史皆韵，去　平入，叶韵　词第十八部　戏乜斜辙　（~哒）

　　(二)yàn[ㄧㄢˋ]　（咽气，同"咽㈡"）

嚅 rú[ㄖㄨˊ] 人朱切　史姑韵，阳　平平，虞韵　词第四部　戏姑苏辙　曲鱼模韵，阳

嚊 pì[ㄆㄧˋ] 匹备切　史齐韵，去　平去，寘韵　词第三部　戏一七辙

嚎 háo[ㄏㄠˊ] 壶高切　史豪韵，阳　平平，豪韵　词第八部　戏遥条辙

嚓 (一)cā[ㄘㄚ] 初戛切　史麻韵，阴　平入，黠韵　词第十八部　戏发花辙　（~的一声）【现代字。借用同音字"擦"的反切。】

　　(二)chā[ㄔㄚ] 初八切　史麻韵，阴　平入，黠韵　词第十八部　戏发花辙　（喀~）【现代字。借用同音字"察"的反切。】

嘀 dí[ㄉㄧˊ] 亭历切　史齐韵，阳　平入，锡韵　词第十七部　戏一七辙

襄（查"亠"部）嬴（查"亠"部）嚮（查"阝右"部）

十五画

𪘤（见"呫"）嚕（见"噜"）

嚘 yōu[ㄧㄡ] 於求切　史尤韵，阴　平平，尤韵　词第十二部　戏由求辙

嚗 bó[ㄅㄛˊ] 北角切　史波韵，阳　平入，觉韵　词第十六部　戏梭波辙

嚚 yín[ㄧㄣˊ] 语巾切　史文韵，阳　平平，真韵　词第六部　戏人辰辙　曲真文韵，阳

嚣 (一)áo[ㄠˊ] 牛刀切　史豪韵，阳　平平，豪韵　词第八部　戏遥条辙

　　(二)xiāo[ㄒㄧㄠ] 虚娇切　史豪韵，阴　平平，萧韵　词第八部　戏遥条辙　曲萧豪韵，阴　（喧闹；~张）

嚜 (一)mèi[ㄇㄟˋ] 明秘切　史微韵，去　平去，寘韵　词第三部　戏灰堆辙　（~㞑）

　　(二)mò[ㄇㄛˋ]　（沉默，同"默"）

十六画

嗯（同"咽㈡"）𪘁（见"呖"）𪗨（同"齾"）噅（同"咴①"）嚴（见"严"）𪙲（同"儳"）嚨（见"咙"）

韻（同"韵"）

𪗪 pǐ[ㄆㄧˇ] 匹鄙切　史齐韵，上　平上，纸韵　词第三部　戏一七辙　曲齐微韵，上

嚯 huò[ㄏㄨㄛˋ] 虚郭切　史波韵，去　平入，药韵　词第十六部　戏梭波辙　【现代读音。借用同音字"霍"的反切。】

囊（查"木"部）嬴（查"亠"部）贏（查"亠"部）

十七画

嚽（同"啜㈠"）嘤（见"嘤"）譽（见"誉"）鼗（见"鼗"）

嚾 huān[ㄏㄨㄢ] 呼官切　史寒韵，阴　平平，寒韵　词第七部　戏言前辙

嘻 xī[ㄒㄧ] ①香义切　史齐韵，阴　平去，寘韵　词第三部　戏一七辙　（拟声词）
　　　　　　②虚宜切　史齐韵，阴　平平，支韵　词第三部　戏一七辙　（叹词）

嚼 (一)jué[ㄐㄩㄝˊ] 在爵切　史皆韵，阳　平入，药韵　词第十六部　戏乜斜辙

　　(二)jiáo[ㄐㄧㄠˊ] 在爵切　史豪韵，阳　平入，药韵　词第十六部　戏遥条辙　（咬碎）

　　(三)jiào[ㄐㄧㄠˋ] 才笑切　史豪韵，去　平去，啸韵　词第八部　戏遥条辙　（反刍）　【与"噍㈠"音同义近，用其反切。】

𪝗 chán［彳ㄢˊ］①锄衔切　曰寒韵，阳　曰平平，咸韵　词第十四部　戏言前辙

②慈染切　曰寒韵，阳　曰平上，俭韵　词第十四部　戏言前辙　（又）

③楚鉴切　曰寒韵，阳　曰平去，陷韵　词第十四部　戏言前辙　（又）

嚷㈠rǎng［ㄖㄤˇ］如两切　曰唐韵，上　曰平上，养韵　词第二部　戏江阳辙　（喊叫）【现代字。借用同音字"攘（㈠）"的反切。】

㈡rāng［ㄖㄤ］汝阳切　曰唐韵，阴　曰平平，阳韵　词第二部　戏江阳辙　（吵闹）【现代字。借用同音字"攘（㈡）"的反切。】

十八画

嚥（见"咽"）**嚬**（见"吃"）**嚩**（见"吥"）**嚚**（见"嚣"）**𪚥**（同"嚣"）
嬴（查"亠"部）

十九画

蘇（同"苏"）**嚙**（见"啮"）**轌**（见"辗"）**囉**（见"啰"）**孿**（见"娈"）
囊㈠náng［ㄋㄤˊ］奴当切　曰唐韵，阳　曰平平，阳韵　词第二部　戏江阳辙　曲江阳韵，阳

㈡nāng［ㄋㄤ］奴当切　曰唐韵，阴　曰平平，阳韵　词第二部　戏江阳辙　曲江阳韵，阳　（~膪）【古今音。反切仍之。】

囋 zá［ㄗㄚˊ］才达切　曰麻韵，阳　曰平入，曷韵　词第十八部　戏发花辙

二十画

囏（同"艰"）**赢**（同"骡"）
囐㈠zá［ㄗㄚˊ］才割切　曰麻韵，阳　曰平入，曷韵　词第十八部　戏发花辙

㈡niè［ㄋㄧㄝˋ］鱼列切　曰皆韵，去　曰平入，屑韵　词第十八部　戏乜斜辙　（论罪）

二十一画

囑（见"咄"㈠）**囒**（见"嘱"）

二十二画

囔 nāng［ㄋㄤ］奴当切　曰唐韵，阴　曰平平，阳韵　词第二部　戏江阳辙　【现代字。借用同音字"囊"的反切。】

口　部

二画

囚 qiú［ㄑㄧㄡˊ］似由切　曰尤韵，阳　曰平平，尤韵　词第十二部　戏由求辙　曲尤侯韵，阳

四 sì［ㄙˋ］息利切　曰支韵，去　曰平去，寘韵　词第三部　戏一七辙　曲支思韵，去

三画

团 tuán［ㄊㄨㄢˊ］度官切　曰寒韵，阳　曰平平，寒韵　词第七部　戏言前辙　曲桓欢韵，阳

因 yīn［ㄧㄣ］於真切　曰文韵，阴　曰平平，真韵　词第六部　戏人辰辙　曲真文韵，阴

回 huí［ㄏㄨㄟˊ］①户恢切　曰微韵，阳　曰平平，灰韵　词第三部　戏灰堆辙　曲齐微韵，阳

②胡对切　曰微韵，阳　曰平去，队韵　词第三部　戏灰堆辙　曲齐微韵，阳　（又）

囝㈠jiǎn［ㄐㄧㄢˇ］九件切　曰寒韵，上　曰平上，铣韵　词第七部　戏言前辙

㈡nān［ㄋㄢ］（小孩，同"囡"）

㈢zǎi［ㄗㄞˇ］（小孩，同"崽"）

囡 nān［ㄋㄢ］奴干切　曰寒韵，阴　曰平平，寒韵　词第七部　戏言前辙　【方言字。以"奴""干"二字可以切得。】

囟（查"丿"部）

四画

囯（同"国"）囘（同"回"）困（同"渊"）囵（同"囵"）

园 ㈠ yuán［ㄩㄢˊ］ 雨元切　中寒韵，阳　平平，元韵　词第七部　戏言前辙　曲先天韵，阳

　　㈡ wán［ㄨㄢˊ］ 五丸切　中寒韵，阳　平平，寒韵　词第七部　戏言前辙　（同"刓"）

围 wéi［ㄨㄟˊ］ ①雨非切　中微韵，阳　平平，微韵　词第三部　戏灰堆辙　曲齐微韵，阳

　　　　　　②于贵切　中微韵，阳　平去，未韵　词第三部　戏灰堆辙　（环绕）

困 kùn［ㄎㄨㄣˋ］ 苦闷切　中文韵，去　平去，愿韵　词第六部　戏人辰辙　曲真文韵，去

囤 ㈠ dùn［ㄉㄨㄣˋ］ 徒损切　中文韵，去　平上，阮韵　词第六部　戏人辰辙　曲真文韵，去

　　㈡ tún［ㄊㄨㄣˊ］ 徒浑切　中文韵，阳　平平，元韵　词第六部　戏人辰辙　（储存）

㐵 ㈠ yóu［ㄧㄡˊ］ 以周切　中尤韵，阳　平平，尤韵　词第十二部　戏由求辙

　　㈡ é［ㄜˊ］ 五禾切　中波韵，阳　平平，歌韵　词第九部　戏梭波辙　（又）

　　㈢ é［ㄜˊ］ （讹诈，同"讹"）

囵 lún［ㄌㄨㄣˊ］ 龙春切　中文韵，阳　平平，真韵　词第六部　戏人辰辙

囫 hú［ㄏㄨˊ］ 户骨切　中姑韵，阳　平入，月韵　词第十八部　戏姑苏辙

卣（查"卜"部）囟（查"丿"部）

五画

国 guó［ㄍㄨㄛˊ］ 古或切　中波韵，阳　平入，职韵　词第十七部　戏梭波辙　曲齐微韵，上

固 gù［ㄍㄨˋ］ 古暮切　中姑韵，去　平去，遇韵　词第四部　戏姑苏辙　曲鱼模韵，去

囷 qūn［ㄑㄩㄣ］ 去伦切　中文韵，阴　平平，真韵　词第六部　戏人辰辙　曲真文韵，上

囹 líng［ㄌㄧㄥˊ］ 郎丁切　中庚韵，阳　平平，青韵　词第十一部　戏中东辙

图 tú［ㄊㄨˊ］ 同都切　中姑韵，阳　平平，虞韵　词第四部　戏姑苏辙　曲鱼模韵，阳

六画

囿 yòu［ㄧㄡˋ］ ①于救切　中尤韵，去　平去，宥韵　词第十二部　戏由求辙　曲尤侯韵，去

　　　　　　②于六切　中尤韵，去　平入，屋韵　词第十五部　戏由求辙　曲尤侯韵，去　（又）

七画

圅（同"函"）

圃 pǔ［ㄆㄨˇ］ ①博古切　中姑韵，上　平上，虞韵　词第四部　戏姑苏辙　曲鱼模韵，上

　　　　　　②博故切　中姑韵，上　平去，遇韵　词第四部　戏姑苏辙　（悬~）

圄 yǔ［ㄩˇ］ 鱼巨切　中齐韵，上　平上，语韵　词第四部　戏一七辙　曲鱼模韵，上

圂 ㈠ hùn［ㄏㄨㄣˋ］ 胡困切　中文韵，去　平去，愿韵　词第六部　戏人辰辙

　　㈡ huàn［ㄏㄨㄢˋ］ 胡惯切　中寒韵，去　平去，谏韵　词第七部　戏言前辙　（~腴）

圆 yuán［ㄩㄢˊ］ 玉权切　中寒韵，阳　平平，先韵　词第七部　戏言前辙　曲先天韵，阳

圁 yín［ㄧㄣˊ］ 语巾切　中文韵，阳　平平，真韵　词第六部　戏人辰辙

八画

國（见"国"）圖（见"图"）

圊 qīng［ㄑㄧㄥ］ 七情切　中庚韵，阴　平平，庚韵　词第十一部　戏中东辙　曲庚青韵，去

圉 ㈠ yǔ［ㄩˇ］ 鱼巨切　中齐韵，上　平上，语韵　词第四部　戏一七辙　曲鱼模韵，上

　　㈡ yù［ㄩˋ］ （抵御，同"御㈠"）

圈 ㈠ quān［ㄑㄩㄢ］ ①驱圆切　中寒韵，阴　平平，先韵　词第七部　戏言前辙　曲先天韵，阴

　　　　　　②去爰切　中寒韵，阴　平平，元韵　词第七部　戏言前辙　曲先天韵，阴　（又）

　　㈡ juān［ㄐㄩㄢ］ 驱圆切　中寒韵，阴　平平，先韵　词第七部　戏言前辙　（围闭）【借用同音字"勬"的反切。】

（三）juàn［ㄐㄩㄢˋ］①求晚切　中寒韵，去　平上，阮韵　词第七部　戏言前辙　曲先天韵，去　（畜栏；姓）

②渠篆切　中寒韵，去　平上，铣韵　词第七部　戏言前辙　曲先天韵，去　（又）

九画

圊（见"围"）

圌（一）chuán［ㄔㄨㄢˊ］市缘切　中寒韵，阳　平平，先韵　词第七部　戏言前辙　（圆形盛谷器）

（二）chuí［ㄔㄨㄟˊ］是为切　中微韵，阳　平平，支韵　词第三部　戏灰堆辙　（~山）

（三）tuán［ㄊㄨㄢˊ］（圆形，同"团"）

圐 kū［ㄎㄨ］苦骨切　中姑韵，阴　平入，月韵　词第十八部　戏姑苏辙【音译字。借用同音字"矻"的反切。】

十画

園（见"园"）圆（见"圆"）

圔 yà［ㄧㄚˋ］乌洽切　中麻韵，去　平入，洽韵　词第十九部　戏发花辙

十一画

團（见"团"）圖（见"图"）

圙 lüè［ㄌㄩㄝˋ］离灼切　中皆韵，去　平入，药韵　词第十六部　戏乜斜辙【音译字。借用同音字"略"的反切。】

十三画

圜（一）yuán［ㄩㄢˊ］玉权切　中寒韵，阳　平平，先韵　词第七部　戏言前辙　曲先天韵，阳　（天体）

（二）huán［ㄏㄨㄢˊ］户关切　中寒韵，阳　平平，删韵　词第七部　戏言前辙　曲寒山韵，阳　（围绕）

十九画

圞 luán［ㄌㄨㄢˊ］落官切　中寒韵，阳　平平，寒韵　词第七部　戏言前辙　曲桓欢韵，阳

二十三画

圝（同"圞"）

巾 部

巾 jīn［ㄐㄧㄣ］居银切　中文韵，阴　平平，真韵　词第六部　戏人辰辙　曲真文韵，阴

一画

帀（同"匝"）

市 fú［ㄈㄨˊ］分勿切　中姑韵，阳　平入，物韵　词第十八部　戏姑苏辙

币 bì［ㄅㄧˋ］毗祭切　中齐韵，去　平去，霁韵　词第三部　戏一七辙　曲齐微韵，去

二画

布 bù［ㄅㄨˋ］博故切　中姑韵，去　平去，遇韵　词第四部　戏姑苏辙　曲鱼模韵，去

帅 shuài［ㄕㄨㄞˋ］①所律切　中开韵，去　平入，质韵　词第十七部　戏怀来辙

②所类切　中开韵，去　平去，真韵　词第三部　戏灰堆辙　曲皆来韵，去　（主~；姓）

市 shì［ㄕˋ］时止切　中支韵，去　平上，纸韵　词第三部　戏一七辙　曲支思韵，去

匝（查"匚"部）

三画

师 shī［ㄕ］疏夷切　中支韵，阴　平平，支韵　词第三部　戏一七辙　曲支思韵，阴

帆（一）fān［ㄈㄢ］符咸切　中寒韵，阴　平平，咸韵　词第十四部　戏言前辙　曲寒山韵，阳

（二）fàn［ㄈㄢˋ］扶泛切　中寒韵，去　平去，陷韵　词第十四部　戏言前辙　（张~行驶）

吊（查"口"部）

四画

昏（同"纸"）

帏　wéi［ㄨㄟˊ］雨非切　史微韵，阳　平平，微韵　词第三部　戏灰堆辙　曲齐微韵，阳

帐　zhàng［ㄓㄤˋ］知亮切　史唐韵，去　平去，漾韵　词第二部　戏江阳辙　曲江阳韵，去

希　xī［ㄒㄧ］香衣切　史齐韵，阴　平平，微韵　词第三部　戏一七辙　曲齐微韵，阴

帊　㈠pà［ㄆㄚˋ］普驾切　史麻韵，去　平去，祃韵　词第十部　戏发花辙
　　㈡pā［ㄆㄚ］披巴切　史麻韵，阴　平平，麻韵　词第十部　戏发花辙　（残帛）

五画

帗　fú［ㄈㄨˊ］①分勿切　史姑韵，阳　平入，物韵　词第十八部　戏姑苏辙
　　　　　　　　②北末切　史波韵，阴　平入，曷韵　词第十八部　戏梭波辙　（一幅宽的巾）

帖　㈠tiè［ㄊㄧㄝˋ］他协切　史皆韵，去　平入，叶韵　词第十八部　戏乜斜辙　曲车遮韵，上
　　　　　(1)写有字的布帛　(2)用来练字的样本：伯远～　(3)对联别称
　　㈡tiě［ㄊㄧㄝˇ］他协切　史皆韵，上　平入，叶韵　词第十八部　戏乜斜辙　曲车遮韵，上【古今音。反切仍之。】
　　　　　(4)用简短语言写的纸片：请～、庚～、柬～　(5)古称试题
　　㈢tiē［ㄊㄧㄝ］他协切　史皆韵，阴　平入，叶韵　词第十八部　戏乜斜辙　曲车遮韵，上　【古今音。反切仍之。】
　　　　　(6)安定：妥～　(7)顺从：服～　(8)附带：以禄薄带～　(9)典当：有卖舍～田供王役者　⑽量词　⑾粘贴，挨近，
　　　　　通"贴"

帜　zhì［ㄓˋ］式吏切　史支韵，去　平去，寘韵　词第三部　戏一七辙　曲齐微韵，去

帙　zhì［ㄓˋ］直一切　史支韵，去　平入，质韵　词第十七部　戏一七辙

帛　bó［ㄅㄛˊ］傍陌切　史波韵，阳　平入，陌韵　词第十七部　戏梭波辙　曲皆来韵，阳

帕　㈠mò［ㄇㄛˋ］莫鏻切　史波韵，去　平入，黠韵　词第十八部　戏梭波辙　曲家麻韵，去
　　㈡pà［ㄆㄚˋ］普驾切　史麻韵，去　平去，祃韵　词第十部　戏发花辙　曲家麻韵，去　（同"帊㈠"）

帚　zhǒu［ㄓㄡˇ］之九切　史尤韵，上　平上，有韵　词第十二部　戏由求辙　曲尤侯韵，上

帑　㈠tǎng［ㄊㄤˇ］他朗切　史唐韵，上　平上，养韵　词第二部　戏江阳辙　曲江阳韵，上
　　㈡nú［ㄋㄨˊ］农都切　史姑韵，阳　平平，虞韵　词第四部　戏姑苏辙　（同"孥"；鸟尾）

帔　pèi［ㄆㄟˋ］①披义切　史微韵，去　平去，寘韵　词第三部　戏灰堆辙　曲齐微韵，去
　　　　　　　　②敷羁切　史微韵，去　平平，支韵　词第三部　戏灰堆辙　曲齐微韵，去　（又）

帘（查"穴"部）

六画

帅（见"帅"）

帮　bāng［ㄅㄤ］博旁切　史唐韵，阴　平平，阳韵　词第二部　戏江阳辙　曲江阳韵，阴

带　dài［ㄉㄞˋ］当盖切　史开韵，去　平去，泰韵　词第五部　戏怀来辙　曲皆来韵，去

帧　㈠zhēn［ㄓㄣ］猪孟切　史文韵，阴　平去，敬韵　词第十一部　戏人辰辙
　　㈡zhèng［ㄓㄥˋ］猪孟切　史庚韵，去　平去，敬韵　词第十一部　戏中东辙　（旧读）

帢　qià［ㄑㄧㄚˋ］苦洽切　史麻韵，去　平入，洽韵　词第十九部　戏发花辙

帟　yì［ㄧˋ］羊益切　史齐韵，去　平入，陌韵　词第十七部　戏一七辙

帝　dì［ㄉㄧˋ］都计切　史齐韵，去　平去，霁韵　词第三部　戏一七辙　曲齐微韵，去

帡　píng［ㄆㄧㄥˊ］旁经切　史庚韵，阳　平平，青韵　词第十一部　戏中东辙

帣　㈠juàn［ㄐㄩㄢˋ］居倦切　史寒韵，去　平去，霰韵　词第七部　戏言前辙
　　㈡juǎn［ㄐㄩㄢˇ］古转切　史寒韵，上　平上，铣韵　词第七部　戏言前辙　（卷起袖口）

帤　rú［ㄖㄨˊ］女余切　史姑韵，阳　平平，鱼韵　词第四部　戏姑苏辙

七画

師（见"师"）**帬**（同"裙"）

幬 (一)chóu[ㄔㄡˊ] 直由切　史尤韵，阳　平平，尤韵　词第十二部　戏由求辙

　　(二)dào[ㄉㄠˋ] 徒到切　史豪韵，去　平去，号韵　词第八部　戏遥条辙　（覆盖）

帩 qiào[ㄑㄧㄠˋ] 七肖切　史豪韵，去　平去，啸韵　词第八部　戏遥条辙

帨 shuì[ㄕㄨㄟˋ] 舒芮切　史微韵，去　平去，霁韵　词第三部　戏灰堆辙

席（查"广"部）

八画

帳（见"帐"）**帶**（见"带"）**帡**（见"帲"）

幘 zé[ㄗㄜˊ] 侧革切　史波韵，阳　平入，陌韵　词第十七部　戏梭波辙　曲皆来韵，上

帾 (一)dǔ[ㄉㄨˇ] 当古切　史姑韵，上　平上，麌韵　词第四部　戏姑苏辙

　　(二)zhǔ[ㄓㄨˇ]（盖棺红布，同"褚(一)"）

幓 (一)sàn[ㄙㄢˋ] ①苏旰切　史寒韵，去　平去，翰韵　词第七部　戏言前辙

　　　　　②所八切　史寒韵，去　平入，黠韵　词第十八部　戏言前辙　（又）

　　(二)jiǎn[ㄐㄧㄢˇ] 即浅切　史寒韵，上　平上，铣韵　词第七部　戏言前辙　（狭窄）

　　(三)jiān[ㄐㄧㄢ] 则前切　史寒韵，阴　平平，先韵　词第七部　戏言前辙　（垫布）

幗 guó[ㄍㄨㄛˊ] ①古获切　史波韵，阳　平入，陌韵　词第十七部　戏梭波辙

　　　　　②古对切　史波韵，阳　平去，队韵　词第三部　戏梭波辙　（又）

帷 wéi[ㄨㄟˊ] 洧悲切　史微韵，阳　平平，支韵　词第三部　戏灰堆辙

帵 wān[ㄨㄢ] 一丸切　史寒韵，阴　平平，寒韵　词第七部　戏言前辙

常（查"小"部）

九画

幀（见"帧"）**幈**（同"屏(一)"）**幃**（见"帏"）

幅 (一)fú[ㄈㄨˊ] 方六切　史姑韵，阳　平入，屋韵　词第十五部　戏姑苏辙　曲鱼模韵，上

　　(二)bī[ㄅㄧ] 彼侧切　史齐韵，阴　平入，职韵　词第十七部　戏一七辙　（绑腿）

帽 mào[ㄇㄠˋ] 莫报切　史豪韵，去　平去，号韵　词第八部　戏遥条辙　曲萧豪韵，去

幄 wò[ㄨㄛˋ] 於角切　史波韵，去　平入，觉韵　词第十六部　戏梭波辙

幂（查"冖"部）

十画

幌 huǎng[ㄏㄨㄤˇ] 胡广切　史唐韵，上　平上，养韵　词第二部　戏江阳辙　曲江阳韵，去

幏 jià[ㄐㄧㄚˋ] ①古讶切　史麻韵，去　平去，祃韵　词第十部　戏发花辙

　　　　　②古牙切　史麻韵，去　平平，麻韵　词第十部　戏发花辙　（又）

幎 mì[ㄇㄧˋ] 莫狄切　史齐韵，去　平入，锡韵　词第十七部　戏一七辙

幕（查"艹"部）**幐**（查"月"部）

十一画

幗（见"帼"）**幣**（见"币"）**幗**（见"帼"）

幔 màn[ㄇㄢˋ] 莫半切　史寒韵，去　平去，翰韵　词第七部　戏言前辙　曲桓欢韵，去

幛 zhàng[ㄓㄤˋ] 之亮切　史唐韵，去　平去，漾韵　词第二部　戏江阳辙【本字为"障"，用其反切。】

幓 shēn[ㄕㄣ] 疏簪切　史文韵，阴　平平，侵韵　词第十三部　戏人辰辙

十二画

縣（同"绵"）**幟**（见"帜"）

幩 fén[ㄈㄣˊ] 符分切　史文韵，阳　平平，文韵　词第六部　戏人辰辙

幞 ㊀ fú[ㄈㄨˊ] 房玉切　史姑韵，阳　平入，沃韵　词第十五部　戏姑苏辙
　　㊁ pú[ㄆㄨˊ] 房玉切　史姑韵，阳　平入，沃韵　词第十五部　戏姑苏辙　（又）

幜 jǐng[ㄐㄧㄥˇ] 居永切　史庚韵，上　平上，梗韵　词第十一部　戏中东辙

幝 ㊀ chǎn[ㄔㄢˇ] 昌善切　史寒韵，上　平上，铣韵　词第七部　戏言前辙
　　㊁ chàn[ㄔㄢˋ] 尺战切　史寒韵，去　平去，霰韵　词第七部　戏言前辙　（车帏）

幠 hū[ㄏㄨ] 荒乌切　史姑韵，阴　平平，虞韵　词第四部　戏姑苏辙

幡 fān[ㄈㄢ] 孚袁切　史寒韵，阴　平平，元韵　词第七部　戏言前辙　曲寒山韵，阴

幢 ㊀ chuáng[ㄔㄨㄤˊ] 宅江切　史唐韵，阳　平平，江韵　词第二部　戏江阳辙　曲江阳韵，阳
　　㊁ zhuàng[ㄓㄨㄤˋ] 直绛切　史唐韵，去　平去，绛韵　词第二部　戏江阳辙　（量词）

十三画

幪 ㊀ méng[ㄇㄥˊ] ①莫红切　史庚韵，阳　平平，东韵　词第一部　戏中东辙
　　　　　　　　②莫弄切　史庚韵，阳　平去，送韵　词第一部　戏中东辙　（又）
　　㊁ měng[ㄇㄥˇ] 母总切　史庚韵，上　平上，董韵　词第一部　戏中东辙　（茂盛状）

幧 qiāo[ㄑㄧㄠ] ①七遥切　史豪韵，阴　平平，萧韵　词第八部　戏遥条辙
　　　　　　　　②七刀切　史豪韵，阴　平平，豪韵　词第八部　戏遥条辙　（又）

幨 chān[ㄔㄢ] ①处占切　史寒韵，阴　平平，盐韵　词第十四部　戏言前辙
　　　　　　　②昌艳切　史寒韵，去　平去，艳韵　词第十四部　戏言前辙　（衣襟）

幦 mì[ㄇㄧˋ] 莫狄切　史齐韵，去　平入，锡韵　词第十七部　戏一七辙

十四画

幫 (同"帮") 幬 (见"帱")

幭 miè[ㄇㄧㄝˋ] 莫结切　史皆韵，去　平入，屑韵　词第十八部　戏乜斜辙

十五画

歸 (见"归")

十六画

幰 xiǎn[ㄒㄧㄢˇ] 虚偃切　史寒韵，上　平上，阮韵　词第七部　戏言前辙

山　部

山 shān[ㄕㄢ] 师间切　史寒韵，阴　平平，删韵　词第七部　戏言前辙　曲寒山韵，阴

二画

屴 lì[ㄌㄧˋ] 林直切　史齐韵，去　平入，职韵　词第十七部　戏一七辙
出 (查"凵"部)

三画

屼 wù[ㄨˋ] ①五忽切　史姑韵，去　平入，月韵　词第十八部　戏姑苏辙
　　　　　②鱼屈切　史姑韵，去　平入，物韵　词第十八部　戏姑苏辙　（~崪）

屿 yǔ[ㄩˇ] 徐吕切　史齐韵，上　平上，语韵　词第四部　戏一七辙　曲鱼模韵，上

屹 yì[ㄧˋ] 鱼迄切　史齐韵，去　平入，物韵　词第十八部　戏一七辙

岌 jí[ㄐㄧˊ] 鱼及切　史齐韵，阳　平入，缉韵　词第十七部　戏一七辙

岁 suì[ㄙㄨㄟˋ] ①相绝切　史微韵，去　平入，屑韵　词第十八部　戏灰堆辙　曲齐微韵，去
　　　　　　　　②相锐切　史微韵，去　平去，霁韵　词第三部　戏灰堆辙　曲齐微韵，去　（~星）

岐 qǐ[ㄑㄧˇ] 墟里切　史齐韵，上　乎上，纸韵　词第三部　戏一七辙

岂 (一)qǐ[ㄑㄧˇ] 祛狶切　史齐韵，上　乎上，尾韵　词第三部　戏一七辙　曲齐微韵，上　（副词）

　　(二)kǎi[ㄎㄞˇ] 苦亥切　史开韵，上　乎上，贿韵　词第五部　戏怀来辙　（和乐）

四画

岅（同"坂"）

岍 qiān[ㄑㄧㄢ] 苦坚切　史寒韵，阴　乎平，先韵　词第七部　戏言前辙

岏 wán[ㄨㄢˊ] 五丸切　史寒韵，阳　乎平，寒韵　词第七部　戏言前辙

岐 qí[ㄑㄧˊ] 巨支切　史齐韵，阳　乎平，支韵　词第三部　戏一七辙

岖 qū[ㄑㄩ] 岂俱切　史齐韵，阴　乎平，虞韵　词第四部　戏一七辙　曲鱼模韵，阴

岠 jù[ㄐㄩˋ] 其吕切　史齐韵，去　乎上，语韵　词第四部　戏一七辙

岈 (一)xiā[ㄒㄧㄚ] 许加切　史麻韵，阴　乎平，麻韵　词第十部　戏发花辙

　　(二)yá[ㄧㄚˊ] 五加切　史麻韵，阳　乎平，麻韵　词第十部　戏发花辙　（嵖～山）【方言读音。借用同音字"牙"的反切。】

岗 (一)gǎng[ㄍㄤˇ] 古莽切　史唐韵，上　乎上，养韵　词第二部　戏江阳辙

　　(二)gāng[ㄍㄤ]（山冈，同"冈"）

岘 xiàn[ㄒㄧㄢˋ] 胡典切　史寒韵，去　乎上，铣韵　词第七部　戏言前辙

岙 ào[ㄠˋ] 於教切　史豪韵，去　乎去，效韵　词第八部　戏遥条辙【方言字。与"坳(一)"音同义同，用其反切。】

岕 jiè[ㄐㄧㄝˋ] 居拜切　史皆韵，去　乎去，卦韵　词第五部　戏乜斜辙

岑 (一)qián[ㄑㄧㄢˊ] 其淹切　史寒韵，阳　乎平，盐韵　词第十四部　戏言前辙

　　(二)cén[ㄘㄣˊ]（同"岑"）

岑 cén[ㄘㄣˊ] 锄针切　史文韵，阳　乎平，侵韵　词第十三部　戏人辰辙　曲侵寻韵，阳

岎 (一)fén[ㄈㄣˊ] 敷文切　史文韵，阳　乎平，文韵　词第六部　戏人辰辙

　　(二)chà[ㄔㄚˋ]（同"岔"）

岔 chà[ㄔㄚˋ] 丑亚切　史麻韵，去　乎平，麻韵　词第十部　戏发花辙

岉 wù[ㄨˋ] 文弗切　史姑韵，去　乎入，物韵　词第十八部　戏姑苏辙

岚 lán[ㄌㄢˊ] 卢含切　史寒韵，阳　乎平，覃韵　词第十四部　戏言前辙　曲监咸韵，阳

岛 dǎo[ㄉㄠˇ] 都皓切　史豪韵，上　乎上，皓韵　词第八部　戏遥条辙　曲萧豪韵，上

岊 jié[ㄐㄧㄝˊ] 子结切　史皆韵，阳　乎入，屑韵　词第十八部　戏乜斜辙

岜 bā[ㄅㄚ] 伯加切　史麻韵，阴　乎平，麻韵　词第十部　戏发花辙【方言字。借用同音字"巴"的反切。】

五画

冈（见"冈"）岝（同"岞"）岥（同"陂(三)"）

岵 hù[ㄏㄨˋ] 侯古切　史姑韵，去　乎上，麌韵　词第四部　戏姑苏辙　曲鱼模韵，去

岢 kě[ㄎㄜˇ] 枯我切　史波韵，上　乎上，哿韵　词第九部　戏梭波辙

岸 àn[ㄢˋ] 五旰切　史寒韵，去　乎去，翰韵　词第七部　戏言前辙　曲寒山韵，去

岩 yán[ㄧㄢˊ] 五衔切　史寒韵，阳　乎平，咸韵　词第十四部　戏言前辙　曲监咸韵，阳

崬 dōng[ㄉㄨㄥ] 德红切　史庚韵，阴　乎平，东韵　词第一部　戏中东辙【方言字。借用同音字"东"的反切。】

岿 (一)kuī[ㄎㄨㄟ] ①丘追切　史微韵，阴　乎平，支韵　词第三部　戏灰堆辙

　　　　　　②丘轨切　史微韵，阴　乎上，纸韵　词第三部　戏灰堆辙　（又）

　　(二)kuì[ㄎㄨㄟˋ] 丘媿切　史微韵，去　乎去，寘韵　词第三部　戏灰堆辙　（独立状）

岨 (一)qū[ㄑㄩ] 七余切　史齐韵，阴　乎平，鱼韵　词第四部　戏一七辙

　　(二)zǔ[ㄗㄨˇ] 壮所切　史姑韵，上　乎上，语韵　词第四部　戏姑苏辙　（险要之地）

　　(三)jǔ[ㄐㄩˇ]（～峿－龃龉，同"龃"）

岬 jiǎ[ㄐㄧㄚˇ] 古狎切 史麻韵，上 平入，洽韵 词第十九部 戏发花辙

岫 xiù[ㄒㄧㄡˋ] 似祐切 史尤韵，去 平去，宥韵 词第十二部 戏由求辙 曲尤侯韵，去

峡 yǎng[ㄧㄤˇ] 於两切 史唐韵，上 平上，养韵 词第二部 戏江阳辙

岞 zuò[ㄗㄨㄛˋ] ①仕革切 史波韵，去 平入，陌韵 词第十七部 戏梭波辙

②在各切 史波韵，去 平入，药韵 词第十六部 戏梭波辙 （又）

岳 yuè[ㄩㄝˋ] ①五角切 史皆韵，去 平入，觉韵 词第十六部 戏乜斜辙 曲萧豪韵，去

②五角切 史皆韵，去 平入，觉韵 词第十六部 戏乜斜辙 曲歌戈韵，去 （又）

岱 dài[ㄉㄞˋ] 徒耐切 史开韵，去 平去，队韵 词第五部 戏怀来辙 曲皆来韵，去

岭 (一)líng[ㄌㄧㄥˊ] 郎丁切 史庚韵，阳 平平，青韵 词第十一部 戏中东辙

(二)lǐng[ㄌㄧㄥˇ] 良郢切 史庚韵，上 平上，梗韵 词第十一部 戏中东辙 曲庚青韵，上 （山~）

岣 gǒu[ㄍㄡˇ] ①古厚切 史尤韵，上 平上，有韵 词第十二部 戏由求辙

②举朱切 史尤韵，上 平平，虞韵 词第四部 戏由求辙 （又）

峁 mǎo[ㄇㄠˇ] 莫饱切 史豪韵，上 平上，巧韵 词第八部 戏遥条辙 【方言字。借用同音字"卯"的反切。】

岟 tóng[ㄊㄨㄥˊ] 徒冬切 史庚韵，阳 平平，冬韵 词第一部 戏中东辙 【方言字。借用同音字"仝"的反切。】

峃 xué[ㄒㄩㄝˊ] 胡觉切 史皆韵，阳 平入，觉韵 词第十六部 戏乜斜辙

岷 mín[ㄇㄧㄣˊ] 五巾切 史文韵，阳 平平，真韵 词第六部 戏人辰辙

岪 fó[ㄈㄛˊ] 符弗切 史波韵，阳 平入，物韵 词第十八部 戏梭波辙

岧 tiáo[ㄊㄧㄠˊ] 徒聊切 史豪韵，阳 平平，萧韵 词第八部 戏遥条辙

峄 yì[ㄧˋ] 羊益切 史齐韵，去 平入，陌韵 词第十七部 戏一七辙

凯 （查"几"部）

六画

峏 （同"峏(一)"）

峙 (一)zhì[ㄓˋ] 直里切 史支韵，去 平上，纸韵 词第三部 戏一七辙

(二)shì[ㄕˋ] 直里切 史支韵，去 平上，纸韵 词第三部 戏一七辙 （繁~）【方言读音。反切仍之。】

峘 (一)huán[ㄏㄨㄢˊ] 胡官切 史寒韵，阳 平平，寒韵 词第七部 戏言前辙

(二)héng[ㄏㄥˊ] 胡登切 史庚韵，阳 平平，蒸韵 词第十一部 戏中东辙 （又）

峚 mì[ㄇㄧˋ] 莫必切 史齐韵，去 平入，质韵 词第十七部 戏一七辙

炭 tàn[ㄊㄢˋ] 他旦切 史寒韵，去 平去，翰韵 词第七部 戏言前辙 曲寒山韵，去

剐 lǐ[ㄌㄧˇ] 力纸切 史齐韵，上 平上，纸韵 词第三部 戏一七辙

峡 xiá[ㄒㄧㄚˊ] 侯夹切 史麻韵，阳 平入，洽韵 词第十九部 戏发花辙 曲家麻韵，阳

峣 yáo[ㄧㄠˊ] 五聊切 史豪韵，阳 平平，萧韵 词第八部 戏遥条辙 曲萧豪韵，阳

峌 dié[ㄉㄧㄝˊ] 徒结切 史皆韵，阳 平入，屑韵 词第十八部 戏乜斜辙

峒 (一)dòng[ㄉㄨㄥˋ] 徒弄切 史庚韵，去 平去，送韵 词第一部 戏中东辙

(二)tóng[ㄊㄨㄥˊ] 徒红切 史庚韵，阳 平平，东韵 词第一部 戏中东辙 曲东钟韵，阳 （崆~）

峤 (一)jiào[ㄐㄧㄠˋ] 渠庙切 史豪韵，去 平去，啸韵 词第八部 戏遥条辙 曲萧豪韵，去

(二)qiáo[ㄑㄧㄠˊ] 巨娇切 史豪韵，阳 平平，萧韵 词第八部 戏遥条辙 （高）

峜 jì[ㄐㄧˋ] 古器切 史齐韵，去 平去，霁韵 词第三部 戏一七辙

峗 (一)wéi[ㄨㄟˊ] 鱼为切 史微韵，阳 平平，支韵 词第三部 戏灰堆辙 （三~山）

(二)wěi[ㄨㄟˇ] 五委切 史微韵，上 平上，纸韵 词第三部 戏灰堆辙 （高峻状）

峞 (一)wéi[ㄨㄟˊ] ①五灰切 史微韵，阳 平平，灰韵 词第三部 戏灰堆辙 （三~山）

②五罪切 史微韵，阳 平上，贿韵 词第三部 戏灰堆辙 （又）

(二)guǐ[ㄍㄨㄟˇ] 苦轨切 史微韵，上 平上，纸韵 词第三部 戏灰堆辙 （山高状）

峋 xún[ㄒㄩㄣˊ] 相伦切 史文韵，阳 平平，真韵 词第六部 戏人辰辙

峥 zhēng[ㄓㄥ] 士耕切　史庚韵，阴　平平，庚韵　词第十一部　戏中东辙

峦 luán[ㄌㄨㄢˊ] 落官切　史寒韵，阳　平平，寒韵　词第七部　戏言前辙　曲桓欢韵，阳

峧 jiāo[ㄐㄧㄠ] 古肴切　史豪韵，阴　平平，肴韵　词第八部　戏遥条辙　【方言字。借用同音字"交"的反切。】

峐 gāi[ㄍㄞ] 古哀切　史开韵，阴　平平，灰韵　词第五部　戏怀来辙

峏 ěn[ㄣˇ] 鱼恳切　史文韵，上　平上，阮韵　词第六部　戏人辰辙

峏（查"而"部）幽（查"幺"部）

七画

峃（见"峃"）峡（见"峡"）岘（见"岘"）埊（同"地"）嵯（同"峨"）岛（见"岛"）峹（同"涂㈠：①"）
峯（同"峰"）

崁 kàn[ㄎㄢˋ] 苦绀切　史寒韵，去　平去，勘韵　词第十四部　戏言前辙　【方言字。借用同音字"墈"的反切。】

崂 láo[ㄌㄠˊ] 郎刀切　史豪韵，阳　平平，豪韵　词第八部　戏遥条辙

峬 bū[ㄅㄨ] 博孤切　史姑韵，阴　平平，虞韵　词第四部　戏姑苏辙

峿㈠ wú[ㄨˊ] 五乎切　史姑韵，阳　平平，虞韵　词第四部　戏姑苏辙

　　㈡ yǔ[ㄩˇ]　（岨~－龃龉，同"龉①③"）

崃 lái[ㄌㄞˊ] 落哀切　史开韵，阳　平平，灰韵　词第五部　戏怀来辙

峭 qiào[ㄑㄧㄠˋ] 七肖切　史豪韵，去　平去，啸韵　词第八部　戏遥条辙　曲萧豪韵，去

峨 é[ㄜˊ] 五何切　史波韵，阳　平平，歌韵　词第九部　戏梭波辙　曲歌戈韵，阳

峳 yōu[ㄧㄡ] 夷周切　史尤韵，阴　平平，尤韵　词第十二部　戏由求辙

崄㈠ xiǎn[ㄒㄧㄢˇ] 虚检切　史寒韵，上　平上，俭韵　词第十四部　戏言前辙

　　㈡ yǎn[ㄧㄢˇ] 鱼检切　史寒韵，上　平上，俭韵　词第十四部　戏言前辙　（高峻状）

峪 yù[ㄩˋ] 俞玉切　史齐韵，去　平入，沃韵　词第十五部　戏一七辙

峰 fēng[ㄈㄥ] 敷容切　史庚韵，阴　平平，冬韵　词第一部　戏中东辙　曲东钟韵，阴

峾 yín[ㄧㄣˊ] 鱼巾切　史文韵，阳　平平，真韵　词第六部　戏人辰辙

崀㈠ lǎng[ㄌㄤˇ] 卢党切　史唐韵，上　平上，养韵　词第二部　戏江阳辙

　　㈡ làng[ㄌㄤˋ] 来宕切　史唐韵，去　平去，漾韵　词第二部　戏江阳辙　（~山）　【方言读音。借用同音字"浪㈠"的反切。】

崐 qūn[ㄑㄩㄣ] 去伦切　史文韵，阴　平平，真韵　词第六部　戏人辰辙

峻 jùn[ㄐㄩㄣˋ] 私闰切　史文韵，去　平去，震韵　词第六部　戏人辰辙　曲真文韵，去

猺（查"犭"部）峕（查"言"部）

八画

峕（同"峥"）崧（同"嵩"）崇（见"崇"）崕（同"崖"）崍（见"崃"）崐（同"昆"）崑（同"昆"）
崌（同"崗"）崗（见"岗"）崟（同"崟"）崘（同"仑①"）崙（同"仑①②"）崢（见"峥"）崒（同"崒"）
崈（同"崇"）

崚㈠ líng[ㄌㄧㄥˊ] 力膺切　史庚韵，阳　平平，蒸韵　词第十一部　戏中东辙

　　㈡ léng[ㄌㄥˊ] 力膺切　史庚韵，阳　平平，蒸韵　词第十一部　戏中东辙　（又）

崊 lín[ㄌㄧㄣˊ] 吕今切　史文韵，阳　平平，侵韵　词第十三部　戏人辰辙

崖㈠ yá[ㄧㄚˊ] 五佳切　史麻韵，阳　平平，佳韵　词第十部　戏发花辙　曲皆来韵，阳

　　㈡ yái[ㄧㄞˊ] 鱼羁切　史开韵，阳　平平，支韵　词第三部　戏怀来辙　曲皆来韵，阳　（又）

崎㈠ qí[ㄑㄧˊ] ①渠希切　史齐韵，阳　平平，微韵　词第三部　戏一七辙

　　　　　②去奇切　史齐韵，阳　平平，支韵　词第三部　戏一七辙　（~岖）

　　㈡ qǐ[ㄑㄧˇ] 去倚切　史齐韵，上　平上，纸韵　词第三部　戏一七辙　（~錡）

崦 yān[ㄧㄢ] 央炎切　史寒韵，阴　平平，盐韵　词第十四部　戏言前辙　曲廉纤韵，上

嵥 jié[ㄐㄧㄝˊ] 疾叶切　史皆韵，阳　平入，叶韵　词第十八部　戏乜斜辙

崭 (一)zhǎn[ㄓㄢˇ] ①疾染切　史寒韵，上　平上，俭韵　词第十四部　戏言前辙
　　　　　　　②士减切　史寒韵，上　平上，赚韵　词第十四部　戏言前辙　（又）
　　(二)chán[ㄔㄢˊ] 锄衔切　史寒韵，阳　平平，咸韵　词第十四部　戏言前辙　（～岩）

崮 gù[ㄍㄨˋ] 公悟切　史姑韵，去　平去，遇韵　词第四部　戏姑苏辙

崣 (一)wěi[ㄨㄟˇ] 邬毁切　史微韵，上　平上，纸韵　词第三部　戏灰堆辙
　　(二)wēi[ㄨㄟ] （逶迤，同"逶"）

崔 cuī[ㄘㄨㄟ] ①仓回切　史微韵，阴　平平，灰韵　词第三部　戏灰堆辙　曲齐微韵，阴
　　　　　　　②昨回切　史微韵，阴　平平，灰韵　词第三部　戏灰堆辙　曲齐微韵，阴　（高大）

崥 (一)pí[ㄆㄧˊ] 部迷切　史齐韵，阳　平平，齐韵　词第三部　戏一七辙　（～崹）
　　(二)bì[ㄅㄧˋ] 并弭切　史齐韵，去　平上，纸韵　词第三部　戏一七辙　（崥～）

崟 yín[ㄧㄣˊ] 鱼金切　史文韵，阳　平平，侵韵　词第十三部　戏人辰辙　曲侵寻韵，阳

崤 (一)xiáo[ㄒㄧㄠˊ] ①胡茅切　史豪韵，阳　平平，肴韵　词第八部　戏遥条辙
　　　　　　　　②胡刀切　史豪韵，阳　平平，豪韵　词第八部　戏遥条辙　（又）
　　(二)yáo[ㄧㄠˊ] ①胡茅切　史豪韵，阳　平平，肴韵　词第八部　戏遥条辙　（又）
　　　　　　　　②胡刀切　史豪韵，阳　平平，豪韵　词第八部　戏遥条辙　（又）

崩 bēng[ㄅㄥ] ①北滕切　史庚韵，阴　平平，蒸韵　词第十一部　戏中东辙　曲东钟韵，阴
　　　　　　　②北滕切　史庚韵，阴　平平，蒸韵　词第十一部　戏中东辙　曲庚青韵，阴　（又）

崞 guō[ㄍㄨㄛ] 古博切　史波韵，阴　平入，药韵　词第十六部　戏梭波辙

崒 (一)zú[ㄗㄨˊ] 慈恤切　史姑韵，阳　平入，质韵　词第十七部　戏姑苏辙
　　(二)cuì[ㄘㄨㄟˋ] （聚集，同"萃"）

崇 chóng[ㄔㄨㄥˊ] 锄弓切　史庚韵，阳　平平，东韵　词第一部　戏中东辙　曲东钟韵，阳

崆 kōng[ㄎㄨㄥ] ①苦红切　史庚韵，阴　平平，东韵　词第一部　戏中东辙　（～峒）
　　　　　　　②苦江切　史唐韵，阴　平平，江韵　词第二部　戏江阳辙　（高峻貌）

崌 jū[ㄐㄩ] 九鱼切　史齐韵，阴　平平，鱼韵　词第四部　戏一七辙

崛 (一)jué[ㄐㄩㄝˊ] 衢物切　史皆韵，阳　平入，物韵　词第十八部　戏乜斜辙
　　(二)yù[ㄩˋ] 鱼勿切　史齐韵，去　平入，物韵　词第十八部　戏一七辙　（突出）

崰 zī[ㄗ] 庄持切　史支韵，阴　平平，支韵　词第三部　戏一七辙

密 （查"宀"部）

九画

凯 （见"凯"）崴 （同"岁"）嵓 （同"岩"）崚 （同"崣"）嵐 （见"岚"）

嵁 (一)kān[ㄎㄢ] ①口含切　史寒韵，阴　平平，覃韵　词第十四部　戏言前辙
　　　　　　　②苦咸切　史寒韵，阴　平平，咸韵　词第十四部　戏言前辙　（又）
　　　　　　　③五感切　史寒韵，上　平上，感韵　词第十四部　戏言前辙　（山形巍峨）
　　(二)zhàn[ㄓㄢˋ] 士减切　史寒韵，去　平上，赚韵　词第十四部　戏言前辙　（～绝）

嵌 qiàn[ㄑㄧㄢˋ] ①口衔切　史寒韵，去　平平，咸韵　词第十四部　戏言前辙　曲监咸韵，阴
　　　　　　　②才敢切　史寒韵，去　平上，感韵　词第十四部　戏言前辙　曲监咸韵，去　（又）

嵘 (一)róng[ㄖㄨㄥˊ] ①永兵切　史庚韵，阳　平平，庚韵　词第十一部　戏中东辙　曲东钟韵，阳
　　　　　　　　②永兵切　史庚韵，阳　平平，庚韵　词第十一部　戏中东辙　曲庚青韵，阳　（又）
　　(二)hóng[ㄏㄨㄥˊ] ①户萌切　史庚韵，阳　平平，庚韵　词第十一部　戏中东辙　曲东钟韵，阳（又）
　　　　　　　　②户萌切　史庚韵，阳　平平，庚韵　词第十一部　戏中东辙　曲庚青韵，阳　（又）

嵖 chá[ㄔㄚˊ] 鉏加切　史麻韵，阳　平平，麻韵　词第十部　戏发花辙　【方言字。借用同音字"查(一)"的反切。】

崴 (一)wǎi[ㄨㄞˇ] 乌买切　史开韵，上　平上，蟹韵　词第五部　戏怀来辙

(二) wēi[ㄨㄟ] 乙皆切　中微韵，阴　平平，佳韵　词第五部　戏灰堆辙　（~嵬）

崱 zè[ㄗㄜˋ] 士力切　中波韵，去　平入，职韵　词第十七部　戏梭波辙

崵 (一) yáng[ㄧㄤˊ] 与章切　中唐韵，阳　平平，阳韵　词第二部　戏江阳辙

(二) dàng[ㄉㄤˋ] 徒朗切　中唐韵，去　平上，养韵　词第二部　戏江阳辙　（芒砀山）

嵎 yú[ㄩˊ] 遇俱切　中齐韵，阳　平平，虞韵　词第四部　戏一七辙

嵑 (一) kě[ㄎㄜˇ] 苦曷切　中波韵，上　平入，曷韵　词第十八部　戏梭波辙

(二) jié[ㄐㄧㄝˊ]　（圆顶石碑，同"碣(一)"）

崴 (一) wēi[ㄨㄟ] 於非切　中微韵，阴　平平，微韵　词第三部　戏灰堆辙

(二) wěi[ㄨㄟˇ] 於鬼切　中微韵，上　平上，尾韵　词第三部　戏灰堆辙　（又）

崽 zǎi[ㄗㄞˇ] ①子亥切　中开韵，上　平上，贿韵　词第五部　戏怀来辙

②山佳切　中开韵，上　平平，佳韵　词第十部　戏怀来辙　（又）

③山皆切　中开韵，上　平平，佳韵　词第五部　戏怀来辙　（又）

崿 è[ㄜˋ] 五各切　中波韵，去　平入，药韵　词第十六部　戏梭波辙

嵬 (一) wéi[ㄨㄟˊ] ①五灰切　中微韵，阳　平平，灰韵　词第三部　戏灰堆辙　曲齐微韵，阳

②五罪切　中微韵，上　平上，贿韵　词第三部　戏灰堆辙　（山险峻）

(二) guī[ㄍㄨㄟ]　（怪诞，同"傀(一)"）

崒 lù[ㄌㄩˋ] 劣戍切　中齐韵，去　平入，质韵　词第十七部　戏一七辙

嶔 qīn[ㄑㄧㄣ] 去金切　中文韵，阴　平平，侵韵　词第十三部　戏人辰辙　曲侵寻韵，阴

崳 yú[ㄩˊ] 羊朱切　中齐韵，阳　平平，虞韵　词第四部　戏一七辙

崘 yú[ㄩˊ] 羊朱切　中齐韵，阳　平平，虞韵　词第四部　戏一七辙　【同"崳"，用其反切。】

嵕 zōng[ㄗㄨㄥ] 子红切　中庚韵，阴　平平，东韵　词第一部　戏中东辙

崺 yǐ[ㄧˇ] 移尔切　中齐韵，上　平上，纸韵　词第三部　戏一七辙

崹 tí[ㄊㄧˊ] 杜奚切　中齐韵，阳　平平，齐韵　词第三部　戏一七辙

嵃 (一) yǎn[ㄧㄢˇ] 鱼蹇切　中寒韵，上　平上，铣韵　词第七部　戏言前辙

(二) yàn[ㄧㄢˋ] 鱼战切　中寒韵，去　平去，霰韵　词第七部　戏言前辙　（山名）

嵯 (一) cuó[ㄘㄨㄛˊ] 昨何切　中波韵，阳　平平，歌韵　词第九部　戏梭波辙　（~峨）

(二) cī[ㄘ] 楚宜切　中支韵，阴　平平，支韵　词第三部　戏一七辙　（参~）

崷 qiú[ㄑㄧㄡˊ] 自秋切　中尤韵，阳　平平，尤韵　词第十二部　戏由求辙

嵝 (一) lǚ[ㄌㄩˇ] 力主切　中齐韵，上　平上，虞韵　词第四部　戏一七辙　（岣~山）

(二) lǒu[ㄌㄡˇ] 郎斗切　中尤韵，上　平上，有韵　词第十二部　戏由求辙　（山巅）

嵫 zī[ㄗ] 子之切　中支韵，阴　平平，支韵　词第三部　戏一七辙

嵋 méi[ㄇㄟˊ] 武悲切　中微韵，阳　平平，支韵　词第三部　戏灰堆辙　曲齐微韵，阳

啚（查"口"部）　稆（查"禾"部）

十画

峚（同"畬"）　崏（同"涂(一)：①"）

嶅 (一) áo[ㄠˊ] 五劳切　中豪韵，阳　平平，豪韵　词第八部　戏遥条辙

(二) ào[ㄠˋ] 鱼到切　中豪韵，去　平去，号韵　词第八部　戏遥条辙　（山高状；嶅~）

嵮 tián[ㄊㄧㄢˊ] 亭年切　中寒韵，阳　平平，先韵　词第七部　戏言前辙

嵊 (一) shèng[ㄕㄥˋ] 实证切　中庚韵，去　平去，径韵　词第十一部　戏中东辙

(二) chéng[ㄔㄥˊ] 神陵切　中庚韵，阳　平平，蒸韵　词第十一部　戏中东辙　（古亭名）

嵲 niè[ㄋㄧㄝˋ] 五结切　中皆韵，去　平入，屑韵　词第十八部　戏乜斜辙

嵥 jié[ㄐㄧㄝˊ] 渠列切　中皆韵，阳　平入，屑韵　词第十八部　戏乜斜辙

嵩 sōng[ㄙㄨㄥ] 息弓切　中庚韵，阴　平平，东韵　词第一部　戏中东辙　曲东钟韵，阴

嵴 jí[ㄐㄧˊ] 资昔切 史齐韵，阳 平入，陌韵 词第十七部 戏一七辙

崵 (一)dàng[ㄉㄤˋ] ①徒朗切 史唐韵，去 平上，养韵 词第二部 戏江阳辙 （山石广大状）

　　　　　　　②徒浪切 史唐韵，去 平去，漾韵 词第二部 戏江阳辙 （又）

　　(二)táng[ㄊㄤˊ] 徒郎切 史唐韵，阳 平平，阳韵 词第二部 戏江阳辙 （山名）

嵱 (一)yǒng[ㄩㄥˇ] 尹竦切 史庚韵，上 平上，肿韵 词第一部 戏中东辙

　　(二)yóng[ㄩㄥˊ] 余封切 史庚韵，阳 平平，冬韵 词第一部 戏中东辙 （山名）

十一画

嶄 （同"崭"） 崭 （见"崭"） 嶇 （见"岖"） 獃 （同"呆(一)(二)"） 嶁 （见"嵝"） 嵾 （同"参(三)"）

嶊 zuǐ[ㄗㄨㄟˇ] 子罪切 史微韵，上 平上，贿韵 词第三部 戏灰堆辙

嵽 (一)dié[ㄉㄧㄝˊ] 徒结切 史皆韵，阳 平入，屑韵 词第十八部 戏乜斜辙

　　(二)dì[ㄉㄧˋ] 大计切 史齐韵，去 平去，霁韵 词第三部 戏一七辙 （嵽~）

崵 tū[ㄊㄨ] 他胡切 史姑韵，阴 平平，虞韵 词第四部 戏姑苏辙

崔 zuī[ㄗㄨㄟ] ①醉绥切 史微韵，阴 平平，支韵 词第三部 戏灰堆辙

　　　　　　②遵诔切 史微韵，上 平上，纸韵 词第三部 戏灰堆辙 （山势盘曲）

嵸 sǒng[ㄙㄨㄥˇ] 笱勇切 史庚韵，上 平上，肿韵 词第一部 戏中东辙

嶂 zhàng[ㄓㄤˋ] 之亮切 史唐韵，去 平去，漾韵 词第二部 戏江阳辙

尉 yù[ㄩˋ] 纡物切 史齐韵，去 平入，物韵 词第十八部 戏一七辙 【方言字。借用同音字"尉(二)"的反切。】

嶈 qiāng[ㄑㄧㄤ] 七羊切 史唐韵，阴 平平，阳韵 词第二部 戏江阳辙

隋 duò[ㄉㄨㄛˋ] 徒果切 史波韵，去 平上，哿韵 词第九部 戏梭波辙

嶚 liáo[ㄌㄧㄠˊ] 怜萧切 史豪韵，阳 平平，萧韵 词第八部 戏遥条辙

嶍 xí[ㄒㄧˊ] 似入切 史齐韵，阳 平入，缉韵 词第十七部 戏一七辙 【方言字。借用同音字"习"的反切。】

十二画

嶢 （见"峣"） 嶜 （同"嶛"） 嶠 （见"峤"） 嶣 （同"噍"） 嚣 （见"呇"） 嶃 （见"嶃"） 嶗 （见"崂"）

嶱 kě[ㄎㄜˇ] 丘葛切 史波韵，上 平入，曷韵 词第十八部 戏梭波辙

嶘 zhàn[ㄓㄢˋ] 士限切 史寒韵，去 平上，潸韵 词第七部 戏言前辙

嶡 (一)jué[ㄐㄩㄝˊ] 居月切 史皆韵，阳 平入，月韵 词第十八部 戏乜斜辙 （~俎）

　　(二)guì[ㄍㄨㄟˋ] 姑卫切 史微韵，去 平去，霁韵 词第三部 戏灰堆辙 （山貌）

嶛 liáo[ㄌㄧㄠˊ] 落萧切 史豪韵，阳 平平，萧韵 词第八部 戏遥条辙

嶜 (一)jīn[ㄐㄧㄣ] 咨林切 史文韵，阴 平平，侵韵 词第十三部 戏人辰辙

　　(二)qín[ㄑㄧㄣˊ] 昨淫切 史文韵，阳 平平，侵韵 词第十三部 戏人辰辙 （~嶒）

嶲 (一)xī[ㄒㄧ] 息委切 史齐韵，阴 平上，纸韵 词第三部 戏一七辙 （越~）

　　(二)suǐ[ㄙㄨㄟˇ] 选委切 史微韵，上 平上，纸韵 词第三部 戏灰堆辙 （又）

　　(三)guī[ㄍㄨㄟ] 户圭切 史微韵，阴 平平，齐韵 词第三部 戏灰堆辙 （子规鸟）

　　(四)jùn[ㄐㄩㄣˋ] 须闰切 史文韵，去 平去，震韵 词第六部 戏人辰辙 （高峻）

　　(五)juàn[ㄐㄩㄢˋ] 粗兖切 史寒韵，去 平上，铣韵 词第七部 戏言前辙 （古地名）

嶕 jiāo[ㄐㄧㄠ] 昨焦切 史豪韵，阴 平平，萧韵 词第八部 戏遥条辙

嶓 bō[ㄅㄛ] 博禾切 史波韵，阴 平平，歌韵 词第九部 戏梭波辙 曲歌戈韵，阴

嶙 lín[ㄌㄧㄣˊ] ①力珍切 史文韵，阳 平平，真韵 词第六部 戏人辰辙

　　　　　　②良忍切 史文韵，上 平上，轸韵 词第六部 戏人辰辙 （嶾~）

嶟 zūn[ㄗㄨㄣ] ①祖昆切 史文韵，阴 平平，元韵 词第六部 戏人辰辙

　　　　　　②将伦切 史文韵，阴 平平，真韵 词第六部 戏人辰辙 （又）

嶒 céng[ㄘㄥˊ] 疾陵切 史庚韵，阳 平平，蒸韵 词第十一部 戏中东辙

弜 qiàng[ㄑㄧㄤˋ] 其亮切 史唐韵，去 平去，漾韵 词第二部 戏江阳辙

嶝 dèng[ㄉㄥˋ] 都邓切 史庚韵，去 平去，径韵 词第十一部 戏中东辙 曲庚青韵，去

十三画

嶵（同"猛"）嶧（见"峄"）嵨（见"屿"）嚠（见"嶝"）嶮（见"崄"）

嶪 yè[ㄧㄝˋ] 鱼怯切 史皆韵，去 平入，洽韵 词第十九部 戏乜斜辙

嶉 zuì[ㄗㄨㄟˋ] ①徂累切 史微韵，去 平上，纸韵 词第三部 戏灰堆辙
②徂贿切 史微韵，去 平上，贿韵 词第三部 戏灰堆辙 （又）

嶭 （一）è[ㄜˋ] 五割切 史波韵，去 平入，曷韵 词第十八部 戏梭波辙
（二）niè[ㄋㄧㄝˋ] 五结切 史皆韵，去 平入，屑韵 词第十八部 戏乜斜辙 （又）

嶰 （一）xiè[ㄒㄧㄝˋ] 胡买切 史皆韵，去 平上，蟹韵 词第五部 戏乜斜辙
（二）jiè[ㄐㄧㄝˋ] 居隘切 史皆韵，去 平去，卦韵 词第五部 戏乜斜辙 （山名）

嶬 yǐ[ㄧˇ] 鱼倚切 史齐韵，上 平上，纸韵 词第三部 戏一七辙 （崎~）

十四画

嶺（见"岭（二）"）嶽（见"岳"）嶸（见"嵘"）

嶷 （一）nì[ㄋㄧˋ] 鱼力切 史齐韵，去 平入，职韵 词第十七部 戏一七辙
（二）yí[ㄧˊ] 语其切 史齐韵，阳 平平，支韵 词第三部 戏一七辙 曲齐微韵，阳 （九~山）

十五画

嶲（同"嶭（一）（二）（三）"）

巀 （一）zá[ㄗㄚˊ] 才割切 史麻韵，阳 平入，曷韵 词第十八部 戏发花辙
（二）jié[ㄐㄧㄝˊ] 昨结切 史皆韵，阳 平入，屑韵 词第十八部 戏乜斜辙 （高峻状）

十六画

龙（同"龍"）

巓 diān[ㄉㄧㄢ] 都年切 史寒韵，阴 平平，先韵 词第七部 戏言前辙 曲先天韵，阴

龍 lóng[ㄌㄨㄥˊ] ①卢红切 史庚韵，阳 平平，东韵 词第一部 戏中东辙
②力董切 史庚韵，阳 平上，董韵 词第一部 戏中东辙 （又）

十七画

巏 quán[ㄑㄩㄢˊ] 连员切 史寒韵，阳 平平，先韵 词第七部 戏言前辙

巇 xī[ㄒㄧ] 许羁切 史齐韵，阴 平平，支韵 词第三部 戏一七辙

巊 yǐng[ㄧㄥˇ] 烟涬切 史庚韵，上 平上，迥韵 词第十一部 戏中东辙

巍 wēi[ㄨㄟ] 语韦切 史微韵，阴 平平，微韵 词第三部 戏灰堆辙 曲齐微韵，阳

巉 chán[ㄔㄢˊ] ①锄衔切 史寒韵，阳 平平，咸韵 词第十四部 戏言前辙 曲监咸韵，阳
②仕槛切 史寒韵，上 平上，赚韵 词第十四部 戏言前辙 （通"崭"）

巆 （一）hóng[ㄏㄨㄥˊ] 呼宏切 史庚韵，阳 平平，庚韵 词第十一部 戏中东辙
（二）róng[ㄖㄨㄥˊ] （峥~－峥嵘，同"嵘（一）"）

十八画

巑（同"猛"）巁（见"岢"）

十九画

巔（见"巓"）巖（见"岩"）巒（见"峦"）

巑 cuán[ㄘㄨㄢˊ] 在丸切 史寒韵，阳 平平，寒韵 词第七部 戏言前辙

二十画

巘 yǎn[丨ㄢˇ] ①鱼蹇切　中寒韵，上　平上，铣韵　词第七部　戏言前辙
　　　　　　②语偃切　中寒韵，上　平上，阮韵　词第七部　戏言前辙　（又）

彳 部

彳 chì[彳ˋ] 丑亦切　中支韵，去　平入，陌韵　词第十七部　戏一七辙

三画

行 (一)xíng[ㄒㄧㄥˊ] 户庚切　中庚韵，阳　平平，庚韵　词第十一部　戏中东辙　曲庚青韵，阳
　　(1)走：步~　(2)流通，流动：云~雨施　(3)做，办，实行：举~　(4)赐予：~糜粥饮食　(5)经历：~年五十　(6)古诗体裁：歌~　(7)出外时用的：~装　(8)字体：~书　(9)且，将要：~将就木　⑽古官制：~中书令　⑾巡视：巡~　⑿可以：这样不~　⒀能干：你真~
　(二)háng[ㄏㄤˊ] 胡郎切　中唐韵，阳　平平，阳韵　词第二部　戏江阳辙　曲江阳韵，阳
　　⒁道路：遵彼微~　⒂行列：双~　⒃长幼次第：排~　⒄职业：三百六十~　⒅精通：~家　⒆量词　⒇营业性机构名：车~
　(三)xìng[ㄒㄧㄥˋ] 下更切　中庚韵，去　平去，敬韵　词第十一部　戏中东辙　曲庚青韵，去　（听其言观其~）
　(四)hàng[ㄏㄤˋ] 下浪切　中唐韵，去　平去，漾韵　词第二部　戏江阳辙　曲江阳韵，去　（刚强状）
　(五)héng[ㄏㄥˊ] 户庚切　中庚韵，阳　平平，庚韵　词第十一部　戏中东辙　曲庚青韵，阳　（道~）【古今音。反切仍之。】

彴 (一)zhuó[ㄓㄨㄛˊ] 之若切　中波韵，阳　平入，药韵　词第十六部　戏梭波辙
　(二)báo[ㄅㄠˊ] 弼角切　中豪韵，阳　平入，觉韵　词第十六部　戏遥条辙　（~约）

四画

彸 （同"松(二)"）

彻 chè[彳ㄜˋ] 丑列切　中波韵，去　平入，屑韵　词第十八部　戏梭波辙

役 yì[丨ˋ] 营只切　中齐韵，去　平入，陌韵　词第十七部　戏一七辙　曲齐微韵，去

彷 (一)páng[ㄆㄤˊ] 步光切　中唐韵，阳　平平，阳韵　词第二部　戏江阳辙
　(二)fǎng[ㄈㄤˇ] 妃两切　中唐韵，上　平上，养韵　词第二部　戏江阳辙　（~彿）

五画

征 zhēng[ㄓㄥ] ①诸盈切　中庚韵，阴　平平，庚韵　词第十一部　戏中东辙　曲庚青韵，阴
　　(1)远行：~途　(2)使用武力：~讨　(3)收税：关市讥而不~　(4)内裤：~钟　(5)怔忪，同"怔"
　　　　②陟陵切　中庚韵，阴　平平，蒸韵　词第十一部　戏中东辙　曲庚青韵，阴
　　(6)国家召集或收用：~兵，~收　(7)聘礼：~聘　(8)寻求：~稿　(9)迹象：~兆　⑽证明，证验：明~定保　⑾姓

徂 cú[ㄘㄨˊ] 昨胡切　中姑韵，阳　平平，虞韵　词第四部　戏姑苏辙　曲鱼模韵，阳

往 (一)wǎng[ㄨㄤˇ] 于两切　中唐韵，上　平上，养韵　词第二部　戏江阳辙　曲江阳韵，上
　(二)wàng[ㄨㄤˋ] 于放切　中唐韵，去　平去，漾韵　词第二部　戏江阳辙　（朝，向）

彿 fú[ㄈㄨˊ] 敷勿切　中姑韵，阳　平入，物韵　词第十八部　戏姑苏辙

彼 bǐ[ㄅㄧˇ] 甫委切　中齐韵，上　平上，纸韵　词第三部　戏一七辙　曲齐微韵，上

径 (一)jìng[ㄐㄧㄥˋ] 古定切　中庚韵，去　平去，径韵　词第十一部　戏中东辙　曲庚青韵，去
　(二)jīng[ㄐㄧㄥ] 坚灵切　中庚韵，阴　平平，青韵　词第十一部　戏中东辙　（经过；南北向）

六画

後 （同"后"）

衎 (一)kàn[ㄎㄢˋ] 苦旰切　史寒韵，去　平去，翰韵　词第七部　戏言前辙

　　(二)kǎn[ㄎㄢˇ] 空旱切　史寒韵，上　平上，旱韵　词第七部　戏言前辙 （耿直貌）

待 (一)dài[ㄉㄞˋ] 徒亥切　史开韵，去　平上，贿韵　词第五部　戏怀来辙　曲皆来韵，去

　　(二)dāi[ㄉㄞ] 荡亥切　史开韵，阴　平上，贿韵　词第五部　戏怀来辙　曲皆来韵，去 （逗留，停留）【古今音。反切仍之。】

徊 (一)huái[ㄏㄨㄞˊ] 户恢切　史开韵，阳　平平，灰韵　词第三部　戏怀来辙　曲齐微韵，阳 （徘~）

　　(二)huí[ㄏㄨㄟˊ] （环绕，旋转，同"回"）

徇 (一)xùn[ㄒㄩㄣˋ] 辞闰切　史文韵，去　平去，震韵　词第六部　戏人辰辙

　　　　(1)宣示于众：斩庄贾以~三军 (2)夺取：为陈王~广陵 (3)迅疾：~通 (4)巡行，通"巡" (5)献身，通"殉"

　　(二)xún[ㄒㄩㄣˊ] 松伦切　史文韵，阳　平平，真韵　词第六部　戏人辰辙

　　　　(6)使：~耳目内通 (7)环绕：~以离殿别寝 (8)顺从，曲从：~私

徉 yáng[ㄧㄤˊ] 与章切　史唐韵，阳　平平，阳韵　词第二部　戏江阳辙　曲江阳韵，阳

衍 (一)yǎn[ㄧㄢˇ] ①以浅切　史寒韵，上　平上，铣韵　词第七部　戏言前辙　曲先天韵，上

　　　　　　　②予线切　史寒韵，上　平去，霰韵　词第七部　戏言前辙　曲先天韵，上 （又）

　　(二)yán[ㄧㄢˊ] 夷然切　史寒韵，阳　平平，先韵　词第七部　戏言前辙 （摩诃~）

律 lǜ[ㄌㄩˋ] 吕卹切　史齐韵，去　平入，质韵　词第十七部　戏一七辙　曲鱼模韵，去

很 hěn[ㄏㄣˇ] 胡垦切　史文韵，上　平上，阮韵　词第六部　戏人辰辙

七画

徑 （见"径"）

衏 yuàn[ㄩㄢˋ] 虞怨切　史寒韵，去　平去，霰韵　词第七部　戏言前辙

徒 tú[ㄊㄨˊ] 同都切　史姑韵，阳　平平，虞韵　词第四部　戏姑苏辙　曲鱼模韵，阳

徕 (一)lái[ㄌㄞˊ] 落哀切　史开韵，阳　平平，灰韵　词第五部　戏怀来辙

　　(二)lài[ㄌㄞˋ] 洛代切　史开韵，去　平去，队韵　词第五部　戏怀来辙 （劳~）

徐 xú[ㄒㄩˊ] 似鱼切　史齐韵，阳　平平，鱼韵　词第四部　戏一七辙　曲鱼模韵，阳

八画

術 （见"术(一)(二)"）　從 （见"从"）　徠 （见"徕"）

徛 jì[ㄐㄧˋ] ①居义切　史齐韵，去　平去，寘韵　词第三部　戏一七辙 （步桥）

　　　　　②渠绮切　史齐韵，去　平上，纸韵　词第三部　戏一七辙 （站立）

徘 pái[ㄆㄞˊ] 薄回切　史开韵，阳　平平，灰韵　词第三部　戏怀来辙

徙 (一)xǐ[ㄒㄧˇ] 斯氏切　史齐韵，上　平上，纸韵　词第三部　戏一七辙　曲齐微韵，上

　　(二)sī[ㄙ] 相支切　史支韵，阴　平平，支韵　词第三部　戏一七辙 （古国名）

徜 cháng[ㄔㄤˊ] 市羊切　史唐韵，阳　平平，阳韵　词第二部　戏江阳辙

得 (一)dé[ㄉㄜˊ] 多则切　史波韵，阳　平入，职韵　词第十七部　戏梭波辙　曲齐微韵，上

　　(二)děi[ㄉㄟˇ] 多则切　史微韵，上　平入，职韵　词第十七部　戏灰堆辙　曲齐微韵，上 （必须）

　　(三)de[˙ㄉㄜ] 多则切　史波韵，阴　平入，职韵　词第十七部　戏梭波辙　曲齐微韵，上 （助词）【轻声。反切仍之。】

衔 xián[ㄒㄧㄢˊ] 户监切　史寒韵，阳　平平，咸韵　词第十四部　戏言前辙　曲监咸韵，阳

衒 xuàn[ㄒㄩㄢˋ] 黄绚切　史寒韵，去　平去，霰韵　词第七部　戏言前辙

九画

復 （见"复①②"）　徧 （同"遍"）

街 jiē[ㄐㄧㄝ] 古膎切　史皆韵，阴　平平，佳韵　词第十部　戏乜斜辙　曲皆来韵，阴

衖 (一)xiàng[ㄒㄧㄤˋ] （街巷，同"巷(一)"）

（二）lòng［ㄌㄨㄥˋ］（弄堂，同"弄（二）"）

衕 （一）tòng［ㄊㄨㄥˋ］（胡同，同"同"）

　　（二）dòng［ㄉㄨㄥˋ］（腹泻，同"洞（一）：①"）

御 （一）yù［ㄩˋ］①牛倨切　中齐韵，去　平去，御韵　词第四部　戏一七辙　曲鱼模韵，去

　　　　　　②鱼巨切　中齐韵，去　平上，语韵　词第四部　戏一七辙　曲鱼模韵，上　（抵御）

　　（二）yà［ㄧㄚˋ］（迎接，同"迓"）

徨 huáng［ㄏㄨㄤˊ］胡光切　中唐韵，阳　平平，阳韵　词第二部　戏江阳辙

循 xún［ㄒㄩㄣˊ］详遵切　中文韵，阳　平平，真韵　词第六部　戏人辰辙　曲真文韵，阳

徦 （一）jià［ㄐㄧㄚˋ］举下切　中麻韵，去　平上，马韵　词第十部　戏发花辙

　　（二）jiǎ［ㄐㄧㄚˇ］古疋切　中麻韵，上　平上，马韵　词第十部　戏发花辙　（又）

　　（三）gé［ㄍㄜˊ］各额切　中波韵，阳　平入，陌韵　词第十七部　戏梭波辙　（又）

　　（四）xiá［ㄒㄧㄚˊ］何加切　中麻韵，阳　平平，麻韵　词第十部　戏发花辙　（远）

十画

衙 （一）yá［ㄧㄚˊ］五加切　中麻韵，阳　平平，麻韵　词第十部　戏发花辙　曲家麻韵，阳

　　（二）yǔ［ㄩˇ］牛据切　中齐韵，上　平去，御韵　词第四部　戏一七辙　（遏止）

微 wēi［ㄨㄟ］无非切　中微韵，阴　平平，微韵　词第三部　戏灰堆辙　曲齐微韵，阳

徯 xī［ㄒㄧ］①胡鸡切　中齐韵，阴　平平，齐韵　词第三部　戏一七辙

　　　　　②胡礼切　中齐韵，阴　平上，荠韵　词第三部　戏一七辙　（又）

徭 yáo［ㄧㄠˊ］余招切　中豪韵，阳　平平，萧韵　词第八部　戏遥条辙

徬 （一）bàng［ㄅㄤˋ］蒲浪切　中唐韵，去　平去，漾韵　词第二部　戏江阳辙

　　（二）páng［ㄅㄤˊ］（～徨-彷徨，同"彷（一）"）

十一画

銜 （见"衔"）

徶 biè［ㄅㄧㄝˋ］蒲结切　中皆韵，去　平入，屑韵　词第十八部　戏乜斜辙

十二画

衚 （同"胡"）衝（见"冲（一）：②；（二）；（三）"）　徹（见"彻"）衞（见"卫"）

德 dé［ㄉㄜˊ］多则切　中波韵，阳　平入，职韵　词第十七部　戏梭波辙　曲齐微韵，上

徵 （一）zhǐ［ㄓˇ］陟里切　中支韵，上　平上，纸韵　词第三部　戏一七辙　曲支思韵，上　（古代五音之一）

　　（二）zhēng［ㄓㄥ］（同"征②"）

　　（三）chéng［ㄔㄥˊ］（惩戒，同"惩"）

十三画

衛 （同"卫"）

衠 zhūn［ㄓㄨㄣ］朱伦切　中文韵，阴　平平，真韵　词第六部　戏人辰辙

徼 （一）jiào［ㄐㄧㄠˋ］古吊切　中豪韵，去　平去，啸韵　词第八部　戏遥条辙　曲萧豪韵，去

　　（二）jiǎo［ㄐㄧㄠˇ］吉了切　中豪韵，上　平上，筱韵　词第八部　戏遥条辙　（侥幸）

　　（三）jiāo［ㄐㄧㄠ］古尧切　中豪韵，阴　平平，萧韵　词第八部　戏遥条辙　（抄袭）

　　（四）yāo［ㄧㄠ］伊消切　中豪韵，阴　平平，萧韵　词第八部　戏遥条辙　（相邀；拦截）

衡 héng［ㄏㄥˊ］户庚切　中庚韵，阳　平平，庚韵　词第十一部　戏中东辙　曲庚青韵，阳

十四画

聳 （见"耸"）

徽 huī［ㄏㄨㄟ］许归切　中微韵，阴　平平，微韵　词第三部　戏灰堆辙　曲齐微韵，阴

禦（查“示”部）

十七画

儴 xiāng[ㄒㄧㄤ] 息良切 中唐韵，阴 平平，阳韵 词第二部 戏江阳辙

二十画

黴（同“霉②”）

二十一画

衢 qú[ㄑㄩ ˊ] 其俱切 中齐韵，阳 平平，虞韵 词第四部 戏一七辙 曲鱼模韵，阳

彡 部

四画

彣（同“文㈠”）

形 xíng[ㄒㄧㄥ ˊ] 户经切 中庚韵，阳 平平，青韵 词第十一部 戏中东辙 曲庚青韵，阳

彳 chuò[ㄔㄨㄛ ˋ] 丑略切 中波韵，去 平入，药韵 词第十六部 戏梭波辙

彤 tóng[ㄊㄨㄥ ˊ] 徒冬切 中庚韵，阳 平平，冬韵 词第一部 戏中东辙

尨（查“尢”部）

五画

参（查“厶”部）

六画

耏（查“而”部）**彦**（查“亠”部）

七画

彧 yù[ㄩ ˋ] 於六切 中齐韵，去 平入，屋韵 词第十五部 戏一七辙

八画

彫（见“雕”）

彩 cǎi[ㄘㄞ ˇ] 仓宰切 中开韵，上 平上，贿韵 词第五部 戏怀来辙 曲皆来韵，上

彬（查“木”部）**彪**（查“彡”部）**翏**（查“羽”部）**參**（查“厶”部）

九画

彭 ㈠péng[ㄆㄥ ˊ] 薄庚切 中庚韵，阳 平平，庚韵 词第十一部 戏中东辙 曲东钟韵，阳

㈡bāng[ㄅㄤ] 逋旁切 中唐韵，阴 平平，阳韵 词第二部 戏江阳辙 （盛多）

㈢páng[ㄆㄤ ˊ] 蒲光切 中唐韵，阳 平平，阳韵 词第二部 戏江阳辙 （旁近；通“篣”）

㈣pēng[ㄆㄥ] （～湃－澎湃，同“澎㈡”）

嫛（查“女”部）

十一画

彯 ㈠piāo[ㄆㄧㄠ] 抚招切 中豪韵，阴 平平，萧韵 词第八部 戏遥条辙

㈡piào[ㄆㄧㄠ ˋ] 匹妙切 中豪韵，去 平去，啸韵 词第八部 戏遥条辙 （～画）

彰 zhāng[ㄓㄤ] 诸良切 中唐韵，阴 平平，阳韵 词第二部 戏江阳辙 曲江阳韵，阴

十二画

影 yǐng[ㄧㄥ ˇ] 於丙切 中庚韵，上 平上，梗韵 词第十一部 戏中东辙 曲庚青韵，上

十九画

䰰（同“螭”）

二十六画

鬱（同“郁②”）

夕　部

夕 xī[ㄒㄧ] 祥易切　中齐韵，阴　平入，陌韵　词第十七部　戏一七辙　曲齐微韵，阳

二画

外 wài[ㄨㄞˋ] 五会切　中开韵，去　平去，泰韵　词第五部　戏怀来辙　曲皆来韵，去

三画

舛 chuǎn[ㄔㄨㄢˇ] 昌兖切　中寒韵，上　平上，铣韵　词第七部　戏言前辙　曲先天韵，上
名 míng[ㄇㄧㄥˊ] 武并切　中庚韵，阳　平平，庚韵　词第十一部　戏中东辙　曲庚青韵，阳
多 duō[ㄉㄨㄛ] 得何切　中波韵，阴　平平，歌韵　词第九部　戏梭波辙　曲歌戈韵，阴
岁（查“山”部）**夙**（查“几”部）

四画

囱（查“丿”部）

五画

姓（同“晴”）
夜（查“亠”部）

六画

奓（查“大”部）

七画

庮（查“户”部）

八画

夠（见“够”）
梦 ㈠mèng[ㄇㄥˋ] 莫凤切　中庚韵，去　平去，送韵　词第一部　戏中东辙　曲东钟韵，去
⑴睡眠中的幻象：做～　⑵虚幻的想象：～想　⑶湖泽：云～　⑷姓
㈡méng[ㄇㄥˊ] 莫中切　中庚韵，阳　平平，东韵　词第一部　戏中东辙
⑸不明了：～然一无所见　⑹昏乱：视尔～～，我心惨惨　⑺最细的雨：一春～雨常飘瓦
够 gòu[ㄍㄡˋ] 古侯切　中尤韵，去　平平，尤韵　词第十二部　戏由求辙　曲尤侯韵，去

十画

夢（见“梦”）

十一画

夥 huǒ[ㄏㄨㄛˇ] ①怀拐切　中波韵，上　平上，蟹韵　词第五部　戏梭波辙
②胡果切　中波韵，上　平上，哿韵　词第九部　戏梭波辙　曲歌戈韵，上　（同“伙”）
舞 wǔ[ㄨˇ] 文甫切　中姑韵，上　平上，麌韵　词第四部　戏姑苏辙　曲鱼模韵，上
夤 yín[ㄧㄣˊ] 翼真切　中文韵，阳　平平，真韵　词第六部　戏人辰辙　曲真文韵，阳

夂（夊）部

二画

処（同"处"）

处 ㈠chǔ［ㄔㄨˇ］昌与切　史姑韵，上　平上，语韵　词第四部　戏姑苏辙　曲鱼模韵，上

㈡chù［ㄔㄨˋ］昌据切　史姑韵，去　平去，御韵　词第四部　戏姑苏辙　曲鱼模韵，去　（名词）

冬 dōng［ㄉㄨㄥ］①都宗切　史庚韵，阴　平平，冬韵　词第一部　戏中东辙　曲东钟韵，阴

②都宗切　史庚韵，阴　平平，冬韵　词第一部　戏中东辙　曲东钟韵，阳　（同"鼕"）

务（查"力"部）

三画

各 ㈠gè［ㄍㄜˋ］古落切　史波韵，去　平入，药韵　词第十六部　戏梭波辙　曲萧豪韵，上

㈡gě［ㄍㄜˇ］古落切　史波韵，上　平入，药韵　词第十六部　戏梭波辙　曲萧豪韵，上　（与众不同）【方言读音。反切仍之。】

四画

夆 ㈠fēng［ㄈㄥ］符容切　史庚韵，阴　平平，冬韵　词第一部　戏中东辙

㈡páng［ㄆㄤˊ］薄江切　史唐韵，阳　平平，江韵　词第二部　戏江阳辙　（姓）

条（查"木"部）

五画

备 bèi［ㄅㄟˋ］平秘切　史微韵，去　平去，寘韵　词第三部　戏灰堆辙　曲齐微韵，去

六画

复 fù［ㄈㄨˋ］①方六切　史姑韵，去　平入，屋韵　词第十五部　戏姑苏辙　曲鱼模韵，上

②扶富切　史姑韵，去　平去，宥韵　词第十二部　戏姑苏辙　曲鱼模韵，阳　（再，又）

③房六切　史姑韵，去　平入，屋韵　词第十五部　戏姑苏辙　曲鱼模韵，阳　（走老路）

七画

夏 ㈠xià［ㄒㄧㄚˋ］①胡雅切　史麻韵，去　平上，马韵　词第十部　戏发花辙

②胡驾切　史麻韵，去　平去，祃韵　词第十部　戏发花辙　曲家麻韵，去　（～季）

㈡jiǎ［ㄐㄧㄚˇ］举下切　史麻韵，上　平上，马韵　词第十部　戏发花辙　（树名；阳～）

十一画

夐 ㈠xiòng［ㄒㄩㄥˋ］休正切　史庚韵，去　平去，敬韵　词第十一部　戏中东辙　曲庚青韵，去

㈡xuàn［ㄒㄩㄢˋ］许县切　史寒韵，去　平去，霰韵　词第七部　戏言前辙　（营求）

十二画

憂（见"忧"）

十三画

韽（查"音"部）

十七画

夔 kuí［ㄎㄨㄟˊ］渠追切　史微韵，阳　平平，支韵　词第三部　戏灰堆辙　曲齐微韵，阳

十八画

贛（查"立"部）

十九画

變（见"变"）

二十一画

贛（见"赣"）

广 部

广 (一)guǎng[ㄍㄨㄤˇ] 古晃切　史唐韵，上　乎上，养韵　词第二部　戏江阳辙　曲江阳韵，上

(二)guàng[ㄍㄨㄤˋ] 古旷切　史唐韵，去　乎去，漾韵　词第二部　戏江阳辙　（兵车十五乘）

(三)yán[ㄧㄢˊ] 鱼检切　史寒韵，阳　乎上，俭韵　词第十四部　戏言前辙　（小屋；屋脊）

(四)ān[ㄢ]　（草屋，同"庵"）

(五)kuàng[ㄎㄨㄤˋ]　（荒废，耽搁，同"旷"）

二画

庀 pǐ[ㄆㄧˇ] 匹婢切　史齐韵，上　乎上，纸韵　词第三部　戏一七辙

邝（查"阝右"部）

三画

庄 zhuāng[ㄓㄨㄤ] 侧羊切　史唐韵，阴　乎平，阳韵　词第二部　戏江阳辙　曲江阳韵，阴

庆 (一)qìng[ㄑㄧㄥˋ] 丘敬切　史庚韵，去　乎去，敬韵　词第十一部　戏中东辙　曲庚青韵，去

(二)qiāng[ㄑㄧㄤ] 墟羊切　史唐韵，阴　乎平，阳韵　词第二部　戏江阳辙　（发语词）

(三)qīng[ㄑㄧㄥ]　（卿士，同"卿"）

四画

庑 (一)wǔ[ㄨˇ] 文甫切　史姑韵，上　乎上，麌韵　词第四部　戏姑苏辙　曲鱼模韵，上

(二)wú[ㄨˊ] 微夫切　史姑韵，阳　乎平，虞韵　词第四部　戏姑苏辙　（草木茂盛状）

床 chuáng[ㄔㄨㄤˊ] 士庄切　史唐韵，阳　乎平，阳韵　词第二部　戏江阳辙　曲江阳韵，阳

庋 guǐ[ㄍㄨㄟˇ] 过委切　史微韵，上　乎上，纸韵　词第三部　戏灰堆辙

库 kù[ㄎㄨˋ] 苦故切　史姑韵，去　乎去，遇韵　词第四部　戏姑苏辙

庌 (一)yǎ[ㄧㄚˇ] 五下切　史麻韵，上　乎上，马韵　词第十部　戏发花辙

(二)yá[ㄧㄚˊ] 牛加切　史麻韵，阳　乎平，麻韵　词第十部　戏发花辙　（不齐）

庇 (一)bì[ㄅㄧˋ] 必至切　史齐韵，去　乎去，寘韵　词第三部　戏一七辙　曲齐微韵，去

(二)pí[ㄆㄧˊ] 频脂切　史齐韵，阳　乎平，支韵　词第三部　戏一七辙　（地名）

应 (一)yīng[ㄧㄥ] 於陵切　史庚韵，阴　乎平，蒸韵　词第十一部　戏中东辙　曲庚青韵，阴

(1)该，当：秋来~瘦尽　(2)受：~公之赐　(3)即时：~皆平定　(4)应承：~允　(5)姓

(二)yìng[ㄧㄥˋ] 於证切　史庚韵，去　乎去，径韵　词第十一部　戏中东辙　曲庚青韵，去

(6)接受，许诺：有求必~　(7)应和，应答：~声虫　(8)应付，对待：随机~变　(9)适合，配合：~弦而倒　(10)化学变化，生物应激：反~　(11)小鼓：~鼓　(12)古乐器名　(13)星名

庐 (一)lú[ㄌㄨˊ] 力居切　史姑韵，阳　乎平，鱼韵　词第四部　戏姑苏辙　曲鱼模韵，阳

(二)lú[ㄌㄩˊ] 力居切　史齐韵，阳　乎平，鱼韵　词第四部　戏一七辙　曲鱼模韵，阳　（古国名）

序 xù[ㄒㄩˋ] 徐吕切　史齐韵，去　乎上，语韵　词第四部　戏一七辙　曲鱼模韵，去

旷（查"日"部）

五画

庞 (一)páng[ㄆㄤˊ] 薄江切　史唐韵，阳　乎平，江韵　词第二部　戏江阳辙　曲江阳韵，阳

(二) lóng [ㄌㄨㄥˊ] ①卢东切　中庚韵，阳　平平，东韵　词第一部　戏中东辙　（高大强壮貌）

②力钟切　中庚韵，阳　平平，冬韵　词第一部　戏中东辙　（都~）

店 diàn [ㄉㄧㄢˋ] 都念切　中寒韵，去　平去，艳韵　词第十四部　戏言前辙　曲廉纤韵，去

庙 miào [ㄇㄧㄠˋ] 眉召切　中豪韵，去　平去，啸韵　词第八部　戏遥条辙　曲萧豪韵，去

府 fǔ [ㄈㄨˇ] 方矩切　中姑韵，上　平上，麌韵　词第四部　戏姑苏辙　曲鱼模韵，上

底 (一) dǐ [ㄉㄧˇ] 都体切　中齐韵，上　平上，荠韵　词第三部　戏一七辙　曲齐微韵，上

(二) de [˙ㄉㄜ] （助词，同"的(三)"）

庖 páo [ㄆㄠˊ] 薄交切　中豪韵，阳　平平，肴韵　词第八部　戏遥条辙　曲萧豪韵，阳

庚 gēng [ㄍㄥ] 古行切　中庚韵，阴　平平，庚韵　词第十一部　戏中东辙　曲庚青韵，阴

废 fèi [ㄈㄟˋ] 方肺切　中微韵，去　平去，队韵　词第三部　戏灰堆辙　曲齐微韵，去

六画

庤 zhì [ㄓˋ] 直里切　中支韵，去　平上，纸韵　词第三部　戏一七辙

度 (一) dù [ㄉㄨˋ] 徒故切　中姑韵，去　平去，遇韵　词第四部　戏姑苏辙　曲鱼模韵，去

(二) duó [ㄉㄨㄛˊ] 徒落切　中波韵，阳　平入，药韵　词第十六部　戏梭波辙　曲歌戈韵，阳　（揣~；测算）

庢 zhì [ㄓˋ] 陟栗切　中支韵，去　平入，质韵　词第十七部　戏一七辙

庇 cì [ㄘˋ] 七赐切　中支韵，去　平去，寘韵　词第三部　戏一七辙

庭 (一) tíng [ㄊㄧㄥˊ] 特丁切　中庚韵，阳　平平，青韵　词第十一部　戏中东辙　曲庚青韵，阳

(二) tìng [ㄊㄧㄥˋ] 他定切　中庚韵，去　平去，径韵　词第十一部　戏中东辙　（径~）

庥 xiū [ㄒㄧㄡ] 许尤切　中尤韵，阴　平平，尤韵　词第十二部　戏由求辙　曲尤侯韵，阴

庠 xiáng [ㄒㄧㄤˊ] 似羊切　中唐韵，阳　平平，阳韵　词第二部　戏江阳辙

七画

庫 （见"库"）

庪 guǐ [ㄍㄨㄟˇ] 过委切　中微韵，上　平上，纸韵　词第三部　戏灰堆辙

席 xí [ㄒㄧˊ] 祥易切　中齐韵，阳　平入，陌韵　词第十七部　戏一七辙　曲齐微韵，阳

庯 bū [ㄅㄨ] 博孤切　中姑韵，阴　平平，虞韵　词第四部　戏姑苏辙

庮 (一) yǒu [ㄧㄡˇ] 与久切　中尤韵，上　平上，有韵　词第十二部　戏由求辙

(二) yóu [ㄧㄡˊ] 以周切　中尤韵，阳　平平，尤韵　词第十二部　戏由求辙　（屋檐）

庬 (一) méng [ㄇㄥˊ] 母总切　中庚韵，阳　平上，董韵　词第一部　戏中东辙　（~㣎）

(二) máng [ㄇㄤˊ] （同"厖"）

座 zuò [ㄗㄨㄛˋ] 徂卧切　中波韵，去　平去，箇韵　词第九部　戏梭波辙　曲歌戈韵，去

唐 táng [ㄊㄤˊ] 徒郎切　中唐韵，阳　平平，阳韵　词第二部　戏江阳辙　曲江阳韵，阳

八画

庿 （同"庙"）

庱 chēng [ㄔㄥ] ①丑升切　中庚韵，阴　平平，蒸韵　词第十一部　戏中东辙

②丑拯切　中庚韵，阴　平上，迥韵　词第十一部　戏中东辙　（又）

庶 (一) shù [ㄕㄨˋ] 商署切　中姑韵，去　平去，御韵　词第四部　戏姑苏辙　曲鱼模韵，去

(二) zhù [ㄓㄨˋ] 章恕切　中姑韵，去　平去，御韵　词第四部　戏姑苏辙　曲鱼模韵，去　（~氏）

庹 tuǒ [ㄊㄨㄛˇ] 徒何切　中波韵，上　平平，歌韵　词第九部　戏梭波辙

崃 lái [ㄌㄞˊ] 郎才切　中开韵，阳　平平，灰韵　词第五部　戏怀来辙

庵 ān [ㄢ] 乌含切　中寒韵，阴　平平，覃韵　词第十四部　戏言前辙　曲监咸韵，阴

庾 (一) yǔ [ㄩˇ] 以主切　中齐韵，上　平上，麌韵　词第四部　戏一七辙　曲鱼模韵，上

(二) yú [ㄩˊ] 容朱切　中齐韵，阳　平平，虞韵　词第四部　戏一七辙　（薛~）

庳 ㈠ bēi［ㄅㄟ］便俾切　史微韵，阴　平上，纸韵　词第三部　戏灰堆辙
　㈡ bì［ㄅㄧˋ］毗至切　史齐韵，去　平去，寘韵　词第三部　戏一七辙　（有～国）
　㈢ pí［ㄆㄧˊ］（辅佐，同"毗"）

庼 qǐng［ㄑㄧㄥˇ］①犬颖切　史庚韵，上　平上，梗韵　词第十一部　戏中东辙
　②弃挺切　史庚韵，上　平上，迥韵　词第十一部　戏中东辙　（又）

廊 láng［ㄌㄤˊ］鲁当切　史唐韵，阳　平平，阳韵　词第二部　戏江阳辙　曲江阳韵，阳

庸 yōng［ㄩㄥ］余封切　史庚韵，阴　平平，冬韵　词第一部　戏中东辙　曲东钟韵，阳

康 ㈠ kāng［ㄎㄤ］苦冈切　史唐韵，阴　平平，阳韵　词第二部　戏江阳辙　曲江阳韵，阴
　㈡ kàng［ㄎㄤˋ］（举起，同"亢㈠"；同"抗②"）

九画

厢（见"厢"）廁（见"厕"）庽（同"寓㈠"）废（同"庱㈠"）廐（同"厩"）

廋 ㈠ sōu［ㄙㄡ］所鸠切　史尤韵，阴　平平，尤韵　词第十二部　戏由求辙
　㈡ sǒu［ㄙㄡˇ］（弯曲处，同"薮㈠"）

嵬 ㈠ guī［ㄍㄨㄟ］姑回切　史微韵，阴　平平，灰韵　词第三部　戏灰堆辙　（山名）
　㈡ wěi［ㄨㄟˇ］五贿切　史微韵，上　平上，贿韵　词第三部　戏灰堆辙　（人名用字）

廎 gēng［ㄍㄥ］古行切　史庚韵，阴　平平，庚韵　词第十一部　戏中东辙　曲庚青韵，阴

十画

厦（见"厦"）豗（同"豸"）廕（同"荫㈠"）

厫 áo［ㄠˊ］五牢切　史豪韵，阳　平平，豪韵　词第八部　戏遥条辙

盍 hé［ㄏㄜˊ］安盍切　史波韵，阳　平入，合韵　词第十九部　戏梭波辙

廇 liù［ㄌㄧㄡˋ］力救切　史尤韵，去　平去，宥韵　词第十二部　戏由求辙

廓 kuò［ㄎㄨㄛˋ］苦郭切　史波韵，去　平入，药韵　词第十六部　戏梭波辙　曲萧豪韵，上

廉 lián［ㄌㄧㄢˊ］力盐切　史寒韵，阳　平平，盐韵　词第十四部　戏言前辙　曲廉纤韵，阳

十一画

廣（见"广㈠㈡㈤"）顅（见"庼"）厩（见"厩"）廄（同"厩"）屠（同"屠㈠"）

廑 ㈠ jǐn［ㄐㄧㄣˇ］①渠遴切　史文韵，上　平去，震韵　词第六部　戏人辰辙
　②才，只，同"仅㈠"
　㈡ qín［ㄑㄧㄣˊ］渠巾切　史文韵，阳　平平，文韵　词第六部　戏人辰辙　（勤劳；怀念）

廔 lóu［ㄌㄡˊ］落侯切　史尤韵，阳　平平，尤韵　词第十二部　戏由求辙

廙 yì［ㄧˋ］①与职切　史齐韵，去　平入，职韵　词第十七部　戏一七辙　（可拆搬的房子）
　②羊吏切　史齐韵，去　平去，寘韵　词第三部　戏一七辙　（恭敬）

腐 fǔ［ㄈㄨˇ］扶雨切　史姑韵，上　平上，麌韵　词第四部　戏姑苏辙

廖 ㈠ liáo［ㄌㄧㄠˊ］落萧切　史豪韵，阳　平平，萧韵　词第八部　戏遥条辙　（空旷）
　㈡ liào［ㄌㄧㄠˋ］①力救切　史豪韵，去　平去，宥韵　词第十二部　戏遥条辙　曲萧豪韵，去　（姓）
　②力弔切　史豪韵，去　平去，啸韵　词第八部　戏遥条辙　曲萧豪韵，去　（又）

十二画

廚（见"厨"）廝（见"厮"）廟（见"庙"）廡（见"庑"）廠（见"厂㈠"）廎（见"廎"）慶（见"庆"）
廢（见"废"）

廨 xié［ㄒㄧㄝˊ］奚结切　史皆韵，阳　平入，屑韵　词第十八部　戏乜斜辙

廛 chán［ㄔㄢˊ］直连切　史寒韵，阳　平平，先韵　词第七部　戏言前辙　曲先天韵，阳

廞 ㈠ xīn［ㄒㄧㄣ］许金切　史文韵，阴　平平，侵韵　词第十三部　戏人辰辙

（二）qián［ㄑㄧㄢˊ］丘衔切　史寒韵，阳　牙平，咸韵　词第十四部　戏言前辙　（凹陷状）

<h2 style="text-align:center">十三画</h2>

廪（见"廪"）

廧（一）qiáng［ㄑㄧㄤˊ］在良切　史唐韵，阳　牙平，阳韵　词第二部　戏江阳辙

　　（二）sè［ㄙㄜˋ］（~夫，同"啬"）

廥 kuài［ㄎㄨㄞˋ］古外切　史开韵，去　牙去，泰韵　词第三部　戏怀来辙

廨 xiè［ㄒㄧㄝˋ］古隘切　史皆韵，去　牙去，卦韵　词第十部　戏乜斜辙　曲皆来韵，去

廪（一）lǐn［ㄌㄧㄣˇ］力稔切　史文韵，上　牙平上，寝韵　词第十三部　戏人辰辙　曲侵寻韵，上

　　（二）lǎn［ㄌㄢˇ］卢感切　史寒韵，上　牙平上，感韵　词第十四部　戏言前辙　（坎~）

<h2 style="text-align:center">十四画</h2>

應（见"应"）

膺 yīng［ㄧㄥ］於陵切　史庚韵，阴　牙平，蒸韵　词第十一部　戏中东辙　曲庚青韵，阴

蠃（查"虫"部）

<h2 style="text-align:center">十五画</h2>

鹰 yīng［ㄧㄥ］於陵切　史庚韵，阴　牙平，蒸韵　词第十一部　戏中东辙　曲庚青韵，阴

懤（查"心"部）

<h2 style="text-align:center">十六画</h2>

廬（见"庐"）龐（见"庞"）

<h2 style="text-align:center">十七画</h2>

膺（同"应"）

癭 yīng［ㄧㄥˇ］於郢切　史庚韵，上　牙平上，梗韵　词第十一部　戏中东辙

<h2 style="text-align:center">十八画</h2>

廱（同"雍①"）

<h2 style="text-align:center">二十画</h2>

麢（查"麻"部）

<h2 style="text-align:center">二十二画</h2>

廳（见"厅"）

<h1 style="text-align:center">宀 部</h1>

<h3 style="text-align:center">二画</h3>

宂（见"冗"）

宁（一）zhù［ㄓㄨˋ］①直吕切　史姑韵，去　牙平上，语韵　词第四部　戏姑苏辙　（宫室屏风与门之间的空间）

　　　　　　　　②直鱼切　史姑韵，去　牙平，鱼韵　词第四部　戏姑苏辙　（积储）

　　（二）níng［ㄋㄧㄥˊ］奴丁切　史庚韵，阳　牙平，青韵　词第十一部　戏中东辙　曲庚青韵，阳

　　　　（1）安定，平安：万国咸~　(2)回娘家探望父母：归~　(3)服丧：予~

　　（三）nìng［ㄋㄧㄥˋ］乃定切　史庚韵，去　牙平去，径韵　词第十一部　戏中东辙　曲庚青韵，去

　　　　（4）岂，难道：居马上得之，~可以马上治之乎　(5)宁愿，宁可：~缺毋滥　(6)竟，乃：胡能有定，~我不顾　(7)助词，无义：宾至如归，无~菑害　(8)古邑名　(9)姓

它 (一)tā[ㄊㄚ] 托何切　史麻韵，阴　平平，歌韵　词第九部　戏发花辙

　　(二)tuō[ㄊㄨㄛ] 托何切　史波韵，阴　平平，歌韵　词第九部　戏梭波辙　（旧读）

　　(三)shé[ㄕㄜˊ] ①时遮切　史波韵，阳　平平，麻韵　词第十部　戏梭波辙　曲车遮韵，阳　（古蛇字）

　　　　　　　　②托何切　史波韵，阳　平平，歌韵　词第九部　戏梭波辙　曲车遮韵，阳　（又）

　　(四)tuó[ㄊㄨㄛˊ] （同"驼"）

宄 guǐ[ㄍㄨㄟˇ] 居洧切　史微韵，上　平上，纸韵　词第三部　戏灰堆辙　曲齐微韵，上

三画

宇 yǔ[ㄩˇ] 玉矩切　史齐韵，上　平上，麌韵　词第四部　戏一七辙　曲鱼模韵，上

守 shǒu[ㄕㄡˇ] ①书九切　史尤韵，上　平上，有韵　词第十二部　戏由求辙　曲尤侯韵，上

　　　　　　　②舒救切　史尤韵，去　平去，宥韵　词第十二部　戏由求辙　（古官职名）

宅 zhái[ㄓㄞˊ] 场伯切　史开韵，阳　平入，陌韵　词第十七部　戏怀来辙　曲皆来韵，阳

字 zì[ㄗˋ] 疾置切　史支韵，去　平去，寘韵　词第三部　戏一七辙　曲支思韵，去

安 ān[ㄢ] 乌寒切　史寒韵，阴　平平，寒韵　词第七部　戏言前辙　曲寒山韵，阴

四画

宍 （同"肉"）

完 wán[ㄨㄢˊ] 胡官切　史寒韵，阳　平平，寒韵　词第七部　戏言前辙　曲桓欢韵，阳

宋 sòng[ㄙㄨㄥˋ] 苏统切　史庚韵，去　平去，宋韵　词第一部　戏中东辙　曲东钟韵，去

宏 hóng[ㄏㄨㄥˊ] ①户萌切　史庚韵，阳　平平，庚韵　词第十一部　戏中东辙　曲东钟韵，阳

　　　　　　　　②户萌切　史庚韵，阳　平平，庚韵　词第十一部　戏中东辙　曲庚青韵，阳　（又）

牢 (一)láo[ㄌㄠˊ] 鲁刀切　史豪韵，阳　平平，豪韵　词第八部　戏遥条辙　曲萧豪韵，阳

　　(二)lóu[ㄌㄡˊ] 郎侯切　史尤韵，阳　平平，尤韵　词第十二部　戏由求辙　（削减）

　　(三)lào[ㄌㄠˋ] 郎到切　史豪韵，去　平去，号韵　词第八部　戏遥条辙　（廪食；搜~）

宎 yǎo[ㄧㄠˇ] ①一叫切　史豪韵，上　平去，啸韵　词第八部　戏遥条辙

　　　　　　②伊鸟切　史豪韵，上　平上，篠韵　词第八部　戏遥条辙　（又）

　　　　　　③伊尧切　史豪韵，阴　平平，萧韵　词第八部　戏遥条辙　（洞窟）

灾 （查"火"部）

五画

宝 bǎo[ㄅㄠˇ] 博抱切　史豪韵，上　平上，皓韵　词第八部　戏遥条辙　曲萧豪韵，上

宗 zōng[ㄗㄨㄥ] 作冬切　史庚韵，阴　平平，冬韵　词第一部　戏中东辙　曲东钟韵，阴

定 dìng[ㄉㄧㄥˋ] ①徒径切　史庚韵，去　平去，径韵　词第十一部　戏中东辙　曲庚青韵，去

　　　　　　　　②丁定切　史庚韵，去　平去，径韵　词第十一部　戏中东辙　曲庚青韵，去　（星名）

宕 dàng[ㄉㄤˋ] 徒浪切　史唐韵，去　平去，漾韵　词第二部　戏江阳辙　曲江阳韵，去

宠 (一)chǒng[ㄔㄨㄥˇ] 丑陇切　史庚韵，上　平上，肿韵　词第一部　戏中东辙　曲东钟韵，上

　　(二)lóng[ㄌㄨㄥˊ] 卢东切　史庚韵，阳　平平，东韵　词第一部　戏中东辙　（都~县）

宜 yí[ㄧˊ] 鱼羁切　史齐韵，阳　平平，支韵　词第三部　戏一七辙　曲齐微韵，阳

审 shěn[ㄕㄣˇ] 式任切　史文韵，上　平上，寝韵　词第十三部　戏人辰辙　曲侵寻韵，上

宙 zhòu[ㄓㄡˋ] 直祐切　史尤韵，去　平去，宥韵　词第十二部　戏由求辙　曲尤侯韵，去

官 guān[ㄍㄨㄢ] 古丸切　史寒韵，阴　平平，寒韵　词第七部　戏言前辙　曲桓欢韵，阴

宛 (一)wǎn[ㄨㄢˇ] 於阮切　史寒韵，上　平上，阮韵　词第七部　戏言前辙

　　(二)yuān[ㄩㄢ] 於袁切　史寒韵，阴　平平，元韵　词第七部　戏言前辙　曲先天韵，阴　（~县）

实 shí[ㄕˊ] 神质切　史支韵，阳　平入，质韵　词第十七部　戏一七辙　曲齐微韵，阳

宓 (一)mì[ㄇㄧˋ] 弥毕切　史齐韵，去　平入，质韵　词第十七部　戏一七辙

（二）fú[ㄈㄨˊ] 房六切　音姑韵，阳　平入，屋韵　词第十五部　戏姑苏辙　（姓旧读）

六画

宣 xuān[ㄒㄩㄢ] 须缘切　音寒韵，阴　平平，先韵　词第七部　戏言前辙　曲先天韵，阴

宦 huàn[ㄏㄨㄢˋ] 胡惯切　音寒韵，去　平去，谏韵　词第七部　戏言前辙　曲寒山韵，去

宥 yòu[ㄧㄡˋ] 于救切　音尤韵，去　平去，宥韵　词第十二部　戏由求辙　曲尤侯韵，去

宬 chéng[ㄔㄥˊ] 是征切　音庚韵，阳　平平，庚韵　词第十一部　戏中东辙　曲庚青韵，阳

室 shì[ㄕˋ] 式质切　音支韵，去　平入，质韵　词第十七部　戏一七辙　曲齐微韵，上

宫 gōng[ㄍㄨㄥ] 居戎切　音庚韵，阴　平平，东韵　词第一部　戏中东辙　曲东钟韵，阴

宪 （一）xiàn[ㄒㄧㄢˋ] 许建切　音寒韵，去　平去，愿韵　词第七部　戏言前辙　曲先天韵，去
　　（二）xiǎn[ㄒㄧㄢˇ] 呼典切　音寒韵，上　平上，铣韵　词第七部　戏言前辙　（～～令德）

客 kè[ㄎㄜˋ] ①苦格切　音波韵，去　平入，陌韵　词第十七部　戏梭波辙　曲皆来韵，上
　　　　②苦格切　音波韵，去　平入，陌韵　词第十七部　戏梭波辙　曲车遮韵，上　（又）

七画

宷 （同"审"）

害 （一）hài[ㄏㄞˋ] 胡盖切　音开韵，去　平去，泰韵　词第五部　戏怀来辙　曲皆来韵，去
　　（二）hé[ㄏㄜˊ] （何不，同"曷（一）"）

宽 kuān[ㄎㄨㄢ] 苦官切　音寒韵，阴　平平，寒韵　词第七部　戏言前辙　曲桓欢韵，阴

宧 yí[ㄧˊ] 与之切　音齐韵，阳　平平，支韵　词第三部　戏一七辙

宸 chén[ㄔㄣˊ] 植邻切　音文韵，阳　平平，真韵　词第六部　戏人辰辙　曲真文韵，阳

家 （一）jiā[ㄐㄧㄚ] 古牙切　音麻韵，阴　平平，麻韵　词第十部　戏发花辙　曲家麻韵，阴
　　（二）jia[·ㄐㄧㄚ] 古牙切　音麻韵，阴　平平，麻韵　词第十部　戏发花辙　曲家麻韵，阴　（名代词后缀）
　　（三）gū[ㄍㄨ] （妇女的尊称，同"姑（一）"）
　　（四）jie[·ㄐㄧㄝ] （助词，同"价（三）"）

宵 （一）xiāo[ㄒㄧㄠ] 相邀切　音豪韵，阴　平平，萧韵　词第八部　戏遥条辙　曲萧豪韵，阴
　　（二）xiǎo[ㄒㄧㄠˇ] （～雅－小雅，同"小"）
　　（三）xiào[ㄒㄧㄠˋ] （相类，同"肖（二）"）

宴 yàn[ㄧㄢˋ] ①於甸切　音寒韵，去　平去，霰韵　词第七部　戏言前辙　曲先天韵，去
　　　　②於殄切　音寒韵，去　平上，铣韵　词第七部　戏言前辙　曲先天韵，去　（又）

宾 （一）bīn[ㄅㄧㄣ] 必邻切　音文韵，阴　平平，真韵　词第六部　戏人辰辙　曲真文韵，阴
　　（二）bìn[ㄅㄧㄣˋ] （摈弃，同"摈"）

容 róng[ㄖㄨㄥˊ] 余封切　音庚韵，阳　平平，冬韵　词第一部　戏中东辙　曲东钟韵，阳

宰 zǎi[ㄗㄞˇ] 作亥切　音开韵，上　平上，贿韵　词第五部　戏怀来辙　曲皆来韵，上

八画

宼 （见"冤"）

寇 kòu[ㄎㄡˋ] 苦候切　音尤韵，去　平去，宥韵　词第十二部　戏由求辙　曲尤侯韵，去

寅 yín[ㄧㄣˊ] ①翼真切　音文韵，阳　平平，真韵　词第六部　戏人辰辙　曲真文韵，阳
　　　　②以脂切　音文韵，阳　平平，支韵　词第三部　戏人辰辙　曲真文韵，阳　（又）

寄 jì[ㄐㄧˋ] 居义切　音齐韵，去　平去，寘韵　词第三部　戏一七辙　曲齐微韵，去

寁 （一）zǎn[ㄗㄢˇ] 子感切　音寒韵，上　平上，感韵　词第十四部　戏言前辙
　　（二）jié[ㄐㄧㄝˊ] 疾叶切　音皆韵，阳　平入，叶韵　词第十八部　戏乜斜辙　（又）

寂 jì[ㄐㄧˋ] 前历切　音齐韵，去　平入，锡韵　词第十七部　戏一七辙　曲齐微韵，阳

宿 （一）sù[ㄙㄨˋ] ①息逐切　音姑韵，去　平入，屋韵　词第十五部　戏姑苏辙　曲鱼模韵，上

131

②息逐切　史姑韵，去　平入，屋韵　词第十五部　戏姑苏辙　曲尤侯韵，上　（又）

（二）xiù[ㄒㄧㄡ丶]　息救切　史尤韵，去　平去，宥韵　词第十二部　戏由求辙　曲尤侯韵，去　（星~）

（三）xiǔ[ㄒㄧㄡ丷]　息有切　史尤韵，上　平上，有韵　词第十二部　戏由求辙　曲尤侯韵，上　（夜）【借用同音字"滫"的反切。】

寀 cǎi[ㄘㄞ丷]　仓宰切　史开韵，上　平上，贿韵　词第五部　戏怀来辙

密 mì[ㄇㄧ丶]　美毕切　史齐韵，去　平入，质韵　词第十七部　戏一七辙　曲齐微韵，去

九画

甯（见"宁（二）（三）"）**窊**（见"宁（二）"）

寒 hán[ㄏㄢˊ]　胡安切　史寒韵，阳　平平，寒韵　词第七部　戏言前辙　曲寒山韵，阳

寋 jiǎn[ㄐㄧㄢ丷]　其偃切　史寒韵，上　平上，阮韵　词第七部　戏言前辙　曲先天韵，上

富 fù[ㄈㄨ丶]　方副切　史姑韵，去　平去，宥韵　词第十二部［兼第四部遇韵］　戏姑苏辙　曲鱼模韵，去

寓（一）yù[ㄩ丶]　牛具切　史齐韵，去　平去，遇韵　词第四部　戏一七辙

（二）ǒu[ㄡ丷]　（木偶，同"偶（一）"）

寔（一）shí[ㄕˊ]　常职切　史支韵，阳　平入，职韵　词第十七部　戏一七辙

（二）zhì[ㄓ丶]　（置，同"寘（一）"）

寝 qǐn[ㄑㄧㄣ丷]　七稔切　史文韵，上　平上，寝韵　词第十三部　戏人辰辙　曲侵寻韵，上

寐 mèi[ㄇㄟ丶]　弥二切　史微韵，去　平去，寘韵　词第三部　戏灰堆辙　曲齐微韵，去

寎 bìng[ㄅㄧㄥ丶]　①陂病切　史庚韵，去　平去，敬韵　词第十一部　戏中东辙

②兵永切　史庚韵，上　平上，梗韵　词第十一部　戏中东辙　（嗜睡）

寁（查"心"部）**窓**（查"心"部）

十画

愙（同"恪"）

塞（一）sāi[ㄙㄞ]　苏则切　史开韵，阴　平入，职韵　词第十七部　戏怀来辙　曲支思韵，上

（二）sè[ㄙㄜ丶]　苏则切　史波韵，去　平入，职韵　词第十七部　戏梭波辙　曲支思韵，上　（堵，填）

（三）sài[ㄙㄞ丶]　先代切　史开韵，去　平去，队韵　词第五部　戏怀来辙　曲皆来韵，去　（边~；~祷）

搴（一）qiān[ㄑㄧㄢ]　去乾切　史寒韵，阴　平平，先韵　词第七部　戏言前辙　曲先天韵，阴

（二）jiǎn[ㄐㄧㄢ丷]　九件切　史寒韵，上　平上，铣韵　词第七部　戏言前辙　曲先天韵，上　（弩马）

寞 mò[ㄇㄛ丶]　①慕各切　史波韵，去　平入药，韵　词第十六部　戏梭波辙　曲萧豪韵，去

②慕各切　史波韵，去　平入，药韵　词第十六部　戏梭波辙　曲歌戈韵，去　（又）

寘（一）zhì[ㄓ丶]　支义切　史支韵，去　平去，寘韵　词第三部　戏一七辙　（放置）

（二）tián[ㄊㄧㄢˊ]　支年切　史寒韵，阳　平平，先韵　词第七部　戏言前辙　（~颜山；同"填（一）：①"）

寝 qǐn[ㄑㄧㄣ丷]　七稔切　史文韵，上　平上，寝韵　词第十三部　戏人辰辙　曲侵寻韵，上

寖（一）jìn[ㄐㄧㄣ丶]　①子朕切　史文韵，去　平上，寝韵　词第十三部　戏人辰辙　（渗透）

②子鸩切　史文韵，去　平去，沁韵　词第十三部　戏人辰辙　（又）

（二）qīn[ㄑㄧㄣ]　（逐渐，同"侵（一）"）

十一画

寬（见"宽"）**賓**（见"宾"）**實**（见"实"）**寧**（见"宁（二）（三）"）**寢**（见"寝"）

寨 zhài[ㄓㄞ丶]　犲夬切　史开韵，去　平去，卦韵　词第十部　戏怀来辙　曲皆来韵，去

賽 sài[ㄙㄞ丶]　先代切　史开韵，去　平去，队韵　词第五部　戏怀来辙　曲皆来韵，去

搴 qiān[ㄑㄧㄢ]　①九辇切　史寒韵，阴　平上，铣韵　词第七部　戏言前辙　曲先天韵，阴

②丘虔切　史寒韵，阴　平平，先韵　词第七部　戏言前辙　曲先天韵，阴　（又）

寡 guǎ[ㄍㄨㄚ丷]　古瓦切　史麻韵，上　平上，马韵　词第十部　戏发花辙　曲家麻韵，上

寠 (一)jù[ㄐㄩˋ] 郡羽切　史齐韵，去　平上，麌韵　词第四部　戏一七辙

　　(二)lù[ㄌㄩˋ] 龙遇切　史齐韵，去　平去，遇韵　词第四部　戏一七辙　（贫穷）

　　(三)lóu[ㄌㄡˊ] 郎侯切　史尤韵，阳　平平，尤韵　词第十二部　戏由求辙　（瓯~）

察 chá[ㄔㄚˊ] ①初八切　史麻韵，阳　平入，黠韵　词第十八部　戏发花辙　曲家麻韵，上

　　②初芮切　史麻韵，阳　平去，霁韵　词第三部　戏发花辙　（侦伺）

　　③千结切　史麻韵，阳　平入，屑韵　词第十八部　戏发花辙　（同"督"）

蜜 mì[ㄇㄧˋ] 弥毕切　史齐韵，去　平入，质韵　词第十七部　戏一七辙　曲齐微韵，去

寤 wù[ㄨˋ] 五故切　史姑韵，去　平去，遇韵　词第四部　戏姑苏辙　曲鱼模韵，去

寠 hù[ㄏㄨˋ] 呼骨切　史姑韵，去　平入，月韵　词第十八部　戏姑苏辙

寥 liáo[ㄌㄧㄠˊ] ①落萧切　史豪韵，阳　平平，萧韵　词第八部　戏遥条辙

　　②郎击切　史豪韵，阳　平入，锡韵　词第十七部　戏遥条辙　（又）

十二画

寫 (见"写")　審 (见"审")

寮 liáo[ㄌㄧㄠˊ] 落萧切　史豪韵，阳　平平，萧韵　词第八部　戏遥条辙　曲萧豪韵，阳

寪 (一)wěi[ㄨㄟˇ] 韦委切　史微韵，上　平上，纸韵　词第三部　戏灰堆辙

　　(二)wéi[ㄨㄟˊ] 虞为切　史微韵，阳　平平，支韵　词第三部　戏灰堆辙　（陧~）

賽 (查"贝"部)　鞌 (查"革"部)

十三画

憲 (见"宪")　寯 (同"俊")

褰 qiān[ㄑㄧㄢ] 去乾切　史寒韵，阴　平平，先韵　词第七部　戏言前辙　曲先天韵，阴

寰 huán[ㄏㄨㄢˊ] 户关切　史寒韵，阳　平平，删韵　词第七部　戏言前辙　曲寒山韵，阳

十四画

賽 (见"赛")　寱 (同"呓")

褰 (一)jiǎn[ㄐㄧㄢˇ] ①九辇切　史寒韵，上　平上，铣韵　词第七部　戏言前辙　曲先天韵，上

　　②居偃切　史寒韵，上　平上，阮韵　词第七部　戏言前辙　曲先天韵，上　（又）

　　(二)qiān[ㄑㄧㄢ]　（揭起，提起，同"褰"，同"搴②"）

謇 jiǎn[ㄐㄧㄢˇ] 九辇切　史寒韵，上　平上，铣韵　词第七部　戏言前辙　曲先天韵，上

十六画

寶 (见"宝")　寵 (见"宠")

十七画

寳 (见"宝")　騫 (见"搴")

十八画

騫 xiān[ㄒㄧㄢ] 虚言切　史寒韵，阴　平平，元韵　词第七部　戏言前辙

辶 部

辵 (查"彳"部)

二画

辽 liáo[ㄌㄧㄠˊ] 落萧切　史豪韵，阳　平平，萧韵　词第八部　戏遥条辙　曲萧豪韵，阳

边 biān[ㄅㄧㄢ] 布玄切　史寒韵，阴　平平，先韵　词第七部　戏言前辙　曲先天韵，阴

三画

迉（同"栖（一）"）

迂 yū[ㄩ] ①羽俱切　史齐韵，阴　平平，虞韵　词第四部　戏一七辙　曲鱼模韵，阴
　　　　②於武切　史齐韵，阴　平上，麌韵　词第四部　戏一七辙　曲鱼模韵，阴　（又）

过 (一)guò[ㄍㄨㄛˋ] 古卧切　史波韵，去　平去，箇韵　词第九部　戏梭波辙　曲歌戈韵，去
　　(二)guō[ㄍㄨㄛ] 古禾切　史波韵，阴　平平，歌韵　词第九部　戏梭波辙　曲歌戈韵，阴　（古国名；姓）

达 (一)dá[ㄉㄚˊ] 唐割切　史麻韵，阳　平入，曷韵　词第十八部　戏发花辙　曲家麻韵，阳
　　(二)tà[ㄊㄚˋ] 他达切　史麻韵，去　平入，曷韵　词第十八部　戏发花辙　曲家麻韵，阳　（挑~；姓）
　　(三)tì[ㄊㄧˋ] 他计切　史齐韵，去　平去，霁韵　词第三部　戏一七辙　（滑音）

迈 mài[ㄇㄞˋ] 莫话切　史开韵，去　平去，卦韵　词第十部　戏怀来辙　曲皆来韵，去

迁 qiān[ㄑㄧㄢ] ①七然切　史寒韵，阴　平平，先韵　词第七部　戏言前辙　曲先天韵，阴
　　　　②仓先切　史寒韵，阴　平平，先韵　词第七部　戏言前辙　曲先天韵，阴　（行进）

迄 qì[ㄑㄧˋ] 许讫切　史齐韵，去　平入，物韵　词第十八部　戏一七辙

迅 xùn[ㄒㄩㄣˋ] 私闰切　史文韵，去　平去，震韵　词第六部　戏人辰辙　曲真文韵，去

迤 yǐ[ㄧˇ] ①弋支切　史齐韵，上　平平，支韵　词第三部　戏一七辙
　　　②移尔切　史齐韵，上　平上，纸韵　词第三部　戏一七辙　（又）

巡 (一)xún[ㄒㄩㄣˊ] 详遵切　史文韵，阳　平平，真韵　词第六部　戏人辰辙　曲真文韵，阳
　　(二)yán[ㄧㄢˊ]（依次顺接，同"沿（一）"）

四画

迋 (一)guàng[ㄍㄨㄤˋ] ①俱往切　史唐韵，去　平上，养韵　词第二部　戏江阳辙
　　　　　②古况切　史唐韵，去　平去，漾韵　词第二部　戏江阳辙　（又）
　　(二)wàng[ㄨㄤˋ] 于放切　史唐韵，去　平去，漾韵　词第二部　戏江阳辙　（往）

进 jìn[ㄐㄧㄣˋ] 即刃切　史文韵，去　平去，震韵　词第六部　戏人辰辙　曲真文韵，去

远 yuǎn[ㄩㄢˇ] ①云阮切　史寒韵，上　平上，阮韵　词第七部　戏言前辙　曲先天韵，上
　　　　②于愿切　史寒韵，去　平去，愿韵　词第七部　戏言前辙　曲先天韵，去　（疏远；离去）

违 wéi[ㄨㄟˊ] 雨非切　史微韵，阳　平平，微韵　词第三部　戏灰堆辙　曲齐微韵，阳

运 yùn[ㄩㄣˋ] 王问切　史文韵，去　平去，问韵　词第六部　戏人辰辙　曲真文韵，去

还 (一)huán[ㄏㄨㄢˊ] 户关切　史寒韵，阳　平平，删韵　词第七部　戏言前辙　曲寒山韵，阳
　　　(1)返回：~原　(2)回顾：无所~忌　(3)偿还：~债　(4)环绕：诸侯之师，~郑而南　(5)回报：~手　(6)姓
　　(二)xuán[ㄒㄩㄢˊ] 似宣切　史寒韵，阳　平平，先韵　词第七部　戏言前辙　曲先天韵，阳
　　　(7)旋转：周~中规　(8)敏捷　(9)迅速：此皆可使~至而立有效者也
　　(三)hái[ㄏㄞˊ] 户来切　史开韵，阳　平平，灰韵　词第五部　戏怀来辙　【现代读音。借用同音字"孩"的反切。】
　　　(10)再，又：~有　(11)反而：尽忠竭节，~被患祸　(12)仍旧，依然：子孙日以来，世世~复然　(13)更：今天比昨天
　　　~热　(14)勉强过得去：~不坏　(15)尚且：老人~不肯服老，何况年轻人　(16)居然：他~真行　(17)连词：是…，~是…

连 lián[ㄌㄧㄢˊ] 力延切　史寒韵，阳　平平，先韵　词第七部　戏言前辙　曲先天韵，阳

迓 yà[ㄧㄚˋ] 吾驾切　史麻韵，去　平去，祃韵　词第十部　戏发花辙　曲家麻韵，去

迍 zhūn[ㄓㄨㄣ] 陟纶切　史文韵，阴　平平，真韵　词第六部　戏人辰辙

迕 wǔ[ㄨˇ] ①五故切　史姑韵，上　平去，遇韵　词第四部　戏姑苏辙
　　　②阮古切　史姑韵，上　平上，麌韵　词第四部　戏姑苏辙　（又）

近 jìn[ㄐㄧㄣˋ] ①巨靳切　史文韵，去　平去，问韵　词第六部　戏人辰辙　曲真文韵，去
　　　②其谨切　史文韵，上　平上，吻韵　词第六部　戏人辰辙　（距离不远）

返 fǎn[ㄈㄢˇ] 府远切　史寒韵，上　平上，阮韵　词第七部　戏言前辙　曲寒山韵，上

迎 (一)yíng[ㄧㄥˊ] 语京切　史庚韵，阳　平平，庚韵　词第十一部　戏中东辙　曲庚青韵，阳

（三）yìng［丨ㄥˋ］鲁敬切　史庚韵，去　平去，敬韵　词第十一部　戏中东辙　（～娶）

这（一）zhè［ㄓㄜˋ］止也切　史波韵，去　平上，马韵　词第十部　戏梭波辙

　　（二）yàn［丨ㄢˋ］鱼变切　史寒韵，去　平去，霰韵　词第七部　戏言前辙　（迎接）

　　（三）zhèi［ㄓㄟˋ］（"这""一"合音）

迒（一）háng［ㄏㄤˊ］胡郎切　史唐韵，阳　平平，阳韵　词第二部　戏江阳辙

　　（二）xiáng［ㄒㄧㄤˊ］胡江切　史唐韵，阳　平平，江韵　词第二部　戏江阳辙　（车迹）

迟（一）chí［ㄔˊ］直尼切　史支韵，阳　平平，支韵　词第三部　戏一七辙　曲齐微韵，阳

　　（二）zhì［ㄓˋ］直利切　史支韵，去　平去，寘韵　词第三部　戏一七辙　（等待；希望）

五画

迯（同"逃"）

迣（一）zhì［ㄓˋ］征例切　史支韵，去　平去，霁韵　词第三部　戏一七辙　（逾越）

　　（二）liè［ㄌㄧㄝˋ］力蘖切　史皆韵，去　平入，屑韵　词第十八部　戏乜斜辙　（遮拦）

　　（三）chì［ㄔˋ］丑例切　史支韵，去　平去，霁韵　词第三部　戏一七辙　（越，超越）

述　shù［ㄕㄨˋ］食聿切　史姑韵，去　平入，质韵　词第十七部　戏姑苏辙　曲鱼模韵，阳

迪　dí［ㄉㄧˊ］徒历切　史齐韵，阳　平入，锡韵　词第十七部　戏一七辙

迥　jiǒng［ㄐㄩㄥˇ］户顶切　史庚韵，上　平上，迥韵　词第十一部　戏中东辙　曲庚青韵，去

迭（一）dié［ㄉㄧㄝˊ］徒结切　史皆韵，阳　平入，屑韵　词第十八部　戏乜斜辙　曲车遮韵，阳

　　（二）yì［丨ˋ］（侵犯，同"轶（一）"）

迮（一）zé［ㄗㄜˊ］侧伯切　史波韵，阳　平入，陌韵　词第十七部　戏梭波辙

　　（二）zuò［ㄗㄨㄛˋ］则落切　史波韵，去　平入，药韵　词第十六部　戏梭波辙　（又）

迤（一）yǐ［丨ˇ］演尔切　史齐韵，上　平上，纸韵　词第三部　戏一七辙　曲齐微韵，上　（～逦）

　　（二）yí［丨ˊ］余支切　史齐韵，阳　平平，支韵　词第三部　戏一七辙　（逶～）

　　（三）tuō［ㄊㄨㄛ］唐何切　史波韵，阴　平平，歌韵　词第九部　戏梭波辙　（连延）

迫（一）pò［ㄆㄛˋ］博陌切　史波韵，去　平入，陌韵　词第十七部　戏梭波辙　曲皆来韵，上

　　（二）pǎi［ㄆㄞˇ］博白切　史开韵，上　平入，陌韵　词第十七部　戏怀来辙　曲皆来韵，上　（～击炮）

迩　ěr［ㄦˇ］儿氏切　史齐韵，上　平上，纸韵　词第三部　戏一七辙　曲支思韵，上

迦（一）jiā［ㄐㄧㄚ］古牙切　史麻韵，阴　平平，麻韵　词第十部　戏发花辙　曲家麻韵，阴

　　（二）xiè［ㄒㄧㄝˋ］（～逅－邂逅，同"邂"）

迢　tiáo［ㄊㄧㄠˊ］徒聊切　史豪韵，阳　平平，萧韵　词第八部　戏遥条辙　曲萧豪韵，阳

迨　dài［ㄉㄞˋ］徒亥切　史开韵，去　平上，贿韵　词第五部　戏怀来辙　曲皆来韵，去

六画

迺（同"乃（一）"）迴（同"回"）迻（同"移（一）"）

迾　liè［ㄌㄧㄝˋ］良薛切　史皆韵，去　平入，屑韵　词第十八部　戏乜斜辙

迵　dòng［ㄉㄨㄥˋ］徒弄切　史庚韵，去　平去，送韵　词第一部　戏中东辙

选（一）xuǎn［ㄒㄩㄢˇ］思兖切　史寒韵，上　平上，铣韵　词第七部　戏言前辙　曲先天韵，上

　　（二）xuàn［ㄒㄩㄢˋ］①息绢切　史寒韵，去　平去，霰韵　词第七部　戏言前辙　曲先天韵，去　（量才授官）

　　　　　　　　　　②须绢切　史寒韵，去　平去，霰韵　词第七部　戏言前辙　曲先天韵，去　（齐整）

　　（三）suàn［ㄙㄨㄢˋ］损管切　史寒韵，去　平上，旱韵　词第七部　戏言前辙　曲桓欢韵，去　（计数）

　　（四）shuā［ㄕㄨㄚ］数滑切　史麻韵，阴　平入，黠韵　词第十八部　戏发花辙　（金～）

　　（五）xùn［ㄒㄩㄣˋ］（柔弱，惧怕，同"巽"）

适（一）shì［ㄕˋ］施只切　史支韵，去　平入，陌韵　词第十七部　戏一七辙　曲齐微韵，上

　　（二）kuò［ㄎㄨㄛˋ］苦栝切　史波韵，去　平入，曷韵　词第十八部　戏梭波辙　（疾速）

追 ㈠zhuī［ㄓㄨㄟ］陟佳切　中微韵，阴　平平，支韵　词第三部　戏灰堆辙　曲齐微韵，阴
　　㈡duī［ㄉㄨㄟ］都回切　中微韵，阴　平平，灰韵　词第三部　戏灰堆辙　（~琢；~蠡）

逅 hòu［ㄏㄡˋ］胡遘切　中尤韵，去　平去，宥韵　词第十二部　戏由求辙　曲尤侯韵，去

逃 táo［ㄊㄠˊ］徒刀切　中豪韵，阳　平平，豪韵　词第八部　戏遥条辙　曲萧豪韵，阳

迥 xùn［ㄒㄩㄣˋ］①私闰切　中文韵，去　平去，震韵　词第六部　戏人辰辙
　　　　　　　　②黄练切　中文韵，去　平去，霰韵　词第七部　戏人辰辙　（又）

逄 ㈠páng［ㄆㄤˊ］薄江切　中唐韵，阳　平平，江韵　词第二部　戏江阳辙　曲江阳韵，阳
　　㈡féng［ㄈㄥˊ］（遇，同"逢㈠"）

迹 jì［ㄐㄧˋ］资昔切　中齐韵，去　平入，陌韵　词第十七部　戏一七辙　曲齐微韵，上

迸 ㈠bèng［ㄅㄥˋ］①北诤切　中庚韵，去　平去，敬韵　词第十一部　戏中东辙　曲东钟韵，去
　　　　　　　　②北诤切　中庚韵，去　平去，敬韵　词第十一部　戏中东辙　曲庚青韵，去　（又）
　　㈡bǐng［ㄅㄧㄥˇ］（排斥，同"屏㈡"）

送 sòng［ㄙㄨㄥˋ］苏弄切　中庚韵，去　平去，送韵　词第一部　戏中东辙　曲东钟韵，去

迷 mí［ㄇㄧˊ］莫兮切　中齐韵，阳　平平，齐韵　词第三部　戏一七辙　曲齐微韵，阳

逆 nì［ㄋㄧˋ］宜戟切　中齐韵，去　平入，陌韵　词第十七部　戏一七辙　曲齐微韵，去

退 tuì［ㄊㄨㄟˋ］他内切　中微韵，去　平去，队韵　词第三部　戏灰堆辙　曲齐微韵，去

逊 xùn［ㄒㄩㄣˋ］苏困切　中文韵，去　平去，愿韵　词第六部　戏人辰辙　曲真文韵，去

七画

连（见"连"）迳（同"径㈠"）这（见"这"）

逝 shì［ㄕˋ］时制切　中支韵，去　平去，霁韵　词第三部　戏一七辙　曲齐微韵，去

逑 qiú［ㄑㄧㄡˊ］巨鸠切　中尤韵，阳　平平，尤韵　词第十二部　戏由求辙　曲尤侯韵，阳

逋 bū［ㄅㄨ］博孤切　中姑韵，阴　平平，虞韵　词第四部　戏姑苏辙　曲鱼模韵，阴

速 sù［ㄙㄨˋ］桑谷切　中姑韵，去　平入，屋韵　词第十五部　戏姑苏辙　曲鱼模韵，上

造 wù［ㄨˋ］五故切　中姑韵，去　平去，遇韵　词第四部　戏姑苏辙

逗 ㈠dòu［ㄉㄡˋ］田候切　中尤韵，去　平去，宥韵　词第十二部　戏由求辙　曲尤侯韵，去
　　㈡zhù［ㄓㄨˋ］持遇切　中姑韵，去　平去，遇韵　词第四部　戏姑苏辙　（"~留"古音）

逦 lǐ［ㄌㄧˇ］力纸切　中齐韵，上　平上，纸韵　词第三部　戏一七辙

逐 zhú［ㄓㄨˊ］①直六切　中姑韵，阳　平入，屋韵　词第十五部　戏姑苏辙　曲鱼模韵，阳
　　　　　　　②直六切　中姑韵，阳　平入，屋韵　词第十五部　戏姑苏辙　曲尤侯韵，阳　（又）

逌 ㈠yōu［ㄧㄡ］余周切　中尤韵，阴　平平，尤韵　词第十二部　戏由求辙
　　㈡yóu［ㄧㄡˊ］于求切　中尤韵，阳　平平，尤韵　词第十二部　戏由求辙　曲尤侯韵，阳　（同"由"）

逍 xiāo［ㄒㄧㄠ］相邀切　中豪韵，阴　平平，萧韵　词第八部　戏遥条辙

逞 chěng［ㄔㄥˇ］丑郢切　中庚韵，上　平上，梗韵　词第十一部　戏中东辙　曲庚青韵，上

造 zào［ㄗㄠˋ］①七到切　中豪韵，去　平去，号韵　词第八部　戏遥条辙　曲萧豪韵，去
　　　　　　　②昨早切　中豪韵，去　平上，皓韵　词第八部　戏遥条辙　曲萧豪韵，去　（创制）

透 ㈠tòu［ㄊㄡˋ］他候切　中尤韵，去　平去，宥韵　词第十二部　戏由求辙　曲尤侯韵，去
　　㈡shū［ㄕㄨ］式竹切　中姑韵，阴　平入，屋韵　词第十五部　戏姑苏辙　（惊慌状）

途 tú［ㄊㄨˊ］同都切　中姑韵，阳　平平，虞韵　词第四部　戏姑苏辙　曲鱼模韵，阳

逛 guàng［ㄍㄨㄤˋ］居往切　中唐韵，去　平上，养韵　词第二部　戏江阳辙

逖 tì［ㄊㄧˋ］他历切　中齐韵，去　平入，锡韵　词第十七部　戏一七辙　曲齐微韵，阳

逢 ㈠féng［ㄈㄥˊ］符容切　中庚韵，阳　平平，冬韵　词第一部　戏中东辙　曲东钟韵，阳
　　㈡péng［ㄆㄥˊ］蒲蒙切　中庚韵，阳　平平，东韵　词第一部　戏中东辙　（升腾状；鼓声）
　　㈢páng［ㄆㄤˊ］薄江切　中唐韵，阳　平平，江韵　词第二部　戏江阳辙　曲江阳韵，阳　（姓）

㈣fēng［ㄈㄥ］　（烽火，同"烽"）

递　㈠dì［ㄉㄧˋ］①徒礼切　史齐韵，去　平上，荠韵　词第三部　戏一七辙　曲齐微韵，去

　　　　　　　　②特计切　史齐韵，去　平去，霁韵　词第三部　戏一七辙　曲齐微韵，去　（又）

　　㈡dài［ㄉㄞˋ］当盖切　史开韵，去　平去，泰韵　词第三部　戏怀来辙　（围绕）

通　㈠tōng［ㄊㄨㄥ］他红切　史庚韵，阴　平平，东韵　词第一部　戏中东辙　曲东钟韵，阴

　　㈡tòng［ㄊㄨㄥˋ］他红切　史庚韵，去　平平，东韵　词第一部　戏中东辙　（量词）【古今音。反切仍之。】

逡　㈠qūn［ㄑㄩㄣ］七伦切　史文韵，阴　平平，真韵　词第六部　戏人辰辙　曲真文韵，阴

　　㈡jùn［ㄐㄩㄣˋ］子俊切　史文韵，去　平去，震韵　词第六部　戏人辰辙　曲真文韵，去　（急速）【与"骏"
音同义同，用其反切。】

八画

逩（同"奔㈡"）遏（同"逶"）過（见"过"）进（见"进"）進（见"进"）週（同"周"）

逵　kuí［ㄎㄨㄟˊ］渠追切　史微韵，阳　平平，支韵　词第三部　戏灰堆辙　曲齐微韵，阳

逴　chuō［ㄔㄨㄛ］①敕角切　史波韵，阴　平入，觉韵　词第十六部　戏梭波辙

　　　　　　　　②丑略切　史波韵，阴　平入，药韵　词第十六部　戏梭波辙　（又）

逻　luó［ㄌㄨㄛˊ］郎佐切　史波韵，阳　平去，箇韵　词第九部　戏梭波辙　曲歌戈韵，去

逶　wēi［ㄨㄟ］於为切　史微韵，阴　平平，支韵　词第三部　戏灰堆辙

逸　yì［ㄧˋ］夷质切　史齐韵，去　平入，质韵　词第十七部　戏一七辙　曲齐微韵，去

逭　huàn［ㄏㄨㄢˋ］胡玩切　史寒韵，去　平去，翰韵　词第七部　戏言前辙

逮　㈠dài［ㄉㄞˋ］①徒耐切　史开韵，去　平去，队韵　词第五部　戏怀来辙　曲皆来韵，去

　　　　　　　　②特计切　史齐韵，去　平去，霁韵　词第三部　戏一七辙　（文雅状）

　　㈡dǎi［ㄉㄞˇ］荡亥切　史开韵，上　平上，贿韵　词第五部　戏怀来辙　（捕捉）

　　㈢dēi［ㄉㄟ］土内切　史微韵，阴　平去，队韵　词第三部　戏灰堆辙　（用于口语）

逯　lù［ㄌㄨˋ］力玉切　史姑韵，去　平入，沃韵　词第十五部　戏姑苏辙

逐　zhú［ㄓㄨˊ］竹律切　史姑韵，阳　平入，质韵　词第十七部　戏姑苏辙

九画

達（见"达㈠㈡"）遊（同"游㈠"）運（见"运"）違（见"违"）

逼　bī［ㄅㄧ］彼侧切　史齐韵，阴　平入，职韵　词第十七部　戏一七辙　曲齐微韵，阳

逿　㈠dàng［ㄉㄤˋ］徒浪切　史唐韵，去　平去，漾韵　词第二部　戏江阳辙　（跌倒）

　　㈡táng［ㄊㄤˊ］徒郎切　史唐韵，阳　平平，阳韵　词第二部　戏江阳辙　（冲击）

遇　㈠yù［ㄩˋ］牛具切　史齐韵，去　平去，遇韵　词第四部　戏一七辙　曲鱼模韵，去

　　㈡yóng［ㄩㄥˊ］鱼容切　史庚韵，阳　平平，冬韵　词第一部　戏中东辙　（曲~）

遏　è［ㄜˋ］乌葛切　史波韵，去　平入，曷韵　词第十八部　戏梭波辙

遗　㈠yí［ㄧˊ］以追切　史齐韵，阳　平平，支韵　词第三部　戏一七辙　曲齐微韵，阳

　　㈡wèi［ㄨㄟˋ］以醉切　史微韵，去　平去，寘韵　词第三部　戏灰堆辙　（交付；给予）

遌　㈠è［ㄜˋ］五各切　史波韵，去　平入，药韵　词第十六部　戏梭波辙　（抵触）

　　㈡wǔ［ㄨˇ］五故切　史姑韵，上　平去，遇韵　词第四部　戏姑苏辙　（意外相遇）

遄　chuán［ㄔㄨㄢˊ］市缘切　史寒韵，阳　平平，先韵　词第七部　戏言前辙

遑　huáng［ㄏㄨㄤˊ］胡光切　史唐韵，阳　平平，阳韵　词第二部　戏江阳辙　曲江阳韵，阳

遁　㈠dùn［ㄉㄨㄣˋ］①徒困切　史文韵，去　平去，愿韵　词第六部　戏人辰辙　曲真文韵，去

　　　　　　　　②徒损切　史文韵，去　平上，阮韵　词第六部　戏人辰辙　曲真文韵，去　（又）

　　㈡qūn［ㄑㄩㄣ］七伦切　史文韵，阴　平平，真韵　词第六部　戏人辰辙　曲真文韵，阴　（同"逡㈠"）

逾　㈠yú［ㄩˊ］羊朱切　史齐韵，阳　平平，虞韵　词第四部　戏一七辙　曲鱼模韵，阳

　　㈡yù［ㄩˋ］　（更加，同"愈"）

逎 (一)qiú[ㄑㄧㄡˊ] ①自秋切　中尤韵，阳　平平，尤韵　词第十二部　戏由求辙　曲尤侯韵，阳
　　　　　　　　　②即由切　中尤韵，阳　平平，尤韵　词第十二部　戏由求辙　曲尤侯韵，阳　（又）

　　(二)qiū[ㄑㄧㄡ] 雌由切　中尤韵，阴　平平，尤韵　词第十二部　戏由求辙　（抱～木）

遂 (一)suì[ㄙㄨㄟˋ] 徐醉切　中微韵，去　平去，寘韵　词第三部　戏灰堆辙　曲齐微韵，去

　　(二)suí[ㄙㄨㄟˊ] 徐醉切　中微韵，阳　平去，寘韵　词第三部　戏灰堆辙　曲齐微韵，去　（半身不～）【古今音。
反切仍之。】

道 (一)dào[ㄉㄠˋ] 徒皓切　中豪韵，去　平上，皓韵　词第八部　戏遥条辙　曲萧豪韵，去

　　(二)dǎo[ㄉㄠˇ] 大到切　中豪韵，上　平去，号韵　词第八部　戏遥条辙　（疏导）

遍 biàn[ㄅㄧㄢˋ] 方见切　中寒韵，去　平去，霰韵　词第七部　戏言前辙　曲先天韵，去

遐 xiá[ㄒㄧㄚˊ] 胡加切　中麻韵，阳　平平，麻韵　词第十部　戏发花辙　曲家麻韵，阳

十画

遠（见"远"）遞（见"递"）遡（同"溯"）遜（见"逊"）

遨 áo[ㄠˊ] 五劳切　中豪韵，阳　平平，豪韵　词第八部　戏遥条辙　曲萧豪韵，阳

遘 gòu[ㄍㄡˋ] 古候切　中尤韵，去　平去，宥韵　词第十二部　戏由求辙　曲尤侯韵，去

遢 tà[ㄊㄚˋ] 吐盍切　中麻韵，去　平入，合韵　词第十九部　戏发花辙

遣 qiǎn[ㄑㄧㄢˇ] ①去演切　中寒韵，上　平上，铣韵　词第七部　戏言前辙　曲先天韵，上
　　　　　　　　②去战切　中寒韵，去　平去，霰韵　词第七部　戏言前辙　（送葬，祭奠）

遝 (一)tà[ㄊㄚˋ] 徒合切　中麻韵，去　平入，合韵　词第十九部　戏发花辙

　　(二)dài[ㄉㄞˋ] 徒合切　中开韵，去　平入，合韵　词第十九部　戏怀来辙　（等到）

遥 yáo[ㄧㄠˊ] 余昭切　中豪韵，阳　平平，萧韵　词第八部　戏遥条辙　曲萧豪韵，阳

遛 (一)liù[ㄌㄧㄡˋ] 力救切　中尤韵，去　平去，宥韵　词第十二部　戏由求辙

　　(二)liú[ㄌㄧㄡˊ] 力求切　中尤韵，阳　平平，尤韵　词第十二部　戏由求辙　曲尤侯韵，阳　（逗留）

十一画

遯（同"遁(一)"）

遰 (一)dì[ㄉㄧˋ] 特计切　中齐韵，去　平去，霁韵　词第三部　戏一七辙　（去，往）

　　(二)shì[ㄕˋ] 征例切　中支韵，去　平去，霁韵　词第三部　戏一七辙　（刀鞘）

遳 cuó[ㄘㄨㄛˊ] 七戈切　中波韵，阳　平平，歌韵　词第九部　戏梭波辙

遭 zāo[ㄗㄠ] 作曹切　中豪韵，阴　平平，豪韵　词第八部　戏遥条辙　曲萧豪韵，阴

遬 sù[ㄙㄨˋ] 桑谷切　中姑韵，去　平入，屋韵　词第十五部　戏姑苏辙

遮 zhē[ㄓㄜ] 正奢切　中波韵，阴　平平，麻韵　词第十部　戏梭波辙　曲车遮韵，阴

適 (一)dí[ㄉㄧˊ] 都历切　中齐韵，阳　平入，锡韵　词第十七部　戏一七辙

　　(二)zhé[ㄓㄜˊ] 陟革切　中波韵，阳　平入，陌韵　词第十七部　戏梭波辙　（责罚）

　　(三)tì[ㄊㄧˋ] 他历切　中齐韵，去　平入，锡韵　词第十七部　戏一七辙　（惊骇状）

　　(四)shì[ㄕˋ]　（同"适(一)"）

十二画

邁（见"迈"）遷（见"迁"）遼（见"辽"）遺（见"遗"）導（见"导"）遲（见"迟"）選（见"选"）

遶 rào[ㄖㄠˋ] 而沼切　中豪韵，去　平上，篠韵　词第八部　戏遥条辙　曲萧豪韵，上

暹 xiān[ㄒㄧㄢ] 息廉切　中寒韵，阴　平平，盐韵　词第十四部　戏言前辙　曲廉纤韵，阴

遻 wù[ㄨˋ] 五故切　中姑韵，去　平去，遇韵　词第四部　戏姑苏辙

遴 (一)lìn[ㄌㄧㄣˋ] 良刃切　中文韵，去　平去，震韵　词第六部　戏人辰辙

　　(二)lín[ㄌㄧㄣˊ] 离呈切　中文韵，阳　平平，真韵　词第六部　戏人辰辙　（审慎挑选）

遵 zūn[ㄗㄨㄣ] 将伦切　中文韵，阴　平平，真韵　词第六部　戏人辰辙　曲真文韵，阴

邆 téng[ㄊㄥˊ] 驼恒切　史庚韵，阳　乎平，蒸韵　词第十一部　戏中东辙

遹 yù[ㄩˋ] 余律切　史齐韵，去　乎入，质韵　词第十七部　戏一七辙

十三画

還（见"还"）

遽 jù[ㄐㄩˋ] 其据切　史齐韵，去　乎去，御韵　词第四部　戏一七辙

邀 yāo[ㄧㄠ] 古尧切　史豪韵，阴　乎平，萧韵　词第八部　戏遥条辙　曲萧豪韵，阴

邂 xiè[ㄒㄧㄝˋ] 胡懈切　史皆韵，去　乎去，卦韵　词第十部　戏乜斜辙

邅 zhān[ㄓㄢ] ①张连切　史寒韵，阴　乎平，先韵　词第七部　戏言前辙　曲先天韵，阴　（行程艰难迟滞）

②除善切　史寒韵，上　乎上，铣韵　词第七部　戏言前辙　（移动）

③持碾切　史寒韵，去　乎去，霰韵　词第七部　戏言前辙　（转换方向）

避 bì[ㄅㄧˋ] 毗义切　史齐韵，去　乎去，寘韵　词第三部　戏一七辙　曲齐微韵，去

十四画

邇（见"迩"）

邈 miǎo[ㄇㄧㄠˇ] 莫角切　史豪韵，上　乎入，觉韵　词第十六部　戏遥条辙

邃 suì[ㄙㄨㄟˋ] 虽遂切　史微韵，去　乎去，寘韵　词第三部　戏灰堆辙　曲齐微韵，去

十五画

邊（见"边"）

邋 (一)lā[ㄌㄚ] 卢盍切　史麻韵，阴　乎入，合韵　词第十九部　戏发花辙　（～遢）

(二)liè[ㄌㄧㄝˋ] 良涉切　史皆韵，去　乎入，叶韵　词第十八部　戏乜斜辙　（旌旗～～）

十六画

邍（同"原"）

十九画

邐（见"逦"）邏（见"逻"）

彐（彐彑）部

二画

彐（查"ㄅ"部）

归 (一)guī[ㄍㄨㄟ] 举韦切　史微韵，阴　乎平，微韵　词第三部　戏灰堆辙　曲齐微韵，阴

(二)kuì[ㄎㄨㄟˋ] 求位切　史微韵，去　乎去，寘韵　词第三部　戏灰堆辙　曲齐微韵，去　（通"馈""愧"）

三画

当（查"小"部）寻（查"寸"部）

四画

灵（查"火"部）

五画

录 (一)lù[ㄌㄨˋ] ①力玉切　史姑韵，去　乎入，沃韵　词第十五部　戏姑苏辙　曲鱼模韵，去

②卢谷切　史姑韵，去　乎入，屋韵　词第十五部　戏姑苏辙　曲鱼模韵，去　（又）

(二)lǜ[ㄌㄩˋ] 良据切　史齐韵，去　乎去，御韵　词第四部　戏一七辙　（～囚徒）

帚（查"巾"部）

六画

彖 tuàn［ㄊㄨㄢˋ］通贯切　ᖬ寒韵，去　ᖭ去，翰韵　词第七部　戏言前辙　曲桓欢韵，去

八画

彗 (一) huì［ㄏㄨㄟˋ］于岁切　ᖬ微韵，去　ᖭ去，霁韵　词第三部　戏灰堆辙　曲齐微韵，去
　　 (二) suì［ㄙㄨㄟˋ］徐醉切　ᖬ微韵，去　ᖭ去，寘韵　词第三部　戏灰堆辙　曲齐微韵，去　（又）

九画

尋（见"寻"）
彘 zhì［ㄓˋ］直例切　ᖬ支韵，去　ᖭ去，霁韵　词第三部　戏一七辙　曲齐微韵，去

十画

彙（见"汇③"）

十三画

彝（同"彝"）

十五画

歸（见"归"）
彝 yí［ㄧˊ］以脂切　ᖬ齐韵，阳　ᖭ平，支韵　词第三部　戏一七辙　曲齐微韵，阳

十六画

彠 (一) yuē［ㄩㄝ］①忧缚切　ᖬ皆韵，阴　ᖭ入，药韵　词第十六部　戏乜斜辙
　　　　　　　　　②一虢切　ᖬ皆韵，阴　ᖭ入，陌韵　词第十七部　戏乜斜辙　（又）
　　 (二) huò［ㄏㄨㄛˋ］①胡麦切　ᖬ波韵，去　ᖭ入，陌韵　词第十七部　戏梭波辙　（旧读）
　　　　　　　　　②忧缚切　ᖬ波韵，去　ᖭ入，药韵　词第十六部　戏梭波辙　（又）

二十三画

彠（见"彠"）

尸　部

尸 shī［ㄕ］式之切　ᖬ支韵，阴　ᖭ平，支韵　词第三部　戏一七辙　曲支思韵，阴

一画

尺 (一) chǐ［ㄔˇ］昌石切　ᖬ支韵，上　ᖭ入，陌韵　词第十七部　戏一七辙　曲齐微韵，上
　　 (二) chě［ㄔㄜˇ］昌者切　ᖬ波韵，上　ᖭ上，马韵　词第十部　戏梭波辙　（工~谱）【借用同音字"扯"的反切。】
尹（查"乙"部）

二画

尼 (一) ní［ㄋㄧˊ］女夷切　ᖬ齐韵，阳　ᖭ平，支韵　词第三部　戏一七辙　曲齐微韵，阳
　　 (二) nǐ［ㄋㄧˇ］①尼质切　ᖬ齐韵，上　ᖭ入，质韵　词第十七部　戏一七辙　（停止；制止）
　　　　　　　　　②乃礼切　ᖬ齐韵，上　ᖭ上，荠韵　词第三部　戏一七辙　（又）
尻 kāo［ㄎㄠ］苦刀切　ᖬ豪韵，阴　ᖭ平，豪韵　词第八部　戏遥条辙
卢（查"卜"部）

三画

尽 (一) jìn［ㄐㄧㄣˋ］慈忍切　ᖬ文韵，去　ᖭ上，轸韵　词第六部　戏人辰辙　曲真文韵，去

(1)容器空了　(2)竭尽，完毕：～善～美　(3)月终　(4)全部用出，竭力做到：～职　(5)皆，都：周礼～在鲁矣　(6)止，终：雁门以东，～辽阳，为燕代　(7)死：自～

(二)jǐn[ㄐㄧㄣˇ]即忍切　史文韵，上　平上，轸韵　词第六部　戏人辰辙　曲真文韵，上

(8)听任，放任：他要不听，只有～他　(9)极，最：～里面　(10)有多少用多少：～量　(11)即使，尽管：～管　(12)放在最先：～客人先坐　(13)靠近：虚坐～后，食坐～前

四画

层 céng[ㄘㄥˊ]昨棱切　史庚韵，阳　平平，蒸韵　词第十一部　戏中东辙　曲庚青韵，阳

屎 (一)xì[ㄒㄧˋ]丑利切　史齐韵，去　平去，真韵　词第三部　戏一七辙

　　(二)nǐ[ㄋㄧˇ]女履切　史齐韵，上　平上，纸韵　词第三部　戏一七辙　（又）

　　(三)chì[ㄔˋ]丑利切　史支韵，去　平去，真韵　词第三部　戏一七辙　（又）

屁 pì[ㄆㄧˋ]匹寐切　史齐韵，去　平去，真韵　词第三部　戏一七辙

屃 (一)xì[ㄒㄧˋ]虚器切　史齐韵，去　平去，真韵　词第三部　戏一七辙

　　(二)xiè[ㄒㄧㄝˋ]许器切　史皆韵，去　平去，真韵　词第三部　戏乜斜辙　（又）

尿 (一)niào[ㄋㄧㄠˋ]奴吊切　史豪韵，去　平去，啸韵　词第八部　戏遥条辙　曲萧豪韵，去

　　(二)suī[ㄙㄨㄟ]息遗切　史微韵，阴　平平，支韵　词第三部　戏灰堆辙　曲齐微韵，阴　（～鳖）

尾 (一)wěi[ㄨㄟˇ]无匪切　史微韵，上　平上，尾韵　词第三部　戏灰堆辙　曲齐微韵，上

　　(二)yǐ[ㄧˇ]无匪切　史齐韵，上　平上，尾韵　词第三部　戏一七辙　曲齐微韵，上　（～巴）【方言读音。反切仍之。】

局 jú[ㄐㄩˊ]①渠玉切　史齐韵，阳　平入，沃韵　词第十五部　戏一七辙　曲鱼模韵，阳

　　　　②渠玉切　史齐韵，阳　平入，沃韵　词第十五部　戏一七辙　曲鱼模韵，上　（又）

五画

屇（见"届"）

屉 tì[ㄊㄧˋ]他计切　史齐韵，去　平去，霁韵　词第三部　戏一七辙

居 (一)jū[ㄐㄩ]九鱼切　史齐韵，阴　平平，鱼韵　词第四部　戏一七辙　曲鱼模韵，阴

　　(二)jī[ㄐㄧ]居之切　史齐韵，阴　平平，支韵　词第三部　戏一七辙　（语气助词）

届 jiè[ㄐㄧㄝˋ]古拜切　史皆韵，去　平去，卦韵　词第五部　戏乜斜辙　曲皆来韵，去

屄 bī[ㄅㄧ]边迷切　史齐韵，阴　平平，齐韵　词第三部　戏一七辙

屈 (一)qū[ㄑㄩ]区勿切　史齐韵，阴　平入，物韵　词第十八部　戏一七辙　曲鱼模韵，上

　　(二)jué[ㄐㄩㄝˊ]①衢物切　史皆韵，阳　平入，物韵　词第十八部　戏乜斜辙　（竭尽；短小）

　　　　　　　②九勿切　史皆韵，阳　平入，物韵　词第十八部　戏乜斜辙　（～产）

　　　　　　　③居月切　史皆韵，阳　平入，月韵　词第十八部　戏乜斜辙　（通"倔""崛"）

　　(三)quē[ㄑㄩㄝ]丘月切　史皆韵，阴　平入，月韵　词第十八部　戏乜斜辙　（～狄）

　　(四)jú[ㄐㄩˊ]其述切　史齐韵，阳　平入，质韵　词第十七部　戏一七辙　（狂～）

六画

屍（同"尸"）

屋 wū[ㄨ]乌谷切　史姑韵，阴　平入，屋韵　词第十五部　戏姑苏辙　曲鱼模韵，上

屌 diǎo[ㄉㄧㄠˇ]丁了切　史豪韵，上　平上，篠韵　词第八部　戏遥条辙

屏 (一)píng[ㄆㄧㄥˊ]薄经切　史庚韵，阳　平平，青韵　词第十一部　戏中东辙　曲庚青韵，阳

　　　　(1)遮挡物：门～　(2)遮挡：～蔽　(3)字画的条幅：条～

　　(二)bǐng[ㄅㄧㄥˇ]必郢切　史庚韵，上　平上，梗韵　词第十一部　戏中东辙　曲庚青韵，上

　　　　(4)隐藏：我乃一璧与圭　(5)掩蔽：～王之耳目　(6)排除，除去：～弃不用　(7)退避：左右～而待　(8)抑止：～息

　　(三)bīng[ㄅㄧㄥ]府盈切　史庚韵，阴　平平，庚韵　词第十一部　戏中东辙　（～营）

141

㈣ bìng［ㄅㄧㄥˋ］步定切　史庚韵，去　平去，径韵　词第十一部　戏中东辙　（～当；～厕）

昼 zhòu［ㄓㄡˋ］陟救切　史尤韵，去　平去，宥韵　词第十二部　戏由求辙　曲尤侯韵，去

咫 zhǐ［ㄓˇ］诸氏切　史支韵，上　平上，纸韵　词第三部　戏一七辙　曲支思韵，上

屎 ㈠ shǐ［ㄕˇ］式视切　史支韵，上　平上，纸韵　词第三部　戏一七辙　曲支思韵，上
　　㈡ xī［ㄒㄧ］喜夷切　史齐韵，阴　平平，支韵　词第三部　戏一七辙　（殿～）

七画

屓 （见"屃"）

展 zhǎn［ㄓㄢˇ］知演切　史寒韵，上　平上，铣韵　词第七部　戏言前辙　曲先天韵，上

屑 xiè［ㄒㄧㄝˋ］先结切　史皆韵，去　平入，屑韵　词第十八部　戏乜斜辙　曲车遮韵，上

屐 jī［ㄐㄧ］奇逆切　史齐韵，阴　平入，陌韵　词第十七部　戏一七辙

屙 ē［ㄜ］乌何切　史波韵，阴　平平，歌韵　词第九部　戏梭波辙

八画

屏 （见"屏"）

屠 ㈠ tú［ㄊㄨˊ］同都切　史姑韵，阳　平平，虞韵　词第四部　戏姑苏辙　曲鱼模韵，阳
　　㈡ chú［ㄔㄨˊ］直鱼切　史姑韵，阳　平平，鱼韵　词第四部　戏姑苏辙　（休～王）

屝 fèi［ㄈㄟˋ］扶沸切　史微韵，去　平去，未韵　词第三部　戏灰堆辙

屉 tì［ㄊㄧˋ］他计切　史齐韵，去　平去，霁韵　词第三部　戏一七辙

九画

屟 （同"屧"）

犀 xī［ㄒㄧ］先稽切　史齐韵，阴　平平，齐韵　词第三部　戏一七辙　曲齐微韵，阴

属 ㈠ shǔ［ㄕㄨˇ］市玉切　史姑韵，上　平入，沃韵　词第十五部　戏姑苏辙　曲鱼模韵，阳
　　(1)类别：金～　(2)同一家族的：家～　(3)有管辖关系的：部～　(4)归属：～于　(5)是：～实　(6)生物分类单位之一
　　(7)生年属相：～牛
　　㈡ zhǔ［ㄓㄨˇ］之欲切　史姑韵，上　平入，沃韵　词第十五部　戏姑苏辙　曲鱼模韵，阳
　　(8)连缀：相～于道　(9)聚会：乃～其耆老而告之　(10)佩戴，附着：左执鞭弭，右～橐鞬　(11)撰写：～稿　(12)专注：～意　(13)满足：～厌　(14)适值，恰好：下臣不幸，～当戎行　(15)即将：天下～将定，何故反乎　(16)托付，通"嘱"

屡 lǚ［ㄌㄩˇ］良遇切　史齐韵，上　平去，遇韵　词第四部　戏一七辙　曲鱼模韵，去

孱 ㈠ chán［ㄔㄢˊ］①士山切　史寒韵，阳　平平，删韵　词第七部　戏言前辙
　　　　　　　　②士连切　史寒韵，阳　平平，先韵　词第七部　戏言前辙　（又）
　　㈡ zhàn［ㄓㄢˋ］士限切　史寒韵，去　平上，潸韵　词第七部　戏言前辙　（～陵）
　　㈢ jiān［ㄐㄧㄢ］子仙切　史寒韵，阴　平平，先韵　词第七部　戏言前辙　（孱迫）
　　㈣ càn［ㄘㄢˊ］士山切　史寒韵，去　平平，删韵　词第七部　戏言前辙　（～头）【方言读音。反切仍之。】

十一画

屧 （见"屟"）

屣 xǐ［ㄒㄧˇ］①所绮切　史齐韵，上　平上，纸韵　词第三部　戏一七辙　曲齐微韵，上
　　　　　　②所寄切　史齐韵，上　平去，寘韵　词第三部　戏一七辙　曲齐微韵，上　（又）

十二画

層 （见"层"）

屟 xiè［ㄒㄧㄝˋ］苏协切　史皆韵，去　平入，叶韵　词第十八部　戏乜斜辙　曲车遮韵，上

履 lǚ［ㄌㄩˇ］力几切　史齐韵，上　平上，纸韵　词第三部　戏一七辙　曲齐微韵，上

屦 jù［ㄐㄩˋ］九遇切　史齐韵，去　平去，遇韵　词第四部　戏一七辙　曲鱼模韵，去

十四画

屨（见"屦"）

十五画

屩 juē［ㄐㄩㄝ］居勺切　史皆韵，阴　乎入，药韵　词第十六部　戏乜斜辙
屪 liáo［ㄌ丨ㄠˊ］力宵切　史豪韵，阳　乎平，萧韵　词第八部　戏遥条辙

十八画

屬（见"属"）
屩 chàn［ㄔㄢˋ］初雁切　史寒韵，去　乎去，谏韵　词第七部　戏言前辙

二十一画

屭（同"屃"）

己（巳巳）部

己 ㈠jǐ［ㄐ丨ˇ］居理切　史齐韵，上　乎上，纸韵　词第三部　戏一七辙　曲齐微韵，上
　㈡qǐ［ㄑ丨ˇ］口起切　史齐韵，上　乎上，纸韵　词第三部　戏一七辙　曲齐微韵，上（姓）
巳 yǐ［丨ˇ］①羊巳切　史齐韵，上　乎上，纸韵　词第三部　戏一七辙　曲齐微韵，上
　　　　　②羊吏切　史齐韵，上　乎去，真韵　词第三部　戏一七辙　曲齐微韵，上（又）
巳 sì［ㄙˋ］详里切　史支韵，去　乎上，纸韵　词第三部　戏一七辙　曲支思韵，去

一画

巴（查"乚"部）

二画

囘（查"冂"部）包（查"勹"部）邔（查"阝右"部）

三画

导（查"寸"部）异（查"廾"部）岂（查"山"部）

四画

厄（同"厄"）
改（查"攵"部）卮（查"户"部）

五画

凯（查"几"部）

六画

巷 ㈠xiàng［ㄒ丨ㄤˋ］胡绛切　史唐韵，去　乎去，绛韵　词第二部　戏江阳辙　曲江阳韵，去
　㈡hàng［ㄏㄤˋ］胡绛切　史唐韵，去　乎去，绛韵　词第二部　戏江阳辙　曲江阳韵，去　（矿井～道）【古今音。反切仍之。】

八画

匏（查"大"部）

九画

巽（查"八"部）

十画

婴（查"女"部）

弓 部

弓 gōng［ㄍㄨㄥ］居戎切　史庚韵，阴　平平，东韵　词第一部　戏中东辙　曲东钟韵，阴

一画

引 yǐn［ㄧㄣˇ］①余忍切　史文韵，上　平上，轸韵　词第六部　戏人辰辙　曲真文韵，上

(1)拉开：将军夜～弓　(2)伸长：～颈　(3)牵拉：～车卖浆者流　(4)带领：～导　(5)招来，诱发：～火烧身　(6)正，划定：～其封疆　(7)推荐：～荐　(8)引用：～证　(9)长度单位：十丈为一～

　　　②羊晋切　史文韵，去　平去，震韵　词第六部　戏人辰辙

(10)牵牛绳　(11)拉枢车的绳：发～　(12)音乐的序曲：曲～　(13)短序：恭疏短～　(14)凭证：路～，盐～

弔 (一) dì［ㄉㄧˋ］都历切　史齐韵，去　平入，锡韵　词第十七部　戏一七辙　（来到）

(二) diào［ㄉㄧㄠˋ］（同"吊"）

二画

弗 fú［ㄈㄨˊ］分勿切　史姑韵，阳　平入，物韵　词第十八部　戏姑苏辙

弘 hóng［ㄏㄨㄥˊ］①胡肱切　史庚韵，阳　平平，蒸韵　词第十一部　戏中东辙　曲东钟韵，阳

　　　②胡肱切　史庚韵，阳　平平，蒸韵　词第十一部　戏中东辙　曲庚青韵，阳　（又）

三画

弛 (一) chí［ㄔˊ］施是切　史支韵，阳　平上，纸韵　词第三部　戏一七辙　曲支思韵，上

(二) shǐ［ㄕˇ］施是切　史支韵，上　平上，纸韵　词第三部　戏一七辙　曲支思韵，上　（旧读）

夷（查"大"部）

四画

张 (一) zhāng［ㄓㄤ］陟良切　史唐韵，阴　平平，阳韵　词第二部　戏江阳辙　曲江阳韵，阴

(1)拉开：～弓　(2)壮大：欲～公室　(3)扩展：号为～楚　(4)放纵：乖～　(5)惊慌失措：～皇　(6)陈设：～灯结彩　(7)各处照料：～罗　(8)架设：～网　(9)看，望：东～西望　(10)量词　(11)二十八宿之一　(12)姓

(二) zhàng［ㄓㄤˋ］知亮切　史唐韵，去　平去，漾韵　词第二部　戏江阳辙　曲江阳韵，去

(13)膨胀：烟焰～天　(14)自大：随～，必弃小国　(15)帐幕，通"帐"

弞 shěn［ㄕㄣˇ］式忍切　史文韵，上　平上，轸韵　词第六部　戏人辰辙

弝 bà［ㄅㄚˋ］必驾切　史麻韵，去　平去，祃韵　词第十部　戏发花辙

弟（查"丷"部）

五画

弨（同"弨"）

弣 fǔ［ㄈㄨˇ］芳武切　史姑韵，上　平上，麌韵　词第四部　戏姑苏辙

弧 hú［ㄏㄨˊ］户吴切　史姑韵，阳　平平，虞韵　词第四部　戏姑苏辙　曲鱼模韵，阳

弤 dǐ［ㄉㄧˇ］都礼切　史齐韵，上　平上，荠韵　词第三部　戏一七

弥 mí［ㄇㄧˊ］①武移切　史齐韵，阳　平平，支韵　词第三部　戏一七辙　曲齐微韵，阳

　　　②緜批切　史齐韵，阳　平平，齐韵　词第三部　戏一七辙　（婴～）

弦 xián［ㄒㄧㄢˊ］胡田切　史寒韵，阳　平平，先韵　词第七部　戏言前辙　曲先天韵，阳

弢 tāo［ㄊㄠ］土刀切　史豪韵，阴　平平，豪韵　词第八部　戏遥条辙

弩 nǔ［ㄋㄨˇ］奴古切　史姑韵，上　平上，麌韵　词第四部　戏姑苏辙　曲鱼模韵，上

弨 chāo［ㄔㄠ］①尺招切　史豪韵，阴　平平，萧韵　词第八部　戏遥条辙
　　　　　　　②尺沼切　史豪韵，阴　平上，篠韵　词第八部　戏遥条辙　（又）

六画

弭 mǐ［ㄇㄧˇ］绵婢切　史齐韵，上　平上，纸韵　词第三部　戏一七辙　曲齐微韵，上
弯 wān［ㄨㄢ］乌关切　史寒韵，阴　平平，删韵　词第七部　戏言前辙　曲寒山韵，阴
弮 quān［ㄑㄩㄢ］丘圆切　史寒韵，阴　平平，先韵　词第七部　戏言前辙

七画

弰 shāo［ㄕㄠ］所交切　史豪韵，阴　平平，肴韵　词第八部　戏遥条辙　曲萧豪韵，阴
弲 juān［ㄐㄩㄢ］①许缘切　史寒韵，阴　平平，先韵　词第七部　戏言前辙　（角弓）
　　　　　　　②乌玄切　史寒韵，阴　平平，先韵　词第七部　戏言前辙　（弓势）
弱 ruò［ㄖㄨㄛˋ］①而灼切　史波韵，去　平入，药韵　词第十六部　戏梭波辙　曲萧豪韵，去
　　　　　　　②而灼切　史波韵，去　平入，药韵　词第十六部　戏梭波辙　曲歌戈韵，去　（又）
躬（查"身"部）

八画

張（见"张"）强（同"强"）
弸 péng［ㄆㄥˊ］①蒲萌切　史庚韵，阳　平平，庚韵　词第十一部　戏中东辙
　　　　　　　②普耕切　史庚韵，阴　平平，庚韵　词第十一部　戏中东辙　（~彋）
弶 jiàng［ㄐㄧㄤˋ］其亮切　史唐韵，去　平去，漾韵　词第二部　戏江阳辙
弹 ㈠dàn［ㄉㄢˋ］徒案切　史寒韵，去　平去，翰韵　词第七部　戏言前辙　曲寒山韵，去
　　　　(1)古代的一种发射武器：~弓　(2)发射出去用以伤人的物体：~丸，子~　(3)用于伤人毁物的爆炸物：炸~
　　　㈡tán［ㄊㄢˊ］徒干切　史寒韵，阳　平平，寒韵　词第七部　戏言前辙　曲寒山韵，阳
　　　　(4)用弹弓发射弹丸：用以~人　(5)弹奏：~琴　(6)用手指敲击：~剑而歌　(7)伸缩性：~性　(8)检举：~劾

九画

發（见"发㈠㈢"）
弻 bì［ㄅㄧˋ］房密切　史齐韵，去　平入，质韵　词第十七部　戏一七辙
强 ㈠qiáng［ㄑㄧㄤˊ］巨良切　史唐韵，阳　平平，阳韵　词第二部　戏江阳辙　曲江阳韵，阳
　　㈡qiǎng［ㄑㄧㄤˇ］巨两切　史唐韵，上　平上，养韵　词第二部　戏江阳辙　曲江阳韵，上　（勉~；~制）
　　㈢jiàng［ㄐㄧㄤˋ］居亮切　史唐韵，去　平去，漾韵　词第二部　戏江阳辙　（固执）
粥 ㈠yù［ㄩˋ］余六切　史齐韵，去　平入，屋韵　词第十五部　戏一七辙
　　㈡zhōu［ㄓㄡ］①之六切　史尤韵，阴　平入，屋韵　词第十五部　戏由求辙　曲鱼模韵，上　（稀饭）
　　　　　　　②之六切　史尤韵，阴　平入，屋韵　词第十五部　戏由求辙　曲尤侯韵，上　（又）

十画

彀（查"殳"部）

十一画

彍（同"彉"）彆（同"别㈡"）
彄 kōu［ㄎㄡ］恪侯切　史尤韵，阴　平平，尤韵　词第十二部　戏由求辙
彃 bì［ㄅㄧˋ］卑吉切　史齐韵，去　平入，质韵　词第十七部　戏一七辙

十二画

彈（见"弹"）

十三画

彊（同"强"）

彋 hóng［ㄏㄨㄥˊ］户萌切　史庚韵，阳　平平，庚韵　词第十一部　戏中东辙

十四画

彌 ㈠mí［ㄇㄧˊ］（见"弥㈠"）

　　㈡mǐ［ㄇㄧˇ］（止息，消除，同"弭"）

彍 ㈠guō［ㄍㄨㄛ］古博切　史波韵，阴　平入，药韵　词第十六部　戏梭波辙

　　㈡kuò［ㄎㄨㄛˋ］虚郭切　史波韵，去　平入，药韵　词第十六部　戏梭波辙　（又）

十六画

彊 ㈠jiāng［ㄐㄧㄤ］居良切　史唐韵，阴　平平，阳韵　词第二部　戏江阳辙　曲江阳韵，阴

　　㈡jiàng［ㄐㄧㄤˋ］巨两切　史唐韵，去　平上，养韵　词第二部　戏江阳辙　（硬土）

十九画

彎（见"弯"）

二十画

彏 jué［ㄐㄩㄝˊ］居缚切　史皆韵，阳　平入，药韵　词第十六部　戏乜斜辙

子 部

子 zǐ［ㄗˇ］即里切　史支韵，上　平上，纸韵　词第三部　戏一七辙　曲支思韵，上

孑 jié［ㄐㄧㄝˊ］居列切　史皆韵，阳　平入，屑韵　词第十八部　戏乜斜辙

孓 jué［ㄐㄩㄝˊ］①居月切　史皆韵，阳　平入，月韵　词第十八部　戏乜斜辙

　　　　　　　　②九勿切　史皆韵，阳　平入，物韵　词第十八部　戏乜斜辙　（又）

　　　　　　　　③居悚切　史庚韵，上　平上，肿韵　词第一部　戏中东辙　（"孓~"旧读）

一画

孔 kǒng［ㄎㄨㄥˇ］康董切　史庚韵，上　平上，董韵　词第一部　戏中东辙　曲东钟韵，上

二画

孕 yùn［ㄩㄣˋ］以证切　史文韵，去　平去，径韵　词第十一部　戏人辰辙　曲真文韵，去

三画

存 cún［ㄘㄨㄣˊ］徂尊切　史文韵，阳　平平，元韵　词第六部　戏人辰辙　曲真文韵，阳

孙 ㈠sūn［ㄙㄨㄣ］思浑切　史文韵，阴　平平，元韵　词第六部　戏人辰辙　曲真文韵，阴

　　㈡xùn［ㄒㄩㄣˋ］（同"逊"）

孖 ㈠zī［ㄗ］①子之切　史支韵，阴　平平，支韵　词第三部　戏一七辙

　　　　　　②疾置切　史支韵，阴　平去，真韵　词第三部　戏一七辙　（又）

　　㈡mā［ㄇㄚ］子之切　史麻韵，阴　平平，支韵　词第三部　戏发花辙　（相连成对）【方言读音。反切仍之。】

字（查"宀"部）

四画

孝（同"学㈠"）

孝 xiào［ㄒㄧㄠˋ］呼教切　史豪韵，去　平去，效韵　词第八部　戏遥条辙　曲萧豪韵，去

孛 ㈠bèi［ㄅㄟˋ］①蒲昧切　史微韵，去　平去，队韵　词第三部　戏灰堆辙

②蒲没切　历微韵，去　平入，月韵　词第十八部　戏灰堆辙　（又）

(二) bó [ㄅㄛˊ] 薄没切　历波韵，阳　平入，月韵　词第十八部　戏梭波辙　（怒形于色状）

孚 (一) fú [ㄈㄨˊ] 芳无切　历姑韵，阳　平平，虞韵　词第四部　戏姑苏辙　曲鱼模韵，阴

(二) fū [ㄈㄨ]　（同"孵""稃"）

(三) fù [ㄈㄨˋ]　（付与，同"付①"）

尡（查"见"部）李（查"木"部）孜（查"攵"部）

五画

孟 mèng [ㄇㄥˋ] ①莫更切　历庚韵，去　平去，敬韵　词第十一部　戏中东辙　曲东钟韵，去
②莫更切　历庚韵，去　平去，敬韵　词第十一部　戏中东辙　曲庚青韵，去　（又）

孤 gū [ㄍㄨ] 古胡切　历姑韵，阴　平平，虞韵　词第四部　戏姑苏辙　曲鱼模韵，阴

孢 bāo [ㄅㄠ] 平巧切　历豪韵，阴　平上，巧韵　词第八部　戏遥条辙

学 (一) xué [ㄒㄩㄝˊ] ①胡觉切　历皆韵，阳　平入，觉韵　词第十六部　戏乜斜辙　曲萧豪韵，阳
②胡觉切　历皆韵，阳　平入，觉韵　词第十六部　戏乜斜辙　曲歌戈韵，阳　（又）

(二) huá [ㄏㄨㄚˊ] 户八切　历麻韵，阳　平入，黠韵　词第十八部　戏发花辙　（~鸠）

挐 nú [ㄋㄨˊ] 乃都切　历姑韵，阳　平平，虞韵　词第四部　戏姑苏辙

季（查"禾"部）乳（查"乚"部）享（查"亠"部）

六画

孪 luán [ㄌㄨㄢˊ] ①所眷切　历寒韵，阳　平去，霰韵　词第七部　戏言前辙
②生患切　历寒韵，阳　平去，谏韵　词第七部　戏言前辙　（又）

孩 hái [ㄏㄞˊ] 户来切　历开韵，阳　平平，灰韵　词第五部　戏怀来辙　曲皆来韵，阳

七画

孙（见"孙"）

孱（查"女"部）

八画

孰（查"亠"部）

九画

孳 (一) zī [ㄗ] 子之切　历支韵，阴　平平，支韵　词第三部　戏一七辙　曲支思韵，阴

(二) zì [ㄗˋ] 疾置切　历支韵，去　平去，寘韵　词第三部　戏一七辙　（~尾）

孱（查"尸"部）

十画

孴 (一) nǐ [ㄋㄧˇ] 鱼纪切　历齐韵，上　平上，纸韵　词第三部　戏一七辙　（盛）

(二) nì [ㄋㄧˋ] 昵立切　历齐韵，去　平入，缉韵　词第十七部　戏一七辙　（聚集状）

(三) yì [ㄧˋ] 羊入切　历齐韵，去　平入，缉韵　词第十七部　戏一七辙　（众多状）

十一画

孷 lí [ㄌㄧˊ] 里之切　历齐韵，阳　平平，支韵　词第三部　戏一七辙

孵 fū [ㄈㄨ] 芳无切　历姑韵，阴　平平，虞韵　词第四部　戏姑苏辙

十三画

學（见"学"）

孿（查"亠"部）

十四画

孺 rú［ㄖㄨˊ］ 而遇切　史姑韵，阳　平去，遇韵　词第四部　戏姑苏辙　曲鱼模韵，去

十六画

孼（见"孽"）
孽（查"艹"部）

十七画

孹（见"擘"）

十九画

孿（见"孪"）

女　部

女 (一)nǚ［ㄋㄩˇ］尼吕切　史齐韵，上　平上，语韵　词第四部　戏一七辙　曲鱼模韵，上
　　(二)nù［ㄋㄩˋ］尼据切　史齐韵，去　平去，御韵　词第四部　戏一七辙　（嫁女）
　　(三)rǔ［ㄖㄨˇ］忍与切　史姑韵，上　平上，语韵　词第四部　戏姑苏辙　（你；姓）

二画

奵 (一)dǐng［ㄉㄧㄥˇ］都挺切　史庚韵，上　平上，迥韵　词第十一部　戏中东辙　曲庚青韵，上　（娵~）
　　(二)dīng［ㄉㄧㄥ］当经切　史庚韵，阴　平平，青韵　词第十一部　戏中东辙　（女名用字）

奶 nǎi［ㄋㄞˇ］奴蟹切　史开韵，上　平上，蟹韵　词第五部　戏怀来辙　曲皆来韵，上【同"嬭(一)"，用其反切。】

奴 nú［ㄋㄨˊ］乃都切　史姑韵，阳　平平，虞韵　词第四部　戏姑苏辙　曲鱼模韵，阳

三画

奸 (一)jiān［ㄐㄧㄢ］居颜切　史寒韵，阴　平平，删韵　词第七部　戏言前辙　曲寒山韵，阴
　　(二)gān［ㄍㄢ］古寒切　史寒韵，阴　平平，寒韵　词第七部　戏言前辙　曲寒山韵，阴　（干犯；请求）

如 rú［ㄖㄨˊ］①人诸切　史姑韵，阳　平平，鱼韵　词第四部　戏姑苏辙　曲鱼模韵，阳
　　　　　　②人恕切　史姑韵，去　平去，御韵　词第四部　戏姑苏辙　（语助词）

姹 chà［ㄔㄚˋ］①丑下切　史麻韵，去　平上，马韵　词第十部　戏发花辙　曲家麻韵，上　（少女）
　　　　　　②当故切　史姑韵，去　平去，遇韵　词第四部　戏姑苏辙　曲家麻韵，上　（美女）
　　　　　　③陟驾切　史麻韵，去　平去，祃韵　词第十部　戏发花辙　曲家麻韵，上　（又）

妁 shuò［ㄕㄨㄛˋ］①之若切　史波韵，去　平入，药韵　词第十六部　戏梭波辙
　　　　　　　②市若切　史波韵，阳　平入，药韵　词第十六部　戏梭波辙　（同"酌"）

妄 wàng［ㄨㄤˋ］巫放切　史唐韵，去　平去，漾韵　词第二部　戏江阳辙　曲江阳韵，去

妇 fù［ㄈㄨˋ］房久切　史姑韵，去　平上，有韵　词第十二部［兼第四部麌韵］戏姑苏辙　曲鱼模韵，去

妃 (一)fēi［ㄈㄟ］芳非切　史微韵，阴　平平，微韵　词第三部　戏灰堆辙　曲齐微韵，阴
　　(二)pèi［ㄆㄟˋ］滂佩切　史微韵，去　平去，队韵　词第三部　戏灰堆辙　（婚配）

好 (一)hǎo［ㄏㄠˇ］呼皓切　史豪韵，上　平上，皓韵　词第八部　戏遥条辙　曲萧豪韵，上
　　　　(1)跟"坏"相对　(2)友爱，和美：相~　(3)完毕，完成：做~了　(4)便于，合宜：青春作伴~还乡　(5)很：~
　　　　大　(6)表示赞许应允或结束等语气
　　(二)hào［ㄏㄠˋ］呼到切　史豪韵，去　平去，号韵　词第八部　戏遥条辙　曲萧豪韵，去
　　　　(7)喜欢：~学　(8)亲善：修惠公之~　(9)孔，璧孔，钱孔：~三寸以为度

她 (一)tā［ㄊㄚ］托何切　史麻韵，阴　平平，歌韵　词第九部　戏发花辙【现代字。同"他(一)"，用其反切。】
　　(二)jiě［ㄐㄧㄝˇ］（古同"姐(一)"）

妈 (一)mā[ㄇㄚ] 莫补切　史麻韵，阴　平上，麋韵　词第四部　戏发花辙　曲家麻韵，上

　　(二)mǔ[ㄇㄨˇ] 莫补切　史姑韵，上　平上，麋韵　词第四部　戏姑苏辙　曲家麻韵，上　（旧读）

妆 (查"丬"部)

四画

妆 (见"妆")

妍 yán[ㄧㄢˊ] 五坚切　史寒韵，阳　平平，先韵　词第七部　戏言前辙　曲先天韵，阳

妩 wǔ[ㄨˇ] 文甫切　史姑韵，上　平上，麋韵　词第四部　戏姑苏辙

妘 yún[ㄩㄣˊ] 王分切　史文韵，阳　平平，文韵　词第六部　戏人辰辙

妓 jì[ㄐㄧˋ] 渠绮切　史齐韵，去　平上，纸韵　词第三部　戏一七辙　曲齐微韵，去

妪 (一)yù[ㄩˋ] 衣遇切　史齐韵，去　平去，遇韵　词第四部　戏一七辙　曲鱼模韵，去

　　(二)yǔ[ㄩˇ] 委羽切　史齐韵，上　平上，麋韵　词第四部　戏一七辙　（养育）

妣 bǐ[ㄅㄧˇ] 卑履切　史齐韵，上　平上，纸韵　词第三部　戏一七辙　曲齐微韵，上

妙 miào[ㄇㄧㄠˋ] 弥笑切　史豪韵，去　平去，啸韵　词第八部　戏遥条辙　曲萧豪韵，去

妠 (一)nàn[ㄋㄢˋ] 奴绀切　史寒韵，去　平去，勘韵　词第十四部　戏言前辙　（女名用字）

　　(二)nà[ㄋㄚˋ] ①奴荅切　史麻韵，去　平入，合韵　词第十九部　戏发花辙　（娶）

　　　　　　　　②女刮切　史麻韵，去　平入，黠韵　词第十八部　戏发花辙　（婠~）

妊 rèn[ㄖㄣˋ] ①汝鸩切　史文韵，去　平去，沁韵　词第十三部　戏人辰辙　曲侵寻韵，去

　　　　　　②如林切　史文韵，阳　平平，侵韵　词第十三部　戏人辰辙　（姓）

妖 yāo[ㄧㄠ] 於乔切　史豪韵，阴　平平，萧韵　词第八部　戏遥条辙　曲萧豪韵，阴

妎 (一)xì[ㄒㄧˋ] 胡计切　史齐韵，去　平去，霁韵　词第三部　戏一七辙

　　(二)hài[ㄏㄞˋ] 胡盖切　史开韵，去　平去，泰韵　词第五部　戏怀来辙　（又）

　　(三)jiè[ㄐㄧㄝˋ] 居拜切　史皆韵，去　平去，卦韵　词第五部　戏乜斜辙　（女名用字）

妥 tuǒ[ㄊㄨㄛˇ] 他果切　史波韵，上　平上，哿韵　词第九部　戏梭波辙　曲歌戈韵，上

妗 (一)xiān[ㄒㄧㄢ] ①许咸切　史寒韵，阴　平平，咸韵　词第十四部　戏言前辙

　　　　　　　　　②许兼切　史寒韵，阴　平平，盐韵　词第十四部　戏言前辙　（喜笑；美）

　　(二)jìn[ㄐㄧㄣˋ] 巨禁切　史文韵，去　平去，沁韵　词第十三部　戏人辰辙　（~子）

妢 fén[ㄈㄣˊ] 符分切　史文韵，阳　平平，文韵　词第六部　戏人辰辙

妐 zhōng[ㄓㄨㄥ] 职容切　史庚韵，阴　平平，冬韵　词第一部　戏中东辙

姊 zǐ[ㄗˇ] 将几切　史支韵，上　平上，纸韵　词第三部　戏一七辙　曲支思韵，上

妨 (一)fáng[ㄈㄤˊ] 敷方切　史唐韵，阳　平平，阳韵　词第二部　戏江阳辙　曲江阳韵，阴

　　(二)fāng[ㄈㄤ] ①敷方切　史唐韵，阴　平平，阳韵　词第二部　戏江阳辙　曲江阳韵，阴　（旧读）

　　　　　　　　②敷亮切　史唐韵，去　平去，漾韵　词第二部　戏江阳辙　曲江阳韵，阴　（又）

妫 guī[ㄍㄨㄟ] 居为切　史微韵，阴　平平，支韵　词第三部　戏灰堆辙

妒 dù[ㄉㄨˋ] 当故切　史姑韵，去　平去，遇韵　词第四部　戏姑苏辙　曲鱼模韵，去

妉 dān[ㄉㄢ] 丁含切　史寒韵，阴　平平，覃韵　词第十四部　戏言前辙

妞 niū[ㄋㄧㄡ] 女久切　史尤韵，阴　平上，有韵　词第十二部　戏由求辙

姒 sì[ㄙˋ] 详里切　史支韵，去　平上，纸韵　词第三部　戏一七辙　曲支思韵，去

妤 yú[ㄩˊ] 以诸切　史齐韵，阳　平平，鱼韵　词第四部　戏一七辙　曲鱼模韵，阳

五画

妸 (同"婀")　妬 (同"妒")　妷 (同"侄①")　姉 (同"姊")

妹 mèi[ㄇㄟˋ] 莫佩切　史微韵，去　平去，队韵　词第三部　戏灰堆辙　曲齐微韵，去

妺 mò[ㄇㄛˋ] 莫拨切　史波韵，去　平入，曷韵　词第十八部　戏梭波辙

姏 mán[ㄇㄢˊ] 武酟切 史寒韵，阳 平平，覃韵 词第十四部 戏言前辙

姑 ㈠gū[ㄍㄨ] 古胡切 史姑韵，阴 平平，虞韵 词第四部 戏姑苏辙 曲鱼模韵，阴

　　㈡gǔ[ㄍㄨˇ] （吸食，同"盬"）

妻 ㈠qī[ㄑㄧ] 七稽切 史齐韵，阴 平平，齐韵 词第三部 戏一七辙 曲齐微韵，阴

　　㈡qì[ㄑㄧ　ˋ] 七计切 史齐韵，去 平去，霁韵 词第三部 戏一七辙 曲齐微韵，去 （嫁人为妻）

妲 ㈠dá[ㄉㄚˊ] 当割切 史麻韵，阳 平入，曷韵 词第十八部 戏发花辙 （~己）

　　㈡dàn[ㄉㄢˋ] 得按切 史寒韵，去 平去，翰韵 词第七部 戏言前辙 （旦角）

姐 ㈠jiě[ㄐㄧㄝˇ] 兹野切 史皆韵，上 平上，马韵 词第十部 戏乜斜辙 曲车遮韵，上

　　㈡jù[ㄐㄩˋ] 将豫切 史齐韵，去 平去，遇韵 词第四部 戏一七辙 （撒娇）

妯 ㈠chōu[ㄔㄡ] 丑鸠切 史尤韵，阴 平平，尤韵 词第十二部 戏由求辙 （激动）

　　㈡zhóu[ㄓㄡˊ] 直六切 史尤韵，阳 平入，屋韵 词第十五部 戏由求辙 （~娌）

姌 rǎn[ㄖㄢˇ] 而琰切 史寒韵，上 平上，俭韵 词第十四部 戏言前辙

姎 yāng[ㄧㄤ] ①乌郎切 史唐韵，阴 平平，阳韵 词第二部 戏江阳辙

　　　　　　　②乌朗切 史唐韵，阴 平上，养韵 词第二部 戏江阳辙 （又）

姗 shān[ㄕㄢ] 苏干切 史寒韵，阴 平平，寒韵 词第七部 戏言前辙

姓 xìng[ㄒㄧㄥˋ] 息正切 史庚韵，去 平去，敬韵 词第十一部 戏中东辙 曲庚青韵，去

委 ㈠wěi[ㄨㄟˇ] 於诡切 史微韵，上 平上，纸韵 词第三部 戏灰堆辙 曲齐微韵，上

　　㈡wēi[ㄨㄟ] 於为切 史微韵，阴 平平，支韵 词第三部 戏灰堆辙 （~蛇）

　　㈢wèi[ㄨㄟˋ] 於伪切 史微韵，去 平去，寘韵 词第三部 戏灰堆辙 （~积）

妳 ㈠nǎi[ㄋㄞˇ] （同"奶"）

　　㈡nǐ[ㄋㄧˇ] （女性第二人称，同"你"）

姁 ㈠xū[ㄒㄩ] 况于切 史齐韵，阴 平平，虞韵 词第四部 戏一七辙 （~媮）

　　㈡qú[ㄑㄩˊ] 其俱切 史齐韵，阳 平平，虞韵 词第四部 戏一七辙 （和悦状）

　　㈢yù[ㄩˋ] 香句切 史齐韵，去 平去，遇韵 词第四部 戏一七辙 （老妪）

　　㈣xǔ[ㄒㄩˇ] 况羽切 史齐韵，上 平上，麌韵 词第四部 戏一七辙 （安乐状）

婑 wǎn[ㄨㄢˇ] 委远切 史寒韵，上 平上，阮韵 词第七部 戏言前辙

妵 tǒu[ㄊㄡˇ] 天口切 史尤韵，上 平上，有韵 词第十二部 戏由求辙

妾 qiè[ㄑㄧㄝˋ] 七接切 史皆韵，去 平入，叶韵 词第十八部 戏乜斜辙 曲车遮韵，上

姅 bàn[ㄅㄢˋ] 博漫切 史寒韵，去 平去，翰韵 词第七部 戏言前辙

妮 ㈠nī[ㄋㄧ] 女夷切 史齐韵，阴 平平，支韵 词第三部 戏一七辙

　　㈡nì[ㄋㄧˋ] （~古录，同"昵㈠"）

始 shǐ[ㄕˇ] 诗止切 史支韵，上 平上，纸韵 词第三部 戏一七辙 曲支思韵，上

姆 mǔ[ㄇㄨˇ] ①莫候切 史姑韵，上 平去，宥韵 词第十二部 戏姑苏辙

　　　　　　②莫补切 史姑韵，上 平上，麌韵 词第四部 戏姑苏辙 （又）

孥 （查"子"部）

六画

妍 （见"姸"） 姪 （同"侄①②"） 姃 （同"妊"） 姟 （同"垓"） 姧 （同"奸㈠"） 姦 （同"奸㈠"）

娀 sōng[ㄙㄨㄥ] 息弓切 史庚韵，阴 平平，东韵 词第一部 戏中东辙

娃 wá[ㄨㄚˊ] 於佳切 史麻韵，阳 平平，佳韵 词第十部 戏发花辙

姞 jí[ㄐㄧˊ] 巨乙切 史齐韵，阳 平入，质韵 词第十七部 戏一七辙 曲齐微韵，上

姥 ㈠mǔ[ㄇㄨˇ] 莫补切 史姑韵，上 平上，麌韵 词第四部 戏姑苏辙 曲鱼模韵，上

　　㈡lǎo[ㄌㄠˇ] 卢皓切 史豪韵，上 平上，皓韵 词第八部 戏遥条辙 曲萧豪韵，上 （~~）【现代读音。
借用同音字"老"的反切。】

娅 ㈠yà[ㄧㄚˋ] 衣嫁切　中麻韵，去　平去，祃韵　词第十部　戏发花辙　曲家麻韵，去
㈡yǎ[ㄧㄚˇ] 倚下切　中麻韵，上　平上，马韵　词第十部　戏发花辙　（~姹）
㈢yā[ㄧㄚ]　（~嬛－丫鬟，同“丫①”）

姮 héng[ㄏㄥˊ] 胡登切　中庚韵，阳　平平，蒸韵　词第十一部　戏中东辙

姱 ㈠kuā[ㄎㄨㄚ] 苦瓜切　中麻韵，阴　平平，麻韵　词第十部　戏发花辙
㈡hù[ㄏㄨˋ] 后五切　中姑韵，去　平上，麌韵　词第四部　戏姑苏辙　（姝~）

姨 yí[ㄧˊ] 以脂切　中齐韵，阳　平平，支韵　词第三部　戏一七辙　曲齐微韵，阳

娆 ㈠rǎo[ㄖㄠˇ] 而沼切　中豪韵，上　平上，篆韵　词第八部　戏遥条辙　曲萧豪韵，上
㈡niǎo[ㄋㄧㄠˇ] 奴鸟切　中豪韵，上　平上，篆韵　词第八部　戏遥条辙　曲萧豪韵，上　（又）
㈢ráo[ㄖㄠˊ] ①女教切　中豪韵，阳　平去，效韵　词第八部　戏遥条辙　（妍媚）
②如招切　中豪韵，阳　平平，萧韵　词第八部　戏遥条辙　（又）
㈣yǎo[ㄧㄠˇ] 伊鸟切　中豪韵，上　平上，篆韵　词第八部　戏遥条辙　曲萧豪韵，上　（柔弱）

姻 yīn[ㄧㄣ] 於真切　中文韵，阴　平平，真韵　词第六部　戏人辰辙　曲真文韵，阴

姝 shū[ㄕㄨ] 昌朱切　中姑韵，阴　平平，虞韵　词第四部　戏姑苏辙　曲鱼模韵，阴

姺 ㈠shēn[ㄕㄣ] 疏臻切　中文韵，阴　平平，真韵　词第六部　戏人辰辙
㈡xiǎn[ㄒㄧㄢˇ] 苏典切　中寒韵，上　平上，铣韵　词第七部　戏言前辙　（又）
㈢xiān[ㄒㄧㄢ]　（蹁~－翩跹，同“跹”）

娗 ㈠tíng[ㄊㄧㄥˊ] ①徒鼎切　中庚韵，阳　平上，迥韵　词第十一部　戏中东辙
②特丁切　中庚韵，阳　平平，青韵　词第十一部　戏中东辙　（又）
㈡tiǎn[ㄊㄧㄢˇ] 他典切　中寒韵，上　平上，铣韵　词第七部　戏言前辙　（眠~）

姡 huó[ㄏㄨㄛˊ] ①户括切　中波韵，阳　平入，曷韵　词第十八部　戏梭波辙
②下刮切　中波韵，阳　平入，黠韵　词第十八部　戏梭波辙　（貌丑）

娇 jiāo[ㄐㄧㄠ] ①举乔切　中豪韵，阴　平平，萧韵　词第八部　戏遥条辙　曲萧豪韵，阴
②居夭切　中豪韵，阴　平上，篆韵　词第八部　戏遥条辙　曲萧豪韵，阴　（又）

姤 gòu[ㄍㄡˋ] 古候切　中尤韵，去　平去，宥韵　词第十二部　戏由求辙　曲尤侯韵，去

姚 ㈠yáo[ㄧㄠˊ] 余昭切　中豪韵，阳　平平，萧韵　词第八部　戏遥条辙　曲萧豪韵，阳
㈡yào[ㄧㄠˋ] 弋笑切　中豪韵，去　平去，啸韵　词第八部　戏遥条辙　（剽~）

姽 guǐ[ㄍㄨㄟˇ] 过委切　中微韵，上　平上，纸韵　词第三部　戏灰堆辙

姼 ㈠chǐ[ㄔˇ] 尺氏切　中支韵，上　平上，纸韵　词第三部　戏一七辙　（美女）
㈡shí[ㄕˊ] ①是支切　中支韵，阳　平平，支韵　词第三部　戏一七辙　（岳考妣）
②承纸切　中支韵，阳　平上，纸韵　词第三部　戏一七辙　（又）

娈 ㈠luán[ㄌㄨㄢˊ] 力兖切　中寒韵，阳　平上，铣韵　词第七部　戏言前辙　曲先天韵，上
㈡liàn[ㄌㄧㄢˋ]　（爱慕，同“恋”）

姣 ㈠jiāo[ㄐㄧㄠ] 古巧切　中豪韵，阴　平上，巧韵　词第八部　戏遥条辙　曲萧豪韵，上
㈡jiǎo[ㄐㄧㄠˇ] 古巧切　中豪韵，上　平上，巧韵　词第八部　戏遥条辙　曲萧豪韵，上　（旧读）
㈢xiáo[ㄒㄧㄠˊ] 胡茅切　中豪韵，阳　平平，肴韵　词第八部　戏遥条辙　（淫乱）

姿 ㈠zī[ㄗ] 即夷切　中支韵，阴　平平，支韵　词第三部　戏一七辙　曲支思韵，阴
㈡zì[ㄗˋ] 资四切　中支韵，去　平去，寘韵　词第三部　戏一七辙　（美貌）

姘 pīn[ㄆㄧㄣ] ①普丁切　中文韵，阴　平平，青韵　词第十一部　戏人辰辙
②普耕切　中文韵，阴　平平，庚韵　词第十一部　戏人辰辙　（又）

姜 jiāng[ㄐㄧㄤ] 居良切　中唐韵，阴　平平，阳韵　词第二部　戏江阳辙　曲江阳韵，阴

娄 ㈠lóu[ㄌㄡˊ] 落侯切　中尤韵，阳　平平，尤韵　词第十二部　戏由求辙　曲尤侯韵，阳
㈡lú[ㄌㄩˊ] 力朱切　中齐韵，阳　平平，虞韵　词第四部　戏一七辙　（牵拉）
㈢lǚ[ㄌㄩˇ] ①两举切　中齐韵，上　平上，语韵　词第四部　戏一七辙　（拴系）

　　　　②龙遇切　史齐韵，上　平去，遇韵　词第四部　戏一七辙　曲鱼模韵，去　（通"屡"）

㈣lǒu[ㄌㄡˇ]　朗口切　史尤韵，上　平上，有韵　词第十二部　戏由求辙　（小土山）

㈤léi[ㄌㄟˊ]　伦为切　史微韵，阳　平平，支韵　词第三部　戏灰堆辙　（垫~）

姹 chà[ㄔㄚˋ]　丑下切　史麻韵，去　平上，马韵　词第十部　戏发花辙　曲家麻韵，去

娜 ㈠nuó[ㄋㄨㄛˊ]　奴可切　史波韵，阳　平上，哿韵　词第九部　戏梭波辙　曲歌戈韵，上　（婀~）

㈡nuǒ[ㄋㄨㄛˇ]　奴可切　史波韵，上　平上，哿韵　词第九部　戏梭波辙　曲歌戈韵，上　（旧读）

㈢nà[ㄋㄚˋ]　囊何切　史麻韵，去　平平，歌韵　词第九部　戏发花辙　（人名用字）

耍（查"西"部）**耍**（查"而"部）**威**（查"戈"部）

七画

姬 jī[ㄐㄧ]　居之切　史齐韵，阴　平平，支韵　词第三部　戏一七辙　曲齐微韵，阴

娠 ㈠shēn[ㄕㄣ]　失人切　史文韵，阴　平平，真韵　词第六部　戏人辰辙　曲真文韵，阳

㈡zhèn[ㄓㄣˋ]　章刃切　史文韵，去　平去，震韵　词第六部　戏人辰辙　曲真文韵，阳　（又）

孬 nāo[ㄋㄠ]　奴招切　史豪韵，阴　平平，萧韵　词第八部　戏遥条辙　【方言字。以"奴""招"二字可以切得。】

娙 xíng[ㄒㄧㄥˊ]　①户经切　史庚韵，阳　平平，青韵　词第十一部　戏中东辙

　　　　②五茎切　史庚韵，阳　平平，庚韵　词第十一部　戏中东辙　（~娥）

娌 lǐ[ㄌㄧˇ]　良士切　史齐韵，上　平上，纸韵　词第三部　戏一七辙　曲齐微韵，上

娱 yú[ㄩˊ]　①遇俱切　史齐韵，阳　平平，虞韵　词第四部　戏一七辙　曲鱼模韵，阳

　　　　②五故切　史齐韵，阳　平去，遇韵　词第四部　戏一七辙　曲鱼模韵，阳　（又）

娉 ㈠pìn[ㄆㄧㄣˋ]　匹正切　史文韵，去　平去，敬韵　词第十一部　戏人辰辙　曲庚青韵，去

㈡pīng[ㄆㄧㄥ]　披经切　史庚韵，阴　平平，青韵　词第十一部　戏中东辙　曲庚青韵，阳　（~婷）

娖 chuò[ㄔㄨㄛˋ]　测角切　史波韵，去　平入，觉韵　词第十六部　戏梭波辙

娟 juān[ㄐㄩㄢ]　於缘切　史寒韵，阴　平平，先韵　词第七部　戏言前辙　曲先天韵，阴

娃 wā[ㄨㄚ]　①古华切　史麻韵，阴　平平，麻韵　词第十部　戏发花辙　曲家麻韵，阴

　　　　②古蛙切　史麻韵，阴　平平，佳韵　词第十部　戏发花辙　曲家麻韵，阴　（又）

娥 é[ㄜˊ]　五何切　史波韵，阳　平平，歌韵　词第九部　戏梭波辙　曲歌戈韵，阳

姆 ㈠mǔ[ㄇㄨˇ]　满补切　史姑韵，上　平上，麌韵　词第四部　戏姑苏辙

㈡wǔ[ㄨˇ]　（侮慢，同"侮"）

娩 ㈠miǎn[ㄇㄧㄢˇ]　①亡辨切　史寒韵，上　平上，铣韵　词第七部　戏言前辙

　　　　②亡运切　史寒韵，上　平去，问韵　词第六部　戏言前辙　（又）

㈡wǎn[ㄨㄢˇ]　无远切　史寒韵，上　平上，阮韵　词第七部　戏言前辙　（柔顺；妩媚）

娴 xián[ㄒㄧㄢˊ]　户闲切　史寒韵，阳　平平，删韵　词第七部　戏言前辙

娣 dì[ㄉㄧˋ]　①特计切　史齐韵，去　平去，霁韵　词第三部　戏一七辙　曲齐微韵，去

　　　　②徒礼切　史齐韵，去　平上，荠韵　词第三部　戏一七辙　（弟媳）

娑 ㈠suō[ㄙㄨㄛ]　素何切　史波韵，阴　平平，歌韵　词第九部　戏梭波辙　曲歌戈韵，阴

㈡suǒ[ㄙㄨㄛˇ]　苏可切　史波韵，上　平上，哿韵　词第九部　戏梭波辙　（驳~）

㈢suò[ㄙㄨㄛˋ]　苏箇切　史波韵，去　平去，箇韵　词第九部　戏梭波辙　（逻~）

娘 niáng[ㄋㄧㄤˊ]　女良切　史唐韵，阳　平平，阳韵　词第二部　戏江阳辙　曲江阳韵，阳

娓 wěi[ㄨㄟˇ]　无匪切　史微韵，上　平上，尾韵　词第三部　戏灰堆辙

婀 ㈠ē[ㄜ]　於河切　史波韵，阴　平平，歌韵　词第九部　戏梭波辙　（摇摆不定状）

㈡ě[ㄜˇ]　於可切　史波韵，上　平上，哿韵　词第九部　戏梭波辙　（娇弱状）

娿 ㈠ē[ㄜ]　乌何切　史波韵，阴　平平，歌韵　词第九部　戏梭波辙

㈡ě[ㄜˇ]　倚可切　史波韵，上　平上，哿韵　词第九部　戏梭波辙　（姓）

娭 ㈠xī[ㄒㄧ]　许其切　史齐韵，阴　平平，支韵　词第三部　戏一七辙

(二) āi[ㄞ] 於开切　中开韵，阴　平平，灰韵　词第五部　戏怀来辙　（～馳）

晏（查"日"部）砮（查"石"部）

八画

娬（同"妩"）婭（见"娅"）婥（同"绰㈠"）嫂（见"娄"）媧（见"娲"）婑（同"媒"）婬（同"淫"）

婦（见"妇"）

婧 (一) jìng[ㄐㄧㄥ丶] 疾政切　中庚韵，去　平去，敬韵　词第十一部　戏中东辙

　　(二) jīng[ㄐㄧㄥ] 子盈切　中庚韵，阴　平平，庚韵　词第十一部　戏中东辙　（又）

婊 biǎo[ㄅㄧㄠˇ] 彼小切　中豪韵，上　平上，篠韵　词第八部　戏遥条辙

婞 xìng[ㄒㄧㄥ丶] 胡顶切　中庚韵，去　平上，迥韵　词第十一部　戏中东辙

娸 qī[ㄑㄧ] 去其切　中齐韵，阴　平平，支韵　词第三部　戏一七辙

娵 jū[ㄐㄩ] 子于切　中齐韵，阴　平平，虞韵　词第四部　戏一七辙

娶 qǔ[ㄑㄩˇ] 七句切　中齐韵，上　平去，遇韵　词第四部　戏一七辙　曲鱼模韵，去

婼 (一) chuò[ㄔㄨㄛ丶] 丑略切　中波韵，去　平入，药韵　词第十六部　戏梭波辙

　　(二) ruò[ㄖㄨㄛ丶] ①人赊切　中波韵，去　平平，麻韵　词第十部　戏梭波辙　（～羌）

　　　　　　　　　　②汝移切　中波韵，去　平平，支韵　词第三部　戏梭波辙　（又）

媌 miáo[ㄇㄧㄠˊ] ①莫交切　中豪韵，阳　平平，肴韵　词第八部　戏遥条辙

　　　　　　　　②莫饱切　中豪韵，阳　平上，巧韵　词第八部　戏遥条辙　（又）

婪 lán[ㄌㄢˊ] 卢含切　中寒韵，阳　平平，覃韵　词第十四部　戏言前辙　曲监咸韵，阳

婳 huà[ㄏㄨㄚ丶] 胡麦切　中麻韵，去　平入，陌韵　词第十七部　戏发花辙

婕 jié[ㄐㄧㄝˊ] 即叶切　中皆韵，阳　平入，叶韵　词第十八部　戏乜斜辙

婓 fēi[ㄈㄟ] 芳非切　中微韵，阴　平平，微韵　词第三部　戏灰堆辙

媒 wǒ[ㄨㄛˇ] 乌果切　中波韵，上　平上，哿韵　词第九部　戏梭波辙

娼 chāng[ㄔㄤ] 尺良切　中唐韵，阴　平平，阳韵　词第二部　戏江阳辙　曲江阳韵，阴

婫 hǔn[ㄏㄨㄣˇ] 户稳切　中文韵，上　平上，阮韵　词第七部　戏人辰辙

婟 hù[ㄏㄨ丶] ①胡误切　中姑韵，去　平去，遇韵　词第四部　戏姑苏辙

　　　　　　②侯古切　中姑韵，去　平上，麌韵　词第四部　戏姑苏辙　（美好）

婩 (一) àn[ㄢ丶] 鱼旰切　中寒韵，去　平去，翰韵　词第七部　戏言前辙

　　(二) nüè[ㄋㄩㄝ丶] 逆约切　中皆韵，去　平入，药韵　词第十六部　戏乜斜辙　（～斫）

嬰 yīng[ㄧㄥ] 於盈切　中庚韵，阴　平平，庚韵　词第十一部　戏中东辙　曲庚青韵，阴

婗 (一) ní[ㄋㄧˊ] 五稽切　中齐韵，阳　平平，齐韵　词第三部　戏一七辙

　　(二) nǐ[ㄋㄧˇ] 吾礼切　中齐韵，上　平上，荠韵　词第三部　戏一七辙　（媞～）

婢 bì[ㄅㄧ丶] 便俾切　中齐韵，去　平上，纸韵　词第三部　戏一七辙　曲齐微韵，去

婤 zhōu[ㄓㄡ] 职流切　中尤韵，阴　平平，尤韵　词第十二部　戏由求辙

婚 hūn[ㄏㄨㄣ] 呼昆切　中文韵，阴　平平，元韵　词第六部　戏人辰辙　曲真文韵，阴

婘 (一) quán[ㄑㄩㄢˊ] 巨员切　中寒韵，阳　平平，先韵　词第七部　戏言前辙

　　(二) juàn[ㄐㄩㄢ丶]（亲属，同"眷"）

嬋 chán[ㄔㄢˊ] 市连切　中寒韵，阳　平平，先韵　词第七部　戏言前辙

婆 pó[ㄆㄛˊ] 薄波切　中波韵，阳　平平，歌韵　词第九部　戏梭波辙　曲歌戈韵，阳

婶 shěn[ㄕㄣˇ] 式荏切　中文韵，上　平上，寝韵　词第十三部　戏人辰辙　曲侵寻韵，上

婠 wān[ㄨㄢ] ①一丸切　中寒韵，阴　平平，寒韵　词第七部　戏言前辙

　　　　　　②乌八切　中寒韵，阴　平入，黠韵　词第十八部　戏言前辙　（又）

　　　　　　③古玩切　中寒韵，去　平去，翰韵　词第七部　戏言前辙　（美好貌）

婉 wǎn[ㄨㄢˇ] 於阮切　中寒韵，上　平上，阮韵　词第七部　戏言前辙

嫏 láng［ㄌㄤˊ］卢唐切　史唐韵，阳　平平，阳韵　词第二部　戏江阳辙

九画

媟（同"亵"）媚（同"姻"）媿（同"愧"）㛂（见"妳"）媥（同"蹁"）

媒 méi［ㄇㄟˊ］莫杯切　史微韵，阳　平平，灰韵　词第三部　戏灰堆辙　曲齐微韵，阳

媕 yǎo［ㄧㄠˇ］乌皎切　史微韵，上　平上，篠韵　词第八部　戏遥条辙

媠 (一) tuǒ［ㄊㄨㄛˇ］①他果切　史波韵，上　平上，哿韵　词第九部　戏梭波辙
　　　　　　②汤卧切　史波韵，上　平去，简韵　词第九部　戏梭波辙　（又）

　(二) nuǒ［ㄋㄨㄛˇ］努果切　史波韵，上　平上，哿韵　词第九部　戏梭波辙　（媒~）

　(三) duò［ㄉㄨㄛˋ］（慵懒，同"惰"）

媔 (一) mián［ㄇㄧㄢˊ］弥延切　史寒韵，阳　平平，先韵　词第七部　戏言前辙

　(二) miǎn［ㄇㄧㄢˇ］弥兖切　史寒韵，上　平上，铣韵　词第七部　戏言前辙　（妒忌）

㜷 (一) ruǎn［ㄖㄨㄢˇ］乳兖切　史寒韵，上　平上，铣韵　词第七部　戏言前辙

　(二) nèn［ㄋㄣˋ］（柔弱，同"嫩"）

媞 (一) shì［ㄕˋ］承纸切　史支韵，去　平上，纸韵　词第三部　戏一七辙

　(二) tí［ㄊㄧˊ］①杜奚切　史齐韵，阳　平平，齐韵　词第三部　戏一七辙　（美好）
　　　　　　②徒礼切　史齐韵，上　平上，荠韵　词第三部　戏一七辙　（莎草籽）

媢 mào［ㄇㄠˋ］①莫报切　史豪韵，去　平去，号韵　词第八部　戏遥条辙
　　　　②武道切　史豪韵，去　平上，皓韵　词第八部　戏遥条辙　（又）
　　　　③弥二切　史豪韵，去　平去，寘韵　词第三部　戏遥条辙　（又）
　　　　④莫沃切　史豪韵，去　平入，沃韵　词第十五部　戏遥条辙　（又）

媪 ǎo［ㄠˇ］乌皓切　史豪韵，上　平上，皓韵　词第八部　戏遥条辙　曲萧豪韵，上

媚 wèi［ㄨㄟˋ］于贵切　史微韵，去　平去，未韵　词第三部　戏灰堆辙

嫂 sǎo［ㄙㄠˇ］苏老切　史豪韵，上　平上，皓韵　词第八部　戏遥条辙　曲萧豪韵，上

婓 xū［ㄒㄩ］相俞切　史齐韵，阴　平平，虞韵　词第四部　戏一七辙

婩 (一) ān［ㄢ］乌含切　史寒韵，阴　平平，覃韵　词第十四部　戏言前辙

　(二) yǎn［ㄧㄢˇ］衣俭切　史寒韵，上　平上，俭韵　词第十四部　戏言前辙　（眉目传情状）

媮 (一) tōu［ㄊㄡ］讬侯切　史尤韵，阴　平平，尤韵　词第十二部　戏由求辙　曲尤侯韵，阴

　(二) yú［ㄩˊ］（快乐，同"愉(一)"）

媛 (一) yuàn［ㄩㄢˋ］王眷切　史寒韵，去　平去，霰韵　词第七部　戏言前辙

　(二) yuán［ㄩㄢˊ］雨元切　史寒韵，阳　平平，元韵　词第七部　戏言前辙　（婵~）

婷 tíng［ㄊㄧㄥˊ］唐丁切　史庚韵，阳　平平，青韵　词第十一部　戏中东辙　曲庚青韵，阳

媊 (一) qián［ㄑㄧㄢˊ］才先切　史寒韵，阳　平平，先韵　词第七部　戏言前辙

　(二) jiǎn［ㄐㄧㄢˇ］即浅切　史寒韵，上　平上，铣韵　词第七部　戏言前辙　（又）

　(三) zī［ㄗ］即移切　史支韵，阴　平平，支韵　词第三部　戏一七辙　（又）

婿 xù［ㄒㄩˋ］苏计切　史齐韵，去　平去，霁韵　词第三部　戏一七辙　曲齐微韵，去

媚 mèi［ㄇㄟˋ］明秘切　史微韵，去　平去，寘韵　词第三部　戏灰堆辙　曲齐微韵，去

婺 wù［ㄨˋ］亡遇切　史姑韵，去　平去，遇韵　词第四部　戏姑苏辙

十画

嫣（见"妈"）媺（同"美"）媼（见"媪"）嫋（同"袅"）

媾 gòu［ㄍㄡˋ］古候切　史尤韵，去　平去，宥韵　词第十二部　戏由求辙　曲尤侯韵，去

嫟 nì［ㄋㄧˋ］昵力切　史齐韵，去　平入，职韵　词第十七部　戏一七辙

嬅 mó［ㄇㄛˊ］莫胡切　史波韵，阳　平平，虞韵　词第四部　戏梭波辙

娶 (一)yí[ㄧˊ] 与之切　中齐韵，阳　平平，支韵　词第三部　戏一七辙

　　(二)xī[ㄒㄧ] 许其切　中齐韵，阴　平平，支韵　词第三部　戏一七辙　（又）

　　(三)pèi[ㄆㄟˋ]（配偶，同"妃(一)"）

嫄 yuán[ㄩㄢˊ] 愚袁切　中寒韵，阳　平平，元韵　词第七部　戏言前辙　曲先天韵，阳

媳 xí[ㄒㄧˊ] 思积切　中齐韵，阳　平入，陌韵　词第十七部　戏一七辙

媲 (一)pì[ㄆㄧˋ] 匹诣切　中齐韵，去　平去，霁韵　词第三部　戏一七辙

　　(二)bī[ㄅㄧ] 边迷切　中齐韵，阴　平平，齐韵　词第三部　戏一七辙　（婴~）

媻 (一)pán[ㄆㄢˊ]（~ 珊－蹒跚，同"蹒(一)"）

　　(二)pó[ㄆㄛˊ]（~ 娑－婆娑，同"婆"）

嫒 ài[ㄞˋ] 乌代切　中开韵，去　平去，队韵　词第五部　戏怀来辙　曲皆来韵，去【同"爱"，用其反切。】

媱 yáo[ㄧㄠˊ] 余昭切　中豪韵，阳　平平，萧韵　词第八部　戏遥条辙

媰 chú[ㄔㄨˊ] 仕于切　中姑韵，阳　平平，虞韵　词第四部　戏姑苏辙

嫉 jí[ㄐㄧˊ] ①秦悉切　中齐韵，阳　平入，质韵　词第十七部　戏一七辙　曲齐微韵，阳

　　　②疾二切　中齐韵，阳　平去，真韵　词第三部　戏一七辙　曲齐微韵，阳　（又）

嫌 xián[ㄒㄧㄢˊ] 户兼切　中寒韵，阳　平平，盐韵　词第十四部　戏言前辙　曲廉纤韵，阳

嫁 jià[ㄐㄧㄚˋ] 古讶切　中麻韵，去　平去，祃韵　词第十部　戏发花辙　曲家麻韵，去

嫔 pín[ㄆㄧㄣˊ] 符真切　中文韵，阳　平平，真韵　词第六部　戏人辰辙

嫇 (一)míng[ㄇㄧㄥˊ] ①莫经切　中庚韵，阳　平平，青韵　词第十一部　戏中东辙

　　　　②莫耕切　中庚韵，阳　平平，庚韵　词第十一部　戏中东辙　（嫈~）

　　(二)mǐng[ㄇㄧㄥˇ] 莫迥切　中庚韵，上　平上，迥韵　词第十一部　戏中东辙　（~ 灯）

媸 chī[ㄔ] 赤之切　中支韵，阴　平平，支韵　词第三部　一七辙　戏齐微韵，阴

腏（查"月"部）嫈（查"火"部）

十一画

嫗（见"妪"）嫭（同"婡"）嬌（同"娇"）

嫠 lí[ㄌㄧˊ] 里之切　中齐韵，阳　平平，支韵　词第三部　戏一七辙　曲齐微韵，阳

嫢 guī[ㄍㄨㄟ] ①姊规切　中微韵，阴　平平，支韵　词第三部　戏灰堆辙

　　　②求葵切　中微韵，阴　平上，纸韵　词第三部　戏灰堆辙　（又）

　　　③胡典切　中微韵，阴　平上，铣韵　词第七部　戏灰堆辙　（又）

嫣 yān[ㄧㄢ] ①於乾切　中寒韵，阴　平平，先韵　词第七部　戏言前辙　曲先天韵，阴

　　　②於塞切　中寒韵，阴　平上，铣韵　词第七部　戏言前辙　曲先天韵，阴　（又）

　　　③於建切　中寒韵，阴　平去，愿韵　词第七部　戏言前辙　曲先天韵，阴　（又）

嫱 qiáng[ㄑㄧㄤˊ] ①在良切　中唐韵，阳　平平，阳韵　词第二部　戏江阳辙　曲江阳韵，阳　（女官名）

　　　②所力切　中波韵，去　平入，职韵　词第十七部　戏梭波辙　（女名用字）

嫥 zhuān[ㄓㄨㄢ] 朱遄切　中寒韵，阴　平平，先韵　词第七部　戏言前辙

嫩 nèn[ㄋㄣˋ] 奴困切　中文韵，去　平去，愿韵　词第六部　戏人辰辙　曲真文韵，去

嫖 (一)piào[ㄆㄧㄠˋ] 匹妙切　中豪韵，去　平去，啸韵　词第八部　戏遥条辙　（轻捷状）

　　(二)piāo[ㄆㄧㄠ] 抚招切　中豪韵，阴　平平，萧韵　词第八部　戏遥条辙　（又）

　　(三)piáo[ㄆㄧㄠˊ] 符霄切　中豪韵，阳　平平，萧韵　词第八部　戏遥条辙　（狎妓）【借用同音字"剽(三)"的反切。】

嫕 yì[ㄧˋ] 於计切　中齐韵，去　平去，霁韵　词第三部　戏一七辙

嫛 yī[ㄧ] 乌奚切　中齐韵，阴　平平，齐韵　词第三部　戏一七辙

嫭 hù[ㄏㄨˋ] 胡误切　中姑韵，去　平去，遇韵　词第四部　戏姑苏辙

嫳 piè[ㄆㄧㄝˋ] 普蔑切　中皆韵，去　平入，屑韵　词第十八部　戏乜斜辙

嫦 cháng[彳尢ˊ] 市羊切　史唐韵，阳　平平，阳韵　词第二部　戏江阳辙

嫚 màn[ㄇㄢˋ] 谟晏切　史寒韵，去　平去，谏韵　词第七部　戏言前辙　曲寒山韵，去

嫘 léi[ㄌㄟˊ] 力追切　史微韵，阳　平平，支韵　词第三部　戏灰堆辙

嫜 zhāng[ㄓㄤ] 诸良切　史唐韵，阴　平平，阳韵　词第二部　戏江阳辙

嫡 dí[ㄉㄧˊ] ①都历切　史齐韵，阳　平入，锡韵　词第十七部　戏一七辙　曲齐微韵，上

②陟格切　史波韵，阳　平入，陌韵　词第十七部　戏梭波辙　（恭谨状）

嫪 lào[ㄌㄠˋ] 郎到切　史豪韵，去　平去，号韵　词第八部　戏遥条辙　曲萧豪韵，去

十二画

嬈（见"娆"）嬅（同"𡝩"）娴（同"娴"）嬋（见"婵"）嫵（见"妩"）嬌（见"娇"）嫶（同"憔"）
嫛（见"嫛"）媽（见"妈"）燸（见"孀"）

嬉 xī[ㄒㄧ] 许其切　史齐韵，阴　平平，支韵　词第三部　戏一七辙

嫽 ㈠liáo[ㄌㄧㄠˊ] ①落萧切　史豪韵，阳　平平，萧韵　词第八部　戏遥条辙

②力小切　史豪韵，上　平上，篠韵　词第八部　戏遥条辙　（美好）

㈡lǎo[ㄌㄠˇ]　（外祖母，同"姥㈡"）

十三画

嬙（见"嫱"）嬢（同"娘"）嬡（见"媛"）

嬛 ㈠xuān[ㄒㄩㄢ] 许缘切　史寒韵，阴　平平，先韵　词第七部　戏言前辙　（轻盈美丽）

㈡yuān[ㄩㄢ] 於缘切　史寒韵，阴　平平，先韵　词第七部　戏言前辙　（又）

㈢qióng[ㄑㄩㄥˊ] 葵营切　史庚韵，阳　平平，庚韵　词第十一部　戏中东辙　（孤苦无依）

㈣huán[ㄏㄨㄢˊ] 胡关切　史寒韵，阳　平平，删韵　词第七部　戏言前辙　（嬛~）

嬓 jiào[ㄐㄧㄠˋ] 吉吊切　史豪韵，去　平去，啸韵　词第八部　戏遥条辙

嬐 ㈠xiān[ㄒㄧㄢ] 思廉切　史寒韵，阴　平平，盐韵　词第十四部　戏言前辙

㈡yǎn[ㄧㄢˇ] 鱼检切　史寒韵，上　平上，俭韵　词第十四部　戏言前辙　（齐整）

㈢jìn[ㄐㄧㄣˋ] 牛锦切　史文韵，去　平上，寝韵　词第十三部　戏人辰辙　（仰望）

嬗 shàn[ㄕㄢˋ] 时战切　史寒韵，去　平去，霰韵　词第七部　戏言前辙

嬖 bì[ㄅㄧˋ] 博计切　史齐韵，去　平去，霁韵　词第三部　戏一七辙　曲齐微韵，去

嬴（查"亠"部）

十四画

嬰（见"婴"）嫔（见"嫔"）

嬭 ㈠nǎi[ㄋㄞˇ] ①奴蟹切　史开韵，上　平上，蟹韵　词第五部　戏怀来辙　曲皆来韵，上　（同"奶"）

②奴礼切　史齐韵，上　平上，荠韵　词第三部　戏一七辙　（母亲）

㈡ěr[ㄦˇ] 忍氏切　史齐韵，上　平上，纸韵　词第三部　戏一七辙　（姊）

㈢nì[ㄋㄧˋ] 乃计切　史齐韵，去　平去，霁韵　词第三部　戏一七辙　（女名用字）

嬲 niǎo[ㄋㄧㄠˇ] 奴鸟切　史豪韵，上　平上，篠韵　词第八部　戏遥条辙

嬤 ㈠mā[ㄇㄚ] 忙果切　史麻韵，阴　平上，哿韵　词第九部　戏发花辙

㈡mó[ㄇㄛˊ] 忙果切　史波韵，阳　平上，哿韵　词第九部　戏梭波辙　（又）

嬥 ㈠tiáo[ㄊㄧㄠˊ] 徒聊切　史豪韵，阳　平平，萧韵　词第八部　戏遥条辙

㈡tiǎo[ㄊㄧㄠˇ] 徒了切　史豪韵，上　平上，篠韵　词第八部　戏遥条辙　（又）

十五画

嬸（见"婶"）

嬻 dú[ㄉㄨˊ] 徒谷切　史姑韵，阳　平入，屋韵　词第十五部　戏姑苏辙

嬛（一）juān［ㄐㄩㄢ］於权切　史寒韵，阴　平平，先韵　词第七部　戏言前辙
　　（二）yuān［ㄩㄢ］於缘切　史寒韵，阴　平平，先韵　词第七部　戏言前辙　（又）

十六画

嬾（同"懒（一）"）
嬿　yàn［丨ㄢˋ］①於甸切　史寒韵，去　平去，霰韵　词第七部　戏言前辙　曲先天韵，去　（美好）
　　　　　　②於殄切　史寒韵，上　平上，铣韵　词第七部　戏言前辙　（安顺）

十七画

孀　shuāng［ㄕㄨㄤ］色庄切　史唐韵，阴　平平，阳韵　词第二部　戏江阳辙　曲江阳韵，阴
孅（一）qiān［ㄑㄧㄢ］千廉切　史寒韵，阴　平平，盐韵　词第十四部　戏言前辙　（～趋）
　　（二）xiān［ㄒㄧㄢ］（细，小，同"纤（一）"）
孃（一）ráng［ㄖㄤˊ］汝阳切　史唐韵，阳　平平，阳韵　词第二部　戏江阳辙
　　（二）niáng［ㄋㄧㄤˊ］（同"娘"）

十九画

孌（见"娈"）
孋（一）lí［ㄌㄧˊ］吕支切　史齐韵，阳　平平，支韵　词第三部　戏一七辙
　　（二）lì［ㄌㄧˋ］（伉俪，同"俪（一）"）
孊　mǐ［ㄇㄧˇ］母被切　史齐韵，上　平上，纸韵　词第三部　戏一七辙

二十画

孏（同"懒（一）"）

飞（飛）部

飛（见"飞"）
飞　fēi［ㄈㄟ］甫微切　史微韵，阴　平平，微韵　词第三部　戏灰堆辙　曲齐微韵，阴

十八画

飜（同"翻"）

马（馬）部

馬（见"马"）
马　mǎ［ㄇㄚˇ］莫下切　史麻韵，上　平上，马韵　词第十部　戏发花辙　曲家麻韵，上

二画

驭　yù［ㄩˋ］牛倨切　史齐韵，去　平去，御韵　词第四部　戏一七辙　曲鱼模韵，去
冯（查"冫"部）

三画

馯（一）hàn［ㄏㄢˋ］侯旰切　史寒韵，去　平去，翰韵　词第七部　戏言前辙　（马奔突）
　　（二）qiān［ㄑㄧㄢ］丘奸切　史寒韵，阴　平平，删韵　词第七部　戏言前辙　（青黑色马）
　　（三）hán［ㄏㄢˊ］河干切　史寒韵，阳　平平，寒韵　词第七部　戏言前辙　（东夷族名；姓）
騻　zhù［ㄓㄨˋ］之戍切　史姑韵，去　平去，遇韵　词第四部　戏姑苏辙
驮（一）tuó［ㄊㄨㄛˊ］徒何切　史波韵，阳　平平，歌韵　词第九部　戏梭波辙　曲歌戈韵，阳　（～运）

（二）duò［ㄉㄨㄛ丶］唐佐切　中波韵，去　乎去，箇韵　词第九部　戏梭波辙　曲歌戈韵，去　（～子）

駱 （一）luò［ㄌㄨㄛ丶］卢各切　中波韵，去　乎入，药韵　词第十六部　戏梭波辙

　　（二）tuō［ㄊㄨㄛ］他各切　中波韵，阴　乎入，药韵　词第十六部　戏梭波辙　（又）

馴 （一）xùn［ㄒㄩㄣ丶］祥遵切　中文韵，去　乎平，真韵　词第六部　戏人辰辙　曲真文韵，阳

　　（二）xún［ㄒㄩㄣˊ］祥遵切　中文韵，阳　乎平，真韵　词第六部　戏人辰辙　曲真文韵，阳　（旧读）

馺 sà［ㄙㄚ丶］苏合切　中麻韵，去　乎入，合韵　词第十九部　戏发花辙

馳 chí［ㄔˊ］直离切　中支韵，阳　乎平，支韵　词第三部　戏一七辙　曲齐微韵，阳

四画

凴（见“凭”）

驅 qū［ㄑㄩ］①岂俱切　中齐韵，阴　乎平，虞韵　词第四部　戏一七辙　曲鱼模韵，阴

　　②区遇切　中齐韵，阴　乎去，遇韵　词第四部　戏一七辙　曲鱼模韵，阴　（又）

駏 jù［ㄐㄩ丶］其吕切　中齐韵，去　乎上，语韵　词第四部　戏一七辙

馹 rì［ㄖ丶］人质切　中支韵，去　乎入，质韵　词第十七部　戏一七辙

騽 zhí［ㄓˊ］陟立切　中支韵，阳　乎入，缉韵　词第十七部　戏一七辙

駁 bó［ㄅㄛˊ］北角切　中波韵，阳　乎入，觉韵　词第十六部　戏梭波辙　曲萧豪韵，上

鴇 bǎo［ㄅㄠˇ］博抱切　中豪韵，上　乎上，皓韵　词第八部　戏遥条辙

驢 lú［ㄌㄩˊ］力居切　中齐韵，阳　乎平，鱼韵　词第四部　戏一七辙　曲鱼模韵，阳

駃 （一）jué［ㄐㄩㄝˊ］古穴切　中皆韵，阳　乎入，屑韵　词第十八部　戏乜斜辙　（～騠）

　　（二）kuài［ㄎㄨㄞ丶］苦夬切　中开韵，去　乎去，卦韵　词第十部　戏怀来辙　（快）

五画

駓（同“砰”）駞（同“驼”）駆（同“驱①”）

駓 pī［ㄆㄧ］敷悲切　中齐韵，阴　乎平，支韵　词第三部　戏一七辙

駔 （一）zǎng［ㄗㄤˇ］子朗切　中唐韵，上　乎上，养韵　词第二部　戏江阳辙

　　（二）zù［ㄗㄨ丶］祖古切　中姑韵，去　乎上，虞韵　词第四部　戏姑苏辙　（骏马）

駎 zhòu［ㄓㄡ丶］直祐切　中尤韵，去　乎去，宥韵　词第十二部　戏由求辙

駛 shǐ［ㄕˇ］踈士切　中支韵，上　乎上，纸韵　词第三部　戏一七辙　曲支思韵，上

駉 jiōng［ㄐㄩㄥ］古萤切　中庚韵，阴　乎平，青韵　词第十一部　戏中东辙

駟 sì［ㄙ丶］息利切　中支韵，去　乎去，寘韵　词第三部　戏一七辙　曲支思韵，去

駙 fù［ㄈㄨ丶］符遇切　中姑韵，去　乎去，遇韵　词第四部　戏姑苏辙

駖 líng［ㄌㄧㄥˊ］郎丁切　中庚韵，阳　乎平，青韵　词第十一部　戏中东辙

駒 （一）jū［ㄐㄩ］举朱切　中齐韵，阴　乎平，虞韵　词第四部　戏一七辙　曲鱼模韵，阴

　　（二）jù［ㄐㄩ丶］俱遇切　中齐韵，去　乎去，遇韵　词第四部　戏一七辙　（～丽）

駒 （一）zōu［ㄗㄡ］侧鸠切　中尤韵，阴　乎平，尤韵　词第十二部　戏由求辙　曲尤侯韵，阴

　　（二）zhòu［ㄓㄡ丶］鉏救切　中尤韵，去　乎去，宥韵　词第十二部　戏由求辙　（马行迅速）

　　（三）qū［ㄑㄩ］逡须切　中齐韵，阴　乎平，虞韵　词第四部　戏一七辙　（快步走）

駐 zhù［ㄓㄨ丶］中句切　中姑韵，去　乎去，遇韵　词第四部　戏姑苏辙　曲鱼模韵，去

駝 tuó［ㄊㄨㄛˊ］徒河切　中波韵，阳　乎平，歌韵　词第九部　戏梭波辙　曲歌戈韵，阳

駜 bì［ㄅㄧ丶］毗必切　中齐韵，去　乎入，质韵　词第十七部　戏一七辙

駑 nú［ㄋㄨˊ］乃都切　中姑韵，阳　乎平，虞韵　词第四部　戏姑苏辙　曲鱼模韵，阳

駕 jià［ㄐㄧㄚ丶］古讶切　中麻韵，去　乎去，祃韵　词第十部　戏发花辙　曲家麻韵，去

駊 pǒ［ㄆㄛˇ］普火切　中波韵，上　乎上，哿韵　词第九部　戏梭波辙

驛 yì［ㄧ丶］羊益切　中齐韵，去　乎入，陌韵　词第十七部　戏一七辙　曲齐微韵，去

骀 (一) tái[ㄊㄞˊ] 徒哀切　史开韵，阳　乎平，灰韵　词第五部　戏怀来辙

　　(二) dài[ㄉㄞˋ] 徒亥切　史开韵，去　乎上，贿韵　词第五部　戏怀来辙　（～荡）

　　(三) zhài[ㄓㄞˋ] 丈蟹切　史开韵，去　乎上，蟹韵　词第五部　戏怀来辙　（～駴）

　　(四) tāi[ㄊㄞ] 汤来切　史开韵，阴　乎平，灰韵　词第五部　戏怀来辙　曲皆来韵，阴　（古地名；姓）

六画

骂（见"骂"）驳（同"驳"）

珥 ěr[ㄦˇ] 而止切　史齐韵，上　乎上，纸韵　词第三部　戏一七辙　曲支思韵，上

骁 xiāo[ㄒㄧㄠ] 古尧切　史豪韵，阴　乎平，萧韵　词第八部　戏遥条辙　曲萧豪韵，阴

骘 zhì[ㄓˋ] 陟利切　史支韵，去　乎去，寘韵　词第三部　戏一七辙

骃 yīn[ㄧㄣ] 於真切　史文韵，阴　乎平，真韵　词第六部　戏人辰辙

骁 shēn[ㄕㄣ] 所臻切　史文韵，阴　乎平，真韵　词第六部　戏人辰辙

骄 (一) jiāo[ㄐㄧㄠ] 举乔切　史豪韵，阴　乎平，萧韵　词第八部　戏遥条辙　曲萧豪韵，阴

　　(二) xiāo[ㄒㄧㄠ] 虚娇切　史豪韵，阴　乎平，萧韵　词第八部　戏遥条辙　曲萧豪韵，阴　（歇～）

骅 huá[ㄏㄨㄚˊ] 户花切　史麻韵，阳　乎平，麻韵　词第十部　戏发花辙　曲家麻韵，阳

骠 táo[ㄊㄠˊ] ①徒刀切　史豪韵，阳　乎平，豪韵　词第八部　戏遥条辙

　　　　　②治小切　史豪韵，阳　乎上，篠韵　词第八部　戏遥条辙　（又）

　　　　　③徒吊切　史豪韵，阳　乎上，皓韵　词第八部　戏遥条辙　（又）

骆 luò[ㄌㄨㄛˋ] 卢各切　史波韵，去　乎入，药韵　词第十六部　戏梭波辙

骇 hài[ㄏㄞˋ] 侯楷切　史开韵，去　乎上，蟹韵　词第五部　戏怀来辙　曲皆来韵，上

骈 pián[ㄆㄧㄢˊ] 部田切　史寒韵，阳　乎平，先韵　词第七部　戏言前辙　曲先天韵，阳

骉 biāo[ㄅㄧㄠ] ①甫遥切　史豪韵，阴　乎平，萧韵　词第八部　戏遥条辙

　　　　　②甫烋切　史豪韵，阴　乎平，尤韵　词第十二部　戏遥条辙　（又）

骂（查"口"部）

七画

骊（同"骊"）骈（同"駣(一)"）

骇 (一) xiè[ㄒㄧㄝˋ] 侯楷切　史皆韵，去　乎上，蟹韵　词第五部　戏乜斜辙　（擂鼓）

　　(二) hài[ㄏㄞˋ] （同"骇"）

骒 sǒng[ㄙㄨㄥˇ] ①息拱切　史庚韵，上　乎上，肿韵　词第一部　戏中东辙

　　　　　　②苏后切　史庚韵，上　乎上，有韵　词第十二部　戏中东辙　（又）

骊 (一) lí[ㄌㄧˊ] ①吕支切　史齐韵，阳　乎平，支韵　词第三部　戏一七辙　曲齐微韵，阳

　　　　　②郎奚切　史齐韵，阳　乎平，齐韵　词第三部　戏一七辙　曲齐微韵，阳　（又）

　　(二) chí[ㄔˊ] 陈尼切　史支韵，阳　乎平，支韵　词第三部　戏一七辙　（～軒）

骁 máng[ㄇㄤˊ] 莫江切　史唐韵，阳　乎平，江韵　词第二部　戏江阳辙

骋 chěng[ㄔㄥˇ] 丑郢切　史庚韵，上　乎上，梗韵　词第十一部　戏中东辙　曲庚青韵，上

骎 xuān[ㄒㄩㄢ] ①火玄切　史寒韵，阴　乎平，先韵　词第七部　戏言前辙

　　　　　　②许县切　史寒韵，阴　乎去，霰韵　词第七部　戏言前辙　（又）

骒 guā[ㄍㄨㄚ] ①古蛙切　史麻韵，阴　乎平，佳韵　词第十部　戏发花辙

　　　　　　②古华切　史麻韵，阴　乎平，麻韵　词第十部　戏发花辙　（又）

骏 (一) ě[ㄜˇ] 五可切　史波韵，上　乎上，哿韵　词第九部　戏梭波辙

　　(二) é[ㄜˊ] 牛河切　史波韵，阳　乎平，歌韵　词第九部　戏梭波辙　（～鹿）

骎 tú[ㄊㄨˊ] 同都切　史姑韵，阳　乎平，虞韵　词第四部　戏姑苏辙

验 yàn[ㄧㄢˋ] 鱼窆切　史寒韵，去　乎去，艳韵　词第十四部　戏言前辙　曲廉纤韵，去

骍 xīng［ㄒㄧㄥ］息营切　史庚韵，阴　乎平，庚韵　词第十一部　戏中东辙　曲庚青韵，阴

骮 tuì［ㄊㄨㄟˋ］他外切　史微韵，去　乎去，泰韵　词第三部　戏灰堆辙

骎 qīn［ㄑㄧㄣ］七林切　史文韵，阴　乎平，侵韵　词第十三部　戏人辰辙　曲侵寻韵，阴

骔 jú［ㄐㄩˊ］渠玉切　史齐韵，阳　乎入，沃韵　词第十五部　戏一七辙

骃 ㊀ sì［ㄙˋ］床史切　史支韵，去　乎上，纸韵　词第三部　戏一七辙　（驷~）

　　㊁ ái［ㄞˊ］五骇切　史开韵，阳　乎上，蟹韵　词第五部　戏怀来辙　曲皆来韵，阳　（蚩笨）

骏 jùn［ㄐㄩㄣˋ］子峻切　史文韵，去　乎去，震韵　词第六部　戏人辰辙　曲真文韵，去

八画

骗（见"骗"）骈（见"骈"）骏（同"验"）骔（同"鬃①②"）

骐 qí［ㄑㄧˊ］渠之切　史齐韵，阳　乎平，支韵　词第三部　戏一七辙

骑 ㊀ qí［ㄑㄧˊ］渠羁切　史齐韵，阳　乎平，支韵　词第三部　戏一七辙　曲齐微韵，阳

　　(1)跨坐：~车　(2)兼跨两边：~缝盖章　(3)靠近：百金之子不~衡

　　㊁ jì［ㄐㄧˋ］奇寄切　史齐韵，去　乎去，寘韵　词第三部　戏一七辙　曲齐微韵，去

　　　(4)备有鞍辔的马：坐~　(5)骑兵：铁~　(6)一人一马：千乘万~　(7)姓

骒 lái［ㄌㄞˊ］落哀切　史开韵，阳　乎平，灰韵　词第五部　戏怀来辙

骓 fēi［ㄈㄟ］甫微切　史微韵，阴　乎平，微韵　词第三部　戏灰堆辙　曲齐微韵，阴

骒 kè［ㄎㄜˋ］苦卧切　史波韵，去　乎去，箇韵　词第九部　戏梭波辙

騉 kūn［ㄎㄨㄣ］古浑切　史文韵，阴　乎平，元韵　词第六部　戏人辰辙

骓 zhuī［ㄓㄨㄟ］职追切　史微韵，阴　乎平，支韵　词第三部　戏灰堆辙　曲齐微韵，阴

騊 táo［ㄊㄠˊ］徒刀切　史豪韵，阳　乎平，豪韵　词第八部　戏遥条辙

骕 sù［ㄙㄨˋ］息逐切　史姑韵，去　乎入，屋韵　词第十五部　戏姑苏辙

騄 lù［ㄌㄨˋ］力玉切　史姑韵，去　乎入，沃韵　词第十五部　戏姑苏辙

骖 cān［ㄘㄢ］仓含切　史寒韵，阴　乎平，覃韵　词第十四部　戏言前辙　曲监咸韵，阴

九画

骒（同"草"）骣（同"鬃③"）

騞 huō［ㄏㄨㄛ］霍虢切　史波韵，阴　乎入，陌韵　词第十七部　戏梭波辙

騕 yǎo［ㄧㄠˇ］乌皎切　史豪韵，上　乎上，篠韵　词第八部　戏遥条辙

騠 tí［ㄊㄧˊ］杜奚切　史齐韵，阳　乎平，齐韵　词第三部　戏一七辙

騪 sōu［ㄙㄡ］所鸠切　史尤韵，阴　乎平，尤韵　词第十二部　戏由求辙

騜 huáng［ㄏㄨㄤˊ］胡光切　史唐韵，阳　乎平，阳韵　词第二部　戏江阳辙

騩 guī［ㄍㄨㄟ］居追切　史微韵，阴　乎平，支韵　词第三部　戏灰堆辙

騟 yú［ㄩˊ］羊朱切　史齐韵，阳　乎平，虞韵　词第四部　戏一七辙

騝 ㊀ fán［ㄈㄢˊ］扶泛切　史寒韵，阳　乎去，陷韵　词第十四部　戏言前辙　（马奔跑）

　　㊁ fān［ㄈㄢ］（同"帆㊀"）

騗 piàn［ㄆㄧㄢˋ］匹战切　史寒韵，去　乎去，霰韵　词第七部　戏言前辙　曲先天韵，去

騢 xiá［ㄒㄧㄚˊ］胡加切　史麻韵，阳　乎平，麻韵　词第十部　戏发花辙

騭 zhì［ㄓˋ］之日切　史支韵，去　乎入，质韵　词第十七部　戏一七辙

騤 kuí［ㄎㄨㄟˊ］渠追切　史微韵，阳　乎平，支韵　词第三部　戏灰堆辙

骚 ㊀ sāo［ㄙㄠ］苏遭切　史豪韵，阴　乎平，豪韵　词第八部　戏遥条辙　曲萧豪韵，阴

　　㊁ xiāo［ㄒㄧㄠ］先彫切　史豪韵，阴　乎平，萧韵　词第八部　戏遥条辙　（蒲~）

　　㊂ sǎo［ㄙㄠˇ］（全部出动，通"扫㊀"）

骛 wù［ㄨˋ］亡遇切　史姑韵，去　乎去，遇韵　词第四部　戏姑苏辙

十画

骿（见"骿"）骲（见"骟"）

骜 ào［ㄠˋ］①五到切　中豪韵，去　乎去，号韵　词第八部　戏遥条辙　曲萧豪韵，阳
　　　　　　②五劳切　中豪韵，去　乎平，豪韵　词第八部　戏遥条辙　曲萧豪韵，阳　（又）

骟 yuán［ㄩㄢˊ］愚袁切　中寒韵，阳　乎平，元韵　词第七部　戏言前辙

骋 chéng［ㄔㄥˊ］食陵切　中庚韵，阳　乎平，蒸韵　词第十一部　戏中东辙

骝 liú［ㄌㄧㄡˊ］力求切　中尤韵，阳　乎平，尤韵　词第十二部　戏由求辙　曲尤侯韵，阳

骟 shàn［ㄕㄢˋ］式战切　中寒韵，去　乎去，霰韵　词第七部　戏言前辙

蓦（查"艹"部）腾（查"月"部）骞（查"宀"部）

十一画

骟（见"驱"）骒（同"骟"）骖（见"骖"）

骘 zhì［ㄓˋ］陟利切　中支韵，去　乎去，真韵　词第三部　戏一七辙

骠 ㈠piào［ㄆㄧㄠˋ］毗召切　中豪韵，去　乎去，啸韵　词第八部　戏遥条辙
　　㈡biāo［ㄅㄧㄠ］毗召切　中豪韵，阴　乎平，萧韵　词第八部　戏遥条辙　（黄～马）

骕 xū［ㄒㄩ］朽居切　中齐韵，阴　乎平，鱼韵　词第四部　戏一七辙

骡 luó［ㄌㄨㄛˊ］落戈切　中波韵，阳　乎平，歌韵　词第九部　戏梭波辙　曲歌戈韵，阳

骢 cōng［ㄘㄨㄥ］仓红切　中庚韵，阴　乎平，东韵　词第一部　戏中东辙　曲东钟韵，阴

骟 lù［ㄌㄨˋ］卢谷切　中姑韵，去　乎入，屋韵　词第十五部　戏姑苏辙

十二画

骁（见"骁"）骛（见"惊"）骄（见"骄"）

骟 diàn［ㄉㄧㄢˋ］徒玷切　中寒韵，去　乎上，俭韵　词第十四部　戏言前辙

骟 ㈠tuó［ㄊㄨㄛˊ］徒河切　中波韵，阳　乎平，歌韵　词第九部　戏梭波辙
　㈡tán［ㄊㄢˊ］徒干切　中寒韵，阳　乎平，寒韵　词第七部　戏言前辙　（又）
　㈢diān［ㄉㄧㄢ］都年切　中寒韵，阴　乎平，先韵　词第七部　戏言前辙　（～骒）
　㈣tān［ㄊㄢ］他干切　中寒韵，阴　乎平，寒韵　词第七部　戏言前辙　（马喘息状）

骩 dūn［ㄉㄨㄣ］都昆切　中文韵，阴　乎平，元韵　词第六部　戏人辰辙

骟 lín［ㄌㄧㄣˊ］力珍切　中文韵，阳　乎平，真韵　词第六部　戏人辰辙

骣 chǎn［ㄔㄢˇ］鉏版切　中寒韵，上　乎上，潸韵　词第七部　戏言前辙

骕 yù［ㄩˋ］余律切　中齐韵，去　乎入，质韵　词第十七部　戏一七辙

十三画

骤（见"驿"）验（见"验"）骉（同"骡"）骦（见"骦"）

骥 tiě［ㄊㄧㄝˇ］他结切　中皆韵，上　乎入，屑韵　词第十八部　戏乜斜辙

十四画

骤 zhòu［ㄓㄡˋ］锄祐切　中尤韵，去　乎去，宥韵　词第十二部　戏由求辙　曲尤侯韵，去

骟 pīn［ㄆㄧㄣ］纰民切　中文韵，阴　乎平，真韵　词第六部　戏人辰辙

十六画

驴（见"驴"）

骥 jì［ㄐㄧˋ］几利切　中齐韵，去　乎去，真韵　词第三部　戏一七辙　曲齐微韵，去

骦 lóng［ㄌㄨㄥˊ］力钟切　中庚韵，阳　乎平，冬韵　词第一部　戏中东辙

十七画

驩 huān［ㄏㄨㄢ］呼官切　史寒韵，阴　乎平，寒韵　词第七部　戏言前辙　曲桓欢韵，阴

骦 shuāng［ㄕㄨㄤ］色庄切　史唐韵，阴　乎平，阳韵　词第二部　戏江阳辙

骧 xiāng［ㄒㄧㄤ］息良切　史唐韵，阴　乎平，阳韵　词第二部　戏江阳辙　曲江阳韵，阴

十八画

驨 xí［ㄒㄧˊ］户圭切　史齐韵，阳　乎平，齐韵　词第三部　戏一七辙

十九画

骊（见"骊"）

二十画

骉（见"骉"）

幺　部

幺 yāo［ㄧㄠ］於尧切　史豪韵，阴　乎平，萧韵　词第八部　戏遥条辙　曲萧豪韵，阴

一画

幻 huàn［ㄏㄨㄢˋ］胡辨切　史寒韵，去　乎去，谏韵　词第七部　戏言前辙　曲寒山韵，去

二画

幼 ㈠ yòu［ㄧㄡˋ］伊谬切　史尤韵，去　乎去，宥韵　词第十二部　戏由求辙　曲尤侯韵，去

　　㈡ yào［ㄧㄠˋ］一笑切　史豪韵，去　乎去，啸韵　词第八部　戏遥条辙　（～眇）

玄（查"亠"部）

六画

玅（同"妙"）

幽 ㈠ yōu［ㄧㄡ］於虬切　史尤韵，阴　乎平，尤韵　词第十二部　戏由求辙　曲尤侯韵，阴

　　㈡ yǒu［ㄧㄡˇ］於纠切　史尤韵，上　乎上，有韵　词第十二部　戏由求辙　（黑色）

胤（查"丿"部）　**兹**（查"丷"部）

七画

畜（查"亠"部）　**兹**（查"亠"部）

八画

緃（查"亠"部）

九画

幾（见"几㈠：①；㈡：①；㈢：①；㈣；㈤"）

孳（查"子"部）

十二画

樂（见"乐"）

畿 jī［ㄐㄧ］渠希切　史齐韵，阴　乎平，微韵　词第三部　戏一七辙　曲齐微韵，阳

巛　部

川（查"丿"部）

二画

巡（见"巡"）

三画

巟（查"亠"部）州（查"丶"部）巡（查"辶"部）

四画

灾（查"火"部）

五画

甾（查"田"部）

七画

邕　yōng［ㄩㄥ］於容切　史庚韵，阴　乎平，冬韵　词第一部　戏中东辙　曲东钟韵，阴

八画

巢　cháo［ㄔㄠˊ］鉏交切　史豪韵，阳　乎平，肴韵　词第八部　戏遥条辙　曲萧豪韵，阳

十二画

𢽾（同"氉"）

四　画

王（玉）部

王　㈠wáng［ㄨㄤˊ］雨方切　史唐韵，阳　乎平，阳韵　词第二部　戏江阳辙　曲江阳韵，阳
　　㈡wàng［ㄨㄤˋ］于放切　史唐韵，去　乎去，漾韵　词第二部　戏江阳辙　曲江阳韵，去　（称～）
　　㈢wǎng［ㄨㄤˇ］（去，同"往㈠"）

玉　yù［ㄩˋ］鱼欲切　史齐韵，去　乎入，沃韵　词第十五部　戏一七辙　曲鱼模韵，去

一画

玊　㈠sù［ㄙㄨˋ］①息逐切　史姑韵，去　乎入，屋韵　词第十五部　戏姑苏辙
　　　　　　　　②相玉切　史姑韵，去　乎入，沃韵　词第十五部　戏姑苏辙　（又）
　　㈡xiù［ㄒㄧㄡˋ］香救切　史尤韵，去　乎去，宥韵　词第十二部　戏由求辙　（朽玉）

㽵（查"丿"部）主（查"丶"部）

二画

玎　dīng［ㄉㄧㄥ］①当经切　史庚韵，阴　乎平，青韵　词第十一部　戏中东辙
　　　　　　　　②中茎切　史庚韵，阴　乎平，庚韵　词第十一部　戏中东辙　（又）

玑　jī［ㄐㄧ］居依切　史齐韵，阴　乎平，微韵　词第三部　戏一七辙　曲微韵，阴

玏　lè［ㄌㄜˋ］卢则切　史波韵，去　乎入，职韵　词第十七部　戏梭波辙

匡（查"匚"部）

三画

玕 gān[ㄍㄢ] 古寒切 史寒韵，阴 平平，寒韵 词第七部 戏言前辙 曲寒山韵，阴

玙 yú[ㄩˊ] 羽俱切 史齐韵，阳 平平，虞韵 词第四部 戏一七辙

玓 dì[ㄉㄧˋ] 都历切 史齐韵，去 平入，锡韵 词第十七部 戏一七辙

玖 jiǔ[ㄐㄧㄡˇ] 举有切 史尤韵，上 平上，有韵 词第十二部 戏由求辙 曲尤侯韵，上

玘 qǐ[ㄑㄧˇ] 墟里切 史齐韵，上 平上，纸韵 词第三部 戏一七辙

玗 yú[ㄩˊ] 以诸切 史齐韵，阳 平平，鱼韵 词第四部 戏一七辙 曲鱼模韵，阳

玚 (一)zhèng[ㄓㄥˋ] 徒杏切 史庚韵，去 平上，梗韵 词第十一部 戏中东辙 （祼圭）
　(二)chàng[ㄔㄤˋ] 丑亮切 史唐韵，去 平去，漾韵 词第二部 戏江阳辙 （又）
　(三)yáng[ㄧㄤˊ] 与章切 史唐韵，阳 平平，阳韵 词第二部 戏江阳辙 （玉名）

玛 mǎ[ㄇㄚˇ] 母下切 史麻韵，上 平上，马韵 词第十部 戏发花辙

弄（查"廾"部）尫（查"九"部）呈（查"口"部）

四画

珏（同"珏"）尫（同"尫"）

玤 bàng[ㄅㄤˋ] 步项切 史唐韵，去 平上，讲韵 词第二部 戏江阳辙

玞 fū[ㄈㄨ] 甫无切 史姑韵，阴 平平，虞韵 词第四部 戏姑苏辙 曲鱼模韵，阴

玩 wán[ㄨㄢˊ] 五换切 史寒韵，阳 平去，翰韵 词第七部 戏言前辙 曲桓欢韵，去

玮 wěi[ㄨㄟˇ] 于鬼切 史微韵，上 平上，尾韵 词第三部 戏灰堆辙

环 huán[ㄏㄨㄢˊ] 户关切 史寒韵，阳 平平，删韵 词第七部 戏言前辙 曲寒山韵，阳

玡 (一)yá[ㄧㄚˊ] 余遮切 史麻韵，阳 平平，麻韵 词第十部 戏发花辙 【同"琊(二)"，用其反切。】
　(二)yà[ㄧㄚˋ] 鱼驾切 史麻韵，去 平去，祃韵 词第十部 戏发花辙 （似玉的骨）

玭 (一)pín[ㄆㄧㄣˊ] 符真切 史文韵，阳 平平，真韵 词第六部 戏人辰辙
　(二)pián[ㄆㄧㄢˊ] 部田切 史寒韵，阳 平平，先韵 词第七部 戏言前辙 （又）

现 xiàn[ㄒㄧㄢˋ] 胡甸切 史寒韵，去 平去，霰韵 词第七部 戏言前辙 曲先天韵，去

玫 méi[ㄇㄟˊ] 莫杯切 史微韵，阳 平平，灰韵 词第三部 戏灰堆辙

玠 jiè[ㄐㄧㄝˋ] 古拜切 史皆韵，去 平去，卦韵 词第五部 戏乜斜辙 曲皆来韵，去

玪 jiān[ㄐㄧㄢ] 古咸切 史寒韵，阴 平平，咸韵 词第十四部 戏言前辙

玢 (一)bīn[ㄅㄧㄣ] 府巾切 史文韵，阴 平平，真韵 词第六部 戏人辰辙
　(二)fēn[ㄈㄣ] 方文切 史文韵，阴 平平，文韵 词第六部 戏人辰辙 （玉名；赛璐~）

玱 qiāng[ㄑㄧㄤ] 七羊切 史唐韵，阴 平平，阳韵 词第二部 戏江阳辙

玥 yuè[ㄩㄝˋ] 鱼厥切 史皆韵，去 平入，月韵 词第十八部 戏乜斜辙

玟 (一)mín[ㄇㄧㄣˊ] 眉贫切 史文韵，阳 平平，真韵 词第六部 戏人辰辙
　(二)wén[ㄨㄣˊ] 无分切 史文韵，阳 平平，文韵 词第六部 戏人辰辙 （玉的纹理）

玦 jué[ㄐㄩㄝˊ] 古穴切 史皆韵，阳 平入，屑韵 词第十八部 戏乜斜辙 曲车遮韵，上
旺（查"日"部）

五画

珍（见"珍"）

珏 jué[ㄐㄩㄝˊ] 古岳切 史皆韵，阳 平入，觉韵 词第十六部 戏乜斜辙

珐 fà[ㄈㄚˋ] 方乏切 史麻韵，去 平入，洽韵 词第十九部 戏发花辙 【音译字。借用同音字"法"的反切。】

珂 kē[ㄎㄜ] 苦何切 史波韵，阴 平平，歌韵 词第九部 戏梭波辙 曲歌戈韵，阴

珑 lóng[ㄌㄨㄥˊ] 卢红切 史庚韵，阳 平平，东韵 词第一部 戏中东辙 曲东钟韵，阳

玷 (一)diàn[ㄉㄧㄢˋ] 多忝切 史寒韵，去 平上，忝韵 词第十四部 戏言前辙 曲廉纤韵，去

（二）diān[ㄉ丨ㄢ]　丁兼切　史寒韵，阴　歹平，盐韵　词第十四部　戏言前辙　（～捶）

珅　shēn[ㄕㄣ]　升人切　史文韵，阴　歹平，真韵　词第六部　戏人辰辙

玳　dài[ㄉㄞˋ]　徒耐切　史开韵，去　歹去，队韵　词第五部　戏怀来辙

珀　pò[ㄆㄛˋ]　普伯切　史波韵，去　歹入，陌韵　词第十七部　戏梭波辙　曲皆来韵，上

珍　zhēn[ㄓㄣ]　陟邻切　史文韵，阴　歹平，真韵　词第六部　戏人辰辙　曲真文韵，阴

玲　líng[ㄌ丨ㄥˊ]　郎丁切　史庚韵，阳　歹平，青韵　词第十一部　戏中东辙

珊　shān[ㄕㄢ]　苏干切　史寒韵，阴　歹平，寒韵　词第七部　戏言前辙　曲寒山韵，阴

珌　bì[ㄅ丨ˋ]　卑吉切　史齐韵，去　歹入，质韵　词第十七部　戏一七辙

珉　mín[ㄇ丨ㄣˊ]　武巾切　史文韵，阳　歹平，真韵　词第六部　戏人辰辙　曲真文韵，阳

玻　bō[ㄅㄛ]　滂禾切　史波韵，阴　歹平，歌韵　词第九部　戏梭波辙　曲歌戈韵，阴

珈　jiā[ㄐ丨ㄚ]　古牙切　史麻韵，阴　歹平，麻韵　词第十部　戏发花辙　曲家麻韵，阴

玺　xǐ[ㄒ丨ˇ]　斯氏切　史齐韵，上　歹上，纸韵　词第三部　戏一七辙　曲齐微韵，上

莹（查"艹"部）皇（查"白"部）

六画

珛（同"玉（二）"）珤（同"宝"）珮（同"佩"）

珪　guī[ㄍㄨㄟ]　古携切　史微韵，阴　歹平，齐韵　词第三部　戏灰堆辙

珥　ěr[ㄦˇ]　仍吏切　史齐韵，上　歹去，寘韵　词第三部　戏一七辙　曲支思韵，上

珙　gǒng[ㄍㄨㄥˇ]　①居悚切　史庚韵，上　歹上，肿韵　词第一部　戏中东辙　曲东钟韵，上
　　　　　　　　②九容切　史庚韵，上　歹平，冬韵　词第一部　戏中东辙　曲东钟韵，上　（又）

顼　xū[ㄒㄩ]　①许玉切　史齐韵，阴　歹入，沃韵　词第十五部　戏一七辙
　　　　　　②鱼欲切　史齐韵，去　歹入，沃韵　词第十五部　戏一七辙　（玉枕）

珤　（一）yé[丨ㄝˊ]　以遮切　史皆韵，阳　歹平，麻韵　词第十部　戏乜斜辙　曲车遮韵，阳
　　（二）yá[丨ㄚˊ]　（琅～－琅玡，同"玡（一）"）

玼　（一）cǐ[ㄘˇ]　雌氏切　史支韵，上　歹上，纸韵　词第三部　戏一七辙　曲支思韵，上
　　（二）cī[ㄘ]　疾移切　史支韵，阴　歹平，支韵　词第三部　戏一七辙　曲支思韵，阳　（玉上的斑点）

珰　dāng[ㄉㄤ]　都郎切　史唐韵，阴　歹平，阳韵　词第二部　戏江阳辙　曲江阳韵，阴

珚　yān[丨ㄢ]　因莲切　史寒韵，阴　歹平，先韵　词第七部　戏言前辙

珠　zhū[ㄓㄨ]　章俱切　史姑韵，阴　歹平，虞韵　词第四部　戏姑苏辙　曲鱼模韵，阴

珽　tǐng[ㄊ丨ㄥˇ]　他鼎切　史庚韵，上　歹上，迥韵　词第十一部　戏中东辙

珩　héng[ㄏㄥˊ]　户庚切　史庚韵，阳　歹平，庚韵　词第十一部　戏中东辙　曲庚青韵，阳

珧　yáo[丨ㄠˊ]　余昭切　史豪韵，阳　歹平，萧韵　词第八部　戏遥条辙

珣　xún[ㄒㄩㄣˊ]　相伦切　史文韵，阳　歹平，真韵　词第六部　戏人辰辙

珞　luò[ㄌㄨㄛˋ]　卢各切　史波韵，去　歹入，药韵　词第十六部　戏梭波辙　曲萧豪韵，去

珓　jiào[ㄐ丨ㄠˋ]　古孝切　史豪韵，去　歹去，效韵　词第八部　戏遥条辙　曲萧豪韵，去

班　bān[ㄅㄢ]　布还切　史寒韵，阴　歹平，删韵　词第七部　戏言前辙　曲寒山韵，阴

珲　（一）hún[ㄏㄨㄣˊ]　户昆切　史文韵，阳　歹平，元韵　词第六部　戏人辰辙　（～春）
　　（二）huī[ㄏㄨㄟ]　许归切　史微韵，阴　歹平，微韵　词第三部　戏灰堆辙　（瑷～）【方言读音。借用同音字"晖"的反切。】

琍　lì[ㄌ丨ˋ]　①力智切　史齐韵，去　歹去，寘韵　词第三部　戏一七辙
　　　　　　②郎计切　史齐韵，去　歹去，霁韵　词第三部　戏一七辙　（又）

七画

现（见"现"）琁（同"璇"）

珒 jìn[ㄐㄧㄣˋ] ①即刃切　史文韵，去　平去，震韵　词第六部　戏人辰辙
　　　　　　　②将邻切　史文韵，去　平平，真韵　词第六部　戏人辰辙　（又）

球 qiú[ㄑㄧㄡˊ] 巨鸠切　史尤韵，阳　平平，尤韵　词第十二部　戏由求辙　曲尤侯韵，阳

珸 wú[ㄨˊ] 五乎切　史姑韵，阳　平平，虞韵　词第四部　戏姑苏辙

琏 liǎn[ㄌㄧㄢˇ] 力展切　史寒韵，上　平上，铣韵　词第七部　戏言前辙　曲先天韵，上

琐 suǒ[ㄙㄨㄛˇ] 苏果切　史波韵，上　平上，哿韵　词第九部　戏梭波辙　曲歌戈韵，上

理 lǐ[ㄌㄧˇ] 良士切　史齐韵，上　平上，纸韵　词第三部　戏一七辙　齐微韵，上

珵 ㈠chéng[ㄔㄥˊ] 直贞切　史庚韵，阳　平平，庚韵　词第十一部　戏中东辙
　　㈡tǐng[ㄊㄧㄥˇ]（玉笏，同"珽"）

琄 xuàn[ㄒㄩㄢˋ] 胡畎切　史寒韵，去　平上，铣韵　词第七部　戏言前辙

琇 xiù[ㄒㄧㄡˋ] ①息救切　史尤韵，去　平去，宥韵　词第十二部　戏由求辙　曲尤侯韵，去
　　　　　　　②与久切　史尤韵，去　平上，有韵　词第十二部　戏由求辙　曲尤侯韵，去　（又）

琈 fú[ㄈㄨˊ] 缚谋切　史姑韵，阳　平平，尤韵　词第十二部　戏姑苏辙

玲 hán[ㄏㄢˊ] 胡绀切　史寒韵，阳　平去，勘韵　词第十四部　戏言前辙　曲监咸韵，去

望 wàng[ㄨㄤˋ] ①巫放切　史唐韵，去　平去，漾韵　词第二部　戏江阳辙　曲江阳韵，去
　　　　　　　②武方切　史唐韵，去　平平，阳韵　词第二部　戏江阳辙　曲江阳韵，去　（又）

琉 liú[ㄌㄧㄡˊ] 力求切　史尤韵，阳　平平，尤韵　词第十二部　戏由求辙

琋 ㈠tí[ㄊㄧˊ] 田黎切　史齐韵，阳　平平，齐韵　词第三部　戏一七辙　（～瑭）
　　㈡dì[ㄉㄧˋ] 大计切　史齐韵，去　平去，霁韵　词第三部　戏一七辙　（佩玉）

琅 láng[ㄌㄤˊ] 鲁当切　史唐韵，阳　平平，阳韵　词第二部　戏江阳辙　曲江阳韵，阳

珺 jùn[ㄐㄩㄣˋ] ①居运切　史文韵，去　平去，问韵　词第六部　戏人辰辙
　　　　　　　②居峻切　史文韵，去　平去，震韵　词第六部　戏人辰辙　（又）

八画

琖（同"盏"）琱（同"雕"）琺（见"珐"）瑯（同"琅"）

琫 běng[ㄅㄥˇ] 边孔切　史庚韵，上　平上，董韵　词第一部　戏中东辙

琵 pí[ㄆㄧˊ] 房脂切　史齐韵，阳　平平，支韵　词第三部　戏一七辙

斌 wǔ[ㄨˇ] 文甫切　史姑韵，上　平上，虞韵　词第四部　戏姑苏辙

琴 qín[ㄑㄧㄣˊ] 巨金切　史文韵，阳　平平，侵韵　词第十三部　戏人辰辙　曲侵寻韵，阳

琶 pá[ㄆㄚˊ] 蒲巴切　史麻韵，阳　平平，麻韵　词第十部　戏发花辙　曲家麻韵，阳

琪 qí[ㄑㄧˊ] 渠之切　史齐韵，阳　平平，支韵　词第三部　戏一七辙　曲齐微韵，阳

瑛 yīng[ㄧㄥ] 於惊切　史庚韵，阴　平平，庚韵　词第十一部　戏中东辙　曲庚青韵，阴

琳 lín[ㄌㄧㄣˊ] 力寻切　史文韵，阳　平平，侵韵　词第十三部　戏人辰辙　曲侵寻韵，阳

琙 yù[ㄩˋ] 雨逼切　史齐韵，去　平入，职韵　词第十七部　戏一七辙

琦 qí[ㄑㄧˊ] 渠羁切　史齐韵，阳　平平，支韵　词第三部　戏一七辙　曲齐微韵，阳

琢 ㈠zhuó[ㄓㄨㄛˊ] 竹角切　史波韵，阳　平入，觉韵　词第十六部　戏梭波辙　曲萧豪韵，上
　　㈡zuó[ㄗㄨㄛˊ] 竹角切　史波韵，阳　平入，觉韵　词第十六部　戏梭波辙　曲萧豪韵，上　（～磨）【古今音。反切仍之。】

琲 bèi[ㄅㄟˋ] 蒲罪切　史微韵，去　平上，贿韵　词第三部　戏灰堆辙

琡 chù[ㄔㄨˋ] 昌六切　史姑韵，去　平入，屋韵　词第十五部　戏姑苏辙

琸 zhuō[ㄓㄨㄛ] 竹角切　史波韵，阴　平入，觉韵　词第十六部　戏梭波辙

琥 hǔ[ㄏㄨˇ] 呼古切　史姑韵，上　平上，虞韵　词第四部　戏姑苏辙

琨 kūn[ㄎㄨㄣ] 古浑切　史文韵，阴　平平，元韵　词第六部　戏人辰辙

琕 ㈠pián[ㄆㄧㄢˊ] 部田切　史寒韵，阳　平平，先韵　词第七部　戏言前辙

（二）bǐng［ㄅ丨ㄥˇ］补鼎切　史庚韵，上　乎上，迥韵　词第十一部　戏中东辙　（刀鞘）

琤（一）chēng［彳ㄥ］楚耕切　史庚韵，阴　乎平，庚韵　词第十一部　戏中东辙　曲庚青韵，阴

（二）zhēng［ㄓㄥ］楚耕切　史庚韵，阴　乎平，庚韵　词第十一部　戏中东辙　曲庚青韵，阴　（旧）

琼 qióng［ㄑㄩㄥˊ］渠营切　史庚韵，阳　乎平，庚韵　词第十一部　戏中东辙　曲庚青韵，阳

斑 bān［ㄅㄢ］布还切　史寒韵，阴　乎平，删韵　词第七部　戏言前辙　曲寒山韵，阴

琗 cuì［ㄘㄨㄟˋ］取内切　史微韵，去　乎去，队韵　词第三部　戏灰堆辙

琰 yǎn［丨ㄢˇ］以冉切　史寒韵，上　乎上，俭韵　词第十四部　戏言前辙　曲廉纤韵，上

琮 cóng［ㄘㄨㄥˊ］藏宗切　史庚韵，阳　乎平，冬韵　词第一部　戏中东辙　曲东钟韵，阳

琯（一）guǎn［ㄍㄨㄢˇ］古满切　史寒韵，上　乎上，旱韵　词第七部　戏言前辙　曲桓欢韵，上　（古乐器）

（二）gùn［ㄍㄨㄣˋ］古困切　史文韵，去　乎去，愿韵　词第六部　戏人辰辙　（给金玉抛光）

琬 wǎn［ㄨㄢˇ］於阮切　史寒韵，上　乎上，阮韵　词第七部　戏言前辙

琛 chēn［彳ㄣ］丑林切　史文韵，阴　乎平，侵韵　词第十三部　戏人辰辙　曲侵寻韵，阴

琚 jū［ㄐㄩ］九鱼切　史齐韵，阴　乎平，鱼韵　词第四部　戏一七辙　曲鱼模韵，阴

琭 lù［ㄌㄨˋ］卢谷切　史姑韵，去　乎入，屋韵　词第十五部　戏姑苏辙

九画

瑃（同"玼"）聖（见"圣"）頊（见"顼"）瑒（见"场"）瑻（见"珲"）瑉（同"珉"）瑋（见"玮"）

瑟 sè［ㄙㄜˋ］所栉切　史波韵，去　乎入，质韵　词第十七部　戏梭波辙　曲支思韵，上

瑚 hú［ㄏㄨˊ］户吴切　史姑韵，阳　乎平，虞韵　词第四部　戏姑苏辙　曲鱼模韵，阳

瑊 jiān［ㄐ丨ㄢ］古咸切　史寒韵，阴　乎平，咸韵　词第十四部　戏言前辙　曲侵寻韵，阴

瑌 ruǎn［ㄖㄨㄢˇ］而兗切　史寒韵，上　乎上，铣韵　词第七部　戏言前辙

瑁 mào［ㄇㄠˋ］①莫报切　史豪韵，去　乎去，号韵　词第八部　戏遥条辙　（天子受诸侯朝见时所执之圭）

②莫佩切　史豪韵，去　乎去，队韵　词第三部　戏遥条辙　曲齐微韵，去　（玳~）

③莫沃切　史豪韵，去　乎入，沃韵　词第十五部　戏遥条辙　（又）

瑞 ruì［ㄖㄨㄟˋ］是伪切　史微韵，去　乎去，寘韵　词第三部　戏灰堆辙　曲齐微韵，去

瑰 guī［ㄍㄨㄟ］公回切　史微韵，阴　乎平，灰韵　词第三部　戏灰堆辙　曲齐微韵，阴

瑀 yǔ［ㄩˇ］玉矩切　史齐韵，上　乎上，虞韵　词第四部　戏一七辙

瑜 yú［ㄩˊ］羊朱切　史齐韵，阳　乎平，虞韵　词第四部　戏一七辙　曲鱼模韵，阳

瑗 yuàn［ㄩㄢˋ］玉眷切　史寒韵，去　乎去，霰韵　词第七部　戏言前辙

瑳 cuō［ㄘㄨㄛ］①七何切　史波韵，阴　乎平，歌韵　词第九部　戏梭波辙　曲歌戈韵，阴

②千可切　史波韵，阴　乎上，哿韵　词第九部　戏梭波辙　曲歌戈韵，阴　（又）

瑄 xuān［ㄒㄩㄢ］须缘切　史寒韵，阴　乎平，先韵　词第七部　戏言前辙

瑕 xiá［ㄒ丨ㄚˊ］胡加切　史麻韵，阳　乎平，麻韵　词第十部　戏发花辙　曲家麻韵，阳

瑵 zhǎo［ㄓㄠˇ］侧绞切　史豪韵，上　乎上，巧韵　词第八部　戏遥条辙

瑑 zhuàn［ㄓㄨㄢˋ］持兗切　史寒韵，去　乎上，铣韵　词第七部　戏言前辙

瑙 nǎo［ㄋㄠˇ］乃老切　史豪韵，上　乎上，皓韵　词第八部　戏遥条辙

十画

毂（同"珏"）璓（见"琇①"）琏（见"琏"）瑪（见"玛"）瑣（见"琐"）瑲（见"玱"）瑠（同"琉"）

瑩（见"莹"）

璈 áo［ㄠˊ］牛刀切　史豪韵，阳　乎平，豪韵　词第八部　戏遥条辙　曲萧豪韵，阳

瑱（一）tiàn［ㄊ丨ㄢˋ］他甸切　史寒韵，去　乎去，霰韵　词第七部　戏言前辙

（二）zhèn［ㄓㄣˋ］陟刃切　史文韵，去　乎去，震韵　词第六部　戏人辰辙　（玉镇）

瑨 jìn［ㄐ丨ㄣˋ］即刃切　史文韵，去　乎去，震韵　词第六部　戏人辰辙

瑷 ài[ㄞˋ] 乌代切　史开韵，去　平去，队韵　词第五部　戏怀来辙

瑶 yáo[ㄧㄠˊ] 余昭切　史豪韵，阳　平平，萧韵　词第八部　戏遥条辙　曲萧豪韵，阳

璃 lí[ㄌㄧˊ] ①吕支切　史齐韵，阳　平平，支韵　词第三部　戏一七辙　曲齐微韵，阳　（琉~）

　　　　　　②郎溪切　史齐韵，阳　平平，齐韵　词第三部　戏一七辙　曲齐微韵，阳　（玻~）

瑭 táng[ㄊㄤˊ] 徒郎切　史唐韵，阳　平平，阳韵　词第二部　戏江阳辙

瑸 (一)bīn[ㄅㄧㄣ] 悲巾切　史文韵，阴　平平，真韵　词第六部　戏人辰辙　（~编）

　　(二)pián[ㄆㄧㄢˊ] 蒲眠切　史寒韵，阳　平平，先韵　词第七部　戏言前辙　（珠名）

瑢 róng[ㄖㄨㄥˊ] 余封切　史庚韵，阳　平平，冬韵　词第一部　戏中东辙　曲东钟韵，阳

璆 liú[ㄌㄧㄡˊ] 力求切　史尤韵，阳　平平，尤韵　词第十二部　戏由求辙

碧（查"石"部）

十一画

璀（见"琟"）

璂 qí[ㄑㄧˊ] 渠之切　史齐韵，阳　平平，支韵　词第三部　戏一七辙

瑾 (一)jǐn[ㄐㄧㄣˇ] ①渠遴切　史文韵，上　平去，震韵　词第六部　戏人辰辙　曲真文韵，上

　　　　　　②几隐切　史文韵，上　平上，吻韵　词第六部　戏人辰辙　曲真文韵，上　（又）

　　(二)jìn[ㄐㄧㄣˋ] 巨靳切　史文韵，去　平去，问韵　词第六部　戏人辰辙　（赤玉）

璜 huáng[ㄏㄨㄤˊ] 胡光切　史唐韵，阳　平平，阳韵　词第二部　戏江阳辙

璊 mén[ㄇㄣˊ] 莫奔切　史文韵，阳　平平，元韵　词第六部　戏人辰辙

瑺 cháng[ㄔㄤˊ] 辰羊切　史唐韵，阳　平平，阳韵　词第二部　戏江阳辙

璀 cuǐ[ㄘㄨㄟˇ] 七罪切　史微韵，上　平上，贿韵　词第三部　戏灰堆辙

璎 yīng[ㄧㄥ] 於盈切　史庚韵，阴　平平，庚韵　词第十一部　戏中东辙　曲庚青韵，阴

璵 yù[ㄩˋ] 鱼欲切　史齐韵，去　平入，沃韵　词第十五部　戏一七辙

璁 cōng[ㄘㄨㄥ] 仓红切　史庚韵，阴　平平，东韵　词第一部　戏中东辙

璅 cōng[ㄘㄨㄥ] 七恭切　史庚韵，阴　平平，冬韵　词第一部　戏中东辙

璇 xuán[ㄒㄩㄢˊ] 似宣切　史寒韵，阳　平平，先韵　词第七部　戏言前辙　曲先天韵，阳

璋 zhāng[ㄓㄤ] 诸良切　史唐韵，阴　平平，阳韵　词第二部　戏江阳辙　曲江阳韵，阴

璆 qiú[ㄑㄧㄡˊ] 巨鸠切　史尤韵，阳　平平，尤韵　词第十二部　戏由求辙

璪 (一)zǎo[ㄗㄠˇ] 子皓切　史豪韵，上　平上，皓韵　词第八部　戏遥条辙

　　(二)suǒ[ㄙㄨㄛˇ]（同"琐"）

瑿 yī[ㄧ] 烟奚切　史齐韵，阴　平平，齐韵　词第三部　戏一七辙

十二画

璣（见"玑"）

璙 liáo[ㄌㄧㄠˊ] 落萧切　史豪韵，阳　平平，萧韵　词第八部　戏遥条辙

璞 pú[ㄆㄨˊ] 匹角切　史姑韵，阳　平入，觉韵　词第十六部　戏姑苏辙

璟 jǐng[ㄐㄧㄥˇ] 俱永切　史庚韵，上　平上，梗韵　词第十一部　戏中东辙　曲庚青韵，上

璑 wú[ㄨˊ] 武夫切　史姑韵，阳　平平，虞韵　词第四部　戏姑苏辙

璠 fán[ㄈㄢˊ] 附袁切　史寒韵，阳　平平，元韵　词第七部　戏言前辙

璘 lín[ㄌㄧㄣˊ] 力珍切　史文韵，阳　平平，真韵　词第六部　戏人辰辙

璲 suì[ㄙㄨㄟˋ] 徐醉切　史微韵，去　平去，真韵　词第三部　戏灰堆辙

璚 (一)qióng[ㄑㄩㄥˊ] 渠营切　史庚韵，阳　平平，庚韵　词第十一部　戏中东辙

　　(二)jué[ㄐㄩㄝˊ]（同"玦"）

璏 (一)zhì[ㄓˋ] ①直例切　史支韵，去　平去，霁韵　词第三部　戏一七辙

　　　　　　②王伐切　史支韵，去　平入，月韵　词第十八部　戏一七辙　（又）

(二)wèi[ㄨㄟˋ]　于岁切　𝄀微韵，去　㽞去，霁韵　词第三部　戏灰堆辙　（又）

鐺　dàng[ㄉㄤˋ]　徒朗切　𝄀唐韵，去　㽞上，养韵　词第二部　戏江阳辙

十三画

璿（见"珰"）環（见"环"）璵（见"玙"）瑷（见"瑷"）

瓁　huò[ㄏㄨㄛˋ]　五郭切　𝄀波韵，去　㽞入，药韵　词第十六部　戏梭波辙

璨　càn[ㄘㄢˋ]　苍案切　𝄀寒韵，去　㽞去，翰韵　词第七部　戏言前辙　曲寒山韵，去

璖　qú[ㄑㄩˊ]　强鱼切　𝄀齐韵，阳　㽞平，鱼韵　词第四部　戏一七辙

璐　lù[ㄌㄨˋ]　洛故切　𝄀姑韵，去　㽞去，遇韵　词第四部　戏姑苏辙

璪　zǎo[ㄗㄠˇ]　子皓切　𝄀豪韵，上　㽞上，皓韵　词第八部　戏遥条辙　曲萧豪韵，上

璧　bì[ㄅㄧˋ]　必益切　𝄀齐韵，去　㽞入，陌韵　词第十七部　戏一七辙　曲齐微韵，上

十四画

璽（见"玺"）璿（同"璇"）瓊（见"琼"）璸（见"瑸"）

瓀　ruǎn[ㄖㄨㄢˇ]　而宣切　𝄀寒韵，上　㽞平，先韵　词第七部　戏言前辙

璫　(一)zhè[ㄓㄜˋ]　梯激切　𝄀波韵，去　㽞入，锡韵　词第十七部　戏梭波辙

　　(二)tì[ㄊㄧˋ]　他历切　𝄀齐韵，去　㽞入，锡韵　词第十七部　戏一七辙　（又）

十五画

璃（同"璃②"）

璷　dú[ㄉㄨˊ]　徒谷切　𝄀姑韵，阳　㽞入，屋韵　词第十五部　戏姑苏辙

瓃　léi[ㄌㄟˊ]　①力追切　𝄀微韵，阳　㽞平，支韵　词第三部　戏灰堆辙

　　　　　　　②鲁回切　𝄀微韵，阳　㽞平，灰韵　词第三部　戏灰堆辙　（又）

瓅　lì[ㄌㄧˋ]　郎击切　𝄀齐韵，去　㽞入，锡韵　词第十七部　戏一七辙

璏　zhì[ㄓˋ]　职日切　𝄀支韵，去　㽞入，质韵　词第十七部　戏一七辙

璺　wèn[ㄨㄣˋ]　亡运切　𝄀文韵，去　㽞去，问韵　词第六部　戏人辰辙

十六画

瓌（同"瑰"）瓏（见"珑"）

瓚　zàn[ㄗㄢˋ]　藏旱切　𝄀寒韵，去　㽞上，旱韵　词第七部　戏言前辙　曲寒山韵，去

十七画

瓔（见"璎"）

瓘　guàn[ㄍㄨㄢˋ]　古玩切　𝄀寒韵，去　㽞去，翰韵　词第七部　戏言前辙　曲桓欢韵，去

瓖　xiāng[ㄒㄧㄤ]　息良切　𝄀唐韵，阴　㽞平，阳韵　词第二部　戏江阳辙

瓓　làn[ㄌㄢˋ]　郎旰切　𝄀寒韵，去　㽞去，翰韵　词第七部　戏言前辙

十九画

瓚（见"瓒"）

二十画

瓛　(一)huán[ㄏㄨㄢˊ]　胡官切　𝄀寒韵，阳　㽞平，寒韵　词第七部　戏言前辙　曲桓欢韵，阳

　　(二)yè[ㄧㄝˋ]　延结切　𝄀皆韵，去　㽞入，屑韵　词第十八部　戏乜斜辙　（马嚼子）

　　(三)yǎn[ㄧㄢˇ]　鱼蹇切　𝄀寒韵，上　㽞上，铣韵　词第七部　戏言前辙　（玉甑）

无（旡）部

无 ㈠wú[ㄨˊ] 武夫切　围姑韵，阳　乎平，虞韵　词第四部　戏姑苏辙　曲鱼模韵，阳
　　㈡mó[ㄇㄛˊ] 莫婆切　围波韵，阳　乎平，歌韵　词第九部　戏梭波辙　（南~）【音"摩"，用其反切。】

三画

庑（查"广"部）

四画

炁（查"火"部）

五画

既 ㈠jì[ㄐㄧˋ] 居豙切　围齐韵，去　乎去，未韵　词第三部　戏一七辙　曲齐微韵，去
　　㈡xì[ㄒㄧˋ]（同"饩"）

七画

朒（见"既"）

九画

禨（同"祸"）

十画

暨 jì[ㄐㄧˋ] ①其冀切　围齐韵，去　乎去，寘韵　词第三部　戏一七辙
　　　　　　②居豙切　围齐韵，去　乎去，未韵　词第三部　戏一七辙　（诸~）
　　　　　　③居乙切　围齐韵，去　乎入，质韵　词第十七部　戏一七辙　（姓）
　　　　　　④戟乙切　围齐韵，去　乎入，物韵　词第十八部　戏一七辙　（已经）

十一画

槩（同"概"）

二十画

蠶（见"蚕㈠"）

韦（韋）部

韋（见"韦"）
韦 wéi[ㄨㄟˊ] 雨非切　围微韵，阳　乎平，微韵　词第三部　戏灰堆辙　曲齐微韵，阳

三画

幛（见"帏"）
韧 rèn[ㄖㄣˋ] 而振切　围文韵，去　乎去，震韵　词第六部　戏人辰辙
帏（查"巾"部）

四画

暐（查"日"部）

五画

韎 ㈠mèi[ㄇㄟˋ] 莫佩切　围微韵，去　乎去，队韵　词第三部　戏灰堆辙
　　㈡mò[ㄇㄛˋ] ①莫拨切　围波韵，去　乎入，曷韵　词第十八部　戏梭波辙　（又）

②莫拜切　中波韵，去　平去，卦韵　词第五部　戏梭波辙　（又）

袚 fú[ㄈㄨˊ] 分勿切　中姑韵，阳　平入，物韵　词第十八部　戏姑苏辙

六画

衛（见"卫"）

韐 (一) gé[ㄍㄜˊ] 古沓切　中波韵，阳　平入，合韵　词第十九部　戏梭波辙

　　 (二) jiā[ㄐㄧㄚ] 古洽切　中麻韵，阴　平入，洽韵　词第十九部　戏发花辙　（又）

韏 quàn[ㄑㄩㄢˋ] 去愿切　中寒韵，去　平去，愿韵　词第七部　戏言前辙

七画

鞘（同"鞘(一)"）

八画

韔 chàng[ㄔㄤˋ] 丑亮切　中唐韵，去　平去，漾韵　词第二部　戏江阳辙

韩（查"卓"部）

九画

韘 shè[ㄕㄜˋ] 书涉切　中波韵，去　平入，叶韵　词第十八部　戏梭波辙

韙 wěi[ㄨㄟˇ] 于鬼切　中微韵，上　平上，尾韵　词第三部　戏灰堆辙

韫 yùn[ㄩㄣˋ] 於粉切　中文韵，去　平上，吻韵　词第六部　戏人辰辙

韗 yùn[ㄩㄣˋ] 玉问切　中文韵，去　平去，问韵　词第六部　戏人辰辙

十画

韡 wěi[ㄨㄟˇ] 于鬼切　中微韵，上　平上，尾韵　词第三部　戏灰堆辙

韝 gōu[ㄍㄡ] 古侯切　中尤韵，阴　平平，尤韵　词第十二部　戏由求辙

韛 bài[ㄅㄞˋ] 蒲拜切　中开韵，去　平去，卦韵　词第五部　戏怀来辙

韠 bì[ㄅㄧˋ] 卑吉切　中齐韵，去　平入，质韵　词第十七部　戏一七辙

韬 (一) tāo[ㄊㄠ] 土刀切　中豪韵，阴　平平，豪韵　词第八部　戏遥条辙　曲萧豪韵，阴

　　 (二) tào[ㄊㄠˋ] 叨号切　中豪韵，去　平去，号韵　词第八部　戏遥条辙　（臂套）

十三画

韣 dú[ㄉㄨˊ] ①徒谷切　中姑韵，阳　平入，屋韵　词第十五部　戏姑苏辙

　　　②之欲切　中姑韵，阳　平入，沃韵　词第十五部　戏姑苏辙　（又）

十四画

韤（同"袜(二)"）

木（朩）部

木 mù[ㄇㄨˋ] 莫卜切　中姑韵，去　平入，屋韵　词第十五部　戏姑苏辙　曲鱼模韵，去

一画

未 wèi[ㄨㄟˋ] 无沸切　中微韵，去　平去，未韵　词第三部　戏灰堆辙　曲齐微韵，去

末 mò[ㄇㄛˋ] ①莫拨切　中波韵，去　平入，曷韵　词第十八部　戏梭波辙　曲萧豪韵，去

　　　　②莫拨切　中波韵，去　平入，曷韵　词第十八部　戏梭波辙　曲歌戈韵，去　（又）

本 běn[ㄅㄣˇ] 布忖切　中文韵，上　平上，阮韵　词第六部　戏人辰辙　曲真文韵，上

术 (一) shù[ㄕㄨˋ] 食聿切　中姑韵，去　平入，质韵　词第十七部　戏姑苏辙　曲鱼模韵，阳

(二) suì[ㄙㄨㄟˋ] 徐醉切　史微韵，去　乎去，真韵　词第三部　戏灰堆辙　（古政区名）

(三) zhú[ㄓㄨˊ] 直律切　史姑韵，阳　乎入，质韵　词第十七部　戏姑苏辙　（中药名）

(四) shú[ㄕㄨˊ] 食聿切　史姑韵，阳　乎入，质韵　词第十七部　戏姑苏辙　曲鱼模韵，阳　（通"秫"）

札 zhá[ㄓㄚˊ] 侧八切　史麻韵，阳　乎入，黠韵　词第十八部　戏发花辙　曲家麻韵，上

二画

束（同"刺㈠：①"）**朵**（见"朵"）

朾 ㈠ chéng[ㄔㄥˊ] 宅耕切　史庚韵，阳　乎平，庚韵　词第十一部　戏中东辙

　　㈡ tīng[ㄊㄧㄥ] ①汤丁切　史庚韵，阴　乎平，青韵　词第十一部　戏中东辙　（古地名）

　　　　　　②痴贞切　史庚韵，阴　乎平，庚韵　词第十一部　戏中东辙　（又）

朽 xiǔ[ㄒㄧㄡˇ] 许久切　史尤韵，上　乎上，有韵　词第十二部　戏由求辙　曲尤侯韵，上

朴 ㈠ pǔ[ㄆㄨˇ] 匹角切　史姑韵，上　乎入，觉韵　词第十六部　戏姑苏辙

　　㈡ bú[ㄅㄨˊ] 蒲木切　史姑韵，阳　乎入，屋韵　词第十五部　戏姑苏辙　（依附；树丛）

　　㈢ pū[ㄆㄨ] 普木切　史姑韵，阴　乎入，屋韵　词第十五部　戏姑苏辙　（击打；打人用具）

　　㈣ pò[ㄆㄛˋ] 匹角切　史波韵，去　乎入，觉韵　词第十六部　戏梭波辙　（树名；树皮）

　　㈤ pō[ㄆㄛ] 普活切　史波韵，阴　乎入，曷韵　词第十八部　戏梭波辙　（～刀）【借用同音字"泼"的反切。】

　　㈥ pōu[ㄆㄡ] 披尤切　史尤韵，阴　乎平，尤韵　词第十二部　戏由求辙　（姓）

　　㈦ piáo[ㄆㄧㄠˊ] 符霄切　史豪韵，阳　乎平，萧韵　词第八部　戏遥条辙　（朝鲜姓）【朝鲜字。借用同音字"瓢"的反切。】

朱 ㈠ zhū[ㄓㄨ] 章俱切　史姑韵，阴　乎平，虞韵　词第四部　戏姑苏辙　曲鱼模韵，阴

　　㈡ shū[ㄕㄨ] 慵朱切　史姑韵，阴　乎平，虞韵　词第四部　戏姑苏辙　曲鱼模韵，阴　（～提县）

朳 bā[ㄅㄚ] 博拔切　史麻韵，阴　乎入，黠韵　词第十八部　戏发花辙

杀 ㈠ shā[ㄕㄚ] 所八切　史麻韵，阴　乎入，黠韵　词第十八部　戏发花辙　曲家麻韵，上

　　　　(1)杀死：～虫剂　(2)败坏：～风景　(3)猎获：天子～，则下大绥　(4)战斗：～出重围　(5)程度深：萧萧愁～人　(6)收尾，结束：～尾　(7)收紧：～一～腰带

　　㈡ shài[ㄕㄞˋ] 所拜切　史开韵，去　乎去，卦韵　词第五部　戏怀来辙　曲家麻韵，上

　　　　(8)凋落：羽尾～散　(9)删削，剪裁：非帷裳，必～之　(10)消减：～价　(11)省，少：礼不同，不丰，不～　(12)逐级相差

　　㈢ sà[ㄙㄚˋ] 桑葛切　史麻韵，去　乎入，曷韵　词第十八部　戏发花辙　曲家麻韵，上　（～然）

　　㈣ shì[ㄕˋ] 所例切　史支韵，去　乎去，霁韵　词第三部　戏一七辙　（降～）

机 ㈠ jī[ㄐㄧ] ①居依切　史齐韵，阴　乎平，微韵　词第三部　戏一七辙　曲齐微韵，阴

　　　　　　②居夷切　史齐韵，阴　乎平，支韵　词第三部　戏一七辙　（榿木；几案）

　　　　　　③居履切　史齐韵，阴　乎上，纸韵　词第三部　戏一七辙　（又）

　　㈡ wèi[ㄨㄟˋ] 牛吠切　史微韵，去　乎去，队韵　词第三部　戏灰堆辙　（砧板）

朵 duǒ[ㄉㄨㄛˇ] 丁果切　史波韵，上　乎上，哿韵　词第九部　戏梭波辙　曲歌戈韵，上

朹 qiú[ㄑㄧㄡˊ] 巨鸠切　史尤韵，阳　乎平，尤韵　词第十二部　戏由求辙

杂 zá[ㄗㄚˊ] 徂合切　史麻韵，阳　乎入，合韵　词第十九部　戏发花辙　曲家麻韵，阳

朼 bǐ[ㄅㄧˇ] 卑履切　史齐韵，上　乎上，纸韵　词第三部　戏一七辙

朻 jiū[ㄐㄧㄡ] ①居虬切　史尤韵，阴　乎平，尤韵　词第十二部　戏由求辙

　　　　　　②居黝切　史尤韵，阴　乎上，有韵　词第十二部　戏由求辙　（又）

枥 lì[ㄌㄧˋ] 林直切　史齐韵，去　乎入，职韵　词第十七部　戏一七辙

权 quán[ㄑㄩㄢˊ] 巨员切　史寒韵，阳　乎平，先韵　词第七部　戏言前辙　曲先天韵，阳

三画

杇（同"圬"）

杆 ㈠gān[ㄍㄢ] 居寒切　史寒韵，阴　乎平，寒韵　词第七部　戏言前辙

　　㈡gǎn[ㄍㄢˇ] 古旱切　史寒韵，上　乎上，旱韵　词第七部　戏言前辙　（笔~）【与"秆"音同义近，用其反切。】

　　㈢gàn[ㄍㄢˋ] 古案切　史寒韵，去　乎去，翰韵　词第七部　戏言前辙　（树名）

杅 yú[ㄩˊ] 云俱切　史齐韵，阳　乎平，虞韵　词第四部　戏一七辙

杠 ㈠gāng[ㄍㄤ] 古双切　史唐韵，阴　乎平，江韵　词第二部　戏江阳辙　曲江阳韵，阴

　　㈡gōng[ㄍㄨㄥ] 沽红切　史庚韵，阴　乎平，东韵　词第一部　戏中东辙　（~里）

　　㈢gàng[ㄍㄤˋ] 居浪切　史唐韵，去　乎去，漾韵　词第二部　戏江阳辙　（~子）【现代读音。借用同音字"钢㈡"的反切。】

杜 dù[ㄉㄨˋ] 徒古切　史姑韵，去　乎上，麌韵　词第四部　戏姑苏辙　曲鱼模韵，去

材 cái[ㄘㄞˊ] 昨哉切　史开韵，阳　乎平，灰韵　词第五部　戏怀来辙　曲皆来韵，阳

村 cūn[ㄘㄨㄣ] 此尊切　史文韵，阴　乎平，元韵　词第六部　戏人辰辙　曲真文韵，阴

束 shù[ㄕㄨˋ] ①书玉切　史姑韵，去　乎入，沃韵　词第十五部　戏姑苏辙　曲鱼模韵，上

　　　　　　②春遇切　史姑韵，去　乎去，遇韵　词第四部　戏姑苏辙　（约~）

杕 ㈠dì[ㄉㄧˋ] 特计切　史齐韵，去　乎去，霁韵　词第三部　戏一七辙

　　㈡duò[ㄉㄨㄛˋ] 待可切　史波韵，去　乎上，哿韵　词第九部　戏梭波辙　（舵）

杖 zhàng[ㄓㄤˋ] 直两切　史唐韵，去　乎上，养韵　词第二部　戏江阳辙

杌 wù[ㄨˋ] 五忽切　史姑韵，去　乎入，月韵　词第十八部　戏姑苏辙

杙 yì[ㄧˋ] 与职切　史齐韵，去　乎入，职韵　词第十七部　戏一七辙

杏 xìng[ㄒㄧㄥˋ] 何梗切　史庚韵，去　乎上，梗韵　词第十一部　戏中东辙　曲庚青韵，去

杉 ㈠shān[ㄕㄢ] 所咸切　史寒韵，阴　乎平，咸韵　词第十四部　戏言前辙　曲监咸韵，阴

　　㈡shā[ㄕㄚ] 所加切　史麻韵，阴　乎平，麻韵　词第十部　戏发花辙　（~篙；~木）【方言读音。音"沙㈠"，用其反切。】

杓 ㈠biāo[ㄅㄧㄠ] ①甫遥切　史豪韵，阴　乎平，萧韵　词第八部　戏遥条辙　曲萧豪韵，阴

　　　　　　　②抚招切　史豪韵，阴　乎平，萧韵　词第八部　戏遥条辙　曲萧豪韵，阴　（又）

　　㈡zhuó[ㄓㄨㄛˊ] 职略切　史皆韵，阳　乎入，药韵　词第十六部　戏梭波辙　曲歌戈韵，阳　（独木小桥）

　　㈢sháo[ㄕㄠˊ] 市若切　史豪韵，阳　乎入，药韵　词第十六部　戏遥条辙　曲萧豪韵，阳　（勺）

　　㈣dí[ㄉㄧˊ] 都历切　史齐韵，阳　乎入，锡韵　词第十七部　戏一七辙　（标准）

条 ㈠tiáo[ㄊㄧㄠˊ] 徒聊切　史豪韵，阳　乎平，萧韵　词第八部　戏遥条辙　曲萧豪韵，阳

　　㈡tiāo[ㄊㄧㄠ] 他彫切　史豪韵，阴　乎平，萧韵　词第八部　戏遥条辙　曲萧豪韵，阴　（挑取）

　　㈢dí[ㄉㄧˊ] 杜历切　史齐韵，阳　乎入，锡韵　词第十七部　戏一七辙　（~狼氏）

极 jí[ㄐㄧˊ] ①渠力切　史齐韵，阳　乎入，职韵　词第十七部　戏一七辙　曲齐微韵，阳

　　　　　　②其辄切　史波韵，阳　乎入，叶韵　词第十八部　戏梭波辙　（驮架；书箱）

杧 máng[ㄇㄤˊ] 莫郎切　史唐韵，阳　乎平，阳韵　词第二部　戏江阳辙【音"尨"，用其反切。】

尨 máng[ㄇㄤˊ] 莫郎切　史唐韵，阳　乎平，阳韵　词第二部　戏江阳辙

杞 qǐ[ㄑㄧˇ] 墟里切　史齐韵，上　乎上，纸韵　词第三部　戏一七辙　曲齐微韵，上

李 lǐ[ㄌㄧˇ] 良士切　史齐韵，上　乎上，纸韵　词第三部　戏一七辙　曲齐微韵，上

杝 ㈠yí[ㄧˊ] 弋支切　史齐韵，阳　乎平，支韵　词第三部　戏一七辙　（树名）

　　㈡chǐ[ㄔˇ] 池尔切　史支韵，上　乎上，纸韵　词第三部　戏一七辙　（顺着木纹劈开）

　　㈢lí[ㄌㄧˊ] 邻知切　史齐韵，阳　乎平，支韵　词第三部　戏一七辙　（篱笆）

　　㈣duò[ㄉㄨㄛˋ]　（船舵，同"柁㈠"）

杨 yáng[ㄧㄤˊ] 与章切　史唐韵，阳　乎平，阳韵　词第二部　戏江阳辙　曲江阳韵，阳

杈 ㈠chā[ㄔㄚ] 初牙切　史麻韵，阴　乎平，麻韵　词第十部　戏发花辙　曲家麻韵，阴

　　㈡chà[ㄔㄚˋ] 楚嫁切　史麻韵，去　乎去，祃韵　词第十部　戏发花辙　（植株的分枝）

杩 ㈠mà[ㄇㄚˋ] 莫驾切　史麻韵，去　乎去，祃韵　词第十部　戏发花辙

（二）mǎ[ㄇㄚˇ] 莫下切 史麻韵，上 平上，马韵 词第十部 戏发花辙 （～杈）【借用同音字"马"的反切。】

来（查"一"部）**呆**（查"口"部）**床**（查"广"部）**屎**（查"尸"部）

四画

来（见"来"）**杶**（同"椿"）**東**（见"东"）**枏**（同"楠"）**枚**（同"锹"）**牀**（见"床"）

枉 wǎng[ㄨㄤˇ] 纤往切 史唐韵，上 平上，养韵 词第二部 戏江阳辙 曲江阳韵，上

枅 jī[ㄐㄧ] 古奚切 史齐韵，阴 平平，齐韵 词第三部 戏一七辙

扶 fú[ㄈㄨˊ] 防无切 史姑韵，阳 平平，虞韵 词第四部 戏姑苏辙

杬 yuán[ㄩㄢˊ] 愚袁切 史寒韵，阳 平平，元韵 词第七部 戏言前辙

林 lín[ㄌㄧㄣˊ] 力寻切 史文韵，阳 平平，侵韵 词第十三部 戏人辰辙 曲侵寻韵，阳

柿 fèi[ㄈㄟˋ] 芳废切 史微韵，去 平去，队韵 词第三部 戏灰堆辙

枣 zǎo[ㄗㄠˇ] 子皓切 史豪韵，上 平上，皓韵 词第八部 戏遥条辙 曲萧豪韵，上

枝 zhī[ㄓ] 章移切 史支韵，阴 平平，支韵 词第三部 戏一七辙 曲支思韵，阴

杯 bēi[ㄅㄟ] 布回切 史微韵，阴 平平，灰韵 词第三部 戏灰堆辙 曲齐微韵，阴

枢 （一）shū[ㄕㄨ] 昌朱切 史姑韵，阴 平平，虞韵 词第四部 戏姑苏辙 曲鱼模韵，阴

（二）ōu[ㄡ] 乌侯切 史尤韵，阴 平平，尤韵 词第十二部 戏由求辙 （刺榆树）

枥 lì[ㄌㄧˋ] 郎击切 史齐韵，去 平入，锡韵 词第十七部 戏一七辙 曲齐微韵，去

柜 （一）guì[ㄍㄨㄟˋ] 求位切 史微韵，去 平去，真韵 词第三部 戏灰堆辙 曲齐微韵，去

（二）jǔ[ㄐㄩˇ] 居许切 史齐韵，上 平上，语韵 词第四部 戏一七辙 （树名）

枒 （一）yé[ㄧㄝˊ] ①吾驾切 史麻韵，去 平去，祃韵 词第十部 戏乜斜辙 （树名）

②余遮切 史麻韵，去 平平，麻韵 词第十部 戏乜斜辙 （又）

（二）yā[ㄧㄚ] （～杈-ㄚ杈，同"ㄚ①"）

枇 （一）pí[ㄆㄧˊ] 房脂切 史齐韵，阳 平平，支韵 词第三部 戏一七辙 （～杷）

（二）bǐ[ㄅㄧˇ] 卑履切 史齐韵，上 平上，纸韵 词第三部 戏一七辙 （大木匙）

（三）bì[ㄅㄧˋ] 毗至切 史齐韵，去 平去，真韵 词第三部 戏一七辙 （箆子）

（四）pī[ㄆㄧ] 篇迷切 史齐韵，阴 平平，齐韵 词第三部 戏一七辙 （椑木）

枑 hù[ㄏㄨˋ] 胡误切 史姑韵，去 平去，遇韵 词第四部 戏姑苏辙

杫 （一）sì[ㄙˋ] 斯义切 史支韵，去 平去，真韵 词第三部 戏一七辙

（二）xǐ[ㄒㄧˇ] 想氏切 史齐韵，上 平上，纸韵 词第三部 戏一七辙 （树名）

（三）zhǐ[ㄓˇ] 渚市切 史支韵，上 平上，纸韵 词第三部 戏一七辙 （柱磉间的垫板）

杪 miǎo[ㄇㄧㄠˇ] 亡沼切 史豪韵，上 平上，篠韵 词第八部 戏遥条辙 曲萧豪韵，上

果 （一）guǒ[ㄍㄨㄛˇ] 古火切 史波韵，上 平上，哿韵 词第九部 戏梭波辙 曲歌戈韵，上

（二）wǒ[ㄨㄛˇ] 乌果切 史波韵，上 平上，哿韵 词第九部 戏梭波辙 （女侍）

（三）luǒ[ㄌㄨㄛˇ] 鲁果切 史波韵，上 平上，哿韵 词第九部 戏梭波辙 曲歌戈韵，上 （赤裸）

杳 yǎo[ㄧㄠˇ] 乌皎切 史豪韵，上 平上，篠韵 词第八部 戏遥条辙 曲萧豪韵，上

枘 ruì[ㄖㄨㄟˋ] 而锐切 史微韵，去 平去，霁韵 词第三部 戏灰堆辙

枫 gāng[ㄍㄤ] 居郎切 史唐韵，阴 平平，阳韵 词第二部 戏江阳辙

枧 jiǎn[ㄐㄧㄢˇ] 吉典切 史寒韵，上 平上，铣韵 词第七部 戏言前辙 曲先天韵，上

杵 chǔ[ㄔㄨˇ] 昌与切 史姑韵，上 平上，语韵 词第四部 戏姑苏辙 曲鱼模韵，上

枚 méi[ㄇㄟˊ] 莫杯切 史微韵，阳 平平，灰韵 词第三部 戏灰堆辙 曲齐微韵，阳

枨 （一）chéng[ㄔㄥˊ] 直庚切 史庚韵，阳 平平，庚韵 词第十一部 戏中东辙 曲庚青韵，阳

（二）cháng[ㄔㄤˊ] 直良切 史唐韵，阳 平平，阳韵 词第二部 戏江阳辙 （人名用字）

枬 huà[ㄏㄨㄚˋ] 呼霸切 史麻韵，去 平去，祃韵 词第十部 戏发花辙

析 ㈠xī[ㄒㄧ] 先击切　史齐韵，阴　乎入，锡韵　词第十七部　戏一七辙

　㈡sī[ㄙ] 相支切　史支韵，阴　乎平，支韵　词第三部　戏一七辙　（睥~）

板 bǎn[ㄅㄢˇ] 布绾切　史寒韵，上　乎上，潸韵　词第七部　戏言前辙　曲寒山韵，上

枍 yì[ㄧˋ] 於计切　史齐韵，去　乎去，霁韵　词第三部　戏一七辙

枞 ㈠cōng[ㄘㄨㄥ] 七恭切　史庚韵，阴　乎平，冬韵　词第一部　戏中东辙　曲东钟韵，阴

　㈡zōng[ㄗㄨㄥ] 子容切　史庚韵，阴　乎平，冬韵　词第一部　戏中东辙　曲东钟韵，阴　（~阳）【《康熙字典》："沈读子容反"。用之。】

采 ㈠cǎi[ㄘㄞˇ] 仓宰切　史开韵，上　乎上，贿韵　词第五部　戏怀来辙　曲皆来韵，上

　㈡cài[ㄘㄞˋ] 仓代切　史开韵，去　乎去，队韵　词第五部　戏怀来辙　（~邑，舍~）

枔 xín[ㄒㄧㄣˊ] 徐林切　史文韵，阳　乎平，侵韵　词第十三部　戏人辰辙

枌 fén[ㄈㄣˊ] 符分切　史文韵，阳　乎平，文韵　词第六部　戏人辰辙

松 sōng[ㄙㄨㄥ] ①私宗切　史庚韵，阴　乎平，冬韵　词第一部　戏中东辙　曲东钟韵，阴

　　②苏弄切　史庚韵，阴　乎去，送韵　词第一部　戏中东辙　曲东钟韵，阴　（又）

　　③祥容切　史庚韵，阴　乎平，冬韵　词第一部　戏中东辙　曲东钟韵，阴　（树名）

枪 ㈠qiāng[ㄑㄧㄤ] 七羊切　史唐韵，阴　乎平，阳韵　词第二部　戏江阳辙

　㈡chēng[ㄔㄥ] 楚庚切　史庚韵，阴　乎平，庚韵　词第十一部　戏中东辙　（欀~）

　㈢qiǎng[ㄑㄧㄤˇ] 此两切　史唐韵，上　乎上，养韵　词第二部　戏江阳辙　（逆刺）

枫 fēng[ㄈㄥ] 方戎切　史庚韵，阴　乎平，东韵　词第一部　戏中东辙　曲东钟韵，阴

枭 xiāo[ㄒㄧㄠ] 古尧切　史豪韵，阴　乎平，萧韵　词第八部　戏遥条辙　曲萧豪韵，阴

枊 ㈠áng[ㄤˊ] 五刚切　史唐韵，阳　乎平，阳韵　词第二部　戏江阳辙　（斗拱）

　㈡àng[ㄤˋ] 五浪切　史唐韵，去　乎去，漾韵　词第二部　戏江阳辙　（拴马桩）

构 gòu[ㄍㄡˋ] 古候切　史尤韵，去　乎去，宥韵　词第十二部　戏由求辙　曲尤侯韵，去

枀 ㈠shū[ㄕㄨ] 市朱切　史姑韵，阴　乎平，虞韵　词第四部　戏姑苏辙

　㈡duì[ㄉㄨㄟˋ] 都外切　史微韵，去　乎去，泰韵　词第三部　戏灰堆辙　（树名）

杭 ㈠háng[ㄏㄤˊ] 胡郎切　史唐韵，阳　乎平，阳韵　词第二部　戏江阳辙　曲江阳韵，阳

　㈡kāng[ㄎㄤ] （~庄－康庄，同"康㈠"）

枋 ㈠fāng[ㄈㄤ] 府良切　史唐韵，阴　乎平，阳韵　词第二部　戏江阳辙　曲江阳韵，阴

　㈡bǐng[ㄅㄧㄥˇ] 陂病切　史庚韵，上　乎去，敬韵　词第十一部　戏中东辙　（权柄）

枓 ㈠dǒu[ㄉㄡˇ] 当口切　史尤韵，上　乎上，有韵　词第十二部　戏由求辙　曲尤侯韵，上

　㈡zhǔ[ㄓㄨˇ] 之庾切　史姑韵，上　乎上，麌韵　词第四部　戏姑苏辙　（长柄方勺）

枕 ㈠zhěn[ㄓㄣˇ] 章荏切　史文韵，上　乎上，寝韵　词第十三部　戏人辰辙　曲侵寻韵，上

　㈡zhèn[ㄓㄣˋ] 之任切　史文韵，去　乎去，沁韵　词第十三部　戏人辰辙　曲侵寻韵，去　（以头~物）

　㈢chén[ㄔㄣˊ] 直深切　史文韵，阳　乎平，侵韵　词第十三部　戏人辰辙　（拴牛桩）

枏 ㈠niǔ[ㄋㄧㄡˇ] 女久切　史尤韵，上　乎上，有韵　词第十二部　戏由求辙　曲尤侯韵，上　（树名）

　㈡chǒu[ㄔㄡˇ] 敕久切　史尤韵，上　乎上，有韵　词第十二部　戏由求辙　曲尤侯韵，上　（古代手铐）

杷 ㈠pá[ㄆㄚˊ] ①蒲巴切　史麻韵，阳　乎平，麻韵　词第十部　戏发花辙　曲家麻韵，阳

　　②白驾切　史麻韵，阳　乎去，祃韵　词第十部　戏发花辙　曲家麻韵，阳　（又）

　㈡bà[ㄅㄚˋ] 必驾切　史麻韵，去　乎去，祃韵　词第十部　戏发花辙　（柄，把）

杼 ㈠zhù[ㄓㄨˋ] 直吕切　史姑韵，去　乎上，语韵　词第四部　戏姑苏辙　曲鱼模韵，上

　㈡shù[ㄕㄨˋ] ①神与切　史姑韵，去　乎上，语韵　词第四部　戏姑苏辙　曲鱼模韵，上　（柞树）

　　②常恕切　史姑韵，去　乎去，御韵　词第四部　戏姑苏辙　（泄水槽）

　㈢shū[ㄕㄨ] （抒发，同"抒"）

杲（查"日"部）杰（查"灬"部）

五画

柹（同"柿"）枴（同"拐"）栅（同"栅"）

标 biāo［ㄅ丨ㄠ］甫遥切　史豪韵，阴　平平，萧韵　词第八部　戏遥条辙　曲萧豪韵，阴

奈 nài［ㄋㄞ丶］奴带切　史开韵，去　平去，泰韵　词第五部　戏怀来辙　曲皆来韵，去

栈 (一) zhàn［ㄓㄢ丶］①士限切　史寒韵，去　平上，潸韵　词第七部　戏言前辙　曲寒山韵，去
　　　　　　　　　　　②士免切　史寒韵，去　平上，铣韵　词第七部　戏言前辙　曲寒山韵，去　（又）

　　(1)棚，阁：凿扇上为～　(2)在山崖上架木为路：～道　(3)储存货物或留宿旅客的房屋：客～　(4)姓　(5)竹木编成
　　的车：～车

　　　　　　　　　③士谏切　史寒韵，去　平去，谏韵　词第七部　戏言前辙　曲寒山韵，去

　　(6)在山崖上架木为路：～道　(7)畜栏：马～　(8)高峻貌

　　(二) zhǎn［ㄓㄢˇ］阻限切　史寒韵，上　平上，潸韵　词第七部　戏言前辙　（小钟；小桥）

　　(三) chén［ㄔㄣˊ］锄臻切　史文韵，阳　平平，真韵　词第六部　戏人辰辙　（众多状）

枿 niè［ㄋ丨ㄝ丶］五割切　史皆韵，去　平入，曷韵　词第十八部　戏乜斜辙

柑 (一) gān［ㄍㄢ］古三切　史寒韵，阴　平平，覃韵　词第十四部　戏言前辙　曲监咸韵，阴

　　(二) qián［ㄑ丨ㄢˊ］（用木棍勒住马口，同"钳"）

某 mǒu［ㄇㄡˇ］莫厚切　史尤韵，上　平上，有韵　词第十二部［兼第四部麌韵］　戏由求辙　曲鱼模韵，上

枻 (一) yì［丨丶］余制切　史齐韵，去　平去，霁韵　词第三部　戏一七辙　曲齐微韵，去

　　(二) xiè［ㄒ丨ㄝ丶］细列切　史皆韵，去　平入，屑韵　词第十八部　戏乜斜辙　（正弓器）

枯 kū［ㄎㄨ］苦胡切　史姑韵，阴　平平，虞韵　词第四部　戏姑苏辙　曲鱼模韵，阴

栉 zhì［ㄓ丶］阻瑟切　史支韵，去　平入，质韵　词第十七部　戏一七辙

柯 kē［ㄎㄜ］古俄切　史波韵，阴　平平，歌韵　词第九部　戏梭波辙　曲歌戈韵，阴

柄 (一) bǐng［ㄅ丨ㄥˇ］补永切　史庚韵，上　平上，梗韵　词第十一部　戏中东辙　曲庚青韵，去

　　(二) bìng［ㄅ丨ㄥ丶］陂病切　史庚韵，去　平去，敬韵　词第十一部　戏中东辙　曲庚青韵，去　（又）

柬 jiǎn［ㄐ丨ㄢˇ］古限切　史寒韵，上　平上，潸韵　词第七部　戏言前辙

柸 (一) pēi［ㄆㄟ］抛装切　史微韵，阴　平平，灰韵　词第三部　戏灰堆辙　（～治）

　　(二) bēi［ㄅㄟ］（饮食用具，同"杯"）

柘 zhè［ㄓㄜ丶］之夜切　史波韵，去　平去，祃韵　词第十部　戏梭波辙　曲车遮韵，去

栊 lóng［ㄌㄨㄥˊ］卢红切　史庚韵，阳　平平，东韵　词第一部　戏中东辙　曲东钟韵，阳

柩 jiù［ㄐ丨ㄡ丶］巨救切　史尤韵，去　平去，宥韵　词第十二部　戏由求辙　曲尤侯韵，去

枰 píng［ㄆ丨ㄥˊ］①符兵切　史庚韵，阳　平平，庚韵　词第十一部　戏中东辙　曲庚青韵，阳
　　　　　　　　　②皮命切　史庚韵，阳　平去，敬韵　词第十一部　戏中东辙　曲庚青韵，阳　（又）

栋 dòng［ㄉㄨㄥ丶］多贡切　史庚韵，去　平去，送韵　词第一部　戏中东辙　曲东钟韵，去

栌 lú［ㄌㄨˊ］落胡切　史姑韵，阳　平平，虞韵　词第四部　戏姑苏辙

相 (一) xiàng［ㄒ丨ㄤ丶］息亮切　史唐韵，去　平去，漾韵　词第二部　戏江阳辙　曲江阳韵，去

　　(二) xiāng［ㄒ丨ㄤ］息良切　史唐韵，阴　平平，阳韵　词第二部　戏江阳辙　曲江阳韵，阴　（交互；质地）

柤 (一) zhā［ㄓㄚ］侧加切　史麻韵，阴　平平，麻韵　词第十部　戏发花辙

　　(二) zū［ㄗㄨ］宗苏切　史姑韵，阴　平平，虞韵　词第四部　戏姑苏辙　（古楚地名）

　　(三) zǔ［ㄗㄨˇ］（陈列祭品的礼器，同"俎"）

查 (一) chá［ㄔㄚˊ］鉏加切　史麻韵，阳　平平，麻韵　词第十部　戏发花辙　曲家麻韵，阳

　　(二) zhā［ㄓㄚ］庄加切　史麻韵，阴　平平，麻韵　词第十部　戏发花辙　曲家麻韵，阴　（同"渣""楂(二)"；姓）

　　(三) chái［ㄔㄞˊ］士佳切　史开韵，阳　平平，佳韵　词第十部　戏怀来辙　（～郎）

柛 shēn［ㄕㄣ］失人切　史文韵，阴　平平，真韵　词第六部　戏人辰辙

柙 (一) xiá［ㄒ丨ㄚˊ］胡甲切　史麻韵，阳　平入，洽韵　词第十九部　戏发花辙

（二）jiǎ［ㄐㄧㄚˇ］古狎切　史麻韵，上　平入，洽韵　词第十九部　戏发花辙　（树名）

（三）yā［ㄧㄚ］（帘押，同“押（一）”）

柚（一）yòu［ㄧㄡˋ］余救切　史尤韵，去　平去，宥韵　词第十二部　戏由求辙　曲尤侯韵，去　（～子）

（二）yóu［ㄧㄡˊ］夷周切　史尤韵，阳　平平，尤韵　词第十二部　戏由求辙　（～木）

（三）zhóu［ㄓㄡˊ］直六切　史尤韵，阳　平入，屋韵　词第十五部　戏由求辙　（轴）

（四）zhú［ㄓㄨˊ］直六切　史姑韵，阳　平入，屋韵　词第十五部　戏姑苏辙　（旧读）

枏（一）rán［ㄖㄢˊ］汝盐切　史寒韵，阳　平平，盐韵　词第十四部　戏言前辙　（梅树）

（二）nán［ㄋㄢˊ］那含切　史寒韵，阳　平平，覃韵　词第十四部　戏言前辙　曲监咸韵，阳　（同“楠（一）”）

枵xiāo［ㄒㄧㄠ］许娇切　史豪韵，阴　平平，萧韵　词第八部　戏遥条辙　曲萧豪韵，阴

柍（一）yǎng［ㄧㄤˇ］於两切　史唐韵，上　平上，养韵　词第二部　戏江阳辙

（二）yàng［ㄧㄤˋ］於亮切　史唐韵，去　平去，漾韵　词第二部　戏江阳辙　（连枷）

（三）yīng［ㄧㄥ］於惊切　史庚韵，阴　平平，庚韵　词第十一部　戏中东辙　（杏）

（四）yāng［ㄧㄤ］（中间，同“央（一）”）

枳（一）zhǐ［ㄓˇ］诸氏切　史支韵，上　平上，纸韵　词第三部　戏一七辙

（二）zhī［ㄓ］章移切　史支韵，阴　平平，支韵　词第三部　戏一七辙　（～首蛇）

柷zhù［ㄓㄨˋ］之六切　史姑韵，去　平入，屋韵　词第十五部　戏姑苏辙

柶sì［ㄙˋ］息利切　史支韵，去　平去，寘韵　词第三部　戏一七辙

柣（一）zhì［ㄓˋ］①直一切　史支韵，去　平入，质韵　词第十七部　戏一七辙

　　　　②千结切　史支韵，去　平入，屑韵　词第十八部　戏一七辙　（又）

（二）dié［ㄉㄧㄝˊ］徒结切　史皆韵，阳　平入，屑韵　词第十八部　戏乜斜辙　（桔～）

柞（一）zé［ㄗㄜˊ］①侧格切　史波韵，阳　平入，陌韵　词第十七部　戏梭波辙

　　　　②助伯切　史波韵，阳　平入，陌韵　词第十七部　戏梭波辙　（～鄂）

（二）zhà［ㄓㄚˋ］仕下切　史麻韵，去　平上，马韵　词第十部　戏发花辙　（～水）

（三）zuò［ㄗㄨㄛˋ］在各切　史波韵，去　平入，药韵　词第十六部　戏梭波辙　曲萧豪韵，上　（树名）

柂（一）yí［ㄧˊ］余支切　史齐韵，阳　平平，支韵　词第三部　戏一七辙

（二）lí［ㄌㄧˊ］邻知切　史齐韵，阳　平平，支韵　词第三部　戏一七辙　（柯～）

（三）duò［ㄉㄨㄛˋ］（船舵，同“舵”）

柎（一）fū［ㄈㄨ］甫无切　史姑韵，阴　平平，虞韵　词第四部　戏姑苏辙

（二）fǔ［ㄈㄨˇ］斐父切　史姑韵，上　平上，虞韵　词第四部　戏姑苏辙　（弓柄中部）

（三）fù［ㄈㄨˋ］符遇切　史姑韵，去　平去，遇韵　词第四部　戏姑苏辙　（柎～）

柏（一）bǎi［ㄅㄞˇ］博陌切　史开韵，上　平入，陌韵　词第十七部　戏怀来辙　曲皆来韵，上

（二）bó［ㄅㄛˊ］博陌切　史波韵，阳　平入，陌韵　词第十七部　戏梭波辙　曲皆来韵，上　（～林城；～车）

（三）bò［ㄅㄛˋ］（黄柏，同“檗”）

柝tuò［ㄊㄨㄛˋ］他各切　史波韵，去　平入，药韵　词第十六部　戏梭波辙　曲萧豪韵，上

栀zhī［ㄓ］章移切　史支韵，阴　平平，支韵　词第三部　戏一七辙　曲支思韵，阴

柧gū［ㄍㄨ］古胡切　史姑韵，阴　平平，虞韵　词第四部　戏姑苏辙

柃líng［ㄌㄧㄥˊ］郎丁切　史庚韵，阳　平平，青韵　词第十一部　戏中东辙

柢dǐ［ㄉㄧˇ］都礼切　史齐韵，上　平上，荠韵　词第三部　戏一七辙　曲齐微韵，上

栎（一）lì［ㄌㄧˋ］郎击切　史齐韵，去　平入，锡韵　词第十七部　戏一七辙

（二）yuè［ㄩㄝˋ］以灼切　史皆韵，去　平入，药韵　词第十六部　戏乜斜辙　（～阳）

（三）luò［ㄋㄨㄛˋ］历各切　史波韵，去　平入，药韵　词第十六部　戏梭波辙　（人名用字）

枸（一）jǔ［ㄐㄩˇ］俱雨切　史齐韵，上　平上，虞韵　词第四部　戏一七辙

（二）gǒu［ㄍㄡˇ］古厚切　史尤韵，上　平上，有韵　词第十二部　戏由求辙　曲尤侯韵，上　（～杞；～骨）

（三）gōu［ㄍㄡ］古侯切　史尤韵，阴　平平，尤韵　词第十二部　戏由求辙　（～桔；弯曲）

　　㈣qú[ㄑㄩˊ]　权俱切　史齐韵，阳　乎平，虞韵　词第四部　戏一七辙　（立木）

栅 ㈠zhà[ㄓㄚˋ]　①所晏切　史麻韵，去　乎去，谏韵　词第七部　戏发花辙　曲皆来韵，上

　　　　　　　②测戟切　史麻韵，去　乎入，陌韵　词第十七部　戏发花辙　曲皆来韵，上　（又）

　　　　　　　③楚革切　史波韵，去　乎入，陌韵　词第十七部　戏梭波辙　曲皆来韵，上　（上～）

　　㈡shān[ㄕㄢ]　所晏切　史寒韵，阴　乎去，谏韵　词第七部　戏言前辙　（篱～；～极）

柳 liǔ[ㄌㄧㄡˇ]　力久切　史尤韵，上　乎上，有韵　词第十二部　戏由求辙　曲尤侯韵，上

柊 zhōng[ㄓㄨㄥ]　职戎切　史庚韵，阴　乎平，东韵　词第一部　戏中东辙

枹 ㈠fú[ㄈㄨˊ]　①缚谋切　史姑韵，阳　乎平，尤韵　词第十二部　戏姑苏辙　曲鱼模韵，阴

　　　　　　　②防无切　史姑韵，阳　乎平，虞韵　词第四部　戏姑苏辙　（～罕）

　　㈡bāo[ㄅㄠ]　布交切　史豪韵，阴　乎平，肴韵　词第八部　戏遥条辙　（树丛；树名）

柱 ㈠zhù[ㄓㄨˋ]　直主切　史姑韵，去　乎上，麌韵　词第四部　戏姑苏辙　曲鱼模韵，去

　　㈡zhǔ[ㄓㄨˇ]　①知庾切　史姑韵，上　乎上，麌韵　词第四部　戏姑苏辙　（阻塞）

　　　　　　　②展吕切　史姑韵，上　乎上，语韵　词第四部　戏姑苏辙　（支撑）

柿 shì[ㄕˋ]　鉏里切　史支韵，去　乎上，纸韵　词第三部　戏一七辙　曲支思韵，去　【同"柿"，用其反切。】

栏 ㈠lán[ㄌㄢˊ]　郎干切　史寒韵，阳　乎平，寒韵　词第七部　戏言前辙　曲寒山韵，阳

　　㈡liàn[ㄌㄧㄢˋ]　①落干切　史寒韵，去　乎平，寒韵　词第七部　戏言前辙　（楝树）

　　　　　　　②郎甸切　史寒韵，去　乎去，霰韵　词第七部　戏言前辙　（又）

柈 ㈠pán[ㄆㄢˊ]　薄官切　史寒韵，阳　乎平，寒韵　词第七部　戏言前辙

　　㈡bàn[ㄅㄢˋ]　博漫切　史寒韵，去　乎去，翰韵　词第七部　戏言前辙　（～子）【方言字。借用同音字"半"的反切。】

　　㈢pàn[ㄆㄢˋ]　普半切　史寒韵，去　乎去，翰韵　词第七部　戏言前辙　（树名）

柒 qī[ㄑㄧ]　亲吉切　史齐韵，阴　乎入，质韵　词第十七部　戏一七辙

染 rǎn[ㄖㄢˇ]　①而琰切　史寒韵，上　乎上，俭韵　词第十四部　戏言前辙　曲廉纤韵，上

　　　　　　　②而琰切　史寒韵，上　乎上，俭韵　词第十四部　戏言前辙　曲廉纤韵，去　（又）

柠 ㈠níng[ㄋㄧㄥˊ]　拏梗切　史庚韵，阳　乎上，梗韵　词第十一部　戏中东辙

　　㈡chǔ[ㄔㄨˇ]　丑吕切　史姑韵，上　乎上，语韵　词第四部　戏姑苏辙　曲鱼模韵，上　（同"楮①"）

　　㈢zhù[ㄓㄨˋ]　丈吕切　史姑韵，去　乎上，语韵　词第四部　戏姑苏辙　（梧桐又名）

柁 ㈠duò[ㄉㄨㄛˋ]　徒可切　史波韵，去　乎上，哿韵　词第九部　戏梭波辙

　　㈡tuó[ㄊㄨㄛˊ]　唐何切　史波韵，阳　乎平，歌韵　词第九部　戏梭波辙　（屋梁）

柲 bì[ㄅㄧˋ]　①兵媚切　史齐韵，去　乎去，寘韵　词第三部　戏一七辙

　　　　　　　②鄙密切　史齐韵，去　乎入，质韵　词第十七部　戏一七辙　（兵器柄）

柅 ní[ㄋㄧˊ]　①女履切　史齐韵，上　乎上，纸韵　词第三部　戏一七辙

　　　　　　　②女夷切　史齐韵，阳　乎平，支韵　词第三部　戏一七辙　（树名）

柫 fú[ㄈㄨˊ]　分勿切　史姑韵，阳　乎入，物韵　词第十八部　戏姑苏辙

枻 ㈠duò[ㄉㄨㄛˋ]　当没切　史波韵，去　乎入，月韵　词第十八部　戏梭波辙

　　㈡nà[ㄋㄚˋ]　女滑切　史麻韵，去　乎入，黠韵　词第十八部　戏发花辙　（断）

　　㈢zuó[ㄗㄨㄛˊ]　藏活切　史波韵，阳　乎入，曷韵　词第十八部　戏梭波辙　（～枒）

枷 jiā[ㄐㄧㄚ]　古牙切　史麻韵，阴　乎平，麻韵　词第十部　戏发花辙　曲家麻韵，阴

架 jià[ㄐㄧㄚˋ]　古讶切　史麻韵，去　乎去，祃韵　词第十部　戏发花辙　曲家麻韵，去

柀 ㈠bǐ[ㄅㄧˇ]　甫委切　史齐韵，上　乎上，纸韵　词第三部　戏一七辙

　　㈡pī[ㄆㄧ]　（离析，破裂，同"披㈠：②"）

柽 chēng[ㄔㄥ]　丑贞切　史庚韵，阴　乎平，庚韵　词第十一部　戏中东辙　曲庚青韵，阴

树 shù[ㄕㄨˋ]　①常句切　史姑韵，去　乎去，遇韵　词第四部　戏姑苏辙　曲鱼模韵，去

　　　　　　　②臣庾切　史姑韵，去　乎上，麌韵　词第四部　戏姑苏辙　（栽植；建立）

柶 (一)sì[ㄙˋ] 象齿切　史支韵，去　平上，纸韵　词第三部　戏一七辙

　　(二)tái[ㄊㄞˊ]（同“台(二)：③”）

枲 xǐ[ㄒㄧˇ] 胥里切　史齐韵，上　平上，纸韵　词第三部　戏一七辙　曲齐微韵，上

柔 róu[ㄖㄡˊ] 耳由切　史尤韵，阳　平平，尤韵　词第十二部　戏由求辙　曲尤侯韵，阳

荣（查“艹”部）亲（查“立”部）

六画

栔（同“契(一)：①；(二)”）栢（同“柏(一)”）栰（同“栿(一)”）栚（同“筏①”）條（见“条”）桫（同“挱(二)”）

框 (一)kuàng[ㄎㄨㄤˋ] 去王切　史唐韵，去　平平，阳韵　词第二部　戏江阳辙

　　(二)kuāng[ㄎㄨㄤ] 去王切　史唐韵，阴　平平，阳韵　词第二部　戏江阳辙　（旧读）

梆 bāng[ㄅㄤ] 博江切　史唐韵，阴　平平，江韵　词第二部　戏江阳辙　曲江阳韵，阴

栻 shì[ㄕˋ] 耻力切　史支韵，去　平入，职韵　词第十七部　戏一七辙

栞 kān[ㄎㄢ] 苦寒切　史寒韵，阴　平平，寒韵　词第七部　戏言前辙

桂 guì[ㄍㄨㄟˋ] 古惠切　史微韵，去　平去，霁韵　词第三部　戏灰堆辙　曲齐微韵，去

桔 (一)jié[ㄐㄧㄝˊ] 古屑切　史皆韵，阳　平入，屑韵　词第十八部　戏乜斜辙

　　(二)xié[ㄒㄧㄝˊ] 奚结切　史皆韵，阳　平入，屑韵　词第十八部　戏乜斜辙　（~桔）

　　(三)jú[ㄐㄩˊ]（同“橘”）

栳 lǎo[ㄌㄠˇ] 卢皓切　史豪韵，上　平上，皓韵　词第八部　戏遥条辙　曲萧豪韵，上

栲 kǎo[ㄎㄠˇ] 苦皓切　史豪韵，上　平上，皓韵　词第八部　戏遥条辙　曲萧豪韵，上

栮 ěr[ㄦˇ] 忍止切　史齐韵，上　平上，纸韵　词第三部　戏一七辙

栱 gǒng[ㄍㄨㄥˇ] 居悚切　史庚韵，上　平上，肿韵　词第一部　戏中东辙

桓 huán[ㄏㄨㄢˊ] 胡官切　史寒韵，阳　平平，寒韵　词第七部　戏言前辙　曲桓欢韵，阳

栗 (一)lì[ㄌㄧˋ] 力质切　史齐韵，去　平入，质韵　词第十七部　戏一七辙　曲齐微韵，去

　　(二)liè[ㄌㄧㄝˋ] 力蘖切　史皆韵，去　平入，屑韵　词第十八部　戏乜斜辙　（裂开）

栖 (一)qī[ㄑㄧ] ①先稽切　史齐韵，阴　平平，齐韵　词第三部　戏一七辙　曲齐微韵，阴

　　　　　　②苏计切　史齐韵，阴　平去，霁韵　词第三部　戏一七辙　（鸡歇息）

　　(二)xī[ㄒㄧ] 千西切　史齐韵，阴　平平，齐韵　词第三部　戏一七辙　（奔忙）

栯 (一)yù[ㄩˋ] 於六切　史齐韵，去　平入，屋韵　词第十五部　戏一七辙

　　(二)yǒu[ㄧㄡˇ] 云久切　史尤韵，上　平上，有韵　词第十二部　戏由求辙　（~木）

栫 jiàn[ㄐㄧㄢˋ] 在甸切　史寒韵，去　平去，霰韵　词第七部　戏言前辙

栭 ér[ㄦˊ] 如之切　史齐韵，阳　平平，支韵　词第三部　戏一七辙

栵 lì[ㄌㄧˋ] ①力制切　史齐韵，去　平去，霁韵　词第三部　戏一七辙

　　　　　　②良薛切　史皆韵，去　平入，屑韵　词第十八部　戏乜斜辙　（丛生的小树）

桋 (一)yí[ㄧˊ] 以脂切　史齐韵，阳　平平，支韵　词第三部　戏一七辙

　　(二)tí[ㄊㄧˊ] 杜奚切　史齐韵，阳　平平，齐韵　词第三部　戏一七辙　（~桑）

桡 (一)náo[ㄋㄠˊ] 奴教切　史豪韵，阳　平去，效韵　词第八部　戏遥条辙

　　(二)ráo[ㄖㄠˊ] 如招切　史豪韵，阳　平平，萧韵　词第八部　戏遥条辙　曲萧豪韵，阳　（船桨）

桎 zhì[ㄓˋ] 之日切　史支韵，去　平入，质韵　词第十七部　戏一七辙

柴 (一)chái[ㄔㄞˊ] 士佳切　史开韵，阳　平平，佳韵　词第十部　戏怀来辙　曲皆来韵，阳

　　(二)zhài[ㄓㄞˋ] 仕懈切　史开韵，去　平去，卦韵　词第十部　戏怀来辙　曲皆来韵，去　（通“寨”）

　　(三)zì[ㄗˋ] 疾智切　史支韵，去　平去，寘韵　词第三部　戏一七辙　（堆积物）

　　(四)cī[ㄘ] 叉宜切　史支韵，阴　平平，支韵　词第三部　戏一七辙　（参差不齐）

桌 zhuō[ㄓㄨㄛ] 竹角切　史波韵，阴　平入，觉韵　词第十六部　戏梭波辙

桢 zhēn[ㄓㄣ] 陟盈切　史文韵，阴　平平，庚韵　词第十一部　戏人辰辙

(二) zhēng[ㄓㄥ] 陟盈切　史庚韵，阴　乎平，庚韵　词第十一部　戏中东辙　（旧读）

桄 (一) guàng[ㄍㄨㄤˋ] 古旷切　史唐韵，去　乎去，漾韵　词第二部　戏江阳辙

(二) guāng[ㄍㄨㄤ] 古黄切　史唐韵，阴　乎平，阳韵　词第二部　戏江阳辙　（～榔树）

档 (一) dàng[ㄉㄤˋ] 丁浪切　史唐韵，去　乎去，漾韵　词第二部　戏江阳辙　曲江阳韵，去

(二) dāng[ㄉㄤ] 都郎切　史唐韵，阴　乎平，阳韵　词第二部　戏江阳辙　（床；树名）

桐 (一) tóng[ㄊㄨㄥˊ] 徒红切　史庚韵，阳　乎平，东韵　词第一部　戏中东辙　曲东钟韵，阳

(二) tōng[ㄊㄨㄥ] 他东切　史庚韵，阴　乎平，东韵　词第一部　戏中东辙　（轻脱；通达）

(三) dòng[ㄉㄨㄥˋ] 杜孔切　史庚韵，去　乎上，董韵　词第一部　戏中东辙　（水名）

梠 lǚ[ㄌㄩˇ] 力举切　史齐韵，上　乎上，语韵　词第四部　戏一七辙

桤 qī[ㄑㄧ] 乞漪切　史齐韵，阴　乎平，支韵　词第三部　戏一七辙

株 zhū[ㄓㄨ] 陟输切　史姑韵，阴　乎平，虞韵　词第四部　戏姑苏辙　曲鱼模韵，阴

梃 (一) tǐng[ㄊㄧㄥˇ] 徒鼎切　史庚韵，上　乎上，迥韵　词第十一部　戏中东辙

(二) tìng[ㄊㄧㄥˋ] 他定切　史庚韵，去　乎去，径韵　词第十一部　戏中东辙（～猪）【借用同音字"庭(一)"的反切。】

栝 (一) guā[ㄍㄨㄚ] 古活切　史麻韵，阴　乎入，曷韵　词第十八部　戏发花辙

(二) kuò[ㄎㄨㄛˋ] 古活切　史波韵，去　乎入，曷韵　词第十八部　戏梭波辙　（又）

(三) tiǎn[ㄊㄧㄢˇ] 他玷切　史寒韵，上　乎上，俭韵　词第十四部　戏言前辙　（拨火棍）

桥 (一) qiáo[ㄑㄧㄠˊ] 巨娇切　史豪韵，阳　乎平，萧韵　词第八部　戏遥条辙　曲萧豪韵，阳

(1)桥梁　(2)器物上的横梁　(3)桔槔：～衡

(二) qiāo[ㄑㄧㄠ] 丘袄切　史豪韵，阴　乎平，萧韵　词第八部　戏遥条辙　曲萧豪韵，阴

(4)山路上的通行设施：山行即～　(5)高耸：～松　(6)树名：～梓　(7)姓

(三) gāo[ㄍㄠ] 举夭切　史豪韵，阴　乎上，篠韵　词第八部　戏遥条辙　（～起）

(四) jiào[ㄐㄧㄠˋ] 渠庙切　史豪韵，去　乎去，啸韵　词第八部　戏遥条辙　（牛鼻上用以系绳的小木栓）

(五) jiāo[ㄐㄧㄠ]　（～泄，同"骄(一)"）

(六) jiǎo[ㄐㄧㄠˇ]　（纠正，同"矫(一)"）

栴 zhān[ㄓㄢ] 诸延切　史寒韵，阴　乎平，先韵　词第七部　戏言前辙　曲先天韵，阴

栿 fú[ㄈㄨˊ] 房六切　史姑韵，阳　乎入，屋韵　词第十五部　戏姑苏辙

桕 jiù[ㄐㄧㄡˋ] 其九切　史尤韵，去　乎上，有韵　词第十二部　戏由求辙

梴 chān[ㄔㄢ] 丑延切　史寒韵，阴　乎平，先韵　词第七部　戏言前辙

桦 huà[ㄏㄨㄚˋ] ①胡化切　史麻韵，去　乎去，祃韵　词第十部　戏发花辙　曲家麻韵，去

②户花切　史麻韵，去　乎平，麻韵　词第十部　戏发花辙　曲家麻韵，去　（又）

桁 (一) héng[ㄏㄥˊ] 户庚切　史庚韵，阳　乎平，庚韵　词第十一部　戏中东辙　曲庚青韵，阳

(二) háng[ㄏㄤˊ] 胡郎切　史唐韵，阳　乎平，阳韵　词第二部　戏江阳辙　（大枷；浮桥）

(三) hàng[ㄏㄤˋ] 下浪切　史唐韵，去　乎去，漾韵　词第二部　戏江阳辙　（衣架）

栓 shuān[ㄕㄨㄢ] 山员切　史寒韵，阴　乎平，先韵　词第七部　戏言前辙　曲寒山韵，阴

桊 juàn[ㄐㄩㄢˋ] 居倦切　史寒韵，去　乎去，霰韵　词第七部　戏言前辙

桧 (一) guì[ㄍㄨㄟˋ] ①古外切　史微韵，去　乎去，泰韵　词第三部　戏灰堆辙　曲齐微韵，去

②古活切　史微韵，去　乎入，曷韵　词第十八部　戏灰堆辙　曲齐微韵，去　（又）

(二) huì[ㄏㄨㄟˋ] 黄外切　史微韵，去　乎去，泰韵　词第三部　戏灰堆辙　曲齐微韵，去　（人名）

桃 (一) táo[ㄊㄠˊ] 徒刀切　史豪韵，阳　乎平，豪韵　词第八部　戏遥条辙　曲萧豪韵，阳

(二) tiāo[ㄊㄧㄠ] 他彫切　史豪韵，阴　乎平，萧韵　词第八部　戏遥条辙　（勺的长柄）

桅 wéi[ㄨㄟˊ] 五灰切　史微韵，阳　乎平，灰韵　词第三部　戏灰堆辙　曲齐微韵，阳

(二) guǐ[ㄍㄨㄟˇ] 过委切　史微韵，上　乎上，纸韵　词第三部　戏灰堆辙　（短矛）

栒 (一) xún[ㄒㄩㄣˊ] 须伦切　史文韵，阳　乎平，真韵　词第六部　戏人辰辙

（二）sǔn［ㄙㄨㄣˇ］笋尹切　史文韵，上　平上，轸韵　词第六部　戏人辰辙　（钟磬架的横木）

栺（一）zhī［ㄓ］旨夷切　史支韵，阴　平平，支韵　词第三部　戏一七辙　（~栭）

　　（二）yì［ㄧˋ］五计切　史齐韵，去　平去，霁韵　词第三部　戏一七辙　（枅~殿）

栙 xiáng［ㄒㄧㄤˊ］下江切　史唐韵，阳　平平，江韵　词第二部　戏江阳辙

桀 jié［ㄐㄧㄝˊ］渠列切　史皆韵，阳　平入，屑韵　词第十八部　戏乜斜辙

格（一）gé［ㄍㄜˊ］①古伯切　史波韵，阳　平入，陌韵　词第十七部　戏梭波辙　曲皆来韵，上

　　(1)来，至：光被四表，~于上下　(2)感通：~于皇天　(3)纠正：~其非心　(4)推究：~物致知　(5)击，打：穷寇不

　　~　(6)品格：~高五岳　(7)规格，标准：合~　(8)支架：悬肉~　(9)划出的空栏或框子：空~　(10)古律法名　(11)古代

　　刑具名　(12)姓

　　　　　　②古落切　史波韵，阳　平入，药韵　词第十六部　戏梭波辙

　　(13)树枝　(14)被阻碍：太后议~　(15)相抵触：扞~　(16)捕兽尖桩

　　（二）luò［ㄌㄨㄛˋ］历各切　史波韵，去　平入，药韵　词第十六部　戏梭波辙　（篱落；村落）

　　（三）hè［ㄏㄜˋ］曷各切　史波韵，去　平入，药韵　词第十六部　戏梭波辙　（~泽）

栘 yí［ㄧˊ］①弋支切　史齐韵，阳　平平，支韵　词第三部　戏一七辙

　　　　　　②成鼊切　史齐韵，阳　平平，齐韵　词第三部　戏一七辙　（又）

栾 luán［ㄌㄨㄢˊ］落官切　史寒韵，阳　平平，寒韵　词第七部　戏言前辙　曲桓欢韵，阳

桨 jiǎng［ㄐㄧㄤˇ］即两切　史唐韵，上　平上，养韵　词第二部　戏江阳辙　曲江阳韵，上

桩 zhuāng［ㄓㄨㄤ］都江切　史唐韵，阴　平平，江韵　词第二部　戏江阳辙　曲江阳韵，阴

校（一）jiào［ㄐㄧㄠˋ］古孝切　史豪韵，去　平去，效韵　词第八部　戏遥条辙　曲萧豪韵，去

　　　　(1)古代刑具总称　(2)较量：~场　(3)计较：犯而不~　(4)考核：考~　(5)核查，订正：~对　(6)围猎：~猎

　　（二）xiào［ㄒㄧㄠˋ］胡教切　史寒韵，去　平去，效韵　词第八部　戏遥条辙　曲萧豪韵，去

　　　　(7)学校：~内　(8)木栅栏：六厩成~　(9)古称营垒　(10)军职级别　(11)姓

　　（三）jiǎo［ㄐㄧㄠˇ］吉巧切　史豪韵，上　平上，巧韵　词第八部　戏遥条辙　（牢固）

　　（四）xiáo［ㄒㄧㄠˊ］何交切　史豪韵，阳　平平，肴韵　词第八部　戏遥条辙　（器物的柱形脚）

　　（五）qiāo［ㄑㄧㄠ］丘交切　史豪韵，阴　平平，肴韵　词第八部　戏遥条辙　（又）

桪 cì［ㄘˋ］七四切　史支韵，去　平去，真韵　词第三部　戏一七辙

核（一）hé［ㄏㄜˊ］①下革切　史波韵，阳　平入，陌韵　词第十七部　戏梭波辙

　　　　(1)真实：其文直，其事~　(2)查验，对照：综~名实　(3)刻酷：峭~为方

　　　　　　②胡结切　史波韵，阳　平入，屑韵　词第十八部　戏梭波辙

　　　　(4)果核：桃~　(5)像核的东西：细胞~　(6)与原子核有关的词语：~潜艇　(7)米麦的粗屑

　　（二）hú［ㄏㄨˊ］胡骨切　史姑韵，阳　平入，月韵　词第十八部　戏姑苏辙　（口语：果~）

　　（三）gāi［ㄍㄞ］柯开切　史开韵，阴　平平，灰韵　词第五部　戏怀来辙　（树名）

样（一）yàng［ㄧㄤˋ］弋亮切　史唐韵，去　平去，漾韵　词第二部　戏江阳辙　曲江阳韵，去

　　（二）xiàng［ㄒㄧㄤˋ］似两切　史唐韵，去　平上，养韵　词第二部　戏江阳辙　（橡实）

栟（一）bīng［ㄅㄧㄥ］府盈切　史庚韵，阴　平平，庚韵　词第十一部　戏中东辙　（~榈）

　　（二）bēn［ㄅㄣ］博昆切　史文韵，阴　平平，元韵　词第六部　戏人辰辙　（~茶）　【方言读音。借用同音字“奔
（一）”的反切。】

桉（一）àn［ㄢˋ］於旰切　史寒韵，去　平去，翰韵　词第七部　戏言前辙

　　（二）ān［ㄢ］乌寒切　史寒韵，阴　平平，寒韵　词第七部　戏言前辙　（树名）　【现代字。借用同音字“安”
的反切。】

案 àn［ㄢˋ］乌旰切　史寒韵，去　平去，翰韵　词第七部　戏言前辙　曲寒山韵，去

桪 xún［ㄒㄩㄣˊ］徐林切　史文韵，阳　平平，侵韵　词第十三部　戏人辰辙

根 gēn［ㄍㄣ］古痕切　史文韵，阴　平平，元韵　词第六部　戏人辰辙　曲真文韵，阴

栩（一）xǔ［ㄒㄩ］况羽切　史齐韵，上　平上，麌韵　词第四部　戏一七辙

㈡ yǔ[ㄩˇ] 王矩切　史齐韵，上　平上，虞韵　词第四部　戏一七辙　（~阳）

桑 sāng[ㄙㄤ] 息郎切　史唐韵，阴　平平，阳韵　词第二部　戏江阳辙　曲江阳韵，阴

栽（查"戈"部）郴（查"阝右"部）臬（查"自"部）

七画

桼（同"漆㈠"；同"七"）桓（同"豆"）梏（同"杯"）桿（见"杆㈡"）梘（见"枧"）槟（同"槟"）

梟（见"枭"）栀（同"栀"）

梼 ㈠ chóu[ㄔㄡˊ] 直由切　史尤韵，阳　平平，尤韵　词第十二部　戏由求辙

　　㈡ táo[ㄊㄠˊ] 徒刀切　史豪韵，阳　平平，豪韵　词第八部　戏遥条辙　（~杌）

械 xiè[ㄒㄧㄝˋ] 胡介切　史皆韵，去　平去，卦韵　词第五部　戏乜斜辙　曲皆来韵，去

梽 zhì[ㄓˋ] 职吏切　史支韵，去　平去，真韵　词第三部　戏一七辙　【方言字。借用同音字"志"的反切。】

彬 ㈠ bīn[ㄅㄧㄣ] 府巾切　史文韵，阴　平平，真韵　词第六部　戏人辰辙　曲真文韵，阴

　　㈡ bān[ㄅㄢ] 逋还切　史寒韵，阴　平平，删韵　词第七部　戏言前辙　（文彩鲜明）

梵 ㈠ fàn[ㄈㄢˋ] 扶泛切　史寒韵，去　平去，陷韵　词第十四部　戏言前辙

　　㈡ féng[ㄈㄥˊ] 房戎切　史庚韵，阳　平平，东韵　词第一部　戏中东辙　（茂盛）

梂 qiú[ㄑㄧㄡˊ] 巨鸠切　史尤韵，阳　平平，尤韵　词第十二部　戏由求辙

桲 bó[ㄅㄛˊ] 蒲没切　史波韵，阳　平入，月韵　词第十八部　戏梭波辙

梗 gěng[ㄍㄥˇ] 古杏切　史庚韵，上　平上，梗韵　词第十一部　戏中东辙　曲庚青韵，上

梀 sù[ㄙㄨˋ] 桑谷切　史姑韵，去　平入，屋韵　词第十五部　戏姑苏辙

梧 ㈠ wú[ㄨˊ] 五呼切　史姑韵，阳　平平，虞韵　词第四部　戏姑苏辙　曲鱼模韵，阳

　　㈡ wù[ㄨˋ] 五故切　史姑韵，去　平去，遇韵　词第四部　戏姑苏辙　（魁~；抵~）

　　㈢ yǔ[ㄩˇ] 偶举切　史齐韵，上　平上，语韵　词第四部　戏一七辙　（疆~）

桭 zhēn[ㄓㄣ] 职邻切　史文韵，阴　平平，真韵　词第六部　戏人辰辙

梜 jiā[ㄐㄧㄚ] ①古洽切　史麻韵，阴　平入，洽韵　词第十九部　戏发花辙

　　　　　　②古协切　史麻韵，阴　平入，叶韵　词第十八部　戏发花辙　（树名）

梿 ㈠ lián[ㄌㄧㄢˊ] 力延切　史寒韵，阳　平平，先韵　词第七部　戏言前辙

　　㈡ liǎn[ㄌㄧㄢˇ] 力展切　史寒韵，上　平上，铣韵　词第七部　戏言前辙　（瑚~）

棶 lái[ㄌㄞˊ] 落哀切　史开韵，阳　平平，灰韵　词第五部　戏怀来辙

梐 bì[ㄅㄧˋ] ①傍礼切　史齐韵，去　平上，荠韵　词第三部　戏一七辙

　　　　　②边兮切　史齐韵，去　平平，齐韵　词第三部　戏一七辙　（又）

梢 ㈠ shāo[ㄕㄠ] 所交切　史豪韵，阴　平平，肴韵　词第八部　戏遥条辙　曲萧豪韵，阴

　　㈡ xiāo[ㄒㄧㄠ] ①思邀切　史豪韵，阴　平平，萧韵　词第八部　戏遥条辙　曲萧豪韵，阴　（冲激）

　　　　　　　　②山巧切　史豪韵，阴　平上，巧韵　词第八部　戏遥条辙　（树木高直）

梩 ㈠ sì[ㄙˋ] 象齿切　史支韵，去　平上，纸韵　词第三部　戏一七辙

　　㈡ lí[ㄌㄧˊ] 里之切　史齐韵，阳　平平，支韵　词第三部　戏一七辙　（又）

桮 bèi[ㄅㄟˋ] 博盖切　史微韵，去　平去，泰韵　词第三部　戏灰堆辙

梱 ㈠ kǔn[ㄎㄨㄣˇ] 苦本切　史文韵，上　平上，阮韵　词第六部　戏人辰辙

　　㈡ wén[ㄨㄣˊ] 牛昆切　史文韵，阳　平平，元韵　词第六部　戏人辰辙　（树名）

梬 yǐng[ㄧㄥˇ] 以井切　史庚韵，上　平上，梗韵　词第十一部　戏中东辙

桯 ㈠ tīng[ㄊㄧㄥ] 汤丁切　史庚韵，阴　平平，青韵　词第十一部　戏中东辙

　　㈡ yíng[ㄧㄥˊ] 怡成切　史庚韵，阳　平平，庚韵　词第十一部　戏中东辙　（车盖柄下面的支柱）

梣 chén[ㄔㄣˊ] 锄针切　史文韵，阳　平平，侵韵　词第十三部　戏人辰辙

梏 ㈠ gù[ㄍㄨˋ] 古沃切　史姑韵，去　平入，沃韵　词第十五部　戏姑苏辙

　　㈡ jué[ㄐㄩㄝˊ] 古岳切　史皆韵，阳　平入，觉韵　词第十六部　戏乜斜辙　（正直）

梨 lí［ㄌㄧˊ］力脂切　史齐韵，阳　乎平，支韵　词第三部　戏一七辙　曲齐微韵，阳

梅 méi［ㄇㄟˊ］莫杯切　史微韵，阳　乎平，灰韵　词第三部　戏灰堆辙　曲齐微韵，阳

梌 tú［ㄊㄨˊ］同都切　史姑韵，阳　乎平，虞韵　词第四部　戏姑苏辙

检 jiǎn［ㄐㄧㄢˇ］居奄切　史寒韵，上　乎上，俭韵　词第十四部　戏言前辙　曲廉纤韵，上

桴 fú［ㄈㄨˊ］①缚谋切　史姑韵，阳　乎平，尤韵　词第十二部　戏姑苏辙　曲鱼模韵，阴
　　　　　②芳无切　史姑韵，阳　乎平，虞韵　词第四部　戏姑苏辙　（小木筏）

桵 ruí［ㄖㄨㄟˊ］儒佳切　史微韵，阳　乎平，支韵　词第三部　戏灰堆辙

桷 jué［ㄐㄩㄝˊ］古岳切　史皆韵，阳　乎入，觉韵　词第十六部　戏乜斜辙　曲萧豪韵，上

桻 ㈠fēng［ㄈㄥ］敷容切　史庚韵，阴　乎平，冬韵　词第一部　戏中东辙　（树梢）
　　㈡fèng［ㄈㄥˋ］扶陇切　史庚韵，去　乎上，肿韵　词第一部　戏中东辙　（～子）　【《〈宣室志〉注》：音奉。用其反切。】

梓 zǐ［ㄗˇ］即里切　史支韵，上　乎上，纸韵　词第三部　戏一七辙　曲支思韵，上

梳 shū［ㄕㄨ］所菹切　史姑韵，阴　乎平，鱼韵　词第四部　戏姑苏辙　曲鱼模韵，阴

梲 ㈠tuō［ㄊㄨㄛ］①他骨切　史波韵，阴　乎入，月韵　词第十八部　戏梭波辙
　　　　　　　②他括切　史波韵，阴　乎入，曷韵　词第十八部　戏梭波辙　（又）
　　㈡zhuō［ㄓㄨㄛ］职悦切　史波韵，阴　乎入，屑韵　词第十八部　戏梭波辙　（梁上短柱）
　　㈢ruì［ㄖㄨㄟˋ］俞芮切　史微韵，去　乎去，霁韵　词第三部　戏灰堆辙　（尖锐）

梯 tī［ㄊㄧ］土鸡切　史齐韵，阴　乎平，齐韵　词第三部　戏一七辙　曲齐微韵，阴

渠 ㈠qú［ㄑㄩˊ］强鱼切　史齐韵，阳　乎平，鱼韵　词第四部　戏一七辙　曲鱼模韵，阳
　　㈡jù［ㄐㄩˋ］①其据切　史齐韵，去　乎去，御韵　词第四部　戏一七辙　（通"遽"）
　　　　　　②臼许切　史齐韵，去　乎上，语韵　词第四部　戏一七辙　（通"讵"）

桫 suō［ㄙㄨㄛ］素何切　史波韵，阴　乎平，歌韵　词第九部　戏梭波辙

梥 shā［ㄕㄚ］所加切　史麻韵，阴　乎平，麻韵　词第十部　戏发花辙

梁 liáng［ㄌㄧㄤˊ］吕张切　史唐韵，阳　乎平，阳韵　词第二部　戏江阳辙　曲江阳韵，阳

桓 ㈠huán［ㄏㄨㄢˊ］①胡官切　史寒韵，阳　乎平，寒韵　词第七部　戏言前辙　（树名）
　　　　　　②胡管切　史寒韵，上　乎上，旱韵　词第七部　戏言前辙　（柴捆）
　　㈡kuǎn［ㄎㄨㄢˇ］苦管切　史寒韵，上　乎上，旱韵　词第七部　戏言前辙　（四足案板）
　　㈢hún［ㄏㄨㄣˊ］胡昆切　史文韵，阳　乎平，元韵　词第六部　戏人辰辙　（未劈开的木柴；树枝）

桹 láng［ㄌㄤˊ］鲁当切　史唐韵，阳　乎平，阳韵　词第二部　戏江阳辙

梽 ㈠zhì［ㄓˋ］阻瑟切　史支韵，去　乎入，质韵　词第十七部　戏一七辙　（栉）
　　㈡jí［ㄐㄧˊ］①资悉切　史齐韵，阳　乎入，质韵　词第十七部　戏一七辙　（～栗树）
　　　　　　②子力切　史齐韵，阳　乎入，职韵　词第十七部　戏一七辙　（～裴县）

桾 jūn［ㄐㄩㄣ］举云切　史文韵，阴　乎平，文韵　词第六部　戏人辰辙

棂 líng［ㄌㄧㄥˊ］郎丁切　史庚韵，阳　乎平，青韵　词第十一部　戏中东辙　曲庚青韵，阳

梫 qǐn［ㄑㄧㄣˇ］①七稔切　史文韵，上　乎上，寝韵　词第十三部　戏人辰辙
　　　　　②楚簪切　史文韵，上　乎平，侵韵　词第十三部　戏人辰辙　（又）

梮 jū［ㄐㄩ］①居玉切　史齐韵，阴　乎入，沃韵　词第十五部　戏一七辙
　　　　②衢六切　史齐韵，阴　乎入，沃韵　词第十五部　戏一七辙　（日晷；棋盘）

桶 tǒng［ㄊㄨㄥˇ］他孔切　史庚韵，上　乎上，董韵　词第一部　戏中东辙　曲东钟韵，上

梭 ㈠xùn［ㄒㄩㄣˋ］①须闰切　史文韵，去　乎去，震韵　词第六部　戏人辰辙
　　　　　　②逡缘切　史文韵，去　乎平，先韵　词第七部　戏人辰辙　（又）
　　㈡suō［ㄙㄨㄛ］苏禾切　史波韵，阴　乎平，歌韵　词第九部　戏梭波辙　曲歌戈韵，阴　（～子）

菜（查"艹"部）梦（查"夕"部）婪（查"女"部）

八画

椏（同"丫"）棊（同"棋㈠"）楝（见"栋"）楝（见"栜"）棲（见"栖"）棧（见"栈"）根（见"枨"）

棗（见"枣"）楓（见"枫"）棃（同"梨"）棅（同"柄"）椉（同"乘㈠"）棄（见"弃"）椀（同"碗"）

極（见"极①"）棁（同"棁㈡"）

棒 bàng［ㄅㄤˋ］步项切　史唐韵，去　平上，讲韵　词第二部　戏江阳辙　曲江阳韵，去

栝 tiàn［ㄊㄧㄢˋ］他念切　史寒韵，去　平去，艳韵　词第十四部　戏言前辙

楮 chǔ［ㄔㄨˇ］①丑吕切　史姑韵，上　平上，语韵　词第四部　戏姑苏辙　曲鱼模韵，上

　　　　　　②当古切　史姑韵，上　平上，麌韵　词第四部　戏姑苏辙　（树名）

棱 ㈠léng［ㄌㄥˊ］鲁登切　史庚韵，阳　平平，蒸韵　词第十一部　戏中东辙

　　㈡lèng［ㄌㄥˋ］鲁邓切　史庚韵，去　平去，径韵　词第十一部　戏中东辙　（田埂）　【与"稜㈡"音同义同。

用其反切。】

　　㈢líng［ㄌㄧㄥˊ］　（穆~ - 穆稜，同"稜㈢"）

棋 ㈠qí［ㄑㄧˊ］渠之切　史齐韵，阳　平平，支韵　词第三部　戏一七辙　曲齐微韵，阳　（弈具）

　　㈡jī［ㄐㄧ］居之切　史齐韵，阴　平平，支韵　词第三部　戏一七辙　（根柢）

椰 yē［ㄧㄝ］以遮切　史皆韵，阴　平平，麻韵　词第十部　戏乜斜辙

椒 ㈠zōu［ㄗㄡ］①侧鸠切　史尤韵，阴　平平，尤韵　词第十二部　戏由求辙

　　　　　　②子侯切　史尤韵，阴　平平，尤韵　词第十二部　戏由求辙　（盾）

　　㈡sǒu［ㄙㄡˇ］苏后切　史尤韵，上　平上，有韵　词第十二部　戏由求辙　（大泽）

棷 zōu［ㄗㄡ］①直由切　史尤韵，阴　平平，尤韵　词第十二部　戏由求辙　（姓）

　　　　　　②除柳切　史尤韵，上　平上，有韵　词第十二部　戏由求辙　（树名）

楛 ㈠hù［ㄏㄨˋ］侯古切　史姑韵，去　平上，麌韵　词第四部　戏姑苏辙　（~矢）

　　㈡kǔ［ㄎㄨˇ］孔五切　史姑韵，上　平上，麌韵　词第四部　戏姑苏辙　（粗劣）

楉 ruò［ㄖㄨㄛˋ］而灼切　史波韵，去　平入，药韵　词第十六部　戏梭波辙

植 zhí［ㄓˊ］①直吏切　史支韵，阳　平去，寘韵　词第三部　戏一七辙

　　　　　　(1)筑城两端所立的木柱　(2)养蚕架子的支柱　(3)监督工事的将领　(4)安放，通"置"

　　　　　　②常职切　史支韵，阳　平入，职韵　词第十七部　戏一七辙

　　　　　　(5)生物类别：~物　(6)栽种：~树　(7)树立，戳住：~心不坚　(8)用于锁门的竖直木杠

森 sēn［ㄙㄣ］所今切　史文韵，阴　平平，侵韵　词第十三部　戏人辰辙　曲侵寻韵，阴

椮 shēn［ㄕㄣ］①所今切　史文韵，阴　平平，侵韵　词第十三部　戏人辰辙

　　　　　　②丑林切　史文韵，阴　平平，侵韵　词第十三部　戏人辰辙　（又）

棼 ㈠fén［ㄈㄣˊ］符分切　史文韵，阳　平平，文韵　词第六部　戏人辰辙　曲真文韵，阳

　　㈡fēn［ㄈㄣ］芳云切　史文韵，阴　平平，文韵　词第六部　戏人辰辙　曲真文韵，阳　（纷扰状）

棫 yù［ㄩˋ］①雨逼切　史齐韵，去　平入，职韵　词第十七部　戏一七辙　（蕤核又名）

　　　　　②乙六切　史齐韵，去　平入，屋韵　词第十五部　戏一七辙　（柞树又名）

棘 ㈠jí［ㄐㄧˊ］纪力切　史齐韵，阳　平入，职韵　词第十七部　戏一七辙　曲齐微韵，上

　　㈡jǐ［ㄐㄧˇ］　（兵器，同"戟"）

　　㈢jì［ㄐㄧˋ］　（~下 - 稷下，同"稷"）

椟 dú［ㄉㄨˊ］徒谷切　史姑韵，阳　平入，屋韵　词第十五部　戏姑苏辙

椅 ㈠yǐ［ㄧˇ］於绮切　史齐韵，上　平上，纸韵　词第三部　戏一七辙　曲齐微韵，上

　　㈡yī［ㄧ］於离切　史齐韵，阴　平平，支韵　词第三部　戏一七辙　（山桐子树）

椓 zhuó［ㄓㄨㄛˊ］竹角切　史波韵，阳　平入，觉韵　词第十六部　戏梭波辙

椠 qiàn［ㄑㄧㄢˋ］①七艳切　史寒韵，去　平去，艳韵　词第十四部　戏言前辙　曲廉纤韵，阴

　　　　　　②慈染切　史寒韵，去　平上，俭韵　词第十四部　戏言前辙　曲廉纤韵，阴　（又）

棑 (一)pái[ㄆㄞˊ]　薄佳切　史开韵，阳　乎平，佳韵　词第十部　戏怀来辙

　　(二)bèi[ㄅㄟˋ]　蒲拜切　史微韵，去　乎去，卦韵　词第五部　戏灰堆辙　（树名）

棐 (一)fěi[ㄈㄟˇ]　府尾切　史微韵，上　乎上，尾韵　词第三部　戏灰堆辙

　　(二)féi[ㄈㄟˊ]　符非切　史微韵，阳　乎平，微韵　词第三部　戏灰堆辙　（即～）

椒 jiāo[ㄐㄧㄠ]　即消切　史豪韵，阴　乎平，萧韵　词第八部　戏遥条辙　曲萧豪韵，阴

棹 (一)zhào[ㄓㄠˋ]　直教切　史豪韵，去　乎去，效韵　词第八部　戏遥条辙　曲萧豪韵，去

　　(二)zhuō[ㄓㄨㄛ]　直角切　史波韵，阴　乎入，觉韵　词第十六部　戏梭波辙　（树名；同"桌"）

棠 táng[ㄊㄤˊ]　徒郎切　史唐韵，阳　乎平，阳韵　词第二部　戏江阳辙　曲江阳韵，阳

椇 jǔ[ㄐㄩˇ]　俱雨切　史齐韵，上　乎上，麌韵　词第四部　戏一七辙

棵 (一)kē[ㄎㄜ]　苦果切　史波韵，阴　乎上，哿韵　词第九部　戏梭波辙　（量词）【古今音。反切仍之。】

　　(二)kě[ㄎㄜˇ]　苦果切　史波韵，上　乎上，哿韵　词第九部　戏梭波辙　（姐名）

　　(三)kuǎn[ㄎㄨㄢˇ]　苦管切　史寒韵，上　乎上，旱韵　词第七部　戏言前辙　（断木）

棍 (一)hùn[ㄏㄨㄣˋ]　胡本切　史文韵，去　乎上，阮韵　词第六部　戏人辰辙

　　(二)gùn[ㄍㄨㄣˋ]　古困切　史文韵，去　乎去，愿韵　词第六部　戏人辰辙　（～棒；坏蛋）

　　(三)āo[ㄠ]　於交切　史豪韵，阴　乎平，肴韵　词第八部　戏遥条辙　（树枝）

　　(四)gǔn[ㄍㄨㄣˇ]　古本切　史文韵，上　乎上，阮韵　词第六部　戏人辰辙　（能放松或收紧线、弦的旋纽）

椤 luó[ㄌㄨㄛˊ]　鲁何切　史波韵，阳　乎平，歌韵　词第九部　戏梭波辙

槲 (一)huò[ㄏㄨㄛˋ]　户果切　史波韵，去　乎上，哿韵　词第九部　戏梭波辙

　　(二)gē[ㄍㄜ]　古禾切　史波韵，阴　乎平，歌韵　词第九部　戏梭波辙　（纺车上收丝的工具）

　　(三)kuǎ[ㄎㄨㄚˇ]　苦瓦切　史麻韵，上　乎上，马韵　词第十部　戏发花辙　（横击）

棰 chuí[ㄔㄨㄟˊ]　主㢠切　史微韵，阳　乎上，纸韵　词第三部　戏灰堆辙　曲齐微韵，上

椥 zhī[ㄓ]　陟离切　史支韵，阴　乎平，支韵　词第三部　戏一七辙　【音译字。借用同音字"知(一)"的反切。】

楰 yú[ㄩˊ]　①羊朱切　史齐韵，阳　乎平，虞韵　词第四部　戏一七辙

　　　　　　②以主切　史齐韵，阳　乎上，麌韵　词第四部　戏一七辙　（又）

棿 (一)ní[ㄋㄧˊ]　五稽切　史齐韵，阳　乎平，齐韵　词第三部　戏一七辙

　　(二)niè[ㄋㄧㄝˋ]　倪结切　史皆韵，去　乎入，屑韵　词第十八部　戏乜斜辙　（杌～）

　　(三)nǐ[ㄋㄧˇ]　（比拟，同"掜(一)"）

椎 (一)chuí[ㄔㄨㄟˊ]　直追切　史微韵，阳　乎平，支韵　词第三部　戏灰堆辙

　　(二)zhuī[ㄓㄨㄟ]　朱惟切　史微韵，阴　乎平，支韵　词第三部　戏灰堆辙　（～骨）

集 jí[ㄐㄧˊ]　秦入切　史齐韵，阳　乎入，缉韵　词第十七部　戏一七辙　曲齐微韵，阳

棉 mián[ㄇㄧㄢˊ]　武延切　史寒韵，阳　乎平，先韵　词第七部　戏言前辙

椑 (一)pí[ㄆㄧˊ]　部迷切　史齐韵，阳　乎平，齐韵　词第三部　戏一七辙

　　(二)bēi[ㄅㄟ]　府移切　史微韵，阴　乎平，支韵　词第三部　戏灰堆辙　（树名）

　　(三)bì[ㄅㄧˋ]　①扶历切　史齐韵，去　乎入，锡韵　词第十七部　戏一七辙　（内棺）

　　　　　　　②房益切　史齐韵，去　乎入，陌韵　词第十七部　戏一七辙　（又）

棌 cǎi[ㄘㄞˇ]　①仓代切　史开韵，上　乎去，队韵　词第五部　戏怀来辙

　　　　　　②此宰切　史开韵，上　乎上，贿韵　词第五部　戏怀来辙　（又）

棯 rěn[ㄖㄣˇ]　如甚切　史文韵，上　乎上，寝韵　词第十三部　戏人辰辙

棚 péng[ㄆㄥˊ]　①步崩切　史庚韵，阳　乎平，蒸韵　词第十一部　戏中东辙　曲庚青韵，阳

　　　　　　②薄庚切　史庚韵，阳　乎平，庚韵　词第十一部　戏中东辙　曲东钟韵，阳　（又）

椆 (一)chóu[ㄔㄡˊ]　直由切　史尤韵，阳　乎平，尤韵　词第十二部　戏由求辙

　　(二)zhòu[ㄓㄡˋ]　职救切　史尤韵，去　乎去，宥韵　词第十二部　戏由求辙　（木～）

　　(三)diāo[ㄉㄧㄠ]　丁聊切　史豪韵，阴　乎平，萧韵　词第八部　戏遥条辙　（～苕）

棔 hūn[ㄏㄨㄣ]　呼昆切　史文韵，阴　乎平，元韵　词第六部　戏人辰辙

椈 jú[ㄐㄩˊ] 居六切　史齐韵，阳　平入，屋韵　词第十五部　戏一七辙

椋 liáng[ㄌㄧㄤˊ] 吕张切　史唐韵，阳　平平，阳韵　词第二部　戏江阳辙

椁 guǒ[ㄍㄨㄛˇ] 古博切　史波韵，上　平入，药韵　词第十六部　戏梭波辙

棜 yù[ㄩˋ] 依倨切　史齐韵，去　平去，御韵　词第四部　戏一七辙

棓 (一)bàng[ㄅㄤˋ] ①步项切　史唐韵，去　平上，讲韵　词第二部　戏江阳辙

　　　　　　　　②缚谋切　史唐韵，去　平平，尤韵　词第十二部　戏江阳辙　（又）

　(二)póu[ㄆㄡˊ] ①蒲侯切　史尤韵，阳　平平，尤韵　词第十二部　戏由求辙　（铺在高低不平处的跳板）

　　　　　　　　②普后切　史尤韵，阳　平上，有韵　词第十二部　戏由求辙　（又）

　(三)péi[ㄆㄟˊ] 薄回切　史微韵，阳　平平，灰韵　词第三部　戏灰堆辙　（姓）

椄 (一)jiē[ㄐㄧㄝ] 即叶切　史皆韵，阴　平入，叶韵　词第十八部　戏乜斜辙　（嫁接）

　(二)jié[ㄐㄧㄝˊ] 疾叶切　史皆韵，阳　平入，叶韵　词第十八部　戏乜斜辙　（~ 楫）

　(三)qiè[ㄑㄧㄝˋ] 七接切　史皆韵，去　平入，叶韵　词第十八部　戏乜斜辙　（树名）

棬 (一)quān[ㄑㄩㄢ] 丘圆切　史寒韵，阴　平平，先韵　词第七部　戏言前辙

　(二)juàn[ㄐㄩㄢˋ] 居媛切　史寒韵，去　平去，霰韵　词第七部　戏言前辙　（牛鼻环）

椪 pèng[ㄆㄥˋ] 蒲孟切　史庚韵，去　平去，敬韵　词第十一部　戏中东辙　【方言字。借用同音字"碰"的反切。】

椫 shàn[ㄕㄢˋ] 旨善切　史寒韵，去　平上，铣韵　词第七部　戏言前辙

棪 yǎn[ㄧㄢˇ] 以冉切　史寒韵，上　平上，俭韵　词第十四部　戏言前辙

棕 zōng[ㄗㄨㄥ] 子红切　史庚韵，阴　平平，东韵　词第一部　戏中东辙　曲东钟韵，阴

椗 dìng[ㄉㄧㄥˋ] 丁定切　史庚韵，去　平去，径韵　词第十一部　戏中东辙　曲庚青韵，去【同"碇"，用其反切。】

棺 (一)guān[ㄍㄨㄢ] 古丸切　史寒韵，阴　平平，寒韵　词第七部　戏言前辙　曲桓欢韵，阴

　(二)guàn[ㄍㄨㄢˋ] 古玩切　史寒韵，去　平去，翰韵　词第七部　戏言前辙　（入~）

椌 (一)kōng[ㄎㄨㄥ] 苦红切　史庚韵，阴　平平，东韵　词第一部　戏中东辙

　(二)qiāng[ㄑㄧㄤ] 苦江切　史唐韵，阴　平平，江韵　词第二部　戏江阳辙　（古乐器名）

榔 (一)láng[ㄌㄤˊ] 鲁当切　史唐韵，阳　平平，阳韵　词第二部　戏江阳辙　曲江阳韵，阳

　(二)lǎng[ㄌㄤˇ] 卢党切　史唐韵，上　平上，养韵　词第二部　戏江阳辙（~ 榆）

椋 (一)lì[ㄌㄧˋ] 郎计切　史齐韵，去　平去，霁韵　词第三部　戏一七辙

　(二)liè[ㄌㄧㄝˋ] 力结切　史皆韵，去　平入，屑韵　词第十八部　戏乜斜辙　（南烛）

棨 qǐ[ㄑㄧˇ] 康礼切　史齐韵，上　平上，荠韵　词第三部　戏一七辙　曲齐微韵，上

椫 chán[ㄔㄢˊ] 视占切　史寒韵，阳　平平，盐韵　词第十四部　戏言前辙

楗 (一)jiàn[ㄐㄧㄢˋ] ①其偃切　史寒韵，去　平上，阮韵　词第七部　戏言前辙

　　　　　　　②渠建切　史寒韵，去　平去，愿韵　词第七部　戏言前辙　（硬木）

　(二)jiǎn[ㄐㄧㄢˇ] 纪偃切　史寒韵，上　平上，阮韵　词第七部　戏言前辙　（行走困难）

棣 (一)dì[ㄉㄧˋ] 特计切　史齐韵，去　平去，霁韵　词第三部　戏一七辙　曲齐微韵，去

　(二)tì[ㄊㄧˋ] 他计切　史齐韵，去　平去，霁韵　词第三部　戏一七辙　曲齐微韵，去　（通达）

　(三)dài[ㄉㄞˋ] 待戴切　史开韵，去　平去，队韵　词第五部　戏怀来辙　（威仪~~）

椐 jū[ㄐㄩ] ①九鱼切　史齐韵，阴　平平，鱼韵　词第四部　戏一七辙

　　　　②居御切　史齐韵，阴　平去，御韵　词第四部　戏一七辙　（又）

椭 (一)tuǒ[ㄊㄨㄛˇ] 他果切　史波韵，上　平上，哿韵　词第九部　戏梭波辙

　(二)duǒ[ㄉㄨㄛˇ] 都果切　史波韵，上　平上，哿韵　词第九部　戏梭波辙　（科~）

椮 (一)sǎn[ㄙㄢˇ] 桑感切　史寒韵，上　平上，感韵　词第十四部　戏言前辙

　(二)sēn[ㄙㄣ] 所今切　史文韵，阴　平平，侵韵　词第十三部　戏人辰辙　（高耸状）

椔 zī[ㄗ] ①侧持切　史支韵，阴　平平，支韵　词第三部　戏一七辙

　　　　②侧吏切　史支韵，阴　平去，真韵　词第三部　戏一七辙　（又）

菜（查"艹"部）焚（查"火"部）弑（查"弋"部）

九画

楳（同"梅"）楨（见"桢"）業（见"业"）楊（见"杨"）椶（同"棕"）楓（见"枫"）筴（同"筴"）

彙（同"汇③"）

楔（一）xiē[ㄒㄧㄝ] 先结切　史皆韵，阴　平入，屑韵　词第十八部　戏乜斜辙

　　（二）xiè[ㄒㄧㄝˋ] 古黠切　史皆韵，去　平入，黠韵　词第十八部　戏乜斜辙　（门两旁木柱）

椿 chūn[ㄔㄨㄣ] 丑伦切　史文韵，阴　平平，真韵　词第六部　戏人辰辙　曲真文韵，阴

楱（一）zòu[ㄗㄡˋ] 才奏切　史尤韵，去　平去，宥韵　词第十二部　戏由求辙

　　（二）còu[ㄘㄡˋ] 仓奏切　史尤韵，去　平去，宥韵　词第十二部　戏由求辙　（柚子）

椹（一）shèn[ㄕㄣˋ] 食荏切　史文韵，去　平上，寝韵　词第十三部　戏人辰辙　曲侵寻韵，去

　　（二）zhēn[ㄓㄣ] 知林切　史文韵，阴　平平，侵韵　词第十三部　戏人辰辙　曲侵寻韵，阴　（砧板）

楪（一）yè[ㄧㄝˋ] 与涉切　史皆韵，去　平入，叶韵　词第十八部　戏乜斜辙

　　（二）dié[ㄉㄧㄝˊ]　（小盘，同"碟"；同"牒"）

搭 tā[ㄊㄚ] 都合切　史麻韵，阴　平入，合韵　词第十九部　戏发花辙

楠 nán[ㄋㄢˊ] ①那含切　史寒韵，阳　平平，覃韵　词第十四部　戏言前辙　曲监咸韵，阳

　　　　②如占切　史寒韵，阳　平平，盐韵　词第十四部　戏言前辙　曲监咸韵，阳　（又）

楂（一）chá[ㄔㄚˊ] 鉏加切　史麻韵，阳　平平，麻韵　词第十部　戏发花辙

　　（二）zhā[ㄓㄚ] 蒥鸦切　史麻韵，阴　平平，麻韵　词第十部　戏发花辙　曲家麻韵，阴　（山~）

替 tán[ㄊㄢˊ] 徒含切　史寒韵，阳　平平，覃韵　词第十四部　戏言前辙【方言字。借用同音字"潭(一)"的反切。】

楚 chǔ[ㄔㄨˇ] ①创举切　史姑韵，上　平上，语韵　词第四部　戏姑苏辙　曲鱼模韵，上

　　　　②疮据切　史姑韵，去　平去，御韵　词第四部　戏姑苏辙　（树名）

楅（一）fú[ㄈㄨˊ] 方六切　史姑韵，阳　平入，屋韵　词第十五部　戏姑苏辙

　　（二）bī[ㄅㄧ] 彼侧切　史齐韵，阴　平入，职韵　词第十七部　戏一七辙　（又）

楝 liàn[ㄌㄧㄢˋ] 郎甸切　史寒韵，去　平去，霰韵　词第七部　戏言前辙　曲先天韵，去

椳 wēi[ㄨㄟ] 於非切　史微韵，阴　平平，微韵　词第三部　戏灰堆辙

椷（一）xián[ㄒㄧㄢˊ] 胡谗切　史寒韵，阳　平平，咸韵　词第十四部　戏言前辙

　　（二）jiān[ㄐㄧㄢ] 居咸切　史寒韵，阴　平平，咸韵　词第十四部　戏言前辙　曲监咸韵，阴　（信件）

　　（三）hán[ㄏㄢˊ] 胡南切　史寒韵，阳　平平，覃韵　词第十四部　戏言前辙　（容纳）

楷（一）kǎi[ㄎㄞˇ] 苦骇切　史开韵，上　平上，蟹韵　词第五部　戏怀来辙　曲皆来韵，上

　　（二）jiē[ㄐㄧㄝ] 古谐切　史皆韵，阴　平平，佳韵　词第五部　戏乜斜辙　曲皆来韵，阴　（黄连木；刚直）

榄 lǎn[ㄌㄢˇ] 卢敢切　史寒韵，上　平上，感韵　词第十四部　戏言前辙　曲监咸韵，上

楫 jí[ㄐㄧˊ] ①即叶切　史齐韵，阳　平入，叶韵　词第十八部　戏一七辙　曲车遮韵，上

　　　　②秦入切　史齐韵，阳　平入，缉韵　词第十七部　戏一七辙　曲车遮韵，上　（又）

榅 wēn[ㄨㄣ] 乌没切　史文韵，阴　平入，月韵　词第十八部　戏人辰辙

楬（一）qià[ㄑㄧㄚˋ] 枯鎋切　史麻韵，去　平入，黠韵　词第十八部　戏发花辙

　　（二）jié[ㄐㄧㄝˊ] ①其谒切　史皆韵，阳　平入，月韵　词第十八部　戏乜斜辙　（标志桩）

　　　　　②渠列切　史皆韵，阳　平入，屑韵　词第十八部　戏乜斜辙　（又）

椳 wēi[ㄨㄟ] 乌恢切　史微韵，阴　平平，灰韵　词第三部　戏灰堆辙

榀 pǐn[ㄆㄧㄣˇ] 丕饮切　史文韵，上　平上，寝韵　词第十三部　戏人辰辙【现代字。借用同音字"品"的反切。】

楞（一）léng[ㄌㄥˊ] 鲁登切　史庚韵，阳　平平，蒸韵　词第十一部　戏中东辙　曲庚青韵，阳

　　（二）lèng[ㄌㄥˋ]　（同"愣"）

榾 gǔ[ㄍㄨˇ] 古忽切　史姑韵，上　平入，月韵　词第十八部　戏姑苏辙

椇 jǔ[ㄐㄩˇ] 俱雨切　史齐韵，上　平上，麌韵　词第四部　戏一七辙

楸 qiū[ㄑㄧㄡ] 七由切　史尤韵，阴　平平，尤韵　词第十二部　戏由求辙　曲尤侯韵，阴

椴 duàn[ㄉㄨㄢˋ] 徒玩切　史寒韵，去　平去，翰韵　词第七部　戏言前辙

楄 pián[ㄆㄧㄢˊ] ①房连切　史寒韵，阳　平平，先韵　词第七部　戏言前辙
　　　　　　　　②符善切　史寒韵，阳　平上，铣韵　词第七部　戏言前辙　（又）

槐 huái[ㄏㄨㄞˊ] ①户乖切　史开韵，阳　平平，佳韵　词第五部　戏怀来辙　曲皆来韵，阳
　　　　　　　　②户恢切　史开韵，阳　平平，灰韵　词第三部　戏怀来辙　曲皆来韵，阳　（又）

楀 (一) yǔ[ㄩˇ] 玉矩切　史齐韵，上　平上，麌韵　词第四部　戏一七辙
　　 (二) jǔ[ㄐㄩˇ] 俱雨切　史齐韵，上　平上，麌韵　词第四部　戏一七辙　（又）

槌 chuí[ㄔㄨㄟˊ] ①直追切　史微韵，阳　平平，支韵　词第三部　戏灰堆辙
　　　　　　　　②驰伪切　史微韵，去　平去，真韵　词第三部　戏灰堆辙　（养蚕架子的支柱）

楯 (一) shǔn[ㄕㄨㄣˇ] ①食尹切　史文韵，上　平上，轸韵　词第六部　戏人辰辙
　　　　　　　　②详遵切　史文韵，阳　平平，真韵　词第六部　戏人辰辙　（栏杆）
　　 (二) chūn[ㄔㄨㄣ] 丑伦切　史文韵，阴　平平，真韵　词第六部　戏人辰辙　（树名；同"輴"）
　　 (三) dùn[ㄉㄨㄣˋ] （同"盾(一)：①"）

榆 yú[ㄩˊ] 羊朱切　史齐韵，阳　平平，虞韵　词第四部　戏一七辙　曲鱼模韵，阳

楥 (一) yuán[ㄩㄢˊ] 于元切　史寒韵，阳　平平，元韵　词第七部　戏言前辙
　　 (二) xuàn[ㄒㄩㄢˋ] （鞋楦，同"楦"）

楟 tíng[ㄊㄧㄥˊ] 特丁切　史庚韵，阳　平平，青韵　词第十一部　戏中东辙

榹 yí[ㄧˊ] 弋支切　史齐韵，阳　平平，支韵　词第三部　戏一七辙

榤 jié[ㄐㄧㄝˊ] 子结切　史皆韵，阳　平入，屑韵　词第十八部　戏乜斜辙

榇 (一) chèn[ㄔㄣˋ] 初觐切　史文韵，去　平去，震韵　词第六部　戏人辰辙
　　 (二) qìn[ㄑㄧㄣˋ] 七刃切　史文韵，去　平去，震韵　词第六部　戏人辰辙　（木槿）

榈 lú[ㄌㄩˊ] 力居切　史齐韵，阳　平平，鱼韵　词第四部　戏一七辙

槎 chá[ㄔㄚˊ] ①鉏加切　史麻韵，阳　平平，麻韵　词第十部　戏发花辙　曲家麻韵，阳
　　　　　　　　②士下切　史麻韵，阳　平上，马韵　词第十部　戏发花辙　（斜砍）

楼 (一) lóu[ㄌㄡˊ] 落侯切　史尤韵，阳　平平，尤韵　词第十二部　戏由求辙　曲尤侯韵，阳
　　 (二) lú[ㄌㄩˊ] 龙珠切　史齐韵，阳　平平，虞韵　词第四部　戏一七辙　（离~）

楢 yóu[ㄧㄡˊ] ①以周切　史尤韵，阳　平平，尤韵　词第十二部　戏由求辙　曲尤侯韵，阳（可做车轮的木材）
　　　　　　　　②尺沼切　史豪韵，上　平上，篠韵　词第八部　戏遥条辙　（红木名）
　　　　　　　　③与久切　史尤韵，上　平上，有韵　词第十二部　戏由求辙　（柞~；溪名）
　　　　　　　　④雌由切　史尤韵，阳　平平，尤韵　词第十二部　戏由求辙　曲尤侯韵，阳　（一种硬木）

榉 jǔ[ㄐㄩˇ] 居许切　史齐韵，上　平上，语韵　词第四部　戏一七辙

楥 xuàn[ㄒㄩㄢˋ] 呼愿切　史寒韵，去　平去，愿韵　词第七部　戏言前辙

楎 (一) hún[ㄏㄨㄣˊ] 户昆切　史文韵，阳　平平，元韵　词第六部　戏人辰辙　（三脚楎）
　　 (二) huī[ㄏㄨㄟ] 许归切　史微韵，阴　平平，微韵　词第三部　戏灰堆辙　（墙上木橛）

楄 pián[ㄆㄧㄢˊ] 部田切　史寒韵，阳　平平，先韵　词第七部　戏言前辙

概 gài[ㄍㄞˋ] 居代切　史开韵，去　平去，队韵　词第五部　戏怀来辙

椵 (一) jiā[ㄐㄧㄚ] 居牙切　史麻韵，阴　平平，麻韵　词第十部　戏发花辙
　　 (二) jiǎ[ㄐㄧㄚˇ] 古疋切　史麻韵，上　平上，马韵　词第十部　戏发花辙　（果树名）

楈 xū[ㄒㄩ] ①相居切　史齐韵，阴　平平，鱼韵　词第四部　戏一七辙
　　　　　　　②私吕切　史齐韵，阴　平上，语韵　词第四部　戏一七辙　（又）

楣 méi[ㄇㄟˊ] 武悲切　史微韵，阳　平平，支韵　词第三部　戏灰堆辙　曲齐微韵，阳

楹 yíng[ㄧㄥˊ] 以成切　史庚韵，阳　平平，庚韵　词第十一部　戏中东辙

楙 mào[ㄇㄠˋ] 莫候切　史豪韵，去　平去，宥韵　词第十二部　戏遥条辙

楘 mù[ㄇㄨˋ] 莫卜切　史姑韵，去　平入，屋韵　词第十五部　戏姑苏辙

椽 chuán[ㄔㄨㄢˊ] 直挛切　中寒韵，阳　平平，先韵　词第七部　戏言前辙　曲先天韵，阳

禁（查"示"部）

十画

槓（同"杠㈢"）槖（同"橐"）樺（见"桦"）榦（见"干㈡"）楗（见"楂"）褥（同"褥"）㭼（见"杩"）

椬（同"桌"）㮊（同"梅"）樘（见"枱"）榲（见"榅"）槍（见"枪"）槨（见"椁"）榮（见"荣"）

榛 zhēn[ㄓㄣ] 侧诜切　中文韵，阴　平平，真韵　词第六部　戏人辰辙　曲真文韵，阴

構 ㈠gòu[ㄍㄡˋ]（见"构"）
　　㈡gōu[ㄍㄡ]（笼，同"篝"）

榧 fěi[ㄈㄟˇ] 府尾切　中微韵，上　平上，尾韵　词第三部　戏灰堆辙

槆 yuán[ㄩㄢˊ] 雨元切　中寒韵，阳　平平，元韵　词第七部　戏言前辙

榰 zhī[ㄓ] 章移切　中支韵，阴　平平，支韵　词第三部　戏一七辙

榼 kē[ㄎㄜ] 苦盍切　中波韵，阴　平入，合韵　词第十九部　戏梭波辙

模 ㈠mó[ㄇㄛˊ] 莫胡切　中波韵，阳　平平，虞韵　词第四部　戏梭波辙　曲鱼模韵，阳
　　㈡mú[ㄇㄨˊ] 莫胡切　中姑韵，阳　平平，虞韵　词第四部　戏姑苏辙　曲鱼模韵，阳　（～样）【古今音。
反切仍之。】

榑 fú[ㄈㄨˊ] 防无切　中姑韵，阳　平平，虞韵　词第四部　戏姑苏辙

槅 ㈠gé[ㄍㄜˊ] 古核切　中波韵，阳　平入，陌韵　词第十七部　戏梭波辙
　　㈡hé[ㄏㄜˊ] 下革切　中波韵，阳　平入，陌韵　词第十七部　戏梭波辙　（果中核）

檟 jiǎ[ㄐㄧㄚˇ] 古疋切　中麻韵，上　平上，马韵　词第十部　戏发花辙

榎 jiǎ[ㄐㄧㄚˇ] 古疋切　中麻韵，上　平上，马韵　词第十部　戏发花辙

榩 qián[ㄑㄧㄢˊ] 渠焉切　中寒韵，阳　平平，先韵　词第七部　戏言前辙

檻 ㈠jiàn[ㄐㄧㄢˋ] 胡黤切　中寒韵，去　平上，赚韵　词第十四部　戏言前辙　曲监咸韵，去
　　㈡kǎn[ㄎㄢˇ] 苦感切　中寒韵，上　平上，感韵　词第十四部　戏言前辙　（门限）【音"坎㈠"，用其反切。】

榯 shí[ㄕˊ] 市之切　中支韵，阳　平平，支韵　词第三部　戏一七辙

榥 huàng[ㄏㄨㄤˋ] 胡广切　中唐韵，去　平上，养韵　词第二部　戏江阳辙

榻 tà[ㄊㄚˋ] 吐盍切　中麻韵，去　平入，合韵　词第十九部　戏发花辙　曲家麻韵，上

榫 sǔn[ㄙㄨㄣˇ] 耸尹切　中文韵，上　平上，轸韵　词第六部　戏人辰辙

槜 zuì[ㄗㄨㄟˋ] ①将遂切　中微韵，去　平去，寘韵　词第三部　戏灰堆辙
　　　　　　　②醉绥切　中微韵，阴　平平，支韵　词第三部　戏灰堆辙　（用木棍捣）

槔 gāo[ㄍㄠ] 古劳切　中豪韵，阴　平平，豪韵　词第八部　戏遥条辙　曲萧豪韵，阴

榭 xiè[ㄒㄧㄝˋ] 辞夜切　中皆韵，去　平去，祃韵　词第十部　戏乜斜辙　曲车遮韵，去

榹 sī[ㄙ] 息移切　中支韵，阴　平平，支韵　词第三部　戏一七辙

榵 xī[ㄒㄧ] ①胡鸡切　中齐韵，阴　平平，齐韵　词第三部　戏一七辙
　　　　　②户佳切　中齐韵，阴　平平，佳韵　词第十部　戏一七辙　（又）

槃 pán[ㄆㄢˊ] 薄官切　中寒韵，阳　平平，寒韵　词第七部　戏言前辙　曲桓欢韵，阳

榤 jié[ㄐㄧㄝˊ] 渠列切　中皆韵，阳　平入，屑韵　词第十八部　戏乜斜辙

榴 liú[ㄌㄧㄡˊ] 力求切　中尤韵，阳　平平，尤韵　词第十二部　戏由求辙　曲尤侯韵，阳

槯 cuī[ㄘㄨㄟ] 所追切　中微韵，阴　平平，支韵　词第三部　戏灰堆辙　曲齐微韵，阴

槁 ㈠gǎo[ㄍㄠˇ] 苦浩切　中豪韵，上　平上，皓韵　词第八部　戏遥条辙　曲萧豪韵，上
　　㈡kǎo[ㄎㄠˇ]（敲击，同"考"）
　　㈢gāo[ㄍㄠ]（撑船竿，同"篙"）

槀 ㈠gǎo[ㄍㄠˇ] ①古老切　中豪韵，上　平上，皓韵　词第八部　戏遥条辙　（～本；箭杆）
　　　　　　　②同"槁"㈠

㈡kào[丂ㄠˋ]（犒劳，同"犒"）

桵 jí[ㄐ丨ˊ]　秦悉切　史齐韵，阳　平入，质韵　词第十七部　戏一七辙

樆 lí[ㄌ丨ˊ]　吕支切　史齐韵，阳　平平，支韵　词第三部　戏一七辙

樘 táng[ㄊㄤˊ]　徒郎切　史唐韵，阳　平平，阳韵　词第二部　戏江阳辙

榜 ㈠bǎng[ㄅㄤˇ]　北朗切　史唐韵，上　平上，养韵　词第二部　戏江阳辙　曲江阳韵，上
㈡bàng[ㄅㄤˋ]　北孟切　史唐韵，去　平去，敬韵　词第十一部　戏江阳辙　（船桨）
㈢bēng[ㄅㄥ]　薄庚切　史庚韵，阴　平平，庚韵　词第十一部　戏中东辙　（矫弓器）
㈣péng[ㄆㄥˊ]　薄庚切　史庚韵，阳　平平，庚韵　词第十一部　戏中东辙　（鞭打）
㈤páng[ㄆㄤˊ]　铺郎切　史唐韵，阳　平平，阳韵　词第二部　戏江阳辙　（树名）

槊 shuò[ㄕㄨㄛˋ]　所角切　史波韵，去　平入，觉韵　词第十六部　戏梭波辙　曲萧豪韵，上

榨 zhà[ㄓㄚˋ]　①侧驾切　史麻韵，去　平去，祃韵　词第十部　戏发花辙　曲家麻韵，去
②侧卖切　史开韵，去　平去，卦韵　词第十部　戏怀来辙　（酒~）

槟 ㈠bīng[ㄅ丨ㄥ]　必邻切　史庚韵，阴　平平，真韵　词第六部　戏中东辙　（~榔）
㈡bīn[ㄅ丨ㄣ]　必邻切　史文韵，阴　平平，真韵　词第六部　戏人辰辙　（旧读）

榕 róng[ㄖㄨㄥˊ]　余封切　史庚韵，阳　平平，冬韵　词第一部　戏中东辙

槠 zhū[ㄓㄨ]　章鱼切　史姑韵，阴　平平，鱼韵　词第四部　戏姑苏辙

榠 míng[ㄇ丨ㄥˊ]　莫经切　史庚韵，阳　平平，青韵　词第十一部　戏中东辙

榷 què[ㄑㄩㄝˋ]　①古岳切　史皆韵，去　平入，觉韵　词第十六部　戏乜斜辙
②克角切　史皆韵，去　平入，觉韵　词第十六部　戏乜斜辙　（树名）

榍 xiè[ㄒ丨ㄝˋ]　先结切　史皆韵，去　平入，屑韵　词第十八部　戏乜斜辙

樋 tōng[ㄊㄨㄥ]　他东切　史庚韵，阴　平平，东韵　词第一部　戏中东辙

榖（查"殳"部）**槡**（查"人"部）**寨**（查"宀"部）

十一画

襛（同"农"）**檕**（见"桼"）**槫**（同"团"）**樞**（见"枢"）**標**（见"标"）**摳**（同"摳"）**樝**（同"楂㈡"）
樓（见"楼"）**橢**（见"椭"）**槩**（见"概"）**槪**（同"概"）**橰**（同"槔"）**樂**（见"乐"）**樅**（见"枞"）
樣（见"样"）**樑**（同"梁"）**槳**（见"桨"）**槮**（见"椮"）

槥 huì[ㄏㄨㄟˋ]　祥岁切　史微韵，去　平去，霁韵　词第三部　戏灰堆辙

橦 ㈠zhuāng[ㄓㄨㄤ]　（见"桩"）
㈡chōng[ㄔㄨㄥ]　（撞击，同"舂"）

槻 guī[ㄍㄨㄟ]　居隋切　史微韵，阴　平平，支韵　词第三部　戏灰堆辙

槷 niè[ㄋ丨ㄝˋ]　五结切　史皆韵，去　平入，屑韵　词第十八部　戏乜斜辙

槿 jǐn[ㄐ丨ㄣˇ]　居隐切　史文韵，上　平上，吻韵　词第六部　戏人辰辙　曲真文韵，上

横 ㈠héng[ㄏㄥˊ]　①户盲切　史庚韵，阳　平平，庚韵　词第十一部　戏中东辙　曲东钟韵，阳
②户盲切　史庚韵，阳　平平，庚韵　词第十一部　戏中东辙　曲庚青韵，阳　（又）
㈡hèng[ㄏㄥˋ]　①户孟切　史庚韵，去　平去，敬韵　词第十一部　戏中东辙　曲东钟韵，去　（凶横；意外）
②户孟切　史庚韵，去　平去，敬韵　词第十一部　戏中东辙　曲庚青韵，去　（又）
㈢guāng[ㄍㄨㄤ]　古黄切　史唐韵，阴　平平，阳韵　词第二部　戏江阳辙　（长安~门）

樠 mán[ㄇㄢˊ]　①武元切　史寒韵，阳　平平，元韵　词第七部　戏言前辙
②母官切　史寒韵，阳　平平，寒韵　词第七部　戏言前辙　（又）
③莫奔切　史寒韵，阳　平平，元韵　词第六部　戏言前辙　（又）

樯 qiáng[ㄑ丨ㄤˊ]　在良切　史唐韵，阳　平平，阳韵　词第二部　戏江阳辙　曲江阳韵，阳

槽 cáo[ㄘㄠˊ]　昨劳切　史豪韵，阳　平平，豪韵　词第八部　戏遥条辙　曲萧豪韵，阳

樕 sù[ㄙㄨˋ]　桑谷切　史姑韵，去　平入，屋韵　词第十五部　戏姑苏辙

槱 yǒu［丨ㄡˇ］①与久切　ᵻ尤韵，上　ꞏ上，有韵　词第十二部　戏由求辙
　　　　　　　②余救切　ᵻ尤韵，上　ꞏ去，宥韵　词第十二部　戏由求辙　（又）

槭 ㈠qì［ㄑㄧˋ］子六切　ᵻ齐韵，去　ꞏ入，屋韵　词第十五部　戏一七辙
　㈡cù［ㄘㄨˋ］子六切　ᵻ姑韵，去　ꞏ入，屋韵　词第十五部　戏姑苏辙　（又）
　㈢zú［ㄗㄨˊ］子六切　ᵻ姑韵，阳　ꞏ入，屋韵　词第十五部　戏姑苏辙　（又）
　㈣sè［ㄙㄜˋ］士革切　ᵻ波韵，去　ꞏ入，陌韵　词第十七部　戏梭波辙　（树枝光秃状）

樗 chū［ㄔㄨ］丑居切　ᵻ姑韵，阴　ꞏ平，鱼韵　词第四部　戏姑苏辙　曲鱼模韵，阴

樘 ㈠táng［ㄊㄤˊ］达郎切　ᵻ唐韵，阳　ꞏ平，阳韵　词第二部　戏江阳辙
　㈡chēng［ㄔㄥ］丑庚切　ᵻ庚韵，阴　ꞏ平，庚韵　词第十一部　戏中东辙　（支樘的斜柱）

槾 ㈠màn［ㄇㄢˋ］①莫半切　ᵻ寒韵，去　ꞏ去，翰韵　词第七部　戏言前辙　（贪）
　　　　　　　②母官切　ᵻ寒韵，去　ꞏ平，寒韵　词第七部　戏言前辙　（抹墙工具）
　㈡wàn［ㄨㄢˋ］无贩切　ᵻ寒韵，去　ꞏ去，愿韵　词第七部　戏言前辙　（树名）

樏 ㈠léi［ㄌㄟˊ］力追切　ᵻ微韵，阳　ꞏ平，支韵　词第三部　戏灰堆辙
　㈡lěi［ㄌㄟˇ］力委切　ᵻ微韵，上　ꞏ上，纸韵　词第三部　戏灰堆辙　（有分格的盘）

樐 huàn［ㄏㄨㄢˋ］胡惯切　ᵻ寒韵，去　ꞏ去，谏韵　词第七部　戏言前辙

樱 yīng［丨ㄥ］乌茎切　ᵻ庚韵，阴　ꞏ平，庚韵　词第十一部　戏中东辙　曲庚青韵，阴

檛 zhuā［ㄓㄨㄚ］陟瓜切　ᵻ麻韵，阴　ꞏ平，麻韵　词第十部　戏发花辙

椴 shā［ㄕㄚ］①所八切　ᵻ麻韵，阴　ꞏ入，黠韵　词第十八部　戏发花辙
　　　　　　②山列切　ᵻ麻韵，阴　ꞏ入，屑韵　词第十八部　戏发花辙　（又）

樊 ㈠fán［ㄈㄢˊ］附袁切　ᵻ寒韵，阳　ꞏ平，元韵　词第七部　戏言前辙　曲寒山韵，阳
　㈡pán［ㄆㄢˊ］（马肚带，同"鞶"）

橡 xiàng［ㄒㄧㄤˋ］徐两切　ᵻ唐韵，去　ꞏ上，养韵　词第二部　戏江阳辙

橥 zhū［ㄓㄨ］陟鱼切　ᵻ姑韵，阴　ꞏ平，鱼韵　词第四部　戏姑苏辙

槲 hú［ㄏㄨˊ］胡谷切　ᵻ姑韵，阳　ꞏ入，屋韵　词第十五部　戏姑苏辙　曲鱼模韵，阳

槺 kāng［ㄎㄤ］苦冈切　ᵻ唐韵，阴　ꞏ平，阳韵　词第二部　戏江阳辙

樚 lù［ㄌㄨˋ］卢谷切　ᵻ姑韵，去　ꞏ入，屋韵　词第十五部　戏姑苏辙

樟 zhāng［ㄓㄤ］诸良切　ᵻ唐韵，阴　ꞏ平，阳韵　词第二部　戏江阳辙　曲江阳韵，阴

樀 ㈠dí［ㄉㄧˊ］都历切　ᵻ齐韵，阳　ꞏ入，锡韵　词第十七部　戏一七辙
　㈡zhí［ㄓˊ］直炙切　ᵻ支韵，阳　ꞏ入，陌韵　词第十七部　戏一七辙　（石磨架）

橄 gǎn［ㄍㄢˇ］古览切　ᵻ寒韵，上　ꞏ上，感韵　词第十四部　戏言前辙

槢 xí［ㄒㄧˊ］似入切　ᵻ齐韵，阳　ꞏ入，缉韵　词第十七部　戏一七辙

樛 jiū［ㄐㄧㄡ］居虬切　ᵻ尤韵，阴　ꞏ平，尤韵　词第十二部　戏由求辙　曲尤侯韵，阳

樔 ㈠cháo［ㄔㄠˊ］鉏交切　ᵻ豪韵，阳　ꞏ平，肴韵　词第八部　戏遥条辙
　㈡jiǎo［ㄐㄧㄠˇ］子了切　ᵻ豪韵，上　ꞏ上，篠韵　词第八部　戏遥条辙　（截断）

十二画

橈（见"桡"）　樹（见"树"）　欉（同"丛"）　檊（同"槭㈠"）　樸（见"朴㈠㈡"）　樿（同"樘㈡"）
橝（见"樿"）　橋（见"桥"）　橰（同"槔"）　樰（见"杼"）　機（见"机㈠：①"）

樲 èr［ㄦˋ］而至切　ᵻ齐韵，去　ꞏ去，真韵　词第三部　戏一七辙

樾 yuè［ㄩㄝˋ］王伐切　ᵻ皆韵，去　ꞏ入，月韵　词第十八部　戏乜斜辙　曲车遮韵，去

檠 ㈠qíng［ㄑㄧㄥˊ］渠京切　ᵻ庚韵，阳　ꞏ平，庚韵　词第十一部　戏中东辙　曲庚青韵，阳
　㈡jìng［ㄐㄧㄥˋ］渠敬切　ᵻ庚韵，去　ꞏ去，敬韵　词第十一部　戏中东辙　（独脚盘）

橭 gū［ㄍㄨ］古胡切　ᵻ姑韵，阴　ꞏ平，虞韵　词第四部　戏姑苏辙

橐 ㈠tuó［ㄊㄨㄛˊ］①他各切　ᵻ波韵，阳　ꞏ入，药韵　词第十六部　戏梭波辙　曲萧豪韵，上

②之夜切　屮波韵，阳　平去，祃韵　词第十部　戏梭波辙　（～皋）

(二)dù[ㄉㄨˋ]　都故切　屮姑韵，去　平去，遇韵　词第四部　戏姑苏辙　（古邑名）

(三)luò[ㄌㄨㄛˋ]　历各切　屮波韵，去　平入，药韵　词第十六部　戏梭波辙　（～驼）

檀 (一)tán[ㄊㄢˊ]　①徒含切　屮寒韵，阳　平平，覃韵　词第十四部　戏言前辙

②徒玷切　屮寒韵，去　平上，俭韵　词第十四部　戏言前辙　（屋檐）

(二)xún[ㄒㄩㄣˊ]　徐心切　屮文韵，阳　平平，侵韵　词第十三部　戏人辰辙　（长；高）

橱 chú[ㄔㄨˊ]　直诛切　屮姑韵，阳　平平，虞韵　词第四部　戏姑苏辙　【现代字。借用同音字"厨"的反切。】

橛 (一)jué[ㄐㄩㄝˊ]　其月切　屮皆韵，阳　平入，月韵　词第十八部　戏乜斜辙

(二)guì[ㄍㄨㄟˋ]　姑卫切　屮微韵，去　平去，霁韵　词第三部　戏灰堆辙　（同"橜(二)"）

橑 lǎo[ㄌㄠˇ]　卢皓切　屮豪韵，上　平上，皓韵　词第八部　戏遥条辙

橧 kuì[ㄎㄨㄟˋ]　求位切　屮微韵，去　平去，寘韵　词第三部　戏灰堆辙

橆 mó[ㄇㄛˊ]　莫胡切　屮波韵，阳　平平，虞韵　词第四部　戏梭波辙

橇 qiāo[ㄑㄧㄠ]　起嚣切　屮豪韵，阴　平平，萧韵　词第八部　戏遥条辙　曲萧豪韵，阴

椿 (一)chūn[ㄔㄨㄣ]　敕伦切　屮文韵，阴　平平，真韵　词第六部　戏人辰辙

(二)xún[ㄒㄩㄣˊ]　相伦切　屮文韵，阳　平平，真韵　词第六部　戏人辰辙　（又）

樵 qiáo[ㄑㄧㄠˊ]　昨焦切　屮豪韵，阳　平平，萧韵　词第八部　戏遥条辙　曲萧豪韵，阳

檎 qín[ㄑㄧㄣˊ]　巨金切　屮文韵，阳　平平，侵韵　词第十三部　戏人辰辙　曲侵寻韵，阳

橹 lǔ[ㄌㄨˇ]　郎古切　屮姑韵，上　平上，麌韵　词第四部　戏姑苏辙　曲鱼模韵，上

橪 (一)rǎn[ㄖㄢˇ]　人善切　屮寒韵，上　平上，铣韵　词第七部　戏言前辙　（酸小枣）

(二)yān[ㄧㄢ]　乌前切　屮寒韵，阴　平平，先韵　词第七部　戏言前辙　（～支）

橦 (一)chōng[ㄔㄨㄥ]　尺容切　屮庚韵，阴　平平，冬韵　词第一部　戏中东辙

(二)tóng[ㄊㄨㄥˊ]　徒红切　屮庚韵，阳　平平，东韵　词第一部　戏中东辙　（木棉树）

(三)chuáng[ㄔㄨㄤˊ]　宅江切　屮唐韵，阳　平平，江韵　词第二部　戏江阳辙　（木竿）

檃 zhí[ㄓˊ]　之翼切　屮支韵，阳　平入，职韵　词第十七部　戏一七辙

橀 xī[ㄒㄧ]　呼鸡切　屮齐韵，阴　平平，齐韵　词第三部　戏一七辙

橉 lìn[ㄌㄧㄣˋ]　①良刃切　屮文韵，去　平去，震韵　词第六部　戏人辰辙　（树名）

②良忍切　屮文韵，去　平上，轸韵　词第六部　戏人辰辙　（门槛）

樽 (一)zūn[ㄗㄨㄣ]　祖昆切　屮文韵，阴　平平，元韵　词第六部　戏人辰辙　曲真文韵，阴

(二)zǔn[ㄗㄨㄣˇ]　（抑止，节省，同"撙"）

檖 suì[ㄙㄨㄟˋ]　徐醉切　屮微韵，去　平去，寘韵　词第三部　戏灰堆辙

橧 zēng[ㄗㄥ]　①作滕切　屮庚韵，阴　平平，蒸韵　词第十一部　戏中东辙　（～巢）

②疾陵切　屮庚韵，阴　平平，蒸韵　词第十一部　戏中东辙　（猪圈）

檪 shēn[ㄕㄣ]　所臻切　屮文韵，阴　平平，真韵　词第六部　戏人辰辙

橤 ruǐ[ㄖㄨㄟˇ]　乳捶切　屮微韵，上　平上，纸韵　词第三部　戏灰堆辙

樨 xī[ㄒㄧ]　先齐切　屮齐韵，阴　平平，齐韵　词第三部　戏一七辙

檃 yǐn[ㄧㄣˇ]　於谨切　屮文韵，上　平上，吻韵　词第六部　戏人辰辙

橙 (一)chéng[ㄔㄥˊ]　宅耕切　屮庚韵，阳　平平，庚韵　词第十一部　戏中东辙　曲庚青韵，阳

(二)dèng[ㄉㄥˋ]　都邓切　屮庚韵，去　平去，径韵　词第十一部　戏中东辙　曲庚青韵，去　（凳子）

橘 jú[ㄐㄩˊ]　居律切　屮齐韵，阳　平入，质韵　词第十七部　戏一七辙

橼 yuán[ㄩㄢˊ]　与专切　屮寒韵，阳　平平，先韵　词第七部　戏言前辙

十三画

樫（见"桱"）　檔（见"檔"）　檟（见"槚"）　檔（见"档"）　椷（同"楫"）　櫛（见"栉"）　檔（见"樯"）

檢（见"检"）　檜（见"桧"）　檩（同"檩"）　檥（同"舣"）

橘 jú[ㄐㄩˊ] 拘玉切　史齐韵，阳　乎入，沃韵　词第十五部　戏一七辙

蠖 huò[ㄏㄨㄛˋ] 胡郭切　史波韵，去　乎入，药韵　词第十六部　戏梭波辙

檬 méng[ㄇㄥˊ] 莫红切　史庚韵，阳　乎平，东韵　词第一部　戏中东辙

檕 jì[ㄐㄧˋ] ①古诣切　史齐韵，去　乎去，霁韵　词第三部　戏一七辙

②古奚切　史齐韵，去　乎平，齐韵　词第三部　戏一七辙　（又）

橿 jiāng[ㄐㄧㄤ] 居良切　史唐韵，阴　乎平，阳韵　词第二部　戏江阳辙

檦 biǎo[ㄅㄧㄠˇ] 比矫切　史豪韵，上　乎上，篆韵　词第八部　戏遥条辙

檑 (一)léi[ㄌㄟˊ] 力推切　史微韵，阳　乎平，灰韵　词第三部　戏灰堆辙　曲齐微韵，阳

(二)lèi[ㄌㄟˋ] 卢对切　史微韵，去　乎去，队韵　词第三部　戏灰堆辙　曲齐微韵，阳　（又）

檡 (一)zhái[ㄓㄞˊ] 场伯切　史开韵，阳　乎入，陌韵　词第十七部　戏怀来辙

(二)shì[ㄕˋ] 施只切　史支韵，去　乎入，陌韵　词第十七部　戏一七辙　（樗枣）

(三)tú[ㄊㄨˊ] （於～-於菟，同"菟(二)"）

檓 huǐ[ㄏㄨㄟˇ] 许委切　史微韵，上　乎上，纸韵　词第三部　戏灰堆辙

檄 xí[ㄒㄧˊ] 胡狄切　史齐韵，阳　乎入，锡韵　词第十七部　戏一七辙　曲齐微韵，上

檐 (一)yán[ㄧㄢˊ] 余廉切　史寒韵，阳　乎平，盐韵　词第十四部　戏言前辙　曲廉纤韵，阳

(二)dān[ㄉㄢ] 都滥切　史寒韵，阴　乎去，勘韵　词第十四部　戏言前辙　（用肩挑）

檞 jiě[ㄐㄧㄝˇ] 佳买切　史皆韵，上　乎上，蟹韵　词第五部　戏乜斜辙

檀 (一)tán[ㄊㄢˊ] 徒干切　史寒韵，阳　乎平，寒韵　词第七部　戏言前辙　曲寒山韵，阳

(二)shàn[ㄕㄢˋ] 时战切　史寒韵，去　乎去，霰韵　词第七部　戏言前辙　（人名用字）

檩 lǐn[ㄌㄧㄣˇ] 力锦切　史文韵，上　乎上，寝韵　词第十三部　戏人辰辙

檍 yì[ㄧˋ] 於力切　史齐韵，去　乎入，职韵　词第十七部　戏一七辙

橚 (一)sù[ㄙㄨˋ] 息逐切　史姑韵，去　乎入，屋韵　词第十五部　戏姑苏辙

(二)xiāo[ㄒㄧㄠ] 苏彫切　史豪韵，阴　乎平，萧韵　词第八部　戏遥条辙　（～槮）

(三)qiū[ㄑㄧㄡ] 雌由切　史尤韵，阴　乎平，尤韵　词第十二部　戏由求辙　（楸树）

檗 bò[ㄅㄛˋ] 博厄切　史波韵，去　乎入，陌韵　词第十七部　戏梭波辙　曲皆来韵，上

十四画

檯（同"台(二)"）檮（见"梼"）櫃（见"柜(一)"）檻（见"槛"）櫚（见"榈"）櫄（同"椿"）檳（见"槟"）

檸（见"柠(一)"）櫈（同"凳"）

檷 (一)nǐ[ㄋㄧˇ] 奴礼切　史齐韵，上　乎上，荠韵　词第三部　戏一七辙

(二)mí[ㄇㄧˊ] 民卑切　史齐韵，阳　乎平，支韵　词第三部　戏一七辙　（～枸）

檽 (一)nòu[ㄋㄡˋ] ①乃豆切　史尤韵，去　乎去，宥韵　词第十二部　戏由求辙　（树名）

②尼主切　史尤韵，去　乎上，虞韵　词第四部　戏由求辙　（又）

(二)ruǎn[ㄖㄨㄢˇ] 乳兖切　史寒韵，上　乎上，铣韵　词第七部　戏言前辙　（～枣）

(三)rú[ㄖㄨˊ] 汝朱切　史姑韵，阳　乎平，虞韵　词第四部　戏姑苏辙　（梁上短柱）

櫔 lì[ㄌㄧˋ] 力制切　史齐韵，去　乎去，霁韵　词第三部　戏一七辙

櫡 (一)zhuó[ㄓㄨㄛˊ] 张略切　史波韵，阳　乎入，药韵　词第十六部　戏梭波辙

(二)zhù[ㄓㄨˋ] （筷子，同"箸"）

檼 yǐn[ㄧㄣˇ] 於靳切　史文韵，上　乎去，问韵　词第六部　戏人辰辙

櫅 jī[ㄐㄧ] 相稽切　史齐韵，阴　乎平，齐韵　词第三部　戏一七辙

櫎 (一)huǎng[ㄏㄨㄤˇ] 胡广切　史唐韵，上　乎上，养韵　词第二部　戏江阳辙　（帷幔）

(二)guàng[ㄍㄨㄤˋ] 古旷切　史唐韵，去　乎去，漾韵　词第二部　戏江阳辙　（组趺横木）

檫 chá[ㄔㄚˊ] 初戛切　史麻韵，阳　乎入，點韵　词第十八部　戏发花辙

櫂 (一)zhuó[ㄓㄨㄛˊ] 直角切　史波韵，阳　乎入，觉韵　词第十六部　戏梭波辙

(二)zhào[ㄓㄠˋ]（船桨，同"棹(一)"）

棉 mián[ㄇㄧㄢˊ] 弥连切　史寒韵，阳　乒平，先韵　词第七部　戏言前辙

檵 jì[ㄐㄧˋ] 古诣切　史齐韵，去　乒去，霁韵　词第三部　戏一七辙

厤（查"厂"部）**糅**（查"火"部）

十五画

槚（见"梜"）**櫌**（同"耰"）**羹**（见"獒"）**櫟**（见"栎"）**橹**（见"橹"）**樜**（见"楮"）**樹**（同"橱"）

橡（见"橡"）

皋 gāo[ㄍㄠ] 古劳切　史豪韵，阴　乒平，豪韵　词第八部　戏遥条辙　曲萧豪韵，阴

擞 sǒu[ㄙㄡˇ] 苏偶切　史尤韵，上　乒上，有韵　词第十二部　戏由求辙

檑 (一)léi[ㄌㄟˊ] 鲁回切　史微韵，阳　乒平，灰韵　词第三部　戏灰堆辙

(二)lěi[ㄌㄟˇ] 落猥切　史微韵，上　乒上，贿韵　词第三部　戏灰堆辙　（～具）

棉 mián[ㄇㄧㄢˊ] 名延切　史寒韵，阳　乒平，先韵　词第七部　戏言前辙

櫍 zhì[ㄓˋ] 之日切　史支韵，去　乒入，质韵　词第十七部　戏一七辙

十六画

櫪（见"枥"）**櫨**（见"栌"）**檻**（同"槛(一)"）**冀**（同"冀"）**礫**（同"砾"）**櫸**（见"榉"）**礬**（见"矾"）

槻（见"樏"）**橇**（见"桅"）**橼**（同"豫(一)"）

欂 bó[ㄅㄛˊ] ①补各切　史波韵，阳　乒入，药韵　词第十六部　戏梭波辙
　　　　②蒲革切　史波韵，阳　乒入，陌韵　词第十七部　戏梭波辙　（树名）
　　　　③弼戟切　史波韵，阳　乒入，陌韵　词第十七部　戏梭波辙　（门上木枋）

橚 (一)xiāo[ㄒㄧㄠ] 先彫切　史豪韵，阴　乒平，萧韵　词第八部　戏遥条辙
　(二)qiū[ㄑㄧㄡ] 雌由切　史尤韵，阴　乒平，尤韵　词第十二部　戏由求辙　（楸树）

槐 (一)huái[ㄏㄨㄞˊ] 户乖切　史开韵，阳　乒平，佳韵　词第五部　戏怀来辙
　(二)guī[ㄍㄨㄟ] 公回切　史微韵，阴　乒平，灰韵　词第三部　戏灰堆辙　（～木）

櫶 xiǎn[ㄒㄧㄢˇ] 呼典切　史寒韵，上　乒上，铣韵　词第七部　戏言前辙　【音"蚬"，用其反切。】

十七画

權（见"权"）**樞**（同"枢"）**檽**（见"楺"）**欄**（见"栏"）**櫻**（见"樱"）**櫾**（同"柚(一)"）

櫼 jiān[ㄐㄧㄢ] ①将廉切　史寒韵，阴　乒平，盐韵　词第十四部　戏言前辙
　　　　②所咸切　史寒韵，阴　乒平，咸韵　词第十四部　戏言前辙　（又）

櫩 (一)chán[ㄔㄢˊ] 士咸切　史寒韵，阳　乒平，咸韵　词第十四部　戏言前辙
　(二)zhàn[ㄓㄢˋ] 士忏切　史寒韵，去　乒去，陷韵　词第十四部　戏言前辙　（水门）

欀 (一)xiāng[ㄒㄧㄤ] 息良切　史唐韵，阴　乒平，阳韵　词第二部　戏江阳辙
　(二)ràng[ㄖㄤˋ] 人样切　史唐韵，去　乒去，漾韵　词第二部　戏江阳辙　（行道树）

十八画

欇 shè[ㄕㄜˋ] 书涉切　史波韵，去　乒入，叶韵　词第十八部　戏梭波辙

欋 qú[ㄑㄩˊ] 其俱切　史齐韵，阳　乒平，虞韵　词第四部　戏一七辙

十九画

欏（见"椤"）**欒**（见"栾"）

欚 (一)lì[ㄌㄧˋ] ①郎计切　史齐韵，去　乒去，霁韵　词第三部　戏一七辙
　　　　②所宜切　史支韵，阴　乒平，支韵　词第三部　戏一七辙　（屋脊）
　　　　③卢启切　史齐韵，上　乒上，荠韵　词第三部　戏一七辙　（小船）
　(二)lǐ[ㄌㄧˇ] 辇尔切　史齐韵，上　乒上，纸韵　词第三部　戏一七辙　（～㐌）

欑 cuán[ㄘㄨㄢˊ] 在丸切　史寒韵，阳　平平，寒韵　词第七部　戏言前辙

二十画

欓（一）dǎng[ㄉㄤˇ] 多朗切　史唐韵，上　平上，养韵　词第二部　戏江阳辙

　　（二）tǎng[ㄊㄤˇ] 坦朗切　史唐韵，上　平上，养韵　词第二部　戏江阳辙　（木桶）

二十一画

欖（见"榄"）櫼（同"把（二）"）欐（同"樆（一）"）

欘（一）zhú[ㄓㄨˊ] 陟玉切　史姑韵，阳　平入，沃韵　词第十五部　戏姑苏辙

　　（二）zhuó[ㄓㄨㄛˊ] 直角切　史波韵，阳　平入，觉韵　词第十六部　戏梭波辙　（锄的别名）

欚 lǐ[ㄌㄧˇ] 卢启切　史齐韵，上　平上，荠韵　词第三部　戏一七辙

二十四画

欛（见"棩"）

二十五画

鬱（见"郁②"）

支　部

支（一）zhī[ㄓ] 章移切　史支韵，阴　平平，支韵　词第三部　戏一七辙　曲支思韵，阴

　　（二）qí[ㄑㄧˊ] 翘移切　史齐韵，阳　平平，支韵　词第三部　戏一七辙　曲支思韵，阴　（令~）

二画

攰 guì[ㄍㄨㄟˋ] 居伪切　史微韵，去　平去，寘韵　词第三部　戏灰堆辙

三画

庋（查"广"部）

四画

歧（查"止"部）

六画

翅（查"羽"部）翄（查"羽"部）

八画

攲（一）qī[ㄑㄧ] ①去奇切　史齐韵，阴　平平，支韵　词第三部　戏一七辙

　　　　　　　　②居绮切　史齐韵，阴　平上，纸韵　词第三部　戏一七辙　（又）

　　（二）jī[ㄐㄧ] 居宜切　史齐韵，阴　平平，支韵　词第三部　戏一七辙　（持箸取物）

十二画

敻 xún[ㄒㄩㄣˊ] 徐心切　史文韵，阳　平平，侵韵　词第十三部　戏人辰辙

犬（犭）部

犬 quǎn[ㄑㄩㄢˇ] 苦泫切　史寒韵，上　平上，铣韵　词第七部　戏言前辙　曲先天韵，上

一画

犮 bá[ㄅㄚˊ] 蒲拨切　史麻韵，阳　平入，曷韵　词第十八部　戏发花辙

二画

犰 qiú[ㄑ丨ㄡˊ] 巨鸠切　史尤韵，阳　乎平，尤韵　词第十二部　戏由求辙

犯 fàn[ㄈㄢˋ] 防鋄切　史寒韵，去　乎上，豏韵　词第十四部　戏言前辙　曲寒山韵，去

三画

犰（同"亿㈠"）

犴 ㈠án[ㄢˊ] 俄寒切　史寒韵，阳　乎平，寒韵　词第七部　戏言前辙　（青~）

　　㈡àn[ㄢˋ] 五旰切　史寒韵，去　乎去，翰韵　词第七部　戏言前辙　曲寒山韵，去　（狴~）

　　㈢hān[ㄏㄢ] 何干切　史寒韵，阴　乎平，寒韵　词第七部　戏言前辙　（驼鹿）【《集韵》、《韵会》：何干切。用之。】

犷 guǎng[ㄍㄨㄤˇ] ①居往切　史唐韵，上　乎上，养韵　词第二部　戏江阳辙

　　　　　　　　②古猛切　史唐韵，上　乎上，梗韵　词第十一部　戏江阳辙　（又）

犸 mǎ[ㄇㄚˇ] 莫驾切　史麻韵，上　乎去，祃韵　词第十部　戏发花辙

状（查"丬"部）

四画

状（见"状"）

狂 kuáng[ㄎㄨㄤˊ] 巨王切　史唐韵，阳　乎平，阳韵　词第二部　戏江阳辙　曲江阳韵，阳

犹 ㈠yóu[丨ㄡˊ] 以周切　史尤韵，阳　乎平，尤韵　词第十二部　戏由求辙　曲尤侯韵，阳

　　㈡yòu[丨ㄡˋ] 尤救切　史尤韵，去　乎去，宥韵　词第十二部　戏由求辙　（兽名）

　　㈢yáo[丨ㄠˊ]（摇动，同"摇"）

狈 bèi[ㄅㄟˋ] 博盖切　史微韵，去　乎去，泰韵　词第三部　戏灰堆辙　曲齐微韵，去

犿 ㈠huān[ㄏㄨㄢ] 呼官切　史寒韵，阴　乎平，寒韵　词第七部　戏言前辙

　　㈡fān[ㄈㄢ] 方烦切　史寒韵，阴　乎平，元韵　词第七部　戏言前辙　（连~）

犺 ㈠kàng[ㄎㄤˋ] 苦浪切　史唐韵，去　乎去，漾韵　词第二部　戏江阳辙

　　㈡gǎng[ㄍㄤˇ] 举朗切　史唐韵，上　乎上，养韵　词第二部　戏江阳辙　（~狼）

狄 ㈠dí[ㄉ丨ˊ] 徒历切　史齐韵，阳　乎入，锡韵　词第十七部　戏一七辙　曲齐微韵，阳

　　㈡tì[ㄊ丨ˋ] 他历切　史齐韵，去　乎入，锡韵　词第十七部　戏一七辙　曲齐微韵，阳　（翦除；治理）

狃 ㈠niǔ[ㄋ丨ㄡˇ] 女久切　史尤韵，上　乎上，有韵　词第十二部　戏由求辙　曲尤侯韵，上

　　㈡nù[ㄋㄩˋ] 女六切　史齐韵，去　乎入，屋韵　词第十五部　戏一七辙　（兽名；迷惑）

狁 yǔn[ㄩㄣˇ] 余准切　史文韵，上　乎上，轸韵　词第六部　戏人辰辙　曲真文韵，上

戾（查"户"部）

五画

昦 ㈠jù[ㄐㄩˋ] 古阒切　史齐韵，去　乎入，锡韵　词第十七部　戏一七辙

　　㈡xù[ㄒㄩˋ] 呼昦切　史齐韵，去　乎入，锡韵　词第十七部　戏一七辙　（狗的目光）

狋 ㈠yí[丨ˊ] 牛肌切　史齐韵，阳　乎平，支韵　词第三部　戏一七辙

　　㈡quán[ㄑㄩㄢˊ] 巨员切　史寒韵，阳　乎平，先韵　词第七部　戏言前辙　（~氏县）

　　㈢chí[ㄔˊ] 俟甾切　史支韵，阳　乎平，支韵　词第三部　戏一七辙　（~觺）

狉 pī[ㄆ丨] 贫悲切　史齐韵，阴　乎平，支韵　词第三部　戏一七辙

狘 xuè[ㄒㄩㄝˋ] 许月切　史皆韵，去　乎入，月韵　词第十八部　戏乜斜辙

狙 jū[ㄐㄩ] 七余切　史齐韵，阴　乎平，鱼韵　词第四部　戏一七辙　曲鱼模韵，阴

狚 dàn[ㄉㄢˋ] ①得按切　史寒韵，去　乎去，翰韵　词第七部　戏言前辙

　　　　　　②多旱切　史寒韵，去　乎上，旱韵　词第七部　戏言前辙　（又）

　　　　　　③当割切　史寒韵，去　乎入，曷韵　词第十八部　戏言前辙　（又）

犴　xiá[ㄒㄧㄚˊ]　胡甲切　申麻韵，阳　乎入，洽韵　词第十九部　戏发花辙　曲家麻韵，阳

狌　(一)shēng[ㄕㄥ]　所庚切　申庚韵，阴　乎平，庚韵　词第十一部　戏中东辙　（鼪）

　　(二)xīng[ㄒㄧㄥ]　桑经切　申庚韵，阴　乎平，青韵　词第十一部　戏中东辙　（猩猩）

狐　hú[ㄏㄨˊ]　户吴切　申姑韵，阳　乎平，虞韵　词第四部　戏姑苏辙　曲鱼模韵，阳

狗　gǒu[ㄍㄡˇ]　①古厚切　申尤韵，上　乎上，有韵　词第十二部　戏由求辙　曲尤侯韵，上

　　　　　　　②许候切　申尤韵，上　乎去，宥韵　词第十二部　戏由求辙　（熊㺜虎㺜）

狝　xiǎn[ㄒㄧㄢˇ]　息浅切　申寒韵，上　乎上，铣韵　词第七部　戏言前辙　曲先天韵，上

狍　páo[ㄆㄠˊ]　薄交切　申豪韵，阳　乎平，肴韵　词第八部　戏遥条辙

狞　níng[ㄋㄧㄥˊ]　乃庚切　申庚韵，阳　乎平，庚韵　词第十一部　戏中东辙　曲庚青韵，阳

狖　yòu[ㄧㄡˋ]　余救切　申尤韵，去　乎去，宥韵　词第十二部　戏由求辙

狔　nǐ[ㄋㄧˇ]　女氏切　申齐韵，上　乎上，纸韵　词第三部　戏一七辙

狒　fèi[ㄈㄟˋ]　扶沸切　申微韵，去　乎去，未韵　词第三部　戏灰堆辙

狓　pī[ㄆㄧ]　敷羁切　申齐韵，阴　乎平，支韵　词第三部　戏一七辙

狕　yǎo[ㄧㄠˇ]　於绞切　申豪韵，上　乎上，巧韵　词第八部　戏遥条辙

六画

猪（同"佬(一)"）　狟（同"貆(一)：①；(二)"）　㺃（同"狥(一)"）　狢（同"貉(一)"）

狨　róng[ㄖㄨㄥˊ]　如融切　申庚韵，阳　乎平，东韵　词第一部　戏中东辙

猎　jí[ㄐㄧˊ]　①居质切　申齐韵，阳　乎入，质韵　词第十七部　戏一七辙　（狂）

　　　　　　②古屑切　申皆韵，阳　乎入，屑韵　词第十八部　戏乜斜辙　（古兽名）

狭　xiá[ㄒㄧㄚˊ]　侯夹切　申麻韵，阳　乎入，洽韵　词第十九部　戏发花辙

狮　shī[ㄕ]　疏夷切　申支韵，阴　乎平，支韵　词第三部　戏一七辙　曲支思韵，阴

独　dú[ㄉㄨˊ]　徒谷切　申姑韵，阳　乎入，屋韵　词第十五部　戏姑苏辙　曲鱼模韵，阳

狪　(一)tóng[ㄊㄨㄥˊ]　徒东切　申庚韵，阳　乎平，东韵　词第一部　戏中东辙

　　(二)tōng[ㄊㄨㄥ]　他东切　申庚韵，阴　乎平，东韵　词第一部　戏中东辙　（兽名）

狧　(一)tà[ㄊㄚˋ]　吐盍切　申麻韵，去　乎入，合韵　词第十九部　戏发花辙　（狗吃食）

　　(二)shì[ㄕˋ]　甚尒切　申支韵，去　乎上，纸韵　词第三部　戏一七辙　（舐食）

狿　yán[ㄧㄢˊ]　①以然切　申寒韵，阳　乎平，先韵　词第七部　戏言前辙

　　　　　　②于线切　申寒韵，阳　乎去，霰韵　词第七部　戏言前辙　（又）

狯　kuài[ㄎㄨㄞˋ]　①古外切　申开韵，去　乎去，泰韵　词第三部　戏怀来辙

　　　　　　　②古卖切　申开韵，去　乎去，卦韵　词第十部　戏怀来辙　（又）

狣　zhào[ㄓㄠˋ]　治小切　申豪韵，去　乎上，篠韵　词第八部　戏遥条辙

狰　zhēng[ㄓㄥ]　①侧茎切　申庚韵，阴　乎平，庚韵　词第十一部　戏中东辙　曲庚青韵，阴　（～狞）

　　　　　　②疾郢切　申庚韵，上　乎上，梗韵　词第十一部　戏中东辙　（传说中的兽名）

狡　jiǎo[ㄐㄧㄠˇ]　古巧切　申豪韵，上　乎上，巧韵　词第八部　戏遥条辙　曲萧豪韵，上

狩　shòu[ㄕㄡˋ]　舒救切　申尤韵，去　乎去，宥韵　词第十二部　戏由求辙　曲尤侯韵，去

狱　yù[ㄩˋ]　鱼欲切　申齐韵，去　乎入，沃韵　词第十五部　戏一七辙　曲鱼模韵，去

狠　(一)hěn[ㄏㄣˇ]　胡恳切　申文韵，上　乎上，阮韵　词第六部　戏人辰辙　曲真文韵，上

　　(二)wán[ㄨㄢˊ]　五还切　申寒韵，阳　乎平，删韵　词第七部　戏言前辙　（犬斗声）

狲　sūn[ㄙㄨㄣ]　思浑切　申文韵，阴　乎平，元韵　词第六部　戏人辰辙

哭（查"口"部）　臭（查"自"部）

七画

猕（同"瘐(一)"）　㹊（见"狭"）　猂（同"悍"）　狷（见"狷"）　猃（同"豨"）

狴 bì[ㄅㄧˋ] 边兮切　虫齐韵，去　平平，齐韵　词第三部　戏一七辙

狸 lí[ㄌㄧˊ] 里之切　虫齐韵，阳　平平，支韵　词第三部　戏一七辙　曲齐微韵，阳

狷 juàn[ㄐㄩㄢˋ] 吉掾切　虫寒韵，去　平去，霰韵　词第七部　戏言前辙　曲先天韵，去

猁 lì[ㄌㄧˋ] 力至切　虫齐韵，去　平去，真韵　词第三部　戏一七辙　【借用同音字"利"的反切。】

狳 yú[ㄩˊ] 以诸切　虫齐韵，阳　平平，鱼韵　词第四部　戏一七辙

猃 xiǎn[ㄒㄧㄢˇ] ①虚检切　虫寒韵，上　平上，俭韵　词第十四部　戏言前辙

　　　　　　　②力验切　虫寒韵，上　平去，艳韵　词第十四部　戏言前辙　（又）

狺 yín[ㄧㄣˊ] ①语巾切　虫文韵，阳　平平，真韵　词第六部　戏人辰辙

　　　　　　　②语斤切　虫文韵，阳　平平，文韵　词第六部　戏人辰辙　（又）

狼 (一)láng[ㄌㄤˊ] 鲁当切　虫唐韵，阳　平平，阳韵　词第二部　戏江阳辙　曲江阳韵，阳

　　(二)hǎng[ㄏㄤˇ] 虚党切　虫唐韵，上　平上，养韵　词第二部　戏江阳辙　（都~）

猱 náo[ㄋㄠˊ] 奴刀切　虫豪韵，阳　平平，豪韵　词第八部　戏遥条辙

狻 suān[ㄙㄨㄢ] 素官切　虫寒韵，阴　平平，寒韵　词第七部　戏言前辙　曲桓欢韵，阴

获 (查"艹"部)

八画

猏 (同"瘐(一)") 猙 (见"狰")

猋 biāo[ㄅㄧㄠ] 甫遥切　虫豪韵，阴　平平，萧韵　词第八部　戏遥条辙

猒 (一)yàn[ㄧㄢˋ] ①於艳切　虫寒韵，去　平去，艳韵　词第十四部　戏言前辙　曲廉纤韵，阴

　　　　　　　②一盐切　虫寒韵，去　平平，盐韵　词第十四部　戏言前辙　曲廉纤韵，阴　（又）

　　(二)yā[ㄧㄚ] 於叶切　虫麻韵，阴　平入，叶韵　词第十八部　戏发花辙　（~当）

猜 cāi[ㄘㄞ] 仓才切　虫开韵，阴　平平，灰韵　词第五部　戏怀来辙　曲皆来韵，阴

猪 zhū[ㄓㄨ] 陟鱼切　虫姑韵，阴　平平，鱼韵　词第四部　戏姑苏辙　曲鱼模韵，阴

猎 (一)liè[ㄌㄧㄝˋ] 良涉切　虫皆韵，去　平入，叶韵　词第十八部　戏乜斜辙　曲车遮韵，去

　　(二)xī[ㄒㄧ] 秦昔切　虫齐韵，阴　平入，陌韵　词第十七部　戏一七辙　（古兽名）

　　(三)què[ㄑㄩㄝˋ] 七约切　虫皆韵，去　平入，药韵　词第十六部　戏乜斜辙　（良犬名）

猫 (一)māo[ㄇㄠ] 武瀌切　虫豪韵，阴　平平，萧韵　词第八部　戏遥条辙　曲萧豪韵，阳

　　(二)máo[ㄇㄠˊ] 莫交切　虫豪韵，阳　平平，肴韵　词第八部　戏遥条辙　曲萧豪韵，阳　（~腰）

猗 (一)yī[ㄧ] 於离切　虫齐韵，阴　平平，支韵　词第三部　戏一七辙　曲齐微韵，阴

　　　　(1)长：节彼南山，有实其~　(2)叹词：~与　(3)语气助词，相当于"兮"　(4)姓

　　(二)yǐ[ㄧˇ] 於绮切　虫齐韵，上　平上，纸韵　词第三部　戏一七辙

　　　　(5)依靠：宽兮绰兮，~重较兮　(6)加于：杨园之道，~于亩丘　(7)成捆采摘：~彼女桑

　　(三)ē[ㄜ] （~傩-婀娜，同"婀(一)"）

　　(四)wēi[ㄨㄟ] （~移-委蛇，同"委(二)"）

猇 xiāo[ㄒㄧㄠ] 许交切　虫豪韵，阴　平平，肴韵　词第八部　戏遥条辙

猓 guǒ[ㄍㄨㄛˇ] 古火切　虫波韵，上　平上，哿韵　词第九部　戏梭波辙

猖 chāng[ㄔㄤ] 尺良切　虫唐韵，阴　平平，阳韵　词第二部　戏江阳辙　曲江阳韵，阴

猡 luó[ㄌㄨㄛˊ] 鲁何切　虫波韵，阳　平平，歌韵　词第九部　戏梭波辙　【借用同音字"罗"的反切。】

猧 wō[ㄨㄛ] 乌禾切　虫波韵，阴　平平，歌韵　词第九部　戏梭波辙

猊 ní[ㄋㄧˊ] 五稽切　虫齐韵，阳　平平，齐韵　词第三部　戏一七辙　曲齐微韵，阳

猞 shē[ㄕㄜ] 式车切　虫波韵，阴　平平，麻韵　词第十部　戏梭波辙　【借用同音字"赊"的反切。】

猄 jīng[ㄐㄧㄥ] 九卿切　虫庚韵，阴　平平，庚韵　词第十一部　戏中东辙

猝 cù[ㄘㄨˋ] 仓没切　虫姑韵，去　平入，月韵　词第十八部　戏姑苏辙

猏 jiān[ㄐㄧㄢ] 古贤切　虫寒韵，阴　平平，先韵　词第七部　戏言前辙

獮 mí[ㄇㄧˊ] 武移切　史齐韵，阳　乎平，支韵　词第三部　戏一七辙

猛 měng[ㄇㄥˇ] 莫幸切　史庚韵，上　乎上，梗韵　词第十一部　戏中东辙　曲东钟韵，上

九画

猨（同"猿"）　猶（见"犹㈠㈢"）　猳（同"豭"）

献 ㈠xiàn[ㄒㄧㄢˋ] 许建切　史寒韵，去　乎去，愿韵　词第七部　戏言前辙　曲先天韵，去

　　㈡suō[ㄙㄨㄛ] 素何切　史波韵，阴　乎平，歌韵　词第九部　戏梭波辙　（～豆）

猷 yóu[ㄧㄡˊ] 以周切　史尤韵，阳　乎平，尤韵　词第十二部　戏由求辙　曲尤侯韵，阳

猰 ㈠yà[ㄧㄚˋ] 乌黠切　史麻韵，去　乎入，黠韵　词第十八部　戏发花辙

　　㈡jiá[ㄐㄧㄚˊ] 古鎋切　史麻韵，阳　乎入，黠韵　词第十八部　戏发花辙　（杂）

　　㈢qiè[ㄑㄧㄝˋ] 苦结切　史皆韵，去　乎入，屑韵　词第十八部　戏乜斜辙　（～犺）

　　㈣qì[ㄑㄧˋ] 苦计切　史齐韵，去　乎去，霁韵　词第三部　戏一七辙　（～犬）【借用同音字"契㈠"的反切。】

猢 hú[ㄏㄨˊ] 户吴切　史姑韵，阳　乎平，虞韵　词第四部　戏姑苏辙

猹 chá[ㄔㄚˊ] 锄加切　史麻韵，阳　乎平，麻韵　词第十部　戏发花辙　【方言字。借用同音字"查㈠"的反切。】

猩 xīng[ㄒㄧㄥ] ①所庚切　史庚韵，阴　乎平，庚韵　词第十一部　戏中东辙　曲庚青韵，阴

　　　　　②桑经切　史庚韵，阴　乎平，青韵　词第十一部　戏中东辙　（狗叫声）

猲 ㈠hè[ㄏㄜˋ] 许葛切　史波韵，去　乎入，曷韵　词第十八部　戏梭波辙

　　㈡qià[ㄑㄧㄚˋ] 起法切　史麻韵，去　乎入，洽韵　词第十九部　戏发花辙　（又）

　　㈢xiè[ㄒㄧㄝˋ] 许竭切　史皆韵，去　乎入，月韵　词第十八部　戏乜斜辙　（～猲）

　　㈣gé[ㄍㄜˊ] 居曷切　史波韵，阳　乎入，曷韵　词第十八部　戏梭波辙　（～狙）

　　㈤hài[ㄏㄞˋ] 虚艾切　史开韵，去　乎去，泰韵　词第五部　戏怀来辙　（狗的气味）

猥 wěi[ㄨㄟˇ] 乌贿切　史微韵，上　乎上，贿韵　词第三部　戏灰堆辙　曲齐微韵，上

猬 wèi[ㄨㄟˋ] 于贵切　史微韵，去　乎去，未韵　词第三部　戏灰堆辙　曲齐微韵，去

猾 huá[ㄏㄨㄚˊ] 户八切　史麻韵，阳　乎入，黠韵　词第十八部　戏发花辙　曲家麻韵，阳

獀 sōu[ㄙㄡ] 所鸠切　史尤韵，阴　乎平，尤韵　词第十二部　戏由求辙

猴 hóu[ㄏㄡˊ] 户钩切　史尤韵，阳　乎平，尤韵　词第十二部　戏由求辙　曲尤侯韵，阳

㺄 yǔ[ㄩˇ] 以主切　史齐韵，上　乎上，麌韵　词第四部　戏一七辙

猦 fēng[ㄈㄥ] 方戎切　史庚韵，阴　乎平，东韵　词第一部　戏中东辙

猵 ㈠biān[ㄅㄧㄢ] ①布玄切　史寒韵，阴　乎平，先韵　词第七部　戏言前辙

　　　　　②毗忍切　史寒韵，阴　平上，轸韵　词第六部　戏言前辙　（又）

　　㈡piàn[ㄆㄧㄢˋ] 匹羡切　史寒韵，去　乎去，霰韵　词第七部　戏言前辙　（～狙）

猸 méi[ㄇㄟˊ] 旻悲切　史微韵，阳　乎平，支韵　词第三部　戏灰堆辙

猤 ㈠jì[ㄐㄧˋ] 其季切　史齐韵，去　乎去，寘韵　词第三部　戏一七辙

　　㈡guì[ㄍㄨㄟˋ] 其季切　史微韵，去　乎去，寘韵　词第三部　戏灰堆辙　（又）

猱 ㈠náo[ㄋㄠˊ] ①奴刀切　史豪韵，阳　乎平，豪韵　词第八部　戏遥条辙　曲萧豪韵，阳

　　　　　②女救切　史豪韵，阳　乎平，宥韵　词第十二部　戏遥条辙　曲萧豪韵，阳　（又）

　　㈡róu[ㄖㄡˊ] 而由切　史尤韵，阳　乎平，尤韵　词第十二部　戏由求辙　（～杂）

猭 chuān[ㄔㄨㄢ] ①丑缘切　史寒韵，阴　乎平，先韵　词第七部　戏言前辙　（兽名）

　　　　　②丑恋切　史寒韵，去　乎去，霰韵　词第七部　戏言前辙　（兽跑动）

十画

獃（同"呆㈠㈡"）　獉（同"榛"）　獁（见"犸"）　獋（同"嗥"）　獅（见"狮"）　猻（见"狲"）

獒 áo[ㄠˊ] 五劳切　史豪韵，阳　乎平，豪韵　词第八部　戏遥条辙　曲萧豪韵，阳

獘 áo[ㄠˊ] 牛刀切　史豪韵，阳　乎平，豪韵　词第八部　戏遥条辙

猿 yuán［ㄩㄢˊ］雨元切　中寒韵，阳　平平，元韵　词第七部　戏言前辙　曲先天韵，阳

獏 mò［ㄇㄛˋ］蒙晡切　中波韵，去　平平，虞韵　词第四部　戏梭波辙

猼 ㈠pó［ㄆㄛˊ］匹活切　中波韵，阳　平入，沃韵　词第十五部　戏梭波辙　（～且）

　　㈡bó［ㄅㄛˊ］补各切　中波韵，阳　平入，药韵　词第十六部　戏梭波辙　（～訑）

猨 yuán［ㄩㄢˊ］愚袁切　中寒韵，阳　平平，元韵　词第七部　戏言前辙

猺 yáo［ㄧㄠˊ］余昭切　中豪韵，阳　平平，萧韵　词第八部　戏遥条辙

十一画

獘（同"毙"）獎（见"奖"）獄（见"狱"）

獑 chán［ㄔㄢˊ］士咸切　中寒韵，阳　平平，咸韵　词第十四部　戏言前辙

獌 màn［ㄇㄢˋ］①莫半切　中寒韵，去　平去，翰韵　词第七部　戏言前辙

　　　　　　②莫还切　中寒韵，去　平平，删韵　词第七部　戏言前辙　（又）

　　　　　　③无贩切　中寒韵，去　平去，愿韵　词第七部　戏言前辙　（又）

獙 bì［ㄅㄧˋ］毗祭切　中齐韵，去　平去，霁韵　词第三部　戏一七辙

獐 zhāng［ㄓㄤ］诸良切　中唐韵，阴　平平，阳韵　词第二部　戏江阳辙　曲江阳韵，阴

獍 jìng［ㄐㄧㄥˋ］居庆切　中庚韵，去　平去，敬韵　词第十一部　戏中东辙　曲庚青韵，去

十二画

獚（同"壮"）

獢 ㈠xiāo［ㄒㄧㄠ］①馨幺切　中豪韵，阴　平平，萧韵　词第八部　戏遥条辙

　　　　　　②五弔切　中豪韵，阴　平去，啸韵　词第八部　戏遥条辙　（又）

　　㈡yào［ㄧㄠˋ］五弔切　中豪韵，去　平去，啸韵　词第八部　戏遥条辙　（狂犬）

獦 gé［ㄍㄜˊ］古达切　中波韵，阳　平入，曷韵　词第十八部　戏梭波辙

獗 jué［ㄐㄩㄝˊ］居月切　中皆韵，阳　平入，月韵　词第十八部　戏乜斜辙

獠 ㈠liáo［ㄌㄧㄠˊ］落萧切　中豪韵，阳　平平，萧韵　词第八部　戏遥条辙

　　㈡lǎo［ㄌㄠˇ］卢皓切　中豪韵，上　平上，皓韵　词第八部　戏遥条辙　曲萧豪韵，上　（对人的贬称）

獟 xiāo［ㄒㄧㄠ］许娇切　中豪韵，阴　平平，萧韵　词第八部　戏遥条辙

獜 ㈠lín［ㄌㄧㄣˊ］①力珍切　中文韵，阳　平平，真韵　词第六部　戏人辰辙

　　　　　　②郎丁切　中文韵，阳　平平，青韵　词第十一部　戏人辰辙　（又）

　　㈡lìn［ㄌㄧㄣˋ］良刃切　中文韵，去　平去，震韵　词第六部　戏人辰辙　（兽名）

獝 xù［ㄒㄩˋ］况必切　中齐韵，去　平入，质韵　词第十七部　戏一七辙

橷（查"木"部）

十三画

獲（见"获"）獧（同"狷"）獨（见"独"）獫（见"猃"）獪（见"狯"）

獴 ㈠měng［ㄇㄥˇ］母摁切　中庚韵，上　平上，董韵　词第一部　戏中东辙　【现代字。借用同音字"蒙㈢"的反切。】

　　㈡méng［ㄇㄥˊ］莫红切　中庚韵，阳　平平，东韵　词第一部　戏中东辙　（又）【现代字。借用同音字"蒙㈡"的反切。】

獭 tǎ［ㄊㄚˇ］①他达切　中麻韵，上　平入，曷韵　词第十八部　戏发花辙　曲家麻韵，上

　　　　　　②他錯切　中麻韵，上　平入，黠韵　词第十八部　戏发花辙　曲家麻韵，上　（又）

獥 jiào［ㄐㄧㄠˋ］①古弔切　中豪韵，去　平去，啸韵　词第八部　戏遥条辙

　　　　　　②胡狄切　中豪韵，去　平入，锡韵　词第十七部　戏遥条辙　（又）

獬 xiè［ㄒㄧㄝˋ］胡买切　中皆韵，去　平上，蟹韵　词第五部　戏乜斜辙　曲皆来韵，去

十四画

獮（见"狝"）玁（见"猃"）獰（见"狞"）

獳 （一）nòu［ㄋㄡˋ］①奴钩切　史尤韵，去　平平，尤韵　词第十二部　戏由求辙
　　　　　　　②乃豆切　史尤韵，去　平去，宥韵　词第十二部　戏由求辙　（又）

　　（二）rú［ㄖㄨˊ］人朱切　史姑韵，阳　平平，虞韵　词第四部　戏姑苏辙　（朱~）

獯 xūn［ㄒㄩㄣ］许云切　史文韵，阴　平平，文韵　词第六部　戏人辰辙

豳 bīn［ㄅㄧㄣ］符真切　史文韵，阴　平平，真韵　词第六部　戏人辰辙

十五画

獸（见"兽"）獵（见"猎"）

獶 （一）náo［ㄋㄠˊ］奴刀切　史豪韵，阳　平平，豪韵　词第八部　戏遥条辙

　　（二）yōu［ㄧㄡ］於求切　史尤韵，阴　平平，尤韵　词第十二部　戏由求辙　（又）

十六画

獻（见"献"）獺（见"獭"）

十七画

玃（见"狝"）

貛 huān［ㄏㄨㄢ］呼官切　史寒韵，阴　平平，寒韵　词第七部　戏言前辙　曲桓欢韵，阴

獽 ráng［ㄖㄤˊ］汝阳切　史唐韵，阳　平平，阳韵　词第二部　戏江阳辙

十九画

玁（见"猃①"）玀（见"猡"）

玁 náo［ㄋㄠˊ］奴刀切　史豪韵，阳　平平，豪韵　词第八部　戏遥条辙

二十画

玂 qí［ㄑㄧˊ］渠希切　史齐韵，阳　平平，微韵　词第三部　戏一七辙

玃 jué［ㄐㄩㄝˊ］居缚切　史皆韵，阳　平入，药韵　词第十六部　戏乜斜辙

歹　部

歹 dǎi［ㄉㄞˇ］多改切　史开韵，上　平上，贿韵　词第五部　戏怀来辙

二画

死 sǐ［ㄙˇ］息姊切　史支韵，上　平上，纸韵　词第三部　戏一七辙　曲支思韵，上
夙（查"几"部）

三画

歼 jiān［ㄐㄧㄢ］子廉切　史寒韵，阴　平平，盐韵　词第十四部　戏言前辙　曲廉纤韵，阴

四画

殀（同"夭(一)：②"）

殁 （一）mò［ㄇㄛˋ］莫勃切　史波韵，去　平入，月韵　词第十八部　戏梭波辙

　　（二）wěn［ㄨㄣˇ］武粉切　史文韵，上　平上，吻韵　词第六部　戏人辰辙　（割）

殳 mò［ㄇㄛˋ］莫勃切　史波韵，去　平入，月韵　词第十八部　戏梭波辙

五画

残 cán［ㄘㄢˊ］昨干切　史寒韵，阳　平平，寒韵　词第七部　戏言前辙　曲寒山韵，阳

殂 cú[ㄘㄨˊ] 昨胡切　史姑韵，阳　平平，虞韵　词第四部　戏姑苏辙　曲鱼模韵，阳
殃 yāng[丨ㄤ] 於良切　史唐韵，阴　平平，阳韵　词第二部　戏江阳辙　曲江阳韵，阴
殇 shāng[ㄕㄤ] 式羊切　史唐韵，阴　平平，阳韵　词第二部　戏江阳辙　曲江阳韵，阴
殄 tiǎn[ㄊㄧㄢˇ] 徒典切　史寒韵，上　平上，铣韵　词第七部　戏言前辙　曲先天韵，上
殆 dài[ㄉㄞˋ] 徒亥切　史开韵，去　平上，贿韵　词第五部　戏怀来辙　曲皆来韵，去

<h2 style="text-align:center">六画</h2>

殊 shū[ㄕㄨ] 市朱切　史姑韵，阴　平平，虞韵　词第四部　戏姑苏辙　曲鱼模韵，阳
殈 xù[ㄒㄩˋ] 呼昊切　史齐韵，去　平入，锡韵　词第十七部　戏一七辙
殉 xùn[ㄒㄩㄣˋ] 辞润切　史文韵，去　平去，震韵　词第六部　戏人辰辙　曲真文韵，去
毙（查"比"部）殏（查"聿"部）

<h2 style="text-align:center">七画</h2>

殑 (一)qíng[ㄑㄧㄥˊ] ①其矜切　史庚韵，阳　平平，蒸韵　词第十一部　戏中东辙
　　　　　　　　　　　②其拯切　史庚韵，阳　平上，迥韵　词第十一部　戏中东辙　（又）
　　 (二)jìng[ㄐㄧㄥˋ] 其凌切　史庚韵，去　平去，径韵　词第十一部　戏中东辙　（～伽）
殒 yǔn[ㄩㄣˇ] 于敏切　史文韵，上　平上，轸韵　词第六部　戏人辰辙　曲真文韵，上
殓 liàn[ㄌㄧㄢˋ] 力验切　史寒韵，去　平去，艳韵　词第十四部　戏言前辙　曲廉纤韵，去
殍 (一)piǎo[ㄆㄧㄠˇ] 平表切　史豪韵，上　平上，篠韵　词第八部　戏遥条辙　曲萧豪韵，上　（饿死者）
　　 (二)pǐ[ㄆㄧˇ] 符鄙切　史齐韵，上　平上，纸韵　词第三部　戏一七辙　（草木枯落）

<h2 style="text-align:center">八画</h2>

殘（见"残"）
殖 (一)zhí[ㄓˊ] 常职切　史支韵，阳　平入，职韵　词第十七部　戏一七辙
　　 (二)shi[˙ㄕ] 仕吏切　史支韵，去　平去，寘韵　词第三部　戏一七辙　（骨～）
殗 (一)yè[丨ㄝˋ] 於业切　史皆韵，去　平入，洽韵　词第十九部　戏乜斜辙
　　 (二)yān[丨ㄢ] 衣廉切　史寒韵，阴　平平，盐韵　词第十四部　戏言前辙　（死）
殙 (一)hūn[ㄏㄨㄣ] 呼昆切　史文韵，阴　平平，元韵　词第六部　戏人辰辙
　　 (二)mèn[ㄇㄣˋ] 莫困切　史文韵，去　平去，愿韵　词第六部　戏人辰辙　（断气）
殚 dān[ㄉㄢ] 都寒切　史寒韵，阴　平平，寒韵　词第七部　戏言前辙　曲寒山韵，阴
殛 jí[ㄐㄧˊ] 纪力切　史齐韵，阳　平入，职韵　词第十七部　戏一七辙

<h2 style="text-align:center">九画</h2>

殠（同"飱"）
殜 dié[ㄉㄧㄝˊ] 直叶切　史皆韵，阳　平入，叶韵　词第十八部　戏乜斜辙
殟 wēn[ㄨㄣ] ①乌浑切　史文韵，阴　平平，元韵　词第六部　戏人辰辙　（殟～）
　　　　　　　②乌没切　史文韵，阴　平入，月韵　词第十八部　戏人辰辙　（～殁）
殨 huì[ㄏㄨㄟˋ] 胡对切　史微韵，去　平去，队韵　词第三部　戏灰堆辙

<h2 style="text-align:center">十画</h2>

殞（见"殒"）
殠 chòu[ㄔㄡˋ] ①尺救切　史尤韵，去　平去，宥韵　词第十二部　戏由求辙
　　　　　　　②许久切　史尤韵，去　平上，有韵　词第十二部　戏由求辙　（又）
殡 bìn[ㄅㄧㄣˋ] 必刃切　史文韵，去　平去，震韵　词第六部　戏人辰辙　曲真文韵，去

<h2 style="text-align:center">十一画</h2>

殤（见"殇"）

殣 jìn［ㄐㄧㄣˋ］渠遴切　史文韵，去　乎去，震韵　词第六部　戏人辰辙

殢 tì［ㄊㄧˋ］他计切　史齐韵，去　乎去，霁韵　词第三部　戏一七辙

殥 yín［ㄧㄣˊ］翼真切　史文韵，阳　乎平，真韵　词第六部　戏人辰辙

十二画

殨（见"殨"）殫（见"殚"）

殪 yì［ㄧˋ］於计切　史齐韵，去　乎去，霁韵　词第三部　戏一七辙

十三画

殭（同"僵"）殮（见"殓"）

十四画

殯（见"殡"）

十五画

殰 dú［ㄉㄨˊ］徒谷切　史姑韵，阳　乎入，屋韵　词第十五部　戏姑苏辙

十七画

殲（见"歼"）

车（車）部

車（见"车"）

车 ㈠chē［ㄔㄜ］尺遮切　史波韵，阴　乎平，麻韵　词第十部　戏梭波辙　曲车遮韵，阴

　　㈡chā［ㄔㄚ］尺遮切　史麻韵，阴　乎平，麻韵　词第十部　戏发花辙　曲车遮韵，阴　（方言）【古今音。反切仍之。】

　　㈢jū［ㄐㄩ］九鱼切　史齐韵，阴　乎平，鱼韵　词第四部　戏一七辙　曲鱼模韵，阴　（象棋子名）

一画

轧 ㈠yà［ㄧㄚˋ］乌黠切　史麻韵，去　乎入，黠韵　词第十八部　戏发花辙

　　㈡zhá［ㄓㄚˊ］侧八切　史麻韵，阳　乎入，黠韵　词第十八部　戏发花辙　（又）【现代读音。借用同音字"扎㈡"的反切。】

　　㈢gá［ㄍㄚˊ］古黠切　史麻韵，阳　乎入，黠韵　词第十八部　戏发花辙　（挤；拥挤）【方言读音。借用同音字"杂"的反切。】

二画

轨 guǐ［ㄍㄨㄟˇ］居洧切　史微韵，上　乎上，纸韵　词第三部　戏灰堆辙　曲齐微韵，上

军（查"冖"部）

三画

轩 ㈠xuān［ㄒㄩㄢ］虚言切　史寒韵，阴　乎平，元韵　词第七部　戏言前辙　曲先天韵，阴

　　㈡xiàn［ㄒㄧㄢˋ］许建切　史寒韵，去　乎去，愿韵　词第七部　戏言前辙　（肉片）

轪 dài［ㄉㄞˋ］①特计切　史开韵，去　乎去，霁韵　词第三部　戏怀来辙

　　　　　　②徒盖切　史开韵，去　乎去，泰韵　词第五部　戏怀来辙　（古县名）

轫 yuè［ㄩㄝˋ］鱼厥切　史皆韵，去　乎入，月韵　词第十八部　戏乜斜辙　曲车遮韵，去

曹 ㈠wèi［ㄨㄟˋ］于刿切　史微韵，去　乎去，霁韵　词第三部　戏灰堆辙

　　㈡suì［ㄙㄨㄟˋ］祥岁切　史微韵，去　乎去，霁韵　词第三部　戏灰堆辙　（又）

帆 fàn[ㄈㄢˋ] 防鏺切　史寒韵，去　乎上，豏韵　词第十四部　戏言前辙

轫 rèn[ㄖㄣˋ] 而振切　史文韵，去　乎去，震韵　词第六部　戏人辰辙

庫（查"广"部）

四画

軖 kuáng[ㄎㄨㄤˊ] 巨王切　史唐韵，阳　乎平，阳韵　词第二部　戏江阳辙

转 (一)zhuǎn[ㄓㄨㄢˇ] 陟兖切　史寒韵，上　乎上，铣韵　词第七部　戏言前辙　曲先天韵，上

　　(二)zhuàn[ㄓㄨㄢˋ] 知恋切　史寒韵，去　乎去，霰韵　词第七部　戏言前辙　曲先天韵，去　（～圈；衣甲袋）

轭 è[ㄜˋ] 於格切　史波韵，去　乎入，陌韵　词第十七部　戏梭波辙

軘 tún[ㄊㄨㄣˊ] 徒浑切　史文韵，阳　乎平，元韵　词第六部　戏人辰辙

軜 nà[ㄋㄚˋ] 奴答切　史麻韵，去　乎入，合韵　词第十九部　戏发花辙

軞 máo[ㄇㄠˊ] 谟袍切　史豪韵，阳　乎平，豪韵　词第八部　戏遥条辙

斩 (一)zhǎn[ㄓㄢˇ] 侧减切　史寒韵，上　乎上，豏韵　词第十四部　戏言前辙　曲监咸韵，上

　　(二)zhàn[ㄓㄢˋ] 庄陷切　史寒韵，去　乎去，陷韵　词第十四部　戏言前辙　（割草）

轮 (一)lún[ㄌㄨㄣˊ] 力迍切　史文韵，阳　乎平，真韵　词第六部　戏人辰辙　曲真文韵，阳

　　(二)lūn[ㄌㄨㄣ] （挥动，同"抡(一)"）

軝 qí[ㄑㄧˊ] 巨支切　史齐韵，阳　乎平，支韵　词第三部　戏一七辙

软 ruǎn[ㄖㄨㄢˇ] 而兖切　史寒韵，上　乎上，铣韵　词第七部　戏言前辙　曲先天韵，上

轰 hōng[ㄏㄨㄥ] ①呼宏切　史庚韵，阴　乎平，庚韵　词第十一部　戏中东辙　曲东钟韵，阴

　　　②呼宏切　史庚韵，阴　乎平，庚韵　词第十一部　戏中东辙　曲庚青韵，阴　（又）

　　　③呼迸切　史庚韵，阴　乎去，敬韵　词第十一部　戏中东辙　曲东钟韵，阴　（又）

五画

軯（同"砰"）軗（同"轭"）

轱 gū[ㄍㄨ] 攻乎切　史姑韵，阴　乎平，虞韵　词第四部　戏姑苏辙

轲 (一)kē[ㄎㄜ] 苦何切　史波韵，阴　乎平，歌韵　词第九部　戏梭波辙　曲歌戈韵，阴

　　(二)kě[ㄎㄜˇ] （轗～－坎坷，同"坷(一)"）

軷 bá[ㄅㄚˊ] ①蒲拨切　史麻韵，阳　乎入，曷韵　词第十八部　戏发花辙

　　　②蒲盖切　史麻韵，阳　乎去，泰韵　词第五部　戏发花辙　（又）

轳 lú[ㄌㄨˊ] 落胡切　史姑韵，阳　乎平，虞韵　词第四部　戏姑苏辙　曲鱼模韵，阳

轴 (一)zhóu[ㄓㄡˊ] 直六切　史尤韵，阳　乎入，屋韵　词第十五部　戏由求辙　曲尤侯韵，阳

　　(二)zhú[ㄓㄨˊ] 直六切　史姑韵，阳　乎入，屋韵　词第十五部　戏姑苏辙　曲鱼模韵，阳　（又）

　　(三)zhòu[ㄓㄡˋ] 仲六切　史尤韵，去　乎入，屋韵　词第十五部　戏由求辙　曲尤侯韵，阳　（压～戏）【《集韵》、《韵会》：仲六切。用之。】

軮 yǎng[ㄧㄤˇ] 乌朗切　史唐韵，上　乎上，养韵　词第二部　戏江阳辙

轵 zhǐ[ㄓˇ] 诸氏切　史支韵，上　乎上，纸韵　词第三部　戏一七辙

軦 kuàng[ㄎㄨㄤˋ] 许放切　史唐韵，去　乎去，漾韵　词第二部　戏江阳辙

轶 (一)yì[ㄧˋ] 夷质切　史齐韵，去　乎入，质韵　词第十七部　戏一七辙

　　(二)dié[ㄉㄧㄝˊ] 徒结切　史皆韵，阳　乎入，屑韵　词第十八部　戏乜斜辙　（更迭）

　　(三)zhé[ㄓㄜˊ] 直列切　史波韵，阳　乎入，屑韵　词第十八部　戏梭波辙　（车迹）

軵 (一)fǔ[ㄈㄨˇ] 斐古切　史姑韵，上　乎上，麌韵　词第四部　戏姑苏辙　（推）

　　(二)rǒng[ㄖㄨㄥˇ] 而陇切　史庚韵，上　乎上，肿韵　词第一部　戏中东辙　（反推）

　　(三)fù[ㄈㄨˋ] 符遇切　史姑韵，去　乎去，遇韵　词第四部　戏姑苏辙　（古代马车厢外的立木）

　　(四)róng[ㄖㄨㄥˊ] 人冬切　史庚韵，阳　乎平，冬韵　词第一部　戏中东辙　（挤）

軱 gū［ㄍㄨ］古胡切　史姑韵，阴　乎平，虞韵　词第四部　戏姑苏辙

轷 hū［ㄏㄨ］荒乌切　史姑韵，阴　乎平，虞韵　词第四部　戏姑苏辙

袗 zhěn［ㄓㄣˇ］章忍切　史文韵，上　乎上，轸韵　词第六部　戏人辰辙　曲真文韵，上

軩 líng［ㄌㄧㄥˊ］郎丁切　史庚韵，阳　乎平，青韵　词第十一部　戏中东辙

轹 lì［ㄌㄧˋ］①郎击切　史齐韵，去　乎入，锡韵　词第十七部　戏一七辙

　　　　　　　②卢达切　史齐韵，去　乎入，曷韵　词第十八部　戏一七辙　（又）

　　　　　　　③卢各切　史齐韵，去　乎入，药韵　词第十六部　戏一七辙　（又）

軥 ㈠ gōu［ㄍㄡ］古侯切　史尤韵，阴　乎平，尤韵　词第十二部　戏由求辙

　㈡ qú［ㄑㄩˊ］其俱切　史齐韵，阳　乎平，虞韵　词第四部　戏一七辙　（马軥）

軺 yáo［ㄧㄠˊ］余招切　史豪韵，阳　乎平，萧韵　词第八部　戏遥条辙

轻 ㈠ qīng［ㄑㄧㄥ］①去盈切　史庚韵，阴　乎平，庚韵　词第十一部　戏中东辙　曲庚青韵，阴

　　　　　　　②墟正切　史庚韵，阴　乎去，敬韵　词第十一部　戏中东辙　曲庚青韵，阴　（又）

　㈡ qìng［ㄑㄧㄥˋ］牵正切　史庚韵，去　乎去，敬韵　词第十一部　戏中东辙　（迅疾）

軬 fàn［ㄈㄢˋ］扶晚切　史寒韵，去　乎上，阮韵　词第七部　戏言前辙

六画

辇（同"畚"）

轼 shì［ㄕˋ］赏职切　史支韵，去　乎入，职韵　词第十七部　戏一七辙　曲齐微韵，上

輁 gǒng［ㄍㄨㄥˇ］①居悚切　史庚韵，上　乎上，肿韵　词第一部　戏中东辙

　　　　　　　②渠容切　史庚韵，上　乎平，冬韵　词第一部　戏中东辙　（又）

輂 jú［ㄐㄩˊ］居玉切　史齐韵，阳　乎入，沃韵　词第十五部　戏一七辙

輀 ér［ㄦˊ］如之切　史齐韵，阳　乎平，支韵　词第三部　戏一七辙

輊 zhì［ㄓˋ］陟利切　史支韵，去　乎去，寘韵　词第三部　戏一七辙

轿 jiào［ㄐㄧㄠˋ］①巨娇切　史豪韵，去　乎平，萧韵　词第八部　戏遥条辙　曲萧豪韵，去

　　　　　　　②渠庙切　史豪韵，去　乎去，啸韵　词第八部　戏遥条辙　曲萧豪韵，去　（又）

辀 zhōu［ㄓㄡ］张流切　史尤韵，阴　乎平，尤韵　词第十二部　戏由求辙　曲尤侯韵，阴

辁 quán［ㄑㄩㄢˊ］市缘切　史寒韵，阳　乎平，先韵　词第七部　戏言前辙

辂 ㈠ hé［ㄏㄜˊ］辖格切　史波韵，阳　乎入，陌韵　词第十七部　戏梭波辙

　㈡ lù［ㄌㄨˋ］洛故切　史姑韵，去　乎去，遇韵　词第四部　戏姑苏辙　曲鱼模韵，去　（大型畜力车）

较 ㈠ jiào［ㄐㄧㄠˋ］古孝切　史豪韵，去　乎去，效韵　词第八部　戏遥条辙　曲萧豪韵，去

　㈡ jué［ㄐㄩㄝˊ］古岳切　史皆韵，阳　乎入，觉韵　词第十六部　戏乜斜辙　（古代马车箱两旁横木；猎~）

輆 ㈠ kǎi［ㄎㄞˇ］苦亥切　史开韵，上　乎上，贿韵　词第五部　戏怀来辙

　㈡ kài［ㄎㄞˋ］口溉切　史开韵，去　乎去，队韵　词第五部　戏怀来辙　（~沐）

輧 ㈠ píng［ㄆㄧㄥˊ］①薄经切　史庚韵，阳　乎平，青韵　词第十一部　戏中东辙　（帏车）

　　　　　　　②部田切　史庚韵，阳　乎平，先韵　词第七部　戏中东辙　（又）

　㈡ pēng［ㄆㄥ］披庚切　史庚韵，阴　乎平，庚韵　词第十一部　戏中东辙　（~訇）

载（查"戈"部）晕（查"日"部）

七画

輕（见"轻"）輓（同"挽"）

辄 zhé［ㄓㄜˊ］陟叶切　史波韵，阳　乎入，叶韵　词第十八部　戏梭波辙

辅 fǔ［ㄈㄨˇ］扶雨切　史姑韵，上　乎上，麌韵　词第四部　戏姑苏辙　曲鱼模韵，去

辆 liàng［ㄌㄧㄤˋ］力让切　史唐韵，去　乎去，漾韵　词第二部　戏江阳辙　曲江阳韵，去

輐 wàn［ㄨㄢˋ］户管切　史寒韵，去　乎上，旱韵　词第七部　戏言前辙

辑 (一)qún[ㄑㄩㄣˊ] 去伦切　史文韵，阳　平平，真韵　词第六部　戏人辰辙

　　(二)yǐn[ㄧㄣˇ] 牛尹切　史文韵，上　平上，轸韵　词第六部　戏人辰辙　（古代轺车前的横木）

八画

輙（同"辄"）椠（见"椠"）輌（见"辆"）軿（见"軿"）輪（见"轮"）輡（同"坎(一)"）輨（同"錧①"）

輤 qiàn[ㄑㄧㄢˋ] 仓甸切　史寒韵，去　平去，霰韵　词第七部　戏言前辙

輦 niǎn[ㄋㄧㄢˇ] 力展切　史寒韵，上　平上，铣韵　词第七部　戏言前辙　曲先天韵，上

輘 (一)léng[ㄌㄥˊ] 鲁登切　史庚韵，阳　平平，蒸韵　词第十一部　戏中东辙　（车声）

　　(二)líng[ㄌㄧㄥˊ] 闾承切　史庚韵，阳　平平，蒸韵　词第十一部　戏中东辙　（~轹）

輢 yǐ[ㄧˇ] ①於绮切　史齐韵，上　平上，纸韵　词第三部　戏一七辙

　　　②於义切　史齐韵，上　平去，真韵　词第三部　戏一七辙　（又）

輚 zhàn[ㄓㄢˋ] ①士限切　史寒韵，去　平上，潸韵　词第七部　戏言前辙

　　　②士谏切　史寒韵，去　平去，谏韵　词第七部　戏言前辙　（又）

辉 huī[ㄏㄨㄟ] 许归切　史微韵，阴　平平，微韵　词第三部　戏灰堆辙　曲齐微韵，阴

輠 (一)guǒ[ㄍㄨㄛˇ] 古火切　史波韵，上　平上，哿韵　词第九部　戏梭波辙

　　(二)huì[ㄏㄨㄟˋ] ①胡瓦切　史微韵，去　平上，马韵　词第十部　戏灰堆辙　（转动状）

　　　　②胡罪切　史微韵，去　平上，贿韵　词第三部　戏灰堆辙　（又）

輥 gǔn[ㄍㄨㄣˇ] 古本切　史文韵，上　平上，阮韵　词第六部　戏人辰辙

輞 wǎng[ㄨㄤˇ] 文两切　史唐韵，上　平上，养韵　词第二部　戏江阳辙　曲江阳韵，上

輗 ní[ㄋㄧˊ] 五稽切　史齐韵，阳　平平，齐韵　词第三部　戏一七辙　曲齐微韵，阳

輣 péng[ㄆㄥˊ] 薄庚切　史庚韵，阳　平平，庚韵　词第十一部　戏中东辙

輈 zhōu[ㄓㄡ] 职流切　史尤韵，阴　平平，尤韵　词第十二部　戏由求辙

辌 liáng[ㄌㄧㄤˊ] 吕张切　史唐韵，阳　平平，阳韵　词第二部　戏江阳辙　曲江阳韵，阳

輟 chuò[ㄔㄨㄛˋ] 陟劣切　史波韵，去　平入，屑韵　词第十八部　戏梭波辙　曲车遮韵，上

輜 zī[ㄗ] 侧持切　史支韵，阴　平平，支韵　词第三部　戏一七辙

輩（查"非"部）槃（查"木"部）

九画

輭（同"软"）轟（同"轰"）

輳 còu[ㄘㄡˋ] 仓奏切　史尤韵，去　平去，宥韵　词第十二部　戏由求辙　曲尤侯韵，去

輻 fú[ㄈㄨˊ] 方六切　史姑韵，阳　平入，屋韵　词第十五部　戏姑苏辙

輯 jí[ㄐㄧˊ] 秦入切　史齐韵，阳　平入，缉韵　词第十七部　戏一七辙

輼 (一)wēn[ㄨㄣ] 乌浑切　史文韵，阴　平平，元韵　词第六部　戏人辰辙　（卧车）

　　(二)yūn[ㄩㄣ] 纡薰切　史文韵，阴　平平，文韵　词第六部　戏人辰辙　（輼~）

輵 (一)gé[ㄍㄜˊ] 古达切　史波韵，阳　平入，曷韵　词第十八部　戏梭波辙　（輵~）

　　(二)hè[ㄏㄜˋ] 阿葛切　史波韵，去　平入，曷韵　词第十八部　戏梭波辙　（~辖）

　　(三)yà[ㄧㄚˋ] 乙辖切　史麻韵，去　平入，黠韵　词第十八部　戏发花辙　（车声）

輲 chuán[ㄔㄨㄢˊ] ①市缘切　史寒韵，阳　平平，先韵　词第七部　戏言前辙

　　　②竖兖切　史寒韵，阳　平上，铣韵　词第七部　戏言前辙　（载枢车）

輹 fù[ㄈㄨˋ] 方六切　史姑韵，去　平入，屋韵　词第十五部　戏姑苏辙

輴 chūn[ㄔㄨㄣ] 丑伦切　史文韵，阴　平平，真韵　词第六部　戏人辰辙

输 shū[ㄕㄨ] ①式朱切　史姑韵，阴　平平，虞韵　词第四部　戏姑苏辙　曲鱼模韵，阴

　　　②伤遇切　史姑韵，去　平去，遇韵　词第四部　戏姑苏辙　（所送的东西）

輶 yóu[ㄧㄡˊ] ①以周切　史尤韵，阳　平平，尤韵　词第十二部　戏由求辙　曲尤侯韵，阳

　　　②与久切　史尤韵，阳　平上，有韵　词第十二部　戏由求辙　曲尤侯韵，阳　（又）

③余救切　中尤韵，阳　乎去，宥韵　词第十二部　戏由求辙　曲尤侯韵，阳　（又）

輮 róu[ㄖㄡˊ] ①人九切　中尤韵，阳　乎上，有韵　词第十二部　戏由求辙

②人又切　中尤韵，阳　乎去，宥韵　词第十二部　戏由求辙　（又）

辔（查"口"部）

十画

輿（见"舆"）

轃 zhēn[ㄓㄣ] ①则前切　中文韵，阴　乎平，先韵　词第七部　戏人辰辙

②侧诜切　中文韵，阴　乎平，真韵　词第六部　戏人辰辙　（又）

辕 yuán[ㄩㄢˊ] 雨元切　中寒韵，阳　乎平，元韵　词第七部　戏言前辙　曲先天韵，阳

辖 xiá[ㄒㄧㄚˊ] 胡瞎切　中麻韵，阳　乎入，黠韵　词第十八部　戏发花辙　曲家麻韵，阳

辗(一)zhǎn[ㄓㄢˇ] 知演切　中寒韵，上　乎上，铣韵　词第七部　戏言前辙　曲先天韵，上　（~转）

(二)niǎn[ㄋㄧㄢˇ]　（同"碾①"）

毂（查"殳"部）**舆**（查"臼"部）

十一画

轉（见"转"）

轊 wèi[ㄨㄟˋ] 于岁切　中微韵，去　乎去，霁韵　词第三部　戏灰堆辙

轆 lù[ㄌㄨˋ] 卢谷切　中姑韵，去　乎入，屋韵　词第十五部　戏姑苏辙

轇 jiāo[ㄐㄧㄠ] 古肴切　中豪韵，阴　乎平，肴韵　词第八部　戏遥条辙

轈 cháo[ㄔㄠˊ] 锄交切　中豪韵，阳　乎平，肴韵　词第八部　戏遥条辙

十二画

轎（见"轿"）

轒 fén[ㄈㄣˊ] 符分切　中文韵，阳　乎平，文韵　词第六部　戏人辰辙

轑(一)lǎo[ㄌㄠˇ] 卢皓切　中豪韵，上　乎上，皓韵　词第八部　戏遥条辙

(二)láo[ㄌㄠˊ] 郎刀切　中豪韵，阳　乎平，豪韵　词第八部　戏遥条辙　（刮，敲）

(三)liáo[ㄌㄧㄠˊ] 怜萧切　中豪韵，阳　乎平，萧韵　词第八部　戏遥条辙　（~河县）

(四)liǎo[ㄌㄧㄠˇ] 郎鸟切　中豪韵，上　乎上，篠韵　词第八部　戏遥条辙　（熏~）

轐 bú[ㄅㄨˊ] ①博木切　中姑韵，阳　乎入，屋韵　词第十五部　戏姑苏辙

②蒲沃切　中姑韵，阳　乎入，沃韵　词第十五部　戏姑苏辙　（又）

轓 fān[ㄈㄢ] 孚袁切　中寒韵，阴　乎平，元韵　词第七部　戏言前辙

轍 zhé[ㄓㄜˊ] 直列切　中波韵，阳　乎入，屑韵　词第十八部　戏梭波辙　曲车遮韵，上

轔(一)lín[ㄌㄧㄣˊ] 力珍切　中文韵，阳　乎平，真韵　词第六部　戏人辰辙　曲真文韵，阳

(二)lìn[ㄌㄧㄣˋ] 良刃切　中文韵，去　乎去，震韵　词第六部　戏人辰辙　（车轮碾压）

輚 zhàn[ㄓㄢˋ] 士限切　中寒韵，去　乎上，潸韵　词第七部　戏言前辙

十三画

轖 sè[ㄙㄜˋ] 所力切　中波韵，去　乎入，职韵　词第十七部　戏梭波辙

轚 jí[ㄐㄧˊ] 古历切　中齐韵，阳　乎入，锡韵　词第十七部　戏一七辙

轗 kǎn[ㄎㄢˇ] ①苦感切　中寒韵，上　乎上，感韵　词第十四部　戏言前辙

②苦绀切　中寒韵，上　乎去，勘韵　词第十四部　戏言前辙　（又）

轘(一)huàn[ㄏㄨㄢˋ] 胡惯切　中寒韵，去　乎去，谏韵　词第七部　戏言前辙　（车裂）

(二)huán[ㄏㄨㄢˊ] 户关切　中寒韵，阳　乎平，删韵　词第七部　戏言前辙　（~辕）

轙(一)yǐ[ㄧˇ] 鱼倚切　中齐韵，上　乎上，纸韵　词第三部　戏一七辙

（二）yí［ㄧˊ］鱼羁切　史齐韵，阳　乎平，支韵　词第三部　戏一七辙　（等待）

聻（查"耳"部）

十四画

轟（见"轰"）轞（同"槛（一）"）

轛（一）zhuì［ㄓㄨㄟˋ］追萃切　史微韵，去　乎去，寘韵　词第三部　戏灰堆辙

　　（二）duì［ㄉㄨㄟˋ］都队切　史微韵，去　乎去，队韵　词第三部　戏灰堆辙　（马车箱）

十五画

轆（见"轹"）轡（见"辔"）

轠　léi［ㄌㄟˊ］①鲁回切　史微韵，阳　乎平，灰韵　词第三部　戏灰堆辙

　　　　　　　　②力轨切　史微韵，阳　乎上，纸韵　词第三部　戏灰堆辙　（又）

十六画

轤（见"轳"）

轢　lì［ㄌㄧˋ］狼狄切　史齐韵，去　乎入，锡韵　词第十七部　戏一七辙

十九画

轥　lìn［ㄌㄧㄣˋ］良刃切　史文韵，去　乎去，震韵　词第六部　戏人辰辙

戈　部

戈　gē［ㄍㄜ］古禾切　史波韵，阴　乎平，歌韵　词第九部　戏梭波辙　曲歌戈韵，阴

一画

戉（同"钺"）

戋（一）jiān［ㄐㄧㄢ］将先切　史寒韵，阴　乎平，先韵　词第七部　戏言前辙

　　（二）cán［ㄘㄢˊ］（伤残，同"残"）

戊（一）wù［ㄨˋ］莫候切　史姑韵，去　乎去，宥韵　词第十二部　戏姑苏辙　曲鱼模韵，去

　　（二）mòu［ㄇㄡˋ］莫候切　史尤韵，去　乎去，宥韵　词第十二部　戏由求辙　曲鱼模韵，去　（又）

二画

戎　róng［ㄖㄨㄥˊ］如融切　史庚韵，阳　乎平，东韵　词第一部　戏中东辙　曲东钟韵，阳

戌　xū［ㄒㄩ］辛聿切　史齐韵，阴　乎入，质韵　词第十七部　戏一七辙

戍　shù［ㄕㄨˋ］伤遇切　史姑韵，去　乎去，遇韵　词第四部　戏姑苏辙　曲鱼模韵，去

成　chéng［ㄔㄥˊ］是征切　史庚韵，阳　乎平，庚韵　词第十一部　戏中东辙　曲庚青韵，阳

戏（一）xì［ㄒㄧˋ］香义切　史齐韵，去　乎去，寘韵　词第三部　戏一七辙　曲齐微韵，去

　　（二）xī［ㄒㄧ］许羁切　史齐韵，阴　乎平，支韵　词第三部　戏一七辙　（险峻；古地名）

　　（三）huī［ㄏㄨㄟ］呼为切　史微韵，阴　乎平，支韵　词第三部　戏灰堆辙　（～下）

　　（四）hū［ㄏㄨ］荒乌切　史姑韵，阴　乎平，虞韵　词第四部　戏姑苏辙　（於～）

三画

戒　jiè［ㄐㄧㄝˋ］古拜切　史皆韵，去　乎去，卦韵　词第五部　戏乜斜辙　曲皆来韵，去

我　wǒ［ㄨㄛˇ］五可切　史波韵，上　乎上，哿韵　词第九部　戏梭波辙　曲歌戈韵，上

四画

戔（见"戋"）

或　㈠huò［ㄏㄨㄛˋ］胡国切　史波韵，去　平入，职韵　词第十七部　戏梭波辙　曲齐微韵，阳

　　㈡yù［ㄩˋ］越逼切　史齐韵，去　平入，职韵　词第十七部　戏一七辙　（邦国，封国）

戗　㈠qiàng［ㄑㄧㄤˋ］青向切　史唐韵，去　平去，漾韵　词第二部　戏江阳辙　【同"鎗㈢"，用其反切。】

　　㈡qiāng［ㄑㄧㄤ］在良切　史唐韵，阴　平平，阳韵　词第二部　戏江阳辙　（反向；冲突）【借用同音字"戕"的反切。】

　　㈢chuāng［ㄔㄨㄤ］（创伤，同"创㈡"）

戕　qiāng［ㄑㄧㄤ］在良切　史唐韵，阴　平平，阳韵　词第二部　戏江阳辙　曲江阳韵，阳

五画

哉　zāi［ㄗㄞ］祖才切　史开韵，阴　平平，灰韵　词第五部　戏怀来辙　曲皆来韵，阴

战　zhàn［ㄓㄢˋ］之膳切　史寒韵，去　平去，霰韵　词第七部　戏言前辙　曲先天韵，去

威　wēi［ㄨㄟ］於非切　史微韵，阴　平平，微韵　词第三部　戏灰堆辙　曲齐微韵，阴

咸　㈠xián［ㄒㄧㄢˊ］胡谗切　史寒韵，阳　平平，咸韵　词第十四部　戏言前辙　曲监咸韵，阳

　　㈡jiǎn［ㄐㄧㄢˇ］古斩切　史寒韵，上　平上，赚韵　词第十四部　戏言前辙　（姓）

　　㈢jiān［ㄐㄧㄢ］古咸切　史寒韵，阴　平平，咸韵　词第十四部　戏言前辙　（同"缄②"）

六画

烖　（同"灾"）

栽　㈠zāi［ㄗㄞ］祖才切　史开韵，阴　平平，灰韵　词第五部　戏怀来辙　曲皆来韵，阴

　　㈡zài［ㄗㄞˋ］昨代切　史开韵，去　平去，队韵　词第五部　戏怀来辙　（筑墙立版）

载　㈠zài［ㄗㄞˋ］①作代切　史开韵，去　平去，队韵　词第五部　戏怀来辙　曲皆来韵，去

　　　　　　　　②昨代切　史开韵，去　平去，队韵　词第五部　戏怀来辙　曲皆来韵，去　（装~）

　　㈡zǎi［ㄗㄞˇ］作亥切　史开韵，上　平上，贿韵　词第五部　戏怀来辙　曲皆来韵，上　（记~；年）

戙　dòng［ㄉㄨㄥˋ］徒弄切　史庚韵，去　平去，送韵　词第一部　戏中东辙

威　miè［ㄇㄧㄝˋ］许劣切　史皆韵，去　平入，屑韵　词第十八部　戏乜斜辙

戫　（查"彡"部）

七画

戛　jiá［ㄐㄧㄚˊ］古黠切　史麻韵，阳　平入，黠韵　词第十八部　戏发花辙

戚　㈠qī［ㄑㄧ］仓历切　史齐韵，阴　平入，锡韵　词第十七部　戏一七辙　曲齐微韵，上

　　㈡cù［ㄘㄨˋ］趋玉切　史姑韵，去　平入，沃韵　词第十五部　戏姑苏辙　（~速）

八画

戞　（同"戛"）

戜　㈠tiě［ㄊㄧㄝˇ］徒结切　史皆韵，上　平入，屑韵　词第十八部　戏乜斜辙　（铁色马）

　　㈡zhì［ㄓˋ］直质切　史支韵，去　平入，质韵　词第十七部　戏一七辙　（古国名）

　　㈢dié［ㄉㄧㄝˊ］（老，同"耊"）

戙　cì［ㄘˋ］七赐切　史支韵，去　平去，寘韵　词第三部　戏一七辙

戠　zì［ㄗˋ］侧吏切　史支韵，去　平去，寘韵　词第三部　戏一七辙

裁　cái［ㄘㄞˊ］昨哉切　史开韵，阳　平平，灰韵　词第五部　戏怀来辙　曲皆来韵，阳

戟　（查"卓"部）

九画

載　（见"载"）

戴　zài［ㄗㄞˋ］昨代切　史开韵，去　平去，队韵　词第五部　戏怀来辙

戡　kān［ㄎㄢ］①口含切　史寒韵，阴　平平，覃韵　词第十四部　戏言前辙　曲监咸韵，阴

　　　　②张其切　史文韵，上　乎上，寝韵　词第十三部　戏人辰辙　（砍）

戢 jí［ㄐㄧˊ］阻立切　史齐韵，阳　乎入，缉韵　词第十七部　戏一七辙

戥 děng［ㄉㄥˇ］多肯切　史庚韵，上　乎上，迥韵　词第十一部　戏中东辙　【借用同音字"等"的反切。】

戤 gài［ㄍㄞˋ］渠盖切　史开韵，去　乎去，泰韵　词第五部　戏怀来辙

戣 kuí［ㄎㄨㄟˊ］渠追切　史微韵，阳　乎平，支韵　词第三部　戏灰堆辙

十画

戬（见"戩"）**餞**（见"饯"）

截 jié［ㄐㄧㄝˊ］昨结切　史皆韵，阳　乎入，屑韵　词第十八部　戏乜斜辙　曲车遮韵，阳

戫 yù［ㄩˋ］越逼切　史齐韵，去　乎入，职韵　词第十七部　戏一七辙

戩 jiǎn［ㄐㄧㄢˇ］即浅切　史寒韵，上　乎上，铣韵　词第七部　戏言前辙

臧 (一) zāng［ㄗㄤ］则郎切　史唐韵，阴　乎平，阳韵　词第二部　戏江阳辙　曲江阳韵，阴

　　 (二) cáng［ㄘㄤˊ］（收藏，同"藏(一)"）

　　 (三) zàng［ㄗㄤˋ］（内脏，同"脏(一)"）

十一画

戲（见"戏"）

戮 lù［ㄌㄨˋ］①力竹切　史姑韵，去　乎入，屋韵　词第十五部　戏姑苏辙　曲鱼模韵，去

　　　　　②力求切　史姑韵，去　乎平，尤韵　词第十二部　戏姑苏辙　曲鱼模韵，去　（又）

　　　　　③力救切　史姑韵，去　乎去，宥韵　词第十二部　戏姑苏辙　曲鱼模韵，去　（又）

十二画

戰（见"战"）

十三画

戲（见"戏"）

戴 dài［ㄉㄞˋ］都代切　史开韵，去　乎去，队韵　词第五部　戏怀来辙　曲皆来韵，去

韱 xiān［ㄒㄧㄢ］息廉切　史寒韵，阴　乎平，盐韵　词第十四部　戏言前辙

十四画

戳 chuō［ㄔㄨㄛ］侧角切　史波韵，阴　乎入，觉韵　词第十六部　戏梭波辙　曲萧豪韵，上

十八画

戵 qú［ㄑㄩˊ］其俱切　史齐韵，阳　乎平，虞韵　词第四部　戏一七辙

比　部

比 (一) bǐ［ㄅㄧˇ］①卑履切　史齐韵，上　乎上，纸韵　词第三部　戏一七辙　曲齐微韵，上

　　　　　　(1)类似：～拟　(2)比方，模拟：～画　(3)追缴：催～　(4)比方：公卿～谏，士传言谏　(5)相比：～德则玉亮

　　　　　②毗至切　史齐韵，上　乎去，真韵　词第三部　戏一七辙

　　　　　(6)顺从：克顺克～　(7)争胜：～赛　(8)考核，考试：大～之年　(9)并列：称尔戈，～尔干，立尔矛　(10)勾结：朋～为奸　(11)箭尾扣弦处　(12)接连：～投不释　(13)都：再战～胜　(14)近来：臣～在晋　(15)等到：～及　(16)替，给：～死者壹洒之

　　　　　③毗必切　史齐韵，上　乎入，质韵　词第十七部　戏一七辙　曲齐微韵，去　（枇～；～邻）

　　 (二) pí［ㄆㄧˊ］符羁切　史齐韵，阳　乎平，支韵　词第三部　戏一七辙　曲齐微韵，阳　（皋～）【同"皮"，用其反切。】

二画

毕 bì［ㄅㄧ ˋ］卑吉切　史齐韵，去　平入，质韵　词第十七部　戏一七辙　曲齐微韵，上

三画

毌 guàn［ㄍㄨㄢ ˋ］古玩切　史寒韵，去　平去，翰韵　词第七部　戏言前辙 【姓。借用同音字"灌"的反切。】

庇（查"广"部）屁（查"尸"部）

五画

毘（同"毗"）

毖 bì［ㄅㄧ ˋ］兵媚切　史齐韵，去　平去，寘韵　词第三部　戏一七辙

毗（查"田"部）皆（查"白"部）

六画

毙 bì［ㄅㄧ ˋ］毗祭切　史齐韵，去　平去，霁韵　词第三部　戏一七辙　曲齐微韵，去

十三画

毚（查"勹"部）

瓦 部

瓦 ㈠ wǎ［ㄨㄚ ˇ］五寡切　史麻韵，上　平上，马韵　词第十部　戏发花辙　曲家麻韵，上

　㈡ wà［ㄨㄚ ˋ］五化切　史麻韵，去　平去，祃韵　词第十部　戏发花辙 （铺~）

四画

瓫（同"盆""湓"）瓶（同"瓶"）

瓯 ㈠ ōu［ㄡ］乌侯切　史尤韵，阴　平平，尤韵　词第十二部　戏由求辙　曲尤侯韵，阴

　㈡ ǒu［ㄡ ˇ］於口切　史尤韵，上　平上，有韵　词第十二部　戏由求辙 （~越）

瓪 bǎn［ㄅㄢ ˇ］①布绾切　史寒韵，上　平上，潸韵　词第七部　戏言前辙 （破瓦）

　　　　　　　②博管切　史寒韵，上　平上，旱韵　词第七部　戏言前辙 （阴瓦）

瓮 wèng［ㄨㄥ ˋ］①乌贡切　史庚韵，去　平去，送韵　词第一部　戏中东辙　曲东钟韵，去

　　　　　　　②於容切　史庚韵，去　平平，冬韵　词第一部　戏中东辙　曲东钟韵，去 （又）

五画

瓴 líng［ㄌㄧㄥ ´］郎丁切　史庚韵，阳　平平，青韵　词第十一部　戏中东辙　曲庚青韵，阳

六画

瓵（同"缶"）

瓷 cí［ㄘ ´］疾资切　史支韵，阳　平平，支韵　词第三部　戏一七辙

瓶 píng［ㄆㄧㄥ ´］薄经切　史庚韵，阳　平平，青韵　词第十一部　戏中东辙　曲庚青韵，阳

七画

瓻 chī［ㄔ］丑饥切　史支韵，阴　平平，支韵　词第三部　戏一七辙

八画

瓶（见"瓶"）

瓽 dàng［ㄉㄤ ˋ］丁浪切　史唐韵，去　平去，漾韵　词第二部　戏江阳辙

甀 chuí［ㄔㄨㄟ ´］①直垂切　史微韵，阳　平平，支韵　词第三部　戏灰堆辙

　　　　　　②驰伪切　史微韵，阳　平去，寘韵　词第三部　戏灰堆辙 （又）

瓯 měng[ㄇㄥˇ] 母耿切　曱庚韵，上　乎上，梗韵　词第十一部　戏中东辙
瓿 bù[ㄅㄨˋ] 蒲口切　曱姑韵，去　乎上，有韵　词第十二部　戏姑苏辙

<h2 style="text-align:center">九画</h2>

甆（同"瓷"）
甄 zhēn[ㄓㄣ] ①职邻切　曱文韵，阴　乎平，真韵　词第六部　戏人辰辙　曲真文韵，阴
　　　　　　　②居延切　曱文韵，阴　乎平，先韵　词第七部　戏人辰辙　曲先天韵，阴　（又）
甃 zhòu[ㄓㄡˋ] 侧救切　曱尤韵，去　乎去，宥韵　词第十二部　戏由求辙　曲尤侯韵，去
甂 biān[ㄅㄧㄢ] 布玄切　曱寒韵，阴　乎平，先韵　词第七部　戏言前辙

<h2 style="text-align:center">十画</h2>

甈 qì[ㄑㄧˋ] 去例切　曱齐韵，去　乎去，霁韵　词第三部　戏一七辙
甍（查"艹"部）

<h2 style="text-align:center">十一画</h2>

甎同"砖（一）"）甌（见"瓯"）
甊 lǒu[ㄌㄡˇ] 郎斗切　曱尤韵，上　乎上，有韵　词第十二部　戏由求辙
甋 dì[ㄅㄧˋ] 都历切　曱齐韵，去　乎入，锡韵　词第十七部　戏一七辙

<h2 style="text-align:center">十二画</h2>

甏 bèng[ㄅㄥˋ] 蒲孟切　曱庚韵，去　乎去，敬韵　词第十一部　戏中东辙
甒 wǔ[ㄨˇ] 文甫切　曱姑韵，上　乎上，麌韵　词第四部　戏姑苏辙
甐 lìn[ㄌㄧㄣˋ] 良刃切　曱文韵，去　乎去，震韵　词第六部　戏人辰辙
甑 zèng[ㄗㄥˋ] 子孕切　曱庚韵，去　乎去，径韵　词第十一部　戏中东辙　曲庚青韵，去

<h2 style="text-align:center">十三画</h2>

甕（同"瓮①"）
甔 dān[ㄅㄢ] ①丁含切　曱寒韵，阴　乎平，覃韵　词第十四部　戏言前辙
　　　　　　②都滥切　曱寒韵，阴　乎去，勘韵　词第十四部　戏言前辙　（又）
甓 pì[ㄆㄧˋ] 扶历切　曱齐韵，去　乎入，锡韵　词第十七部　戏一七辙　曲齐微韵，上

<h2 style="text-align:center">十四画</h2>

甖（同"罂"）

<h2 style="text-align:center">十六画</h2>

甗 yǎn[ㄧㄢˇ] ①鱼蹇切　曱寒韵，上　乎上，铣韵　词第七部　戏言前辙
　　　　　　②鱼变切　曱寒韵，上　乎去，霰韵　词第七部　戏言前辙　（又）
　　　　　　③语轩切　曱寒韵，上　乎平，元韵　词第七部　戏言前辙　（又）

<h1 style="text-align:center">止　部</h1>

止 zhǐ[ㄓˇ] 诸市切　曱支韵，上　乎上，纸韵　词第三部　戏一七辙　曲支思韵，上

<h2 style="text-align:center">一画</h2>

正 (一)zhèng[ㄓㄥˋ] 之盛切　曱庚韵，去　乎去，敬韵　词第十一部　戏中东辙　曲庚青韵，去
　　(二)zhēng[ㄓㄥ] 诸盈切　曱庚韵，阴　乎平，庚韵　词第十一部　戏中东辙　曲庚青韵，阴　（~月；~鹄）

二画

此 cǐ〔ㄘˇ〕雌氏切　史支韵，上　乎上，纸韵　词第三部　戏一七辙　曲支思韵，上

三画

步 bù〔ㄅㄨˋ〕薄故切　史姑韵，去　乎去，遇韵　词第四部　戏姑苏辙　曲鱼模韵，去

四画

武 ㈠wǔ〔ㄨˇ〕文甫切　史姑韵，上　乎上，麌韵　词第四部　戏姑苏辙　曲鱼模韵，上
　　㈡hū〔ㄏㄨ〕（帽带，同"幠"）

歧 qí〔ㄑㄧˊ〕巨支切　史齐韵，阳　乎平，支韵　词第三部　戏一七辙　曲齐微韵，阳

距 jù〔ㄐㄩˋ〕其吕切　史齐韵，去　乎上，语韵　词第四部　戏一七辙

些 ㈠xiē〔ㄒㄧㄝ〕写邪切　史皆韵，阴　乎平，麻韵　词第十部　戏乜斜辙　曲车遮韵，阴
　　㈡suò〔ㄙㄨㄛˋ〕①苏箇切　史波韵，去　乎去，箇韵　词第九部　戏梭波辙　曲歌戈韵，去（语末助词，无义）
　　　　　　　　　　②苏计切　史波韵，去　乎去，霁韵　词第三部　戏梭波辙　曲歌戈韵，去　（又）

肯（查"月"部）

五画

歪 wāi〔ㄨㄞ〕①乌乖切　史开韵，阴　乎平，佳韵　词第五部　戏怀来辙　曲皆来韵，阴
　　　　　　　②火娲切　史开韵，阴　乎平，佳韵　词第十部　戏怀来辙　（同"喎"）

六画

峙 ㈠zhì〔ㄓˋ〕直理切　史支韵，去　乎上，纸韵　词第三部　戏一七辙
　　㈡chí〔ㄔˊ〕（～踞－踟蹰，同"跱"）

𦈡 qián〔ㄑㄧㄢˊ〕昨先切　史寒韵，阳　乎平，先韵　词第七部　戏言前辙

七画

砦（同"寨"）
紫（查"示"部）

九画

歲（见"岁"）

十画

澀（同"涩①"）

十二画

歷（见"历"）

十四画

歸（见"归"）

支（攵）部

支 pū〔ㄆㄨ〕普木切　史姑韵，阴　乎入，屋韵　词第十五部　戏姑苏辙

二画

攷（同"考"）
收 shōu〔ㄕㄡ〕式州切　史尤韵，阴　乎平，尤韵　词第十二部　戏由求辙　曲尤侯韵，阴

213

三画

攻 gōng[ㄍㄨㄥ] ①古红切　中庚韵，阴　平平，东韵　词第一部　戏中东辙　东钟韵，阴
　　　　　　　　　　②古冬切　中庚韵，阴　平平，冬韵　词第一部　戏中东辙　东钟韵，阴（又）

改 gǎi[ㄍㄞˇ] 古亥切　中开韵，上　平上，贿韵　词第五部　戏怀来辙　曲皆来韵，上

孜 zī[ㄗ] 子之切　中支韵，阴　平平，支韵　词第三部　戏一七辙　曲支思韵，阴

攸（查"亻"部）

四画

败 bài[ㄅㄞˋ] 薄迈切　中开韵，去　平去，卦韵　词第十部　戏怀来辙　曲皆来韵，去

攽 (一)bān[ㄅㄢ] 逋还切　中寒韵，阴　平平，删韵　词第七部　戏言前辙
　　(二)bīn[ㄅㄧㄣ] 卜巾切　中文韵，阴　平平，真韵　词第六部　戏人辰辙　（又）

放 (一)fàng[ㄈㄤˋ] 甫妄切　中唐韵，去　平去，漾韵　词第二部　戏江阳辙　曲江阳韵，去
　　(二)fǎng[ㄈㄤˇ] 分罔切　中唐韵，上　平上，养韵　词第二部　戏江阳辙　曲江阳韵，上（依据；模仿）
　　(三)fāng[ㄈㄤ] 分房切　中唐韵，阴　平平，阳韵　词第二部　戏江阳辙（并在一起的船）

五画

敂（同"叩"）

战 diān[ㄉㄧㄢ] 丁兼切　中寒韵，阴　平平，盐韵　词第十四部　戏言前辙

政 (一)zhèng[ㄓㄥˋ] 之盛切　中庚韵，去　平去，敬韵　词第十一部　戏中东辙　曲庚青韵，去
　　(二)zhēng[ㄓㄥ]（同"征①"）

故 gù[ㄍㄨˋ] 古暮切　中姑韵，去　平去，遇韵　词第四部　戏姑苏辙　曲鱼模韵，去

六画

敖 (一)áo[ㄠˊ] 五劳切　中豪韵，阳　平平，豪韵　词第八部　戏遥条辙　曲萧豪韵，阳
　　(二)ào[ㄠˋ]（傲慢，同"傲"）

致 (一)zhì[ㄓˋ] 陟利切　中支韵，去　平去，寘韵　词第三部　戏一七辙　曲齐微韵，去
　　(二)zhuì[ㄓㄨㄟˋ] 株卫切　中微韵，去　平去，霁韵　词第三部　戏灰堆辙（积累）

敌 dí[ㄉㄧˊ] 徒历切　中齐韵，阳　平入，锡韵　词第十七部　戏一七辙　曲齐微韵，阳

效 xiào[ㄒㄧㄠˋ] ①胡教切　中豪韵，去　平去，效韵　词第八部　戏遥条辙　曲萧豪韵，去
　　　　　　　　②下巧切　中豪韵，去　平上，巧韵　词第八部　戏遥条辙（显示；显露）

敉 mǐ[ㄇㄧˇ] 绵婢切　中齐韵，上　平上，纸韵　词第三部　戏一七辙

七画

敍（见"叙"）敗（见"败"）敘（同"叙"）敎（见"教"）啟（同"启"）

赦 shè[ㄕㄜˋ] 始夜切　中波韵，去　平去，祃韵　词第十部　戏梭波辙　曲车遮韵，去

教 (一)jiào[ㄐㄧㄠˋ] 古孝切　中豪韵，去　平去，效韵　词第八部　戏遥条辙　曲萧豪韵，去
　　(二)jiāo[ㄐㄧㄠ] 古肴切　中豪韵，阴　平平，肴韵　词第八部　戏遥条辙　曲萧豪韵，阴（传授；使令）

救 jiù[ㄐㄧㄡˋ] 居祐切　中尤韵，去　平去，宥韵　词第十二部　戏由求辙　曲尤侯韵，去

敕 chì[ㄔˋ] 耻力切　中支韵，去　平入，职韵　词第十七部　戏一七辙　曲齐微韵，上

敔 yǔ[ㄩˇ] 鱼巨切　中齐韵，上　平上，语韵　词第四部　戏一七辙　曲鱼模韵，上

敝 bì[ㄅㄧˋ] 毗祭切　中齐韵，去　平去，霁韵　词第三部　戏一七辙

敏 mǐn[ㄇㄧㄣˇ] 眉殒切　中文韵，上　平上，轸韵　词第六部　戏人辰辙　曲真文韵，上

敛 (一)liǎn[ㄌㄧㄢˇ] ①良冉切　中寒韵，上　平上，俭韵　词第十四部　戏言前辙　曲廉纤韵，上
　　　　　　　　　②力验切　中寒韵，上　平去，艳韵　词第十四部　戏言前辙　曲廉纤韵，去（又）
　　(二)lián[ㄌㄧㄢˊ] 离盐切　中寒韵，阳　平平，盐韵　词第十四部　戏言前辙（~孟）

敢 gǎn［ㄍㄢˇ］古览切　史寒韵，上　乎上，感韵　词第十四部　戏言前辙　曲监咸韵，上

敚（同"敠"）

敧（一）qī［ㄑㄧˉ］①去倚切　史齐韵，上　乎上，纸韵　词第三部　戏一七辙

　　　　　　　　②举绮切　史齐韵，上　乎上，纸韵　词第三部　戏一七辙　（不平坦）

　（二）jī［ㄐㄧ］居宜切　史齐韵，阴　乎平，支韵　词第三部　戏一七辙　（持箸取物）

敤（一）kě［ㄎㄜˇ］苦果切　史波韵，上　乎上，哿韵　词第九部　戏梭波辙

　（二）kè［ㄎㄜˋ］苦卧切　史波韵，去　乎去，箇韵　词第九部　戏梭波辙　（又）

敠 duō［ㄉㄨㄛ］丁括切　史波韵，阴　乎入，曷韵　词第十八部　戏梭波辙

散（一）sàn［ㄙㄢˋ］苏旰切　史寒韵，去　乎去，翰韵　词第七部　戏言前辙　曲寒山韵，去

　　　　(1)分开：～会　(2)分布：～于四方　(3)罢休：会赦，事得～　(4)排遣：～心

　（二）sǎn［ㄙㄢˇ］苏旱切　史寒韵，上　乎上，旱韵　词第七部　戏言前辙　曲寒山韵，上

　　　　(5)纷乱：～乱　(6)无约束：自由～漫　(7)松开：松～　(8)疏略：～略　(9)零碎：～装　⑽中药末：膏丹丸～　⑾无权责：～官　⑿文体名：～文　⒀琴曲名：广陵～　⒁酒尊名　⒂樗蒲采名　⒃姓

敬 jìng［ㄐㄧㄥˋ］居庆切　史庚韵，去　乎去，敬韵　词第十一部　戏中东辙　曲庚青韵，去

敞 chǎng［ㄔㄤˇ］昌两切　史唐韵，上　乎上，养韵　词第二部　戏江阳辙　曲江阳韵，上

敜 niè［ㄋㄧㄝˋ］奴协切　史皆韵，去　乎入，叶韵　词第十八部　戏乜斜辙

敦（一）dūn［ㄉㄨㄣ］都昆切　史文韵，阴　乎平，元韵　词第六部　戏人辰辙　曲真文韵，阴

　　　　(1)厚道：～睦邦交　(2)督促，勉励：～促　(3)诚意：～请　(4)岁星在午之年：～牂

　（二）duī［ㄉㄨㄟ］都回切　史微韵，阴　乎平，灰韵　词第三部　戏灰堆辙

　　　　(5)治理：～商之旅，克咸厥功　(6)紧迫：王事～我，政事一埤遗我　(7)孤独状：～彼独宿　(8)孜孜：～～凭书案

　（三）duì［ㄉㄨㄟˋ］都内切　史微韵，去　乎去，队韵　词第三部　戏灰堆辙　（怒，怨；古盛谷器）

　（四）dùn［ㄉㄨㄣˋ］都困切　史文韵，去　乎去，愿韵　词第六部　戏人辰辙　（竖立；高土堆）

　（五）tún［ㄊㄨㄣˊ］徒浑切　史文韵，阳　乎平，元韵　词第六部　戏人辰辙　（陈兵）

　（六）tuán［ㄊㄨㄢˊ］度官切　史寒韵，阳　乎平，寒韵　词第七部　戏言前辙　（聚拢）

　（七）diāo［ㄉㄧㄠ］丁聊切　史豪韵，阴　乎平，萧韵　词第八部　戏遥条辙　（绘饰）

　（八）dào［ㄉㄠˋ］大到切　史豪韵，去　乎去，号韵　词第八部　戏遥条辙　（覆盖）

敨 tǒu［ㄊㄡˇ］他口切　史尤韵，上　乎上，有韵　词第十二部　戏由求辙

教 xiào［ㄒㄧㄠˋ］胡教切　史豪韵，去　乎去，效韵　词第八部　戏遥条辙

娄（查"女"部）

敭（同"扬"）

敫 jiǎo［ㄐㄧㄠˇ］①以灼切　史豪韵，上　乎入，药韵　词第十六部　戏遥条辙

　　　　　　②吉了切　史豪韵，上　乎上，篠韵　词第八部　戏遥条辙　（又）

数（一）shù［ㄕㄨˋ］色句切　史姑韵，去　乎去，遇韵　词第四部　戏姑苏辙　曲鱼模韵，去

　（二）shǔ［ㄕㄨˇ］所矩切　史姑韵，上　乎上，麌韵　词第四部　戏姑苏辙　曲鱼模韵，上　（点算；～落）

　（三）shuò［ㄕㄨㄛˋ］所角切　史波韵，去　乎入，觉韵　词第十六部　戏梭波辙　（屡次；多次）

　（四）cù［ㄘㄨˋ］趋玉切　史姑韵，去　乎入，沃韵　词第十五部　戏姑苏辙　（～罟）

　（五）sù［ㄙㄨˋ］苏谷切　史姑韵，去　乎入，屋韵　词第十五部　戏姑苏辙　（～珠；迟～）【《集韵》：苏谷切，音速。】

劈（查"刀"部）桼（查"木"部）

十画

敲 qiāo[ㄑㄧㄠ] ①口交切　中豪韵，阴　平平，肴韵　词第八部　戏遥条辙　曲萧豪韵，阴
　　　　　　　②苦教切　中豪韵，阴　平去，效韵　词第八部　戏遥条辙　曲萧豪韵，阴　（又）

敱 ái[ㄞˊ] 五来切　中开韵，阳　平平，灰韵　词第五部　戏怀来辙

摼（查"子"部）嫯（查"女"部）敝（查"廾"部）嫠（查"女"部）肇（查"聿"部）督（查"目"部）

十一画

數（见"数"）敵（见"敌"）

毆 ㈠qū[ㄑㄩ]（同"驱①"）
　　㈡ōu[ㄡ]（击，打，同"殴㈠"）

敷 fū[ㄈㄨ] 芳无切　中姑韵，阴　平平，虞韵　词第四部　戏姑苏辙　曲鱼模韵，阴

敹 liáo[ㄌㄧㄠˊ] 落萧切　中豪韵，阳　平平，萧韵　词第八部　戏遥条辙

漦（查"水"部）犛（查"牛"部）氂（查"毛"部）

十二画

整 zhěng[ㄓㄥˇ] 之郢切　中庚韵，上　平上，梗韵　词第十一部　戏中东辙　曲庚青韵，上

敿 jiǎo[ㄐㄧㄠˇ] 居夭切　中豪韵，上　平上，篠韵　词第八部　戏遥条辙

棨（查"木"部）氅（查"毛"部）瞥（查"目"部）

十三画

斃（见"毙"）斂（见"敛"）

斁 ㈠yì[ㄧˋ] 羊益切　中齐韵，去　平入，陌韵　词第十七部　戏一七辙
　　㈡dù[ㄉㄨˋ] 当故切　中姑韵，去　平去，遇韵　词第四部　戏姑苏辙　曲鱼模韵，去　（败坏）
　　㈢tú[ㄊㄨˊ] 同都切　中姑韵，阳　平平，虞韵　词第四部　戏姑苏辙　（涂饰）

十四画

釐（查"里"部）鞏（查"革"部）

十五画

斄 ㈠lí[ㄌㄧˊ] 里之切　中齐韵，阳　平平，支韵　词第三部　戏一七辙
　　㈡tái[ㄊㄞˊ] 落哀切　中开韵，阳　平平，灰韵　词第五部　戏怀来辙　（古地名）

十六画

斅（见"教"）斆（见"教"）

十九画

變（见"变"）

日（曰）部

日 rì[ㄖˋ] 人质切　中支韵，去　平入，质韵　词第十七部　戏一七辙　曲齐微韵，去

曰 yuē[ㄩㄝ] 王伐切　中皆韵，阴　平入，月韵　词第十八部　戏乜斜辙

一画

旦 dàn[ㄉㄢˋ] 得按切　中寒韵，去　平去，翰韵　词第七部　戏言前辙　曲寒山韵，去

旧 jiù[ㄐㄧㄡˋ] 巨救切　中尤韵，去　平去，宥韵　词第十二部　戏由求辙　曲尤侯韵，去

电（查"乚"部）

二画

叶（同"协"）

早 zǎo［ㄗㄠˇ］子皓切　叀豪韵，上　平上，皓韵　词第八部　戏遥条辙　曲萧豪韵，上

曲 ㈠qū［ㄑㄩ］①丘玉切　叀齐韵，阴　平入，沃韵　词第十五部　戏一七辙　曲鱼模韵，上

　　　　　　　　②丘六切　叀齐韵，阴　平入，屋韵　词第十五部　戏一七辙　曲鱼模韵，上　（酒~）

　　㈡qǔ［ㄑㄩˇ］颗羽切　叀齐韵，上　平上，麌韵　词第四部　戏一七辙　（乐~；散~）

旭 xù［ㄒㄩˋ］许玉切　叀齐韵，去　平入，沃韵　词第十五部　戏一七辙

旮 ㈠gā［ㄍㄚ］古黠切　叀麻韵，阴　平入，黠韵　词第十八部　戏发花辙　【借用同音字"嘎㈠"的反切。】

　　㈡xù［ㄒㄩˋ］（同"旭"）

旯 lá［ㄌㄚˊ］卢合切　叀麻韵，阳　平入，合韵　词第十九部　戏发花辙　【借用同音字"拉㈡"的反切。】

旨 zhǐ［ㄓˇ］职雉切　叀支韵，上　平上，纸韵　词第三部　戏一七辙　曲支思韵，上

曳 yè［ㄧㄝˋ］余制切　叀皆韵，去　平去，霁韵　词第三部　戏乜斜辙　曲齐微韵，去

亘（查"一"部）**旬**（查"勹"部）

三画

旳（同"的㈠"）

旰 ㈠gàn［ㄍㄢˋ］古案切　叀寒韵，去　平去，翰韵　词第七部　戏言前辙　曲寒山韵，去

　　㈡hàn［ㄏㄢˋ］侯旰切　叀寒韵，去　平上，旱韵　词第七部　戏言前辙　曲寒山韵，去　（盛大状）【《集韵》：侯旰切，音旱。】

旱 hàn［ㄏㄢˋ］胡笴切　叀寒韵，去　平上，旱韵　词第七部　戏言前辙　曲寒山韵，去

时 shí［ㄕˊ］市之切　叀支韵，阳　平平，支韵　词第三部　戏一七辙　曲支思韵，阳

旷 kuàng［ㄎㄨㄤˋ］苦谤切　叀唐韵，去　平去，漾韵　词第二部　戏江阳辙　曲江阳韵，去

旸 yáng［ㄧㄤˊ］与章切　叀唐韵，阳　平平，阳韵　词第二部　戏江阳辙　曲江阳韵，阳

更（查"一"部）

四画

旹（同"时"）**昇**（见"升"）

旺 wàng［ㄨㄤˋ］于放切　叀唐韵，去　平去，漾韵　词第二部　戏江阳辙　曲江阳韵，去

昊 hào［ㄏㄠˋ］胡老切　叀豪韵，去　平上，皓韵　词第八部　戏遥条辙　曲萧豪韵，去

昙 tán［ㄊㄢˊ］徒含切　叀寒韵，阳　平平，覃韵　词第十四部　戏言前辙　曲监咸韵，阳

者 zhě［ㄓㄜˇ］章也切　叀波韵，上　平上，马韵　词第十部　戏梭波辙　曲车遮韵，上

昔 ㈠xī［ㄒㄧ］思积切　叀齐韵，阴　平入，陌韵　词第十七部　戏一七辙　曲齐微韵，上

　　㈡cuò［ㄘㄨㄛˋ］仓各切　叀波韵，去　平入，药韵　词第十六部　戏梭波辙　（粗糙）

杲 gǎo［ㄍㄠˇ］古老切　叀豪韵，上　平上，皓韵　词第八部　戏遥条辙　曲萧豪韵，上

昃 zè［ㄗㄜˋ］阻力切　叀波韵，去　平入，职韵　词第十七部　戏梭波辙　曲皆来韵，上

昆 kūn［ㄎㄨㄣ］古浑切　叀文韵，阴　平平，元韵　词第六部　戏人辰辙　曲真文韵，阴

昌 chāng［ㄔㄤ］尺良切　叀唐韵，阴　平平，阳韵　词第二部　戏江阳辙　曲江阳韵，阴

畅 chàng［ㄔㄤˋ］丑亮切　叀唐韵，去　平去，漾韵　词第二部　戏江阳辙　曲江阳韵，去

昕 xīn［ㄒㄧㄣ］许斤切　叀文韵，阴　平平，文韵　词第六部　戏人辰辙　曲真文韵，阴

昄 bǎn［ㄅㄢˇ］布绾切　叀寒韵，上　平上，潸韵　词第七部　戏言前辙

昐 fēn［ㄈㄣ］方文切　叀文韵，阴　平平，文韵　词第六部　戏人辰辙

明 míng［ㄇㄧㄥˊ］武兵切　叀庚韵，阳　平平，庚韵　词第十一部　戏中东辙　曲庚青韵，阳

昏 ㈠hūn［ㄏㄨㄣ］呼昆切　叀文韵，阴　平平，元韵　词第六部　戏人辰辙　曲真文韵，阴

　　㈡hùn［ㄏㄨㄣˋ］呼困切　叀文韵，去　平去，愿韵　词第六部　戏人辰辙　（姓）

吻 hū[ㄏㄨ] ①呼骨切　中姑韵，阴　平入，月韵　词第十八部　戏姑苏辙

　　　　　　　②文弗切　中姑韵，阴　平入，物韵　词第十八部　戏姑苏辙　（又）

曶 hū[ㄏㄨ]　呼骨切　中姑韵，阴　平入，月韵　词第十八部　戏姑苏辙

易 yì[ㄧ丶] ①羊益切　中齐韵，去　平入，陌韵　词第十七部　戏一七辙　曲齐微韵，去

　　　　(1)交易，交换：~子而食　(2)改变：~容术　(3)古书名：~经　(4)边界：疆~

　　　　　　　②以豉切　中齐韵，去　平去，真韵　词第三部　戏一七辙　曲齐微韵，去

　　　　(5)容易，不费力：轻~　(6)平和：平~近人　(7)平坦：路之险~　(8)不繁琐：简~　(9)轻视：国无小，不可~

　　　　也 (10)芟治草木：~其田畴

昀 yún[ㄩㄣˊ]　俞伦切　中文韵，阳　平平，真韵　词第六部　戏人辰辙

昂 áng[ㄤˊ]　五刚切　中唐韵，阳　平平，阳韵　词第二部　戏江阳辙　曲江阳韵，阳

旻 mín[ㄇㄧㄣˊ]　武巾切　中文韵，阳　平平，真韵　词第六部　戏人辰辙　曲真文韵，阳

昉 fǎng[ㄈㄤˇ]　分两切　中唐韵，上　平上，养韵　词第二部　戏江阳辙　曲江阳韵，上

沪 hù[ㄏㄨ丶]　侯古切　中姑韵，去　平上，麌韵　词第四部　戏姑苏辙

東（查"木"部）**杳**（查"木"部）**果**（查"木"部）**卓**（查"十"部）**沓**（查"水"部）**炅**（查"火"部）

<h2 style="text-align:center">五画</h2>

昺（同"曷"）**旾**（同"慎"）**易**（同"阳"）**昫**（同"煦㈠"）**疽**（同"夜"）**昬**（同"昏㈠"）

春 ㈠chūn[ㄔㄨㄣ]　昌唇切　中文韵，阴　平平，真韵　词第六部　戏人辰辙　曲真文韵，阴

　　 ㈡chǔn[ㄔㄨㄣˇ]　尺尹切　中文韵，上　平上，轸韵　词第六部　戏人辰辙　（振作）

昧 ㈠mèi[ㄇㄟ丶]　莫佩切　中微韵，去　平去，队韵　词第三部　戏灰堆辙　曲齐微韵，去

　　 ㈡wěn[ㄨㄣˇ]　亡粉切　中文韵，上　平上，吻韵　词第六部　戏人辰辙　（割）

　　 ㈢mò[ㄇㄛ丶]　莫拨切　中波韵，去　平入，曷韵　词第十八部　戏梭波辙　（人名用字）

是 shì[ㄕ丶]　承纸切　中支韵，去　平上，纸韵　词第三部　戏一七辙　曲支思韵，去

昺 bǐng[ㄅㄧㄥˇ]　兵永切　中庚韵，上　平上，梗韵　词第十一部　戏中东辙

昽 lóng[ㄌㄨㄥˊ] ①卢红切　中庚韵，阳　平平，东韵　词第一部　戏中东辙　曲东钟韵，阳

　　　　　　　②力董切　中庚韵，阳　平上，董韵　词第一部　戏中东辙　曲东钟韵，阳　（又）

显 xiǎn[ㄒㄧㄢˇ]　乎典切　中寒韵，上　平上，铣韵　词第七部　戏言前辙　曲先天韵，上

冒 ㈠mào[ㄇㄠ丶]　莫报切　中豪韵，去　平去，号韵　词第八部　戏遥条辙　曲萧豪韵，去

　　 ㈡mò[ㄇㄛ丶]　莫北切　中波韵，去　平入，职韵　词第十七部　戏梭波辙　（~顿单于）

映 yìng[ㄧㄥ丶] ①於敬切　中庚韵，去　平去，敬韵　词第十一部　戏中东辙　曲庚青韵，去

　　　　　　　②乌朗切　中唐韵，上　平上，养韵　词第二部　戏江阳辙　（遮蔽，不明）

星 xīng[ㄒㄧㄥ]　桑经切　中庚韵，阴　平平，青韵　词第十一部　戏中东辙　曲庚青韵，阴

昳 ㈠dié[ㄉㄧㄝˊ]　徒结切　中皆韵，阳　平入，屑韵　词第十八部　戏乜斜辙

　　 ㈡yì[ㄧ丶]　夷质切　中齐韵，去　平入，质韵　词第十七部　戏一七辙　（~丽）【音"逸"，用其反切。】

昨 ㈠zuó[ㄗㄨㄛˊ]　在各切　中波韵，阳　平入，药韵　词第十六部　戏梭波辙　曲萧豪韵，阳

　　 ㈡zuò[ㄗㄨㄛ丶]　（~席 – 酢席，同"酢㈠"）

曷 ㈠hé[ㄏㄜˊ]　胡葛切　中波韵，阳　平入，曷韵　词第十八部　戏梭波辙

　　 ㈡è[ㄜ丶]　（止，同"遏"）

　　 ㈢xiē[ㄒㄧㄝ]　（~鼻 – 蝎鼻，同"蝎㈠"）

昴 mǎo[ㄇㄠˇ]　莫饱切　中豪韵，上　平上，巧韵　词第八部　戏遥条辙　曲萧豪韵，上

昝 zǎn[ㄗㄢˇ]　子感切　中寒韵，上　平上，感韵　词第十四部　戏言前辙　曲监咸韵，上

昱 yù[ㄩ丶]　余六切　中齐韵，去　平入，屋韵　词第十五部　戏一七辙

昡 xuàn[ㄒㄩㄢ丶]　荧绢切　中寒韵，去　平去，霰韵　词第七部　戏言前辙

昶 ㈠chǎng[ㄔㄤˇ]　丑两切　中唐韵，上　平上，养韵　词第二部　戏江阳辙　曲江阳韵，上

（二）chàng［彳尤 ˋ］丑亮切　史唐韵，去　平去，漾韵　词第二部　戏江阳辙　（通达）

昵（一）nì［ㄋ丨 ˋ］尼质切　史齐韵，去　平入，质韵　词第十七部　戏一七辙

　　（二）nǐ［ㄋ丨 ˇ］乃礼切　史齐韵，上　平上，荠韵　词第三部　戏一七辙　（襧庙）

　　（三）zhī［ㄓ］质力切　史支韵，阴　平入，职韵　词第十七部　戏一七辙　（脂膏）

昲 fèi［ㄈㄟ ˋ］芳未切　史微韵，去　平去，未韵　词第三部　戏灰堆辙

昢 pò［ㄆㄛ ˋ］普没切　史波韵，去　平入，月韵　词第十八部　戏梭波辙

昭 zhāo［ㄓㄠ］止遥切　史豪韵，阴　平平，萧韵　词第八部　戏遥条辙　曲萧豪韵，阴

昪 biàn［ㄅ丨ㄢ ˋ］皮变切　史寒韵，去　平去，霰韵　词第七部　戏言前辙

查（查"木"部）昼（查"尸"部）

六画

時（见"时"）晉（见"晋"）晈（同"皎"）書（见"书"）

晋 jìn［ㄐ丨ㄣ ˋ］即刃切　史文韵，去　平去，震韵　词第六部　戏人辰辙　曲真文韵，去

晅（一）xuǎn［ㄒㄩㄢ ˇ］火远切　史寒韵，上　平上，阮韵　词第七部　戏言前辙

　　（二）xuān［ㄒㄩㄢ］许元切　史寒韵，阴　平平，元韵　词第七部　戏言前辙　（旧读）

晒 shài［ㄕㄞ ˋ］①所卖切　史开韵，去　平去，卦韵　词第十部　戏怀来辙　曲皆来韵，去

　　　　　　　　②所蟹切　史开韵，去　平上，蟹韵　词第五部　戏怀来辙　曲皆来韵，去　（又）

　　　　　　　　③所寄切　史开韵，去　平去，寘韵　词第三部　戏怀来辙　（日光照射）

晟 shèng［ㄕㄥ ˋ］承正切　史庚韵，去　平去，敬韵　词第十一部　戏中东辙

晓 xiǎo［ㄒ丨ㄠ ˇ］馨晶切　史豪韵，上　平上，篠韵　词第八部　戏遥条辙　曲萧豪韵，上

晃（一）huǎng［ㄏㄨㄤ ˇ］胡广切　史唐韵，上　平上，养韵　词第二部　戏江阳辙　曲江阳韵，去

　　（二）huàng［ㄏㄨㄤ ˋ］胡广切　史唐韵，去　平上，养韵　词第二部　戏江阳辙　曲江阳韵，去　（摇摆）【借用同音字"滉"的反切。】

晑（一）xū［ㄒㄩ］况于切　史齐韵，阴　平平，虞韵　词第四部　戏一七辙

　　（二）xǔ［ㄒㄩ ˇ］况羽切　史齐韵，上　平上，麌韵　词第四部　戏一七辙　（又）

晔 yè［丨ㄝ ˋ］①筮辄切　史皆韵，去　平入，叶韵　词第十八部　戏乜斜辙

　　　　　　②为立切　史皆韵，去　平入，缉韵　词第十七部　戏乜斜辙　（又）

晌 shǎng［ㄕㄤ ˇ］始两切　史唐韵，上　平上，养韵　词第二部　戏江阳辙　曲江阳韵，上

晁（一）cháo［彳ㄠ ˊ］直遥切　史豪韵，阳　平平，萧韵　词第八部　戏遥条辙　曲萧豪韵，阳

　　（二）chào［彳ㄠ ˋ］直绍切　史豪韵，去　平上，篠韵　词第八部　戏遥条辙　（~阳）

　　（三）zhāo［ㄓㄠ］（早晨，同"朝（一）"）

晐 gāi［ㄍㄞ］古哀切　史开韵，阴　平平，灰韵　词第五部　戏怀来辙

晏 yàn［丨ㄢ ˋ］乌涧切　史寒韵，去　平去，谏韵　词第七部　戏言前辙　曲寒山韵，去

晖 huī［ㄏㄨㄟ］许归切　史微韵，阴　平平，微韵　词第三部　戏灰堆辙　曲齐微韵，阴

晕（一）yùn［ㄩㄣ ˋ］王问切　史文韵，去　平去，问韵　词第六部　戏人辰辙　曲真文韵，去

　　（二）yūn［ㄩㄣ］王问切　史文韵，阴　平去，问韵　词第六部　戏人辰辙　（~倒；头~）

耆（查"老"部）蛋（查"疋"部）

七画

晣（同"晢"）勗（同"勖（一）"）晜（同"昆"）晝（见"昼"）

晢 zhé［ㄓㄜ ˊ］旨热切　史波韵，阳　平入，屑韵　词第十八部　戏梭波辙

晡 bū［ㄅㄨ］奔模切　史姑韵，阴　平平，虞韵　词第四部　戏姑苏辙

曹 cáo［ㄘㄠ ˊ］昨劳切　史豪韵，阳　平平，豪韵　词第八部　戏遥条辙　曲萧豪韵，阳

晤 wù［ㄨ ˋ］五故切　史姑韵，去　平去，遇韵　词第四部　戏姑苏辙

晨 chén[彳ㄣˊ] 植邻切　中文韵，阳　平平，真韵　词第六部　戏人辰辙　曲真文韵，阳

晛 xiàn[ㄒㄧㄢˋ] ①奴甸切　中寒韵，去　平去，霰韵　词第七部　戏言前辙

　　　　　　　　②胡典切　中寒韵，去　平上，铣韵　词第七部　戏言前辙　（明亮）

曼 màn[ㄇㄢˋ] ①无贩切　中寒韵，去　平去，愿韵　词第七部　戏言前辙　曲寒山韵，去

　　　　　　　②母伴切　中寒韵，去　平上，旱韵　词第七部　戏言前辙　曲寒山韵，去　（漫漶）

　　　　　　　③莫半切　中寒韵，去　平去，翰韵　词第七部　戏言前辙　曲寒山韵，去　（~衍）

晧 hào[ㄏㄠˋ] 胡老切　中豪韵，去　平上，皓韵　词第八部　戏遥条辙

晦 huì[ㄏㄨㄟˋ] 荒内切　中微韵，去　平去，队韵　词第三部　戏灰堆辙　曲齐微韵，去

晞 xī[ㄒㄧ] 香衣切　中齐韵，阴　平平，微韵　词第三部　戏一七辙

晗 hán[ㄏㄢˊ] 胡南切　中寒韵，阳　平平，覃韵　词第十四部　戏言前辙

晚 wǎn[ㄨㄢˇ] 无远切　中寒韵，上　平上，阮韵　词第七部　戏言前辙　曲寒山韵，上

冕 miǎn[ㄇㄧㄢˇ] 亡辨切　中寒韵，上　平上，铣韵　词第七部　戏言前辙　曲先天韵，上

晙 jùn[ㄐㄩㄣˋ] 子峻切　中文韵，去　平去，震韵　词第六部　戏人辰辙

匙（查"匕"部）

八画

暎（同"映①"）晳（同"晰"）寮（同"燎㈢"）

晴 qíng[ㄑㄧㄥˊ] 疾盈切　中庚韵，阳　平平，庚韵　词第十一部　戏中东辙　曲庚青韵，阳

替 tì[ㄊㄧˋ] 他计切　中齐韵，去　平去，霁韵　词第三部　戏一七辙　曲齐微韵，去

暑 shǔ[ㄕㄨˇ] 舒吕切　中姑韵，上　平上，语韵　词第四部　戏姑苏辙　曲鱼模韵，上

最 zuì[ㄗㄨㄟˋ] 祖外切　中微韵，去　平去，泰韵　词第三部　戏灰堆辙　曲齐微韵，去

晰 xī[ㄒㄧ] 先的切　中齐韵，阴　平入，锡韵　词第十七部　戏一七辙

晻 ㈠ yǎn[ㄧㄢˇ] 衣俭切　中寒韵，上　平上，俭韵　词第十四部　戏言前辙　曲廉纤韵，上

　㈡ àn[ㄢˋ] 乌绀切　中寒韵，去　平去，勘韵　词第十四部　戏言前辙　曲监咸韵，上　（昏暗）

　㈢ ǎn[ㄢˇ] 乌感切　中寒韵，上　平上，感韵　词第十四部　戏言前辙　曲监咸韵，上　（~蔼）

暂 zàn[ㄗㄢˋ] 藏滥切　中寒韵，去　平去，勘韵　词第十四部　戏言前辙　曲监咸韵，去

晫 zhuó[ㄓㄨㄛˊ] 竹角切　中波韵，阳　平入，觉韵　词第十六部　戏梭波辙

晶 jīng[ㄐㄧㄥ] 子盈切　中庚韵，阴　平平，庚韵　词第十一部　戏中东辙　曲庚青韵，阴

智 ㈠ zhì[ㄓˋ] 知义切　中支韵，去　平去，寘韵　词第三部　戏一七辙　曲齐微韵，去

　㈡ zhī[ㄓ]　（认知，同"知㈠"）

晲 nǐ[ㄋㄧˇ] 研启切　中齐韵，上　平上，荠韵　词第三部　戏一七辙

曂 ㈠ wǎng[ㄨㄤˇ] 于两切　中唐韵，上　平上，养韵　词第二部　戏江阳辙

　㈡ wàng[ㄨㄤˋ] 于放切　中唐韵，去　平去，漾韵　词第二部　戏江阳辙　（通"旺"）

晷 guǐ[ㄍㄨㄟˇ] 居洧切　中微韵，上　平上，纸韵　词第三部　戏灰堆辙　曲齐微韵，上

晾 liàng[ㄌㄧㄤˋ] 里样切　中唐韵，去　平去，漾韵　词第二部　戏江阳辙

景 ㈠ jǐng[ㄐㄧㄥˇ] 居影切　中庚韵，上　平上，梗韵　词第十一部　戏中东辙　曲庚青韵，上

　㈡ yǐng[ㄧㄥˇ] 於境切　中庚韵，上　平上，梗韵　词第十一部　戏中东辙　曲庚青韵，上　（影子）

晬 zuì[ㄗㄨㄟˋ] 子对切　中微韵，去　平去，队韵　词第三部　戏灰堆辙

普 pǔ[ㄆㄨˇ] 滂古切　中姑韵，上　平上，麌韵　词第四部　戏姑苏辙　曲鱼模韵，上

曾 ㈠ zēng[ㄗㄥ] 作滕切　中庚韵，阴　平平，蒸韵　词第十一部　戏中东辙　曲庚青韵，阴

　㈡ céng[ㄘㄥˊ] 昨棱切　中庚韵，阳　平平，蒸韵　词第十一部　戏中东辙　曲庚青韵，阳　（~经）

晼 wǎn[ㄨㄢˇ] 於阮切　中寒韵，上　平上，阮韵　词第七部　戏言前辙

量（查"里"部）猒（查"犬"部）鲁（查"鱼"部）

九画

尠（同"鲜㈡：①"） 昜（见"旸"） 暒（同"晴"） 會（见"会"） 暉（见"晖"） 暈（见"晕"）

梀 jiǎn［ㄐㄧㄢˇ］古限切 史寒韵，上 平上，潸韵 词第七部 戏言前辙

暍 ㈠yē［ㄧㄝ］於歇切 史皆韵，阴 平入，月韵 词第十八部 戏乜斜辙
　　㈡hè［ㄏㄜˋ］许葛切 史波韵，去 平入，曷韵 词第十八部 戏梭波辙 （炎热）

暖 ㈠nuǎn［ㄋㄨㄢˇ］乃管切 史寒韵，上 平上，旱韵 词第七部 戏言前辙 曲桓欢韵，上
　　㈡xuān［ㄒㄩㄢ］许元切 史寒韵，阴 平平，元韵 词第七部 戏言前辙 （～姝）

暆 yí［ㄧˊ］弋支切 史齐韵，阳 平平，支韵 词第三部 戏一七辙

暗 àn［ㄢˋ］乌绀切 史寒韵，去 平去，勘韵 词第十四部 戏言前辙 曲监咸韵，去

暅 ㈠gèng［ㄍㄥˋ］居邓切 史庚韵，去 平去，径韵 词第十一部 戏中东辙
　　㈡xuǎn［ㄒㄩㄢˇ］况晚切 史寒韵，上 平上，阮韵 词第七部 戏言前辙 （日气）

暄 xuān［ㄒㄩㄢ］况袁切 史寒韵，阴 平平，元韵 词第七部 戏言前辙 曲先天韵，阴

暇 ㈠xiá［ㄒㄧㄚˊ］胡驾切 史麻韵，阳 平去，祃韵 词第十部 戏发花辙 曲家麻韵，去
　　㈡xià［ㄒㄧㄚˋ］胡驾切 史麻韵，去 平去，祃韵 词第十部 戏发花辙 曲家麻韵，去 （旧读）
　　㈢jiǎ［ㄐㄧㄚˇ］古疋切 史麻韵，上 平上，马韵 词第十部 戏发花辙 （赞叹壮伟的事物）【《方言・注》：音贾。用其反切。】

暋 ㈠mǐn［ㄇㄧㄣˇ］眉殒切 史文韵，上 平上，轸韵 词第六部 戏人辰辙
　　㈡mín［ㄇㄧㄣˊ］眉贫切 史文韵，阳 平平，真韵 词第六部 戏人辰辙 （郁闷）

暐 wěi［ㄨㄟˇ］于鬼切 史微韵，上 平上，尾韵 词第三部 戏灰堆辙

暌 kuí［ㄎㄨㄟˊ］去圭切 史微韵，阳 平平，齐韵 词第三部 戏灰堆辙

韪（查"韦"部） 寣（查"宀"部） 畜（查"子"部）

十画

暱（同"昵㈠"） 曄（见"晔"） 暢（见"畅"） 嘗（见"尝"）

暍 ㈠qiè［ㄑㄧㄝˋ］丘竭切 史皆韵，去 平入，屑韵 词第十八部 戏乜斜辙
　　㈡jiē［ㄐㄧㄝ］丘竭切 史皆韵，阴 平入，屑韵 词第十八部 戏乜斜辙 （旧读）

暕 yìn［ㄧㄣˋ］羊晋切 史文韵，去 平去，震韵 词第六部 戏人辰辙

暧 ài［ㄞˋ］乌代切 史开韵，去 平去，队韵 词第五部 戏怀来辙

嗡 wěng［ㄨㄥˇ］邬孔切 史庚韵，上 平上，董韵 词第一部 戏中东辙

暠 ㈠gǎo［ㄍㄠˇ］古老切 史豪韵，上 平上，皓韵 词第八部 戏遥条辙
　　㈡hào［ㄏㄠˋ］下老切 史豪韵，去 平上，皓韵 词第八部 戏遥条辙 （洁白）

暝 ㈠míng［ㄇㄧㄥˊ］莫经切 史庚韵，阳 平平，青韵 词第十一部 戏中东辙 曲庚青韵，阳
　　㈡mìng［ㄇㄧㄥˋ］莫定切 史庚韵，去 平去，径韵 词第十一部 戏中东辙 曲庚青韵，去 （日暮）

暮（查"艹"部） 暨（查"旡"部）

十一画

暬（同"亵"） 暫（见"暂"） 暵（同"??"）

暵 hàn［ㄏㄢˋ］①呼旱切 史寒韵，去 平上，旱韵 词第七部 戏言前辙
　　　　　　　　②呼旰切 史寒韵，去 平去，翰韵 词第七部 戏言前辙 （又）

暴 ㈠bào［ㄅㄠˋ］薄报切 史豪韵，去 平去，号韵 词第八部 戏遥条辙 曲萧豪韵，去
　　㈡pù［ㄆㄨˋ］蒲木切 史姑韵，去 平入，屋韵 词第十五部 戏姑苏辙 曲鱼模韵，上 （显露；晒）
　　㈢bó［ㄅㄛˊ］北角切 史波韵，阳 平入，觉韵 词第十六部 戏梭波辙 （鼓起；脱落）

曏 ㈠xiàng［ㄒㄧㄤˋ］①许亮切 史唐韵，去 平去，漾韵 词第二部 戏江阳辙
　　　　　　　　　　②许两切 史唐韵，去 平上，养韵 词第二部 戏江阳辙 （向往）

（二）shǎng［ㄕㄤˇ］书两切　史唐韵，上　乎上，养韵　词第二部　戏江阳辙　曲江阳韵，上　（同"晌"）

题（查"页"部）**暹**（查"辶"部）

十二画

曉（见"晓"）**曇**（见"昙"）**曆**（见"历"）

曀 yì［ㄧˋ］於计切　史齐韵，去　乎去，霁韵　词第三部　戏一七辙

曆 fēn［ㄈㄣ］弗曾切　史文韵，阴　乎平，蒸韵　词第十一部　戏人辰辙

曌 zhào［ㄓㄠˋ］之笑切　史豪韵，去　乎去，啸韵　词第八部　戏遥条辙

暾 tūn［ㄊㄨㄣ］他昆切　史文韵，阴　乎平，元韵　词第六部　戏人辰辙　曲真文韵，阴

曈 tóng［ㄊㄨㄥˊ］①徒红切　史庚韵，阳　乎平，东韵　词第一部　戏中东辙　曲东钟韵，阳
　　　　　　　　　　②他孔切　史庚韵，阳　乎上，董韵　词第一部　戏中东辙　曲东钟韵，阳　（又）

曊 fèi［ㄈㄟˋ］芳微切　史微韵，去　乎平，微韵　词第三部　戏灰堆辙

十三画

暖（见"暖"）

曏 pò［ㄆㄛˋ］匹角切　史波韵，去　乎入，觉韵　词第十六部　戏梭波辙

曚 méng［ㄇㄥˊ］①莫孔切　史庚韵，阳　乎上，董韵　词第一部　戏中东辙
　　　　　　　　　②谟蓬切　史庚韵，阳　乎平，东韵　词第一部　戏中东辙　（又）

曙 shǔ［ㄕㄨˇ］常恕切　史姑韵，上　乎去，御韵　词第四部　戏姑苏辙　曲鱼模韵，去

曙（查"水"部）

十四画

题（见"题"）**韪**（见"韪"）**曠**（见"旷"）

瞮 qī［ㄑㄧ］去急切　史齐韵，阴　乎入，缉韵　词第十七部　戏一七辙

曛 xūn［ㄒㄩㄣ］许云切　史文韵，阴　乎平，文韵　词第六部　戏人辰辙　曲真文韵，阴

曜 yào［ㄧㄠˋ］弋照切　史豪韵，去　乎去，啸韵　词第八部　戏遥条辙　曲萧豪韵，去

十五画

曡（同"叠"）

曝（一）pù［ㄆㄨˋ］蒲木切　史姑韵，去　乎入，屋韵　词第十五部　戏姑苏辙
　　（二）bào［ㄅㄠˋ］薄报切　史豪韵，去　乎去，号韵　词第八部　戏遥条辙　（～光）

十六画

曨（见"昽"）

曣 yàn［ㄧㄢˋ］①於谏切　史寒韵，去　乎去，谏韵　词第七部　戏言前辙
　　　　　　　　　②伊甸切　史寒韵，去　乎去，霰韵　词第七部　戏言前辙　（又）

曦 xī［ㄒㄧ］许羁切　史齐韵，阴　乎平，支韵　词第三部　戏一七辙　曲齐微韵，阴

十七画

曩 nǎng［ㄋㄤˇ］奴朗切　史唐韵，上　乎上，养韵　词第二部　戏江阳辙

十九画

曬（见"晒"）

曮 yǎn［ㄧㄢˇ］鱼掩切　史寒韵，上　乎上，俭韵　词第十四部　戏言前辙

二十画

蠶（见"蚕（一）"）

矘 tǎng［ㄊㄤ ˇ］他朗切　史唐韵，上　平上，养韵　词第二部　戏江阳辙

水（氺氵）部

水 shuǐ［ㄕㄨㄟ ˇ］式轨切　史微韵，上　平上，纸韵　词第三部　戏灰堆辙　曲齐微韵，上

一画

氷（同"冰㈠"）氹（同"凼"）

永 yǒng［ㄩㄥ ˇ］①于憬切　史庚韵，上　平上，梗韵　词第十一部　戏中东辙　曲东钟韵，上

②于憬切　史庚韵，上　平上，梗韵　词第十一部　戏中东辙　曲庚青韵，上　（又）

二画

氽 tǔn［ㄊㄨㄣ ˇ］土垦切　史文韵，上　平上，阮韵　词第六部　戏人辰辙

汆 ㈠cuān［ㄘㄨㄢ］七丸切　史寒韵，阴　平平，寒韵　词第七部　戏言前辙【现代字。借用同音字"撺㈠"的反切。】

㈡mì［ㄇㄧ ˋ］莫计切　史齐韵，阳　平去，霁韵　词第三部　戏一七辙　曲齐微韵，去　（通"没㈡"）【《中原音韵》：音同"谜"。用其反切】

求 qiú［ㄑㄧㄡ ˊ］巨鸠切　史尤韵，阳　平平，尤韵　词第十二部　戏由求辙　曲尤侯韵，阳

汁 ㈠zhī［ㄓ］之入切　史支韵，阴　平入，缉韵　词第十七部　戏一七辙　曲齐微韵，上

㈡xié［ㄒㄧㄝ ˊ］撷颊切　史皆韵，阳　平入，叶韵　词第十八部　戏乜斜辙　（和协）

㈢shí［ㄕ ˊ］（～方－什邡，同"什㈠"）

汀 ㈠tīng［ㄊㄧㄥ］①他丁切　史庚韵，阴　平平，青韵　词第十一部　戏中东辙　曲庚青韵，阴

②他定切　史庚韵，去　平去，径韵　词第十一部　戏中东辙　（～瀅）

㈡dìng［ㄉㄧㄥ ˋ］待鼎切　史庚韵，去　平上，迥韵　词第十一部　戏中东辙　（～汀）

汇 huì［ㄏㄨㄟ ˋ］①胡罪切　史微韵，去　平上，贿韵　词第三部　戏灰堆辙

②苦淮切　史微韵，去　平平，佳韵　词第五部　戏灰堆辙　（又）

(1)河流相会合：～流　(2)寄钱：～款　(3)指外汇：出口创～

③于贵切　史微韵，去　平去，未韵　词第三部　戏灰堆辙

(4)同类：物继其～　(5)聚合：～集　(6)会聚在一起的东西：词～　(7)繁盛：柯叶～而灵茂

汃 ㈠bīn［ㄅㄧㄣ］府巾切　史文韵，阴　平平，真韵　词第六部　戏人辰辙　（古国名）

㈡pà［ㄆㄚ ˋ］普八切　史麻韵，去　平入，黠韵　词第十八部　戏发花辙　（水波相击声）

氿 ㈠guǐ［ㄍㄨㄟ ˇ］居洧切　史微韵，上　平上，纸韵　词第三部　戏灰堆辙

㈡jiǔ［ㄐㄧㄡ ˇ］举有切　史尤韵，上　平上，有韵　词第十二部　戏由求辙　（湖名）【方言字。借用同音字"九"的反切。】

汈 diāo［ㄉㄧㄠ］都聊切　史豪韵，阴　平平，萧韵　词第八部　戏遥条辙【方言字。借用同音字"刁"的反切。】

汉 hàn［ㄏㄢ ˋ］呼旰切　史寒韵，去　平去，翰韵　词第七部　戏言前辙　曲寒山韵，去

氾 ㈠fàn［ㄈㄢ ˋ］孚梵切　史寒韵，去　平去，陷韵　词第十四部　戏言前辙

㈡fán［ㄈㄢ ˊ］符凡切　史寒韵，阳　平平，咸韵　词第十四部　戏言前辙　（古国名）

冰（查"冫"部）丞（查"一"部）凼（查"凵"部）

三画

污（同"污"）汏（同"汰"）汒（同"茫"）

汞 gǒng［ㄍㄨㄥ ˇ］胡孔切　史庚韵，上　平上，董韵　词第一部　戏中东辙　曲东钟韵，上

汗 ㈠hàn［ㄏㄢ ˋ］侯旰切　史寒韵，去　平去，翰韵　词第七部　戏言前辙　曲寒山韵，去

㈡hán［ㄏㄢ ˊ］胡安切　史寒韵，阳　平平，寒韵　词第七部　戏言前辙　曲寒山韵，阳　（可～）

㈢gān［ㄍㄢ］古寒切　史寒韵，阴　平平，寒韵　词第七部　戏言前辙　（余～县）

汙 ㈠wū［ㄨ］①哀都切　史姑韵，阴　平平，虞韵　词第四部　戏姑苏辙　曲鱼模韵，阴
　　　　(1)不流动的水：潢～行潦之水　(2)不清洁：旧染～俗　(3)耻辱：骞～之名　(4)劳苦：处不辟～，出不逃难
　　　　　　②乌路切　史姑韵，阴　平去，遇韵　词第四部　戏姑苏辙　曲鱼模韵，去　（玷污；洗涤）
　　㈡wā［ㄨㄚ］乌瓜切　史麻韵，阴　平平，麻韵　词第十部　戏发花辙
　　　　(5)低洼　(6)挖坑：～尊抔饮　(7)夸大：智足以知圣人，～不至阿其所好
　　㈢yū［ㄩ］云俱切　史齐韵，阴　平平，虞韵　词第四部　戏一七辙　（曲折）
　　㈣yú［ㄩˊ］羽俱切　史齐韵，阳　平平，虞韵　词第四部　戏一七辙　（古水名）

污 wū［ㄨ］①哀都切　史姑韵，阴　平平，虞韵　词第四部　戏姑苏辙　曲鱼模韵，阴
　　　　②乌路切　史姑韵，阴　平去，遇韵　词第四部　戏姑苏辙　曲鱼模韵，去　（玷～）

江 jiāng［ㄐㄧㄤ］古双切　史唐韵，阴　平平，江韵　词第二部　戏江阳辙　曲江阳韵，阴

汕 shàn［ㄕㄢˋ］①所简切　史寒韵，去　平上，潸韵　词第七部　戏言前辙　曲寒山韵，去
　　　　②所晏切　史寒韵，去　平去，谏韵　词第七部　戏言前辙　曲寒山韵，去　（又）

汔 qì［ㄑㄧˋ］许讫切　史齐韵，去　平入，屋韵　词第十五部　戏一七辙

汋 ㈠zhuó［ㄓㄨㄛˊ］①士角切　史波韵，阳　平入，觉韵　词第十六部　戏梭波辙
　　　　　　②市若切　史波韵，阳　平入，药韵　词第十六部　戏梭波辙　（又）
　　㈡yuè［ㄩㄝˋ］弋灼切　史皆韵，去　平入，药韵　词第十六部　戏乜斜辙　（水名）
　　㈢què［ㄑㄩㄝˋ］七约切　史皆韵，去　平入，药韵　词第十六部　戏乜斜辙　（古地名）

汎 ㈠fàn［ㄈㄢˋ］孚梵切　史寒韵，去　平去，陷韵　词第十四部　戏言前辙
　　㈡féng［ㄈㄥˊ］房戎切　史庚韵，阳　平平，东韵　词第一部　戏中东辙　（～淫）
　　㈢fá［ㄈㄚˊ］扶法切　史麻韵，阳　平入，洽韵　词第十九部　戏发花辙　（水声）

汍 ㈠wán［ㄨㄢˊ］胡官切　史寒韵，阳　平平，寒韵　词第七部　戏言前辙
　　㈡huán［ㄏㄨㄢˊ］胡端切　史寒韵，阳　平平，寒韵　词第七部　戏言前辙　（旧读）

汲 jí［ㄐㄧˊ］居立切　史齐韵，阳　平入，缉韵　词第十七部　戏一七辙　曲齐微韵，上

汐 xī［ㄒㄧ］祥易切　史齐韵，阴　平入，陌韵　词第十七部　戏一七辙

汛 xùn［ㄒㄩㄣˋ］①息晋切　史文韵，去　平去，震韵　词第六部　戏人辰辙
　　　　②苏佃切　史文韵，去　平去，霰韵　词第七部　戏人辰辙　（又）
　　　　③所卖切　史文韵，去　平去，卦韵　词第十部　戏人辰辙　（又）

汜 sì［ㄙˋ］详里切　史支韵，去　平上，纸韵　词第三部　戏一七辙　曲支思韵，去

池 ㈠chí［ㄔˊ］直离切　史支韵，阳　平平，支韵　词第三部　戏一七辙　曲齐微韵，阳
　　㈡tuó［ㄊㄨㄛˊ］徒何切　史波韵，阳　平平，歌韵　词第九部　戏梭波辙　（陂～）

汝 rǔ［ㄖㄨˇ］人渚切　史姑韵，上　平上，语韵　词第四部　戏姑苏辙　曲鱼模韵，上

汤 ㈠tāng［ㄊㄤ］吐郎切　史唐韵，阴　平平，阳韵　词第二部　戏江阳辙　曲江阳韵，阴
　　㈡shāng［ㄕㄤ］式羊切　史唐韵，阴　平平，阳韵　词第二部　戏江阳辙　曲江阳韵，阴　（～～洪水）
　　㈢dàng［ㄉㄤˋ］　（游荡，冲冒，同"荡㈠"）
　　㈣yáng［ㄧㄤˊ］　（～谷，同"旸"）
　　㈤tàng［ㄊㄤˋ］　（加热，同"烫"）

汊 chà［ㄔㄚˋ］楚嫁切　史麻韵，去　平去，祃韵　词第十部　戏发花辙

录（查"彐"部）尿（查"尸"部）

四画

沄（同"沄㈠"）冲（同"冲㈠"）汲（同"汴"）没（同"没"）决（同"决"）

沓 ㈠tà［ㄊㄚˋ］徒合切　史麻韵，去　平入，合韵　词第十九部　戏发花辙　曲家麻韵，阳
　　㈡dá［ㄉㄚˊ］达合切　史麻韵，阳　平入，合韵　词第十九部　戏发花辙　曲家麻韵，阳　（量词）【《广韵》：达合切。用之。】

氹 (一)zhuǐ[ㄓㄨㄟˇ] 之累切　中微韵，上　平上，纸韵　词第三部　戏灰堆辙　（两河并行）

　　(二)zǐ[ㄗˇ] 即里切　中支韵，上　平上，纸韵　词第三部　戏一七辙　（险滩）　【杨慎《谭苑醍醐》注："氹，音子。"用其反切。】

沣 fēng[ㄈㄥ] 敷空切　中庚韵，阴　平平，东韵　词第一部　戏中东辙

汪 (一)wāng[ㄨㄤ] 乌光切　中唐韵，阴　平平，阳韵　词第二部　戏江阳辙　曲江阳韵，阴

　　(二)wǎng[ㄨㄤˇ] 纡往切　中唐韵，上　平上，养韵　词第二部　戏江阳辙　（~陶县）

汧 qiān[ㄑㄧㄢ] ①苦坚切　中寒韵，阴　平平，先韵　词第七部　戏言前辙

　　　　　　②苦甸切　中寒韵，阴　平去，霰韵　词第七部　戏言前辙　（又）

沅 yuán[ㄩㄢˊ] 愚袁切　中寒韵，阳　平平，元韵　词第七部　戏言前辙

沄 yún[ㄩㄣˊ] ①王分切　中文韵，阳　平平，文韵　词第六部　戏人辰辙

　　　　　　②户昆切　中文韵，阳　平平，元韵　词第六部　戏人辰辙　（又）

沐 mù[ㄇㄨˋ] 莫卜切　中姑韵，去　平入，屋韵　词第十五部　戏姑苏辙　曲鱼模韵，去

沛 pèi[ㄆㄟˋ] 普盖切　中微韵，去　平去，泰韵　词第三部　戏灰堆辙　曲齐微韵，去

沔 miǎn[ㄇㄧㄢˇ] 弥兖切　中寒韵，上　平上，铣韵　词第七部　戏言前辙　曲先天韵，上

汰 (一)tài[ㄊㄞˋ] ①他盖切　中开韵，去　平去，泰韵　词第五部　戏怀来辙　曲皆来韵，去

　　　　　　②他达切　中麻韵，阴　平入，曷韵　词第十八部　戏发花辙　（滑~）

　　(二)dài[ㄉㄞˋ] 徒盖切　中开韵，去　平去，泰韵　词第五部　戏怀来辙　曲皆来韵，去　（水波；冲洗）

沤 (一)òu[ㄡˋ] 乌候切　中尤韵，去　平去，宥韵　词第十二部　戏由求辙　（浸泡）

　　(二)ōu[ㄡ] 乌侯切　中尤韵，阴　平平，尤韵　词第十二部　戏由求辙　曲尤侯韵，阴　（气泡）

沥 lì[ㄌㄧˋ] 郎击切　中齐韵，去　平入，锡韵　词第十七部　戏一七辙　曲齐微韵，去

沈 yóu[ㄧㄡˊ] 羽求切　中尤韵，阳　平平，尤韵　词第十二部　戏由求辙

浤 hóng[ㄏㄨㄥˊ] 乎萌切　中庚韵，阳　平平，庚韵　词第十一部　戏中东辙

沌 (一)zhuàn[ㄓㄨㄢˋ] 持兖切　中寒韵，去　平上，铣韵　词第七部　戏言前辙

　　(二)dùn[ㄉㄨㄣˋ] 徒损切　中文韵，去　平上，阮韵　词第六部　戏人辰辙　曲真文韵，去　（混~）

沘 bǐ[ㄅㄧˇ] 卑履切　中齐韵，上　平上，纸韵　词第三部　戏一七辙

沏 (一)qī[ㄑㄧ] 初乙切　中齐韵，阴　平入，质韵　词第十七部　戏一七辙　【《玉篇》：初乙切，借用之。】

　　(二)qiè[ㄑㄧㄝˋ] 千结切　中皆韵，去　平入，屑韵　词第十八部　戏乜斜辙　曲车遮韵，上　（冲击）

沚 zhǐ[ㄓˇ] 诸市切　中支韵，上　平上，纸韵　词第三部　戏一七辙　曲支思韵，上

沙 (一)shā[ㄕㄚ] 所加切　中麻韵，阴　平平，麻韵　词第十部　戏发花辙　曲家麻韵，阴

　　(二)shà[ㄕㄚˋ] 所嫁切　中麻韵，去　平去，祃韵　词第十部　戏发花辙　（谷物除沙的一种方法）

汨 mì[ㄇㄧˋ] 莫狄切　中齐韵，去　平入，锡韵　词第十七部　戏一七辙

汩 (一)gǔ[ㄍㄨˇ] 古忽切　中姑韵，上　平入，月韵　词第十八部　戏姑苏辙

　　(二)hú[ㄏㄨˊ] 胡骨切　中姑韵，阳　平入，月韵　词第十八部　戏姑苏辙　（涌泉）

　　(三)yù[ㄩˋ] 于笔切　中齐韵，去　平入，质韵　词第十七部　戏一七辙　（迅疾状）

汭 ruì[ㄖㄨㄟˋ] 而锐切　中微韵，去　平去，霁韵　词第三部　戏灰堆辙

汽 qì[ㄑㄧˋ] ①许讫切　中齐韵，去　平入，物韵　词第十八部　戏一七辙

　　　　　　②起毅切　中齐韵，去　平去，未韵　词第三部　戏一七辙　（水气）

沃 wò[ㄨㄛˋ] 乌酷切　中波韵，去　平入，沃韵　词第十五部　戏梭波辙　曲鱼模韵，上

泮 pàn[ㄆㄢˋ] 普半切　中寒韵，去　平去，翰韵　词第七部　戏言前辙

沂 (一)yí[ㄧˊ] 鱼衣切　中齐韵，阳　平平，微韵　词第三部　戏一七辙　曲齐微韵，阳

　　(二)yín[ㄧㄣˊ] 鱼巾切　中文韵，阳　平平，真韵　词第六部　戏人辰辙　（古乐器名）

沦 (一)lún[ㄌㄨㄣˊ] 力迍切　中文韵，阳　平平，真韵　词第六部　戏人辰辙　曲真文韵，阳

　　(二)lǔn[ㄌㄨㄣˇ] 鲁本切　中文韵，上　平上，阮韵　词第六部　戏人辰辙　（混~）

　　(三)guān[ㄍㄨㄢ] 姑顽切　中寒韵，阴　平平，删韵　词第七部　戏言前辙　（泠~）

洶 xiōng[ㄒㄩㄥ] ①许容切　中庚韵，阴　平平，冬韵　词第一部　戏中东辙　曲东钟韵，阴
　　　　　　　　②许拱切　中庚韵，阴　平上，肿韵　词第一部　戏中东辙　曲东钟韵，上　（又）

汾 fén[ㄈㄣˊ]　符分切　中文韵，阳　平平，文韵　词第六部　戏人辰辙　曲真文韵，阴

泛 (一)fàn[ㄈㄢˋ]　孚梵切　中寒韵，去　平去，陷韵　词第十四部　戏言前辙　曲寒山韵，去
　　(二)fěng[ㄈㄥˇ]　方勇切　中庚韵，上　平上，肿韵　词第一部　戏中东辙　（倾覆）

沧 cāng[ㄘㄤ]　七冈切　中唐韵，阴　平平，阳韵　词第二部　戏江阳辙

沶 zhǐ[ㄓˇ]　诸氏切　中支韵，上　平上，纸韵　词第三部　戏一七辙

泲 jǐ[ㄐㄧˇ]　子礼切　中齐韵，上　平上，荠韵　词第三部　戏一七辙

汩 (一)mì[ㄇㄧˋ]　美毕切　中齐韵，去　平入，质韵　词第十七部　戏一七辙
　　(二)wù[ㄨˋ]　文弗切　中姑韵，去　平入，物韵　词第十八部　戏姑苏辙　（~穆）

沨 féng[ㄈㄥˊ]　房戎切　中庚韵，阳　平平，东韵　词第一部　戏中东辙

沟 jūn[ㄐㄩㄣ]　居筠切　中文韵，阴　平平，真韵　词第六部　戏人辰辙

没 (一)mò[ㄇㄛˋ]　莫勃切　中波韵，去　平入，月韵　词第十八部　戏梭波辙　曲鱼模韵，去
　　(二)mèi[ㄇㄟˋ]　莫佩切　中微韵，去　平去，队韵　词第三部　戏灰堆辙（沉入）【《集韵》：莫佩切，音妹，亦沈也。】
　　(三)méi[ㄇㄟˊ]　明祕切　中微韵，阳　平去，真韵　词第三部　戏灰堆辙　（无）【《韵补》：明祕切。借用之。】

沟 (一)gōu[ㄍㄡ]　古侯切　中尤韵，阴　平平，尤韵　词第十二部　戏由求辙　曲尤侯韵，阴
　　(二)kòu[ㄎㄡˋ]　丘候切　中尤韵，去　平去，宥韵　词第十二部　戏由求辙　（~瞀）

汴 biàn[ㄅㄧㄢˋ]　皮变切　中寒韵，去　平去，霰韵　词第七部　戏言前辙　曲先天韵，去

汶 (一)wèn[ㄨㄣˋ]　亡运切　中文韵，去　平去，问韵　词第六部　戏人辰辙　（水名）
　　(二)wén[ㄨㄣˊ]　无分切　中文韵，阳　平平，文韵　词第五部　戏人辰辙　（姓）
　　(三)mén[ㄇㄣˊ]　谟奔切　中文韵，阳　平平，元韵　词第六部　戏人辰辙　（污辱）

沆 hàng[ㄏㄤˋ]　①胡朗切　中唐韵，去　平上，养韵　词第二部　戏江阳辙　曲江阳韵，上
　　　　　　　②胡郎切　中唐韵，阳　平平，阳韵　词第二部　戏江阳辙　（水流状）

汸 (一)pāng[ㄆㄤ]　普郎切　中唐韵，阴　平平，阳韵　词第二部　戏江阳辙
　　(二)fāng[ㄈㄤ]　府良切　中唐韵，阴　平平，阳韵　词第二部　戏江阳辙　（水名）

沩 wéi[ㄨㄟˊ]　薳支切　中微韵，阳　平平，支韵　词第三部　戏灰堆辙

沪 hù[ㄏㄨˋ]　侯古切　中姑韵，去　平上，麌韵　词第四部　戏姑苏辙

沈 (一)shěn[ㄕㄣˇ]　①式任切　中文韵，上　平上，寝韵　词第十三部　戏人辰辙　曲侵寻韵，上
　　　　　　　　②昌枕切　中文韵，上　平上，寝韵　词第十三部　戏人辰辙　曲侵寻韵，上　（同"瀋"）
　　(二)tán[ㄊㄢˊ]　徒南切　中寒韵，阳　平平，覃韵　词第十四部　戏言前辙　（深邃状）
　　(三)chén[ㄔㄣˊ]　（同"沉"）

沉 chén[ㄔㄣˊ]　①直深切　中文韵，阳　平平，侵韵　词第十三部　戏人辰辙　曲侵寻韵，阳
　　　　　　　②直深切　中文韵，阳　平平，侵韵　词第十三部　戏人辰辙　曲侵寻韵，去　（又）

沁 qìn[ㄑㄧㄣˋ]　七鸩切　中文韵，去　平去，沁韵　词第十三部　戏人辰辙　曲侵寻韵，去

沮 nù[ㄋㄩˋ]　女六切　中齐韵，去　平入，屋韵　词第十五部　戏一七辙

泐 lè[ㄌㄜˋ]　卢则切　中波韵，去　平入，职韵　词第十七部　戏梭波辙

沇 (一)yǎn[ㄧㄢˇ]　以转切　中寒韵，上　平上，铣韵　词第七部　戏言前辙
　　(二)wěi[ㄨㄟˇ]　愈水切　中微韵，上　平上，纸韵　词第三部　戏灰堆辙　（~溶）

承（查"乛"部）

五画

况（同"况"）**泝**（同"溯"）

泵 (一)pìn[ㄆㄧㄣˋ]　匹正切　中文韵，去　平去，敬韵　词第十一部　戏人辰辙　（水冲激矾石）

(二)bèng[ㄅㄥ丶] 北诤切　中庚韵，去　平去，敬韵　词第十一部　戏中东辙　（水~）【音译字。借用同音字"迸(一)"的反切。】

泉 quán[ㄑㄩㄢˊ] 疾缘切　中寒韵，阳　平平，先韵　词第七部　戏言前辙　曲先天韵，阳

泰 tài[ㄊㄞ丶] 他盖切　中开韵，去　平去，泰韵　词第五部　戏怀来辙　曲皆来韵，去

沬 (一)mèi[ㄇㄟ丶] 莫贝切　中微韵，去　平去，泰韵　词第三部　戏灰堆辙

　　(二)huì[ㄏㄨㄟ丶] 呼内切　中微韵，去　平去，队韵　词第三部　戏灰堆辙　（洗脸）

沫 mò[ㄇㄛ丶] ①莫拨切　中波韵，去　平入，曷韵　词第十八部　戏梭波辙　曲歌戈韵，去

　　　②莫拨切　中波韵，去　平入，曷韵　词第十八部　戏梭波辙　曲萧豪韵，去　（又）

沶 (一)chí[ㄔˊ] 陈尼切　中支韵，阳　平平，支韵　词第三部　戏一七辙

　　(二)yí[丨ˊ] 与之切　中齐韵，阳　平平，支韵　词第三部　戏一七辙　（水名）

　　(三)shì[ㄕ丶] 神至切　中支韵，去　平去，寘韵　词第三部　戏一七辙　（~乡）

浅 (一)qiǎn[ㄑ丨ㄢˇ] 七演切　中寒韵，上　平上，铣韵　词第七部　戏言前辙　曲先天韵，上

　　(二)jiān[ㄐ丨ㄢ] 则前切　中寒韵，阴　平平，先韵　词第七部　戏言前辙　曲先天韵，阴　（急流~~）

洯 huì[ㄏㄨㄟ丶] 许贵切　中微韵，去　平去，未韵　词第三部　戏灰堆辙

法 fǎ[ㄈㄚˇ] 方乏切　中麻韵，上　平入，洽韵　词第十九部　戏发花辙　曲家麻韵，上

泔 (一)gān[ㄍㄢ] 古三切　中寒韵，阴　平平，覃韵　词第十四部　戏言前辙　曲监咸韵，阴　（淘米水）

　　(二)hàn[ㄏㄢ丶] 户感切　中寒韵，去　平上，感韵　词第十四部　戏言前辙　（~淡）

泄 (一)xiè[ㄒ丨ㄝ丶] 私列切　中皆韵，去　平入，屑韵　词第十八部　戏乜斜辙　曲车遮韵，上

　　(二)yì[丨丶] 余制切　中齐韵，去　平去，霁韵　词第三部　戏一七辙　（水名；~~）

沽 gū[ㄍㄨ] ①古暮切　中姑韵，阴　平去，遇韵　词第四部　戏姑苏辙　曲鱼模韵，阴

　　　②公户切　中姑韵，上　平上，虞韵　词第四部　戏姑苏辙　曲鱼模韵，上　（卖酒者）

　　　③古胡切　中姑韵，阴　平平，虞韵　词第四部　戏姑苏辙　（水名）

沭 shù[ㄕㄨ丶] 食聿切　中姑韵，去　平入，质韵　词第十七部　戏姑苏辙

河 hé[ㄏㄜˊ] 胡歌切　中波韵，阳　平平，歌韵　词第九部　戏梭波辙　曲歌戈韵，阳

沰 tuò[ㄊㄨㄛ丶] 他各切　中波韵，去　平入，药韵　词第十六部　戏梭波辙

泷 (一)lóng[ㄌㄨㄥˊ] ①卢红切　中庚韵，阳　平平，东韵　词第一部　戏中东辙

　　　　②吕江切　中庚韵，阳　平平，江韵　词第二部　戏中东辙　（水流湍急）

　　(二)shuāng[ㄕㄨㄤ] 所江切　中唐韵，阴　平平，江韵　词第二部　戏江阳辙　（水名；地名）

泙 pēng[ㄆㄥ] 披庚切　中庚韵，阴　平平，庚韵　词第十一部　戏中东辙

泧 (一)xuè[ㄒㄩㄝ丶] 许月切　中皆韵，去　平入，月韵　词第十八部　戏乜斜辙

　　(二)yuè[ㄩㄝ丶] 王伐切　中皆韵，去　平入，月韵　词第十八部　戏乜斜辙　（又）

　　(三)sà[ㄙㄚ丶] 呼括切　中麻韵，去　平入，曷韵　词第十八部　戏发花辙　（濊~）

沾 (一)zhān[ㄓㄢ] ①张廉切　中寒韵，阴　平平，盐韵　词第十四部　戏言前辙　曲廉纤韵，阴

　　　　②他兼切　中寒韵，阴　平平，盐韵　词第十四部　戏言前辙　曲廉纤韵，阴　（水名）

　　(二)chān[ㄔㄢ] 痴廉切　中寒韵，阴　平平，盐韵　词第十四部　戏言前辙　（看视）

　　(三)tiān[ㄊ丨ㄢ] 他兼切　中寒韵，阴　平平，盐韵　词第十四部　戏言前辙　（~薄）

　　(四)diàn[ㄉ丨ㄢ丶] 都念切　中寒韵，去　平去，艳韵　词第十四部　戏言前辙　（古水名）

泸 lú[ㄌㄨˊ] 落胡切　中姑韵，阳　平平，虞韵　词第四部　戏姑苏辙　曲鱼模韵，阳

泪 (一)lèi[ㄌㄟ丶] 力遂切　中微韵，去　平去，寘韵　词第三部　戏灰堆辙　曲齐微韵，去　（眼~）

　　(二)lì[ㄌ丨丶] 郎计切　中齐韵，去　平去，霁韵　词第三部　戏一七辙　（潓~）

沮 (一)jǔ[ㄐㄩˇ] ①慈吕切　中齐韵，上　平上，语韵　词第四部　戏一七辙

　　　　②七余切　中齐韵，上　平平，鱼韵　词第四部　戏一七辙　（又）

　　(二)jù[ㄐㄩ丶] 将预切　中齐韵，去　平去，御韵　词第四部　戏一七辙　（~洳）

　　(三)jū[ㄐㄩ] ①子鱼切　中齐韵，阴　平平，鱼韵　词第四部　戏一七辙　曲鱼模韵，阴　（水名）

②侧鱼切　史齐韵，阴　平平，鱼韵　词第四部　戏一七辙　曲鱼模韵，阴　（姓）

㈣jiān[ㄐㄧㄢ] 将先切　史寒韵，阴　平平，先韵　词第七部　戏言前辙　（湔~）

㈤zǔ[ㄗㄨˇ] 壮所切　史姑韵，上　平上，语韵　词第四部　戏姑苏辙　（~阻）

油 ㈠yóu[ㄧㄡˊ] 以周切　史尤韵，阳　平平，尤韵　词第十二部　戏由求辙　曲尤侯韵，阳

㈡yòu[ㄧㄡˋ] 余救切　史尤韵，去　平去，宥韵　词第十二部　戏由求辙　（浩~）

沺 tián[ㄊㄧㄢˊ] 徒年切　史寒韵，阳　平平，先韵　词第七部　戏言前辙

泱 ㈠yǎng[ㄧㄤˇ] 乌朗切　史唐韵，上　平上，养韵　词第二部　戏江阳辙

㈡yāng[ㄧㄤ] 於良切　史唐韵，阴　平平，阳韵　词第二部　戏江阳辙　曲江阳韵，阴　（奔涌状；宏大状）

泂 ㈠jiǒng[ㄐㄩㄥˇ] 户顶切　史庚韵，上　平上，迥韵　词第十一部　戏中东辙

㈡jiōng[ㄐㄩㄥ] 涓荧切　史庚韵，阴　平平，青韵　词第十一部　戏中东辙　（水名；大~）

㈢yíng[ㄧㄥˊ] 玄扃切　史庚韵，阳　平平，青韵　词第十一部　戏中东辙　（~泽）

泅 qiú[ㄑㄧㄡˊ] 似由切　史尤韵，阳　平平，尤韵　词第十二部　戏由求辙　曲尤侯韵，阳

泗 sì[ㄙˋ] 息利切　史支韵，去　平去，寘韵　词第三部　戏一七辙　曲支思韵，去

泆 ㈠yì[ㄧˋ] 夷质切　史齐韵，去　平入，质韵　词第十七部　戏一七辙　曲齐微韵，去

㈡dié[ㄉㄧㄝˊ] 徒结切　史皆韵，阳　平入，屑韵　词第十八部　戏乜斜辙　（~荡）

沲 duò[ㄉㄨㄛˋ] 徒可切　史波韵，去　平上，哿韵　词第九部　戏梭波辙

泭 fū[ㄈㄨ] 芳无切　史姑韵，阴　平平，虞韵　词第四部　戏姑苏辙

泊 ㈠bó[ㄅㄛˊ] ①傍各切　史波韵，阳　平入，药韵　词第十六部　戏梭波辙　曲萧豪韵，阳

②傍各切　史波韵，阳　平入，药韵　词第十六部　戏梭波辙　曲歌戈韵，阳　（又）

㈡pō[ㄆㄛ] 白各切　史波韵，阴　平入，药韵　词第十六部　戏梭波辙　曲萧豪韵，阳　（湖~）

泒 gū[ㄍㄨ] 古胡切　史姑韵，阴　平平，虞韵　词第四部　戏姑苏辙

沴 ㈠lì[ㄌㄧˋ] 郎计切　史齐韵，去　平去，霁韵　词第三部　戏一七辙　曲齐微韵，去

㈡tiǎn[ㄊㄧㄢˇ] 徒典切　史寒韵，上　平上，铣韵　词第七部　戏言前辙　曲先天韵，上　（又）

泠 líng[ㄌㄧㄥˊ] 郎丁切　史庚韵，阳　平平，青韵　词第十一部　戏中东辙　曲庚青韵，阳

泜 ㈠dì[ㄉㄧˋ] 丁计切　史齐韵，去　平去，霁韵　词第三部　戏一七辙　（槐河古名）

㈡chí[ㄔˊ] 直尼切　史支韵，阳　平平，支韵　词第三部　戏一七辙　（又）

㈢zhī[ㄓ] 旨夷切　史支韵，阴　平平，支韵　词第三部　戏一七辙　（~河）

㈣zhì[ㄓˋ] 直几切　史支韵，去　平上，纸韵　词第三部　戏一七辙　（滍水古名）

泺 ㈠luò[ㄌㄨㄛˋ] ①卢各切　史波韵，去　平入，药韵　词第十六部　戏梭波辙　（水名）

②卢谷切　史波韵，去　平入，屋韵　词第十五部　戏梭波辙　（又）

③卢毒切　史波韵，去　平入，沃韵　词第十五部　戏梭波辙　（又）

㈡pō[ㄆㄛ] ①匹各切　史波韵，阴　平入，药韵　词第十六部　戏梭波辙　（湖泊）

②普木切　史波韵，阴　平入，屋韵　词第十五部　戏梭波辙　（又）

㈢lì[ㄌㄧˋ] 郎击切　史齐韵，去　平入，锡韵　词第十七部　戏一七辙　（药草名）

沿 ㈠yán[ㄧㄢˊ] 与专切　史寒韵，阳　平平，先韵　词第七部　戏言前辙　曲先天韵，阳

㈡yàn[ㄧㄢˋ] 以转切　史寒韵，去　平去，霰韵　词第七部　戏言前辙　（"边沿"旧读）

泃 jū[ㄐㄩ] 俱遇切　史齐韵，阴　平去，遇韵　词第四部　戏一七辙

泖 mǎo[ㄇㄠˇ] 莫饱切　史豪韵，上　平上，巧韵　词第八部　戏遥条辙

泡 ㈠pāo[ㄆㄠ] 匹交切　史豪韵，阴　平平，肴韵　词第八部　戏遥条辙　曲萧豪韵，阴

(1)松软：发~剂　(2)古水名　(3)膀胱. 同"脬"

㈡pào[ㄆㄠˋ] 皮教切　史豪韵，去　平去，效韵　词第八部　戏遥条辙　曲萧豪韵，去

(4)气泡：~沫　(5)像气泡的东西：灯~　(6)水泉　(7)用水浸：~茶

㈢páo[ㄆㄠˊ] 薄交切　史豪韵，阳　平平，肴韵　词第八部　戏遥条辙　（发胀；虚大）

注 ㈠zhù[ㄓㄨˋ] 之戍切　史姑韵，去　平去，遇韵　词第四部　戏姑苏辙　曲鱼模韵，去

（二）zhòu［ㄓㄡˋ］陟救切　史尤韵，去　平去，宥韵　词第十二部　戏由求辙　曲尤侯韵，去　（鸟嘴）

泣 qì［ㄑㄧˋ］去急切　史齐韵，去　平入，缉韵　词第十七部　戏一七辙　曲齐微韵，上

泫 （一）xuàn［ㄒㄩㄢˋ］胡畎切　史寒韵，去　平上，铣韵　词第七部　戏言前辙

　　（二）juān［ㄐㄩㄢ］圭玄切　史寒韵，阴　平平，先韵　词第七部　戏言前辙　（～氏县）

　　（三）xuān［ㄒㄩㄢ］穴员切　史寒韵，阴　平平，先韵　词第七部　戏言前辙　（困～）

泮 pàn［ㄆㄢˋ］普半切　史寒韵，去　平去，翰韵　词第七部　戏言前辙　曲桓欢韵，去

泞 （一）nìng［ㄋㄧㄥˋ］①乃梃切　史庚韵，去　平上，迥韵　词第十一部　戏中东辙　曲庚青韵，去
　　　　　　　　　　　　②乃定切　史庚韵，去　平去，径韵　词第十一部　戏中东辙　曲庚青韵，去　（又）

　　（二）nì［ㄋㄧˋ］乃计切　史齐韵，去　平去，霁韵　词第三部　戏一七辙　（～陷）

沱 （一）tuó［ㄊㄨㄛˊ］徒河切　史波韵，阳　平平，歌韵　词第九部　戏梭波辙　曲歌戈韵，阳

　　（二）duò［ㄉㄨㄛˋ］徒可切　史波韵，去　平上，哿韵　词第九部　戏梭波辙　（同"沲"）

泬 （一）jué［ㄐㄩㄝˊ］古穴切　史皆韵，阳　平入，屑韵　词第十八部　戏乜斜辙

　　（二）xuè［ㄒㄩㄝˋ］呼决切　史皆韵，去　平入，屑韵　词第十八部　戏乜斜辙　（～寥）

泻 xiè［ㄒㄧㄝˋ］①司夜切　史皆韵，去　平去，祃韵　词第十部　戏乜斜辙　曲车遮韵，去
　　　　　　　　②悉姐切　史皆韵，去　平上，马韵　词第十部　戏乜斜辙　曲车遮韵，上　（倾～）

泌 （一）bì［ㄅㄧˋ］①鄙密切　史齐韵，去　平入，质韵　词第十七部　戏一七辙
　　　　　　　　②毗必切　史齐韵，去　平入，质韵　词第十七部　戏一七辙　（～阳）

　　（二）mì［ㄇㄧˋ］兵媚切　史齐韵，去　平去，真韵　词第三部　戏一七辙　（分～）

泳 yǒng［ㄩㄥˇ］为命切　史庚韵，上　平去，敬韵　词第十一部　戏中东辙

泥 （一）ní［ㄋㄧˊ］奴低切　史齐韵，阳　平平，齐韵　词第三部　戏一七辙　曲齐微韵，阳
　　　　　　　(1)泥土　(2)类似泥的东西：肉～　(3)软弱：威夷长脊而～

　　（二）nì［ㄋㄧˋ］奴计切　史齐韵，去　平去，霁韵　词第三部　戏一七辙　曲齐微韵，去
　　　　　　　(4)涂抹：～墙　(5)固执，死板：拘～　(6)缠求：顾我无衣搜尽箧，～他沽酒拔金钗

　　（三）nǐ［ㄋㄧˇ］奴礼切　史齐韵，上　平上，荠韵　词第三部　戏一七辙　（～～）

　　（四）niè［ㄋㄧㄝˋ］乃结切　史皆韵，去　平入，屑韵　词第十八部　戏乜斜辙　（染黑）

泯 mǐn［ㄇㄧㄣˇ］①弥邻切　史文韵，上　平平，真韵　词第六部　戏人辰辙　曲真文韵，上
　　　　　　　　②武尽切　史文韵，上　平上，轸韵　词第六部　戏人辰辙　曲真文韵，上　（又）

沸 fèi［ㄈㄟˋ］方味切　史微韵，去　平去，未韵　词第三部　戏灰堆辙　曲齐微韵，去

泓 hóng［ㄏㄨㄥˊ］①乌宏切　史庚韵，阳　平平，庚韵　词第十一部　戏中东辙　曲东钟韵，阴
　　　　　　　　②乌宏切　史庚韵，阳　平平，庚韵　词第十一部　戏中东辙　曲庚青韵，阴　（又）

泏 （一）zhú［ㄓㄨˊ］竹律切　史姑韵，阳　平入，质韵　词第十七部　戏姑苏辙

　　（二）shè［ㄕㄜˋ］（进入，同"涉"）

沼 zhǎo［ㄓㄠˇ］之少切　史豪韵，上　平上，篠韵　词第八部　戏遥条辙　曲萧豪韵，上

泇 jiā［ㄐㄧㄚ］居牙切　史麻韵，阴　平平，麻韵　词第十部　戏发花辙

波 （一）bō［ㄅㄛ］博禾切　史波韵，阴　平平，歌韵　词第九部　戏梭波辙　曲歌戈韵，阴

　　（二）bēi［ㄅㄟ］班縻切　史微韵，阴　平平，支韵　词第三部　戏灰堆辙　（～池）

　　（三）bì［ㄅㄧˋ］彼义切　史齐韵，去　平去，真韵　词第三部　戏一七辙　（循水而行）

泼 pō［ㄆㄛ］普活切　史波韵，阴　平入，曷韵　词第十八部　戏梭波辙　曲歌戈韵，上

泽 （一）zé［ㄗㄜˊ］场伯切　史波韵，阳　平入，陌韵　词第十七部　戏梭波辙　曲皆来韵，阳

　　（二）yì［ㄧˋ］羊益切　史齐韵，去　平入，陌韵　词第十七部　戏一七辙　曲皆来韵，阳　（陈酒）

　　（三）shì［ㄕˋ］施只切　史支韵，去　平入，陌韵　词第十七部　戏一七辙　曲皆来韵，阳　（松散）

　　（四）duó［ㄉㄨㄛˊ］达各切　史波韵，阳　平入，药韵　词第十六部　戏梭波辙　（格～）

泾 jīng［ㄐㄧㄥ］①古灵切　史庚韵，阴　平平，青韵　词第十一部　戏中东辙　曲庚青韵，阴
　　　　　　　　②古定切　史庚韵，阴　平去，径韵　词第十一部　戏中东辙　（直流的水波）

治 (一) zhì[ㄓˋ] 直吏切　史支韵，去　平去，寘韵　词第三部　戏一七辙　曲齐微韵，去
　　(二) chí[ㄔˊ] 直之切　史支韵，阳　平平，支韵　词第三部　戏一七辙　（姓；古水名）

泑 (一) yōu[ㄧㄡ] 於虬切　史尤韵，阴　平平，尤韵　词第十二部　戏由求辙
　　(二) āo[ㄠ] 於交切　史豪韵，阴　平平，肴韵　词第八部　戏遥条辙　（古水名）

荥 （查"艹"部）

六画

垩（同"地"）洩（同"泄"）洶（同"汹"）净（同"净(一)"）

浆 (一) jiāng[ㄐㄧㄤ] 即良切　史唐韵，阴　平平，阳韵　词第二部　戏江阳辙　曲江阳韵，阴
　　(二) jiàng[ㄐㄧㄤˋ] 子亮切　史唐韵，去　平去，漾韵　词第二部　戏江阳辙　（~糊）【同"糨"，用其反切。】

洭 kuāng[ㄎㄨㄤ] 去王切　史唐韵，阴　平平，阳韵　词第二部　戏江阳辙

洼 (一) wā[ㄨㄚ] ①乌瓜切　史麻韵，阴　平平，麻韵　词第十部　戏发花辙　曲家麻韵，阴
　　　　②於佳切　史麻韵，阴　平平，佳韵　词第十部　戏发花辙　（渥~）
　　(二) guī[ㄍㄨㄟ] 古携切　史微韵，阴　平平，齐韵　词第三部　戏灰堆辙　（姓）

洔 zhǐ[ㄓˇ] 诸市切　史支韵，上　平上，纸韵　词第三部　戏一七辙

洁 (一) jié[ㄐㄧㄝˊ] 古屑切　史皆韵，阳　平入，屑韵　词第十八部　戏乜斜辙　曲车遮韵，上
　　(二) jí[ㄐㄧˊ] 居质切　史齐韵，阳　平入，质韵　词第十七部　戏一七辙　（古水名）

洱 ěr[ㄦˇ] ①而止切　史齐韵，上　平上，纸韵　词第三部　戏一七辙　（古~水）
　　　　②仍吏切　史齐韵，上　平去，寘韵　词第三部　戏一七辙　（~海）

洪 hóng[ㄏㄨㄥˊ] 户公切　史庚韵，阳　平平，东韵　词第一部　戏中东辙　曲东钟韵，阳

洹 (一) yuán[ㄩㄢˊ] 雨元切　史寒韵，阳　平平，元韵　词第七部　戏言前辙　（水名）
　　(二) huán[ㄏㄨㄢˊ] 胡官切　史寒韵，阳　平平，寒韵　词第七部　戏言前辙　（又）

洓 (一) qì[ㄑㄧˋ] 七迹切　史齐韵，去　平入，陌韵　词第十七部　戏一七辙
　　(二) sè[ㄙㄜˋ] 色责切　史波韵，去　平入，陌韵　词第十七部　戏梭波辙　（小雨零落状）

洒 (一) sǎ[ㄙㄚˇ] ①所卖切　史麻韵，上　平去，卦韵　词第十部　戏发花辙　曲皆来韵，去
　　　　②所蟹切　史麻韵，上　平上，蟹韵　词第五部　戏发花辙　曲皆来韵，去　（又）
　　　　③砂下切　史麻韵，上　平上，马韵　词第十部　戏发花辙　曲家麻韵，上　（又）
　　(二) xǐ[ㄒㄧˇ] ①先礼切　史齐韵，上　平上，荠韵　词第三部　戏一七辙　（洗雪；诧异）
　　　　②所寄切　史齐韵，上　平去，寘韵　词第三部　戏一七辙　（又）
　　　　③所绮切　史齐韵，上　平上，纸韵　词第三部　戏一七辙　（又）
　　(三) xiǎn[ㄒㄧㄢˇ] 稣典切　史寒韵，上　平上，铣韵　词第七部　戏言前辙　（寒栗；肃敬）
　　(四) cuǐ[ㄘㄨㄟˇ] 取猥切　史微韵，上　平上，贿韵　词第三部　戏灰堆辙　（新台有~）
　　(五) zá[ㄗㄚˊ] 子葛切　史麻韵，阳　平入，曷韵　词第十八部　戏发花辙（同"咱(二)"）【同"咱(二)"，用其反切。】
　　(六) shuāi[ㄕㄨㄞ] 所买切　史开韵，阴　平平，佳韵　词第五部　戏怀来辙　（京剧"咱"的读音）　【《广韵》：所买切。借用之。】
　　(七) sěn[ㄙㄣˇ] 苏很切　史文韵，上　平上，阮韵　词第六部　戏人辰辙　（惊异状）

洈 wěi[ㄨㄟˇ] 荣美切　史微韵，上　平上，纸韵　词第三部　戏灰堆辙

洏 ér[ㄦˊ] 如之切　史齐韵，阳　平平，支韵　词第三部　戏一七辙

洊 jiàn[ㄐㄧㄢˋ] 在甸切　史寒韵，去　平去，霰韵　词第七部　戏言前辙

洿 wū[ㄨ] ①侯古切　史姑韵，上　平上，麌韵　词第四部　戏姑苏辙
　　　　②哀都切　史姑韵，阴　平平，虞韵　词第四部　戏姑苏辙　（低洼；挖掘）

达 tà[ㄊㄚˋ] 他达切　史麻韵，去　平入，曷韵　词第十八部　戏发花辙

洌 liè[ㄌㄧㄝˋ] ①良薛切　史皆韵，去　平入，屑韵　词第十八部　戏乜斜辙
　　　　②力制切　史齐韵，去　平去，霁韵　词第三部　戏一七辙　（澟~）

浃 (一)jiā[ㄐㄧㄚ] 子协切　史麻韵，阴　平入，叶韵　词第十八部　戏发花辙

　　(二)xiá[ㄒㄧㄚˊ] 辖夹切　史麻韵，阳　平入，洽韵　词第十九部　戏发花辙　（~渫）

浽 (一)yí[ㄧˊ] 以脂切　史齐韵，阳　平平，支韵　词第三部　戏一七辙

　　(二)tì[ㄊㄧˋ] 他计切　史齐韵，去　平去，霁韵　词第三部　戏一七辙　曲齐微韵，去　（同"涕①"）

浇 (一)jiāo[ㄐㄧㄠ] 古尧切　史豪韵，阴　平平，萧韵　词第八部　戏遥条辙

　　(二)ào[ㄠˋ] 五吊切　史豪韵，去　平去，啸韵　词第八部　戏遥条辙　（人名；同"奡"）

　　(三)nào[ㄋㄠˋ] 女教切　史豪韵，去　平去，效韵　词第八部　戏遥条辙　（急流；回波）

泚 (一)cǐ[ㄘˇ] ①千礼切　史支韵，上　平上，荠韵　词第三部　戏一七辙　曲支思韵，上

　　　　　　②雌氏切　史支韵，上　平上，纸韵　词第三部　戏一七辙　曲支思韵，上　（又）

　　(二)zǐ[ㄗˇ] 蒋氏切　史支韵，上　平上，纸韵　词第三部　戏一七辙　曲支思韵，上　（古水名）

浈 zhēn[ㄓㄣ] 陟盈切　史文韵，阴　平平，庚韵　词第十一部　戏人辰辙

浉 shī[ㄕ] 霜夷切　史支韵，阴　平平，支韵　词第三部　戏一七辙

洸 (一)guāng[ㄍㄨㄤ] ①古黄切　史唐韵，阴　平平，阳韵　词第二部　戏江阳辙

　　　　　　　　②乌光切　史唐韵，阴　平平，阳韵　词第二部　戏江阳辙　曲江阳韵，阴　（通"汪"）

　　(二)huǎng[ㄏㄨㄤˇ] 户广切　史唐韵，上　平上，养韵　词第二部　戏江阳辙　（水深广状）

浊 zhuó[ㄓㄨㄛˊ] ①直角切　史波韵，阳　平入，觉韵　词第十六部　戏梭波辙　曲萧豪韵，阳

　　　　　　②直角切　史波韵，阳　平入，觉韵　词第十六部　戏梭波辙　曲歌戈韵，阳　（又）

洞 (一)dòng[ㄉㄨㄥˋ] ①徒弄切　史庚韵，去　平去，送韵　词第一部　戏中东辙　曲东钟韵，去

　　　　　　　　②杜孔切　史庚韵，去　平上，董韵　词第一部　戏中东辙　（~然）

　　(二)tóng[ㄊㄨㄥˊ] 徒红切　史庚韵，阳　平平，东韵　词第一部　戏中东辙　（洪~；澒~）

洇 yīn[ㄧㄣ] 於真切　史文韵，阴　平平，真韵　词第六部　戏人辰辙

洄 (一)huí[ㄏㄨㄟˊ] 户灰切　史微韵，阳　平平，灰韵　词第三部　戏灰堆辙

　　(二)huì[ㄏㄨㄟˋ] 胡对切　史微韵，去　平去，队韵　词第三部　戏灰堆辙　（~湜）

测 cè[ㄘㄜˋ] 初力切　史波韵，去　平入，职韵　词第十七部　戏梭波辙　曲皆来韵，上

洙 (一)zhū[ㄓㄨ] 市朱切　史姑韵，阴　平平，虞韵　词第四部　戏姑苏辙　曲鱼模韵，阳

　　(二)shū[ㄕㄨ] 市朱切　史姑韵，阴　平平，虞韵　词第四部　戏姑苏辙　曲鱼模韵，阳　（旧读）

洗 (一)xǐ[ㄒㄧˇ] 先礼切　史齐韵，上　平上，荠韵　词第三部　戏一七辙　曲齐微韵，上

　　(二)xiǎn[ㄒㄧㄢˇ] ①苏典切　史寒韵，上　平上，铣韵　词第七部　戏言前辙　曲先天韵，上　（~然）

　　　　　　　　②（姓，同"冼(二)"）

　　(三)xiān[ㄒㄧㄢ]　（~马，同"先②"）

活 (一)huó[ㄏㄨㄛˊ] 户括切　史波韵，阳　平入，曷韵　词第十八部　戏梭波辙　曲歌戈韵，阳

　　(二)guō[ㄍㄨㄛ] 古活切　史波韵，阴　平入，曷韵　词第十八部　戏梭波辙　（水流声）

洑 (一)fú[ㄈㄨˊ] 房六切　史姑韵，阳　平入，屋韵　词第十五部　戏姑苏辙

　　(二)fù[ㄈㄨˋ] 扶富切　史姑韵，去　平去，宥韵　词第十二部　戏姑苏辙　（游泳）【借用同音字"伏(二)"的反切。】

涎 (一)xián[ㄒㄧㄢˊ] 夕连切　史寒韵，阳　平平，先韵　词第七部　戏言前辙　曲先天韵，阳

　　(二)yuàn[ㄩㄢˋ] 于线切　史寒韵，去　平去，霰韵　词第七部　戏言前辙　（有光泽）

洎 jì[ㄐㄧˋ] ①几利切　史齐韵，去　平去，寘韵　词第三部　戏一七辙

　　　　　　②具冀切　史齐韵，去　平去，寘韵　词第三部　戏一七辙　（肉汁）

洢 yī[ㄧ] 於夷切　史齐韵，阴　平平，支韵　词第三部　戏一七辙

洫 xù[ㄒㄩˋ] ①况逼切　史齐韵，去　平入，职韵　词第十七部　戏一七辙

　　　　　　②呼臭切　史齐韵，去　平入，锡韵　词第十七部　戏一七辙　（滦河古名）

派 (一)pài[ㄆㄞˋ] 匹卦切　史开韵，去　平去，卦韵　词第十部　戏怀来辙　曲皆来韵，去

　　(二)pā[ㄆㄚ] 普巴切　史麻韵，阴　平平，麻韵　词第十部　戏发花辙　（~司）【音译字。借用同音字"葩"的反切。】

浍 ㈠huì[ㄏㄨㄟˋ] 古外切　史微韵，去　平去，泰韵　词第三部　戏灰堆辙

　　㈡kuài[ㄎㄨㄞˋ] 古外切　史开韵，去　平去，泰韵　词第三部　戏怀来辙　（田间水沟）

　　㈢huá[ㄏㄨㄚˊ] 户八切　史麻韵，阳　平入，黠韵　词第十八部　戏发花辙　（雨水汇聚）

洽 qià[ㄑㄧㄚˋ] 侯夹切　史麻韵，去　平入，洽韵　词第十九部　戏发花辙　曲家麻韵，阳

洮 ㈠táo[ㄊㄠˊ] 土刀切　史豪韵，阳　平平，豪韵　词第八部　戏遥条辙

　　㈡yáo[ㄧㄠˊ] 余昭切　史豪韵，阳　平平，萧韵　词第八部　戏遥条辙　（～湖）

洈 ㈠guī[ㄍㄨㄟˇ] 过委切　史微韵，上　平上，纸韵　词第三部　戏灰堆辙

　　㈡wéi[ㄨㄟˊ] 鱼为切　史微韵，阳　平平，支韵　词第三部　戏灰堆辙　（又）

洵 ㈠xún[ㄒㄩㄣˊ] 相伦切　史文韵，阳　平平，真韵　词第六部　戏人辰辙

　　㈡xuàn[ㄒㄩㄢˋ]　（～涕，同“泫㈠”）

浲 ㈠jiàng[ㄐㄧㄤˋ] 古巷切　史唐韵，去　平去，绛韵　词第二部　戏江阳辙　曲江阳韵，去

　　㈡hóng[ㄏㄨㄥˊ] ①户公切　史庚韵，阳　平平，东韵　词第一部　戏中东辙　（又）

　　　　　　　　　②户冬切　史庚韵，阳　平平，冬韵　词第一部　戏中东辙　（又）

　　　　　　　　　③下江切　史庚韵，阳　平平，江韵　词第二部　戏中东辙　（又）

洺 míng[ㄇㄧㄥˊ] 武并切　史庚韵，阳　平平，庚韵　词第十一部　戏中东辙

洛 luò[ㄌㄨㄛˋ] ①卢各切　史波韵，去　平入，药韵　词第十六部　戏梭波辙　曲萧豪韵，去

　　　　　　　②卢各切　史波韵，去　平入，药韵　词第十六部　戏梭波辙　曲歌戈韵，去　（又）

济 ㈠jì[ㄐㄧˋ] 子计切　史齐韵，去　平去，霁韵　词第三部　戏一七辙　曲齐微韵，去

　　㈡jǐ[ㄐㄧˇ] 子礼切　史齐韵，上　平上，荠韵　词第三部　戏一七辙　曲齐微韵，上　（地名；～～）

浏 liú[ㄌㄧㄡˊ] ①力求切　史尤韵，阳　平平，尤韵　词第十二部　戏由求辙　曲尤侯韵，去

　　　　　　②力久切　史尤韵，阳　平上，有韵　词第十二部　戏由求辙　曲尤侯韵，去　（又）

洨 xiáo[ㄒㄧㄠˊ] 胡茅切　史豪韵，阳　平平，肴韵　词第八部　戏遥条辙

浐 chǎn[ㄔㄢˇ] 所简切　史寒韵，上　平上，潸韵　词第七部　戏言前辙

洋 ㈠yáng[ㄧㄤˊ] 与章切　史唐韵，阳　平平，阳韵　词第二部　戏江阳辙　曲江阳韵，阳

　　㈡xiáng[ㄒㄧㄤˊ] 似羊切　史唐韵，阳　平平，阳韵　词第二部　戏江阳辙　曲江阳韵，阳（古水名；古地名）

洴 píng[ㄆㄧㄥˊ] 薄经切　史庚韵，阳　平平，青韵　词第十一部　戏中东辙

洣 mǐ[ㄇㄧˇ] 莫礼切　史齐韵，上　平上，荠韵　词第三部　戏一七辙

洲 zhōu[ㄓㄡ] 职流切　史尤韵，阴　平平，尤韵　词第十二部　戏由求辙　曲尤侯韵，阴

洝 ㈠àn[ㄢˋ] 乌旰切　史寒韵，去　平去，翰韵　词第七部　戏言前辙　（水名）

　　㈡è[ㄜˋ] 阿葛切　史波韵，去　平入，曷韵　词第十八部　戏梭波辙　（窅～）

浑 ㈠hún[ㄏㄨㄣˊ] 户昆切　史文韵，阳　平平，元韵　词第六部　戏人辰辙　曲真文韵，阳

　　㈡hùn[ㄏㄨㄣˋ]　（混浑，同“混㈠”）

浒 ㈠hǔ[ㄏㄨˇ] 呼古切　史姑韵，上　平上，麌韵　词第四部　戏姑苏辙　曲鱼模韵，上　（水边）

　　㈡xǔ[ㄒㄩˇ] 虚吕切　史齐韵，上　平上，语韵　词第四部　戏一七辙（地名）【方言读音。本为“许”，用
其反切。】

浓 nóng[ㄋㄨㄥˊ] 女容切　史庚韵，阳　平平，冬韵　词第一部　戏中东辙　曲东钟韵，阳

津 jīn[ㄐㄧㄣ] 将邻切　史文韵，阴　平平，真韵　词第六部　戏人辰辙　曲真文韵，阴

浔 xún[ㄒㄩㄣˊ] 徐林切　史文韵，阳　平平，侵韵　词第十三部　戏人辰辙　曲侵寻韵，阳

泿 yín[ㄧㄣˊ] ①语巾切　史文韵，阳　平平，真韵　词第六部　戏人辰辙

　　　　　　②五根切　史文韵，阳　平平，元韵　词第六部　戏人辰辙　（又）

浕 ㈠jìn[ㄐㄧㄣˋ] 徐刃切　史文韵，去　平去，震韵　词第六部　戏人辰辙　（水名）

　　㈡jǐn[ㄐㄧㄣˇ] 慈忍切　史文韵，上　平上，轸韵　词第六部　戏人辰辙　（～涢）

洳 rù[ㄖㄨˋ] 人恕切　史姑韵，去　平去，御韵　词第四部　戏姑苏辙

七画

浹（见"浃"）涇（见"泾"）澁（同"莅②"）

涛 tāo[ㄊㄠ] 徒刀切　中豪韵，阴　平平，豪韵　词第八部　戏遥条辙　曲萧豪韵，阳

浙 zhè[ㄓㄜ`] 旨热切　中波韵，去　平入，屑韵　词第十八部　戏梭波辙　曲车遮韵，上

㴑 xiào[ㄒㄧㄠ`] ①呼教切　中豪韵，去　平去，效韵　词第八部　戏遥条辙

　　　　　　　　②许交切　中豪韵，去　平平，肴韵　词第八部　戏遥条辙　（又）

浌 fāng[ㄈㄤ] 敷方切　中唐韵，阴　平平，阳韵　词第二部　戏江阳辙

涝 (一)lào[ㄌㄠ`] ①郎到切　中豪韵，去　平去，号韵　词第八部　戏遥条辙　曲萧豪韵，去

　　　　　　　②卢皓切　中豪韵，去　平上，皓韵　词第八部　戏遥条辙　曲萧豪韵，去　（又）

　　(二)láo[ㄌㄠˊ] 鲁刀切　中豪韵，阳　平平，豪韵　词第八部　戏遥条辙　曲萧豪韵，阳　（大浪；水名）

浡 bó[ㄅㄛˊ] 蒲没切　中波韵，阳　平入，月韵　词第十八部　戏梭波辙

浭 gēng[ㄍㄥ] 古行切　中庚韵，阴　平平，庚韵　词第十一部　戏中东辙

涑 (一)sù[ㄙㄨ`] 桑谷切　中姑韵，去　平入，屋韵　词第十五部　戏姑苏辙　（水名）

　　(二)sóu[ㄙㄡˊ] 速侯切　中尤韵，阳　平平，尤韵　词第十二部　戏由求辙　（洗涤）

浦 pǔ[ㄆㄨˇ] 滂古切　中姑韵，上　平上，麌韵　词第四部　戏姑苏辙　曲鱼模韵，上

浯 wú[ㄨˊ] 五乎切　中姑韵，阳　平平，虞韵　词第四部　戏姑苏辙

浢 dòu[ㄉㄡ`] 徒候切　中尤韵，去　平去，宥韵　词第十二部　戏由求辙

酒 jiǔ[ㄐㄧㄡˇ] 子酉切　中尤韵，上　平上，有韵　词第十二部　戏由求辙　曲尤侯韵，上

涞 lái[ㄌㄞˊ] 落哀切　中开韵，阳　平平，灰韵　词第五部　戏怀来辙

涟 lián[ㄌㄧㄢˊ] 力延切　中寒韵，阳　平平，先韵　词第七部　戏言前辙

涉 shè[ㄕㄜ`] 时摄切　中波韵，去　平入，叶韵　词第十八部　戏梭波辙　曲车遮韵，阳

消 xiāo[ㄒㄧㄠ] 相邀切　中豪韵，阴　平平，萧韵　词第八部　戏遥条辙　曲萧豪韵，阴

淦 gàn[ㄍㄢ`] 古案切　中寒韵，去　平去，翰韵　词第七部　戏言前辙

浬 lǐ[ㄌㄧˇ] 陵之切　中齐韵，上　平平，支韵　词第三部　戏一七辙

涅 niè[ㄋㄧㄝ`] 奴结切　中皆韵，去　平入，屑韵　词第十八部　戏乜斜辙

浿 pèi[ㄆㄟ`] 普盖切　中微韵，去　平去，泰韵　词第三部　戏灰堆辙

涀 (一)xiàn[ㄒㄧㄢ`] 胡甸切　中寒韵，去　平去，霰韵　词第七部　戏言前辙

　　(二)jiǎn[ㄐㄧㄢˇ] 吉典切　中寒韵，上　平上，铣韵　词第七部　戏言前辙　（小沟）

浘 wéi[ㄨㄟˊ] 雨非切　中微韵，阳　平平，微韵　词第三部　戏灰堆辙

浊 zhuó[ㄓㄨㄛˊ] 士角切　中波韵，阳　平入，觉韵　词第十六部　戏梭波辙

涓 (一)juān[ㄐㄩㄢ] 古玄切　中寒韵，阴　平平，先韵　词第七部　戏言前辙　曲先天韵，阴

　　(二)yuàn[ㄩㄢ`] 萦绢切　中寒韵，去　平去，霰韵　词第七部　戏言前辙　（～澴）

　　(三)xuàn[ㄒㄩㄢ`] （流泪状，同"泫(一)"）

涡 (一)wō[ㄨㄛ] 乌禾切　中波韵，阴　平平，歌韵　词第九部　戏梭波辙　曲歌戈韵，阴

　　(二)guō[ㄍㄨㄛ] 古禾切　中波韵，阴　平平，歌韵　词第九部　戏梭波辙　曲歌戈韵，阴　（水名）

涢 (一)yún[ㄩㄣˊ] 王分切　中文韵，阳　平平，文韵　词第六部　戏人辰辙　（水名）

　　(二)yǔn[ㄩㄣˇ] 于敏切　中文韵，上　平上，轸韵　词第六部　戏人辰辙　（浤~）

涅 yǐng[ㄧㄥˇ] 以整切　中庚韵，上　平上，梗韵　词第十一部　戏中东辙

浥 (一)yà[ㄧㄚ`] 乙洽切　中麻韵，去　平入，洽韵　词第十九部　戏发花辙

　　(二)yì[ㄧ`] 於汲切　中齐韵，去　平入，缉韵　词第十七部　戏一七辙　（湿润）

涔 cén[ㄘㄣˊ] 锄针切　中文韵，阳　平平，侵韵　词第十三部　戏人辰辙　曲侵寻韵，阳

涀 jiǒng[ㄐㄩㄥˇ] 乌猛切　中庚韵，上　平上，梗韵　词第十一部　戏中东辙

浩 (一)hào[ㄏㄠ`] 胡老切　中豪韵，去　平上，皓韵　词第八部　戏遥条辙　曲萧豪韵，去

㈡gè［ㄍㄜˋ］古沓切　中波韵，去　平入，合韵　词第十九部　戏梭波辙　（～罯）

涐 é［ㄜˊ］五何切　中波韵，阳　平平，歌韵　词第九部　戏梭波辙

涟 liàn［ㄌㄧㄢˋ］郎甸切　中寒韵，去　平去，霰韵　词第七部　戏言前辙

海 hǎi［ㄏㄞˇ］呼改切　中开韵，上　平上，贿韵　词第五部　戏怀来辙　曲皆来韵，上

浜 bāng［ㄅㄤ］布耕切　中唐韵，阴　平平，庚韵　词第十一部　戏江阳辙

淢 ㈠yóu［ㄧㄡˊ］以周切　中尤韵，阳　平平，尤韵　词第十二部　戏由求辙　（水流～～）
　㈡dí［ㄉㄧˊ］亭历切　中齐韵，阳　平入，锡韵　词第十七部　戏一七辙　（欲望～～）

涂 ㈠tú［ㄊㄨˊ］①同都切　中姑韵，阳　平平，虞韵　词第四部　戏姑苏辙
　　　　　　②宅加切　中姑韵，阳　平平，麻韵　词第十部　戏姑苏辙　曲鱼模韵，阳　（低湿的土地）
　㈡chú［ㄔㄨˊ］直鱼切　中姑韵，阳　平平，鱼韵　词第四部　戏姑苏辙　（～月）
　㈢xú［ㄒㄩˊ］详於切　中齐韵，阳　平平，鱼韵　词第四部　戏一七辙　（～吾）
　㈣dù［ㄉㄨˋ］（表面涂金，同"镀①"）

浠 xī［ㄒㄧ］香依切　中齐韵，阴　平平，微韵　词第三部　戏一七辙

浴 yù［ㄩˋ］余蜀切　中齐韵，去　平入，沃韵　词第十五部　戏一七辙　曲鱼模韵，去

浮 fú［ㄈㄨˊ］缚谋切　中姑韵，阳　平平，尤韵　词第十二部　戏姑苏辙　曲鱼模韵，阳

洺 ㈠hàn［ㄏㄢˋ］胡绀切　中寒韵，去　平去，勘韵　词第十四部　戏言前辙　（泥水）
　㈡hán［ㄏㄢˊ］胡南切　中寒韵，阳　平平，覃韵　词第十四部　戏言前辙　（同"涵"）

涣 ㈠huàn［ㄏㄨㄢˋ］火贯切　中寒韵，去　平去，翰韵　词第七部　戏言前辙　曲桓欢韵，去
　㈡huì［ㄏㄨㄟˋ］呼会切　中微韵，去　平去，泰韵　词第三部　戏灰堆辙　（古地名）

浼 měi［ㄇㄟˇ］①武罪切　中微韵，上　平上，贿韵　词第三部　戏灰堆辙　曲齐微韵，上
　　　　②美辨切　中寒韵，上　平上，铣韵　词第七部　戏言前辙　（河水～～）

涤 dí［ㄉㄧˊ］徒历切　中齐韵，阳　平入，锡韵　词第十七部　戏一七辙　曲齐微韵，上

流 liú［ㄌㄧㄡˊ］力求切　中尤韵，阳　平平，尤韵　词第十二部　戏由求辙　曲尤侯韵，阳

润 rùn［ㄖㄨㄣˋ］如顺切　中文韵，去　平去，震韵　词第六部　戏人辰辙　曲真文韵，去

涧 jiàn［ㄐㄧㄢˋ］古晏切　中寒韵，去　平去，谏韵　词第七部　戏言前辙　曲寒山韵，去

涚 shuì［ㄕㄨㄟˋ］舒芮切　中微韵，去　平去，霁韵　词第三部　戏灰堆辙

涕 tì［ㄊㄧˋ］①他计切　中齐韵，去　平去，霁韵　词第三部　戏一七辙　曲齐微韵，去
　　　　②他礼切　中齐韵，去　平上，荠韵　词第三部　戏一七辙　曲齐微韵，去　（又）

沖 chōng［ㄔㄨㄥ］敕中切　中庚韵，阴　平平，东韵　词第一部　戏中东辙

浣 huàn［ㄏㄨㄢˋ］胡管切　中寒韵，去　平上，旱韵　词第七部　戏言前辙　曲桓欢韵，上

浤 hóng［ㄏㄨㄥˊ］户萌切　中庚韵，阳　平平，庚韵　词第十一部　戏中东辙

涝 láo［ㄌㄠˊ］郎刀切　中豪韵，阳　平平，豪韵　词第八部　戏遥条辙

浪 ㈠làng［ㄌㄤˋ］来宕切　中唐韵，去　平去，漾韵　词第二部　戏江阳辙　曲江阳韵，去
　㈡láng［ㄌㄤˊ］鲁当切　中唐韵，阳　平平，阳韵　词第二部　戏江阳辙　曲江阳韵，阳　（沧～；～～）

涒 ㈠tūn［ㄊㄨㄣ］他昆切　中文韵，阴　平平，元韵　词第六部　戏人辰辙
　㈡jūn［ㄐㄩㄣ］俱伦切　中文韵，阴　平平，真韵　词第六部　戏人辰辙　（～邻）

浸 ㈠jìn［ㄐㄧㄣˋ］子鸩切　中文韵，去　平去，沁韵　词第十三部　戏人辰辙　曲侵寻韵，去
　㈡qīn［ㄑㄧㄣ］七林切　中文韵，阴　平平，侵韵　词第十三部　戏人辰辙　曲侵寻韵，阴　（水分逐渐扩展）

涨 ㈠zhàng［ㄓㄤˋ］知亮切　中唐韵，去　平去，漾韵　词第二部　戏江阳辙　曲江阳韵，去
　㈡zhǎng［ㄓㄤˇ］展两切　中唐韵，上　平上，养韵　词第二部　戏江阳辙　（增加；提高）
　㈢zhāng［ㄓㄤ］陟良切　中唐韵，阴　平平，阳韵　词第二部　戏江阳辙　（～海）

涩 sè［ㄙㄜˋ］①色立切　中波韵，去　平入，缉韵　词第十七部　戏梭波辙　曲支思韵，上
　　　　②所力切　中波韵，去　平入，职韵　词第十七部　戏梭波辙　曲支思韵，上　（又）

涊 ㈠niǎn［ㄋㄧㄢˇ］乃殄切　中寒韵，上　平上，铣韵　词第七部　戏言前辙

（二）rěn［ㄖㄣˇ］而轸切　史文韵，上　平上，轸韵　词第六部　戏人辰辙　（古水名）

涌 yǒng［ㄩㄥˇ］余陇切　史庚韵，上　平上，肿韵　词第一部　戏中东辙　曲东钟韵，上

涘 sì［ㄙˋ］床史切　史支韵，去　平上，纸韵　词第三部　戏一七辙　曲支思韵，去

浚（一）jùn［ㄐㄩㄣˋ］①私闰切　史文韵，去　平去，震韵　词第六部　戏人辰辙　曲真文韵，去
　　　　　　　　　　　②祖峻切　史文韵，去　平去，震韵　词第六部　戏人辰辙　曲真文韵，去　（～稽山）

　　（二）xùn［ㄒㄩㄣˋ］须闰切　史文韵，去　平去，震韵　词第六部　戏人辰辙　曲真文韵，去　（～县）

柒（查"木"部）**娑**（查"女"部）**染**（查"木"部）

八画

淼（同"渺"）**菏**（同"菏"）**浹**（见"浃"）**淒**（同"凄"）**淺**（见"浅"）**渦**（见"涡"）**淪**（见"沦"）
淨（同"净"）**淊**（同"淹"）**涼**（同"凉"）**淚**（见"泪"）

清 qīng［ㄑㄧㄥ］七情切　史庚韵，阴　平平，庚韵　词第十一部　戏中东辙　曲庚青韵，阴

渍 zì［ㄗˋ］疾智切　史支韵，去　平去，寘韵　词第三部　戏一七辙　曲支思韵，去

添 tiān［ㄊㄧㄢ］他兼切　史寒韵，阴　平平，盐韵　词第十四部　戏言前辙　曲廉纤韵，阴

渚 zhǔ［ㄓㄨˇ］章与切　史姑韵，上　平上，语韵　词第四部　戏姑苏辙　曲鱼模韵，上

淩 líng［ㄌㄧㄥˊ］①力膺切　史庚韵，阳　平平，蒸韵　词第十一部　戏中东辙　曲庚青韵，阳
　　　　　　　　　②力膺切　史庚韵，阳　平平，蒸韵　词第十一部　戏中东辙　曲庚青韵，去　（又）

滓 xìng［ㄒㄧㄥˋ］胡顶切　史庚韵，去　平上，迥韵　词第十一部　戏中东辙　曲庚青韵，上

淇 qí［ㄑㄧˊ］渠之切　史齐韵，阳　平平，支韵　词第三部　戏一七辙

渃（一）ruò［ㄖㄨㄛˋ］日灼切　史波韵，去　平入，药韵　词第十六部　戏梭波辙

　　（二）rè［ㄖㄜˋ］人夜切　史波韵，去　平去，祃韵　词第十部　戏梭波辙　（地名）

淔 chì［ㄔˋ］耻力切　史支韵，去　平入，职韵　词第十七部　戏一七辙

淋 lín［ㄌㄧㄣˊ］力寻切　史文韵，阳　平平，侵韵　词第十三部　戏人辰辙　曲侵寻韵，阳

　　（二）lìn［ㄌㄧㄣˋ］力寻切　史文韵，去　平平，侵韵　词第十三部　戏人辰辙　曲侵寻韵，去　（病名；过滤）【同"痳"，用其反切。】

淅 xī［ㄒㄧ］先击切　史齐韵，阴　平入，锡韵　词第十七部　戏一七辙　曲齐微韵，上

淞 sōng［ㄙㄨㄥ］息恭切　史庚韵，阴　平平，冬韵　词第一部　戏中东辙

涷 dōng［ㄉㄨㄥ］①德红切　史庚韵，阴　平平，东韵　词第一部　戏中东辙
　　　　　　　　②多贡切　史庚韵，阴　平去，送韵　词第一部　戏中东辙　（又）

淢（一）yù［ㄩˋ］雨逼切　史齐韵，去　平入，职韵　词第十七部　戏一七辙

　　（二）xù［ㄒㄩˋ］况逼切　史齐韵，去　平入，职韵　词第十七部　戏一七辙　（城壕）

渎（一）dú［ㄉㄨˊ］徒谷切　史姑韵，阳　平入，屋韵　词第十五部　戏姑苏辙　曲鱼模韵，阳

　　（二）dòu［ㄉㄡˋ］大透切　史尤韵，去　平去，宥韵　词第十二部　戏由求辙　（孔洞；句～）

涯 yá［ㄧㄚˊ］五佳切　史麻韵，阳　平平，佳韵　词第十部　戏发花辙　曲家麻韵，阳

淹 yān［ㄧㄢ］央炎切　史寒韵，阴　平平，盐韵　词第十四部　戏言前辙　曲廉纤韵，阴

涿 zhuō［ㄓㄨㄛ］竹角切　史波韵，阴　平入，觉韵　词第十六部　戏梭波辙

渐（一）jiàn［ㄐㄧㄢˋ］①慈染切　史寒韵，去　平上，俭韵　词第十四部　戏言前辙　曲廉纤韵，去
　　　　　(1)水名　(2)慢慢地，逐步：～入佳境　(3)加剧：疾大～　(4)疏导：～九川，定九洲
　　　　　　　　　②子艳切　史寒韵，去　平去，艳韵　词第十四部　戏言前辙　曲廉纤韵，去　（～如）

　　（二）jiān［ㄐㄧㄢ］子廉切　史寒韵，阴　平平，盐韵　词第十四部　戏言前辙　曲廉纤韵，阴
　　　　　(5)流入：东～于海　(6)浸湿：～染　(7)欺诈：知诈～毒

　　（三）qián［ㄑㄧㄢˊ］慈盐切　史寒韵，阳　平平，盐韵　词第十四部　戏言前辙　（潜伏）

淑 shū［ㄕㄨ］殊六切　史姑韵，阴　平入，屋韵　词第十五部　戏姑苏辙　曲鱼模韵，阳

淖（一）nào［ㄋㄠˋ］奴教切　史豪韵，去　平去，效韵　词第八部　戏遥条辙　曲萧豪韵，去

（二）zhào［ㄓㄠˋ］直教切　史豪韵，去　平去，效韵　词第八部　戏遥条辙　曲萧豪韵，去　（调和）

（三）zhuó［ㄓㄨㄛˊ］竹角切　史波韵，阳　平入，觉韵　词第十六部　戏梭波辙　（姓）

（四）chuò［ㄔㄨㄛˋ］（美丽，柔和，同"绰（一）"）

淌 （一）chàng［ㄔㄤˋ］尺亮切　史唐韵，去　平去，漾韵　词第二部　戏江阳辙

　　（二）tǎng［ㄊㄤˇ］坦朗切　史唐韵，上　平上，养韵　词第二部　戏江阳辙　（水向下流）　【现代字。借用同音字"倘（一）"的反切。】

淏 hào［ㄏㄠˋ］下老切　史豪韵，去　平上，皓韵　词第八部　戏遥条辙

混 （一）hùn［ㄏㄨㄣˋ］胡本切　史文韵，去　平上，阮韵　词第六部　戏人辰辙　曲真文韵，去

　　（二）hún［ㄏㄨㄣˊ］胡昆切　史文韵，阳　平平，元韵　词第六部　戏人辰辙　（浑浊不明）

　　（三）kūn［ㄎㄨㄣ］公浑切　史文韵，阴　平平，元韵　词第六部　戏人辰辙　（～夷）

　　（四）gǔn［ㄍㄨㄣˇ］（大水奔流，同"滚"）

淠 （一）pì［ㄆㄧˋ］匹备切　史齐韵，去　平去，寘韵　词第三部　戏一七辙

　　（二）pèi［ㄆㄟˋ］普盖切　史微韵，去　平去，泰韵　词第三部　戏灰堆辙　（萑苇～～）

淟 tiǎn［ㄊㄧㄢˇ］他典切　史寒韵，上　平上，铣韵　词第七部　戏言前辙

涸 hé［ㄏㄜˊ］下各切　史波韵，阳　平入，药韵　词第十六部　戏梭波辙　曲萧豪韵，阳

渑 （一）miǎn［ㄇㄧㄢˇ］弥兖切　史寒韵，上　平上，铣韵　词第七部　戏言前辙

　　（二）mǐn［ㄇㄧㄣˇ］武尽切　史文韵，上　平上，轸韵　词第六部　戏人辰辙　（又）

　　（三）shéng［ㄕㄥˊ］食陵切　史庚韵，阳　平平，蒸韵　词第十一部　戏中东辙　（～水）

渣 tà［ㄊㄚˋ］徒合切　史麻韵，去　平入，合韵　词第十九部　戏发花辙

淛 zhè［ㄓㄜˋ］征例切　史波韵，去　平去，霁韵　词第三部　戏梭波辙

淮 huái［ㄏㄨㄞˊ］户乖切　史开韵，阳　平平，佳韵　词第五部　戏怀来辙　曲皆来韵，阳

淦 （一）gān［ㄍㄢ］古南切　史寒韵，阴　平平，覃韵　词第十四部　戏言前辙

　　（二）gàn［ㄍㄢˋ］古暗切　史寒韵，去　平去，勘韵　词第十四部　戏言前辙　曲监咸韵，去　（水名）

淆 xiáo［ㄒㄧㄠˊ］胡茅切　史豪韵，阳　平平，肴韵　词第八部　戏遥条辙　曲萧豪韵，阳

渊 yuān［ㄩㄢ］乌玄切　史寒韵，阴　平平，先韵　词第七部　戏言前辙　曲先天韵，阴

淫 yín［ㄧㄣˊ］余针切　史文韵，阳　平平，侵韵　词第十三部　戏人辰辙　曲侵寻韵，阳

渗 （一）shěn［ㄕㄣˇ］式任切　史文韵，上　平上，寝韵　词第十三部　戏人辰辙　曲侵寻韵，上

　　（二）niǎn［ㄋㄧㄢˇ］女减切　史寒韵，上　平上，赚韵　词第十四部　戏言前辙　（水平无波）

溯 píng［ㄆㄧㄥˊ］扶冰切　史庚韵，阳　平平，蒸韵　词第十一部　戏中东辙

淝 féi［ㄈㄟˊ］符非切　史微韵，阳　平平，微韵　词第三部　戏灰堆辙　曲齐微韵，阳

潉 hūn［ㄏㄨㄣ］呼昆切　史文韵，阴　平平，元韵　词第六部　戏人辰辙

渔 yú［ㄩˊ］语居切　史齐韵，阳　平平，鱼韵　词第四部　戏一七辙　曲鱼模韵，阳

淘 táo［ㄊㄠˊ］徒刀切　史豪韵，阳　平平，豪韵　词第八部　戏遥条辙　曲萧豪韵，阳

潲 hū［ㄏㄨ］乌没切　史姑韵，阴　平入，月韵　词第十八部　戏姑苏辙

淳 （一）chún［ㄔㄨㄣˊ］常伦切　史文韵，阳　平平，真韵　词第六部　戏人辰辙　曲真文韵，阳

　　（二）zhūn［ㄓㄨㄣ］朱伦切　史文韵，阴　平平，真韵　词第六部　戏人辰辙　（浇灌）

液 yè［ㄧㄝˋ］①羊益切　史皆韵，去　平入，陌韵　词第十七部　戏乜斜辙　曲齐微韵，去

　　　　　②施只切　史支韵，阴　平入，陌韵　词第十七部　戏一七辙　（浸渍）

淬 cuì［ㄘㄨㄟˋ］七内切　史微韵，去　平去，队韵　词第三部　戏灰堆辙　曲齐微韵，去

涪 （一）fú［ㄈㄨˊ］缚谋切　史姑韵，阳　平平，尤韵　词第十二部　戏姑苏辙

　　（二）póu［ㄆㄡˊ］蒲侯切　史尤韵，阳　平平，尤韵　词第十二部　戏由求辙　（～沤）

淤 yū［ㄩ］①央居切　史齐韵，阴　平平，鱼韵　词第四部　戏一七辙

　　　　②依倨切　史齐韵，阴　平去，御韵　词第四部　戏一七辙　（又）

淯 yù［ㄩˋ］余六切　史齐韵，去　平入，屋韵　词第十五部　戏一七辙

淡 (一)dàn[ㄉㄢˋ]①徒敢切　⊕寒韵，去　乎上，感韵　词第十四部　戏言前辙
　　　　　　　　　②徒滥切　⊕寒韵，去　乎去，勘韵　词第十四部　戏言前辙　曲监咸韵，去　（味道不浓）

　　(二)yǎn[ㄧㄢˇ]以冉切　⊕寒韵，上　乎上，俭韵　词第十四部　戏言前辙　（澹～）

　　(三)yàn[ㄧㄢˋ]以赡切　⊕寒韵，去　乎去，艳韵　词第十四部　戏言前辙　（～～焉）

　　(四)tán[ㄊㄢˊ]　（同"痰"）

澚 (一)pán[ㄆㄢˊ]皮咸切　⊕寒韵，阳　乎平，咸韵　词第十四部　戏言前辙

　　(二)bàn[ㄅㄢˋ]蒲鉴切　⊕寒韵，去　乎去，陷韵　词第十四部　戏言前辙　（泥淖）

淙 (一)cóng[ㄘㄨㄥˊ]①藏宗切　⊕庚韵，阳　乎平，冬韵　词第一部　戏中东辙
　　　　　　　　　②士江切　⊕庚韵，阳　乎平，江韵　词第二部　戏中东辙　（又）

　　(二)shuàng[ㄕㄨㄤˋ]色绛切　⊕唐韵，去　乎去，绛韵　词第二部　戏江阳辙　（流注）

淀 diàn[ㄉㄧㄢˋ]堂练切　⊕寒韵，去　乎去，霰韵　词第七部　戏言前辙

涫 guàn[ㄍㄨㄢˋ]古玩切　⊕寒韵，去　乎去，翰韵　词第七部　戏言前辙

涴 (一)wò[ㄨㄛˋ]乌卧切　⊕波韵，去　乎去，简韵　词第九部　戏梭波辙　曲歌戈韵，去　（污染）

　　(二)yuàn[ㄩㄢˋ]①纡愿切　⊕寒韵，去　乎去，愿韵　词第七部　戏言前辙　（水名）
　　　　　　　　　②於袁切　⊕寒韵，去　乎平，元韵　词第七部　戏言前辙　（又）

　　(三)wǎn[ㄨㄢˇ]委远切　⊕寒韵，上　乎上，阮韵　词第七部　戏言前辙　（～演）

深 shēn[ㄕㄣ]式针切　⊕文韵，阴　乎平，侵韵　词第十三部　戏人辰辙　曲侵寻韵，阴

渌 lù[ㄌㄨˋ]力玉切　⊕姑韵，去　乎入，沃韵　词第十五部　戏姑苏辙

涮 (一)shuàn[ㄕㄨㄢˋ]生患切　⊕寒韵，去　乎去，谏韵　词第七部　戏言前辙

　　(二)shuā[ㄕㄨㄚ]所劣切　⊕麻韵，阴　乎入，屑韵　词第十八部　戏发花辙　（水名）

淈 (一)gǔ[ㄍㄨˇ]古忽切　⊕姑韵，上　乎入，月韵　词第十八部　戏姑苏辙

　　(二)qū[ㄑㄩ]区勿切　⊕齐韵，阴　乎入，物韵　词第十八部　戏一七辙　（竭尽）【同"屈(一)"，用其反切。】

涵 hán[ㄏㄢˊ]胡男切　⊕寒韵，阳　乎平，覃韵　词第十四部　戏言前辙　曲监咸韵，阳

渗 (一)shèn[ㄕㄣˋ]所禁切　⊕文韵，去　乎去，沁韵　词第十三部　戏人辰辙　曲侵寻韵，去

　　(二)qīn[ㄑㄧㄣ]千寻切　⊕文韵，阴　乎平，侵韵　词第十三部　戏人辰辙　（～淫）

淄 zī[ㄗ]侧持切　⊕支韵，阴　乎平，支韵　词第三部　戏一七辙　曲支思韵，阴

鸿（查"鸟"部）颖（查"页"部）渠（查"木"部）粱（查"木"部）婆（查"女"部）梁（查"木"部）

九画

凑（同"凑"）减（同"减①"）滇（见"滇"）测（见"测"）汤（见"汤"）渊（见"渊"）飡（同"餐"）
涣（见"涣"）沨（见"沨"）沩（见"沩"）浑（见"浑"）湧（见"涌"）

湁 chì[ㄔˋ]丑入切　⊕支韵，去　乎入，缉韵　词第十七部　戏一七辙

湛 (一)zhàn[ㄓㄢˋ]徒减切　⊕寒韵，去　乎上，赚韵　词第十四部　戏言前辙　曲监咸韵，去

　　(二)dān[ㄉㄢ]丁含切　⊕寒韵，阴　乎平，覃韵　词第十四部　戏言前辙　曲监咸韵，阴　（喜乐；徐缓）

　　(三)chén[ㄔㄣˊ]直深切　⊕文韵，阳　乎平，侵韵　词第十三部　戏人辰辙　曲侵寻韵，阳　（沉没）

　　(四)chěn[ㄔㄣˇ]丑甚切　⊕文韵，上　乎上，寝韵　词第十三部　戏人辰辙　（～潭）

　　(五)shèn[ㄕㄣˋ]氏任切　⊕文韵，去　乎去，沁韵　词第十三部　戏人辰辙　（古水名）

港 (一)gǎng[ㄍㄤˇ]古项切　⊕唐韵，上　乎上，讲韵　词第二部　戏江阳辙　曲江阳韵，上

　　(二)hòng[ㄏㄨㄥˋ]胡贡切　⊕庚韵，去　乎去，送韵　词第一部　戏中东辙　（～洞）

渫 (一)xiè[ㄒㄧㄝˋ]私列切　⊕皆韵，去　乎入，屑韵　词第十八部　戏乜斜辙

　　(二)dié[ㄉㄧㄝˊ]达协切　⊕皆韵，阳　乎入，叶韵　词第十八部　戏乜斜辙　（渫～）

　　(三)zhá[ㄓㄚˊ]士洽切　⊕麻韵，阳　乎入，洽韵　词第十九部　戏发花辙　（水名）

滞 (一)zhì[ㄓˋ]直例切　⊕支韵，去　乎去，霁韵　词第三部　戏一七辙　曲齐微韵，去

　　(二)chì[ㄔˋ]①丑例切　⊕齐韵，去　乎去，霁韵　词第三部　戏一七辙　曲齐微韵，去　（水洒散状）

②尺制切　中支韵，去　平去，霁韵　词第三部　戏一七辙　曲齐微韵，去　（声音～涩）

溚 (一)tǎ[ㄊㄚˇ] 他合切　中麻韵，上　平入，合韵　词第十九部　戏发花辙

　　(二)dá[ㄉㄚˊ] 德合切　中麻韵，阳　平入，合韵　词第十九部　戏发花辙　（湿）

溁 yíng[ㄧㄥˊ] 维倾切　中庚韵，阳　平平，庚韵　词第十一部　戏中东辙

湖 hú[ㄏㄨˊ] 户吴切　中姑韵，阳　平平，虞韵　词第四部　戏姑苏辙　曲鱼模韵，阳

湳 nán[ㄋㄢˊ] 奴感切　中寒韵，阳　平上，感韵　词第十四部　戏言前辙

湘 xiāng[ㄒㄧㄤ] 息良切　中唐韵，阴　平平，阳韵　词第二部　戏江阳辙　曲江阳韵，阴

渣 zhā[ㄓㄚ] 侧加切　中麻韵，阴　平平，麻韵　词第十部　戏发花辙

渤 bó[ㄅㄛˊ] 蒲没切　中波韵，阳　平入，月韵　词第十八部　戏梭波辙　曲歌戈韵，阳

湢 bì[ㄅㄧˋ] 彼侧切　中齐韵，去　平入，职韵　词第十七部　戏一七辙

湮 (一)yīn[ㄧㄣ] 於真切　中文韵，阴　平平，真韵　词第六部　戏人辰辙　曲真文韵，阴

　　(二)yān[ㄧㄢ] 乌前切　中寒韵，阴　平平，先韵　词第七部　戏言前辙　（埋没）

湅 liàn[ㄌㄧㄢˋ] 郎甸切　中寒韵，去　平去，霰韵　词第七部　戏言前辙

湎 miǎn[ㄇㄧㄢˇ] 弥兖切　中寒韵，上　平上，铣韵　词第七部　戏言前辙　曲先天韵，上

湪 nuǎn[ㄋㄨㄢˇ] 乃管切　中寒韵，上　平上，旱韵　词第七部　戏言前辙

湝 jiē[ㄐㄧㄝ] 古谐切　中皆韵，阴　平平，佳韵　词第五部　戏乜斜辙

湆 shěng[ㄕㄥˇ] 息井切　中庚韵，上　平上，梗韵　词第十一部　戏中东辙

湨 jú[ㄐㄩˊ] 古阒切　中齐韵，阳　平入，锡韵　词第十七部　戏一七辙

湜 shí[ㄕˊ] 常职切　中支韵，阳　平入，职韵　词第十七部　戏一七辙

渺 miǎo[ㄇㄧㄠˇ] 亡沼切　中豪韵，上　平上，篠韵　词第八部　戏遥条辙　曲萧豪韵，上

湒 jì[ㄐㄧˋ] 子入切　中齐韵，去　平入，缉韵　词第十七部　戏一七辙

湿 shī[ㄕ] 失入切　中支韵，阴　平入，缉韵　词第十七部　戏一七辙　曲齐微韵，上

湡 yú[ㄩˊ] 遇俱切　中齐韵，阳　平平，虞韵　词第四部　戏一七辙

温 (一)wēn[ㄨㄣ] 乌浑切　中文韵，阴　平平，元韵　词第六部　戏人辰辙　曲真文韵，阴

　　(二)yùn[ㄩㄣˋ] 纡问切　中文韵，去　平去，问韵　词第六部　戏人辰辙　（蕴积）

渴 (一)kě[ㄎㄜˇ] 苦曷切　中波韵，上　平入，曷韵　词第十八部　戏梭波辙　曲歌戈韵，上

　　(二)jié[ㄐㄧㄝˊ] 渠列切　中皆韵，阳　平入，屑韵　词第十八部　戏乜斜辙　（干涸）

　　(三)hè[ㄏㄜˋ] 何葛切　中波韵，去　平入，曷韵　词第十八部　戏梭波辙　（袁家～）

渨 wēi[ㄨㄟ] 乌恢切　中微韵，阴　平平，灰韵　词第三部　戏灰堆辙

渭 wèi[ㄨㄟˋ] 于贵切　中微韵，去　平去，未韵　词第三部　戏灰堆辙　曲齐微韵，去

溃 (一)kuì[ㄎㄨㄟˋ] 胡对切　中微韵，去　平去，队韵　词第三部　戏灰堆辙　曲齐微韵，去

　　(二)huì[ㄏㄨㄟˋ] 胡对切　中微韵，去　平去，队韵　词第三部　戏灰堆辙　曲齐微韵，去　（～脓）

渱 hóng[ㄏㄨㄥˊ] 户公切　中庚韵，阳　平平，东韵　词第一部　戏中东辙

湍 (一)tuān[ㄊㄨㄢ] 他端切　中寒韵，阴　平平，寒韵　词第七部　戏言前辙　曲桓欢韵，阴

　　(二)zhuān[ㄓㄨㄢ] 职缘切　中寒韵，阴　平平，先韵　词第七部　戏言前辙　曲桓欢韵，阴　（水名）

溅 (一)jiàn[ㄐㄧㄢˋ] 子贱切　中寒韵，去　平去，霰韵　词第七部　戏言前辙　曲先天韵，去　（迸射）

　　(二)jiān[ㄐㄧㄢ] 则前切　中寒韵，阴　平平，先韵　词第七部　戏言前辙　曲先天韵，阴　（流水声）

滑 (一)huá[ㄏㄨㄚˊ] 户八切　中麻韵，阳　平入，黠韵　词第十八部　戏发花辙　曲家麻韵，阳

　　　(1)光溜，不凝滞：温泉水～洗凝脂　(2)在光溜的物体上溜动：～雪　(3)狡诈不诚实：～头　(4)中医脉象名　(5)周代诸侯国名

　　(二)gǔ[ㄍㄨˇ] 古忽切　中姑韵，上　平入，月韵　词第十八部　戏姑苏辙

　　　(6)乱：～疑　(7)浑浊：～扬波　(8)诙谐：～稽多智　(9)水涌流状，通"汩"

濩 huò[ㄏㄨㄛˋ] 虎伯切　中波韵，去　平入，陌韵　词第十七部　戏梭波辙

湃 pài[ㄆㄞˋ] 普拜切　中开韵，去　平去，卦韵　词第五部　戏怀来辙　曲皆来韵，去

湫 (一)jiǎo[ㄐㄧㄠˇ]子了切　中豪韵，上　平平上，篠韵　词第八部　戏遥条辙

　　　　(1)低洼　(2)水名：～渊　(3)古地名

　　(二)qiū[ㄑㄧㄡ]①七由切　中尤韵，阴　平平，尤韵　词第十二部　戏由求辙　曲尤侯韵，阴

　　　　(4)洞，潭：南有龙兮在山～　(5)凝集：壅闭～底　(6)凉爽状：～兮如风，凄兮如雨　(7)减，尽：精有～尽

　　　　　　　　②即由切　中尤韵，阴　平平，尤韵　词第十二部　戏由求辙　曲尤侯韵，阴

　　　　(8)水池　(9)水名　(10)瀑布：大龙～　(11)忧愁：～～

　　(三)jiù[ㄐㄧㄡˋ]在九切　中尤韵，去　平平上，有韵　词第十二部　戏由求辙　（泄水洞）

湩 (一)zhòng[ㄓㄨㄥˋ]竹用切　中庚韵，去　平去，宋韵　词第一部　戏中东辙

　　(二)dòng[ㄉㄨㄥˋ]多贡切　中庚韵，去　平去，送韵　词第一部　戏中东辙　（又）

溲 (一)sóu[ㄙㄡˊ]疎有切　中尤韵，阳　平平上，有韵　词第十二部　戏由求辙

　　(二)sōu[ㄙㄡ]所鸠切　中尤韵，阴　平平，尤韵　词第十二部　戏由求辙　曲尤侯韵，阴　（大小便）

湟 huáng[ㄏㄨㄤˊ]胡光切　中唐韵，阳　平平，阳韵　词第二部　戏江阳辙

淑 xù[ㄒㄩˋ]徐吕切　中齐韵，去　平平上，语韵　词第四部　戏一七辙

渝 yú[ㄩˊ]羊朱切　中齐韵，阳　平平，虞韵　词第四部　戏一七辙　曲鱼模韵，阳

渰 (一)yǎn[ㄧㄢˇ]①衣俭切　中寒韵，上　平平上，俭韵　词第十四部　戏言前辙　曲监咸韵，阴

　　　　　　　　②衣俭切　中寒韵，上　平平上，俭韵　词第十四部　戏言前辙　曲监咸韵，去　（又）

　　(二)yān[ㄧㄢ]　（淹没，同“淹”）

湲 yuán[ㄩㄢˊ]王权切　中寒韵，阳　平平，先韵　词第七部　戏言前辙　曲先天韵，阳

溢 pén[ㄆㄣˊ]蒲奔切　中文韵，阳　平平，元韵　词第六部　戏人辰辙

湨 (一)hōng[ㄏㄨㄥ]呼宏切　中庚韵，阴　平平，庚韵　词第十一部　戏中东辙

　　(二)chèng[ㄔㄥˋ]楚庆切　中庚韵，去　平去，敬韵　词第十一部　戏中东辙　（清凉）

湾 wān[ㄨㄢ]乌关切　中寒韵，阴　平平，删韵　词第七部　戏言前辙　曲寒山韵，阴

渟 tíng[ㄊㄧㄥˊ]特丁切　中庚韵，阳　平平，青韵　词第十一部　戏中东辙

渡 dù[ㄉㄨˋ]徒故切　中姑韵，去　平去，遇韵　词第四部　戏姑苏辙　曲鱼模韵，去

湆 qì[ㄑㄧˋ]去急切　中齐韵，去　平入，缉韵　词第十七部　戏一七辙

渹 qì[ㄑㄧˋ]乞及切　中齐韵，去　平入，缉韵　词第十七部　戏一七辙

渧 (一)dì[ㄉㄧˋ]都计切　中齐韵，去　平去，霁韵　词第三部　戏一七辙

　　(二)tí[ㄊㄧˊ]田黎切　中齐韵，阳　平平，齐韵　词第三部　戏一七辙　曲齐微韵，阳　（同“啼”）

游 (一)yóu[ㄧㄡˊ]以周切　中尤韵，阳　平平，尤韵　词第十二部　戏由求辙　曲尤侯韵，阳

　　(二)liú[ㄌㄧㄡˊ]力求切　中尤韵，阳　平平，尤韵　词第十二部　戏由求辙　曲尤侯韵，阳　（旌旗垂饰）

渼 měi[ㄇㄟˇ]无鄙切　中微韵，上　平平上，纸韵　词第三部　戏灰堆辙

溠 (一)zhà[ㄓㄚˋ]侧驾切　中麻韵，去　平去，祃韵　词第十部　戏发花辙

　　(二)zhā[ㄓㄚ]①侧加切　中麻韵，阴　平平，麻韵　词第十部　戏发花辙　（又）

　　　　　　　　②七何切　中麻韵，阴　平平，歌韵　词第九部　戏发花辙　（又）

溇 (一)lóu[ㄌㄡˊ]郎侯切　中尤韵，阳　平平，尤韵　词第十二部　戏由求辙　（水名）

　　(二)lǚ[ㄌㄩˇ]力主切　中齐韵，上　平平上，麌韵　词第四部　戏一七辙　（雨不停状）

　　(三)lǒu[ㄌㄡˇ]郎斗切　中尤韵，上　平平上，有韵　词第十二部　戏由求辙　（水沟）

湔 (一)jiān[ㄐㄧㄢ]则前切　中寒韵，阴　平平，先韵　词第七部　戏言前辙　曲先天韵，阴

　　(二)jiàn[ㄐㄧㄢˋ]子贱切　中寒韵，去　平去，霰韵　词第七部　戏言前辙　（溅洒）

　　(三)qián[ㄑㄧㄢˊ]昨先切　中寒韵，阳　平平，先韵　词第七部　戏言前辙　（～葫）

湭 qiú[ㄑㄧㄡˊ]才周切　中尤韵，阳　平平，尤韵　词第十二部　戏由求辙

滋 zī[ㄗ]子之切　中支韵，阴　平平，支韵　词第三部　戏一七辙　曲支思韵，阴

湉 tián[ㄊㄧㄢˊ]徒兼切　中寒韵，阳　平平，盐韵　词第十四部　戏言前辙

渲 xuàn[ㄒㄩㄢˋ]息绢切　中寒韵，去　平去，霰韵　词第七部　戏言前辙　曲寒山韵，去

溉 gài[ㄍㄞˋ] ①古代切　史开韵，去　乎去，队韵　词第五部　戏怀来辙
　　　　　　　　②居豪切　史开韵，去　乎去，未韵　词第三部　戏怀来辙　（又）

渥 wò[ㄨㄛˋ] 於角切　史波韵，去　乎入，觉韵　词第十六部　戏梭波辙

渳 mǐ[ㄇㄧˇ] 绵婢切　史齐韵，上　乎上，纸韵　词第三部　戏一七辙

湣 (一)mǐn[ㄇㄧㄣˇ] 美陨切　史文韵，上　乎上，轸韵　词第六部　戏人辰辙　（通"闵"）
　(二)hūn[ㄏㄨㄣ] 呼昆切　史文韵，阴　乎平，元韵　词第六部　戏人辰辙　（昏乱）【同"潘"，用其反切。】
　(三)miàn[ㄇㄧㄢˋ] 眠见切　史寒韵，去　乎去，霰韵　词第七部　戏言前辙　（昏暗无光）

湋 wéi[ㄨㄟˊ] 雨非切　史微韵，阳　乎平，微韵　词第三部　戏灰堆辙

湑 (一)xǔ[ㄒㄩˇ] ①相居切　史齐韵，上　乎平，鱼韵　词第四部　戏一七辙
　　　　　　　　②私吕切　史齐韵，上　乎上，语韵　词第四部　戏一七辙　（又）
　(二)xù[ㄒㄩˋ] 苏计切　史齐韵，去　乎去，霁韵　词第三部　戏一七辙　（水名）【同"湏"，用其反切。】

湄 méi[ㄇㄟˊ] 武悲切　史微韵，阳　乎平，支韵　词第三部　戏灰堆辙　曲齐微韵，阳

滁 chú[ㄔㄨˊ] 直鱼切　史姑韵，阳　乎平，鱼韵　词第四部　戏姑苏辙　曲鱼模韵，阳

溁 guǐ[ㄍㄨㄟˇ] ①居诔切　史微韵，上　乎上，纸韵　词第三部　戏灰堆辙
　　　　　　　②苦穴切　史微韵，上　乎入，屑韵　词第十八部　戏灰堆辙　（又）

硈（查"石"部）

十画

滎（见"荥"）溝（见"沟"）漣（见"涟"）滅（见"灭"）滙（见"汇①②"）溼（见"湿"）湏（见"涢"）

溫（见"温"）滌（见"涤"）準（同"准"）溮（见"狮"）滄（见"沧"）溁（同"杰"）

黎 lí[ㄌㄧˊ] 郎溪切　史齐韵，阳　乎平，齐韵　词第三部　戏一七辙　曲齐微韵，阳

滟 yàn[ㄧㄢˋ] 以赡切　史寒韵，去　乎去，艳韵　词第十四部　戏言前辙　曲廉纤韵，去

溱 (一)zhēn[ㄓㄣ] 侧诜切　史文韵，阴　乎平，真韵　词第六部　戏人辰辙
　(二)qín[ㄑㄧㄣˊ] 匠邻切　史文韵，阳　乎平，真韵　词第六部　戏人辰辙　（~潼）【方言字。借用同音字"秦"的反切。】

滶 áo[ㄠˊ] 五劳切　史豪韵，阳　乎平，豪韵　词第八部　戏遥条辙

溘 kè[ㄎㄜˋ] 口答切　史波韵，去　乎入，合韵　词第十九部　戏梭波辙

滠 shè[ㄕㄜˋ] 书涉切　史波韵，去　乎入，叶韵　词第十八部　戏梭波辙

漭 mǎng[ㄇㄤˇ] ①模朗切　史唐韵，上　乎上，养韵　词第二部　戏江阳辙　曲江阳韵，上
　　　　　　　　②莫浪切　史唐韵，上　乎去，漾韵　词第二部　戏江阳辙　曲江阳韵，上　（又）

满 (一)mǎn[ㄇㄢˇ] 莫旱切　史寒韵，上　乎上，旱韵　词第七部　戏言前辙　曲桓欢韵，上
　(二)mèn[ㄇㄣˋ] 莫困切　史文韵，去　乎去，愿韵　词第六部　戏人辰辙　曲真文韵，去　（通"懑"）

漠 mò[ㄇㄛˋ] 慕各切　史波韵，去　乎入，药韵　词第十六部　戏梭波辙　曲萧豪韵，去

溍 jìn[ㄐㄧㄣˋ] 即刃切　史文韵，去　乎去，震韵　词第六部　戏人辰辙

滢 (一)yíng[ㄧㄥˊ] 乌定切　史庚韵，阳　乎去，径韵　词第十一部　戏中东辙
　(二)yìng[ㄧㄥˋ] 乌定切　史庚韵，去　乎去，径韵　词第十一部　戏中东辙　（旧读）
　(三)jiōng[ㄐㄩㄥ] 涓荥切　史庚韵，阴　乎平，青韵　词第十一部　戏中东辙　（水名）

滇 (一)diān[ㄉㄧㄢ] 都年切　史寒韵，阴　乎平，先韵　词第七部　戏言前辙
　(二)tián[ㄊㄧㄢˊ] 徒年切　史寒韵，阳　乎平，先韵　词第七部　戏言前辙　（盛大）
　(三)zhēn[ㄓㄣ] 之人切　史文韵，阴　乎平，真韵　词第六部　戏人辰辙　（~阳）

溹 (一)suò[ㄙㄨㄛˋ] ①苏各切　史波韵，去　乎入，药韵　词第十六部　戏梭波辙
　　　　　　　　　②山戟切　史波韵，去　乎入，陌韵　词第十七部　戏梭波辙　（又）
　(二)sè[ㄙㄜˋ] 山责切　史波韵，去　乎入，陌韵　词第十七部　戏梭波辙　（雨下~~）

溥 (一)pǔ[ㄆㄨˇ] 滂古切　史姑韵，上　乎上，麌韵　词第四部　戏姑苏辙　曲鱼模韵，上

　　㈡ fū[ㄈㄨ]（分布，同"敷"）

溻 gē[ㄍㄜ] 古俄切　史波韵，阴　平平，歌韵　词第九部　戏梭波辙

漏 gé[ㄍㄜˊ] 歌盍切　史波韵，阳　平入，陌韵　词第十七部　戏梭波辙

溧 lì[ㄌㄧˋ] 力质切　史齐韵，去　平入，质韵　词第十七部　戏一七辙

溽 rù[ㄖㄨˋ] 而蜀切　史姑韵，去　平入，沃韵　词第十五部　戏姑苏辙

源 yuán[ㄩㄢˊ] 愚袁切　史寒韵，阳　平平，元韵　词第七部　戏言前辙　曲先天韵，阳

滤 lù[ㄌㄩˋ] 良据切　史齐韵，去　平去，御韵　词第四部　戏一七辙　曲鱼模韵，去

滥 ㈠ làn[ㄌㄢˋ] 卢瞰切　史寒韵，去　平去，勘韵　词第十四部　戏言前辙　曲监咸韵，去

　　㈡ lǎn[ㄌㄢˇ] 鲁敢切　史寒韵，上　平上，感韵　词第十四部　戏言前辙　（用水泡干果）

　　㈢ jiàn[ㄐㄧㄢˋ] 胡黯切　史寒韵，去　平上，赚韵　词第十四部　戏言前辙　曲监咸韵，去　（～泉）

滉 huàng[ㄏㄨㄤˋ] 胡广切　史唐韵，上　平上，养韵　词第二部　戏江阳辙

塌 tā[ㄊㄚ] 托盍切　史麻韵，阴　平入，合韵　词第十九部　戏发花辙

溭 zé[ㄗㄜˊ] 士力切　史波韵，阳　平入，职韵　词第十八部　戏梭波辙

溷 ㈠ hùn[ㄏㄨㄣˋ] 胡困切　史文韵，去　平去，愿韵　词第六部　戏人辰辙

　　㈡ hún[ㄏㄨㄣˊ] 胡昆切　史文韵，阳　平平，元韵　词第六部　戏人辰辙　（燉～）

澄 ㈠ yí[ㄧˊ] 鱼衣切　史齐韵，阳　平平，微韵　词第三部　戏一七辙

　　㈡ ái[ㄞˊ] 鱼衣切　史开韵，阳　平平，微韵　词第三部　戏怀来辙　（又）

溦 wēi[ㄨㄟ] 无非切　史微韵，阴　平平，微韵　词第三部　戏灰堆辙

滗 bì[ㄅㄧˋ] 鄙密切　史齐韵，去　平入，质韵　词第十七部　戏一七辙

滫 xiǔ[ㄒㄧㄡˇ] 息有切　史尤韵，上　平上，有韵　词第十二部　戏由求辙

溴 xiù[ㄒㄧㄡˋ] 尺又切　史尤韵，去　平去，宥韵　词第十二部　戏由求辙

溵 yīn[ㄧㄣ] 於斤切　史文韵，阴　平平，文韵　词第六部　戏人辰辙

滏 fǔ[ㄈㄨˇ] 扶雨切　史姑韵，上　平上，麌韵　词第四部　戏姑苏辙

滔 tāo[ㄊㄠ] ①土刀切　史豪韵，阴　平平，豪韵　词第八部　戏遥条辙　曲萧豪韵，阴

　　　　　　②徒刀切　史豪韵，阴　平平．豪韵　词第八部　戏遥条辙　曲萧豪韵，阴　（踊跃会聚）

溪 ㈠ xī[ㄒㄧ] 苦奚切　史齐韵，阴　平平，齐韵　词第三部　戏一七辙　曲齐微韵，阴

　　㈡ qī[ㄑㄧ] 苦奚切　史齐韵，阴　平平，齐韵　词第三部　戏一七辙　曲齐微韵，阴　（又）

瀚 ㈠ wěng[ㄨㄥˇ] 乌孔切　史庚韵，上　平上，董韵　词第一部　戏中东辙

　　㈡ wēng[ㄨㄥ] 乌红切　史庚韵，阴　平平，东韵　词第一部　戏中东辙　（水名）【方言读音。借用同音字"翁㈠"的反切。】

漨 ㈠ féng[ㄈㄥˊ] 符容切　史庚韵，阳　平平，冬韵　词第一部　戏中东辙

　　㈡ péng[ㄆㄥˊ] 蒲蒙切　史庚韵，阳　平平，东韵　词第一部　戏中东辙　（～㳬）

溜 ㈠ liù[ㄌㄧㄡˋ] 力救切　史尤韵，去　平去，宥韵　词第十二部　戏由求辙　曲尤侯韵，去

　　㈡ liū[ㄌㄧㄡ] 力求切　史尤韵，阴　平平，尤韵　词第十二部　戏由求辙　（滑；偷跑）【《集韵》：力求切。用之。】

滦 luán[ㄌㄨㄢˊ] 落官切　史寒韵，阳　平平，寒韵　词第七部　戏言前辙　曲桓欢韵，阳

滍 suī[ㄙㄨㄟ] 宣佳切　史微韵，阴　平平，支韵　词第三部　戏灰堆辙

滈 hào[ㄏㄠˋ] 胡老切　史豪韵，去　平上，皓韵　词第八部　戏遥条辙

濩 huǒ[ㄏㄨㄛˇ] ①苦郭切　史波韵，上　平入，药韵　词第十六部　戏梭波辙

　　　　　　②虎伯切　史波韵，上　平入，陌韵　词第十七部　戏梭波辙　（又）

漓 lí[ㄌㄧˊ] 吕支切　史齐韵，阳　平平，支韵　词第三部　一七辙　戏齐微韵，阳

滚 gǔn[ㄍㄨㄣˇ] 古本切　史文韵，上　平上，阮韵　词第六部　戏人辰辙

溏 táng[ㄊㄤˊ] 徒郎切　史唐韵，阳　平平，阳韵　词第二部　戏江阳辙

滂 pāng[ㄆㄤ] 普郎切　史唐韵，阴　平平，阳韵　词第二部　戏江阳辙　曲江阳韵，阴

滀 chù[ㄔㄨˋ] 丑六切　史姑韵，去　平入，屋韵　词第十五部　戏姑苏辙

潒 yǎo[丨ㄠˇ] 以沼切　史豪韵，上　平上，篠韵　词第八部　戏遥条辙

溢 yì[丨ˋ] 夷质切　史齐韵，去　平入，质韵　词第十七部　戏一七辙　曲齐微韵，去

溓 (一)lián[ㄌㄧㄢˊ] ①勒兼切　史寒韵，阳　平平，盐韵　词第十四部　戏言前辙

　　　　　②力忝切　史寒韵，上　平上，俭韵　词第十四部　戏言前辙　（恬静）

　(二)liǎn[ㄌㄧㄢˇ] 良冉切　史寒韵，上　平上，俭韵　词第十四部　戏言前辙　（薄冰）

　(三)nián[ㄋㄧㄢˊ] 尼占切　史寒韵，阳　平平，盐韵　词第十四部　戏言前辙　（沾黏）

溯 sù[ㄙㄨˋ] 苏故切　史姑韵，去　平去，遇韵　词第四部　戏姑苏辙　曲鱼模韵，去

滨 bīn[ㄅㄧㄣ] 必邻切　史文韵，阴　平平，真韵　词第六部　戏人辰辙　曲真文韵，阴

滵 wā[ㄨㄚ] 乌瓜切　史麻韵，阴　平平，麻韵　词第十部　戏发花辙

溶 róng[ㄖㄨㄥˊ] 余陇切　史庚韵，阳　平上，肿韵　词第一部　戏中东辙　曲东钟韵，阳

滓 zǐ[ㄗˇ] 阻史切　史支韵，上　平上，纸韵　词第三部　戏一七辙

溟 (一)míng[ㄇㄧㄥˊ] 莫经切　史庚韵，阳　平平，青韵　词第十一部　戏中东辙　曲庚青韵，阳

　(二)mǐng[ㄇㄧㄥˇ] 莫迥切　史庚韵，上　平上，迥韵　词第十一部　戏中东辙　（~滓）

　(三)mì[ㄇㄧˋ] 莫狄切　史齐韵，去　平入，锡韵　词第十七部　戏一七辙　（小雨~~）

滘 jiào[ㄐㄧㄠˋ] ①古弔切　史豪韵，去　平去，啸韵　词第八部　戏遥条辙　【俞樾《茶香室三钞》：音叫。用其反切。】

　　　　　②居效切　史豪韵，去　平去，效韵　词第八部　戏遥条辙　（同"滧"）

溺 (一)nì[ㄋㄧˋ] 奴历切　史齐韵，去　平入，锡韵　词第十七部　戏一七辙

　(二)niào[ㄋㄧㄠˋ] （小便，同"尿(一)"）

滍 zhì[ㄓˋ] 直几切　史支韵，去　平上，纸韵　词第三部　戏一七辙

滩 tān[ㄊㄢ] 他干切　史寒韵，阴　平平，寒韵　词第七部　戏言前辙　曲寒山韵，阴

溞 sāo[ㄙㄠ] 苏遭切　史豪韵，阴　平平，豪韵　词第八部　戏遥条辙

澞 yù[ㄩˋ] 羊洳切　史齐韵，去　平去，御韵　词第四部　戏一七辙

滽 yōng[ㄩㄥ] ①纡用切　史庚韵，阴　平去，宋韵　词第一部　戏中东辙

　　　　　②於容切　史庚韵，阴　平平，冬韵　词第一部　戏中东辙　（又）

滕（查"月"部）碏（查"石"部）

十一画

潁（见"颍"）漿（见"浆"）漬（见"渍"）漖（同"滘②"）漢（见"汉"）滿（见"满"）漸（见"渐"）

漚（见"沤"）滯（见"滞"）滷（同"卤(一)"）漊（见"娄"）漑（见"溉"）漐（见"淑"）潄（见"潡"）

漁（见"渔"）滸（见"浒"）滾（见"滚"）滬（见"泸"）滬（见"沪"）漲（见"涨"）渗（见"渗"）

漦 (一)lí[ㄌㄧˊ] 俟甾切　史齐韵，阳　平平，支韵　词第三部　戏一七辙

　(二)chí[ㄔˊ] 俟甾切　史支韵，阳　平平，支韵　词第三部　戏一七辙　（又）

潢 (一)huáng[ㄏㄨㄤˊ] 胡光切　史唐韵，阳　平平，阳韵　词第二部　戏江阳辙　曲江阳韵，阳

　(二)huàng[ㄏㄨㄤˋ] 乎旷切　史唐韵，去　平去，漾韵　词第二部　戏江阳辙　（染纸）

　(三)huǎng[ㄏㄨㄤˇ] 户广切　史唐韵，上　平上，养韵　词第二部　戏江阳辙　（水大）

潆 yíng[丨ㄥˊ] 维倾切　史庚韵，阳　平平，庚韵　词第十一部　戏中东辙

潇 xiāo[ㄒㄧㄠ] 先彫切　史豪韵，阴　平平，萧韵　词第八部　戏遥条辙　曲萧豪韵，阴

漤 lǎn[ㄌㄢˇ] 卢感切　史寒韵，上　平上，感韵　词第十四部　戏言前辙

漆 (一)qī[ㄑㄧ] 亲吉切　史齐韵，阴　平入，职韵　词第十七部　戏一七辙　曲齐微韵，上

　(二)qiè[ㄑㄧㄝˋ] 千结切　史皆韵，去　平入，屑韵　词第十八部　戏乜斜辙　（~~之敬）

湍 tuān[ㄊㄨㄢ] 度官切　史寒韵，阴　平平，寒韵　词第七部　戏言前辙　曲桓欢韵，阳

漕 cáo[ㄘㄠˊ] ①昨劳切　史豪韵，阳　平平，豪韵　词第八部　戏遥条辙　曲萧豪韵，阳

②在到切　中豪韵，阳　平去，号韵　词第八部　戏遥条辙　曲萧豪韵，去　（又）

漱 shù[ㄕㄨˋ]　苏奏切　中姑韵，去　平去，宥韵　词第十二部　戏姑苏辙　曲尤侯韵，去

漂 ㈠piāo[ㄆㄧㄠ]　抚招切　中豪韵，阴　平平，萧韵　词第八部　戏遥条辙　曲萧豪韵，阴

㈡piǎo[ㄆㄧㄠˇ]　匹沼切　中豪韵，上　平上，篠韵　词第八部　戏遥条辙　曲萧豪韵，上　（~白；~洗）

㈢piào[ㄆㄧㄠˋ]　匹妙切　中豪韵，去　平去，啸韵　词第八部　戏遥条辙　（~疾；~亮）

㈣guāng[ㄍㄨㄤ]　（~~－洸洸，同"洸㈠：①"）

湻 chún[ㄔㄨㄣˊ]　食伦切　中文韵，阳　平平，真韵　词第六部　戏人辰辙

滹 hū[ㄏㄨ]　荒乌切　中姑韵，阴　平平，虞韵　词第四部　戏姑苏辙

滮 biāo[ㄅㄧㄠ]　皮彪切　中豪韵，阴　平平，尤韵　词第十二部　戏遥条辙

潎 ㈠pì[ㄆㄧˋ]　匹蔽切　中齐韵，去　平去，霁韵　词第三部　戏一七辙

㈡piè[ㄆㄧㄝˋ]　芳灭切　中皆韵，去　平入，屑韵　词第十八部　戏乜斜辙　（~洌）

漫 màn[ㄇㄢˋ]　①莫半切　中寒韵，去　平去，翰韵　词第七部　戏言前辙　曲桓欢韵，去

②莫半切　中寒韵，去　平去，翰韵　词第七部　戏言前辙　曲桓欢韵，阳　（大水状）

滭 bì[ㄅㄧˋ]　卑吉切　中齐韵，去　平入，质韵　词第十七部　戏一七辙

漍 guó[ㄍㄨㄛˊ]　古获切　中波韵，阳　平入，陌韵　词第十七部　戏梭波辙

漶 huàn[ㄏㄨㄢˋ]　胡玩切　中寒韵，去　平去，翰韵　词第七部　戏言前辙

漯 ㈠tà[ㄊㄚˋ]　他合切　中麻韵，去　平入，合韵　词第十九部　戏发花辙　（水名）

㈡luò[ㄌㄨㄛˋ]　鲁过切　中波韵，去　平去，箇韵　词第九部　戏梭波辙　（漯河市）　【方言读音。借用同音字"摞"的反切。】

漼 ㈠cuǐ[ㄘㄨㄟˇ]　七罪切　中微韵，上　平上，贿韵　词第三部　戏灰堆辙

㈡cuī[ㄘㄨㄟ]　昨回切　中微韵，阴　平平，灰韵　词第三部　戏灰堆辙　（~澄）

漰 pēng[ㄆㄥ]　普朋切　中庚韵，阴　平平，蒸韵　词第十一部　戏中东辙

漍 guò[ㄍㄨㄛˋ]　乌禾切　中波韵，去　平平，歌韵　词第九部　戏梭波辙

漻 yōu[ㄧㄡ]　夷周切　中尤韵，阴　平平，尤韵　词第十二部　戏由求辙

漇 xǐ[ㄒㄧˇ]　所绮切　中齐韵，上　平上，纸韵　词第三部　戏一七辙

潋 liàn[ㄌㄧㄢˋ]　①力验切　中寒韵，去　平去，艳韵　词第十四部　戏言前辙　曲廉纤韵，去

②良冉切　中寒韵，去　平上，俭韵　词第十四部　戏言前辙　曲廉纤韵，去　（又）

漡 dàng[ㄉㄤˋ]　徒朗切　中唐韵，去　平上，养韵　词第二部　戏江阳辙

潴 zhū[ㄓㄨ]　陟鱼切　中姑韵，阴　平平，鱼韵　词第四部　戏姑苏辙　曲鱼模韵，阴

漪 yī[ㄧ]　於离切　中齐韵，阴　平平，支韵　词第三部　戏一七辙　曲齐微韵，阴

漈 jì[ㄐㄧˋ]　子例切　中齐韵，去　平去，霁韵　词第三部　戏一七辙

滽 yōng[ㄩㄥ]　余封切　中庚韵，阴　平平，冬韵　词第一部　戏中东辙

漉 lù[ㄌㄨˋ]　卢谷切　中姑韵，去　平入，屋韵　词第十五部　戏姑苏辙　曲鱼模韵，去

漳 zhāng[ㄓㄤ]　诸良切　中唐韵，阴　平平，阳韵　词第二部　戏江阳辙　曲江阳韵，阴

滰 jiàng[ㄐㄧㄤˋ]　其两切　中唐韵，去　平上，养韵　词第二部　戏江阳辙

滴 dī[ㄉㄧ]　都历切　中齐韵，阴　平入，锡韵　词第十七部　戏一七辙　曲齐微韵，上

漩 xuán[ㄒㄩㄢˊ]　旬缘切　中寒韵，阳　平平，先韵　词第七部　戏言前辙　曲先天韵，去

漾 yàng[ㄧㄤˋ]　①以两切　中唐韵，去　平上，养韵　词第二部　戏江阳辙　曲江阳韵，去

②余亮切　中唐韵，去　平去，漾韵　词第二部　戏江阳辙　曲江阳韵，去　（古水名；水流长）

滱 kòu[ㄎㄡˋ]　①苦候切　中尤韵，去　平去，宥韵　词第十二部　戏由求辙

②恪候切　中尤韵，去　平平，尤韵　词第十二部　戏由求辙　（又）

演 yǎn[ㄧㄢˇ]　以浅切　中寒韵，上　平上，铣韵　词第七部　戏言前辙　曲先天韵，上

潗 jí[ㄐㄧˊ]　前历切　中齐韵，阳　平入，锡韵　词第十七部　戏一七辙

滵 mì[ㄇㄧˋ]　美毕切　中齐韵，去　平入，质韵　词第十七部　戏一七辙

澉 (一)gǎn[ㄍㄢˇ] 古览切　中寒韵，上　平上，感韵　词第十四部　戏言前辙

　　(二)hàn[ㄏㄢˋ] 胡敢切　中寒韵，去　平上，感韵　词第十四部　戏言前辙　（澹~）

潳 tú[ㄊㄨˊ] 同都切　中姑韵，阳　平平，虞韵　词第四部　戏姑苏辙

漏 (一)lòu[ㄌㄡˋ] 卢候切　中尤韵，去　平去，宥韵　词第十二部　戏由求辙　曲尤侯韵，去

　　(二)lóu[ㄌㄡˊ] 卢侯切　中尤韵，阳　平平，尤韵　词第十二部　戏由求辙　曲尤侯韵，阳　（臭气；捅~子）

漻 (一)liáo[ㄌ丨ㄠˊ] 落萧切　中豪韵，阳　平平，萧韵　词第八部　戏遥条辙

　　(二)liú[ㄌ丨ㄡˊ] 力求切　中尤韵，阳　平平，尤韵　词第十二部　戏由求辙　（清澈状；变化状）

　　(三)xiào[ㄒ丨ㄠˋ] 下巧切　中豪韵，去　平上，巧韵　词第八部　戏遥条辙　（水流中断）

潍 wéi[ㄨㄟˊ] 以追切　中微韵，阳　平平，支韵　词第三部　戏灰堆辙

漅 cháo[ㄔㄠˊ] 子小切　中豪韵，阳　平上，篠韵　词第八部　戏遥条辙　曲萧豪韵，阳

十二画

潔（见"洁"）澆（见"浇"）溎（见"达"）清（同"清"）澐（同"沄①"）潛（见"潜"）澀（同"涩"）
潤（见"润"）澗（见"涧"）潰（见"溃"）澂（同"澄(一)"）灛（见"润"）潕（见"潕"）滝（见"滢"）
潙（见"沩"）澇（见"涝"）潯（见"浔"）潑（见"泼"）

湿 pá[ㄆㄚˊ] 蒲巴切　中麻韵，阳　平平，麻韵　词第十部　戏发花辙

潜 qián[ㄑ丨ㄢˊ] 昨盐切　中寒韵，阳　平平，盐韵　词第十四部　戏言前辙　曲廉纤韵，阳

澒 hòng[ㄏㄨㄥˋ] 胡孔切　中庚韵，去　平上，董韵　词第一部　戏中东辙

澍 (一)shù[ㄕㄨˋ] 常句切　中姑韵，去　平去，遇韵　词第四部　戏姑苏辙　曲鱼模韵，去

　　(二)zhù[ㄓㄨˋ] 之戍切　中姑韵，去　平去，遇韵　词第四部　戏姑苏辙　曲鱼模韵，去　（注入）

澎 (一)péng[ㄆㄥˊ] 蒲庚切　中庚韵，阳　平平，庚韵　词第十一部　戏中东辙

　　(二)pēng[ㄆㄥ] 抚庚切　中庚韵，阴　平平，庚韵　词第十一部　戏中东辙　（溅）

濆 (一)fén[ㄈㄣˊ] 符分切　中文韵，阳　平平，文韵　词第六部　戏人辰辙　（水边）

　　(二)pēn[ㄆㄣ] ①普魂切　中文韵，阴　平平，元韵　词第六部　戏人辰辙　（喷水）

　　　　　　②父吻切　中文韵，阴　平上，吻韵　词第六部　戏人辰辙　（高浪）

澌 sī[ㄙ] ①见移切　中支韵，阴　平平，支韵　词第三部　戏一七辙　曲支思韵，阴

　　　　②斯义切　中支韵，阴　平去，寘韵　词第三部　戏一七辙　曲支思韵，阴　（又）

潵 sǎ[ㄙㄚˇ] 先旰切　中麻韵，上　平去，翰韵　词第七部　戏发花辙

潮 cháo[ㄔㄠˊ] 直遥切　中豪韵，阳　平平，萧韵　词第八部　戏遥条辙　曲萧豪韵，阳

潸 shān[ㄕㄢ] ①所姦切　中寒韵，阴　平平，删韵　词第七部　戏言前辙　曲寒山韵，阴

　　　　②数板切　中寒韵，阴　平上，潸韵　词第七部　戏言前辙　曲寒山韵，阴　（又）

潓 huì[ㄏㄨㄟˋ] 胡桂切　中微韵，去　平去，霁韵　词第三部　戏灰堆辙

潭 (一)tán[ㄊㄢˊ] 徒含切　中寒韵，阳　平平，覃韵　词第十四部　戏言前辙　曲监咸韵，阳

　　(二)xún[ㄒㄩㄣˊ] 徐心切　中文韵，阳　平平，侵韵　词第十三部　戏人辰辙　（水边）

潦 (一)liáo[ㄌ丨ㄠˊ] 怜萧切　中豪韵，阳　平平，萧韵　词第八部　戏遥条辙

　　(二)lǎo[ㄌㄠˇ] 卢皓切　中豪韵，上　平上，皓韵　词第八部　戏遥条辙　曲萧豪韵，上　（大雨；水多）

　　(三)lào[ㄌㄠˋ] 郎到切　中豪韵，去　平去，号韵　词第八部　戏遥条辙　（水淹）

潒 (一)dǐng[ㄉ丨ㄥˇ] 都挺切　中庚韵，上　平上，迥韵　词第十一部　戏中东辙

　　(二)tìng[ㄊ丨ㄥˋ] 他定切　中庚韵，去　平去，径韵　词第十一部　戏中东辙　（~潒）

潬 (一)dàn[ㄉㄢˋ] 徒旱切　中寒韵，去　平上，旱韵　词第七部　戏言前辙

　　(二)shàn[ㄕㄢˋ] 上演切　中寒韵，去　平上，铣韵　词第七部　戏言前辙　（沁~）

潲 shào[ㄕㄠˋ] 所教切　中豪韵，去　平去，效韵　词第八部　戏遥条辙

潟 xì[ㄒ丨ˋ] 思积切　中齐韵，去　平入，陌韵　词第十七部　戏一七辙

潗 jí[ㄐ丨ˊ] 子入切　中齐韵，阳　平入，缉韵　词第十七部　戏一七辙

潐 jiào[ㄐㄧㄠˋ] 子肖切　史豪韵，去　乎去，啸韵　词第八部　戏遥条辙

澔 hào[ㄏㄠˋ] 户老切　史豪韵，去　乎上，皓韵　词第八部　戏遥条辙

潨 (一)cóng[ㄘㄨㄥˊ] ①徂红切　史庚韵，阳　乎平，冬韵　词第一部　戏中东辙

　　　　　　　　②职戎切　史庚韵，阳　乎平，东韵　词第一部　戏中东辙　（又）

　　(二)zōng[ㄗㄨㄥ] 将容切　史庚韵，阴　乎平，冬韵　词第一部　戏中东辙　（水岸）

澳 (一)ào[ㄠˋ] 乌到切　史豪韵，去　乎去，号韵　词第八部　戏遥条辙　曲萧豪韵，去

　　(二)yù[ㄩˋ] 於六切　史齐韵，去　乎入，屋韵　词第十五部　戏一七辙　（水边的土地）

澓 fù[ㄈㄨˋ] 房六切　史姑韵，去　乎入，屋韵　词第十五部　戏姑苏辙

潟 xì[ㄒㄧˋ] 许及切　史齐韵，去　乎入，缉韵　词第十七部　戏一七辙

潘 (一)pān[ㄆㄢ] 普官切　史寒韵，阴　乎平，寒韵　词第七部　戏言前辙　曲桓欢韵，阴

　　(二)pán[ㄆㄢˊ] 蒲官切　史寒韵，阳　乎平，元韵　词第七部　戏言前辙　（水旋流）

　　(三)fān[ㄈㄢ] 孚远切　史寒韵，阴　乎平，元韵　词第七部　戏言前辙　（水溢出）

　　(四)pàn[ㄆㄢˋ] 普半切　史寒韵，去　乎去，翰韵　词第七部　戏言前辙　（～泉；～县）

　　(五)bō[ㄅㄛ] 逋禾切　史波韵，阴　乎平，歌韵　词第九部　戏梭波辙　（～旌）

潼 tóng[ㄊㄨㄥˊ] 徒红切　史庚韵，阳　乎平，东韵　词第一部　戏中东辙　曲东钟韵，阳

澈 chè[ㄔㄜˋ] 丑列切　史波韵，去　乎入，屑韵　词第十八部　戏梭波辙　曲车遮韵，上

澜 (一)lán[ㄌㄢˊ] ①落干切　史寒韵，阳　乎平，寒韵　词第七部　戏言前辙

　　　　　　　　②郎旰切　史寒韵，阳　乎去，翰韵　词第七部　戏言前辙　（又）

　　(二)làn[ㄌㄢˋ] （～漫－烂漫，同"烂"）

潫 wān[ㄨㄢ] ①於缘切　史寒韵，阴　乎平，先韵　词第七部　戏言前辙　（大水）

　　　　　②於权切　史寒韵，阴　乎平，先韵　词第七部　戏言前辙　（又）

　　　　　③乌关切　史寒韵，阴　乎平，删韵　词第七部　戏言前辙　（水回旋）

潽 pū[ㄆㄨ] 颇五切　史姑韵，阴　乎上，麌韵　词第四部　戏姑苏辙

潾 lín[ㄌㄧㄣˊ] 力珍切　史文韵，阳　乎平，真韵　词第六部　戏人辰辙

滑 huà[ㄏㄨㄚˋ] 胡卦切　史麻韵，去　乎去，卦韵　词第十部　戏发花辙

澖 xián[ㄒㄧㄢˊ] 何山切　史寒韵，阳　乎平，删韵　词第七部　戏言前辙

潺 chán[ㄔㄢˊ] 士连切　史寒韵，阳　乎平，删韵　词第七部　戏言前辙　曲寒山韵，阳

潠 (一)sùn[ㄙㄨㄣˋ] 苏困切　史文韵，去　乎去，愿韵　词第六部　戏人辰辙

　　(二)xùn[ㄒㄩㄣˋ] （喷，同"噀"）

澄 (一)chéng[ㄔㄥˊ] 直陵切　史庚韵，阳　乎平，蒸韵　词第十一部　戏中东辙　曲庚青韵，阳

　　(二)dèng[ㄉㄥˋ] 唐亘切　史庚韵，去　乎去，径韵　词第十一部　戏中东辙　（让杂质下沉）

潏 (一)yù[ㄩˋ] 食聿切　史齐韵，去　乎入，质韵　词第十七部　戏一七辙

　　(二)jué[ㄐㄩㄝˊ] 古穴切　史皆韵，阳　乎入，屑韵　词第十八部　戏乜斜辙　（水名）

十三画

澁 (同"涩") 濃 (见"浓") 澤 (见"泽") 濁 (见"浊") 澮 (见"浍") 濅 (同"浸(一)") 澱 (同"淀")

澦 (见"滪") 澠 (见"渑")

鰼 tà[ㄊㄚˋ] 他合切　史麻韵，去　乎入，合韵　词第十九部　戏发花辙

澩 (一)xué[ㄒㄩㄝˊ] 胡觉切　史皆韵，阳　乎入，觉韵　词第十六部　戏乜斜辙

　　(二)xiào[ㄒㄧㄠˋ] 下巧切　史豪韵，去　乎上，巧韵　词第八部　戏遥条辙　（交错状）

溢 ǎi[ㄞˇ] 於盖切　史开韵，上　乎去，泰韵　词第五部　戏怀来辙

澥 mì[ㄇㄧˋ] 莫狄切　史齐韵，去　乎入，锡韵　词第十七部　戏一七辙

濩 (一)huò[ㄏㄨㄛˋ] ①胡郭切　史波韵，去　乎入，药韵　词第十六部　戏梭波辙

　　　　　　　　②一虢切　史波韵，去　乎入，陌韵　词第十七部　戏梭波辙　（～泽）

(二)hù[ㄏㄨˋ] 胡误切　中姑韵，去　平去，遇韵　词第四部　戏姑苏辙　（布~）

濛 méng[ㄇㄥˊ] ①莫红切　中庚韵，阳　平平，东韵　词第一部　戏中东辙　曲东钟韵，阳

②莫孔切　中庚韵，阳　平上，董韵　词第一部　戏中东辙　（~澒）

澣 huǎn[ㄏㄨㄢˇ] 胡管切　中寒韵，上　平上，旱韵　词第七部　戏言前辙　曲桓欢韵，上

楚 chǔ[ㄔㄨˇ] 创举切　中姑韵，上　平上，语韵　词第四部　戏姑苏辙

濑 lài[ㄌㄞˋ] 落盖切　中开韵，去　平去，泰韵　词第五部　戏怀来辙　曲皆来韵，去

濊 (一)huì[ㄏㄨㄟˋ] ①呼会切　中微韵，去　平去，泰韵　词第三部　戏灰堆辙

②乌外切　中微韵，去　平去，泰韵　词第五部　戏灰堆辙　（通"秽"）

(二)huò[ㄏㄨㄛˋ] 呼括切　中波韵，去　平入，曷韵　词第十八部　戏梭波辙　（拟声词）

(三)wèi[ㄨㄟˋ] 於废切　中微韵，去　平去，队韵　词第三部　戏灰堆辙　（古族名）

濒 (一)bīn[ㄅㄧㄣ] 卑民切　中文韵，阴　平平，真韵　词第六部　戏人辰辙　曲真文韵，阳

(二)pín[ㄆㄧㄣˊ] 毗宾切　中文韵，阳　平平，真韵　词第六部　戏人辰辙　曲真文韵，阳　（又）

濒 jù[ㄐㄩˋ] 居御切　中齐韵，去　平去，御韵　词第四部　戏一七辙

濉 suī[ㄙㄨㄟ] 息遗切　中微韵，阴　平平，支韵　词第三部　戏灰堆辙

濈 jí[ㄐㄧˊ] 阻立切　中齐韵，阳　平入，缉韵　词第十七部　戏一七辙

潞 lù[ㄌㄨˋ] 洛故切　中姑韵，去　平去，遇韵　词第四部　戏姑苏辙　曲鱼模韵，去

澧 lǐ[ㄌㄧˇ] 卢启切　中齐韵，上　平上，荠韵　词第三部　戏一七辙

澡 zǎo[ㄗㄠˇ] 子皓切　中豪韵，上　平上，皓韵　词第八部　戏遥条辙　曲萧豪韵，上

澴 huán[ㄏㄨㄢˊ] 户关切　中寒韵，阳　平平，删韵　词第七部　戏言前辙

澨 shì[ㄕˋ] 时制切　中支韵，去　平去，霁韵　词第三部　戏一七辙

激 jī[ㄐㄧ] 古历切　中齐韵，阴　平入，锡韵　词第十七部　戏一七辙　曲齐微韵，上

澹 (一)dàn[ㄉㄢˋ] ①徒敢切　中寒韵，去　平上，感韵　词第十四部　戏言前辙

②徒滥切　中寒韵，去　平去，勘韵　词第十四部　戏言前辙　（又）

(二)tán[ㄊㄢˊ] 徒甘切　中寒韵，阳　平平，覃韵　词第十四部　戏言前辙　（~台）

(三)dān[ㄉㄢ] 都甘切　中寒韵，阴　平平，覃韵　词第十四部　戏言前辙　（~林）

(四)shàn[ㄕㄢˋ]　（满足；充足，同"赡(一)"）

澥 xiè[ㄒㄧㄝˋ] 胡买切　中皆韵，去　平上，蟹韵　词第五部　戏乜斜辙

澶 (一)chán[ㄔㄢˊ] 市连切　中寒韵，阳　平平，先韵　词第七部　戏言前辙

(二)dàn[ㄉㄢˋ] 徒案切　中寒韵，去　平去，翰韵　词第七部　戏言前辙　（~漫）

濂 lián[ㄌㄧㄢˊ] 勒兼切　中寒韵，阳　平平，盐韵　词第十四部　戏言前辙

澺 yì[ㄧˋ] 於力切　中齐韵，去　平入，职韵　词第十七部　戏一七辙

澭 yōng[ㄩㄥ] 於容切　中庚韵，阴　平平，冬韵　词第一部　戏中东辙

潚 sù[ㄙㄨˋ] 息逐切　中姑韵，去　平入，屋韵　词第十五部　戏姑苏辙

澼 pì[ㄆㄧˋ] 普击切　中齐韵，去　平入，锡韵　词第十七部　戏一七辙

十四画

濤（见"涛"）濫（见"滥"）濬（同"浚(一)：①"）濶（同"阔"）濟（见"济"）濼（见"泺"）濱（见"滨"）
濘（见"泞"）瀟（见"泺"）澀（见"涩①"）濰（见"潍"）

濊 miè[ㄇㄧㄝˋ] 莫结切　中皆韵，去　平入，屑韵　词第十八部　戏乜斜辙

濔 mǐ[ㄇㄧˇ] ①奴礼切　中齐韵，上　平上，荠韵　词第三部　戏一七辙

②绵婢切　中齐韵，上　平上，纸韵　词第三部　戏一七辙　（又）

濿 lì[ㄌㄧˋ] 力制切　中齐韵，去　平去，霁韵　词第三部　戏一七辙

濡 (一)rú[ㄖㄨˊ] 人朱切　中姑韵，阳　平平，虞韵　词第四部　戏姑苏辙　曲鱼模韵，阳

(二)nuán[ㄋㄨㄢˊ] 乃官切　中寒韵，阳　平平，寒韵　词第七部　戏言前辙　（滦河古名）

㈢ér[儿ˊ] 人之切　中齐韵，阳　平平，支韵　词第三部　戏一七辙　(~上)
濕 ㈠tà[ㄊㄚˋ] 他合切　中麻韵，去　平入，合韵　词第十九部　戏发花辙　(水名)
㈡shī[ㄕ] (见“湿”)
潕 wǔ[ㄨˇ] 文甫切　中姑韵，上　平上，麌韵　词第四部　戏姑苏辙
濮 pú[ㄆㄨˊ] 博木切　中姑韵，阳　平入，屋韵　词第十五部　戏姑苏辙
濞 ㈠bì[ㄅㄧˋ] 匹诣切　中齐韵，去　平去，霁韵　词第三部　戏一七辙　(水名)
㈡pì[ㄆㄧˋ] 匹备切　中齐韵，去　平去，霁韵　词第三部　戏一七辙　(洪水声)
濦 yīn[ㄧㄣ] 於斤切　中文韵，阴　平平，文韵　词第六部　戏人辰辙
濥 ㈠yǐn[ㄧㄣˇ] 余忍切　中文韵，上　平上，轸韵　词第六部　戏人辰辙
㈡yìn[ㄧㄣˋ] 羊晋切　中文韵，去　平去，震韵　词第六部　戏人辰辙　(又)
濠 háo[ㄏㄠˊ] 胡刀切　中豪韵，阳　平平，豪韵　词第八部　戏遥条辙　曲萧豪韵，阳
瀇 wǎng[ㄨㄤˇ] 乌晃切　中唐韵，上　平上，养韵　词第二部　戏江阳辙
瀁 ㈠yàng[ㄧㄤˋ] 余亮切　中唐韵，去　平去，漾韵　词第二部　戏江阳辙
㈡yǎng[ㄧㄤˇ] 余两切　中唐韵，上　平上，养韵　词第二部　戏江阳辙　(水面广大)
濴 yíng[ㄧㄥˊ] 乌迥切　中庚韵，阳　平上，迥韵　词第十一部　戏中东辙
瀡 suǐ[ㄙㄨㄟˇ] 思累切　中微韵，上　平去，寘韵　词第三部　戏灰堆辙
濯 ㈠zhuó[ㄓㄨㄛˊ] ①直角切　中波韵，阳　平入，觉韵　词第十六部　戏梭波辙　曲萧豪韵，阳
②直角切　中波韵，阳　平入，觉韵　词第十六部　戏梭波辙　曲歌戈韵，阳　(又)
㈡zhào[ㄓㄠˋ] (船桨，同“棹㈠”)

十五画

瀆(见“渎”)**瀦**(见“潴”)**濾**(见“滤”)**濺**(见“溅”)**濼**(见“泺”)**瀏**(见“浏”)**瀅**(见“滢”)
瀉(见“泻”)**瀋**(见“沈㈠：②”)
瀔 gǔ[ㄍㄨˇ] 古禄切　中姑韵，上　平入，屋韵　词第十五部　戏姑苏辙
瀑 ㈠pù[ㄆㄨˋ] 蒲木切　中姑韵，去　平入，屋韵　词第十五部　戏姑苏辙　(瀑布)
㈡bào[ㄅㄠˋ] 薄报切　中豪韵，去　平去，号韵　词第八部　戏遥条辙　曲萧豪韵，去　(水飞溅)
㈢bó[ㄅㄛˊ] 匹角切　中波韵，阳　平入，觉韵　词第十六部　戏梭波辙　(波浪翻滚)
瀢 ㈠wěi[ㄨㄟˇ] 以水切　中微韵，上　平上，纸韵　词第三部　戏灰堆辙　(鱼行相随状)
㈡duì[ㄉㄨㄟˋ] 徒猥切　中微韵，去　平上，贿韵　词第三部　戏灰堆辙　(~陁)
瀍 chán[ㄔㄢˊ] 直连切　中寒韵，阳　平平，先韵　词第七部　戏言前辙
瀌 biāo[ㄅㄧㄠ] ①甫娇切　中豪韵，阴　平平，萧韵　词第八部　戏遥条辙
②皮彪切　中豪韵，阴　平平，尤韵　词第十二部　戏遥条辙　(又)

十六画

瀟(见“潇”)**瀨**(见“濑”)**瀝**(见“沥”)**瀕**(见“濒”)**瀘**(见“泸”)**瀧**(见“泷”)**瀠**(见“潆”)
瀫 hú[ㄏㄨˊ] 胡谷切　中姑韵，阳　平入，屋韵　词第十五部　戏姑苏辙
瀚 hàn[ㄏㄢˋ] 侯旰切　中寒韵，去　平去，翰韵　词第七部　戏言前辙　曲寒山韵，去
瀜 róng[ㄖㄨㄥˊ] 以戎切　中庚韵，阳　平平，东韵　词第一部　戏中东辙
灌 huò[ㄏㄨㄛˋ] 虚郭切　中波韵，去　平入，药韵　词第十六部　戏梭波辙
瀣 xiè[ㄒㄧㄝˋ] ①胡介切　中皆韵，去　平去，卦韵　词第五部　戏乜斜辙　曲皆来韵，去
②胡槩切　中皆韵，去　平去，队韵　词第五部　戏乜斜辙　曲皆来韵，去　(又)
瀩 duì[ㄉㄨㄟˋ] 杜贵切　中微韵，去　平去，队韵　词第三部　戏灰堆辙
瀤 ㈠huái[ㄏㄨㄞˊ] 户乖切　中开韵，阳　平平，佳韵　词第五部　戏怀来辙
㈡wāi[ㄨㄞ] 乌乖切　中开韵，阴　平平，佳韵　词第五部　戏怀来辙　(溛~)

澥 (一)qìn[ㄑㄧㄣˋ] 七遴切 史文韵，去 平去，震韵 词第六部 戏人辰辙
　(二)qīn[ㄑㄧㄣ] 侧诜切 史文韵，阴 平平，真韵 词第六部 戏人辰辙 （又）

瀛 yíng[ㄧㄥˊ] 以成切 史庚韵，阳 平平，庚韵 词第十一部 戏中东辙 曲庚青韵，阳

澋 yíng[ㄧㄥˊ] 维倾切 史庚韵，阳 平平，庚韵 词第十一部 戏中东辙

瀌 xuè[ㄒㄩㄝˋ] 许角切 史皆韵，去 平入，觉韵 词第十六部 戏乜斜辙

十七画

瀾（见"澜"）瀲（见"潋"）

灌 guàn[ㄍㄨㄢˋ] 古玩切 史寒韵，去 平去，翰韵 词第七部 戏言前辙 曲桓欢韵，去

瀯 (一)yǐng[ㄧㄥˇ] 烟涬切 史庚韵，上 平上，迥韵 词第十一部 戏中东辙 （～涬）
　(二)mǐng[ㄇㄧㄥˇ] 莫迥切 史庚韵，上 平上，迥韵 词第十一部 戏中东辙 （又）
　(三)yíng[ㄧㄥˊ] 伊盈切 史庚韵，阳 平平，庚韵 词第十一部 戏中东辙 （水面辽阔）

瀱 jì[ㄐㄧˋ] 居例切 史齐韵，去 平去，霁韵 词第三部 戏一七辙

瀿 fán[ㄈㄢˊ] 附袁切 史寒韵，阳 平平，元韵 词第七部 戏言前辙

瀹 yuè[ㄩㄝˋ] 以灼切 史皆韵，去 平入，药韵 词第十六部 戏乜斜辙 曲萧豪韵，去

瀸 jiān[ㄐㄧㄢ] 子廉切 史寒韵，阴 平平，盐韵 词第十四部 戏言前辙

潐 (一)jiào[ㄐㄧㄠˋ] 子肖切 史豪韵，去 平去，啸韵 词第八部 戏遥条辙
　(二)zhuó[ㄓㄨㄛˊ] 士角切 史波韵，阳 平入，觉韵 词第十六部 戏梭波辙 （水声）

瀺 chán[ㄔㄢˊ] 士减切 史寒韵，阳 平上，赚韵 词第十四部 戏言前辙

瀼 (一)ràng[ㄖㄤˋ] ①人样切 史唐韵，去 平去，漾韵 词第二部 戏江阳辙
　　　　　　　　②汝两切 史唐韵，上 平上，养韵 词第二部 戏江阳辙 （沤制）
　(二)ráng[ㄖㄤˊ] 汝阳切 史唐韵，阳 平平，阳韵 词第二部 戏江阳辙 （露浓状）
　(三)nǎng[ㄋㄤˇ] 乃朗切 史唐韵，上 平上，养韵 词第二部 戏江阳辙 （水流状）

濆 fèn[ㄈㄣˋ] ①方问切 史文韵，去 平去，问韵 词第六部 戏人辰辙 （涌泉）
　　　　　　②匹问切 史文韵，去 平去，问韵 词第六部 戏人辰辙 （水浸）

瀽 jiǎn[ㄐㄧㄢˇ] 吉典切 史寒韵，上 平上，铣韵 词第七部 戏言前辙

瀰 (一)mí[ㄇㄧˊ] ①绵婢切 史齐韵，阳 平上，纸韵 词第三部 戏一七辙
　　　　　　　②武移切 史齐韵，阳 平平，支韵 词第三部 戏一七辙 齐微韵，阳 （水面宽广）
　(二)mǐ[ㄇㄧˇ] （同"瀰"）

瀷 yì[ㄧˋ] 与职切 史齐韵，去 平入，职韵 词第十七部 戏一七辙

瓗 （查"耳"部）

十八画

灃（见"沣"）潚（见"潚"）灑（见"漓"）灋（见"法"）灘（同"滩"）

灊 qián[ㄑㄧㄢˊ] ①昨盐切 史寒韵，阳 平平，盐韵 词第十四部 戏言前辙
　　　　　　　②昨淫切 史寒韵，阳 平平，侵韵 词第十三部 戏言前辙 （又）

灇 cóng[ㄘㄨㄥˊ] 祖聪切 史庚韵，阳 平平，东韵 词第一部 戏中东辙

灈 qú[ㄑㄩˊ] 其俱切 史齐韵，阳 平平，虞韵 词第四部 戏一七辙

灏 hào[ㄏㄠˋ] 胡老切 史豪韵，去 平上，皓韵 词第八部 戏遥条辙 曲萧豪韵，去

灅 lěi[ㄌㄟˇ] 鲁猥切 史微韵，上 平上，贿韵 词第三部 戏灰堆辙

十九画

灘（见"滩"）灑（见"洒(一)：②③；(二)：②③"）灔（见"滟"）

灓 (一)luán[ㄌㄨㄢˊ] 落官切 史寒韵，阳 平平，寒韵 词第七部 戏言前辙 （地面积水）
　(二)luàn[ㄌㄨㄢˋ] 郎段切 史寒韵，去 平去，翰韵 词第七部 戏言前辙 （横渡）

灡 làn[ㄌㄢˋ]①郎旰切　史寒韵，去　乎去，翰韵　词第七部　戏言前辙
　　　　　　　②鲁旱切　史寒韵，去　乎上，旱韵　词第七部　戏言前辙　（又）
灖 mǐ[ㄇㄧˇ]母被切　史齐韵，上　乎上，纸韵　词第三部　戏一七辙

二十画

灙 dǎng[ㄉㄤˇ]底朗切　史唐韵，上　乎上，养韵　词第二部　戏江阳辙

二十一画

灛（同"溇"）灥（见"灏"）
灞 bà[ㄅㄚˋ]必驾切　史麻韵，去　乎去，祃韵　词第十部　戏发花辙
灟 zhú[ㄓㄨˊ]朱欲切　史姑韵，阳　乎入，沃韵　词第十五部　戏姑苏辙

二十二画

灣（见"湾"）

二十三画

灠（见"滟"）灤（见"滦"）
灦 xiǎn[ㄒㄧㄢˇ]呼典切　史寒韵，上　乎上，铣韵　词第七部　戏言前辙

二十四画

灨（同"赣㈠"）灧（见"滟"）

二十八画

灪（见"滟"）

二十九画

灥 yù[ㄩˋ]纡物切　史齐韵，去　乎入，物韵　词第十八部　戏一七辙

<h1 style="text-align:center">贝（貝）部</h1>

貝（见"贝"）
贝 bèi[ㄅㄟˋ]博盖切　史微韵，去　乎去，泰韵　词第三部　戏灰堆辙　曲齐微韵，去

二画

贞 zhēn[ㄓㄣ]陟盈切　史文韵，阴　乎平，庚韵　词第十一部　戏人辰辙　曲庚青韵，阴
负 fù[ㄈㄨˋ]房久切　史姑韵，去　乎上，有韵　词第十二部［兼第四部虞韵］　戏姑苏辙　曲鱼模韵，去

三画

贡 gòng[ㄍㄨㄥˋ]古送切　史庚韵，去　乎去，送韵　词第一部　戏中东辙　曲东钟韵，去
财 cái[ㄘㄞˊ]昨哉切　史开韵，阳　乎平，灰韵　词第五部　戏怀来辙　曲皆来韵，阳
貣 tè[ㄊㄜˋ]他德切　史波韵，去　乎入，职韵　词第十七部　戏梭波辙
貤 ㈠yì[ㄧˋ]以豉切　史齐韵，去　乎去，寘韵　词第三部　戏一七辙
　㈡yí[ㄧˊ]余支切　史齐韵，阳　乎平，支韵　词第三部　戏一七辙　（转移；转手）
员（查"口"部）屃（查"尸"部）

四画

责 ㈠zé[ㄗㄜˊ]侧革切　史波韵，阳　乎入，陌韵　词第十七部　戏梭波辙　曲皆来韵，上
　㈡zhài[ㄓㄞˋ]侧卖切　史开韵，去　乎去，卦韵　词第十部　戏怀来辙　（债务）

贤 xián［ㄒㄧㄢˊ］胡田切　史寒韵，阳　平平，先韵　词第七部　戏言前辙　曲先天韵，阳

账 zhàng［ㄓㄤˋ］知亮切　史唐韵，去　平去，漾韵　词第二部　戏江阳辙　【也作"帐"，用其反切。】

货 huò［ㄏㄨㄛˋ］呼卧切　史波韵，去　平去，筒韵　词第九部　戏梭波辙　曲歌戈韵，去

质 zhì［ㄓˋ］①之日切　史支韵，去　平入，质韵　词第十七部　戏一七辙　曲齐微韵，上
　　　　　　②陟利切　史支韵，去　平去，寘韵　词第三部　戏一七辙　曲齐微韵，去　（作抵押的人或物）

贩 fàn［ㄈㄢˋ］方愿切　史寒韵，去　平去，愿韵　词第七部　戏言前辙　曲寒山韵，去

贪 tān［ㄊㄢ］他含切　史寒韵，阴　平平，覃韵　词第十四部　戏言前辙　曲监咸韵，阴

贫 pín［ㄆㄧㄣˊ］符巾切　史文韵，阳　平平，真韵　词第六部　戏人辰辙　曲真文韵，阳

贬 biǎn［ㄅㄧㄢˇ］方敛切　史寒韵，上　平上，俭韵　词第十四部　戏言前辙　曲先天韵，上

购 gòu［ㄍㄡˋ］古候切　史尤韵，去　平去，宥韵　词第十二部　戏由求辙　曲尤侯韵，去

贮 zhù［ㄓㄨˋ］丁吕切　史姑韵，去　平上，语韵　词第四部　戏姑苏辙　曲鱼模韵，去

贯 ㈠guàn［ㄍㄨㄢˋ］①古玩切　史寒韵，去　平去，翰韵　词第七部　戏言前辙　曲桓欢韵，去
　　　　　　　　②古患切　史寒韵，去　平去，谏韵　词第七部　戏言前辙　（学习；复习）
　㈡wān［ㄨㄢ］　（～弓，同"弯"）

败（查"攵"部）

五画

买（见"买"）　贮（见"贮"）

贱 jiàn［ㄐㄧㄢˋ］才线切　史寒韵，去　平去，霰韵　词第七部　戏言前辙　曲先天韵，去

贲 ㈠bì［ㄅㄧˋ］彼义切　史齐韵，去　平去，寘韵　词第三部　戏一七辙　曲齐微韵，去　（装饰）
　㈡bēn［ㄅㄣ］博昆切　史文韵，阴　平平，元韵　词第六部　戏人辰辙　曲真文韵，阴　（勇士）
　㈢fén［ㄈㄣˊ］符分切　史文韵，阳　平平，文韵　词第六部　戏人辰辙　（宏大）
　㈣fèn［ㄈㄣˋ］父吻切　史文韵，去　平上，吻韵　词第六部　戏人辰辙　（忿怒；沸腾）
　㈤féi［ㄈㄟˊ］符非切　史微韵，阳　平平，微韵　词第三部　戏灰堆辙　（姓，也读 bēn）

贳 shì［ㄕˋ］①舒制切　史支韵，去　平去，霁韵　词第三部　戏一七辙
　　　　　②神夜切　史支韵，去　平去，祃韵　词第十部　戏一七辙　曲车遮韵，去　（又）
　　　　　③时制切　史支韵，去　平去，霁韵　词第三部　戏一七辙　（汉代侯国名）

贴 tiē［ㄊㄧㄝ］他协切　史皆韵，阴　平入，叶韵　词第十八部　戏乜斜辙　曲车遮韵，上

贵 guì［ㄍㄨㄟˋ］居胃切　史微韵，去　平去，未韵　词第三部　戏灰堆辙　曲齐微韵，去

贶 kuàng［ㄎㄨㄤˋ］许访切　史唐韵，去　平去，漾韵　词第二部　戏江阳辙　曲江阳韵，去

贷 dài［ㄉㄞˋ］他代切　史开韵，去　平去，队韵　词第五部　戏怀来辙

贻 chí［ㄔˊ］直尼切　史支韵，阳　平平，支韵　词第三部　戏一七辙

贸 mào［ㄇㄠˋ］莫候切　史豪韵，去　平去，宥韵　词第十二部　戏遥条辙　曲尤侯韵，去

费 ㈠fèi［ㄈㄟˋ］①芳未切　史微韵，去　平去，未韵　词第三部　戏灰堆辙　曲齐微韵，去
　　　　　　　②扶沸切　史微韵，去　平去，未韵　词第三部　戏灰堆辙　曲齐微韵，去　（姓）
　㈡bì［ㄅㄧˋ］兵媚切　史齐韵，去　平去，寘韵　词第三部　戏一七辙　（～县）

贺 hè［ㄏㄜˋ］胡箇切　史波韵，去　平去，箇韵　词第九部　戏梭波辙　曲歌戈韵，去

贻 yí［ㄧˊ］与之切　史齐韵，阳　平平，支韵　词第三部　戏一七辙　曲齐微韵，阳

贰（查"弋"部）

六画

赆（同"恤"）

贼 ㈠zéi［ㄗㄟˊ］昨则切　史微韵，阳　平入，职韵　词第十七部　戏灰堆辙　曲齐微韵，阳
　㈡zé［ㄗㄜˊ］昨则切　史波韵，阳　平入，职韵　词第十七部　戏梭波辙　曲齐微韵，阳　（旧读）

贽 ㈠zhì[ㄓˋ] 脂利切　史支韵，去　平去，寘韵　词第三部　戏一七辙

　㈡zhí[ㄓˊ] 陟立切　史支韵，阳　平入，缉韵　词第十七部　戏一七辙　（不动貌）

贾 ㈠gǔ[ㄍㄨˇ] 公户切　史姑韵，上　平上，麌韵　词第四部　戏姑苏辙　曲鱼模韵，上

　㈡jià[ㄐㄧㄚˋ] 古讶切　史麻韵，去　平去，祃韵　词第十部　戏发花辙　（价钱）

　㈢jiǎ[ㄐㄧㄚˇ] 古疋切　史麻韵，上　平上，马韵　词第十部　戏发花辙　曲家麻韵，上　（姓）

贿 huì[ㄏㄨㄟˋ] 呼罪切　史微韵，去　平上，贿韵　词第三部　戏灰堆辙　曲齐微韵，上

赀 zī[ㄗ] 即移切　史支韵，阴　平平，支韵　词第三部　戏一七辙　曲支思韵，阴

赁 lìn[ㄌㄧㄣˋ] 乃禁切　史文韵，去　平去，沁韵　词第十三部　戏人辰辙　曲侵寻韵，去

赂 lù[ㄌㄨˋ] 洛故切　史姑韵，去　平去，遇韵　词第四部　戏姑苏辙　曲鱼模韵，去

赃 zāng[ㄗㄤ] 即郎切　史唐韵，阴　平平，阳韵　词第二部　戏江阳辙　曲江阳韵，阴

资 zī[ㄗ] 即夷切　史支韵，阴　平平，支韵　词第三部　戏一七辙　曲支思韵，阴

赅 gāi[ㄍㄞ] 古哀切　史开韵，阴　平平，灰韵　词第五部　戏怀来辙

赆 jìn[ㄐㄧㄣˋ] 徐刃切　史文韵，去　平去，震韵　词第六部　戏人辰辙　曲真文韵，去

七画

赊 （同"赊"）賓 （见"宾"）實 （见"实"）

赇 qiú[ㄑㄧㄡˊ] 巨鸠切　史尤韵，阳　平平，尤韵　词第十二部　戏由求辙　曲尤侯韵，阳

赈 zhèn[ㄓㄣˋ] ①章刃切　史文韵，去　平去，震韵　词第六部　戏人辰辙　曲真文韵，去　（救济）

　　　②章忍切　史文韵，上　平上，轸韵　词第六部　戏人辰辙　（富饶）

赉 lài[ㄌㄞˋ] 洛代切　史开韵，去　平去，队韵　词第五部　戏怀来辙　曲皆来韵，去

赊 shē[ㄕㄜ] 式车切　史波韵，阴　平平，麻韵　词第十部　戏梭波辙　曲车遮韵，阴

婴 （查"女"部）

八画

赟 （同"赞"）賬 （见"账"）賣 （见"卖"）賢 （见"贤"）賷 （见"赍"）賤 （见"贱"）質 （见"质"）

赋 fù[ㄈㄨˋ] 方遇切　史姑韵，去　平去，遇韵　词第四部　戏姑苏辙　曲鱼模韵，去

䞍 qíng[ㄑㄧㄥˊ] ①疾正切　史庚韵，去　平去，敬韵　词第十一部　戏中东辙　（赏赐）

　　　②疾盈切　史庚韵，阳　平平，庚韵　词第十一部　戏中东辙　（接受财产）

赌 dǔ[ㄉㄨˇ] 当古切　史姑韵，上　平上，麌韵　词第四部　戏姑苏辙　曲鱼模韵，上

赍 jī[ㄐㄧ] ①祖稽切　史齐韵，阴　平平，齐韵　词第三部　戏一七辙

　　　②即夷切　史齐韵，阴　平平，支韵　词第三部　戏一七辙　曲齐微韵，阴　（同"赍"）

赎 ㈠shú[ㄕㄨˊ] 神蜀切　史姑韵，阳　平入，沃韵　词第十五部　戏姑苏辙　曲鱼模韵，阳

　㈡shù[ㄕㄨˋ] 殊遇切　史姑韵，去　平去，遇韵　词第四部　戏姑苏辙　（购买；姓）

赏 ㈠shǎng[ㄕㄤˇ] 书两切　史唐韵，上　平上，养韵　词第二部　戏江阳辙　曲江阳韵，上

　㈡shàng[ㄕㄤˋ] （崇尚，同"尚㈠"）

赐 cì[ㄘˋ] 斯义切　史支韵，去　平去，寘韵　词第三部　戏一七辙　曲支思韵，去

赒 zhōu[ㄓㄡ] 职流切　史尤韵，阴　平平，尤韵　词第十二部　戏由求辙　曲尤侯韵，阴

赑 bì[ㄅㄧˋ] 平秘切　史齐韵，去　平去，寘韵　词第三部　戏一七辙

赟 suì[ㄙㄨㄟˋ] 虽遂切　史微韵，去　平去，寘韵　词第三部　戏灰堆辙

赔 péi[ㄆㄟˊ] 薄回切　史微韵，阳　平平，灰韵　词第三部　戏灰堆辙　【音"裴㈠"，用其反切。】

赕 ㈠tàn[ㄊㄢˋ] 吐滥切　史寒韵，去　平去，勘韵　词第十四部　戏言前辙

　㈡dǎn[ㄉㄢˇ] 吐滥切　史寒韵，上　平去，勘韵　词第十四部　戏言前辙　（～佛）

賨 cóng[ㄘㄨㄥˊ] 藏宗切　史庚韵，阳　平平，冬韵　词第一部　戏中东辙

赓 （查"广"部）

九画

賫（同“赍”）

赖 lài[ㄌㄞˋ] 落盖切 中开韵，去 平去，泰韵 词第五部 戏怀来辙 曲皆来韵，去

赗 fèng[ㄈㄥˋ] 抚凤切 中庚韵，去 平去，送韵 词第一部 戏中东辙

十画

購（见“购”）**賷**（同“赍”）

赘 zhuì[ㄓㄨㄟˋ] 之芮切 中微韵，去 平去，霁韵 词第三部 戏灰堆辙 曲齐微韵，去

赙 fù[ㄈㄨˋ] 符遇切 中姑韵，去 平去，遇韵 词第四部 戏姑苏辙 曲鱼模韵，去

赚 ㈠ zhuàn[ㄓㄨㄢˋ] 伫陷切 中寒韵，去 平去，陷韵 词第十四部 戏言前辙 曲监咸韵，去

㈡ zuàn[ㄗㄨㄢˋ] 伫陷切 中寒韵，去 平去，陷韵 词第十四部 戏言前辙 曲监咸韵，去 （骗）【两读一音之转，反切仍之。】

賸（查“月”部）**賽**（查“宀”部）

十一画

贄（见“贽”）

賾（查“匚”部）

十二画

穨（同“颓”）**韻**（同“韵”）**寳**（见“宝”）

赕 dàn[ㄉㄢˋ] 徒绀切 中寒韵，去 平去，勘韵 词第十四部 戏言前辙

赞 zàn[ㄗㄢˋ] 则旰切 中寒韵，去 平去，翰韵 词第七部 戏言前辙 曲寒山韵，去

赟 yūn[ㄩㄣ] 於伦切 中文韵，阴 平平，真韵 词第六部 戏人辰辙

赠 zèng[ㄗㄥˋ] 昨亙切 中庚韵，去 平去，径韵 词第十一部 戏中东辙 曲庚青韵，去

贋（查“厂”部）

十三画

寶（见“宝”）

赡 ㈠ shàn[ㄕㄢˋ] 时艳切 中寒韵，去 平去，艳韵 词第十四部 戏言前辙 曲廉纤韵，去

㈡ dàn[ㄉㄢˋ] （安定，同“澹㈠”）

嬴（查“亠”部）

十四画

贓（见“赃”）**贔**（见“赑”）**贑**（同“赣”）**贐**（见“赆”）

譽（查“言”部）

十五画

贖（见“赎”）**贗**（同“赝”）

黷 dú[ㄉㄨˊ] 徒谷切 中姑韵，阳 平入，屋韵 词第十五部 戏姑苏辙

十六画

贜（见“赟”）

贙 xuàn[ㄒㄩㄢˋ] 胡畎切 中寒韵，去 平上，铣韵 词第七部 戏言前辙

臟（查“月”部）

十七画

贜（见“赃”）**贛**（见“赣”）**贏**（同“赑”）

赣（查"立"部）

见（見）部

見（见"见"）

见 ㈠ jiàn[ㄐㄧㄢˋ]①古电切　史寒韵，去　平去，霰韵　词第七部　戏言前辙　曲先天韵，去

　　　　②居觅切　史寒韵，去　平去，谏韵　词第七部　戏言前辙　曲先天韵，去　（棺罩）

　 ㈡ xiàn[ㄒㄧㄢˋ]胡甸切　史寒韵，去　平去，霰韵　词第七部　戏言前辙　曲先天韵，去　（同"现"）

二画

观 ㈠ guān[ㄍㄨㄢ]古丸切　史寒韵，阴　平平，寒韵　词第七部　戏言前辙　曲桓欢韵，阴

　 ㈡ guàn[ㄍㄨㄢˋ]古玩切　史寒韵，去　平去，翰韵　词第七部　戏言前辙　曲桓欢韵，去　（宫阙；道~）

三画

觃 yàn[ㄧㄢˋ]於剑切　史寒韵，去　平去，艳韵　词第十四部　戏言前辙

四画

覔（同"觅"）

规 ㈠ guī[ㄍㄨㄟ]居隋切　史微韵，阴　平平，支韵　词第三部　戏灰堆辙　曲齐微韵，阴

　 ㈡ guì[ㄍㄨㄟˋ]规恚切　史微韵，去　平去，寘韵　词第三部　戏灰堆辙　（~ ~）

　 ㈢ kuī[ㄎㄨㄟ]（窥测，同"窥㈠"）

觅 mì[ㄇㄧˋ]莫狄切　史齐韵，去　平入，锡韵　词第十七部　戏一七辙

晛（查"日"部）视（查"礻"部）

五画

觇 chān[ㄔㄢ]①丑廉切　史寒韵，阴　平平，盐韵　词第十四部　戏言前辙　曲廉纤韵，阴

　　　　②丑艳切　史寒韵，阴　平去，艳韵　词第十四部　戏言前辙　曲廉纤韵，阴　（又）

览 lǎn[ㄌㄢˇ]卢敢切　史寒韵，上　平上，感韵　词第十四部　戏言前辙　曲监咸韵，上

觌 luó[ㄌㄨㄛˊ]落戈切　史波韵，阳　平平，歌韵　词第九部　戏梭波辙

觉 ㈠ jué[ㄐㄩㄝˊ]古岳切　史皆韵，阳　平入，觉韵　词第十六部　戏乜斜辙　曲萧豪韵，上

　 ㈡ jiào[ㄐㄧㄠˋ]古孝切　史豪韵，去　平去，效韵　词第八部　戏遥条辙　曲萧豪韵，去　（睡~）

觍 miè[ㄇㄧㄝˋ]①莫结切　史皆韵，去　平入，屑韵　词第十八部　戏乜斜辙

　　　　②必刃切　史皆韵，去　平去，震韵　词第六部　戏乜斜辙　（又）

觋 sì[ㄙˋ]相吏切　史支韵，去　平去，寘韵　词第三部　戏一七辙

六画

觊 jì[ㄐㄧˋ]几利切　史齐韵，去　平去，寘韵　词第三部　戏一七辙

觅 mì[ㄇㄧˋ]①莫狄切　史齐韵，去　平入，锡韵　词第十七部　戏一七辙　（同"觅"）

　　　　②莫获切　史波韵，去　平入，陌韵　词第十七部　戏梭波辙　（察看）

觎 tiào[ㄊㄧㄠˋ]他吊切　史豪韵，去　平去，啸韵　词第八部　戏遥条辙

七画

覝（同"廉"）寬（见"宽"）

觋 xí[ㄒㄧˊ]胡狄切　史齐韵，阳　平入，锡韵　词第十七部　戏一七辙　曲齐微韵，上

覜 yào[ㄧㄠˋ]弋照切　史豪韵，去　平去，啸韵　词第八部　戏遥条辙

嫛（查"女"部）

八画

覩（同"睹"）**覷**（同"覥"）**覛**（同"眽①"）

覛 dí[ㄉㄧˊ] 徒历切　史齐韵，阳　平入，锡韵　词第十七部　戏一七辙

覥 tiǎn[ㄊㄧㄢˇ] 他典切　史寒韵，上　平上，铣韵　词第七部　戏言前辙

靓（查"青"部）

九画

親（见"亲"）

覦 yú[ㄩˊ] ①羊朱切　史齐韵，阳　平平，虞韵　词第四部　戏一七辙　曲鱼模韵，阳
　　　　　②羊戍切　史齐韵，阳　平去，遇韵　词第四部　戏一七辙　曲鱼模韵，阳　（又）

十画

覬（见"觊"）

覯 gòu[ㄍㄡˋ] 古候切　史尤韵，去　平去，宥韵　词第十二部　戏由求辙

覭 míng[ㄇㄧㄥˊ] ①莫经切　史庚韵，阳　平平，青韵　词第十一部　戏中东辙
　　　　　　②莫狄切　史庚韵，阳　平入，锡韵　词第十七部　戏中东辙　（又）
　　　　　　③莫获切　史波韵，去　平入，陌韵　词第十七部　戏梭波辙　（~髳）

十一画

覷（同"覰"）

覲 jìn[ㄐㄧㄣˋ] 渠遴切　史文韵，去　平去，震韵　词第六部　戏人辰辙　曲真文韵，去

覰（查"虍"部）

十二画

覷（同"视"）

覵 jiàn[ㄐㄧㄢˋ] ①方免切　史寒韵，去　平上，铣韵　词第七部　戏言前辙
　　　　　　②居闲切　史寒韵，去　平平，删韵　词第七部　戏言前辙　（又）

十三画

覺（见"觉"）

十四画

覽（见"览"）覷（见"视"）

十五画

覿（见"亲"）

十七画

覾（见"观"）

<h1>牛（牜）部</h1>

牛 niú[ㄋㄧㄡˊ] 语求切　史尤韵，阳　平平，尤韵　词第十二部　戏由求辙　曲尤侯韵，阳

二画

牝 pìn[ㄆㄧㄣˋ] ①毗忍切　史文韵，去　平上，轸韵　词第六部　戏人辰辙　曲真文韵，上
　　　　　　②扶履切　史文韵，去　平上，纸韵　词第三部　戏人辰辙　曲真文韵，上　（又）

牟 ㈠móu[ㄇㄡˊ] 莫浮切　史尤韵，阳　平平，尤韵　词第十二部　戏由求辙　曲尤侯韵，阳

(二)mù[ㄇㄨˋ] 莫后切　史姑韵，去　乎上，有韵　词第十二部［兼第四部麌韵］　戏姑苏辙　（~平；姓）

三画

牠（同"它(一)"）

牡 mǔ[ㄇㄨˇ] 莫厚切　史姑韵，上　乎上，有韵　词第十二部　戏姑苏辙　曲鱼模韵，上

牤 māng[ㄇㄤ] 武方切　史唐韵，阴　乎平，阳韵　词第二部　戏江阳辙【方言字。借用同音字"芒(一)"的反切。】

牣 rèn[ㄖㄣˋ] 而振切　史文韵，去　乎去，震韵　词第六部　戏人辰辙

牢（查"宀"部）

四画

牦 máo[ㄇㄠˊ] ①谟袍切　史豪韵，阳　乎平，豪韵　词第八部　戏遥条辙
　　　　　②莫交切　史豪韵，阳　乎平，肴韵　词第八部　戏遥条辙　（犛）

牧 mù[ㄇㄨˋ] 莫六切　史姑韵，去　乎入，屋韵　词第十五部　戏姑苏辙　曲鱼模韵，去

牬 bèi[ㄅㄟˋ] 博盖切　史微韵，去　乎去，泰韵　词第五部　戏灰堆辙

物 wù[ㄨˋ] 文弗切　史姑韵，去　乎入，物韵　词第十八部　戏姑苏辙　曲鱼模韵，去

牮 gāng[ㄍㄤ] 古郎切　史唐韵，阴　乎平，阳韵　词第二部　戏江阳辙

牥 fāng[ㄈㄤ] 府良切　史唐韵，阴　乎平，阳韵　词第二部　戏江阳辙

五画

牯 gǔ[ㄍㄨˇ] 公户切　史姑韵，上　乎上，麌韵　词第四部　戏姑苏辙　曲鱼模韵，上

牵 (一)qiān[ㄑㄧㄢ] 苦坚切　史寒韵，阴　乎平，先韵　词第七部　戏言前辙　曲先天韵，阴
　　(二)qiàn[ㄑㄧㄢˋ] 苦甸切　史寒韵，去　乎去，霰韵　词第七部　戏言前辙　曲先天韵，去　（纤绳）

牲 shēng[ㄕㄥ] 所庚切　史庚韵，阴　乎平，庚韵　词第十一部　戏中东辙　曲庚青韵，阴

牮 jiàn[ㄐㄧㄢˋ] 作甸切　史寒韵，去　乎去，霰韵　词第七部　戏言前辙

牴 (一)dǐ[ㄉㄧˇ] 都礼切　史齐韵，上　乎上，荠韵　词第三部　戏一七辙
　　(二)zhāi[ㄓㄞ] 椿皆切　史开韵，阴　乎平，佳韵　词第五部　戏怀来辙　（兽名）

牳 mǔ[ㄇㄨˇ] 莫后切　史姑韵，上　乎上，有韵　词第十二部［兼第四部麌韵］　戏姑苏辙

牵（查"艹"部）

六画

特 tè[ㄊㄜˋ] 徒得切　史波韵，去　乎入，职韵　词第十七部　戏梭波辙

牺 (一)xī[ㄒㄧ] 许羁切　史齐韵，阴　乎平，支韵　词第三部　戏一七辙　曲齐微韵，阴
　　(二)suō[ㄙㄨㄛ] 素何切　史波韵，阴　乎平，歌韵　词第九部　戏梭波辙　（酒尊名）

牷 quán[ㄑㄩㄢˊ] 疾缘切　史寒韵，阳　乎平，先韵　词第七部　戏言前辙

牸 zì[ㄗˋ] 疾置切　史支韵，去　乎去，寘韵　词第三部　戏一七辙　曲支思韵，去

七画

牾（同"粗②"）牵（见"牵"）

牾 (一)wǔ[ㄨˇ] 五故切　史姑韵，上　乎去，遇韵　词第四部　戏姑苏辙
　　(二)wú[ㄨˊ] 讹胡切　史姑韵，阳　乎平，虞韵　词第四部　戏姑苏辙　（兽名）

牻 máng[ㄇㄤˊ] 莫江切　史唐韵，阳　乎平，江韵　词第二部　戏江阳辙

牼 kēng[ㄎㄥ] 口茎切　史庚韵，阴　乎平，庚韵　词第十一部　戏中东辙

牿 gù[ㄍㄨˋ] 古沃切　史姑韵，去　乎入，沃韵　词第十五部　戏姑苏辙

犁 lí[ㄌㄧˊ] 郎奚切　史齐韵，阳　乎平，齐韵　词第三部　戏一七辙　曲齐微韵，阳

八画

犇（同"奔(一)"）犂（同"犁"）

犆（一）zhí［ㄓˊ］除力切　中支韵，阳　平入，职韵　词第十七部　戏一七辙

　　（二）tè［ㄊㄜˋ］（各别，同"特"）

犊 dú［ㄉㄨˊ］徒谷切　中姑韵，阳　平入，屋韵　词第十五部　戏姑苏辙　曲鱼模韵，阳

犄 jī［ㄐㄧ］居宜切　中齐韵，阴　平平，支韵　词第三部　戏一七辙　【音"掎"，用其反切。】

犋 jù［ㄐㄩˋ］其遇切　中齐韵，去　平去，遇韵　词第四部　戏一七辙　【借用同音字"具"的反切。】

犅 gāng［ㄍㄤ］古郎切　中唐韵，阴　平平，阳韵　词第二部　戏江阳辙

犉 rún［ㄖㄨㄣˊ］如匀切　中文韵，阳　平平，真韵　词第六部　戏人辰辙

犍（一）jiān［ㄐㄧㄢ］居言切　中寒韵，阴　平平，元韵　词第七部　戏言前辙　（阉割了的牛）

　　（二）qián［ㄑㄧㄢˊ］渠焉切　中寒韵，阳　平平，先韵　词第七部　戏言前辙　（~为）

犀（查"尸"部）

九画

犎 fēng［ㄈㄥ］府容切　中庚韵，阴　平平，冬韵　词第一部　戏中东辙

犐 kē［ㄎㄜ］苦禾切　中波韵，阴　平平，歌韵　词第九部　戏梭波辙

犏 piān［ㄆㄧㄢ］匹焉切　中寒韵，阴　平平，先韵　词第七部　戏言前辙

十画

犛（见"莱"）犛（同"辖"）

犒 kào［ㄎㄠˋ］苦到切　中豪韵，去　平去，号韵　词第八部　戏遥条辙

犗 jiè［ㄐㄧㄝˋ］古喝切　中皆韵，去　平去，卦韵　词第十部　戏乜斜辙

十一画

犘（同"牦②"）

摩（查"麻"部）

十二画

犟 jiàng［ㄐㄧㄤˋ］居亮切　中唐韵，去　平去，漾韵　词第二部　戏江阳辙　【同"强㈢"，用其反切。】

十五画

犊（见"犊"）

犤 bó［ㄅㄛˊ］①博沃切　中波韵，阳　平入，沃韵　词第十五部　戏梭波辙

　　　　　　　②蒲角切　中波韵，阳　平入，觉韵　词第十六部　戏梭波辙　（又）

犣 liè［ㄌㄧㄝˋ］良涉切　中皆韵，去　平入，叶韵　词第十八部　戏乜斜辙

十六画

犧（见"牺"）

犨 chōu［ㄔㄡ］赤周切　中尤韵，阴　平平，尤韵　词第十二部　戏由求辙　曲尤侯韵，阳

手（扌）部

手 shǒu［ㄕㄡˇ］书九切　中尤韵，上　平上，有韵　词第十二部　戏由求辙　曲尤侯韵，上

才（查"一"部）

一画

扎（一）zhā［ㄓㄚ］①侧八切　中麻韵，阴　平入，黠韵　词第十八部　戏发花辙　曲家麻韵，上

　　　　(1)拔：毫末不~，将寻斧柯　(2)刺：~青　(3)拟声词：~~　(4)张开：~煞　(5)钻：~猛子

　　　　②竹洽切　中麻韵，阴　平入，洽韵　词第十九部　戏发花辙　曲家麻韵，上　（屯~；~青）

(二)zhá[ㄓㄚˊ]　侧八切　史麻韵，阳　乎入，黠韵　词第十八部　戏发花辙　曲家麻韵，上

　　　　(6)手写：～书　(7)停住：～住　(8)勉强支撑：～挣　(9)建立：～山寨

(三)zā[ㄗㄚ]　侧八切　史麻韵，阴　乎入，黠韵　词第十八部　戏发花辙　曲家麻韵，上

　　　　⑽捆扎：～辫子　⑾把，捆：一～线　⑿量词，通"拃"

二画

打 (一)dǎ[ㄉㄚˇ]　①都假切　史麻韵，上　乎上，马韵　词第十部　戏发花辙　曲家麻韵，上

　　　　　　　②都挺切　史麻韵，上　乎上，迥韵　词第十一部　戏发花辙　曲家麻韵，上　（又）

　　　　　　　③德冷切　史麻韵，上　乎上，梗韵　词第十一部　戏发花辙　曲家麻韵，上　（又）

(二)dá[ㄉㄚˊ]　都合切　史麻韵，阳　乎入，合韵　词第十九部　戏发花辙　（量词）【音译字。借用同音字"答"的反切。】

扑 (一)pū[ㄆㄨ]　普木切　史姑韵，阴　乎入，屋韵　词第十五部　戏姑苏辙　曲鱼模韵，上

(二)bǔ[ㄅㄨˇ]　博木切　史姑韵，上　乎入，屋韵　词第十五部　戏姑苏辙　曲鱼模韵，上　（～桃）

扒 (一)bā[ㄅㄚ]　博拔切　史麻韵，阴　乎入，黠韵　词第十八部　戏发花辙

　　　　(1)刨挖：～口子　(2)攀援：～到头上　(3)抓住：～着栏杆　(4)拨动：～开众人　(5)剥，脱：～下衣服

(二)pá[ㄆㄚˊ]　蒲巴切　史麻韵，阳　乎平，麻韵　词第十部　戏发花辙　【音"爬"，用其反切。】

　　　　(6)用耙聚拢：～草　(7)在别人身上偷东西：～窃　(8)伏地而行，通"爬"

(三)bài[ㄅㄞˋ]　博怪切　史开韵，去　乎去，卦韵　词第五部　戏怀来辙　（拔掉；救）

(四)bié[ㄅㄧㄝˊ]　方别切　史皆韵，阳　乎入，屑韵　词第十八部　戏乜斜辙　（分；剖分）

扐 (一)lè[ㄌㄜˋ]　卢则切　史波韵，去　乎入，职韵　词第十七部　戏梭波辙

(二)lì[ㄌㄧˋ]　六直切　史齐韵，去　乎入，职韵　词第十七部　戏一七辙　（汉县名）

扔 (一)rēng[ㄖㄥ]　如乘切　史庚韵，阴　乎平，蒸韵　词第十一部　戏中东辙

(二)rèng[ㄖㄥˋ]　而证切　史庚韵，去　乎去，径韵　词第十一部　戏中东辙　（摧毁）

三画

扞 (一)hàn[ㄏㄢˋ]　侯旰切　史寒韵，去　乎去，翰韵　词第七部　戏言前辙

(二)gǎn[ㄍㄢˇ]　（同"擀"）

扜 (一)yū[ㄩ]　忆俱切　史齐韵，阴　乎平，虞韵　词第四部　戏一七辙

(二)wū[ㄨ]　哀都切　史姑韵，阴　乎平，虞韵　词第四部　戏姑苏辙　（～弥）【音译字。音"乌(一)"，用其反切。】

扛 (一)gāng[ㄍㄤ]　古双切　史唐韵，阴　乎平，江韵　词第二部　戏江阳辙　曲江阳韵，阴　（举，抬）

(二)gàng[ㄍㄤˋ]　居浪切　史唐韵，去　乎去，漾韵　词第二部　戏江阳辙　（碰硌）【方言字。借用同音字"钢(二)"的反切。】

(三)káng[ㄎㄤˊ]　虎项切　史唐韵，阳　乎上，讲韵　词第二部　戏江阳辙　（肩负）

扤 wù[ㄨˋ]　五忽切　史姑韵，去　乎入，月韵　词第十八部　戏姑苏辙

扣 kòu[ㄎㄡˋ]　①苦候切　史尤韵，去　乎去，宥韵　词第十二部　戏由求辙　曲尤侯韵，去

　　　　　　　②苦后切　史尤韵，去　乎上，有韵　词第十二部　戏由求辙　曲尤侯韵，去　（又）

扦 qiān[ㄑㄧㄢ]　仓先切　史寒韵，阴　乎平，先韵　词第七部　戏言前辙

托 tuō[ㄊㄨㄛ]　闼各切　史波韵，阴　乎入，药韵　词第十六部　戏梭波辙　曲萧豪韵，上

扢 (一)jié[ㄐㄧㄝˊ]　塞列切　史皆韵，阳　乎入，屑韵　词第十八部　戏乜斜辙

(二)gǔ[ㄍㄨˇ]　①古忽切　史姑韵，上　乎入，月韵　词第十八部　戏姑苏辙　（擦拭）

　　　　　　　②居乙切　史齐韵，去　乎入，物韵　词第十八部　戏一七辙　（击）

(三)qì[ㄑㄧˋ]　其讫切　史齐韵，去　乎入，物韵　词第十八部　戏一七辙　（奋舞状）

(四)gē[ㄍㄜ]　（～搭 - 疙瘩，同"疙(二)"）

执 zhí[ㄓˊ]　之入切　史支韵，阳　乎入，缉韵　词第十七部　戏一七辙　曲齐微韵，上

扱 (一)chā[ㄔㄚ] 楚洽切　⊕麻韵，阴　⊕入，洽韵　词第十九部　戏发花辙
　　(二)xī[ㄒㄧ] 乞及切　⊕齐韵，阴　⊕入，缉韵　词第十七部　戏一七辙　（敛取）
　　(三)jí[ㄐㄧˊ]（手触地，同"及"）

扩 kuò[ㄎㄨㄛˋ] 阔镬切　⊕波韵，去　⊕入，药韵　词第十六部　戏梭波辙

扪 mén[ㄇㄣˊ] 莫奔切　⊕文韵，阳　⊕平，元韵　词第六部　戏人辰辙　曲真文韵，阳

扫 (一)sǎo[ㄙㄠˇ] 苏老切　⊕豪韵，上　⊕上，皓韵　词第八部　戏遥条辙　曲萧豪韵，上
　　(二)sào[ㄙㄠˋ] 苏到切　⊕豪韵，去　⊕去，号韵　词第八部　戏遥条辙　曲萧豪韵，去　（~帚）

扡 (一)chǐ[ㄔˇ] 丑豸切　⊕支韵，上　⊕上，纸韵　词第三部　戏一七辙
　　(二)tuō[ㄊㄨㄛ] 汤何切　⊕波韵，阴　⊕平，歌韵　词第九部　戏梭波辙　（拖）

扬 yáng[ㄧㄤˊ] 与章切　⊕唐韵，阳　⊕平，阳韵　词第二部　戏江阳辙　曲江阳韵，阳

扠 (一)chā[ㄔㄚ] 初加切　⊕麻韵，阴　⊕平，麻韵　词第十部　戏发花辙
　　(二)chāi[ㄔㄞ] 丑佳切　⊕开韵，阴　⊕平，佳韵　词第十部　戏怀来辙　（用拳击）

四画

抅（同"拘"）

扶 (一)fú[ㄈㄨˊ] ①防无切　⊕姑韵，阳　⊕平，虞韵　词第四部　戏姑苏辙　曲鱼模韵，阳
　　　　　　　　②甫无切　⊕姑韵，阳　⊕平，虞韵　词第四部　戏姑苏辙　曲鱼模韵，阳　（~寸）
　　(二)pú[ㄆㄨˊ]（~伏 - 匍匐，同"匍"）

抚 fǔ[ㄈㄨˇ] 芳武切　⊕姑韵，上　⊕上，麌韵　词第四部　戏姑苏辙　曲鱼模韵，上

抏 wán[ㄨㄢˊ] 五丸切　⊕寒韵，阳　⊕平，寒韵　词第七部　戏言前辙

抎 yǔn[ㄩㄣˇ] 云粉切　⊕文韵，上　⊕上，吻韵　词第六部　戏人辰辙

抟 (一)tuán[ㄊㄨㄢˊ] 度官切　⊕寒韵，阳　⊕平，寒韵　词第七部　戏言前辙　曲桓欢韵，阳
　　(二)zhuàn[ㄓㄨㄢˋ] 持兖切　⊕寒韵，去　⊕上，铣韵　词第七部　戏言前辙　（捆束）
　　(三)zhuān[ㄓㄨㄢ] 朱遄切　⊕寒韵，阴　⊕平，先韵　词第七部　戏言前辙　（集中；专擅）

技 (一)jì[ㄐㄧˋ] 渠绮切　⊕齐韵，去　⊕上，纸韵　词第三部　戏一七辙　曲齐微韵，去
　　(二)qí[ㄑㄧˊ] 翘移切　⊕齐韵，阳　⊕平，支韵　词第三部　戏一七辙　（不正派的手段）

抔 póu[ㄆㄡˊ] ①薄侯切　⊕尤韵，阳　⊕平，尤韵　词第十二部　戏由求辙　曲尤侯韵，阳
　　　　　　　　②芳杯切　⊕尤韵，阳　⊕平，灰韵　词第三部　戏由求辙　曲尤侯韵，阳　（又）

抠 kōu[ㄎㄡ] ①恪侯切　⊕尤韵，阴　⊕平，尤韵　词第十二部　戏由求辙　曲尤侯韵，阴
　　　　　　　　②岂俱切　⊕齐韵，阴　⊕平，虞韵　词第四部　戏一七辙　（提起衣摆）

扰 rǎo[ㄖㄠˇ] 而沼切　⊕豪韵，上　⊕上，篠韵　词第八部　戏遥条辙　曲萧豪韵，上

扼 è[ㄜˋ] 乙革切　⊕波韵，去　⊕入，陌韵　词第十七部　戏梭波辙　曲皆来韵，去

拒 (一)jù[ㄐㄩˋ] 其吕切　⊕齐韵，去　⊕上，语韵　词第四部　戏一七辙　曲鱼模韵，去
　　(二)jǔ[ㄐㄩˇ] 果羽切　⊕齐韵，上　⊕上，麌韵　词第四部　戏一七辙　（方阵）

扽 dèn[ㄉㄣˋ] 都困切　⊕文韵，去　⊕去，愿韵　词第六部　戏人辰辙

找 (一)zhǎo[ㄓㄠˇ] 侧绞切　⊕豪韵，上　⊕上，巧韵　词第八部　戏遥条辙　【《康熙字典》：俗音"爪"。用其反切。】
　　(二)huá[ㄏㄨㄚˊ] 胡瓜切　⊕麻韵，阳　⊕平，麻韵　词第十部　戏发花辙　（划桨）

批 pī[ㄆㄧ] 匹迷切　⊕齐韵，阴　⊕平，齐韵　词第三部　戏一七辙　曲齐微韵，阴

扯 chě[ㄔㄜˇ] 昌者切　⊕波韵，上　⊕上，马韵　词第十部　戏梭波辙　曲车遮韵，上

抄 chāo[ㄔㄠ] ①楚交切　⊕豪韵，阴　⊕平，肴韵　词第八部　戏遥条辙　曲萧豪韵，阴
　　　　　　　②初教切　⊕豪韵，阴　⊕去，效韵　词第八部　戏遥条辙　（略取）

扣 (一)hú[ㄏㄨˊ] 户骨切　⊕姑韵，阳　⊕入，月韵　词第十八部　戏姑苏辙
　　(二)gú[ㄍㄨˊ] 古忽切　⊕姑韵，阳　⊕入，月韵　词第十八部　戏姑苏辙　（混乱）

㭎 gāng[ㄍㄤ] 古郎切　⊕唐韵，阴　⊕平，阳韵　词第二部　戏江阳辙

抍 zhěng[ㄓㄥˇ] 蒸上声　史庚韵，上　乎上，迥韵　词第十一部　戏中东辙

扸 (一)xī[ㄒㄧ]　（分离，同"析(一)"）

　　(二)zhé[ㄓㄜˊ]　（断损，同"折(一)：①"）

折 (一)zhé[ㄓㄜˊ] ①旨热切　史波韵，阳　乎入，屑韵　词第十八部　戏梭波辙　曲车遮韵，上

　　　　　　　　　②之涉切　史波韵，阳　乎入，叶韵　词第十八部　戏梭波辙　曲车遮韵，上　（同"摺(一)"）

　　(二)shé[ㄕㄜˊ]　常列切　史波韵，阳　乎入，屑韵　词第十八部　戏梭波辙　曲车遮韵，阳　（折断而尚有部分相连；亏损）

　　(三)zhē[ㄓㄜ]　旨热切　史波韵，阴　乎入，屑韵　词第十八部　戏梭波辙　曲车遮韵，上　（翻转；折腾）【方言读音。反切应同"折(一)"。】

　　(四)tí[ㄊㄧˊ]　杜溪切　史齐韵，阳　乎平，齐韵　词第三部　戏一七辙　（安舒状）

抓 (一)zhuā[ㄓㄨㄚ]　侧交切　史麻韵，阴　乎平，肴韵　词第八部　戏发花辙　曲家麻韵，阴

　　(二)zhāo[ㄓㄠ] ①侧交切　史豪韵，阴　乎平，肴韵　词第八部　戏遥条辙　曲萧豪韵，阴　（旧读）

　　　　　　　　　②侧绞切　史豪韵，阴　乎上，巧韵　词第八部　戏遥条辙　曲萧豪韵，阴　（又）

　　　　　　　　　③侧教切　史豪韵，阴　乎去，效韵　词第八部　戏遥条辙　曲萧豪韵，阴　（又）

扳 (一)bān[ㄅㄢ]　布还切　史寒韵，阴　乎平，删韵　词第七部　戏言前辙　曲寒山韵，阴

　　(二)pān[ㄆㄢ]　普班切　史寒韵，阴　乎平，删韵　词第七部　戏言前辙　曲寒山韵，阴　（同"攀"）

扴 jiá[ㄐㄧㄚˊ]　古黠切　史麻韵，阳　乎入，黠韵　词第十八部　戏发花辙

抡 (一)lūn[ㄌㄨㄣ]　龙春切　史文韵，阴　乎平，真韵　词第六部　戏人辰辙　【《集韵》：龙春切。用之。】

　　(二)lún[ㄌㄨㄣˊ] ①力迍切　史文韵，阳　乎平，真韵　词第六部　戏人辰辙　曲真文韵，阳　（选拔）

　　　　　　　　　　②卢昆切　史文韵，阳　乎平，元韵　词第六部　戏人辰辙　曲真文韵，阳　（又）

扮 (一)bàn[ㄅㄢˋ]　晡幻切　史寒韵，去　乎去，谏韵　词第七部　戏言前辙　曲寒山韵，去

　　(二)fěn[ㄈㄣˇ] ①房吻切　史文韵，上　乎上，吻韵　词第六部　戏人辰辙　（并，握）

　　　　　　　　　②府文切　史文韵，阴　乎平，文韵　词第六部　戏人辰辙　（掘）

抢 (一)qiǎng[ㄑㄧㄤˇ] ①七两切　史唐韵，上　乎上，养韵　词第二部　戏江阳辙　江阳韵，上

　　　　　　　　　　②初两切　史唐韵，上　乎上，养韵　词第二部　戏江阳辙　江阳韵，上　（~先）

　　(二)qiāng[ㄑㄧㄤ]　七羊切　史唐韵，阴　乎平，阳韵　词第二部　戏江阳辙　曲江阳韵，阴　（碰触；挡，逆）

　　(三)qiàng[ㄑㄧㄤˋ]　此亮切　史唐韵，去　乎去，漾韵　词第二部　戏江阳辙　（推搡，拉扯）【《字汇补》：此亮切。借用之。】

　　(四)chéng[ㄔㄥˊ]　锄庚切　史庚韵，阳　乎平，庚韵　词第十一部　戏中东辙　（~攘）

　　(五)chēng[ㄔㄥ]　初庚切　史庚韵，阴　乎平，庚韵　词第十一部　戏中东辙　（搀~）

抈 yuè[ㄩㄝˋ]　鱼厥切　史皆韵，去　乎入，月韵　词第十八部　戏乜斜辙

抵 zhǐ[ㄓˇ]　诸氏切　史支韵，上　乎上，纸韵　词第三部　戏一七辙

抑 yì[ㄧˋ]　於力切　史齐韵，去　乎入，职韵　词第十七部　戏一七辙

抶 (一)zhì[ㄓˋ]　侧瑟切　史支韵，去　乎入，质韵　词第十七部　戏一七辙

　　(二)jié[ㄐㄧㄝˊ]　子结切　史皆韵，阳　乎入，屑韵　词第十八部　戏乜斜辙　（又）

抛 pāo[ㄆㄠ] ①匹交切　史豪韵，阴　乎平，肴韵　词第八部　戏遥条辙　曲萧豪韵，阴

　　　　　　　②匹貌切　史豪韵，阴　乎去，效韵　词第八部　戏遥条辙　曲萧豪韵，阴　（又）

投 (一)tóu[ㄊㄡˊ]　度侯切　史尤韵，阳　乎平，尤韵　词第十二部　戏由求辙　曲尤侯韵，阳

　　(二)dòu[ㄉㄡˋ]　大透切　史尤韵，去　乎去，宥韵　词第十二部　戏由求辙　曲尤侯韵，去　（句读）

抃 biàn[ㄅㄧㄢˋ]　皮变切　史寒韵，去　乎去，霰韵　词第七部　戏言前辙

抆 wěn[ㄨㄣˇ] ①武粉切　史文韵，上　乎上，吻韵　词第六部　戏人辰辙

　　　　　　　②亡运切　史文韵，上　乎去，问韵　词第六部　戏人辰辙　（又）

抗 kàng[ㄎㄤˋ] ①苦浪切　史唐韵，去　乎去，漾韵　词第二部　戏江阳辙　曲江阳韵，去

　　　　　　　②胡郎切　史唐韵，阴　乎平，阳韵　词第二部　戏江阳辙　（举）

扔 huī[ㄏㄨㄟ] 许为切 中微韵，阴 平平，支韵 词第三部 戏灰堆辙
抖 dǒu[ㄉㄡ ˇ] 当口切 中尤韵，上 平上，有韵 词第十二部 戏由求辙 曲尤侯韵，上
护 hù[ㄏㄨ ˋ] 胡误切 中姑韵，去 平去，遇韵 词第四部 戏姑苏辙 曲鱼模韵，去
扰 ㈠dǎn[ㄉㄢ ˇ] ①都感切 中寒韵，上 平上，感韵 词第十四部 戏言前辙
②以主切 中寒韵，上 平上，麌韵 词第四部 戏言前辙 （又）
㈡yóu[ㄧㄡ ˊ] 以周切 中尤韵，阳 平平，尤韵 词第十二部 戏由求辙 （舀）
㈢shěn[ㄕㄣ ˇ] 食荏切 中文韵，上 平上，寝韵 词第十三部 戏人辰辙 （推；系物桩）
抉 jué[ㄐㄩㄝ ˊ] 古穴切 中皆韵，阳 平入，屑韵 词第十八部 戏乜斜辙
扭 niǔ[ㄋㄧㄡ ˇ] 女久切 中尤韵，上 平上，有韵 词第十二部 戏由求辙
把 ㈠bǎ[ㄅㄚ ˇ] 搏下切 中麻韵，上 平上，马韵 词第十部 戏发花辙 曲家麻韵，上
㈡bà[ㄅㄚ ˋ] 布亚切 中麻韵，去 平去，祃韵 词第十部 戏发花辙 曲家麻韵，去 （柄）
㈢pá[ㄆㄚ ˊ] 蒲巴切 中麻韵，阳 平平，麻韵 词第十部 戏发花辙 （刨开）
报 bào[ㄅㄠ ˋ] 博耗切 中豪韵，去 平去，号韵 词第八部 戏遥条辙 曲萧豪韵，去
拟 nǐ[ㄋㄧ ˇ] 鱼纪切 中齐韵，上 平上，纸韵 词第三部 戏一七辙 曲齐微韵，上
抒 shū[ㄕㄨ] 神与切 中姑韵，阴 平上，语韵 词第四部 戏姑苏辙
㧐 sǒng[ㄙㄨㄥ ˇ] 笋勇切 中庚韵，上 平上，肿韵 词第一部 戏中东辙
承（查“乛”部）

五画

拏（同“拿”）**拑**（同“钳”）**拋**（同“抛”）
拜 bài[ㄅㄞ ˋ] 博怪切 中开韵，去 平去，卦韵 词第五部 戏怀来辙 曲皆来韵，去
抹 ㈠mǒ[ㄇㄛ ˇ] ①莫拨切 中波韵，上 平入，曷韵 词第十八部 戏梭波辙 曲歌戈韵，上
②莫拨切 中波韵，上 平入，曷韵 词第十八部 戏梭波辙 曲萧豪韵，去 （又）
⑴搽，擦：浓妆淡～ ⑵扫过，闪过：四十三年如电～ ⑶割，切：～月批风
㈡mò[ㄇㄛ ˋ] 莫拨切 中波韵，去 平入，曷韵 词第十八部 戏梭波辙 曲歌戈韵，上
⑷轻按：轻拢慢撚～复挑 ⑸用手按着移动：向上～了两抹 ⑹紧贴：～胸
㈢mā[ㄇㄚ] 莫发切 中麻韵，阴 平入，月韵 词第十八部 戏发花辙 曲家麻韵，去 （擦拭）【现代读音。以“莫”“发”二字可以切得。】
抾 ㈠qū[ㄑㄩ] ①去其切 中齐韵，阴 平平，支韵 词第三部 戏一七辙
②丘於切 中齐韵，阴 平平，鱼韵 词第四部 戏一七辙 （又）
㈡qiè[ㄑㄧㄝ ˋ] 去劫切 中皆韵，去 平入，洽韵 词第十九部 戏乜斜辙 （又）
抴 yè[ㄧㄝ ˋ] 羊列切 中皆韵，去 平入，屑韵 词第十八部 戏乜斜辙
拓 ㈠tuò[ㄊㄨㄛ ˋ] 他各切 中波韵，去 平入，药韵 词第十六部 戏梭波辙 曲萧豪韵，上
㈡tà[ㄊㄚ ˋ] 他各切 中麻韵，去 平入，药韵 词第十八部 戏发花辙 曲萧豪韵，上 （～片）【古今音。反切仍之。】
㈢zhí[ㄓ ˊ] （拾取，同“摭”）
抪 ㈠bū[ㄅㄨ] 博孤切 中姑韵，阴 平平，虞韵 词第四部 戏姑苏辙 （散布）
㈡pó[ㄆㄛ ˊ] 蒲拨切 中波韵，阳 平入，曷韵 词第十八部 戏梭波辙 （强横）【同“跛”，用其反切。】
拢 lǒng[ㄌㄨㄥ ˇ] 力董切 中庚韵，上 平上，董韵 词第一部 戏中东辙 曲东钟韵，上
拔 ㈠bá[ㄅㄚ ˊ] ①蒲八切 中麻韵，阳 平入，黠韵 词第十八部 戏发花辙 曲家麻韵，阳
⑴连根拉出：一毛不～ ⑵拉：～河 ⑶吸出：～火罐 ⑷挑选，提升：提～ ⑸攻克：攻城～寨 ⑹移动，改变：确乎其不可～
②蒲拨切 中麻韵，阳 平入，曷韵 词第十八部 戏发花辙 曲家麻韵，阳
⑺超出：出类～萃 ⑻疾速，猝然：毋～来，毋报往 ⑼箭的末端：公曰左之，舍～则获

(二) bèi［ㄅㄟˋ］蒲盖切　史微韵，去　平去，泰韵　词第三部　戏灰堆辙　（草木生枝叶）

抨 (一) pēng［ㄆㄥ］披耕切　史庚韵，阴　平平，庚韵　词第十一部　戏中东辙

　　(二) bēng［ㄅㄥ］悲萌切　史庚韵，阴　平平，庚韵　词第十一部　戏中东辙　（支使）

拣 jiǎn［ㄐㄧㄢˇ］①古限切　史寒韵，上　平上，潸韵　词第七部　戏言前辙　曲寒山韵，上

　　　　　　②郎甸切　史寒韵，上　平去，霰韵　词第七部　戏言前辙　曲寒山韵，上　（又）

拤 qiá［ㄑㄧㄚˊ］苦洽切　史麻韵，阳　平入，洽韵　词第十九部　戏发花辙　【现代字。同"掐"，用其反切。】

拈 (一) niān［ㄋㄧㄢ］奴兼切　史寒韵，阴　平平，盐韵　词第十四部　戏言前辙　曲廉纤韵，阳

　　(二) diān［ㄉㄧㄢ］（掂量，同"掂(一)"）

担 (一) dān［ㄉㄢ］都甘切　史寒韵，阴　平平，覃韵　词第十四部　戏言前辙　曲监咸韵，阴

　　　　(1)用肩挑：～水　(2)承当，负责：～风险　(3)忧虑，顾虑：～心

　　(二) dàn［ㄉㄢˋ］都滥切　史寒韵，去　平去，勘韵　词第十四部　戏言前辙　曲监咸韵，去

　　　　(4)所负的责任：千斤重～　(5)挑东西的用具：扁～　(6)用扁担挑的东西：货郎～　(7)量词　(8)市制重量单位

　　(三) dǎn［ㄉㄢˇ］多旱切　史寒韵，上　平上，旱韵　词第七部　戏言前辙　（击；同"掸(一)"）

　　(四) jiē［ㄐㄧㄝ］丘杰切　史皆韵，阴　平入，屑韵　词第十八部　戏乜斜辙　（～拣）

　　(五) shàn［ㄕㄢˋ］时艳切　史寒韵，去　平去，艳韵　词第十四部　戏言前辙　（假借）

押 chēn［ㄔㄣ］痴邻切　史文韵，阴　平平，真韵　词第六部　戏人辰辙

押 (一) yā［ㄧㄚ］乌甲切　史麻韵，阴　平入，洽韵　词第十九部　戏发花辙　曲家麻韵，去

　　(二) xiá［ㄒㄧㄚˊ］辖甲切　史麻韵，阳　平入，洽韵　词第十九部　戏发花辙　（接连不断）

　　(三) jiǎ［ㄐㄧㄚˇ］古狎切　史麻韵，上　平入，黠韵　词第十八部　戏发花辙　（辅佐）

抽 chōu［ㄔㄡ］丑鸠切　史尤韵，阴　平平，尤韵　词第十二部　戏由求辙　曲尤侯韵，阴

拐 guǎi［ㄍㄨㄞˇ］求蟹切　史开韵，上　平上，蟹韵　词第五部　戏怀来辙　曲皆来韵，上

抶 chì［ㄔˋ］丑栗切　史支韵，去　平入，质韵　词第十七部　戏一七辙

拃 (一) zhà［ㄓㄚˋ］侧驾切　史麻韵，去　平去，祃韵　词第十部　戏发花辙　（压榨）【同"榨"，用其反切。】

　　(二) zhǎ［ㄓㄚˇ］侧下切　史麻韵，上　平上，马韵　词第十部　戏发花辙　（张开手指量长度）【音"厏"，用其反切。】

拖 tuō［ㄊㄨㄛ］吐逻切　史波韵，阴　平去，箇韵　词第九部　戏梭波辙　曲歌戈韵，阴

拊 (一) fǔ［ㄈㄨˇ］芳武切　史姑韵，上　平上，麌韵　词第四部　戏姑苏辙　曲鱼模韵，去

　　(二) fū［ㄈㄨ］风无切　史姑韵，阴　平平，虞韵　词第四部　戏姑苏辙　（人名）

拍 pāi［ㄆㄞ］普伯切　史开韵，阴　平入，陌韵　词第十七部　戏怀来辙　曲皆来韵，上

拆 (一) chāi［ㄔㄞ］耻格切　史开韵，阴　平入，陌韵　词第十七部　戏怀来辙

　　(二) cā［ㄘㄚ］耻格切　史开韵，阴　平入，陌韵　词第十七部　戏怀来辙　（～烂污）【方言字。反切仍之。】

抮 zhěn［ㄓㄣˇ］①呼典切　史寒韵，上　平上，铣韵　词第七部　戏人辰辙　（背向）

　　　　　　②止忍切　史文韵，上　平上，轸韵　词第六部　戏人辰辙　（旋转）

拎 (一) līn［ㄌㄧㄣ］郎丁切　史文韵，阴　平平，青韵　词第十一部　戏人辰辙

　　(二) líng［ㄌㄧㄥˊ］郎丁切　史庚韵，阳　平平，青韵　词第十一部　戏中东辙　（旧读）

拥 yōng［ㄩㄥ］於陇切　史庚韵，阴　平上，肿韵　词第一部　戏中东辙

抵 (一) dǐ［ㄉㄧˇ］都礼切　史齐韵，上　平上，荠韵　词第三部　戏一七辙　曲齐微韵，上

　　(二) zhǐ［ㄓˇ］掌氏切　史支韵，上　平上，纸韵　词第三部　戏一七辙　（击）

拘 (一) gōu［ㄍㄡ］居侯切　史尤韵，阴　平平，尤韵　词第十二部　戏由求辙

　　(二) jū［ㄐㄩ］举朱切　史齐韵，阴　平平，虞韵　词第四部　戏一七辙　曲鱼模韵，阴　（～禁；～泥）

　　(三) jǔ［ㄐㄩˇ］果羽切　史齐韵，上　平上，麌韵　词第四部　戏一七辙　（～偻）

抱 bào［ㄅㄠˋ］①薄浩切　史豪韵，去　平上，皓韵　词第八部　戏遥条辙　曲萧豪韵，去

　　　　　　②薄报切　史豪韵，去　平去，号韵　词第八部　戏遥条辙　曲萧豪韵，去　（禽类孵卵）

拄 zhǔ［ㄓㄨˇ］知庾切　史姑韵，上　平上，麌韵　词第四部　戏姑苏辙　曲鱼模韵，上

261

拉 (一) lā[ㄌㄚ] 卢合切　史麻韵，阴　平入，合韵　词第十九部　戏发花辙　曲家麻韵，去

　　(二) lá[ㄌㄚˊ] 卢合切　史麻韵，阳　平入，合韵　词第十九部　戏发花辙　曲家麻韵，去　（割开）【方言字。反切仍之。】

拦 lán[ㄌㄢˊ] 落干切　史寒韵，阳　平平，寒韵　词第七部　戏言前辙　曲寒山韵，阳

拌 (一) pān[ㄆㄢ] 普官切　史寒韵，阴　平平，寒韵　词第七部　戏言前辙　曲寒山韵，去

　　(二) pàn[ㄆㄢˋ] 普半切　史寒韵，去　平去，翰韵　词第七部　戏言前辙　曲寒山韵，去　（又）

　　(三) bàn[ㄅㄢˋ] 普半切　史寒韵，去　平去，翰韵　词第七部　戏言前辙　曲寒山韵，去　（搅～；～嘴）

　　(四) pàn[ㄆㄢˋ] （分剖，同"判(一)"）

扝 kuǎi[ㄎㄨㄞˇ] 苦淮切　史开韵，上　平平，佳韵　词第五部　戏怀来辙

拧 (一) nǐng[ㄋㄧㄥˇ] 乃梃切　史庚韵，上　平上，迥韵　词第十一部　戏中东辙 【方言读音。借用同音字"泞(一)"的反切。】

　　(二) níng[ㄋㄧㄥˊ] 泥耕切　史庚韵，阳　平平，庚韵　词第十一部　戏中东辙　（扭）

　　(三) nìng[ㄋㄧㄥˋ] 乃定切　史庚韵，去　平去，径韵　词第十一部　戏中东辙　（脾气倔）　【方言字。借用同音字"泞(一)"的反切。】

拕 tuō[ㄊㄨㄛ] ①托何切　史波韵，阴　平平，歌韵　词第九部　戏梭波辙

　　　　　　　②徒可切　史波韵，阴　平上，哿韵　词第九部　戏梭波辙　（又）

抿 mǐn[ㄇㄧㄣˇ] 眉贫切　史文韵，上　平平，真韵　词第六部　戏人辰辙

拂 (一) fú[ㄈㄨˊ] 敷勿切　史姑韵，阳　平入，物韵　词第十八部　戏姑苏辙　曲鱼模韵，上

　　(二) bì[ㄅㄧˋ] 簿宓切　史齐韵，去　平入，质韵　词第十七部　戏一七辙　（辅佐；矫正）

　　(三) pì[ㄆㄧˋ] 普密切　史齐韵，去　平入，质韵　词第十七部　戏一七辙　（～汨）

拙 zhuō[ㄓㄨㄛ] 职悦切　史波韵，阴　平入，屑韵　词第十八部　戏梭波辙　曲车遮韵，上

招 (一) zhāo[ㄓㄠ] 止遥切　史豪韵，阴　平平，萧韵　词第八部　戏遥条辙　曲萧豪韵，阴

　　(二) qiáo[ㄑㄧㄠˊ] 祁尧切　史豪韵，阳　平平，萧韵　词第八部　戏遥条辙　（揭示）

　　(三) sháo[ㄕㄠˊ] （古乐名，同"韶"）

披 (一) pī[ㄆㄧ] ①敷羁切　史齐韵，阴　平平，支韵　词第三部　戏一七辙　曲齐微韵，阴

　　　　　　　②匹靡切　史齐韵，阴　平上，纸韵　词第三部　戏一七辙　（断裂）

　　(二) bì[ㄅㄧˋ] 彼义切　史齐韵，去　平去，寘韵　词第三部　戏一七辙　（古丧具）

拨 (一) bō[ㄅㄛ] 北末切　史波韵，阴　平入，曷韵　词第十八部　戏梭波辙　曲歌戈韵，上

　　(二) fá[ㄈㄚˊ] 房越切　史麻韵，阳　平入，月韵　词第十八部　戏发花辙　（大盾）【同"瞂"，用其反切。】

择 (一) zé[ㄗㄜˊ] 场伯切　史波韵，阳　平入，陌韵　词第十七部　戏梭波辙　曲皆来韵，阳

　　(二) zhái[ㄓㄞˊ] 场伯切　史开韵，阳　平入，陌韵　词第十七部　戏怀来辙　曲皆来韵，阳　（口语）

　　(三) yì[ㄧˋ] 夷益切　史齐韵，去　平入，陌韵　词第十七部　戏一七辙　（人名用字）

拚 (一) pàn[ㄆㄢˋ] 薄官切　史寒韵，去　平平，寒韵　词第七部　戏言前辙　曲桓欢韵，去　（豁出，舍弃）【同"拌(一)"，用其反切。】

　　(二) pīn[ㄆㄧㄣ] 北萌切　史文韵，阴　平平，庚韵　词第十一部　戏人辰辙　（又）【同"拼(一)"，用其反切。】

　　(三) fèn[ㄈㄣˋ] 方问切　史文韵，去　平去，问韵　词第六部　戏人辰辙　（扫除）

　　(四) biàn[ㄅㄧㄢˋ] 皮变切　史寒韵，去　平去，霰韵　词第七部　戏言前辙　（同"抃"）

　　(五) fān[ㄈㄢ] （～飞 - 翻飞，同"翻"）

抬 (一) tái[ㄊㄞˊ] 徒哀切　史开韵，阳　平平，灰韵　词第五部　戏怀来辙　曲皆来韵，阳

　　(二) chī[ㄔ] 超之切　史支韵，阴　平平，支韵　词第三部　戏一七辙　曲齐微韵，阴　（同"笞"）

拇 mǔ[ㄇㄨˇ] 莫厚切　史姑韵，上　平上，有韵　词第十二部 [兼第四部麌韵]　戏姑苏辙

拗 (一) ǎo[ㄠˇ] 於绞切　史豪韵，上　平上，巧韵　词第八部　戏遥条辙　（～断）

　　(二) ào[ㄠˋ] 倚教切　史豪韵，去　平去，效韵　词第八部　戏遥条辙　曲萧豪韵，去　（～口）

　　(三) yù[ㄩˋ] 乙六切　史齐韵，去　平入，屋韵　词第十五部　戏一七辙　（～怒）

㈣niù[ㄋㄧㄡˋ]　於交切　史尤韵，去　平平，肴韵　词第八部　戏由求辙　（执~）

六画

挪（同"挪"）

挈㈠qiè[ㄑㄧㄝˋ]　苦结切　史皆韵，去　平入，屑韵　词第十八部　戏乜斜辙　曲车遮韵，上

　　㈡qì[ㄑㄧˋ]　诘计切　史齐韵，去　平去，霁韵　词第三部　戏一七辙　曲齐微韵，去　（通"契""锲"）

挚zhì[ㄓˋ]　脂利切　史支韵，去　平去，寘韵　词第三部　戏一七辙

拳gǒng[ㄍㄨㄥˇ]　①居悚切　史庚韵，上　平上，肿韵　词第一部　戏中东辙

　　　　　　　　②居玉切　史庚韵，上　平入，沃韵　词第十五部　戏中东辙　（又）

拿ná[ㄋㄚˊ]　①女加切　史麻韵，阳　平平，麻韵　词第十部　戏发花辙　曲家麻韵，阳

　　　　　　②女加切　史麻韵，阳　平平，麻韵　词第十部　戏发花辙　曲鱼模韵，阳　（又）

挛luán[ㄌㄨㄢˊ]　①龙眷切　史寒韵，阳　平去，霰韵　词第七部　戏言前辙

　　　　　　　　②吕员切　史寒韵，阳　平平，先韵　词第七部　戏言前辙　曲先天韵，阳　（牵系）

拳㈠quán[ㄑㄩㄢˊ]　巨员切　史寒韵，阳　平平，先韵　词第七部　戏言前辙　曲先天韵，阳

　　㈡quān[ㄑㄩㄢ]　（弩弓，同"卷"）

挐㈠rú[ㄖㄨˊ]　女余切　史姑韵，阳　平平，鱼韵　词第四部　戏姑苏辙

　　㈡ná[ㄋㄚˊ]　女加切　史麻韵，阳　平平，麻韵　词第十部　戏发花辙　曲家麻韵，阳　（同"拿"）

　　㈢ráo[ㄖㄠˊ]　（船桨，同"桡㈡"）

拭shì[ㄕˋ]　赏职切　史支韵，去　平入，职韵　词第十七部　戏一七辙　曲齐微韵，上

挂guà[ㄍㄨㄚˋ]　古卖切　史麻韵，去　平去，卦韵　词第十部　戏发花辙　曲家麻韵，去

持chí[ㄔˊ]　直之切　史支韵，阳　平平，支韵　词第三部　戏一七辙　曲齐微韵，阳

拮㈠jié[ㄐㄧㄝˊ]　①古屑切　史皆韵，阳　平入，屑韵　词第十八部　戏乜斜辙　（~据）

　　　　　　　　②居质切　史皆韵，阳　平入，质韵　词第十七部　戏乜斜辙　（又）

　　㈡jiá[ㄐㄧㄚˊ]　讫黠切　史麻韵，阳　平入，黠韵　词第十八部　戏发花辙　（欺压）

拷kǎo[ㄎㄠˇ]　苦浩切　史豪韵，上　平上，皓韵　词第八部　戏遥条辙

拱gǒng[ㄍㄨㄥˇ]　居悚切　史庚韵，上　平上，肿韵　词第一部　戏中东辙　曲东钟韵，上

挜㈠yà[ㄧㄚˋ]　依架切　史麻韵，去　平去，祃韵　词第十部　戏发花辙

　　㈡yǎ[ㄧㄚˇ]　倚下切　史麻韵，上　平上，马韵　词第十部　戏发花辙　（挥动；推开）

挝㈠zhuā[ㄓㄨㄚ]　张瓜切　史麻韵，阴　平平，麻韵　词第十部　戏发花辙　曲家麻韵，阴　（敲打）

　　㈡wō[ㄨㄛ]　乌禾切　史波韵，阴　平平，歌韵　词第九部　戏梭波辙　（老~）【音译字。借用同音字"窝"的反切。】

挋zhèn[ㄓㄣˋ]　章刃切　史文韵，去　平去，震韵　词第六部　戏人辰辙

挎㈠kū[ㄎㄨ]　苦胡切　史姑韵，阴　平平，虞韵　词第四部　戏姑苏辙

　　㈡kuà[ㄎㄨㄚˋ]　苦化切　史麻韵，去　平去，祃韵　词第十部　戏发花辙　（挂在身上）【现代字。借用同音字"胯"的反切。】

挞tà[ㄊㄚˋ]　他达切　史麻韵，去　平入，曷韵　词第十八部　戏发花辙　曲家麻韵，阳

挟㈠xié[ㄒㄧㄝˊ]　胡颊切　史皆韵，阳　平入，叶韵　词第十八部　戏乜斜辙　曲车遮韵，阳

　　㈡jiā[ㄐㄧㄚ]　①吉协切　史麻韵，阴　平入，叶韵　词第十八部　戏发花辙　曲车遮韵，阳　（夹带；夹取）

　　　　　　　　②讫洽切　史麻韵，阴　平入，洽韵　词第十九部　戏发花辙　曲车遮韵，阳　（又）

挠㈠náo[ㄋㄠˊ]　①奴巧切　史豪韵，阳　平上，巧韵　词第八部　戏遥条辙　曲萧豪韵，上

　　　　　　　　②呼毛切　史豪韵，阴　平平，豪韵　词第八部　戏遥条辙　曲萧豪韵，阳　（搅和）

　　㈡xiāo[ㄒㄧㄠ]　馨幺切　史豪韵，阴　平平，萧韵　词第八部　戏遥条辙　（~挑）

挃zhì[ㄓˋ]　陟栗切　史支韵，去　平入，质韵　词第十七部　戏一七辙

挡㈠dǎng[ㄉㄤˇ]　底朗切　史唐韵，上　平上，养韵　词第二部　戏江阳辙【同"攩㈡"，用其反切。】

(二) dàng[ㄉㄤˋ] 丁浪切　史唐韵，去　平去，漾韵　词第二部　戏江阳辙　曲江阳韵，去　（摒~）

拽（一) zhuāi[ㄓㄨㄞ] 仕怀切　史开韵，阴　平平，佳韵　词第五部　戏怀来辙　（用力扔）【现代字。借用同音字"(一)"的反切。】

(二) zhuài[ㄓㄨㄞˋ] 仕坏切　史开韵，去　平去，卦韵　词第五部　戏怀来辙　（强拉）【同"摔(二)"，用其反切。】

(三) yè[ㄧㄝˋ] 羊列切　史皆韵，去　平入，屑韵　词第十八部　戏乜斜辙　曲车遮韵，去　（牵拉）

恫（一) dòng[ㄉㄨㄥˋ] 徒总切　史庚韵，去　平上，董韵　词第一部　戏中东辙

(二) tóng[ㄊㄨㄥˊ] 徒红切　史庚韵，阳　平平，东韵　词第一部　戏中东辙　（又）

挺（一) tīng[ㄊㄧㄥˇ] 徒鼎切　史庚韵，上　平上，迥韵　词第十一部　戏中东辙　曲庚青韵，上

(二) tíng[ㄊㄧㄥˊ] 特丁切　史庚韵，阳　平平，青韵　词第十一部　戏中东辙　（古县名）

括（一) kuò[ㄎㄨㄛˋ] 古活切　史波韵，去　平入，曷韵　词第十八部　戏梭波辙　曲歌戈韵，上

(二) guā[ㄍㄨㄚ] 古滑切　史麻韵，阴　平入，黠韵　词第十八部　戏发花辙　（挺~）【现代字。借用同音字"刮"的反切。】

挢（一) jiǎo[ㄐㄧㄠˇ] ①居夭切　史豪韵，上　平上，篠韵　词第八部　戏遥条辙

②举乔切　史豪韵，上　平平，萧韵　词第八部　戏遥条辙　（又）

(二) jiāo[ㄐㄧㄠ] 居妖切　史豪韵，阴　平平，萧韵　词第八部　戏遥条辙　（取）

(三) kǎo[ㄎㄠˇ] 苦浩切　史豪韵，上　平上，皓韵　词第八部　戏遥条辙　（用火烤使物体弯曲）

挻 shān[ㄕㄢ] 式连切　史寒韵，阴　平平，先韵　词第七部　戏言前辙

拴 shuān[ㄕㄨㄢ] 此缘切　史寒韵，阴　平平，先韵　词第七部　戏言前辙　曲寒山韵，阴

拾（一) shí[ㄕˊ] 是执切　史支韵，阳　平入，缉韵　词第十七部　戏一七辙　曲齐微韵，阳

(二) jié[ㄐㄧㄝˊ] 极业切　史皆韵，阳　平入，洽韵　词第十九部　戏乜斜辙　（轮流）

(三) shè[ㄕㄜˋ] 实摄切　史波韵，去　平入，叶韵　词第十八部　戏梭波辙　（蹑足而上）

挑（一) tiāo[ㄊㄧㄠ] 吐彫切　史豪韵，阴　平平，萧韵　词第八部　戏遥条辙　曲萧豪韵，阴

(1)用工具向上取出：~野菜　(2)拣选：~花了眼　(3)用肩担：担~双草履　(4)轻薄，通"佻"

(二) tiǎo[ㄊㄧㄠˇ] 徒了切　史豪韵，上　平上，篠韵　词第八部　戏遥条辙　曲萧豪韵，上

(5)拨弄，挑逗：~战　(6)悬挂：~着酒旗　(7)拨开：~起帘子　(8)弦乐的一种指法　(9)刺绣的一种针法　⑽汉字的一种笔形

(三) tāo[ㄊㄠ] 土刀切　史豪韵，阴　平平，豪韵　词第八部　戏遥条辙　（~达）

(四) tiáo[ㄊㄧㄠˊ] 田聊切　史豪韵，阳　平平，萧韵　词第八部　戏遥条辙　（佻~）

(五) tiao[˙ㄊㄧㄠ] 吐彫切　史豪韵，阴　平平，萧韵　词第八部　戏遥条辙　（高~身材）

指 zhǐ[ㄓˇ] 职雉切　史支韵，上　平上，纸韵　词第三部　戏一七辙　曲支思韵，上

挌（一) gé[ㄍㄜˊ] ①古伯切　史波韵，阳　平入，陌韵　词第十七部　戏梭波辙　（~斗）

②庐各切　史波韵，阳　平入，药韵　词第十六部　戏梭波辙　（又）

(二) hé[ㄏㄜˊ] 曷各切　史波韵，阳　平入，药韵　词第十六部　戏梭波辙　（坚硬）

扡（一) chǐ[ㄔˇ] 丑豸切　史支韵，上　平上，纸韵　词第三部　戏一七辙

(二) yí[ㄧˊ] 余支切　史齐韵，阳　平平，支韵　词第三部　戏一七辙　（加）

(三) chí[ㄔˊ] 陈知切　史支韵，阳　平平，支韵　词第三部　戏一七辙　（~画）

挣（一) zhèng[ㄓㄥˋ] 侧进切　史庚韵，去　平去，敬韵　词第十一部　戏中东辙　曲庚青韵，去

(二) zhēng[ㄓㄥ] 初耕切　史庚韵，阴　平平，庚韵　词第十一部　戏中东辙　（~扎）

挤 jǐ[ㄐㄧˇ] ①子计切　史齐韵，上　平去，霁韵　词第三部　戏一七辙　曲齐微韵，上

②相稽切　史齐韵，上　平平，齐韵　词第三部　戏一七辙　曲齐微韵，阴　（又）

拼（一) pīn[ㄆㄧㄣ] 北萌切　史文韵，阴　平平，庚韵　词第十一部　戏人辰辙

(二) pēng[ㄆㄥ] 披耕切　史庚韵，阴　平平，庚韵　词第十一部　戏中东辙　（弹射）

挓 zhā[ㄓㄚ] 陟加切　史麻韵，阴　平平，麻韵　词第十部　戏发花辙

挖 wā[ㄨㄚ] 乌八切　史麻韵，阴　平入，黠韵　词第十八部　戏发花辙

按 àn[ㄢˋ] 乌旰切　中寒韵，去　平去，翰韵　词第七部　戏言前辙　曲寒山韵，去

挥 huī[ㄏㄨㄟ] 许归切　中微韵，阴　平平，微韵　词第三部　戏灰堆辙　曲齐微韵，阴

挦 (一) xín[ㄒㄧㄣˊ] 徐林切　中文韵，阳　平平，侵韵　词第十三部　戏人辰辙　曲廉纤韵，阳

　　(二) xián[ㄒㄧㄢˊ] 徐廉切　中寒韵，阳　平平，盐韵　词第十四部　戏言前辙　曲廉纤韵，阳 （又）

　　(三) chán[ㄔㄢˊ] 昨含切　中寒韵，阳　平平，覃韵　词第十四部　戏言前辙　曲廉纤韵，阳 （又）

挪 nuó[ㄋㄨㄛˊ] 诺何切　中波韵，阳　平平，歌韵　词第九部　戏梭波辙　曲歌戈韵，阳

痕 hén[ㄏㄣˊ] 户恩切　中文韵，阳　平平，元韵　词第六部　戏人辰辙

拯 zhěng[ㄓㄥˇ] 蒸上声　中庚韵，上　平上，迥韵　词第十一部　戏中东辙　曲庚青韵，上

拹 xié[ㄒㄧㄝˊ] 虚业切　中皆韵，阳　平入，洽韵　词第十九部　戏乜斜辙

拶 (一) zā[ㄗㄚ] 姊末切　中麻韵，阴　平入，曷韵　词第十八部　戏发花辙 （逼迫）

　　(二) zǎn[ㄗㄢˇ] 子感切　中寒韵，上　平上，感韵　词第十四部　戏言前辙 （~刑）【借用同音字"攒"的反切。】

<h3 style="text-align:center">七画</h3>

挵（同"弄㈠"）挾（见"挟"）揩（同"搅"）抄（同"挲㈠㈢"）

挲 (一) suō[ㄙㄨㄛ] 素何切　中波韵，阴　平平，歌韵　词第九部　戏梭波辙　曲歌戈韵，阴 （抚摸）

　　(二) sā[ㄙㄚ] 师加切　中麻韵，阴　平平，麻韵　词第十部　戏发花辙 （摩~）【与"挲㈢"一音之转，反切仍之。】

　　(三) shā[ㄕㄚ] 师加切　中麻韵，阴　平平，麻韵　词第十部　戏发花辙 （挓~）

捇 (一) huò[ㄏㄨㄛˋ] 呼麦切　中波韵，去　平入，陌韵　词第十七部　戏梭波辙 （掘土）

　　(二) chì[ㄔˋ] 七迹切　中支韵，去　平入，陌韵　词第十七部　戏一七辙 （除去）

捞 (一) lāo[ㄌㄠ] 鲁刀切　中豪韵，阴　平平，豪韵　词第八部　戏遥条辙　曲萧豪韵，阳

　　(二) láo[ㄌㄠˊ] 鲁刀切　中豪韵，阳　平平，豪韵　词第八部　戏遥条辙　曲萧豪韵，阳 （~什子）【方言字。反切仍之。】

捄 (一) jū[ㄐㄩ] 举朱切　中齐韵，阴　平平，虞韵　词第四部　戏一七辙

　　(二) qiú[ㄑㄧㄡˊ] 巨鸠切　中尤韵，阳　平平，尤韵　词第十二部　戏由求辙 （弯曲状）

　　(三) jiù[ㄐㄧㄡˋ] （拯救，同"救"）

捕 bǔ[ㄅㄨˇ] ①薄故切　中姑韵，上　平去，遇韵　词第四部　戏姑苏辙　曲鱼模韵，阳
　　　　　　②薄故切　中姑韵，上　平去，遇韵　词第四部　戏姑苏辙　曲鱼模韵，去 （又）

捂 wǔ[ㄨˇ] 五故切　中姑韵，上　平去，遇韵　词第四部　戏姑苏辙

振 zhèn[ㄓㄣˋ] ①章刃切　中文韵，去　平去，震韵　词第六部　戏人辰辙　曲真文韵，阴
　　　　　　②章刃切　中文韵，去　平去，震韵　词第六部　戏人辰辙　曲真文韵，去 （又）

捎 (一) shāo[ㄕㄠ] 所交切　中豪韵，阴　平平，肴韵　词第八部　戏遥条辙　曲萧豪韵，阴

　　(二) xiāo[ㄒㄧㄠ] 相邀切　中豪韵，阴　平平，萧韵　词第八部　戏遥条辙　曲萧豪韵，阴 （消除）

捍 (一) hàn[ㄏㄢˋ] ①侯旰切　中寒韵，去　平去，翰韵　词第七部　戏言前辙
　　　　　　②下赧切　中寒韵，上　平上，潸韵　词第七部　戏言前辙 （摇撼）

　　(二) gǎn[ㄍㄢˇ] （同"擀"）

捏 niē[ㄋㄧㄝ] 奴结切　中皆韵，阴　平入，屑韵　词第十八部　戏乜斜辙　曲车遮韵，去

捡 jiǎn[ㄐㄧㄢˇ] 古典切　中寒韵，上　平上，铣韵　词第七部　戏言前辙

捉 zhuō[ㄓㄨㄛ] 侧角切　中波韵，阴　平入，觉韵　词第十六部　戏梭波辙　曲萧豪韵，上

捆 kǔn[ㄎㄨㄣˇ] 苦本切　中文韵，上　平上，阮韵　词第六部　戏人辰辙

捐 juān[ㄐㄩㄢ] 与专切　中寒韵，阴　平平，先韵　词第七部　戏言前辙

损 sǔn[ㄙㄨㄣˇ] 苏本切　中文韵，上　平上，阮韵　词第六部　戏人辰辙　曲真文韵，上

捌 bā[ㄅㄚ] ①博拔切　中麻韵，阴　平入，黠韵　词第十八部　戏发花辙
　　　　　②百辖切　中麻韵，阴　平入，黠韵　词第十八部　戏发花辙 （无齿耙）

挹 (一) yì[ㄧˋ] 伊入切　中齐韵，去　平入，缉韵　词第十七部　戏一七辙

(二) yī[丨] （作揖，同"揖(一)"）

挴 měi[ㄇㄟˇ] 武罪切　史微韵，上　平上，贿韵　词第三部　戏灰堆辙

抔 póu[ㄆㄡˊ] ①薄侯切　史尤韵，阳　平平，尤韵　词第十二部　戏由求辙　（拢土）
　　　　　　②薄交切　史豪韵，阳　平平，看韵　词第八部　戏遥条辙　（刮取）

捈 tú[ㄊㄨˊ] 同都切　史姑韵，阳　平平，虞韵　词第四部　戏姑苏辙

捡 (一) jiǎn[ㄐㄧㄢˇ] 居奄切　史寒韵，上　平上，俭韵　词第十四部　戏言前辙　曲廉纤韵，上
　(二) liǎn[ㄌㄧㄢˇ] 良冉切　史寒韵，上　平上，俭韵　词第十四部　戏言前辙　曲廉纤韵，上　（敛手）

挫 (一) cuò[ㄘㄨㄛˋ] 则卧切　史波韵，去　平去，箇韵　词第九部　戏梭波辙　曲歌戈韵，去
　(二) zuò[ㄗㄨㄛˋ] 徂卧切　史波韵，去　平去，箇韵　词第九部　戏梭波辙　曲歌戈韵，去　（捏起）

捋 (一) luō[ㄌㄨㄛ] 郎括切　史波韵，阴　平入，曷韵　词第十八部　戏梭波辙
　(二) lǚ[ㄌㄩˇ] 吕卹切　史齐韵，上　平入，质韵　词第十七部　戏一七辙　（～须发）【同"寽"，用其反切。】

挼 (一) ruó[ㄖㄨㄛˊ] 奴禾切　史波韵，阳　平平，歌韵　词第九部　戏梭波辙　曲歌戈韵，阳　（揉搓）
　(二) huī[ㄏㄨㄟ] 翾规切　史微韵，阴　平平，支韵　词第三部　戏灰堆辙　（～祭）

换 huàn[ㄏㄨㄢˋ] 胡玩切　史寒韵，去　平去，翰韵　词第七部　戏言前辙　曲桓欢韵，去

挽 wǎn[ㄨㄢˇ] ①无远切　史寒韵，上　平上，阮韵　词第七部　戏言前辙　曲寒山韵，上
　　　　　②无贩切　史寒韵，上　平去，愿韵　词第七部　戏言前辙　（同"輓"）

捔 (一) jué[ㄐㄩㄝˊ] 古岳切　史皆韵，阳　平入，觉韵　词第十六部　戏乜斜辙
　(二) zhuó[ㄓㄨㄛˊ] 士角切　史波韵，阳　平入，觉韵　词第十六部　戏梭波辙　（刺穿）

捣 dǎo[ㄉㄠˇ] 覩老切　史豪韵，上　平上，皓韵　词第八部　戏遥条辙　曲萧豪韵，上

挩 (一) tuō[ㄊㄨㄛ] 他括切　史波韵，阴　平入，曷韵　词第十八部　戏梭波辙
　(二) shuì[ㄕㄨㄟˋ] 输芮切　史微韵，去　平去，霁韵　词第三部　戏灰堆辙　（擦拭）

捖 wán[ㄨㄢˊ] 胡官切　史寒韵，阳　平平，寒韵　词第七部　戏言前辙

捃 jùn[ㄐㄩㄣˋ] 居运切　史文韵，去　平去，问韵　词第六部　戏人辰辙

挶 jú[ㄐㄩˊ] 居玉切　史齐韵，阳　平入，沃韵　词第十五部　戏一七辙

捅 tǒng[ㄊㄨㄥˇ] 他孔切　史庚韵，上　平上，董韵　词第一部　戏中东辙

挨 (一) āi[ㄞ] 宜佳切　史开韵，阴　平平，佳韵　词第十部　戏怀来辙　曲皆来韵，阴　【同"捱"，用其反切。】
　(1)靠近：石～苦竹旁抽笋　(2)顺着，依次：～家～户　(3)挪动：～过去
　(二) ái[ㄞˊ] 宜佳切　史开韵，阳　平平，佳韵　词第十部　戏怀来辙　曲皆来韵，阳　【同"捱"，用其反切。】
　(4)遭受：～饿　(5)忍受困境：难～　(6)拖延：～不过
　(三) ǎi[ㄞˇ] ①於骇切　史开韵，上　平上，蟹韵　词第五部　戏怀来辙　（推）
　　　　　　②於改切　史开韵，上　平上，贿韵　词第五部　戏怀来辙　（击打）

捘 zùn[ㄗㄨㄣˋ] ①子寸切　史文韵，去　平去，愿韵　词第六部　戏人辰辙
　　　　　②七伦切　史文韵，去　平平，真韵　词第六部　戏人辰辙　（又）
　　　　　③子对切　史文韵，去　平去，队韵　词第三部　戏人辰辙　（又）

八画

掛 (同"挂"）　**掗** (见"挜"）　**捱** (同"挨(一)(二)"）　**掤** (见"扪"）　**搁** (见"抠"）　**捨** (同"舍(二)"）　**掄** (见"抡"）
採 (同"采(一)"）　**掙** (见"挣"）　**搕** (同"碰"）　**捥** (同"腕"）　**掃** (见"扫"）

掔 (一) qiān[ㄑㄧㄢ] ①苦闲切　史寒韵，阴　平平，删韵　词第七部　戏言前辙
　　　　　　②苦坚切　史寒韵，阴　平平，先韵　词第七部　戏言前辙　（又）
　(二) wàn[ㄨㄢˋ] （手腕，同"腕"）

掌 zhǎng[ㄓㄤˇ] 诸两切　史唐韵，上　平上，养韵　词第二部　戏江阳辙　曲江阳韵，上

掱 pá[ㄆㄚˊ] 蒲巴切　史麻韵，阳　平平，麻韵　词第十部　戏发花辙　【同"扒(二)"，用其反切。】

掣 chè[ㄔㄜˋ] ①尺制切　史波韵，去　平去，霁韵　词第三部　戏梭波辙　曲车遮韵，上

　　　　②昌列切　康波韵，去　平入，屑韵　词第十八部　戏梭波辙　曲车遮韵，上　（又）

掰 bāi[ㄅㄞ] 博厄切　康开韵，阴　平入，陌韵　词第十七部　戏怀来辙　曲皆来韵，上【同"擘㈠"，用其反切。】

捧 pěng[ㄆㄥˇ] 敷奉切　康庚韵，上　平上，肿韵　词第一部　戏中东辙　曲东钟韵，上

掭 tiàn[ㄊㄧㄢˋ] 他念切　康寒韵，去　平去，艳韵　词第十四部　戏言前辙　【借用同音字"桥"的反切。】

措 ㈠cuò[ㄘㄨㄛˋ] 仓故切　康波韵，去　平去，遇韵　词第四部　戏梭波辙　曲鱼模韵，去

　　㈡zé[ㄗㄜˊ] 侧格切　康波韵，阳　平入，陌韵　词第十七部　戏梭波辙　（夹住）

　　㈢cì[ㄘˋ] 七迹切　康支韵，去　平入，陌韵　词第十七部　戏一七辙　（刺）

掫 zōu[ㄗㄡ] ①子侯切　康尤韵，阴　平平，尤韵　词第十二部　戏由求辙

　　　　②侧九切　康尤韵，阴　平上，有韵　词第十二部　戏由求辙　（敲打）

揶 yé[ㄧㄝˊ] 余遮切　康皆韵，阳　平平，麻韵　词第十部　戏乜斜辙

搦 nuò[ㄋㄨㄛˋ] ①奴各切　康波韵，去　平入，药韵　词第十六部　戏梭波辙　曲萧豪韵，去

　　　　②奴各切　康波韵，去　平入，药韵　词第十六部　戏梭波辙　曲歌戈韵，去　（又）

描 miáo[ㄇㄧㄠˊ] 武瀌切　康豪韵，阳　平平，萧韵　词第八部　戏遥条辙　曲萧豪韵，阳

掝 ㈠huó[ㄏㄨㄛˊ] ①呼麦切　康波韵，阳　平入，陌韵　词第十七部　戏梭波辙　（破裂）

　　　　②忽域切　康齐韵，去　平入，职韵　词第十七部　戏一七辙　（破裂声）

　　㈡huò[ㄏㄨㄛˋ] 获北切　康波韵，去　平入，职韵　词第十七部　戏梭波辙　（迷惑）

㧟 liǎng[ㄌㄧㄤˇ] 里养切　康唐韵，上　平上，养韵　词第二部　戏江阳辙

捺 nà[ㄋㄚˋ] 奴曷切　康麻韵，去　平入，曷韵　词第十八部　戏发花辙

掎 jǐ[ㄐㄧˇ] ①居绮切　康齐韵，上　平上，纸韵　词第三部　戏一七辙

　　　　②卿义切　康齐韵，上　平去，寘韵　词第三部　戏一七辙　（又）

　　　　③居宜切　康齐韵，上　平平，支韵　词第三部　戏一七辙　（又）

掩 yǎn[ㄧㄢˇ] 衣俭切　康寒韵，上　平上，俭韵　词第十四部　戏言前辙　曲廉纤韵，上

捷 ㈠jié[ㄐㄧㄝˊ] 疾叶切　康皆韵，阳　平入，叶韵　词第十八部　戏乜斜辙　曲车遮韵，阳

　　㈡qiè[ㄑㄧㄝˋ] 七接切　康皆韵，去　平入，叶韵　词第十八部　戏乜斜辙　曲车遮韵，阳　（巧辩）

捯 ㈠dáo[ㄉㄠˊ] 都劳切　康豪韵，阳　平平，豪韵　词第八部　戏遥条辙【方言字。以"都""劳"二字可以切得。】

　　㈡dǎo[ㄉㄠˇ] 睹老切　康豪韵，上　平上，皓韵　词第八部　戏遥条辙　（推，筑）

排 ㈠pái[ㄆㄞˊ] 蒲皆切　康开韵，阳　平平，佳韵　词第五部　戏怀来辙　曲皆来韵，阳

　　㈡bài[ㄅㄞˋ] 步拜切　康开韵，去　平去，卦韵　词第五部　戏怀来辙　（古鼓风器）

　　㈢pǎi[ㄆㄞˇ] 普买切　康开韵，上　平上，蟹韵　词第五部　戏怀来辙　（~子车）【方言读音。以"普""买"二字可以切得。】

掯 kèn[ㄎㄣˋ] 苦恨切　康文韵，去　平去，愿韵　词第六部　戏人辰辙　【以"苦""恨"二字可以切得。】

掉 ㈠diào[ㄉㄧㄠˋ] ①徒吊切　康豪韵，去　平去，啸韵　词第八部　戏遥条辙　曲萧豪韵，去

　　　　②女角切　康豪韵，去　平入，觉韵　词第十六部　戏遥条辙　曲萧豪韵，去　（又）

　　㈡diǎo[ㄉㄧㄠˇ] 徒了切　康豪韵，上　平上，筱韵　词第八部　戏遥条辙　（~文；~书袋）

　　㈢nuò[ㄋㄨㄛˋ] 奴各切　康波韵，去　平入，药韵　词第十六部　戏梭波辙　（持；举）

掳 lǔ[ㄌㄨˇ] 郎古切　康姑韵，上　平上，麌韵　词第四部　戏姑苏辙

掍 hùn[ㄏㄨㄣˋ] 胡本切　康文韵，去　平上，阮韵　词第六部　戏人辰辙

掴 ㈠guó[ㄍㄨㄛˊ] 古获切　康波韵，阳　平入，陌韵　词第十七部　戏梭波辙　曲皆来韵，上

　　㈡guāi[ㄍㄨㄞ] 古怀切　康开韵，阴　平平，佳韵　词第五部　戏怀来辙　曲皆来韵，上　（又）【现代读音。借用同音字"乖"的反切。】

掭 ㈠tiǎn[ㄊㄧㄢˇ] 他典切　康寒韵，上　平上，铣韵　词第七部　戏言前辙

　　㈡chěn[ㄔㄣˇ] 丑忍切　康文韵，上　平上，轸韵　词第六部　戏人辰辙　（又）

　　㈢chēn[ㄔㄣ] 痴邻切　康文韵，阴　平平，真韵　词第六部　戏人辰辙　（又）

捶 ㈠chuí[ㄔㄨㄟˊ] 之累切　康微韵，阳　平上，纸韵　词第三部　戏灰堆辙　曲齐微韵，上

(二) duǒ[ㄉㄨㄛˇ] 都果切　中波韵，上　平上，哿韵　词第九部　戏梭波辙　（锻打；戳～）

挼 ruó[ㄖㄨㄛˊ] ①奴禾切　中波韵，阳　平平，歌韵　词第九部　戏梭波辙

②乃回切　中波韵，阳　平平，灰韵　词第三部　戏梭波辙　（又）

③儒锥切　中波韵，阳　平平，支韵　词第三部　戏梭波辙　（又）

挑 (一) nǐ[ㄋㄧˇ] 研启切　中齐韵，上　平上，荠韵　词第三部　戏一七辙　（比拟；模拟）

(二) yì[ㄧˋ] 研计切　中齐韵，去　平去，霁韵　词第三部　戏一七辙　（捏；拳曲）

(三) niè[ㄋㄧㄝˋ] 鱼列切　中皆韵，去　平入，屑韵　词第十八部　戏乜斜辙　（捏造）

推 tuī[ㄊㄨㄟ] 他回切　中微韵，阴　平平，灰韵　词第三部　戏灰堆辙　曲齐微韵，阴

捭 (一) bǎi[ㄅㄞˇ] 北买切　中开韵，上　平上，蟹韵　词第五部　戏怀来辙

(二) bò[ㄅㄛˋ] （分开，撕裂，同"擘(一)"）

掀 xiān[ㄒㄧㄢ] 虚言切　中寒韵，阴　平平，元韵　词第七部　戏言前辙　曲先天韵，阴

捦 qín[ㄑㄧㄣˊ] 巨金切　中文韵，阳　平平，侵韵　词第十三部　戏人辰辙

授 shòu[ㄕㄡˋ] 承咒切　中尤韵，去　平去，宥韵　词第十二部　戏由求辙　曲尤侯韵，去

捻 (一) niǎn[ㄋㄧㄢˇ] 乃殄切　中寒韵，上　平上，铣韵　词第七部　戏言前辙　曲先天韵，上【同"撚"，用其反切。】

(二) niē[ㄋㄧㄝ] 奴协切　中皆韵，阴　平入，叶韵　词第十八部　戏乜斜辙　曲先天韵，上　（又）

掤 bīng[ㄅㄧㄥ] 笔陵切　中庚韵，阴　平平，蒸韵　词第十一部　戏中东辙

掏 tāo[ㄊㄠ] ①他刀切　中豪韵，阴　平平，豪韵　词第八部　戏遥条辙　曲萧豪韵，阴

②徒刀切　中豪韵，阴　平平，豪韵　词第八部　戏遥条辙　曲萧豪韵，阴　（择取）

掐 qiā[ㄑㄧㄚ] 苦洽切　中麻韵，阴　平入，洽韵　词第十九部　戏发花辙

掬 jū[ㄐㄩ] 居六切　中齐韵，阴　平入，屋韵　词第十五部　戏一七辙

掠 lüè[ㄌㄩㄝˋ] ①离灼切　中皆韵，去　平入，药韵　词第十六部　戏乜斜辙　曲萧豪韵，去

②离灼切　中皆韵，去　平入，药韵　词第十六部　戏乜斜辙　曲歌戈韵，去　（又）

③力让切　中唐韵，去　平去，漾韵　词第二部　戏江阳辙　（掳抢）

掂 (一) diān[ㄉㄧㄢ] 丁廉切　中寒韵，阴　平平，盐韵　词第十四部　戏言前辙　曲廉纤韵，阴

(二) diǎn[ㄉㄧㄢˇ] （脚尖着地，同"踮"）

掖 (一) yè[ㄧㄝˋ] 羊益切　中皆韵，去　平入，陌韵　词第十七部　戏乜斜辙　曲齐微韵，去

(二) yē[ㄧㄝ] 乌结切　中皆韵，阴　平入，屑韵　词第十八部　戏乜斜辙　（掩藏；塞进）【借用同音字"噎"的反切。】

捽 zuó[ㄗㄨㄛˊ] ①昨没切　中波韵，阳　平入，月韵　词第十八部　戏梭波辙

②慈卹切　中波韵，阳　平入，质韵　词第十七部　戏梭波辙　（揪住）

掊 (一) póu[ㄆㄡˊ] ①薄侯切　中尤韵，阳　平平，尤韵　词第十二部　戏由求辙

②薄交切　中豪韵，阳　平平，肴韵　词第八部　戏遥条辙　（刮取）

(二) pǒu[ㄆㄡˇ] 方垢切　中尤韵，上　平上，有韵　词第十二部　戏由求辙　（打击）

(三) bó[ㄅㄛˊ] （倒下，同"踣②"）

接 (一) jiē[ㄐㄧㄝ] 即叶切　中皆韵，阴　平入，叶韵　词第十八部　戏乜斜辙　曲车遮韵，上

(二) jié[ㄐㄧㄝˊ] 疾叶切　中皆韵，阳　平入，叶韵　词第十八部　戏乜斜辙　曲车遮韵，上　（迅速）

捲 (一) juàn[ㄐㄩㄢˋ] 居倦切　中寒韵，去　平去，霰韵　词第七部　戏言前辙　（汉县名）

(二) juǎn[ㄐㄩㄢˇ] （卷成筒状，同"卷(二)：①"）

(三) quán[ㄑㄩㄢˊ] （拳头，同"拳(一)"）

掷 zhì[ㄓˋ] 直炙切　中支韵，去　平入，陌韵　词第十七部　戏一七辙　曲齐微韵，阳

掸 (一) dǎn[ㄉㄢˇ] 荡旱切　中寒韵，上　平上，旱韵　词第七部　戏言前辙

(二) shàn[ㄕㄢˋ] 唐干切　中寒韵，去　平平，寒韵　词第七部　戏言前辙　（～族）

(三) dān[ㄉㄢ] 唐干切　中寒韵，阴　平平，寒韵　词第七部　戏言前辙　（古国名）

(四) tián[ㄊㄧㄢˊ] 亭年切　中寒韵，阳　平平，先韵　词第七部　戏言前辙　（～渚）

（五）tán［ㄊㄢˊ］（动弹，同"弹（二）"）

掞 （一）shàn［ㄕㄢˋ］舒瞻切　史寒韵，去　乎去，艳韵　词第十四部　戏言前辙

（二）yǎn［丨ㄢˇ］（锐利，同"剡（一）"）

（三）yàn［丨ㄢˋ］（光芒，同"焰②"）

捾 wò［ㄨㄛˋ］乌括切　史波韵，去　乎入，曷韵　词第十八部　戏梭波辙

控 （一）kòng［ㄎㄨㄥˋ］苦贡切　史庚韵，去　乎去，送韵　词第一部　戏中东辙　曲东钟韵，去

（二）qiāng［ㄑㄧㄤ］苦江切　史唐韵，阴　乎平，江韵　词第二部　戏江阳辙　（击打）

捩 （一）liè［ㄌㄧㄝˋ］练结切　史皆韵，去　乎入，屑韵　词第十八部　戏乜斜辙　（扭转）

（二）lì［ㄌㄧˋ］郎计切　史齐韵，去　乎去，霁韵　词第三部　戏一七辙　（琵琶拨子）

掮 qián［ㄑㄧㄢˊ］渠焉切　史寒韵，阳　乎平，先韵　词第七部　戏言前辙　【同"捷（一）"，用其反切。】

探 （一）tàn［ㄊㄢˋ］他绀切　史寒韵，去　乎去，勘韵　词第十四部　戏言前辙　曲监咸韵，去

（二）tān［ㄊㄢ］他含切　史寒韵，阴　乎平，覃韵　词第十四部　戏言前辙　曲监咸韵，阴　（又）

捷 （一）qián［ㄑㄧㄢˊ］①渠焉切　史寒韵，阳　乎平，先韵　词第七部　戏言前辙

②居偃切　史寒韵，阳　乎上，阮韵　词第七部　戏言前辙　（又）

（二）jiàn［ㄐㄧㄢˋ］其辇切　史寒韵，去　乎上，铣韵　词第七部　戏言前辙　（建立疆界；堵塞）　【张衡《南都赋·注》：音件。用其反切。】

据 （一）jù［ㄐㄩˋ］居御切　史齐韵，去　乎去，御韵　词第四部　戏一七辙　曲鱼模韵，去

（二）jū［ㄐㄩ］九鱼切　史齐韵，阴　乎平，鱼韵　词第四部　戏一七辙　（拮~）

掘 （一）jué［ㄐㄩㄝˊ］①衢物切　史皆韵，阳　乎入，物韵　词第十八部　戏乜斜辙

②其月切　史皆韵，阳　乎入，月韵　词第十八部　戏乜斜辙　（挖~）

（二）kū［ㄎㄨ］苦骨切　史姑韵，阴　乎入，月韵　词第十八部　戏姑苏辙　（洞穴）

（三）wù［ㄨˋ］（呆滞，同"兀"）

（四）zhuō［ㄓㄨㄛ］（愚笨，同"拙"）

掺 （一）chān［ㄔㄢ］仓含切　史寒韵，阴　乎平，覃韵　词第十四部　戏言前辙　（混合）

（二）càn［ㄘㄢˋ］七鉴切　史寒韵，去　乎去，陷韵　词第十四部　戏言前辙　（击鼓）

（三）shān［ㄕㄢ］所咸切　史寒韵，阴　乎平，咸韵　词第十四部　戏言前辙　（纤细）

（四）shǎn［ㄕㄢˇ］所斩切　史寒韵，上　乎上，赚韵　词第十四部　戏言前辙　（执；持）

（五）sēn［ㄙㄣ］疏簪切　史文韵，阴　乎平，侵韵　词第十三部　戏人辰辙　（众多状）

掇 （一）duō［ㄉㄨㄛ］①丁括切　史波韵，阴　乎入，曷韵　词第十八部　戏梭波辙　曲歌戈韵，上

②陟劣切　史波韵，阴　乎入，屑韵　词第十八部　戏梭波辙　曲歌戈韵，上　（又）

（二）zhuō［ㄓㄨㄛ］朱劣切　史波韵，阴　乎入，屑韵　词第十八部　戏梭波辙　曲歌戈韵，上　（短）

（三）chuò［ㄔㄨㄛˋ］（停止，同"辍"）

掼 guàn［ㄍㄨㄢˋ］古患切　史寒韵，去　乎去，谏韵　词第七部　戏言前辙　曲寒山韵，去

九画

揅（同"研（一）"）揀（见"拣"）揹（同"背（二）"）揚（见"扬"）揑（同"捏"）揔（同"总（一）"）

摀（同"轰"）揮（见"挥"）

揱 （一）xiāo［ㄒㄧㄠ］①相邀切　史豪韵，阴　乎平，萧韵　词第八部　戏遥条辙　（尖细形态）

②所教切　史豪韵，阴　乎去，效韵　词第八部　戏遥条辙　（又）

（二）shuò［ㄕㄨㄛˋ］所角切　史波韵，去　乎入，觉韵　词第十六部　戏梭波辙　（又）

揪 jiū［ㄐㄧㄡ］即由切　史尤韵，阴　乎平，尤韵　词第十二部　戏由求辙　曲尤侯韵，阴

揳 （一）xiē［ㄒㄧㄝ］先结切　史皆韵，阴　乎入，屑韵　词第十八部　戏乜斜辙　（钉入）

（二）xiè［ㄒㄧㄝˋ］奚结切　史皆韵，去　乎入，屑韵　词第十八部　戏乜斜辙　（度量）

（三）jiá［ㄐㄧㄚˊ］讫黠切　史麻韵，阳　乎入，黠韵　词第十八部　戏发花辙　（打击）

搂 ㈠zòu[ㄗㄡˋ] 则候切　中尤韵，去　平去，宥韵　词第十二部　戏由求辙　（打）【借用同音字"奏㈠"的反切。】

　　㈡còu[ㄘㄡˋ]　（膝理，同"腠"；凑钱，同"凑"）

揕 zhèn[ㄓㄣˋ] 知鸩切　中文韵，去　平去，沁韵　词第十三部　戏人辰辙

揲 shé[ㄕㄜˊ] ①食列切　中波韵，阳　平入，屑韵　词第十八部　戏梭波辙　曲车遮韵，阳

　　　　　　②与涉切　中波韵，阳　平入，叶韵　词第十八部　戏梭波辙　曲车遮韵，阳　（又）

搽 chá[ㄔㄚˊ] 宅加切　中麻韵，阳　平平，麻韵　词第十部　戏发花辙　曲家麻韵，阳【借用同音字"茶"的反切。】

搭 ㈠dā[ㄉㄚ] 德合切　中麻韵，阴　平入，合韵　词第十九部　戏发花辙　曲家麻韵，上

　　㈡tà[ㄊㄚˋ] 託合切　中麻韵，去　平入，合韵　词第十九部　戏发花辙　曲家麻韵，上　（摹拓）

揸 zhā[ㄓㄚ] 庄加切　中麻韵，阴　平平，麻韵　词第十部　戏发花辙　【同"摣"，用其反切。】

揠 yà[ㄧㄚˋ] 乌黠切　中麻韵，去　平入，黠韵　词第十八部　戏发花辙

揩 kāi[ㄎㄞ] 口皆切　中开韵，阴　平平，佳韵　词第五部　戏怀来辙　曲皆来韵，阴

揽 lǎn[ㄌㄢˇ] 卢敢切　中寒韵，上　平上，感韵　词第十四部　戏言前辙　曲监咸韵，上

提 ㈠tí[ㄊㄧˊ] 杜奚切　中齐韵，阳　平平，齐韵　词第三部　戏一七辙　曲齐微韵，阳

　　㈡dī[ㄉㄧ] 都奚切　中齐韵，阴　平平，齐韵　词第三部　戏一七辙　曲齐微韵，阳　（～防）【借用同音字"堤㈠"的反切。】

　　㈢shí[ㄕˊ] ①是支切　中支韵，阳　平平，支韵　词第三部　戏一七辙　（～月）

　　　　　　②市之切　中支韵，阳　平平，支韵　词第三部　戏一七辙　（朱～）

揖 ㈠yī[ㄧ] 伊入切　中齐韵，阴　平入，缉韵　词第十七部　戏一七辙　曲齐微韵，去

　　㈡jí[ㄐㄧˊ] 即入切　中齐韵，阳　平入，缉韵　词第十七部　戏一七辙　曲齐微韵，去　（会集）

揾 ㈠wèn[ㄨㄣˋ] ①乌困切　中文韵，去　平去，愿韵　词第六部　戏人辰辙　曲真文韵，去

　　　　　　②於粉切　中文韵，上　平上，吻韵　词第六部　戏人辰辙　（撑拄）

　　㈡wù[ㄨˋ] 乌没切　中姑韵，去　平入，月韵　词第十八部　戏姑苏辙　（擦拨）

揭 ㈠jiē[ㄐㄧㄝ] ①居竭切　中皆韵，阴　平入，月韵　词第十八部　戏乜斜辙

　　　　　　②居列切　中皆韵，阴　平入，屑韵　词第十八部　戏乜斜辙　（～开）

　　　　　　③其谒切　中皆韵，阳　平入，月韵　词第十八部　戏乜斜辙　（担负）

　　　　　　④渠列切　中皆韵，阳　平入，屑韵　词第十八部　戏乜斜辙　（竖着举起）

　　㈡qì[ㄑㄧˋ] 去例切　中齐韵，去　平去，霁韵　词第三部　戏一七辙　（提起衣摆）

揌 sāi[ㄙㄞ] 桑才切　中开韵，阴　平平，灰韵　词第五部　戏怀来辙

揣 ㈠chuǎi[ㄔㄨㄞˇ] 初委切　中开韵，上　平上，纸韵　词第三部　戏怀来辙　曲皆来韵，上

　　㈡chuāi[ㄔㄨㄞ] 丑皆切　中开韵，阴　平平，佳韵　词第五部　戏怀来辙　曲皆来韵，阴　（藏在怀里）【借用同音字"搋㈠"的反切。】

　　㈢chuài[ㄔㄨㄞˋ] 楚夬切　中开韵，去　平去，卦韵　词第十部　戏怀来辙　（挣扎）【借用同音字"嘬㈠"的反切。】

　　㈣zhuī[ㄓㄨㄟ] 朱惟切　中微韵，阴　平平，支韵　词第三部　戏灰堆辙　（捶击）

　　㈤tuán[ㄊㄨㄢˊ] 徒官切　中寒韵，阳　平平，寒韵　词第七部　戏言前辙　（积聚状）

搰 ㈠hú[ㄏㄨˊ] 户骨切　中姑韵，阳　平入，月韵　词第十八部　戏姑苏辙

　　㈡kū[ㄎㄨ] 苦骨切　中姑韵，阴　平入，月韵　词第十八部　戏姑苏辙　（用力状）

揿 qìn[ㄑㄧㄣˋ] 丘禁切　中文韵，去　平去，沁韵　词第十三部　戏人辰辙　【与"搇"音同义同，用其反切。】

插 chā[ㄔㄚ] 楚洽切　中麻韵，阴　平入，洽韵　词第十九部　戏发花辙　曲家麻韵，上

揪 jiū[ㄐㄧㄡ] 即尤切　中尤韵，阴　平平，尤韵　词第十二部　戏由求辙　曲尤侯韵，阴

搜 ㈠sōu[ㄙㄡ] 所鸠切　中尤韵，阴　平平，尤韵　词第十二部　戏由求辙　曲尤侯韵，阴

　　㈡shǎo[ㄕㄠˇ] 山巧切　中豪韵，上　平上，巧韵　词第八部　戏遥条辙　（～搅）

　　㈢xiāo[ㄒㄧㄠ] 先雕切　中豪韵，阴　平平，萧韵　词第八部　戏遥条辙　（木～～）

　　㈣sòu[ㄙㄡˋ] 先奏切　中尤韵，去　平去，宥韵　词第十二部　戏由求辙　（古人名）

揘 huáng[ㄏㄨㄤˊ] 呼横切　甲唐韵，阳　乒平，庚韵　词第十一部　戏江阳辙

搥 ㈠duī[ㄉㄨㄟ] 都回切　甲微韵，阴　乒平，灰韵　词第三部　戏灰堆辙

　　㈡chuí[ㄔㄨㄟˊ]（敲击，同"捶㈠"）

揜 yǎn[ㄧㄢˇ]①衣俭切　甲寒韵，上　乒上，俭韵　词第十四部　戏言前辙

　　　　　　②乌敢切　甲寒韵，上　乒上，感韵　词第十四部　戏言前辙　（用手覆盖）

揄 ㈠yú[ㄩˊ] 羊朱切　甲齐韵，阳　乒平，虞韵　词第四部　戏一七辙

　　㈡yóu[ㄧㄡˊ] 以周切　甲尤韵，阳　乒平，尤韵　词第十二部　戏由求辙　（舀取）

　　㈢yáo[ㄧㄠˊ] 余招切　甲豪韵，阳　乒平，萧韵　词第八部　戏遥条辙　（~狄）

　　㈣chōu[ㄔㄡ] 丑鸠切　甲尤韵，阴　乒平，尤韵　词第十二部　戏由求辙　（垂手行）

援 yuán[ㄩㄢˊ]①雨元切　甲寒韵，阳　乒平，元韵　词第七部　戏言前辙　曲先天韵，阳

　　　　　　②于眷切　甲寒韵，阳　乒去，霰韵　词第七部　戏言前辙　曲先天韵，去　（救助）

搀 ㈠chān[ㄔㄢ] 初衔切　甲寒韵，阴　乒平，咸韵　词第十四部　戏言前辙　曲监咸韵，阴

　　㈡chán[ㄔㄢˊ] 士咸切　甲寒韵，阳　乒平，咸韵　词第十四部　戏言前辙　曲监咸韵，阴　（刺；~抢）

揝 ㈠zǎn[ㄗㄢˇ] 子感切　甲寒韵，上　乒上，感韵　词第十四部　戏言前辙

　　㈡zuàn[ㄗㄨㄢˋ]（紧握，同"攥"）

揥 ㈠tì[ㄊㄧˋ] 丑例切　甲齐韵，去　乒去，霁韵　词第三部　戏一七辙

　　㈡dì[ㄉㄧˋ] 丁计切　甲齐韵，去　乒去，霁韵　词第三部　戏一七辙　（弃）

揞 ǎn[ㄢˇ] 乌感切　甲寒韵，上　乒上，感韵　词第十四部　戏言前辙　曲监咸韵，上

搁 ㈠gē[ㄍㄜ] 古落切　甲波韵，阴　乒入，药韵　词第十六部　戏梭波辙【借用同音字"阁"的反切。】

　　㈡gé[ㄍㄜˊ] 古落切　甲波韵，阳　乒入，药韵　词第十六部　戏梭波辙　（承受）【借用同音字"阁"的反切。】

搓 cuō[ㄘㄨㄛ] 七何切　甲波韵，阴　乒平，歌韵　词第九部　戏梭波辙　曲歌戈韵，阴

搂 ㈠lōu[ㄌㄡ] 落侯切　甲尤韵，阴　乒平，尤韵　词第十二部　戏由求辙　曲尤侯韵，阳　（搜刮）

　　㈡lóu[ㄌㄡˊ]①落侯切　甲尤韵，阳　乒平，尤韵　词第十二部　戏由求辙　曲尤侯韵，阳　（牵拉）

　　　　　　②力朱切　甲尤韵，阳　乒平，虞韵　词第四部　戏由求辙　曲尤侯韵，阳　（又）

　　㈢lǒu[ㄌㄡˇ] 郎斗切　甲尤韵，上　乒上，有韵　词第十二部　戏由求辙　曲尤侯韵，上　（揽，抱）

揃 jiǎn[ㄐㄧㄢˇ] 即浅切　甲寒韵，上　乒上，铣韵　词第七部　戏言前辙

搅 jiǎo[ㄐㄧㄠˇ] 古巧切　甲豪韵，上　乒上，巧韵　词第八部　戏遥条辙　曲萧豪韵，上

揎 xuān[ㄒㄩㄢ] 须缘切　甲寒韵，阴　乒平，先韵　词第七部　戏言前辙　曲先天韵，阴

搕 ké[ㄎㄜˊ] 苦格切　甲波韵，阳　乒入，陌韵　词第十七部　戏梭波辙

摡 ㈠gài[ㄍㄞˋ] 古代切　甲开韵，去　乒去，队韵　词第五部　戏怀来辙

　　㈡xī[ㄒㄧ] 许既切　甲齐韵，阴　乒去，未韵　词第三部　戏一七辙　（取）

握 ㈠wò[ㄨㄛˋ] 於角切　甲波韵，去　乒入，觉韵　词第十六部　戏梭波辙

　　㈡òu[ㄡˋ] 於候切　甲尤韵，去　乒去，宥韵　词第十二部　戏由求辙　（给死者手上套或握的物品）

摒 bìng[ㄅㄧㄥˋ] 畀政切　甲庚韵，去　乒去，敬韵　词第十一部　戏中东辙

揟 xū[ㄒㄩ] 相居切　甲齐韵，阴　乒平，鱼韵　词第四部　戏一七辙

搔 ㈠sāo[ㄙㄠ] 苏遭切　甲豪韵，阴　乒平，豪韵　词第八部　戏遥条辙　曲萧豪韵，阴

　　㈡sào[ㄙㄠˋ] 先到切　甲豪韵，去　乒去，号韵　词第八部　戏遥条辙　（擢取）

揆 kuí[ㄎㄨㄟˊ] 求癸切　甲微韵，阳　乒上，纸韵　词第三部　戏灰堆辙　曲齐微韵，去

揉 róu[ㄖㄡˊ]①耳由切　甲尤韵，阳　乒平，尤韵　词第十二部　戏由求辙　曲尤侯韵，阳

　　　　　　②耳由切　甲尤韵，阳　乒平，尤韵　词第十二部　戏由求辙　曲尤侯韵，上　（又）

掾 yuàn[ㄩㄢˋ] 以绢切　甲寒韵，去　乒去，霰韵　词第七部　戏言前辙　曲先天韵，去

硪（查"石"部）

十画

搆（同“构”）**撶**（同“划㈠”）**搨**（同“拓㈡”）**損**（见“损”）**搵**（见“揾”）**搗**（见“捣”）**摀**（同“捂”）
搯（同“掏①”）**搶**（见“抢”）**掾**（同“撤”）**搤**（同“扼”）**搾**（同“榨”）**搧**（同“扇”）

摮 áo[ㄠ ˊ] 五劳切　中豪韵，阳　平平，豪韵　词第八部　戏遥条辙

搘 zhī[ㄓ] 旨而切　中支韵，阴　平平，支韵　词第三部　戏一七辙

搕 ㈠è[ㄜ ˋ] 乌合切　中波韵，去　平入，合韵　词第十九部　戏梭波辙
㈡kē[ㄎㄜ] 克合切　中波韵，阴　平入，合韵　词第十九部　戏梭波辙　（敲，碰）
㈢kè[ㄎㄜ ˋ] 克盍切　中波韵，去　平入，合韵　词第十九部　戏梭波辙　（取）

摄 ㈠shè[ㄕㄜ ˋ] 书涉切　中波韵，去　平入，叶韵　词第十八部　戏梭波辙　曲车遮韵，上
㈡zhé[ㄓㄜ ˊ] 质涉切　中波韵，阳　平入，叶韵　词第十八部　戏梭波辙　曲车遮韵，上　（折叠）
㈢niè[ㄋㄧㄝ ˋ] 奴协切　中皆韵，去　平入，叶韵　词第十八部　戏乜斜辙　曲车遮韵，上　（安定）

摸 ㈠mō[ㄇㄛ] 慕各切　中波韵，阴　平入，药韵　词第十六部　戏梭波辙　曲鱼模韵，阳
㈡mó[ㄇㄛ ˊ] 莫胡切　中波韵，阳　平平，虞韵　词第四部　戏梭波辙　曲鱼模韵，阳　（描摹）

搢 jìn[ㄐㄧㄣ ˋ] 即刃切　中文韵，去　平去，震韵　词第六部　戏人辰辙

搷 tián[ㄊㄧㄢ ˊ] 徒年切　中寒韵，阳　平平，先韵　词第七部　戏言前辙

搏 bó[ㄅㄛ ˊ] ①补各切　中波韵，阳　平入，药韵　词第十六部　戏梭波辙
②方遇切　中波韵，阳　平去，遇韵　词第四部　戏梭波辙　（又）
③匹各切　中波韵，阳　平入，药韵　词第十六部　戏梭波辙　（~击）

摙 liǎn[ㄌㄧㄢ ˇ] 力展切　中寒韵，上　平上，铣韵　词第七部　戏言前辙

搹 è[ㄜ ˋ] 乙革切　中波韵，去　平入，陌韵　词第十七部　戏梭波辙

搣 miè[ㄇㄧㄝ ˋ] 亡列切　中皆韵，去　平入，屑韵　词第十八部　戏乜斜辙

摅 shū[ㄕㄨ] 丑居切　中姑韵，阴　平平，鱼韵　词第四部　戏姑苏辙　曲鱼模韵，阴

摁 èn[ㄣ ˋ] 五恨切　中文韵，去　平去，愿韵　词第六部　戏人辰辙　【现代字。借用同音字“饐”的反切。】

摆 bǎi[ㄅㄞ ˇ] 北买切　中开韵，上　平上，蟹韵　词第五部　戏怀来辙　曲皆来韵，上

携 ㈠xié[ㄒㄧㄝ ˊ] 户圭切　中皆韵，阳　平平，齐韵　词第三部　戏乜斜辙　曲齐微韵，阳
㈡xī[ㄒㄧ] 户圭切　中齐韵，阴　平平，齐韵　词第三部　戏一七辙　曲齐微韵，阳　（又）

搋 ㈠chuāi[ㄔㄨㄞ] 丑皆切　中开韵，阴　平平，佳韵　词第五部　戏怀来辙
㈡chǐ[ㄔ ˇ] 丑豸切　中支韵，上　平上，纸韵　词第三部　戏一七辙　（~夺）

搬 bān[ㄅㄢ] 薄官切　中寒韵，阴　平平，寒韵　词第七部　戏言前辙　曲桓欢韵，阴　【同“擎”，用其反切。】

摋 ㈠sà[ㄙㄚ ˋ] 桑割切　中麻韵，去　平入，曷韵　词第十八部　戏发花辙
㈡sǎ[ㄙㄚ ˇ] 师骇切　中麻韵，上　平上，蟹韵　词第五部　戏发花辙　（摆~）
㈢cuō[ㄘㄨㄛ] 麤括切　中波韵，阴　平入，曷韵　词第十八部　戏梭波辙　（攫~）

摇 yáo[ㄧㄠ ˊ] ①余昭切　中豪韵，阳　平平，萧韵　词第八部　戏遥条辙　曲萧豪韵，阳
②弋照切　中豪韵，阳　平去，啸韵　词第八部　戏遥条辙　（~动）

摓 féng[ㄈㄥ ˊ] 符风切　中庚韵，阳　平平，东韵　词第一部　戏中东辙

搊 ㈠chōu[ㄔㄡ] 楚鸠切　中尤韵，阴　平平，尤韵　词第十二部　戏由求辙　曲尤侯韵，阴
㈡chǒu[ㄔㄡ ˇ] 侧九切　中尤韵，上　平上，有韵　词第十二部　戏由求辙　（揪；~扇）

搞 gǎo[ㄍㄠ ˇ] 苦浩切　中豪韵，上　平上，皓韵　词第八部　戏遥条辙　【现代字。借用同音字“槁”的反切。】

摛 chī[ㄔ] 丑支切　中支韵，阴　平平，支韵　词第三部　戏一七辙

搪 táng[ㄊㄤ ˊ] 徒郎切　中唐韵，阳　平平，阳韵　词第二部　戏江阳辙　曲江阳韵，阳

搒 ㈠péng[ㄆㄥ ˊ] 蒲庚切　中庚韵，阳　平平，庚韵　词第十一部　戏中东辙　（~掠）
㈡bàng[ㄅㄤ ˋ] 补旷切　中唐韵，去　平去，漾韵　词第二部　戏江阳辙　（撑船）

搐 chù[ㄔㄨ ˋ] 敕六切　中姑韵，去　平入，屋韵　词第十五部　戏姑苏辙

搛 jiān[ㄐㄧㄢ] ①坚嫌切　中寒韵，阴　平平，盐韵　词第十四部　戏言前辙　（用筷子夹）
　　　　　　　　②离盐切　中寒韵，阳　平平，盐韵　词第十四部　戏言前辙　（击鼓）

搠 shuò[ㄕㄨㄛˋ] 色角切　中波韵，去　平入，觉韵　词第十六部　戏梭波辙

搳 (一)xiá[ㄒㄧㄚˊ] 下瞎切　中麻韵，阳　平入，黠韵　词第十八部　戏发花辙
　　(二)huá[ㄏㄨㄚˊ] 户花切　中麻韵，阳　平平，麻韵　词第十部　戏发花辙　（猜拳）【音"划(一)"，用其反切。】

摈 bìn[ㄅㄧㄣˋ] 必刃切　中文韵，去　平去，震韵　词第六部　戏人辰辙

榷 (一)jué[ㄐㄩㄝˊ] 苦岳切　中皆韵，阳　平入，觉韵　词第十六部　戏乜斜辙
　　(二)què[ㄑㄩㄝˋ] 苦角切　中皆韵，去　平入，觉韵　词第十六部　戏乜斜辙　（敲击）

搌 zhǎn[ㄓㄢˇ] 知演切　中寒韵，上　平上，铣韵　词第七部　戏言前辙

搦 nuò[ㄋㄨㄛˋ] ①女角切　中波韵，去　平入，觉韵　词第十六部　戏梭波辙　曲皆来韵，去
　　　　　　　　②女白切　中波韵，去　平入，陌韵　词第十七部　戏梭波辙　曲皆来韵，去　（又）

搻 sūn[ㄙㄨㄣ] 思浑切　中文韵，阴　平平，元韵　词第六部　戏人辰辙

搚 lā[ㄌㄚ] 庐合切　中麻韵，阴　平入，合韵　词第十九部　戏发花辙

摊 tān[ㄊㄢ] 他干切　中寒韵，阴　平平，寒韵　词第七部　戏言前辙　曲寒山韵，阴

搡 sǎng[ㄙㄤˇ] ①写朗切　中唐韵，上　平上，养韵　词第二部　戏江阳辙
　　　　　　　　②四浪切　中唐韵，上　平去，漾韵　词第二部　戏江阳辙　（顶撞）

摹（查"艹"部）搴（查"宀"部）

十一画

摯（见"挚"）擎（同"撇(一)"）撺（同"春"）搏（见"抟"）搊（见"抠"）挳（同"牵(一)"）㧑（同"樗"）
搚（同"扯"）㨃（同"揸"）㩂（见"搂"）摑（见"掴"）橢（同"椭(一)"）㩼（见"挝"）摠（同"总(一)"）
㨍（同"摇"）摻（见"掺"）摜（见"掼"）

摰 niè[ㄋㄧㄝˋ] 倪结切　中皆韵，去　平入，屑韵　词第十八部　戏乜斜辙

摫 guī[ㄍㄨㄟ] 居隋切　中微韵，阴　平平，支韵　词第三部　戏灰堆辙

摘 (一)dì[ㄉㄧˋ] 都计切　中齐韵，去　平去，霁韵　词第三部　戏一七辙　（摘取）
　　(二)dié[ㄉㄧㄝˊ] 徒结切　中皆韵，阳　平入，屑韵　词第十八部　戏乜斜辙　（掠取）

摲 chàn[ㄔㄢˋ] 所鉴切　中寒韵，去　平去，陷韵　词第十四部　戏言前辙

摽 (一)biào[ㄅㄧㄠˋ] ①匹妙切　中豪韵，去　平去，啸韵　词第八部　戏遥条辙
　　　　　　　　　　②符少切　中豪韵，去　平上，篠韵　词第八部　戏遥条辙　（又）

　　　(1)掉落：～梅　(2)打击　(3)捆紧在其他东西上：～在车上　(4)互相勾住：～着膀子　(5)结伙：～在一块儿

　　(二)biāo[ㄅㄧㄠ] 卑遥切　中豪韵，阴　平平，萧韵　词第八部　戏遥条辙　【《集韵》、《韵会》、《正韵》：卑遥切。用之。】

　　　(6)打击：长木之毙，无不～也　(7)坠落　(8)抛丢：曹子～剑而去　(9)挥退：～使者出诸大门之外　(10)高远状：～然若秋云之远　(11)标榜，通"标"　(12)刀刃，通"镖"

　　(三)piāo[ㄆㄧㄠ] 抚招切　中豪韵，阴　平平，萧韵　词第八部　戏遥条辙　（打击）

摵 shè[ㄕㄜˋ] 山责切　中波韵，去　平入，陌韵　词第十七部　戏梭波辙

摦 huà[ㄏㄨㄚˋ] 胡化切　中麻韵，去　平去，祃韵　词第十部　戏发花辙

摢 (一)hù[ㄏㄨˋ] 胡故切　中姑韵，去　平去，遇韵　词第四部　戏姑苏辙　（遮蔽）
　　(二)chū[ㄔㄨ] （樗蒲，同"樗"）

撇 (一)piě[ㄆㄧㄝˇ] 普蔑切　中皆韵，上　平入，屑韵　词第十八部　戏乜斜辙　曲车遮韵，上
　　(二)piē[ㄆㄧㄝ] 匹曳切　中皆韵，阴　平去，霁韵　词第三部　戏乜斜辙　曲车遮韵，上　（抛弃）

撂 liào[ㄌㄧㄠˋ] 力灼切　中豪韵，去　平入，药韵　词第十六部　戏遥条辙

摞 luò[ㄌㄨㄛˋ] ①鲁过切　中波韵，去　平去，箇韵　词第九部　戏梭波辙　曲歌戈韵，去
　　　　　　　　②落戈切　中波韵，去　平平，歌韵　词第九部　戏梭波辙　曲歌戈韵，去　（又）

摧 (一)cuī[ㄘㄨㄟ] 昨回切　史微韵，阴　平平，灰韵　词第三部　戏灰堆辙　曲齐微韵，阳
　(二)cuò[ㄘㄨㄛ ˋ] 寸卧切　史波韵，去　平去，箇韵　词第九部　戏梭波辙　（锉草）
　(三)zuì[ㄗㄨㄟ ˋ] 催内切　史微韵，去　平去，队韵　词第三部　戏灰堆辙　（减）

嫈 yīng[ㄧㄥ] 於盈切　史庚韵，阴　平平，庚韵　词第十一部　戏中东辙

摐 chuāng[ㄔㄨㄤ] ①楚江切　史唐韵，阴　平平，江韵　词第二部　戏江阳辙
　　　　　　　　 ②七恭切　史唐韵，阴　平平，冬韵　词第一部　戏江阳辙　（又）

㨳 (一)qì[ㄑㄧ ˋ] 七计切　史齐韵，去　平去，霁韵　词第三部　戏一七辙
　(二)chá[ㄔㄚ ˊ] 初戛切　史麻韵，阳　平入，黠韵　词第十八部　戏发花辙　（推）

摭 zhí[ㄓ ˊ] 之石切　史支韵，阳　平入，陌韵　词第十七部　戏一七辙

摝 lù[ㄌㄨ ˋ] 卢谷切　史姑韵，去　平入，屋韵　词第十五部　戏姑苏辙

摘 (一)zhé[ㄓㄜ ˊ] 陟革切　史波韵，阳　平入，陌韵　词第十七部　戏梭波辙　曲皆来韵，上
　(二)zhāi[ㄓㄞ] 直格切　史开韵，阴　平入，陌韵　词第十七部　戏怀来辙　曲皆来韵，上　（选取；采摘）
　(三)tì[ㄊㄧ ˋ] 他历切　史齐韵，去　平入，锡韵　词第十七部　戏一七辙　（动，扰动）

摔 shuāi[ㄕㄨㄞ] 山律切　史开韵，阴　平入，质韵　词第十七部　戏怀来辙　曲皆来韵，上

摗 (一)qiǎn[ㄑㄧㄢ ˇ] 苦减切　史寒韵，上　平上，赚韵　词第十四部　戏言前辙
　(二)hàn[ㄏㄢ ˋ] 胡黤切　史寒韵，去　平上，赚韵　词第十四部　戏言前辙　（姓）

摺 (一)zhé[ㄓㄜ ˊ] 之涉切　史波韵，阳　平入，叶韵　词第十八部　戏梭波辙　曲车遮韵，上
　(二)lā[ㄌㄚ] 卢合切　史麻韵，阴　平入，合韵　词第十九部　戏发花辙　（摧折）
　(三)xié[ㄒㄧㄝ ˊ] 悉协切　史皆韵，阳　平入，叶韵　词第十八部　戏乜斜辙　（人名）

摎 (一)jiū[ㄐㄧㄡ] 居尤切　史尤韵，阴　平平，尤韵　词第十二部　戏由求辙
　(二)liú[ㄌㄧㄡ ˊ] 力求切　史尤韵，阳　平平，尤韵　词第十二部　戏由求辙　（姓）
　(三)jiǎo[ㄐㄧㄠ ˇ] 吉巧切　史豪韵，上　平上，巧韵　词第八部　戏遥条辙　（~蓼）

摷 (一)jiǎo[ㄐㄧㄠ ˇ] 子小切　史豪韵，上　平上，篆韵　词第八部　戏遥条辙
　(二)zhāo[ㄓㄠ] 侧交切　史豪韵，阴　平平，肴韵　词第八部　戏遥条辙　（抄取）

摩 （查"麻"部）

十二画

撆 (同"蹩")　撓 (见"挠")　撻 (见"挞")　撲 (见"扑㈠")　撐 (同"撑")　撣 (见"掸")　撫 (见"抚")
撟 (见"挢")　搭 (同"搭㈠")　攜 (见"携")　撤 (见"揪")　撝 (见"㧑")　撈 (见"捞")　撏 (见"挦")
撥 (见"拨")

擎 qíng[ㄑㄧㄥ ˊ] 渠京切　史庚韵，阳　平平，庚韵　词第十一部　戏中东辙　曲庚青韵，阳

撚 niǎn[ㄋㄧㄢ ˇ] 力展切　史寒韵，上　平上，铣韵　词第七部　戏言前辙

撷 xié[ㄒㄧㄝ ˊ] 胡结切　史皆韵，阳　平入，屑韵　词第十八部　戏乜斜辙

撎 yī[ㄧ] 乙冀切　史齐韵，阴　平去，寘韵　词第三部　戏一七辙

撕 (一)sī[ㄙ] 相支切　史支韵，阴　平平，支韵　词第三部　戏一七辙
　(二)xī[ㄒㄧ] 先稽切　史齐韵，阴　平平，齐韵　词第三部　戏一七辙　（提~）

撒 (一)sā[ㄙㄚ] 山戛切　史麻韵，阴　平入，曷韵　词第十八部　戏发花辙　曲家麻韵，上
　(二)sǎ[ㄙㄚ ˇ] 山葛切　史麻韵，上　平入，曷韵　词第十八部　戏发花辙　曲家麻韵，上　（抛掷）

撾 (一)kā[ㄎㄚ] 恪八切　史麻韵，阴　平入，黠韵　词第十八部　戏发花辙　（用刀刮）
　(二)jiá[ㄐㄧㄚ ˊ] 古鳎切　史麻韵，阳　平入，黠韵　词第十八部　戏发花辙　（旧读）
　(三)yè[ㄧㄝ ˋ] 弋涉切　史皆韵，去　平入，叶韵　词第十八部　戏乜斜辙　（撒箕口）

撬 (一)jǐng[ㄐㄧㄥ ˇ] 举影切　史庚韵，上　平上，梗韵　词第十一部　戏中东辙　曲庚青韵，上　（通"儆"）
　(二)qíng[ㄑㄧㄥ ˊ] （矫正弓弩的器具，同"檠㈠"）

撠 jǐ[ㄐㄧ ˇ] 几剧切　史齐韵，上　平入，陌韵　词第十七部　戏一七辙

撢 ㈠ tàn[ㄊㄢˋ] ①他绀切 中寒韵，去 乎去，勘韵 词第十四部 戏言前辙

②他含切 中寒韵，去 乎平，覃韵 词第十四部 戏言前辙 （又）

③余针切 中寒韵，去 乎平，侵韵 词第十三部 戏言前辙 （又）

㈡ dǎn[ㄉㄢˇ] （拂去灰尘，同"掸㈠"）

撅 ㈠ juē[ㄐㄩㄝ] 居月切 中皆韵，阴 乎入，月韵 词第十八部 戏乜斜辙 曲车遮韵，阳

㈡ jué[ㄐㄩㄝˊ] 其月切 中皆韵，阳 乎入，月韵 词第十八部 戏乜斜辙 曲车遮韵，阳 （挖掘）

㈢ guì[ㄍㄨㄟˋ] 固卫切 中微韵，去 乎去，霁韵 词第三部 戏灰堆辙 （掀起衣服）

撩 ㈠ liáo[ㄌㄧㄠˊ] 卢鸟切 中豪韵，阳 乎上，篠韵 词第八部 戏遥条辙

㈡ liāo[ㄌㄧㄠ] 落萧切 中豪韵，阴 乎平，萧韵 词第八部 戏遥条辙 （抛掷；掀起）

㈢ liào[ㄌㄧㄠˋ] 力雕切 中豪韵，去 乎平，萧韵 词第八部 戏遥条辙 （通"料""撂"）

撑 chēng[ㄔㄥ] ①中庚切 中庚韵，阴 乎平，庚韵 词第十一部 戏中东辙 曲庚青韵，阴

②中庚切 中庚韵，阴 乎平，庚韵 词第十一部 戏中东辙 曲庚青韵，去 （又）

撮 ㈠ cuō[ㄘㄨㄛ] 仓括切 中波韵，阴 乎入，曷韵 词第十八部 戏梭波辙 曲歌戈韵，上

㈡ zuǒ[ㄗㄨㄛˇ] 子括切 中波韵，上 乎入，曷韵 词第十八部 戏梭波辙 曲歌戈韵，上 （量词）【《唐韵》、《正韵》：子括切。借用之。】

㈢ zuān[ㄗㄨㄢ] 祖官切 中寒韵，阴 乎平，寒韵 词第七部 戏言前辙 （乘载器）

㈣ zuì[ㄗㄨㄟˋ] 祖外切 中微韵，去 乎去，泰韵 词第三部 戏灰堆辙 （会~）

㈤ chuā[ㄔㄨㄚ] 初买切 中麻韵，去 乎上，蟹韵 词第五部 戏发花辙 （握持）

撬 ㈠ qiáo[ㄑㄧㄠˊ] 牵幺切 中豪韵，阳 乎平，萧韵 词第八部 戏遥条辙

㈡ qiào[ㄑㄧㄠˋ] 牵幺切 中豪韵，去 乎平，萧韵 词第八部 戏遥条辙 （挑开）

播 ㈠ bō[ㄅㄛ] 补过切 中波韵，阴 乎去，箇韵 词第九部 戏梭波辙 曲歌戈韵，去

㈡ bǒ[ㄅㄛˇ] 补火切 中波韵，上 乎上，哿韵 词第九部 戏梭波辙 曲歌戈韵，上 （通"簸"）

擒 qín[ㄑㄧㄣˊ] 巨金切 中文韵，阳 乎平，侵韵 词第十三部 戏人辰辙 曲侵寻韵，阳

撸 lū[ㄌㄨ] 龙五切 中姑韵，阴 乎上，麌韵 词第四部 戏姑苏辙 【现代字。借用同音字"噜"的反切。】

撚 niǎn[ㄋㄧㄢˇ] 乃殄切 中寒韵，上 乎上，铣韵 词第七部 戏言前辙 曲先天韵，上

撴 dūn[ㄉㄨㄣ] 都昆切 中文韵，阴 乎平，元韵 词第六部 戏人辰辙 【现代字。借用同音字"敦㈠"的反切。】

撞 zhuàng[ㄓㄨㄤˋ] ①直降切 中唐韵，去 乎去，绛韵 词第二部 戏江阳辙 曲江阳韵，去

②宅江切 中唐韵，去 乎平，江韵 词第二部 戏江阳辙 曲江阳韵，阳 （又）

撤 chè[ㄔㄜˋ] ①丑列切 中波韵，去 乎入，屑韵 词第十八部 戏梭波辙 曲车遮韵，上 （发散；抽剥）

②直列切 中波韵，去 乎入，屑韵 词第十八部 戏梭波辙 曲车遮韵，上 （撤除，消除）

撙 zǔn[ㄗㄨㄣˇ] 兹损切 中文韵，上 乎上，阮韵 词第六部 戏人辰辙

撺 ㈠ cuān[ㄘㄨㄢ] 七丸切 中寒韵，阴 乎平，寒韵 词第七部 戏言前辙 曲桓欢韵，阴

㈡ cuàn[ㄘㄨㄢˋ] 取乱切 中寒韵，去 乎去，翰韵 词第七部 戏言前辙 曲桓欢韵，去 （旧读）

撋 ruán[ㄖㄨㄢˊ] 而缘切 中寒韵，阳 乎平，先韵 词第七部 戏言前辙

撊 xiàn[ㄒㄧㄢˋ] 下赧切 中寒韵，去 乎上，潸韵 词第七部 戏言前辙

撰 ㈠ zhuàn[ㄓㄨㄢˋ] ①雏鲩切 中寒韵，去 乎上，潸韵 词第七部 戏言前辙

②士免切 中寒韵，去 乎上，铣韵 词第七部 戏言前辙 （又）

㈡ xuǎn[ㄒㄩㄢˇ] 须兖切 中寒韵，上 乎上，铣韵 词第七部 戏言前辙 （选择）

撜 ㈠ zhěng[ㄓㄥˇ] 蒸上声 中庚韵，上 乎上，迥韵 词第十一部 戏中东辙 （救援）

㈡ chéng[ㄔㄥˊ] 除庚切 中庚韵，阳 乎平，庚韵 词第十一部 戏中东辙 （接触）

十三画

擊（见"击"）攦（见"扡"）據（见"据㈠"）擄（见"掳"）擋（见"挡"）擇（见"择"）撿（见"捡"）

擔（同"担㈠㈡㈤"）擁（见"拥"）

擘 (一)bò[ㄅㄛˋ] 博厄切　史波韵，去　平入，陌韵　词第十七部　戏梭波辙　曲皆来韵，上
　　(二)pì[ㄆㄧˋ] 蒲历切　史齐韵，去　平入，锡韵　词第十七部　戏一七辙　（"大拇指"义项的旧读）

攉 (一)wò[ㄨㄛˋ] 一虢切　史波韵，去　平入，陌韵　词第十七部　戏梭波辙　（捕取）
　　(二)hù[ㄏㄨˋ] 胡误切　史姑韵，去　平去，遇韵　词第四部　戏姑苏辙　（布~）
　　(三)huò[ㄏㄨㄛˋ] 胡郭切　史波韵，去　平入，药韵　词第十六部　戏梭波辙　（捕猎设置）

擀 gǎn[ㄍㄢˇ] 古旱切　史寒韵，上　平上，旱韵　词第七部　戏言前辙

撼 hàn[ㄏㄢˋ] 胡感切　史寒韵，去　平上，感韵　词第十四部　戏言前辙　曲监咸韵，去

擂 (一)lèi[ㄌㄟˋ] 卢对切　史微韵，去　平去，队韵　词第三部　戏灰堆辙　曲齐微韵，去
　　(二)léi[ㄌㄟˊ] 力堆切　史微韵，阳　平平，灰韵　词第三部　戏灰堆辙　（研磨；击打）

操 (一)cāo[ㄘㄠ] ①七刀切　史豪韵，阴　平平，豪韵　词第八部　戏遥条辙　曲萧豪韵，阴
　　　　　　　　②七到切　史豪韵，阴　平去，号韵　词第八部　戏遥条辙　曲萧豪韵，去　（节~；琴曲名）
　　(二)càn[ㄘㄢˋ]　（击鼓，同"掺(二)"）

撽 (一)zhuāi[ㄓㄨㄞ] 仕怀切　史开韵，阴　平平，佳韵　词第五部　戏怀来辙
　　(二)zhuài[ㄓㄨㄞˋ] 仕坏切　史开韵，去　平去，卦韵　词第五部　戏怀来辙　（拉）

擐 (一)huàn[ㄏㄨㄢˋ] 胡惯切　史寒韵，去　平去，谏韵　词第七部　戏言前辙　曲寒山韵，去　（贯穿）
　　(二)guān[ㄍㄨㄢ] 古还切　史寒韵，阴　平平，删韵　词第七部　戏言前辙　曲寒山韵，阴　（又）
　　(三)xuān[ㄒㄩㄢ] 荀缘切　史寒韵，阴　平平，先韵　词第七部　戏言前辙　（捋起）
　　(四)juǎn[ㄐㄩㄢˇ] 古泫切　史寒韵，上　平上，铣韵　词第七部　戏言前辙　（系）

擉 chuò[ㄔㄨㄛˋ] 侧角切　史波韵，去　平入，觉韵　词第十六部　戏梭波辙

撬 qiào[ㄑㄧㄠˋ] ①苦吊切　史豪韵，去　平去，啸韵　词第八部　戏遥条辙
　　　　　　　　②苦击切　史豪韵，去　平入，锡韵　词第十七部　戏遥条辙　（又）
　　　　　　　　③口教切　史豪韵，去　平去，效韵　词第八部　戏遥条辙　（又）

擅 shàn[ㄕㄢˋ] 时战切　史寒韵，去　平去，霰韵　词第七部　戏言前辙　曲先天韵，去

擞 (一)sǒu[ㄙㄡˇ] 苏后切　史尤韵，上　平上，有韵　词第十二部　戏由求辙　（抖~）
　　(二)sòu[ㄙㄡˋ] 苏奏切　史尤韵，去　平去，宥韵　词第十二部　戏由求辙　（用铁条通煤炉）　【现代字。借用同音字"嗽(一)"的反切。】

擗 (一)pì[ㄆㄧˋ] 房益切　史齐韵，去　平入，陌韵　词第十七部　戏一七辙
　　(二)pǐ[ㄆㄧˇ] 房益切　史齐韵，上　平入，陌韵　词第十七部　戏一七辙　（掰下）

十四画

擥(同"揽")　摩(同"撸")　撞(同"抬(一)")　擣(同"捣")　搁(见"搁")　擬(见"拟")　擴(见"扩")
擠(见"挤")　擲(见"掷")　擯(见"摈")　擰(见"拧")

擦 (一)cà[ㄘㄚˋ] 七曷切　史麻韵，去　平入，曷韵　词第十八部　戏发花辙　（拟声词）
　　(二)sà[ㄙㄚˋ] 桑割切　史麻韵，去　平入，曷韵　词第十八部　戏发花辙　（通"撒"）

擪 yè[ㄧㄝˋ] 於叶切　史皆韵，去　平入，叶韵　词第十八部　戏乜斜辙

擩 (一)rǔ[ㄖㄨˇ] 蕊主切　史姑韵，上　平上，麌韵　词第四部　戏姑苏辙　（取物）
　　(二)ruí[ㄖㄨㄟˊ] 儒佳切　史微韵，阳　平平，支韵　词第三部　戏灰堆辙　（沾染）
　　(三)ruán[ㄖㄨㄢˊ] 而宣切　史寒韵，阳　平平，先韵　词第七部　戏言前辙　（摩挲）
　　(四)nòu[ㄋㄡˋ] 奴豆切　史尤韵，去　平去，宥韵　词第十二部　戏由求辙　（擩~）

擤 xǐng[ㄒㄧㄥˇ] 呼梗切　史庚韵，上　平上，梗韵　词第十一部　戏中东辙

擿 (一)zhì[ㄓˋ] 直炙切　史支韵，去　平入，陌韵　词第十七部　戏一七辙
　　(二)tì[ㄊㄧˋ] 他历切　史齐韵，去　平入，锡韵　词第十七部　戏一七辙　（挑，揭；指使）
　　(三)zhé[ㄓㄜˊ] 陟革切　史波韵，阳　平入，陌韵　词第十七部　戏梭波辙　（选取）
　　(四)zhāi[ㄓㄞ]　（摘录，同"摘(二)"）

擦 cā[ㄘㄚ] 初戛切　囯麻韵，阴　平入，黠韵　词第十八部　戏发花辙

擢 zhuó[ㄓㄨㄛˊ] 直角切　囯波韵，阳　平入，觉韵　词第十六部　戏梭波辙　曲萧豪韵，阳

十五画

撑（见"撐"）擷（见"撷"）擾（见"扰"）攄（见"摅"）撒（见"撖"）擂（同"擂㈠"）擺（见"摆"）

撸（见"撸"）

攀 pān[ㄆㄢ] 普班切　囯寒韵，阴　平平，删韵　词第七部　戏言前辙　曲寒山韵，阴

攊 ㈠lüè[ㄌㄩㄝˋ] ①离灼切　囯皆韵，去　平入，药韵　词第十六部　戏乜斜辙
　　　　　　　　②历各切　囯皆韵，去　平入，药韵　词第十六部　戏乜斜辙　（石头坚硬状）

　㈡lì[ㄌㄧˋ] 郎击切　囯齐韵，去　平入，锡韵　词第十七部　戏一七辙　（捎）

攋 ㈠là[ㄌㄚˋ] 卢盍切　囯麻韵，去　平入，合韵　词第十九部　戏发花辙

　㈡liè[ㄌㄧㄝˋ] 良涉切　囯皆韵，去　平入，叶韵　词第十八部　戏乜斜辙　（持，执）

十六画

擭（同"捃"）攏（见"拢"）攘（同"塞"）

攉 ㈠huō[ㄏㄨㄛ] 虚郭切　囯波韵，阴　平入，药韵　词第十六部　戏梭波辙

　㈡huò[ㄏㄨㄛˋ] 虚郭切　囯波韵，去　平入，药韵　词第十六部　戏梭波辙　（旧读）

　㈢què[ㄑㄩㄝˋ]　（专利，垄断，同"榷"）

攌 huǎn[ㄏㄨㄢˇ] 户版切　囯寒韵，上　平上，潸韵　词第七部　戏言前辙

攒 ㈠zǎn[ㄗㄢˇ] 子罕切　囯寒韵，上　平上，旱韵　词第七部　戏言前辙

　㈡cuán[ㄘㄨㄢˊ] ①在玩切　囯寒韵，阳　平去，翰韵　词第七部　戏言前辙　曲桓欢韵，阳　（聚集，拼凑；临时停放棺木）

　　　　　　　②祖官切　囯寒韵，阳　平平，寒韵　词第七部　戏言前辙　曲桓欢韵，阳　（又）

　㈢zuān[ㄗㄨㄢ] 祖官切　囯寒韵，阴　平平，寒韵　词第七部　戏言前辙　（钻孔）

十七画

攖（见"撄"）攔（见"拦"）攙（见"搀"）攮（同"搴""塞"）

攕 ㈠jiān[ㄐㄧㄢ] 将廉切　囯寒韵，阴　平平，盐韵　词第十四部　戏言前辙

　㈡xiān[ㄒㄧㄢ] 所咸切　囯寒韵，阴　平平，咸韵　词第十四部　戏言前辙　（纤细）

攘 ㈠rǎng[ㄖㄤˇ] 如两切　囯唐韵，上　平上，养韵　词第二部　戏江阳辙

　㈡ráng[ㄖㄤˊ] 汝阳切　囯唐韵，阳　平平，阳韵　词第二部　戏江阳辙　（又）

　㈢níng[ㄋㄧㄥˊ] 尼庚切　囯庚韵，阳　平平，庚韵　词第十一部　戏中东辙　（抢~）

　㈣ràng[ㄖㄤˋ]　（谦让，同"让㈠"）

　㈤xiǎng[ㄒㄧㄤˇ]　（供食，同"饷㈡"）

十八画

攝（见"摄"）攜（见"携"）攄（见"扠"）攧（见"揗"）

十九画

攣（见"挛"）攤（见"摊"）攢（见"攒"）攡（见"摛"）

攧 diān[ㄉㄧㄢ] 都年切　囯寒韵，阴　平平，先韵　词第七部　戏言前辙　【现代字。借用同音字"颠㈠"的反切。】

攦 ㈠shài[ㄕㄞˋ] 所卖切　囯开韵，去　平去，卦韵　词第十部　戏怀来辙

　㈡lì[ㄌㄧˋ] ①郎计切　囯齐韵，去　平去，霁韵　词第三部　戏一七辙　（折断）

　　　　　　②所绮切　囯齐韵，去　平上，纸韵　词第三部　戏一七辙　（又）

攠 mí[ㄇㄧˊ] 忙皮切　囯齐韵，阳　平平，支韵　词第三部　戏一七辙

攈 jùn[ㄐㄩㄣˋ] ①俱运切　囯文韵，去　平去，问韵　词第六部　戏人辰辙

②举蕴切　史文韵，去　平上，吻韵　词第六部　戏人辰辙　（又）

二十画

搅（见"搅"）

攮（一）tǎng［ㄊㄤˇ］①他朗切　史唐韵，上　平上，养韵　词第二部　戏江阳辙
　　　　　　　　　　　②乎旷切　史唐韵，上　平去，漾韵　词第二部　戏江阳辙　（又）
　　　　　　　　　　　③胡广切　史唐韵，上　平上，养韵　词第二部　戏江阳辙　（推挡）
　　（二）dǎng［ㄉㄤˇ］（阻拦，抵挡，同"挡（一）"）

攫 jué［ㄐㄩㄝˊ］居缚切　史皆韵，阳　平入，药韵　词第十六部　戏乜斜辙

攥 zuàn［ㄗㄨㄢˋ］子括切　史寒韵，去　平入，曷韵　词第十八部　戏言前辙

二十一画

揽（见"揽"）

攦 lì［ㄌㄧˋ］力霁切　史齐韵，去　平去，霁韵　词第三部　戏一七辙

二十二画

攘 nǎng［ㄋㄤˇ］乃党切　史唐韵，上　平上，养韵　词第二部　戏江阳辙

毛　部

毛 máo［ㄇㄠˊ］①莫袍切　史豪韵，阳　平平，豪韵　词第八部　戏遥条辙　曲萧豪韵，阳
　　　　　　　②莫报切　史豪韵，去　平去，号韵　词第八部　戏遥条辙　曲萧豪韵，去　（通"芼"）

三画

尾（查"尸"部）

五画

毡 zhān［ㄓㄢ］诸延切　史寒韵，阴　平平，先韵　词第七部　戏言前辙　曲先天韵，阴

六画

毧（同"绒"）

毦 ěr［ㄦˇ］仍吏切　史齐韵，上　平去，寘韵　词第三部　戏一七辙

毨 xiǎn［ㄒㄧㄢˇ］苏典切　史寒韵，上　平上，铣韵　词第七部　戏言前辙

毷 mù［ㄇㄨˋ］①莫卜切　史姑韵，去　平入，屋韵　词第十五部　戏姑苏辙
　　　　　　　②莫角切　史姑韵，去　平入，觉韵　词第十六部　戏姑苏辙　（又）

毪 mú［ㄇㄨˊ］莫浮切　史姑韵，阳　平平，尤韵　词第十二部　戏姑苏辙【音译字。借用同音字"牟（一）"的反切。】

毛（查"老"部）

七画

毬（同"球"）

毫 háo［ㄏㄠˊ］胡刀切　史豪韵，阳　平平，豪韵　词第八部　戏遥条辙　曲萧豪韵，阳

八画

毱（同"鞠（一）：②"）

毳 cuì［ㄘㄨㄟˋ］此芮切　史微韵，去　平去，霁韵　词第三部　戏灰堆辙

毰 péi［ㄆㄟˊ］薄回切　史微韵，阳　平平，灰韵　词第三部　戏灰堆辙

毯 tǎn［ㄊㄢˇ］吐敢切　史寒韵，上　平上，感韵　词第十四部　戏言前辙　曲监咸韵，上

毽 jiàn[ㄐㄧㄢˋ] 经电切　中寒韵，去　平去，霰韵　词第七部　戏言前辙

毶 sān[ㄙㄢ] 苏含切　中寒韵，阴　平平，覃韵　词第十四部　戏言前辙　曲监咸韵，阴

九画

毻 tuò[ㄊㄨㄛˋ] ①汤卧切　中波韵，去　平去，箇韵　词第九部　戏梭波辙

②他外切　中波韵，去　平去，泰韵　词第五部　戏梭波辙　（又）

毷 mào[ㄇㄠˋ] 莫报切　中豪韵，去　平去，号韵　词第八部　戏遥条辙

毼 (一)hé[ㄏㄜˊ] 胡葛切　中波韵，阳　平入，曷韵　词第十八部　戏梭波辙

(二)dā[ㄉㄚ] 得合切　中麻韵，阴　平入，合韵　词第十九部　戏发花辙　（毼~）

毸 (一)sāi[ㄙㄞ] 桑才切　中开韵，阴　平平，灰韵　词第五部　戏怀来辙

(二)suī[ㄙㄨㄟ] 素回切　中微韵，阴　平平，灰韵　词第三部　戏灰堆辙　（毸~）

毹 (一)shū[ㄕㄨ] 山刍切　中姑韵，阴　平平，虞韵　词第四部　戏姑苏辙

(二)yú[ㄩˊ] 山刍切　中齐韵，阳　平平，虞韵　词第四部　戏一七辙　（旧读）

十画

氁 mó[ㄇㄛˊ] 莫胡切　中波韵，阳　平平，虞韵　词第四部　戏梭波辙

毾 tà[ㄊㄚˋ] 吐盍切　中麻韵，去　平入，合韵　词第十九部　戏发花辙

十一画

氀（见"毹"）

氂 (一)lí[ㄌㄧˊ] 陵之切　中齐韵，阳　平平，支韵　词第三部　戏一七辙

(二)máo[ㄇㄠˊ] ①莫袍切　中豪韵，阳　平平，豪韵　词第八部　戏遥条辙　（牦牛尾）

②谟交切　中豪韵，阳　平平，肴韵　词第八部　戏遥条辙　（同"牦"）

氀 (一)lú[ㄌㄩˊ] 力朱切　中齐韵，阳　平平，虞韵　词第四部　戏一七辙

(二)dōu[ㄉㄡ] 当侯切　中尤韵，阴　平平，尤韵　词第十二部　戏由求辙　（~氀）

十二画

氅 chǎng[ㄔㄤˇ] 昌两切　中唐韵，上　平上，养韵　词第二部　戏江阳辙　曲江阳韵，上

氄 lǔ[ㄌㄨˇ] 郎何切　中姑韵，上　平平，歌韵　词第九部　戏姑苏辙

氃 tóng[ㄊㄨㄥˊ] 徒东切　中庚韵，阳　平平，东韵　词第一部　戏中东辙

氆 pǔ[ㄆㄨˇ] 匹古切　中姑韵，上　平上，虞韵　词第四部　戏姑苏辙

氄 rǒng[ㄖㄨㄥˇ] 而陇切　中庚韵，上　平上，肿韵　词第一部　戏中东辙

十三画

氈（同"毡"）氈（同"毡"）

氋 méng[ㄇㄥˊ] 谟蓬切　中庚韵，阳　平平，东韵　词第一部　戏中东辙

氉 sào[ㄙㄠˋ] 苏到切　中豪韵，去　平去，号韵　词第八部　戏遥条辙

十五画

氌（见"氄"）

十八画

氍 qú[ㄑㄩˊ] 其俱切　中齐韵，阳　平平，虞韵　词第四部　戏一七辙

二十二画

氎 dié[ㄉㄧㄝˊ] 徒协切　中皆韵，阳　平入，叶韵　词第十八部　戏乜斜辙

气 部

气 (一)qì[ㄑㄧˋ] 去既切　史齐韵，去　乎去，未韵　词第三部　戏一七辙　曲齐微韵，去
　　(二)xì[ㄒㄧˋ]（同"饩"）

一画

气 piē[ㄆㄧㄝ] 普蔑切　史皆韵，阴　乎入，屑韵　词第十八部　戏乜斜辙　【音译字。借用同音字"丿"的反切。】

二画

氘 dāo[ㄉㄠ] 都劳切　史豪韵，阴　乎平，豪韵　词第八部　戏遥条辙　【音译字。借用同音字"刀"的反切。】
氖 nǎi[ㄋㄞˇ] 奴亥切　史开韵，上　乎上，贿韵　词第五部　戏怀来辙　【音译字。借用同音字"乃(一)"的反切。】

三画

氙 xiān[ㄒㄧㄢ] 相然切　史寒韵，阴　乎平，先韵　词第七部　戏言前辙　【音译字。借用同音字"仙"的反切。】
氚 chuān[ㄔㄨㄢ] 昌然切　史寒韵，阴　乎平，先韵　词第七部　戏言前辙　【音译字。借用同音字"川"的反切。】

四画

氛 fēn[ㄈㄣ] 府文切　史文韵，阴　乎平，文韵　词第六部　戏人辰辙　曲真文韵，阴

五画

氢 dōng[ㄉㄨㄥ] 都宗切　史庚韵，阴　乎平，冬韵　词第一部　戏中东辙　【音译字。借用同音字"冬"的反切。】
氟 fú[ㄈㄨˊ] 分勿切　史姑韵，阳　乎入，物韵　词第十八部　戏姑苏辙　【音译字。借用同音字"弗"的反切。】
氢 qīng[ㄑㄧㄥ] 去盈切　史庚韵，阴　乎平，庚韵　词第十一部　戏中东辙　【现代字。借用同音字"轻(一)"的反切。】

六画

氣 （见"气"）
氩 yà[ㄧㄚˋ] 衣嫁切　史麻韵，去　乎去，祃韵　词第十部　戏发花辙　【音译字。借用同音字"亚(一)"的反切。】
氥 xī[ㄒㄧ] 先稽切　史齐韵，阴　乎平，齐韵　词第三部　戏一七辙　【音译字。借用同音字"西"的反切。】
氤 (一)yīn[ㄧㄣ] 於真切　史文韵，阴　乎平，真韵　词第六部　戏人辰辙
　　(二)yán[ㄧㄢˊ] 因连切　史寒韵，阳　乎平，先韵　词第七部　戏言前辙　（火气）
氦 hài[ㄏㄞˋ] 胡改切　史开韵，去　乎上，贿韵　词第五部　戏怀来辙　【音译字。借用同音字"亥"的反切。】
氧 yǎng[ㄧㄤˇ] 余两切　史唐韵，上　乎上，养韵　词第二部　戏江阳辙　【现代字。借用同音字"养(一)"的反切。】
氨 ān[ㄢ] 乌寒切　史寒韵，阴　乎平，寒韵　词第七部　戏言前辙　【音译字。借用同音字"安"的反切。】

七画

氫 （见"氢"）
氪 kè[ㄎㄜˋ] 苦得切　史波韵，去　乎入，职韵　词第十七部　戏梭波辙　【音译字。借用同音字"克"的反切。】

八画

氩 （见"氩"）
氰 qíng[ㄑㄧㄥˊ] 疾盈切　史庚韵，阳　乎平，庚韵　词第十一部　戏中东辙　【音译字。借用同音字"晴"的反切。】
氮 dàn[ㄉㄢˋ] 徒滥切　史寒韵，去　乎去，勘韵　词第十四部　戏言前辙　【现代字。借用同音字"淡(一)"的反切。】
氯 lǜ[ㄌㄩˋ] 力玉切　史齐韵，去　乎入，沃韵　词第十五部　戏一七辙　【现代字。借用同音字"绿(一)"的反切。】

九画

氲 yūn[ㄩㄣ] 於云切　史文韵，阴　乎平，文韵　词第六部　戏人辰辙　曲真文韵，阴

十画

氳 （见"氲"）

十八画

韊（查"雨"部）

长（長镸）部

長（见"长"）

长 ㈠cháng[ㄔㄤˊ] 直良切 中唐韵，阳 平平，阳韵 词第二部 戏江阳辙 曲江阳韵，阳

⑴与"短"相对 ⑵度量名：~度 ⑶时间较久：~久 ⑷远：道阻且~ ⑸经常：浚哲维商，~发其祥 ⑹好，优：~养吾浩然之气 ⑺长处，专精：一技之~

㈡zhǎng[ㄓㄤˇ] 知丈切 中唐韵，上 平上，养韵 词第二部 戏江阳辙 曲江阳韵，上

⑻成人：~幼有序 ⑼年纪大一些：我比他年~一岁 ⑽辈分高或年纪老：~者 ⑾排在首位的：~房 ⑿负责人：酋~ ⒀崇尚：废奢~俭 ⒁生，发育：~高 ⒂增加：增~ ⒃抚养：~我育我

㈢zhàng[ㄓㄤˋ] 直亮切 中唐韵，去 平去，漾韵 词第二部 戏江阳辙 （身无~物）

三画

帳（见"帐"）**張**（见"张"）

帐（查"巾"部）**张**（查"弓"部）

四画

镺 ǎo[ㄠˇ] ①乌皓切 中豪韵，上 平上，皓韵 词第八部 戏遥条辙

②乌到切 中豪韵，上 平去，号韵 词第八部 戏遥条辙 （又）

五画

镻 dié[ㄉㄧㄝˊ] 徒结切 中皆韵，阳 平入，屑韵 词第十八部 戏乜斜辙

六画

肆（查"聿"部）

八画

镼 qū[ㄑㄩ] 渠勿切 中齐韵，阴 平入，物韵 词第十八部 戏一七辙

九画

韔（查"韦"部）

片 部

片 ㈠piàn[ㄆㄧㄢˋ] 普面切 中寒韵，去 平去，霰韵 词第七部 戏言前辙 曲先天韵，去

㈡piān[ㄆㄧㄢ] 方连切 中寒韵，阴 平平，先韵 词第七部 戏言前辙 （影~）【现代读音。借用同音字"扁㈡"的反切。】

㈢pàn[ㄆㄢˋ] 普半切 中寒韵，去 平去，翰韵 词第七部 戏言前辙 曲先天韵，去 （一半）

四画

版 bǎn[ㄅㄢˇ] 布绾切 中寒韵，上 平上，潸韵 词第七部 戏言前辙

五画

牉 pàn[ㄆㄢˋ] 普半切 中寒韵，去 平去，翰韵 词第七部 戏言前辙

八画

牋（同"笺"）

牍 dú［ㄉㄨˊ］徒谷切　史姑韵，阳　乎入，屋韵　词第十五部　戏姑苏辙　曲鱼模韵，阳

牌 pái［ㄆㄞˊ］①步皆切　史开韵，阳　乎平，佳韵　词第五部　戏怀来辙　曲皆来韵，阳

②薄佳切　史开韵，阳　乎平，佳韵　词第十部　戏怀来辙　曲皆来韵，阳　（又）

九画

牕（同"窗"）

牒 dié［ㄉㄧㄝˊ］徒协切　史皆韵，阳　乎入，叶韵　词第十八部　戏乜斜辙　曲车遮韵，阳

牐 zhá［ㄓㄚˊ］士洽切　史麻韵，阳　乎入，洽韵　词第十九部　戏发花辙

牏（一）yú［ㄩˊ］①羊朱切　史齐韵，阳　乎平，虞韵　词第四部　戏一七辙

②度侯切　史齐韵，阳　乎平，尤韵　词第十二部　戏一七辙　（又）

③持遇切　史齐韵，阳　乎去，遇韵　词第四部　戏一七辙　（又）

（二）tóu［ㄊㄡˊ］（内衣，同"褕（二）"）

十画

牓（同"榜（一）"）

十一画

牎（同"窗"）

牖 yǒu［ㄧㄡˇ］与久切　史尤韵，上　乎上，有韵　词第十二部　戏由求辙　曲尤侯韵，上

十五画

牍（见"牍"）

斤　部

斤 jīn［ㄐㄧㄣ］①举欣切　史文韵，阴　乎平，文韵　词第六部　戏人辰辙　曲真文韵，阴

②居焮切　史文韵，阴　乎去，问韵　词第六部　戏人辰辙　（~~其明）

一画

斥（一）chì［ㄔˋ］①昌石切　史支韵，去　乎入，陌韵　词第十七部　戏一七辙

②闶各切　史支韵，去　乎入，药韵　词第十六部　戏一七辙　（挥~）

（二）chè［ㄔㄜˋ］充夜切　史波韵，去　乎去，祃韵　词第十部　戏梭波辙　（~山）

（三）zhè［ㄓㄜˋ］之夜切　史波韵，去　乎去，祃韵　词第十部　戏梭波辙　（姓）

（四）chǐ［ㄔˇ］（同"尺（一）"）

二画

匠（查"匸"部）

四画

所 suǒ［ㄙㄨㄛˇ］疎举切　史波韵，上　乎上，语韵　词第四部　戏梭波辙　曲鱼模韵，上

斧 fǔ［ㄈㄨˇ］方矩切　史姑韵，上　乎上，虞韵　词第四部　戏姑苏辙　曲鱼模韵，上

斩（查"车"部）昕（查"日"部）欣（查"欠"部）斨（查"爿"部）

五画

斪 qú［ㄑㄩˊ］其俱切　史齐韵，阳　乎平，虞韵　词第四部　戏一七辙

斫（查"石"部）

七画

斬（见"斩"）

斷 duàn[ㄉㄨㄢˋ] ①都管切　中寒韵，去　平上，旱韵　词第七部　戏言前辙　曲桓欢韵，去
　　　　　　　　　②徒管切　中寒韵，去　平上，旱韵　词第七部　戏言前辙　曲桓欢韵，去　（截断，折断）
　　　　　　　　　③徒玩切　中寒韵，去　平去，翰韵　词第七部　戏言前辙　曲桓欢韵，去　（又）
　　　　　　　　　④丁贯切　中寒韵，去　平去，翰韵　词第七部　戏言前辙　曲桓欢韵，去　（判断，决定；一
定，绝对）

八画

斯 sī[ㄙ] ①息移切　中支韵，阴　平平，支韵　词第三部　戏一七辙　曲支思韵，阴
　　　　　②斯义切　中齐韵，阴　平去，真韵　词第三部　戏一七辙　（尽，全都）

斱 zhuó[ㄓㄨㄛˊ] 侧角切　中波韵，阳　平入，药韵　词第十六部　戏梭波辙

椠（查"木"部）

九画

新 xīn[ㄒㄧㄣ] 息邻切　中文韵，阴　平平，真韵　词第六部　戏人辰辙　曲真文韵，阴

靳（查"革"部）碁（查"石"部）

十一画

槧（见"椠"）碻（同"斫②"）質（见"质"）

十三画

斶 chù[ㄔㄨˋ] 枢玉切　中姑韵，去　平入，沃韵　词第十五部　戏姑苏辙

十四画

斷（见"断"）

十六画

聱（查"耳"部）

二十一画

斸 ㈠zhú[ㄓㄨˊ] 陟玉切　中姑韵，阳　平入，沃韵　词第十五部　戏姑苏辙
　　㈡zhǔ[ㄓㄨˇ] 陟玉切　中姑韵，上　平入，沃韵　词第十五部　戏姑苏辙　（同"劚"）

爪（爫）部

爪 ㈠zhǎo[ㄓㄠˇ] 侧绞切　中豪韵，上　平上，巧韵　词第八部　戏遥条辙　曲萧豪韵，上
　　㈡zhuǎ[ㄓㄨㄚˇ] 侧绞切　中麻韵，上　平上，巧韵　词第八部　戏发花辙　曲萧豪韵，上　（又）

三画

孚（查"子"部）妥（查"女"部）

四画

爭（见"争"）

爬 pá[ㄆㄚˊ] 蒲巴切　中麻韵，阳　平平，麻韵　词第十部　戏发花辙　曲家麻韵，阳

采（查"木"部）乳（查"乚"部）

五画

爰 yuán［ㄩㄢˊ］雨元切 史寒韵，阳 平平，元韵 词第七部 戏言前辙

六画

爱 ài［ㄞˋ］乌代切 史开韵，去 平去，队韵 词第五部 戏怀来辙 曲皆来韵，去

舀（查"臼"部）奚（查"大"部）

八画

爲（见"为"）

舜 shùn［ㄕㄨㄣˋ］舒闰切 史文韵，去 平去，震韵 词第六部 戏人辰辙 曲真文韵，去

九画

愛（见"爱"）

亂（查"乚"部）

十画

孵（查"子"部）

十三画

繇（查"糸"部）

爵 (一) jué［ㄐㄩㄝˊ］即略切 史皆韵，阳 平入，药韵 词第十六部 戏乜斜辙 曲萧豪韵，上

(二) què［ㄑㄩㄝˋ］（鸟雀，同"雀㈠"）

父 部

父 (一) fǔ［ㄈㄨˇ］方矩切 史姑韵，上 平上，麌韵 词第四部 戏姑苏辙 曲鱼模韵，上

(二) fù［ㄈㄨˋ］扶雨切 史姑韵，去 平上，麌韵 词第四部 戏姑苏辙 曲鱼模韵，去 （父亲；父辈）

二画

爷 (一) yé［ㄧㄝˊ］以遮切 史皆韵，阳 平平，麻韵 词第十部 戏乜斜辙 曲车遮韵，阳 （祖父）

(二) yá［ㄧㄚˊ］以遮切 史麻韵，阳 平平，麻韵 词第十部 戏发花辙 曲车遮韵，阳 （父亲）【古今音。反切仍之。】

四画

爸 bà［ㄅㄚˋ］①捕可切 史麻韵，去 平上，哿韵 词第九部 戏发花辙

②必驾切 史麻韵，去 平去，祃韵 词第十部 戏发花辙 （又）

斧（查"斤"部）

六画

釜 fǔ［ㄈㄨˇ］扶雨切 史姑韵，上 平上，麌韵 词第四部 戏姑苏辙 曲鱼模韵，去

爹 (一) diē［ㄉㄧㄝ］①陟邪切 史皆韵，阴 平平，麻韵 词第十部 戏乜斜辙 曲车遮韵，阴 （父亲；父辈）

②徒可切 史波韵，上 平上，哿韵 词第九部 戏梭波辙 （古时对男性长辈的敬称）

(二) diā［ㄉㄧㄚ］陟邪切 史麻韵，阴 平平，麻韵 词第十部 戏发花辙 曲车遮韵，阴 （祖父；祖父辈）【古今音。反切仍之。】

九画

爺（见"爷"）

月（冃）部

月 yuè[ㄩㄝˋ] 鱼厥切　史皆韵，去　平入，月韵　词第十八部　戏乜斜辙　曲车遮韵，去

一画

肊（见"臆"）

二画

肎（同"肯"）

有 ㈠yǒu[丨ㄡˇ] 云久切　史尤韵，上　平上，有韵　词第十二部　戏由求辙　曲尤侯韵，上

　　㈡yòu[丨ㄡˋ] 尤救切　史尤韵，去　平去，宥韵　词第十二部　戏由求辙　曲尤侯韵，去　（通"又"）

肌 jī[ㄐ丨] 居夷切　史齐韵，阴　平平，支韵　词第三部　戏一七辙　曲齐微韵，阴

肋 ㈠lèi[ㄌㄟˋ] 卢则切　史微韵，去　平入，职韵　词第十七部　戏灰堆辙　曲齐微韵，去

　　㈡lē[ㄌㄜ] 卢则切　史波韵，阴　平入，职韵　词第十七部　戏梭波辙　曲齐微韵，去　（～腋）【古今音。反切仍之。】

三画

肐（同"胳㈠"）

肝 gān[ㄍㄢ] 古寒切　史寒韵，阴　平平，寒韵　词第七部　戏言前辙　曲寒山韵，阴

肟 wò[ㄨㄛˋ] 乌酷切　史波韵，去　平入，沃韵　词第十五部　戏梭波辙【音译字。借用同音字"沃"的反切。】

肛 gāng[ㄍㄤ] ①胡公切　史唐韵，阴　平平，东韵　词第一部　戏江阳辙　（～门）

　　　　　②古双切　史唐韵，阴　平平，江韵　词第二部　戏江阳辙　（肿大）

　　　　　③许江切　史唐韵，阴　平平，江韵　词第二部　戏江阳辙　（又）

肚 ㈠dù[ㄉㄨˋ] 徒古切　史姑韵，去　平上，麌韵　词第四部　戏姑苏辙　曲鱼模韵，去　（腹部）

　　㈡dǔ[ㄉㄨˇ] 当古切　史姑韵，上　平上，麌韵　词第四部　戏姑苏辙　曲鱼模韵，去　（胃）

肘 zhǒu[ㄓㄡˇ] 陟柳切　史尤韵，上　平上，有韵　词第十二部　戏由求辙　曲尤侯韵，上

肖 ㈠xiāo[ㄒ丨ㄠ] 思邀切　史豪韵，阴　平平，萧韵　词第八部　戏遥条辙

　　㈡xiào[ㄒ丨ㄠˋ] 私妙切　史豪韵，去　平去，啸韵　词第八部　戏遥条辙　曲萧豪韵，去　（相似）

肜 róng[ㄖㄨㄥˊ] 以戎切　史庚韵，阳　平平，东韵　词第一部　戏中东辙

肓 huāng[ㄏㄨㄤ] 呼光切　史唐韵，阴　平平，阳韵　词第二部　戏江阳辙　曲江阳韵，阴

肠 cháng[ㄔㄤˊ] 直良切　史唐韵，阳　平平，阳韵　词第二部　戏江阳辙　曲江阳韵，阳

四画

肬（同"疣"）肵（同"祈"）颁（同"颁㈠"）

胮 pāng[ㄆㄤ] ①匹绛切　史唐韵，阴　平去，绛韵　词第二部　戏江阳辙

　　　　　②披江切　史唐韵，阴　平平，江韵　词第二部　戏江阳辙　（又）

肼 jǐng[ㄐ丨ㄥˇ] 子郢切　史庚韵，上　平上，梗韵　词第十一部　戏中东辙【音译字。借用同音字"井"的反切。】

肤 fū[ㄈㄨ] 甫无切　史姑韵，阴　平平，麌韵　词第四部　戏姑苏辙　曲鱼模韵，阴

朊 ruǎn[ㄖㄨㄢˇ] 虞远切　史寒韵，上　平上，阮韵　词第七部　戏言前辙

胁 ㈠zhuān[ㄓㄨㄢ] 职缘切　史寒韵，阴　平平，先韵　词第七部　戏言前辙　（禽胃）

　　㈡zhuǎn[ㄓㄨㄢˇ] 旨兖切　史寒韵，上　平上，铣韵　词第七部　戏言前辙　（厚肉块）

肺 ㈠fèi[ㄈㄟˋ] 芳废切　史微韵，去　平去，队韵　词第三部　戏灰堆辙　曲齐微韵，去　（～脏）

　　㈡pèi[ㄆㄟˋ] 普盖切　史微韵，去　平去，泰韵　词第三部　戏灰堆辙　曲齐微韵，去　（茂盛状）

肢 zhī[ㄓ] 章移切　史支韵，阴　平平，支韵　词第三部　戏一七辙　曲支思韵，阴

胚 pēi[ㄆㄟ] ①芳杯切　史微韵，阴　平平，灰韵　词第三部　戏灰堆辙　曲齐微韵，阴　（胚胎）

　　　　　②匹尤切　史尤韵，阴　平平，尤韵　词第十二部　戏由求辙　（～浑）

肽 tài[ㄊㄞˋ] 他盖切　广开韵，去　平去，泰韵　词第五部　戏怀来辙　【音译字。借用同音字"太㈠"的反切。】

肱 gōng[ㄍㄨㄥ] ①古弘切　广庚韵，阴　平平，蒸韵　词第十一部　戏中东辙　曲东钟韵，阴
　　　　　　　②古弘切　广庚韵，阴　平平，蒸韵　词第十一部　戏中东辙　曲庚青韵，阴　（又）

肫 ㈠chún[ㄔㄨㄣˊ] 殊伦切　广文韵，阳　平平，真韵　词第六部　戏人辰辙
　　㈡zhūn[ㄓㄨㄣ] 章伦切　广文韵，阴　平平，真韵　词第六部　戏人辰辙　（禽胃）

肯 kěn[ㄎㄣˇ] 苦等切　广文韵，上　平上，迥韵　词第十一部　戏人辰辙　曲真文韵，上

肾 shèn[ㄕㄣˋ] 时忍切　广文韵，去　平上，轸韵　词第六部　戏人辰辙　曲真文韵，去

肿 zhǒng[ㄓㄨㄥˇ] 之陇切　广庚韵，上　平上，肿韵　词第一部　戏中东辙　曲东钟韵，上

肭 nà[ㄋㄚˋ] ①内骨切　广麻韵，去　平入，月韵　词第十八部　戏发花辙
　　　　　②女滑切　广麻韵，去　平入，黠韵　词第十八部　戏发花辙　（又）

胀 zhàng[ㄓㄤˋ] 知亮切　广唐韵，去　平去，漾韵　词第二部　戏江阳辙　曲江阳韵，去

肸 xī[ㄒㄧ] ①羲乙切　广齐韵，阴　平入，质韵　词第十七部　戏一七辙
　　　　②许讫切　广齐韵，阴　平入，物韵　词第十八部　戏一七辙　（又）

肴 yáo[ㄧㄠˊ] 胡茅切　广豪韵，阳　平平，肴韵　词第八部　戏遥条辙　曲萧豪韵，阳

肣 qín[ㄑㄧㄣˊ] 渠金切　广文韵，阳　平平，侵韵　词第十三部　戏人辰辙

朋 péng[ㄆㄥˊ] 步崩切　广庚韵，阳　平平，蒸韵　词第十一部　戏中东辙　曲庚青韵，阳

胏 zǐ[ㄗˇ] 阻史切　广支韵，上　平上，纸韵　词第三部　戏一七辙

肷 qiǎn[ㄑㄧㄢˇ] 苦簟切　广寒韵，上　平上，俭韵　词第十四部　戏言前辙　【同"嗛"，用其反切。】

股 gǔ[ㄍㄨˇ] 公户切　广姑韵，上　平上，麌韵　词第四部　戏姑苏辙　曲鱼模韵，上

肮 ㈠háng[ㄏㄤˊ] 胡郎切　广唐韵，阳　平平，阳韵　词第二部　戏江阳辙　（咽喉）
　　㈡āng[ㄤ] 乌郎切　广唐韵，阴　平平，阳韵　词第二部　戏江阳辙　（~脏）【现代字。借用同音字"姎"的反切。】

肪 fáng[ㄈㄤˊ] 府良切　广唐韵，阳　平平，阳韵　词第二部　戏江阳辙　曲江阳韵，阴

育 yù[ㄩˋ] 余六切　广齐韵，去　平入，屋韵　词第十五部　戏一七辙　曲鱼模韵，去

服 ㈠fú[ㄈㄨˊ] 房六切　广姑韵，阳　平入，屋韵　词第十五部　戏姑苏辙　曲鱼模韵，阳
　　㈡fù[ㄈㄨˋ] 扶缶切　广姑韵，去　平上，有韵　词第十二部［兼第四部麌韵］　戏姑苏辙　（一~药；~箱）
　　㈢bì[ㄅㄧˋ] 弼力切　广齐韵，去　平入，职韵　词第十七部　戏一七辙　（~臆）

肥 ㈠féi[ㄈㄟˊ] 符非切　广微韵，阳　平平，微韵　词第三部　戏灰堆辙　曲齐微韵，阳
　　㈡bǐ[ㄅㄧˇ] 补美切　广齐韵，上　平上，纸韵　词第三部　戏一七辙　（薄弱）

胁 xié[ㄒㄧㄝˊ] 迄业切　广皆韵，阳　平入，洽韵　词第十九部　戏乜斜辙

明 (查"日"部) 肩 (查"户"部)

五画

俞 （见"俞"）胑（同"肢"）

胠 qū[ㄑㄩ] ①去鱼切　广齐韵，阴　平平，鱼韵　词第四部　戏一七辙
　　　　②近倨切　广齐韵，阴　平去，御韵　词第四部　戏一七辙　（又）

胡 hú[ㄏㄨˊ] 户吴切　广姑韵，阳　平平，虞韵　词第四部　戏姑苏辙　曲鱼模韵，阳

胚 pēi[ㄆㄟ] 芳杯切　广微韵，阴　平平，灰韵　词第三部　戏灰堆辙　曲齐微韵，阴

胧 lóng[ㄌㄨㄥˊ] 卢红切　广庚韵，阳　平平，东韵　词第一部　戏中东辙　曲东钟韵，阳

胈 bá[ㄅㄚˊ] 蒲拨切　广麻韵，阳　平入，曷韵　词第十八部　戏发花辙

胨 dòng[ㄉㄨㄥˋ] 都弄切　广庚韵，去　平去，送韵　词第一部　戏中东辙

胩 kǎ[ㄎㄚˇ] 恪甲切　广麻韵，上　平入，洽韵　词第十九部　戏发花辙　【音译字。借用同音字"擖㈠"的反切。】

背 ㈠bèi[ㄅㄟˋ] ①补妹切　广微韵，去　平去，队韵　词第三部　戏灰堆辙　曲齐微韵，去
　　　　　　　②蒲昧切　广微韵，去　平去，队韵　词第三部　戏灰堆辙　曲齐微韵，去　（违反；背弃）
　　㈡bēi[ㄅㄟ] 必勒切　广微韵，阴　平入，职韵　词第十七部　戏灰堆辙　（驮负）【"背"之读音源自"北"，

《正韵》"北"字条下：必勒切。借用之。】

胪 (一)lú[ㄌㄨˊ] 力居切　史姑韵，阳　平平，鱼韵　词第四部　戏姑苏辙　曲鱼模韵，阳

　　(二)lǚ[ㄌㄩˇ]（古祭祀名，同"旅"）

胆 (一)dǎn[ㄉㄢˇ] 都敢切　史寒韵，上　平上，感韵　词第十四部　戏言前辙　曲监咸韵，上

　　(二)tán[ㄊㄢˊ] 徒干切　史寒韵，阳　平平，寒韵　词第七部　戏言前辙　（口脂泽）

胛 jiǎ[ㄐㄧㄚˇ] 古狎切　史麻韵，上　平入，洽韵　词第十九部　戏发花辙　曲家麻韵，上

胂 (一)shēn[ㄕㄣ] 失人切　史文韵，阴　平平，真韵　词第六部　戏人辰辙　（夹脊肉）

　　(二)shèn[ㄕㄣ`] 试刃切　史文韵，去　平去，震韵　词第六部　戏人辰辙　（有机化合物名）【音译字。借用同音字"胂(一)"的反切。】

胃 wèi[ㄨㄟ`] 于贵切　史微韵，去　平去，未韵　词第三部　戏灰堆辙　曲齐微韵，去

胄 zhòu[ㄓㄡ`] 直祐切　史尤韵，去　平去，宥韵　词第十二部　戏由求辙　曲尤侯韵，去

胜 (一)shèng[ㄕㄥ`] 诗证切　史庚韵，去　平去，径韵　词第十一部　戏中东辙　曲庚青韵，去

　　(二)shēng[ㄕㄥ] 识蒸切　史庚韵，阴　平平，蒸韵　词第十一部　戏中东辙　曲庚青韵，阴　（能担承；尽）

　　(三)qìng[ㄑㄧㄥ`] 七正切　史庚韵，去　平去，敬韵　词第十一部　戏中东辙　（~遇）

　　(四)xīng[ㄒㄧㄥ] 桑经切　史庚韵，阴　平平，青韵　词第十一部　戏中东辙　曲庚青韵，阴　（同"腥"）

　　(五)shěng[ㄕㄥˇ]（瘦，同"省(二)"）

胅 dié[ㄉㄧㄝˊ] 徒结切　史皆韵，阳　平入，屑韵　词第十八部　戏乜斜辙

胙 zuò[ㄗㄨㄛ`] 昨误切　史波韵，去　平去，遇韵　词第四部　戏梭波辙　曲鱼模韵，去

胣 chǐ[ㄔˇ] 丑豸切　史支韵，上　平上，纸韵　词第三部　戏一七辙

跗 (一)fú[ㄈㄨˊ] 冯无切　史姑韵，阳　平平，虞韵　词第四部　戏姑苏辙　（浮肿）

　　(二)fū[ㄈㄨ] 风无切　史姑韵，阴　平平，虞韵　词第四部　戏姑苏辙　（通"跗"）

　　(三)fǔ[ㄈㄨˇ] 符遇切　史姑韵，上　平去，遇韵　词第四部　戏姑苏辙　（通"腑"）

胉 pò[ㄆㄛ`] 匹各切　史波韵，去　平入，药韵　词第十六部　戏梭波辙

胍 (一)gū[ㄍㄨ] 古胡切　史姑韵，阴　平平，虞韵　词第四部　戏姑苏辙

　　(二)guā[ㄍㄨㄚ] 姑华切　史麻韵，阴　平平，麻韵　词第十部　戏发花辙　（有机化合物名）【音译字。《集韵》：姑华切。借用之。】

胗 (一)zhěn[ㄓㄣˇ] 章忍切　史文韵，上　平上，轸韵　词第六部　戏人辰辙

　　(二)zhēn[ㄓㄣ] 章伦切　史文韵，阴　平平，真韵　词第六部　戏人辰辙　（禽胃）【同"肫(二)"，用其反切。】

胝 zhī[ㄓ] 丁尼切　史支韵，阴　平平，支韵　词第三部　戏一七辙

胊 (一)qú[ㄑㄩˊ] 其俱切　史齐韵，阳　平平，虞韵　词第四部　戏一七辙

　　(二)xū[ㄒㄩ] 匈于切　史齐韵，阴　平平，虞韵　词第四部　戏一七辙　（~衍）

　　(三)chǔn[ㄔㄨㄣˇ] 尺尹切　史文韵，上　平上，轸韵　词第六部　戏人辰辙　（~忍）

胞 (一)bāo[ㄅㄠ] 布交切　史豪韵，阴　平平，肴韵　词第八部　戏遥条辙　曲萧豪韵，阴

　　(二)páo[ㄆㄠˊ] 蒲交切　史豪韵，阳　平平，肴韵　词第八部　戏遥条辙　曲萧豪韵，阳　（同"庖"）

　　(三)pāo[ㄆㄠ] 披交切　史豪韵，阴　平平，肴韵　词第八部　戏遥条辙　曲萧豪韵，阴　（同"脬"）

胘 xián[ㄒㄧㄢˊ] 胡田切　史寒韵，阳　平平，先韵　词第七部　戏言前辙

胖 (一)pàng[ㄆㄤ`] 匹绛切　史唐韵，去　平去，绛韵　词第二部　戏江阳辙　曲江阳韵，去　（肥~）【同"肨"，用其反切。】

　　(二)pán[ㄆㄢˊ] 蒲官切　史寒韵，阳　平平，寒韵　词第七部　戏言前辙　曲桓欢韵，阳　（心广体~）

　　(三)bǎn[ㄅㄢˇ] 补绾切　史寒韵，上　平上，潸韵　词第七部　戏言前辙　（夹脊肉）

　　(四)pàn[ㄆㄢ`] 普半切　史寒韵，去　平去，翰韵　词第七部　戏言前辙　（半边牲畜肉）

脉 (一)mài[ㄇㄞ`] 莫获切　史开韵，去　平入，陌韵　词第十七部　戏怀来辙　曲皆来韵，去

　　(二)mò[ㄇㄛ`] 莫获切　史波韵，去　平入，陌韵　词第十七部　戏梭波辙　曲皆来韵，去　（含情~~）

胇 (一)bì[ㄅㄧ`] 房密切　史齐韵，去　平入，质韵　词第十七部　戏一七辙

（二）fèi［ㄈㄟˋ］（同"肺㈠"）

胥 xū［ㄒㄩ］①相居切　史齐韵，阴　平平，鱼韵　词第四部　戏一七辙　曲鱼模韵，阴
　　　　　　②私吕切　史齐韵，上　平上，语韵　词第四部　戏一七辙　（～吏）

胇 （一）fěi［ㄈㄟˇ］敷尾切　史微韵，上　平上，尾韵　词第三部　戏灰堆辙
　　（二）pèi［ㄆㄟˋ］滂佩切　史微韵，去　平去，队韵　词第三部　戏灰堆辙　（又）

胫 （一）jìng［ㄐㄧㄥˋ］①胡顶切　史庚韵，去　平上，迥韵　词第十一部　戏中东辙　曲庚青韵，去
　　　　　　　　　　②胡定切　史庚韵，去　平去，径韵　词第十一部　戏中东辙　曲庚青韵，去　（又）
　　（二）kēng［ㄎㄥ］（～～，同"硁"）

胎 tāi［ㄊㄞ］土来切　史开韵，阴　平平，灰韵　词第五部　戏怀来辙　曲皆来韵，阴

俞 （查"人"部）胤（查"丨"部）前（查"丷"部）

六画

脉（同"脢"）脉（见"脉"）胷（同"胸"）脆（同"脆"）胁（同"胁"）脅（见"胁"）

胹 ér［ㄦˊ］如之切　史齐韵，阳　平平，支韵　词第三部　戏一七辙

胯 kuà［ㄎㄨㄚˋ］①苦化切　史麻韵，去　平去，祃韵　词第十部　戏发花辙　曲家麻韵，去
　　　　　　②苦瓜切　史麻韵，去　平平，麻韵　词第十部　戏发花辙　曲家麻韵，去　（又）
　　　　　　③苦故切　史麻韵，去　平去，遇韵　词第四部　戏发花辙　曲家麻韵，去　（又）

胰 yí［ㄧˊ］以脂切　史齐韵，阳　平平，支韵　词第三部　戏一七辙

胵 chī［ㄔ］处脂切　史支韵，阴　平平，支韵　词第三部　戏一七辙

胱 guāng［ㄍㄨㄤ］古黄切　史唐韵，阴　平平，阳韵　词第二部　戏江阳辙　曲江阳韵，阴

胴 dòng［ㄉㄨㄥˋ］徒弄切　史庚韵，去　平去，送韵　词第一部　戏中东辙

胭 yān［ㄧㄢ］①乌前切　史寒韵，阴　平平，先韵　词第七部　戏言前辙　曲先天韵，阴
　　　　　　②因肩切　史寒韵，阴　平平，先韵　词第七部　戏言前辙　曲先天韵，阴　（同"臙"）

衄 nǜ［ㄋㄩˋ］女六切　史齐韵，去　平入，屋韵　词第十五部　戏一七辙

脡 tǐng［ㄊㄧㄥˇ］他鼎切　史庚韵，上　平上，迥韵　词第十一部　戏中东辙

胻 héng［ㄏㄥˊ］何庚切　史庚韵，阳　平平，庚韵　词第十一部　戏中东辙

脍 kuài［ㄎㄨㄞˋ］古外切　史开韵，去　平去，泰韵　词第三部　戏怀来辙　曲齐微韵，去

脎 sà［ㄙㄚˋ］桑割切　史麻韵，去　平入，曷韵　词第十八部　戏发花辙　【音译字。借用同音字"撒㈠"的反切。】

朓 tiǎo［ㄊㄧㄠˇ］①土了切　史豪韵，上　平上，篠韵　词第八部　戏遥条辙
　　　　　　②吐彫切　史豪韵，上　平平，萧韵　词第八部　戏遥条辙　（又）

脆 cuì［ㄘㄨㄟˋ］此芮切　史微韵，去　平去，霁韵　词第三部　戏灰堆辙　曲齐微韵，去

脂 zhī［ㄓ］旨支切　史支韵，阴　平平，支韵　词第三部　戏一七辙　曲支思韵，阴

胸 xiōng［ㄒㄩㄥ］许容切　史庚韵，阴　平平，冬韵　词第一部　戏中东辙　曲东钟韵，阴

胮 pāng［ㄆㄤ］匹江切　史唐韵，阴　平平，江韵　词第二部　戏江阳辙

胳 （一）gē［ㄍㄜ］古落切　史波韵，阴　平入，药韵　词第十六部　戏梭波辙
　　（二）gé［ㄍㄜˊ］各额切　史波韵，阳　平入，陌韵　词第十七部　戏梭波辙　（骨胳）

脏 （一）zàng［ㄗㄤˋ］才浪切　史唐韵，去　平去，漾韵　词第二部　戏江阳辙　（内～）
　　（二）zāng［ㄗㄤ］即郎切　史唐韵，阴　平平，阳韵　词第二部　戏江阳辙　（肮～）【借用同音字"赃"的反切。】

脐 qí［ㄑㄧˊ］徂奚切　史齐韵，阳　平平，齐韵　词第三部　戏一七辙　曲齐微韵，阳

胶 （一）jiāo［ㄐㄧㄠ］①古肴切　史豪韵，阴　平平，肴韵　词第八部　戏遥条辙　曲萧豪韵，阴
　　　　　　②古孝切　史豪韵，阴　平去，效韵　词第八部　戏遥条辙　曲萧豪韵，阴　（又）
　　（二）jiǎo［ㄐㄧㄠˇ］吉巧切　史豪韵，上　平上，巧韵　词第八部　戏遥条辙　（动扰）

脊 jǐ［ㄐㄧˇ］资昔切　史齐韵，上　平入，陌韵　词第十七部　戏一七辙　曲齐微韵，上

脑 nǎo［ㄋㄠˇ］奴皓切　史豪韵，上　平上，皓韵　词第八部　戏遥条辙　曲萧豪韵，上

胲 (一)gāi[ㄍㄞ] 古哀切　史开韵，阴　乎平，灰韵　词第五部　戏怀来辙

　　(二)gǎi[ㄍㄞˇ] 己亥切　史开韵，上　乎上，贿韵　词第五部　戏怀来辙 （颊肉）

　　(三)hǎi[ㄏㄞˇ] 胡改切　史开韵，上　乎上，贿韵　词第五部　戏怀来辙 （有机化合物名）【音译字。借用同音字"海"的反切。】

胼 pián[ㄆㄧㄢˊ] 部田切　史寒韵，阳　乎平，先韵　词第七部　戏言前辙　曲先天韵，阳

朕 zhèn[ㄓㄣˋ] ①直稔切　史文韵，去　乎上，寝韵　词第十三部　戏人辰辙　曲侵寻韵，去

　　　　　　②丈忍切　史文韵，去　乎上，轸韵　词第六部　戏人辰辙 （缝隙）

眯 mǐ[ㄇㄧˇ] 莫礼切　史齐韵，上　乎上，荠韵　词第三部　戏一七辙【音译字。借用同音字"米"的反切。】

朔 shuò[ㄕㄨㄛˋ] 所角切　史波韵，去　乎入，觉韵　词第十六部　戏梭波辙　曲萧豪韵，上

胺 àn[ㄢˋ] 乌旰切　史寒韵，去　乎去，翰韵　词第七部　戏言前辙【音译字。借用同音字"按"的反切。】

朗 lǎng[ㄌㄤˇ] 卢党切　史唐韵，上　乎上，养韵　词第二部　戏江阳辙　曲江阳韵，上

脓 nóng[ㄋㄨㄥˊ] 奴冬切　史庚韵，阳　乎平，冬韵　词第一部　戏中东辙　曲东钟韵，阳

脀 zhēng[ㄓㄥ] 煮仍切　史庚韵，阴　乎平，蒸韵　词第十一部　戏中东辙

能 （查"厶"部）

七画

屑 （见"脣(一)"）脛 （见"胫"）腳 （同"脔(二)"）脗 （同"吻②"）

脚 (一)jiǎo[ㄐㄧㄠˇ] 居勺切　史豪韵，上　乎入，药韵　词第十六部　戏遥条辙　曲萧豪韵，上

　　(二)jué[ㄐㄩㄝˊ] 古岳切　史皆韵，阳　乎入，觉韵　词第十六部　戏乜斜辙　曲萧豪韵，上 （~色）【同"角(二)"，用其反切。】

脖 bó[ㄅㄛˊ] 蒲没切　史波韵，阳　乎入，月韵　词第十八部　戏梭波辙

脯 (一)fǔ[ㄈㄨˇ] 方矩切　史姑韵，上　乎上，麌韵　词第四部　戏姑苏辙　曲鱼模韵，上

　　(二)pú[ㄆㄨˊ] 蓬逋切　史姑韵，阳　乎平，虞韵　词第四部　戏姑苏辙　曲鱼模韵，阳 （胸~）

脰 dòu[ㄉㄡˋ] 田候切　史尤韵，去　乎去，宥韵　词第十二部　戏由求辙　曲尤侯韵，去

脤 shèn[ㄕㄣˋ] 时忍切　史文韵，去　乎上，轸韵　词第六部　戏人辰辙

豚 tún[ㄊㄨㄣˊ] 徒浑切　史文韵，阳　乎平，元韵　词第六部　戏人辰辙　曲真文韵，阳

脦 (一)te[˙ㄊㄜ] 惕得切　史波韵，阴　乎入，职韵　词第十七部　戏梭波辙

　　(二)de[˙ㄉㄜ] 惕得切　史波韵，阴　乎入，职韵　词第十七部　戏梭波辙 （又）

脶 luó[ㄌㄨㄛˊ] 落戈切　史波韵，阳　乎平，歌韵　词第九部　戏梭波辙

脭 chéng[ㄔㄥˊ] 驰贞切　史庚韵，阳　乎平，庚韵　词第十一部　戏中东辙

脢 méi[ㄇㄟˊ] ①莫杯切　史微韵，阳　乎平，灰韵　词第三部　戏灰堆辙

　　　　　　②莫佩切　史微韵，阳　乎去，队韵　词第三部　戏灰堆辙 （又）

脮 tuǐ[ㄊㄨㄟˇ] 吐猥切　史微韵，上　乎上，贿韵　词第三部　戏灰堆辙

脸 liǎn[ㄌㄧㄢˇ] 力减切　史寒韵，上　乎上，赚韵　词第十四部　戏言前辙　曲廉纤韵，上

脞 (一)cuǒ[ㄘㄨㄛˇ] 仓果切　史波韵，上　乎上，哿韵　词第九部　戏梭波辙　曲歌戈韵，上

　　(二)qiē[ㄑㄧㄝ] 醋伽切　史皆韵，阴　乎平，歌韵　词第九部　戏乜斜辙 （~脆）

脬 pāo[ㄆㄠ] 匹交切　史豪韵，阴　乎平，肴韵　词第八部　戏遥条辙　曲萧豪韵，阴

腕 wàn[ㄨㄢˋ] ①无贩切　史寒韵，去　乎去，愿韵　词第七部　戏言前辙

　　　　　　②无远切　史寒韵，去　乎上，阮韵　词第七部　戏言前辙 （又）

脝 hēng[ㄏㄥ] 许庚切　史庚韵，阴　乎平，庚韵　词第十一部　戏中东辙

脱 (一)tuō[ㄊㄨㄛ] 徒活切　史波韵，阴　乎入，曷韵　词第十八部　戏梭波辙　曲歌戈韵，上

　　(二)tuì[ㄊㄨㄟˋ] 吐外切　史微韵，去　乎去，泰韵　词第三部　戏灰堆辙 （舒而~　~兮）

脘 (一)wǎn[ㄨㄢˇ] 古满切　史寒韵，上　乎上，旱韵　词第七部　戏言前辙

　　(二)guǎn[ㄍㄨㄢˇ] 古满切　史寒韵，上　乎上，旱韵　词第七部　戏言前辙 （旧读）

289

脲 niào[ㄋㄧㄠˋ] 奴吊切　中豪韵，去　平去，啸韵　词第八部　戏遥条辙 【现代字。借用同音字"尿(㇐)"的反切。】

朘 (㇐) juān[ㄐㄩㄢ] 子泉切　中寒韵，阴　平平，先韵　词第七部　戏言前辙

　　(㇐) zuī[ㄗㄨㄟ] 臧回切　中微韵，阴　平平，灰韵　词第三部　戏灰堆辙　（男孩阳具）

脩 (查"亻"部) 望 (查"王"部) 弸 (查"弓"部)

八画

脹 (见"胀") 碁 (同"期(㇐)") 腜 (见"脒") 肾 (见"肾") 膈 (见"膈") 胼 (见"胼") 膵 (同"膵")

勝 (见"胜(㇐)(㇐)")

腈 jīng[ㄐㄧㄥ] 咨盈切　中庚韵，阴　平平，庚韵　词第十一部　戏中东辙

期 (㇐) qī[ㄑㄧ] 渠之切　中齐韵，阴　平平，支韵　词第三部　戏一七辙　曲齐微韵，阳

　　(1)约定时日：不～而遇　(2)希望：～待　(3)必，决定：～死，非勇也　(4)期限：定～　(5)及，到：比～三年　(6)姓

　　(㇐) jī[ㄐㄧ] 居之切　中齐韵，阴　平平，支韵　词第三部　戏一七辙　曲齐微韵，阴

　　(7)一周年，一整月，一昼夜：～年　(8)古服丧制度：～服　(9)助词，表询问：实为何～

腊 (㇐) là[ㄌㄚˋ] 卢盍切　中麻韵，去　平入，合韵　词第十九部　戏发花辙　曲家麻韵，去

　　(㇐) xī[ㄒㄧ] 思积切　中齐韵，阴　平入，陌韵　词第十七部　戏一七辙　（晒干）

朝 (㇐) zhāo[ㄓㄠ] 陟遥切　中豪韵，阴　平平，萧韵　词第八部　戏遥条辙　曲萧豪韵，阴

　　(1)早晨：～夕　(2)日，天：今～　(3)初：月～　(4)姓

　　(㇐) cháo[ㄔㄠˊ] 直遥切　中豪韵，阳　平平，萧韵　词第八部　戏遥条辙　曲萧豪韵，阳

　　(5)拜见：～圣　(6)聚会：耆老皆～于庠　(7)朝廷：在～在野　(8)朝代：汉～　(9)面对，向着：坐北～南　(10)姓　(11)国名，族名：～鲜

　　(㇐) zhū[ㄓㄨ] 追输切　中姑韵，阴　平平，虞韵　词第四部　戏姑苏辙　（～那县）

腌 (㇐) yān[ㄧㄢ] ①於严切　中寒韵，阴　平平，盐韵　词第十四部　戏言前辙　曲廉纤韵，阴　（盐渍食物）

　　　　②於辄切　中寒韵，阴　平入，叶韵　词第十八部　戏言前辙　曲廉纤韵，阴　（又）

　　(㇐) ā[ㄚ] 乌何切　中麻韵，阴　平平，歌韵　词第九部　戏发花辙　（～臜）【借用同音字"阿(㇐)"的反切。】

腓 féi[ㄈㄟˊ] ①符非切　中微韵，阳　平平，微韵　词第三部　戏灰堆辙

　　　　②扶沸切　中微韵，阳　平去，未韵　词第三部　戏灰堆辙　（又）

腘 guó[ㄍㄨㄛˊ] 古获切　中波韵，阳　平入，陌韵　词第十七部　戏梭波辙

腆 tiǎn[ㄊㄧㄢˇ] 他典切　中寒韵，上　平上，铣韵　词第七部　戏言前辙　曲先天韵，上

腄 (㇐) zhuì[ㄓㄨㄟˋ] 驰伪切　中微韵，去　平去，寘韵　词第三部　戏灰堆辙

　　(㇐) chuí[ㄔㄨㄟˊ] ①竹垂切　中微韵，阳　平平，支韵　词第三部　戏灰堆辙　（又）

　　　　　　②羽求切　中微韵，阳　平平，尤韵　词第十二部　戏灰堆辙　（又）

　　(㇐) yóu[ㄧㄡˊ] 胡求切　中尤韵，阳　平平，尤韵　词第十二部　戏由求辙　（古县名）

腇 něi[ㄋㄟˇ] 弩罪切　中微韵，上　平上，贿韵　词第三部　戏灰堆辙

腴 yú[ㄩ] 羊朱切　中齐韵，阳　平平，虞韵　词第四部　戏一七辙　曲鱼模韵，阳

脽 shuí[ㄕㄨㄟˊ] 视佳切　中微韵，阳　平平，支韵　词第三部　戏灰堆辙

脾 pí[ㄆㄧˊ] 符支切　中齐韵，阳　平平，支韵　词第三部　戏一七辙　曲齐微韵，阳

腍 rěn[ㄖㄣˇ] 如甚切　中文韵，上　平上，寝韵　词第十三部　戏人辰辙

腋 yè[ㄧㄝˋ] 羊益切　中皆韵，去　平入，陌韵　词第十七部　戏乜斜辙　曲齐微韵，去

腑 fǔ[ㄈㄨˇ] 方矩切　中姑韵，上　平上，麌韵　词第四部　戏姑苏辙　曲鱼模韵，上

腙 zōng[ㄗㄨㄥ] 作冬切　中庚韵，阴　平平，冬韵　词第一部　戏中东辙　【音译字。借用同音字"宗"的反切。】

腚 dìng[ㄉㄧㄥˋ] 徒径切　中庚韵，去　平去，径韵　词第十一部　戏中东辙　【方言字。借用同音字"定"的反切。】

腔 (㇐) qiāng[ㄑㄧㄤ] 苦江切　中唐韵，阴　平平，江韵　词第二部　戏江阳辙　曲江阳韵，阴

　　(㇐) kòng[ㄎㄨㄥˋ] 苦贡切　中庚韵，去　平去，送韵　词第一部　戏中东辙　（羊～）

腕 wàn[ㄨㄢˋ] ①乌贯切　中寒韵，去　平去，翰韵　词第七部　戏言前辙　曲寒山韵，去

②乌贯切　史寒韵，去　平去，翰韵　词第七部　戏言前辙　曲桓欢韵，去　（又）

肾　qǐ[ㄑㄧˇ]①康礼切　史齐韵，上　平上，荠韵　词第三部　戏一七辙

②苦计切　史齐韵，上　平去，霁韵　词第三部　戏一七辙　（又）

腱　jiàn[ㄐㄧㄢˋ]①渠建切　史寒韵，去　平去，愿韵　词第七部　戏言前辙

②居言切　史寒韵，去　平平，元韵　词第七部　戏言前辙　（又）

腒　jū[ㄐㄩ]九鱼切　史齐韵，阴　平平，鱼韵　词第四部　戏一七辙

猷（查"犬"部）

九画

腸（见"肠"）腫（见"肿"）腳（见"脚"）腦（见"脑"）

膩　nì[ㄋㄧˋ]女利切　史齐韵，去　平去，寘韵　词第三部　戏一七辙　曲齐微韵，去

腠　còu[ㄘㄡˋ]仓奏切　史尤韵，去　平去，宥韵　词第十二部　戏由求辙

腜　méi[ㄇㄟˊ]莫杯切　史微韵，阳　平平，灰韵　词第三部　戏灰堆辙

腩　nǎn[ㄋㄢˇ]奴感切　史寒韵，上　平上，感韵　词第十四部　戏言前辙　曲监咸韵，上

腷　bì[ㄅㄧˋ]符逼切　史齐韵，去　平入，职韵　词第十七部　戏一七辙

腰　yāo[ㄧㄠ]於霄切　史豪韵，阴　平平，萧韵　词第八部　戏遥条辙　曲萧豪韵，阴

腼　miǎn[ㄇㄧㄢˇ]弥兖切　史寒韵，上　平上，铣韵　词第七部　戏言前辙　【借用同音字"偭"的反切。】

膃　wà[ㄨㄚˋ]乌没切　史麻韵，去　平入，月韵　词第十八部　戏发花辙

腢　ǒu[ㄡˇ]①语口切　史尤韵，上　平上，有韵　词第十二部　戏由求辙

②鱼侯切　史尤韵，上　平平，尤韵　词第十二部　戏由求辙　（又）

腥　xīng[ㄒㄧㄥ]桑经切　史庚韵，阴　平平，青韵　词第十一部　戏中东辙　曲庚青韵，阴

腲　wěi[ㄨㄟˇ]乌贿切　史微韵，上　平上，贿韵　词第三部　戏灰堆辙

腮　sāi[ㄙㄞ]苏来切　史开韵，阴　平平，灰韵　词第五部　戏怀来辙　曲皆来韵，阴

腭　è[ㄜˋ]五各切　史波韵，去　平入，药韵　词第十六部　戏梭波辙

腨　shuàn[ㄕㄨㄢˋ]市兖切　史寒韵，去　平上，铣韵　词第七部　戏言前辙

腹　fù[ㄈㄨˋ]方六切　史姑韵，去　平入，屋韵　词第十五部　戏姑苏辙　曲鱼模韵，上

腶　duàn[ㄉㄨㄢˋ]丁贯切　史寒韵，去　平去，翰韵　词第七部　戏言前辙

腺　xiàn[ㄒㄧㄢˋ]私箭切　史寒韵，去　平去，霰韵　词第七部　戏言前辙　【现代字。借用同音字"线"的反切。】

腄　zhuì[ㄓㄨㄟˋ]驰伪切　史微韵，去　平去，寘韵　词第三部　戏灰堆辙

腯　tú[ㄊㄨˊ]陀骨切　史姑韵，阳　平入，月韵　词第十八部　戏姑苏辙

腧　shù[ㄕㄨˋ]伤遇切　史姑韵，去　平去，遇韵　词第四部　戏姑苏辙

腤　ān[ㄢ]乌含切　史寒韵，阴　平平，覃韵　词第十四部　戏言前辙

塍　chéng[ㄔㄥˊ]食陵切　史庚韵，阳　平平，蒸韵　词第十一部　戏中东辙　曲庚青韵，阳

腾　téng[ㄊㄥˊ]①徒登切　史庚韵，阳　平平，蒸韵　词第十一部　戏中东辙

②徒亘切　史庚韵，阳　平去，径韵　词第十一部　戏中东辙　（又）

媵　㈠yìng[ㄧㄥˋ]以证切　史庚韵，去　平去，径韵　词第十一部　戏中东辙

㈡shèng[ㄕㄥˋ]诗证切　史庚韵，去　平去，径韵　词第十一部　戏中东辙　（女名用字）

腾　téng[ㄊㄥˊ]徒登切　史庚韵，阳　平平，蒸韵　词第十一部　戏中东辙　曲庚青韵，阳

腿　tuǐ[ㄊㄨㄟˇ]吐猥切　史微韵，上　平上，贿韵　词第三部　戏灰堆辙　曲齐微韵，上

腞　zhuàn[ㄓㄨㄢˋ]柱兖切　史寒韵，去　平上，铣韵　词第七部　戏言前辙

十画

膆（同"嗉"）膁（同"肷"）

膜　mó[ㄇㄛˊ]①慕各切　史波韵，阳　平入，药韵　词第十六部　戏梭波辙

②蒙脯切　史波韵，阳　平平，虞韵　词第四部　戏梭波辙　（～拜）

膊 ㈠pò［ㄆㄛˋ］匹各切　史波韵，去　平入，药韵　词第十六部　戏梭波辙

　　㈡bó［ㄅㄛˊ］伯各切　史波韵，阳　平入，药韵　词第十六部　戏梭波辙　（胳~）

　　㈢liè［ㄌㄧㄝˋ］龙辍切　史皆韵，去　平入，屑韵　词第十八部　戏乜斜辙　（界域）

膈 gé［ㄍㄜˊ］古核切　史波韵，阳　平入，陌韵　词第十七部　戏梭波辙

膍 pí［ㄆㄧˊ］部迷切　史齐韵，阳　平平，齐韵　词第三部　戏一七辙

膎 xié［ㄒㄧㄝˊ］户佳切　史皆韵，阳　平平，佳韵　词第十部　戏乜斜辙

膏 ㈠gāo［ㄍㄠ］古劳切　史豪韵，阴　平平，豪韵　词第八部　戏遥条辙　曲萧豪韵，阴

　　㈡gào［ㄍㄠˋ］古到切　史豪韵，去　平去，号韵　词第八部　戏遥条辙　（滋润；润滑）

膀 ㈠bǎng［ㄅㄤˇ］匹朗切　史唐韵，上　平上，养韵　词第二部　戏江阳辙　【同"髈"，用其反切。】

　　㈡bàng［ㄅㄤˋ］蒲浪切　史唐韵，去　平去，漾韵　词第二部　戏江阳辙　（吊~子）【方言读音。借用同音字"傍㈠"的反切。】

　　㈢pǎng［ㄆㄤˇ］匹朗切　史唐韵，上　平上，养韵　词第二部　戏江阳辙（蹒~）【与"膀㈠"一音之转，用其反切。】

　　㈣páng［ㄆㄤˊ］步光切　史唐韵，阳　平平，阳韵　词第二部　戏江阳辙　（~胱）

　　㈤pāng［ㄆㄤ］铺郎切　史唐韵，阴　平平，阳韵　词第二部　戏江阳辙　（浮肿）

膂 lǚ［ㄌㄩˇ］力举切　史齐韵，上　平上，语韵　词第四部　戏一七辙　曲鱼模韵，上

膉 yì［ㄧˋ］伊昔切　史齐韵，去　平入，陌韵　词第十七部　戏一七辙

膑 bìn［ㄅㄧㄣˋ］毗忍切　史文韵，去　平上，轸韵　词第六部　戏人辰辙　曲真文韵，去

槊（查"木"部）膋（查"火"部）

十一画

膊（见"胂"）膚（见"肤"）膒（见"胭"）膠（见"胶"）

膵 cuì［ㄘㄨㄟˋ］此芮切　史微韵，去　平去，霁韵　词第三部　戏灰堆辙

膝 xī［ㄒㄧ］息七切　史齐韵，阴　平入，质韵　词第十七部　戏一七辙

膘 ㈠biāo［ㄅㄧㄠ］纰招切　史豪韵，阴　平平，萧韵　词第八部　戏遥条辙　曲萧豪韵，阴　（肥肉）

　　㈡piǎo［ㄆㄧㄠˇ］敷沼切　史豪韵，上　平上，篠韵　词第八部　戏遥条辙　（小腹两旁肉）

膅 táng［ㄊㄤˊ］他郎切　史唐韵，阳　平平，阳韵　词第二部　戏江阳辙

膢 ㈠lóu［ㄌㄡˊ］落侯切　史尤韵，阳　平平，尤韵　词第十二部　戏由求辙

　　㈡lú［ㄌㄩˊ］力朱切　史齐韵，阳　平平，虞韵　词第四部　戏一七辙　（又）

膗 chuái［ㄔㄨㄞˊ］仕怀切　史开韵，阳　平平，佳韵　词第五部　戏怀来辙

膟 lù［ㄌㄩˋ］吕卹切　史齐韵，去　平入，质韵　词第十七部　戏一七辙

膯 téng［ㄊㄥˊ］徒登切　史庚韵，阳　平平，蒸韵　词第十一部　戏中东辙　曲庚青韵，阳

膣 zhì［ㄓˋ］陟栗切　史支韵，去　平入，质韵　词第十七部　戏一七辙　【《篇海》：音室。用其反切㈠。】

膷 xiāng［ㄒㄧㄤ］许良切　史唐韵，阴　平平，阳韵　词第二部　戏江阳辙

十二画

膩（见"腻"）臘（同"腊㈠"）

膹 ㈠fèn［ㄈㄣˋ］房吻切　史文韵，去　平上，吻韵　词第六部　戏人辰辙

　　㈡fèi［ㄈㄟˋ］浮鬼切　史微韵，去　平上，尾韵　词第三部　戏灰堆辙　（多汁肉羹）

膨 péng［ㄆㄥˊ］①薄庚切　史庚韵，阳　平平，庚韵　词第十一部　戏中东辙

　　　　　　　　②蒲孟切　史庚韵，阳　平去，敬韵　词第十一部　戏中东辙　（又）

膴 ㈠wǔ［ㄨˇ］文甫切　史姑韵，上　平上，麌韵　词第四部　戏姑苏辙

　　㈡hū［ㄏㄨ］荒乌切　史姑韵，阴　平平，虞韵　词第四部　戏姑苏辙　（大块肉）

膬 cuì［ㄘㄨㄟˋ］①此芮切　史微韵，去　平去，霁韵　词第三部　戏灰堆辙

　　　　　　　　②七绝切　史微韵，去　平入，屑韵　词第十八部　戏灰堆辙　（又）

膎 juǎn[ㄐㄩㄢˇ] ①子兖切　⊞寒韵，上　平上，铣韵　词第七部　戏言前辙
　　　　　　　②遵为切　⊞寒韵，上　平平，支韵　词第三部　戏言前辙　（又）

膲 jiāo[ㄐㄧㄠ] 即消切　⊞豪韵，阴　平平，萧韵　词第八部　戏遥条辙

膰 fán[ㄈㄢˊ] 附袁切　⊞寒韵，阳　平平，元韵　词第七部　戏言前辙　曲寒山韵，阳

膧 tóng[ㄊㄨㄥˊ] 徒东切　⊞庚韵，阳　平平，东韵　词第一部　戏中东辙　东钟韵，阳

膱 zhí[ㄓˊ] 质力切　⊞支韵，阳　平入，职韵　词第十七部　戏一七辙

膪 chuài[ㄔㄨㄞˋ] 竹卖切　⊞开韵，去　平去，卦韵　词第十部　戏怀来辙

膳 shàn[ㄕㄢˋ] ①常演切　⊞寒韵，去　平上，铣韵　词第七部　戏言前辙　曲先天韵，去
　　　　　　　②时战切　⊞寒韵，去　平去，霰韵　词第七部　戏言前辙　曲先天韵，去　（又）

螣 (一)té[ㄊㄜˊ] 徒得切　⊞波韵，阳　平入，职韵　词第十七部　戏梭波辙　（农业害虫名）
　　(二)téng[ㄊㄥˊ] 徒登切　⊞庚韵，阳　平平，蒸韵　词第十一部　戏中东辙　曲庚青韵，阳　（～蛇）

滕 téng[ㄊㄥˊ] 徒登切　⊞庚韵，阳　平平，蒸韵　词第十一部　戏中东辙　曲庚青韵，阳

膦 lìn[ㄌㄧㄣˋ] 良刃切　⊞文韵，去　平去，震韵　词第六部　戏人辰辙　【现代字。借用同音字"橉"的反切。】

膙 jiǎng[ㄐㄧㄤˇ] 居两切　⊞唐韵，上　平上，养韵　词第二部　戏江阳辙

曌（查"日"部）赢（查"亠"部）

十三画

膿（见"脓"）臉（见"脸"）膾（见"脍"）膽（见"胆(一)"）膋（见"誊"）

鼔 gǔ[ㄍㄨˇ] 公户切　⊞姑韵，上　平上，虞韵　词第四部　戏姑苏辙　【同"鼓"，用其反切。】

朦 (一)méng[ㄇㄥˊ] 莫红切　⊞庚韵，阳　平平，东韵　词第一部　戏中东辙　曲东钟韵，阳
　　(二)měng[ㄇㄥˇ] 莫孔切　⊞庚韵，上　平上，董韵　词第一部　戏中东辙　（模糊）

膮 jué[ㄐㄩㄝˊ] 其虐切　⊞皆韵，阳　平入，药韵　词第十六部　戏乜斜辙

臊 (一)sào[ㄙㄠˋ] 先到切　⊞豪韵，去　平去，号韵　词第八部　戏遥条辙　曲萧豪韵，去【同"燥(一)"，用其反切。】
　　(二)sāo[ㄙㄠ] 苏遭切　⊞豪韵，阴　平平，豪韵　词第八部　戏遥条辙　曲萧豪韵，阴　（腥臭气；～子）

臅 chù[ㄔㄨˋ] 尺玉切　⊞姑韵，去　平入，沃韵　词第十五部　戏姑苏辙

膻 (一)shān[ㄕㄢ] 尸连切　⊞寒韵，阴　平平，先韵　词第七部　戏言前辙　曲先天韵，阴
　　(二)dàn[ㄉㄢˋ] 徒旱切　⊞寒韵，去　平上，旱韵　词第七部　戏言前辙　（～中穴）

臁 lián[ㄌㄧㄢˊ] 离盐切　⊞寒韵，阳　平平，盐韵　词第十四部　戏言前辙　曲廉纤韵，阳

臆 yì[ㄧˋ] 於力切　⊞齐韵，去　平入，职韵　词第十七部　戏一七辙

臃 yōng[ㄩㄥ] 於容切　⊞庚韵，阴　平平，冬韵　词第一部　戏中东辙

膡 shèng[ㄕㄥˋ] ①实证切　⊞庚韵，去　平去，径韵　词第十一部　戏中东辙　曲庚青韵，去　（余下）
　　　　　　　②以证切　⊞庚韵，去　平去，径韵　词第十一部　戏中东辙　曲庚青韵，去　（添加）

臀 tún[ㄊㄨㄣˊ] 徒浑切　⊞文韵，阳　平平，元韵　词第六部　戏人辰辙　曲真文韵，阳

臂 (一)bì[ㄅㄧˋ] 卑义切　⊞齐韵，去　平去，寘韵　词第三部　戏一七辙　曲齐微韵，去
　　(二)bei[˙ㄅㄟ] 卑义切　⊞微韵，阴　平去，寘韵　词第三部　戏灰堆辙　曲齐微韵，去　（胳～）

膺（查"广"部）赢（查"亠"部）

十四画

臍（见"脐"）臏（见"膑"）

臑 (一)rú[ㄖㄨˊ] 人朱切　⊞姑韵，阳　平平，虞韵　词第四部　戏姑苏辙
　　(二)nào[ㄋㄠˋ] 乃到切　⊞豪韵，去　平去，号韵　词第八部　戏遥条辙　（前肢）
　　(三)ér[ㄦˊ] 如之切　⊞齐韵，阳　平平，支韵　词第三部　戏一七辙　（煮烂）
　　(四)nèn[ㄋㄣˋ] 奴困切　⊞文韵，去　平去，愿韵　词第六部　戏人辰辙　（有骨的肉酱）
　　(五)nuǎn[ㄋㄨㄢˇ] 乃管切　⊞寒韵，上　平上，旱韵　词第七部　戏言前辙　（温暖）

臐 xūn［ㄒㄩㄣ］许云切　史文韵，阴　平平，文韵　词第六部　戏人辰辙

十五画

臕（同"膘㈠"）臘（见"腊㈠"）
赢（查"亠"部）赢（查"亠"部）

十六画

膿（同"胭②"）臚（见"胪"）朧（见"胧"）赢（见"赢"）膡（见"腾"）

臛 hù［ㄏㄨˋ］火酷切　史姑韵，去　平入，沃韵　词第十五部　戏姑苏辙

臜 ㈠zɑ［˙ㄗㄚ］兹三切　史麻韵，阴　平平，覃韵　词第十四部　戏发花辙
　　㈡zān［ㄗㄢ］兹三切　史寒韵，阴　平平，覃韵　词第十四部　戏言前辙　（旧读）

十七画

臟（见"脏㈠"）
臘 téng［ㄊㄥˊ］徒登切　史庚韵，阳　平平，蒸韵　词第十一部　戏中东辙
赢（查"亠"部）

十八画

臞 qú［ㄑㄩˊ］其俱切　史齐韵，阳　平平，虞韵　词第四部　戏一七辙　曲鱼模韵，阳
臄 dài［ㄉㄞˋ］徒耐切　史开韵，去　平去，队韵　词第五部　戏怀来辙

十九画

臜（见"臜"）赢（同"骡"）

氏　部

氏 ㈠shì［ㄕˋ］承纸切　史支韵，去　平上，纸韵　词第三部　戏一七辙　曲支思韵，去
　　㈡zhī［ㄓ］章移切　史支韵，阴　平平，支韵　词第三部　戏一七辙　曲支思韵，阴　（月~；阏~）
　　㈢jīng［ㄐ丨ㄥ］子盈切　史庚韵，阴　平平，庚韵　词第十一部　戏中东辙　（猈~）

一画

氐 ㈠dī［ㄉ丨］都奚切　史齐韵，阴　平平，齐韵　词第三部　戏一七辙　曲齐微韵，阴
　　㈡dǐ［ㄉ丨ˇ］丁礼切　史齐韵，上　平上，荠韵　词第三部　戏一七辙　（根本）
民（查"乙"部）

四画

昏（查"日"部）岷（查"亠"部）

欠　部

欠 qiàn［ㄑ丨ㄢˋ］去剑切　史寒韵，去　平去，陷韵　词第十四部　戏言前辙　曲廉纤韵，去

二画

次 ㈠cì［ㄘˋ］①七四切　史支韵，去　平去，寘韵　词第三部　戏一七辙　曲支思韵，去
　　　　　　②资四切　史支韵，去　平去，寘韵　词第三部　戏一七辙　曲支思韵，去　（榆~）
　　㈡cí［ㄘˊ］才资切　史支韵，阳　平平，支韵　词第三部　戏一七辙　（具~山）
　　㈢zī［ㄗ］（~且-趑趄，同"赵"）
欢 huān［ㄏㄨㄢ］呼官切　史寒韵，阴　平平，寒韵　词第七部　戏言前辙　曲桓欢韵，阴

三画

欤 yú[ㄩˊ] ①以诸切　史齐韵，阳　平平，鱼韵　词第四部　戏一七辙　曲鱼模韵，阳
　　　　　　②余吕切　史齐韵，阳　平上，语韵　词第四部　戏一七辙　曲鱼模韵，阳　（又）
　　　　　　③羊洳切　史齐韵，阳　平去，御韵　词第四部　戏一七辙　曲鱼模韵，阳　（又）

弨（查"弓"部）

四画

欧 ㈠ōu[ㄡ]　乌侯切　史尤韵，阴　平平，尤韵　词第十二部　戏由求辙　曲尤侯韵，阴
　㈡ǒu[ㄡˇ]　乌后切　史尤韵，上　平上，有韵　词第十二部　戏由求辙　（呕吐）
　㈢qū[ㄑㄩ]　（驱使，同"驱"）

欣 xīn[ㄒㄧㄣ]　许斤切　史文韵，阴　平平，文韵　词第六部　戏人辰辙　曲真文韵，阴

五画

欨 xū[ㄒㄩ]　①况于切　史齐韵，阴　平平，虞韵　词第四部　戏一七辙
　　　　　　②况羽切　史齐韵，阴　平上，麌韵　词第四部　戏一七辙　（又）

钦（查"钅"部）

六画

欯 xī[ㄒㄧ]　许吉切　史齐韵，阴　平入，质韵　词第十七部　戏一七辙

欥 yì[ㄧ]　乙冀切　史齐韵，阴　平去，真韵　词第三部　戏一七辙

欱 hē[ㄏㄜ]　①呼合切　史波韵，阴　平入，合韵　词第十九部　戏梭波辙　（吸吮）
　　　　　　②呼洽切　史麻韵，阳　平入，洽韵　词第十九部　戏发花辙　（尝）

欬 kài[ㄎㄞˋ]　苦盖切　史开韵，去　平去，队韵　词第五部　戏怀来辙

七画

欵（同"款㈠"）

欷 xī[ㄒㄧ]　①香衣切　史齐韵，阴　平平，微韵　词第三部　戏一七辙
　　　　　　②许既切　史齐韵，阴　平去，未韵　词第三部　戏一七辙　（又）

欲 yù[ㄩˋ]　余蜀切　史齐韵，去　平入，沃韵　词第十五部　戏一七辙　曲鱼模韵，去

欸 ㈠ǎi[ㄞˇ]　於改切　史开韵，上　平上，贿韵　词第五部　戏怀来辙　（~乃）　【《广韵》：於改切。用之。】
　㈡āi[ㄞ]　乌开切　史开韵，阴　平平，灰韵　词第五部　戏怀来辙　（叹息）
　㈢ēi[ㄟ]　於其切　史微韵，阴　平平，支韵　词第三部　戏灰堆辙　（答应声）　【《集韵》：於其切。用之。】
　㈣èi[ㄟˋ]　许介切　史微韵，去　平去，卦韵　词第五部　戏灰堆辙　（牙~）

八画

欽（见"钦"）

款 ㈠kuǎn[ㄎㄨㄢˇ]　苦管切　史寒韵，上　平上，旱韵　词第七部　戏言前辙　曲桓欢韵，上
　㈡xīn[ㄒㄧㄣ]　许斤切　史文韵，阴　平平，文韵　词第六部　戏人辰辙　（人名用字）

欺 qī[ㄑㄧ]　去其切　史齐韵，阴　平平，支韵　词第三部　戏一七辙　曲齐微韵，阴

猗 ㈠qī[ㄑㄧ]　丘奇切　史齐韵，阴　平平，支韵　词第三部　戏一七辙　曲齐微韵，阴
　㈡yī[ㄧ]　於离切　史齐韵，阴　平平，支韵　词第三部　戏一七辙　（叹词）

欿 ㈠kǎn[ㄎㄢˇ]　胡感切　史寒韵，上　平上，感韵　词第十四部　戏言前辙
　㈡dàn[ㄉㄢˋ]　大感切　史寒韵，去　平上，感韵　词第十四部　戏言前辙　（坎~）

欻 ㈠xū[ㄒㄩ]　许勿切　史齐韵，阴　平入，物韵　词第十八部　戏一七辙
　㈡chuā[ㄔㄨㄚ]　初买切　史麻韵，阴　平上，蟹韵　词第五部　戏发花辙　（拟声词）　【现代字。借用同音字"撮㈤"的反切。】

九画

歅 (一)yīn[ㄧㄣ] 於真切　史文韵，阴　平平，真韵　词第六部　戏人辰辙

　　(二)yān[ㄧㄢ] （同"湮(二)"）

歇 (一)xiē[ㄒㄧㄝ] 许竭切　史皆韵，阴　平入，月韵　词第十八部　戏乜斜辙　曲车遮韵，上

　　(二)yà[ㄧㄚˋ] 乙辖切　史麻韵，去　平入，黠韵　词第十八部　戏发花辙　（赵王~）

歂 (一)chuán[ㄔㄨㄢˊ] 市缘切　史寒韵，阳　平平，先韵　词第七部　戏言前辙　（姓）

　　(二)chuǎn[ㄔㄨㄢˇ] （同"喘"）

歃 shà[ㄕㄚˋ] ①山辄切　史麻韵，去　平入，叶韵　词第十八部　戏发花辙

　　　　　　②山洽切　史麻韵，去　平入，洽韵　词第十九部　戏发花辙　（又）

歈 yú[ㄩˊ] ①羊朱切　史齐韵，阳　平平，虞韵　词第四部　戏一七辙

　　　　　②度侯切　史齐韵，阳　平平，尤韵　词第十二部　戏一七辙　（又）

歆 xīn[ㄒㄧㄣ] 许金切　史文韵，阴　平平，侵韵　词第十三部　戏人辰辙　曲侵寻韵，阴

槡 （查"木"部）

十画

歌 gē[ㄍㄜ] 古俄切　史波韵，阴　平平，歌韵　词第九部　戏梭波辙　曲歌戈韵，阴

歋 (一)yí[ㄧˊ] 弋支切　史齐韵，阳　平平，支韵　词第三部　戏一七辙

　　(二)yè[ㄧㄝˋ] 余遮切　史皆韵，去　平平，支韵　词第三部　戏乜斜辙　（又）

歍 wū[ㄨ] 哀都切　史姑韵，阴　平平，虞韵　词第四部　戏姑苏辙

歊 xiāo[ㄒㄧㄠ] ①许娇切　史豪韵，阴　平平，萧韵　词第八部　戏遥条辙

　　　　　　②火酷切　史豪韵，阴　平入，沃韵　词第十五部　戏遥条辙　（又）

歉 qiàn[ㄑㄧㄢˋ] ①苦簟切　史寒韵，去　平上，俭韵　词第十四部　戏言前辙　曲廉纤韵，去

　　　　　　②苦减切　史寒韵，去　平上，赚韵　词第十四部　戏言前辙　曲廉纤韵，去　（又）

　　　　　　③口陷切　史寒韵，去　平去，陷韵　词第十四部　戏言前辙　曲廉纤韵，去　（又）

十一画

歎 （见"叹①"）**歐** （见"欧"）**歑** （同"呼(一)：①"）

歔 xū[ㄒㄩ] 朽居切　史齐韵，阴　平平，鱼韵　词第四部　戏一七辙　曲鱼模韵，阴

十二画

歕 （同"喷"）**歖** （同"欸(一)"）

歙 (一)xī[ㄒㄧ] 许及切　史齐韵，阴　平入，缉韵　词第十七部　戏一七辙

　　(二)shè[ㄕㄜˋ] 书涉切　史波韵，去　平入，叶韵　词第十八部　戏梭波辙　（地名）

　　(三)xié[ㄒㄧㄝˊ] 虚涉切　史皆韵，阳　平入，叶韵　词第十八部　戏乜斜辙　（~肩）

十三画

歗 （见"欤"）**歘** （同"啸"）

歜 chù[ㄔㄨˋ] ①尺玉切　史姑韵，去　平入，沃韵　词第十五部　戏姑苏辙

　　　　　　②祖感切　史姑韵，去　平上，感韵　词第十四部　戏姑苏辙　曲监咸韵，上　（昌~）

歠 hān[ㄏㄢ] 呼谈切　史寒韵，阴　平平，覃韵　词第十四部　戏言前辙

十五画

歠 chuò[ㄔㄨㄛˋ] 昌悦切　史波韵，去　平入，屑韵　词第十八部　戏梭波辙

十七画

歡 （见"欢"）**歠** （同"吹(一)：②"）

风（風）部

風（见"风"）

风 ㈠ fēng[ㄈㄥ] 方戎切　史庚韵，阴　乎平，东韵　词第一部　戏中东辙　曲东钟韵，阴

　　㈡ fèng[ㄈㄥ`] 方凤切　史庚韵，去　乎去，送韵　词第一部　戏中东辙　（吹拂）

　　㈢ fěng[ㄈㄥˇ] 方凤切　史庚韵，上　乎去，送韵　词第一部　戏中东辙　（讽喻；撺掇）

三画

嵐（见"岚"）

颺 ㈠ yáng[丨尢´] 与章切　史唐韵，阳　乎平，阳韵　词第二部　戏江阳辙　曲江阳韵，阳

　　㈡ yàng[丨尢`] 余亮切　史唐韵，去　乎去，漾韵　词第二部　戏江阳辙　曲江阳韵，阳　（又）

岚（查"山"部）

四画

颬 xiā[ㄒ丨ㄚ] 许加切　史麻韵，阴　乎平，麻韵　词第十部　戏发花辙

五画

颱（同"台㈡"）

飐 zhǎn[ㄓㄢˇ] 占琰切　史寒韵，上　乎上，俭韵　词第十四部　戏言前辙

颮 ㈠ páo[ㄆㄠ´] ①薄交切　史豪韵，阳　乎平，肴韵　词第八部　戏遥条辙　（风声）

　　　　　　　　②匹角切　史豪韵，阳　乎入，觉韵　词第十六部　戏遥条辙　（众多）

　　㈡ biāo[ㄅ丨ㄠ] 卑遥切　史豪韵，阴　乎平，萧韵　词第八部　戏遥条辙　（暴风）

颯 ㈠ sà[ㄙㄚ`] 苏合切　史麻韵，去　乎入，合韵　词第十九部　戏发花辙　曲家麻韵，上

　　㈡ lì[ㄌ丨`] 力入切　史齐韵，去　乎入，缉韵　词第十七部　戏一七辙　（~飀）

六画

颳（同"刮"）

颲 liè[ㄌ丨ㄝ`] 良薛切　史皆韵，去　乎入，屑韵　词第十八部　戏乜斜辙

八画

颶 jù[ㄐㄩ`] 衢遇切　史齐韵，去　乎去，遇韵　词第四部　戏一七辙

九画

颺（见"颺"）

颸 sī[ㄙ] 楚持切　史支韵，阴　乎平，支韵　词第三部　戏一七辙　曲支思韵，阴

颼 sōu[ㄙㄡ] ①所流切　史尤韵，阴　乎平，尤韵　词第十二部　戏由求辙　曲尤侯韵，阴

　　　　　　②所救切　史尤韵，阴　乎去，宥韵　词第十二部　戏由求辙　曲尤侯韵，阴　（又）

颹 wěi[ㄨㄟˇ] 于鬼切　史微韵，上　乎上，尾韵　词第三部　戏灰堆辙

十画

颽 kǎi[ㄎㄞˇ] 苦亥切　史开韵，上　乎上，贿韵　词第五部　戏怀来辙

飖 yáo[丨ㄠ´] 余昭切　史豪韵，阳　乎平，萧韵　词第八部　戏遥条辙　曲萧豪韵，阳

飀 liú[ㄌ丨ㄡ´] 力求切　史尤韵，阳　乎平，尤韵　词第十二部　戏由求辙

颾 sāo[ㄙㄠ] 苏遭切　史豪韵，阴　乎平，豪韵　词第八部　戏遥条辙

飐（查"马"部）

十一画

飄（同"飘"）

飘 piāo［ㄆ丨ㄠ］①抚招切　中豪韵，阴　平平，萧韵　词第八部　戏遥条辙　曲萧豪韵，阴

②符霄切　中豪韵，阴　平平，萧韵　词第八部　戏遥条辙　曲萧豪韵，阴　（旋风）

飗 (一)liù［ㄌ丨ㄡˋ］力救切　中尤韵，去　平去，宥韵　词第十二部　戏由求辙

(二)liú［ㄌ丨ㄡˊ］力求切　中尤韵，阳　平平，尤韵　词第十二部　戏由求辙　（又）

(三)liáo［ㄌ丨ㄠˊ］怜萧切　中豪韵，阳　平平，萧韵　词第八部　戏遥条辙　（～戾）

十二画

飓（同"飓"）飙（同"飙"）飚（同"飙"）

飙 biāo［ㄅ丨ㄠ］甫遥切　中豪韵，阴　平平，萧韵　词第八部　戏遥条辙　曲萧豪韵，阴

飕 liáo［ㄌ丨ㄠˊ］落萧切　中豪韵，阳　平平，萧韵　词第八部　戏遥条辙

十三画

飔 sè［ㄙㄜˋ］所栉切　中波韵，去　平入，质韵　词第十七部　戏梭波辙

十七画

飘（同"风(一)"）

十八画

飍 xiū［ㄒ丨ㄡ］香幽切　中尤韵，阴　平平，尤韵　词第十二部　戏由求辙

殳　部

殳 shū［ㄕㄨ］市朱切　中姑韵，阴　平平，虞韵　词第四部　戏姑苏辙

四画

殴 (一)ōu［ㄡ］乌后切　中尤韵，阴　平上，有韵　词第十二部　戏由求辙　曲尤侯韵，上

(二)kōu［ㄎㄡ］墟侯切　中尤韵，阴　平平，尤韵　词第十二部　戏由求辙　（～蛇）

五画

段 duàn［ㄉㄨㄢˋ］徒玩切　中寒韵，去　平去，翰韵　词第七部　戏言前辙　曲桓欢韵，去

投 zhù［ㄓㄨˋ］朱遇切　中姑韵，去　平去，遇韵　词第四部　戏姑苏辙

殁（查"癶"部）

六画

殺（见"杀"）

殷 (一)yīn［丨ㄣ］①於斤切　中文韵，阴　平平，文韵　词第六部　戏人辰辙　曲真文韵，阴

②於巾切　中文韵，阴　平平，真韵　词第六部　戏人辰辙　曲真文韵，阴　（～忧）

(二)yān［丨ㄢ］乌闲切　中寒韵，阴　平平，删韵　词第七部　戏言前辙　曲寒山韵，阴　（黑红色）

(三)yǐn［丨ㄣˇ］倚谨切　中文韵，上　平上，吻韵　词第六部　戏人辰辙　（雷声震响）

殺（查"羊"部）

七画

殺（同"丑"）

八画

殼（见"壳"）發（见"发(一)(三)"）

殽 (一)yáo［丨ㄠˊ］胡茅切　中豪韵，阳　平平，肴韵　词第八部　戏遥条辙　曲萧豪韵，阳

(二)xiáo［ㄒ丨ㄠˊ］胡茅切　中豪韵，阳　平平，肴韵　词第八部　戏遥条辙　曲萧豪韵，阳　（又）

㈢xiào[ㄒ丨ㄠˋ]后教切　史豪韵，去　乎去，效韵　词第八部　戏遥条辙　曲萧豪韵，去　（效法）

九画

彀　hù[ㄏㄨˋ]①许角切　史姑韵，去　乎入，觉韵　词第十六部　戏姑苏辙
　　　　　②呼木切　史姑韵，去　乎入，屋韵　词第十五部　戏姑苏辙　（又）

穀　gǔ[ㄍㄨˇ]古禄切　史姑韵，上　乎入，屋韵　词第十五部　戏姑苏辙　曲鱼模韵，上

彀　gòu[ㄍㄡˋ]古候切　史尤韵，去　乎去，宥韵　词第十二部　戏由求辙　曲尤侯韵，去

毁　huǐ[ㄏㄨㄟˇ]①许委切　史微韵，上　乎上，纸韵　词第三部　戏灰堆辙　曲齐微韵，上
　　　　　②况伪切　史微韵，去　乎去，寘韵　词第三部　戏灰堆辙　（儿童换牙）

殿　diàn[ㄉ丨ㄢˋ]①都甸切　史寒韵，去　乎去，霰韵　词第七部　戏言前辙　曲先天韵，去
　　　　　②堂练切　史寒韵，去　乎去，霰韵　词第七部　戏言前辙　曲先天韵，去　（宫殿）

嫛（查"女"部）

十画

毂（同"珏"）

穀　gǔ[ㄍㄨˇ]古禄切　史姑韵，上　乎入，屋韵　词第十五部　戏姑苏辙

觳　㈠jī[ㄐ丨]苦击切　史齐韵，阴　乎入，锡韵　词第十七部　戏一七辙
　　㈡jì[ㄐ丨ˋ]吉诣切　史齐韵，去　乎去，霁韵　词第三部　戏一七辙　（拴系）

觳　㈠què[ㄑㄩㄝˋ]苦角切　史皆韵，去　乎入，觉韵　词第十六部　戏乜斜辙
　　㈡qiāo[ㄑ丨ㄠ]口教切　史豪韵，阴　乎去，效韵　词第八部　戏遥条辙　（又）

嫛（查"女"部）**檠**（查"木"部）

十一画

穀（同"谷㈠"）**毆**（见"殴"）

毅　yì[丨ˋ]鱼既切　史齐韵，去　乎去，未韵　词第三部　戏一七辙　曲齐微韵，去

磬（查"石"部）

十二画

瞖（同"翳①"）

縠　hú[ㄏㄨˊ]胡谷切　史姑韵，阳　乎入，屋韵　词第十五部　戏姑苏辙

毇　huǐ[ㄏㄨㄟˇ]许委切　史微韵，上　乎上，纸韵　词第三部　戏灰堆辙

腶　duàn[ㄉㄨㄢˋ]徒玩切　史寒韵，去　乎去，翰韵　词第七部　戏言前辙

磬（查"石"部）

十三画

縠（见"縠"）**聲**（见"声"）

觳　㈠hù[ㄏㄨˋ]呼木切　史姑韵，去　乎入，屋韵　词第十五部　戏姑苏辙
　　㈡bó[ㄅㄛˊ]蒲角切　史波韵，阳　乎入，觉韵　词第十六部　戏梭波辙　（小猪）

觳　㈠què[ㄑㄩㄝˋ]苦角切　史皆韵，去　乎入，觉韵　词第十六部　戏乜斜辙
　　㈡hú[ㄏㄨˊ]胡谷切　史姑韵，阳　乎入，屋韵　词第十五部　戏姑苏辙　（~觫）
　　㈢jué[ㄐㄩㄝˊ]（较量，同"角㈡"）

檠（查"木"部）

十四画

翳（同"医㈠"）

十五画

鞏（查"革"部）

十七画

鷇 kòu［ㄎㄡˋ］ 苦候切　史尤韵，去　平去，宥韵　词第十二部　戏由求辙

文　部

文 ㈠wén［ㄨㄣˊ］ 无分切　史文韵，阳　平平，文韵　词第六部　戏人辰辙　曲真文韵，阳
　　㈡wèn［ㄨㄣˋ］ 文运切　史文韵，去　平去，问韵　词第六部　戏人辰辙　（～饰；遮掩）

三画

彣（同"文㈠"）孝（同"学㈠"）

吝 lìn［ㄌㄧㄣˋ］ 良刃切　史文韵，去　平去，震韵　词第六部　戏人辰辙　曲真文韵，去

四画

旻（查"日"部）

六画

斋 ㈠zhāi［ㄓㄞ］ 侧皆切　史开韵，阴　平平，佳韵　词第五部　戏怀来辙　曲皆来韵，阴
　　㈡zī［ㄗ］ 津私切　史支韵，阴　平平，支韵　词第三部　戏一七辙　（粗布丧服）

八画

斌 bīn［ㄅㄧㄣ］ 府巾切　史文韵，阴　平平，真韵　词第六部　戏人辰辙

斐 ㈠fěi［ㄈㄟˇ］ 敷尾切　史微韵，上　平上，尾韵　词第三部　戏灰堆辙
　　㈡fēi［ㄈㄟ］ 匪微切　史微韵，阴　平平，微韵　词第三部　戏灰堆辙　（姓）

斑（查"王"部）

九画

斒 bān［ㄅㄢ］ ①布还切　史寒韵，阴　平平，删韵　词第七部　戏言前辙
　　　　　　②方闲切　史寒韵，阴　平平，删韵　词第七部　戏言前辙　（色彩错杂）

十二画

斓 lán［ㄌㄢˊ］ 力闲切　史寒韵，阳　平平，删韵　词第七部　戏言前辙　曲寒山韵，阳

十四画

辩（查"辛"部）

十七画

斕（见"斓"）

方　部

方 ㈠fāng［ㄈㄤ］ 府良切　史唐韵，阴　平平，阳韵　词第二部　戏江阳辙　曲江阳韵，阴
　　㈡páng［ㄆㄤˊ］ 蒲光切　史唐韵，阳　平平，阳韵　词第二部　戏江阳辙　（同"彷㈠"）
　　㈢fáng［ㄈㄤˊ］ 符方切　史唐韵，阳　平平，阳韵　词第二部　戏江阳辙　（～与）
　　㈣wǎng［ㄨㄤˇ］ 文纺切　史唐韵，上　平上，养韵　词第二部　戏江阳辙　（同"魍"）

二画

邟（查"阝_右"部）

四画

瓬（同"旄"）

於　㈠yú[ㄩˊ]　央居切　史齐韵，阳　平平，鱼韵　词第四部　戏一七辙

　　㈡wū[ㄨ]　哀都切　史姑韵，阴　平平，虞韵　词第四部　戏姑苏辙　（～菟；～期）

　　㈢yū[ㄩ]　央居切　史齐韵，阴　平平，鱼韵　词第四部　戏一七辙　曲鱼模韵，阴　（姓）

昉（查"日"部）放（查"攵"部）房（查"户"部）

五画

斿　㈠yóu[ㄧㄡˊ]　以周切　史尤韵，阳　平平，尤韵　词第十二部　戏由求辙

　　㈡liú[ㄌㄧㄡˊ]　力求切　史尤韵，阳　平平，尤韵　词第十二部　戏由求辙　（垂饰）

施　㈠shī[ㄕ]　①式支切　史支韵，阴　平平，支韵　词第三部　戏一七辙　曲支思韵，阴

　　　　　　②施智切　史支韵，阴　平去，寘韵　词第三部　戏一七辙　曲支思韵，去　（恩惠）

　　㈡yì[ㄧˋ]　以豉切　史齐韵，去　平去，寘韵　词第三部　戏一七辙　（蔓延；延续）

　　㈢yí[ㄧˊ]　余支切　史齐韵，阳　平平，支韵　词第三部　戏一七辙　（逶迤行进）

　　㈣shǐ[ㄕˇ]　赏是切　史支韵，上　平上，纸韵　词第三部　戏一七辙　（弃置；改易）

六画

旆　pèi[ㄆㄟˋ]　蒲盖切　史微韵，去　平去，泰韵　词第三部　戏灰堆辙

旅　fǎng[ㄈㄤˇ]　甫两切　史唐韵，上　平上，养韵　词第二部　戏江阳辙

旄　㈠máo[ㄇㄠˊ]　莫袍切　史豪韵，阳　平平，豪韵　词第八部　戏遥条辙　曲萧豪韵，阳

　　㈡mào[ㄇㄠˋ]　①莫报切　史豪韵，去　平去，号韵　词第八部　戏遥条辙　（毛长）

　　　　　　②武道切　史豪韵，去　平上，皓韵　词第八部　戏遥条辙　（年老）

旂　qí[ㄑㄧˊ]　渠希切　史齐韵，阳　平平，微韵　词第三部　戏一七辙　曲齐微韵，阳

旃　zhān[ㄓㄢ]　诸延切　史寒韵，阴　平平，先韵　词第七部　戏言前辙　曲先天韵，阴

旅　lǚ[ㄌㄩˇ]　力举切　史齐韵，上　平上，语韵　词第四部　戏一七辙　曲鱼模韵，上

旁　㈠páng[ㄆㄤˊ]　步光切　史唐韵，阳　平平，阳韵　词第二部　戏江阳辙　曲江阳韵，阳

　　㈡bàng[ㄅㄤˋ]　蒲浪切　史唐韵，去　平去，漾韵　词第二部　戏江阳辙　（凭依；靠近）

七画

旉（同"敷"）旆（同"旌"）

旌　jīng[ㄐㄧㄥ]　子盈切　史庚韵，阴　平平，庚韵　词第十一部　戏中东辙　曲庚青韵，阴

族　㈠zú[ㄗㄨˊ]　昨木切　史姑韵，阳　平入，屋韵　词第十五部　戏姑苏辙　曲鱼模韵，阳

　　㈡zòu[ㄗㄡˋ]　则候切　史尤韵，去　平去，宥韵　词第十二部　戏由求辙　（节奏）

　　㈢còu[ㄘㄡˋ]　千候切　史尤韵，去　平去，宥韵　词第十二部　戏由求辙　（音律名）

旎　nǐ[ㄋㄧˇ]　女氏切　史齐韵，上　平上，纸韵　词第三部　戏一七辙　曲齐微韵，上

旋　㈠xuán[ㄒㄩㄢˊ]　似宣切　史寒韵，阳　平平，先韵　词第七部　戏言前辙　曲先天韵，阳

　　　　(1)转动，旋转：螺～　(2)回，归：今我～止，素雪云飞　(3)不久：～即　(4)挂钟的环　(5)美玉，通"璇"

　　㈡xuàn[ㄒㄩㄢˋ]　辝恋切　史寒韵，去　平去，霰韵　词第七部　戏言前辙　曲先天韵，去

　　　　(6)旋转的：～风　(7)临时：～吃～做　(8)温酒：～酒　(9)一种机床：～床

八画

旐　zhào[ㄓㄠˋ]　治小切　史豪韵，去　平上，篠韵　词第八部　戏遥条辙　曲萧豪韵，去

九画

旓 shāo [ㄕㄠ] 所交切　史豪韵，阴　乎平，肴韵　词第八部　戏遥条辙

旒 liú [ㄌㄧㄡˊ] 力求切　史尤韵，阳　乎平，尤韵　词第十二部　戏由求辙　曲尤侯韵，阳

十画

旗 qí [ㄑㄧˊ] 渠之切　史齐韵，阳　乎平，支韵　词第三部　戏一七辙　曲齐微韵，阳

旖 yǐ [ㄧˇ] ①於绮切　史齐韵，上　乎上，纸韵　词第三部　戏一七辙

②於离切　史齐韵，上　乎平，支韵　词第三部　戏一七辙　（又）

十四画

旛（同"幡"）

旞 suì [ㄙㄨㄟˋ] 徐醉切　史微韵，去　乎去，寘韵　词第三部　戏灰堆辙

十五画

旜（同"旃"）

旟 yú [ㄩˊ] 以诸切　史齐韵，阳　乎平，鱼韵　词第四部　戏一七辙　曲鱼模韵，阳

旝 kuài [ㄎㄨㄞˋ] 古外切　史开韵，去　乎去，泰韵　词第三部　戏怀来辙

火（灬）部

火 huǒ [ㄏㄨㄛˇ] 呼果切　史波韵，上　乎上，哿韵　词第九部　戏梭波辙　曲歌戈韵，上

一画

灭 miè [ㄇㄧㄝˋ] 亡列切　史皆韵，去　乎入，屑韵　词第十八部　戏乜斜辙　曲车遮韵，去

二画

灯 dēng [ㄉㄥ] 都腾切　史庚韵，阴　乎平，蒸韵　词第十一部　戏中东辙　曲庚青韵，阴

灰 huī [ㄏㄨㄟ] 呼恢切　史微韵，阴　乎平，灰韵　词第三部　戏灰堆辙　曲齐微韵，阴

三画

灾（见"灾"）

灶 zào [ㄗㄠˋ] 则到切　史豪韵，去　乎去，号韵　词第八部　戏遥条辙　曲萧豪韵，去

灿 càn [ㄘㄢˋ] 苍案切　史寒韵，去　乎去，翰韵　词第七部　戏言前辙　曲寒山韵，去

灼 zhuó [ㄓㄨㄛˊ] 之若切　史波韵，阳　乎入，药韵　词第十六部　戏梭波辙　曲萧豪韵，上

灸 jiǔ [ㄐㄧㄡˇ] ①居祐切　史尤韵，上　乎去，宥韵　词第十二部　戏由求辙　曲尤侯韵，上

②举有切　史尤韵，上　乎上，有韵　词第十二部　戏由求辙　曲尤侯韵，上　（又）

灾 zāi [ㄗㄞ] 祖才切　史开韵，阴　乎平，灰韵　词第五部　戏怀来辙　曲皆来韵，阴

灵 líng [ㄌㄧㄥˊ] 郎丁切　史庚韵，阳　乎平，青韵　词第十一部　戏中东辙　曲庚青韵，阳

灺 xiè [ㄒㄧㄝˋ] 徐野切　史皆韵，去　乎上，马韵　词第十部　戏乜斜辙

炀 (一) yàng [ㄧㄤˋ] 余亮切　史唐韵，去　乎去，漾韵　词第二部　戏江阳辙　曲江阳韵，去

(二) yáng [ㄧㄤˊ] 与章切　史唐韵，阳　乎平，阳韵　词第二部　戏江阳辙　（熔化金属）

四画

炘（同"焮"）

炜 wěi [ㄨㄟˇ] 于鬼切　史微韵，上　乎上，尾韵　词第三部　戏灰堆辙

炬 jù [ㄐㄩˋ] 其吕切　史齐韵，去　乎上，语韵　词第四部　戏一七辙　曲鱼模韵，去

炖 (一) dùn [ㄉㄨㄣˋ] 杜本切　史文韵，去　乎上，阮韵　词第六部　戏人辰辙

　　(二) tún[ㄊㄨㄣˊ] ①他昆切　申文韵，阴　平平，元韵　词第六部　戏人辰辙　（风助火炽状）

　　　　　　　　②杜本切　申文韵，去　平上，阮韵　词第六部　戏人辰辙　（火旺状）

炒 chǎo[ㄔㄠˇ] 初爪切　申豪韵，上　平上，巧韵　词第八部　戏遥条辙　曲萧豪韵，上

炅 (一) jiǒng[ㄐㄩㄥˇ] 古迥切　申庚韵，上　平上，迥韵　词第十一部　戏中东辙

　　(二) guì[ㄍㄨㄟˋ] 古惠切　申微韵，去　平去，霁韵　词第三部　戏灰堆辙　（姓）

炝 qiàng[ㄑㄧㄤˋ] 七亮切　申唐韵，去　平去，漾韵　词第二部　戏江阳辙【借用同音字"呛(二)"的反切。】

炊 chuī[ㄔㄨㄟ] 昌垂切　申微韵，阴　平平，支韵　词第三部　戏灰堆辙　曲齐微韵，阴

炙 zhì[ㄓˋ] ①之石切　申支韵，去　平入，陌韵　词第十七部　戏一七辙　曲齐微韵，上

　　　　②之夜切　申支韵，去　平去，祃韵　词第十部　戏一七辙　曲车遮韵，去　（又）

炆 wén[ㄨㄣˊ] 无分切　申文韵，阳　平平，文韵　词第六部　戏人辰辙

炕 (一) kàng[ㄎㄤˋ] 苦浪切　申唐韵，去　平去，漾韵　词第二部　戏江阳辙　曲江阳韵，去

　　(二) hāng[ㄏㄤ] 呼郎切　申唐韵，阴　平平，阳韵　词第二部　戏江阳辙　（煮物；张开）

炎 (一) yán[ㄧㄢˊ] 于廉切　申寒韵，阳　平平，盐韵　词第十四部　戏言前辙　曲廉纤韵，阳

　　(二) yàn[ㄧㄢˋ] 以瞻切　申寒韵，去　平去，艳韵　词第十四部　戏言前辙　（火光）

　　(三) tán[ㄊㄢˊ] 徒甘切　申寒韵，阳　平平，覃韵　词第十四部　戏言前辙　（大言～～）

炉 lú[ㄌㄨˊ] 落胡切　申姑韵，阳　平平，虞韵　词第四部　戏姑苏辙　曲鱼模韵，阳

炔 (一) quē[ㄑㄩㄝ] 苦穴切　申皆韵，阴　平入，屑韵　词第十八部　戏乜斜辙【现代字。借用同音字"缺"的反切。】

　　(二) guì[ㄍㄨㄟˋ] 古惠切　申微韵，去　平去，霁韵　词第三部　戏灰堆辙　（姓）

　　(三) xuè[ㄒㄩㄝˋ] 翾劣切　申皆韵，去　平入，屑韵　词第十八部　戏乜斜辙　（炔～）

杰 jié[ㄐㄧㄝˊ] 巨列切　申皆韵，阳　平入，屑韵　词第十八部　戏乜斜辙　曲车遮韵，阳

炁 qì[ㄑㄧˋ] 去既切　申齐韵，去　平去，未韵　词第三部　戏一七辙

五画

烌（同"秋"） 炟（同"妲"） 炰（同"炮(一)：①"） 為（见"为"） 炤（同"照"）

炳 bǐng[ㄅㄧㄥˇ] 兵永切　申庚韵，上　平上，梗韵　词第十一部　戏中东辙　曲庚青韵，上

炻 shí[ㄕˊ] 常只切　申支韵，阳　平入，陌韵　词第十七部　戏一七辙【现代字。借用同音字"石"的反切。】

炼 liàn[ㄌㄧㄢˋ] 郎甸切　申寒韵，去　平去，霰韵　词第七部　戏言前辙　曲先天韵，去

炟 dá[ㄉㄚˊ] 当割切　申麻韵，阳　平入，曷韵　词第十八部　戏发花辙

畑 tián[ㄊㄧㄢˊ] 徒年切　申寒韵，阳　平平，先韵　词第七部　戏言前辙【日本字。借用同音字"田(一)"的反切。】

炽 chì[ㄔˋ] 昌志切　申支韵，去　平去，寘韵　词第三部　戏一七辙　曲齐微韵，去

炯 jiǒng[ㄐㄩㄥˇ] 户顶切　申庚韵，上　平上，迥韵　词第十一部　戏中东辙

炸 (一) zhà[ㄓㄚˋ] 锄驾切　申麻韵，去　平去，祃韵　词第十部　戏发花辙【现代字。借用同音字"乍"的反切。】

　　(二) zhá[ㄓㄚˊ] ①士洽切　申麻韵，阳　平入，洽韵　词第十九部　戏发花辙　（金器抛光；油～）

　　　　　　②与涉切　申麻韵，阳　平入，叶韵　词第十八部　戏发花辙　（又）

烀 hū[ㄏㄨ] 户吴切　申姑韵，阴　平平，虞韵　词第四部　戏姑苏辙【方言字。借用同音字"乎"的反切。】

烁 (一) shuò[ㄕㄨㄛˋ] 书药切　申波韵，去　平入，药韵　词第十六部　戏梭波辙　曲萧豪韵，上

　　(二) luò[ㄌㄨㄛˋ] （爆～－剥落，同"落(一)"）

炮 (一) páo[ㄆㄠˊ] ①薄交切　申豪韵，阳　平平，肴韵　词第八部　戏遥条辙　曲萧豪韵，阳

　　　　　　②匹皃切　申豪韵，去　平去，效韵　词第八部　戏遥条辙　曲萧豪韵，去　（烧烤）

　　(二) bāo[ㄅㄠ] 布交切　申豪韵，阴　平平，肴韵　词第八部　戏遥条辙　曲萧豪韵，阳　（焙烤；旺火急炒）【现代字。借用同音字"包(一)"的反切。】

　　(三) pào[ㄆㄠˋ] 匹皃切　申豪韵，去　平去，效韵　词第八部　戏遥条辙　曲萧豪韵，去　（武器名；～竹）

炷 zhù[ㄓㄨˋ] ①之戍切　申姑韵，去　平去，遇韵　词第四部　戏姑苏辙　曲鱼模韵，去

　　　　②之庾切　申姑韵，去　平上，麌韵　词第四部　戏姑苏辙　（又）

炫 xuàn[ㄒㄩㄢˋ] 黄练切　申寒韵，去　平去，霰韵　词第七部　戏言前辙

烂 làn[ㄌㄢˋ] 郎旰切　申寒韵，去　平去，翰韵　词第七部　戏言前辙　曲寒山韵，去

烃 tīng[ㄊㄧㄥ] 碳氢切　申庚韵，阴　平平，庚韵　词第十一部　戏中东辙　【现代字。以"碳""氢"二字相切造出。】

点 diǎn[ㄉㄧㄢˇ] 多忝切　申寒韵，上　平上，俭韵　词第十四部　戏言前辙　曲廉纤韵，上

炱 tái[ㄊㄞˊ] 徒哀切　申开韵，阳　平平，灰韵　词第五部　戏怀来辙

荧（查"艹"部）**炭**（查"山"部）

六画

烖（同"灾"）**乌**（见"乌"）

烤 kǎo[ㄎㄠˇ] 苦浩切　申豪韵，上　平上，皓韵　词第八部　戏遥条辙　【现代字。借用同音字"考"的反切。】

烘 hōng[ㄏㄨㄥ] ①呼东切　申庚韵，阴　平平，东韵　词第一部　戏中东辙　曲东钟韵，阴

②胡贡切　申庚韵，阴　平去，送韵　词第一部　戏中东辙　曲东钟韵，阴　（又）

烞 pǔ[ㄆㄨˇ] 匹角切　申姑韵，上　平入，觉韵　词第十六部　戏姑苏辙

烜 ㈠xuǎn[ㄒㄩㄢˇ] 况晚切　申寒韵，上　平上，阮韵　词第七部　戏言前辙

㈡xuān[ㄒㄩㄢ] 况元切　申寒韵，阴　平平，元韵　词第七部　戏言前辙　（晒干）【同"暄"，用其反切。】

㈢huǐ[ㄏㄨㄟˇ] 许委切　申微韵，上　平上，纸韵　词第三部　戏灰堆辙　（取火）

烦 fán[ㄈㄢˊ] 附袁切　申寒韵，阳　平平，元韵　词第七部　戏言前辙　曲寒山韵，阳

烧 ㈠shāo[ㄕㄠ] 式招切　申豪韵，阴　平平，萧韵　词第八部　戏遥条辙　曲萧豪韵，阴

㈡shào[ㄕㄠˋ] 失照切　申豪韵，去　平去，啸韵　词第八部　戏遥条辙　曲萧豪韵，去　（野火）

烛 zhú[ㄓㄨˊ] ①之欲切　申姑韵，阳　平入，沃韵　词第十五部　戏姑苏辙　曲鱼模韵，上

②之欲切　申姑韵，阳　平入，沃韵　词第十五部　戏姑苏辙　曲尤侯韵，上　（又）

烔 tóng[ㄊㄨㄥˊ] 徒红切　申庚韵，阳　平平，东韵　词第一部　戏中东辙

烟 ㈠yān[ㄧㄢ] 乌前切　申寒韵，阴　平平，先韵　词第七部　戏言前辙　曲先天韵，阴

㈡yīn[ㄧㄣ] 於真切　申文韵，阴　平平，真韵　词第六部　戏人辰辙　曲真文韵，阴　（~煴）

烻 ㈠yàn[ㄧㄢˋ] 延面切　申寒韵，去　平去，霰韵　词第七部　戏言前辙　（光强状）

㈡shán[ㄕㄢˊ] 尸连切　申寒韵，阳　平平，先韵　词第七部　戏言前辙　（闪光状）

烨 yè[ㄧㄝˋ] 筱辄切　申皆韵，去　平入，叶韵　词第十八部　戏乜斜辙　曲车遮韵，去

烩 huì[ㄏㄨㄟˋ] 黄外切　申微韵，去　平去，泰韵　词第三部　戏灰堆辙　【借用同音字"会㈠"的反切。】

姚 yáo[ㄧㄠˊ] 余昭切　申豪韵，阳　平平，萧韵　词第八部　戏遥条辙

烙 ㈠lào[ㄌㄠˋ] 卢各切　申豪韵，去　平入，药韵　词第十六部　戏遥条辙　曲萧豪韵，去

㈡luò[ㄌㄨㄛˋ] 卢各切　申波韵，去　平入，药韵　词第十六部　戏梭波辙　曲歌戈韵，去　（炮~）

烊 ㈠yáng[ㄧㄤˊ] 与章切　申唐韵，阳　平平，阳韵　词第二部　戏江阳辙　（熔化）

㈡yàng[ㄧㄤˋ] 余亮切　申唐韵，去　平去，漾韵　词第二部　戏江阳辙　（打烊）【方言字。借用同音字"恙"的反切。】

烫 tàng[ㄊㄤˋ] 徒浪切　申唐韵，去　平去，漾韵　词第二部　戏江阳辙　曲江阳韵，去

烬 jìn[ㄐㄧㄣˋ] 徐刃切　申文韵，去　平去，震韵　词第六部　戏人辰辙　曲真文韵，去

热 rè[ㄖㄜˋ] 如列切　申波韵，去　平入，屑韵　词第十八部　戏梭波辙　曲车遮韵，去

烈 liè[ㄌㄧㄝˋ] 良薛切　申皆韵，去　平入，屑韵　词第十八部　戏乜斜辙　曲车遮韵，去

烋 ㈠xiāo[ㄒㄧㄠ] 虚交切　申豪韵，阴　平平，肴韵　词第八部　戏遥条辙　曲萧豪韵，阴

㈡xiū[ㄒㄧㄡ] 香幽切　申尤韵，阴　平平，尤韵　词第十二部　戏由求辙　（美，庆善）

烝 ㈠zhēng[ㄓㄥ] 煮仍切　申庚韵，阴　平平，蒸韵　词第十一部　戏中东辙　曲庚青韵，阴

㈡zhèng[ㄓㄥˋ] 诸应切　申庚韵，去　平去，径韵　词第十一部　戏中东辙　（热）

威（查"戈"部）**缶**（查"缶"部）**羔**（查"羊"部）

七画

煙（见"烃"）　烔（同"烔"）

爇 ruò[ㄖㄨㄛˋ] 如劣切　中薛韵，去　平入，屑韵　词第十八部　戏梭波辙

焐 wù[ㄨˋ] 五故切　中姑韵，去　平去，遇韵　词第四部　戏姑苏辙　【借用同音字"晤"的反切。】

焊 (一)hàn[ㄏㄢˋ] 侯旰切　中寒韵，去　平去，翰韵　词第七部　戏言前辙　（～接）【与"銲"音同义同，用其反切。】

　　(二)hǎn[ㄏㄢˇ] 呼旱切　中寒韵，上　平上，旱韵　词第七部　戏言前辙　（烘干）

烯 xī[ㄒㄧ] 香依切　中齐韵，阴　平平，微韵　词第三部　戏一七辙

烰 fú[ㄈㄨˊ] 缚谋切　中姑韵，阳　平平，尤韵　词第十二部　戏姑苏辙

焓 hán[ㄏㄢˊ] 胡男切　中寒韵，阳　平平，覃韵　词第十四部　戏言前辙　【现代字。借用同音字"含(一)"的反切。】

焕 huàn[ㄏㄨㄢˋ] 火贯切　中寒韵，去　平去，翰韵　词第七部　戏言前辙　曲桓欢韵，去

烽 fēng[ㄈㄥ] 敷容切　中庚韵，阴　平平，冬韵　词第一部　戏中东辙　曲东钟韵，阴

焖 mèn[ㄇㄣˋ] 莫困切　中文韵，去　平去，愿韵　词第六部　戏人辰辙　【借用同音字"闷(一)"的反切。】

焍 dì[ㄉㄧˋ] ①大计切　中齐韵，去　平去，霁韵　词第三部　戏一七辙　（灼龟木）
　　　　②天黎切　中齐韵，阴　平平，齐韵　词第三部　戏一七辙　（烧灼龟壳用于占卜）

烷 wán[ㄨㄢˊ] 胡官切　中寒韵，阳　平平，寒韵　词第七部　戏言前辙

烺 lǎng[ㄌㄤˇ] 里党切　中唐韵，上　平上，养韵　词第二部　戏江阳辙

焗 jú[ㄐㄩˊ] 渠玉切　中齐韵，阳　平入，沃韵　词第十五部　戏一七辙　【方言字。借用同音字"局"的反切。】

焌 (一)qū[ㄑㄩ] 仓聿切　中齐韵，阴　平入，质韵　词第十七部　戏一七辙　（用火烧）

　　(二)jùn[ㄐㄩㄣˋ] 子寸切　中文韵，去　平去，愿韵　词第六部　戏人辰辙　（燃火灼龟）

焘 (一)tāo[ㄊㄠ] 徒刀切　中豪韵，阴　平平，豪韵　词第八部　戏遥条辙　曲萧豪韵，去

　　(二)dào[ㄉㄠˋ] 徒到切　中豪韵，去　平去，号韵　词第八部　戏遥条辙　曲萧豪韵，去　（又）

烹 pēng[ㄆㄥ] ①抚庚切　中庚韵，阴　平平，庚韵　词第十一部　戏中东辙　曲东钟韵，阴
　　　　②抚庚切　中庚韵，阴　平平，庚韵　词第十一部　戏中东辙　曲庚青韵，阴　（又）

焄 (一)xūn[ㄒㄩㄣ] 许云切　中文韵，阴　平平，文韵　词第六部　戏人辰辙

　　(二)hūn[ㄏㄨㄣ] （葱韭之类，同"荤(一)"）

焉（查"一"部）

八画

煑（同"煮"）　無（见"无"）　焠（同"淬"）　焞（同"煜①"）　勞（见"劳"）

煐 yīng[ㄧㄥ] 於惊切　中庚韵，阴　平平，庚韵　词第十一部　戏中东辙

焚 (一)fén[ㄈㄣˊ] 符分切　中文韵，阳　平平，文韵　词第六部　戏人辰辙　曲真文韵，阳

　　(二)fèn[ㄈㄣˋ] 方问切　中文韵，去　平去，问韵　词第六部　戏人辰辙　（通"偾"）

焯 (一)zhuó[ㄓㄨㄛˊ] 之若切　中薛韵，阳　平入，药韵　词第十六部　戏梭波辙

　　(二)zhuō[ㄓㄨㄛ] 竹角切　中薛韵，阴　平入，觉韵　词第十六部　戏梭波辙　（显明，明白）

　　(三)chāo[ㄔㄠ] 楚交切　中豪韵，阴　平平，肴韵　词第八部　戏遥条辙　（一种烹调方法）【借用同音字"抄"的反切。】

煛 jiǒng[ㄐㄩㄥˇ] 俱永切　中庚韵，上　平上，梗韵　词第十一部　戏中东辙

焜 (一)kūn[ㄎㄨㄣ] 公浑切　中文韵，阴　平平，元韵　词第六部　戏人辰辙

　　(二)hún[ㄏㄨㄣˊ] 胡昆切　中文韵，阳　平平，元韵　词第六部　戏人辰辙　（又）

　　(三)hùn[ㄏㄨㄣˋ] 胡本切　中文韵，去　平上，阮韵　词第六部　戏人辰辙　（又）

焮 (一)xīn[ㄒㄧㄣ] 许斤切　中文韵，阴　平平，文韵　词第六部　戏人辰辙

　　(二)xìn[ㄒㄧㄣˋ] 香靳切　中文韵，去　平去，问韵　词第六部　戏人辰辙　（又）

焰 yàn[ㄧㄢˋ] ①以赡切　中寒韵，去　平去，艳韵　词第十四部　戏言前辙　曲廉纤韵，去
　　　　②以冉切　中寒韵，去　平上，俭韵　词第十四部　戏言前辙　（同"燄"）

焞 tūn[ㄊㄨㄣ] ①他昆切　中文韵，阴　平平，真韵　词第六部　戏人辰辙　（星光微弱）
　　　　　　　　②常伦切　中文韵，阴　平平，真韵　词第六部　戏人辰辙　（明亮）

焙 bèi[ㄅㄟˋ] 蒲昧切　中微韵，去　平去，队韵　词第三部　戏灰堆辙　曲齐微韵，去

焱 yàn[ㄧㄢˋ] 以赡切　中寒韵，去　平去，艳韵　词第十四部　戏言前辙

煮 zhǔ[ㄓㄨˇ] 章与切　中姑韵，上　平上，语韵　词第四部　戏姑苏辙　曲鱼模韵，上

焦 (一)jiāo[ㄐㄧㄠ] 即消切　中豪韵，阴　平平，萧韵　词第八部　戏遥条辙　曲萧豪韵，阴

　　(二)qiáo[ㄑㄧㄠˊ]　（憔悴，同“憔”）

然 rán[ㄖㄢˊ] 如延切　中寒韵，阳　平平，先韵　词第七部　戏言前辙　曲先天韵，阳

欻（查“欠”部）戾（查“户”部）

九画

煠（同“炸(二)”）煙（见“烟”）煉（见“炼”）煩（见“烦”）煬（见“炀”）熅（同“氲”）熄（同“熄”）
煖（同“暖(一)”）煥（见“焕”）塋（见“茔”）熒（见“荧”）煒（见“炜”）

煤 méi[ㄇㄟˊ] 莫杯切　中微韵，阳　平平，灰韵　词第三部　戏灰堆辙　曲齐微韵，阳

煁 chén[ㄔㄣˊ] 氏任切　中文韵，阳　平平，侵韵　词第十三部　戏人辰辙　曲侵寻韵，阳

煳 hú[ㄏㄨˊ] 户吴切　中姑韵，阳　平平，虞韵　词第四部　戏姑苏辙　【现代字。借用同音字“糊(一)”的反切。】

煏 bì[ㄅㄧˋ] 弼力切　中齐韵，去　平入，职韵　词第十七部　戏一七辙

煗 nuǎn[ㄋㄨㄢˇ] 乃管切　中寒韵，上　平上，旱韵　词第七部　戏言前辙

煜 yù[ㄩˋ] ①余六切　中齐韵，去　平入，屋韵　词第十五部　戏一七辙
　　　　　②为立切　中齐韵，去　平入，缉韵　词第十七部　戏一七辙　（又）

煨 (一)wēi[ㄨㄟ] 乌恢切　中微韵，阴　平平，灰韵　词第三部　戏灰堆辙　曲齐微韵，阴
　　(二)yù[ㄩˋ] 纡勿切　中齐韵，去　平入，物韵　词第十八部　戏一七辙　（保留火种）

煟 wèi[ㄨㄟˋ] 于贵切　中微韵，去　平去，未韵　词第三部　戏灰堆辙

煓 tuān[ㄊㄨㄢ] 他端切　中寒韵，阴　平平，寒韵　词第七部　戏言前辙

煅 duàn[ㄉㄨㄢˋ] 妒玩切　中寒韵，去　平去，翰韵　词第七部　戏言前辙

煲 bāo[ㄅㄠ] 博毛切　中豪韵，阴　平平，豪韵　词第八部　戏遥条辙　【方言字。借用同音字“褒”的反切。】

煌 huáng[ㄏㄨㄤˊ] 胡光切　中唐韵，阳　平平，阳韵　词第二部　戏江阳辙

煔 (一)shǎn[ㄕㄢˇ] ①舒赡切　中寒韵，上　平去，艳韵　词第十四部　戏言前辙　（火光闪烁）
　　　　　　②胡甘切　中寒韵，上　平平，覃韵　词第十四部　戏言前辙　（火焰上腾）
　　(二)qián[ㄑㄧㄢˊ] 徐廉切　中寒韵，阳　平平，盐韵　词第十四部　戏言前辙　（煮肉）
　　(三)shān[ㄕㄢ]　（杉树，同“杉(一)”）

煐 (一)yīng[ㄧㄥ] ①乌茎切　中庚韵，阴　平平，庚韵　词第十一部　戏中东辙　（羞怯状）
　　　　　　②鷪迸切　中庚韵，阴　平去，敬韵　词第十一部　戏中东辙　（又）
　　(二)yíng[ㄧㄥˊ] 於营切　中庚韵，阳　平平，庚韵　词第十一部　戏中东辙　（地名用字）

煊 xuān[ㄒㄩㄢ] 况袁切　中寒韵，阴　平平，元韵　词第七部　戏言前辙

煇 (一)yùn[ㄩㄣˋ] 王问切　中文韵，去　平去，问韵　词第六部　戏人辰辙
　　(二)xūn[ㄒㄩㄣ] 许云切　中文韵，阴　平平，文韵　词第六部　戏人辰辙　（熏灼）
　　(三)huī[ㄏㄨㄟ] 许归切　中微韵，阴　平平，微韵　词第三部　戏灰堆辙　（光辉）
　　(四)hún[ㄏㄨㄣˊ] 户昆切　中文韵，阳　平平，元韵　词第六部　戏人辰辙　（赤色）

煸 biān[ㄅㄧㄢ] 卑连切　中寒韵，阴　平平，先韵　词第七部　戏言前辙　【方言字。借用同音字“编(一)”的反切。】

煺 tuì[ㄊㄨㄟˋ] 他回切　中微韵，去　平平，灰韵　词第三部　戏灰堆辙　【同“焴”，用其反切。】

煣 róu[ㄖㄡˊ] 人九切　中尤韵，阳　平上，有韵　词第十二部　戏由求辙

煦 (一)xù[ㄒㄩˋ] 香句切　中齐韵，去　平去，遇韵　词第四部　戏一七辙
　　(二)xǔ[ㄒㄩˇ] 况羽切　中齐韵，上　平上，麌韵　词第四部　戏一七辙　（又）

照 zhào[ㄓㄠˋ] 之少切　史豪韵，去　乎去，啸韵　词第八部　戏遥条辙　曲萧豪韵，去

煞 (一)shà[ㄕㄚˋ] 所介切　史麻韵，去　乎去，卦韵　词第十部　戏发花辙　曲皆来韵，去

　　(二)shā[ㄕㄚ] 所八切　史麻韵，阴　乎入，黠韵　词第十八部　戏发花辙　（消灭；结束）

煎 (一)jiān[ㄐㄧㄢ] ①子仙切　史寒韵，阴　乎平，先韵　词第七部　戏言前辙　曲先天韵，阴

　　　　　　②子仙切　史寒韵，阴　乎平，先韵　词第七部　戏言前辙　曲先天韵，去　（又）

　　(二)jiàn[ㄐㄧㄢˋ]　（蜜饯，同"饯"）

蒸 （查"艹"部）

十画

爗（见"烨"）熗（见"炝"）榮（见"荣"）濚（见"荥"）犖（见"荦"）熒（见"荧"）

礡 bó[ㄅㄛˊ] 伯各切　史波韵，阳　乎入，药韵　词第十六部　戏梭波辙

煐 huǎng[ㄏㄨㄤˇ] 呼往切　史唐韵，上　乎上，养韵　词第二部　戏江阳辙

煴 (一)yún[ㄩㄣˊ] 玉分切　史文韵，阳　乎平，文韵　词第六部　戏人辰辙

　　(二)yǔn[ㄩㄣˇ] 羽粉切　史文韵，上　乎上，吻韵　词第六部　戏人辰辙　（又）

熂 xì[ㄒㄧˋ] 许既切　史齐韵，去　乎去，未韵　词第三部　戏一七辙

熄 xī[ㄒㄧ] 相即切　史齐韵，阴　乎入，职韵　词第十七部　戏一七辙

熘 liū[ㄌㄧㄡ] 力求切　史尤韵，阴　乎平，尤韵　词第十二部　戏由求辙　【同"溜(二)"，用其反切。】

熮 chǎo[ㄔㄠˇ] 初爪切　史豪韵，上　乎上，巧韵　词第八部　戏遥条辙

熇 (一)hè[ㄏㄜˋ] ①呵各切　史波韵，去　乎入，药韵　词第十六部　戏梭波辙　（炽热）

　　　　　　②呼木切　史波韵，去　乎入，屋韵　词第十五部　戏梭波辙　（又）

　　　　　　③火酷切　史波韵，去　乎入，沃韵　词第十五部　戏梭波辙　（又）

　　(二)kǎo[ㄎㄠˇ] ①苦浩切　史豪韵，上　乎上，皓韵　词第八部　戏遥条辙　（烤干）

　　　　　　②口到切　史豪韵，去　乎去，号韵　词第八部　戏遥条辙　（烘烤）

　　(三)xiāo[ㄒㄧㄠ] 虚娇切　史豪韵，阴　乎平，萧韵　词第八部　戏遥条辙　（热气）

熑 táng[ㄊㄤˊ] 徒郎切　史唐韵，阳　乎平，阳韵　词第二部　戏江阳辙

臑 liáo[ㄌㄧㄠˊ] 落萧切　史豪韵，阳　乎平，萧韵　词第八部　戏遥条辙

熔 róng[ㄖㄨㄥˊ] 余封切　史庚韵，阳　乎平，冬韵　词第一部　戏中东辙　【同"镕"，用其反切。】

煽 (一)shān[ㄕㄢ] 式连切　史寒韵，阴　乎平，先韵　词第七部　戏言前辙　曲先天韵，阴　（挑动）

　　(二)shàn[ㄕㄢˋ] 式战切　史寒韵，去　乎去，霰韵　词第七部　戏言前辙　曲先天韵，去　（炽热）

熥 tēng[ㄊㄥ] 他东切　史庚韵，阴　乎平，东韵　词第一部　戏中东辙

熬 (一)áo[ㄠˊ] 五劳切　史豪韵，阳　乎平，豪韵　词第八部　戏遥条辙　曲萧豪韵，阴

　　(二)āo[ㄠ] 於刀切　史豪韵，阴　乎平，豪韵　词第八部　戏遥条辙　曲萧豪韵，阴　（文火慢煮）

熙 (一)xī[ㄒㄧ] 许其切　史齐韵，阴　乎平，支韵　词第三部　戏一七辙　曲齐微韵，阴

　　(二)yí[ㄧˊ] 盈之切　史齐韵，阳　乎平，支韵　词第三部　戏一七辙　（人名用字）

熏 (一)xūn[ㄒㄩㄣ] 许云切　史文韵，阴　乎平，文韵　词第六部　戏人辰辙　曲真文韵，阴

　　(二)xùn[ㄒㄩㄣˋ] 吁运切　史文韵，去　乎去，问韵　词第六部　戏人辰辙　（煤气中毒）　【《集韵》：吁运切。借用之。】

　　(三)xìn[ㄒㄧㄣˋ] 许觐切　史文韵，去　乎去，震韵　词第六部　戏人辰辙　（用香料涂身）【同"衅"，用其反切。】

熊 xióng[ㄒㄩㄥˊ] 羽弓切　史庚韵，阳　乎平，东韵　词第一部　戏中东辙　曲东钟韵，阳

毵 （查"舌"部）

十一画

熱（见"热"）熳（同"漫"）熋（同"嶣"）瑩（见"莹"）

熭 huì[ㄏㄨㄟˋ] ①于岁切　史微韵，去　乎去，霁韵　词第三部　戏灰堆辙

　　　　　　②王伐切　史微韵，去　乎入，月韵　词第十八部　戏灰堆辙　（又）

爌 (一)huáng[ㄏㄨㄤˊ] 胡光切　史唐韵，阳　平平，阳韵　词第二部　戏江阳辙　（闪耀）

　　(二)huǎng[ㄏㄨㄤˇ] 户广切　史唐韵，上　平上，养韵　词第二部　戏江阳辙　（明亮）

熯 (一)hàn[ㄏㄢˋ] ①呼旰切　史寒韵，去　平去，翰韵　词第七部　戏言前辙　（烘干）

　　　　　　②呼旱切　史寒韵，去　平上，旱韵　词第七部　戏言前辙　（又）

　　(二)rǎn[ㄖㄢˇ] 人善切　史寒韵，上　平上，铣韵　词第七部　戏言前辙　（恭敬；火大）

熛 biāo[ㄅㄧㄠ] 甫遥切　史豪韵，阴　平平，萧韵　词第八部　戏遥条辙

熜 (一)cōng[ㄘㄨㄥ] 仓红切　史庚韵，阴　平平，东韵　词第一部　戏中东辙

　　(二)zǒng[ㄗㄨㄥˇ] 作孔切　史庚韵，上　平上，董韵　词第一部　戏中东辙　（麻杆扎的火把）

熝 lù[ㄌㄨˋ] 卢谷切　史姑韵，去　平入，屋韵　词第十五部　戏姑苏辙

熵 shāng[ㄕㄤ] 式羊切　史唐韵，阴　平平，阳韵　词第二部　戏江阳辙　【现代字。借用同音字"商"的反切。】

禜 (一)yǒng[ㄩㄥˇ] 为命切　史庚韵，上　平去，敬韵　词第十一部　戏中东辙

　　(二)yíng[ㄧㄥˊ] 永兵切　史庚韵，阳　平平，庚韵　词第十一部　戏中东辙　（又）

熨 (一)yùn[ㄩㄣˋ] 纡物切　史文韵，去　平入，物韵　词第十八部　戏人辰辙

　　(二)wèi[ㄨㄟˋ] 於胃切　史微韵，去　平去，未韵　词第三部　戏灰堆辙　（热敷）

　　(三)yù[ㄩˋ] 纡物切　史齐韵，去　平入，物韵　词第十八部　戏一七辙　（～帖）

熠 yì[ㄧˋ] 羊入切　史齐韵，去　平入，缉韵　词第十七部　戏一七辙

熟 (一)shú[ㄕㄨˊ] 舒六切　史姑韵，阳　平入，屋韵　词第十五部　戏姑苏辙　曲鱼模韵，阳

　　(二)shóu[ㄕㄡˊ] 舒六切　史尤韵，阳　平入，屋韵　词第十五部　戏由求辙　曲尤侯韵，阳　（用于口语）

熲 （查"页"部）

<h2 style="text-align:center">十二画</h2>

燒 （见"烧"）熰 （见"焖"）燄 （同"焰②"）熾 （见"炽"）燐 （同"磷㈠㈡"）欻 （同"欻"）螢 （见"萤"）
營 （见"营"）縈 （见"萦"）燙 （见"烫"）燈 （见"灯"）

燌 fén[ㄈㄣˊ] 扶文切　史文韵，阳　平平，文韵　词第六部　戏人辰辙

熺 (一)xī[ㄒㄧ] 许其切　史齐韵，阴　平平，支韵　词第三部　戏一七辙　（光明）

　　(二)chì[ㄔˋ] 昌志切　史支韵，去　平去，寘韵　词第三部　戏一七辙　（烹煮）【同"饎㈠"，用其反切。】

燂 (一)qián[ㄑㄧㄢˊ] ①昨盐切　史寒韵，阳　平平，盐韵　词第十四部　戏言前辙　曲监咸韵，阳

　　　　　　　②徒含切　史寒韵，阳　平平，覃韵　词第十四部　戏言前辙　曲监咸韵，阳　（又）

　　(二)xún[ㄒㄩㄣˊ] 徐廉切　史文韵，阳　平平，盐韵　词第十四部　戏人辰辙　曲监咸韵，阳　（又）

燎 (一)liǎo[ㄌㄧㄠˇ] 力小切　史豪韵，上　平上，篠韵　词第八部　戏遥条辙　曲萧豪韵，上

　　(二)liào[ㄌㄧㄠˋ] 力照切　史豪韵，去　平去，啸韵　词第八部　戏遥条辙　（～祭）

　　(三)liáo[ㄌㄧㄠˊ] 力昭切　史豪韵，阳　平平，萧韵　词第八部　戏遥条辙　（延烧；火炬）

燅 jiān[ㄐㄧㄢ] 子廉切　史寒韵，阴　平平，盐韵　词第十四部　戏言前辙

燀 (一)chǎn[ㄔㄢˇ] ①昌善切　史寒韵，上　平上，铣韵　词第七部　戏言前辙

　　　　　　　②尺延切　史寒韵，阴　平平，先韵　词第七部　戏言前辙　（发生）

　　(二)dǎn[ㄉㄢˇ] 党旱切　史寒韵，上　平上，旱韵　词第七部　戏言前辙　（过度）

燋 (一)qiáo[ㄑㄧㄠˊ] 慈焦切　史豪韵，阳　平平，萧韵　词第八部　戏遥条辙　曲萧豪韵，阳

　　(二)jiāo[ㄐㄧㄠ] 即消切　史豪韵，阴　平平，萧韵　词第八部　戏遥条辙　曲萧豪韵，阴　（引火物）

　　(三)jué[ㄐㄩㄝˊ] 即略切　史皆韵，阳　平入，药韵　词第十六部　戏乜斜辙　（火炬）

　　(四)zhuó[ㄓㄨㄛˊ] 职略切　史波韵，阳　平入，药韵　词第十六部　戏梭波辙　（灼烧）

燠 (一)yù[ㄩˋ] 於六切　史齐韵，去　平入，屋韵　词第十五部　戏一七辙

　　(二)ào[ㄠˋ] 乌到切　史豪韵，去　平去，号韵　词第八部　戏遥条辙　（又）

燔 fán[ㄈㄢˊ] 附袁切　史寒韵，阳　平平，元韵　词第七部　戏言前辙

燃 rán[ㄖㄢˊ] 如延切　史寒韵，阳　平平，先韵　词第七部　戏言前辙　曲先天韵，阳

燉 ㈠tún［ㄊㄨㄣˊ］徒浑切　史文韵，阳　平平，元韵　词第六部　戏人辰辙　（火旺盛）

　　㈡dūn［ㄉㄨㄣ］　（敦煌，同"敦㈠"）

　　㈢tūn［ㄊㄨㄣ］　（暖和，同"暾"）

　　㈣dùn［ㄉㄨㄣˋ］　（煮，同"炖㈠"）

燧 suì［ㄙㄨㄟˋ］徐醉切　史微韵，去　平去，寘韵　词第三部　戏灰堆辙　曲齐微韵，去

燚 yì［ㄧˋ］以日切　史齐韵，去　平入，质韵　词第十七部　戏一七辙　【《篇海》：以日切。用之。】

罃 yīng［ㄧㄥ］乌茎切　史庚韵，阴　平平，庚韵　词第十一部　戏中东辙

燖 xún［ㄒㄩㄣˊ］①徐心切　史文韵，阳　平平，侵韵　词第十三部　戏人辰辙　曲侵寻韵，阳

　　　　　　　　②徐心切　史文韵，阳　平平，侵韵　词第十三部　戏人辰辙　曲廉纤韵，阳　（又）

燏 yù［ㄩˋ］允律切　史齐韵，去　平入，质韵　词第十七部　戏一七辙

熹 xī［ㄒㄧ］许其切　史齐韵，阴　平平，支韵　词第三部　戏一七辙　曲齐微韵，阴

燕 ㈠yàn［ㄧㄢˋ］於甸切　史寒韵，去　平去，霰韵　词第七部　戏言前辙　曲先天韵，去

　　㈡yān［ㄧㄢ］乌前切　史寒韵，阴　平平，先韵　词第七部　戏言前辙　曲先天韵，阴　（姓；国名）

燊（查"木"部）

十三画

燦（见"灿"）燭（见"烛"）燴（见"烩"）

燥 ㈠zào［ㄗㄠˋ］苏老切　史豪韵，去　平上，皓韵　词第八部　戏遥条辙　（干~）

　　㈡sào［ㄙㄠˋ］先到切　史豪韵，去　平去，号韵　词第八部　戏遥条辙　曲萧豪韵，去　（~子）

燡 yì［ㄧˋ］羊益切　史齐韵，去　平入，陌韵　词第十七部　戏一七辙

燬 huǐ［ㄏㄨㄟˇ］许委切　史微韵，上　平上，纸韵　词第三部　戏灰堆辙　曲齐微韵，上

營 yòng［ㄩㄥˋ］为命切　史庚韵，去　平去，敬韵　词第十一部　戏中东辙

熒 ㈠yíng［ㄧㄥˊ］余倾切　史庚韵，阳　平平，庚韵　词第十一部　戏中东辙

　　㈡hōng［ㄏㄨㄥ］呼宏切　史庚韵，阴　平平，庚韵　词第十一部　戏中东辙　（声音大）

燮（查"又"部）

十四画

熹（见"焘"）燁（同"烨"）燻（同"熏㈠"）鎣（见"莹"）燼（见"烬"）

燫 làn［ㄌㄢˋ］①卢瞰切　史寒韵，去　平去，勘韵　词第十四部　戏言前辙　曲监咸韵，阳

　　　　　　　②力验切　史寒韵，去　平去，艳韵　词第十四部　戏言前辙　曲监咸韵，阳　（又）

燹 xiǎn［ㄒㄧㄢˇ］①苏典切　史寒韵，上　平上，铣韵　词第七部　戏言前辙　（战火）

　　　　　　　②息浅切　史寒韵，上　平上，铣韵　词第七部　戏言前辙　（野火）

爌 ㈠huǎng［ㄏㄨㄤˇ］呼晃切　史唐韵，上　平上，养韵　词第二部　戏江阳辙

　　㈡kuǎng［ㄎㄨㄤˇ］丘晃切　史唐韵，上　平上，养韵　词第二部　戏江阳辙　（灯火）

檾 qǐng［ㄑㄧㄥˇ］①去颖切　史庚韵，上　平上，梗韵　词第十一部　戏中东辙

　　　　　　　②口迥切　史庚韵，上　平上，迥韵　词第十一部　戏中东辙　（又）

爍 ㈠shuò［ㄕㄨㄛˋ］弋灼切　史波韵，去　平入，药韵　词第十六部　戏梭波辙　（销熔）

　　㈡shào［ㄕㄠˋ］所教切　史豪韵，去　平去，效韵　词第八部　戏遥条辙　（细长）

　　㈢yào［ㄧㄠˋ］　（同"耀"）

爇（查"艹"部）

十五画

爗（见"烁"）爊（同"熬㈡"）

爆 ㈠bào［ㄅㄠˋ］北教切　史豪韵，去　平去，效韵　词第八部　戏遥条辙　曲萧豪韵，去

　　㈡bó［ㄅㄛˊ］北角切　史波韵，阳　平入，觉韵　词第十六部　戏梭波辙　（~烁）

十六画

爐（见"炉"） 犠（同"曦"）

燄 （一）yàn［丨ㄢ ˋ］ 以赡切　史寒韵，去　平去，艳韵　词第十四部　戏言前辙　（火焰）

　（二）qián［ㄑㄧㄢ ˊ］ 徐盐切　史寒韵，阳　平平，盐韵　词第十四部　戏言前辙　（把肉煮成半熟）

十七画

爤（见"烂"） 鸄（见"莺"）

爟 guàn［ㄍㄨㄢ ˋ］ 古玩切　史寒韵，去　平去，翰韵　词第七部　戏言前辙

爚 （一）yuè［ㄩㄝ ˋ］ 以灼切　史皆韵，去　平入，药韵　词第十六部　戏乜斜辙

　（二）shuò［ㄕㄨㄛ ˋ］ 书药切　史波韵，去　平入，药韵　词第十六部　戏梭波辙　（又）

爵 （一）jué［ㄐㄩㄝ ˊ］ 即略切　史皆韵，阳　平入，药韵　词第十六部　戏乜斜辙

　（二）jiào［ㄐㄧㄠ ˋ］ 子肖切　史豪韵，去　平去，啸韵　词第八部　戏遥条辙　（又）

十八画

爞 chóng［ㄔㄨㄥ ˊ］ ①直弓切　史庚韵，阳　平平，东韵　词第一部　戏中东辙

　　　　　　　　　②徒冬切　史庚韵，阳　平平，冬韵　词第一部　戏中东辙　（又）

十九画

麚（查"麻"部）

二十画

爣 tǎng［ㄊㄤ ˇ］ 他朗切　史唐韵，上　平上，养韵　词第二部　戏江阳辙

二十一画

爥（同"烛"）

二十五画

爨 cuàn［ㄘㄨㄢ ˋ］ 七乱切　史寒韵，去　平去，翰韵　词第七部　戏言前辙　曲桓欢韵，去

斗 部

斗 （一）dǒu［ㄉㄡ ˇ］ 当口切　史尤韵，上　平上，有韵　词第十二部　戏由求辙　曲尤侯韵，上

　　　　（1）量器和容量单位　（2）古酒器　（3）像斗的东西：漏～　（4）一种建筑构件：～拱　（5）指纹名　（6）突然，通"陡"

　（二）dòu［ㄉㄡ ˋ］ 都豆切　史尤韵，去　平去，宥韵　词第十二部　戏由求辙　曲尤侯韵，去

　　　　（7）对打：搏～　（8）比胜负：～智～勇　（9）拼合：～榫　（10）凑集：～钱

四画

戽（查"户"部）

六画

料（查"米"部）

七画

斜 （一）xié［ㄒㄧㄝ ˊ］ 似嗟切　史皆韵，阳　平平，麻韵　词第十部　戏乜斜辙　曲车遮韵，阳

　（二）xiá［ㄒㄧㄚ ˊ］ 似嗟切　史麻韵，阳　平平，麻韵　词第十部　戏发花辙　曲车遮韵，阳　（旧）

　（三）yé［ㄧㄝ ˊ］ 以遮切　史皆韵，阳　平平，麻韵　词第十部　戏乜斜辙　曲车遮韵，阳　（～谷）

　（四）chá［ㄔㄚ ˊ］ 直加切　史麻韵，阳　平平，麻韵　词第十部　戏发花辙　曲车遮韵，阳　（伊稚～）

斛（查"角"部）

八画

斝 jiǎ[ㄐㄧㄚˇ] 古疋切　史麻韵，上　平上，马韵　词第十部　戏发花辙

九画

斟 zhēn[ㄓㄣ] 职深切　史文韵，阴　平平，侵韵　词第十三部　戏人辰辙　曲侵寻韵，阴

十画

斠 jiào[ㄐㄧㄠˋ] ①古岳切　史豪韵，去　平入，觉韵　词第十六部　戏遥条辙
　　　　　　　　②居效切　史豪韵，去　平去，效韵　词第八部　戏遥条辙　（又）

斡（查"斡"部）

十一画

斢（查"黄"部）

户　部

户 hù[ㄏㄨˋ] 侯古切　史姑韵，去　平上，麌韵　词第四部　戏姑苏辙　曲鱼模韵，去

一画

戹 è[ㄜˋ] 於革切　史波韵，去　平入，陌韵　词第十七部　戏梭波辙

三画

启 qǐ[ㄑㄧˇ] 康礼切　史齐韵，上　平上，荠韵　词第三部　戏一七辙　曲齐微韵，上
𢨶 shì[ㄕˋ] 鉏里切　史支韵，去　平上，纸韵　词第三部　戏一七辙
庐（查"广"部）

四画

戾 ㈠lì[ㄌㄧˋ] 郎计切　史齐韵，去　平去，霁韵　词第三部　戏一七辙　曲齐微韵，去
　㈡liè[ㄌㄧㄝˋ] 练结切　史皆韵，去　平入，屑韵　词第十八部　戏乜斜辙　（扭转）
肩 jiān[ㄐㄧㄢ] 古贤切　史寒韵，阴　平平，先韵　词第七部　戏言前辙　曲先天韵，阴
房 ㈠fáng[ㄈㄤˊ] 符方切　史唐韵，阳　平平，阳韵　词第二部　戏江阳辙　曲江阳韵，阳
　㈡páng[ㄆㄤˊ] 步光切　史唐韵，阳　平平，阳韵　词第二部　戏江阳辙　曲江阳韵，阳　（阿~宫）
戽 hù[ㄏㄨˋ] ①荒故切　史姑韵，去　平去，遇韵　词第四部　戏姑苏辙　曲鱼模韵，去
　　　　　②侯古切　史姑韵，去　平上，麌韵　词第四部　戏姑苏辙　曲鱼模韵，去　（又）
昈（查"日"部）所（查"斤"部）

五画

扂 diàn[ㄉㄧㄢˋ] 徒玷切　史寒韵，去　平上，俭韵　词第十四部　戏言前辙
扁 ㈠biǎn[ㄅㄧㄢˇ] 方典切　史寒韵，上　平上，铣韵　词第七部　戏言前辙　曲先天韵，上
　㈡piān[ㄆㄧㄢ] 芳连切　史寒韵，阴　平平，先韵　词第七部　戏言前辙　曲先天韵，阴　（小）
　㈢biàn[ㄅㄧㄢˋ] （~善–遍善，同"遍"）
扃 ㈠jiōng[ㄐㄩㄥ] 古萤切　史庚韵，阴　平平，青韵　词第十一部　戏中东辙　曲庚青韵，阴
　㈡jiǒng[ㄐㄩㄥˇ] 犬迥切　史庚韵，上　平上，迥韵　词第十一部　戏中东辙　（我心~~）

六画

扅 yí[ㄧˊ] 弋支切　史齐韵，阳　平平，支韵　词第三部　戏一七辙
扆 yǐ[ㄧˇ] 於岂切　史齐韵，上　平上，尾韵　词第三部　戏一七辙　曲齐微韵，上

扇 (一) shàn [ㄕㄢˋ] 式战切　中寒韵，去　平去，霰韵　词第七部　戏言前辙　曲先天韵，去
　　(二) shān [ㄕㄢ] 式连切　中寒韵，阴　平平，先韵　词第七部　戏言前辙　曲先天韵，阴　（同"搧"；骟~）

七画

扈 hù [ㄏㄨˋ] 侯古切　中姑韵，去　平上，麌韵　词第四部　戏姑苏辙　曲鱼模韵，去

八画

扉 fēi [ㄈㄟ] 甫微切　中微韵，阴　平平，微韵　词第三部　戏灰堆辙　曲齐微韵，阴
雇 (一) gù [ㄍㄨˋ] 古暮切　中姑韵，去　平去，遇韵　词第四部　戏姑苏辙　曲鱼模韵，去
　　(二) hù [ㄏㄨˋ] 侯古切　中姑韵，去　平上，麌韵　词第四部　戏姑苏辙　（九~鸟）
扊 yǎn [ㄧㄢˇ] 以冉切　中寒韵，上　平上，俭韵　词第十四部　戏言前辙

十画

肇 （查"聿"部）

十一画

扈 hù [ㄏㄨˋ] 侯古切　中姑韵，去　平上，麌韵　词第四部　戏姑苏辙

心（忄 灬）部

心 xīn [ㄒㄧㄣ] 息林切　中文韵，阴　平平，侵韵　词第十三部　戏人辰辙　曲侵寻韵，阴

一画

必 bì [ㄅㄧˋ] 卑吉切　中齐韵，去　平入，质韵　词第十七部　戏一七辙　曲齐微韵，上
忆 yì [ㄧˋ] 於力切　中齐韵，去　平入，职韵　词第十七部　戏一七辙　曲齐微韵，去

二画

忉 dāo [ㄉㄠ] 都牢切　中豪韵，阴　平平，豪韵　词第八部　戏遥条辙

三画

忚 （同"吣"）忣（同"急"）
志 zhì [ㄓˋ] 职吏切　中支韵，去　平去，寘韵　词第三部　戏一七辙　曲支思韵，去
忑 tè [ㄊㄜˋ] 他得切　中波韵，去　平入，职韵　词第十七部　戏梭波辙
忐 tǎn [ㄊㄢˇ] 吐敢切　中寒韵，上　平上，感韵　词第十四部　戏言前辙
忘 wàng [ㄨㄤˋ] ①巫放切　中唐韵，去　平去，漾韵　词第二部　戏中东辙　曲江阳韵，阳
　　　　　　　②巫放切　中唐韵，去　平去，漾韵　词第二部　戏中东辙　曲江阳韵，去　（又）
忌 jì [ㄐㄧˋ] 渠记切　中齐韵，去　平去，寘韵　词第三部　戏一七辙　曲齐微韵，去
忍 rěn [ㄖㄣˇ] 而轸切　中文韵，上　平上，轸韵　词第六部　戏人辰辙　曲真文韵，上
忓 (一) hàn [ㄏㄢˋ] 侯旰切　中寒韵，去　平去，翰韵　词第七部　戏言前辙
　　(二) gān [ㄍㄢ] （触犯，干扰，同"干(一)"）
忖 cǔn [ㄘㄨㄣˇ] 仓本切　中文韵，上　平上，阮韵　词第六部　戏人辰辙　曲真文韵，上
忕 (一) shì [ㄕˋ] 时制切　中支韵，去　平去，霁韵　词第三部　戏一七辙
　　(二) tài [ㄊㄞˋ] （骄奢，同"忲"）
忏 chàn [ㄔㄢˋ] 楚鉴切　中寒韵，去　平去，陷韵　词第十四部　戏言前辙　曲监咸韵，去
忔 (一) qì [ㄑㄧˋ] 许讫切　中齐韵，去　平入，物韵　词第十八部　戏一七辙
　　(二) yì [ㄧˋ] 鱼乙切　中齐韵，去　平入，物韵　词第十八部　戏一七辙　（不欲）
忙 máng [ㄇㄤˊ] 莫郎切　中唐韵，阳　平平，阳韵　词第二部　戏江阳辙　曲江阳韵，阳

弍（查"弋"部）闷（查"门"部）

四画

忩（同"匆"）

态 tài[ㄊㄞˋ] 他代切　史开韵，去　乎去，队韵　词第五部　戏怀来辙　曲皆来韵，去

忠 zhōng[ㄓㄨㄥ] 陟弓切　史庚韵，阴　乎平，东韵　词第一部　戏中东辙　曲东钟韵，阴

怂 sǒng[ㄙㄨㄥˇ] 息供切　史庚韵，上　乎上，肿韵　词第一部　戏中东辙

念 niàn[ㄋㄧㄢˋ] 奴店切　史寒韵，去　乎去，艳韵　词第十四部　戏言前辙　曲廉纤韵，去

忿 fèn[ㄈㄣˋ] ①匹问切　史文韵，去　乎去，问韵　词第六部　戏人辰辙　曲真文韵，去

②敷粉切　史文韵，去　乎上，吻韵　词第六部　戏人辰辙　曲真文韵，去　（又）

忽 hū[ㄏㄨ] 呼骨切　史姑韵，阴　乎入，月韵　词第十八部　戏姑苏辙　曲鱼模韵，上

忞 ㈠mín[ㄇㄧㄣˊ] 武巾切　史文韵，阳　乎平，真韵　词第六部　戏人辰辙

㈡wěn[ㄨㄣˇ] 武粉切　史文韵，上　乎上，吻韵　词第六部　戏人辰辙　（~ ~）

忨 wán[ㄨㄢˊ] ①五丸切　史寒韵，阳　乎平，寒韵　词第七部　戏言前辙

②五换切　史寒韵，阳　乎去，翰韵　词第七部　戏言前辙　（又）

怃 wǔ[ㄨˇ] 文甫切　史姑韵，上　乎上，麌韵　词第四部　戏姑苏辙

忮 zhì[ㄓˋ] 支义切　史支韵，去　乎去，寘韵　词第三部　戏一七辙　曲齐微韵，去

怀 huái[ㄏㄨㄞˊ] 户乖切　史开韵，阳　乎平，佳韵　词第五部　戏怀来辙　曲皆来韵，阳

忲 tài[ㄊㄞˋ] 他盖切　史开韵，去　乎去，泰韵　词第五部　戏怀来辙

怄 òu[ㄡˋ] 乌候切　史尤韵，去　乎去，宥韵　词第十二部　戏由求辙　【音"沤㈠"，用其反切。】

忧 yōu[ㄧㄡ] 於求切　史尤韵，阴　乎平，尤韵　词第十二部　戏由求辙　曲尤侯韵，阴

忳 ㈠tún[ㄊㄨㄣˊ] 徒浑切　史文韵，阳　乎平，元韵　词第六部　戏人辰辙　（忧伤苦闷）

㈡zhūn[ㄓㄨㄣ] 朱伦切　史文韵，阴　乎平，真韵　词第六部　戏人辰辙　（心性专一）

㈢dùn[ㄉㄨㄣˋ] 杜本切　史文韵，去　乎上，阮韵　词第六部　戏人辰辙　（无知状）

忡 chōng[ㄔㄨㄥ] ①敕中切　史庚韵，阴　乎平，东韵　词第一部　戏中东辙　曲东钟韵，阴

②徒冬切　史庚韵，阴　乎平，冬韵　词第一部　戏中东辙　曲东钟韵，阴　（又）

忤 wǔ[ㄨˇ] 五故切　史姑韵，上　乎去，遇韵　词第四部　戏姑苏辙　曲鱼模韵，上

忾 ㈠kài[ㄎㄞˋ] 苦爱切　史开韵，去　乎去，队韵　词第五部　戏怀来辙

㈡xì[ㄒㄧˋ] 许既切　史齐韵，去　乎去，未韵　词第三部　戏一七辙　（叹息）

㈢qì[ㄑㄧˋ] 许讫切　史齐韵，去　乎入，物韵　词第十八部　戏一七辙　（通"迄"）

怅 chàng[ㄔㄤˋ] 丑亮切　史唐韵，去　乎去，漾韵　词第二部　戏江阳辙　曲江阳韵，去

忻 xīn[ㄒㄧㄣ] 许斤切　史文韵，阴　乎平，文韵　词第六部　戏人辰辙

忪 ㈠sōng[ㄙㄨㄥ] 祥容切　史庚韵，阴　乎平，冬韵　词第一部　戏中东辙　（惺~）【借用同音字"松"的反切。】

㈡zhōng[ㄓㄨㄥ] 职容切　史庚韵，阴　乎平，冬韵　词第一部　戏中东辙　（怔~）

怆 chuàng[ㄔㄨㄤˋ] ①初亮切　史唐韵，去　乎去，漾韵　词第二部　戏江阳辙　曲江阳韵，去　（悲伤）

②初两切　史唐韵，上　乎上，养韵　词第二部　戏江阳辙　（~恍）

忺 xiān[ㄒㄧㄢ] 希淹切　史寒韵，阴　乎平，盐韵　词第十四部　戏言前辙　曲廉纤韵，阴

忭 biàn[ㄅㄧㄢˋ] 皮变切　史寒韵，去　乎去，霰韵　词第七部　戏言前辙

忼 kāng[ㄎㄤ] ①苦朗切　史唐韵，阴　乎上，养韵　词第二部　戏江阳辙

②丘冈切　史唐韵，阴　乎平，阳韵　词第二部　戏江阳辙　（又）

忱 chén[ㄔㄣˊ] 氏任切　史文韵，阳　乎平，侵韵　词第十三部　戏人辰辙　曲侵寻韵，阳

快 kuài[ㄎㄨㄞˋ] 苦夬切　史开韵，去　乎去，卦韵　词第十部　戏怀来辙　曲皆来韵，去

忸 niǔ[ㄋㄧㄡˇ] 女六切　史尤韵，上　乎入，屋韵　词第十五部　戏由求辙　曲尤侯韵，上

忝 tiǎn[ㄊㄧㄢˇ] 他玷切　史寒韵，上　乎上，俭韵　词第十四部　戏言前辙　曲廉纤韵，上

五画

怱（见"匆"）

思 ㈠sī[ㄙ] 息兹切　中支韵，阴　平平，支韵　词第三部　戏一七辙　曲支思韵，阴
　　㈡sì[ㄙ ˋ] 相吏切　中支韵，去　平去，寘韵　词第三部　戏一七辙　曲支思韵，去　（心绪）
　　㈢sāi[ㄙㄞ] 桑才切　中开韵，阴　平平，灰韵　词第五部　戏怀来辙　（于~）

怎 zěn[ㄗㄣˇ] 子吽切　中文韵，上　平上，有韵　词第十二部　戏人辰辙　曲侵寻韵，上

怤 fū[ㄈㄨ] 芳无切　中姑韵，阴　平平，虞韵　词第四部　戏姑苏辙

憛 tān[ㄊㄢ] 他干切　中寒韵，阴　平平，寒韵　词第七部　戏言前辙　【方言字。借用同音字"摊"的反切。】

怨 ㈠yuàn[ㄩㄢˋ] ①於愿切　中寒韵，去　平去，愿韵　词第七部　戏言前辙　曲先天韵，去
　　　　　　　　　②於袁切　中寒韵，去　平平，元韵　词第七部　戏言前辙　曲先天韵，去　（又）
　　㈡yùn[ㄩㄣˋ] 纡问切　中文韵，去　平去，问韵　词第六部　戏人辰辙　（积蓄；怒）

急 jí[ㄐㄧˊ] 居立切　中齐韵，阳　平入，缉韵　词第十七部　戏一七辙　曲齐微韵，上

总 ㈠zǒng[ㄗㄨㄥˇ] 作孔切　中庚韵，上　平上，董韵　词第一部　戏中东辙　曲东钟韵，上
　　㈡zōng[ㄗㄨㄥ]　（量词，同"緵㈠"）
　　㈢cōng[ㄘㄨㄥ]　（绢名，同"緫"；忽然，同"匆"）
　　㈣zòng[ㄗㄨㄥˋ]　（纵然，同"纵㈠"）

怒 nù[ㄋㄨˋ] ①乃故切　中姑韵，去　平去，遇韵　词第四部　戏姑苏辙　曲鱼模韵，去
　　　　　　　　②奴古切　中姑韵，去　平上，麌韵　词第四部　戏姑苏辙　曲鱼模韵，去　（又）

怼 duì[ㄉㄨㄟˋ] ①直类切　中微韵，去　平去，寘韵　词第三部　戏灰堆辙　曲齐微韵，去
　　　　　　　　②徒对切　中微韵，去　平去，队韵　词第三部　戏灰堆辙　曲齐微韵，去　（又）

怠 dài[ㄉㄞˋ] 徒亥切　中开韵，去　平上，贿韵　词第五部　戏怀来辙　曲皆来韵，去

怔 zhēng[ㄓㄥ] 诸盈切　中庚韵，阴　平平，庚韵　词第十一部　戏中东辙

怯 qiè[ㄑㄧㄝˋ] 去劫切　中皆韵，去　平入，洽韵　词第十九部　戏乜斜辙　曲车遮韵，上

怙 hù[ㄏㄨˋ] 侯古切　中姑韵，去　平上，麌韵　词第四部　戏姑苏辙　曲鱼模韵，去

怵 ㈠chù[ㄔㄨˋ] 丑律切　中姑韵，去　平入，质韵　词第十七部　戏姑苏辙
　　㈡xù[ㄒㄩˋ] ①雪律切　中齐韵，去　平入，质韵　词第十七部　戏一七辙　（利诱）
　　　　　　　　②休必切　中齐韵，去　平入，质韵　词第十七部　戏一七辙　（狂）

怲 bǐng[ㄅㄧㄥˇ] ①兵永切　中庚韵，上　平上，梗韵　词第十一部　戏中东辙
　　　　　　　　②陂病切　中庚韵，上　平去，敬韵　词第十一部　戏中东辙　（又）

怖 bù[ㄅㄨˋ] 普故切　中姑韵，去　平去，遇韵　词第四部　戏姑苏辙　曲鱼模韵，去

怦 pēng[ㄆㄥ] 普耕切　中庚韵，阴　平平，庚韵　词第十一部　戏中东辙

怴 yuè[ㄩㄝˋ] 许聿切　中皆韵，去　平入，质韵　词第十七部　戏乜斜辙

怗 ㈠tiē[ㄊㄧㄝ] 他协切　中皆韵，阴　平入，叶韵　词第十八部　戏乜斜辙
　　㈡zhān[ㄓㄢ] 处占切　中寒韵，阴　平平，盐韵　词第十四部　戏言前辙　（乐音不和谐）

怛 ㈠dá[ㄉㄚˊ] 当割切　中麻韵，阳　平入，曷韵　词第十八部　戏发花辙
　　㈡dàn[ㄉㄢˋ] 得案切　中寒韵，去　平去，翰韵　词第七部　戏言前辙　（悍~）

怚 ㈠jǔ[ㄐㄩˇ] ①将预切　中齐韵，上　平去，御韵　词第四部　戏一七辙　（骄傲自满）
　　　　　　　　②慈吕切　中齐韵，上　平上，语韵　词第四部　戏一七辙　（又）
　　㈡cū[ㄘㄨ] 聪徂切　中姑韵，阴　平平，虞韵　词第四部　戏姑苏辙　（粗暴）
　　㈢zū[ㄗㄨ] 宗苏切　中姑韵，阴　平平，虞韵　词第四部　戏姑苏辙　（阻塞）

怞 ㈠chōu[ㄔㄡ] 直由切　中尤韵，阴　平平，尤韵　词第十二部　戏由求辙　（不平静）
　　㈡yóu[ㄧㄡˊ] 夷周切　中尤韵，阳　平平，尤韵　词第十二部　戏由求辙　（忧愁状）

怏 yàng[ㄧㄤˋ] ①於亮切　中唐韵，去　平去，漾韵　词第二部　戏江阳辙　曲江阳韵，去

②於两切　史唐韵，去　平上，养韵　词第二部　戏江阳辙　曲江阳韵，去　（又）

恍 huǎng[ㄏㄨㄤˇ] 许昉切　史唐韵，上　平上，养韵　词第二部　戏江阳辙

恓 xì[ㄒㄧˋ] 许异切　史齐韵，去　平去，寘韵　词第三部　戏一七辙

性 xìng[ㄒㄧㄥˋ] ①息正切　史庚韵，去　平去，敬韵　词第十一部　戏中东辙　曲庚青韵，去

②新佞切　史庚韵，去　平去，径韵　词第十一部　戏中东辙　曲庚青韵，去　（心悸）

怢 tū[ㄊㄨ] 他骨切　史姑韵，阴　平入，月韵　词第十八部　戏姑苏辙

怍 zuò[ㄗㄨㄛˋ] 在各切　史波韵，去　平入，药韵　词第十六部　戏梭波辙

怕 (一)pà[ㄆㄚˋ] 普驾切　史麻韵，去　平去，祃韵　词第十部　戏发花辙　曲家麻韵，去

(二)bó[ㄅㄛˊ] 普伯切　史波韵，阳　平入，陌韵　词第十七部　戏梭波辙　（恬淡）

怜 (一)lián[ㄌㄧㄢˊ] 落贤切　史寒韵，阳　平平，先韵　词第七部　戏言前辙　曲先天韵，阳

(二)líng[ㄌㄧㄥˊ] 郎丁切　史庚韵，阳　平平，青韵　词第十一部　戏中东辙　（机灵）

怐 (一)kòu[ㄎㄡˋ] 苦候切　史尤韵，去　平去，宥韵　词第十二部　戏由求辙

(二)gòu[ㄍㄡˋ] 古候切　史尤韵，去　平去，宥韵　词第十二部　戏由求辙　（又）

㤘 zhòu[ㄓㄡˋ] 楚绞切　史尤韵，去　平上，巧韵　词第八部　戏由求辙

怭 bì[ㄅㄧˋ] 毗必切　史齐韵，去　平入，质韵　词第十七部　戏一七辙

怩 ní[ㄋㄧˊ] 女夷切　史齐韵，阳　平平，支韵　词第三部　戏一七辙

怫 (一)fú[ㄈㄨˊ] 符弗切　史姑韵，阳　平入，物韵　词第十八部　戏姑苏辙

(二)fèi[ㄈㄟˋ] ①扶沸切　史微韵，去　平去，未韵　词第三部　戏灰堆辙　（心不安）

②方未切　史微韵，去　平去，未韵　词第三部　戏灰堆辙　（愤怒状）

(三)bèi[ㄅㄟˋ]　（违逆，同"悖(一)"）

恢 náo[ㄋㄠˊ] 女交切　史豪韵，阳　平平，肴韵　词第八部　戏遥条辙　曲萧豪韵，阳

怊 chāo[ㄔㄠ] 敕宵切　史豪韵，阴　平平，萧韵　词第八部　戏遥条辙

怿 yì[ㄧˋ] 羊益切　史齐韵，去　平入，陌韵　词第十七部　戏一七辙

怪 guài[ㄍㄨㄞˋ] 古怀切　史开韵，去　平去，卦韵　词第五部　戏怀来辙

怡 yí[ㄧˊ] 与之切　史齐韵，阳　平平，支韵　词第三部　戏一七辙　曲齐微韵，阳

六画

耻（见"耻"）**恈**（同"怪"）**恆**（见"恒"）**恡**（同"吝"）**恌**（同"佻(一)"）**恑**（同"诡"）**恉**（同"旨"）

恊（同"协"）

㤲 jiá[ㄐㄧㄚˊ] 讫黠切　史麻韵，阳　平入，黠韵　词第十八部　戏发花辙

恚 huì[ㄏㄨㄟˋ] 於避切　史微韵，去　平去，寘韵　词第三部　戏灰堆辙

恐 kǒng[ㄎㄨㄥˇ] ①丘陇切　史庚韵，上　平上，肿韵　词第一部　戏中东辙　曲东钟韵，上

②区用切　史庚韵，上　平去，宋韵　词第一部　戏中东辙　（担心）

恶 (一)è[ㄜˋ] ①乌各切　史波韵，去　平入，药韵　词第十六部　戏梭波辙　曲萧豪韵，去

②五各切　史波韵，去　平入，药韵　词第十六部　戏梭波辙　曲歌戈韵，去　（又）

(二)ě[ㄜˇ] 於可切　史波韵，上　平上，哿韵　词第九部　戏梭波辙　（～心）【借用同音字"婀(二)"的反切。】

(三)wù[ㄨˋ] 乌路切　史姑韵，去　平去，遇韵　词第四部　戏姑苏辙　曲鱼模韵，去　（憎厌，诋毁）

(四)wū[ㄨ] 哀都切　史姑韵，阴　平平，虞韵　词第四部　戏姑苏辙　（虚词）

(五)hū[ㄏㄨ]　（～池－滹沱，同"滹"）

恧 nù[ㄋㄩˋ] ①女六切　史齐韵，去　平入，屋韵　词第十五部　戏一七辙

②女力切　史齐韵，去　平入，职韵　词第十七部　戏一七辙　（又）

恩 ēn[ㄣ] 乌痕切　史文韵，阴　平平，元韵　词第六部　戏人辰辙　曲真文韵，阴

恁 (一)rèn[ㄖㄣˋ] ①如甚切　史文韵，去　平去，沁韵　词第十三部　戏人辰辙　曲侵寻韵，去

②如林切　史文韵，阳　平平，侵韵　词第十三部　戏人辰辙　（思念）

(二) nèn [ㄋㄣˋ] 尼心切　史文韵，去　乎平，侵韵　词第十三部　戏人辰辙　（那么；那样）

(三) nín [ㄋㄧㄣˊ]　（同"您"）

息 xī [ㄒㄧ] 相即切　史齐韵，阴　乎入，职韵　词第十七部　戏一七辙　曲齐微韵，上

恋 liàn [ㄌㄧㄢˋ] 力卷切　史寒韵，去　乎去，霰韵　词第七部　戏言前辙　曲先天韵，去

恣 (一) zì [ㄗˋ] 资四切　史支韵，去　乎去，寘韵　词第三部　戏一七辙　曲支思韵，去　（放任）

(二) cì [ㄘˋ]　（更迭，同"佽"）

恙 yàng [ㄧㄤˋ] 余亮切　史唐韵，去　乎去，漾韵　词第二部　戏江阳辙　曲江阳韵，去

恳 kěn [ㄎㄣˇ] 康很切　史文韵，上　乎上，阮韵　词第六部　戏人辰辙　曲真文韵，上

恕 shù [ㄕㄨˋ] 商署切　史姑韵，去　乎去，御韵　词第四部　戏姑苏辙　曲鱼模韵，去

恇 kuāng [ㄎㄨㄤ] 去王切　史唐韵，阴　乎平，阳韵　词第二部　戏江阳辙

恜 chì [ㄔˋ] 耻力切　史支韵，去　乎入，职韵　词第十七部　戏一七辙

恸 tòng [ㄊㄨㄥˋ] 徒弄切　史庚韵，去　乎去，送韵　词第一部　戏中东辙　曲东钟韵，去

恃 shì [ㄕˋ] 时止切　史支韵，去　乎上，纸韵　词第三部　戏一七辙　曲支思韵，去

恅 lǎo [ㄌㄠˇ] 卢皓切　史豪韵，上　乎上，皓韵　词第八部　戏遥条辙

恒 (一) héng [ㄏㄥˊ] 胡登切　史庚韵，阳　乎平，蒸韵　词第十一部　戏中东辙　曲庚青韵，阳

　　　　(1)长久，经常：无～安处　(2)持久：～心　(3)平常，普通：是～物之大情也　(4)姓　(5)山名：～山

(二) gèng [ㄍㄥˋ] 居邓切　史庚韵，去　乎去，径韵　词第十一部　戏中东辙　曲庚青韵，去

　　　　(6)上弦月逐渐成为圆月的过程：如月之～，如日之升　(7)遍及：～之秬秠，是获是亩　(8)连续，通"亘"

恓 xī [ㄒㄧ] 先齐切　史齐韵，阴　乎平，齐韵　词第三部　戏一七辙　【《篇海》：先齐切。用之。】

恹 yān [ㄧㄢ] 一盐切　史寒韵，阴　乎平，盐韵　词第十四部　戏言前辙　曲廉纤韵，阴

恢 huī [ㄏㄨㄟ] 苦回切　史微韵，阴　乎平，灰韵　词第三部　戏灰堆辙

恍 (一) huǎng [ㄏㄨㄤˇ] 虎晃切　史唐韵，上　乎上，养韵　词第二部　戏江阳辙　曲江阳韵，上

(二) guāng [ㄍㄨㄤ] 古黄切　史唐韵，阴　乎平，阳韵　词第二部　戏江阳辙　（勇武貌）

恫 (一) dòng [ㄉㄨㄥˋ] 徒弄切　史庚韵，去　乎去，送韵　词第一部　戏中东辙

(二) tōng [ㄊㄨㄥ] 他红切　史庚韵，阴　乎平，东韵　词第一部　戏中东辙　（哀痛）

恛 huí [ㄏㄨㄟˊ] 胡隈切　史微韵，阳　乎平，灰韵　词第三部　戏灰堆辙

恺 kǎi [ㄎㄞˇ] 苦亥切　史开韵，上　乎上，贿韵　词第五部　戏怀来辙

恻 cè [ㄘㄜˋ] 初力切　史波韵，去　乎入，职韵　词第十七部　戏梭波辙

恬 tián [ㄊㄧㄢˊ] 徒兼切　史寒韵，阳　乎平，盐韵　词第十四部　戏言前辙　曲廉纤韵，阳

恤 xù [ㄒㄩˋ] 辛聿切　史齐韵，去　乎入，质韵　词第十七部　戏一七辙　曲鱼模韵，上

恰 qià [ㄑㄧㄚˋ] 苦洽切　史麻韵，去　乎入，洽韵　词第十九部　戏发花辙　曲家麻韵，上

恂 (一) xún [ㄒㄩㄣˊ] 相伦切　史文韵，阳　乎平，真韵　词第六部　戏人辰辙

(二) shùn [ㄕㄨㄣˋ] 输润切　史文韵，去　乎去，震韵　词第六部　戏人辰辙　（～目）

恟 xiōng [ㄒㄩㄥ] 许容切　史庚韵，阴　乎平，冬韵　词第一部　戏中东辙

恪 kè [ㄎㄜˋ] 苦各切　史波韵，去　乎入，药韵　词第十六部　戏梭波辙

侈 (一) chǐ [ㄔˇ] 尺氏切　史支韵，上　乎上，纸韵　词第三部　戏一七辙

(二) shì [ㄕˋ] 承纸切　史支韵，去　乎上，纸韵　词第三部　戏一七辙　（又）

恼 nǎo [ㄋㄠˇ] 奴皓切　史豪韵，上　乎上，皓韵　词第八部　戏遥条辙　曲萧豪韵，上

恔 (一) xiào [ㄒㄧㄠˋ] 后教切　史豪韵，去　乎去，效韵　词第八部　戏遥条辙

(二) jiǎo [ㄐㄧㄠˇ] 古了切　史豪韵，上　乎上，筱韵　词第八部　戏遥条辙　（聪明；狡黠）

怦 pēng [ㄆㄥ] 抚庚切　史庚韵，阴　乎平，庚韵　词第十一部　戏中东辙

恽 yùn [ㄩㄣˋ] 於粉切　史文韵，去　乎上，吻韵　词第六部　戏人辰辙　曲真文韵，去

恨 hèn [ㄏㄣˋ] 胡艮切　史文韵，去　乎去，愿韵　词第六部　戏人辰辙　曲真文韵，去

恈 móu [ㄇㄡˊ] 莫浮切　史尤韵，阳　乎平，尤韵　词第十二部　戏由求辙

恭 gōng[ㄍㄨㄥ] 九容切　串庚韵，阴　平平，冬韵　词第一部　戏中东辙　曲东钟韵，阴

虑（查"虍"部）

七画

恩（同"匆"）愁（同"惕"）愄（同"误"）恰（同"杏"）

悊 zhé[ㄓㄜˊ] 陟列切　串波韵，阳　平入，屑韵　词第十八部　戏梭波辙

悫 què[ㄑㄩㄝˋ] 苦角切　串皆韵，去　平入，觉韵　词第十六部　戏乜斜辙

悬 xuán[ㄒㄩㄢˊ] 胡涓切　串寒韵，阳　平平，先韵　词第七部　戏言前辙　曲先天韵，阳

患 huàn[ㄏㄨㄢˋ] 胡惯切　串寒韵，去　平去，谏韵　词第七部　戏言前辙　曲寒山韵，去

悠 yōu[ㄧㄡ] 以周切　串尤韵，阴　平平，尤韵　词第十二部　戏由求辙　曲尤侯韵，阳

您 nín[ㄋㄧㄣˊ] ①女禁切　串文韵，阳　平平，侵韵　词第十三部　戏人辰辙　曲侵寻韵，上
　　　　　　　②尼锦切　串文韵，阳　平上，寝韵　词第十三部　戏人辰辙　曲侵寻韵，上 （又）

悉 xī[ㄒㄧ] 息七切　串齐韵，阴　平入，质韵　词第十七部　戏一七辙

恿 yǒng[ㄩㄥˇ] 余陇切　串庚韵，上　平上，肿韵　词第一部　戏中东辙

诫 ㈠jiè[ㄐㄧㄝˋ] 古拜切　串皆韵，去　平去，卦韵　词第五部　戏乜斜辙 （警戒）
　　㈡jí[ㄐㄧˊ] 纪力切　串齐韵，阳　平入，职韵　词第十七部　戏一七辙 （急）

悖 ㈠bèi[ㄅㄟˋ] 蒲昧切　串微韵，去　平去，队韵　词第三部　戏灰堆辙　曲齐微韵，去
　　㈡bó[ㄅㄛˊ] 蒲没切　串波韵，阳　平入，月韵　词第十八部　戏梭波辙 （旺盛）

悚 sǒng[ㄙㄨㄥˇ] 息拱切　串庚韵，上　平上，肿韵　词第一部　戏中东辙

悟 wù[ㄨˋ] 五故切　串姑韵，去　平去，遇韵　词第四部　戏姑苏辙　曲鱼模韵，去

性 pī[ㄆㄧ] ①匹夷切　串齐韵，阴　平平，支韵　词第三部　戏一七辙 （谬误）
　　　②边兮切　串齐韵，阴　平平，齐韵　词第三部　戏一七辙 （并，齐）

悭 qiān[ㄑㄧㄢ] 苦闲切　串寒韵，阴　平平，删韵　词第七部　戏言前辙　曲寒山韵，阴

悄 ㈠qiǎo[ㄑㄧㄠˇ] 亲小切　串豪韵，上　平上，篠韵　词第八部　戏遥条辙　曲萧豪韵，上
　　㈡qiāo[ㄑㄧㄠ] 去遥切　串豪韵，阴　平平，萧韵　词第八部　戏遥条辙 （无声或低声）【借用同音字"跷"
的反切。】

悝 ㈠kuī[ㄎㄨㄟ] 苦回切　串微韵，阴　平平，灰韵　词第三部　戏灰堆辙 （人名）
　　㈡lǐ[ㄌㄧˇ] 良士切　串齐韵，上　平上，纸韵　词第三部　戏一七辙 （忧愁）
　　㈢huī[ㄏㄨㄟ] 枯回切　串微韵，阴　平平，灰韵　词第三部　戏灰堆辙 （嘲谑）【《集韵》、《韵会》、《正
韵》：枯回切。用之。】

悍 hàn[ㄏㄢˋ] 侯旰切　串寒韵，去　平去，翰韵　词第七部　戏言前辙　曲寒山韵，去

悁 ㈠juān[ㄐㄩㄢ] 於缘切　串寒韵，阴　平平，先韵　词第七部　戏言前辙
　　㈡juàn[ㄐㄩㄢˋ] 规掾切　串寒韵，去　平去，霰韵　词第七部　戏言前辙 （急躁）

悃 kǔn[ㄎㄨㄣˇ] 苦本切　串文韵，上　平上，阮韵　词第六部　戏人辰辙　曲真文韵，上

悒 yì[ㄧˋ] 於汲切　串齐韵，去　平入，缉韵　词第十七部　戏一七辙

悔 huǐ[ㄏㄨㄟˇ] ①呼罪切　串微韵，上　平上，贿韵　词第三部　戏灰堆辙　曲齐微韵，上
　　　　　　②荒内切　串微韵，上　平去，队韵　词第三部　戏灰堆辙　曲齐微韵，上 （又）

悇 tú[ㄊㄨˊ] ①他胡切　串姑韵，阳　平平，虞韵　词第四部　戏姑苏辙
　　　②羊洳切　串姑韵，阳　平去，御韵　词第四部　戏姑苏辙 （又）

悕 xī[ㄒㄧ] 香衣切　串齐韵，阴　平平，微韵　词第三部　戏一七辙

悗 ㈠mán[ㄇㄢˊ] 母官切　串寒韵，阳　平平，寒韵　词第七部　戏言前辙
　　㈡mèn[ㄇㄣˋ] 母本切　串文韵，去　平上，阮韵　词第六部　戏人辰辙 （不专心）

悯 mǐn[ㄇㄧㄣˇ] 眉殒切　串文韵，上　平上，轸韵　词第六部　戏人辰辙　曲真文韵，上

悦 yuè[ㄩㄝˋ] 弋雪切　串皆韵，去　平入，屑韵　词第十八部　戏乜斜辙　曲车遮韵，去

悌 tì[ㄊㄧˋ] ①徒礼切　史齐韵，去　平上，荠韵　词第三部　戏一七辙　曲齐微韵，去
　　　　　　②特计切　史齐韵，去　平去，霁韵　词第三部　戏一七辙　曲齐微韵，去　（又）

悢 (一)liàng[ㄌㄧㄤˋ] 力让切　史唐韵，去　平去，漾韵　词第二部　戏江阳辙
　　(二)lǎng[ㄌㄤˇ] 里党切　史唐韵，上　平上，养韵　词第二部　戏江阳辙　（懭~）

悛 (一)quān[ㄑㄩㄢ] 此缘切　史寒韵，阴　平平，先韵　词第七部　戏言前辙　曲先天韵，阴
　　(二)xún[ㄒㄩㄣˊ] （恭谨状，同"恂(一)"）

八画

惡 (见"恶")　惪 (同"德")　悶 (见"闷")　惣 (同"总(一)")　愳 (同"惠")　悵 (见"怅")　悽 (同"凄(一)")

惎 jì[ㄐㄧˋ] 渠记切　史齐韵，去　平去，寘韵　词第三部　戏一七辙

惹 rě[ㄖㄜˇ] ①人者切　史波韵，上　平上，马韵　词第十部　戏梭波辙　曲车遮韵，上
　　　　　　②而灼切　史波韵，去　平入，药韵　词第十六部　戏梭波辙　（通"偌"）

惑 huò[ㄏㄨㄛˋ] 胡国切　史波韵，去　平入，职韵　词第十七部　戏梭波辙　曲齐微韵，阳

惠 huì[ㄏㄨㄟˋ] 胡桂切　史微韵，去　平去，霁韵　词第三部　戏灰堆辙　曲齐微韵，去

悲 bēi[ㄅㄟ] 府眉切　史微韵，阴　平平，支韵　词第三部　戏灰堆辙　曲齐微韵，阴

惄 nì[ㄋㄧˋ] 奴历切　史齐韵，去　平入，锡韵　词第十七部　戏一七辙

惩 chéng[ㄔㄥˊ] 直陵切　史庚韵，阳　平平，蒸韵　词第十一部　戏中东辙　曲庚青韵，阳

愂 bèi[ㄅㄟˋ] 蒲拜切　史微韵，去　平去，卦韵　词第五部　戏灰堆辙

惉 zhān[ㄓㄢ] 处占切　史寒韵，阴　平平，盐韵　词第十四部　戏言前辙

惌 guǎn[ㄍㄨㄢˇ] ①古满切　史寒韵，上　平上，旱韵　词第七部　戏言前辙
　　　　　　②古丸切　史寒韵，上　平平，寒韵　词第七部　戏言前辙　（又）
　　　　　　③古玩切　史寒韵，上　平去，翰韵　词第七部　戏言前辙　（又）

惌 (一)yuān[ㄩㄢ] 於袁切　史寒韵，阴　平平，元韵　词第七部　戏言前辙　（恚恨）
　　(二)wǎn[ㄨㄢˇ] 於阮切　史寒韵，上　平上，阮韵　词第七部　戏言前辙　（小孔貌）

惢 (一)suǒ[ㄙㄨㄛˇ] 苏果切　史波韵，上　平上，哿韵　词第九部　戏梭波辙
　　(二)ruǐ[ㄖㄨㄟˇ] （同"蕊"）

情 qíng[ㄑㄧㄥˊ] 疾盈切　史庚韵，阳　平平，庚韵　词第十一部　戏中东辙　曲庚青韵，阳

愜 qiè[ㄑㄧㄝˋ] 苦协切　史皆韵，去　平入，叶韵　词第十八部　戏乜斜辙

悻 xìng[ㄒㄧㄥˋ] 下耿切　史庚韵，去　平上，梗韵　词第十一部　戏中东辙

惜 xī[ㄒㄧ] 思积切　史齐韵，阴　平入，陌韵　词第十七部　戏一七辙　曲齐微韵，上

惏 (一)lín[ㄌㄧㄣˊ] 犁针切　史文韵，阳　平平，侵韵　词第十三部　戏人辰辙　（~慄）
　　(二)lán[ㄌㄢˊ] 卢含切　史寒韵，阳　平平，覃韵　词第十四部　戏言前辙　（贪~）

惭 cán[ㄘㄢˊ] 昨甘切　史寒韵，阳　平平，覃韵　词第十四部　戏言前辙　曲监咸韵，阳

悱 fěi[ㄈㄟˇ] 敷尾切　史微韵，上　平上，尾韵　词第三部　戏灰堆辙

悼 dào[ㄉㄠˋ] 徒到切　史豪韵，去　平去，号韵　词第八部　戏遥条辙　曲萧豪韵，去

惝 (一)chǎng[ㄔㄤˇ] 齿两切　史唐韵，上　平上，养韵　词第二部　戏江阳辙
　　(二)tǎng[ㄊㄤˇ] 坦朗切　史唐韵，上　平上，养韵　词第二部　戏江阳辙　（又）

惧 jù[ㄐㄩˋ] 其遇切　史齐韵，去　平去，遇韵　词第四部　戏一七辙　曲鱼模韵，去

惈 guǒ[ㄍㄨㄛˇ] 古火切　史波韵，上　平上，哿韵　词第九部　戏梭波辙

惕 tì[ㄊㄧˋ] 他历切　史齐韵，去　平入，锡韵　词第十七部　戏一七辙

悿 tiǎn[ㄊㄧㄢˇ] 他典切　史寒韵，上　平上，铣韵　词第七部　戏言前辙

惘 wǎng[ㄨㄤˇ] 文两切　史唐韵，上　平上，养韵　词第二部　戏江阳辙

悸 jì[ㄐㄧˋ] 其季切　史齐韵，去　平去，寘韵　词第三部　戏一七辙

惟 wéi[ㄨㄟˊ] 以追切　史微韵，阳　平平，支韵　词第三部　戏灰堆辙　曲齐微韵，阳

惆 chóu[ㄔㄡˊ] 丑鸠切　史尤韵，阳　乎平，尤韵　词第十二部　戏由求辙　曲尤侯韵，阳

惛 (一)hūn[ㄏㄨㄣ] ①呼昆切　史文韵，阴　乎平，元韵　词第六部　戏人辰辙
　　　　　　　②呼闷切　史文韵，阴　乎去，愿韵　词第六部　戏人辰辙　（又）

　　(二)mèn[ㄇㄣˋ] 莫困切　史文韵，去　乎去，愿韵　词第六部　戏人辰辙　（愁烦）

惚 hū[ㄏㄨ] 呼骨切　史姑韵，阴　乎入，月韵　词第十八部　戏姑苏辙

惊 jīng[ㄐㄧㄥ] 举卿切　史庚韵，阴　乎平，庚韵　词第十一部　戏中东辙　曲庚青韵，阴

惇 dūn[ㄉㄨㄣ] ①都昆切　史文韵，阴　乎平，元韵　词第六部　戏人辰辙
　　　　　　②章伦切　史文韵，阴　乎平，真韵　词第六部　戏人辰辙　（又）

惦 diàn[ㄉㄧㄢˋ] 都念切　史寒韵，去　乎去，艳韵　词第十四部　戏言前辙【借用同音字"店"的反切。】

悴 cuì[ㄘㄨㄟˋ] 秦醉切　史微韵，去　乎去，真韵　词第三部　戏灰堆辙　曲齐微韵，去

惓 (一)quán[ㄑㄩㄢˊ] 渠员切　史寒韵，阳　乎平，先韵　词第七部　戏言前辙　（恳切）

　　(二)juàn[ㄐㄩㄢˋ] 逵眷切　史寒韵，去　乎去，霰韵　词第七部　戏言前辙　（危急）

惮 (一)dàn[ㄉㄢˋ] 徒案切　史寒韵，去　乎去，翰韵　词第七部　戏言前辙　曲寒山韵，去

　　(二)dá[ㄉㄚˊ] 当割切　史麻韵，阳　乎入，曷韵　词第十八部　戏发花辙　（震惊）

惔 (一)tán[ㄊㄢˊ] 徒甘切　史寒韵，阳　乎平，覃韵　词第十四部　戏言前辙　（火烧）

　　(二)dàn[ㄉㄢˋ] 徒滥切　史寒韵，去　乎去，勘韵　词第十四部　戏言前辙　曲监咸韵，去　（安静）

悰 cóng[ㄘㄨㄥˊ] 藏宗切　史庚韵，阳　乎平，冬韵　词第一部　戏中东辙

悾 kōng[ㄎㄨㄥ] ①苦红切　史庚韵，阴　乎平，东韵　词第一部　戏中东辙　曲东钟韵，阴
　　　　　　②苦江切　史庚韵，阴　乎平，江韵　词第二部　戏中东辙　曲东钟韵，阴　（又）
　　　　　　③苦贡切　史庚韵，阴　乎去，送韵　词第一部　戏中东辙　曲东钟韵，阴　（又）

惋 wǎn[ㄨㄢˇ] 乌贯切　史寒韵，上　乎去，翰韵　词第七部　戏言前辙　曲桓欢韵，去

悷 lì[ㄌㄧˋ] 郎计切　史齐韵，去　乎去，霁韵　词第三部　戏一七辙

惨 cǎn[ㄘㄢˇ] ①七感切　史寒韵，上　乎上，感韵　词第十四部　戏言前辙　曲监咸韵，上
　　　　　　②七感切　史寒韵，上　乎上，感韵　词第十四部　戏言前辙　曲监咸韵，去　（又）

惙 chuò[ㄔㄨㄛˋ] 陟劣切　史波韵，去　乎入，屑韵　词第十八部　戏梭波辙

惯 guàn[ㄍㄨㄢˋ] 古患切　史寒韵，去　乎去，谏韵　词第七部　戏言前辙　曲寒山韵，去

九画

蠢（同"蠢"）愛（见"爱"）愙（同"恪"）愜（见"惬"）愰（同"懦①③"）惻（见"恻"）煇（同"荧"）
惚（同"惚"）愇（见"恽"）愞（同"愞(一)：①"）惱（见"恼"）

想 xiǎng[ㄒㄧㄤˇ] 息两切　史唐韵，上　乎上，养韵　词第二部　戏江阳辙　曲江阳韵，上

感 (一)gǎn[ㄍㄢˇ] 古禫切　史寒韵，上　乎上，感韵　词第十四部　戏言前辙　曲监咸韵，上
　　(二)hàn[ㄏㄢˋ] （同"憾""撼"）

愚 yú[ㄩˊ] 遇俱切　史齐韵，阳　乎平，虞韵　词第四部　戏一七辙　曲鱼模韵，阳

愁 chóu[ㄔㄡˊ] 士尤切　史尤韵，阳　乎平，尤韵　词第十二部　戏由求辙　曲尤侯韵，阳

愆 qiān[ㄑㄧㄢ] 去乾切　史寒韵，阴　乎平，先韵　词第七部　戏言前辙　曲先天韵，阴

愈 yù[ㄩˋ] 以主切　史齐韵，去　乎上，麌韵　词第四部　戏一七辙　曲鱼模韵，上

意 (一)yì[ㄧˋ] 於记切　史齐韵，去　乎去，真韵　词第三部　戏一七辙　曲齐微韵，去
　　(二)yī[ㄧ] （叹词，同"噫(二)：①"）

慈 cí[ㄘˊ] 疾之切　史支韵，阳　乎平，支韵　词第三部　戏一七辙　曲支思韵，阳

愍 mǐn[ㄇㄧㄣˇ] 眉殒切　史文韵，上　乎上，轸韵　词第六部　戏人辰辙　曲真文韵，上

愗 mào[ㄇㄠˋ] 莫候切　史豪韵，去　乎去，宥韵　词第十二部　戏遥条辙

愤 fèn[ㄈㄣˋ] 房吻切　史文韵，去　乎上，吻韵　词第六部　戏人辰辙　曲真文韵，去

惝 (一)chén[ㄔㄣˊ] 氏任切　史文韵，阳　乎平，侵韵　词第十三部　戏人辰辙　（迟疑）

㈡dān[ㄉㄢ] 都含切 中寒韵，阴 平平，覃韵 词第十四部 戏言前辙 （逸乐）

愅 gé[ㄍㄜˊ] 各核切 中波韵，阳 平入，陌韵 词第十七部 戏梭波辙

惵 dié[ㄉㄧㄝˊ] 徒协切 中皆韵，阳 平入，叶韵 词第十八部 戏乜斜辙

慅 cǎo[ㄘㄠˇ] 采老切 中豪韵，上 平上，皓韵 词第八部 戏遥条辙

慌 ㈠huāng[ㄏㄨㄤ] 呼光切 中唐韵，阴 平平，阳韵 词第二部 戏江阳辙 （急迫恐惧）

㈡huǎng[ㄏㄨㄤˇ] 呼晃切 中唐韵，上 平上，养韵 词第二部 戏江阳辙 （恍惚）

愊 bì[ㄅㄧˋ] 芳逼切 中齐韵，去 平入，职韵 词第十七部 戏一七辙

惰 duò[ㄉㄨㄛˋ] ①徒卧切 中波韵，去 平去，箇韵 词第九部 戏梭波辙 曲歌戈韵，去

②徒果切 中波韵，去 平上，哿韵 词第九部 戏梭波辙 曲歌戈韵，去 （又）

愓 ㈠dàng[ㄉㄤˋ] 徒朗切 中唐韵，去 平上，养韵 词第二部 戏江阳辙 （放荡）

㈡shāng[ㄕㄤ] 尸羊切 中唐韵，阴 平平，阳韵 词第二部 戏江阳辙 （走路身正步快）

愠 ㈠yùn[ㄩㄣˋ] 於问切 中文韵，去 平去，问韵 词第六部 戏人辰辙 曲真文韵，去

㈡yǔn[ㄩㄣˇ] ①委陨切 中文韵，上 平上，吻韵 词第六部 戏人辰辙 （郁结）

②纡勿切 中文韵，上 平入，物韵 词第十八部 戏人辰辙 （又）

㈢wěn[ㄨㄣˇ] 邬本切 中文韵，上 平上，阮韵 词第六部 戏人辰辙 （~惀）

惺 xīng[ㄒㄧㄥ] ①桑经切 中庚韵，阴 平平，青韵 词第十一部 戏中东辙 曲庚青韵，阴 （领会）

②息井切 中庚韵，上 平上，梗韵 词第十一部 戏中东辙 曲庚青韵，上 （清醒）

惕 ㈠kài[ㄎㄞˋ] 苦盖切 中开韵，去 平去，泰韵 词第五部 戏怀来辙

㈡qiè[ㄑㄧㄝˋ] ①去例切 中皆韵，去 平去，霁韵 词第三部 戏乜斜辙 （休憩）

②丘谒切 中皆韵，去 平入，屑韵 词第十八部 戏乜斜辙 （又）

㈢hè[ㄏㄜˋ] 许葛切 中波韵，去 平入，曷韵 词第十八部 戏梭波辙 （恐吓）

愦 kuì[ㄎㄨㄟˋ] 古对切 中微韵，去 平去，队韵 词第三部 戏灰堆辙

愕 è[ㄜˋ] 五各切 中波韵，去 平入，药韵 词第十六部 戏梭波辙 曲萧豪韵，去

惴 ㈠zhuì[ㄓㄨㄟˋ] 之睡切 中微韵，去 平去，寘韵 词第三部 戏灰堆辙 （惶恐）

㈡chuǎn[ㄔㄨㄢˇ] 川兖切 中寒韵，上 平上，铣韵 词第七部 戏言前辙 （~耎）

愣 lèng[ㄌㄥˋ] 鲁邓切 中庚韵，去 平去，径韵 词第十一部 戏中东辙 【现代字。借用同音字“稜㈡”的反切。】

愲 gǔ[ㄍㄨˇ] 古忽切 中姑韵，上 平入，月韵 词第十八部 戏姑苏辙

愀 ㈠qiǎo[ㄑㄧㄠˇ] ①亲小切 中豪韵，上 平上，篠韵 词第八部 戏遥条辙 曲萧豪韵，上

②在久切 中豪韵，上 平上，有韵 词第十二部 戏遥条辙 曲萧豪韵，上 （又）

㈡qiù[ㄑㄧㄡˋ] 七救切 中尤韵，去 平去，宥韵 词第十二部 戏由求辙 （萧条貌）

愎 bì[ㄅㄧˋ] 符逼切 中齐韵，去 平入，职韵 词第十七部 戏一七辙

惶 huáng[ㄏㄨㄤˊ] 胡光切 中唐韵，阳 平平，阳韵 词第二部 戏江阳辙 曲江阳韵，阳

愧 kuì[ㄎㄨㄟˋ] 俱位切 中微韵，去 平去，寘韵 词第三部 戏灰堆辙 曲齐微韵，去

愉 ㈠yú[ㄩˊ] 羊朱切 中齐韵，阳 平平，虞韵 词第四部 戏一七辙 曲鱼模韵，阳

㈡tōu[ㄊㄡ] （古同“偷”）

愡 zōng[ㄗㄨㄥ] 祖丛切 中庚韵，阴 平平，东韵 词第一部 戏中东辙

愔 yīn[ㄧㄣ] 挹淫切 中文韵，阴 平平，侵韵 词第十三部 戏人辰辙

惼 biǎn[ㄅㄧㄢˇ] 方典切 中寒韵，上 平上，铣韵 词第七部 戏言前辙

慨 kǎi[ㄎㄞˇ] 苦爱切 中开韵，上 平去，队韵 词第五部 戏怀来辙 曲皆来韵，去

愇 wěi[ㄨㄟˇ] 于鬼切 中微韵，上 平上，尾韵 词第三部 戏灰堆辙

慅 sāo[ㄙㄠ] ①采老切 中豪韵，上 平上，皓韵 词第八部 戏遥条辙

②苏遭切 中豪韵，阴 平平，豪韵 词第八部 戏遥条辙 （骚动）

十画

愨（见"悫"）　慇（同"殷㈠：①"）　潓（同"惠"）　愻（同"逊"）　態（见"态"）　傲（同"傲"）　慄（同"栗㈠"）

愷（见"恺"）　慍（见"愠"）　愾（见"忾"）　愴（见"怆"）　憁（见"怊"）　懰（同"怒"）

慝　㈠tè[ㄊㄜˋ]　他德切　史波韵，去　平入，职韵　词第十七部　戏梭波辙

　　㈡nì[ㄋㄧˋ]　昵力切　史齐韵，去　平入，职韵　词第十七部　戏一七辙　（隐瞒）

愿　yuàn[ㄩㄢˋ]　鱼怨切　史寒韵，去　平去，愿韵　词第七部　戏言前辙　曲先天韵，去

恩　hùn[ㄏㄨㄣˋ]　胡困切　史文韵，去　平去，愿韵　词第七部　戏人辰辙

愬　sù[ㄙㄨˋ]　①桑故切　史姑韵，去　平去，遇韵　词第四部　戏姑苏辙

　　　　　　　②山责切　史波韵，去　平入，陌韵　词第十七部　戏梭波辙　（恐慌）

愫　sù[ㄙㄨˋ]　苏故切　史姑韵，去　平去，遇韵　词第四部　戏姑苏辙

慑　shè[ㄕㄜˋ]　之涉切　史波韵，去　平入，叶韵　词第十八部　戏梭波辙

慎　shèn[ㄕㄣˋ]　时刃切　史文韵，去　平去，震韵　词第六部　戏人辰辙　曲真文韵，去

慥　zào[ㄗㄠˋ]　七到切　史豪韵，去　平去，号韵　词第八部　戏遥条辙

慆　tāo[ㄊㄠ]　土刀切　史豪韵，阴　平平，豪韵　词第八部　戏遥条辙　曲萧豪韵，阴

慉　㈠xù[ㄒㄩˋ]　许竹切　史齐韵，去　平入，屋韵　词第十五部　戏一七辙

　　㈡chù[ㄔㄨˋ]　丑六切　史姑韵，去　平入，屋韵　词第十五部　戏姑苏辙　（指~）

慊　㈠qiàn[ㄑㄧㄢˋ]　苦簟切　史寒韵，去　平上，俭韵　词第十四部　戏言前辙

　　㈡qiǎn[ㄑㄧㄢˇ]　苦簟切　史寒韵，上　平上，俭韵　词第十四部　戏言前辙　（旧读）

　　㈢qiè[ㄑㄧㄝˋ]　诘叶切　史皆韵，去　平入，叶韵　词第十八部　戏乜斜辙　（满足；快意）

　　㈣xián[ㄒㄧㄢˊ]　（嫌疑，同"嫌"）

慕（查"廾"部）

十一画

愸（见"悫"）　慙（同"惭"）　感（同"戚㈠"）　慐（见"忧"）　慮（见"虑"）　憇（同"憩"）　慫（见"怂"）

慾（同"欲"）　慶（见"庆"）　憑（同"凭①"）　憤（同"颠"）　慚（见"惭"）　慪（见"怄"）　慳（见"悭"）

慽（同"戚㈠"）　慟（见"恸"）　慘（见"惨"）　慣（见"惯"）

慧　huì[ㄏㄨㄟˋ]　胡桂切　史微韵，去　平去，霁韵　词第三部　戏灰堆辙　曲齐微韵，去

憃　chōng[ㄔㄨㄥ]　①书容切　史庚韵，阴　平平，冬韵　词第一部　戏中东辙

　　　　　　　　②丑用切　史庚韵，阴　平去，宋韵　词第一部　戏中东辙　（又）

　　　　　　　　③丑江切　史庚韵，阴　平平，江韵　词第二部　戏中东辙　（又）

慹　㈠zhí[ㄓˊ]　之入切　史支韵，阳　平入，缉韵　词第十七部　戏一七辙　（畏惧）

　　㈡zhé[ㄓㄜˊ]　①之涉切　史波韵，阳　平入，叶韵　词第十八部　戏梭波辙　（不动状）

　　　　　　　　②奴协切　史波韵，阳　平入，叶韵　词第十八部　戏梭波辙　（又）

懘　dì[ㄉㄧˋ]　①特计切　史齐韵，去　平去，霁韵　词第三部　戏一七辙　（极顶）

　　　　　　　②丑例切　史支韵，去　平去，霁韵　词第三部　戏一七辙　（困劣）

　　　　　　　③丑犗切　史齐韵，去　平去，卦韵　词第十部　戏一七辙　（~芥）

憖　㈠yìn[ㄧㄣˋ]　鱼觐切　史文韵，去　平去，震韵　词第六部　戏人辰辙

　　㈡xìn[ㄒㄧㄣˋ]　香靳切　史文韵，去　平去，问韵　词第六部　戏人辰辙　（笑貌）

　　㈢yín[ㄧㄣˊ]　鱼巾切　史文韵，阳　平平，真韵　词第六部　戏人辰辙　（厥~）

憋　biē[ㄅㄧㄝ]　并列切　史皆韵，阴　平入，屑韵　词第十八部　戏乜斜辙

憨　hān[ㄏㄢ]　呼谈切　史寒韵，阴　平平，覃韵　词第十四部　戏言前辙　曲监咸韵，阴

慰　wèi[ㄨㄟˋ]　於胃切　史微韵，去　平去，未韵　词第三部　戏灰堆辙　曲齐微韵，去

慬　㈠jìn[ㄐㄧㄣˋ]　巨靳切　史文韵，去　平去，问韵　词第六部　戏人辰辙　（才，仅）

　　㈡jǐn[ㄐㄧㄣˇ]　居隐切　史文韵，上　平上，吻韵　词第六部　戏人辰辙　（勤谨）

（三）qín［ㄑㄧㄣˊ］巨斤切　史文韵，阳　平平，文韵　词第六部　戏人辰辙　（勇敢）

慱 tuán［ㄊㄨㄢˊ］度官切　史寒韵，阳　平平，寒韵　词第七部　戏言前辙　曲桓欢韵，阳

慓 piāo［ㄆㄧㄠ］①抚招切　史豪韵，阴　平平，萧韵　词第八部　戏遥条辙　（急疾）

②苻少切　史豪韵，阴　平上，篠韵　词第八部　戏遥条辙　（又）

③匹妙切　史豪韵，阴　平去，啸韵　词第八部　戏遥条辙　（轻捷）

慺 lóu［ㄌㄡˊ］落侯切　史尤韵，阳　平平，尤韵　词第十二部　戏由求辙

慢 màn［ㄇㄢˋ］谟晏切　史寒韵，去　平去，谏韵　词第七部　戏言前辙　曲寒山韵，去

憁 còng［ㄘㄨㄥˋ］措瓮切　史庚韵，去　平去，送韵　词第一部　戏中东辙

慵 yōng［ㄩㄥ］蜀庸切　史庚韵，阴　平平，冬韵　词第一部　戏中东辙　曲东钟韵，阳

慷 kāng［ㄎㄤ］①呼郎切　史唐韵，阴　平平，阳韵　词第二部　戏江阳辙

②苦朗切　史唐韵，阴　平上，养韵　词第二部　戏江阳辙　（又）

慞 zhāng［ㄓㄤ］诸良切　史唐韵，阴　平平，阳韵　词第二部　戏江阳辙

慴 （一）shè［ㄕㄜˋ］实摄切　史波韵，去　平入，叶韵　词第十八部　戏梭波辙

（二）zhé［ㄓㄜˊ］之涉切　史波韵，阳　平入，叶韵　词第十八部　戏梭波辙　（又）

（三）dié［ㄉㄧㄝˊ］徒协切　史皆韵，阳　平入，叶韵　词第十八部　戏乜斜辙　（又）

憀 liáo［ㄌㄧㄠˊ］①落萧切　史豪韵，阳　平平，萧韵　词第八部　戏遥条辙　曲萧豪韵，阳　（依赖）

②力求切　史尤韵，阳　平平，尤韵　词第十二部　戏由求辙　（悲思）

勰（查"力"部）

十二画

憨（同"憨①"）愁（见"愁"）儹（见"惫"）憑（见"凭①"）憲（见"宪"）窻（同"窗"）憤（见"愤"）

憘（同"嘻"）憫（见"悯"）憒（见"愦"）憚（见"惮"）憮（见"忧"）憣（同"翻"）憨（同"憨"）

憐（见"怜（一）"）

憙 xǐ［ㄒㄧˇ］①虚里切　史齐韵，上　平上，纸韵　词第三部　戏一七辙　（快乐）

②许记切　史齐韵，上　平去，寘韵　词第三部　戏一七辙　（喜爱）

憩 qì［ㄑㄧˋ］去例切　史齐韵，去　平去，霁韵　词第三部　戏一七辙　曲齐微韵，去

憝 duì［ㄉㄨㄟˋ］徒对切　史微韵，去　平去，队韵　词第三部　戏灰堆辙

憢 xiāo［ㄒㄧㄠ］许幺切　史豪韵，阴　平平，萧韵　词第八部　戏遥条辙

懂 dǒng［ㄉㄨㄥˇ］覩动切　史庚韵，上　平上，董韵　词第一部　戏中东辙　曲东钟韵，上

憓 huì［ㄏㄨㄟˋ］胡桂切　史微韵，去　平去，霁韵　词第三部　戏灰堆辙

憛 tán［ㄊㄢˊ］①他绀切　史寒韵，阳　平去，勘韵　词第十四部　戏言前辙

②徒南切　史寒韵，阳　平平，覃韵　词第十四部　戏言前辙　（又）

憭 （一）liǎo［ㄌㄧㄠˇ］力小切　史豪韵，上　平上，篠韵　词第八部　戏遥条辙　（明白）

（二）liáo［ㄌㄧㄠˊ］落萧切　史豪韵，阳　平平，萧韵　词第八部　戏遥条辙　（～慄）

憯 cǎn［ㄘㄢˇ］①七感切　史寒韵，上　平上，感韵　词第十四部　戏言前辙

②青忝切　史寒韵，上　平上，俭韵　词第十四部　戏言前辙　（又）

憬 jǐng［ㄐㄧㄥˇ］俱永切　史庚韵，上　平上，梗韵　词第十一部　戏中东辙

憍 jiāo［ㄐㄧㄠ］举乔切　史豪韵，阴　平平，萧韵　词第八部　戏遥条辙

憔 qiáo［ㄑㄧㄠˊ］昨焦切　史豪韵，阳　平平，萧韵　词第八部　戏遥条辙　曲萧豪韵，阴

懊 （一）ào［ㄠˋ］①乌皓切　史豪韵，去　平上，皓韵　词第八部　戏遥条辙　曲萧豪韵，上　（悔恨）

②乌到切　史豪韵，去　平去，号韵　词第八部　戏遥条辙　曲萧豪韵，去　（又）

（二）yù［ㄩˋ］於六切　史齐韵，去　平入，屋韵　词第十五部　戏一七辙　（～呷）

憱 cù［ㄘㄨˋ］初救切　史姑韵，去　平去，宥韵　词第十二部　戏姑苏辙

憧 （一）chōng［ㄔㄨㄥ］尺容切　史庚韵，阴　平平，冬韵　词第一部　戏中东辙

（二）zhuàng［ㄓㄨㄤˋ］直绛切　史唐韵，去　平去，绛韵　词第二部　戏江阳辙　（愚昧昏庸）

憎 zēng［ㄗㄥ］作滕切　史庚韵，阴　平平，蒸韵　词第十一部　戏中东辙　曲庚青韵，阴

惨 lào［ㄌㄠˋ］郎到切　史豪韵，去　平去，号韵　词第八部　戏遥条辙

憪 （一）xiàn［ㄒㄧㄢˋ］下赧切　史寒韵，去　平上，潸韵　词第七部　戏言前辙

　　（二）xián［ㄒㄧㄢˊ］户闲切　史寒韵，阳　平平，删韵　词第七部　戏言前辙　（安闲自在）

棠（查"木"部）

十三画

勲（同"勤"）　懇（见"恳"）　應（见"应"）　懌（见"怿"）　懍（同"懔"）　憶（见"忆"）

懋 mào［ㄇㄠˋ］莫候切　史豪韵，去　平去，宥韵　词第十二部　戏遥条辙　曲尤侯韵，去

懑 （一）mèn［ㄇㄣˋ］①莫困切　史文韵，去　平去，愿韵　词第六部　戏人辰辙　曲真文韵，去

　　　　　　　　②模本切　史文韵，去　平上，阮韵　词第六部　戏人辰辙　曲真文韵，去　（又）

　　　　　　　　③莫旱切　史文韵，去　平上，旱韵　词第七部　戏人辰辙　曲桓欢韵，上　（又）

　　（二）mén［ㄇㄣˊ］（同"们（一）"）

懜 （一）mèng［ㄇㄥˋ］武互切　史庚韵，去　平去，径韵　词第十一部　戏中东辙　（不明白）

　　（二）méng［ㄇㄥˊ］莫中切　史庚韵，阳　平平，东韵　词第一部　戏中东辙　（惭愧）

　　（三）měng［ㄇㄥˇ］莫红切　史庚韵，上　平平，东韵　词第一部　戏中东辙　（昏昧无知）

懞 méng［ㄇㄥˊ］谟蓬切　史庚韵，阳　平平，东韵　词第一部　戏中东辙

憷 chù［ㄔㄨˋ］创举切　史姑韵，去　平上，语韵　词第四部　戏姑苏辙

懒 （一）lǎn［ㄌㄢˇ］落旱切　史寒韵，上　平上，旱韵　词第七部　戏言前辙　曲寒山韵，上　（怠惰）

　　（二）lài［ㄌㄞˋ］落盖切　史开韵，去　平去，泰韵　词第五部　戏怀来辙　（嫌恶）

憾 hàn［ㄏㄢˋ］胡绀切　史寒韵，去　平去，勘韵　词第十四部　戏言前辙　曲监咸韵，去

懅 jù［ㄐㄩˋ］强鱼切　史齐韵，去　平平，鱼韵　词第四部　戏一七辙

憴 shéng［ㄕㄥˊ］食陵切　史庚韵，阳　平平，蒸韵　词第十一部　戏中东辙

憹 náo［ㄋㄠˊ］奴刀切　史豪韵，阳　平平，豪韵　词第八部　戏遥条辙

懆 cǎo［ㄘㄠˇ］采老切　史豪韵，上　平上，皓韵　词第八部　戏遥条辙　曲萧豪韵，去

懁 xuàn［ㄐㄩㄢˋ］古县切　史寒韵，去　平去，霰韵　词第七部　戏言前辙

懙 yú［ㄩˊ］①羊诸切　史齐韵，阳　平平，虞韵　词第四部　戏一七辙　（恭敬）

　　　　　②演女切　史齐韵，上　平上，语韵　词第四部　戏一七辙　（安详）

憿 （一）jiǎo［ㄐㄧㄠˇ］吉了切　史豪韵，上　平上，筱韵　词第八部　戏遥条辙　（侥幸）

　　（二）jiāo［ㄐㄧㄠ］古尧切　史豪韵，阴　平平，萧韵　词第八部　戏遥条辙　（～憿）

　　（三）jì［ㄐㄧˋ］吉历切　史齐韵，去　平入，锡韵　词第十七部　戏一七辙　（疾速）

憸 xiān［ㄒㄧㄢ］①息廉切　史寒韵，阴　平平，盐韵　词第十四部　戏言前辙　曲廉纤韵，阴

　　　　　　②七渐切　史寒韵，阴　平上，俭韵　词第十四部　戏言前辙　曲廉纤韵，阴　（又）

憺 dàn［ㄉㄢˋ］①徒滥切　史寒韵，去　平去，勘韵　词第十四部　戏言前辙　曲廉纤韵，阳

　　　　　　②徒敢切　史寒韵，去　平上，感韵　词第十四部　戏言前辙　（澹泊）

懈 xiè［ㄒㄧㄝˋ］古隘切　史皆韵，去　平去，卦韵　词第十部　戏乜斜辙　曲皆来韵，去

懔 （一）lǐn［ㄌㄧㄣˇ］力稔切　史文韵，上　平上，寝韵　词第十三部　戏人辰辙　曲侵寻韵，上

　　（二）lǎn［ㄌㄢˇ］卢感切　史寒韵，上　平上，感韵　词第十四部　戏言前辙　（坎～）

隳 huī［ㄏㄨㄟ］许规切　史微韵，阴　平平，支韵　词第三部　戏灰堆辙

十四画

懜（同"恢"）　懟（见"怼"）　懬（同"旷"）　懣（见"懑"）　懱（同"蔑"）　懨（见"恹"）　懘（同"瘁（一）"）
懦（同"懦"）

懑 (一) zhì［ㄓˋ］ 尺制切　中支韵，去　平去，霁韵　词第三部　戏一七辙

　　(二) zhǐ［ㄓˇ］ 尺氏切　中支韵，上　平上，纸韵　词第三部　戏一七辙　（又）

懛 dāi［ㄉㄞ］ 丁来切　中开韵，阴　平平，灰韵　词第五部　戏怀来辙

懤 chóu［ㄔㄡˊ］ ①直由切　中尤韵，阳　平平，尤韵　词第十二部　戏由求辙

　　　　　　　②都皓切　中尤韵，阳　平上，皓韵　词第八部　戏由求辙　（又）

懦 nuò［ㄋㄨㄛˋ］ ①奴卧切　中波韵，去　平去，箇韵　词第九部　戏梭波辙　曲歌戈韵，去

　　　　　　　②人朱切　中波韵，去　平平，虞韵　词第四部　戏梭波辙　曲歌戈韵，去　（又）

　　　　　　　③而兖切　中寒韵，上　平上，铣韵　词第七部　戏言前辙　曲桓欢韵，去　（愞）

懝 ài［ㄞˋ］ 五溉切　中开韵，去　平去，队韵　词第五部　戏怀来辙

懬 kuǎng［ㄎㄨㄤˇ］ ①苦晃切　中唐韵，上　平上，养韵　词第二部　戏江阳辙　曲庚青韵，上

　　　　　　　②古猛切　中唐韵，上　平上，梗韵　词第十一部　戏江阳辙　曲庚青韵，上　（强悍）

懡 mǒ［ㄇㄛˇ］ 亡果切　中波韵，上　平上，哿韵　词第九部　戏梭波辙

懠 (一) qí［ㄑㄧˊ］ 徂奚切　中齐韵，阳　平平，齐韵　词第三部　戏一七辙

　　(二) jì［ㄐㄧˋ］ 在诣切　中齐韵，去　平去，霁韵　词第三部　戏一七辙　（又）

十五画

懲 （见"惩"）

懬 fū［ㄈㄨ］ 芳无切　中姑韵，阴　平平，虞韵　词第四部　戏姑苏辙

懵 (一) měng［ㄇㄥˇ］ 莫孔切　中庚韵，上　平上，董韵　词第一部　戏中东辙　曲东钟韵，上

　　(二) méng［ㄇㄥˊ］ 谟蓬切　中庚韵，阳　平平，东韵　词第一部　戏中东辙　（昏昧无知）

懥 zhì［ㄓˋ］ 陟利切　中支韵，去　平去，寘韵　词第三部　戏一七辙

懮 (一) yǒu［ㄧㄡˇ］ 於柳切　中尤韵，上　平上，有韵　词第十二部　戏由求辙

　　(二) yōu［ㄧㄡ］ （忧愁，同"忧"）

懪 báo［ㄅㄠˊ］ 蒲角切　中豪韵，阳　平入，觉韵　词第十六部　戏遥条辙

懫 zhì［ㄓˋ］ ①陟利切　中支韵，去　平去，寘韵　词第三部　戏一七辙

　　　　　　②之日切　中支韵，去　平入，质韵　词第十七部　戏一七辙　（又）

懰 (一) liú［ㄌㄧㄡˊ］ 力求切　中尤韵，阳　平平，尤韵　词第十二部　戏由求辙

　　(二) liǔ［ㄌㄧㄡˇ］ 力久切　中尤韵，上　平上，有韵　词第十二部　戏由求辙　（美好）

十六画

懸 （见"悬"） 懶 （见"懒"） 懷 （见"怀"）

懻 jì［ㄐㄧˋ］ 几利切　中齐韵，去　平去，寘韵　词第三部　戏一七辙

十七画

懺 （见"忏"）

懽 (一) huān［ㄏㄨㄢ］ 呼官切　中寒韵，阴　平平，寒韵　词第七部　戏言前辙　（欣喜）

　　(二) guàn［ㄍㄨㄢˋ］ 古玩切　中寒韵，去　平去，翰韵　词第七部　戏言前辙　（忧惧无所诉）

懹 ràng［ㄖㄤˋ］ 人样切　中唐韵，去　平去，漾韵　词第二部　戏江阳辙

十八画

懾 （见"慑"）

懿 yì［ㄧˋ］ 乙冀切　中齐韵，去　平去，寘韵　词第三部　戏一七辙　曲齐微韵，去

懼 (一) qú［ㄑㄩˊ］ 权劬切　中齐韵，阳　平平，虞韵　词第四部　戏一七辙　（惊慌失措状）

　　(二) jù［ㄐㄩˋ］ （恐惧，同"惧"）

十九画

戀（见"恋"）

戁 nǎn[ㄋㄢˇ] ①奴板切　中寒韵，上　平上，潸韵　词第七部　戏言前辙　（恭敬）

②人善切　中寒韵，上　平上，铣韵　词第七部　戏言前辙　（恐惧）

二十画

懺（同"忏㈡"）

戄 jué[ㄐㄩㄝˊ] ①具籰切　中皆韵，阳　平入，药韵　词第十六部　戏乜斜辙　（凝视）

②许缚切　中皆韵，阴　平入，药韵　词第十六部　戏乜斜辙　（震惊状）

二十一画

戇 ㈠ zhuàng[ㄓㄨㄤˋ] ①陟降切　中唐韵，去　平去，绛韵　词第二部　戏江阳辙　曲江阳韵，去　（刚直）

②呼贡切　中唐韵，去　平去，送韵　词第一部　戏江阳辙　曲江阳韵，去　（又）

㈡ gàng[ㄍㄤˋ] 陟降切　中唐韵，去　平去，绛韵　词第二部　戏江阳辙　曲江阳韵，去　（鲁莽）【《广韵》、《集韵》、《韵会》、《正韵》：陟降切。用之。】

二十四画

戀（见"戇"）

爿（丬）部

爿 ㈠ pán[ㄆㄢˊ] 蒲闲切　中寒韵，阳　平平，删韵　词第七部　戏言前辙

㈡ qiáng[ㄑㄧㄤˊ] 在良切　中唐韵，阳　平平，阳韵　词第二部　戏江阳辙　（木柴块）【《五经文字》：音墙。用其反切。】

三画

壮 zhuàng[ㄓㄨㄤˋ] 侧亮切　中唐韵，去　平去，漾韵　词第二部　戏江阳辙　曲江阳韵，去

妆 zhuāng[ㄓㄨㄤ] 侧羊切　中唐韵，阴　平平，阳韵　词第二部　戏江阳辙　曲江阳韵，阴

四画

牀（见"床"）

状 zhuàng[ㄓㄨㄤˋ] 锄亮切　中唐韵，去　平去，漾韵　词第二部　戏江阳辙　曲江阳韵，去

斨 qiāng[ㄑㄧㄤ] 七羊切　中唐韵，阴　平平，阳韵　词第二部　戏江阳辙

戕（查"戈"部）

五画

牁 ㈠ kē[ㄎㄜ] 古俄切　中波韵，阴　平平，歌韵　词第九部　戏梭波辙

㈡ gē[ㄍㄜ] 古俄切　中波韵，阴　平平，歌韵　词第九部　戏梭波辙　（旧读）

六画

将 ㈠ jiāng[ㄐㄧㄤ] 即良切　中唐韵，阴　平平，阳韵　词第二部　戏江阳辙　曲江阳韵，阴

㈡ jiàng[ㄐㄧㄤˋ] 子亮切　中唐韵，去　平去，漾韵　词第二部　戏江阳辙　曲江阳韵，去　（将帅；率领）

㈢ qiāng[ㄑㄧㄤ] 千羊切　中唐韵，阴　平平，阳韵　词第二部　戏江阳辙　曲江阳韵，阴　（希望；请求）

牂 zāng[ㄗㄤ] 则郎切　中唐韵，阴　平平，阳韵　词第二部　戏江阳辙

七画

將（见"将"）

桨（查"木"部）

十一画

槳（见"桨"）

十三画

牆（见"墙"）

毋（母）部

毋 (一) wú [ㄨˊ] 武夫切　史姑韵，阳　平平，虞韵　词第四部　戏姑苏辙
　　(二) móu [ㄇㄡˊ] 迷浮切　史尤韵，阳　平平，尤韵　词第十二部　戏由求辙　（~追）

毌 guàn [ㄍㄨㄢˋ] 古玩切　史寒韵，去　平去，翰韵　词第七部　戏言前辙

母 mǔ [ㄇㄨˇ] 莫厚切　史姑韵，上　平上，有韵　词第十二部［兼第四部虞韵］　戏姑苏辙　曲鱼模韵，上

二画

每 (一) měi [ㄇㄟˇ] 武罪切　史微韵，上　平上，贿韵　词第三部　戏灰堆辙
　　(二) mèi [ㄇㄟˋ] 莫佩切　史微韵，去　平去，队韵　词第三部　戏灰堆辙　（美盛貌；昏乱状）

三画

毐 ǎi [ㄞˇ] 於改切　史开韵，上　平上，贿韵　词第五部　戏怀来辙

毑 jiě [ㄐㄧㄝˇ] 子野切　史皆韵，上　平上，马韵　词第十部　戏乜斜辙

四画

毒 (一) dú [ㄉㄨˊ] 徒沃切　史姑韵，阳　平入，沃韵　词第十五部　戏姑苏辙　曲鱼模韵，阳
　　(二) dài [ㄉㄞˋ]　（~瑁 - 玳瑁，同"玳"）

九画

毓 yù [ㄩˋ] 余六切　史齐韵，去　平入，屋韵　词第十五部　戏一七辙

五　画

示（礻）部

示 (一) shì [ㄕˋ] 神至切　史支韵，去　平去，寘韵　词第三部　戏一七辙　曲支思韵，去
　　(二) qí [ㄑㄧˊ] 巨支切　史齐韵，阳　平平，支韵　词第三部　戏一七辙　（地~）
　　(三) zhì [ㄓˋ] 支义切　史支韵，去　平去，寘韵　词第三部　戏一七辙　（置）
　　(四) shí [ㄕˊ] 市之切　史支韵，阳　平平，支韵　词第三部　戏一七辙　（姓）

一画

礼 lǐ [ㄌㄧˇ] 卢启切　史齐韵，上　平上，荠韵　词第三部　戏一七辙　曲齐微韵，上

二画

祁 qí [ㄑㄧˊ] 渠脂切　史齐韵，阳　平平，支韵　词第三部　戏一七辙　曲齐微韵，阳

礽 réng [ㄖㄥˊ] 如乘切　史庚韵，阳　平平，蒸韵　词第十一部　戏中东辙

三画

社 shè[ㄕㄜˋ] 常者切　史波韵，去　平上，马韵　词第十部　戏梭波辙　曲车遮韵，去

礿 (一) yào[丨ㄠˋ] 以灼切　史豪韵，去　平入，药韵　词第十六部　戏遥条辙
　　 (二) yuè[ㄩㄝˋ] 以灼切　史皆韵，去　平入，药韵　词第十六部　戏乜斜辙　（又）

祀 sì[ㄙˋ] 详里切　史支韵，去　平上，纸韵　词第三部　一七辙　戏支思韵，去

祃 mà[ㄇㄚˋ] 莫驾切　史麻韵，去　平去，祃韵　词第十部　戏发花辙

奈 （查“大”部）

四画

祆 xiān[ㄒ丨ㄢ] 呼烟切　史寒韵，阴　平平，先韵　词第七部　戏言前辙

祎 yī[丨] 於离切　史齐韵，阴　平平，支韵　词第三部　戏一七辙

祉 zhǐ[ㄓˇ] 敕里切　史支韵，上　平上，纸韵　词第三部　戏一七辙　曲支思韵，上

视 (一) shì[ㄕˋ] 承矢切　史支韵，去　平上，纸韵　词第三部　戏一七辙　曲支思韵，去
　　 (二) zhǐ[ㄓˇ] （指挥，同“指”）

祅 yāo[丨ㄠ] 於乔切　史豪韵，阴　平平，萧韵　词第八部　戏遥条辙

祈 qí[ㄑ丨ˊ] 渠希切　史齐韵，阳　平平，微韵　词第三部　戏一七辙　曲齐微韵，阳

祇 (一) qí[ㄑ丨ˊ] 巨支切　史齐韵，阳　平平，支韵　词第三部　戏一七辙　曲齐微韵，阳
　　 (二) zhǐ[ㄓˇ] 章移切　史支韵，上　平平，支韵　词第三部　戏一七辙　曲齐微韵，阳　（恰好；仅仅）

祋 (一) duì[ㄉㄨㄟˋ] 丁外切　史微韵，去　平去，泰韵　词第三部　戏灰堆辙
　　 (二) duó[ㄉㄨㄛˊ] 丁括切　史波韵，阳　平入，曷韵　词第十八部　戏梭波辙　（又）

祊 (一) bēng[ㄅㄥ] 甫盲切　史庚韵，阴　平平，庚韵　词第十一部　戏中东辙
　　 (二) fāng[ㄈㄤ] 分房切　史唐韵，阴　平平，阳韵　词第二部　戏江阳辙　（古祭祀名）

奈 （查“木”部）

五画

祢 （同“祘②”）祕 （同“秘(一)”）

祟 suì[ㄙㄨㄟˋ] 虽遂切　史微韵，去　平去，真韵　词第三部　戏灰堆辙　曲齐微韵，去

祛 qū[ㄑㄩ] 丘於切　史齐韵，阴　平平，鱼韵　词第四部　戏一七辙

祜 hù[ㄏㄨˋ] 侯古切　史姑韵，去　平上，麌韵　词第四部　戏姑苏辙

祐 yòu[丨ㄡˋ] 于救切　史尤韵，去　平去，宥韵　词第十二部　戏由求辙　曲尤侯韵，去

祏 shí[ㄕˊ] 常只切　史支韵，阳　平入，陌韵　词第十七部　戏一七辙

祓 fú[ㄈㄨˊ] ①方肺切　史姑韵，阳　平去，队韵　词第三部　戏姑苏辙
　　　　　 ②敷勿切　史姑韵，阳　平入，物韵　词第十八部　戏姑苏辙　（又）

祖 (一) zǔ[ㄗㄨˇ] 则古切　史姑韵，上　平上，麌韵　词第四部　戏姑苏辙　曲鱼模韵，上
　　 (二) jiē[ㄐㄩㄝ] 咨邪切　史皆韵，阴　平平，麻韵　词第十部　戏乜斜辙　（～厉县）

神 (一) shén[ㄕㄣˊ] 食邻切　史文韵，阳　平平，真韵　词第六部　戏人辰辙　曲真文韵，阳
　　 (二) shēn[ㄕㄣ] 升人切　史文韵，阴　平平，真韵　词第六部　戏人辰辙　（～荼）

祝 (一) zhù[ㄓㄨˋ] 之六切　史姑韵，去　平入，屋韵　词第十五部　戏姑苏辙
　　 (二) zhòu[ㄓㄡˋ] 职救切　史尤韵，去　平去，宥韵　词第十二部　戏由求辙　（诅咒）
　　 (三) chù[ㄔㄨˋ] 昌六切　史姑韵，去　平入，屋韵　词第十五部　戏姑苏辙　（～栗）

祚 zuò[ㄗㄨㄛˋ] 昨误切　史波韵，去　平去，遇韵　词第四部　戏梭波辙　曲鱼模韵，去

祔 fù[ㄈㄨˋ] 符遇切　史姑韵，去　平去，遇韵　词第四部　戏姑苏辙

祗 zhī[ㄓ] 旨夷切　史支韵，阴　平平，支韵　词第三部　戏一七辙

祢 (一) nǐ[ㄋ丨ˇ] 奴礼切　史齐韵，上　平上，荠韵　词第三部　戏一七辙　曲齐微韵，上

（二）mí［ㄇㄧˊ］奴礼切　史齐韵，阳　平上，荠韵　词第三部　戏一七辙　曲齐微韵，上　（姓）

祠　cí［ㄘˊ］似兹切　史支韵，阳　平平，支韵　词第三部　戏一七辙　曲支思韵，阳

六画

票　（一）piāo［ㄆㄧㄠ］抚招切　史豪韵，阴　平平，萧韵　词第八部　戏遥条辙

　　（二）piào［ㄆㄧㄠˋ］毗召切　史豪韵，去　平去，啸韵　词第八部　戏遥条辙　（作为某种凭据的纸片）

紫　chái［ㄔㄞˊ］士佳切　史开韵，阳　平平，佳韵　词第十部　戏怀来辙　曲皆来韵，阳

祭　（一）jì［ㄐㄧˋ］子例切　史齐韵，去　平去，霁韵　词第三部　戏一七辙　曲齐微韵，去

　　（二）zhài［ㄓㄞˋ］侧界切　史开韵，去　平去，卦韵　词第五部　戏怀来辙　（姓）

祯　zhēn［ㄓㄣ］陟盈切　史文韵，阴　平平，庚韵　词第十一部　戏人辰辙　曲庚青韵，阴

袷　xiá［ㄒㄧㄚˊ］侯夹切　史麻韵，阳　平入，洽韵　词第十九部　戏发花辙

桃　tiāo［ㄊㄧㄠ］吐彫切　史豪韵，阴　平平，萧韵　词第八部　戏遥条辙

祪　guǐ［ㄍㄨㄟˇ］过委切　史微韵，上　平上，纸韵　词第三部　戏灰堆辙

祥　xiáng［ㄒㄧㄤˊ］似羊切　史唐韵，阳　平平，阳韵　词第二部　戏江阳辙　曲江阳韵，阳

七画

祷　dǎo［ㄉㄠˇ］①都皓切　史豪韵，上　平上，皓韵　词第八部　戏遥条辙　曲萧豪韵，上

　　　　　　②都导切　史豪韵，上　平去，号韵　词第八部　戏遥条辙　曲萧豪韵，上　（又）

祳　shèn［ㄕㄣˋ］时忍切　史文韵，去　平上，轸韵　词第六部　戏人辰辙

祴　gāi［ㄍㄞ］古哀切　史开韵，阴　平平，灰韵　词第五部　戏怀来辙

祸　huò［ㄏㄨㄛˋ］胡果切　史波韵，去　平上，哿韵　词第九部　戏梭波辙　曲歌戈韵，去

祰　gào［ㄍㄠˋ］①苦浩切　史豪韵，去　平上，皓韵　词第八部　戏遥条辙

　　　　　　②居号切　史豪韵，去　平去，号韵　词第八部　戏遥条辙　（又）

　　　　　　③古沃切　史豪韵，去　平入，沃韵　词第十五部　戏遥条辙　（又）

祲　jīn［ㄐㄧㄣ］①子心切　史文韵，阴　平平，侵韵　词第十三部　戏人辰辙　曲侵寻韵，阴

　　　　　　②子鸩切　史文韵，阴　平去，沁韵　词第十三部　戏人辰辙　曲侵寻韵，去　（又）

八画

裯（同"蜡（二）"）祸（见"祸"）

禁　（一）jìn［ㄐㄧㄣˋ］居荫切　史文韵，去　平去，沁韵　词第十三部　戏人辰辙　曲侵寻韵，去

　　（二）jīn［ㄐㄧㄣ］居吟切　史文韵，阴　平平，侵韵　词第十三部　戏人辰辙　曲侵寻韵，阴　（～受）

禀　（一）bǐng［ㄅㄧㄥˇ］笔锦切　史庚韵，上　平上，寝韵　词第十三部　戏中东辙

　　（二）lǐn［ㄌㄧㄣˇ］力锦切　史文韵，上　平上，寝韵　词第十三部　戏人辰辙　（赐谷）

裱　líng［ㄌㄧㄥˊ］力膺切　史庚韵，阳　平平，蒸韵　词第十一部　戏中东辙

祺　qí［ㄑㄧˊ］渠之切　史齐韵，阳　平平，支韵　词第三部　戏一七辙

祼　guàn［ㄍㄨㄢˋ］古玩切　史寒韵，去　平去，翰韵　词第七部　戏言前辙

裯　dǎo［ㄉㄠˇ］都皓切　史豪韵，上　平上，皓韵　词第八部　戏遥条辙

禅　（一）shàn［ㄕㄢˋ］时战切　史寒韵，去　平去，霰韵　词第七部　戏言前辙　曲先天韵，去

　　（二）chán［ㄔㄢˊ］市连切　史寒韵，阳　平平，先韵　词第七部　戏言前辙　曲先天韵，阳　（佛教用字）

禄　lù［ㄌㄨˋ］卢谷切　史姑韵，去　平入，屋韵　词第十五部　戏姑苏辙　曲鱼模韵，去

九画

祯（见"祯"）禅（见"祎"）

禊　xì［ㄒㄧˋ］胡计切　史齐韵，去　平去，霁韵　词第三部　戏一七辙　曲齐微韵，去

禖　méi［ㄇㄟˊ］莫怀切　史微韵，阳　平平，灰韵　词第三部　戏灰堆辙

福 (一)fú[ㄈㄨˊ] 方六切　卑姑韵，阳　乎入，屋韵　词第十五部　戏姑苏辙　曲鱼模韵，上

　　(二)fù[ㄈㄨˋ] 敷救切　卑姑韵，去　乎去，宥韵　词第十二部〔兼第四部遇韵〕　戏姑苏辙　（藏：相同）

禋 yīn[ㄧㄣ] 於真切　卑文韵，阴　乎平，真韵　词第六部　戏人辰辙

褆 (一)zhī[ㄓ] 章移切　卑支韵，阴　乎平，支韵　词第三部　戏一七辙

　　(二)tí[ㄊㄧˊ] 田黎切　卑齐韵，阳　乎平，齐韵　词第三部　戏一七辙　（又）

禓 shāng[ㄕㄤ] ①式羊切　卑唐韵，阴　乎平，阳韵　词第二部　戏江阳辙　（凶死鬼）

　　　　　　②与章切　卑唐韵，阳　乎平．阳韵　词第二部　戏江阳辙　（路祭）

褷 sī[ㄙ] 息兹切　卑支韵，阴　乎平，支韵　词第三部　戏一七辙

褅 dì[ㄉㄧˋ] 特计切　卑齐韵，去　乎去，霁韵　词第三部　戏一七辙

十画

褙 （见"祸"）

禛 zhēn[ㄓㄣ] 侧邻切　卑文韵，阴　乎平，真韵　词第六部　戏人辰辙

褫 sī[ㄙ] 息移切　卑支韵，阴　乎平，支韵　词第三部　戏一七辙

襦 zhuó[ㄓㄨㄛˊ] 之若切　卑波韵，阳　乎入，药韵　词第十六部　戏梭波辙

禜 （查"火"部）

十一画

禩 （同"祀"）

褼 xuān[ㄒㄩㄢ] 呼渊切　卑寒韵，阴　乎平，先韵　词第七部　戏言前辙

十二画

禦 （见"御(一)：②"）禪 （见"禅"）

禧 (一)xǐ[ㄒㄧˇ] 许其切　卑齐韵，上　乎平，支韵　词第三部　戏一七辙

　　(二)xī[ㄒㄧ] 许其切　卑齐韵，阴　乎平，支韵　词第三部　戏一七辙　（旧读）

禫 dàn[ㄉㄢˋ] 徒感切　卑寒韵，去　乎上，感韵　词第十四部　戏言前辙　曲监咸韵，上

禨 (一)jī[ㄐㄧ] 居依切　卑齐韵，阴　乎平，微韵　词第三部　戏一七辙　（消灾求福）

　　(二)jì[ㄐㄧˋ] 其既切　卑齐韵，去　乎去，未韵　词第三部　戏一七辙　（洗头后饮酒）

十三画

禮 （见"礼"）

襘 (一)guì[ㄍㄨㄟˋ] 古外切　卑微韵，去　乎去，泰韵　词第三部　戏灰堆辙

　　(二)huì[ㄏㄨㄟˋ] 黄外切　卑微韵，去　乎去，泰韵　词第三部　戏灰堆辙　（又）

十四画

禱 （见"祷"）襧 （见"祢"）

十七画

禴 yuè[ㄩㄝˋ] 以灼切　卑皆韵，去　乎入，药韵　词第十六部　戏乜斜辙

禳 ráng[ㄖㄤˊ] 汝阳切　卑唐韵，阳　乎平，阳韵　词第二部　戏江阳辙　曲江阳韵，阳

十九画

襰 lèi[ㄌㄟˋ] 力遂切　卑微韵，去　乎去，寘韵　词第三部　戏灰堆辙

石 部

石 (一)shí[ㄕˊ] 常只切　卑支韵，阳　乎入，陌韵　词第十七部　戏一七辙　曲齐微韵，阳

（二）dàn［ㄉㄢˋ］常只切　史寒韵，去　平入，陌韵　词第十七部　戏言前辙　（量词）

二画

矴（同"碇"）

矶　jī［ㄐㄧ］居依切　史齐韵，阴　平平，微韵　词第三部　戏一七辙　曲齐微韵，阴

三画

矸　（一）gàn［ㄍㄢˋ］古案切　史寒韵，去　平去，翰韵　词第七部　戏言前辙

　　（二）gān［ㄍㄢ］居寒切　史寒韵，阴　平平，寒韵　词第七部　戏言前辙　（~石）

矼　（一）gāng［ㄍㄤ］古双切　史唐韵，阴　平平，江韵　词第二部　戏江阳辙　（石桥）

　　（二）qiāng［ㄑㄧㄤ］枯江切　史唐韵，阴　平平，江韵　词第二部　戏江阳辙　（坚实）

　　（三）kòng［ㄎㄨㄥˋ］苦贡切　史庚韵，去　平去，送韵　词第一部　戏中东辙　（忠厚诚实）

矹　wù［ㄨˋ］五忽切　史姑韵，去　平入，月韵　词第十八部　戏姑苏辙

矻　kū［ㄎㄨ］苦骨切　史姑韵，阴　平入，月韵　词第十八部　戏姑苏辙

砈　（一）tuō［ㄊㄨㄛ］他各切　史波韵，阴　平入，药韵　词第十六部　戏梭波辙

　　（二）zhé［ㄓㄜˊ］陟格切　史波韵，阳　平入，陌韵　词第十七部　戏梭波辙　（又）

矽　xī［ㄒㄧ］祥易切　史齐韵，阴　平入，陌韵　词第十七部　戏一七辙　【音译字。借用同音字"夕"的反切。】

矾　fán［ㄈㄢˊ］附袁切　史寒韵，阳　平平，元韵　词第七部　戏言前辙　曲寒山韵，阳

砐　è［ㄜˋ］五合切　史波韵，去　平入，合韵　词第十九部　戏梭波辙

矿　kuàng［ㄎㄨㄤˋ］古猛切　史唐韵，去　平上，梗韵　词第十一部　戏江阳辙　曲庚青韵，上

砀　dàng［ㄉㄤˋ］①徒浪切　史唐韵，去　平去，漾韵　词第二部　戏江阳辙　曲江阳韵，去

　　　　　②徒郎切　史唐韵，去　平平，阳韵　词第二部　戏江阳辙　曲江阳韵，去　（又）

码　mǎ［ㄇㄚˇ］莫下切　史麻韵，上　平上，马韵　词第十部　戏发花辙

岩（查"山"部）

四画

砉　（一）xū［ㄒㄩ］呼臭切　史齐韵，阴　平入，锡韵　词第十七部　戏一七辙　（拟声词）

　　（二）huā［ㄏㄨㄚ］虎伯切　史麻韵，阴　平入，陌韵　词第十七部　戏发花辙　（又）

研　（一）yán［ㄧㄢˊ］五坚切　史寒韵，阳　平平，先韵　词第七部　戏言前辙　曲先天韵，阳

　　（二）yàn［ㄧㄢˋ］吾甸切　史寒韵，去　平去，霰韵　词第七部　戏言前辙　曲先天韵，去　（同"砚"）

砆　fū［ㄈㄨ］抚孤切　史姑韵，阴　平平，虞韵　词第四部　戏姑苏辙

砖　（一）zhuān［ㄓㄨㄢ］朱缘切　史寒韵，阴　平平，先韵　词第七部　戏言前辙　曲先天韵，阴

　　（二）tuán［ㄊㄨㄢˊ］徒官切　史寒韵，阳　平平，寒韵　词第七部　戏言前辙　（人名用字）

砗　chē［ㄔㄜ］尺遮切　史波韵，阴　平平，麻韵　词第十部　戏梭波辙

砑　yà［ㄧㄚˋ］吾驾切　史麻韵，去　平去，祃韵　词第十部　戏发花辙

砘　dùn［ㄉㄨㄣˋ］徒本切　史文韵，去　平上，阮韵　词第六部　戏人辰辙

砒　pī［ㄆㄧ］匹迷切　史齐韵，阴　平平，齐韵　词第三部　戏一七辙

砌　（一）qì［ㄑㄧˋ］七计切　史齐韵，去　平去，霁韵　词第三部　戏一七辙　曲齐微韵，去

　　（二）qiè［ㄑㄧㄝˋ］千结切　史皆韵，去　平入，屑韵　词第十八部　戏乜斜辙　（~末）【同"切（二）"，用其反切。】

砋　zhǐ［ㄓˇ］渚市切　史支韵，上　平上，纸韵　词第三部　戏一七辙

砂　shā［ㄕㄚ］所加切　史麻韵，阴　平平，麻韵　词第十部　戏发花辙　曲家麻韵，阴

砅　lì［ㄌㄧˋ］力制切　史齐韵，去　平去，霁韵　词第三部　戏一七辙

砚　yàn［ㄧㄢˋ］五甸切　史寒韵，去　平去，霰韵　词第七部　戏言前辙　曲先天韵，去

斫　zhuó［ㄓㄨㄛˊ］①之若切　史波韵，阳　平入，药韵　词第十六部　戏梭波辙　曲萧豪韵，上

　　　　　②竹角切　史波韵，阳　平入，觉韵　词第十六部　戏梭波辙　（斲）

砎 jiè[ㄐㄧㄝˋ] ①古拜切　史皆韵，去　平去，卦韵　词第五部　戏乜斜辙

　　　　　　　②古黠切　史麻韵，阳　平入，黠韵　词第十八部　戏发花辙　（小石头）

砏 pīn[ㄆㄧㄣ] 普巾切　史文韵，阴　平平，真韵　词第六部　戏人辰辙

砭 biān[ㄅㄧㄢ] ①府廉切　史寒韵，阴　平平，盐韵　词第十四部　戏言前辙

　　　　　　　②方验切　史寒韵，阴　平去，艳韵　词第十四部　戏言前辙　（又）

砍 kǎn[ㄎㄢˇ] 苦感切　史寒韵，上　平上，感韵　词第十四部　戏言前辙　曲监咸韵，上

砜 fēng[ㄈㄥ] 方戎切　史庚韵，阴　平平，东韵　词第一部　戏中东辙　【音译字。借用同音字"风㈠"的反切。】

硁 ㈠ kēng[ㄎㄥ] ①客庚切　史庚韵，阴　平平，庚韵　词第十一部　戏中东辙　（～硁）

　　　　　　　②苦浪切　史庚韵，阴　平去，漾韵　词第二部　戏中东辙　（又）

　　㈡ kāng[ㄎㄤ] 丘冈切　史唐韵，阴　平平，阳韵　词第二部　戏江阳辙　（～礚）

泵（查"水"部）

五画

砲（同"炮㈢"）

砡 yù[ㄩˋ] 鱼菊切　史齐韵，去　平入，屋韵　词第十五部　戏一七辙

砝 ㈠ jié[ㄐㄧㄝˊ] 居怯切　史皆韵，阳　平入，洽韵　词第十九部　戏乜斜辙　（硬）

　　㈡ gé[ㄍㄜˊ] 居盍切　史波韵，阳　平入，合韵　词第十九部　戏梭波辙　（石声）

　　㈢ fǎ[ㄈㄚˇ] 方乏切　史麻韵，上　平入，洽韵　词第十九部　戏发花辙　（～码）【音译字。借用同音字"法"的反切。】

砹 ài[ㄞˋ] 五盖切　史开韵，去　平去，泰韵　词第五部　戏怀来辙　【音译字。借用同音字"艾㈠"的反切。】

砢 ㈠ luǒ[ㄌㄨㄛˇ] 来可切　史波韵，上　平上，哿韵　词第九部　戏梭波辙

　　㈡ kē[ㄎㄜ] 丘何切　史波韵，阴　平平，歌韵　词第九部　戏梭波辙　曲歌戈韵，阴　（同"珂"）

砸 zá[ㄗㄚˊ] 子答切　史麻韵，阳　平入，合韵　词第十九部　戏发花辙　【现代字。借用同音字"匝"的反切。】

砺 lì[ㄌㄧˋ] 力制切　史齐韵，去　平去，霁韵　词第三部　戏一七辙　曲齐微韵，去

砻 lóng[ㄌㄨㄥˊ] ①卢红切　史庚韵，阳　平平，东韵　词第一部　戏中东辙　曲东钟韵，阳

　　　　　　　②卢贡切　史庚韵，阳　平去，送韵　词第一部　戏中东辙　曲东钟韵，去　（又）

砰 pēng[ㄆㄥ] 普庚切　史庚韵，阴　平平，庚韵　词第十一部　戏中东辙

砧 zhēn[ㄓㄣ] 知林切　史文韵，阴　平平，侵韵　词第十三部　戏人辰辙　曲侵寻韵，阴

砠 jū[ㄐㄩ] 七余切　史齐韵，阴　平平，鱼韵　词第四部　戏一七辙

砷 shēn[ㄕㄣ] 失人切　史文韵，阴　平平，真韵　词第六部　戏人辰辙　【音译字。借用同音字"申"的反切。】

砟 ㈠ zhà[ㄓㄚˋ] 助驾切　史麻韵，去　平去，祃韵　词第十部　戏发花辙　（碎石；砍砸）

　　㈡ zuò[ㄗㄨㄛˋ] 在各切　史波韵，去　平入，药韵　词第十六部　戏梭波辙　（～硌）

　　㈢ zhǎ[ㄓㄚˇ] 侧下切　史麻韵，上　平上，马韵　词第十部　戏发花辙　（小碎块）【方言读音。借用同音字"厇㈠"的反切。】

砼 tóng[ㄊㄨㄥˊ] 徒红切　史庚韵，阳　平平，东韵　词第一部　戏中东辙　【现代字。借用同音字"仝"的反切。】

砥 ㈠ dǐ[ㄉㄧˇ] 典礼切　史齐韵，上　平上，荠韵　词第三部　戏一七辙　曲支思韵，上

　　㈡ zhǐ[ㄓˇ] ①旨夷切　史支韵，上　平平，支韵　词第三部　戏一七辙　曲支思韵，上　（旧读）

　　　　　　　②诸氏切　史支韵，上　平上，纸韵　词第三部　戏一七辙　曲支思韵，上　（又）

砾 ㈠ lì[ㄌㄧˋ] 郎击切　史齐韵，去　平入，锡韵　词第十七部　戏一七辙

　　㈡ luò[ㄌㄨㄛˋ] ①力角切　史波韵，去　平入，觉韵　词第十六部　戏梭波辙　（卓～）

　　　　　　　②历各切　史波韵，去　平入，药韵　词第十六部　戏梭波辙　（白石貌）

砫 ㈠ zhǔ[ㄓㄨˇ] 肿庚切　史姑韵，上　平上，麌韵　词第四部　戏姑苏辙　（石室）

　　㈡ zhù[ㄓㄨˋ] 直主切　史姑韵，去　平上，麌韵　词第四部　戏姑苏辙　（地名用字）【同"柱㈠"，用其反切。】

砬 lá[ㄌㄚˊ] 卢合切　史麻韵，阳　平入，合韵　词第十九部　戏发花辙　（～子）【方言字。借用同音字"拉㈡"的反切。】

砯 (一)pìng[ㄆㄧㄥˋ] 蒲应切　史庚韵，去　乎去，径韵　词第十一部　戏中东辙

　　(二)pīng[ㄆㄧㄥ] 披冰切　史庚韵，阴　乎平，蒸韵　词第十一部　戏中东辙　（又）

砣 tuó[ㄊㄨㄛˊ] 徒禾切　史波韵，阳　乎平，歌韵　词第九部　戏梭波辙

础 chǔ[ㄔㄨˇ] 创举切　史姑韵，上　乎上，语韵　词第四部　戏姑苏辙　曲鱼模韵，上

砮 nǔ[ㄋㄨˇ] ①奴古切　史姑韵，上　乎上，虞韵　词第四部　戏姑苏辙

　　　　　　②乃都切　史姑韵，阳　乎平，虞韵　词第四部　戏姑苏辙　（磨刀石）

破 pò[ㄆㄛˋ] 普过切　史波韵，去　乎去，箇韵　词第九部　戏梭波辙　曲歌戈韵，去

硁 kēng[ㄎㄥ] 口茎切　史庚韵，阴　乎平，庚韵　词第十一部　戏中东辙　曲庚青韵，阴

六画

研（见"研"）砦（同"寨"）硃（同"朱(一)"）硔（同"硐"）

硎 (一)xíng[ㄒㄧㄥˊ] 户经切　史庚韵，阳　乎平，青韵　词第十一部　戏中东辙　曲庚青韵，阳　（磨刀石）

　　(二)kēng[ㄎㄥ] 客庚切　史庚韵，阴　乎平，庚韵　词第十一部　戏中东辙　曲庚青韵，阴　（同"坑(一)"）

硅 guī[ㄍㄨㄟ] 古携切　史微韵，阴　乎平，齐韵　词第三部　戏灰堆辙　【音译字。借用同音字"圭"的反切。】

硭 máng[ㄇㄤˊ] 武方切　史唐韵，阳　乎平，阳韵　词第二部　戏江阳辙

硒 xī[ㄒㄧ] 先稽切　史齐韵，阴　乎平，齐韵　词第三部　戏一七辙　【音译字。借用同音字"西"的反切。】

硕 (一)shuò[ㄕㄨㄛˋ] 常只切　史波韵，去　乎入，陌韵　词第十七部　戏梭波辙

　　(二)shí[ㄕˊ] 常只切　史支韵，阳　乎入，陌韵　词第十七部　戏一七辙　（又）

硖 xiá[ㄒㄧㄚˊ] 侯夹切　史麻韵，阳　乎入，洽韵　词第十九部　戏发花辙

硗 qiāo[ㄑㄧㄠ] ①口交切　史豪韵，阴　乎平，肴韵　词第八部　戏遥条辙　曲萧豪韵，阴

　　　　　　②苦皎切　史豪韵，上　乎上，篠韵　词第八部　戏遥条辙　（山田）

硐 (一)dòng[ㄉㄨㄥˋ] 徒揔切　史庚韵，去　乎上，董韵　词第一部　戏中东辙　（山洞）

　　(二)tóng[ㄊㄨㄥˊ] 徒红切　史庚韵，阳　乎平，东韵　词第一部　戏中东辙　（磨）

硙 (一)wèi[ㄨㄟˋ] 五对切　史微韵，去　乎去，队韵　词第三部　戏灰堆辙　（石磨）

　　(二)wéi[ㄨㄟˊ] 五灰切　史微韵，阳　乎平，灰韵　词第三部　戏灰堆辙　（堆积状）

　　(三)ái[ㄞˊ] 鱼开切　史开韵，阳　乎平，灰韵　词第五部　戏怀来辙　（~ ~）

硚 qiáo[ㄑㄧㄠˊ] 巨娇切　史豪韵，阳　乎平，萧韵　词第八部　戏遥条辙　【同"桥(一)"，用其反切。】

硟 (一)chǎn[ㄔㄢˇ] 昌战切　史寒韵，上　乎去，霰韵　词第七部　戏言前辙

　　(二)xiān[ㄒㄧㄢ] 相然切　史寒韵，阴　乎平，先韵　词第七部　戏言前辙　（又）

硇 náo[ㄋㄠˊ] 尼交切　史豪韵，阳　乎平，肴韵　词第八部　戏遥条辙

硊 (一)huì[ㄏㄨㄟˋ] 居伪切　史微韵，去　乎去，寘韵　词第三部　戏灰堆辙　（石~）

　　(二)wěi[ㄨㄟˇ] 鱼毁切　史微韵，上　乎上，纸韵　词第三部　戏灰堆辙　（魄~）

硌 (一)gè[ㄍㄜˋ] 古落切　史波韵，去　乎入，药韵　词第十六部　戏梭波辙　（受到硬物挤压）　【方言字。借用同音字"各(一)"的反切。】

　　(二)luò[ㄌㄨㄛˋ] 卢各切　史波韵，去　乎入，药韵　词第十六部　戏梭波辙　（大石堆垒状）

硉 lù[ㄌㄨˋ] 勒没切　史姑韵，去　乎入，月韵　词第十八部　戏姑苏辙

七画

砗（见"砗"）硖（见"硖"）硁（见"硁"）硵（同"卤(一)"）砚（见"砚"）碴（同"碴"）

硩 (一)chè[ㄔㄜˋ] 丑列切　史波韵，去　乎入，屑韵　词第十八部　戏梭波辙

　　(二)tì[ㄊㄧˋ] 他历切　史齐韵，去　乎入，锡韵　词第十七部　戏一七辙　（石火）

硬 yìng[ㄧㄥˋ] 五争切　史庚韵，去　乎去，敬韵　词第十一部　戏中东辙　曲庚青韵，去

硝 xiāo[ㄒㄧㄠ] 相邀切　史豪韵，阴　乎平，萧韵　词第八部　戏遥条辙　曲萧豪韵，阴

硞 kù[ㄎㄨˋ] 苦沃切　史姑韵，去　乎入，沃韵　词第十五部　戏姑苏辙

硪 (一)é[ㄜˊ] ①五何切　中波韵，阳　平平，歌韵　词第九部　戏梭波辙 （石崖）

②五可切　中波韵，上　平上，哿韵　词第九部　戏梭波辙 （高峻状）

(二)wò[ㄨㄛˋ] 吾货切　中波韵，去　平去，箇韵　词第九部　戏梭波辙（石~）【现代字。借用同音字"卧"的反切。】

硷 jiǎn[ㄐㄧㄢˇ] ①古斩切　中寒韵，上　平上，赚韵　词第十四部　戏言前辙　曲监咸韵，上

②七廉切　中寒韵，上　平平，盐韵　词第十四部　戏言前辙　曲监咸韵，上 （又）

确 què[ㄑㄩㄝˋ] 胡觉切　中皆韵，去　平入，觉韵　词第十六部　戏乜斜辙

硫 liú[ㄌㄧㄡˊ] 力求切　中尤韵，阳　平平，尤韵　词第十二部　戏由求辙

砂 (一)shā[ㄕㄚ] 所加切　中麻韵，阴　平平，麻韵　词第十部　戏发花辙

(二)zuǒ[ㄗㄨㄛˇ] 作可切　中波韵，上　平上，哿韵　词第九部　戏梭波辙 （又）

硡 hōng[ㄏㄨㄥ] 呼宏切　中庚韵，阴　平平，庚韵　词第十一部　戏中东辙

硠 láng[ㄌㄤˊ] 鲁当切　中唐韵，阳　平平，阳韵　词第二部　戏江阳辙

八画

碁 (同"棋(一)")　礜 (同"硃")　碒 (同"崟")

碔 wǔ[ㄨˇ] 文甫切　中姑韵，上　平上，麌韵　词第四部　戏姑苏辙

碛 qì[ㄑㄧˋ] 七迹切　中齐韵，去　平入，陌韵　词第十七部　戏一七辙

碐 léng[ㄌㄥˊ] 闾承切　中庚韵，阳　平平，蒸韵　词第十一部　戏中东辙

碏 què[ㄑㄩㄝˋ] 七雀切　中皆韵，去　平入，药韵　词第十六部　戏乜斜辙

琳 lín[ㄌㄧㄣˊ] 黎针切　中文韵，阳　平平，侵韵　词第十三部　戏人辰辙

碕 (一)qí[ㄑㄧˊ] 渠羁切　中齐韵，阳　平平，支韵　词第三部　戏一七辙

(二)qǐ[ㄑㄧˇ] 墟彼切　中齐韵，上　平上，纸韵　词第三部　戏一七辙 （~礒）

碍 ài[ㄞˋ] 五溉切　中开韵，去　平去，队韵　词第五部　戏怀来辙

碘 diǎn[ㄉㄧㄢˇ] 多殄切　中寒韵，上　平上，铣韵　词第七部　戏言前辙【音译字。借用同音字"典"的反切。】

碅 jūn[ㄐㄩㄣ] 区伦切　中文韵，阴　平平，真韵　词第六部　戏人辰辙

碙 (一)gāng[ㄍㄤ] 古郎切　中唐韵，阴　平平，阳韵　词第二部　戏江阳辙【与"冈"音同义同，用其反切。】

(二)náo[ㄋㄠˊ] （~砂－硇砂，同"硇"）

硾 (一)zhuì[ㄓㄨㄟˋ] 驰伪切　中微韵，去　平去，寘韵　词第三部　戏灰堆辙 （使之下沉）

(二)chuí[ㄔㄨㄟˊ] （舂，捣，同"捶(一)"）

碓 duì[ㄉㄨㄟˋ] 都队切　中微韵，去　平去，队韵　词第三部　戏灰堆辙　曲齐微韵，去

碑 bēi[ㄅㄟ] 彼为切　中微韵，阴　平平，支韵　词第三部　戏灰堆辙　曲齐微韵，阴

硼 péng[ㄆㄥˊ] 披耕切　中庚韵，阳　平平，庚韵　词第十一部　戏中东辙

碉 diāo[ㄉㄧㄠ] 都聊切　中豪韵，阴　平平，萧韵　词第八部　戏遥条辙

碎 suì[ㄙㄨㄟˋ] 苏内切　中微韵，去　平去，队韵　词第三部　戏灰堆辙　曲齐微韵，去

碚 bèi[ㄅㄟˋ] 薄亥切　中微韵，去　平上，贿韵　词第五部　戏灰堆辙【同"蓓"，用其反切。】

碰 pèng[ㄆㄥˋ] 蒲孟切　中庚韵，去　平去，敬韵　词第十一部　戏中东辙 【与"掽"音同义同，用其反切。】

碑 dī[ㄉㄧ] 都奚切　中齐韵，阴　平平，齐韵　词第三部　戏一七辙　曲齐微韵，阴

碆 bō[ㄅㄛ] 博禾切　中波韵，阴　平平，歌韵　词第九部　戏梭波辙

碇 dìng[ㄉㄧㄥˋ] 丁定切　中庚韵，去　平去，径韵　词第十一部　戏中东辙　曲庚青韵，去

碗 wǎn[ㄨㄢˇ] 乌管切　中寒韵，上　平上，旱韵　词第七部　戏言前辙　曲桓欢韵，上 【与"椀"音同义同，用其反切。】

碌 (一)lù[ㄌㄨˋ] ①卢谷切　中姑韵，去　平入，屋韵　词第十五部　戏姑苏辙

②力玉切　中姑韵，去　平入，沃韵　词第十五部　戏姑苏辙 （~青）

(二)liù[ㄌㄧㄡˋ] 力竹切　中尤韵，去　平入，屋韵　词第十五部　戏由求辙 （~碡）

碜 chěn［彳ㄣˇ］初朕切　史文韵，上　乎上，寝韵　词第十三部　戏人辰辙　曲侵寻韵，上

九画

槀（见"槀"）碩（见"硕"）碣（见"砀"）颯（见"飒"）碒（同"券㈡"）

碶 qì［ㄑㄧˋ］苦计切　史齐韵，去　乎去，霁韵　词第三部　戏一七辙　【借用同音字"契㈠"的反切。】

碡 ㈠zhou［·ㄓㄡ］直六切　史尤韵，阴　乎入，屋韵　词第十五部　戏由求辙　（碌~）

㈡dú［ㄉㄨˊ］①徒谷切　史姑韵，阳　乎入，屋韵　词第十五部　戏姑苏辙　（又）

②徒沃切　史姑韵，阳　乎入，沃韵　词第十五部　戏姑苏辙　（又）

碧 bì［ㄅㄧˋ］彼役切　史齐韵，去　乎入，陌韵　词第十七部　戏一七辙　曲齐微韵，上

碪 ㈠ǎn［ㄢˇ］五感切　史寒韵，上　乎上，感韵　词第十四部　戏言前辙　（高耸状）

㈡zhēn［ㄓㄣ］（捣衣石，同"砧"）

碟 dié［ㄉㄧㄝˊ］徒协切　史皆韵，阳　乎入，叶韵　词第十八部　戏乜斜辙　【借用同音字"牒"的反切。】

碴 chá［彳ㄚˊ］鉏加切　史麻韵，阳　乎平，麻韵　词第十部　戏发花辙　【方言字。借用同音字"查㈠"的反切。】

碱 jiǎn［ㄐㄧㄢˇ］古斩切　史寒韵，上　乎上，赚韵　词第十四部　戏言前辙　曲监咸韵，上

碝 ruǎn［ㄖㄨㄢˇ］而兖切　史寒韵，上　乎上，铣韵　词第七部　戏言前辙

碣 ㈠jié［ㄐㄧㄝˊ］①渠列切　史皆韵，阳　乎入，屑韵　词第十八部　戏乜斜辙　曲车遮韵，阳

②其谒切　史皆韵，阳　乎入，月韵　词第十八部　戏乜斜辙　曲车遮韵，阳　（又）

㈡yà［ㄧㄚˋ］乙辖切　史麻韵，去　乎入，黠韵　词第十八部　戏发花辙　（~碏）

碨 ㈠wěi［ㄨㄟˇ］乌贿切　史微韵，上　乎上，贿韵　词第三部　戏灰堆辙

㈡wèi［ㄨㄟˋ］五对切　史微韵，去　乎去，队韵　词第三部　戏灰堆辙　（石磨）

碞 yán［ㄧㄢˊ］①五咸切　史寒韵，阳　乎平，咸韵　词第十四部　戏言前辙

②鱼金切　史寒韵，阳　乎平，侵韵　词第十三部　戏言前辙　（又）

碳 tàn［ㄊㄢˋ］他旦切　史寒韵，去　乎去，翰韵　词第七部　戏言前辙　【现代字。借用同音字"炭"的反切。】

碫 duàn［ㄉㄨㄢˋ］丁贯切　史寒韵，去　乎去，翰韵　词第七部　戏言前辙

磈 kuǐ［ㄎㄨㄟˇ］①口猥切　史微韵，上　乎上，贿韵　词第三部　戏灰堆辙　（~磊）

②於鬼切　史微韵，上　乎上，尾韵　词第三部　戏灰堆辙　（~碨）

碓 ㈠duī［ㄉㄨㄟ］都回切　史微韵，阴　乎平，灰韵　词第三部　戏灰堆辙　（撞击）

㈡chuí［彳ㄨㄟˊ］（敲击，同"捶㈠"）

碲 dì［ㄉㄧˋ］都计切　史齐韵，去　乎去，霁韵　词第三部　戏一七辙　【音译字。借用同音字"帝"的反切。】

磋 cuō［ㄘㄨㄛ］①七何切　史波韵，阴　乎平，歌韵　词第九部　戏梭波辙　曲歌戈韵，阴

②七过切　史波韵，阴　乎去，箇韵　词第九部　戏梭波辙　曲歌戈韵，去　（又）

磁 cí［ㄘˊ］墙之切　史支韵，阳　乎平，支韵　词第三部　戏一七辙　曲支思韵，阳

碥 biǎn［ㄅㄧㄢˇ］方典切　史寒韵，上　乎上，铣韵　词第七部　戏言前辙

十画

碼（见"码"）磌（同"陨"）礋（见"碡"）磎（同"溪㈠"）碻（同"确"）確（见"确"）

磝 ㈠áo［ㄠˊ］五交切　史豪韵，阳　乎平，肴韵　词第八部　戏遥条辙　（山上多小石）

㈡qiāo［ㄑㄧㄠ］丘交切　史豪韵，阴　乎平，肴韵　词第八部　戏遥条辙　（碻~）

磕 kē［ㄎㄜ］①苦盍切　史波韵，阴　乎入，合韵　词第十九部　戏梭波辙

②苦曷切　史波韵，阴　乎入，曷韵　词第十八部　戏梭波辙　（又）

磌 tián［ㄊㄧㄢˊ］①徒年切　史寒韵，阳　乎平，先韵　词第七部　戏言前辙

②职邻切　史寒韵，阳　乎平，真韵　词第六部　戏言前辙　（又）

磊 lěi［ㄌㄟˇ］落猥切　史微韵，上　乎上，贿韵　词第三部　戏灰堆辙　曲齐微韵，上

磃 sī［ㄙ］息移切　史支韵，阴　乎平，支韵　词第三部　戏一七辙

碬　yǐn[ㄧㄣˇ] 於谨切　史文韵，上　乎上，吻韵　词第六部　戏人辰辙

磐　pán[ㄆㄢˊ] 薄官切　史寒韵，阳　乎平，寒韵　词第七部　戏言前辙　曲桓欢韵，阳

磔　zhé[ㄓㄜˊ] 陟格切　史波韵，阳　乎入，陌韵　词第十七部　戏梭波辙

磙　gǔn[ㄍㄨㄣˇ] 古本切　史文韵，上　乎上，阮韵　词第六部　戏人辰辙　【现代字。借用同音字"衮"的反切。】

磅　㈠páng[ㄆㄤˊ] ①普郎切　史唐韵，阳　乎平，阳韵　词第二部　戏江阳辙

　　　　　　　　　②抚庚切　史唐韵，阳　乎平，庚韵　词第十一部　戏江阳辙　（又）

　　㈡bàng[ㄅㄤˋ] 蒲浪切　史唐韵，去　乎去，漾韵　词第二部　戏江阳辙　（～秤）　【音译字。借用同音字"傍㈠"的反切。】

磏　lián[ㄌㄧㄢˊ] 离盐切　史寒韵，阳　乎平，盐韵　词第十四部　戏言前辙

硖　jiá[ㄐㄧㄚˊ] 古黠切　史麻韵，阳　乎入，黠韵　词第十八部　戏发花辙

碾　niǎn[ㄋㄧㄢˇ] ①女箭切　史寒韵，上　乎去，霰韵　词第七部　戏言前辙　曲先天韵，上

　　　　　　　　②尼展切　史寒韵，上　乎上，铣韵　词第七部　戏言前辙　曲先天韵，上　（又）

磉　sǎng[ㄙㄤˇ] 苏朗切　史唐韵，上　乎上，养韵　词第二部　戏江阳辙

十一画

磺（见"磺"）磚（见"砖"）磡（见"硐"）磹（同"砬"）磟（同"碌"）磜（见"碜"）

磬　qìng[ㄑㄧㄥˋ] 苦定切　史庚韵，去　乎去，径韵　词第十一部　戏中东辙　曲庚青韵，去

磡　kàn[ㄎㄢˋ] 苦绀切　史寒韵，去　乎去，勘韵　词第十四部　戏言前辙　曲监咸韵，去

磺　huáng[ㄏㄨㄤˊ] ①胡光切　史唐韵，阳　乎平，阳韵　词第二部　戏江阳辙　（硫～）

　　　　　　　　②古猛切　史唐韵，去　乎上，梗韵　词第十一部　戏江阳辙　（矿石）

磩　㈠qì[ㄑㄧˋ] 仓历切　史齐韵，去　乎入，锡韵　词第十七部　戏一七辙

　　㈡zhú[ㄓㄨˊ] 侧六切　史姑韵，阳　乎入，屋韵　词第十五部　戏姑苏辙　（柱础）

磢　chuǎng[ㄔㄨㄤˇ] 初两切　史唐韵，上　乎上，养韵　词第二部　戏江阳辙

礌　lěi[ㄌㄟˇ] 落猥切　史微韵，上　乎上，贿韵　词第三部　戏灰堆辙

磪　cuī[ㄘㄨㄟ] 昨回切　史微韵，阴　乎平，灰韵　词第三部　戏灰堆辙

硼　pēng[ㄆㄥ] 披庚切　史庚韵，阴　乎平，庚韵　词第十一部　戏中东辙

碌　zú[ㄗㄨˊ] 千木切　史姑韵，阳　乎入，屋韵　词第十五部　戏姑苏辙

磲　qú[ㄑㄩˊ] 强鱼切　史齐韵，阳　乎平，鱼韵　词第四部　戏一七辙　曲鱼模韵，阳

槖（查"木"部）磨（查"麻"部）

十二画

磽（见"硗"）磵（同"㵎"）磾（见"碑"）礄（见"硚"）礆（见"矶"）

礃　zhǎng[ㄓㄤˇ] 诸两切　史唐韵，上　乎上，养韵　词第二部　戏江阳辙　【～子－掌子，同"掌"，用其反切。】

碭　xí[ㄒㄧˊ] 思积切　史齐韵，阳　乎入，陌韵　词第十七部　戏一七辙

礔　zá[ㄗㄚˊ] 徂合切　史麻韵，阳　乎入，合韵　词第十九部　戏发花辙

礁　jiāo[ㄐㄧㄠ] 昨焦切　史豪韵，阴　乎平，萧韵　词第八部　戏遥条辙　【借用同音字"噍"的反切。】

磻　㈠bō[ㄅㄛ] ①补过切　史波韵，阴　乎去，箇韵　词第九部　戏梭波辙　曲歌戈韵，阳

　　　　　　　②逋禾切　史波韵，阴　乎平，歌韵　词第九部　戏梭波辙　曲歌戈韵，阳　（又）

　　㈡pán[ㄆㄢˊ] 薄官切　史寒韵，阳　乎平，寒韵　词第七部　戏言前辙　曲桓欢韵，阳　（～溪）

礅　dūn[ㄉㄨㄣ] 都昆切　史文韵，阴　乎平，元韵　词第六部　戏人辰辙

磷　㈠lín[ㄌㄧㄣˊ] 力珍切　史文韵，阳　乎平，真韵　词第六部　戏人辰辙　曲真文韵，阳

　　㈡lìn[ㄌㄧㄣˋ] 良刃切　史文韵，去　乎去，震韵　词第六部　戏人辰辙　（损伤）

　　㈢líng[ㄌㄧㄥˊ] 力耕切　史庚韵，阳　乎平，庚韵　词第十一部　戏中东辙　（砰～）

磳　zēng[ㄗㄥ] 作滕切　史庚韵，阴　乎平，蒸韵　词第十一部　戏中东辙

碉 jiàn[ㄐㄧㄢˋ] 古晏切　甲寒韵，去　乎去，谏韵　词第七部　戏言前辙

磴 (一)dèng[ㄉㄥˋ] 都邓切　甲庚韵，去　乎去，径韵　词第十一部　戏中东辙　曲庚青韵，去

　　(二)tèng[ㄊㄥˋ] 台隥切　甲庚韵，去　乎去，径韵　词第十一部　戏中东辙　曲庚青韵，去　（增益）

靥 （查"厂"部）

十三画

礎 （见"础"）礉 （同"核(一)：①"）礔 （同"霹"）

礊 kē[ㄎㄜ] 丘盖切　甲波韵，阴　乎去，泰韵　词第五部　戏梭波辙

礞 méng[ㄇㄥˊ] 谟蓬切　甲庚韵，阳　乎平，东韵　词第一部　戏中东辙　【《本草纲目》注：谟蓬切。用之。】

礓 jiāng[ㄐㄧㄤ] 居良切　甲唐韵，阴　乎平，阳韵　词第二部　戏江阳辙

礧 (一)lèi[ㄌㄟˋ] 卢对切　甲微韵，去　乎去，队韵　词第三部　戏灰堆辙　（大石）

　　(二)léi[ㄌㄟˊ] 卢对切　甲微韵，阳　乎去，队韵　词第三部　戏灰堆辙　（又）

　　(三)lěi[ㄌㄟˇ] 鲁猥切　甲微韵，上　乎上，贿韵　词第三部　戏灰堆辙　（～～落落）

礋 zhāi[ㄓㄞ] 直格切　甲开韵，阴　乎入，陌韵　词第十七部　戏怀来辙

礜 yù[ㄩˋ] 羊洳切　甲齐韵，去　乎去，御韵　词第四部　戏一七辙

礐 què[ㄑㄩㄝˋ] ①苦角切　甲皆韵，去　乎入，觉韵　词第十六部　戏乜斜辙

　　　　②胡谷切　甲皆韵，去　乎入，屋韵　词第十五部　戏乜斜辙　（又）

　　　　③胡沃切　甲波韵，阳　乎入，沃韵　词第十六部　戏梭波辙　（石名；玉名）

　　　　④力摘切　甲波韵，去　乎入，陌韵　词第十七部　戏梭波辙　（～砝）

十四画

礪 （见"砺"）礙 （见"碍"）礦 （见"矿"）

礤 cǎ[ㄘㄚˇ] 七曷切　甲麻韵，上　乎入，曷韵　词第十八部　戏发花辙

礛 jiān[ㄐㄧㄢ] 古衔切　甲寒韵，阴　乎平，咸韵　词第十四部　戏言前辙

礝 ruǎn[ㄖㄨㄢˇ] 乳兖切　甲寒韵，上　乎上，铣韵　词第七部　戏言前辙

礠 cā[ㄘㄚ] 七煞切　甲麻韵，阴　乎入，黠韵　词第十八部　戏发花辙

十五画

礬 （见"矾"）礫 （见"砾"）

礥 (一)xián[ㄒㄧㄢˊ] 胡田切　甲寒韵，阳　乎平，先韵　词第七部　戏言前辙

　　(二)xín[ㄒㄧㄣˊ] 下珍切　甲文韵，阳　乎平，真韵　词第六部　戏人辰辙　（坚硬）

礧 (一)lèi[ㄌㄟˋ] 卢对切　甲微韵，去　乎去，队韵　词第三部　戏灰堆辙

　　(二)léi[ㄌㄟˊ] 卢回切　甲微韵，阳　乎平，灰韵　词第三部　戏灰堆辙　（撞击）

　　(三)lěi[ㄌㄟˇ] ①落猥切　甲微韵，上　乎上，贿韵　词第三部　戏灰堆辙　（大石；成堆）

　　　　　②鲁水切　甲微韵，上　乎上，纸韵　词第三部　戏灰堆辙　（碨～）

礨 lěi[ㄌㄟˇ] 鲁猥切　甲微韵，上　乎上，贿韵　词第三部　戏灰堆辙

礩 zhì[ㄓˋ] 之日切　甲支韵，去　乎入，质韵　词第十七部　戏一七辙

十六画

礔 （同"霹"）礮 （同"炮(三)"）礲 （同"砻"）礱 （见"砻"）

磲 bó[ㄅㄛˊ] 傍各切　甲波韵，阳　乎入，药韵　词第十六部　戏梭波辙

礭 què[ㄑㄩㄝˋ] 苦角切　甲皆韵，去　乎入，觉韵　词第十六部　戏乜斜辙

磨 mò[ㄇㄛˋ] 摸卧切　甲波韵，去　乎去，箇韵　词第九部　戏梭波辙　【方言字。借用同音字"磨"的反切。】

十七画

礵 shuāng[ㄕㄨㄤ] 色庄切　甲唐韵，阴　乎平，阳韵　词第二部　戏江阳辙　【借用同音字"霜"的反切。】

龙（龍）部

龍（见"龙"）

龙　lóng［ㄌㄨㄥˊ］力钟切　ᆆ庚韵，阳　ᆓ平，冬韵　词第一部　戏中东辙　曲东钟韵，阳

二画

龐（同"庞"）

龙（查"尢"部）

三画

龐（见"庞"）龍（见"宠"）

庞（查"广"部）宠（查"宀"部）

四画

龑（见"龑"）曨（见"晱"）朧（见"胧"）

龑　yǎn［ㄧㄢˇ］於检切　ᆆ寒韵，上　ᆓ平上，俭韵　词第十四部　戏言前辙

晱（查"日"部）胧（查"月"部）

五画

礱（见"砻"）

砻（查"石"部）

六画

龔（见"聋"）

龔　gōng［ㄍㄨㄥ］九容切　ᆆ庚韵，阴　ᆓ平，冬韵　词第一部　戏中东辙　曲东钟韵，阴

龓　㈠lóng［ㄌㄨㄥˊ］卢红切　ᆆ庚韵，阳　ᆓ平，东韵　词第一部　戏中东辙

　　㈡lǒng［ㄌㄨㄥˇ］力董切　ᆆ庚韵，上　ᆓ平上，董韵　词第一部　戏中东辙　（骑马）

龕　kān［ㄎㄢ］口含切　ᆆ寒韵，阴　ᆓ平，覃韵　词第十四部　戏言前辙　曲监咸韵，阴

聋（查"耳"部）

七画

聾（见"聋"）

詟（查"言"部）

业　部

业　yè［ㄧㄝˋ］鱼怯切　ᆆ皆韵，去　ᆓ入，洽韵　词第十九部　戏乜斜辙　曲车遮韵，去

二画

邺（查"阝右"部）

四画

显（查"日"部）

七画

黹　zhǐ［ㄓˇ］猪几切　ᆆ支韵，上　ᆓ平上，纸韵　词第三部　戏一七辙

八画

業（见"业"）

十二画

韨 fú［ㄈㄨˊ］ 分勿切　史姑韵，阳　平入，物韵　词第十八部　戏姑苏辙

十三画

叢（见"丛"）

十四画

黼 fǔ［ㄈㄨˇ］ 方矩切　史姑韵，上　平上，麌韵　词第四部　戏姑苏辙　曲鱼模韵，上

目　部

目 mù［ㄇㄨˋ］ 莫六切　史姑韵，去　平入，屋韵　词第十五部　戏姑苏辙　曲鱼模韵，去

二画

盯 ㈠chéng［ㄔㄥˊ］ 直庚切　史庚韵，阳　平平，庚韵　词第十一部　戏中东辙

　　㈡zhěng［ㄓㄥˇ］ 张梗切　史庚韵，上　平上，梗韵　词第十一部　戏中东辙　（又）

　　㈢dīng［ㄉㄧㄥ］ 当经切　史庚韵，阴　平平，青韵　词第十一部　戏中东辙　（注视）【现代读音。借用同音字"丁㈠"的反切。】

三画

盱 xū［ㄒㄩ］ 况于切　史齐韵，阴　平平，虞韵　词第四部　戏一七辙

盲 ㈠máng［ㄇㄤˊ］ ①武庚切　史唐韵，阳　平平，庚韵　词第十一部　戏江阳辙　曲东钟韵，阳

　　　　　　　　②武庚切　史唐韵，阳　平平，庚韵　词第十一部　戏江阳辙　曲庚青韵，阳　（又）

　　㈡wàng［ㄨㄤˋ］ 巫放切　史唐韵，去　平去，漾韵　词第二部　戏江阳辙　曲江阳韵，去　（通"望"）

四画

眃 hǔn［ㄏㄨㄣˇ］ 户衮切　史文韵，上　平上，阮韵　词第六部　戏人辰辙

眄 ㈠miàn［ㄇㄧㄢˋ］ 莫甸切　史寒韵，去　平去，霰韵　词第七部　戏言前辙　曲先天韵，上

　　㈡miǎn［ㄇㄧㄢˇ］ 弥殄切　史寒韵，上　平上，铣韵　词第七部　戏言前辙　曲先天韵，上　（又）

眍 kōu［ㄎㄡ］ 墟侯切　史尤韵，阴　平平，尤韵　词第十二部　戏由求辙

盹 dǔn［ㄉㄨㄣˇ］ 之闰切　史文韵，上　平去，震韵　词第六部　戏人辰辙

眇 ㈠miǎo［ㄇㄧㄠˇ］ 亡沼切　史豪韵，上　平上，篠韵　词第八部　戏遥条辙　曲萧豪韵，上

　　㈡miào［ㄇㄧㄠˋ］ （精微，同"妙"）

省 ㈠xǐng［ㄒㄧㄥˇ］ 息井切　史庚韵，上　平上，梗韵　词第十一部　戏中东辙　曲庚青韵，上

　　　　(1)察看：先王以～方观民设教　(2)检查：吾日三～吾身　(3)知觉：不～人事　(4)觉悟，明白：猛～前非　(5)问候：昏定而晨～　(6)周天子派使臣聘问诸侯叫做～

　　㈡shěng［ㄕㄥˇ］ 所景切　史庚韵，上　平上，梗韵　词第十一部　戏中东辙　曲庚青韵，上

　　　　(7)节约：减～　(8)简略：～略　(9)古官署名　(10)行政区划名　(11)灾害，过失，通"眚"

　　㈢xiǎn［ㄒㄧㄢˇ］ 息浅切　史寒韵，上　平上，铣韵　词第七部　戏言前辙　（秋～）

看 ㈠kàn［ㄎㄢˋ］ 苦旰切　史寒韵，去　平去，翰韵　词第七部　戏言前辙　曲寒山韵，去

　　㈡kān［ㄎㄢ］ 苦寒切　史寒韵，阴　平平，寒韵　词第七部　戏言前辙　曲寒山韵，阴　（守护）

眊 mào［ㄇㄠˋ］ ①莫报切　史豪韵，去　平去，号韵　词第八部　戏遥条辙　曲萧豪韵，去

　　　　　　　②莫角切　史豪韵，去　平入，觉韵　词第十六部　戏遥条辙　曲萧豪韵，去　（又）

盾 ㈠dùn［ㄉㄨㄣˋ］ ①食尹切　史文韵，去　平上，轸韵　词第六部　戏人辰辙　曲真文韵，去

　　　　　　　　②徒损切　史文韵，去　平上，阮韵　词第六部　戏人辰辙　曲真文韵，去　（赵～）

　　㈡yǔn［ㄩㄣˇ］ （汉朝官名，中～－中允，同"允㈠"）

盻 (一)xì[ㄒㄧˋ] 胡计切　叀齐韵，去　乎去，霁韵　词第三部　戏一七辙
　　(二)pǎn[ㄆㄢˇ] 匹限切　叀寒韵，上　乎上，潸韵　词第七部　戏言前辙 （美目～兮）

盼 (一)pàn[ㄆㄢˋ] 匹苋切　叀寒韵，去　乎去，谏韵　词第七部　戏言前辙　曲寒山韵，去
　　(二)fén[ㄈㄣˊ] 符分切　叀文韵，阳　乎平，文韵　词第六部　戏人辰辙 （瞵～）

眨 zhǎ[ㄓㄚˇ] 侧洽切　叀麻韵，上　乎入，洽韵　词第十九部　戏发花辙

眂 shì[ㄕˋ] ①常利切　叀支韵，去　乎去，真韵　词第三部　戏一七辙
　　　　②称脂切　叀支韵，去　乎平，支韵　词第三部　戏一七辙 （又）

眴 xuán[ㄒㄩㄢˊ] 胡涓切　叀寒韵，阳　乎平，先韵　词第七部　戏言前辙

眈 dān[ㄉㄢ] 徒含切　叀寒韵，阴　乎平，覃韵　词第十四部　戏言前辙

眉 méi[ㄇㄟˊ] 武悲切　叀微韵，阳　乎平，支韵　词第三部　戏灰堆辙　曲齐微韵，阳

相（查"木"部）臭（查"犬"部）冒（查"日"部）

睿（同"慎"）眞（同"真"）

眛 mèi[ㄇㄟˋ] ①莫佩切　叀微韵，去　乎去，队韵　词第三部　戏灰堆辙
　　　　②莫贝切　叀微韵，去　乎去，泰韵　词第三部　戏灰堆辙 （又）

眜 mò[ㄇㄛˋ] 莫拨切　叀波韵，去　乎入，曷韵　词第十八部　戏梭波辙

眎 shì[ㄕˋ] 常利切　叀支韵，去　乎去，真韵　词第三部　戏一七辙

眬 lóng[ㄌㄨㄥˊ] 卢红切　叀庚韵，阳　乎平，东韵　词第一部　戏中东辙【蒙～－朦胧，同"胧"，用其反切。】

眒 (一)shēn[ㄕㄣ] 失人切　叀文韵，阴　乎平，真韵　词第六部　戏人辰辙 （疾速）
　　(二)shèn[ㄕㄣˋ] 试刃切　叀文韵，去　乎去，震韵　词第六部　戏人辰辙 （张目）

眚 shěng[ㄕㄥˇ] 所景切　叀庚韵，上　乎上，梗韵　词第十一部　戏中东辙

眕 zhěn[ㄓㄣˇ] 章忍切　叀文韵，上　乎上，轸韵　词第六部　戏人辰辙

眡 shì[ㄕˋ] ①承矢切　叀支韵，去　乎上，纸韵　词第三部　戏一七辙
　　　　②都奚切　叀支韵，去　乎平，齐韵　词第三部　戏一七辙 （又）

眢 yuān[ㄩㄢ] ①一丸切　叀寒韵，阴　乎平，寒韵　词第七部　戏言前辙
　　　　②於袁切　叀寒韵，阴　乎平，元韵　词第七部　戏言前辙 （又）

眩 (一)xuàn[ㄒㄩㄢˋ] 黄练切　叀寒韵，去　乎去，霰韵　词第七部　戏言前辙　曲先天韵，去
　　(二)huàn[ㄏㄨㄢˋ] 胡辨切　叀寒韵，去　乎去，谏韵　词第七部　戏言前辙 （～人）

眝 zhù[ㄓㄨˋ] 直吕切　叀姑韵，去　乎上，语韵　词第四部　戏姑苏辙

眠 (一)mián[ㄇㄧㄢˊ] 莫贤切　叀寒韵，阳　乎平，先韵　词第七部　戏言前辙　曲先天韵，阳
　　(二)miǎn[ㄇㄧㄢˇ] 弥殄切　叀寒韵，上　乎上，铣韵　词第七部　戏言前辙 （～娗）

眙 (一)chì[ㄔˋ] 丑吏切　叀支韵，去　乎去，真韵　词第三部　戏一七辙
　　(二)yí[ㄧˊ] 与之切　叀齐韵，阳　乎平，支韵　词第三部　戏一七辙 （盱～）

眑 (一)yǒu[ㄧㄡˇ] 於纠切　叀尤韵，上　乎上，有韵　词第十二部　戏由求辙
　　(二)yǎo[ㄧㄠˇ] 伊鸟切　叀豪韵，上　乎上，篠韵　词第八部　戏遥条辙 （又）

六画

眥（同"眦"）眾（同"众"）眿（同"脉㈡"）

眶 kuàng[ㄎㄨㄤˋ] 去王切　叀唐韵，去　乎平，阳韵　词第二部　戏江阳辙　曲江阳韵，阴

眭 (一)huī[ㄏㄨㄟ] ①户圭切　叀微韵，阴　乎平，齐韵　词第三部　戏灰堆辙
　　　　②许维切　叀微韵，阴　乎平，支韵　词第三部　戏灰堆辙 （仰视）
　　(二)suī[ㄙㄨㄟ] 息为切　叀微韵，阴　乎平，支韵　词第三部　戏灰堆辙 （姓）

眲 nè[ㄋㄜˋ] 尼戹切　叀波韵，去　乎入，陌韵　词第十七部　戏梭波辙

眦 zì[ㄗˋ] ①疾智切　史支韵，去　平去，真韵　词第三部　戏一七辙

②在诣切　史支韵，去　平去，霁韵　词第三部　戏一七辙　（又）

③七懈切　史支韵，去　平去，卦韵　词第十部　戏一七辙　曲皆来韵，去　（眦～）

眺 tiào[ㄊㄧㄠˋ] 他弔切　史寒韵，去　平去，啸韵　词第八部　戏遥条辙　曲萧豪韵，去

眴 (一) shùn[ㄕㄨㄣˋ] 舒闰切　史文韵，去　平去，震韵　词第六部　戏人辰辙

(二) xuàn[ㄒㄩㄢˋ] 翾县切　史寒韵，去　平去，霰韵　词第七部　戏言前辙　（眼睛昏花）

(三) xún[ㄒㄩㄣˊ] 松伦切　史文韵，阳　平平，真韵　词第六部　戏人辰辙　（～卷县）

眳 míng[ㄇㄧㄥˊ] ①莫迥切　史庚韵，阳　平上，迥韵　词第十一部　戏中东辙

②亡井切　史庚韵，阳　平上，梗韵　词第十一部　戏中东辙　（又）

眵 chī[ㄔ] 叱支切　史支韵，阴　平平，支韵　词第三部　戏一七辙　曲支思韵，阴

睁 zhēng[ㄓㄥ] 疾郢切　史庚韵，阴　平上，梗韵　词第十一部　戏中东辙

朕 zhèn[ㄓㄣˋ] 直引切　史文韵，去　平上，轸韵　词第六部　戏人辰辙

眷 juàn[ㄐㄩㄢˋ] 居倦切　史寒韵，去　平去，霰韵　词第七部　戏言前辙　曲先天韵，去

眯 (一) mí[ㄇㄧ] 民卑切　史齐韵，阳　平平，支韵　词第三部　戏一七辙　曲齐微韵，上　（尘土入眼）

(二) mǐ[ㄇㄧˇ] 莫礼切　史齐韵，上　平上，荠韵　词第三部　戏一七辙　曲齐微韵，上　（又）

(三) mī[ㄇㄧˊ] 母婢切　史齐韵，阴　平上，纸韵　词第三部　戏一七辙　（眼微闭）

(四) mèi[ㄇㄟˋ] 蜜二切　史微韵，去　平去，真韵　词第三部　戏灰堆辙　（梦魇）

眼 (一) yǎn[ㄧㄢˇ] 五限切　史寒韵，上　平上，潸韵　词第七部　戏言前辙　曲寒山韵，上

(二) ěn[ㄣˇ] 鱼恳切　史文韵，上　平上，阮韵　词第六部　戏人辰辙　（突出状）

眸 móu[ㄇㄡˊ] 莫浮切　史尤韵，阳　平平，尤韵　词第十二部　戏由求辙　曲尤侯韵，阳

着（查"羊"部）

七画

睒 shǎn[ㄕㄢˇ] 失冉切　史寒韵，上　平上，俭韵　词第十四部　戏言前辙

睐 lài[ㄌㄞˋ] 洛代切　史开韵，去　平去，队韵　词第五部　戏怀来辙

睄 shào[ㄕㄠˋ] 所教切　史豪韵，去　平去，效韵　词第八部　戏遥条辙

睅 hàn[ㄏㄢˋ] 户板切　史寒韵，去　平上，潸韵　词第七部　戏言前辙

睍 xiàn[ㄒㄧㄢˋ] 胡典切　史寒韵，去　平上，铣韵　词第七部　戏言前辙

睊 juàn[ㄐㄩㄢˋ] 古县切　史寒韵，去　平去，霰韵　词第七部　戏言前辙

睋 é[ㄜˊ] 五何切　史波韵，阳　平平，歌韵　词第九部　戏梭波辙

睎 xī[ㄒㄧ] 香衣切　史齐韵，阴　平平，微韵　词第三部　戏一七辙

睑 jiǎn[ㄐㄧㄢˇ] 居奄切　史寒韵，上　平上，俭韵　词第十四部　戏言前辙　曲廉纤韵，上

睇 (一) dì[ㄉㄧˋ] 特计切　史齐韵，去　平去，霁韵　词第三部　戏一七辙

(二) tī[ㄊㄧ] 土鸡切　史齐韵，阴　平平，齐韵　词第三部　戏一七辙　（看；望）

睆 huǎn[ㄏㄨㄢˇ] 户板切　史寒韵，上　平上，潸韵　词第七部　戏言前辙

睃 (一) suō[ㄙㄨㄛ] 祖峻切　史波韵，阴　平去，震韵　词第六部　戏梭波辙　曲歌戈韵，阴　（斜眼看）

(二) jùn[ㄐㄩㄣˋ] 祖峻切　史文韵，去　平去，震韵　词第六部　戏人辰辙　曲歌戈韵，阴　（旧读）

(三) juān[ㄐㄩㄢ] 遵全切　史寒韵，阴　平平，先韵　词第七部　戏言前辙　（人名用字）

睪（查"一"部）

八画

睞（见"睐"）睜（见"睁"）睠（同"眷"）

睛 jīng[ㄐㄧㄥ] 子盈切　史庚韵，阴　平平，庚韵　词第十一部　戏中东辙　曲庚青韵，阴

睹 dǔ[ㄉㄨˇ] 当古切　史姑韵，上　平上，麌韵　词第四部　戏姑苏辙　曲鱼模韵，上

睦 mù[ㄇㄨˋ]莫六切　史姑韵，去　平入，屋韵　词第十五部　戏姑苏辙　曲鱼模韵，去

睖 (一)lèng[ㄌㄥˋ]阊承切　史庚韵，去　平平，蒸韵　词第十一部　戏中东辙
　　(二)chēng[ㄔㄥ]丑升切　史庚韵，阴　平平，蒸韵　词第十一部　戏中东辙　（又）

瞄 miáo[ㄇㄧㄠˊ]武儦切　史豪韵，阳　平平，萧韵　词第八部　戏遥条辙　【现代字。借用同音字"苗"的反切。】

睚 yá[ㄧㄚˊ]五懈切　史麻韵，阳　平去，卦韵　词第十部　戏发花辙

睫 jié[ㄐㄧㄝˊ]即叶切　史皆韵，阳　平入，叶韵　词第十八部　戏乜斜辙　曲车遮韵，阳

督 dū[ㄉㄨ]冬毒切　史姑韵，阴　平入，沃韵　词第十五部　戏姑苏辙　曲鱼模韵，上

睗 shì[ㄕˋ]施只切　史支韵，去　平入，陌韵　词第十七部　戏一七辙

睡 shuì[ㄕㄨㄟˋ]是伪切　史微韵，去　平去，寘韵　词第三部　戏灰堆辙　曲齐微韵，去

睨 nì[ㄋㄧˋ]五计切　史齐韵，去　平去，霁韵　词第三部　戏一七辙

睢 (一)suī[ㄙㄨㄟ]息遗切　史微韵，阴　平平，支韵　词第三部　戏灰堆辙　曲齐微韵，阴
　　(二)huī[ㄏㄨㄟ]①许规切　史微韵，阴　平平，支韵　词第三部　戏灰堆辙　曲齐微韵，阴　（仰视）
　　　　　　　　②香季切　史微韵，阴　平去，寘韵　词第三部　戏灰堆辙　曲齐微韵，阴　（又）
　　(三)wěi[ㄨㄟˇ]曰唯切　史微韵，上　平上，纸韵　词第三部　戏灰堆辙　（天~）

睥 (一)pì[ㄆㄧˋ]匹诣切　史齐韵，去　平去，霁韵　词第三部　戏一七辙
　　(二)bì[ㄅㄧˋ]普米切　史齐韵，去　平上，荠韵　词第三部　戏一七辙　（又）

睔 gùn[ㄍㄨㄣˋ]古困切　史文韵，去　平去，愿韵　词第六部　戏人辰辙

睬 cǎi[ㄘㄞˇ]此宰切　史开韵，上　平上，贿韵　词第五部　戏怀来辙

睭 zhǒu[ㄓㄡˇ]知丑切　史尤韵，上　平上，有韵　词第十二部　戏由求辙

睟 suì[ㄙㄨㄟˋ]虽遂切　史微韵，去　平去，寘韵　词第三部　戏灰堆辙

睒 shǎn[ㄕㄢˇ]①失冉切　史寒韵，上　平上，俭韵　词第十四部　戏言前辙
　　　　　　②吐滥切　史寒韵，上　平去，勘韵　词第十四部　戏言前辙　（监视）

睕 (一)wǎn[ㄨㄢˇ]①於阮切　史寒韵，上　平上，阮韵　词第七部　戏言前辙
　　　　　　　②乌括切　史寒韵，上　平入，曷韵　词第十八部　戏言前辙　（又）
　　　　　　　③邬管切　史寒韵，上　平上，旱韵　词第七部　戏言前辙　（又）
　　(二)wàn[ㄨㄢˋ]乌贯切　史寒韵，去　平去，翰韵　词第七部　戏言前辙　（大眼）
　　(三)wān[ㄨㄢ]乌丸切　史寒韵，阴　平平，寒韵　词第七部　戏言前辙　（~~）

睩 lù[ㄌㄨˋ]卢谷切　史姑韵，去　平入，屋韵　词第十五部　戏姑苏辙

九画

睿 ruì[ㄖㄨㄟˋ]以芮切　史微韵，去　平去，霁韵　词第三部　戏灰堆辙

瞁 xù[ㄒㄩˋ]①呼昊切　史齐韵，去　平入，锡韵　词第十七部　戏一七辙
　　　　②许役切　史齐韵，去　平入，陌韵　词第十七部　戏一七辙　（又）

睼 tiàn[ㄊㄧㄢˋ]他甸切　史寒韵，去　平去，霰韵　词第七部　戏言前辙

瞆 (一)guì[ㄍㄨㄟˋ]居胃切　史微韵，去　平去，未韵　词第三部　戏灰堆辙
　　(二)wèi[ㄨㄟˋ]以醉切　史微韵，去　平去，寘韵　词第三部　戏灰堆辙　（眼病）

瞅 chǒu[ㄔㄡˇ]敕久切　史尤韵，上　平上，有韵　词第十二部　戏由求辙　【方言字。借用同音字"丑"的反切。】

瞍 sǒu[ㄙㄡˇ]苏彤切　史尤韵，上　平平，萧韵　词第八部　戏由求辙　曲尤侯韵，上

睺 hóu[ㄏㄡˊ]户鈎切　史尤韵，阳　平平，尤韵　词第十二部　戏由求辙

瞂 fá[ㄈㄚˊ]房越切　史麻韵，阴　平入，月韵　词第十八部　戏发花辙

睮 yū[ㄩ]容朱切　史齐韵，阴　平平，虞韵　词第四部　戏一七辙

睰 mì[ㄇㄧˋ]弥计切　史齐韵，去　平去，霁韵　词第三部　戏一七辙

睽 (一)kuí[ㄎㄨㄟˊ]苦圭切　史微韵，阳　平平，齐韵　词第三部　戏灰堆辙

　　（二）jì[ㄐㄧˋ]　其季切　叀齐韵，去　平去，寘韵　词第三部　戏一七辙　（～睡）

瞀　（一）mào[ㄇㄠˋ]　①莫候切　叀豪韵，去　平去，宥韵　词第十二部　戏遥条辙

　　　　　　　　②莫角切　叀豪韵，上　平入，觉韵　词第十六部　戏遥条辙　（眼不明）

　　（二）wú[ㄨˊ]　微夫切　叀姑韵，阳　平平，虞韵　词第四部　戏姑苏辙　（雊～）

十画

瞌　kē[ㄎㄜ]　克盍切　叀波韵，阴　平入，合韵　词第十九部　戏梭波辙

瞒　（一）mán[ㄇㄢˊ]　母官切　叀寒韵，阳　平平，寒韵　词第七部　戏言前辙　曲桓欢韵，阳

　　（二）mén[ㄇㄣˊ]　①谟奔切　叀文韵，阳　平平，元韵　词第六部　戏人辰辙　（惭愧）

　　　　　　　　②母版切　叀文韵，阳　平上，潸韵　词第七部　戏人辰辙　（又）

瞙　mò[ㄇㄛˋ]　慕各切　叀波韵，去　平入，药韵　词第十六部　戏梭波辙

瞋　chēn[ㄔㄣ]　昌真切　叀文韵，阴　平平，真韵　词第六部　戏人辰辙　曲真文韵，阴

瞝　chī[ㄔ]　抽知切　叀支韵，阴　平平，支韵　词第三部　戏一七辙

瞎　xiā[ㄒㄧㄚ]　许鎋切　叀麻韵，阴　平入，黠韵　词第十八部　戏发花辙　曲家麻韵，上

瞑　（一）míng[ㄇㄧㄥˊ]　莫经切　叀庚韵，阳　平平，青韵　词第十一部　戏中东辙

　　（二）miàn[ㄇㄧㄢˋ]　莫甸切　叀寒韵，去　平去，霰韵　词第七部　戏言前辙　（～眩）

　　（三）mián[ㄇㄧㄢˊ]　莫贤切　叀寒韵，阳　平平，先韵　词第七部　戏言前辙　（假寐）

瞢　（查"艹"部）

十一画

瞞（见"瞒"）眍（见"眍"）瞀（同"瞀①"）瞜（见"睑"）瞚（同"瞬"）

睥　guī[ㄍㄨㄟ]　①规恚切　叀微韵，阴　平去，寘韵　词第三部　戏灰堆辙　（轻视的眼神）

　　　　　　　　②居悸切　叀齐韵，去　平去，寘韵　词第三部　戏一七辙　（看）

瞟　piǎo[ㄆㄧㄠˇ]　①抚招切　叀豪韵，上　平平，萧韵　词第八部　戏遥条辙　（～眇）

　　　　　　　　②敷沼切　叀豪韵，上　平上，篠韵　词第八部　戏遥条辙　（斜视）

瞥　piē[ㄆㄧㄝ]　普蔑切　叀皆韵，阴　平入，屑韵　词第十八部　戏乜斜辙　曲车遮韵，上

瞠　chēng[ㄔㄥ]　丑庚切　叀庚韵，阴　平平，庚韵　词第十一部　戏中东辙　曲庚青韵，阴

瞛　cōng[ㄘㄨㄥ]　七恭切　叀庚韵，阴　平平，冬韵　词第一部　戏中东辙

瞰　kàn[ㄎㄢˋ]　苦滥切　叀寒韵，去　平去，勘韵　词第十四部　戏言前辙　曲监咸韵，去

十二画

瞯（同"瞯"）瞆（见"瞆"）

瞫　shěn[ㄕㄣˇ]　式任切　叀文韵，上　平上，寝韵　词第十三部　戏人辰辙　曲侵寻韵，上

瞭　（一）liǎo[ㄌㄧㄠˇ]　①卢鸟切　叀豪韵，上　平上，篠韵　词第八部　戏遥条辙　曲萧豪韵，上

　　　　　　　　②洛萧切　叀豪韵，上　平平，萧韵　词第八部　戏遥条辙　曲萧豪韵，上　（又）

　　（二）liào[ㄌㄧㄠˋ]　力照切　叀豪韵，去　平去，啸韵　词第八部　戏遥条辙　（～望）【借用同音字"燎（二）"的

反切。】

　　（三）liǎo[ㄌㄧㄠˇ]　（清楚明白，同"了（一）"）

瞬　shùn[ㄕㄨㄣˋ]　如匀切　叀文韵，去　平平，真韵　词第六部　戏人辰辙

瞧　qiáo[ㄑㄧㄠˊ]　慈消切　叀豪韵，阳　平平，萧韵　词第八部　戏遥条辙　曲萧豪韵，阳

瞤　shùn[ㄕㄨㄣˋ]　舒闰切　叀文韵，去　平去，震韵　词第六部　戏人辰辙　曲真文韵，上

瞳　tóng[ㄊㄨㄥˊ]　徒红切　叀庚韵，阳　平平，东韵　词第一部　戏中东辙　曲东钟韵，阳

瞵　lín[ㄌㄧㄣˊ]　①力珍切　叀文韵，阳　平平，真韵　词第六部　戏人辰辙

　　　　　　　　②良刃切　叀文韵，去　平去，震韵　词第六部　戏人辰辙　（看不清）

瞷　（一）xián[ㄒㄧㄢˊ]　户闲切　叀寒韵，阳　平平，删韵　词第七部　戏言前辙

（二）jiàn［ㄐㄧㄢˋ］居苋切　ㄓ寒韵，去　ㄓ去，谏韵　词第七部　戏言前辙　（窥视）

瞩 zhǔ［ㄓㄨˇ］之欲切　ㄓ姑韵，上　ㄓ入，沃韵　词第十五部　戏姑苏辙

瞪 dèng［ㄉㄥˋ］①宅耕切　ㄓ庚韵，去　ㄓ平，庚韵　词第十一部　戏中东辙

　　　　　　　　②直陵切　ㄓ庚韵，去　ㄓ平，蒸韵　词第十一部　戏中东辙　（又）

　　　　　　　　③丈证切　ㄓ庚韵，去　ㄓ去，径韵　词第十一部　戏中东辙　（又）

瞲 xuè［ㄒㄩㄝˋ］呼决切　ㄓ皆韵，去　ㄓ入，屑韵　词第十八部　戏乜斜辙

十三画

瞼（见"睑"）

瞽 gǔ［ㄍㄨˇ］公户切　ㄓ姑韵，上　ㄓ上，麌韵　词第四部　戏姑苏辙　曲鱼模韵，上

矐 huò［ㄏㄨㄛˋ］许缚切　ㄓ波韵，去　ㄓ入，药韵　词第十六部　戏梭波辙

朦 （一）méng［ㄇㄥˊ］莫红切　ㄓ庚韵，阳　ㄓ平，东韵　词第一部　戏中东辙　曲东钟韵，阳

　　（二）měng［ㄇㄥˇ］母揔切　ㄓ庚韵，上　ㄓ上，董韵　词第一部　戏中东辙　（瞹~）

瞿 （一）qú［ㄑㄩˊ］其俱切　ㄓ齐韵，阳　ㄓ平，虞韵　词第四部　戏一七辙　曲鱼模韵，阳

　　（二）jù［ㄐㄩˋ］九遇切　ㄓ齐韵，去　ㄓ去，遇韵　词第四部　戏一七辙　（惊愕）

瞻 zhān［ㄓㄢ］职廉切　ㄓ寒韵，阴　ㄓ平，盐韵　词第十四部　戏言前辙　曲廉纤韵，阴

十四画

矎 xuān［ㄒㄧㄢ］①火玄切　ㄓ寒韵，阴　ㄓ平，先韵　词第七部　戏言前辙

　　　　　　　②休正切　ㄓ寒韵，阴　ㄓ去，敬韵　词第十一部　戏言前辙　（又）

矉 pín［ㄆㄧㄣˊ］必邻切　ㄓ文韵，阳　ㄓ平，真韵　词第六部　戏人辰辙

矊 mián［ㄇㄧㄢˊ］武延切　ㄓ寒韵，阳　ㄓ平，先韵　词第七部　戏言前辙

十五画

矍 jué［ㄐㄩㄝˊ］居缚切　ㄓ皆韵，阳　ㄓ入，药韵　词第十六部　戏乜斜辙

十六画

矓（见"眬"）

矆 huò［ㄏㄨㄛˋ］①呵各切　ㄓ波韵，去　ㄓ入，药韵　词第十六部　戏梭波辙　（弄瞎眼睛）

　　　　　　　②虚郭切　ㄓ波韵，去　ㄓ入，药韵　词第十六部　戏梭波辙　（睁开眼睛）

矑 lú［ㄌㄨˊ］落胡切　ㄓ姑韵，阳　ㄓ平，虞韵　词第四部　戏姑苏辙

十七画

矔 guàn［ㄍㄨㄢˋ］①古玩切　ㄓ寒韵，去　ㄓ去，翰韵　词第七部　戏言前辙

　　　　　　　②古患切　ㄓ寒韵，去　ㄓ去，谏韵　词第七部　戏言前辙　（又）

十九画

矖 xǐ［ㄒㄧˇ］①所绮切　ㄓ齐韵，上　ㄓ上，纸韵　词第三部　戏一七辙

　　　　　　②吕支切　ㄓ齐韵，上　ㄓ平，支韵　词第三部　戏一七辙　（又）

矕 mǎn［ㄇㄢˇ］武板切　ㄓ寒韵，上　ㄓ上，潸韵　词第七部　戏言前辙

二十画

矘（同"瞰"）

矘 tǎng［ㄊㄤˇ］他朗切　ㄓ唐韵，上　ㄓ上，养韵　词第二部　戏江阳辙

二十一画

矚（见"瞩"）

田 部

田 ㈠tián[ㄊㄧㄢˊ] 徒年切　史寒韵，阳　乎平，先韵　词第七部　戏言前辙　曲先天韵，阳
　　㈡diàn[ㄉㄧㄢˋ]（耕种，同"佃㈡"）

由 yóu[ㄧㄡˊ] 以周切　史尤韵，阳　乎平，尤韵　词第十二部　戏由求辙　曲尤侯韵，阳

甲 ㈠jiǎ[ㄐㄧㄚˇ] 古狎切　史麻韵，上　乎入，洽韵　词第十九部　戏发花辙　曲家麻韵，上
　　㈡xiá[ㄒㄧㄚˊ]（熟习，同"狎"）

申 shēn[ㄕㄣ] 失人切　史文韵，阴　乎平，真韵　词第六部　戏人辰辙　曲真文韵，阴

电 diàn[ㄉㄧㄢˋ] 堂练切　史寒韵，去　乎去，霰韵　词第七部　戏言前辙　曲先天韵，去

一画

由 fú[ㄈㄨˊ] 分勿切　史姑韵，阳　乎入，物韵　词第十八部　戏姑苏辙

二画

町 ㈠tǐng[ㄊㄧㄥˇ] 他鼎切　史庚韵，上　乎上，迥韵　词第十一部　戏中东辙　曲庚青韵，上
　　㈡tīng[ㄊㄧㄥ] 他丁切　史庚韵，阴　乎平，青韵　词第十一部　戏中东辙　曲庚青韵，上　（又）
　　㈢dīng[ㄉㄧㄥ] ①当经切　史庚韵，阴　乎平，青韵　词第十一部　戏中东辙　（畹~）【方言读音。借用同音字"丁㈠"的反切。】
　　　　　　　　②他典切　史寒韵，上　乎上，铣韵　词第七部　戏言前辙　（~畽）
　　　　　　　　③徒鼎切　史庚韵，上　乎上，迥韵　词第十一部　戏中东辙　（~畦）

甹 pīng[ㄆㄧㄥ] 普丁切　史庚韵，阴　乎平，青韵　词第十一部　戏中东辙

男 nán[ㄋㄢˊ] 那含切　史寒韵，阳　乎平，覃韵　词第十四部　戏言前辙　曲监咸韵，阳

甸（查"勹"部）亩（查"亠"部）

三画

畂（同"氓㈠"）

畀 bì[ㄅㄧˋ] 必至切　史齐韵，去　乎去，寘韵　词第三部　戏一七辙　曲齐微韵，去

甽 ㈠quǎn[ㄑㄩㄢˇ] 古泫切　史寒韵，上　乎上，铣韵　词第七部　戏言前辙
　　㈡zhèn[ㄓㄣˋ] 朱闰切　史文韵，去　乎去，震韵　词第六部　戏人辰辙　（山下小沟）

甾 ㈠zāi[ㄗㄞ] 祖才切　史开韵，阴　乎平，灰韵　词第五部　戏怀来辙
　　㈡zī[ㄗ] 侧持切　史支韵，阴　乎平，支韵　词第三部　戏一七辙　（淄水）

奋（查"大"部）画（查"凵"部）备（查"夂"部）

四画

畊（同"耕"）毗（同"毗"）

畐 ㈠fú[ㄈㄨˊ] 房六切　史姑韵，阳　乎入，屋韵　词第十五部　戏姑苏辙
　　㈡bī[ㄅㄧ] 芳逼切　史齐韵，阴　乎入，职韵　词第十七部　戏一七辙　（肠满）

畎 quǎn[ㄑㄩㄢˇ] ①姑泫切　史寒韵，上　乎上，铣韵　词第七部　戏言前辙
　　　　　　　　②苦泫切　史寒韵，上　乎上，铣韵　词第七部　戏言前辙　（~夷）

毗 pí[ㄆㄧˊ] 房脂切　史齐韵，阳　乎平，支韵　词第三部　戏一七辙　曲齐微韵，阳

畏 wèi[ㄨㄟˋ] 於胃切　史微韵，去　乎去，未韵　词第三部　戏灰堆辙　曲齐微韵，去

禺 ㈠yú[ㄩˊ] 遇俱切　史齐韵，阳　乎平，虞韵　词第四部　戏一七辙　曲鱼模韵，阳
　　㈡yù[ㄩˋ] 牛具切　史齐韵，去　乎去，遇韵　词第四部　戏一七辙　（猴类）
　　㈢yóng[ㄩㄥˊ] 鱼容切　史庚韵，阳　乎平，冬韵　词第一部　戏中东辙　（鱼名）
　　㈣ǒu[ㄡˇ]（~莢 - 偶莢，同"偶㈠"）

畋 tián［ㄊㄧㄢˊ］徒年切　史寒韵，阳　乎平，先韵　词第七部　戏言前辙　曲先天韵，阳

畈 fàn［ㄈㄢˋ］方愿切　史寒韵，去　乎去，愿韵　词第七部　戏言前辙　曲寒山韵，去

界 jiè［ㄐㄧㄝˋ］古拜切　史皆韵，去　乎去，卦韵　词第五部　戏乜斜辙　曲皆来韵，去

畇 (一)yún［ㄩㄣˊ］羊伦切　史文韵，阳　乎平，真韵　词第六部　戏人辰辙

　　 (二)xún［ㄒㄩㄣˊ］相伦切　史文韵，阳　乎平，真韵　词第六部　戏人辰辙　（又）

胃（查"月"部）

五画

畂（见"亩"）

畛 zhěn［ㄓㄣˇ］①侧邻切　史文韵，上　乎平，真韵　词第六部　戏人辰辙

　　　　　　　②章忍切　史文韵，上　乎上，轸韵　词第六部　戏人辰辙　（又）

畟 cè［ㄘㄜˋ］初力切　史波韵，去　乎入，职韵　词第十七部　戏梭波辙

留 (一)liú［ㄌㄧㄡˊ］①力求切　史尤韵，阳　乎平，尤韵　词第十二部　戏由求辙　曲尤侯韵，阳

　　　　　　　②力求切　史尤韵，阳　乎平，尤韵　词第十二部　戏由求辙　曲尤侯韵，去　（停留）

　　 (二)liǔ［ㄌㄧㄡˇ］力久切　史尤韵，上　乎上，有韵　词第十二部　戏由求辙　（昴星别名）

畔 pàn［ㄆㄢˋ］薄半切　史寒韵，去　乎去，翰韵　词第七部　戏言前辙　曲桓欢韵，去

畜（查"亠"部）畚（查"厶"部）

六画

畢（见"毕"）異（见"异"）畧（同"略"）

畦 (一)qí［ㄑㄧˊ］户圭切　史齐韵，阳　乎平，齐韵　词第三部　戏一七辙　曲齐微韵，阳

　　 (二)xī［ㄒㄧ］户圭切　史齐韵，阴　乎平，齐韵　词第三部　戏一七辙　曲齐微韵，阳　（旧读）

畤 (一)zhì［ㄓˋ］直里切　史支韵，去　乎上，纸韵　词第三部　戏一七辙

　　 (二)shì［ㄕˋ］时吏切　史支韵，去　乎去，真韵　词第三部　戏一七辙　（又）

略 lüè［ㄌㄩㄝˋ］①离灼切　史皆韵，去　乎入，药韵　词第十六部　戏乜斜辙　曲萧豪韵，去

　　　　　　　②离灼切　史皆韵，去　乎入，药韵　词第十六部　戏乜斜辙　曲歌戈韵，去　（又）

畡 gāi［ㄍㄞ］柯开切　史开韵，阴　乎平，灰韵　词第五部　戏怀来辙

兽（查"丷"部）

七画

畱（同"留(一)"）畮（同"亩"）畫（见"画"）

畴 chóu［ㄔㄡˊ］直由切　史尤韵，阳　乎平，尤韵　词第十二部　戏由求辙　曲尤侯韵，阳

畬 (一)yú［ㄩˊ］以诸切　史齐韵，阳　乎平，鱼韵　词第四部　戏一七辙　曲鱼模韵，阳　（熟田）

　　 (二)shē［ㄕㄜ］式车切　史波韵，阴　乎平，麻韵　词第十部　戏梭波辙　（火耕）

畲 shē［ㄕㄜ］式车切　史波韵，阴　乎平，麻韵　词第十部　戏梭波辙　【族名。同"畬(二)"，用其反切。】

番 (一)fān［ㄈㄢ］孚袁切　史寒韵，阴　乎平，元韵　词第七部　戏言前辙　曲寒山韵，阴

　　 (二)fán［ㄈㄢˊ］附袁切　史寒韵，阳　乎平，元韵　词第七部　戏言前辙　曲寒山韵，阴　（兽足）

　　 (三)bō［ㄅㄛ］博禾切　史波韵，阴　乎平，歌韵　词第九部　戏梭波辙　曲歌戈韵，阴　（~ ~）

　　 (四)pó［ㄆㄛˊ］蒲波切　史波韵，阳　乎平，歌韵　词第九部　戏梭波辙　（地名；姓）

　　 (五)pān［ㄆㄢ］普官切　史寒韵，阴　乎平，寒韵　词第七部　戏言前辙　（~ 禺县；姓）

　　 (六)pán［ㄆㄢˊ］蒲官切　史寒韵，阳　乎平，寒韵　词第七部　戏言前辙　（~ 禾县）

畯 jùn［ㄐㄩㄣˋ］子峻切　史文韵，去　乎去，震韵　词第六部　戏人辰辙

八画

當（见"当"）

畺 jiāng[ㄐ丨ㄤ] 居良切 史唐韵，阴 平平，阳韵 词第二部 戏江阳辙

畸 jī[ㄐ丨] 居宜切 史齐韵，阴 平平，支韵 词第三部 戏一七辙

畹 wǎn[ㄨㄢˇ] 於阮切 史寒韵，上 平上，阮韵 词第七部 戏言前辙 曲先天韵，上

畷 zhuì[ㄓㄨㄟˋ] ①陟卫切 史微韵，去 平去，霁韵 词第三部 戏灰堆辙

②陟劣切 史微韵，去 平入，屑韵 词第十八部 戏灰堆辙 （又）

替（查"木"部）

九画

暉（同"疃"）

暢 (一)chàng[ㄔㄤˋ] 丑亮切 史唐韵，去 平去，漾韵 词第二部 戏江阳辙

(二)cháng[ㄔㄤˊ] 仲良切 史唐韵，阳 平平，阳韵 词第二部 戏江阳辙 （古地名）【《集韵》：又仲良切。用之。】

十画

勰（查"力"部）畿（查"幺"部）

十一画

奮（见"奋"）

嬲 liú[ㄌ丨ㄡˊ] 力求切 史尤韵，阳 平平，尤韵 词第十二部 戏由求辙

冀（查"八"部）

十二画

疃 tuǎn[ㄊㄨㄢˇ] 吐缓切 史寒韵，上 平上，旱韵 词第七部 戏言前辙

嬲（查"女"部）

十四画

疇（见"畴"）

疆（查"弓"部）

十五画

疈 pì[ㄆ丨ˋ] 芳逼切 史齐韵，去 平入，职韵 词第十七部 戏一七辙

礨（查"石"部）

十七画

疊（见"叠"）

罒 部

三画

罗 luó[ㄌㄨㄛˊ] 鲁何切 史波韵，阳 平平，歌韵 词第九部 戏梭波辙 曲歌戈韵，阳

四画

罘 fú[ㄈㄨˊ] 缚谋切 史姑韵，阳 平平，尤韵 词第十二部 戏姑苏辙

罚 fá[ㄈㄚˊ] 房越切 史麻韵，阳 平入，月韵 词第十八部 戏发花辙 曲家麻韵，阳

五画

罡 gāng[ㄍㄤ] 居康切 史唐韵，阴 平平，阳韵 词第二部 戏江阳辙

罴 (一)pí［ㄆㄧˊ］①符羁切　史齐韵，阳　平平，支韵　词第三部　戏一七辙　曲齐微韵，阳
　　　　　　　②班糜切　史齐韵，阳　平平，支韵　词第三部　戏一七辙　曲齐微韵，阳　（同"罴"）

　　(二)bà［ㄅㄚˋ］①薄蟹切　史麻韵，去　平上，蟹韵　词第五部　戏发花辙　曲家麻韵，去　（停止；免黜）
　　　　　　　②皮彼切　史麻韵，去　平上，纸韵　词第三部　戏发花辙　曲家麻韵，去　（又）

　　(三)ba［˙ㄅㄚ］薄蟹切　史麻韵，阴　平上，蟹韵　词第五部　戏发花辙　（同"吧(二)"）【轻声。反切仍之。】

罟 gǔ［ㄍㄨˇ］公户切　史姑韵，上　平上，虞韵　词第四部　戏姑苏辙　曲鱼模韵，上

罝 jū［ㄐㄩ］①子邪切　史齐韵，阴　平平，麻韵　词第十部　戏一七辙　曲车遮韵，阴
　　　　　　②子余切　史齐韵，阴　平平，鱼韵　词第四部　戏一七辙　曲车遮韵，阴　（又）

罛 gū［ㄍㄨ］古胡切　史姑韵，阴　平平，虞韵　词第四部　戏姑苏辙

罜 zhǔ［ㄓㄨˇ］①之戍切　史姑韵，上　平去，遇韵　词第四部　戏姑苏辙
　　　　　　　②徒谷切　史姑韵，上　平入，屋韵　词第十五部　戏姑苏辙　（又）

罠 mín［ㄇㄧㄣˊ］武巾切　史文韵，阳　平平，真韵　词第六部　戏人辰辙

六画

眾（同"众"）

罣 guà［ㄍㄨㄚˋ］①古卖切　史麻韵，去　平去，卦韵　词第十部　戏发花辙
　　　　　　　②古惠切　史麻韵，去　平去，霁韵　词第三部　戏发花辙　（又）

七画

買（见"买"）

罥 juàn［ㄐㄩㄢˋ］古县切　史寒韵，去　平去，霰韵　词第七部　戏言前辙　曲先天韵，去

罦 fú［ㄈㄨˊ］①芳无切　史姑韵，阳　平平，虞韵　词第四部　戏姑苏辙
　　　　　　②缚谋切　史姑韵，阳　平平，尤韵　词第十二部　戏姑苏辙　（又）

詈（查"言"部）

八画

罥（见"罥"）

罫 guǎi［ㄍㄨㄞˇ］古买切　史开韵，上　平上，蟹韵　词第五部　戏怀来辙

署 shǔ［ㄕㄨˇ］常恕切　史姑韵，上　平去，御韵　词第四部　戏姑苏辙　曲鱼模韵，去

睪 (一)yì［ㄧˋ］羊益切　史齐韵，去　平入，叶韵　词第十八部　戏一七辙　（侦伺）
　　(二)zé［ㄗㄜˊ］（～芷－泽芷，同"泽(一)"）
　　(三)hào［ㄏㄠˋ］（广大状，同"浩(一)"）

置 zhì［ㄓˋ］陟吏切　史支韵，去　平去，寘韵　词第三部　戏一七辙　曲齐微韵，去

罧 (一)xìn［ㄒㄧㄣˋ］斯甚切　史文韵，去　平上，寝韵　词第十三部　戏人辰辙
　　(二)shèn［ㄕㄣˋ］所禁切　史文韵，去　平去，沁韵　词第十三部　戏人辰辙　（又）

罭 yù［ㄩˋ］雨逼切　史齐韵，去　平入，职韵　词第十七部　戏一七辙

罨 yǎn［ㄧㄢˇ］①衣俭切　史寒韵，上　平上，俭韵　词第十四部　戏言前辙
　　　　　　　②乌合切　史寒韵，上　平入，合韵　词第十九部　戏言前辙　（又）

罪 zuì［ㄗㄨㄟˋ］徂贿切　史微韵，去　平上，贿韵　词第三部　戏灰堆辙　曲齐微韵，去

罩 zhào［ㄓㄠˋ］都教切　史豪韵，去　平去，效韵　词第八部　戏遥条辙　曲萧豪韵，去

蜀 shǔ［ㄕㄨˇ］市玉切　史姑韵，上　平入，沃韵　词第十五部　戏姑苏辙　曲鱼模韵，阳

九画

罰（见"罚"）

罴 pí［ㄆㄧˊ］彼为切　史齐韵，阳　平平，支韵　词第三部　戏一七辙　曲齐微韵，阳

罱 lǎn[ㄌㄢˇ] 卢敢切　史寒韵，上　平上，感韵　词第十四部　戏言前辙

罳 sī[ㄙ] 息兹切　史支韵，阴　平平，支韵　词第三部　戏一七辙

十画

罵（见"骂"）罸（同"罚"）罷（见"罢"）

罵 qióng[ㄑㄩㄥˊ] 葵营切　史庚韵，阳　平平，庚韵　词第十一部　戏中东辙

罶 liǔ[ㄌㄧㄡˇ] 力久切　史尤韵，上　平上，有韵　词第十二部　戏由求辙　曲尤侯韵，上

十一画

罼 bì[ㄅㄧˋ] 卑吉切　史齐韵，去　平入，质韵　词第十七部　戏一七辙

罹 lí[ㄌㄧˊ] 吕支切　史齐韵，阳　平平，支韵　词第三部　戏一七辙　曲齐微韵，阳

罻 wèi[ㄨㄟˋ] 於胃切　史微韵，去　平去，未韵　词第三部　戏灰堆辙

罺 chāo[ㄔㄠ] ①侧交切　史豪韵，阴　平平，肴韵　词第八部　戏遥条辙
　　　　②初教切　史豪韵，阴　平去，效韵　词第八部　戏遥条辙　（又）

十二画

羁 jī[ㄐㄧ] 居宜切　史齐韵，阴　平平，支韵　词第三部　戏一七辙　曲齐微韵，阴

罽 jì[ㄐㄧˋ] 居例切　史齐韵，去　平去，霁韵　词第三部　戏一七辙

罿 ㈠tóng[ㄊㄨㄥˊ] 徒红切　史庚韵，阳　平平，东韵　词第一部　戏中东辙
　　㈡chōng[ㄔㄨㄥ] 尺容切　史庚韵，阴　平平，冬韵　词第一部　戏中东辙　（又）

罾 zēng[ㄗㄥ] 作滕切　史庚韵，阴　平平，蒸韵　词第十一部　戏中东辙　曲庚青韵，阴

十三画

羂 juàn[ㄐㄩㄢˋ] 姑泫切　史寒韵，去　平上，铣韵　词第七部　戏言前辙

奰（查"大"部）

十四画

羃（同"幂"）羆（见"黑"）羅（见"罗"）

十七画

羈（同"羁"）

十九画

羇（见"羁"）

羉 luán[ㄌㄨㄢˊ] 落官切　史寒韵，阳　平平，寒韵　词第七部　戏言前辙

皿　部

皿 mǐn[ㄇㄧㄣˇ] 武永切　史文韵，上　平上，梗韵　词第十一部　戏人辰辙　曲庚青韵，上

三画

盂 yú[ㄩˊ] 羽俱切　史齐韵，阳　平平，虞韵　词第四部　戏一七辙　曲鱼模韵，阳

孟（查"子"部）

四画

盃（同"杯"）盇（同"盍"）昷（同"温㈠"）

盅 ㈠chōng［ㄔㄨㄥ］敕中切　中庚韵，阴　平平，东韵　词第一部　戏中东辙　（空虚）

　㈡zhōng［ㄓㄨㄥ］陟弓切　中庚韵，阴　平平，东韵　词第一部　戏中东辙　（杯类）

盆 pén［ㄆㄣˊ］蒲奔切　中文韵，阳　平平，元韵　词第六部　戏人辰辙　曲真文韵，阳

盈 yíng［丨ㄥˊ］以成切　中庚韵，阳　平平，庚韵　词第十一部　戏中东辙　曲庚青韵，阳

五画

盋（同"钵"）盌（同"碗"）

盏 zhǎn［ㄓㄢˇ］阻限切　中寒韵，上　平上，潸韵　词第七部　戏言前辙　曲寒山韵，上

盐 ㈠yán［丨ㄢˊ］余廉切　中寒韵，阳　平平，盐韵　词第十四部　戏言前辙　曲廉纤韵，阳

　㈡yàn［丨ㄢˋ］以赡切　中寒韵，去　平去，艳韵　词第十四部　戏言前辙　（通"腌"）

盍 hé［ㄏㄜˊ］胡腊切　中波韵，阳　平入，合韵　词第十九部　戏梭波辙　曲歌戈韵，阳

监 ㈠jiān［ㄐㄧㄢ］古衔切　中寒韵，阴　平平，咸韵　词第十四部　戏言前辙　曲监咸韵，阴

　㈡jiàn［ㄐㄧㄢˋ］格忏切　中寒韵，去　平去，陷韵　词第十四部　戏言前辙　曲监咸韵，去　（官署名；太~）

盎 àng［ㄤˋ］①乌浪切　中唐韵，去　平去，漾韵　词第二部　戏江阳辙　曲江阳韵，去

　　　　　　②乌朗切　中唐韵，去　平上，养韵　词第二部　戏江阳辙　曲江阳韵，去　（又）

盉 hé［ㄏㄜˊ］①户戈切　中波韵，阳　平平，歌韵　词第九部　戏梭波辙

　　　　　②胡卧切　中波韵，阳　平去，箇韵　词第九部　戏梭波辙　（又）

益 yì［丨ˋ］伊昔切　中齐韵，去　平入，陌韵　词第十七部　戏一七辙　曲齐微韵，去

六画

盔 kuī［ㄎㄨㄟ］苦回切　中微韵，阴　平平，灰韵　词第三部　戏灰堆辙　曲齐微韵，阴

盛 ㈠shèng［ㄕㄥˋ］承正切　中庚韵，去　平去，敬韵　词第十一部　戏中东辙　曲庚青韵，去

　㈡chéng［ㄔㄥˊ］是征切　中庚韵，阳　平平，庚韵　词第十一部　戏中东辙　曲庚青韵，阳　（装东西）

蛊 gǔ［ㄍㄨˇ］公户切　中姑韵，上　平上，麌韵　词第四部　戏姑苏辙　曲鱼模韵，上

盘 pán［ㄆㄢˊ］薄官切　中寒韵，阳　平平，寒韵　词第七部　戏言前辙　曲桓欢韵，阳

盒 hé［ㄏㄜˊ］侯阁切　中波韵，阳　平入，合韵　词第十九部　戏梭波辙　曲歌戈韵，阳

盗 dào［ㄉㄠˋ］徒到切　中豪韵，去　平去，号韵　词第八部　戏遥条辙　曲萧豪韵，去

盖 ㈠gài［ㄍㄞˋ］古太切　中开韵，去　平去，泰韵　词第五部　戏怀来辙　曲皆来韵，去

　㈡gě［ㄍㄜˇ］古盍切　中波韵，上　平入，合韵　词第十九部　戏梭波辙　（姓；地名）

　㈢hé［ㄏㄜˊ］胡腊切　中波韵，阳　平入，合韵　词第十九部　戏梭波辙　（何不）

七画

盜（见"盗"）窑（见"宁㈡"）

八画

盏（见"盏"）

盟 ㈠méng［ㄇㄥˊ］武兵切　中庚韵，阳　平平，庚韵　词第十一部　戏中东辙　曲庚青韵，阳

　㈡míng［ㄇㄧㄥˊ］武兵切　中庚韵，阳　平平，庚韵　词第十一部　戏中东辙　曲庚青韵，阳　（又）

　㈢mèng［ㄇㄥˋ］莫更切　中庚韵，去　平去，敬韵　词第十一部　戏中东辙　（~津）

盝 lù［ㄌㄨˋ］卢谷切　中姑韵，去　平入，屋韵　词第十五部　戏姑苏辙

九画

監（见"监"）盡（见"尽"）

盢 xù［ㄒㄩˋ］呼昊切　中齐韵，去　平入，锡韵　词第十七部　戏一七辙

盠 ㈠lí［ㄌㄧˊ］郎奚切　中齐韵，阳　平平，齐韵　词第三部　戏一七辙

　㈡lǐ［ㄌㄧˇ］卢启切　中齐韵，上　平上，荠韵　词第三部　戏一七辙　（又）

十画

盤（见"盘"）

十一画

盧（见"卢"）

盥 guàn［ㄍㄨㄢˋ］①古满切　史寒韵，去　平上，旱韵　词第七部　戏言前辙　曲桓欢韵，上
　　　　　　　　②古玩切　史寒韵，去　平去，翰韵　词第七部　戏言前辙　曲桓欢韵，上　（又）

盦 ān［ㄢ］①乌含切　史寒韵，阴　平平，覃韵　词第十四部　戏言前辙
　　　　　②安盍切　史寒韵，阴　平入，合韵　词第十九部　戏言前辙　（又）

十二画

盩 zhōu［ㄓㄡ］张流切　史尤韵，阴　平平，尤韵　词第十二部　戏由求辙

盪 dàng［ㄉㄤˋ］他浪切　史唐韵，去　平去，漾韵　词第二部　戏江阳辙　曲江阳韵，去

十三画

盬 gǔ［ㄍㄨˇ］公户切　史姑韵，上　平上，麌韵　词第四部　戏姑苏辙　曲鱼模韵，上

十五画

盭（同"庆㈠"）

十八画

蠱（见"蛊"）

矏 juān［ㄐㄩㄢ］古玄切　史寒韵，阴　平平，先韵　词第七部　戏言前辙　曲先天韵，阴

十九画

鹽（见"盐"）

生　部

生 shēng［ㄕㄥ］①所庚切　史庚韵，阴　平平，庚韵　词第十一部　戏中东辙　曲庚青韵，阴
　　　　　　②所敬切　史庚韵，去　平去，敬韵　词第十一部　戏中东辙　（〈方〉动物生育）

四画

星（查"日"部）

五画

甡 shēn［ㄕㄣ］所臻切　史文韵，阴　平平，真韵　词第六部　戏人辰辙
眚（查"目"部）

六画

産（见"产"）

七画

甦（同"苏"）

甥 shēng［ㄕㄥ］所庚切　史庚韵，阴　平平，庚韵　词第十一部　戏中东辙　曲庚青韵，阴

豲（查"豕"部）

矢 部

矢 shī［ㄕˇ］式视切　史支韵，上　平上，纸韵　词第三部　戏一七辙　曲支思韵，上

二画

矣 yǐ［ㄧˇ］于纪切　史齐韵，上　平上，纸韵　词第三部　戏一七辙　曲齐微韵，上
医（查"匚"部）

三画

弢（同"矧"）
知 ㈠ zhī［ㄓ］陟离切　史支韵，阴　平平，支韵　词第三部　戏一七辙　曲齐微韵，阴
　㈡ zhì［ㄓˋ］知义切　史支韵，去　平去，寘韵　词第三部　戏一七辙　曲齐微韵，去　（同"智㈠"）

四画

矩 jǔ［ㄐㄩˇ］俱雨切　史齐韵，上　平上，麌韵　词第四部　戏一七辙　曲鱼模韵，上
矧 shěn［ㄕㄣˇ］式忍切　史文韵，上　平上，轸韵　词第六部　戏人辰辙

六画

矫 ㈠ jiǎo［ㄐㄧㄠˇ］居夭切　史豪韵，上　平上，篠韵　词第八部　戏遥条辙　曲萧豪韵，上
　㈡ jiāo［ㄐㄧㄠ］居妖切　史豪韵，阴　平平，萧韵　词第八部　戏遥条辙　（投壶时用的箭）
　㈢ jiáo［ㄐㄧㄠˊ］在爵切　史豪韵，阳　平入，药韵　词第十六部　戏遥条辙　（～情）【方言字。借用同音字
"嚼㈡"的反切。】

七画

短 duǎn［ㄉㄨㄢˇ］都管切　史寒韵，上　平上，旱韵　词第七部　戏言前辙　曲桓欢韵，上
矬 cuó［ㄘㄨㄛˊ］昨禾切　史波韵，阳　平平，歌韵　词第九部　戏梭波辙　曲歌戈韵，阳
毚（查"厶"部）

八画

矮 ǎi［ㄞˇ］乌蟹切　史开韵，上　平上，蟹韵　词第五部　戏怀来辙　曲皆来韵，上
榘（查"木"部）雉（查"隹"部）肆（查"聿"部）

九画

疑（查"疋"部）

十二画

矫（见"矫"）
矰 zēng［ㄗㄥ］作滕切　史庚韵，阴　平平，蒸韵　词第十一部　戏中东辙　曲庚青韵，阴

十三画

矱 ㈠ yuē［ㄩㄝ］忧缚切　史皆韵，阴　平入，药韵　词第十六部　戏乜斜辙
　㈡ huò［ㄏㄨㄛˋ］胡麦切　史波韵，去　平入，陌韵　词第十七部　戏梭波辙　（又）

十五画

矲 bà［ㄅㄚˋ］薄蟹切　史麻韵，去　平上，蟹韵　词第五部　戏发花辙

禾 部

禾 hé[ㄏㄜˊ] 户戈切　史波韵，阳　平平，歌韵　词第九部　戏梭波辙　曲歌戈韵，阳

二画

秃 tū[ㄊㄨ] 他谷切　史姑韵，阴　平入，屋韵　词第十五部　戏姑苏辙　曲鱼模韵，上

秀 xiù[ㄒㄧㄡˋ] 息救切　史尤韵，去　平去，宥韵　词第十二部　戏由求辙　曲尤侯韵，去

私 sī[ㄙ] 息夷切　史支韵，阴　平平，支韵　词第三部　戏一七辙　曲支思韵，阴

三画

秈（同"籼"）**秊**（同"年"）**秄**（同"籽"）

秆 gǎn[ㄍㄢˇ] 古旱切　史寒韵，上　平上，旱韵　词第七部　戏言前辙　曲寒山韵，上

和 ㈠ hé[ㄏㄜˊ] 户戈切　史波韵，阳　平平，歌韵　词第九部　戏梭波辙　曲歌戈韵，阳

　　㈡ hè[ㄏㄜˋ] 胡卧切　史波韵，去　平去，箇韵　词第九部　戏梭波辙　曲歌戈韵，去　（应~；应答）

　　㈢ hú[ㄏㄨˊ] 户吴切　史姑韵，阳　平平，虞韵　词第四部　戏姑苏辙　（~牌）【打牌用语。借用同音字"糊㈠"的反切。】

　　㈣ huó[ㄏㄨㄛˊ] 户卧切　史波韵，阳　平去，箇韵　词第九部　戏梭波辙　（~面）【《释文》：户卧反。用之。】

　　㈤ huò[ㄏㄨㄛˋ] 户卧切　史波韵，去　平去，箇韵　词第九部　戏梭波辙　（掺~）【《释文》：户卧反。用之。】

秅 ㈠ chá[ㄔㄚˊ] 宅加切　史麻韵，阳　平平，麻韵　词第十部　戏发花辙

　　㈡ ná[ㄋㄚˊ] 女加切　史麻韵，阳　平平，麻韵　词第十部　戏发花辙　（乌~）

秉 bǐng[ㄅㄧㄥˇ] 兵永切　史庚韵，上　平上，梗韵　词第十一部　戏中东辙　曲庚青韵，上

季 jì[ㄐㄧˋ] 居悸切　史齐韵，去　平去，寘韵　词第三部　戏一七辙　曲齐微韵，去

委（查"女"部）

四画

秔（同"粳"）**烁**（同"秋"）

秬 jù[ㄐㄩˋ] 其吕切　史齐韵，去　平上，语韵　词第四部　戏一七辙　曲鱼模韵，去

秕 bǐ[ㄅㄧˇ] 卑履切　史齐韵，上　平上，纸韵　词第三部　戏一七辙　曲齐微韵，上

秒 miǎo[ㄇㄧㄠˇ] 亡沼切　史豪韵，上　平上，篠韵　词第八部　戏遥条辙

种 ㈠ zhǒng[ㄓㄨㄥˇ] 之陇切　史庚韵，上　平上，肿韵　词第一部　戏中东辙　曲东钟韵，上

　　㈡ zhòng[ㄓㄨㄥˋ] 之用切　史庚韵，去　平去，宋韵　词第一部　戏中东辙　曲东钟韵，去　（~植）

　　㈢ chóng[ㄔㄨㄥˊ] 直弓切　史庚韵，阳　平平，东韵　词第一部　戏中东辙　曲东钟韵，阴　（姓）

秖 zhī[ㄓ] 丁尼切　史支韵，阴　平平，支韵　词第三部　戏一七辙

秭 zǐ[ㄗˇ] 将几切　史支韵，上　平上，纸韵　词第三部　戏一七辙

秋 qiū[ㄑㄧㄡ] 七由切　史尤韵，阴　平平，尤韵　词第十二部　戏由求辙　曲尤侯韵，阴

科 kē[ㄎㄜ] 苦禾切　史波韵，阴　平平，歌韵　词第九部　戏梭波辙　曲歌戈韵，阴

五画

秦 qín[ㄑㄧㄣˊ] 匠邻切　史文韵，阳　平平，真韵　词第六部　戏人辰辙　曲真文韵，阳

秣 mò[ㄇㄛˋ] 莫拨切　史波韵，去　平入，曷韵　词第十八部　戏梭波辙

秫 ㈠ shú[ㄕㄨˊ] 食聿切　史姑韵，阳　平入，质韵　词第十七部　戏姑苏辙　曲鱼模韵，阳

　　㈡ shù[ㄕㄨˋ]　（长针，同"鉥㈠"）

秠 pī[ㄆㄧ] ①敷悲切　史齐韵，阴　平平，支韵　词第三部　戏一七辙

　　　　　　②匹鄙切　史齐韵，阴　平上，纸韵　词第三部　戏一七辙　（又）

　　　　　　③芳妇切　史齐韵，阴　平上，有韵　词第十二部　戏一七辙　（又）

　　　　　　④匹尤切　史齐韵，阴　平平，尤韵　词第十二部　戏一七辙　（又）

秤 ㈠chèng[ㄔㄥˋ] 昌孕切　史庚韵，去　平去，径韵　词第十一部　戏中东辙　曲庚青韵，去
　㈡chēng[ㄔㄥ] 处陵切　史庚韵，阴　平平，蒸韵　词第十一部　戏中东辙　曲庚青韵，阴　（称量）

租 zū[ㄗㄨ] 则吾切　史姑韵，阴　平平，虞韵　词第四部　戏姑苏辙　曲鱼模韵，阴

积 jī[ㄐㄧ] ①子智切　史齐韵，阴　平去，寘韵　词第三部　戏一七辙　曲齐微韵，上
　　　　②资昔切　史齐韵，阴　平入，陌韵　词第十七部　戏一七辙　曲齐微韵，上　（又）

秧 yāng[ㄧㄤ] 於良切　史唐韵，阴　平平，阳韵　词第二部　戏江阳辙　曲江阳韵，阴

秩 zhì[ㄓˋ] 直一切　史支韵，去　平入，质韵　词第十七部　戏一七辙　曲齐微韵，阳

称 ㈠chēng[ㄔㄥ] 处陵切　史庚韵，阴　平平，蒸韵　词第十一部　戏中东辙　曲庚青韵，阴
　㈡chèn[ㄔㄣˋ] 昌孕切　史文韵，去　平去，径韵　词第十一部　戏人辰辙　曲庚青韵，去　（相当，符合）
　㈢chèng[ㄔㄥˋ]　（同"秤㈠"）

秘 ㈠mì[ㄇㄧˋ] 兵媚切　史齐韵，去　平去，寘韵　词第三部　戏一七辙　曲齐微韵，去
　㈡bì[ㄅㄧˋ] 兵媚切　史齐韵，去　平去，寘韵　词第三部　戏一七辙　曲齐微韵，去　（～鲁；姓）

乘 （查"丿"部）

六画

秸 jiē[ㄐㄧㄝ] ①古黠切　史皆韵，阴　平入，黠韵　词第十八部　戏乜斜辙　曲皆来韵，阴
　　　　②古谐切　史皆韵，阴　平平，佳韵　词第五部　戏乜斜辙　曲皆来韵，阴　（又）

稆 lǔ[ㄌㄩˇ] 两举切　史齐韵，上　平上，语韵　词第四部　戏一七辙

桐 tōng[ㄊㄨㄥ] 徒东切　史庚韵，阴　平平，东韵　词第一部　戏中东辙

秽 huì[ㄏㄨㄟˋ] 於废切　史微韵，去　平去，队韵　词第三部　戏灰堆辙　曲齐微韵，去

移 ㈠yí[ㄧˊ] 弋支切　史齐韵，阳　平平，支韵　词第三部　戏一七辙　曲齐微韵，阳
　㈡yì[ㄧˋ] 以豉切　史齐韵，去　平去，寘韵　词第三部　戏一七辙　（羡慕）
　㈢chǐ[ㄔˇ] 敞尔切　史支韵，上　平上，纸韵　词第三部　戏一七辙　（宽，大）

秺 dù[ㄉㄨˋ] 当故切　史姑韵，去　平去，遇韵　词第四部　戏姑苏辙

秾 nóng[ㄋㄨㄥˊ] 女容切　史庚韵，阳　平平，冬韵　词第一部　戏中东辙　曲东钟韵，阳

犁 （查"牛"部）

七画

稈 （同"秆"）犁 （同"犁"）

稉 jīng[ㄍㄥ] 古行切　史庚韵，阴　平平，庚韵　词第十一部　戏中东辙

稘 jī[ㄐㄧ] 胡鸡切　史齐韵，阴　平平，齐韵　词第三部　戏一七辙

稍 ㈠shāo[ㄕㄠ] 所教切　史豪韵，阴　平去，效韵　词第八部　戏遥条辙　曲萧豪韵，上
　㈡shào[ㄕㄠˋ] 所教切　史豪韵，去　平去，效韵　词第八部　戏遥条辙　曲萧豪韵，上　（～息）

程 chéng[ㄔㄥˊ] 直贞切　史庚韵，阳　平平，庚韵　词第十一部　戏中东辙　曲庚青韵，阳

稌 tú[ㄊㄨˊ] ①他胡切　史姑韵，阳　平平，虞韵　词第四部　戏姑苏辙
　　　　②他鲁切　史姑韵，阳　平上，麌韵　词第四部　戏姑苏辙　（又）

稀 xī[ㄒㄧ] 香衣切　史齐韵，阴　平平，微韵　词第三部　戏一七辙　曲齐微韵，阴

稃 fū[ㄈㄨ] 芳无切　史姑韵，阴　平平，虞韵　词第四部　戏姑苏辙

税 ㈠shuì[ㄕㄨㄟˋ] 舒芮切　史微韵，去　平去，霁韵　词第三部　戏灰堆辙　曲齐微韵，去
　㈡tuì[ㄊㄨㄟˋ] 吐外切　史微韵，去　平去，泰韵　词第三部　戏灰堆辙　（补行丧礼）
　㈢tuàn[ㄊㄨㄢˋ] 吐玩切　史寒韵，去　平去，翰韵　词第七部　戏言前辙　（～衣）
　㈣tuō[ㄊㄨㄛ] 他括切　史波韵，阴　平入，曷韵　词第十八部　戏梭波辙　曲歌戈韵，上　（解开，脱下）

稊 tí[ㄊㄧˊ] 杜奚切　史齐韵，阳　平平，齐韵　词第三部　戏一七辙　曲齐微韵，阳

稂 láng[ㄌㄤˊ] 鲁当切　史唐韵，阳　平平，阳韵　词第二部　戏江阳辙　曲江阳韵，阳

八画

稇（同"捆"）**稟**（同"禀"）**稡**（同"萃"）

稑 lù[ㄌㄨˋ] 力竹切　中姑韵，去　平入，屋韵　词第十五部　戏姑苏辙

稜 (一) léng[ㄌㄥˊ] 鲁登切　中庚韵，阳　平平，蒸韵　词第十一部　戏中东辙　曲庚青韵，阳

　　　　(二) lèng[ㄌㄥˋ] 鲁邓切　中庚韵，去　平去，径韵　词第十一部　戏中东辙　（田埂）

　　　　(三) líng[ㄌ丨ㄥˊ] 力膺切　中庚韵，阳　平平，蒸韵　词第十一部　戏中东辙　（穆~）【方言字。借用同音字"陵"的反切。】

稏 yà[丨ㄚˋ] 衣嫁切　中麻韵，去　平去，祃韵　词第十部　戏发花辙

稘 jī[ㄐ丨] 居之切　中齐韵，阴　平平，支韵　词第三部　戏一七辙

稙 zhī[ㄓ] 竹力切　中支韵，阴　平入，职韵　词第十七部　戏一七辙

稞 (一) kē[ㄎㄜ] 苦禾切　中波韵，阴　平平，歌韵　词第九部　戏梭波辙　（青~）

　　　　(二) huà[ㄏㄨㄚˋ] 胡瓦切　中麻韵，去　平上，马韵　词第十部　戏发花辙　（好谷粒）

稒 gù[ㄍㄨˋ] 古暮切　中姑韵，去　平去，遇韵　词第四部　戏姑苏辙

稚 zhì[ㄓˋ]　①直利切　中支韵，去　平去，寘韵　词第三部　戏一七辙　曲齐微韵，去

　　　　　　　②陈尼切　中支韵，去　平平，支韵　词第三部　戏一七辙　曲齐微韵，去　（又）

稗 bài[ㄅㄞˋ] 傍卦切　中开韵，去　平去，卦韵　词第十部　戏怀来辙　曲皆来韵，去

稔 rěn[ㄖㄣˇ] 如甚切　中文韵，上　平上，寝韵　词第十三部　戏人辰辙　曲侵寻韵，上

稠 (一) chóu[ㄔㄡˊ] 直由切　中尤韵，阳　平平，尤韵　词第十二部　戏由求辙　曲尤侯韵，阳

　　　　(二) tiáo[ㄊ丨ㄠˊ] 田聊切　中豪韵，阳　平平，萧韵　词第八部　戏遥条辙　（~适）

　　　　(三) tiào[ㄊ丨ㄠˋ] 徒弔切　中豪韵，去　平去，啸韵　词第八部　戏遥条辙　（动摇状）

稕 (一) zhùn[ㄓㄨㄣˋ] 之闰切　中文韵，去　平去，震韵　词第六部　戏人辰辙

　　　　(二) dùn[ㄉㄨㄣˋ]　（草~－草囤，同"囤(一)"）

稖 bàng[ㄅㄤˋ] 步项切　中唐韵，去　平上，讲韵　词第二部　戏江阳辙

穇 cǎn[ㄘㄢˇ] 师参切　中寒韵，上　平平，覃韵　词第十四部　戏言前辙

颕（查"页"部）**稣**（查"鱼"部）

九画

稭（同"秸"）**種**（见"种(一)(二)"）**稱**（见"称"）

稬 (一) nuǎn[ㄋㄨㄢˇ] 乃管切　中寒韵，上　平上，旱韵　词第七部　戏言前辙

　　　　(二) nuò[ㄋㄨㄛˋ]　（同"糯"）

稯 (一) zōng[ㄗㄨㄥ] 子红切　中庚韵，阴　平平，东韵　词第一部　戏中东辙

　　　　(二) zǒng[ㄗㄨㄥˇ]　（相聚状，同"总(一)"）

稳 wěn[ㄨㄣˇ] 乌本切　中文韵，上　平上，阮韵　词第六部　戏人辰辙　曲真文韵，上

稨 biān[ㄅ丨ㄢ] 卑眠切　中寒韵，阴　平平，先韵　词第七部　戏言前辙

稘 jì[ㄐ丨ˋ] 几利切　中齐韵，去　平去，寘韵　词第三部　戏一七辙

稰 xū[ㄒㄩ]　①相居切　中齐韵，阴　平平，鱼韵　词第四部　戏一七辙

　　　　　　②私吕切　中齐韵，阴　平上，语韵　词第四部　戏一七辙　（又）

鞂（查"革"部）

十画

穀（同"谷(一)"）**稾**（见"稿"）**稸**（同"蓄"）**稺**（同"稚①"）

稹 zhěn[ㄓㄣˇ] 章忍切　中文韵，上　平上，轸韵　词第六部　戏人辰辙　曲真文韵，上

稽 (一) jī[ㄐ丨] 古奚切　中齐韵，阴　平平，齐韵　词第三部　戏一七辙　曲齐微韵，阴

　　　　(二) qǐ[ㄑ丨ˇ] 康礼切　中齐韵，上　平上，荠韵　词第三部　戏一七辙　（~首）

稷 jì［ㄐㄧˋ］子力切　史齐韵，去　乎入，职韵　词第十七部　戏一七辙　曲齐微韵，上
稻 dào［ㄉㄠˋ］徒皓切　史豪韵，去　乎上，皓韵　词第八部　戏遥条辙　曲萧豪韵，去
稿 gǎo［ㄍㄠˇ］①古老切　史豪韵，上　乎上，皓韵　词第八部　戏遥条辙　曲萧豪韵，上
　　　　　　　②居劳切　史豪韵，上　乎平，豪韵　词第八部　戏遥条辙　曲萧豪韵，上　（又）
稼 jià［ㄐㄧㄚˋ］古讶切　史麻韵，去　乎去，祃韵　词第十部　戏发花辙　曲家麻韵，去
黎（查"水"部）

十一画

積（见"积"）穌（见"稣"）穎（见"颖"）糠（同"糠"）穋（见"穆"）

穑 sè［ㄙㄜˋ］所力切　史波韵，去　乎入，职韵　词第十七部　戏梭波辙　曲皆来韵，上
穆 mù［ㄇㄨˋ］莫六切　史姑韵，去　乎入，屋韵　词第十五部　戏姑苏辙　曲鱼模韵，去
穄 jì［ㄐㄧˋ］子例切　史齐韵，去　乎去，霁韵　词第三部　戏一七辙
臻（查"至"部）縻（查"麻"部）

十二画

穉（同"稚①"）
穗 suì［ㄙㄨㄟˋ］徐醉切　史微韵，去　乎去，寘韵　词第三部　戏灰堆辙　曲齐微韵，去
穛 zhuō［ㄓㄨㄛ］侧角切　史波韵，阴　乎入，觉韵　词第十六部　戏梭波辙
穜（一）tóng［ㄊㄨㄥˊ］①徒红切　史庚韵，阳　乎平，东韵　词第一部　戏中东辙　（～稑）
　　　　　　　　　②直容切　史庚韵，阳　乎平，冬韵　词第一部　戏中东辙　（又）
　（二）zhòng［ㄓㄨㄥˋ］（栽种，同"种（二）"）
繐 suì［ㄙㄨㄟˋ］徐醉切　史微韵，去　乎去，寘韵　词第三部　戏灰堆辙
穖 jǐ［ㄐㄧˇ］居狶切　史齐韵，上　乎上，尾韵　词第三部　戏一七辙

十三画

穫（同"获②"）穭（见"稆"）穢（见"秽"）穋（见"秋"）

十四画

糯（同"糯"）穩（见"稳"）穎（同"颖"）
穬 kuàng［ㄎㄨㄤˋ］古猛切　史唐韵，去　乎上，梗韵　词第十一部　戏江阳辙
穧 jì［ㄐㄧˋ］在诣切　史齐韵，去　乎去，霁韵　词第三部　戏一七辙

十五画

穤（同"稻"）
穮 biāo［ㄅㄧㄠ］甫遥切　史豪韵，阴　乎平，萧韵　词第八部　戏遥条辙

十七画

穰（一）ráng［ㄖㄤˊ］汝阳切　史唐韵，阳　乎平，阳韵　词第二部　戏江阳辙　曲江阳韵，阳
　（二）rǎng［ㄖㄤˇ］如两切　史唐韵，上　乎上，养韵　词第二部　戏江阳辙　曲江阳韵，上　（繁盛；～侯）
　（三）réng［ㄖㄥˊ］人成切　史庚韵，阳　乎平，庚韵　词第十一部　戏中东辙　（禾类的皮壳叶秆等物）
穱 zhuō［ㄓㄨㄛ］侧角切　史波韵，阴　乎入，觉韵　词第十六部　戏梭波辙

白　部

白 bái［ㄅㄞˊ］傍陌切　史开韵，阳　乎入，陌韵　词第十七部　戏怀来辙　曲皆来韵，阳

一画

百 (一)bǎi［ㄅㄞˇ］博陌切　史开韵，上　乎入，陌韵　词第十七部　戏怀来辙　曲皆来韵，上
　(二)bó［ㄅㄛˊ］博陌切　史波韵，阳　乎入，陌韵　词第十七部　戏梭波辙　曲皆来韵，上　（~色）
　(三)mò［ㄇㄛˋ］莫白切　史波韵，去　乎入，陌韵　词第十七部　戏梭波辙　（勉力）【《韵会》、《正韵》：莫白切，音陌，励也。用之。】

𠚤 qié［ㄑㄧㄝˊ］具遮切　史皆韵，阳　乎平，麻韵　词第十部　戏乜斜辙

二画

皁 (同"皂") 皃 (同"貌") 廹 (同"迫")

皂 zào［ㄗㄠˋ］昨早切　史豪韵，去　乎上，皓韵　词第八部　戏遥条辙　曲萧豪韵，去

皀 (一)jí［ㄐㄧˊ］①居立切　史齐韵，阳　乎入，缉韵　词第十七部　戏一七辙
　　　　　　　　②许良切　史齐韵，阳　乎平，阳韵　词第二部　戏一七辙　（又）
　(二)bī［ㄅㄧ］彼侧切　史齐韵，阴　乎入，职韵　词第十七部　戏一七辙　（通"粒"）

三画

的 (一)dì［ㄉㄧˋ］都历切　史齐韵，去　乎入，锡韵　词第十七部　戏一七辙　曲齐微韵，上
　(二)dí［ㄉㄧˊ］都历切　史齐韵，阳　乎入，锡韵　词第十七部　戏一七辙　曲齐微韵，上　（~确）
　(三)de［˙ㄉㄜ］多则切　史波韵，阴　乎入，职韵　词第十七部　戏梭波辙　（助词）【现代字。借用同音字"得(三)"的反切。】

帕 (查"巾"部) 帛 (查"巾"部)

四画

皇 (一)huáng［ㄏㄨㄤˊ］胡光切　史唐韵，阳　乎平，阳韵　词第二部　戏江阳辙　曲江阳韵，阳
　(二)wǎng［ㄨㄤˇ］羽两切　史唐韵，上　乎上，养韵　词第二部　戏江阳辙　（~ ~）
　(三)kuāng［ㄎㄨㄤ］（匡正，同"匡(一)"）

皆 jiē［ㄐㄧㄝ］古谐切　史皆韵，阴　乎平，佳韵　词第五部　戏乜斜辙　曲皆来韵，阴

皈 guī［ㄍㄨㄟ］古奎切　史微韵，阴　乎平，齐韵　词第三部　戏灰堆辙

泉 (查"水"部)

五画

皋 (一)gāo［ㄍㄠ］古劳切　史豪韵，阴　乎平，豪韵　词第八部　戏遥条辙
　(二)háo［ㄏㄠˊ］乎刀切　史豪韵，阳　乎平，豪韵　词第八部　戏遥条辙　（呼告）
　(三)gū［ㄍㄨ］攻乎切　史姑韵，阴　乎平，虞韵　词第四部　戏姑苏辙　（橐~）

六画

皐 (同"皋")

皑 ái［ㄞˊ］五来切　史开韵，阳　乎平，灰韵　词第五部　戏怀来辙　曲皆来韵，阳

皎 jiǎo［ㄐㄧㄠˇ］古了切　史豪韵，上　乎上，篠韵　词第八部　戏遥条辙　曲萧豪韵，上

皏 pěng［ㄆㄥˇ］普幸切　史庚韵，上　乎上，梗韵　词第十一部　戏中东辙

兜 (查"儿"部)

七画

皕 bì［ㄅㄧˋ］彼侧切　史齐韵，去　乎入，职韵　词第十七部　戏一七辙

皔 hàn［ㄏㄢˋ］胡杆切　史寒韵，去　乎上，旱韵　词第七部　戏言前辙

皓 hào［ㄏㄠˋ］胡老切　史豪韵，去　乎上，皓韵　词第八部　戏遥条辙　曲萧豪韵，去

皖 wǎn［ㄨㄢˇ］户板切　史寒韵，上　乎上，潸韵　词第七部　戏言前辙

八画

晳　xī［ㄒ丨］先击切　史齐韵，阴　平入，锡韵　词第十七部　戏一七辙

九画

碧（查"石"部）

十画

皚（见"皑"）緜（见"绵"）皜（同"皓"）樂（见"乐"）

䂮　㈠huàng［ㄏㄨㄤˋ］胡广切　史唐韵，去　平上，养韵　词第二部　戏江阳辙

　　　㈡huǎng［ㄏㄨㄤˇ］胡广切　史唐韵，上　平上，养韵　词第二部　戏江阳辙　（旧读）

皞　hào［ㄏㄠˋ］下老切　史豪韵，去　平上，皓韵　词第八部　戏遥条辙　曲萧豪韵，去

皛　㈠xiǎo［ㄒ丨ㄠˇ］胡了切　史豪韵，上　平上，篠韵　词第八部　戏遥条辙　（皎洁）

　　　㈡pāi［ㄆㄞ］普伯切　史开韵，阴　平入，陌韵　词第十七部　戏怀来辙　（拍打）

十一画

皟　cè［ㄘㄜ］楚革切　史波韵，阴　平入，陌韵　词第十七部　戏梭波辙

皠　cuǐ［ㄘㄨㄟˇ］七罪切　史微韵，上　平上，贿韵　词第三部　戏灰堆辙

十二画

皤　pó［ㄆㄛˊ］蒲波切　史波韵，阳　平平，歌韵　词第九部　戏梭波辙　曲歌戈韵，阳

十三画

皦（同"皎"）

十五画

皪　㈠lì［ㄌ丨ˋ］郎击切　史齐韵，去　平入，锡韵　词第十七部　戏一七辙　曲齐微韵，去

　　　㈡luò［ㄌㄨㄛˋ］历各切　史波韵，去　平入，药韵　词第十六部　戏梭波辙　（白色）

皫　piǎo［ㄆ丨ㄠˇ］敷沼切　史豪韵，上　平上，篠韵　词第八部　戏遥条辙

十六画

皬　hè［ㄏㄜˋ］曷各切　史波韵，去　平入，药韵　词第十六部　戏梭波辙

十七画

皭　jiào［ㄐ丨ㄠˋ］①子肖切　史豪韵，去　平去，啸韵　词第八部　戏遥条辙

　　　　　　　　　　②在爵切　史豪韵，去　平入，药韵　词第十六部　戏遥条辙（又）

瓜　部

瓜　guā［ㄍㄨㄚ］古华切　史麻韵，阴　平平，麻韵　词第十部　戏发花辙　曲家麻韵，阴

三画

瓝　bó［ㄅㄛˊ］蒲角切　史波韵，阳　平入，觉韵　词第十六部　戏梭波辙

弧（查"弓"部）

五画

瓞　dié［ㄉ丨ㄝˊ］徒结切　史皆韵，阳　平入，屑韵　词第十八部　戏乜斜辙

瓟　bó［ㄅㄛˊ］①蒲角切　史波韵，阳　平入，觉韵　词第十六部　戏梭波辙

　　　　　　　②薄交切　史豪韵，阳　平平，肴韵　词第八部　戏遥条辙　（葫芦瓢）

六画

瓠 (一)hù[ㄏㄨˋ] ①胡误切　中姑韵，去　平去，遇韵　词第四部　戏姑苏辙　曲鱼模韵，去
　　　　　　②户吴切　中姑韵，去　平平，虞韵　词第四部　戏姑苏辙　曲鱼模韵，去　（又）

　　(二)hú[ㄏㄨˊ] 洪孤切　中姑韵，阳　平平，虞韵　词第四部　戏姑苏辙　（康~）

　　(三)huò[ㄏㄨㄛˋ] 黄郭切　中波韵，去　平入，药韵　词第十六部　戏梭波辙　（~落）

　　(四)gū[ㄍㄨ] 攻乎切　中姑韵，阴　平平，虞韵　词第四部　戏姑苏辙　（~蘆）

十一画

瓢 piáo[ㄆ丨ㄠˊ] 符霄切　中豪韵，阳　平平，萧韵　词第八部　戏遥条辙　曲萧豪韵，阳

十四画

瓣 （查"辛"部）

十七画

瓤 ráng[ㄖㄤˊ] 汝阳切　中唐韵，阳　平平，阳韵　词第二部　戏江阳辙　曲江阳韵，阳

鸟（鳥）部

鳥 （见"鸟"）

鸟 (一)niǎo[ㄋ丨ㄠˇ] 都了切　中豪韵，上　平上，篠韵　词第八部　戏遥条辙　曲萧豪韵，上

　　(二)diǎo[ㄉ丨ㄠˇ] 都了切　中豪韵，上　平上，篠韵　词第八部　戏遥条辙　曲萧豪韵，上　（同"屌"）

　　(三)nǔ[ㄋㄩˇ] 都缕切　中齐韵，上　平上，虞韵　词第四部　戏一七辙　（《诗经》：黄~）

　　(四)dǒu[ㄉㄡˇ] 丁柳切　中尤韵，上　平上，有韵　词第十二部　戏由求辙　（又）

一画

鳦 yì[丨ˋ] 於笔切　中齐韵，去　平入，质韵　词第十七部　戏一七辙

二画

凫 （同"凫"）

鸨 bǔ[ㄅㄨˇ] 博木切　中姑韵，上　平入，屋韵　词第十五部　戏姑苏辙

鸠 jiū[ㄐ丨ㄡ] 居求切　中尤韵，阴　平平，尤韵　词第十二部　戏由求辙　曲尤侯韵，阴

鸡 jī[ㄐ丨] 古奚切　中齐韵，阴　平平，齐韵　词第三部　戏一七辙　曲齐微韵，阴

三画

鳳 （见"凤"）

鳱 gān[ㄍㄢ] 古寒切　中寒韵，阴　平平，寒韵　词第七部　戏言前辙

鸢 yuān[ㄩㄢ] 与专切　中寒韵，阴　平平，先韵　词第七部　戏言前辙　曲先天韵，阳

鳲 shī[ㄕ] 式之切　中支韵，阴　平平，支韵　词第三部　戏一七辙　曲支思韵，阴

鸣 （查"口"部）

四画

鴈 （同"雁"；同"赝"）鴂 （同"鳩"）

鳺 (一)fū[ㄈㄨ] 甫无切　中姑韵，阴　平平，虞韵　词第四部　戏姑苏辙

　　(二)guī[ㄍㄨㄟ] 均窥切　中微韵，阴　平平，支韵　词第三部　戏灰堆辙　（子~）

鳾 shī[ㄕ] 霜夷切　中支韵，阴　平平，支韵　词第三部　戏一七辙

鳷 zhī[ㄓ] 章移切　中支韵，阴　平平，支韵　词第三部　戏一七辙

鸥 ōu[ㄡ] 乌侯切　中尤韵，阴　平平，尤韵　词第十二部　戏由求辙　曲尤侯韵，阴

鸦 yā［丨丫］於加切　史麻韵，阴　平平，麻韵　词第十部　戏发花辙　曲家麻韵，阴

鸼 (一)fēn［匸ㄣ］符分切　史文韵，阴　平平，文韵　词第六部　戏人辰辙
　　(二)bān［ㄅㄢ］布还切　史寒韵，阴　平平，删韵　词第七部　戏言前辙　（~鸼）

鸧 (一)cāng［ㄘㄤ］七冈切　史唐韵，阴　平平，阳韵　词第二部　戏江阳辙
　　(二)qiāng［ㄑ丨ㄤ］千羊切　史唐韵，阴　平平，阳韵　词第二部　戏江阳辙　（金属光泽；金属声音）

鸨 bǎo［ㄅㄠˇ］博抱切　史豪韵，上　平上，皓韵　词第八部　戏遥条辙

鹮 huān［ㄏㄨㄢ］呼官切　史寒韵，阴　平平，寒韵　词第七部　戏言前辙

鸬 wén［ㄨㄣˊ］无分切　史文韵，阳　平平，文韵　词第六部　戏人辰辙

鸩 zhèn［ㄓㄣˋ］直禁切　史文韵，去　平去，沁韵　词第十三部　戏人辰辙　曲侵寻韵，去

鴃 jué［ㄐㄩㄝˊ］古穴切　史皆韵，阳　平入，屑韵　词第十八部　戏乜斜辙　曲车遮韵，上

瑪（查"王"部）鳸（查"户"部）

鴡（同"雎"）

鸪 gū［ㄍㄨ］古胡切　史姑韵，阴　平平，虞韵　词第四部　戏姑苏辙　曲鱼模韵，阴

鸫 dōng［ㄉㄨㄥ］德红切　史庚韵，阴　平平，东韵　词第一部　戏中东辙

鸬 lú［ㄌㄨˊ］落胡切　史姑韵，阳　平平，虞韵　词第四部　戏姑苏辙

鴠 dàn［ㄉㄢˋ］得按切　史寒韵，去　平去，翰韵　词第七部　戏言前辙

鸭 yā［丨丫］乌甲切　史麻韵，阴　平入，洽韵　词第十九部　戏发花辙　曲家麻韵，去

鸮 xiāo［ㄒ丨ㄠ］于娇切　史豪韵，阴　平平，萧韵　词第八部　戏遥条辙　曲萧豪韵，阴

鸯 yāng［丨ㄤ］於良切　史唐韵，阴　平平，阳韵　词第二部　戏江阳辙　曲江阳韵，阴

鸰 líng［ㄌ丨ㄥˊ］郎丁切　史庚韵，阳　平平，青韵　词第十一部　戏中东辙　曲庚青韵，阳

鸱 chī［ㄔ］处脂切　史支韵，阴　平平，支韵　词第三部　戏一七辙　曲齐微韵，阴

鸲 (一)gōu［ㄍㄡ］古侯切　史尤韵，阴　平平，尤韵　词第十二部　戏由求辙
　　(二)qú［ㄑㄩˊ］其俱切　史齐韵，阳　平平，虞韵　词第四部　戏一七辙　（~鸲）

鸳 yuān［ㄩㄢ］①於袁切　史寒韵，阴　平平，元韵　词第七部　戏言前辙　曲先天韵，阴
　　　　　②乌浑切　史寒韵，阴　平平，元韵　词第六部　戏言前辙　曲先天韵，阴　（又）

鵽 lì［ㄌ丨ˋ］力入切　史齐韵，去　平入，缉韵　词第十七部　戏一七辙

鷽 xué［ㄒㄩㄝˊ］①於角切　史皆韵，阴　平入，觉韵　词第十六部　戏乜斜辙　曲萧豪韵，阳　（山鹊）
　　　　　②胡觉切　史皆韵，阳　平入，觉韵　词第十六部　戏乜斜辙　曲萧豪韵，阳　（一种小型鸣禽）

鴥 yù［ㄩˋ］余律切　史齐韵，去　平入，质韵　词第十七部　戏一七辙

鸵 tuó［ㄊㄨㄛˊ］唐何切　史波韵，阳　平平，歌韵　词第九部　戏梭波辙

駕 (一)jiā［ㄐ丨丫］古牙切　史麻韵，阴　平平，麻韵　词第十部　戏发花辙
　　(二)gē［ㄍㄜ］古俄切　史波韵，阴　平平，歌韵　词第九部　戏梭波辙　（又）

鶣 biǎn［ㄅ丨ㄢˇ］方免切　史寒韵，上　平上，铣韵　词第七部　戏言前辙

鴢 yǎo［丨ㄠˇ］①乌皎切　史豪韵，上　平上，篠韵　词第八部　戏遥条辙
　　　　　②於绞切　史豪韵，上　平上，巧韵　词第八部　戏遥条辙　（又）

鸶 sī［ㄙ］新兹切　史支韵，阴　平平，支韵　词第三部　戏一七辙　曲支思韵，阴

莺（查"艹"部）

鸥（同"鸥"）

鶛 jiē［ㄐ丨ㄝ］古黠切　史皆韵，阴　平入，黠韵　词第十八部　戏乜斜辙

鸷 (一)zhì［ㄓˋ］①脂利切　史支韵，去　平去，寘韵　词第三部　戏一七辙
　　　　　②陟栗切　史支韵，去　平入，质韵　词第十七部　戏一七辙　（卓~）

(二)zhé[ㄓㄜˊ] 之列切　史波韵，阳　乎入，屑韵　词第十八部　戏梭波辙　（攻击）

鸸 ér[ㄦˊ] 如之切　史齐韵，阳　乎平，支韵　词第三部　戏一七辙

鴷 liè[ㄌㄧㄝˋ] 良薛切　史皆韵，去　乎入，屑韵　词第十八部　戏乜斜辙

鴸 zhū[ㄓㄨ] 陟输切　史姑韵，阴　乎平，虞韵　词第四部　戏姑苏辙

鸹 guā[ㄍㄨㄚ] 古活切　史麻韵，阴　乎入，曷韵　词第十八部　戏发花辙

鸺 xiū[ㄒㄧㄡ] 许尤切　史尤韵，阴　乎平，尤韵　词第十二部　戏由求辙

鵀 rén[ㄖㄣˊ] ①如林切　史文韵，阳　乎平，侵韵　词第十三部　戏人辰辙

②汝鸩切　史文韵，阳　乎去，沁韵　词第十三部　戏人辰辙　（又）

鸻 héng[ㄏㄥˊ] 户庚切　史庚韵，阳　乎平，庚韵　词第十一部　戏中东辙

鸽 gē[ㄍㄜ] 古沓切　史波韵，阴　乎入，合韵　词第十九部　戏梭波辙　曲歌戈韵，上

鹖 (一)gé[ㄍㄜˊ] 古伯切　史波韵，阳　乎入，陌韵　词第十七部　戏梭波辙　（一种猫头鹰）

(二)luò[ㄌㄨㄛˋ] 卢各切　史波韵，去　乎入，药韵　词第十六部　戏梭波辙　（水鸟名）

鸾 luán[ㄌㄨㄢˊ] 落官切　史寒韵，阳　乎平，寒韵　词第七部　戏言前辙　曲桓欢韵，阳

鹪 jiāo[ㄐㄧㄠ] 古肴切　史豪韵，阴　乎平，肴韵　词第八部　戏遥条辙

鸿 (一)hóng[ㄏㄨㄥˊ] 户公切　史庚韵，阳　乎平，东韵　词第一部　戏中东辙　曲东钟韵，阳

(二)hòng[ㄏㄨㄥˋ] 胡孔切　史庚韵，去　乎上，董韵　词第一部　戏中东辙　（混沌状）

鳽 yàn[ㄧㄢˋ] 乌涧切　史寒韵，去　乎去，谏韵　词第七部　戏言前辙　曲寒山韵，去

鴽 rú[ㄖㄨˊ] 人诸切　史姑韵，阳　乎平，鱼韵　词第四部　戏姑苏辙

鴾 móu[ㄇㄡˊ] 莫浮切　史尤韵，阳　乎平，尤韵　词第十二部　戏由求辙

鹏 （查"舟"部）

七画

鵝 （同"鹅"）

鵐 wú[ㄨˊ] 武夫切　史姑韵，阳　乎平，虞韵　词第四部　戏姑苏辙

鹁 bó[ㄅㄛˊ] 蒲没切　史波韵，阳　乎入，月韵　词第十八部　戏梭波辙

鹂 lí[ㄌㄧˊ] 吕支切　史齐韵，阳　乎平，支韵　词第三部　戏一七辙　曲齐微韵，阳

鴶 jiá[ㄐㄧㄚˊ] 古洽切　史麻韵，阳　乎入，洽韵　词第十九部　戏发花辙

鶄 jīng[ㄐㄧㄥ] 古灵切　史庚韵，阴　乎平，青韵　词第十一部　戏中东辙

鵙 jú[ㄐㄩˊ] 古阒切　史齐韵，阳　乎入，锡韵　词第十七部　戏一七辙

鹃 juān[ㄐㄩㄢ] 古玄切　史寒韵，阴　乎平，先韵　词第七部　戏言前辙　曲先天韵，阴

鹄 (一)hú[ㄏㄨˊ] 胡沃切　史姑韵，阳　乎入，沃韵　词第十五部　戏姑苏辙　曲鱼模韵，阳

(二)gǔ[ㄍㄨˇ] 姑沃切　史姑韵，上　乎入，沃韵　词第十五部　戏姑苏辙　曲鱼模韵，阳　（靶心）

鹅 é[ㄜˊ] 五何切　史波韵，阳　乎平，歌韵　词第九部　戏梭波辙　曲歌戈韵，阳

鵌 tú[ㄊㄨˊ] ①同都切　史姑韵，阳　乎平，虞韵　词第四部　戏姑苏辙

②以诸切　史姑韵，阳　乎平，鱼韵　词第四部　戏姑苏辙　（又）

鹆 yù[ㄩˋ] 余蜀切　史齐韵，去　乎入，沃韵　词第十五部　戏一七辙

鵟 kuáng[ㄎㄨㄤˊ] 巨王切　史唐韵，阳　乎平，阳韵　词第二部　戏江阳辙

鹇 xián[ㄒㄧㄢˊ] 户闲切　史寒韵，阳　乎平，删韵　词第七部　戏言前辙　曲寒山韵，阳

鵜 tí[ㄊㄧˊ] 杜奚切　史齐韵，阳　乎平，齐韵　词第三部　戏一七辙

鵔 xùn[ㄒㄩㄣˋ] 私润切　史文韵，去　乎去，震韵　词第六部　戏人辰辙

八画

鸦 （同"鸦"） 鶇 （见"鹒"） 鶿 （同"鹚"） 鵰 （见"雕"）

鹉 wǔ[ㄨˇ] 文甫切　史姑韵，上　乎上，虞韵　词第四部　戏姑苏辙　曲鱼模韵，上

鶄 jīng［ㄐㄧㄥ］①子盈切　史庚韵，阴　平平，庚韵　词第十一部　戏中东辙　曲庚青韵，阴　（鶄~）
　　　　　　　　　②仓经切　史庚韵，阴　平平，青韵　词第十一部　戏中东辙　曲庚青韵，阴　（~鶄）

騏 qí［ㄑㄧˊ］渠之切　史齐韵，阳　平平，支韵　词第三部　戏一七辙

鵲 què［ㄑㄩㄝˋ］七雀切　史皆韵，去　平入，药韵　词第十六部　戏乜斜辙　曲萧豪韵，上

鶓 miáo［ㄇㄧㄠˊ］眉镳切　史豪韵，阳　平平，萧韵　词第八部　戏遥条辙　【《玉篇》：眉镳切。用之。】

鵸 qí［ㄑㄧˊ］渠羁切　史齐韵，阳　平平，支韵　词第三部　戏一七辙

鵪 ān［ㄢ］乌含切　史寒韵，阴　平平，覃韵　词第十四部　戏言前辙　曲监咸韵，阴

鵾 kūn［ㄎㄨㄣ］古浑切　史文韵，阴　平平，元韵　词第六部　戏人辰辙　曲真文韵，阴

鶃 yì［ㄧˋ］五历切　史齐韵，去　平入，锡韵　词第十七部　戏一七辙

雛 zhuī［ㄓㄨㄟ］职追切　史微韵，阴　平平，支韵　词第三部　戏灰堆辙

鵯 bēi［ㄅㄟ］①府移切　史微韵，阴　平平，支韵　词第三部　戏灰堆辙
　　　　　　　　②譬吉切　史微韵，阴　平入，质韵　词第十七部　戏灰堆辙　（又）

鹏 péng［ㄆㄥˊ］①步崩切　史庚韵，阳　平平，蒸韵　词第十一部　戏中东辙　曲东钟韵，阳
　　　　　　　　②步崩切　史庚韵，阳　平平，蒸韵　词第十一部　戏中东辙　曲庚青韵，阳　（又）

鵩 fú［ㄈㄨˊ］房六切　史姑韵，阳　平入，屋韵　词第十五部　戏姑苏辙　曲鱼模韵，阳

鵵 tù［ㄊㄨˋ］汤故切　史姑韵，去　平去，遇韵　词第四部　戏姑苏辙

鵮 (一)qiān［ㄑㄧㄢ］竹咸切　史寒韵，阴　平平，咸韵　词第十四部　戏言前辙
　　(二)kān［ㄎㄢ］苦咸切　史寒韵，阴　平平，咸韵　词第十四部　戏言前辙　（又）

鶪 jú［ㄐㄩˊ］居六切　史齐韵，阳　平入，屋韵　词第十五部　戏一七辙

鶉 (一)chún［ㄔㄨㄣˊ］常伦切　史文韵，阳　平平，真韵　词第六部　戏人辰辙　曲真文韵，阳
　　(二)tuán［ㄊㄨㄢˊ］徒官切　史寒韵，阳　平平，寒韵　词第七部　戏言前辙　（匪~匪鸢）

鶊 gēng［ㄍㄥ］古行切　史庚韵，阴　平平，庚韵　词第十一部　戏中东辙　曲庚青韵，阴

鴛 yuān［ㄩㄢ］於袁切　史寒韵，阴　平平，元韵　词第七部　戏言前辙　曲先天韵，阴

鷫 sù［ㄙㄨˋ］息逐切　史姑韵，去　平入，屋韵　词第十五部　戏姑苏辙

鶋 jū［ㄐㄩ］九鱼切　史齐韵，阴　平平，鱼韵　词第四部　戏一七辙

鷝 (一)qū［ㄑㄩ］曲勿切　史齐韵，阴　平入，物韵　词第十八部　戏一七辙　（~鷝）
　　(二)jué［ㄐㄩㄝˊ］九勿切　史皆韵，阳　平入，物韵　词第十八部　戏乜斜辙　（~鸠）

鵽 duò［ㄉㄨㄛˋ］①丁括切　史波韵，去　平入，曷韵　词第十八部　戏梭波辙
　　　　　　　　　②丁滑切　史波韵，去　平入，黠韵　词第十八部　戏梭波辙　（又）

九画

鶿（同“鹚”）

鶘 hú［ㄏㄨˊ］户吴切　史姑韵，阳　平平，虞韵　词第四部　戏姑苏辙　曲鱼模韵，阳

鷗 yǎn［ㄧㄢˇ］於幰切　史寒韵，上　平上，阮韵　词第七部　戏言前辙

鶝 fú［ㄈㄨˊ］方六切　史姑韵，阳　平入，屋韵　词第十五部　戏姑苏辙

鶒 chì［ㄔˋ］①耻力切　史支韵，去　平入，职韵　词第十七部　戏一七辙
　　　　　　②昌石切　史支韵，去　平入，陌韵　词第十七部　戏一七辙　（又）

鶗 (一)tí［ㄊㄧˊ］杜奚切　史齐韵，阳　平平，齐韵　词第三部　戏一七辙
　　(二)chí［ㄔˊ］常支切　史支韵，阳　平平，支韵　词第三部　戏一七辙　（~鴂）

鶪 jú［ㄐㄩˊ］古阒切　史齐韵，阳　平入，锡韵　词第十七部　戏一七辙

鶡 hé［ㄏㄜˊ］胡葛切　史波韵，阳　平入，曷韵　词第十八部　戏梭波辙

鶚 è［ㄜˋ］①五各切　史波韵，去　平入，药韵　词第十六部　戏梭波辙　曲萧豪韵，去
　　　　　②五各切　史波韵，去　平入，药韵　词第十六部　戏梭波辙　曲歌戈韵，去　（又）

鶻 (一)hú［ㄏㄨˊ］户骨切　史姑韵，阳　平入，月韵　词第十八部　戏姑苏辙　曲鱼模韵，阳

（二）gǔ [ㄍㄨˇ] ①古忽切　史姑韵，上　乎入，月韵　词第十八部　戏姑苏辙　（～鹘）

②户八切　史姑韵，上　乎入，黠韵　词第十八部　戏姑苏辙　（又）

鹙 qiū [ㄑㄧㄡ] 七由切　史尤韵，阴　乎平，尤韵　词第十二部　戏由求辙　曲尤侯韵，阴

鹒 chūn [ㄔㄨㄣ] 丑伦切　史文韵，阴　乎平，真韵　词第六部　戏人辰辙

鹓 yuán [ㄩㄢˊ] 雨元切　史寒韵，阳　乎平，元韵　词第七部　戏言前辙

鹚 cí [ㄘˊ] 子之切　史支韵，阳　乎平，支韵　词第三部　戏一七辙　曲支思韵，阳

鹝（一）yùn [ㄩㄣˋ] 王问切　史文韵，去　乎去，问韵　词第六部　戏人辰辙

　　（二）kūn [ㄎㄨㄣ]　（同"鹍"）

鹨 piān [ㄆㄧㄢ] 纰延切　史寒韵，阴　乎平，先韵　词第七部　戏言前辙

鹛 méi [ㄇㄟˊ] 武悲切　史微韵，阳　乎平，支韵　词第三部　戏人辰辙

鹔 róu [ㄖㄡˊ] 耳由切　史尤韵，阳　乎平，尤韵　词第十二部　戏由求辙

鹜（一）wù [ㄨˋ] 亡遇切　史姑韵，去　乎去，遇韵　词第四部　戏姑苏辙　曲鱼模韵，去

　　（二）mù [ㄇㄨˋ] 莫卜切　史姑韵，去　乎入，屋韵　词第十五部　戏姑苏辙　曲鱼模韵，去　（又）

十画

鹓（同"鹓"）鹒（见"鸡"）鹃（见"鸽"）鹪（同"雏"）鹭（见"莺"）

鹝（一）yì [ㄧˋ] 宜戟切　史齐韵，去　乎入，陌韵　词第十七部　戏一七辙

　　（二）nì [ㄋㄧˋ] 五历切　史齐韵，去　乎入，锡韵　词第十七部　戏一七辙　（旧读）

鹂 lì [ㄌㄧˋ] 力质切　史齐韵，去　乎入，质韵　词第十七部　戏一七辙

鹈 tī [ㄊㄧ] 土鸡切　史齐韵，阴　乎平，齐韵　词第三部　戏一七辙

鹞（一）yào [ㄧㄠˋ] 弋照切　史豪韵，去　乎去，啸韵　词第八部　戏遥条辙　曲萧豪韵，去　（～鹰）

　　（二）yāo [ㄧㄠ] 余招切　史豪韵，阴　乎平，萧韵　词第八部　戏遥条辙　（～雉）

鹟 wēng [ㄨㄥ] 乌红切　史庚韵，阴　乎平，东韵　词第一部　戏中东辙

鹠 liú [ㄌㄧㄡˊ] 力求切　史尤韵，阳　乎平，尤韵　词第十二部　戏由求辙　曲尤侯韵，阳

鹡 jí [ㄐㄧˊ] 子席切　史齐韵，阳　乎入，陌韵　词第十七部　戏一七辙

鹢 yì [ㄧˋ] 五历切　史齐韵，去　乎入，锡韵　词第十七部　戏一七辙　齐微韵，去

鹣 jiān [ㄐㄧㄢ] 古甜切　史寒韵，阴　乎平，盐韵　词第十四部　戏言前辙　曲廉纤韵，阴

鹐 xiá [ㄒㄧㄚˊ] 胡瞎切　史麻韵，阳　乎入，黠韵　词第十八部　戏发花辙

鹤 hè [ㄏㄜˋ] ①下各切　史波韵，去　乎入，药韵　词第十六部　戏梭波辙　曲萧豪韵，阳

②下各切　史波韵，去　乎入，药韵　词第十六部　戏梭波辙　曲歌戈韵，阳　（又）

鹥（查"殳"部）鹝（查"卓"部）鹜（查"宀"部）

十一画

鹭（见"鹜"）鸥（见"鸥"）

鹥（一）yī [ㄧ] 乌溪切　史齐韵，阴　乎平，齐韵　词第三部　戏一七辙　（鸥）

　　（二）yì [ㄧˋ] 壹计切　史齐韵，去　乎去，霁韵　词第三部　戏一七辙　（凤鸟名）

鹴 shuāng [ㄕㄨㄤ] ①疏两切　史唐韵，上　乎上，养韵　词第二部　戏江阳辙　曲江阳韵，阴

②色庄切　史唐韵，阴　乎平，阳韵　词第二部　戏江阳辙　曲江阳韵，阴　（同"鹴"）

鹙（一）biē [ㄅㄧㄝ] 并列切　史皆韵，阴　乎入，屑韵　词第十八部　戏乜斜辙

　　（二）bì [ㄅㄧˋ] 必袂切　史齐韵，去　乎去，霁韵　词第三部　戏一七辙　（又）

鹛（一）yǎo [ㄧㄠˇ] 以沼切　史豪韵，上　乎上，篠韵　词第八部　戏遥条辙

　　（二）xiào [ㄒㄧㄠˋ] 胡了切　史豪韵，去　乎上，篠韵　词第八部　戏遥条辙　（野鸡）

鹦 yīng [ㄧㄥ] 乌茎切　史庚韵，阴　乎平，庚韵　词第十一部　戏中东辙　曲庚青韵，阴

鹡 jí [ㄐㄧˊ] 极入切　史齐韵，阳　乎入，缉韵　词第十七部　戏一七辙

鹧 zhè[ㄓㄜˋ] 之夜切　中波韵，去　平去，祃韵　词第十部　戏梭波辙　曲车遮辙，去

鷛 yóng[ㄩㄥˊ] 余封切　中庚韵，阳　平平，冬韵　词第一部　戏中东辙

鷟 zhuó[ㄓㄨㄛˊ] 士角切　中波韵，阳　平入，觉韵　词第十六部　戏梭波辙

鹨 liù[ㄌㄧㄡˋ] ①力救切　中尤韵，去　平去，宥韵　词第十二部　戏由求辙
②武彪切　中尤韵，去　平平，尤韵　词第十二部　戏由求辙　（又）

十二画

鷰（同"燕(一)"）鷴（见"鹇"）鷙（见"鸷"）

鷣 yín[ㄧㄣˊ] ①余针切　中文韵，阳　平平，侵韵　词第十三部　戏人辰辙
②弋照切　中文韵，阳　平去，啸韵　词第八部　戏人辰辙　（又）

鷯 liáo[ㄌㄧㄠˊ] ①落萧切　中豪韵，阳　平平，萧韵　词第八部　戏遥条辙　曲萧豪韵，阳　（鹪~）
②力照切　中豪韵，去　平去，啸韵　词第八部　戏遥条辙　（~鹩）

鷆 (一)tán[ㄊㄢˊ] 徒干切　中寒韵，阳　平平，寒韵　词第七部　戏言前辙
(二)tí[ㄊㄧˊ] 杜奚切　中齐韵，阳　平平，齐韵　词第三部　戏一七辙　（杜鹃鸟）
(三)dì[ㄉㄧˋ] 特计切　中齐韵，去　平去，霁韵　词第三部　戏一七辙　（布谷鸟）

鷮 (一)jiāo[ㄐㄧㄠ] 举乔切　中豪韵，阴　平平，萧韵　词第八部　戏遥条辙
(二)qiáo[ㄑㄧㄠˊ] 巨娇切　中豪韵，阳　平平，萧韵　词第八部　戏遥条辙　（又）

鷦 jiāo[ㄐㄧㄠ] 即消切　中豪韵，阴　平平，萧韵　词第八部　戏遥条辙

鷲 jiù[ㄐㄧㄡˋ] 疾僦切　中尤韵，去　平去，宥韵　词第十二部　戏由求辙　曲尤侯韵，去

鷸 yù[ㄩˋ] 余律切　中齐韵，去　平入，质韵　词第十七部　戏一七辙

十三画

鸎（见"莺"）鷫（见"鹔"）鷽（同"鸴"）

鸆 hù[ㄏㄨˋ] ①胡故切　中姑韵，去　平去，遇韵　词第四部　戏姑苏辙
②乌郭切　中姑韵，去　平入，药韵　词第十六部　戏姑苏辙　（又）

鸏 méng[ㄇㄥˊ] ①莫红切　中庚韵，阳　平平，东韵　词第一部　戏中东辙
②莫孔切　中庚韵，阳　平上，董韵　词第一部　戏中东辙　（又）

鸉 yú[ㄩˊ] 遇俱切　中齐韵，阳　平平，虞韵　词第四部　戏一七辙

鷺 lù[ㄌㄨˋ] 洛故切　中姑韵，去　平去，遇韵　词第四部　戏姑苏辙　曲鱼模韵，去

鸅 zé[ㄗㄜˊ] 场伯切　中波韵，阳　平入，陌韵　词第十七部　戏梭波辙

鸇 (一)huán[ㄏㄨㄢˊ] 胡关切　中寒韵，阳　平平，删韵　词第七部　戏言前辙
(二)xuán[ㄒㄩㄢˊ] 旬宣切　中寒韵，阳　平平，先韵　词第七部　戏言前辙　（又）

鸀 (一)zhuò[ㄓㄨㄛˋ] ①直角切　中波韵，去　平入，觉韵　词第十六部　戏梭波辙　（山乌）
②徒谷切　中姑韵，阳　平入，屋韵　词第十五部　戏姑苏辙　（~鸟）
(二)zhú[ㄓㄨˊ] 之欲切　中姑韵，阳　平入，沃韵　词第十五部　戏姑苏辙　（~玙）

鸒 yù[ㄩˋ] ①以诸切　中齐韵，去　平平，鱼韵　词第四部　戏一七辙
②羊洳切　中齐韵，去　平去，御韵　词第四部　戏一七辙　（又）

鹯 zhān[ㄓㄢ] 诸延切　中寒韵，阴　平平，先韵　词第七部　戏言前辙　曲先天韵，阴

鷾 yì[ㄧˋ] 於记切　中齐韵，去　平去，寘韵　词第三部　戏一七辙

鸃 yí[ㄧˊ] 鱼羁切　中齐韵，阳　平平，支韵　词第三部　戏一七辙

鸂 xī[ㄒㄧ] 苦奚切　中齐韵，阴　平平，齐韵　词第三部　戏一七辙

鷿 pì[ㄆㄧˋ] 扶历切　中齐韵，去　平入，锡韵　词第十七部　戏一七辙

鹰（查"广"部）

十四画

鷖（同"莺"）

鸑　yuè[ㄩㄝˋ]　五角切　⊕皆韵，去　平入，觉韵　词第十六部　戏乜斜辙

鸋　níng[ㄋㄧㄥˊ]　①奴丁切　⊕庚韵，阳　平平，青韵　词第十一部　戏中东辙

　　　　　　　　　　②乃定切　⊕庚韵，阳　平去，径韵　词第十一部　戏中东辙（又）

鸐　dí[ㄉㄧˊ]　①直角切　⊕齐韵，阳　平入，觉韵　词第十六部　戏一七辙

　　　　　　　②亭历切　⊕齐韵，阳　平入，锡韵　词第十七部　戏一七辙　（又）

十五画

鸓　lěi[ㄌㄟˇ]　①力追切　⊕微韵，上　平平，支韵　词第三部　戏灰堆辙

　　　　　　　②力轨切　⊕微韵，上　平上，纸韵　词第三部　戏灰堆辙　（又）

十六画

鹳（同"鹤"）鸇（见"鸼"）

鸗　lóng[ㄌㄨㄥˊ]　①力钟切　⊕庚韵，阳　平平，冬韵　词第一部　戏中东辙　（小鸟名）

　　　　　　　　　②卢红切　⊕庚韵，阳　平平，东韵　词第一部　戏中东辙　（鸭）

十七画

鹦（见"鹦"）

鹳　㈠guàn[ㄍㄨㄢˋ]　古玩切　⊕寒韵，去　平去，翰韵　词第七部　戏言前辙　曲桓欢韵，去

　　㈡huān[ㄏㄨㄢ]　呼官切　⊕寒韵，阴　平平，寒韵　词第七部　戏言前辙　（~专）

鹴　shuāng[ㄕㄨㄤ]　色庄切　⊕唐韵，阴　平平，阳韵　词第二部　戏江阳辙　曲江阳韵，阴

鸙　㈠yuè[ㄩㄝˋ]　以灼切　⊕皆韵，去　平入，药韵　词第十六部　戏乜斜辙

　　㈡yào[ㄧㄠˋ]　以灼切　⊕豪韵，去　平入，药韵　词第十六部　戏遥条辙　（又）

十八画

鸚（同"鸼㈡"）

十九画

鹳（见"鹳"）鸞（见"鸾"）

疒　部

二画

疔　dīng[ㄉㄧㄥ]　当经切　⊕庚韵，阴　平平，青韵　词第十一部　戏中东辙

疕　bǐ[ㄅㄧˇ]　卑履切　⊕齐韵，上　平上，纸韵　词第三部　戏一七辙

疖　jiē[ㄐㄧㄝ]　子结切　⊕皆韵，阴　平入，屑韵　词第十八部　戏乜斜辙　曲车遮韵，上

疗　liáo[ㄌㄧㄠˊ]　力照切　⊕豪韵，阳　平去，啸韵　词第八部　戏遥条辙　曲萧豪韵，去

三画

疟　㈠nüè[ㄋㄩㄝˋ]　鱼约切　⊕皆韵，去　平入，药韵　词第十六部　戏乜斜辙　曲歌戈韵，去

　　㈡yào[ㄧㄠˋ]　鱼约切　⊕豪韵，去　平入，药韵　词第十六部　戏遥条辙　曲萧豪韵，去　（~子）

疘　㈠gāng[ㄍㄤ]　古红切　⊕唐韵，阴　平平，东韵　词第一部　戏江阳辙

　　㈡gōng[ㄍㄨㄥ]　古红切　⊕庚韵，阴　平平，东韵　词第一部　戏中东辙　（旧读）

疛　zhǒu[ㄓㄡˇ]　①陟柳切　⊕尤韵，上　平上，有韵　词第十二部　戏由求辙

　　　　　　　　②直祐切　⊕尤韵，上　平去，宥韵　词第十二部　戏由求辙　（又）

疬 lì[ㄌㄧˋ] 力制切　中齐韵，去　平去，霁韵　词第三部　戏一七辙　曲齐微韵，去

疝 shàn[ㄕㄢˋ] 所晏切　中寒韵，去　平去，谏韵　词第七部　戏言前辙　曲寒山韵，去

疙 (一)yì[ㄧˋ] 鱼迄切　中齐韵，去　平入，物韵　词第十八部　戏一七辙　（痴呆状）

　　(二)gē[ㄍㄜˊ] 九杰切　中波韵，阴　平入，屑韵　词第十八部　戏梭波辙　（~瘩）【同"纥(二)"，用其反切。】

疚 jiù[ㄐㄧㄡˋ] 居祐切　中尤韵，去　平去，宥韵　词第十二部　戏由求辙　曲尤侯韵，上

疡 yáng[ㄧㄤˊ] 与章切　中唐韵，阳　平平，阳韵　词第二部　戏江阳辙

四画

疬 lì[ㄌㄧˋ] 郎击切　中齐韵，去　平入，锡韵　词第十七部　戏一七辙

疣 yóu[ㄧㄡˊ] 羽求切　中尤韵，阳　平平，尤韵　词第十二部　戏由求辙　曲尤侯韵，阳

疥 jiè[ㄐㄧㄝˋ] 古拜切　中皆韵，去　平去，卦韵　词第五部　戏乜斜辙　曲皆来韵，去

疭 zòng[ㄗㄨㄥˋ] 子用切　中庚韵，去　平去，宋韵　词第一部　戏中东辙

疺 fá[ㄈㄚˊ] 扶法切　中麻韵，阳　平入，洽韵　词第十九部　戏发花辙

疮 chuāng[ㄔㄨㄤ] 初良切　中唐韵，阴　平平，阳韵　词第二部　戏江阳辙　曲江阳韵，阴

疧 qí[ㄑㄧˊ] 巨支切　中齐韵，阳　平平，支韵　词第三部　戏一七辙

疯 fēng[ㄈㄥ] 方冯切　中庚韵，阴　平平，东韵　词第一部　戏中东辙

疫 yì[ㄧˋ] 营只切　中齐韵，去　平入，陌韵　词第十七部　戏一七辙　曲齐微韵，去

疢 chèn[ㄔㄣˋ] 丑刃切　中文韵，去　平去，震韵　词第六部　戏人辰辙

疤 bā[ㄅㄚ] 拜加切　中麻韵，阴　平平，麻韵　词第十部　戏发花辙　曲家麻韵，阴

五画

疿 （同"痱(二)"）

症 (一)zhēng[ㄓㄥ] 陟陵切　中庚韵，阴　平平，蒸韵　词第十一部　戏中东辙

　　(二)zhèng[ㄓㄥˋ] ①之盛切　中庚韵，去　平去，敬韵　词第十一部　戏中东辙　（病~）

　　　　　　　　②诸应切　中庚韵，去　平去，径韵　词第十一部　戏中东辙　（又）

疳 gān[ㄍㄢ] 沽三切　中寒韵，阴　平平，覃韵　词第十四部　戏言前辙　曲监咸韵，阴

疴 (一)kē[ㄎㄜ] 乌何切　中波韵，阴　平平，歌韵　词第九部　戏梭波辙

　　(二)qià[ㄑㄧㄚˋ] 枯驾切　中麻韵，去　平去，祃韵　词第十部　戏发花辙　（小儿惊风）

病 bìng[ㄅㄧㄥˋ] 皮命切　中庚韵，去　平去，敬韵　词第十一部　戏中东辙　曲庚青韵，去

痁 shān[ㄕㄢ] ①失廉切　中寒韵，阴　平平，盐韵　词第十四部　戏言前辙

　　　　　　②都念切　中寒韵，阴　平去，艳韵　词第十四部　戏言前辙　（又）

疽 jū[ㄐㄩ] 七余切　中齐韵，阴　平平，鱼韵　词第四部　戏一七辙　曲鱼模韵，阴

疸 (一)dǎn[ㄉㄢˇ] ①多旱切　中寒韵，上　平上，旱韵　词第七部　戏言前辙

　　　　　　　②得按切　中寒韵，上　平去，翰韵　词第七部　戏言前辙　（又）

　　(二)da[˙ㄉㄚ] （疙~－疙瘩，同"瘩(二)"）

痄 zhǐ[ㄓˇ] 章移切　中支韵，上　平平，支韵　词第三部　戏一七辙

疾 jí[ㄐㄧˊ] 秦悉切　中齐韵，阳　平入，质韵　词第十七部　戏一七辙　曲齐微韵，阳

痄 zhà[ㄓㄚˋ] 侧下切　中麻韵，去　平上，马韵　词第十部　戏发花辙

疹 (一)zhěn[ㄓㄣˇ] 章忍切　中文韵，上　平上，轸韵　词第六部　戏人辰辙　曲真文韵，上

　　(二)chèn[ㄔㄣˋ] （病，同"疢"）

痈 yōng[ㄩㄥ] 於容切　中庚韵，阴　平平，冬韵　词第一部　戏中东辙　曲东钟韵，阴

疴 jū[ㄐㄩ] 举朱切　中齐韵，阴　平平，虞韵　词第四部　戏一七辙

疼 téng[ㄊㄥˊ] 徒冬切　中庚韵，阳　平平，冬韵　词第一部　戏中东辙　曲庚青韵，阳

疱 pào[ㄆㄠˋ] ①披教切　中豪韵，去　平去，效韵　词第八部　戏遥条辙　（肿病）

　　　　　　②皮教切　中豪韵，去　平去，效韵　词第八部　戏遥条辙　（面疮）

疰 zhù[ㄓㄨˋ] 之戍切　史姑韵，去　平去，遇韵　词第四部　戏姑苏辙

痃 xuán[ㄒㄩㄢˊ] 胡田切　史寒韵，阳　平平，先韵　词第七部　戏言前辙

疧 nà[ㄋㄚˋ] 女黠切　史麻韵，去　平入，黠韵　词第十八部　戏发花辙

痂 jiā[ㄐㄧㄚ] 吉牙切　史麻韵，阴　平平，麻韵　词第十部　戏发花辙　曲家麻韵，阴

疲 pí[ㄆㄧˊ] 符羁切　史齐韵，阳　平平，支韵　词第三部　戏一七辙　曲齐微韵，阳

痉 jìng[ㄐㄧㄥˋ] 巨郢切　史庚韵，去　平上，梗韵　词第十一部　戏中东辙

六画

痔 zhì[ㄓˋ] 直里切　史支韵，去　平上，纸韵　词第三部　戏一七辙

痖 yǎ[ㄧㄚˇ] 乌下切　史麻韵，上　平上，马韵　词第十部　戏发花辙

疿 (一)wěi[ㄨㄟˇ] 荣美切　史微韵，上　平上，纸韵　词第三部　戏灰堆辙

　　(二)yù[ㄩˋ] 于六切　史齐韵，去　平入，屋韵　词第十五部　戏一七辙　（病）

痍 yí[ㄧˊ] 以脂切　史齐韵，阳　平平，支韵　词第三部　戏一七辙　曲齐微韵，阳

痓 zhì[ㄓˋ] 充自切　史支韵，去　平去，寘韵　词第三部　戏一七辙

疵 (一)cī[ㄘ] 疾移切　史支韵，阴　平平，支韵　词第三部　戏一七辙　曲支思韵，阳

　　(二)zī[ㄗ] 将支切　史支韵，阴　平平，支韵　词第三部　戏一七辙　曲支思韵，阳　（卑~）

痌 tōng[ㄊㄨㄥ] 他红切　史庚韵，阴　平平，东韵　词第一部　戏中东辙

痊 quán[ㄑㄩㄢˊ] 此缘切　史寒韵，阳　平平，先韵　词第七部　戏言前辙　曲先天韵，阴

痥 (一)duǒ[ㄉㄨㄛˇ] 丁佐切　史波韵，上　平上，哿韵　词第九部　戏梭波辙

　　(二)tuō[ㄊㄨㄛ] ①託何切　史波韵，阴　平平，歌韵　词第九部　戏梭波辙　（又）

　　　　　　　　②他干切　史波韵，阴　平平，寒韵　词第七部　戏梭波辙　（又）

　　(三)chǐ[ㄔˇ] 赏是切　史支韵，上　平上，纸韵　词第三部　戏一七辙　（众多状）

痎 jiē[ㄐㄧㄝ] 古谐切　史皆韵，阴　平平，佳韵　词第五部　戏乜斜辙

痒 (一)yǎng[ㄧㄤˇ] 余两切　史唐韵，上　平上，养韵　词第二部　戏江阳辙　曲江阳韵，上

　　(二)yáng[ㄧㄤˊ] 似羊切　史唐韵，阳　平平，阳韵　词第二部　戏江阳辙　（病名）

痕 hén[ㄏㄣˊ] 户恩切　史文韵，阳　平平，元韵　词第六部　戏人辰辙　曲真文韵，阳

七画

痙（见"痉"）

痟 xiāo[ㄒㄧㄠ] 虚交切　史豪韵，阴　平平，肴韵　词第八部　戏遥条辙

痣 zhì[ㄓˋ] 职吏切　史支韵，去　平去，寘韵　词第三部　戏一七辙

痨 láo[ㄌㄠˊ] 郎到切　史豪韵，阳　平去，号韵　词第八部　戏遥条辙

痡 pū[ㄆㄨ] 普胡切　史姑韵，阴　平平，虞韵　词第四部　戏姑苏辙

痑 wù[ㄨˋ] 文弗切　史姑韵，去　平入，物韵　词第十八部　戏姑苏辙　【方言字。借用同音字"勿(一)"的反切。】

痘 dòu[ㄉㄡˋ] 火透切　史尤韵，去　平去，宥韵　词第十二部　戏由求辙

痞 pǐ[ㄆㄧˇ] ①符鄙切　史齐韵，上　平上，纸韵　词第三部　戏一七辙　曲齐微韵，上

　　　　②方久切　史齐韵，上　平上，有韵　词第十二部　戏一七辙　曲齐微韵，上　（又）

痟 xiāo[ㄒㄧㄠ] 相邀切　史豪韵，阴　平平，萧韵　词第八部　戏遥条辙

痢 lì[ㄌㄧˋ] 力至切　史齐韵，去　平去，寘韵　词第三部　戏一七辙　曲齐微韵，去

痗 (一)mèi[ㄇㄟˋ] 莫佩切　史微韵，去　平去，队韵　词第三部　戏灰堆辙

　　(二)huì[ㄏㄨㄟˋ] 荒内切　史微韵，去　平去，队韵　词第三部　戏灰堆辙　（又）

痤 cuó[ㄘㄨㄛˊ] 昨禾切　史波韵，阳　平平，歌韵　词第九部　戏梭波辙

痪 huàn[ㄏㄨㄢˋ] 吐缓切　史寒韵，去　平上，旱韵　词第七部　戏言前辙

痫 xián[ㄒㄧㄢˊ] 户闲切　史寒韵，阳　平平，删韵　词第七部　戏言前辙　曲寒山韵，阳

痧 shā[ㄕㄚ] 所加切　中麻韵，阴　平平，麻韵　词第十部　戏发花辙　【读如"沙(一)"。用其反切。】

痾 (一)ē[ㄜ] 乌何切　中波韵，阴　平平，歌韵　词第九部　戏梭波辙　曲歌戈韵，阴

　　(二)kē[ㄎㄜ] （同"痾(一)"）

痛 tòng[ㄊㄨㄥˋ] 他贡切　中庚韵，去　平去，送韵　词第一部　戏中东辙　曲东钟韵，去

痠 suān[ㄙㄨㄢ] 素官切　中寒韵，阴　平平，寒韵　词第七部　戏言前辙

八画

瘂 （见"痖"）

瘏 tú[ㄊㄨˊ] 同都切　中姑韵，阳　平平，虞韵　词第四部　戏姑苏辙　曲鱼模韵，阳

痳 lìn[ㄌㄧㄣˋ] 力寻切　中文韵，去　平平，侵韵　词第十三部　戏人辰辙　曲侵寻韵，阳

痲 má[ㄇㄚˊ] 莫霞切　中麻韵，阳　平平，麻韵　词第十部　戏发花辙　曲家麻韵，阳

痷 ān[ㄢ] 乌含切　中寒韵，阴　平平，覃韵　词第十四部　戏言前辙

瘃 zhú[ㄓㄨˊ] 陟玉切　中姑韵，阳　平入，沃韵　词第十五部　戏姑苏辙

痱 (一)féi[ㄈㄟˊ] ①符非切　中微韵，阳　平平，微韵　词第三部　戏灰堆辙　（偏枯）

　　　　②蒲罪切　中微韵，去　平上，贿韵　词第三部　戏灰堆辙　（～癗）

　　(二)fèi[ㄈㄟˋ] 扶沸切　中微韵，去　平去，未韵　词第三部　戏灰堆辙　（～子）

瘍 yì[ㄧˋ] 羊益切　中齐韵，去　平入，陌韵　词第十七部　戏一七辙

痹 bì[ㄅㄧˋ] 必至切　中齐韵，去　平去，寘韵　词第三部　戏一七辙

痼 gù[ㄍㄨˋ] 古暮切　中姑韵，去　平去，遇韵　词第四部　戏姑苏辙

瘑 guō[ㄍㄨㄛ] 古禾切　中波韵，阴　平平，歌韵　词第九部　戏梭波辙

瘛 chì[ㄔˋ] 尺制切　中支韵，去　平去，霁韵　词第三部　戏一七辙

痴 chī[ㄔ] 丑之切　中支韵，阴　平平，支韵　词第三部　戏一七辙　曲齐微韵，阴

瘈 jì[ㄐㄧˋ] 其季切　中齐韵，去　平去，寘韵　词第三部　戏一七辙

痿 wěi[ㄨㄟˇ] 於为切　中微韵，上　平平，支韵　词第三部　戏灰堆辙

瘐 yǔ[ㄩˇ] 勇主切　中齐韵，上　平上，麌韵　词第四部　戏一七辙

痺 (一)bēi[ㄅㄟ] 府移切　中微韵，阴　平平，支韵　词第三部　戏灰堆辙

　　(二)bì[ㄅㄧˋ] （病名，同"痹"）

瘜 mǐn[ㄇㄧㄣˇ] 武巾切　中文韵，上　平平，真韵　词第六部　戏人辰辙

瘁 cuì[ㄘㄨㄟˋ] 秦醉切　中微韵，去　平去，真韵　词第三部　戏灰堆辙

瘀 yū[ㄩ] 依倨切　中齐韵，阴　平去，御韵　词第四部　戏一七辙

瘅 (一)dàn[ㄉㄢˋ] ①得案切　中寒韵，去　平去，翰韵　词第七部　戏言前辙

　　　　②丁佐切　中寒韵，去　平去，箇韵　词第九部　戏言前辙　（又）

　　　　③丁可切　中寒韵，去　平上，哿韵　词第九部　戏言前辙　（又）

　　(二)dǎn[ㄉㄢˇ] 党旱切　中寒韵，上　平上，旱韵　词第七部　戏言前辙　曲寒山韵，上　（又）

　　(三)dān[ㄉㄢ] 都寒切　中寒韵，阴　平平，寒韵　词第七部　戏言前辙　（热症）

　　(四)tán[ㄊㄢˊ] ①徒干切　中寒韵，阳　平平，寒韵　词第七部　戏言前辙　（风瘫）

　　　　②党旱切　中寒韵，阳　平上，旱韵　词第七部　戏言前辙　（又）

痰 tán[ㄊㄢˊ] 徒甘切　中寒韵，阳　平平，覃韵　词第十四部　戏言前辙　曲监咸韵，阳

瘖 guǎn[ㄍㄨㄢˇ] 古满切　中寒韵，上　平上，旱韵　词第七部　戏言前辙

瘆 shèn[ㄕㄣˋ] ①所禁切　中文韵，去　平去，沁韵　词第十三部　戏人辰辙

　　　　②疏锦切　中文韵，去　平上，寝韵　词第十三部　戏人辰辙　（又）

九画

瘝 （见"疒"）瘍 （见"疡"）瘋 （见"疯"）瘓 （见"痪"）

瘜 (一) zhì [ㄓˋ] 征例切　史支韵，去　平去，霁韵　词第三部　戏一七辙

　　(二) chì [ㄔˋ] 胡计切　史支韵，去　平去，霁韵　词第三部　戏一七辙　（～痀）

瘩 (一) dá [ㄉㄚˊ] 德合切　史麻韵，阳　平入，合韵　词第十九部　戏发花辙　【借用同音字"搭"的反切。】

　　(二) da [˙ㄉㄚ] 德合切　史麻韵，阴　平入，合韵　词第十九部　戏发花辙　（疙～）【借用同音字"搭"的反切。】

瘌 là [ㄌㄚˋ] 卢达切　史麻韵，去　平入，曷韵　词第十八部　戏发花辙

瘗 yì [丨ˋ] 於罽切　史齐韵，去　平去，霁韵　词第三部　戏一七辙　曲齐微韵，去

瘟 wēn [ㄨㄣ] 乌昆切　史文韵，阴　平平，元韵　词第六部　戏人辰辙　曲真文韵，阴

瘇 zhǒng [ㄓㄨㄥˇ] 坚勇切　史庚韵，上　平上，肿韵　词第一部　戏中东辙

瘦 shòu [ㄕㄡˋ] 所祐切　史尤韵，去　平去，宥韵　词第十二部　戏由求辙　曲尤侯韵，去

瘊 hóu [ㄏㄡˊ] 户钩切　史尤韵，阳　平平，尤韵　词第十二部　戏由求辙

瘣 (一) huì [ㄏㄨㄟˋ] 胡罪切　史微韵，去　平上，贿韵　词第三部　戏灰堆辙

　　(二) lěi [ㄌㄟˇ] 鲁猥切　史微韵，上　平上，贿韵　词第三部　戏灰堆辙　（魁～）

瘐 yù [ㄩˋ] ①羊朱切　史齐韵，去　平平，虞韵　词第四部　戏一七辙

　　　　②以主切　史齐韵，去　平上，麌韵　词第四部　戏一七辙　（又）

瘖 yīn [丨ㄣ] 於金切　史文韵，阴　平平，侵韵　词第十三部　戏人辰辙　曲侵寻韵，阴

瘥 (一) cuó [ㄘㄨㄛˊ] ①昨何切　史波韵，阳　平平，歌韵　词第九部　戏梭波辙　曲歌戈韵，阴

　　　　　②子邪切　史波韵，阳　平平，麻韵　词第十部　戏梭波辙　曲歌戈韵，阴　（又）

　　(二) chài [ㄔㄞˋ] 楚懈切　史开韵，去　平去，卦韵　词第十部　戏怀来辙　（病愈）

瘘 lòu [ㄌㄡˋ] ①卢候切　史尤韵，去　平去，宥韵　词第十二部　戏由求辙　曲尤侯韵，去

　　　　②力朱切　史姑韵，阳　平平，虞韵　词第四部　戏姑苏辙　（佝偻病）

瘕 jiǎ [ㄐ丨ㄚˇ] ①古疋切　史麻韵，上　平上，马韵　词第十部　戏发花辙

　　　　②古讶切　史麻韵，上　平去，祃韵　词第十部　戏发花辙　（又）

瘙 sào [ㄙㄠˋ] 苏到切　史豪韵，去　平去，号韵　词第八部　戏遥条辙

十画

瘞 (见"瘗") 瘡 (见"疮")

瘼 mò [ㄇㄛˋ] 慕各切　史波韵，去　平入，药韵　词第十六部　戏梭波辙

瘨 diān [ㄉ丨ㄢ] 都年切　史寒韵，阴　平平，先韵　词第七部　戏言前辙　曲先天韵，阴

瘝 guān [ㄍㄨㄢ] 姑顽切　史寒韵，阴　平平，删韵　词第七部　戏言前辙　曲寒山韵，阴

瘛 chì [ㄔˋ] ①尺制切　史支韵，去　平去，霁韵　词第三部　戏一七辙

　　　　②昌列切　史支韵，去　平入，屑韵　词第十八部　戏一七辙　（又）

瘜 xī [ㄒ丨] 相即切　史齐韵，阴　平入，职韵　词第十七部　戏一七辙

瘪 (一) biě [ㄅ丨ㄝˇ] ①蒲结切　史皆韵，上　平入，屑韵　词第十八部　戏乜斜辙

　　　　　②芳灭切　史皆韵，上　平入，屑韵　词第十八部　戏乜斜辙　（又）

　　(二) biē [ㄅ丨ㄝ] 蒲结切　史皆韵，阴　平入，屑韵　词第十八部　戏乜斜辙　（～三）

瘢 bān [ㄅㄢ] 薄官切　史寒韵，阴　平平，寒韵　词第七部　戏言前辙　曲桓欢韵，阳

瘤 liú [ㄌ丨ㄡˊ] ①力求切　史尤韵，阳　平平，尤韵　词第十二部　戏由求辙　曲尤侯韵，阳

　　　　②力救切　史尤韵，阳　平去，宥韵　词第十二部　戏由求辙　曲尤侯韵，去　（又）

瘠 jí [ㄐ丨ˊ] 秦昔切　史齐韵，阳　平入，陌韵　词第十七部　戏一七辙

瘚 jué [ㄐㄩㄝˊ] 居月切　史皆韵，阳　平入，月韵　词第十八部　戏乜斜辙

瘫 tān [ㄊㄢ] 徒干切　史寒韵，阴　平平，寒韵　词第七部　戏言前辙

十一画

瘘 (见"瘘") 瘲 (见"疭") 瘺 (同"瘘①") 瘮 (见"瘆")

癙 qín［ㄑㄧㄣˊ］①巨斤切　史文韵，阳　平平，文韵　词第六部　戏人辰辙
　　　　　　　　②其谨切　史文韵，阳　平上，吻韵　词第六部　戏人辰辙　（又）
　　　　　　　　③渠遴切　史文韵，阳　平去，震韵　词第六部　戏人辰辙　（又）
癀 huáng［ㄏㄨㄤˊ］胡光切　史唐韵，阳　平平，阳韵　词第二部　戏江阳辙
瘭 biāo［ㄅㄧㄠ］卑遥切　史豪韵，阴　平平，萧韵　词第八部　戏遥条辙
瘱 yì［ㄧˋ］於计切　史齐韵，去　平去，霁韵　词第三部　戏一七辙
瘰 luǒ［ㄌㄨㄛˇ］郎果切　史波韵，上　平上，哿韵　词第九部　戏梭波辙
瘿 yǐng［ㄧㄥˇ］於郢切　史庚韵，上　平上，梗韵　词第十一部　戏中东辙　曲庚青韵，上
瘵 zhài［ㄓㄞˋ］侧界切　史开韵，去　平去，卦韵　词第五部　戏怀来辙　曲皆来韵，去
瘴 zhàng［ㄓㄤˋ］之亮切　史唐韵，去　平去，漾韵　词第二部　戏江阳辙　曲江阳韵，去
瘯 cù［ㄘㄨˋ］千木切　史姑韵，去　平入，屋韵　词第十五部　戏姑苏辙
癃 lóng［ㄌㄨㄥˊ］力中切　史庚韵，阳　平平，东韵　词第一部　戏中东辙　曲东钟韵，阳
癮 yǐn［ㄧㄣˇ］倚谨切　史文韵，上　平上，吻韵　词第六部　戏人辰辙
瘸 qué［ㄑㄩㄝˊ］巨靴切　史皆韵，阳　平平，歌韵　词第九部　戏乜斜辙　曲车遮韵，阳
瘳 chōu［ㄔㄡ］丑鸠切　史尤韵，阴　平平，尤韵　词第十二部　戏由求辙　曲尤侯韵，阴

十二画

瘤（同“瘤”）癗（见“疠”）癁（见“疗”）癇（见“痫”）癉（见“瘅”）癄（同“憔”）癅（见“瘆”）
瘢 bān［ㄅㄢ］布还切　史寒韵，阴　平平，删韵　词第七部　戏言前辙　【借用同音字“斑”的反切。】
癌 ㈠ái［ㄞˊ］五衔切　史开韵，阳　平平，咸韵　词第十四部　戏怀来辙　【现代字。借用同音字“喦㈢”的反切。】
　㈡yán［ㄧㄢˊ］五衔切　史寒韵，阳　平平，咸韵　词第十四部　戏言前辙　（旧读）　【现代字。借用同音字“喦㈢”的反切。】
癈 fèi［ㄈㄟˋ］方肺切　史微韵，去　平去，队韵　词第三部　戏灰堆辙

十三画

癎（见“疠”）癒（同“愈”）癱（同“痌”）
癞 lài［ㄌㄞˋ］①落盖切　史开韵，去　平去，泰韵　词第五部　戏怀来辙　曲皆来韵，去
　　　　　　②卢达切　史开韵，去　平入，曷韵　词第十八部　戏怀来辙　曲皆来韵，去　（又）
癗 lěi［ㄌㄟˇ］落猥切　史微韵，上　平上，贿韵　词第三部　戏灰堆辙
癙 shǔ［ㄕㄨˇ］舒吕切　史姑韵，上　平上，语韵　词第四部　戏姑苏辙
癓 wēi［ㄨㄟ］无非切　史微韵，阴　平平，微韵　词第三部　戏灰堆辙
癐 guì［ㄍㄨㄟˋ］古外切　史微韵，去　平去，泰韵　词第三部　戏灰堆辙
癔 yì［ㄧˋ］於力切　史齐韵，去　平入，职韵　词第十七部　戏一七辙
癜 diàn［ㄉㄧㄢˋ］都见切　史寒韵，去　平去，霰韵　词第七部　戏言前辙
癖 pǐ［ㄆㄧˇ］芳辟切　史齐韵，上　平入，陌韵　词第十七部　戏一七辙

十四画

癡（见“痴”）癟（同“瘪”）癢（见“痒㈠”）
癣 xuǎn［ㄒㄩㄢˇ］息浅切　史寒韵，上　平上，铣韵　词第七部　戏言前辙　曲先天韵，上
癠 jì［ㄐㄧˋ］①徂奚切　史齐韵，去　平平，齐韵　词第三部　戏一七辙
　　　　　　②在诣切　史齐韵，去　平去，霁韵　词第三部　戏一七辙　（又）
　　　　　　③徂礼切　史齐韵，去　平上，荠韵　词第三部　戏一七辙　（呆小症）

十五画

癥（见“症㈠”）

十六画

癫（见"癫"）癗（见"疬"）癥（见"瘾"）

癫 diān［ㄉㄧㄢ］都年切　史寒韵，阴　乎平，先韵　词第七部　戏言前辙　曲先天韵，阴

十七画

癭（见"瘿"）癣（见"癣"）

十八画

癰（见"痈"）

癯 qú［ㄑㄩˊ］其俱切　史齐韵，阳　乎平，虞韵　词第四部　戏一七辙

十九画

癱（见"瘫"）癲（见"癫"）

立　部

立 lì［ㄌㄧˋ］力入切　史齐韵，去　乎入，缉韵　词第十七部　戏一七辙　曲齐微韵，去

一画

产 chǎn［ㄔㄢˇ］所简切　史寒韵，上　乎上，潸韵　词第七部　戏言前辙　曲寒山韵，上

三画

妾（查"女"部）

四画

亲 ㈠qīn［ㄑㄧㄣ］七人切　史文韵，阴　乎平，真韵　词第六部　戏人辰辙　曲真文韵，阴
　　㈡qìng［ㄑㄧㄥˋ］七逊切　史庚韵，去　乎去，震韵　词第六部　戏中东辙　（～家）
　　㈢qìn［ㄑㄧㄣˋ］七逊切　史文韵，去　乎去，震韵　词第六部　戏人辰辙　（"～家"旧读）

竑 hóng［ㄏㄨㄥˊ］户萌切　史庚韵，阳　乎平，庚韵　词第十一部　戏中东辙

竖 shù［ㄕㄨˋ］臣庾切　史姑韵，去　乎上，麌韵　词第四部　戏姑苏辙　曲鱼模韵，去

昱（查"日"部）彦（查"亠"部）

五画

竛（同"伶"）竝（同"并㈠：③"）竚（同"伫"）

站 zhàn［ㄓㄢˋ］陟陷切　史寒韵，去　乎去，陷韵　词第十四部　戏言前辙　曲监咸韵，去

竞 jìng［ㄐㄧㄥˋ］渠敬切　史庚韵，去　乎去，敬韵　词第十一部　戏中东辙　曲庚青韵，去

竘 qǔ［ㄑㄩˇ］驱雨切　史齐韵，上　乎上，麌韵　词第四部　戏一七辙

六画

章 ㈠zhāng［ㄓㄤ］诸良切　史唐韵，阴　乎平，阳韵　词第二部　戏江阳辙　曲江阳韵，阴
　　㈡zhàng［ㄓㄤˋ］之亮切　史唐韵，去　乎去，漾韵　词第二部　戏江阳辙　曲江阳韵，去　（同"障㈠"）

竟 jìng［ㄐㄧㄥˋ］①居庆切　史庚韵，去　乎去，敬韵　词第十一部　戏中东辙　曲庚青韵，去
　　　　　　　　　②举影切　史庚韵，去　乎上，梗韵　词第十一部　戏中东辙　曲庚青韵，上　（通"境"）

竫 jìng［ㄐㄧㄥˋ］疾郢切　史庚韵，去　乎上，梗韵　词第十一部　戏中东辙

翊（查"羽"部）翖（查"羽"部）翌（查"羽"部）

七画

竢（同"俟㈠"）

竦 sǒng［ㄙㄨㄥˇ］息拱切　史庚韵，上　乒上，肿韵　词第一部　戏中东辙　曲东钟韵，上

童 (一)tóng［ㄊㄨㄥˊ］徒红切　史庚韵，阳　乒平，东韵　词第一部　戏中东辙　曲东钟韵，阳

　　(二)zhōng［ㄓㄨㄥ］诸容切　史庚韵，阴　乒平，冬韵　词第一部　戏中东辙　（夫~）

竣 jùn［ㄐㄩㄣˋ］七伦切　史文韵，去　乒平，真韵　词第六部　戏人辰辙

八画

竪（见"竖"）

靖（查"青"部）意（查"心"部）

九画

竭 jié［ㄐㄧㄝˊ］①其谒切　史皆韵，阳　乒入，月韵　词第十八部　戏乜斜辙　曲车遮韵，阳

　　　　　　②渠列切　史皆韵，阳　乒入，屑韵　词第十八部　戏乜斜辙　曲车遮韵，阳　（又）

端 duān［ㄉㄨㄢ］多官切　史寒韵，阴　乒平，寒韵　词第七部　戏言前辙　曲桓欢韵，阴

十一画

竱 zhuǎn［ㄓㄨㄢˇ］旨兖切　史寒韵，上　乒上，铣韵　词第七部　戏言前辙

十三画

竵（同"歪②"）

十五画

競（见"竞"）

十六画

贑（同"赣"）

赣 (一)gàn［ㄍㄢˋ］①古暗切　史寒韵，去　乒去，勘韵　词第十四部　戏言前辙　曲监咸韵，去　（地名）

　　　　　　②古禫切　史寒韵，去　乒上，感韵　词第十四部　戏言前辙　（水名）

　　(二)gòng［ㄍㄨㄥˋ］古送切　史庚韵，去　乒去，送韵　词第一部　戏中东辙　（赐给）

　　(三)zhuàng［ㄓㄨㄤˋ］陟降切　史唐韵，去　乒去，绛韵　词第二部　戏江阳辙　（戆直）

十九画

贛（见"赣"）

穴　部

穴 xué［ㄒㄩㄝˊ］胡决切　史皆韵，阳　乒入，屑韵　词第十八部　戏乜斜辙　曲车遮韵，阳

一画

穵（同"挖"）

二画

究 jiū［ㄐㄧㄡ］居祐切　史尤韵，阴　乒去，宥韵　词第十二部　戏由求辙　曲尤侯韵，去

穷 qióng［ㄑㄩㄥˊ］渠弓切　史庚韵，阳　乒平，东韵　词第一部　戏中东辙　曲东钟韵，阳

三画

空 (一)kōng［ㄎㄨㄥ］苦红切　史庚韵，阴　乒平，东韵　词第一部　戏中东辙　曲东钟韵，阴

　　(1)里面无物：~洞　(2)罄尽：竭财以事神，~家以送终　(3)天空：~气　(4)佛教词语：五蕴皆~　(5)虚构：~言

　　(6)广大：寥寥~宇中，所讲在玄虚　(7)徒然：扑~　(8)只，仅：边兵尽东征，城内~荆杞　(9)姓

(二) kǒng [丂ㄨㄥˇ] 苦动切　⊕庚韵，上　平上，董韵　词第一部　戏中东辙　曲东钟韵，上

　　⑩孔穴：礜~　⑪墓穴：营~于少陵原之侧　⑫要冲：~道　⑬人体经穴处：开其~，出其血，立寒

(三) kòng [丂ㄨㄥˋ] 苦贡切　⊕庚韵，去　平去，送韵　词第一部　戏中东辙　曲东钟韵，去

　　⑭穷，匮乏：不宜~我师　⑮使之空：潭影~人心　⑯闲置：~坪隙地　⑰可乘之机：钻~子　⑱亏空，亏欠

帘 lián [ㄌㄧㄢˊ] ①力盐切　⊕寒韵，阳　平平，盐韵　词第十四部　戏言前辙　曲廉纤韵，阳

　　　　　　　　②士臻切　⊕寒韵，阳　平平，真韵　词第六部　戏言前辙　（布幕）

穸 xī [ㄒㄧ] 祥易切　⊕齐韵，阴　平入，陌韵　词第十七部　戏一七辙

穹 qióng [ㄑㄩㄥˊ] 去宫切　⊕庚韵，阳　平平，东韵　词第一部　戏中东辙　曲东钟韵，阴

四画

窀 (同"阱")

突 tū [ㄊㄨ] 陀骨切　⊕姑韵，阴　平入，月韵　词第十八部　戏姑苏辙　曲鱼模韵，阳

穿 chuān [ㄔㄨㄢ] ①昌缘切　⊕寒韵，阴　平平，先韵　词第七部　戏言前辙　曲先天韵，阴

　　　　　　　　②尺绢切　⊕寒韵，阴　平去，霰韵　词第七部　戏言前辙　曲先天韵，去　（贯通）

窀 zhūn [ㄓㄨㄣ] 陟纶切　⊕文韵，阴　平平，真韵　词第六部　戏人辰辙

窃 qiè [ㄑㄧㄝˋ] 千结切　⊕皆韵，去　平入，屑韵　词第十八部　戏乜斜辙　曲车遮韵，上

突 yào [ㄧㄠˋ] 乌叫切　⊕豪韵，去　平去，啸韵　词第八部　戏遥条辙

窆 biǎn [ㄅㄧㄢˇ] ①方验切　⊕寒韵，上　平去，艳韵　词第十四部　戏言前辙

　　　　　　　　②悲检切　⊕寒韵，上　平上，俭韵　词第十四部　戏言前辙　（又）

五画

窊 (同"洼(一)：①")

窍 qiào [ㄑㄧㄠˋ] 苦弔切　⊕豪韵，去　平去，啸韵　词第八部　戏遥条辙　曲萧豪韵，去

窅 yǎo [ㄧㄠˇ] ①乌皎切　⊕豪韵，上　平上，篠韵　词第八部　戏遥条辙

　　　　　　　　②於交切　⊕豪韵，上　平平，肴韵　词第八部　戏遥条辙　（又）

窄 zhǎi [ㄓㄞˇ] 侧伯切　⊕开韵，上　平入，陌韵　词第十七部　戏怀来辙　曲皆来韵，上

窌 (一) liáo [ㄌㄧㄠˊ] 力嘲切　⊕豪韵，阳　平平，肴韵　词第八部　戏遥条辙

　　(二) jiào [ㄐㄧㄠˋ] 匹皃切　⊕豪韵，去　平去，效韵　词第八部　戏遥条辙　（地窖）

　　(三) liù [ㄌㄧㄡˋ] 力救切　⊕尤韵，去　平去，宥韵　词第十二部　戏由求辙　（石~）

窎 diào [ㄌㄧㄠˋ] 多啸切　⊕豪韵，去　平去，啸韵　词第八部　戏遥条辙

窋 zhuó [ㄓㄨㄛˊ] 竹律切　⊕波韵，阳　平入，质韵　词第十七部　戏梭波辙

窈 yǎo [ㄧㄠˇ] 乌皎切　⊕豪韵，上　平上，篠韵　词第八部　戏遥条辙

六画

窗 (同"窗")

窐 (一) guī [ㄍㄨㄟ] 古携切　⊕微韵，阴　平平，齐韵　词第三部　戏灰堆辙　（孔穴）

　　(二) wā [ㄨㄚ] （同"洼(一)：①"）

窒 (一) zhì [ㄓˋ] 陟栗切　⊕支韵，去　平入，质韵　词第十七部　戏一七辙　（阻塞）

　　(二) dié [ㄌㄧㄝˊ] 徒结切　⊕皆韵，阳　平入，屑韵　词第十八部　戏乜斜辙　（~皇）

窑 yáo [ㄧㄠˊ] 余昭切　⊕豪韵，阳　平平，萧韵　词第八部　戏遥条辙　曲萧豪韵，阳

窕 (一) tiǎo [ㄊㄧㄠˇ] 徒了切　⊕豪韵，上　平上，篠韵　词第八部　戏遥条辙　曲萧豪韵，上

　　(二) tiào [ㄊㄧㄠˋ] ①他吊切　⊕豪韵，去　平去，啸韵　词第八部　戏遥条辙　（轻佻；挑逗）

　　　　　　　　②他雕切　⊕豪韵，去　平平，萧韵　词第八部　戏遥条辙　（又）

窔 yào [ㄧㄠˋ] 乌叫切　⊕豪韵，去　平去，啸韵　词第八部　戏遥条辙

窏 wū [ㄨ] 汪湖切　⊕姑韵，阴　平平，虞韵　词第四部　戏姑苏辙

<h2 style="text-align:center">七画</h2>

窜　cuàn[ㄘㄨㄢˋ] 七乱切　史寒韵，去　乎去，翰韵　词第七部　戏言前辙　曲桓欢韵，去

窝　wō[ㄨㄛ] 乌禾切　史波韵，阴　乎平，歌韵　词第九部　戏梭波辙　曲歌戈韵，阴

窖　jiào[ㄐㄧㄠˋ] 古孝切　史豪韵，去　乎去，效韵　词第八部　戏遥条辙　曲萧豪韵，去

窗　chuāng[ㄔㄨㄤ] 楚江切　史唐韵，阴　乎平，江韵　词第二部　戏江阳辙　曲江阳韵，阴

窘　jiǒng[ㄐㄩㄥˇ] 渠殒切　史庚韵，上　乎上，轸韵　词第六部　戏中东辙　曲真文韵，上

<h2 style="text-align:center">八画</h2>

窩（见"窝"）

窥　㈠kuī[ㄎㄨㄟ] 去随切　史微韵，阴　乎平，支韵　词第三部　戏灰堆辙　曲齐微韵，阴
　　㈡kuǐ[ㄎㄨㄟˇ] 犬繠切　史微韵，上　乎上，纸韵　词第三部　戏灰堆辙　（通"跬"）

窢　huò[ㄏㄨㄛˋ] ①忽蝛切　史波韵，去　乎入，职韵　词第十七部　戏梭波辙
　　　　　　　　②忽麦切　史波韵，去　乎入，陌韵　词第十七部　戏梭波辙　（又）

窦　dòu[ㄉㄡˋ] 徒候切　史尤韵，去　乎去，宥韵　词第十二部　戏由求辙　曲尤侯韵，去

窠　kē[ㄎㄜ] 苦禾切　史波韵，阴　乎平，歌韵　词第九部　戏梭波辙　曲歌戈韵，阴

窞　dàn[ㄉㄢˋ] 徒感切　史寒韵，去　乎上，感韵　词第十四部　戏言前辙

窣　sū[ㄙㄨ] 苏骨切　史姑韵，阴　乎入，月韵　词第十八部　戏姑苏辙

窟　kū[ㄎㄨ] 苦骨切　史姑韵，阴　乎入，月韵　词第十八部　戏姑苏辙　曲鱼模韵，上

窋　zhuō[ㄓㄨㄛ] 丁滑切　史波韵，阴　乎入，黠韵　词第十八部　戏梭波辙

<h2 style="text-align:center">九画</h2>

窐（同"洼㈠：①"）

窫　yà[ㄧㄚˋ] 乌黠切　史麻韵，去　乎入，黠韵　词第十八部　戏发花辙

窬　yú[ㄩˊ] ①羊朱切　史齐韵，阳　乎平，虞韵　词第四部　戏一七辙　曲鱼模韵，阳
　　　　　　②度侯切　史齐韵，阳　乎平，尤韵　词第十二部　戏一七辙　曲鱼模韵，阳　（又）
　　　　　　③徒候切　史齐韵，阳　乎去，宥韵　词第十二部　戏一七辙　曲鱼模韵，阳　（又）

窨　㈠yìn[ㄧㄣˋ] 於禁切　史文韵，去　乎去，沁韵　词第十三部　戏人辰辙　曲侵寻韵，去
　　㈡xūn[ㄒㄩㄣ] 许云切　史文韵，阴　乎平，文韵　词第六部　戏人辰辙　（～茶叶）【同"熏㈠"，用其反切。】

窶　jù[ㄐㄩˋ] 其矩切　史齐韵，去　乎上，麌韵　词第四部　戏一七辙

<h2 style="text-align:center">十画</h2>

窮（见"穷"）窯（见"窑"）窰（同"窑"）

窴　tián[ㄊㄧㄢˊ] ①徒年切　史寒韵，阳　乎平，先韵　词第七部　戏言前辙
　　　　　　　　②堂练切　史寒韵，阳　乎去，霰韵　词第七部　戏言前辙　（又）

窱　tiǎo[ㄊㄧㄠˇ] ①土了切　史豪韵，上　乎上，篠韵　词第八部　戏遥条辙
　　　　　　　　②他弔切　史豪韵，上　乎去，啸韵　词第八部　戏遥条辙　（又）

窳　㈠yǔ[ㄩˇ] 以主切　史齐韵，上　乎上，麌韵　词第四部　戏一七辙
　　㈡wā[ㄨㄚ]　（同"洼㈠：①"）

<h2 style="text-align:center">十一画</h2>

窺（见"窥"）窶（见"窭"）窵（见"鸟"）窻（同"窗"）

窸　xī[ㄒㄧ] 息七切　史齐韵，阴　乎入，质韵　词第十七部　戏一七辙

窿　lóng[ㄌㄨㄥˊ] 力中切　史庚韵，阳　乎平，东韵　词第一部　戏中东辙　曲东钟韵，阳

<h2 style="text-align:center">十二画</h2>

窾　kuǎn[ㄎㄨㄢˇ] 苦管切　史寒韵，上　乎上，旱韵　词第七部　戏言前辙

窺 chēng［彳ㄥ］①丑庚切　史庚韵，阴　乎平，庚韵　词第十一部　戏中东辙
　　　　　　　　②丑贞切　史庚韵，阴　乎平，庚韵　词第十一部　戏中东辙　（从孔穴向外看）

竁 cuì［ㄘㄨㄟˋ］①此芮切　史微韵，去　乎去，霁韵　词第三部　戏灰堆辙
　　　　　　　②尺绢切　史微韵，去　乎去，霰韵　词第七部　戏灰堆辙　（又）

十三画

鼥（见"窜"）窥（见"窍"）

十五画

竇（见"窦"）

十六画

竈（见"灶"）

籠 lǒng［ㄌㄨㄥˇ］力董切　史庚韵，上　乎上，董韵　词第一部　戏中东辙

十七画

竊（见"窃"）

疋（疋）部

疋 ㈠shū［ㄕㄨ］①所葅切　史姑韵，阴　乎平，鱼韵　词第四部　戏姑苏辙
　　　　　　②疎举切　史姑韵，阴　乎上，语韵　词第四部　戏姑苏辙　（又）
　㈡yǎ［丨ㄚˇ］五下切　史麻韵，上　乎上，马韵　词第十部　戏发花辙　（正）
　㈢pǐ［ㄆ丨ˇ］（量词，同"匹㈠"）
　㈣pì［ㄆ丨ˋ］（比如，同"譬"）

四画

是（查"日"部）胥（查"月"部）

五画

疍 dàn［ㄉㄢˋ］徒旱切　史寒韵，去　乎上，旱韵　词第七部　戏言前辙

六画

匙（查"匕"部）蛋（查"虫"部）

七画

疎（同"疏㈠"）

疏 ㈠shū［ㄕㄨ］所葅切　史姑韵，阴　乎平，鱼韵　词第四部　戏姑苏辙　曲鱼模韵，阴
　㈡shù［ㄕㄨˋ］所去切　史姑韵，去　乎去，御韵　词第四部　戏姑苏辙　曲鱼模韵，去　（奏~；注~）

八画

楚（查"木"部）尟（同"鲜"㈡）

九画

疐 ㈠zhì［ㄓˋ］陟利切　史支韵，去　乎去，寘韵　词第三部　戏一七辙
　㈡dì［ㄉ丨ˋ］都计切　史齐韵，去　乎去，霁韵　词第三部　戏一七辙　（蒂）

疑 ㈠yí［丨ˊ］语其切　史齐韵，阳　乎平，支韵　词第三部　戏一七辙　曲齐微韵，阳
　㈡nǐ［ㄋ丨ˇ］偶起切　史齐韵，上　乎上，纸韵　词第三部　戏一七辙　（安定；比拟）

（三）níng［ㄋㄧㄥˊ］（凝结，同"凝①"）

皮 部

皮 （一）pí［ㄆㄧˊ］符羁切 史齐韵，阳 平平，支韵 词第三部 戏一七辙 曲齐微韵，阳
　　（二）pī［ㄆㄧ］（剥去，同"披(一)：①"）

三画

皯 gǎn［ㄍㄢˇ］古旱切 史寒韵，上 平上，旱韵 词第七部 戏言前辙

五画

皰 （同"疱"）
皱 （一）zhòu［ㄓㄡˋ］侧救切 史尤韵，去 平去，宥韵 词第十二部 戏由求辙 曲尤侯韵，去
　　（二）zhōu［ㄓㄡ］甾尤切 史尤韵，阴 平平，尤韵 词第十二部 戏由求辙 （栗子壳）

六画

皲 jūn［ㄐㄩㄣ］①举云切 史文韵，阴 平平，文韵 词第六部 戏人辰辙
　　　　　　　②居运切 史文韵，阴 平去，问韵 词第六部 戏人辰辙 （又）
翍 （查"羽"部）

七画

皴 cūn［ㄘㄨㄣ］七伦切 史文韵，阴 平平，真韵 词第六部 戏人辰辙

八画

皵 （一）què［ㄑㄩㄝˋ］七雀切 史皆韵，去 平入，药韵 词第十六部 戏乜斜辙
　　（二）qì［ㄑㄧˋ］七迹切 史齐韵，去 平入，陌韵 词第十七部 戏一七辙 （又）
磏 （查"石"部）

九画

皶 （同"皻"）鞁 （见"鞁"）
鞁 （查"革"部）

十画

皱 （见"皱"）

十一画

皻 zhā［ㄓㄚ］侧加切 史麻韵，阴 平平，麻韵 词第十部 戏发花辙

十三画

皽 （一）zhāo［ㄓㄠ］止遥切 史豪韵，阴 平平，萧韵 词第八部 戏遥条辙 （皮肉上的薄膜）
　　（二）zhǎn［ㄓㄢˇ］知演切 史寒韵，上 平上，铣韵 词第七部 戏言前辙 （皮松状）

癶 部

四画

癸 guǐ［ㄍㄨㄟˇ］居诔切 史微韵，上 平上，纸韵 词第三部 戏灰堆辙 曲齐微韵，上
癹 bá［ㄅㄚˊ］蒲拨切 史麻韵，阳 平入，曷韵 词第十八部 戏发花辙

七画

發（见"发㈠㈢"）

登 dēng[ㄉㄥ] 都滕切　史庚韵，阴　乎平，蒸韵　词第十一部　戏中东辙　曲庚青韵，阴

九画

凳（查"几"部）

矛　部

矛 máo[ㄇㄠˊ] 莫浮切　史豪韵，阳　乎平，尤韵　词第十二部　戏遥条辙　曲尤侯韵，阳

四画

矜 ㈠jīn[ㄐㄧㄣ] ①巨巾切　史文韵，阴　乎平，真韵　词第六部　戏人辰辙　曲侵寻韵，阴
　　　　　　　②居陵切　史文韵，阴　乎平，蒸韵　词第十一部　戏人辰辙　曲庚青韵，阴　（又）
　　㈡qín[ㄑㄧㄣˊ] 巨斤切　史文韵，阳　乎平，真韵　词第六部　戏人辰辙　（矛柄）
　　㈢guān[ㄍㄨㄢ] 姑顽切　史寒韵，阴　乎平，删韵　词第七部　戏言前辙　曲寒山韵，阴　（通"鳏""瘝"）

柔（查"木"部）

五画

務（见"务"）

婺（查"女"部）

七画

矟 shuò[ㄕㄨㄛˋ] 所角切　史波韵，去　乎入，觉韵　词第十六部　戏梭波辙

矞 ㈠yù[ㄩˋ] 余律切　史齐韵，去　乎入，质韵　词第十七部　戏一七辙
　　㈡jué[ㄐㄩㄝˊ] 古穴切　史皆韵，阳　乎入，屑韵　词第十八部　戏乜斜辙　（~宇）
　　㈢xù[ㄒㄩˋ] 休必切　史齐韵，去　乎入，质韵　词第十七部　戏一七辙　（惊惧状）

八画

稍 ㈠cè[ㄘㄜˋ] 楚革切　史波韵，去　乎入，陌韵　词第十七部　戏梭波辙　（矛类）
　　㈡zé[ㄗㄜˊ] 士革切　史波韵，阳　乎入，陌韵　词第十七部　戏梭波辙　（用矛刺取物）

棃（查"木"部）

九画

瞀（查"目"部）

十三画

鞪（查"革"部）

六　画

耒　部

耒 lěi[ㄌㄟˇ] ①力轨切　史微韵，上　乎上，纸韵　词第三部　戏灰堆辙　曲齐微韵，去
　　　　　　②卢对切　史微韵，上　乎去，队韵　词第三部　戏灰堆辙　曲齐微韵，去　（又）

三画

籽 zǐ[ㄗˇ] 即里切　史支韵，上　乎上，纸韵　词第三部　戏一七辙

四画

耕 gēng[ㄍㄥ] 古茎切　史庚韵，阴　乎平，庚韵　词第十一部　戏中东辙　曲庚青韵，阴

耘 yún[ㄩㄣˊ] 王分切　史文韵，阳　乎平，文韵　词第六部　戏人辰辙　曲真文韵，阳

秒 chào[ㄔㄠˋ] 初教切　史豪韵，去　乎去，效韵　词第八部　戏遥条辙

耗 (一)hào[ㄏㄠˋ] 呼到切　史豪韵，去　乎去，号韵　词第八部　戏遥条辙　曲萧豪韵，去
　　(二)mào[ㄇㄠˋ] 莫报切　史豪韵，去　乎去，号韵　词第八部　戏遥条辙　曲萧豪韵，去　（昏眊）
　　(三)máo[ㄇㄠˊ] 谟袍切　史豪韵，阳　乎平，豪韵　词第八部　戏遥条辙　曲萧豪韵，阳　（通“冇”）

耙 (一)pá[ㄆㄚˊ] 蒲巴切　史麻韵，阳　乎平，麻韵　词第十部　戏发花辙　曲家麻韵，阳　【同“杷(一)”，用其反切。】
　　(二)bà[ㄅㄚˋ] 必驾切　史麻韵，去　乎去，祃韵　词第十部　戏发花辙　（碎土农具）

五画

耝 (一)qù[ㄑㄩˋ] 七虑切　史齐韵，去　乎去，御韵　词第四部　戏一七辙
　　(二)chú[ㄔㄨˊ] 床鱼切　史姑韵，阳　乎平，鱼韵　词第四部　戏姑苏辙　（同“锄”）

耟 sì[ㄙˋ] 详里切　史支韵，去　乎上，纸韵　词第三部　戏一七辙　曲支思韵，去

枷 jiā[ㄐㄧㄚ] 居牙切　史麻韵，阴　乎平，麻韵　词第十部　戏发花辙

六画

耠 huō[ㄏㄨㄛ] 侯阁切　史波韵，阴　乎入，合韵　词第十九部　戏梭波辙

七画

耢 lào[ㄌㄠˋ] 郎到切　史豪韵，去　乎去，号韵　词第八部　戏遥条辙

耡 (一)zhù[ㄓㄨˋ] 床据切　史姑韵，去　乎去，御韵　词第四部　戏姑苏辙
　　(二)chú[ㄔㄨˊ]　（同“锄”）

八画

耤 （同“藉”）

耥 (一)tāng[ㄊㄤ] 他郎切　史唐韵，阴　乎平，阳韵　词第二部　戏江阳辙　【方言字。同“趟(三)”，用其反切。】
　　(二)tǎng[ㄊㄤˇ] 尺掌切　史唐韵，上　乎上，养韵　词第二部　戏江阳辙　（又）【方言字。借用同音字“倘(一)”的反切。】

九画

耦 ǒu[ㄡˇ] 五口切　史尤韵，上　乎上，有韵　词第十二部　戏由求辙　曲尤侯韵，上

耧 lóu[ㄌㄡˊ] 落侯切　史尤韵，阳　乎平，尤韵　词第十二部　戏由求辙

十画

耩 jiǎng[ㄐㄧㄤˇ] 古项切　史唐韵，上　乎上，讲韵　词第二部　戏江阳辙

耨 nòu[ㄋㄡˋ] 奴豆切　史尤韵，去　乎去，宥韵　词第十二部　戏由求辙

耰 bà[ㄅㄚˋ] 班糜切　史麻韵，去　乎平，支韵　词第三部　戏发花辙　【《集韵》：班糜切。用之。】

耪 pǎng[ㄆㄤˇ] 匹朗切　史唐韵，上　乎上，养韵　词第二部　戏江阳辙　【方言字。借用同音字“髈”的反切。】

十一画

耬 （见“耧”）

十二画

耮 （见“耢”）

十五画

穤（见"糯"）

櫌 yōu[丨ㄡ] 於求切　史尤韵，阴　乎平，尤韵　词第十二部　戏由求辙　曲尤侯韵，阴

十六画

櫰 huái[ㄏㄨㄞˊ] 户乖切　史开韵，阳　乎平，佳韵　词第五部　戏怀来辙【方言字。借用同音字"怀"的反切。】

耳　部

耳（一）ěr[ㄦˇ] 而止切　史齐韵，上　乎上，纸韵　词第三部　戏一七辙　曲支思韵，上
　　（二）réng[ㄖㄥˊ] 如蒸切　史庚韵，阳　乎平，蒸韵　词第十一部　戏中东辙　（～孙）

二画

耵（一）dīng[ㄉㄧㄥ] 都挺切　史庚韵，阴　乎上，迥韵　词第十一部　戏中东辙
　　（二）dǐng[ㄉㄧㄥˇ] 都挺切　史庚韵，上　乎上，迥韵　词第十一部　戏中东辙　（旧读）

耶（查"阝右"部）**取**（查"又"部）

三画

耷 dā[ㄉㄚ] 都榼切　史麻韵，阴　乎入，合韵　词第十九部　戏发花辙

闻（查"门"部）**弭**（查"弓"部）

四画

聃（见"聃"）**耻**（见"耻"）

耾 hóng[ㄏㄨㄥˊ] 户萌切　史庚韵，阳　乎平，庚韵　词第十一部　戏中东辙

耻 chǐ[ㄔˇ] 敕里切　史支韵，上　乎上，纸韵　词第三部　戏一七辙　曲齐微韵，上

耸 sǒng[ㄙㄨㄥˇ] 息拱切　史庚韵，上　乎上，肿韵　词第一部　戏中东辙　曲东钟韵，上

聆 qín[ㄑㄧㄣˊ] 巨金切　史文韵，阳　乎平，侵韵　词第十三部　戏人辰辙

耿 gěng[ㄍㄥˇ] 古幸切　史庚韵，上　乎上，梗韵　词第十一部　戏中东辙　曲庚青韵，上

耽 dān[ㄉㄢ] ①丁含切　史寒韵，阴　乎平，覃韵　词第十四部　戏言前辙　曲监咸韵，阴
　　　　②都感切　史寒韵，阴　乎上，感韵　词第十四部　戏言前辙　（虎视～～）

聂（一）niè[ㄋㄧㄝˋ] 尼辄切　史皆韵，去　乎入，叶韵　词第十八部　戏乜斜辙　曲车遮韵，去
　　（二）zhé[ㄓㄜˊ] 质涉切　史波韵，阳　乎入，叶韵　词第十八部　戏梭波辙　（薄肉片；闭合）
　　（三）shè[ㄕㄜˋ]　（拿着，同"摄（一）"）

毦（查"毛"部）**聊**（查"阝右"部）

五画

聋 lóng[ㄌㄨㄥˊ] 卢红切　史庚韵，阳　乎平，东韵　词第一部　戏中东辙　曲东钟韵，阳

聃 dān[ㄉㄢ] 他酣切　史寒韵，阴　乎平，覃韵　词第十四部　戏言前辙　曲监咸韵，阴

职（一）zhí[ㄓˊ] 之翼切　史支韵，阳　乎入，职韵　词第十七部　戏一七辙
　　（二）zhì[ㄓˋ]　（旗帜，同"帜"）

聆 líng[ㄌㄧㄥˊ] 郎丁切　史庚韵，阳　乎平，青韵　词第十一部　戏中东辙　曲庚青韵，阳

聊（一）liáo[ㄌㄧㄠˊ] 落萧切　史豪韵，阳　乎平，萧韵　词第八部　戏遥条辙　曲萧豪韵，阳
　　（二）liú[ㄌㄧㄡˊ] 力求切　史尤韵，阳　乎平，尤韵　词第十二部　戏由求辙　（树名）

聍 níng[ㄋㄧㄥˊ] ①奴丁切　史庚韵，阳　乎平，青韵　词第十一部　戏中东辙
　　　　②乃挺切　史庚韵，阳　乎上，迥韵　词第十一部　戏中东辙　（又）

娶（查"女"部）

六画

耵 tiē[ㄊㄧㄝ] 丁惬切　史皆韵，阴　平入，叶韵　词第十八部　戏乜斜辙

聏 ér[ㄦˊ] 人之切　史齐韵，阳　平平，支韵　词第三部　戏一七辙

聒 guō[ㄍㄨㄛ] 古活切　史波韵，阴　平入，曷韵　词第十八部　戏梭波辙

联 lián[ㄌㄧㄢˊ] 力延切　史寒韵，阳　平平，先韵　词第七部　戏言前辙　曲先天韵，阳

七画

聖（见"圣"）

聘 pìn[ㄆㄧㄣˋ] 匹正切　史文韵，去　平去，敬韵　词第十一部　戏人辰辙　曲庚青韵，去

八画

聝（同"馘㈠"）**聞**（见"闻"）

聚 jù[ㄐㄩˋ] ①慈庾切　史齐韵，去　平上，麌韵　词第四部　戏一七辙　曲鱼模韵，去

　　　　②才句切　史齐韵，去　平去，遇韵　词第四部　戏一七辙　曲鱼模韵，去　（又）

九画

聩 kuì[ㄎㄨㄟˋ] 五怪切　史微韵，去　平去，卦韵　词第五部　戏灰堆辙

聪 cōng[ㄘㄨㄥ] 仓红切　史庚韵，阴　平平，东韵　词第一部　戏中东辙　曲东钟韵，阴

十画

聱 áo[ㄠˊ] ①五劳切　史豪韵，阳　平平，豪韵　词第八部　戏遥条辙

　　　　②五交切　史豪韵，阳　平平，肴韵　词第八部　戏遥条辙　（又）

　　　　③语蚪切　史尤韵，阳　平平，尤韵　词第十二部　戏由求辙　（~耴）

十一画

聲（见"声"）**聰**（见"聪"）**聳**（见"耸"）**聯**（见"联"）

十二画

聶（见"聂"）**聵**（见"聩"）**職**（见"职"）

十四画

聹（见"聍"）

聻 ㈠ nǐ[ㄋㄧˇ] 乃里切　史齐韵，上　平上，纸韵　词第三部　戏一七辙

　　㈡ jiàn[ㄐㄧㄢˋ] 子役切　史寒韵，去　平入，陌韵　词第十七部　戏言前辙　（鬼死后变成的东西）

十六画

聽（见"听㈠㈡"）**聾**（见"聋"）

老（耂）部

老 lǎo[ㄌㄠˇ] 卢皓切　史豪韵，上　平上，皓韵　词第八部　戏遥条辙　曲萧豪韵，上

考 kǎo[ㄎㄠˇ] 苦皓切　史豪韵，上　平上，皓韵　词第八部　戏遥条辙　曲萧豪韵，上

三画

孝（查"子"部）

四画

耆 ㈠ qí[ㄑㄧˊ] 渠脂切　史齐韵，阳　平平，支韵　词第三部　戏一七辙　曲齐微韵，阳

㈠ zhì［ㄓˋ］轸视切　史支韵，上　平上，纸韵　词第三部　戏一七辙　（致）

㈢ shì［ㄕˋ］时利切　史支韵，去　平去，寘韵　词第三部　戏一七辙　（爱好）

耄 mào［ㄇㄠˋ］莫报切　史豪韵，去　平去，号韵　词第八部　戏遥条辙　曲萧豪韵，去

耇（查"日"部）

五画

耇（见"耇"）

耇 gǒu［ㄍㄡˇ］古厚切　史尤韵，上　平上，有韵　词第十二部　戏由求辙　曲尤侯韵，上

六画

耋 dié［ㄉㄧㄝˊ］徒结切　史皆韵，阳　平入，屑韵　词第十八部　戏乜斜辙

臣　部

臣 chén［ㄔㄣˊ］植邻切　史文韵，阳　平平，真韵　词第六部　戏人辰辙　曲真文韵，阳

二画

卧（见"卧"）

卧 wò［ㄨㄛˋ］吾货切　史波韵，去　平去，箇韵　词第九部　戏梭波辙　曲歌戈韵，去

七画

硻（查"石"部）

八画

臧（查"戈"部）

十一画

臨（见"临"）

西（覀西）部

西 xī［ㄒㄧ］先稽切　史齐韵，阴　平平，齐韵　词第三部　戏一七辙　曲齐微韵，阴

二画

卥（同"乃㈠"）

三画

垔（同"堙"）

要 ㈠ yāo［ㄧㄠ］於霄切　史豪韵，阴　平平，萧韵　词第八部　戏遥条辙　曲萧豪韵，阴

　　　(1)古同"腰""邀"　(2)中枢：至数之～，愿尽闻之　(3)约束：夫盟，信之～也　(4)强求：～挟　(5)求：～求　(6)查核：异其死刑之罪而～之　(7)会合：行其缀兆，～其节奏　(8)姓

㈢ yào［ㄧㄠˋ］於笑切　史豪韵，去　平去，啸韵　词第八部　戏遥条辙　曲萧豪韵，去

　　　(9)重大的，总体的：纲～　⑽账簿：受其～，以待考赏诛　⑾需要，须要：宫中～唱洞箫词　⑿假若：～是　⒀索取，想得到：～饭　⒁争胜：～强　⒂即将：他～走了　⒃叫，让：谁～你来的

㈢ yǎo［ㄧㄠˇ］乌皎切　史豪韵，上　平上，篠韵　词第八部　戏遥条辙　（～褭）

四画

覂 ㈠ fěng［ㄈㄥˇ］方勇切　史庚韵，上　平上，肿韵　词第一部　戏中东辙

（二）fá［ㄈㄚˊ］（缺少，同"乏"）

栗（查"木"部）晒（查"日"部）

五画

票（查"示"部）

六画

覃（一）tán［ㄊㄢˊ］ 徒含切　史寒韵，阳　平平，覃韵　词第十四部　戏言前辙　曲监咸韵，阳

　　（二）qín［ㄑㄧㄣˊ］ 巨金切　史文韵，阳　平平，侵韵　词第十三部　戏人辰辙　（姓）【借用同音字"禽"的反切。】

　　（三）yǎn［ㄧㄢˇ］ 矣敛切　史寒韵，上　平上，俭韵　词第十四部　戏言前辙　（锋利）

粟（查"米"部）

十二画

覆 fù［ㄈㄨˋ］ ①芳福切　史姑韵，去　平入，屋韵　词第十五部　戏姑苏辙　曲鱼模韵，上

　　　　　　 ②敷救切　史姑韵，去　平去，宥韵　词第十二部　戏姑苏辙　（遮盖）

　　　　　　 ③匹北切　史姑韵，去　平入，职韵　词第十七部　戏姑苏辙　曲萧豪韵，去　（埋伏）

十三画

覇（同"霸"）覈（同"核（一）"）

十九画

羈（同"羁"）

而 部

而（一）ér［ㄦˊ］ 如之切　史齐韵，阳　平平，支韵　词第三部　戏一七辙　曲支思韵，阳

　　（二）néng［ㄋㄥˊ］ 奴登切　史庚韵，阳　平平，蒸韵　词第十一部　戏中东辙　曲庚青韵，阳　（通"能"）

三画

耐（一）nài［ㄋㄞˋ］ 奴代切　史开韵，去　平去，队韵　词第五部　戏怀来辙　曲皆来韵，去

　　（二）néng［ㄋㄥˊ］ 奴登切　史庚韵，阳　平平，蒸韵　词第十一部　戏中东辙　曲庚青韵，阳　（通"能""奈"）

耎 ruǎn［ㄖㄨㄢˇ］ 而兖切　史寒韵，上　平上，铣韵　词第七部　戏言前辙

耑（一）duān［ㄉㄨㄢ］ 多官切　史寒韵，阴　平平，寒韵　词第七部　戏言前辙　曲桓欢韵，阴

　　（二）zhuān［ㄓㄨㄢ］ 昌缘切　史寒韵，阴　平平，先韵　词第七部　戏言前辙　曲先天韵，阴　（同"专（一）"）

耏（一）ér［ㄦˊ］ ①如之切　史齐韵，阳　平平，支韵　词第三部　戏一七辙

　　　　　　 ②奴代切　史齐韵，阳　平去，队韵　词第五部　戏一七辙　（又）

　　（二）nài［ㄋㄞˋ］ 乃代切　史开韵，去　平去，队韵　词第五部　戏怀来辙　（古刑罚名）

耍 shuǎ［ㄕㄨㄚˇ］ 沙雅切　史麻韵，上　平上，马韵　词第十部　戏发花辙　曲家麻韵，上

四画

斋（查"文"部）

页（頁）部

頁（见"页"）

页（一）yè［ㄧㄝˋ］ 与涉切　史皆韵，去　平入，叶韵　词第十八部　戏乜斜辙　（书~）【同"叶（一）"，用其反切。】

　　（二）xié［ㄒㄧㄝˊ］ 胡结切　史皆韵，阳　平入，屑韵　词第十八部　戏乜斜辙　（人的头部）

二画

顶 dǐng[ㄉㄧㄥˇ] 都挺切　史庚韵，上　平上，迥韵　词第十一部　戏中东辙　曲庚青韵，上

顷 (一)qǐng[ㄑㄧㄥˇ] 去颖切　史庚韵，上　平上，梗韵　词第十一部　戏中东辙　曲庚青韵，上

　　(二)qīng[ㄑㄧㄥ] 去营切　史庚韵，阴　平平，庚韵　词第十一部　戏中东辙　曲庚青韵，阴　（歪偏）

　　(三)kuǐ[ㄎㄨㄟˇ] 犬癸切　史微韵，上　平上，纸韵　词第三部　戏灰堆辙　（半步）

顺 kuí[ㄎㄨㄟˊ] ①渠追切　史微韵，阳　平平，支韵　词第三部　戏灰堆辙

　　　　　　　②巨鸠切　史微韵，阳　平平，尤韵　词第十二部　戏灰堆辙　（又）

三画

预 (一)àn[ㄢˋ] 五旰切　史寒韵，去　平去，翰韵　词第七部　戏言前辙

　　(二)hān[ㄏㄢ] 许干切　史寒韵，阴　平平，寒韵　词第七部　戏言前辙　（颟~）

项 xiàng[ㄒㄧㄤˋ] 胡讲切　史唐韵，去　平上，讲韵　词第二部　戏江阳辙　曲江阳韵，去

顺 shùn[ㄕㄨㄣˋ] 食闰切　史文韵，去　平去，震韵　词第六部　戏人辰辙　曲真文韵，去

须 xū[ㄒㄩ] 相俞切　史齐韵，阴　平平，虞韵　词第四部　戏一七辙　曲鱼模韵，阴

四画

顽 wán[ㄨㄢˊ] 五还切　史寒韵，阳　平平，删韵　词第七部　戏言前辙　曲寒山韵，阳

頍 kuǐ[ㄎㄨㄟˇ] 丘弭切　史微韵，上　平上，纸韵　词第三部　戏灰堆辙

顾 gù[ㄍㄨˋ] 古暮切　史姑韵，去　平去，遇韵　词第四部　戏姑苏辙　曲鱼模韵，去

顿 (一)dùn[ㄉㄨㄣˋ] 都困切　史文韵，去　平去，愿韵　词第六部　戏人辰辙　曲真文韵，去

　　(二)dú[ㄉㄨˊ] 当没切　史姑韵，阳　平入，月韵　词第十八部　戏姑苏辙　（冒~单于）

颀 (一)qí[ㄑㄧˊ] 渠希切　史齐韵，阳　平平，微韵　词第三部　戏一七辙

　　(二)kěn[ㄎㄣˇ] 口很切　史文韵，上　平上，阮韵　词第六部　戏人辰辙　（痛切之至）

颁 (一)bān[ㄅㄢ] 布还切　史寒韵，阴　平平，删韵　词第七部　戏言前辙　曲寒山韵，阴

　　(二)fén[ㄈㄣˊ] 符分切　史文韵，阳　平平，文韵　词第六部　戏人辰辙　（脑袋大貌）

颂 (一)sòng[ㄙㄨㄥˋ] 似用切　史庚韵，去　平去，宋韵　词第一部　戏中东辙　曲东钟韵，去

　　(二)róng[ㄖㄨㄥˊ] （同"容"）

颃 (一)háng[ㄏㄤˊ] 胡郎切　史唐韵，阳　平平，阳韵　词第二部　戏江阳辙　曲江阳韵，阳　（颉~）

　　(二)kàng[ㄎㄤˋ] ①苦浪切　史唐韵，去　平去，漾韵　词第二部　戏江阳辙　曲江阳韵，阳　（颈项）

　　　　　　　　②居郎切　史唐韵，去　平平，阳韵　词第二部　戏江阳辙　曲江阳韵，阳　（又）

预 yù[ㄩˋ] 羊洳切　史齐韵，去　平去，御韵　词第四部　戏一七辙　曲鱼模韵，去

顼（查"王"部）倾（查"亻"部）烦（查"火"部）

五画

頮（同"沬"）

颅 lú[ㄌㄨˊ] 落胡切　史姑韵，阳　平平，虞韵　词第四部　戏姑苏辙　曲鱼模韵，阳

頔 dí[ㄉㄧˊ] 徒历切　史齐韵，阳　平入，锡韵　词第十七部　戏一七辙

领 lǐng[ㄌㄧㄥˇ] 良郢切　史庚韵，上　平上，梗韵　词第十一部　戏中东辙　曲庚青韵，上

颇 (一)pō[ㄆㄛ] ①普火切　史波韵，阴　平上，哿韵　词第九部　戏梭波辙　曲歌戈韵，上

　　　　　　②滂禾切　史波韵，阴　平平，歌韵　词第九部　戏梭波辙　曲歌戈韵，阴　（不正）

　　　　　　③普过切　史波韵，阴　平去，箇韵　词第九部　戏梭波辙　曲歌戈韵，阴　（偏）

　　(二)pǒ[ㄆㄛˇ] 普火切　史波韵，上　平上，哿韵　词第九部　戏梭波辙　曲歌戈韵，上　（不可；姓）

颈 (一)jǐng[ㄐㄧㄥˇ] ①居郢切　史庚韵，上　平上，梗韵　词第十一部　戏中东辙　曲庚青韵，上

　　　　　　　②巨成切　史庚韵，上　平平，庚韵　词第十一部　戏中东辙　曲庚青韵，上　（又）

　　(二)gěng[ㄍㄥˇ] 古杏切　史庚韵，上　平上，梗韵　词第十一部　戏中东辙　曲庚青韵，上　（脖~）【方言字。

借用同音字"梗"的反切。】

六画

頟（同"额"）

頡 (一) jiá[ㄐ丨ㄚˊ] 古黠切　中麻韵，阳　平入，黠韵　词第十八部　戏发花辙

　　(二) xié[ㄒ丨ㄝˊ] 胡结切　中皆韵，阳　平入，屑韵　词第十八部　戏乜斜辙　（～颃）

　　(三) jié[ㄐ丨ㄝˊ] ①古屑切　中皆韵，阳　平入，屑韵　词第十八部　戏乜斜辙　（～皋）【同"桔(一)"，用其反切。】

　　　　　　　　 ②胡结切　中皆韵，阳　平入，屑韵　词第十八部　戏乜斜辙　（仓～）

頰 jiá[ㄐ丨ㄚˊ] 古协切　中麻韵，阳　平入，叶韵　词第十八部　戏发花辙　曲车遮韵，上

頲 tǐng[ㄊ丨ㄥˇ] 他鼎切　中庚韵，上　平上，迥韵　词第十一部　戏中东辙

頜 (一) gé[ㄍㄜˊ] 葛合切　中波韵，阳　平入，合韵　词第十九部　戏梭波辙　（口；姓）

　　(二) hé[ㄏㄜˊ] ①曷阁切　中波韵，阳　平入，合韵　词第十九部　戏梭波辙　（口腔的上下两部分）

　　　　　　　　②胡感切　中波韵，阳　平上，感韵　词第十四部　戏梭波辙　（又）

頫 (一) fǔ[ㄈㄨˇ] 方矩切　中姑韵，上　平上，麌韵　词第四部　戏姑苏辙　（低头）

　　(二) tiào[ㄊ丨ㄠˋ] 他吊切　中豪韵，去　平去，啸韵　词第八部　戏遥条辙　（望）

頠 wěi[ㄨㄟˇ] ①鱼毁切　中微韵，上　平上，纸韵　词第三部　戏灰堆辙

　　　　　　 ②五罪切　中微韵，上　平上，贿韵　词第三部　戏灰堆辙　（又）

頴 yǐng[丨ㄥˇ] 余顷切　中庚韵，上　平上，梗韵　词第十一部　戏中东辙

頩 jiǒng[ㄐㄩㄥˇ] 古迥切　中庚韵，上　平上，迥韵　词第十一部　戏中东辙

頦 kē[ㄎㄜ] ①户来切　中波韵，阴　平平，灰韵　词第五部　戏梭波辙　曲皆来韵，阳

　　　　　 ②古亥切　中开韵，上　平上，贿韵　词第五部　戏怀来辙　（丑）

頨 (一) pǐng[ㄆ丨ㄥˇ] 匹迥切　中庚韵，上　平上，迥韵　词第十一部　戏中东辙

　　(二) pīng[ㄆ丨ㄥ] 普丁切　中庚韵，阴　平平，青韵　词第十一部　戏中东辙　（美色）

頞 è[ㄜˋ] 乌葛切　中波韵，去　平入，曷韵　词第十八部　戏梭波辙

嫛（查"女"部）

七画

頼（同"赖"）頭（见"头"）煩（见"颊"）頸（见"颈"）

頤 yí[丨ˊ] 与之切　中齐韵，阳　平平，支韵　词第三部　戏一七辙　曲齐微韵，阳

頻 (一) pín[ㄆ丨ㄣˊ] 符真切　中文韵，阳　平平，真韵　词第六部　戏人辰辙　曲真文韵，阳

　　(二) bīn[ㄅ丨ㄣ] （水边地，同"滨""濒(一)"）

頮 huì[ㄏㄨㄟˋ] 荒内切　中微韵，去　平去，队韵　词第三部　戏灰堆辙

頹 tuí[ㄊㄨㄟˊ] 杜回切　中微韵，阳　平平，灰韵　词第三部　戏灰堆辙　曲齐微韵，阳

頷 hàn[ㄏㄢˋ] ①胡感切　中寒韵，去　平上，感韵　词第十四部　戏言前辙　曲监咸韵，去

　　　　　　 ②胡男切　中寒韵，去　平平，覃韵　词第十四部　戏言前辙　曲监咸韵，去　（又）

穎 yǐng[丨ㄥˇ] 余顷切　中庚韵，上　平上，梗韵　词第十一部　戏中东辙　曲庚青韵，上

頯 kuí[ㄎㄨㄟˊ] ①渠追切　中微韵，阳　平平，支韵　词第三部　戏灰堆辙

　　　　　　 ②居洧切　中微韵，上　平上，纸韵　词第三部　戏灰堆辙　（脑袋小）

頵 (一) yūn[ㄩㄣ] 於伦切　中文韵，阴　平平，真韵　词第六部　戏人辰辙

　　(二) jūn[ㄐㄩㄣ] 居筠切　中文韵，阴　平平，真韵　词第六部　戏人辰辙　（又）

八画

頼（同"悴"）頟（同"额"）

顪 qī[ㄑ丨] 去其切　中齐韵，阴　平平，支韵　词第三部　戏一七辙

顆 (一) kē[ㄎㄜ] 苦果切　中波韵，阴　平上，哿韵　词第九部　戏梭波辙　曲歌戈韵，上

(二) kè[ㄎㄜˋ] 苦果切　中波韵，去　平上，哿韵　词第九部　戏梭波辙　曲歌戈韵，上　（土块）

䪼 chuí[ㄔㄨㄟˊ] 直追切　中微韵，阳　平平，支韵　词第三部　戏灰堆辙

顉 (一) qīn[ㄑㄧㄣ] ①去金切　史文韵，阴　平平，侵韵　词第十三部　戏人辰辙

②钦锦切　史文韵，阴　平上，寝韵　词第十三部　戏人辰辙　（又）

(二) hàn[ㄏㄢˋ] （同"颔①"）

颎 jiǒng[ㄐㄩㄥˇ] ①口迥切　史庚韵，上　平上，迥韵　词第十一部　戏中东辙

②胡典切　史寒韵，去　平上，铣韵　词第七部　戏言前辙　（~缀）

顁 dìng[ㄉㄧㄥˋ] 丁定切　史庚韵，去　平去，径韵　词第十一部　戏中东辙

九画

䫀 （同"腮"）**頯** （同"髭"）

䫂 (一) kǎn[ㄎㄢˇ] 苦感切　史寒韵，上　平上，感韵　词第十四部　戏言前辙　（~颔）

(二) hàn[ㄏㄢˋ] 玉陷切　史寒韵，去　平去，陷韵　词第十四部　戏言前辙　（长脸）

题 (一) tí[ㄊㄧˊ] 杜奚切　中齐韵，阳　平平，齐韵　词第三部　戏一七辙　曲齐微韵，阳

(二) dì[ㄉㄧˋ] （看，同"睇㈠"）

颙 yóng[ㄩㄥˊ] 鱼容切　中庚韵，阳　平平，冬韵　词第一部　戏中东辙

颚 è[ㄜˋ] 五各切　中波韵，去　平入，药韵　词第十六部　戏梭波辙

颛 zhuān[ㄓㄨㄢ] 职缘切　中寒韵，阴　平平，先韵　词第七部　戏言前辙

颜 yán[ㄧㄢˊ] 五姦切　史寒韵，阳　平平，删韵　词第七部　戏言前辙　曲寒山韵，阳

额 é[ㄜˊ] ①五陌切　中波韵，阳　平入，陌韵　词第十七部　戏梭波辙　曲皆来韵，去

②五陌切　中波韵，阳　平入，陌韵　词第十七部　戏梭波辙　曲车遮韵，去　（又）

頧 (一) hùn[ㄏㄨㄣˋ] 户昆切　史文韵，去　平平，元韵　词第六部　戏人辰辙

(二) wèn[ㄨㄣˋ] 五困切　史文韵，去　平去，愿韵　词第六部　戏人辰辙　（又）

十画

願 （见"愿"）**顖** （同"囟"）**類** （见"类"）

䫴 (一) jiǎng[ㄐㄧㄤˇ] 古项切　史唐韵，上　平上，讲韵　词第二部　戏江阳辙

(二) jiào[ㄐㄧㄠˋ] 乾岳切　史豪韵，去　平入，觉韵　词第十六部　戏遥条辙　（又）

顡 niè[ㄋㄧㄝˋ] 而涉切　史皆韵，去　平入，叶韵　词第十八部　戏乜斜辙

顢 mān[ㄇㄢ] 母官切　史寒韵，阴　平平，寒韵　词第七部　戏言前辙

颠 (一) diān[ㄉㄧㄢ] 都年切　史寒韵，阴　平平，先韵　词第七部　戏言前辙　曲先天韵，阴

(二) tián[ㄊㄧㄢˊ] 亭年切　史寒韵，阳　平平，先韵　词第七部　戏言前辙　曲先天韵，阴　（~~；充满）

顗 yǐ[ㄧˇ] 鱼岂切　史齐韵，上　平上，尾韵　词第三部　戏一七辙

颡 sǎng[ㄙㄤˇ] 苏朗切　史唐韵，上　平上，养韵　词第二部　戏江阳辙　曲江阳韵，上

十一画

顚 （见"颠"）**顣** （同"蹙"）

顠 piǎo[ㄆㄧㄠˇ] 敷沼切　史豪韵，上　平上，篠韵　词第八部　戏遥条辙

十二画

顨 （同"巽"）**顦** （同"憔"）**顧** （见"顾"）

顥 hào[ㄏㄠˋ] 胡老切　史豪韵，去　平上，皓韵　词第八部　戏遥条辙　曲萧豪韵，去

颣 lèi[ㄌㄟˋ] 卢对切　史微韵，去　平去，队韵　词第三部　戏灰堆辙　曲齐微韵，去

十三画

顪 huì[ㄏㄨㄟˋ] 许秽切　史微韵，去　平去，队韵　词第三部　戏灰堆辙

颤 (一)zhàn[ㄓㄢˋ] 之膳切　史寒韵，去　平去，霰韵　词第七部　戏言前辙　曲先天韵，去　（发抖）
　　(二)chàn[ㄔㄢˋ] 之膳切　史寒韵，去　平去，霰韵　词第七部　戏言前辙　曲先天韵，去　（振动）
　　(三)shān[ㄕㄢ] 尸连切　史寒韵，阴　平平，先韵　词第七部　戏言前辙　（鼻通）

十四画

顕（见"显"）
颥 rú[ㄖㄨˊ] 人朱切　史齐韵，阳　平平，虞韵　词第四部　戏姑苏辙

十五画

颦 pín[ㄆㄧㄣˊ] 符真切　史文韵，阳　平平，真韵　词第六部　戏人辰辙　曲真文韵，阳

十六画

顱（见"颅"）

十七画

颧 quán[ㄑㄩㄢˊ] 巨员切　史寒韵，阳　平平，先韵　词第七部　戏言前辙　曲先天韵，阳

十八画

顴（见"颧"）

至　部

至 (一)zhì[ㄓˋ] 脂利切　史支韵，去　平去，寘韵　词第三部　戏一七辙　曲支思韵，去
　　(二)dié[ㄉㄧㄝˊ] 徒结切　史皆韵，阳　平入，屑韵　词第十八部　戏乜斜辙　（单~）

三画

座（查"广"部）

四画

致（查"攵"部）

六画

耋（查"老"部）戴（查"戈"部）

八画

臺（同"台(二)"）

十画

臻 zhēn[ㄓㄣ] 侧诜切　史文韵，阴　平平，真韵　词第六部　戏人辰辙　曲真文韵，阴

虍　部

虍 hū[ㄏㄨ] 荒乌切　史姑韵，阴　平平，虞韵　词第四部　戏姑苏辙

二画

虎 hǔ[ㄏㄨˇ] 呼古切　史姑韵，上　平上，麌韵　词第四部　戏姑苏辙　曲鱼模韵，上
虏 lǔ[ㄌㄨˇ] 郎古切　史姑韵，上　平上，麌韵　词第四部　戏姑苏辙　曲鱼模韵，上

三画

虐 nüè[ㄋㄩㄝˋ] ①鱼约切　史皆韵，去　平入，药韵　词第十六部　戏乜斜辙　曲萧豪韵，去

②鱼约切　中皆韵，去　平入，药韵　词第十六部　戏乜斜辙　曲歌戈韵，去　（又）

四画

虔　qián[ㄑㄧㄢˊ]　渠焉切　中寒韵，阳　平平，先韵　词第七部　戏言前辙　曲先天韵，阳

慮　㈠lù[ㄌㄩˋ]　良倨切　中齐韵，去　平去，御韵　词第四部　戏一七辙　曲鱼模韵，去
　　㈡lú[ㄌㄨˊ]　龙珠切　中姑韵，阳　平平，虞韵　词第四部　戏姑苏辙　（~虒）

虒　㈠sī[ㄙ]　息移切　中支韵，阴　平平，支韵　词第三部　戏一七辙
　　㈡tí[ㄊㄧˊ]　田黎切　中齐韵，阳　平平，齐韵　词第三部　戏一七辙　（~奚）
　　㈢zhì[ㄓˋ]　丈尔切　中支韵，去　平上，纸韵　词第三部　戏一七辙　（茝~）

唬　㈠xiāo[ㄒㄧㄠ]　许交切　中豪韵，阴　平平，肴韵　词第八部　戏遥条辙　曲萧豪韵，阴
　　㈡qiāo[ㄑㄧㄠ]　（敲击，同"敲"）

五画

處（见"处"）

虚　xū[ㄒㄩ]　①朽居切　中齐韵，阴　平平，鱼韵　词第四部　戏一七辙　曲鱼模韵，阴
　　　　　　②去鱼切　中齐韵，阴　平平，鱼韵　词第四部　戏一七辙　曲鱼模韵，阴　（土山；地名）
　　　　　　③许鱼切　中齐韵，阴　平平，鱼韵　词第四部　戏一七辙　曲鱼模韵，阴　（处所；市集）

虖　hū[ㄏㄨ]　荒乌切　中姑韵，阴　平平，虞韵　词第四部　戏姑苏辙

虙　fú[ㄈㄨˊ]　房六切　中姑韵，阳　平入，屋韵　词第十五部　戏姑苏辙

彪　biāo[ㄅㄧㄠ]　甫烋切　中豪韵，阴　平平，尤韵　词第十二部　戏遥条辙　曲尤侯韵，阴

七画

號（见"号"）虜（见"虏"）

虡　jù[ㄐㄩˋ]　①居御切　中齐韵，去　平去，御韵　词第四部　戏一七辙
　　　　　　②强鱼切　中齐韵，阳　平平，鱼韵　词第四部　戏一七辙　（封~）

虞　jù[ㄐㄩˋ]　其吕切　中齐韵，去　平上，语韵　词第四部　戏一七辙

虞　yú[ㄩˊ]　遇俱切　中齐韵，阳　平平，虞韵　词第四部　戏一七辙　曲鱼模韵，阳

九画

膚（见"肤"）慮（见"虑"）歔（同"呼㈠：①"）虩（同"號"）

覷　qù[ㄑㄩˋ]　七虑切　中齐韵，去　平去，御韵　词第四部　戏一七辙　曲鱼模韵，去

虢　guó[ㄍㄨㄛˊ]　古伯切　中波韵，阳　平入，陌韵　词第十七部　戏梭波辙

歔（查"欠"部）

十画

虣（同"暴㈠"）戯（同"戲"）盧（见"卢"）

虥　zhàn[ㄓㄢˋ]　①士限切　中寒韵，去　平去，谏韵　词第七部　戏言前辙
　　　　　　②昨闲切　中寒韵，去　平平，删韵　词第七部　戏言前辙　（又）

虦　yán[ㄧㄢˊ]　五闲切　中寒韵，阳　平平，删韵　词第七部　戏言前辙

十一画

虧（见"亏㈠"）

十二画

覻（同"覷"）

虩　xì[ㄒㄧˋ]　许郤切　中齐韵，去　平入，陌韵　词第十七部　戏一七辙

十四画

靓（见"觌"）

二十画

黐 shù[ㄕㄨˋ] 式竹切　史姑韵，去　坚入，屋韵　词第十五部　戏姑苏辙

虫　部

虫 ㈠chóng[彳ㄨㄥˊ] 直弓切　史庚韵，阳　坚平，东韵　词第一部　戏中东辙　曲东钟韵，阳
　　㈡zhòng[ㄓㄨㄥˋ] 直众切　史庚韵，去　坚去，送韵　词第一部　戏中东辙　（虫蛀食）
　　㈢huǐ[ㄏㄨㄟˇ] 许伟切　史微韵，上　坚上，尾韵　词第三部　戏灰堆辙　曲齐微韵，上　（毒蛇）

一画

虬 qiú[ㄑㄧㄡˊ] 渠幽切　史尤韵，阳　坚平，尤韵　词第十二部　戏由求辙　曲尤侯韵，阳

二画

虯（同"虬"）
虮 ㈠jǐ[ㄐㄧˇ] 居狶切　史齐韵，上　坚上，尾韵　词第三部　戏一七辙　曲齐微韵，上　（虮卵）
　　㈡qí[ㄑㄧˊ] 渠希切　史齐韵，阳　坚平，微韵　词第三部　戏一七辙　（水蛭）
　　㈢jī[ㄐㄧ] 居夷切　史齐韵，阴　坚平，支韵　词第三部　戏一七辙　（密~）
虭 diāo[ㄉㄧㄠ] 丁聊切　史豪韵，阴　坚平，萧韵　词第八部　戏遥条辙
虱 shī[ㄕ] 所栉切　史支韵，阴　坚入，质韵　词第十七部　戏一七辙

三画

虵（同"蛇㈡"）
虸 ㈠hán[ㄏㄢˊ] 胡安切　史寒韵，阳　坚平，寒韵　词第七部　戏言前辙　（~蟹）
　　㈡gān[ㄍㄢ] 居寒切　史寒韵，阴　坚平，寒韵　词第七部　戏言前辙　（干犯）
虹 ㈠hóng[ㄏㄨㄥˊ] 户公切　史庚韵，阳　坚平，东韵　词第一部　戏中东辙　曲东钟韵，阳
　　㈡jiàng[ㄐㄧㄤˋ] 古巷切　史唐韵，去　坚去，绛韵　词第二部　戏江阳辙　曲江阳韵，去　（又）
　　㈢hòng[ㄏㄨㄥˋ] ①胡孔切　史庚韵，去　坚上，董韵　词第一部　戏中东辙　（~洞）
　　　　　　　　　②胡贡切　史庚韵，去　坚去，送韵　词第一部　戏中东辙　（又）
　　㈣gòng[ㄍㄨㄥˋ] 古送切　史庚韵，去　坚去，送韵　词第一部　戏中东辙　（古县名）
虾 ㈠xiā[ㄒㄧㄚ] 虚加切　史麻韵，阴　坚平，麻韵　词第十部　戏发花辙　曲家麻韵，阴　（~类）
　　㈡há[ㄏㄚˊ] 胡加切　史麻韵，阳　坚平，麻韵　词第十部　戏发花辙　曲家麻韵，阴　（~蟆）
虺 ㈠huǐ[ㄏㄨㄟˇ] 许伟切　史微韵，上　坚上，尾韵　词第三部　戏灰堆辙　曲齐微韵，上
　　㈡huī[ㄏㄨㄟ] ①呼怀切　史微韵，阴　坚平，佳韵　词第五部　戏灰堆辙　（~隤）
　　　　　　　　　②呼恢切　史微韵，阴　坚平，灰韵　词第三部　戏灰堆辙　（又）
虿 chài[ㄔㄞˋ] 丑犗切　史开韵，去　坚去，卦韵　词第十部　戏怀来辙　曲皆来韵，去
虽 suī[ㄙㄨㄟ] 息遗切　史微韵，阴　坚平，支韵　词第三部　戏灰堆辙　曲齐微韵，阴
虼 gè[ㄍㄜˋ] 九杰切　史波韵，去　坚入，屑韵　词第十八部　戏梭波辙　【借用同音字"纥㈡"的反切。】
虴 zhé[ㄓㄜˊ] 陟格切　史波韵，阳　坚入，陌韵　词第十七部　戏梭波辙
虻 méng[ㄇㄥˊ] 武庚切　史庚韵，阳　坚平，庚韵　词第十一部　戏中东辙
蚁 yǐ[ㄧˇ] 鱼倚切　史齐韵，上　坚上，纸韵　词第三部　戏一七辙　曲齐微韵，上
蚂 zǐ[ㄗˇ] 即里切　史支韵，上　坚上，纸韵　词第三部　戏一七辙
蚤 zǎo[ㄗㄠˇ] 子皓切　史豪韵，上　坚上，皓韵　词第八部　戏遥条辙　曲萧豪韵，上

蚂 (一)mǎ[ㄇㄚˇ] 莫下切 中麻韵，上 平上，马韵 词第十部 戏发花辙

　　(二)mà[ㄇㄚˋ] 莫驾切 中麻韵，去 平去，祃韵 词第十部 戏发花辙 （~蚱）【方言读音。借用同音字"傌"的反切。】

　　(三)mā[ㄇㄚ] 莫发切 中麻韵，阴 平入，月韵 词第十八部 戏发花辙 （~螂）【方言读音。以"莫""发"二字可以切得。】

蚃 xiǎng[ㄒㄧㄤˇ] ①许两切 中唐韵，上 平上，养韵 词第二部 戏江阳辙 （~曶）
　　　　　　　②许亮切 中唐韵，去 平去，漾韵 词第二部 戏江阳辙 （土蛹）

蚀 （查"饣"部）

四画

蚆 （见"蚆"）蚤 （见"蚊"）

蚌 (一)bàng[ㄅㄤˋ] 步项切 中唐韵，去 平上，讲韵 词第二部 戏江阳辙 曲江阳韵，去

　　(二)bèng[ㄅㄥˋ] 步项切 中庚韵，去 平上，讲韵 词第二部 戏中东辙 曲江阳韵，去 （~埠）【方言读音。反切仍之。】

蚈 qiān[ㄑㄧㄢ] 苦坚切 中寒韵，阴 平平，先韵 词第七部 戏言前辙

蚨 fú[ㄈㄨˊ] 防无切 中姑韵，阳 平平，虞韵 词第四部 戏姑苏辙 曲鱼模韵，阳

蚕 (一)cán[ㄘㄢˊ] 昨含切 中寒韵，阳 平平，覃韵 词第十四部 戏言前辙 曲监咸韵，阳

　　(二)tiǎn[ㄊㄧㄢˇ] 他典切 中寒韵，上 平上，铣韵 词第七部 戏言前辙 （寒蚋）

蚖 (一)yuán[ㄩㄢˊ] 愚袁切 中寒韵，阳 平平，元韵 词第七部 戏言前辙 （蝾螈）

　　(二)wán[ㄨㄢˊ] 五丸切 中寒韵，阳 平平，寒韵 词第七部 戏言前辙 （蝮蛇）

蚞 mù[ㄇㄨˋ] 莫卜切 中姑韵，去 平入，屋韵 词第十五部 戏姑苏辙

蚑 qí[ㄑㄧˊ] ①巨支切 中齐韵，阳 平平，支韵 词第三部 戏一七辙
　　　　　　②去智切 中齐韵，阳 平去，寘韵 词第三部 戏一七辙 （又）

蚘 (一)huí[ㄏㄨㄟˊ] 户恢切 中微韵，阳 平平，灰韵 词第三部 戏灰堆辙 （蛔虫）

　　(二)yóu[ㄧㄡˊ] 于求切 中尤韵，阳 平平，尤韵 词第十二部 戏由求辙 （蚰~）

蚅 è[ㄜˋ] 於革切 中波韵，去 平入，陌韵 词第十七部 戏梭波辙

蚷 jù[ㄐㄩˋ] 臼许切 中齐韵，去 平上，语韵 词第四部 戏一七辙

蚜 yá[ㄧㄚˊ] 火牙切 中麻韵，阳 平平，麻韵 词第十部 戏发花辙

蚍 pí[ㄆㄧˊ] ①房脂切 中齐韵，阳 平平，支韵 词第三部 戏一七辙
　　　　　　②普弭切 中齐韵，阳 平上，纸韵 词第三部 戏一七辙 （~蜉）

蚛 zhòng[ㄓㄨㄥˋ] 直众切 中庚韵，去 平去，送韵 词第一部 戏中东辙

蚋 ruì[ㄖㄨㄟˋ] ①而锐切 中微韵，去 平去，霁韵 词第三部 戏灰堆辙 曲齐微韵，去 （蚊子）
　　　　　　②如劣切 中微韵，去 平入，屑韵 词第十八部 戏灰堆辙 曲齐微韵，去 （又）
　　　　　　③以芮切 中微韵，去 平去，霁韵 词第三部 戏灰堆辙 曲齐微韵，去 （毒蛇名）

蚬 xiǎn[ㄒㄧㄢˇ] ①呼典切 中寒韵，上 平上，铣韵 词第七部 戏言前辙 （小蛤）
　　　　　　②胡典切 中寒韵，去 平上，铣韵 词第七部 戏言前辙 （一种小黑虫）
　　　　　　③苦甸切 中寒韵，去 平去，霰韵 词第七部 戏言前辙 （又）

蚝 (一)cì[ㄘˋ] 七吏切 中支韵，去 平去，寘韵 词第三部 戏一七辙 （毛虫）

　　(二)háo[ㄏㄠˊ] 何敖切 中豪韵，阳 平平，豪韵 词第八部 戏遥条辙 （牡蛎）

蚚 qī[ㄑㄧ] 渠希切 中齐韵，阴 平平，微韵 词第三部 戏一七辙

蚧 jiè[ㄐㄧㄝˊ] 古拜切 中皆韵，去 平去，卦韵 词第五部 戏乜斜辙

蚡 fén[ㄈㄣˊ] ①符分切 中文韵，阳 平平，文韵 词第六部 戏人辰辙
　　　　　　②房吻切 中文韵，阳 平上，吻韵 词第六部 戏人辰辙 （又）

蚠 fén[ㄈㄣˊ] 符分切 中文韵，阳 平平，文韵 词第六部 戏人辰辙

蚣 (一)gōng[ㄍㄨㄥ] 古红切　中庚韵，阴　平平，东韵　词第一部　戏中东辙　曲东钟韵，阴　（蜈~）
　　(二)xiōng[ㄒㄩㄥ] 职容切　中庚韵，阴　平平，冬韵　词第一部　戏中东辙　曲东钟韵，阴　（~蜍）

蚏 yuè[ㄩㄝˋ] 王伐切　中皆韵，去　平入，月韵　词第十八部　戏乜斜辙

蚊 wén[ㄨㄣˊ] 无分切　中文韵，阳　平平，文韵　词第六部　戏人辰辙　曲真文韵，阳

蚢 (一)háng[ㄏㄤˊ] 胡郎切　中唐韵，阳　平平，阳韵　词第二部　戏江阳辙　（野蚕）
　　(二)hàng[ㄏㄤˋ] 胡朗切　中唐韵，去　平上，养韵　词第二部　戏江阳辙　（大贝）

蚄 (一)fāng[ㄈㄤ] 府良切　中唐韵，阴　平平，阳韵　词第二部　戏江阳辙
　　(二)bàng[ㄅㄤˋ] （同"蚌(一)"）

蚪 dǒu[ㄉㄡˇ] 当口切　中尤韵，上　平上，有韵　词第十二部　戏由求辙　曲尤侯韵，上

蚇 chǐ[ㄔˇ] 昌石切　中支韵，上　平入，陌韵　词第十七部　戏一七辙

蚗 jué[ㄐㄩㄝˊ] 古穴切　中皆韵，阳　平入，屑韵　词第十八部　戏乜斜辙

蚓 yǐn[ㄧㄣˇ] 余忍切　中文韵，上　平上，轸韵　词第六部　戏人辰辙　曲真文韵，上

蚆 (一)pā[ㄆㄚ] 普巴切　中麻韵，阴　平平，麻韵　词第十部　戏发花辙
　　(二)bā[ㄅㄚ] 伯加切　中麻韵，阴　平平，麻韵　词第十部　戏发花辙　（又）

蚩 chī[ㄔ] 赤之切　中支韵，阴　平平，支韵　词第三部　戏一七辙　曲齐微韵，阴

五画

蛁 （同"蚈"）

蚶 hān[ㄏㄢ] 呼谈切　中寒韵，阴　平平，覃韵　词第十四部　戏言前辙

蛄 gū[ㄍㄨ] 古胡切　中姑韵，阴　平平，虞韵　词第四部　戏姑苏辙　曲鱼模韵，阴

蚻 zā[ㄗㄚ] 侧八切　中麻韵，阴　平入，黠韵　词第十八部　戏发花辙

蛃 bǐng[ㄅㄧㄥˇ] 兵永切　中庚韵，上　平上，梗韵　词第十一部　戏中东辙

蛎 lì[ㄌㄧˋ] 力制切　中齐韵，去　平去，霁韵　词第三部　戏一七辙

蚾 bié[ㄅㄧㄝˊ] 蒲结切　中皆韵，阳　平入，屑韵　词第十八部　戏乜斜辙

蛅 zhān[ㄓㄢ] 汝盐切　中寒韵，阴　平平，盐韵　词第十四部　戏言前辙

蛆 (一)jū[ㄐㄩ] 子鱼切　中齐韵，阴　平平，鱼韵　词第四部　戏一七辙　曲鱼模韵，阴
　　(二)qū[ㄑㄩ] 七余切　中齐韵，阴　平平，鱼韵　词第四部　戏一七辙　曲鱼模韵，阴　（蝇~）

蚺 rán[ㄖㄢˊ] 汝盐切　中寒韵，阳　平平，盐韵　词第十四部　戏言前辙

蚰 yóu[ㄧㄡˊ] 以周切　中尤韵，阳　平平，尤韵　词第十二部　戏由求辙　曲尤侯韵，阳

蛈 tiě[ㄊㄧㄝˇ] 他结切　中皆韵，上　平入，屑韵　词第十八部　戏乜斜辙

蚱 zhà[ㄓㄚˋ] 侧伯切　中麻韵，去　平入，陌韵　词第十七部　戏发花辙

蚯 qiū[ㄑㄧㄡ] 去鸠切　中尤韵，阴　平平，尤韵　词第十二部　戏由求辙

蚹 fù[ㄈㄨˋ] 符遇切　中姑韵，去　平去，遇韵　词第四部　戏姑苏辙

蛉 líng[ㄌㄧㄥˊ] 郎丁切　中庚韵，阳　平平，青韵　词第十一部　戏中东辙　曲庚青韵，阳

蚳 (一)chí[ㄔˊ] 直尼切　中支韵，阳　平平，支韵　词第三部　戏一七辙
　　(二)chī[ㄔ] 称脂切　中支韵，阴　平平，支韵　词第三部　戏一七辙　（蟗~）

蛐 (一)qú[ㄑㄩˊ] ①其俱切　中齐韵，阳　平平，虞韵　词第四部　戏一七辙　（~蠋）
　　　　　　　　②呼后切　中齐韵，阳　平上，有韵　词第十二部　戏一七辙　（又）
　　(二)gǒu[ㄍㄡˇ] 举后切　中尤韵，上　平上，有韵　词第十二部　戏由求辙　（~犬）

蛀 zhù[ㄓㄨˋ] 之戍切　中姑韵，去　平去，遇韵　词第四部　戏姑苏辙

蚿 xián[ㄒㄧㄢˊ] 胡田切　中寒韵，阳　平平，先韵　词第七部　戏言前辙

蛇 (一)shé[ㄕㄜˊ] 食遮切　中波韵，阳　平平，麻韵　词第十部　戏梭波辙　曲车遮韵，阳
　　(二)yí[ㄧˊ] 弋支切　中齐韵，阳　平平，支韵　词第三部　戏一七辙　曲齐微韵，阳　（委~）

蛋 dàn[ㄉㄢˋ] 徒叹切　中寒韵，去　平去，翰韵　词第七部　戏言前辙

蛏 chēng[彳ㄥ] 丑贞切　中庚韵，阴　平平，庚韵　词第十一部　戏中东辙　曲庚青韵，阴

蚴 (一)yǒu[丨ㄡˇ] 於纠切　中尤韵，上　平上，有韵　词第十二部　戏由求辙　（屈曲行动状）

　　(二)yòu[丨ㄡˋ] 伊谬切　中尤韵，去　平去，宥韵　词第十二部　戏由求辙　（血吸虫的幼虫）

萤（查"艹"部）蛊（查"皿"部）

六画

蛔（同"蚘"）

蛙 wā[ㄨㄚ] ①乌娲切　中麻韵，阴　平平，佳韵　词第十部　戏发花辙　曲家麻韵，阴

　　②乌瓜切　中麻韵，阴　平平，麻韵　词第十部　戏发花辙　曲家麻韵，阴　（又）

蛣 (一)jié[ㄐㄧㄝˊ] 去吉切　中皆韵，阳　平入，质韵　词第十七部　戏乜斜辙

　　(二)qiè[ㄑㄧㄝˋ] 诘结切　中皆韵，去　平入，屑韵　词第十七部　戏乜斜辙　（璩～）

蛬 (一)qióng[ㄑㄩㄥˊ] 渠容切　中庚韵，阳　平平，冬韵　词第一部　戏中东辙　曲东钟韵，阳

　　(二)gǒng[ㄍㄨㄥˇ] 古勇切　中庚韵，上　平上，肿韵　词第一部　戏中东辙　（马陆）

蛰 zhé[ㄓㄜˊ] 直立切　中波韵，阳　平入，缉韵　词第十七部　戏梭波辙

蛩 (一)gǒng[ㄍㄨㄥˇ] 居悚切　中庚韵，上　平上，肿韵　词第一部　戏中东辙

　　(二)qióng[ㄑㄩㄥˊ] 渠容切　中庚韵，阳　平平，冬韵　词第一部　戏中东辙　（又）

蛕 (一)huǐ[ㄏㄨㄟˇ] 呼罪切　中微韵，上　平上，贿韵　词第三部　戏灰堆辙　（土～）

　　(二)huí[ㄏㄨㄟˊ] （同"蛔"）

蛚 liè[ㄌㄧㄝˋ] 良薛切　中皆韵，去　平入，屑韵　词第十八部　戏乜斜辙

蛺 jiá[ㄐㄧㄚˊ] 古协切　中麻韵，阳　平入，叶韵　词第十八部　戏发花辙

蛦 yí[丨ˊ] 以脂切　中齐韵，阳　平平，支韵　词第三部　戏一七辙

蛲 náo[ㄋㄠˊ] 於霄切　中豪韵，阳　平平，萧韵　词第八部　戏遥条辙

蛭 zhì[ㄓˋ] ①之日切　中支韵，去　平入，质韵　词第十七部　戏一七辙

　　②丁结切　中支韵，去　平入，屑韵　词第十八部　戏一七辙　（又）

蛳 sī[ㄙ] 疏夷切　中支韵，阴　平平，支韵　词第三部　戏一七辙

蛐 qū[ㄑㄩ] 区玉切　中齐韵，阴　平入，沃韵　词第十五部　戏一七辙

蛔 huí[ㄏㄨㄟˊ] 胡隈切　中微韵，阳　平平，灰韵　词第三部　戏灰堆辙

蛛 zhū[ㄓㄨ] 陟输切　中姑韵，阴　平平，虞韵　词第四部　戏姑苏辙　曲鱼模韵，阴

蜓 tíng[ㄊㄧㄥˊ] ①特丁切　中庚韵，阳　平平，青韵　词第十一部　戏中东辙　曲庚青韵，阳　（蜻～）

　　②徒典切　中寒韵，去　平上，铣韵　词第七部　戏言前辙　（蝘～）

　　③徒鼎切　中庚韵，上　平上，迥韵　词第十一部　戏中东辙　曲庚青韵，上　（～蚰）

蛞 (一)kuò[ㄎㄨㄛˋ] 苦栝切　中波韵，去　平入，曷韵　词第十八部　戏梭波辙

　　(二)shé[ㄕㄜˊ] 食列切　中波韵，阳　平入，屑韵　词第十八部　戏梭波辙　（螼蛞）

蜒 (一)yán[丨ㄢˊ] 以然切　中寒韵，阳　平平，先韵　词第七部　戏言前辙　曲先天韵，阳

　　(二)yàn[丨ㄢˋ] 延面切　中寒韵，去　平去，霰韵　词第七部　戏言前辙　（蜑～）

蜑 dàn[ㄉㄢˋ] 徒旱切　中寒韵，去　平上，旱韵　词第七部　戏言前辙

蚜 yī[丨] 於脂切　中支韵，阴　平平，支韵　词第三部　戏一七辙

蚄 fù[ㄈㄨˋ] 扶缶切　中姑韵，去　平上，有韵　词第十二部［兼第四部麌韵］　戏姑苏辙

蛤 (一)gé[ㄍㄜˊ] 古沓切　中波韵，阳　平入，合韵　词第十九部　戏梭波辙　曲歌戈韵，上　（～蜊）

　　(二)há[ㄏㄚˊ] 胡加切　中麻韵，阳　平平，麻韵　词第十部　戏发花辙　曲家麻韵，阴　（～蟆）【同"虾(二)"，用其反切。】

蛫 guǐ[ㄍㄨㄟˇ] 过委切　中微韵，上　平上，纸韵　词第三部　戏灰堆辙

蛒 gé[ㄍㄜˊ] 古伯切　中波韵，阳　平入，陌韵　词第十七部　戏梭波辙

蛥 shé[ㄕㄜˊ] 食列切　中波韵，阳　平入，屑韵　词第十八部　戏梭波辙

蛮 mán[ㄇㄢˊ] 莫还切　史寒韵，阳　平平，删韵　词第七部　戏言前辙　曲寒山韵，阳

蛴 qí[ㄑㄧˊ] 徂奚切　史齐韵，阳　平平，齐韵　词第三部　戏一七辙

蛟 jiāo[ㄐㄧㄠ] 古肴切　史豪韵，阴　平平，肴韵　词第八部　戏遥条辙　曲萧豪韵，阴

蛘 (一)yáng[ㄧㄤˊ] 与章切　史唐韵，阳　平平，阳韵　词第二部　戏江阳辙　（米中小黑虫）

　　(二)yǎng[ㄧㄤˇ] （同"痒(一)"）

蚲 píng[ㄆㄧㄥˊ] 薄经切　史庚韵，阳　平平，青韵　词第十一部　戏中东辙

蛇 zhà[ㄓㄚˋ] 除驾切　史麻韵，去　平去，祃韵　词第十部　戏发花辙

蚿 xián[ㄒㄧㄢˊ] 户闲切　史寒韵，阳　平平，删韵　词第七部　戏言前辙

蛑 móu[ㄇㄡˊ] 莫浮切　史尤韵，阳　平平，尤韵　词第十二部　戏由求辙

䤘（查"戈"部）

七画

蜗（同"蚋"）蛱（见"蛱"）蚬（见"蚬"）

蜇 (一)zhē[ㄓㄜ] 陟列切　史波韵，阴　平入，屑韵　词第十八部　戏梭波辙　（刺痛）

　　(二)zhé[ㄓㄜˊ] 陟格切　史波韵，阳　平入，陌韵　词第十七部　戏梭波辙　（海~）

蛣 jié[ㄐㄧㄝˊ] 居怯切　史皆韵，阳　平入，洽韵　词第十九部　戏乜斜辙

蛵 mǐ[ㄇㄧˇ] 绵婢切　史齐韵，上　平上，纸韵　词第三部　戏一七辙

蛷 qiú[ㄑㄧㄡˊ] 巨鸠切　史尤韵，阳　平平，尤韵　词第十二部　戏由求辙

蛼 chē[ㄔㄜ] 昌遮切　史波韵，阴　平平，麻韵　词第十部　戏梭波辙

蚹 fǔ[ㄈㄨˇ] 方矩切　史姑韵，上　平上，麌韵　词第四部　戏姑苏辙

蜄 (一)shèn[ㄕㄣˋ] 时刃切　史文韵，去　平去，震韵　词第六部　戏人辰辙　曲真文韵，上　（同"蜃①"）

　　(二)zhèn[ㄓㄣˋ] 之刃切　史文韵，去　平去，震韵　词第六部　戏人辰辙　曲真文韵，去　（振动）

蜃 shèn[ㄕㄣˋ] ①时刃切　史文韵，去　平去，震韵　词第六部　戏人辰辙　曲真文韵，上
　　　　　②时忍切　史文韵，去　平上，轸韵　词第六部　戏人辰辙　曲真文韵，上　（又）

蛖 (一)máng[ㄇㄤˊ] 莫江切　史唐韵，阳　平平，江韵　词第二部　戏江阳辙　（~蟍）

　　(二)bàng[ㄅㄤˋ] 部项切　史唐韵，去　平上，讲韵　词第二部　戏江阳辙　（珠蛖）

蜌 bì[ㄅㄧˋ] 部礼切　史齐韵，去　平上，荠韵　词第三部　戏一七辙

蛸 (一)xiāo[ㄒㄧㄠ] 相邀切　史豪韵，阴　平平，萧韵　词第八部　戏遥条辙　曲萧豪韵，阴

　　(二)shāo[ㄕㄠ] 所交切　史豪韵，阴　平平，肴韵　词第八部　戏遥条辙　（蟏~）

蜈 wú[ㄨˊ] 五乎切　史姑韵，阳　平平，虞韵　词第四部　戏姑苏辙　曲鱼模韵，阳

蜎 (一)yuān[ㄩㄢ] ①乌玄切　史寒韵，阴　平平，先韵　词第七部　戏言前辙
　　　　　②狂兖切　史寒韵，阴　平上，铣韵　词第七部　戏言前辙　（又）

　　(二)xuān[ㄒㄩㄢ] （飞翔，同"翾"）

蜗 wō[ㄨㄛ] ①古蛙切　史波韵，阴　平平，佳韵　词第十部　戏梭波辙　曲家麻韵，阴
　　　　②古华切　史波韵，阴　平平，麻韵　词第十部　戏梭波辙　曲家麻韵，阴　（又）

蛾 (一)é[ㄜˊ] 五何切　史波韵，阳　平平，歌韵　词第九部　戏梭波辙　曲歌戈韵，阳

　　(二)yǐ[ㄧˇ] 鱼倚切　史齐韵，上　平上，纸韵　词第三部　戏一七辙　（~子；姓）

蜊 lí[ㄌㄧˊ] 力脂切　史齐韵，阳　平平，支韵　词第三部　戏一七辙

蜁 xuán[ㄒㄩㄢˊ] 似宣切　史寒韵，阳　平平，先韵　词第七部　戏言前辙

蜍 (一)chú[ㄔㄨˊ] 署鱼切　史姑韵，阳　平平，鱼韵　词第四部　戏姑苏辙　（蟾~）

　　(二)yú[ㄩˊ] 以诸切　史齐韵，阳　平平，鱼韵　词第四部　戏一七辙　（蠋~）

蜉 fú[ㄈㄨˊ] 缚谋切　史姑韵，阳　平平，尤韵　词第十二部　戏姑苏辙

蜂 fēng[ㄈㄥ] ①敷容切　史庚韵，阴　平平，冬韵　词第一部　戏中东辙　曲东钟韵，阴
　　　　②薄红切　史庚韵，阴　平平，东韵　词第一部　戏中东辙　曲东钟韵，阴　（又）

蜣 qiāng[ㄑㄧㄤ] 去羊切　中唐韵，阴　平平，阳韵　词第二部　戏江阳辙　曲江阳韵，阴

蜕 (一)tuì[ㄊㄨㄟ `]①他外切　中微韵，去　平去，泰韵　词第三部　戏灰堆辙　曲齐微韵，去
　　　　　　　　　②舒芮切　中微韵，去　平去，霁韵　词第三部　戏灰堆辙　曲齐微韵，去　（又）
　　　　　　　　　③汤卧切　中微韵，去　平去，箇韵　词第九部　戏灰堆辙　曲齐微韵，去　（又）
　　(二)yuè[ㄩㄝ `] 欲雪切　中皆韵，去　平入，屑韵　词第十八部　戏乜斜辙　（蜕~）

蜋 láng[ㄌㄤ´]①鲁当切　中唐韵，阳　平平，阳韵　词第二部　戏江阳辙
　　　　　　　②吕张切　中唐韵，阳　平平，阳韵　词第二部　戏江阳辙　（蜣~）

蝍 jí[ㄐㄧ´] 子力切　中齐韵，阳　平入，职韵　词第十七部　戏一七辙

蛹 yǒng[ㄩㄥˇ] 余陇切　中庚韵，上　平上，肿韵　词第一部　戏中东辙

赨（查"赤"部）蜀（查"罒"部）

八画

蜂（同"蚌(一)"）蜽（同"魉"）蜩（同"魍"）蜗（见"蜗"）蝕（见"蚀"）

蜻 (一)qīng[ㄑㄧㄥ] 仓经切　中庚韵，阴　平平，青韵　词第十一部　戏中东辙
　　(二)jīng[ㄐㄧㄥ] 子盈切　中庚韵，阴　平平，庚韵　词第十一部　戏中东辙　（~蜊）

蝁 è[ㄜ `] 乌各切　中波韵，去　平入，药韵　词第十六部　戏梭波辙

蜞 qí[ㄑㄧ´] 渠之切　中齐韵，阳　平平，支韵　词第三部　戏一七辙

蜡 (一)là[ㄌㄚ `] 卢盍切　中麻韵，去　平入，合韵　词第十九部　戏发花辙　曲家麻韵，去
　　(二)zhà[ㄓㄚ `] 锄驾切　中麻韵，去　平去，祃韵　词第十部　戏发花辙　（年祭）
　　(三)qù[ㄑㄩ `] 七虑切　中齐韵，去　平去，御韵　词第四部　戏一七辙　（蝇蛆）

蜥 xī[ㄒㄧ] 先击切　中齐韵，阴　平入，锡韵　词第十七部　戏一七辙

蟴 sī[ㄙ] 息移切　中支韵，阴　平平，支韵　词第三部　戏一七辙

蜙 sōng[ㄙㄨㄥ] 息恭切　中庚韵，阴　平平，冬韵　词第一部　戏中东辙

蝀 dōng[ㄉㄨㄥ] 德红切　中庚韵，阴　平平，东韵　词第一部　戏中东辙　曲东钟韵，去

蜮 yù[ㄩ `] 雨逼切　中齐韵，去　平入，职韵　词第十七部　戏一七辙

蝶 dié[ㄉㄧㄝ´] 苏协切　中皆韵，阳　平入，叶韵　词第十八部　戏乜斜辙

蜚 (一)fěi[ㄈㄟˇ]①府尾切　中微韵，上　平上，尾韵　词第三部　戏灰堆辙
　　　　　　　　　②扶沸切　中微韵，上　平去，未韵　词第三部　戏灰堆辙　（又）
　　(二)fēi[ㄈㄟ] 甫微切　中微韵，阴　平平，微韵　词第三部　戏灰堆辙　（流言~语）
　　(三)pèi[ㄆㄟ `] 滂佩切　中微韵，去　平去，队韵　词第三部　戏灰堆辙　（~林）

蜾 guǒ[ㄍㄨㄛˇ] 古火切　中波韵，上　平上，哿韵　词第九部　戏梭波辙　曲歌戈韵，上

蝈 guō[ㄍㄨㄛ] 古获切　中波韵，阴　平入，陌韵　词第十七部　戏梭波辙

蜴 yì[ㄧ `] 羊益切　中齐韵，去　平入，陌韵　词第十七部　戏一七辙

蝇 yíng[ㄧㄥ´] 余陵切　中庚韵，阳　平平，蒸韵　词第十一部　戏中东辙　曲庚青韵，阳

蜘 zhī[ㄓ] 陟离切　中支韵，阴　平平，支韵　词第三部　戏一七辙　曲齐微韵，阴

蜲 (一)wěi[ㄨㄟˇ] 於诡切　中微韵，上　平上，纸韵　词第三部　戏灰堆辙
　　(二)wēi[ㄨㄟ]（~蛇－委蛇，同"委(二)"）

蜺 ní[ㄋㄧ´]①五稽切　中齐韵，阳　平平，齐韵　词第三部　戏一七辙　（寒蝉）
　　　　　　②五结切　中齐韵，阳　平入，屑韵　词第十八部　戏一七辙　（虹）

蝂 bǎn[ㄅㄢˇ] 布绾切　中寒韵，上　平上，潸韵　词第七部　戏言前辙

蜼 wèi[ㄨㄟ `]①余救切　中微韵，去　平去，宥韵　词第十二部　戏灰堆辙
　　　　　　　②以醉切　中微韵，去　平去，真韵　词第三部　戏灰堆辙　（又）
　　　　　　　③力轨切　中微韵，去　平上，纸韵　词第三部　戏灰堆辙　（又）

蜱 pí[ㄆㄧ´] 宾弥切　中齐韵，阳　平平，支韵　词第三部　戏一七辙

蜦 (一)lún[ㄌㄨㄣˊ] ①力迍切　史文韵，阳　平平，真韵　词第六部　戏人辰辙
　　　　　　　　　　②郎计切　史文韵，阳　平去，霁韵　词第三部　戏人辰辙　（又）

　　(二)lǔn[ㄌㄨㄣˇ] 缕尹切　史文韵，上　平上，轸韵　词第六部　戏人辰辙　（蜦~）

蜚 féi[ㄈㄟˊ] 符非切　史微韵，阳　平平，微韵　词第三部　戏灰堆辙

蜩 (一)tiáo[ㄊㄧㄠˊ] 徒聊切　史豪韵，阳　平平，萧韵　词第八部　戏遥条辙　曲萧豪韵，阳

　　(二)diào[ㄉㄧㄠˋ] 徒吊切　史豪韵，去　平去，啸韵　词第八部　戏遥条辙　（~螩）

蜪 táo[ㄊㄠˊ] 徒刀切　史豪韵，阳　平平，豪韵　词第八部　戏遥条辙

蜭 hàn[ㄏㄢˋ] 胡感切　史寒韵，去　平上，感韵　词第十四部　戏言前辙

蜷 quán[ㄑㄩㄢˊ] 巨员切　史寒韵，阳　平平，先韵　词第七部　戏言前辙

蝉 (一)chán[ㄔㄢˊ] 市连切　史寒韵，阳　平平，先韵　词第七部　戏言前辙　曲先天韵，阳

　　(二)tí[ㄊㄧˊ] 田黎切　史齐韵，阳　平平，齐韵　词第三部　戏一七辙　（黏~）

　　(三)shàn[ㄕㄢˋ] 上演切　史寒韵，去　平上，铣韵　词第七部　戏言前辙　（婉~）

蜿 (一)wān[ㄨㄢ] 一丸切　史寒韵，阴　平平，寒韵　词第七部　戏言前辙　曲桓欢韵，阴　（~蜓）

　　(二)wǎn[ㄨㄢˇ] 於阮切　史寒韵，上　平上，阮韵　词第七部　戏言前辙　（~蟺）

　　(三)yuān[ㄩㄢ] 於袁切　史寒韵，阴　平平，元韵　词第七部　戏言前辙　曲先天韵，阴　（屈曲状）

蜋 láng[ㄌㄤˊ] 鲁当切　史唐韵，阳　平平，阳韵　词第二部　戏江阳辙　曲江阳韵，阳

蜊 lì[ㄌㄧˋ] 郎计切　史齐韵，去　平去，霁韵　词第三部　戏一七辙

蜛 jū[ㄐㄩ] 九鱼切　史齐韵，阴　平平，鱼韵　词第四部　戏一七辙

蜢 měng[ㄇㄥˇ] ①莫杏切　史庚韵，上　平上，梗韵　词第十一部　戏中东辙　曲东钟韵，上
　　　　　　　　②莫杏切　史庚韵，上　平上，梗韵　词第十一部　戏中东辙　曲庚青韵，上　（又）

蜬 hán[ㄏㄢˊ] 胡男切　史寒韵，阳　平平，覃韵　词第十四部　戏言前辙

蜘 (一)zhuō[ㄓㄨㄛ] 职悦切　史波韵，阴　平入，屑韵　词第十八部　戏梭波辙

　　(二)dì[ㄉㄧˋ] （同"螮(二)"）

蜜 （查"宀"部）

九　画

蜎 （见"猬"）　蟲 （见"虫"）　蝯 （同"猿"）　蝱 （同"虻"）　蝦 （见"虾"）

蝳 (一)dú[ㄉㄨˊ] 徒沃切　史姑韵，阳　平入，沃韵　词第十五部　戏姑苏辙　（~蜍）

　　(二)dài[ㄉㄞˋ] （~瑁－玳瑁，同"玳"）

蝽 chūn[ㄔㄨㄣ] 昌唇切　史文韵，阴　平平，真韵　词第六部　戏人辰辙　【借用同音字"春(一)"的反切。】

蝶 dié[ㄉㄧㄝˊ] 徒协切　史皆韵，阳　平入，叶韵　词第十八部　戏乜斜辙　曲车遮韵，阳

蝾 róng[ㄖㄨㄥˊ] 永兵切　史庚韵，阳　平平，庚韵　词第十一部　戏中东辙

蝴 hú[ㄏㄨˊ] 洪吾切　史姑韵，阳　平平，虞韵　词第四部　戏姑苏辙

蝻 nǎn[ㄋㄢˇ] 奴感切　史寒韵，上　平上，感韵　词第十四部　戏言前辙　【借用同音字"腩"的反切。】

蝘 yǎn[ㄧㄢˇ] ①於幰切　史寒韵，上　平上，阮韵　词第七部　戏言前辙
　　　　　　　②於殄切　史寒韵，上　平上，铣韵　词第七部　戏言前辙　（又）

蝲 là[ㄌㄚˋ] 卢达切　史麻韵，去　平入，曷韵　词第十八部　戏发花辙

蝠 fú[ㄈㄨˊ] 方六切　史姑韵，阳　平入，屋韵　词第十五部　戏姑苏辙　曲鱼模韵，上

蝛 wēi[ㄨㄟ] 於非切　史微韵，阴　平平，微韵　词第三部　戏灰堆辙

蝒 mián[ㄇㄧㄢˊ] 武延切　史寒韵，阳　平平，先韵　词第七部　戏言前辙

蝡 (一)ruǎn[ㄖㄨㄢˇ] ①而兖切　史寒韵，上　平上，铣韵　词第七部　戏言前辙
　　　　　　　　　　②而允切　史寒韵，上　平上，轸韵　词第六部　戏言前辙　（又）

　　(二)rú[ㄖㄨˊ] （同"蠕"）

蝰 kuí[ㄎㄨㄟˊ] 苦圭切　史微韵，阳　平平，齐韵　词第三部　戏灰堆辙

蝔 jiē[ㄐㄧㄝ] 古谐切　史皆韵，阴　平平，佳韵　词第五部　戏乜斜辙

蝭 ㈠tí[ㄊㄧˊ] ①杜奚切　史齐韵，阳　平平，齐韵　词第三部　戏一七辙　（~螃）

②都计切　史齐韵，阳　平去，霁韵　词第三部　戏一七辙　（又）

㈡chí[ㄔˊ] 常支切　史支韵，阳　平平，支韵　词第三部　戏一七辙　（~母）

蝪 tāng[ㄊㄤ] 吐郎切　史唐韵，阴　平平，阳韵　词第二部　戏江阳辙

蝹 ㈠yūn[ㄩㄣ] 於伦切　史文韵，阴　平平，真韵　词第六部　戏人辰辙　（蛇行状）

㈡ǎo[ㄠˇ] 乌皓切　史豪韵，上　平上，皓韵　词第八部　戏遥条辙　（传说中怪兽名）

蝎 ㈠xiē[ㄒㄧㄝ] 许歇切　史皆韵，阴　平入，月韵　词第十八部　戏乜斜辙　（~子）

㈡hé[ㄏㄜˊ] 胡葛切　史波韵，阳　平入，曷韵　词第十八部　戏梭波辙　曲车遮韵，上　（蛀木虫的通称）

蝟 huá[ㄏㄨㄚˊ] 户八切　史麻韵，阳　平入，黠韵　词第十八部　戏发花辙

蝌 kē[ㄎㄜ] 苦禾切　史波韵，阴　平平，歌韵　词第九部　戏梭波辙　曲歌戈韵，阴

蝮 fù[ㄈㄨˋ] 芳福切　史姑韵，去　平入，屋韵　词第十五部　戏姑苏辙

蜎 yuān[ㄩㄢ] 萦玄切　史寒韵，阴　平平，先韵　词第七部　戏言前辙

螋 sōu[ㄙㄡ] ①所留切　史尤韵，阴　平平，虞韵　词第四部　戏由求辙

②所鸠切　史尤韵，阴　平平，尤韵　词第十二部　戏由求辙　（又）

蝗 huáng[ㄏㄨㄤˊ] ①胡光切　史唐韵，阳　平平，阳韵　词第二部　戏江阳辙　曲江阳韵，阳

②户盲切　史唐韵，阳　平平，庚韵　词第十一部　戏江阳辙　曲江阳韵，阳　（又）

③户孟切　史唐韵，阳　平去，敬韵　词第十一部　戏江阳辙　曲江阳韵，阳　（又）

蜖 ㈠huì[ㄏㄨㄟˋ] 胡对切　史微韵，去　平去，队韵　词第三部　戏灰堆辙

㈡guī[ㄍㄨㄟ] 居追切　史微韵，阴　平平，支韵　词第三部　戏灰堆辙　（蛹）

蝓 yú[ㄩˊ] 羊朱切　史齐韵，阳　平平，虞韵　词第四部　戏一七辙

蝬 zōng[ㄗㄨㄥ] 子红切　史庚韵，阴　平平，东韵　词第一部　戏中东辙

蝜 fù[ㄈㄨˋ] 房久切　史姑韵，去　平上，有韵　词第十二部　戏姑苏辙

蜓 tíng[ㄊㄧㄥˊ] 唐丁切　史庚韵，阳　平平，青韵　词第十一部　戏中东辙

蝣 yóu[ㄧㄡˊ] 以周切　史尤韵，阳　平平，尤韵　词第十二部　戏由求辙　曲尤侯韵，阳

蝼 lóu[ㄌㄡˊ] 落侯切　史尤韵，阳　平平，尤韵　词第十二部　戏由求辙

蝤 ㈠yóu[ㄧㄡˊ] 夷周切　史尤韵，阳　平平，尤韵　词第十二部　戏由求辙

㈡qiú[ㄑㄧㄡˊ] 自秋切　史尤韵，阳　平平，尤韵　词第十二部　戏由求辙　（~蛴）

㈢jiū[ㄐㄧㄡ] 即由切　史尤韵，阴　平平，尤韵　词第十二部　戏由求辙　（~蜂）

蛓 cì[ㄘˋ] 七吏切　史支韵，去　平去，真韵　词第三部　戏一七辙

螀 jiāng[ㄐㄧㄤ] 即良切　史唐韵，阴　平平，阳韵　词第二部　戏江阳辙

蝙 biān[ㄅㄧㄢ] 布玄切　史寒韵，阴　平平，先韵　词第七部　戏言前辙

蝞 méi[ㄇㄟˊ] 明祕切　史微韵，阳　平去，真韵　词第三部　戏灰堆辙

蝑 ㈠xū[ㄒㄩ] 相居切　史齐韵，阴　平平，鱼韵　词第四部　戏一七辙

㈡xiè[ㄒㄧㄝˋ] 司夜切　史皆韵，去　平去，祃韵　词第十部　戏乜斜辙　（蟹酱）

蝚 ㈠róu[ㄖㄡˊ] 耳由切　史尤韵，阳　平平，尤韵　词第十二部　戏由求辙

㈡náo[ㄋㄠˊ] （同"猱㈠：①"）

蝥 ㈠máo[ㄇㄠˊ] ①莫交切　史豪韵，阳　平平，肴韵　词第八部　戏遥条辙　曲萧豪韵，阳　（斑~）

②莫浮切　史豪韵，阳　平平，尤韵　词第十二部　戏遥条辙　曲尤侯韵，阳　（同"蟊"）

㈡wú[ㄨˊ] 武夫切　史姑韵，阳　平平，虞韵　词第四部　戏姑苏辙　（蛛~）

蝝 yuán[ㄩㄢˊ] 与专切　史寒韵，阳　平平，先韵　词第七部　戏言前辙

十画

螞（见"蚂"）螽（同"蠧"）蟻（同"蚁"）螄（见"蛳"）螢（见"萤"）

螓 qín[ㄑㄧㄣˊ] 匠邻切　中文韵，阳　平平，真韵　词第六部　戏人辰辙

螯 áo[ㄠˊ] 五劳切　中豪韵，阳　平平，豪韵　词第八部　戏遥条辙

螜 hú[ㄏㄨˊ] 胡谷切　中姑韵，阳　平入，屋韵　词第十五部　戏姑苏辙

螨 mǎn[ㄇㄢˇ] 莫旱切　中寒韵，上　平上，旱韵　词第七部　戏言前辙【现代字。借用同音字“满㈠”的反切。】

蟒 ㈠mǎng[ㄇㄤˇ] 模朗切　中唐韵，上　平上，养韵　词第二部　戏江阳辙　曲江阳韵，上

㈡měng[ㄇㄥˇ] 母梗切　中庚韵，上　平上，梗韵　词第十一部　戏中东辙　曲庚青韵，上　（蠓~）

蟆 ㈠ma[˙ㄇㄚ] 莫霞切　中麻韵，阴　平平，麻韵　词第十部　戏发花辙　曲家麻韵，阳

㈡mò[ㄇㄛˋ] 末各切　中波韵，去　平入，药韵　词第十六部　戏梭波辙　曲家麻韵，阳　（~子）

螈 yuán[ㄩㄢˊ] 愚袁切　中寒韵，阳　平平，元韵　词第七部　戏言前辙

螶 qú[ㄑㄩˊ] 强鱼切　中齐韵，阳　平平，鱼韵　词第四部　戏一七辙

螑 xiù[ㄒㄧㄡˋ] 火幼切　中尤韵，去　平去，宥韵　词第十二部　戏由求辙

螅 xī[ㄒㄧ] 去例切　中齐韵，阴　平去，霁韵　词第三部　戏一七辙

螕 bì[ㄅㄧˋ] 边兮切　中齐韵，去　平平，齐韵　词第三部　戏一七辙

螔 ㈠yí[ㄧˊ] 弋支切　中齐韵，阳　平平，支韵　词第三部　戏一七辙　（~蝓）

㈡sī[ㄙ] 息移切　中支韵，阴　平平，支韵　词第三部　戏一七辙　（守宫别名）

螇 ㈠xī[ㄒㄧ] 胡鸡切　中齐韵，阴　平平，齐韵　词第三部　戏一七辙　（~螰）

㈡qī[ㄑㄧ] 苦奚切　中齐韵，阴　平平，齐韵　词第三部　戏一七辙　（~蚸）

螉 wēng[ㄨㄥ] 乌红切　中庚韵，阴　平平，东韵　词第一部　戏中东辙

螭 chī[ㄔ] 丑知切　中支韵，阴　平平，支韵　词第三部　戏一七辙　曲齐微韵，阴

螗 táng[ㄊㄤˊ] 徒郎切　中唐韵，阳　平平，阳韵　词第二部　戏江阳辙

螃 ㈠páng[ㄆㄤˊ] 步光切　中唐韵，阳　平平，阳韵　词第二部　戏江阳辙　（~蟹）

㈡bǎng[ㄅㄤˇ] ①北朗切　中唐韵，上　平上，养韵　词第二部　戏江阳辙　（岩~）

②补旷切　中唐韵，上　平去，漾韵　词第二部　戏江阳辙　（又）

螠 yì[ㄧˋ] 於赐切　中齐韵，去　平去，寘韵　词第三部　戏一七辙

螊 ㈠lián[ㄌㄧㄢˊ] 离盐切　中寒韵，阳　平平，盐韵　词第十四部　戏言前辙　（虫名）

㈡xián[ㄒㄧㄢˊ] 胡谗切　中寒韵，阳　平平，咸韵　词第十四部　戏言前辙　（蛤类）

螟 míng[ㄇㄧㄥˊ] 莫经切　中庚韵，阳　平平，青韵　词第十一部　戏中东辙　曲庚青韵，阳

螚 ㈠nài[ㄋㄞˋ] 奴代切　中开韵，去　平去，队韵　词第五部　戏怀来辙

㈡nè[ㄋㄜˋ] 匿德切　中波韵，去　平入，职韵　词第十七部　戏梭波辙　（又）

螒（查“卓”部）**融**（查“鬲”部）**螣**（查“月”部）

十一画

蟄（见“蛰”）**蟎**（见“螨”）**螻**（见“蝼”）**蟈**（见“蝈”）**螾**（同“蚓”）**蟁**（同“蚊”）**蟊**（见“蝥”）

蟸（见“蚤”）

螫 ㈠shì[ㄕˋ] 施只切　中支韵，去　平入，陌韵　词第十七部　戏一七辙

㈡zhē[ㄓㄜ] 陟列切　中波韵，阴　平入，屑韵　词第十八部　戏梭波辙　（同“蜇㈠”）

螼 qǐn[ㄑㄧㄣˇ] ①弃忍切　中文韵，上　平上，轸韵　词第六部　戏人辰辙

②羌印切　中文韵，上　平去，震韵　词第六部　戏人辰辙　（又）

蟥 huáng[ㄏㄨㄤˊ] 胡光切　中唐韵，阳　平平，阳韵　词第二部　戏江阳辙

螮 ㈠dài[ㄉㄞˋ] 当盖切　中开韵，去　平去，泰韵　词第五部　戏怀来辙

㈡dì[ㄉㄧˋ] 都计切　中齐韵，去　平去，霁韵　词第三部　戏一七辙　（~蝀）

蟰 xiāo[ㄒㄧㄠ] 先彫切　中豪韵，阴　平平，萧韵　词第八部　戏遥条辙

螬 cáo[ㄘㄠˊ] 昨劳切　中豪韵，阳　平平，豪韵　词第八部　戏遥条辙　曲萧豪韵，阳

螵 piāo[ㄆㄧㄠ] 抚招切　中豪韵，阴　平平，萧韵　词第八部　戏遥条辙

螗 táng[ㄊㄤˊ] 徒郎切 史唐韵，阳 乎平，阳韵 词第二部 戏江阳辙

蟃 màn[ㄇㄢˋ] 无贩切 史寒韵，去 乎去，愿韵 词第七部 戏言前辙

螺 luó[ㄌㄨㄛˊ] 落戈切 史波韵，阳 乎平，歌韵 词第九部 戏梭波辙 曲歌戈韵，阳

蟌 cōng[ㄘㄨㄥ] 仓红切 史庚韵，阴 乎平，东韵 词第一部 戏中东辙

螅 xī[ㄒㄧ] 息七切 史齐韵，阴 乎入，质韵 词第十七部 戏一七辙

螆 yú[ㄩˊ] 羊朱切 史齐韵，阳 乎平，虞韵 词第四部 戏一七辙

蟭 jiāo[ㄐㄧㄠ] 古尧切 史豪韵，阴 乎平，萧韵 词第八部 戏遥条辙

蟓 xiàng[ㄒㄧㄤˋ] 徐两切 史唐韵，去 乎上，养韵 词第二部 戏江阳辙

螽 zhōng[ㄓㄨㄥ] 职戎切 史庚韵，阴 乎平，东韵 词第一部 戏中东辙

蟅 zhè[ㄓㄜˋ] 之夜切 史波韵，去 乎去，祃韵 词第十部 戏梭波辙

螰 lù[ㄌㄨˋ] 卢谷切 史姑韵，去 乎入，屋韵 词第十五部 戏姑苏辙

蟑 zhāng[ㄓㄤ] 诸良切 史唐韵，阴 乎平，阳韵 词第二部 戏江阳辙 【现代字。借用同音字"章(一)"的反切。】

蟀 shuài[ㄕㄨㄞˋ] 所律切 史开韵，去 乎入，质韵 词第十七部 戏怀来辙

蟞 biē[ㄅㄧㄝ] 蒲结切 史皆韵，阴 乎入，屑韵 词第十八部 戏乜斜辙

螲 (一)dié[ㄉㄧㄝˊ] 徒结切 史皆韵，阳 乎入，屑韵 词第十八部 戏乜斜辙 （~蟷）

　　 (二)zhì[ㄓˋ] 陟栗切 史支韵，去 乎入，质韵 词第十七部 戏一七辙 （蝼蛄）

蝟 wèi[ㄨㄟˋ] 於胃切 史微韵，去 乎去，未韵 词第三部 戏灰堆辙

蟫 chén[ㄔㄣˊ] 池邻切 史文韵，阳 乎平，真韵 词第六部 戏人辰辙

蟉 (一)liú[ㄌㄧㄡˊ] 力幽切 史尤韵，阳 乎平，尤韵 词第十二部 戏由求辙

　　 (二)qiú[ㄑㄧㄡˊ] 渠幽切 史尤韵，阳 乎平，尤韵 词第十二部 戏由求辙 （又）

　　 (三)liào[ㄌㄧㄠˋ] 力吊切 史豪韵，去 乎去，啸韵 词第八部 戏遥条辙 （蜩~）

蝥 máo[ㄇㄠˊ] 莫浮切 史豪韵，阳 乎平，尤韵 词第十二部 戏遥条辙 曲尤侯韵，阳

十二画

蟯（见"蛲"）蜇（同"蜞"）蜤（同"蛳"）蠆（见"虿"）繭（见"茧"）蟲（见"虫(一)(二)"）蟬（见"蝉"）蟣（见"虮"）

蟦 féi[ㄈㄟˊ] ①符非切 史微韵，阳 乎平，微韵 词第三部 戏灰堆辙

　　 ②浮鬼切 史微韵，阳 乎上，尾韵 词第三部 戏灰堆辙 （又）

　　 ③扶沸切 史微韵，阳 乎去，未韵 词第三部 戏灰堆辙 （又）

蟢 xǐ[ㄒㄧˇ] 虚里切 史齐韵，上 乎上，纸韵 词第三部 戏一七辙 曲齐微韵，上

蟛 péng[ㄆㄥˊ] 薄庚切 史庚韵，阳 乎平，庚韵 词第十一部 戏中东辙

蟖 sī[ㄙ] 息移切 史支韵，阴 乎平，支韵 词第三部 戏一七辙

蟪 huì[ㄏㄨㄟˋ] 胡桂切 史微韵，去 乎去，霁韵 词第三部 戏灰堆辙

蟫 (一)yín[ㄧㄣˊ] 余针切 史文韵，阳 乎平，侵韵 词第十三部 戏人辰辙

　　 (二)tán[ㄊㄢˊ] 徒含切 史寒韵，阳 乎平，覃韵 词第十四部 戏言前辙 （又）

　　 (三)xún[ㄒㄩㄣˊ] 徐心切 史文韵，阳 乎平，侵韵 词第十三部 戏人辰辙 （~ ~）

蟨 jué[ㄐㄩㄝˊ] 居月切 史皆韵，阳 乎入，月韵 词第十八部 戏乜斜辙

蟩 jué[ㄐㄩㄝˊ] 居月切 史皆韵，阳 乎入，月韵 词第十八部 戏乜斜辙

蟟 liáo[ㄌㄧㄠˊ] 落萧切 史豪韵，阳 乎平，萧韵 词第八部 戏遥条辙

蟔 mò[ㄇㄛˋ] 密北切 史波韵，去 乎入，职韵 词第十七部 戏梭波辙

蟜 jiǎo[ㄐㄧㄠˇ] 居夭切 史豪韵，上 乎上，篠韵 词第八部 戏遥条辙

蟭 jiāo[ㄐㄧㄠ] 即消切 史豪韵，阴 乎平，萧韵 词第八部 戏遥条辙

蟡 guǐ[ㄍㄨㄟˇ] 过委切 史微韵，上 乎上，纸韵 词第三部 戏灰堆辙

蟠 (一)pán[ㄆㄢˊ] 薄官切 史寒韵，阳 乎平，寒韵 词第七部 戏言前辙 曲桓欢韵，阳

(二) fán[ㄈㄢˊ] 附袁切　中寒韵，阳　平平，元韵　词第七部　戏言前辙　（鼠妇虫）

蟙 zhí[ㄓˊ] 之翼切　中支韵，阳　平入，职韵　词第十七部　戏一七辙

蟮 shàn[ㄕㄢˋ] 常演切　中寒韵，去　平上，铣韵　词第七部　戏言前辙

蟧 láo[ㄌㄠˊ] 鲁刀切　中豪韵，阳　平平，豪韵　词第八部　戏遥条辙

蟳 xún[ㄒㄩㄣˊ] 徐盈切　中文韵，阳　平平，庚韵　词第十一部　戏人辰辙

蟤 zhuān[ㄓㄨㄢ] 庄缘切　中寒韵，阴　平平，先韵　词第七部　戏言前辙

十三画

蟶（见"蛏"）**蠍**（见"蝎(一)"）**蠅**（见"蝇"）**蠏**（同"蟹"）**蟺**（同"蟮"）**蟻**（见"蚁"）

蠖（一）huò[ㄏㄨㄛˋ] 乌郭切　中波韵，去　平入，药韵　词第十六部　戏梭波辙

　　（二）yuè[ㄩㄝˋ] 王缚切　中皆韵，去　平入，药韵　词第十六部　戏乜斜辙　（~略）

螫 jǐng[ㄐㄧㄥˇ] 居影切　中庚韵，上　平上，梗韵　词第十一部　戏中东辙

蠓 měng[ㄇㄥˇ] ①莫孔切　中庚韵，上　平上，董韵　词第一部　戏中东辙　曲东钟韵，上
　　　　　　　　②莫红切　中庚韵，上　平平，东韵　词第一部　戏中东辙　曲东钟韵，上　（又）

螱 qì[ㄑㄧˋ] ①诘利切　中齐韵，去　平去，寘韵　词第三部　戏一七辙
　　　　　　②苦计切　中齐韵，去　平去，霁韵　词第三部　戏一七辙　（又）

蟕 zuī[ㄗㄨㄟ] 将支切　中微韵，阴　平平，支韵　词第三部　戏灰堆辙

螳 dāng[ㄉㄤ] 都郎切　中唐韵，阴　平平，阳韵　词第二部　戏江阳辙

蠌 zhái[ㄓㄞˊ] 场伯切　中开韵，阳　平入，陌韵　词第十七部　戏怀来辙

蠉 huān[ㄏㄨㄢ] 许缘切　中寒韵，阴　平平，先韵　词第七部　戏言前辙

蠋 zhú[ㄓㄨˊ] ①之欲切　中姑韵，阳　平入，沃韵　词第十五部　戏姑苏辙　（蛾蝶的幼虫）
　　　　　　②直录切　中姑韵，阳　平入，沃韵　词第十五部　戏姑苏辙　（大青虫）

蟾 chán[ㄔㄢˊ] 视占切　中寒韵，阳　平平，盐韵　词第十四部　戏言前辙　曲廉纤韵，阳

蟹 xiè[ㄒㄧㄝˋ] 胡买切　中皆韵，去　平上，蟹韵　词第五部　戏乜斜辙　曲皆来韵，上

蠊 lián[ㄌㄧㄢˊ] 力盐切　中寒韵，阳　平平，盐韵　词第十四部　戏言前辙

蟴 cī[ㄘ] 取私切　中支韵，阴　平平，支韵　词第三部　戏一七辙

蠃（查"宀"部）

十四画

蠣（见"蛎"）**蠒**（同"茧"）**蠔**（同"蚝(二)"）**蠐**（见"蛴"）**蠑**（见"蝾"）

蠞 jié[ㄐㄧㄝˊ] 姊列切　中皆韵，阳　平入，屑韵　词第十八部　戏乜斜辙

蠚（一）hē[ㄏㄜ] 呵各切　中波韵，阴　平入，药韵　词第十六部　戏梭波辙

　　（二）chuò[ㄔㄨㄛˋ] 丑略切　中波韵，去　平入，药韵　词第十六部　戏梭波辙　（旧读）

蠛 miè[ㄇㄧㄝˋ] 莫结切　中皆韵，去　平入，屑韵　词第十八部　戏乜斜辙

蠕 rú[ㄖㄨˊ] ①汝朱切　中姑韵，阳　平平，虞韵　词第四部　戏姑苏辙　（虫爬行）
　　　　　　②乳兖切　中姑韵，阳　平上，铣韵　词第七部　戏姑苏辙　（又）
　　　　　　③而宣切　中姑韵，阳　平平，先韵　词第七部　戏姑苏辙　（嘴微动）

蠙 pín[ㄆㄧㄣˊ] ①符真切　中文韵，阳　平平，真韵　词第六部　戏人辰辙
　　　　　　②部田切　中文韵，阳　平平，先韵　词第七部　戏人辰辙　（又）

十五画

蠟（见"蜡(一)"）

蠢 chǔn[ㄔㄨㄣˇ] 尺尹切　中文韵，上　平上，轸韵　词第六部　戏人辰辙　曲真文韵，上

蠜 fán[ㄈㄢˊ] 附袁切　中寒韵，阳　平平，元韵　词第七部　戏言前辙　曲寒山韵，阳

蠠（一）mì[ㄇㄧˋ] 觅毕切　中齐韵，去　平入，质韵　词第十七部　戏一七辙

(二)mǐn[ㄇㄧㄣˇ] 美陨切　史文韵，上　乎上，轸韵　词第六部　戏人辰辙　（又）

蝒 lěi[ㄌㄟˇ] 鲁水切　史微韵，上　乎上，纸韵　词第三部　戏灰堆辙

蟧 zhū[ㄓㄨ] 章鱼切　史姑韵，阴　乎平，鱼韵　词第四部　戏姑苏辙

蠡 (一)lǐ[ㄌㄧˇ] 里弟切　史齐韵，上　乎上，荠韵　词第三部　戏一七辙　曲齐微韵，上

　(二)lí[ㄌㄧˊ] ①郎奚切　史齐韵，阳　乎平，齐韵　词第三部　戏一七辙　（瓠瓢）

　　　　　　　②吕支切　史齐韵，阳　乎平，支韵　词第三部　戏一七辙　（又）

　(三)lì[ㄌㄧˋ] 郎计切　史齐韵，去　乎去，霁韵　词第三部　戏一七辙　（分割）

　(四)luó[ㄌㄨㄛˊ] 卢戈切　史波韵，阳　乎平，歌韵　词第九部　戏梭波辙　曲歌戈韵，阳　（螺）

　(五)luǒ[ㄌㄨㄛˇ] 鲁果切　史波韵，上　乎上，哿韵　词第九部　戏梭波辙　（瘰~）

十六画

蠹（同"蠧"）蠣（见"蛎"）螫（同"蛰"）蠭（同"蜂①"）

蘢 lóng[ㄌㄨㄥˊ] 卢红切　史庚韵，阳　乎平，东韵　词第一部　戏中东辙

十七画

蠱（见"蛊"）

蠸 quán[ㄑㄩㄢˊ] 巨员切　史寒韵，阳　乎平，先韵　词第七部　戏言前辙

蠮 yē[ㄧㄝ] 乌结切　史皆韵，阴　乎入，屑韵　词第十八部　戏乜斜辙

蠳 yīng[ㄧㄥ] 乌亨切　史庚韵，阴　乎平，庚韵　词第十一部　戏中东辙

蟻 (一)shuāng[ㄕㄨㄤ] ①色庄切　史唐韵，阴　乎平，阳韵　词第二部　戏江阳辙　（虫名）

　　　　　　　②式亮切　史唐韵，阴　乎去，漾韵　词第二部　戏江阳辙　（又）

　(二)náng[ㄋㄤˊ] 奴当切　史唐韵，阳　乎平，阳韵　词第二部　戏江阳辙　（螳螂）

　(三)rǎng[ㄖㄤˇ] 如两切　史唐韵，上　乎上，养韵　词第二部　戏江阳辙　（~蚃）

螷 pí[ㄆㄧˊ] ①符支切　史齐韵，阳　乎平，支韵　词第三部　戏一七辙

　　　　　②薄佳切　史齐韵，阳　乎平，佳韵　词第十部　戏一七辙　（又）

　　　　　③蒲幸切　史齐韵，阳　乎上，梗韵　词第十一部　戏一七辙　（又）

蠲（查"皿"部）

十八画

蠶（见"蚕(一)"）

蠹 dù[ㄉㄨˋ] 当故切　史姑韵，去　乎去，遇韵　词第四部　戏姑苏辙　曲鱼模韵，去

蠷 qú[ㄑㄩˊ] 其俱切　史齐韵，阳　乎平，虞韵　词第四部　戏一七辙

蠵 xī[ㄒㄧ] ①户圭切　史齐韵，阴　乎平，齐韵　词第三部　戏一七辙

　　　　　②悦吹切　史齐韵，阴　乎平，支韵　词第三部　戏一七辙　（又）

十九画

蠻（见"蛮"）

二十画

蠼 (一)jué[ㄐㄩㄝˊ] 厥缚切　史皆韵，阳　乎入，药韵　词第十六部　戏乜斜辙

　(二)qú[ㄑㄩˊ] 其俱切　史齐韵，阳　乎平，虞韵　词第四部　戏一七辙　（~螋）【同"蠷螋"，用"蠷"的反切。】

二十一画

蠽 jié[ㄐㄧㄝˊ] 姊列切　史皆韵，阳　乎入，屑韵　词第十八部　戏乜斜辙

蠾 (一)shú[ㄕㄨˊ] 市玉切　史姑韵，阳　乎入，沃韵　词第十五部　戏姑苏辙

　(二)zhú[ㄓㄨˊ] 之欲切　史姑韵，阳　乎入，沃韵　词第十五部　戏姑苏辙　（~蝓）

肉 部

肉 ròu[ㄖㄡˋ] ①如六切 中尤韵，去 平入，屋韵 词第十五部 戏由求辙 曲尤侯韵，去
②如又切 中尤韵，去 平去，宥韵 词第十二部 戏由求辙 曲尤侯韵，去 （环状物的体部；乐音洪润）

五画

胬 nǔ[ㄋㄨˇ] 奴古切 中姑韵，上 平上，麌韵 词第四部 戏姑苏辙 【借用同音字“努”的反切。】

六画

胔 ㈠zì[ㄗˋ] 疾智切 中支韵，去 平去，寘韵 词第三部 戏一七辙 曲支思韵，去
㈡cí[ㄘˊ] ①疾移切 中支韵，阳 平平，支韵 词第三部 戏一七辙 （人的小肠）
②墙之切 中支韵，阳 平平，支韵 词第三部 戏一七辙 （水肠）

脔 ㈠luán[ㄌㄨㄢˊ] 落官切 中寒韵，阳 平平，寒韵 词第七部 戏言前辙 曲先天韵，上
㈡lüǎn[ㄌㄩㄢˇ] 力兖切 中寒韵，上 平上，铣韵 词第七部 戏言前辙 曲先天韵，上 （又）

胾（查“戈”部）

八画

腐（查“广”部）

十九画

臠（见“脔”）

臡 ní[ㄋㄧˊ] 奴低切 中齐韵，阳 平平，齐韵 词第三部 戏一七辙

缶 部

缶 fǒu[ㄈㄡˇ] 方久切 中尤韵，上 平上，有韵 词第十二部［兼第四部麌韵］ 戏由求辙 曲萧豪韵，上

二画

匋（查“勹”部）

三画

缸 gāng[ㄍㄤ] 下江切 中唐韵，阴 平平，江韵 词第二部 戏江阳辙 曲江阳韵，阴

四画

缻（同“缶”）

缹 fǒu[ㄈㄡˇ] 方久切 中尤韵，上 平上，有韵 词第十二部［兼第四部麌韵］ 戏由求辙

缺 quē[ㄑㄩㄝ] 苦穴切 中皆韵，阴 平入，屑韵 词第十八部 戏乜斜辙 曲车遮韵，上

五画

缽（见“钵”）

缷 zhǎi[ㄓㄞˇ] 知骇切 中开韵，上 平上，蟹韵 词第五部 戏怀来辙

六画

缾（同“瓶”）

缿 xiàng[ㄒㄧㄤˋ] 胡讲切 中唐韵，去 平上，讲韵 词第二部 戏江阳辙

八画

罂 yīng[ㄧㄥ] 乌茎切 中庚韵，阴 平平，庚韵 词第十一部 戏中东辙 曲庚青韵，阴

十画

罃（查"火"部）

十一画

罆（同"罐"）

罄 qìng［ㄑㄧㄥˋ］苦定切　广庚韵，去　平去，径韵　词第十一部　戏中东辙　曲庚青韵，去

罅 xià［ㄒㄧㄚˋ］呼讶切　广麻韵，去　平去，祃韵　词第十部　戏发花辙

繇（查"糸"部）

十二画

罎（同"坛㈠：②"）罇（同"樽㈠"）

十三画

罋（同"瓮"）

十四画

罍（见"罍"）

十五画

罍 léi［ㄌㄟˊ］鲁回切　广微韵，阳　平平，灰韵　词第三部　戏灰堆辙　曲齐微韵，阳

十六画

罏（同"垆"）罈（同"坛㈠：②"）

十七画

罐 guàn［ㄍㄨㄢˋ］古玩切　广寒韵，去　平去，翰韵　词第七部　戏言前辙

二十三画

欎（查"木"部）

舌　部

舌 shé［ㄕㄜˊ］①食列切　广波韵，阳　平入，屑韵　词第十八部　戏梭波辙　曲车遮韵，阳

　　　　　　　②下刮切　广波韵，阳　平入，黠韵　词第十八部　戏梭波辙　曲车遮韵，阳　（又）

一画

乱（查"乚"部）

二画

舍（查"人"部）

四画

舐 shì［ㄕˋ］神纸切　广支韵，去　平上，纸韵　词第三部　戏一七辙

敌（查"攵"部）

五画

甜 tián［ㄊㄧㄢˊ］徒兼切　广寒韵，阳　平平，盐韵　词第十四部　戏言前辙　曲廉纤韵，阳

舑 tān［ㄊㄢ］①他酣切　广寒韵，阴　平平，覃韵　词第十四部　戏言前辙

　　　　　　②汝盐切　广寒韵，阴　平平，盐韵　词第十四部　戏言前辙　（又）

<h2 style="text-align:center">六画</h2>

舒（查"人"部）

<h2 style="text-align:center">七画</h2>

辞 cí［ㄘˊ］似兹切　中支韵，阳　平平，支韵　词第三部　戏一七辙　曲支思韵，阳

<h2 style="text-align:center">八画</h2>

餂（同"舐"）

舔 (一)tiǎn［ㄊㄧㄢˇ］他点切　中寒韵，上　平上，忝韵　词第十四部　戏言前辙　曲廉纤韵，上
　　(二)tān［ㄊㄢ］（吐舌，同"舑"）

舕 tàn［ㄊㄢˋ］吐滥切　中寒韵，去　平去，勘韵　词第十四部　戏言前辙

<h2 style="text-align:center">九画</h2>

舖（同"铺"）

<h2 style="text-align:center">十画</h2>

舘（同"馆"）

<h2 style="text-align:center">十三画</h2>

餂 tiān［ㄊㄧㄢ］①他兼切　中寒韵，阴　平平，盐韵　词第十四部　戏言前辙
　　②他念切　中寒韵，阴　平去，艳韵　词第十四部　戏言前辙　（又）

<h1 style="text-align:center">竹　部</h1>

竹 zhú［ㄓㄨˊ］①张六切　中姑韵，阳　平入，屋韵　词第十五部　戏姑苏辙　曲鱼模韵，上
　　②张六切　中姑韵，阳　平入，屋韵　词第十五部　戏姑苏辙　曲尤侯韵，上　（又）

<h2 style="text-align:center">二画</h2>

竺 (一)zhú［ㄓㄨˊ］张六切　中姑韵，阳　平入，屋韵　词第十五部　戏姑苏辙
　　(二)dǔ［ㄉㄨˇ］①冬毒切　中姑韵，上　平入，沃韵　词第十五部　戏姑苏辙　曲鱼模韵，上　（同"笃"）
　　　　　　　②丁木切　中姑韵，上　平入，屋韵　词第十五部　戏姑苏辙　曲鱼模韵，上　（又）

竻 lè［ㄌㄜˋ］卢则切　中波韵，去　平入，职韵　词第十七部　戏梭波辙

<h2 style="text-align:center">三画</h2>

笆（同"簏"）

竿 (一)gān［ㄍㄢ］古寒切　中寒韵，阴　平平，寒韵　词第七部　戏言前辙　曲寒山韵，阴
　　(二)gàn［ㄍㄢˋ］居案切　中寒韵，去　平去，翰韵　词第七部　戏言前辙　（衣架）

竽 yú［ㄩˊ］羽俱切　中齐韵，阳　平平，虞韵　词第四部　戏一七辙　曲鱼模韵，阳

笈 jí［ㄐㄧˊ］①其立切　中齐韵，阳　平入，缉韵　词第十七部　戏一七辙　曲家麻韵，上
　　②其辄切　中齐韵，阳　平入，叶韵　词第十八部　戏一七辙　曲家麻韵，上　（又）
　　③巨业切　中齐韵，阳　平入，洽韵　词第十九部　戏一七辙　曲家麻韵，上　（又）

笁 chǎ［ㄔㄚˇ］初雅切　中麻韵，上　平上，马韵　词第十部　戏发花辙

笃 dǔ［ㄉㄨˇ］冬毒切　中姑韵，上　平入，沃韵　词第十五部　戏姑苏辙　曲鱼模韵，上

<h2 style="text-align:center">四画</h2>

笄 jī［ㄐㄧ］古奚切　中齐韵，阴　平平，齐韵　词第三部　戏一七辙　曲齐微韵，阴

笓 (一)pí［ㄆㄧˊ］部迷切　中齐韵，阳　平平，齐韵　词第三部　戏一七辙

(二)bì[ㄅㄧˋ] 毗至切　史齐韵，去　平去，寘韵　词第三部　戏一七辙　曲齐微韵，去　（通"篦"）

筧 jiǎn[ㄐㄧㄢˇ] 古典切　史寒韵，上　平上，铣韵　词第七部　戏言前辙　曲先天韵，上

笔 bǐ[ㄅㄧˇ] 鄙密切　史齐韵，上　平入，质韵　词第十七部　戏一七辙　曲齐微韵，上

笑 xiào[ㄒㄧㄠˋ] 私妙切　史豪韵，去　平去，啸韵　词第八部　戏遥条辙　曲萧豪韵，去

笊 zhào[ㄓㄠˋ] ①侧绞切　史豪韵，去　平上，巧韵　词第八部　戏遥条辙　曲萧豪韵，去

　　　　　　②侧教切　史豪韵，去　平去，效韵　词第八部　戏遥条辙　曲萧豪韵，去　（又）

笫 zǐ[ㄗˇ] 阻史切　史齐韵，上　平上，纸韵　词第三部　戏一七辙

笏 hù[ㄏㄨˋ] 呼骨切　史姑韵，去　平入，月韵　词第十八部　戏姑苏辙　曲鱼模韵，上

笇 suàn[ㄙㄨㄢˋ] 苏贯切　史寒韵，去　平去，翰韵　词第七部　戏言前辙

笓 (一)gāng[ㄍㄤ] 古郎切　史唐韵，阴　平平，阳韵　词第二部　戏江阳辙

　　(二)háng[ㄏㄤˊ] 寒刚切　史唐韵，阳　平平，阳韵　词第二部　戏江阳辙　（又）

　　(三)hàng[ㄏㄤˋ] 下浪切　史唐韵，去　平去，漾韵　词第二部　戏江阳辙　（衣架）

笋 sǔn[ㄙㄨㄣˇ] 思尹切　史文韵，上　平上，轸韵　词第六部　戏人辰辙　曲真文韵，上

笆 bā[ㄅㄚ] ①伯加切　史麻韵，阴　平平，麻韵　词第十部　戏发花辙　曲家麻韵，阴　（有刺竹篱）

　　　　②傍下切　史麻韵，去　平上，马韵　词第十部　戏发花辙　（竹名）

五画

范（同"范"）

笺 jiān[ㄐㄧㄢ] 则前切　史寒韵，阴　平平，先韵　词第七部　戏言前辙　曲先天韵，阴

笻 qióng[ㄑㄩㄥˊ] 渠荣切　史庚韵，阳　平平，冬韵　词第一部　戏中东辙　曲东钟韵，阳

笨 bèn[ㄅㄣˋ] 蒲本切　史文韵，去　平上，阮韵　词第六部　戏人辰辙

笴 (一)gě[ㄍㄜˇ] 古我切　史波韵，上　平上，哿韵　词第九部　戏梭波辙

　　(二)gǎn[ㄍㄢˇ] 古旱切　史寒韵，上　平上，旱韵　词第七部　戏言前辙　（又）

筥 pǒ[ㄆㄛˇ] 普火切　史波韵，上　平上，哿韵　词第九部　戏梭波辙　【借用同音字"叵"的反切。】

笼 (一)lǒng[ㄌㄨㄥˇ] 力董切　史庚韵，上　平上，董韵　词第一部　戏中东辙

　　　　(1)遮，罩：寒阴～白日，太谷晦苍苔　(2)大竹箱：箱～　(3)浑然，概括：～统　(4)拉拢：～络

　　(二)lóng[ㄌㄨㄥˊ] ①卢红切　史庚韵，阳　平平，东韵　词第一部　戏中东辙　曲东钟韵，阳

　　　　(5)关动物的器具：鸟～　(6)关人的设施：站～　(7)一种炊具：蒸～　(8)包罗：大农之诸官，尽～天下之货物　(9)装土的农具：负～荷锸

　　　　　　②力钟切　史庚韵，阳　平平，冬韵　词第一部　戏中东辙　曲东钟韵，阳　（竹名）

笘 shān[ㄕㄢ] ①诗廉切　史寒韵，阴　平平，盐韵　词第十四部　戏言前辙

　　　　②丁悁切　史寒韵，阴　平入，叶韵　词第十八部　戏言前辙　（又）

笪 dá[ㄉㄚˊ] ①当割切　史麻韵，阳　平入，曷韵　词第十八部　戏发花辙

　　　　②多旱切　史寒韵，上　平上，旱韵　词第七部　戏言前辙　（击打；姓）

　　　　③得按切　史麻韵，阳　平去，翰韵　词第七部　戏发花辙　（粗席；纤索）

笛 dí[ㄉㄧˊ] 徒历切　史齐韵，阳　平入，锡韵　词第十七部　戏一七辙　曲齐微韵，阳

笙 shēng[ㄕㄥ] 所庚切　史庚韵，阴　平平，庚韵　词第十一部　戏中东辙　曲庚青韵，阴

笮 (一)zé[ㄗㄜˊ] 侧伯切　史波韵，阳　平入，陌韵　词第十七部　戏梭波辙

　　(二)zuó[ㄗㄨㄛˊ] 在各切　史波韵，阳　平入，药韵　词第十六部　戏梭波辙　（～都夷；竹索）

符 fú[ㄈㄨˊ] 防无切　史姑韵，阳　平平，虞韵　词第四部　戏姑苏辙　曲鱼模韵，阳

笭 líng[ㄌㄧㄥˊ] ①郎丁切　史庚韵，阳　平平，青韵　词第十一部　戏中东辙

　　　　②力鼎切　史庚韵，阳　平上，迥韵　词第十一部　戏中东辙　（又）

笱 gǒu[ㄍㄡˇ] 古厚切　史尤韵，上　平上，有韵　词第十二部　戏由求辙

笠 lì[ㄌㄧˋ] 力入切　史齐韵，去　平入，缉韵　词第十七部　戏一七辙　曲齐微韵，去

笥 sì［ㄙˋ］相吏切　史支韵，去　平去，真韵　词第三部　戏一七辙　曲支思韵，去
笢 mín［ㄇㄧㄣˊ］①武巾切　史文韵，阳　平平，真韵　词第六部　戏人辰辙
　　　　　　　　②武尽切　史文韵，阳　平上，轸韵　词第六部　戏人辰辙　（又）
第 dì［ㄉㄧˋ］特计切　史齐韵，去　平去，霁韵　词第三部　戏一七辙　曲齐微韵，去
笯 nú［ㄋㄨˊ］①乃都切　史姑韵，阳　平平，虞韵　词第四部　戏姑苏辙
　　　　　　　②乃故切　史姑韵，阳　平去，遇韵　词第四部　戏姑苏辙　（又）
　　　　　　　③女加切　史姑韵，阳　平平，麻韵　词第十部　戏姑苏辙　（又）
笤 tiáo［ㄊㄧㄠˊ］田聊切　史豪韵，阳　平平，萧韵　词第八部　戏遥条辙　【《篇海》：田聊切。用之。】
笳 jiā［ㄐㄧㄚ］古牙切　史麻韵，阴　平平，麻韵　词第十部　戏发花辙　曲家麻韵，阴
笾 biān［ㄅㄧㄢ］布玄切　史寒韵，阴　平平，先韵　词第七部　戏言前辙　曲先天韵，阴
笲 fán［ㄈㄢˊ］①附袁切　史寒韵，阳　平平，元韵　词第七部　戏言前辙
　　　　　　　②扶晚切　史寒韵，阳　平上，阮韵　词第七部　戏言前辙　（又）
　　　　　　　③皮变切　史寒韵，阳　平去，霰韵　词第七部　戏由求辙　（又）
笞 chī［ㄔ］丑之切　史支韵，阴　平平，支韵　词第三部　戏一七辙　曲齐微韵，阴

<h2 style="text-align:center">六画</h2>

筓（见"笄"）筆（见"笔"）
筐 kuāng［ㄎㄨㄤ］去王切　史唐韵，阴　平平，阳韵　词第二部　戏江阳辙　曲江阳韵，阴
等 děng［ㄉㄥˇ］①多肯切　史庚韵，上　平上，迥韵　词第十一部　戏中东辙　曲庚青韵，上
　　　　　　　②多改切　史庚韵，上　平上，贿韵　词第五部　戏中东辙　（平齐）
箍 kòu［ㄎㄡˋ］丘遘切　史尤韵，去　平去，宥韵　词第十二部　戏由求辙
筑 ㈠zhù［ㄓㄨˋ］张六切　史姑韵，去　平入，屋韵　词第十五部　戏姑苏辙　曲鱼模韵，上
　　㈡zhú［ㄓㄨˊ］①张六切　史姑韵，阳　平入，屋韵　词第十五部　戏姑苏辙　曲鱼模韵，上　（古乐器名）
　　　　　　　　②直六切　史姑韵，阳　平入，屋韵　词第十五部　戏姑苏辙　曲鱼模韵，上　（～阳县）
策 cè［ㄘㄜˋ］楚革切　史波韵，去　平入，陌韵　词第十七部　戏梭波辙　曲皆来韵，上
筚 bì［ㄅㄧˋ］卑吉切　史齐韵，去　平入，质韵　词第十七部　戏一七辙　曲齐微韵，上
筛 ㈠shāi［ㄕㄞ］所街切　史开韵，阴　平平，佳韵　词第五部　戏怀来辙　曲皆来韵，阴
　　㈡shī［ㄕ］疏夷切　史支韵，阴　平平，支韵　词第三部　戏一七辙　（传说异草名；竹名）
筜 dāng［ㄉㄤ］①都郎切　史唐韵，阴　平平，阳韵　词第二部　戏江阳辙　（筼～）
　　　　　　　②丁浪切　史唐韵，去　平去，漾韵　词第二部　戏江阳辙　（车～）
筒 tǒng［ㄊㄨㄥˇ］徒红切　史庚韵，上　平平，东韵　词第一部　戏中东辙　曲东钟韵，阳
筥 jǔ［ㄐㄩˇ］居许切　史齐韵，上　平上，语韵　词第四部　戏一七辙
筅 xiǎn［ㄒㄧㄢˇ］苏典切　史寒韵，上　平上，铣韵　词第七部　戏言前辙
筳 tíng［ㄊㄧㄥˊ］特丁切　史庚韵，阳　平平，青韵　词第十一部　戏中东辙
筈 kuò［ㄎㄨㄛˋ］古活切　史波韵，去　平入，曷韵　词第十八部　戏梭波辙
筏 fá［ㄈㄚˊ］①房越切　史麻韵，阳　平入，月韵　词第十八部　戏发花辙　曲家麻韵，阳
　　　　　　　②北末切　史麻韵，阳　平入，曷韵　词第十八部　戏发花辙　曲家麻韵，阳　（又）
筵 yán［ㄧㄢˊ］以然切　史寒韵，阳　平平，先韵　词第七部　戏言前辙　曲先天韵，阳
筕 háng［ㄏㄤˊ］①胡郎切　史唐韵，阳　平平，阳韵　词第二部　戏江阳辙
　　　　　　　②户庚切　史唐韵，阳　平平，庚韵　词第十一部　戏江阳辙　（又）
筌 quán［ㄑㄩㄢˊ］此缘切　史寒韵，阳　平平，先韵　词第七部　戏言前辙　曲先天韵，阴
答 ㈠dá［ㄉㄚˊ］都合切　史麻韵，阳　平入，合韵　词第十九部　戏发花辙　曲家麻韵，上
　　㈡dā［ㄉㄚ］都合切　史麻韵，阴　平入，合韵　词第十九部　戏发花辙　曲家麻韵，上　（～理，～应）
筋 jīn［ㄐㄧㄣ］举欣切　史文韵，阴　平平，文韵　词第六部　戏人辰辙　曲真文韵，阴

筍 ㈠ sǔn［ㄙㄨㄣˇ］思尹切　史文韵，上　平上，轸韵　词第六部　戏人辰辙　曲真文韵，上

　　㈡ sùn［ㄙㄨㄣˋ］须闰切　史文韵，去　平去，震韵　词第六部　戏人辰辙　（竹箙）

筝 zhēng［ㄓㄥ］侧茎切　史庚韵，阴　平平，庚韵　词第十一部　戏中东辙　曲庚青韵，阴

筊 jiǎo［ㄐㄧㄠˇ］①古巧切　史豪韵，上　平上，巧韵　词第八部　戏遥条辙

　　　　　　　②胡矛切　史豪韵，上　平平，肴韵　词第八部　戏遥条辙　（又）

七画

筧（见"笕"）筋（同"箸"）筰（同"笮㈡"）筞（同"策"）節（见"节"）

筹 chóu［ㄔㄡˊ］直由切　史尤韵，阳　平平，尤韵　词第十二部　戏由求辙　曲尤侯韵，阳

筭 suàn［ㄙㄨㄢˋ］①绪纂切　史寒韵，去　平上，旱韵　词第七部　戏言前辙

　　　　　　②苏贯切　史寒韵，去　平去，翰韵　词第七部　戏言前辙　（算筹）

筠 ㈠ yún［ㄩㄣˊ］为赟切　史文韵，阳　平平，真韵　词第六部　戏人辰辙　曲真文韵，阳

　　㈡ jūn［ㄐㄩㄣ］居匀切　史文韵，阴　平平，真韵　词第六部　戏人辰辙　曲真文韵，阳　（~连县）【借用同音字"均㈠"的反切。】

筢 pá［ㄆㄚˊ］蒲巴切　史麻韵，阳　平平，麻韵　词第十部　戏发花辙

筮 shì［ㄕˋ］时制切　史支韵，去　平去，霁韵　词第三部　戏一七辙　曲支思韵，去

筻 gàng［ㄍㄤˋ］陟降切　史唐韵，去　平去，绛韵　词第二部　戏江阳辙　【方言字。借用同音字"戆㈡"的反切。】

筴 ㈠ jiā［ㄐㄧㄚ］古协切　史麻韵，阴　平入，叶韵　词第十八部　戏发花辙

　　㈡ cè［ㄘㄜˋ］（同"策"）

筲 shāo［ㄕㄠ］所交切　史豪韵，阴　平平，肴韵　词第八部　戏遥条辙　曲萧豪韵，阴

筸 gān［ㄍㄢ］姑罕切　史寒韵，阴　平上，旱韵　词第七部　戏言前辙

筼 yún［ㄩㄣˊ］王分切　史文韵，阳　平平，文韵　词第六部　戏人辰辙

筺 lí［ㄌㄧˊ］①里之切　史齐韵，阳　平平，支韵　词第三部　戏一七辙

　　　　　②郎奚切　史齐韵，阳　平平，齐韵　词第三部　戏一七辙　（又）

筿 xiǎo［ㄒㄧㄠˇ］先鸟切　史豪韵，上　平上，篠韵　词第八部　戏遥条辙　曲萧豪韵，上

筟 fū［ㄈㄨ］芳无切　史姑韵，阴　平平，尤韵　词第十二部　戏姑苏辙

签 qiān［ㄑㄧㄢ］千廉切　史寒韵，阴　平平，盐韵　词第十四部　戏言前辙　曲廉纤韵，阴

筨 hán［ㄏㄢˊ］胡男切　史寒韵，阳　平平，覃韵　词第十四部　戏言前辙

篠 xiǎo［ㄒㄧㄠˇ］先鸟切　史豪韵，上　平上，篠韵　词第八部　戏遥条辙　曲萧豪韵，上

简 jiǎn［ㄐㄧㄢˇ］古限切　史寒韵，上　平上，潸韵　词第七部　戏言前辙　曲寒山韵，上

筷 kuài［ㄎㄨㄞˋ］苦夬切　史开韵，去　平去，卦韵　词第十部　戏怀来辙　【借用同音字"快"的反切。】

筦 guǎn［ㄍㄨㄢˇ］古满切　史寒韵，上　平上，旱韵　词第七部　戏言前辙

筤 ㈠ láng［ㄌㄤˊ］鲁当切　史唐韵，阳　平平，阳韵　词第二部　戏江阳辙

　　㈡ làng［ㄌㄤˋ］郎宕切　史唐韵，去　平去，漾韵　词第二部　戏江阳辙　（华盖）

筩 ㈠ tǒng［ㄊㄨㄥˇ］徒红切　史庚韵，上　平平，东韵　词第一部　戏中东辙

　　㈡ yǒng［ㄩㄥˇ］尹竦切　史庚韵，上　平上，肿韵　词第一部　戏中东辙　（装箭的容器）

八画

箝（同"钳"）箋（见"笺"）箃（同"簇"）箏（见"筝"）箒（同"帚"）

箐 ㈠ jīng［ㄐㄧㄥ］子盈切　史庚韵，阴　平平，庚韵　词第十一部　戏中东辙

　　㈡ qiàn［ㄑㄧㄢˋ］仓甸切　史寒韵，去　平去，霰韵　词第七部　戏言前辙　（拉开竹弓弩）

　　㈢ qìng［ㄑㄧㄥˋ］仓甸切　史庚韵，去　平去，霰韵　词第七部　戏中东辙　（竹木丛生处）

　　㈣ qiāng［ㄑㄧㄤ］千羊切　史唐韵，阴　平平，阳韵　词第二部　戏江阳辙　（竹名）

箦 zé［ㄗㄜˊ］侧革切　史波韵，阳　平入，陌韵　词第十七部　戏梭波辙　曲皆来韵，上

箧 qiè［ㄑㄧㄝˋ］苦协切　中皆韵，去　平入，叶韵　词第十八部　戏乜斜辙　曲车遮韵，上

箍 gū［ㄍㄨ］古胡切　中姑韵，阴　平平，虞韵　词第四部　戏姑苏辙

箸 zhù［ㄓㄨˋ］迟倨切　中姑韵，去　平去，御韵　词第四部　戏姑苏辙

籜 tuò［ㄊㄨㄛˋ］他各切　中波韵，去　平入，药韵　词第十六部　戏梭波辙

箕 jī［ㄐㄧ］居之切　中齐韵，阴　平平，支韵　词第三部　一七辙　戏齐微韵，阴

箬 ruò［ㄖㄨㄛˋ］而灼切　中波韵，去　平入，药韵　词第十六部　戏梭波辙　曲萧豪韵，去

箖 lín［ㄌㄧㄣˊ］力寻切　中文韵，阳　平平，侵韵　词第十三部　戏人辰辙

箑 shà［ㄕㄚˋ］①山辄切　中麻韵，去　平入，叶韵　词第十八部　戏发花辙

　　　　　　　　②山洽切　中麻韵，去　平入，洽韵　词第十九部　戏发花辙　（又）

算 suàn［ㄙㄨㄢˋ］①苏管切　中寒韵，去　平上，旱韵　词第七部　戏言前辙　曲桓欢韵，去

　　　　　　　　②苏贯切　中寒韵，去　平去，翰韵　词第七部　戏言前辙　曲桓欢韵，去　（同"祘"）

算 bì［ㄅㄧˋ］博计切　中齐韵，去　平去，霁韵　词第三部　戏一七辙

箇 gè［ㄍㄜˋ］古贺切　中波韵，去　平去，箇韵　词第九部　戏梭波辙　曲歌戈韵，去

箩 luó［ㄌㄨㄛˊ］鲁何切　中波韵，阳　平平，歌韵　词第九部　戏梭波辙　曲歌戈韵，阳

箘 ㈠jùn［ㄐㄩㄣˋ］渠殒切　中文韵，上　平上，轸韵　词第六部　戏人辰辙

　　　㈡qūn［ㄑㄩㄣ］去伦切　中文韵，阴　平平，真韵　词第六部　戏人辰辙　（～桂）

箠 chuí［ㄔㄨㄟˊ］①竹垂切　中微韵，阳　平平，支韵　词第三部　戏灰堆辙　曲齐微韵，上

　　　　　　　　②之累切　中微韵，阳　平上，纸韵　词第三部　戏灰堆辙　曲齐微韵，上　（又）

箄 ㈠bēi［ㄅㄟ］①府移切　中微韵，阴　平平，支韵　词第三部　戏灰堆辙

　　　　　　　　②并弭切　中微韵，阴　平上，纸韵　词第三部　戏灰堆辙　（又）

　　　㈡pái［ㄆㄞˊ］蒲街切　中开韵，阳　平平，佳韵　词第五部　戏怀来辙　（同"簰"）

箙 fú［ㄈㄨˊ］房六切　中姑韵，阳　平入，屋韵　词第十五部　戏姑苏辙

箊 yū［ㄩ］央居切　中齐韵，阴　平平，鱼韵　词第四部　戏一七辙

箪 dān［ㄉㄢ］都寒切　中寒韵，阴　平平，寒韵　词第七部　戏言前辙　曲寒山韵，阴

箔 bó［ㄅㄛˊ］①傍各切　中波韵，阳　平入，药韵　词第十六部　戏梭波辙　曲萧豪韵，阳

　　　　　　　　②傍各切　中波韵，阳　平入，药韵　词第十六部　戏梭波辙　曲歌戈韵，阳　（又）

箎 chí［ㄔˊ］①堂来切　中开韵，阳　平平，灰韵　词第五部　戏一七辙

　　　　　　②澄之切　中支韵，阴　平平，支韵　词第三部　戏一七辙　（竹名）

管 guǎn［ㄍㄨㄢˇ］①古满切　中寒韵，上　平上，旱韵　词第七部　戏言前辙　曲桓欢韵，上

　　　　　　　　②古丸切　中寒韵，上　平平，寒韵　词第七部　戏言前辙　（～人）

箜 kōng［ㄎㄨㄥ］苦红切　中庚韵，阴　平平，东韵　词第一部　戏中东辙

箢 yuān［ㄩㄢ］於袁切　中寒韵，阴　平平，元韵　词第七部　戏言前辙　【借用同音字"苑㈡"的反切。】

箫 ㈠xiāo［ㄒㄧㄠ］苏彫切　中豪韵，阴　平平，萧韵　词第八部　戏遥条辙　曲萧豪韵，阴

　　　㈡xiǎo［ㄒㄧㄠˇ］（小竹，同"篠"）

箓 lù［ㄌㄨˋ］①力玉切　中姑韵，去　平入，沃韵　词第十五部　戏姑苏辙　曲鱼模韵，去

　　　　　　②卢谷切　中姑韵，上　平入，屋韵　词第十五部　戏姑苏辙　曲鱼模韵，去　（竹篓）

箛 gū［ㄍㄨ］古胡切　中姑韵，阴　平平，虞韵　词第四部　戏姑苏辙

劀（查"刂"部）

九画

箲（见"箲"）範（同"范"）篗（同"笋"）箷（同"桅"）筅（同"筅"）

箱 xiāng［ㄒㄧㄤ］息良切　中唐韵，阴　平平，阳韵　词第二部　戏江阳辙　曲江阳韵，阴

箴 zhēn［ㄓㄣ］职深切　中文韵，阴　平平，侵韵　词第十三部　戏人辰辙　曲侵寻韵，阴

箵 ㈠xīng［ㄒㄧㄥ］先青切　中庚韵，阴　平平，青韵　词第十一部　戏中东辙

（二）xīng［ㄒㄧㄥˇ］苏挺切　中庚韵，上　平上，迥韵　词第十一部　戏中东辙　（又）

箾（一）shuò［ㄕㄨㄛˋ］所角切　中波韵，去　平入，觉韵　词第十六部　戏梭波辙

（二）xiāo［ㄒㄧㄠ］苏彫切　中豪韵，阴　平平，萧韵　词第八部　戏遥条辙　（～韶）

（三）qiào［ㄑㄧㄠˋ］（刀剑套子，同"鞘（一）"）

篎 miǎo［ㄇㄧㄠˇ］①亡沼切　中豪韵，上　平上，篠韵　词第八部　戏遥条辙

②弥笑切　中豪韵，上　平去，啸韵　词第八部　戏遥条辙　（又）

箐 kuì［ㄎㄨㄟˋ］求位切　中微韵，去　平去，寘韵　词第三部　戏灰堆辙　曲齐微韵，去

篅 chuán［ㄔㄨㄢˊ］市缘切　中寒韵，阳　平平，先韵　词第七部　戏言前辙

萩 qiū［ㄑㄧㄡ］七由切　中尤韵，阴　平平，尤韵　词第十二部　戏由求辙

篯 biān［ㄅㄧㄢ］卑连切　中寒韵，阴　平平，先韵　词第七部　戏言前辙

篁 huáng［ㄏㄨㄤˊ］胡光切　中唐韵，阳　平平，阳韵　词第二部　戏江阳辙　曲江阳韵，阳

篌 hóu［ㄏㄡˊ］户钩切　中尤韵，阳　平平，尤韵　词第十二部　戏由求辙　曲尤侯韵，阳

篓 lǒu［ㄌㄡˇ］①郎斗切　中尤韵，上　平上，有韵　词第十二部　戏由求辙　曲尤侯韵，上

②落侯切　中尤韵，上　平平，尤韵　词第十二部　戏由求辙　曲尤侯韵，上　（又）

③力主切　中尤韵，上　平上，麌韵　词第四部　戏由求辙　曲尤侯韵，上　（又）

箭 jiàn［ㄐㄧㄢˋ］子贱切　中寒韵，去　平去，霰韵　词第七部　戏言前辙　曲先天韵，去

潢 hóng［ㄏㄨㄥˊ］胡公切　中庚韵，阳　平平，东韵　词第一部　戏中东辙

篇 piān［ㄆㄧㄢ］芳连切　中寒韵，阴　平平，先韵　词第七部　戏言前辙　曲先天韵，阴

箳 píng［ㄆㄧㄥˊ］①薄经切　中庚韵，阳　平平，青韵　词第十一部　戏中东辙

②府盈切　中庚韵，阳　平平，庚韵　词第十一部　戏中东辙　（又）

篃 mèi［ㄇㄟˋ］明祕切　中微韵，去　平去，寘韵　词第三部　戏灰堆辙

篨 chú［ㄔㄨˊ］直鱼切　中姑韵，阳　平平，鱼韵　词第四部　戏姑苏辙

篆 zhuàn［ㄓㄨㄢˋ］持兖切　中寒韵，去　平上，铣韵　词第七部　戏言前辙　曲先天韵，去

十画

篤（见"笃"）築（同"筑（一）"）篴（同"笛"）筆（见"笔"）賮（见"赆"）篠（见"筱"）籑（同"馔"）篩（见"筛"）簑（同"蓑（一）"）筹（同"箸"）

篝 gōu［ㄍㄡ］古侯切　中尤韵，阴　平平，尤韵　词第十二部　戏由求辙　曲尤侯韵，阴

篚 fěi［ㄈㄟˇ］府尾切　中微韵，上　平上，尾韵　词第三部　戏灰堆辙

篥 lì［ㄌㄧˋ］力质切　中齐韵，去　平入，质韵　词第十七部　戏一七辙

篮 lán［ㄌㄢˊ］鲁甘切　中寒韵，阳　平平，覃韵　词第十四部　戏言前辙　曲监咸韵，阳

篡 cuàn［ㄘㄨㄢˋ］初患切　中寒韵，去　平去，谏韵　词第七部　戏言前辙　曲寒山韵，去

篗（一）zào［ㄗㄠˋ］初救切　中豪韵，去　平去，宥韵　词第十二部　戏遥条辙

（二）chòu［ㄔㄡˋ］初救切　中尤韵，去　平去，宥韵　词第十二部　戏由求辙　（旧读）

篦 bì［ㄅㄧˋ］边兮切　中齐韵，去　平平，齐韵　词第三部　一七辙　戏齐微韵，阴

篪 chí［ㄔˊ］直离切　中支韵，阳　平平，支韵　词第三部　一七辙　戏齐微韵，阳

籛 jiān［ㄐㄧㄢ］①则前切　中寒韵，阴　平平，先韵　词第七部　戏言前辙　（姓）

②即浅切　中寒韵，上　平上，铣韵　词第七部　戏言前辙　（竹名）

篷 péng［ㄆㄥˊ］薄红切　中庚韵，阳　平平，东韵　词第一部　戏中东辙　曲东钟韵，阳

篘 chōu［ㄔㄡ］楚鸠切　中尤韵，阴　平平，尤韵　词第十二部　戏由求辙　曲尤侯韵，阴

篙 gāo［ㄍㄠ］古劳切　中豪韵，阴　平平，豪韵　词第八部　戏遥条辙　曲萧豪韵，阴

篱 lí［ㄌㄧˊ］吕支切　中齐韵，阳　平平，支韵　词第三部　戏一七辙　曲齐微韵，阳

籅 bù［ㄅㄨˋ］蒲口切　中姑韵，去　平上，有韵　词第十二部　戏姑苏辙

篣（一）péng［ㄆㄥˊ］薄庚切　中庚韵，阳　平平，庚韵　词第十一部　戏中东辙

(二)páng［ㄆㄤˊ］步光切　⊕唐韵，阳　⊕平，阳韵　词第二部　戏江阳辙　（竹名）

十一画

箐（同"彗(一)"）簀（见"箦"）箄（同"簿"）箖（见"篓"）箊（同"笝"）

箣 cè［ㄘㄜˋ］测戟切　⊕波韵，去　⊕入，陌韵　词第十七部　戏梭波辙

勒 lè［ㄌㄜˋ］卢则切　⊕波韵，去　⊕入，职韵　词第十七部　戏梭波辙　【借用同音字"勒"的反切。】

簧 huáng［ㄏㄨㄤˊ］胡光切　⊕唐韵，阳　⊕平，阳韵　词第二部　戏江阳辙　曲江阳韵，阳

篿 (一)tuán［ㄊㄨㄢˊ］度官切　⊕寒韵，阳　⊕平，寒韵　词第七部　戏言前辙　（圆形竹器）

　　(二)zhuān［ㄓㄨㄢ］职缘切　⊕寒韵，阴　⊕平，先韵　词第七部　戏言前辙　（一种占卜方法）

簌 sù［ㄙㄨˋ］苏谷切　⊕姑韵，去　⊕入，屋韵　词第十五部　戏姑苏辙

篻 piǎo［ㄆㄧㄠˇ］①敷沼切　⊕豪韵，上　⊕上，篠韵　词第八部　戏遥条辙

　　　　　②弥遥切　⊕豪韵，上　⊕平，萧韵　词第八部　戏遥条辙　（又）

篹 (一)suǎn［ㄙㄨㄢˇ］苏管切　⊕寒韵，上　⊕上，旱韵　词第七部　戏言前辙

　　(二)zhuàn［ㄓㄨㄢˋ］雏绾切　⊕寒韵，去　⊕上，潸韵　词第七部　戏言前辙　（备餐）

簂 guì［ㄍㄨㄟˋ］古对切　⊕微韵，去　⊕去，队韵　词第三部　戏灰堆辙

篾 miè［ㄇㄧㄝˋ］莫结切　⊕皆韵，去　⊕入，屑韵　词第十八部　戏乜斜辙　曲车遮韵，去

簻 zhuā［ㄓㄨㄚ］陟瓜切　⊕麻韵，阴　⊕平，麻韵　词第十部　戏发花辙

簃 yí［ㄧˊ］弋支切　⊕齐韵，阳　⊕平，支韵　词第三部　戏一七辙

篼 dōu［ㄉㄡ］当侯切　⊕尤韵，阴　⊕平，尤韵　词第十二部　戏由求辙　曲尤侯韵，阴

篩 (一)shāi［ㄕㄞ］山皆切　⊕开韵，阴　⊕平，佳韵　词第五部　戏怀来辙

　　(二)xǐ［ㄒㄧˇ］所绮切　⊕齐韵，上　⊕上，纸韵　词第三部　戏一七辙　（又）

　　(三)shī［ㄕ］所宜切　⊕支韵，阴　⊕平，支韵　词第三部　戏一七辙　（又）

簏 lù［ㄌㄨˋ］卢谷切　⊕姑韵，去　⊕入，屋韵　词第十五部　戏姑苏辙

簇 (一)cù［ㄘㄨˋ］千木切　⊕姑韵，去　⊕入，屋韵　词第十五部　戏姑苏辙　曲鱼模韵，上

　　(二)còu［ㄘㄡˋ］　（太蔟，同"蔟(一)"）

簖 duàn［ㄉㄨㄢˋ］徒玩切　⊕寒韵，去　⊕去，翰韵　词第七部　戏言前辙　【借用同音字"断"的反切。】

簋 guǐ［ㄍㄨㄟˇ］居洧切　⊕微韵，上　⊕上，纸韵　词第三部　戏灰堆辙　曲齐微韵，上

篸 (一)cēn［ㄘㄣ］初簪切　⊕文韵，阴　⊕平，侵韵　词第十三部　戏人辰辙

　　(二)cǎn［ㄘㄢˇ］七感切　⊕寒韵，上　⊕上，感韵　词第十四部　戏言前辙　（簸箕）【方言字。借用同音字"黪"的反切。】

　　(三)zān［ㄗㄢ］①作含切　⊕寒韵，阴　⊕平，覃韵　词第十四部　戏言前辙　曲监咸韵，阴　（同"簪①"）

　　　　　②作勘切　⊕寒韵，阴　⊕去，勘韵　词第十四部　戏言前辙　曲监咸韵，阴　（插在头上）

十二画

篓（同"噬""筮"）简（见"简"）簣（见"箦"）筜（见"筜"）

簿 bó［ㄅㄛˊ］补各切　⊕波韵，阳　⊕入，药韵　词第十六部　戏梭波辙

簠 fǔ［ㄈㄨˇ］①方矩切　⊕姑韵，上　⊕上，麌韵　词第四部　戏姑苏辙

　　　　②甫无切　⊕姑韵，上　⊕平，虞韵　词第四部　戏姑苏辙　（又）

　　　　③芳遇切　⊕姑韵，上　⊕去，遇韵　词第四部　戏姑苏辙　（又）

簟 diàn［ㄉㄧㄢˋ］徒玷切　⊕寒韵，去　⊕上，忝韵　词第十四部　戏言前辙

簝 liáo［ㄌㄧㄠˊ］①落萧切　⊕豪韵，阳　⊕平，萧韵　词第八部　戏遥条辙

　　　　②鲁刀切　⊕豪韵，阳　⊕平，豪韵　词第八部　戏遥条辙　（又）

簪 zān［ㄗㄢ］①作含切　⊕寒韵，阴　⊕平，覃韵　词第十四部　戏言前辙　曲监咸韵，阴

　　　　②侧吟切　⊕寒韵，阴　⊕平，侵韵　词第十三部　戏言前辙　曲侵寻韵，阴　（又）

簚 mì[ㄇㄧˋ] 莫狄切 ᠁齐韵，去 平入，锡韵 词第十七部 戏一七辙

簰 pái[ㄆㄞˊ] 蒲街切 ᠁开韵，阳 平平，佳韵 词第五部 戏怀来辙 【与"箄"音同义同，用其反切。】

篽 yù[ㄩˋ] 鱼巨切 ᠁齐韵，上 平上，语韵 词第四部 戏一七辙

簩 láo[ㄌㄠˊ] 鲁刀切 ᠁豪韵，阳 平平，豪韵 词第八部 戏遥条辙

簜 ㈠ dàng[ㄉㄤˋ] 徒朗切 ᠁唐韵，去 平上，养韵 词第二部 戏江阳辙

　　㈡ tāng[ㄊㄤ] 吐郎切 ᠁唐韵，阴 平平，阳韵 词第二部 戏江阳辙 （古水名）

簢 mǐn[ㄇㄧㄣˇ] 眉殒切 ᠁文韵，上 平上，轸韵 词第六部 戏人辰辙

箰 sǔn[ㄙㄨㄣˇ] 思尹切 ᠁文韵，上 平上，轸韵 词第六部 戏人辰辙

簦 dēng[ㄉㄥ] 都滕切 ᠁庚韵，阴 平平，蒸韵 词第十一部 戏中东辙 曲庚青韵，阴

十三画

篖（见"笪"）簬（同"簵"）簨（同"簨"）签（见"签"）簷（同"檐㈠"）簾（同"帘①"）簫（见"箫"）

籀 zhòu[ㄓㄡˋ] 直祐切 ᠁尤韵，去 平去，宥韵 词第十二部 戏由求辙 曲尤侯韵，去

簸 ㈠ bǒ[ㄅㄛˇ] 布火切 ᠁波韵，上 平上，哿韵 词第九部 戏梭波辙 曲歌戈韵，上

　　㈡ bò[ㄅㄛˋ] 补过切 ᠁波韵，去 平去，箇韵 词第九部 戏梭波辙 曲歌戈韵，去 （~箕）

簳 gǎn[ㄍㄢˇ] 古旱切 ᠁寒韵，上 平上，旱韵 词第七部 戏言前辙

簵 lù[ㄌㄨˋ] 洛故切 ᠁姑韵，去 平去，遇韵 词第四部 戏姑苏辙

籁 lài[ㄌㄞˋ] 落盖切 ᠁开韵，去 平去，泰韵 词第五部 戏怀来辙 曲皆来韵，去

籈 zhēn[ㄓㄣ] 侧邻切 ᠁文韵，阴 平平，真韵 词第六部 戏人辰辙

簴 jù[ㄐㄩˋ] 其吕切 ᠁齐韵，去 平上，语韵 词第四部 戏一七辙

簿 ㈠ bù[ㄅㄨˋ] 裴古切 ᠁姑韵，去 平上，麌韵 词第四部 戏姑苏辙 曲鱼模韵，去

　　㈡ bó[ㄅㄛˊ] 傍各切 ᠁波韵，阳 平入，药韵 词第十六部 戏梭波辙 （养蚕器具）

簺 sài[ㄙㄞˋ] 先代切 ᠁开韵，去 平去，队韵 词第五部 戏怀来辙

十四画

籌（见"筹"）籃（见"篮"）

籍 ㈠ jí[ㄐㄧˊ] 秦昔切 ᠁齐韵，阳 平入，陌韵 词第十七部 戏一七辙 曲齐微韵，阳

　　㈡ jiè[ㄐㄧㄝˋ] （蕴藉，同"藉㈠"）

籉 tái[ㄊㄞˊ] 徒哀切 ᠁开韵，阳 平平，灰韵 词第五部 戏怀来辙

籋 niè[ㄋㄧㄝˋ] ①尼辄切 ᠁皆韵，去 平入，叶韵 词第十八部 戏乜斜辙 曲车遮韵，去 （镊子）

　　　　②奴协切 ᠁皆韵，去 平入，叶韵 词第十八部 戏乜斜辙 曲车遮韵，去 （通"蹑"）

籑 zuǎn[ㄗㄨㄢˇ] 作管切 ᠁寒韵，上 平上，旱韵 词第七部 戏言前辙 曲桓欢韵，上

籊 tì[ㄊㄧˋ] 他历切 ᠁齐韵，去 平入，锡韵 词第十七部 戏一七辙

十五画

籐（同"藤"）

籫 zhuàn[ㄓㄨㄢˋ] 七恋切 ᠁寒韵，去 平去，霰韵 词第七部 戏言前辙

籔 ㈠ shù[ㄕㄨˋ] 所矩切 ᠁姑韵，去 平上，麌韵 词第四部 戏姑苏辙 （古量词）

　　㈡ sǒu[ㄙㄡˇ] 苏后切 ᠁尤韵，上 平上，有韵 词第十二部 戏由求辙 （竹器）

籓 fān[ㄈㄢ] 甫烦切 ᠁寒韵，阴 平平，元韵 词第七部 戏言前辙

十六画

籜（见"箨"）籟（见"籁"）籛（见"篯"）籙（见"箓①"）籠（见"笼"）

籧 qú[ㄑㄩˊ] 强鱼切 ᠁齐韵，阳 平平，鱼韵 词第四部 戏一七辙

籚 lú[ㄌㄨˊ] 落胡切 ᠁姑韵，阳 平平，虞韵 词第四部 戏姑苏辙

籯 yíng[丨ㄥˊ] 以成切　史庚韵，阳　平平，庚韵　词第十一部　戏中东辙

十七画

籭（同"箅"）籤（同"交"）籤（同"签"）

鐘 zhōng[ㄓㄨㄥ] 职容切　史庚韵，阴　平平，冬韵　词第一部　戏中东辙

籥 yuè[ㄩㄝˋ] 以灼切　史皆韵，去　平入，药韵　词第十六部　戏乜斜辙

籣 lán[ㄌㄢˊ] 落干切　史寒韵，阳　平平，寒韵　词第七部　戏言前辙

十八画

籩（见"笾"）籬（见"篱"）籂（见"斸"）

十九画

籮（见"箩"）

二十画

籰（同"籰"）

籰 yuè[ㄩㄝˋ] 王缚切　史皆韵，去　平入，药韵　词第十六部　戏乜斜辙

二十六画

籲（同"吁㈡：②"）

臼　部

臼 jiù[ㄐㄧㄡˋ] 其九切　史尤韵，去　平上，有韵　词第十二部　戏由求辙　曲尤侯韵，去

二画

兒（见"儿㈠㈡"）

臾 ㈠yú[ㄩˊ] 羊朱切　史齐韵，阳　平平，虞韵　词第四部　戏一七辙　曲鱼模韵，阳

㈡yǔ[ㄩˇ] 勇主切　史齐韵，上　平上，麌韵　词第四部　戏一七辙　（~弓）

㈢kuì[ㄎㄨㄟˋ] 求位切　史微韵，去　平去，寘韵　词第三部　戏灰堆辙　（草筐）

㈣yǒng[ㄩㄥˇ] 尹竦切　史庚韵，上　平上，肿韵　词第一部　戏中东辙　（纵~）

三画

臿（同"锸①"）

舁 yú[ㄩˊ] 以诸切　史齐韵，阳　平平，鱼韵　词第四部　戏一七辙　曲鱼模韵，阳

叜（查"又"部）

四画

舀 yǎo[丨ㄠˇ] ①以沼切　史豪韵，上　平上，篠韵　词第八部　戏遥条辙　曲萧豪韵，上

②羊朱切　史豪韵，上　平平，虞韵　词第四部　戏遥条辙　曲萧豪韵，上　（又）

③以周切　史豪韵，上　平平，尤韵　词第十二部　戏遥条辙　曲萧豪韵，上　（又）

五画

舂 chōng[ㄔㄨㄥ] 书容切　史庚韵，阴　平平，冬韵　词第一部　戏中东辙　曲东钟韵，阴

六画

與（见"与"）

舄 ㈠xì[ㄒ丨ˋ] 思积切　史齐韵，去　平入，陌韵　词第十七部　戏一七辙

㈡què[ㄑㄩㄝ`] 七雀切　史皆韵，去　平入，药韵　词第十六部　戏乜斜辙　（鸟名；姓）

㈢tuō[ㄊㄨㄛ] 闼各切　史波韵，阴　平入，药韵　词第十六部　戏梭波辙　（很大的样子）

七画

舆 yú[ㄩˊ] 以诸切　史齐韵，阳　平平，鱼韵　词第四部　戏一七辙　曲鱼模韵，阳

舅 jiù[ㄐㄧㄡ`] 其九切　史尤韵，去　平上，有韵　词第十二部　戏由求辙　曲尤侯韵，去

九画

擧（见"举"）**興**（见"兴"）

十画

輿（见"舆"）

十一画

擧（同"举"）

礜（查"石"部）

十二画

舊（见"旧"）

礜（查"石"部）

十三画

鼍（同"衅"）

十四画

譽（见"誉"）

十五画

釁（查"宀"部）

十九画

釁（见"衅"）

自　部

自 zì[ㄗ`] 疾二切　史支韵，去　平去，寘韵　词第三部　戏一七辙　曲支思韵，去

二画

郋（查"阝右"部）

四画

臬 niè[ㄋㄧㄝ`] 五结切　史皆韵，去　平入，屑韵　词第十八部　戏乜斜辙　曲车遮韵，去

臭 ㈠chòu[ㄔㄡ`] 尺救切　史尤韵，去　平去，宥韵　词第十二部　戏由求辙　曲尤侯韵，去

㈡xiù[ㄒㄧㄡ`] 许救切　史尤韵，去　平去，宥韵　词第十二部　戏由求辙　曲尤侯韵，去　（气味；嗅）

六画

皋（同"皋㈠"）

臮 jì[ㄐㄧ`] 具冀切　史齐韵，去　平去，寘韵　词第三部　戏一七辙

臮（查"一"部）

七画

皋（同"罪"）

十画

齺 niè[ㄋㄧㄝˋ] 五结切　史皆韵，去　平入，屑韵　词第十八部　戏乜斜辙

血 部

血 （一）xuè[ㄒㄩㄝˋ] 呼决切　史皆韵，去　平入，屑韵　词第十八部　戏乜斜辙　曲车遮韵，上
　　（二）xiě[ㄒㄧㄝˇ] 呼决切　史皆韵，上　平入，屑韵　词第十八部　戏乜斜辙　曲车遮韵，上　（用于口语）

二画

衃（同"恤"）

三画

衄（同"衄"）
衁 huāng[ㄏㄨㄤ] 呼光切　史唐韵，阴　平平，阳韵　词第二部　戏江阳辙

四画

衃 （一）pēi[ㄆㄟ] 芳杯切　史微韵，阴　平平，灰韵　词第三部　戏灰堆辙
　　（二）fōu[ㄈㄡ] 匹尤切　史尤韵，阴　平平，尤韵　词第十二部　戏由求辙　（旧读）
　　（三）fǒu[ㄈㄡˇ] 俯九切　史尤韵，上　平上，有韵　词第十二部 [兼第四部麌韵]　戏由求辙　（衃~）
衄 nù[ㄋㄩˋ] 女六切　史齐韵，去　平入，屋韵　词第十五部　戏一七辙

五画

衅 xìn[ㄒㄧㄣˋ] 许觐切　史文韵，去　平去，震韵　词第六部　戏人辰辙　曲真文韵，去

六画

衆（见"众（一）"）衇（同"脉（一）"）
衈 ěr[ㄦˇ] 仍吏切　史齐韵，上　平去，真韵　词第三部　戏一七辙
衉 （一）kè[ㄎㄜˋ] 可赫切　史波韵，去　平入，陌韵　词第十七部　戏梭波辙
　　（二）kā[ㄎㄚ] 乞格切　史麻韵，阴　平入，陌韵　词第十七部　戏发花辙　（又）

十四画

衊（同"蔑"）

十八画

衋 xì[ㄒㄧˋ] 许极切　史齐韵，去　平入，职韵　词第十七部　戏一七辙

舟 部

舟 zhōu[ㄓㄡ] 职流切　史尤韵，阴　平平，尤韵　词第十二部　戏由求辙　曲尤侯韵，阴

二画

舠 dāo[ㄉㄠ] 都牢切　史豪韵，阴　平平，豪韵　词第八部　戏遥条辙　曲萧豪韵，阴

三画

舡 （一）xiāng[ㄒㄧㄤ] 许江切　史唐韵，阴　平平，江韵　词第二部　戏江阳辙

(二) chuán [ㄔㄨㄢˊ]（同"船"）

舢 shān [ㄕㄢ] 师间切　中寒韵，阴　平平，删韵　词第七部　戏言前辙　【借用同音字"山"的反切。】

舣 yǐ [ㄧˇ] 鱼倚切　中齐韵，上　平上，纸韵　词第三部　戏一七辙

四画

舡（同"船"）

舭 bǐ [ㄅㄧˇ] 卑履切　中齐韵，上　平上，纸韵　词第三部　戏一七辙

舰 jiàn [ㄐㄧㄢˋ] 胡黤切　中寒韵，去　平上，豏韵　词第十四部　戏言前辙　曲监咸韵，去

舨 bǎn [ㄅㄢˇ] 补绾切　中寒韵，上　平上，潸韵　词第七部　戏言前辙

舱 cāng [ㄘㄤ] 七冈切　中唐韵，阴　平平，阳韵　词第二部　戏江阳辙　【借用同音字"仓(一)"的反切。】

般 (一) bān [ㄅㄢ]　①布还切　中寒韵，阴　平平，删韵　词第七部　戏言前辙　曲桓欢韵，阴
　　　　　　　　②北潘切　中寒韵，阴　平平，寒韵　词第七部　戏言前辙　曲寒山韵，阴　（搬运）

　　(二) pán [ㄆㄢˊ] 薄官切　中寒韵，阳　平平，寒韵　词第七部　戏言前辙　曲桓欢韵，阳　（旋转；和乐）

　　(三) bō [ㄅㄛ] 北末切　中波韵，阴　平入，曷韵　词第十八部　戏梭波辙　（～若）　【梵文音译字。《正字通》：音钵。用其反切。】

　　(四) bǎn [ㄅㄢˇ] 补满切　中寒韵，上　平上，旱韵　词第七部　戏言前辙　（汉县名）

航 háng [ㄏㄤˊ] 胡郎切　中唐韵，阳　平平，阳韵　词第二部　戏江阳辙　曲江阳韵，阳

舫 fǎng [ㄈㄤˇ] 甫妄切　中唐韵，上　平去，漾韵　词第二部　戏江阳辙　曲江阳韵，上

舸（查"止"部）

五画

舸 gě [ㄍㄜˇ] 古我切　中波韵，上　平上，哿韵　词第九部　戏梭波辙　曲歌戈韵，上

舻 lú [ㄌㄨˊ] 落胡切　中姑韵，阳　平平，虞韵　词第四部　戏姑苏辙　曲鱼模韵，阳

舳 (一) zhú [ㄓㄨˊ] 直六切　中姑韵，阳　平入，屋韵　词第十五部　戏姑苏辙

　　(二) zhòu [ㄓㄡˋ] 直祐切　中尤韵，去　平去，宥韵　词第十二部　戏由求辙　（船头）

舴 zé [ㄗㄜˊ] 陟格切　中波韵，阳　平入，陌韵　词第十七部　戏梭波辙

舶 bó [ㄅㄛˊ] 傍陌切　中波韵，阳　平入，陌韵　词第十七部　戏梭波辙　曲皆来韵，阳

舲 líng [ㄌㄧㄥˊ] 郎丁切　中庚韵，阳　平平，青韵　词第十一部　戏中东辙

船 chuán [ㄔㄨㄢˊ] 食川切　中寒韵，阳　平平，先韵　词第七部　戏言前辙　曲先天韵，阳

鸼 (一) zhōu [ㄓㄡ] 张流切　中尤韵，阴　平平，尤韵　词第十二部　戏由求辙　（鸟名）

　　(二) diǎo [ㄉㄧㄠˇ] 丁了切　中豪韵，上　平上，篠韵　词第八部　戏遥条辙（船名）

舷 xián [ㄒㄧㄢˊ] 胡田切　中寒韵，阳　平平，先韵　词第七部　戏言前辙　曲先天韵，阳

舵 duò [ㄉㄨㄛˋ] 徒可切　中波韵，去　平上，哿韵　词第九部　戏梭波辙　曲歌戈韵，去

六画

艄 (一) qióng [ㄑㄩㄥˊ] 渠容切　中庚韵，阳　平平，冬韵　词第一部　戏中东辙　（一种小船）

　　(二) hóng [ㄏㄨㄥˊ] 胡公切　中庚韵，阳　平平，东韵　词第一部　戏中东辙　（泛指船）

舾 xī [ㄒㄧ] 先稽切　中齐韵，阴　平平，齐韵　词第三部　戏一七辙　【借用同音字"西"的反切。】

艇 tǐng [ㄊㄧㄥˇ] 徒鼎切　中庚韵，上　平上，迥韵　词第十一部　戏中东辙　曲庚青韵，上

七画

艄 shāo [ㄕㄠ] 师交切　中豪韵，阴　平平，看韵　词第八部　戏遥条辙

艅 yú [ㄩˊ] 以诸切　中齐韵，阳　平平，鱼韵　词第四部　戏一七辙

艆 láng [ㄌㄤˊ] 鲁当切　中唐韵，阳　平平，阳韵　词第二部　戏江阳辙

嫛（查"女"部）

八画

艋 měng[ㄇㄥˇ] ①莫幸切　中庚韵，上　平上，梗韵　词第十一部　戏中东辙　曲东钟韵，上
　　　　　　　　②莫幸切　中庚韵，上　平上，梗韵　词第十一部　戏中东辙　曲庚青韵，上　（又）

棨（查"木"部）

九画

艓 dié[ㄉㄧㄝˊ] 弋涉切　中皆韵，阳　平入，叶韵　词第十八部　戏乜斜辙

艒 ㈠mù[ㄇㄨˋ] ①莫沃切　中姑韵，去　平入，沃韵　词第十五部　戏姑苏辙
　　　　　　　 ②莫卜切　中姑韵，去　平入，屋韵　词第十五部　戏姑苏辙　（又）
　　㈡mò[ㄇㄛˋ] 莫北切　中波韵，去　平入，职韵　词第十七部　戏梭波辙　（钓艇）

艘 ㈠sōu[ㄙㄡ] 疏鸠切　中尤韵，阴　平平，尤韵　词第十二部　戏由求辙　曲萧豪韵，阴
　　㈡sāo[ㄙㄠ] ①苏遭切　中豪韵，阴　平平，豪韵　词第八部　戏遥条辙　曲萧豪韵，阴　（又）
　　　　　　　　②苏彫切　中豪韵，阴　平平，萧韵　词第八部　戏遥条辙　曲萧豪韵，阴　（又）

艎 huáng[ㄏㄨㄤˊ] 胡光切　中唐韵，阳　平平，阳韵　词第二部　戏江阳辙　曲江阳韵，阳

艐 jiè[ㄐㄧㄝˋ] 古拜切　中皆韵，去　平去，卦韵　词第五部　戏乜斜辙

艖 chā[ㄔㄚ] ①初牙切　中麻韵，阴　平平，麻韵　词第十部　戏发花辙　曲家麻韵，阴
　　　　　　 ②昨何切　中麻韵，阴　平平，歌韵　词第九部　戏发花辙　曲家麻韵，阴　（又）

艑 biàn[ㄅㄧㄢˋ] 薄泫切　中寒韵，去　平上，铣韵　词第七部　戏言前辙　曲先天韵，上

磐（查"石"部）

十画

艙（见"舱"）

艗 yì[ㄧˋ] 五历切　中齐韵，去　平入，锡韵　词第十七部　戏一七辙

十一画

艚（见"鹢"）

艚 cáo[ㄘㄠˊ] 昨劳切　中豪韵，阳　平平，豪韵　词第八部　戏遥条辙

艛 lóu[ㄌㄡˊ] 落侯切　中尤韵，阳　平平，尤韵　词第十二部　戏由求辙　曲尤侯韵，阳

十二画

艟 chōng[ㄔㄨㄥ] 尺容切　中庚韵，阴　平平，冬韵　词第一部　戏中东辙　曲东钟韵，阴

十三画

艢（同"樯"）艣（同"橹"）艤（见"舣"）

艧 huò[ㄏㄨㄛˋ] 乌缚切　中波韵，去　平入，药韵　词第十六部　戏梭波辙

艨 méng[ㄇㄥˊ] ①莫红切　中庚韵，阳　平平，东韵　词第一部　戏中东辙
　　　　　　　　②莫弄切　中庚韵，阳　平去，送韵　词第一部　戏中东辙　（又）

鞚（查"革"部）

十四画

艦（见"舰"）

十五画

艪（同"橹"）

十六画

艫（见"舻"）

十八画

艭 shuāng［ㄕㄨㄤ］所江切　史唐韵，阴　乎平，江韵　词第二部　戏江阳辙

色　部

色 (一)sè［ㄙㄜˋ］所力切　史波韵，去　乎入，职韵　词第十七部　戏梭波辙　曲皆来韵，上
　　(二)shǎi［ㄕㄞˇ］所力切　史开韵，上　乎入，职韵　词第十七部　戏怀来辙　曲皆来韵，上　（用于一些口语）

四画

艳 yàn［ㄧㄢˋ］以赡切　史寒韵，去　乎去，艳韵　词第十四部　戏言前辙　曲廉纤韵，去

五画

艴 (一)fú［ㄈㄨˊ］敷勿切　史姑韵，阳　乎入，屋韵　词第十五部　戏姑苏辙
　　(二)bó［ㄅㄛˊ］蒲没切　史波韵，阳　乎入，月韵　词第十八部　戏梭波辙　（旧读）

六画

艵 pīng［ㄆㄧㄥ］普丁切　史庚韵，阴　乎平，青韵　词第十一部　戏中东辙

七画

赧（查"赤"部）

八画

靘（查"青"部）

十三画

艳（同"艳"）

十八画

艳（同"艳"）

衣（衤）部

衣 (一)yī［ㄧ］於希切　史齐韵，阴　乎平，微韵　词第三部　戏一七辙　曲齐微韵，阴
　　(二)yì［ㄧˋ］於既切　史齐韵，去　乎去，未韵　词第三部　戏一七辙　（穿衣；覆盖）

二画

补 bǔ［ㄅㄨˇ］博古切　史姑韵，上　乎上，麌韵　词第四部　戏姑苏辙　曲鱼模韵，上
初 chū［ㄔㄨ］楚居切　史姑韵，阴　乎平，鱼韵　词第四部　戏姑苏辙　曲鱼模韵，阴

三画

衬 chèn［ㄔㄣˋ］初觐切　史文韵，去　乎去，震韵　词第六部　戏人辰辙　曲真文韵，去
衫 shān［ㄕㄢ］所衔切　史寒韵，阴　乎平，咸韵　词第十四部　戏言前辙　曲监咸韵，阴
衱 jié［ㄐㄧㄝˊ］①其辄切　史皆韵，阳　乎入，叶韵　词第十八部　戏乜斜辙
　　　　　　　　②居怯切　史皆韵，阳　乎入，洽韵　词第十九部　戏乜斜辙　（又）
衪 (一)yī［ㄧ］弋支切　史齐韵，阴　乎平，支韵　词第三部　戏一七辙
　　(二)yǐ［ㄧˇ］移尔切　史齐韵，上　乎上，纸韵　词第三部　戏一七辙　（又）
衩 (一)chà［ㄔㄚˋ］楚懈切　史麻韵，去　乎去，卦韵　词第十部　戏发花辙
　　(二)chǎ［ㄔㄚˇ］初雅切　史麻韵，上　乎上，马韵　词第十部　戏发花辙　（裤~）【现代读音。借用同音

字“笈”的反切。】

表（查“一”部）**哀**（查“亠”部）

四画

衺（同“邪㈠”）**衻**（见“衶”）

衾 qīn[ㄑㄧㄣ] 去金切 中文韵，阴 平平，侵韵 词第十三部 戏人辰辙 曲侵寻韵，阴

袅 niǎo[ㄋㄧㄠˇ] 尼了切 中豪韵，上 平上，篠韵 词第八部 戏遥条辙 曲萧豪韵，上

衰 ㈠cuī[ㄘㄨㄟ] 楚危切 中微韵，阴 平平，支韵 词第三部 戏灰堆辙 曲齐微韵，阴

㈡shuāi[ㄕㄨㄞ] 所追切 中开韵，阴 平平，支韵 词第三部 戏怀来辙 曲皆来韵，阴 （与“盛”相对）

衷 ㈠zhōng[ㄓㄨㄥ] 陟弓切 中庚韵，阴 平平，东韵 词第一部 戏中东辙 曲东钟韵，阴

㈡zhòng[ㄓㄨㄥˋ] 陟仲切 中庚韵，去 平去，送韵 词第一部 戏中东辙 （恰当）

衮 gǔn[ㄍㄨㄣˇ] 古本切 中文韵，上 平上，阮韵 词第六部 戏人辰辙 曲真文韵，上

袂 fū[ㄈㄨ] 甫无切 中姑韵，阴 平平，虞韵 词第四部 戏姑苏辙

袆 ㈠huī[ㄏㄨㄟ] 许归切 中微韵，阴 平平，微韵 词第三部 戏灰堆辙

㈡yī[ㄧ] 於离切 中齐韵，阴 平平，支韵 词第三部 戏一七辙 （美好）

衵 nì[ㄋㄧˋ] 人质切 中齐韵，去 平入，质韵 词第十七部 戏一七辙

衲 nà[ㄋㄚˋ] 奴荅切 中麻韵，去 平入，合韵 词第十九部 戏发花辙 曲家麻韵，去

衽 rèn[ㄖㄣˋ] ①汝鸩切 中文韵，去 平去，沁韵 词第十三部 戏人辰辙 曲侵寻韵，上

②汝鸩切 中文韵，去 平去，沁韵 词第十三部 戏人辰辙 曲侵寻韵，去 （又）

袄 ǎo[ㄠˇ] 乌皓切 中豪韵，上 平上，皓韵 词第八部 戏遥条辙 曲萧豪韵，上

衿 ㈠jīn[ㄐㄧㄣ] 居吟切 中文韵，阴 平平，侵韵 词第十三部 戏人辰辙 曲侵寻韵，阴

㈡jìn[ㄐㄧㄣˋ] 巨禁切 中文韵，去 平去，沁韵 词第十三部 戏人辰辙 （结住，带上）

衯 fēn[ㄈㄣ] 抚文切 中文韵，阴 平平，文韵 词第六部 戏人辰辙

衹 ㈠zhī[ㄓ] 章移切 中支韵，阴 平平，支韵 词第三部 戏一七辙 （仅仅）

㈡qí[ㄑㄧˊ] 巨支切 中齐韵，阳 平平，支韵 词第三部 戏一七辙 （~裧）

㈢zhǐ[ㄓˇ] （同“只㈠”）

袀 jūn[ㄐㄩㄣ] 居匀切 中文韵，阴 平平，真韵 词第六部 戏人辰辙

袂 mèi[ㄇㄟˋ] 弥弊切 中微韵，去 平去，霁韵 词第三部 戏灰堆辙 曲齐微韵，去

扆（查“户”部）**衰**（查“土”部）

五画

袟（同“帙”）**袙**（同“帕㈡”）**衮**（同“衮”）**褎**（同“抱②”）

袭 xí[ㄒㄧˊ] 似入切 中齐韵，阳 平入，缉韵 词第十七部 戏一七辙 曲齐微韵，阳

袋 dài[ㄉㄞˋ] 徒耐切 中开韵，去 平去，队韵 词第五部 戏怀来辙 曲皆来韵，去

袠 zhì[ㄓˋ] 直一切 中支韵，去 平入，质韵 词第十七部 戏一七辙

袤 mào[ㄇㄠˋ] 莫候切 中豪韵，去 平去，宥韵 词第十二部 戏遥条辙

袈 jiā[ㄐㄧㄚ] 古牙切 中麻韵，阴 平平，麻韵 词第十部 戏发花辙 曲家麻韵，阴

袜 ㈠mò[ㄇㄛˋ] 莫拨切 中波韵，去 平入，曷韵 词第十八部 戏梭波辙 （抹胸）

㈡wà[ㄨㄚˋ] 勿发切 中麻韵，去 平入，月韵 词第十八部 戏发花辙 曲家麻韵，去 （~子）

袪 qū[ㄑㄩ] 去鱼切 中齐韵，阴 平平，鱼韵 词第四部 戏一七辙

袣 yì[ㄧˋ] 余制切 中齐韵，去 平去，霁韵 词第三部 戏一七辙

袚 ㈠bō[ㄅㄛ] 北末切 中波韵，阴 平入，曷韵 词第十八部 戏梭波辙

㈡fú[ㄈㄨˊ] 分物切 中姑韵，阳 平入，物韵 词第十八部 戏姑苏辙 （小儿抱裙）

袒 tǎn[ㄊㄢˇ] 徒旱切 中寒韵，上 平上，旱韵 词第七部 戏言前辙 曲寒山韵，上

袖 xiù[ㄒㅣㄡˋ] 似祐切　中尤韵，去　平去，宥韵　词第十二部　戏由求辙　曲尤侯韵，去

衻 rán[ㅁㄢˊ] 汝盐切　中寒韵，阳　平平，盐韵　词第十四部　戏言前辙

袘 (一)yì[ㅣˋ] 以豉切　中齐韵，去　平去，寘韵　词第三部　戏一七辙　（衣摆）
　　(二)yī[ㅣ] 余支切　中齐韵，阴　平平，支韵　词第三部　戏一七辙　（衣袖）

袗 zhěn[ㅤㄓㄣˇ] ①章忍切　中文韵，上　平上，轸韵　词第六部　戏人辰辙
　　　　　②章刃切　中文韵，上　平去，震韵　词第六部　戏人辰辙　（又）

袛 dī[ㄉㅣ] 都奚切　中齐韵，阴　平平，齐韵　词第三部　戏一七辙

袧 gōu[ㄍㄡ] 墟侯切　中尤韵，阴　平平，尤韵　词第十二部　戏由求辙

袍 páo[ㄆㄠˊ] 薄褒切　中豪韵，阳　平平，豪韵　词第八部　戏遥条辙　曲萧豪韵，阳

袨 xuàn[ㄒㄩㄢˋ] 黄绚切　中寒韵，去　平去，霰韵　词第七部　戏言前辙

袢 (一)pàn[ㄆㄢˋ] ①普患切　中寒韵，去　平去，谏韵　词第七部　戏言前辙
　　　　　②普半切　中寒韵，去　平去，翰韵　词第七部　戏言前辙　（又）
　　(二)fán[ㄈㄢˊ] 附袁切　中寒韵，阳　平平，元韵　词第七部　戏言前辙　（白内衣；炎热）

袑 shào[ㄕㄠˋ] 市沼切　中豪韵，去　平上，篠韵　词第八部　戏遥条辙

被 (一)bèi[ㄅㄟˋ] 皮彼切　中微韵，去　平上，纸韵　词第三部　戏灰堆辙　曲齐微韵，去
　　(二)pī[ㄆㅣ] 攀糜切　中齐韵，阴　平平，支韵　词第三部　戏一七辙　曲齐微韵，阴　（穿着）
　　(三)bì[ㄅㅣˋ] 平义切　中齐韵，去　平去，寘韵　词第三部　戏一七辙　（假发）

袯 bó[ㄅㄛˊ] 北末切　中波韵，阳　平入，曷韵　词第十八部　戏梭波辙

袎 yào[ㅣㄠˋ] 於教切　中豪韵，去　平去，效韵　词第八部　戏遥条辙

六画

袴（同"裤"）祇（同"衹"）

裂 liè[ㄌㅣㅔˋ] 良薛切　中皆韵，去　平入，屑韵　词第十八部　戏乜斜辙　曲车遮韵，去

襭 xiè[ㄒㅣㅔˋ] 私列切　中皆韵，去　平入，屑韵　词第十八部　戏乜斜辙　曲车遮韵，上

装 zhuāng[ㅤㄓㄨㄤ] 侧羊切　中唐韵，阴　平平，阳韵　词第二部　戏江阳辙　曲江阳韵，阴

裒 póu[ㄆㄡˊ] 薄侯切　中尤韵，阳　平平，尤韵　词第十二部　戏由求辙　曲尤侯韵，阳

裏 (一)yí[ㅣˊ] 弋支切　中齐韵，阳　平平，支韵　词第三部　戏一七辙
　　(二)chǐ[ㄔˇ] 尺氏切　中支韵，上　平上，纸韵　词第三部　戏一七辙　（又）

袿 guī[ㄍㄨㄟ] 古携切　中微韵，阴　平平，齐韵　词第三部　戏灰堆辙

袺 jié[ㄐㅣㅔˊ] ①古屑切　中皆韵，阳　平入，屑韵　词第十八部　戏乜斜辙
　　　　　②古黠切　中皆韵，阳　平入，黠韵　词第十八部　戏乜斜辙　（又）

裆 dāng[ㄉㄤ] 都郎切　中唐韵，阴　平平，阳韵　词第二部　戏江阳辙　曲江阳韵，阴

裀 yīn[ㅣㄣ] 於真切　中文韵，阴　平平，真韵　词第六部　戏人辰辙

袾 (一)zhū[ㅤㄓㄨ] 陟输切　中姑韵，阴　平平，虞韵　词第四部　戏姑苏辙　（朱红）
　　(二)shū[ㄕㄨ]　（美好，同"姝"）

袱 fú[ㄈㄨˊ] 房六切　中姑韵，阳　平入，屋韵　词第十五部　戏姑苏辙　曲鱼模韵，阳

袷 (一)qiā[ㄑㅣㄚ] 辖夹切　中麻韵，阴　平入，洽韵　词第十九部　戏发花辙　曲家麻韵，阳　（~裆）【音译字。《集韵》：辖夹切。借用之。】
　　(二)jié[ㄐㅣㅔˊ] 居怯切　中皆韵，阳　平入，洽韵　词第十九部　戏乜斜辙　曲家麻韵，阳　（古代礼服的交领）
　　(三)jiá[ㄐㅣㄚˊ]　（夹衣，同"夹(二)：①"）

袼 gē[ㄍㄜ] ①古落切　中波韵，阴　平入，药韵　词第十六部　戏梭波辙　（衣袖）
　　　　　②卢各切　中波韵，去　平入，药韵　词第十六部　戏梭波辙　（小儿涎~）

裈 kūn[ㄎㄨㄣ] 古浑切　中文韵，阴　平平，元韵　词第六部　戏人辰辙

裉 kèn[ㄎㄣˋ] 苦恨切　中文韵，去　平去，愿韵　词第六部　戏人辰辙　【以"苦""恨"二字可以切得。】

袽 rú[ㄖㄨˊ] 女余切　史齐韵，阳　平平，鱼韵　词第四部　戏姑苏辙

裁（查"戈"部）

七画

褧（见"褧"）裝（见"装"）裏（同"里"）補（见"补"）袷（同"夹㈡：①"）裡（同"里"）

裚 jì[ㄐㄧˋ] 子计切　史齐韵，去　平去，霁韵　词第三部　戏一七辙

裘 qiú[ㄑㄧㄡˊ] 巨鸠切　史尤韵，阳　平平，尤韵　词第十二部　戏由求辙　曲尤侯韵，阳

裔 yì[ㄧˋ] 余制切　史齐韵，去　平去，霁韵　词第三部　戏一七辙　曲齐微韵，去

裛 ㈠yè[ㄧㄝˋ] 於辄切　史皆韵，阳　平入，叶韵　词第十八部　戏乜斜辙

　　㈡yì[ㄧˋ] 於汲切　史齐韵，去　平入，缉韵　词第十七部　戏一七辙　（又）

裟 shā[ㄕㄚ] 所加切　史麻韵，阴　平平，麻韵　词第十部　戏发花辙　曲家麻韵，阴

裓 ㈠gé[ㄍㄜˊ] 古得切　史波韵，阳　平入，职韵　词第十七部　戏梭波辙　（前襟）

　　㈡jiē[ㄐㄧㄝ] 居谐切　史皆韵，阴　平平，佳韵　词第五部　戏乜斜辙　（砖面路）

裋 shù[ㄕㄨˋ] 臣庾切　史姑韵，去　平上，麌韵　词第四部　戏姑苏辙

裖 zhěn[ㄓㄣˇ] 章忍切　史文韵，上　平上，轸韵　词第六部　戏人辰辙

裢 lian[˙ㄌㄧㄢ] 力延切　史寒韵，阴　平平，先韵　词第七部　戏言前辙　【借用同音字"连"的反切。】

裎 ㈠chéng[ㄔㄥˊ] 直贞切　史庚韵，阳　平平，庚韵　词第十一部　戏中东辙

　　㈡chěng[ㄔㄥˇ] 丑郢切　史庚韵，上　平上，梗韵　词第十一部　戏中东辙　（对襟单衣）

裣 liǎn[ㄌㄧㄢˇ] 离盐切　史寒韵，上　平平，盐韵　词第十四部　戏言前辙

裕 yù[ㄩˋ] 羊戍切　史齐韵，去　平去，遇韵　词第四部　戏一七辙　曲鱼模韵，去

裤 kù[ㄎㄨˋ] 苦故切　史姑韵，去　平去，遇韵　词第四部　戏姑苏辙

裥 ㈠jiǎn[ㄐㄧㄢˇ] 古苋切　史寒韵，上　平去，谏韵　词第七部　戏言前辙　（裙褶）

　　㈡jiàn[ㄐㄧㄢˋ]　（间色衣，同"间㈡"）

裞 shuì[ㄕㄨㄟˋ] 输芮切　史微韵，去　平去，霁韵　词第三部　戏灰堆辙

裙 qún[ㄑㄩㄣˊ] 渠云切　史文韵，阳　平平，文韵　词第六部　戏人辰辙　曲真文韵，阳

八画

製（同"制"）褙（同"裉"）

裴 ㈠péi[ㄆㄟˊ] 薄回切　史微韵，阳　平平，灰韵　词第三部　戏灰堆辙　曲齐微韵，阳

　　㈡féi[ㄈㄟˊ] 符非切　史微韵，阳　平平，微韵　词第三部　戏灰堆辙　曲齐微韵，阳　（即~）

裻 dū[ㄉㄨ] ①冬毒切　史姑韵，阴　平入，沃韵　词第十五部　戏姑苏辙

　　　　②先笃切　史姑韵，阴　平入，沃韵　词第十五部　戏姑苏辙　（穿着新衣活动时发出声音）

裳 ㈠cháng[ㄔㄤˊ] 市羊切　史唐韵，阳　平平，阳韵　词第二部　戏江阳辙　曲江阳韵，阳　（裙的古称）

　　㈡shang[˙ㄕㄤ] 市羊切　史唐韵，阴　平平，阳韵　词第二部　戏江阳辙　曲江阳韵，阳　（衣~）

裹 guǒ[ㄍㄨㄛˇ] 古火切　史波韵，上　平上，哿韵　词第九部　戏梭波辙　曲歌戈韵，上

裱 biǎo[ㄅㄧㄠˇ] 方庙切　史豪韵，上　平去，啸韵　词第八部　戏遥条辙

褂 guà[ㄍㄨㄚˋ] 古卖切　史麻韵，去　平去，卦韵　词第十部　戏发花辙　【借用同音字"卦"的反切。】

褚 ㈠zhǔ[ㄓㄨˇ] 丁吕切　史姑韵，上　平上，语韵　词第四部　戏姑苏辙　曲鱼模韵，上

　　㈡chǔ[ㄔㄨˇ] 丑吕切　史姑韵，上　平上，语韵　词第四部　戏姑苏辙　曲鱼模韵，上　（姓）

　　㈢zhě[ㄓㄜˇ] 止野切　史波韵，上　平上，马韵　词第十部　戏梭波辙　（兵卒）

裲 liǎng[ㄌㄧㄤˇ] 里养切　史唐韵，上　平上，养韵　词第二部　戏江阳辙

褗 ㈠yǎn[ㄧㄢˇ] 衣俭切　史寒韵，上　平上，俭韵　词第十四部　戏言前辙

　　㈡ān[ㄢ] 乌含切　史寒韵，阴　平平，覃韵　词第十四部　戏言前辙　（~篼）

裶 fēi[ㄈㄟ] 芳非切　史微韵，阴　平平，微韵　词第三部　戏灰堆辙

裸 luǒ[ㄌㄨㄛˇ] 郎果切　史波韵，上　乎上，哿韵　词第九部　戏梭波辙　曲歌戈韵，上

裼 (一)xī[ㄒㄧ] 先击切　史齐韵，阴　乎入，锡韵　词第十七部　戏一七辙

　　(二)tì[ㄊㄧˋ] 他计切　史齐韵，去　乎去，霁韵　词第三部　戏一七辙　（裼裸）

禆 (一)pí[ㄆㄧˊ] 符支切　史齐韵，阳　乎平，支韵　词第三部　戏一七辙

　　(二)bì[ㄅㄧˋ] 必移切　史齐韵，去　乎平，支韵　词第三部　戏一七辙　（补益）

　　(三)bēi[ㄅㄟ] 府移切　史微韵，阴　乎平，支韵　词第三部　戏灰堆辙　（三旧读）

裯 (一)chòu[ㄔㄡˋ] 直由切　史尤韵，去　乎平，尤韵　词第十二部　戏由求辙

　　(二)dāo[ㄉㄠ] 都牢切　史豪韵，阴　乎平，豪韵　词第八部　戏遥条辙　（袛~）

褑 (一)yuān[ㄩㄢ] 於袁切　史寒韵，阴　乎平，元韵　词第七部　戏言前辙

　　(二)gǔn[ㄍㄨㄣˇ]　（同"衮"）

裧 chān[ㄔㄢ] ①昌艳切　史寒韵，阴　乎去，艳韵　词第十四部　戏言前辙

　　　　　　②处占切　史寒韵，阴　乎平，盐韵　词第十四部　戏言前辙　（又）

裾 (一)jū[ㄐㄩ] 九鱼切　史齐韵，阴　乎平，鱼韵　词第四部　戏一七辙　曲鱼模韵，阴

　　(二)jù[ㄐㄩˋ]　（傲慢，同"倨"；依据，同"据(一)"）

裰 duō[ㄉㄨㄛ] 丁括切　史波韵，阴　乎入，曷韵　词第十八部　戏梭波辙

九画

褎（同"褒"）褎（同"褒"）裹（同"怀"）複（同"复①②"）褌（见"裈"）褘（见"袆"）

褒 bāo[ㄅㄠ] 博毛切　史豪韵，阴　乎平，豪韵　词第八部　戏遥条辙　曲萧豪韵，阴

褎 (一)yòu[ㄧㄡˋ] 余救切　史尤韵，去　乎去，宥韵　词第十二部　戏由求辙

　　(二)xiù[ㄒㄧㄡˋ]　（衣袖，同"袖"）

褋 dié[ㄉㄧㄝˊ] 徒协切　史皆韵，阳　乎入，叶韵　词第十八部　戏乜斜辙

褡 dā[ㄉㄚ] 都榼切　史麻韵，阴　乎入，合韵　词第十九部　戏发花辙

褙 bèi[ㄅㄟˋ] 补妹切　史微韵，去　乎去，队韵　词第三部　戏灰堆辙

褐 hè[ㄏㄜˋ] 胡葛切　史波韵，去　乎入，曷韵　词第十八部　戏梭波辙　曲歌戈韵，阳

褞 (一)yǔn[ㄩㄣˇ] 於粉切　史文韵，上　乎上，吻韵　词第六部　戏人辰辙

　　(二)wēn[ㄨㄣ] 乌昆切　史文韵，阴　乎平，元韵　词第六部　戏人辰辙　（~褐）

褓 bǎo[ㄅㄠˇ] 博抱切　史豪韵，上　乎上，皓韵　词第八部　戏遥条辙　曲萧豪韵，上

褑 yuàn[ㄩㄢˋ] 于眷切　史寒韵，去　乎去，霰韵　词第七部　戏言前辙

褕 (一)yú[ㄩˊ] ①余昭切　史豪韵，阳　乎平，萧韵　词第八部　戏遥条辙

　　　　　　②羊朱切　史齐韵，阳　乎平，虞韵　词第四部　戏一七辙　（羽衣）

　　(二)tóu[ㄊㄡˊ] 徒侯切　史尤韵，阳　乎平，尤韵　词第十二部　戏由求辙　（短袖衣）

褛 (一)lǚ[ㄌㄩˇ] 力主切　史齐韵，上　乎上，麌韵　词第四部　戏一七辙　（褴~）

　　(二)lóu[ㄌㄡˊ] 落侯切　史尤韵，阳　乎平，尤韵　词第十二部　戏由求辙　（衣襟）

褊 biǎn[ㄅㄧㄢˇ] 方缅切　史寒韵，上　乎上，铣韵　词第七部　戏言前辙

褪 (一)tùn[ㄊㄨㄣˋ] 吐困切　史文韵，去　乎去，愿韵　词第七部　戏人辰辙　曲真文韵，去

　　(二)tuì[ㄊㄨㄟˋ] 他内切　史微韵，去　乎去，队韵　词第三部　戏灰堆辙（脱落；脱去）【借用同音字"退"的反切。】

褖 tuàn[ㄊㄨㄢˋ] 通贯切　史寒韵，去　乎去，翰韵　词第七部　戏言前辙

十画

裵（同"怀"）褴（见"褴"）裤（见"裤"）缛（同"缛"）

褧 jiǒng[ㄐㄩㄥˇ] 口迥切　史庚韵，上　乎上，迥韵　词第十一部　戏中东辙

褭 niǎo[ㄋㄧㄠˇ] 奴鸟切　史豪韵，上　乎上，篠韵　词第八部　戏遥条辙

褠 gōu［ㄍㄡ］古侯切　中尤韵，阴　平平，尤韵　词第十二部　戏由求辙

褥 rù［ㄖㄨˋ］①而蜀切　中姑韵，去　平入，沃韵　词第十五部　戏姑苏辙　曲鱼模韵，去

　　　　　　　②而蜀切　中姑韵，去　平入，沃韵　词第十五部　戏姑苏辙　曲尤侯韵，去　（又）

襤 lán［ㄌㄢˊ］鲁甘切　中寒韵，阳　平平，覃韵　词第十四部　戏言前辙

褟 tā［ㄊㄚ］丁塔切　中麻韵，阴　平入，合韵　词第十九部　戏发花辙

褫 chǐ［ㄔˇ］池尔切　中支韵，上　平上，纸韵　词第三部　戏一七辙

褯 jiè［ㄐㄧㄝˋ］①慈夜切　中皆韵，去　平去，祃韵　词第十部　戏乜斜辙　（婴儿衣）

　　　　　　　②祥亦切　中齐韵，去　平入，陌韵　词第十七部　戏一七辙（婴儿尿布）【《集韵》：祥亦切，

音席。】

褣 róng［ㄖㄨㄥˊ］余封切　中庚韵，阳　平平，冬韵　词第一部　戏中东辙

褦 nài［ㄋㄞˋ］乃代切　中开韵，去　平去，队韵　词第五部　戏怀来辙

襄（查"亠"部）

十一画

襃（见"褒"）褒（同"褒"）褸（见"褛"）

褽 wèi［ㄨㄟˋ］於胃切　中微韵，去　平去，未韵　词第三部　戏灰堆辙

襀 jī［ㄐㄧ］资昔切　中齐韵，阴　平入，陌韵　词第十七部　戏一七辙

襖 yì［ㄧˋ］鱼祭切　中齐韵，去　平去，霁韵　词第三部　戏一七辙

褾 biǎo［ㄅㄧㄠˇ］方小切　中豪韵，上　平上，篠韵　词第八部　戏遥条辙

襒 bié［ㄅㄧㄝˊ］蒲结切　中皆韵，阳　平入，屑韵　词第十八部　戏乜斜辙

褷 shī［ㄕ］所宜切　中支韵，阴　平平，支韵　词第三部　戏一七辙

襐 xiǎng［ㄒㄧㄤˇ］徐两切　中唐韵，上　平上，养韵　词第二部　戏江阳辙

褶 ㈠xí［ㄒㄧˊ］似入切　中齐韵，阳　平入，缉韵　词第十七部　戏一七辙

　　㈡dié［ㄉㄧㄝˊ］徒协切　中皆韵，阳　平入，叶韵　词第十八部　戏乜斜辙　（夹衣；上衣）

　　㈢zhě［ㄓㄜˇ］职摄切　中波韵，上　平入，叶韵　词第十八部　戏梭波辙　曲车遮韵，上　（衣~）

襂 ㈠shēn［ㄕㄣ］疏簪切　中文韵，阴　平平，侵韵　词第十三部　戏人辰辙

　　㈡shān［ㄕㄢ］师衔切　中寒韵，阴　平平，咸韵　词第十四部　戏言前辙　（衣衫）

襄（查"亠"部）

十二画

襇（见"裥"）襍（同"杂"）襖（见"袄"）襏（见"袯"）

襓 ráo［ㄖㄠˊ］如招切　中豪韵，阳　平平，萧韵　词第八部　戏遥条辙

襋 jí［ㄐㄧˊ］纪力切　中齐韵，阳　平入，职韵　词第十七部　戏一七辙

襆 ㈠fú［ㄈㄨˊ］房玉切　中姑韵，阳　平入，沃韵　词第十五部　戏姑苏辙

　　㈡pú［ㄆㄨˊ］博木切　中姑韵，阳　平入，屋韵　词第十五部　戏姑苏辙　（旧读）

襊 ㈠cuì［ㄘㄨㄟˋ］麤最切　中微韵，去　平去，泰韵　词第三部　戏灰堆辙　（衣襊）

　　㈡cuō［ㄘㄨㄛ］仓括切　中波韵，阴　平入，曷韵　词第十八部　戏梭波辙　（黑布帽）

襌 dān［ㄉㄢ］都寒切　中寒韵，阴　平平，寒韵　词第七部　戏言前辙

襕 lán［ㄌㄢˊ］郎干切　中寒韵，阳　平平，寒韵　词第七部　戏言前辙

襚 suì［ㄙㄨㄟˋ］徐醉切　中微韵，去　平去，寘韵　词第三部　戏灰堆辙

襁 qiǎng［ㄑㄧㄤˇ］居两切　中唐韵，上　平上，养韵　词第二部　戏江阳辙

襈 zhuàn［ㄓㄨㄢˋ］士恋切　中寒韵，去　平去，霰韵　词第七部　戏言前辙

十三画

襠（见"裆"）襝（见"裣"）

襞 bì[ㄅㄧˋ] 必益切 中齐韵，去 平入，陌韵 词第十七部 戏一七辙
襟 jīn[ㄐㄧㄣ] 居吟切 中文韵，阴 平平，侵韵 词第十三部 戏人辰辙 曲侵寻韵，阴
襛 nóng[ㄋㄨㄥˊ] 女容切 中庚韵，阳 平平，冬韵 词第一部 戏中东辙
襗 zé[ㄗㄜˊ] ①场伯切 中波韵，阳 平入，陌韵 词第十七部 戏梭波辙
②徒落切 中波韵，阳 平入，药韵 词第十六部 戏梭波辙 （又）
襡 ㈠shǔ[ㄕㄨˇ] ①市玉切 中姑韵，上 平入，沃韵 词第十五部 戏姑苏辙 （连腰衣）
②徒口切 中尤韵，去 平上，有韵 词第十二部 戏由求辙 （短衣）
㈡dú[ㄉㄨˊ] 徒谷切 中姑韵，阳 平入，屋韵 词第十五部 戏姑苏辙 （收藏）
襘 guì[ㄍㄨㄟˋ] 古外切 中微韵，去 平去，泰韵 词第三部 戏灰堆辙
襜 ㈠chān[ㄔㄢ] 处占切 中寒韵，阴 平平，盐韵 词第十四部 戏言前辙 曲廉纤韵，阴
㈡dān[ㄉㄢ] 都甘切 中寒韵，阴 平平，覃韵 词第十四部 戏言前辙 曲廉纤韵，阴 （~褴）
襢 ㈠zhǎn[ㄓㄢˇ] ①知演切 中寒韵，上 平上，铣韵 词第七部 戏言前辙 （~衣）
②陟扇切 中寒韵，上 平去，霰韵 词第七部 戏言前辙 （又）
㈡tǎn[ㄊㄢˇ] （裸露，同“袒”）

十四画

襪（见“袜㈡”）**襤**（见“褴”）
襦 rú[ㄖㄨˊ] 人朱切 中姑韵，阳 平平，虞韵 词第四部 戏姑苏辙 曲鱼模韵，阳

十五画

襫 shì[ㄕˋ] 施只切 中支韵，去 平入，陌韵 词第十七部 戏一七辙
襭 xié[ㄒㄧㄝˊ] 胡结切 中皆韵，阳 平入，屑韵 词第十八部 戏乜斜辙
襮 bó[ㄅㄛˊ] ①补各切 中波韵，阳 平入，药韵 词第十六部 戏梭波辙
②博沃切 中波韵，阳 平入，沃韵 词第十五部 戏梭波辙 （又）
襬 ㈠bēi[ㄅㄟ] ①彼为切 中微韵，阴 平平，支韵 词第三部 戏灰堆辙 （裙子）
②披义切 中微韵，阴 平去，寘韵 词第三部 戏灰堆辙 （又）
㈡bǎi[ㄅㄞˇ] （衣摆，同“摆”）

十六画

襲（见“袭”）**襯**（见“衬”）
襱 lóng[ㄌㄨㄥˊ] ①卢红切 中庚韵，阳 平平，东韵 词第一部 戏中东辙
②力董切 中庚韵，阳 平上，董韵 词第一部 戏中东辙 （又）
③直陇切 中庚韵，阳 平上，肿韵 词第一部 戏中东辙 （又）

十七画

襴（见“襕”）
襶 dài[ㄉㄞˋ] 丁代切 中开韵，去 平去，队韵 词第五部 戏怀来辙
襳 ㈠xiān[ㄒㄧㄢ] 息廉切 中寒韵，阴 平平，盐韵 词第十四部 戏言前辙
㈡shēn[ㄕㄣ] ①所今切 中文韵，阴 平平，侵韵 词第十三部 戏人辰辙 （~纚）
②史炎切 中文韵，阴 平平，盐韵 词第十四部 戏人辰辙 （又）

十八画

襵（同“褶㈢”）
襼 yì[ㄧˋ] 倪祭切 中齐韵，去 平去，霁韵 词第三部 戏一七辙
襺 jiǎn[ㄐㄧㄢˇ] 古典切 中寒韵，上 平上，铣韵 词第七部 戏言前辙

十九画

襻 pàn[ㄆㄢˋ] 普患切　史寒韵，去　平去，谏韵　词第七部　戏言前辙

襹 shī[ㄕ] ①所宜切　史支韵，阴　平平，支韵　词第三部　戏一七辙

②所寄切　史支韵，阴　平去，寘韵　词第三部　戏一七辙　（又）

齐（齊）部

齊（见"齐"）

齐 (一)qí[ㄑㄧˊ] 徂奚切　史齐韵，阳　平平，齐韵　词第三部　戏一七辙　曲齐微韵，阳

(二)jī[ㄐㄧ] 笺西切　史齐韵，阴　平平，齐韵　词第三部　戏一七辙　曲齐微韵，阴　（通"跻""齑"）

(三)jì[ㄐㄧˋ] ①子计切　史齐韵，去　平去，霁韵　词第三部　戏一七辙　（混合，调和）

②才诣切　史齐韵，去　平去，霁韵　词第三部　戏一七辙　（份量，剂量）

(四)zī[ㄗ] 津私切　史支韵，阴　平平，支韵　词第三部　戏一七辙　（长衣的下摆）

(五)zhāi[ㄓㄞ] 庄皆切　史开韵，阴　平平，佳韵　词第五部　戏怀来辙　曲皆来韵，阴　（通"斋"）

(六)jiǎn[ㄐㄧㄢˇ] 子浅切　史寒韵，上　平上，铣韵　词第七部　戏言前辙　曲先天韵，上　（通"剪"）

三画

齋（见"斋"）

四画

齎 jì[ㄐㄧˋ] ①在诣切　史齐韵，去　平去，霁韵　词第三部　戏一七辙

②祖稽切　史齐韵，去　平平，齐韵　词第三部　戏一七辙　（又）

五画

齍 zī[ㄗ] 即夷切　史支韵，阴　平平，支韵　词第三部　戏一七辙

七画

齏（同"赍"）

九画

齏（见"齑"）

齑 jī[ㄐㄧ] 祖稽切　史齐韵，阴　平平，齐韵　词第三部　戏一七辙　曲齐微韵，阴

羊（䒑羊）部

羊 yáng[ㄧㄤˊ] 与章切　史唐韵，阳　平平，阳韵　词第二部　戏江阳辙　曲江阳韵，阳

一画

羌 qiāng[ㄑㄧㄤ] 去羊切　史唐韵，阴　平平，阳韵　词第二部　戏江阳辙　曲江阳韵，阴

三画

美 měi[ㄇㄟˇ] 无鄙切　史微韵，上　平上，纸韵　词第三部　戏灰堆辙　曲齐微韵，上

羑 yǒu[ㄧㄡˇ] 与久切　史尤韵，上　平上，有韵　词第十二部　戏由求辙　曲尤侯韵，上

养 yǎng[ㄧㄤˇ] ①余两切　史唐韵，上　平上，养韵　词第二部　戏江阳辙　曲江阳韵，上

②余亮切　史唐韵，上　平去，漾韵　词第二部　戏江阳辙　曲江阳韵，去　（奉～）

差（查"工"部）庠（查"广"部）姜（查"女"部）

四画

羒 fén[ㄈㄣˊ] 符分切　史文韵，阳　平平，文韵　词第六部　戏人辰辙

羖 gǔ[ㄍㄨˇ] 公户切　史姑韵，上　平上，麌韵　词第四部　戏姑苏辙　曲鱼模韵，上

羔 gāo[ㄍㄠ] 古劳切　史豪韵，阴　平平，豪韵　词第八部　戏遥条辙　曲萧豪韵，阴

羞 xiū[ㄒㄧㄡ] 息流切　史尤韵，阴　平平，尤韵　词第十二部　戏由求辙　曲尤侯韵，阴

羓 bā[ㄅㄚ] 帮加切　史麻韵，阴　平平，麻韵　词第十部　戏发花辙

五画

着 (一) zhuó[ㄓㄨㄛˊ] ①直略切　史波韵，阳　平入，药韵　词第十六部　戏梭波辙　曲萧豪韵，阳

(1)接触，挨上：～陆　(2)附着：～色　(3)注意，用心：～意　(4)下落，来源：～落　(5)派遣：～人办理　(6)命令：～即执行

②张略切　史波韵，阳　平入，药韵　词第十六部　戏梭波辙　曲歌戈韵，阳　（～装）

(二) zháo[ㄓㄠˊ] 直略切　史豪韵，阳　平入，药韵　词第十六部　戏遥条辙　曲萧豪韵，阳　【与"着(一)"一音之转，反切仍之。】

(7)接触，挨上：上不～天，下不～地　(8)感到，受到：～凉　(9)灯亮，燃烧：～火　⑩入睡：睡～　⑪达到目的或有了结果：猜～了

(三) zhāo[ㄓㄠ] 止遥切　史豪韵，阴　平平，萧韵　词第八部　戏遥条辙　曲萧豪韵，阳【亦可用"招(一)"，用其反切。】

⑫下棋的步骤：一～棋　⑬计策，办法：高～

⑭ zhe[‧ㄓㄜ] 直略切　史波韵，阴　平入，药韵　词第十六部　戏梭波辙　曲歌戈韵，阳　（助词）【古今音。反切仍之。】

羚 líng[ㄌㄧㄥˊ] 郎丁切　史庚韵，阳　平平，青韵　词第十一部　戏中东辙

羝 dī[ㄉㄧ] 都奚切　史齐韵，阴　平平，齐韵　词第三部　戏一七辙　曲齐微韵，阴

羜 zhù[ㄓㄨˋ] 直吕切　史姑韵，去　平上，语韵　词第四部　戏姑苏辙

羕 yàng[ㄧㄤˋ] 余亮切　史唐韵，去　平去，漾韵　词第二部　戏江阳辙

羛 (一) xī[ㄒㄧ] ①许羁切　史齐韵，阴　平平，支韵　词第三部　戏一七辙　（～阳）

②鱼倚切　史齐韵，阴　平上，纸韵　词第三部　戏一七辙　（又）

(二) yì[ㄧˋ] （同"义"）

羟 (一) qiǎng[ㄑㄧㄤˇ] 氢氧切　史唐韵，上　平上，养韵　词第二部　戏江阳辙　【现代字。以"氢""氧"二字相切造出。】

(二) qiān[ㄑㄧㄢ] 苦闲切　史寒韵，阴　平平，删韵　词第七部　戏言前辙　（羊名）

六画

羢 （同"绒"）

善 shàn[ㄕㄢˋ] 常演切　史寒韵，去　平上，铣韵　词第七部　戏言前辙　曲先天韵，去

羠 yí[ㄧˊ] ①以脂切　史齐韵，阳　平平，支韵　词第三部　戏一七辙

②徐姊切　史齐韵，阳　平上，纸韵　词第三部　戏一七辙　（又）

羡 (一) xiàn[ㄒㄧㄢˋ] 似面切　史寒韵，去　平去，霰韵　词第七部　戏言前辙　曲先天韵，去

(二) yán[ㄧㄢˊ] 于线切　史寒韵，阳　平去，霰韵　词第七部　戏言前辙　（墓道；延请）

(三) yí[ㄧˊ] 以脂切　史齐韵，阳　平平，支韵　词第三部　戏一七辙　（沙～）

翔 （查"羽"部）

七画

羥 （见"羟"）**義** （见"义"）**羨** （同"羡"）**羣** （见"群"）

群 qún[ㄑㄩㄣˊ] 渠云切　史文韵，阳　平平，文韵　词第六部　戏人辰辙　曲真文韵，阳

羧 (一) zuī[ㄗㄨㄟ] 宗回切　史微韵，阴　平平，灰韵　词第三部　戏灰堆辙

（二）suō［ムㄨㄛ］　苏禾切　史波韵，阴　乎平，歌韵　词第九部　戏梭波辙　（～基）　【现代字。借用同音字"梭（二）"的反切。】

八画

養（见"养"）
鮮（查"鱼"部）

九画

養（见"养"）
羬 qián［ㄑㄧㄢˊ］①巨淹切　史寒韵，阳　乎平，盐韵　词第十四部　戏言前辙
　　　　　　　　②五咸切　史寒韵，阳　乎平，咸韵　词第十四部　戏言前辙　（细角大山羊）
羯 jié［ㄐㄧㄝˊ］居竭切　史皆韵，阳　乎入，月韵　词第十八部　戏乜斜辙
羰 tāng［ㄊㄤ］吐郎切　史唐韵，阴　乎平，阳韵　词第二部　戏江阳辙　【现代字。借用同音字"汤（一）"的反切。】
羭 yú［ㄩˊ］羊朱切　史齐韵，阳　乎平，虞韵　词第四部　戏一七辙

十画

羱 yuán［ㄩㄢˊ］①五丸切　史寒韵，阳　乎平，寒韵　词第七部　戏言前辙
　　　　　　　　②愚袁切　史寒韵，阳　乎平，元韵　词第七部　戏言前辙　（又）
羲 xī［ㄒㄧ］许羁切　史齐韵，阴　乎平，支韵　词第三部　戏一七辙　曲齐微韵，阴

十二画

羵 fén［ㄈㄣˊ］符分切　史文韵，阳　乎平，文韵　词第六部　戏人辰辙

十三画

羶（同"膻（一）"）
羹（一）gēng［ㄍㄥ］古行切　史庚韵，阴　乎平，庚韵　词第十一部　戏中东辙　曲庚青韵，阴
　　（二）láng［ㄌㄤˊ］卢当切　史唐韵，阳　乎平，阳韵　词第二部　戏江阳辙　（不～）
羸（查"亠"部）

十四画

譱（同"善"）

十五画

羼（查"尸"部）

米　部

米 mǐ［ㄇㄧˇ］莫礼切　史齐韵，上　乎上，荠韵　词第三部　戏一七辙　曲齐微韵，上

二画

籴 dí［ㄉㄧˊ］徒历切　史齐韵，阳　乎入，锡韵　词第十七部　戏一七辙　曲齐微韵，阳
籴（查"勹"部）采（查"宀"部）

三画

籼（同"糁（二）"）
类 lèi［ㄌㄟˋ］力遂切　史微韵，去　乎去，寘韵　词第三部　戏灰堆辙　曲齐微韵，去
籼 xiān［ㄒㄧㄢ］相然切　史寒韵，阴　乎平，先韵　词第七部　戏言前辙
籺 hé［ㄏㄜˊ］胡结切　史波韵，阳　乎入，屑韵　词第十八部　戏梭波辙

籽 zǐ[ㄗˇ] 即里切　中支韵，上　平上，纸韵　词第三部　戏一七辙　【《龙龛》：音子。用其反切。】

籹 nǚ[ㄋㄩˇ] 尼吕切　中齐韵，上　平上，语韵　词第四部　戏一七辙

娄（查"女"部）

四画

粃（同"秕"）**粆**（同"沙㈠"）**粗**（同"糙②"）

粔 jù[ㄐㄩˋ] 其吕切　中齐韵，去　平上，语韵　词第四部　戏一七辙

粄 bǎn[ㄅㄢˇ] 博管切　中寒韵，上　平上，旱韵　词第七部　戏言前辙

粉 fěn[ㄈㄣˇ] 方吻切　中文韵，上　平上，吻韵　词第六部　戏人辰辙　曲真文韵，上

料 ㈠liào[ㄌㄧㄠˋ] ①力弔切　中豪韵，去　平去，啸韵　词第八部　戏遥条辙　曲萧豪韵，去

　　　　②落萧切　中豪韵，去　平平，萧韵　词第八部　戏遥条辙　曲萧豪韵，去　（又）

　㈡liáo[ㄌㄧㄠˊ] 力彫切　中豪韵，阳　平平，萧韵　词第八部　戏遥条辙　（撩拨；古乐器名）

粑 bā[ㄅㄚ] 伯加切　中麻韵，阴　平平，麻韵　词第十部　戏发花辙　【方言字。借用同音字"巴"的反切。】

粙（查"攵"部）

五画

粝 lì[ㄌㄧˋ] ①力制切　中齐韵，去　平去，霁韵　词第三部　戏一七辙　曲家麻韵，去

　　　②落盖切　中齐韵，去　平去，泰韵　词第三部　戏一七辙　曲家麻韵，去　（又）

　　　③卢达切　中齐韵，去　平入，曷韵　词第十八部　戏一七辙　曲家麻韵，去　（又）

粘 ㈠zhān[ㄓㄢ] 职廉切　中寒韵，阴　平平，盐韵　词第十四部　戏言前辙　曲廉纤韵，阴　【借用同音字"占㈠"的反切。】

　㈡nián[ㄋㄧㄢˊ] 女廉切　中寒韵，阳　平平，盐韵　词第十四部　戏言前辙　曲廉纤韵，阴　（胶着）

粗 cū[ㄘㄨ] ①祖古切　中姑韵，阴　平上，虞韵　词第四部　戏姑苏辙　曲鱼模韵，阴

　　　②仓胡切　中姑韵，阴　平平，虞韵　词第四部　戏姑苏辙　曲鱼模韵，阴　（又）

粕 pò[ㄆㄛˋ] 匹各切　中波韵，去　平入，药韵　词第十六部　戏梭波辙　曲歌戈韵，上

粣 ㈠sè[ㄙㄜˋ] 色责切　中波韵，去　平入，陌韵　词第十七部　戏梭波辙

　㈡cè[ㄘㄜˋ] 测革切　中波韵，去　平入，陌韵　词第十七部　戏梭波辙　（粽子）

粒 lì[ㄌㄧˋ] 力入切　中齐韵，去　平入，缉韵　词第十七部　戏一七辙　曲齐微韵，去

粜 ㈠tiào[ㄊㄧㄠˋ] 他吊切　中豪韵，去　平去，啸韵　词第八部　戏遥条辙　曲萧豪韵，去

　㈡diào[ㄉㄧㄠˋ] 徒弔切　中豪韵，去　平去，啸韵　词第八部　戏遥条辙　曲萧豪韵，去　（姓）

六画

粧（同"妆"）**粦**（同"磷㈠"）

粪 fèn[ㄈㄣˋ] 方问切　中文韵，去　平去，问韵　词第六部　戏人辰辙　曲真文韵，去

粟 sù[ㄙㄨˋ] 相玉切　中姑韵，去　平入，沃韵　词第十五部　戏姑苏辙　曲鱼模韵，上

粞 xī[ㄒㄧ] ①先稽切　中齐韵，阴　平平，齐韵　词第三部　戏一七辙

　　　②苏来切　中齐韵，阴　平平，灰韵　词第五部　戏一七辙　（又）

粤 yuè[ㄩㄝˋ] 王伐切　中皆韵，去　平入，月韵　词第十八部　戏乜斜辙

粢 ㈠zī[ㄗ] 即夷切　中支韵，阴　平平，支韵　词第三部　戏一七辙

　㈡cí[ㄘˊ] 才资切　中支韵，阳　平平，支韵　词第三部　戏一七辙　（～粝）

粥（查"弓"部）

七画

粳 jīng[ㄐㄧㄥ] 古行切　中庚韵，阴　平平，庚韵　词第十一部　戏中东辙　曲庚青韵，阴

粲 càn[ㄘㄢˋ] 苍案切　中寒韵，去　平去，翰韵　词第七部　戏言前辙　曲寒山韵，去

粰 ㈠fú[ㄈㄨˊ]缚谋切　中姑韵，阳　平平，尤韵　词第十二部　戏姑苏辙

　　㈡fū[ㄈㄨ]芳无切　中姑韵，阴　平平，虞韵　词第四部　戏姑苏辙　（米糠，麦麸）

粱 liáng[ㄌㄧㄤˊ]吕张切　中唐韵，阳　平平，阳韵　词第二部　戏江阳辙　曲江阳韵，阳

粮 liáng[ㄌㄧㄤˊ]吕张切　中唐韵，阳　平平，阳韵　词第二部　戏江阳辙　曲江阳韵，阳

八画

精 jīng[ㄐㄧㄥ]子盈切　中庚韵，阴　平平，庚韵　词第十一部　戏中东辙　曲庚青韵，阴

粻 zhāng[ㄓㄤ]陟良切　中唐韵，阴　平平，阳韵　词第二部　戏江阳辙

粺 bài[ㄅㄞˋ]傍卦切　中开韵，去　平去，卦韵　词第十部　戏怀来辙

粦 lín[ㄌㄧㄣˊ]①力珍切　中文韵，阳　平平，真韵　词第六部　戏人辰辙　曲真文韵，阳

　　　　　　②良刃切　中文韵，阳　平去，震韵　词第六部　戏人辰辙　曲真文韵，阳　（又）

　　　　　　③里忍切　中文韵，上　平上，轸韵　词第六部　戏人辰辙　（隐~）

粹 ㈠cuì[ㄘㄨㄟˋ]虽遂切　中微韵，去　平去，真韵　词第三部　戏灰堆辙

　　㈡suì[ㄙㄨㄟˋ]苏对切　中微韵，去　平去，队韵　词第三部　戏灰堆辙　曲齐微韵，去　（~折）

粽 zòng[ㄗㄨㄥˋ]作弄切　中庚韵，去　平去，送韵　词第一部　戏中东辙　曲东钟韵，去

糁 ㈠sǎn[ㄙㄢˇ]桑感切　中寒韵，上　平上，感韵　词第十四部　戏言前辙　曲监咸韵，上

　　㈡shēn[ㄕㄣ]所臻切　中文韵，阴　平平，真韵　词第六部　戏人辰辙　（同“籸”）

九画

糂（同“糁㈠”）糭（同“粽”）

糊 ㈠hú[ㄏㄨˊ]户吴切　中姑韵，阳　平平，虞韵　词第四部　戏姑苏辙　曲鱼模韵，阳

　　㈡hū[ㄏㄨ]许骨切　中姑韵，阴　平入，月韵　词第十八部　戏姑苏辙　（~墙缝）

　　㈢hù[ㄏㄨˋ]侯古切　中姑韵，去　平上，虞韵　词第四部　戏姑苏辙（~弄）【方言字。借用同音字“怙”的反切。】

糇 hóu[ㄏㄡˊ]户鈎切　中尤韵，阳　平平，尤韵　词第十二部　戏由求辙　曲尤侯韵，阳

糌 zān[ㄗㄢ]祖含切　中寒韵，阴　平平，覃韵　词第十四部　戏言前辙　【音译字。借用同音字“咱”的反切。】

糍 cí[ㄘˊ]疾资切　中支韵，阳　平平，支韵　词第三部　戏一七辙

糈 xǔ[ㄒㄩˇ]①私吕切　中齐韵，上　平上，语韵　词第四部　戏一七辙

　　　　　　②踈举切　中齐韵，上　平上，语韵　词第四部　戏一七辙　（一种熟食名）

糔 xiǔ[ㄒㄧㄡˇ]息有切　中尤韵，上　平上，有韵　词第十二部　戏由求辙

糅 róu[ㄖㄡˊ]①女救切　中尤韵，阳　平去，宥韵　词第十二部　戏由求辙　（混杂）

　　　　　　②人九切　中尤韵，阳　平上，有韵　词第十二部　戏由求辙　（同“粈”）

十画

糩（同“糩”）

糒 bèi[ㄅㄟˋ]平秘切　中微韵，去　平去，真韵　词第三部　戏灰堆辙

糙 cāo[ㄘㄠ]七到切　中豪韵，阴　平去，号韵　词第八部　戏遥条辙　曲萧豪韵，去

糗 qiǔ[ㄑㄧㄡˇ]去久切　中尤韵，上　平上，有韵　词第十二部　戏由求辙

糖 táng[ㄊㄤˊ]徒郎切　中唐韵，阳　平平，阳韵　词第二部　戏江阳辙　曲江阳韵，阳

糕 gāo[ㄍㄠ]居劳切　中豪韵，阴　平平，豪韵　词第八部　戏遥条辙　曲萧豪韵，阴

十一画

糚（同“妆”）糩（同“糔”）糞（见“粪”）糝（见“糁”）

糟 zāo[ㄗㄠ]作曹切　中豪韵，阴　平平，豪韵　词第八部　戏遥条辙　曲萧豪韵，阴

糠 kāng[ㄎㄤ]苦冈切　中唐韵，阴　平平，阳韵　词第二部　戏江阳辙　曲江阳韵，阴

糜（查“麻”部）

十二画

糧（见"粮"）

糦 chì[ㄔˋ] 昌志切　史支韵，去　平去，寘韵　词第三部　戏一七辙

糨 jiàng[ㄐㄧㄤˋ] 其亮切　史唐韵，去　平去，漾韵　词第二部　戏江阳辙

彝（查"彑"部）

十四画

糲（见"粝"）糰（同"团"）

糯 nuò[ㄋㄨㄛˋ]　①奴卧切　史波韵，去　平去，简韵　词第九部　戏梭波辙　曲歌戈韵，去

②奴乱切　史波韵，去　平去，翰韵　词第七部　戏梭波辙　曲歌戈韵，去　（又）

十六画

糵（同"蘗"）糶（见"籴"）

蘖（查"艹"部）

十九画

糴（见"籴"）

二十画

糷 làn[ㄌㄢˋ] 郎旰切　史寒韵，去　平去，翰韵　词第七部　戏言前辙

糳 zuò[ㄗㄨㄛˋ] 则落切　史波韵，去　平入，药韵　词第十六部　戏梭波辙

聿（肀聿）部

聿 yù[ㄩˋ] 余律切　史齐韵，去　平入，质韵　词第十七部　戏一七辙

二画

建（查"廴"部）

四画

書（见"书"）

殂 sì[ㄙˋ] 息利切　史支韵，去　平去，寘韵　词第三部　戏一七辙

肃 sù[ㄙㄨˋ] 息逐切　史姑韵，去　平入，屋韵　词第十五部　戏姑苏辙

五画

晝（见"昼"）

六画

畫（见"画"）

七画

肆 (一)sì[ㄙˋ] 息利切　史支韵，去　平去，寘韵　词第三部　戏一七辙　曲支思韵，去

（二）yì[ㄧˋ]　①他历切　史齐韵，去　平入，锡韵　词第十七部　戏一七辙　（剖解牲畜）

②羊至切　史齐韵，去　平去，寘韵　词第三部　戏一七辙　（通"肄"）

肄 yì[ㄧˋ] 羊至切　史齐韵，去　平去，寘韵　词第三部　戏一七辙

八画

肃（见"肃"）肈（同"肇"）

肇 zhào[ㄓㄠˋ] 治小切　史豪韵，去　平上，篠韵　词第八部　戏遥条辙　曲萧豪韵，去

十一画

賣（查"贝"部）

十八画

盡（查"血"部）

艮　部

艮 (一)gèn[ㄍㄣˋ] 古恨切　史文韵，去　平去，愿韵　词第六部　戏人辰辙
　　(二)gěn[ㄍㄣˇ] 古很切　史文韵，上　平上，阮韵　词第六部　戏人辰辙　（食物韧绵不脆）【方言字。以"古""很"二字可以切得。】

一画

良 liáng[ㄌㄧㄤˊ] 吕张切　史唐韵，阳　平平，阳韵　词第二部　戏江阳辙　曲江阳韵，阳

二画

艰（查"又"部）

三画

岿（查"山"部）

十一画

艱（见"艰"）

艸（艹）部

艸 cǎo[ㄘㄠˇ] 采老切　史豪韵，上　平上，皓韵　词第八部　戏遥条辙

一画

艺 yì[ㄧˋ] 鱼祭切　史齐韵，去　平去，霁韵　词第三部　戏一七辙　曲齐微韵，去

二画

芀（同"苕(一)"）
艼 (一)tīng[ㄊㄧㄥ] 他丁切　史庚韵，阴　平平，青韵　词第十一部　戏中东辙
　　(二)dǐng[ㄉㄧㄥˇ]　（茗～-酩酊，同"酊(一)"）
艾 (一)ài[ㄞˋ] 五盖切　史开韵，去　平去，泰韵　词第五部　戏怀来辙　曲皆来韵，去
　　(二)yì[ㄧˋ] 鱼肺切　史齐韵，去　平去，队韵　词第三部　戏一七辙　（收割；治理）
芁 (一)qiú[ㄑㄧㄡˊ] ①巨鸠切　史尤韵，阳　平平，尤韵　词第十二部　戏由求辙
　　　　　　　　　②渠追切　史尤韵，阳　平平，支韵　词第三部　戏由求辙　（又）
　　(二)jiāo[ㄐㄧㄠ] ①古肴切　史豪韵，阴　平平，肴韵　词第八部　戏遥条辙　（秦～）
　　　　　　　　　②居宵切　史豪韵，阴　平平，萧韵　词第八部　戏遥条辙　（又）
节 (一)jié[ㄐㄧㄝˊ] ①子结切　史皆韵，阳　平入，屑韵　词第十八部　戏乜斜辙　曲车遮韵，上
　　　　　　　　　②昨结切　史皆韵，阳　平入，屑韵　词第十八部　戏乜斜辙　曲车遮韵，上　（高峻貌）
　　(二)jiē[ㄐㄧㄝ] 子结切　史皆韵，阴　平入，屑韵　词第十八部　戏乜斜辙　曲车遮韵，上　（～骨眼）【两读一音之转，反切仍之。】
艻 lè[ㄌㄜˋ] 卢则切　史波韵，去　平入，职韵　词第十七部　戏梭波辙

芿 ㈠réng［ㄖㄥˊ］如乘切　史庚韵，阳　平平，蒸韵　词第十一部　戏中东辙

　　㈡nǎi［ㄋㄞˇ］奴亥切　史开韵，上　平上，贿韵　词第五部　戏怀来辙（芋～）【方言字。借用同音字"乃㈠"的反切。】

三画

芋 ㈠yù［ㄩˋ］王遇切　史齐韵，去　平去，遇韵　词第四部　戏一七辙　曲鱼模韵，去

　　㈡hū［ㄏㄨ］荒胡切　史姑韵，阴　平平，虞韵　词第四部　戏姑苏辙　（覆盖）

　　㈢yǔ［ㄩˇ］王矩切　史齐韵，上　平上，麌韵　词第四部　戏一七辙　（～尹）

芏 ㈠dù［ㄉㄨˋ］他鲁切　史姑韵，去　平上，麌韵　词第四部　戏姑苏辙

　　㈡tǔ［ㄊㄨˇ］他鲁切　史姑韵，上　平上，麌韵　词第四部　戏姑苏辙　（旧读）

芐 ㈠hù［ㄏㄨˋ］侯古切　史姑韵，去　平上，麌韵　词第四部　戏姑苏辙　（地黄）

　　㈡xià［ㄒㄧㄚˋ］胡驾切　史麻韵，去　平去，祃韵　词第十部　戏发花辙　（蒲萍）

芅 yì［ㄧˋ］与职切　史齐韵，去　平入，职韵　词第十七部　戏一七辙

芇 mián［ㄇㄧㄢˊ］①武延切　史寒韵，阳　平平，先韵　词第七部　戏言前辙

　　　　　　　　②母官切　史寒韵，阳　平平，寒韵　词第七部　戏言前辙　（又）

　　　　　　　　③弥殄切　史寒韵，阳　平上，铣韵　词第七部　戏言前辙　（又）

芊 qiān［ㄑㄧㄢ］①苍先切　史寒韵，阴　平平，先韵　词第七部　戏言前辙

　　　　　　　　②仓甸切　史寒韵，去　平去，霰韵　词第七部　戏言前辙　（～菓）

芍 ㈠sháo［ㄕㄠˊ］市若切　史豪韵，阳　平入，药韵　词第十六部　戏遥条辙　曲萧豪韵，阳　（～药）

　　㈡xiào［ㄒㄧㄠˋ］胡了切　史豪韵，去　平上，筿韵　词第八部　戏遥条辙　（荸荠）

　　㈢què［ㄑㄩㄝˋ］七雀切　史皆韵，去　平入，药韵　词第十六部　戏乜斜辙　（～陂）

　　㈣dì［ㄉㄧˋ］都历切　史齐韵，去　平入，锡韵　词第十七部　戏一七辙　（莲子）

芨 jī［ㄐㄧ］①居立切　史齐韵，阴　平入，缉韵　词第十七部　戏一七辙

　　　　　　②极入切　史齐韵，阴　平入，缉韵　词第十七部　戏一七辙　（白～）

芃 péng［ㄆㄥˊ］薄红切　史庚韵，阳　平平，东韵　词第一部　戏中东辙

芄 wán［ㄨㄢˊ］胡官切　史寒韵，阳　平平，寒韵　词第七部　戏言前辙

芒 ㈠máng［ㄇㄤˊ］武方切　史唐韵，阳　平平，阳韵　词第二部　戏江阳辙　曲江阳韵，阳

　　㈡huǎng［ㄏㄨㄤˇ］虎晃切　史唐韵，上　平上，养韵　词第二部　戏江阳辙　（～芴）

　　㈢huāng［ㄏㄨㄤ］呼光切　史唐韵，阴　平平，阳韵　词第二部　戏江阳辙　（大～落）

芝 zhī［ㄓ］止而切　史支韵，阴　平平，支韵　词第三部　戏一七辙　曲支思韵，阴

芎 xiōng［ㄒㄩㄥ］去宫切　史庚韵，阴　平平，东韵　词第一部　戏中东辙　曲东钟韵，阴

芑 qǐ［ㄑㄧˇ］墟里切　史齐韵，上　平上，纸韵　词第三部　戏一七辙

芓 ㈠zì［ㄗˋ］疾置切　史支韵，去　平去，寘韵　词第三部　戏一七辙　（同"莩"）

　　㈡zǐ［ㄗˇ］祖此切　史支韵，上　平上，纸韵　词第三部　戏一七辙　（培土）

芔 huì［ㄏㄨㄟˋ］许贵切　史微韵，去　平去，未韵　词第三部　戏灰堆辙

芗 ㈠xiāng［ㄒㄧㄤ］许良切　史唐韵，阴　平平，阳韵　词第二部　戏江阳辙

　　㈡xiǎng［ㄒㄧㄤˇ］（同"响"）

四画

芙 fú［ㄈㄨˊ］防无切　史姑韵，阳　平平，虞韵　词第四部　戏姑苏辙　曲鱼模韵，阳

芫 ㈠yuán［ㄩㄢˊ］愚袁切　史寒韵，阳　平平，元韵　词第七部　戏言前辙　（～花）

　　㈡yán［ㄧㄢˊ］以然切　史寒韵，阳　平平，先韵　词第七部　戏言前辙　（～荽）【借用同音字"莚"的反切。】

芜 wú［ㄨˊ］武夫切　史姑韵，阳　平平，虞韵　词第四部　戏姑苏辙　曲鱼模韵，阳

苇 wěi［ㄨㄟˇ］于鬼切　史微韵，上　平上，尾韵　词第三部　戏灰堆辙　曲齐微韵，上

芸 (一)yún[ㄩㄣˊ] 王分切　史文韵，阳　乎平，文韵　词第六部　戏人辰辙　曲真文韵，阳
　　(二)yùn[ㄩㄣˋ] 王问切　史文韵，去　乎去，问韵　词第六部　戏人辰辙　（枯黄色）

茀 (一)fú[ㄈㄨˊ] 分勿切　史姑韵，阳　乎入，物韵　词第十八部　戏姑苏辙
　　(二)fèi[ㄈㄟˋ] 方味切　史微韵，去　乎去，未韵　词第三部　戏灰堆辙　曲齐微韵，去　（蔽~）

芰 jì[ㄐㄧˋ] 奇寄切　史齐韵，去　乎去，寘韵　词第三部　戏一七辙

茉 (一)fú[ㄈㄨˊ] 缚谋切　史姑韵，阳　乎平，尤韵　词第十二部　戏姑苏辙
　　(二)fǒu[ㄈㄡˇ] 俯九切　史尤韵，上　乎上，有韵　词第十二部［兼第四部麌韵］　戏由求辙　（芣~）

苈 lì[ㄌㄧˋ] 郎击切　史齐韵，去　乎入，锡韵　词第十七部　戏一七辙

苉 pǐ[ㄆㄧˇ] 譬吉切　史齐韵，上　乎入，质韵　词第十七部　戏一七辙　【音译字。借用同音字"匹(一)"的反切。】

苊 è[ㄜˋ] 於革切　史波韵，去　乎入，陌韵　词第十七部　戏梭波辙　【音译字。借用同音字"厄"的反切。】

苣 (一)jù[ㄐㄩˋ] 其吕切　史齐韵，去　乎上，语韵　词第四部　戏一七辙　曲鱼模韵，去
　　(二)qǔ[ㄑㄩˇ] 其吕切　史齐韵，上　乎上，语韵　词第四部　戏一七辙　曲鱼模韵，去　（~荬）　【古今音。
反切仍之。】

芽 yá[ㄧㄚˊ] 五加切　史麻韵，阳　乎平，麻韵　词第十部　戏发花辙　曲家麻韵，阳

芚 (一)tún[ㄊㄨㄣˊ] 徒浑切　史文韵，阳　乎平，元韵　词第六部　戏人辰辙
　　(二)chūn[ㄔㄨㄣ] 敕伦切　史文韵，阴　乎平，真韵　词第六部　戏人辰辙　（谨厚貌）

芘 (一)pí[ㄆㄧˊ] 房脂切　史齐韵，阳　乎平，支韵　词第三部　戏一七辙
　　(二)bì[ㄅㄧˋ] 毗至切　史齐韵，去　乎去，寘韵　词第三部　戏一七辙　曲齐微韵，去　（通"庇"）

芷 zhǐ[ㄓˇ] 诸市切　史支韵，上　乎上，纸韵　词第三部　戏一七辙　曲支思韵，上

芮 (一)ruì[ㄖㄨㄟˋ] 而锐切　史微韵，去　乎去，霁韵　词第三部　戏灰堆辙　曲齐微韵，去
　　(二)ruò[ㄖㄨㄛˋ] 如劣切　史波韵，去　乎入，屑韵　词第十八部　戏梭波辙　（~~）

苋 xiàn[ㄒㄧㄢˋ] 侯襉切　史寒韵，去　乎去，谏韵　词第七部　戏言前辙　曲寒山韵，去

芼 (一)mào[ㄇㄠˋ] 莫报切　史豪韵，去　乎去，号韵　词第八部　戏遥条辙　曲萧豪韵，去
　　(二)máo[ㄇㄠˊ] 莫袍切　史豪韵，阳　乎平，豪韵　词第八部　戏遥条辙　曲萧豪韵，阳　（水草名）

苌 cháng[ㄔㄤˊ] 直良切　史唐韵，阳　乎平，阳韵　词第二部　戏江阳辙　曲江阳韵，阳

芺 yǎo[ㄧㄠˇ] ①於兆切　史豪韵，上　乎上，篠韵　词第八部　戏遥条辙
　　　　　　②乌皓切　史豪韵，上　乎上，皓韵　词第八部　戏遥条辙　（草药名）

花 huā[ㄏㄨㄚ] 呼瓜切　史麻韵，阴　乎平，麻韵　词第十部　戏发花辙　曲家麻韵，阴

苂 rèng[ㄖㄥˋ] 而证切　史庚韵，去　乎去，径韵　词第十一部　戏中东辙

芹 qín[ㄑㄧㄣˊ] 巨斤切　史文韵，阳　乎平，文韵　词第六部　戏人辰辙　曲真文韵，阳

芥 (一)jiè[ㄐㄧㄝˋ] 古拜切　史皆韵，去　乎去，卦韵　词第五部　戏乜斜辙　曲皆来韵，去　（草~）
　　(二)gài[ㄍㄞˋ] 古拜切　史开韵，去　乎去，卦韵　词第五部　戏怀来辙　曲皆来韵，去　（~蓝）　【古今音。
反切仍之。】

苁 (一)cōng[ㄘㄨㄥ] 七恭切　史庚韵，阴　乎平，冬韵　词第一部　戏中东辙　（~蓉）
　　(二)zǒng[ㄗㄨㄥˇ] 作孔切　史庚韵，上　乎上，董韵　词第一部　戏中东辙　（苁~）
　　(三)sǒng[ㄙㄨㄥˇ] 荀勇切　史庚韵，上　乎上，肿韵　词第一部　戏中东辙　（冲~）

芩 qín[ㄑㄧㄣˊ] 巨金切　史文韵，阳　乎平，侵韵　词第十三部　戏人辰辙　曲侵寻韵，阳

芬 (一)fēn[ㄈㄣ] 抚文切　史文韵，阴　乎平，文韵　词第六部　戏人辰辙　曲真文韵，阴
　　(二)fèn[ㄈㄣˋ] （隆起，同"坟(一)"）

苍 (一)cāng[ㄘㄤ] 七冈切　史唐韵，阴　乎平，阳韵　词第二部　戏江阳辙　曲江阳韵，阴
　　(二)cǎng[ㄘㄤˇ] 麁朗切　史唐韵，上　乎上，养韵　词第二部　戏江阳辙　（~莽）

芪 qí[ㄑㄧˊ] 巨支切　史齐韵，阳　乎平，支韵　词第三部　戏一七辙　曲齐微韵，阳

芴 (一)wù[ㄨˋ] 文弗切　史姑韵，去　乎入，物韵　词第十八部　戏姑苏辙　（萝葍）
　　(二)hū[ㄏㄨ] 呼骨切　史姑韵，阴　乎入，月韵　词第十八部　戏姑苏辙　曲鱼模韵，上　（通"忽"）

茜 qiàn[ㄑㄧㄢˋ] 巨险切　史寒韵，去　平上，俭韵　词第十四部　戏言前辙　曲廉纤韵，去

芟 shān[ㄕㄢ] 所衔切　史寒韵，阴　平平，咸韵　词第十四部　戏言前辙

苄 biàn[ㄅㄧㄢˋ] 皮变切　史寒韵，去　平去，霰韵　词第七部　戏言前辙 【音译字。借用同音字"卞"的反切。】

芠 wén[ㄨㄣˊ] 无分切　史文韵，阳　平平，文韵　词第六部　戏人辰辙

芫 háng[ㄏㄤˊ] 胡郎切　史唐韵，阳　平平，阳韵　词第二部　戏江阳辙

芳 fāng[ㄈㄤ] 敷方切　史唐韵，阴　平平，阳韵　词第二部　戏江阳辙　曲江阳韵，阴

苎 zhù[ㄓㄨˋ] 直吕切　史姑韵，去　平上，语韵　词第四部　戏姑苏辙　曲鱼模韵，去

芦 lú[ㄌㄨˊ] 落胡切　史姑韵，阳　平平，虞韵　词第四部　戏姑苏辙　曲鱼模韵，阳

芯 (一)xīn[ㄒㄧㄣ] 思林切　史文韵，阴　平平，侵韵　词第十三部　戏人辰辙
　　(二)xìn[ㄒㄧㄣˋ] 息晋切　史文韵，去　平去，震韵　词第六部　戏人辰辙　（蛇~子）【亦可用"信(一)"，用其反切。】

劳 (一)láo[ㄌㄠˊ] 鲁刀切　史豪韵，阳　平平，豪韵　词第八部　戏遥条辙　曲萧豪韵，阳
　　(1)出力做事：~动　(2)疲劳，辛苦：任~任怨　(3)功绩：无弃尔~，以为王休　(4)忧愁：瞻望弗及，实~我心　(5)夺取：牺牲不~则牛马育　(6)烦劳：~驾　(7)慰劳：~军　(8)姓
　　(二)lào[ㄌㄠˋ] 郎到切　史豪韵，去　平去，号韵　词第八部　戏遥条辙　曲萧豪韵，去
　　(9)慰劳：~军　(10)劝勉：~来　(11)农具，通"耢"
　　(三)liáo[ㄌㄧㄠˊ]　（广阔，同"辽"）

芭 bā[ㄅㄚ] 伯加切　史麻韵，阴　平平，麻韵　词第十部　戏发花辙　曲家麻韵，阴

芤 kōu[ㄎㄡ] 墟侯切　史尤韵，阴　平平，尤韵　词第十二部　戏由求辙

苏 sū[ㄙㄨ] 素姑切　史姑韵，阴　平平，虞韵　词第四部　戏姑苏辙　曲鱼模韵，阴

苡 yǐ[ㄧˇ] 羊已切　史齐韵，上　平上，纸韵　词第三部　戏一七辙　曲齐微韵，上

芧 (一)zhù[ㄓㄨˋ] 直吕切　史姑韵，去　平上，语韵　词第四部　戏姑苏辙　（草名）
　　(二)xù[ㄒㄩˋ] 象吕切　史齐韵，去　平上，语韵　词第四部　戏一七辙　（栎树）

<h2 style="text-align:center">五画</h2>

苁 (同"苁") 莓 (同"莓②")

茉 mò[ㄇㄛˋ] 弥葛切　史波韵，去　平入，曷韵　词第十八部　戏梭波辙

苷 gān[ㄍㄢ] 古三切　史寒韵，阴　平平，覃韵　词第十四部　戏言前辙

苦 (一)kǔ[ㄎㄨˇ] 康杜切　史姑韵，上　平上，麌韵　词第四部　戏姑苏辙　曲鱼模韵，上
　　(二)gǔ[ㄍㄨˇ] 果五切　史姑韵，上　平上，麌韵　词第四部　戏姑苏辙　曲鱼模韵，上　（粗劣）

苯 běn[ㄅㄣˇ] 布忖切　史文韵，上　平上，阮韵　词第六部　戏人辰辙

苛 (一)kē[ㄎㄜ] 胡歌切　史波韵，阴　平平，歌韵　词第九部　戏梭波辙　曲歌戈韵，阳
　　(二)hē[ㄏㄜ] 虎何切　史波韵，阴　平平，歌韵　词第九部　戏梭波辙　曲歌戈韵，阳　（责问）

若 (一)ruò[ㄖㄨㄛˋ] 而灼切　史波韵，去　平入，药韵　词第十六部　戏梭波辙　曲歌戈韵，去
　　(二)rě[ㄖㄜˇ] 人者切　史波韵，上　平上，马韵　词第十部　戏梭波辙　曲车遮韵，上　（梵文音译；复姓）

茂 mào[ㄇㄠˋ] 莫候切　史豪韵，去　平去，宥韵　词第十二部　戏遥条辙　曲萧豪韵，去

茏 (一)lóng[ㄌㄨㄥˊ] ①力钟切　史庚韵，阳　平平，冬韵　词第一部　戏中东辙
　　　　　　　　　　②卢红切　史庚韵，阳　平平，东韵　词第一部　戏中东辙　（又）
　　(二)lǒng[ㄌㄨㄥˇ] 鲁孔切　史庚韵，上　平上，董韵　词第一部　戏中东辙　（~茸）
　　(三)lòng[ㄌㄨㄥˋ] 卢贡切　史庚韵，去　平去，送韵　词第一部　戏中东辙　（草木深处）【同"栊"，用其反切。】

茇 (一)bá[ㄅㄚˊ] 蒲拨切　史麻韵，阳　平入，曷韵　词第十八部　戏发花辙
　　(二)bèi[ㄅㄟˋ] 博盖切　史微韵，去　平去，泰韵　词第三部　戏灰堆辙　（草名；飞翔状）

苹 (一)píng[ㄆㄧㄥˊ] ①符兵切　史庚韵，阳　平平，庚韵　词第十一部　戏中东辙　曲庚青韵，阳
　　　　　　　　　　②旁经切　史庚韵，阳　平平，青韵　词第十一部　戏中东辙　曲庚青韵，阳　（~车）

　　㈡pēng［ㄆㄥ］披庚切　史庚韵，阴　平平，庚韵　词第十一部　戏中东辙　（～縥）

苫 ㈠shān［ㄕㄢ］失廉切　史寒韵，阴　平平，盐韵　词第十四部　戏言前辙　曲廉纤韵，阴　（草帘，草垫）

　　㈡shàn［ㄕㄢˋ］舒敛切　史寒韵，去　平去，艳韵　词第十四部　戏言前辙　曲廉纤韵，去　（盖草垫）

苜 mù［ㄇㄨˋ］莫六切　史姑韵，去　平入，屋韵　词第十五部　戏姑苏辙

苴 ㈠jū［ㄐㄩ］①七余切　史齐韵，阴　平平，鱼韵　词第四部　戏一七辙　曲鱼模韵，阴

　　　　　　②子与切　史齐韵，阴　平上，语韵　词第四部　戏一七辙　曲鱼模韵，阴　（又）

　　　　　　③子鱼切　史齐韵，阴　平平，鱼韵　词第四部　戏一七辙　曲鱼模韵，阴　（用草衬垫）

　　㈡chá［ㄔㄚˊ］锄加切　史麻韵，阳　平平，麻韵　词第十部　戏发花辙　（枯草；草泽）

　　㈢zū［ㄗㄨ］①宗苏切　史姑韵，阴　平平，虞韵　词第四部　戏姑苏辙　（～秸）

　　　　　　②臻鱼切　史姑韵，阴　平平，鱼韵　词第四部　戏姑苏辙　（腌菜）

　　㈣zhǎ［ㄓㄚˇ］侧下切　史麻韵，上　平上，马韵　词第十部　戏发花辙　（土～）

　　㈤bāo［ㄅㄠ］班交切　史豪韵，阴　平平，看韵　词第八部　戏遥条辙　（古代巴人的一支）

　　㈥xié［ㄒㄧㄝˊ］徐嗟切　史皆韵，阳　平平，麻韵　词第十部　戏乜斜辙　（～咩城）

　　㈦zhā［ㄓㄚ］（同"相㈠"）

苗 miáo［ㄇㄧㄠˊ］武儦切　史豪韵，阳　平平，萧韵　词第八部　戏遥条辙　曲萧豪韵，阳

苖 dí［ㄉㄧˊ］①徒历切　史齐韵，阳　平入，锡韵　词第十七部　戏一七辙

　　　　　②丑六切　史齐韵，阳　平入，屋韵　词第十五部　戏一七辙　（又）

苒 rǎn［ㄖㄢˇ］而琰切　史寒韵，上　平上，俭韵　词第十四部　戏言前辙　曲廉纤韵，上

英 yīng［ㄧㄥ］於惊切　史庚韵，阴　平平，庚韵　词第十一部　戏中东辙　曲庚青韵，阴

苢 yǐ［ㄧˇ］羊己切　史齐韵，上　平上，纸韵　词第三部　戏一七辙

苘 qǐng［ㄑㄧㄥˇ］①口迥切　史庚韵，上　平上，迥韵　词第十一部　戏中东辙

　　　　　　②去颖切　史庚韵，上　平上，梗韵　词第十一部　戏中东辙　（又）

苲 ㈠zuó［ㄗㄨㄛˊ］疾各切　史波韵，阳　平入，药韵　词第十六部　戏梭波辙　（用于地名）

　　㈡zhé［ㄓㄜˊ］侧格切　史波韵，阳　平入，陌韵　词第十七部　戏梭波辙　（水草名）

　　㈢zhǎ［ㄓㄚˇ］侧下切　史麻韵，上　平上，马韵　词第十部　戏发花辙　（～草）

茌 chí［ㄔˊ］士之切　史支韵，阳　平平，支韵　词第三部　戏一七辙

苻 fú［ㄈㄨˊ］防无切　史姑韵，阳　平平，虞韵　词第四部　戏姑苏辙

苮 xiān［ㄒㄧㄢ］相然切　史寒韵，阴　平平，先韵　词第七部　戏言前辙

苶 nié［ㄋㄧㄝˊ］①奴结切　史皆韵，阳　平入，屑韵　词第十八部　戏乜斜辙

　　　　　　②奴协切　史皆韵，阳　平入，叶韵　词第十八部　戏乜斜辙　（又）

苓 ㈠líng［ㄌㄧㄥˊ］郎丁切　史庚韵，阳　平平，青韵　词第十一部　戏中东辙　曲庚青韵，阳

　　㈡lián［ㄌㄧㄢˊ］灵年切　史寒韵，阳　平平，先韵　词第七部　戏言前辙　曲先天韵，阳　（同"莲㈠"）

茚 yìn［ㄧㄣˋ］伊刃切　史文韵，去　平去，震韵　词第六部　戏人辰辙

苟 gǒu［ㄍㄡˇ］古厚切　史尤韵，上　平上，有韵　词第十二部　戏由求辙　曲尤侯韵，上

茆 ㈠mǎo［ㄇㄠˇ］①莫饱切　史豪韵，上　平上，巧韵　词第八部　戏遥条辙　（莼菜）

　　　　　　②力久切　史豪韵，上　平上，有韵　词第十二部　戏遥条辙　（又）

　　㈡máo［ㄇㄠˊ］（同"茅"）

茑 niǎo［ㄋㄧㄠˇ］都了切　史豪韵，上　平上，篠韵　词第八部　戏遥条辙

苑 ㈠yuàn［ㄩㄢˋ］於阮切　史寒韵，去　平上，阮韵　词第七部　戏言前辙　曲先天韵，上

　　㈡yuān［ㄩㄢ］於袁切　史寒韵，阴　平平，元韵　词第七部　戏言前辙　（姓）

　　㈢yǔn［ㄩㄣˇ］于粉切　史文韵，上　平上，吻韵　词第六部　戏人辰辙　（郁结；枯瘦）

苞 bāo［ㄅㄠ］布交切　史豪韵，阴　平平，看韵　词第八部　戏遥条辙　曲萧豪韵，阴

苙 lì［ㄌㄧˋ］①力入切　史齐韵，去　平入，缉韵　词第十七部　戏一七辙　（猪栏）

　　　　　②其立切　史齐韵，阴　平入，缉韵　词第十七部　戏一七辙　（白芷）

范 fàn[ㄈㄢˋ] 防錽切　史寒韵，去　平上，賺韵　词第十四部　戏言前辙　曲寒山韵，去

苧 ㈠ níng[ㄋㄧㄥˊ] 女耕切　史庚韵，阳　平平，庚韵　词第十一部　戏中东辙

　　㈡ zhù[ㄓㄨˋ]　（苧麻，同"苎"）

荛 xué[ㄒㄩㄝˊ] 似绝切　史皆韵，阳　平入，屑韵　词第十八部　戏乜斜辙　【方言字，亦可用"蒆"，用其反切。】

莹 yíng[ㄧㄥˊ] 余倾切　史庚韵，阳　平平，庚韵　词第十一部　戏中东辙　曲庚青韵，阳

蕊 ㈠ bié[ㄅㄧㄝˊ] 蒲结切　史皆韵，阳　平入，屑韵　词第十八部　戏乜斜辙

　　㈡ bì[ㄅㄧˋ] 毗必切　史齐韵，去　平入，质韵　词第十七部　戏一七辙　（芳香）

茕 qióng[ㄑㄩㄥˊ] 渠营切　史庚韵，阳　平平，庚韵　词第十一部　戏中东辙　曲庚青韵，阳

苨 nǐ[ㄋㄧˇ] 奴礼切　史齐韵，上　平上，荠韵　词第三部　戏一七辙

茛 mín[ㄇㄧㄣˊ] 眉贫切　史文韵，阳　平平，真韵　词第六部　戏人辰辙

茀 ㈠ fú[ㄈㄨˊ] 敷勿切　史姑韵，阳　平入，物韵　词第十八部　戏姑苏辙

　　㈡ bó[ㄅㄛˊ] 薄没切　史波韵，阳　平入，月韵　词第十八部　戏梭波辙　（暴怒状）

　　㈢ bèi[ㄅㄟˋ] 蒲味切　史微韵，去　平去，队韵　词第三部　戏灰堆辙　（彗星的一种）

茁 zhuó[ㄓㄨㄛˊ] ①邹滑切　史波韵，阳　平入，黠韵　词第十八部　戏梭波辙

　　　　　　　　②侧劣切　史波韵，阳　平入，屑韵　词第十八部　戏梭波辙　（又）

　　　　　　　　③征笔切　史波韵，阳　平入，质韵　词第十七部　戏梭波辙　（草芽）

茄 ㈠ jiā[ㄐㄧㄚ] 古牙切　史麻韵，阴　平平，麻韵　词第十部　戏发花辙

　　㈡ qié[ㄑㄧㄝˊ] 求迦切　史皆韵，阳　平平，歌韵　词第九部　戏乜斜辙　（~子）

苕 ㈠ tiáo[ㄊㄧㄠˊ] 徒聊切　史豪韵，阳　平平，萧韵　词第八部　戏遥条辙

　　㈡ sháo[ㄕㄠˊ] 时饶切　史豪韵，阳　平平，萧韵　词第八部　戏遥条辙　（甘薯）【方言字。《康熙字典》：徐邈读作时饶切。借用之。】

茎 ㈠ jīng[ㄐㄧㄥ] 户耕切　史庚韵，阴　平平，庚韵　词第十一部　戏中东辙　曲庚青韵，阳

　　㈡ yīng[ㄧㄥ] 乌茎切　史庚韵，阴　平平，庚韵　词第十一部　戏中东辙　曲庚青韵，阳　（姚~）

苔 ㈠ tái[ㄊㄞˊ] 徒哀切　史开韵，阳　平平，灰韵　词第五部　戏怀来辙　曲皆来韵，阳

　　㈡ tāi[ㄊㄞ] 徒哀切　史开韵，阴　平平，灰韵　词第五部　戏怀来辙　曲皆来韵，阳　（舌~）【两读一音之转，反切仍之。】

茅 máo[ㄇㄠˊ] 莫交切　史豪韵，阳　平平，肴韵　词第八部　戏遥条辙　曲萧豪韵，阳

六画

荈（同"莽㈠"）茮（同"椒"）荔（同"荔"）兹（见"兹"）

茙 róng[ㄖㄨㄥˊ] 如融切　史庚韵，阳　平平，东韵　词第一部　戏中东辙　曲东钟韵，阳

荖 lǎo[ㄌㄠˇ] ①卢皓切　史豪韵，上　平上，皓韵　词第八部　戏遥条辙　【《西溪丛语》：音老。用其反切。】

　　　　　　②蒲口切　史尤韵，上　平上，有韵　词第十二部　戏由求辙　（又）【《西溪丛语》：又音蒲口切。用之。】

茸 ㈠ róng[ㄖㄨㄥˊ] 而容切　史庚韵，阳　平平，冬韵　词第一部　戏中东辙　曲东钟韵，阳

　　㈡ rǒng[ㄖㄨㄥˇ] 乳勇切　史庚韵，上　平上，肿韵　词第一部　戏中东辙　（~闒；推入）

萱 huán[ㄏㄨㄢˊ] 胡官切　史寒韵，阳　平平，寒韵　词第七部　戏言前辙

茜 ㈠ qiàn[ㄑㄧㄢˋ] 仓甸切　史寒韵，去　平去，霰韵　词第七部　戏言前辙　曲廉纤韵，去　（草名）

　　㈡ xī[ㄒㄧ] 先稽切　史齐韵，阴　平平，齐韵　词第三部　戏一七辙　（用于人名）【现代字。借用同音字"西"的反切。】

茌 ㈠ chí[ㄔˊ] 士之切　史支韵，阳　平平，支韵　词第三部　戏一七辙

　　㈡ chá[ㄔㄚˊ] 岑牙切　史麻韵，阳　平平，麻韵　词第十部　戏发花辙　（~口）

荐 ㈠ jiàn[ㄐㄧㄢˋ] 在甸切　史寒韵，去　平去，霰韵　词第七部　戏言前辙　曲先天韵，去

　　㈡ jìn[ㄐㄧㄣˋ]　（~绅，同"搢"）

茈 ér[ㄦˊ] 人之切　史齐韵，阳　乎平，支韵　词第三部　戏一七辙

荙 dá[ㄉㄚˊ] 唐割切　史麻韵，阳　乎入，曷韵　词第十八部　戏发花辙

苅 liè[ㄌㄧㄝˋ] 良薛切　史皆韵，去　乎入，屑韵　词第十八部　戏乜斜辙

荚 jiá[ㄐㄧㄚˊ] 古协切　史麻韵，阳　乎入，叶韵　词第十八部　戏发花辙　曲车遮韵，上

荑 (一)tí[ㄊㄧˊ] 杜奚切　史齐韵，阳　乎平，齐韵　词第三部　戏一七辙

　　(二)yí[ㄧˊ] 以脂切　史齐韵，阳　乎平，支韵　词第三部　戏一七辙　（芰刈；白苋菜）

荛 (一)ráo[ㄖㄠˊ] 如招切　史豪韵，阳　乎平，萧韵　词第八部　戏遥条辙　曲萧豪韵，阳

　　(二)yáo[ㄧㄠˊ] 倪幺切　史豪韵，阳　乎平，萧韵　词第八部　戏遥条辙　曲萧豪韵，阳　（～花）

荜 bì[ㄅㄧˋ] 卑吉切　史齐韵，去　乎入，质韵　词第十七部　戏一七辙

茎 (一)chí[ㄔˊ] 直尼切　史支韵，阳　乎平，支韵　词第三部　戏一七辙

　　(二)diē[ㄉㄧㄝ] 徒结切　史皆韵，阴　乎入，屑韵　词第十八部　戏乜斜辙　（又）

茈 (一)zǐ[ㄗˇ] 将此切　史支韵，上　乎上，纸韵　词第三部　戏一七辙　（紫草）

　　(二)cí[ㄘˊ] 疾移切　史支韵，阳　乎平，支韵　词第三部　戏一七辙　曲支思韵，阳　（凫～）

　　(三)chái[ㄔㄞˊ] 士佳切　史开韵，阳　乎平，佳韵　词第十部　戏怀来辙　（柴胡）

　　(四)cǐ[ㄘˇ] 浅氏切　史支韵，上　乎上，纸韵　词第三部　戏一七辙　（～虒）

草 cǎo[ㄘㄠˇ] 采老切　史豪韵，上　乎上，皓韵　词第八部　戏遥条辙　曲萧豪韵，上

茧 jiǎn[ㄐㄧㄢˇ] 古典切　史寒韵，上　乎上，铣韵　词第七部　戏言前辙　曲先天韵，上

茼 tóng[ㄊㄨㄥˊ] 徒红切　史庚韵，阳　乎平，东韵　词第一部　戏中东辙

莒 jǔ[ㄐㄩˇ] 居许切　史齐韵，上　乎上，语韵　词第四部　戏一七辙　曲鱼模韵，上

茵 yīn[ㄧㄣ] 於真切　史文韵，阴　乎平，真韵　词第六部　戏人辰辙　曲真文韵，阴

茴 huí[ㄏㄨㄟˊ] 户恢切　史微韵，阳　乎平，灰韵　词第三部　戏灰堆辙

荝 cè[ㄘㄜˋ] 阻力切　史波韵，去　乎入，职韵　词第十七部　戏梭波辙

茱 zhū[ㄓㄨ] 市朱切　史姑韵，阴　乎平，虞韵　词第四部　戏姑苏辙　曲鱼模韵，阳

莛 tíng[ㄊㄧㄥˊ] ①特丁切　史庚韵，阳　乎平，青韵　词第十一部　戏中东辙

　　　　　　②徒鼎切　史庚韵，阳　乎上，迥韵　词第十一部　戏中东辙　（又）

苦 guā[ㄍㄨㄚ] 古活切　史麻韵，阴　乎入，曷韵　词第十八部　戏发花辙

荞 (一)qiáo[ㄑㄧㄠˊ] 巨娇切　史豪韵，阳　乎平，萧韵　词第八部　戏遥条辙　曲萧豪韵，阳　（～麦）

　　(二)jiāo[ㄐㄧㄠ] 举乔切　史豪韵，阴　乎平，萧韵　词第八部　戏遥条辙　曲萧豪韵，阳　（大戟别名）

茠 (一)hāo[ㄏㄠ] 呼毛切　史豪韵，阴　乎平，豪韵　词第八部　戏遥条辙　曲萧豪韵，阴　（同"薅"）

　　(二)xiū[ㄒㄧㄡ] 虚尤切　史尤韵，阴　乎平，尤韵　词第十二部　戏由求辙　曲尤侯韵，阴　（通"庥"）

茯 fú[ㄈㄨˊ] 房六切　史姑韵，阳　乎入，屋韵　词第十五部　戏姑苏辙

茷 (一)fá[ㄈㄚˊ] ①房越切　史麻韵，阳　乎入，月韵　词第十八部　戏发花辙

　　　　　　②符废切　史麻韵，阳　乎去，队韵　词第三部　戏发花辙　（又）

　　　　　　③博盖切　史麻韵，阳　乎去，泰韵　词第五部　戏发花辙　（又）

　　(二)pèi[ㄆㄟˋ] 步需切　史微韵，去　乎去，泰韵　词第三部　戏灰堆辙　（通"旆"）

　　(三)bá[ㄅㄚˊ] 北末切　史麻韵，阳　乎入，曷韵　词第十八部　戏发花辙　（草木根）

　　(四)bó[ㄅㄛˊ] 蒲拨切　史波韵，阳　乎入，曷韵　词第十八部　戏梭波辙　（树木枝干盘曲）

莚 yán[ㄧㄢˊ] ①以然切　史寒韵，阳　乎平，先韵　词第七部　戏言前辙　（草名）

　　　　　　②予线切　史寒韵，阳　乎去，霰韵　词第七部　戏言前辙　（～蔓）

荏 rěn[ㄖㄣˇ] 如甚切　史文韵，上　乎上，寝韵　词第十三部　戏人辰辙　曲侵寻韵，上

茩 hòu[ㄏㄡˋ] 古厚切　史尤韵，去　乎上，有韵　词第十二部　戏由求辙

荇 xìng[ㄒㄧㄥˋ] 何梗切　史庚韵，去　乎上，梗韵　词第十一部　戏中东辙

荃 quán[ㄑㄩㄢˊ] 此缘切　史寒韵，阳　乎平，先韵　词第七部　戏言前辙　曲先天韵，阴

荟 huì[ㄏㄨㄟˋ] 乌外切　史微韵，去　乎去，泰韵　词第三部　戏灰堆辙

茶 chá[ㄔㄚˊ] 宅加切　史麻韵，阳　平平，麻韵　词第十部　戏发花辙　曲家麻韵，阳

荅 (一)dá[ㄉㄚˊ] 都合切　史麻韵，阳　平入，合韵　词第十九部　戏发花辙
　　(二)tà[ㄊㄚˋ] 託合切　史麻韵，去　平入，合韵　词第十九部　戏发花辙　（沮丧状）

荀 xún[ㄒㄩㄣˊ] 相伦切　史文韵，阳　平平，真韵　词第六部　戏人辰辙　曲真文韵，阴

荈 chuǎn[ㄔㄨㄢˇ] 昌兖切　史寒韵，上　平上，铣韵　词第七部　戏言前辙

茖 gé[ㄍㄜˊ] 古伯切　史波韵，阳　平入，陌韵　词第十七部　戏梭波辙

茗 míng[ㄇㄧㄥˊ] 莫迥切　史庚韵，阳　平上，迥韵　词第十一部　戏中东辙　曲庚青韵，上

茨 (一)cí[ㄘˊ] 疾资切　史支韵，阳　平平，支韵　词第三部　戏一七辙　（蒺藜）
　　(二)jì[ㄐㄧˋ] 徂礼切　史齐韵，去　平上，荠韵　词第三部　戏一七辙　（~菜）
　　(三)qí[ㄑㄧˊ] 徂奚切　史齐韵，阳　平平，齐韵　词第三部　戏一七辙　（荠~）【借用同音字"齐(一)"的反切。】

茭 (一)jiāo[ㄐㄧㄠ] 古肴切　史豪韵，阴　平平，肴韵　词第八部　戏遥条辙　曲萧豪韵，阴
　　(二)xiǎo[ㄒㄧㄠˇ] 下巧切　史豪韵，上　平上，巧韵　词第八部　戏遥条辙　曲萧豪韵，上　（草根的通称）
　　(三)jī[ㄐㄧ] 吉历切　史齐韵，阴　平入，锡韵　词第十七部　戏一七辙　（弓檠）

茊 cí[ㄘˊ] 疾资切　史支韵，阳　平平，支韵　词第三部　戏一七辙　曲支思韵，阳

荒 (一)huāng[ㄏㄨㄤ] ①呼光切　史唐韵，阴　平平，阳韵　词第二部　戏江阳辙　曲江阳韵，阴
　　　　　　　　　　②呼浪切　史唐韵，阴　平去，漾韵　词第二部　戏江阳辙　曲江阳韵，阴　（又）
　　(二)huǎng[ㄏㄨㄤˇ] 虎晃切　史唐韵，上　平上，养韵　词第二部　戏江阳辙　曲江阳韵，上　（~忽）

荄 gāi[ㄍㄞ] ①古哀切　史开韵，阴　平平，灰韵　词第五部　戏怀来辙　曲皆来韵，阴
　　　　　　 ②古谐切　史开韵，阴　平平，佳韵　词第五部　戏怀来辙　曲皆来韵，阴　（又）

茺 chōng[ㄔㄨㄥ] 昌终切　史庚韵，阴　平平，东韵　词第一部　戏中东辙

荓 (一)píng[ㄆㄧㄥˊ] 薄经切　史庚韵，阳　平平，青韵　词第十一部　戏中东辙　（草名）
　　(二)pīng[ㄆㄧㄥ] 披经切　史庚韵，阴　平平，青韵　词第十一部　戏中东辙　（任用）
　　(三)pēng[ㄆㄥ] 普耕切　史庚韵，阴　平平，庚韵　词第十一部　戏中东辙　（~云不逮）

茳 jiāng[ㄐㄧㄤ] 古双切　史唐韵，阴　平平，江韵　词第二部　戏江阳辙

茫 máng[ㄇㄤˊ] 莫郎切　史唐韵，阳　平平，阳韵　词第二部　戏江阳辙　曲江阳韵，阳

荡 (一)dàng[ㄉㄤˋ] 徒朗切　史唐韵，去　平上，养韵　词第二部　戏江阳辙　曲江阳韵，去
　　(二)tāng[ㄊㄤ] 他郎切　史唐韵，阴　平平，阳韵　词第二部　戏江阳辙　（古水名）

茡 zì[ㄗˋ] 疾置切　史支韵，去　平去，寘韵　词第三部　戏一七辙

荣 róng[ㄖㄨㄥˊ] ①永兵切　史庚韵，阳　平平，庚韵　词第十一部　戏中东辙　曲东钟韵，阳
　　　　　　　　②永兵切　史庚韵，阳　平平，庚韵　词第十一部　戏中东辙　曲庚青韵，阳　（又）

荤 (一)hūn[ㄏㄨㄣ] 许云切　史文韵，阴　平平，文韵　词第六部　戏人辰辙　曲真文韵，阴
　　(二)xūn[ㄒㄩㄣ] 许云切　史文韵，阴　平平，文韵　词第六部　戏人辰辙　曲真文韵，阴　（~允，~粥）

荥 (一)xíng[ㄒㄧㄥˊ] 户扃切　史庚韵，阳　平平，青韵　词第十一部　戏中东辙　曲庚青韵，阳
　　(二)yíng[ㄧㄥˊ] 娟营切　史庚韵，阳　平平，庚韵　词第十一部　戏中东辙　曲庚青韵，阳　（~经）

荦 luò[ㄌㄨㄛˋ] 吕角切　史波韵，去　平入，觉韵　词第十六部　戏梭波辙

荧 yíng[ㄧㄥˊ] 户扃切　史庚韵，阳　平平，青韵　词第十一部　戏中东辙　曲庚青韵，阳

荨 (一)tán[ㄊㄢˊ] 徒含切　史寒韵，阳　平平，覃韵　词第十四部　戏言前辙
　　(二)qián[ㄑㄧㄢˊ] 慈盐切　史寒韵，阳　平平，盐韵　词第十四部　戏言前辙　（~麻）【与"蕁"音同义同，用其反切。】
　　(三)xún[ㄒㄩㄣˊ] 徐林切　史文韵，阳　平平，侵韵　词第十三部　戏人辰辙　（~麻疹）【《本草纲目》：音寻。用其反切。】

茛 (一)gèn[ㄍㄣˋ] 古恨切　史文韵，去　平去，愿韵　词第六部　戏人辰辙
　　(二)jiàn[ㄐㄧㄢˋ] 居万切　史寒韵，去　平去，愿韵　词第七部　戏言前辙　（水~）

荩 jìn[ㄐㄧㄣˋ] 疾刃切　史文韵，去　平去，震韵　词第六部　戏人辰辙

荪　sūn[ㄙㄨㄣ]　思浑切　史文韵，阴　乎平，元韵　词第六部　戏人辰辙　曲真文韵，阴

荍　qiáo[ㄑㄧㄠˊ]　渠遥切　史豪韵，阳　乎平，萧韵　词第八部　戏遥条辙

荫　(一)yìn[ㄧㄣˋ]　於禁切　史文韵，去　乎去，沁韵　词第十三部　戏人辰辙　曲侵寻韵，去

　　(二)yīn[ㄧㄣ]　於金切　史文韵，阴　乎平，侵韵　词第十三部　戏人辰辙　曲侵寻韵，阴　（树阴；日影）

茹　rú[ㄖㄨˊ]　①人诸切　史姑韵，阳　乎平，鱼韵　词第四部　戏姑苏辙　曲鱼模韵，阳

　　　　　　②人渚切　史姑韵，阳　乎上，语韵　词第四部　戏姑苏辙　曲鱼模韵，阳　（又）

　　　　　　③人恕切　史姑韵，阳　乎去，御韵　词第四部　戏姑苏辙　曲鱼模韵，去　（又）

荔　lì[ㄌㄧˋ]　①力智切　史齐韵，去　乎去，寘韵　词第三部　戏一七辙　曲齐微韵，去

　　　　　　②郎计切　史齐韵，去　乎去，霁韵　词第三部　戏一七辙　曲齐微韵，去　（又）

荬　mǎi[ㄇㄞˇ]　莫蟹切　史开韵，上　乎上，蟹韵　词第五部　戏怀来辙

荭　hóng[ㄏㄨㄥˊ]　户公切　史庚韵，阳　乎平，东韵　词第一部　戏中东辙

荮　zhòu[ㄓㄡˋ]　除柳切　史尤韵，去　乎上，有韵　词第十二部　戏由求辙

药　(一)yào[ㄧㄠˋ]　①以灼切　史豪韵，去　乎入，药韵　词第十六部　戏遥条辙　曲萧豪韵，去

　　　　　　　②於略切　史豪韵，去　乎入，药韵　词第十六部　戏遥条辙　曲萧豪韵，去　（白芷；花~）

　　(二)dí[ㄉㄧˊ]　丁历切　史齐韵，阳　乎入，锡韵　词第十七部　戏一七辙　（缠裹）

荆（查"刂"部）

七画

華（见"华"）莕（同"荇"）荳（同"豆"）荚（见"荚"）莖（见"茎"）莧（见"苋"）莊（见"庄"）

莰　kǎn[ㄎㄢˇ]　苦感切　史寒韵，上　乎上，感韵　词第十四部　戏言前辙【音译字。借用同音字"坎(一)"的反切。】

芷　(一)chǎi[ㄔㄞˇ]　昌绐切　史开韵，上　乎上，贿韵　词第五部　戏怀来辙　（蘼芜）

　　(二)zhǐ[ㄓˇ]　诸市切　史支韵，上　乎上，纸韵　词第三部　戏一七辙　（芷草）

莁　wú[ㄨˊ]　武夫切　史姑韵，阳　乎平，虞韵　词第四部　戏姑苏辙

莍　qiú[ㄑㄧㄡˊ]　巨鸠切　史尤韵，阳　乎平，尤韵　词第十二部　戏由求辙

荸　(一)bí[ㄅㄧˊ]　蒲没切　史齐韵，阳　乎入，月韵　词第十八部　戏一七辙

　　(二)bó[ㄅㄛˊ]　蒲没切　史波韵，阳　乎入，月韵　词第十八部　戏梭波辙　（旧读）

莆　(一)pú[ㄆㄨˊ]　婆吾切　史姑韵，阳　乎平，虞韵　词第四部　戏姑苏辙

　　(二)fǔ[ㄈㄨˇ]　方矩切　史姑韵，上　乎上，麌韵　词第四部　戏姑苏辙　（莲~）

莤　(一)suō[ㄙㄨㄛ]　所六切　史波韵，阴　乎入，屋韵　词第十五部　戏梭波辙

　　(二)sù[ㄙㄨˋ]　所六切　史波韵，去　乎入，屋韵　词第十五部　戏姑苏辙　（旧读）

　　(三)yóu[ㄧㄡˊ]　夷周切　史尤韵，阳　乎平，尤韵　词第十二部　戏由求辙　（草名）

莽　(一)mǎng[ㄇㄤˇ]　模朗切　史唐韵，上　乎上，养韵　词第二部　戏江阳辙　曲江阳韵，上

　　(二)máng[ㄇㄤˊ]　谟郎切　史唐韵，阳　乎平，阳韵　词第二部　戏江阳辙　（~苍）

莱　lái[ㄌㄞˊ]　落哀切　史开韵，阳　乎平，灰韵　词第五部　戏怀来辙　曲皆来韵，阳

莲　(一)lián[ㄌㄧㄢˊ]　落贤切　史寒韵，阳　乎平，先韵　词第七部　戏言前辙　曲先天韵，阳

　　(二)liǎn[ㄌㄧㄢˇ]　力展切　史寒韵，上　乎上，铣韵　词第七部　戏言前辙　（~勺县）

莦　shāo[ㄕㄠ]　①所交切　史豪韵，阴　乎平，肴韵　词第八部　戏遥条辙

　　　　　　②相邀切　史豪韵，阴　乎平，萧韵　词第八部　戏遥条辙　（草根）

莳　(一)shì[ㄕˋ]　时吏切　史支韵，去　乎去，寘韵　词第三部　戏一七辙　曲支思韵，去

　　(二)shí[ㄕˊ]　市之切　史支韵，阳　乎平，支韵　词第三部　戏一七辙　（~萝）

莫　(一)mò[ㄇㄛˋ]　①慕各切　史波韵，去　乎入，药韵　词第十六部　戏梭波辙　曲萧豪韵，去

　　　　　　②慕各切　史波韵，去　乎入，药韵　词第十六部　戏梭波辙　曲歌戈韵，去　（又）

　　(二)mù[ㄇㄨˋ]　莫故切　史姑韵，去　乎去，遇韵　词第四部　戏姑苏辙　（言采其~）

莴　wō[ㄨㄛ]　乌禾切　史波韵，阴　乎平，歌韵　词第九部　戏梭波辙

莂 bié[ㄅㄧㄝˊ] 方别切　史皆韵，阳　平入，屑韵　词第十八部　戏乜斜辙

茵 méng[ㄇㄥˊ] 武庚切　史庚韵，阳　平平，庚韵　词第十一部　戏中东辙

莪 é[ㄜˊ] 五何切　史波韵，阳　平平，歌韵　词第九部　戏梭波辙

莉 (一)lí[ㄌㄧˊ] 郎奚切　史齐韵，阳　平平，齐韵　词第三部　戏一七辙　（茷~）

　　(二)chí[ㄔˊ] 直之切　史支韵，阳　平平，支韵　词第三部　戏一七辙　（姓）

　　(三)lì[ㄌㄧˋ] 邻溪切　史齐韵，去　平平，齐韵　词第三部　戏一七辙　曲齐微韵，去　（茉~）

莠 yǒu[ㄧㄡˇ] 与久切　史尤韵，上　平上，有韵　词第十二部　戏由求辙　曲尤侯韵，上

莓 méi[ㄇㄟˊ] ①莫杯切　史微韵，阳　平平，灰韵　词第三部　戏灰堆辙　曲齐微韵，阳

　　　　　②莫佩切　史微韵，阳　平去，队韵　词第三部　戏灰堆辙　曲齐微韵，阳　（又）

　　　　　③亡救切　史微韵，阳　平去，宥韵　词第十二部　戏灰堆辙　曲齐微韵，阳　（又）

荷 (一)hè[ㄏㄜˋ] ①胡可切　史波韵，去　平上，哿韵　词第九部　戏梭波辙　曲歌戈韵，上

　　　　　②胡可切　史波韵，去　平上，哿韵　词第九部　戏梭波辙　曲歌戈韵，去　（又）

　　(二)hé[ㄏㄜˊ] 胡歌切　史波韵，阳　平平，歌韵　词第九部　戏梭波辙　曲歌戈韵，阳　（~花）

　　(三)kē[ㄎㄜ]　（苛细，繁琐，同"苛(一)"）

莜 (一)diào[ㄉㄧㄠˋ] 徒吊切　史豪韵，去　平去，啸韵　词第八部　戏遥条辙

　　(二)yóu[ㄧㄡˊ] 以周切　史尤韵，阳　平平，尤韵　词第十二部　戏由求辙　（~麦）【借用同音字"攸"的反切。】

莋 zuó[ㄗㄨㄛˊ] 在各切　史波韵，阳　平入，药韵　词第十六部　戏梭波辙

莅 lì[ㄌㄧˋ] ①力至切　史齐韵，去　平去，真韵　词第三部　戏一七辙

　　　　②郎计切　史齐韵，去　平去，霁韵　词第三部　戏一七辙　曲齐微韵，去　（同"涖"）

荼 (一)tú[ㄊㄨˊ] ①同都切　史姑韵，阳　平平，虞韵　词第四部　戏姑苏辙　曲鱼模韵，阳

　　　　　②食遮切　史姑韵，阳　平平，麻韵　词第十部　戏姑苏辙　（荼花）

　　(二)shū[ㄕㄨ] 商居切　史姑韵，阴　平平，鱼韵　词第四部　戏姑苏辙　（玉器名）

　　(三)yé[ㄧㄝˊ] 余遮切　史皆韵，阳　平平，麻韵　词第十部　戏乜斜辙　（姓）

　　(四)chá[ㄔㄚˊ]　（同"茶"）

莶 (一)xiān[ㄒㄧㄢ] 虚严切　史寒韵，阴　平平，盐韵　词第十四部　戏言前辙　（豨~）

　　(二)qiān[ㄑㄧㄢ] 力盐切　史寒韵，阴　平平，盐韵　词第十四部　戏言前辙　（白莶）

　　(三)liǎn[ㄌㄧㄢˇ] 良冉切　史寒韵，上　平上，俭韵　词第十四部　戏言前辙　（又）

莝 cuò[ㄘㄨㄛˋ] 麤卧切　史波韵，去　平去，箇韵　词第九部　戏梭波辙

莩 (一)fú[ㄈㄨˊ] 芳无切　史姑韵，阳　平平，虞韵　词第四部　戏姑苏辙　曲鱼模韵，阴　（芦膜）

　　(二)piǎo[ㄆㄧㄠˇ] 平表切　史豪韵，上　平上，篠韵　词第八部　戏遥条辙　曲萧豪韵，上　（同"殍(一)"）

荽 suī[ㄙㄨㄟ] 息遗切　史微韵，阴　平平，支韵　词第三部　戏灰堆辙　曲齐微韵，阴

莬 wǎn[ㄨㄢˇ] 武远切　史寒韵，上　平上，阮韵　词第七部　戏言前辙

获 huò[ㄏㄨㄛˋ] ①胡麦切　史波韵，去　平入，陌韵　词第十七部　戏梭波辙　曲歌戈韵，阳

　　　　　②胡郭切　史波韵，去　平入，药韵　词第十六部　戏梭波辙　曲歌戈韵，阳　（收割）

　　　　　③忽郭切　史波韵，去　平入，药韵　词第十六部　戏梭波辙　曲歌戈韵，阳　（宏大状）

　　　　　④黄郭切　史波韵，去　平入，药韵　词第十六部　戏梭波辙　曲歌戈韵，阳　（陂~）

莸 yóu[ㄧㄡˊ] 以周切　史尤韵，阳　平平，尤韵　词第十二部　戏由求辙

荻 dí[ㄉㄧˊ] 徒历切　史齐韵，阳　平入，锡韵　词第十七部　戏一七辙　曲齐微韵，阳

莘 (一)shēn[ㄕㄣ] 所臻切　史文韵，阴　平平，真韵　词第六部　戏人辰辙　曲真文韵，阴

　　(二)xīn[ㄒㄧㄣ] 斯人切　史文韵，阴　平平，真韵　词第六部　戏人辰辙　曲真文韵，阴　（~庄；细辛）

莎 (一)suō[ㄙㄨㄛ] 苏禾切　史波韵，阴　平平，歌韵　词第九部　戏梭波辙　曲歌戈韵，阴

　　(二)shā[ㄕㄚ] 师加切　史麻韵，阴　平平，麻韵　词第十部　戏发花辙　（人名用字；~鸡）

莐 chén[ㄔㄣˊ] 直深切　史文韵，阳　平平，侵韵　词第十三部　戏人辰辙

莞 (一)guān[ㄍㄨㄢ] 古丸切　史寒韵，阴　平平，寒韵　词第七部　戏言前辙

（二）wǎn[ㄨㄢˇ]　户板切　中寒韵，上　平上，潸韵　词第七部　戏言前辙　（～尔）

（三）guǎn[ㄍㄨㄢˇ]　古玩切　中寒韵，上　平去，翰韵　词第七部　戏言前辙　（东～）

莢 qióng[ㄑㄩㄥˊ]　渠弓切　中庚韵，阳　平平，东韵　词第一部　戏中东辙　曲东钟韵，阳

莹 yíng[ㄧㄥˊ]　①永兵切　中庚韵，阳　平平，庚韵　词第十一部　戏中东辙　曲庚青韵，去

②乌定切　中庚韵，阳　平去，径韵　词第十一部　戏中东辙　曲东钟韵，去　（又）

莺 yīng[ㄧㄥ]　乌茎切　中庚韵，阴　平平，庚韵　词第十一部　戏中东辙

莨（一）láng[ㄌㄤˊ]　鲁当切　中唐韵，阳　平平，阳韵　词第二部　戏江阳辙　（草名）

（二）làng[ㄌㄤˋ]　鲁当切　中唐韵，去　平去，漾韵　词第二部　戏江阳辙　（～菪）【《康熙字典》：又去声。】

（三）liáng[ㄌㄧㄤˊ]　吕张切　中唐韵,阳　平平,阳韵　词第二部　戏江阳辙　（薯～）【借用同音字"良"的反切。】

莙 jūn[ㄐㄩㄣ]　渠殒切　中文韵，阴　平上，轸韵　词第六部　戏人辰辙

荵 rěn[ㄖㄣˇ]　而轸切　中文韵，上　平上，轸韵　词第六部　戏人辰辙

荽 suī[ㄙㄨㄟ]　息遗切　中微韵，阴　平平，支韵　词第三部　戏灰堆辙

莼 chún[ㄔㄨㄣˊ]　常伦切　中文韵，阳　平平，真韵　词第六部　戏人辰辙　曲真文韵，阳

<h3 style="text-align:center">八画</h3>

萇（见"苌"）**菢**（同"抱②"）**菴**（同"庵"）**菉**（见"菉"）**菁**（同"春（一）"）**菓**（同"果（一）"）**萵**（见"莴"）

菶 běng[ㄅㄥˇ]　蒲蠓切　中庚韵，上　平上，董韵　词第一部　戏中东辙

菁 jīng[ㄐㄧㄥ]　子盈切　中庚韵，阴　平平，庚韵　词第十一部　戏中东辙　曲庚青韵，阴

菾 tián[ㄊㄧㄢˊ]　徒兼切　中寒韵，阳　平平，盐韵　词第十四部　戏言前辙

菝 bá[ㄅㄚˊ]　①蒲拨切　中麻韵，阳　平入，曷韵　词第十八部　戏发花辙

②蒲八切　中麻韵，阳　平入，黠韵　词第十八部　戏发花辙　（又）

著（一）zhù[ㄓㄨˋ]　①陟虑切　中姑韵，去　平去，御韵　词第四部　戏姑苏辙　曲鱼模韵，去

(1)显明，显出：～名　(2)撰述，写作：～书立说　(3)文章，书：～作　(4)标名：乡师以～于士师　(5)世代居住：土～

②丁吕切　中姑韵，去　平上，语韵　词第四部　戏姑苏辙　（门与屏风的空间；位次）

（二）zhuó[ㄓㄨㄛˊ]　①直略切　中波韵，阳　平入，药韵　词第十六部　戏梭波辙　曲萧豪韵，阳

(6)接触，挨上：～地　(7)附着：～色　(8)注意，用心：～意　(9)下落，来源：～落　⑽派遣：～人办理　⑾命令：～即执行

②张略切　中波韵，阳　平入，药韵　词第十六部　戏梭波辙　曲萧豪韵，阳　（穿着）

（三）zhāo[ㄓㄠ]　止遥切　中豪韵，阴　平平，萧韵　词第八部　戏遥条辙　（下棋的步骤；计策）【亦可用"招（一）"，用其反切。】

（四）chú[ㄔㄨˊ]　直鱼切　中姑韵，阳　平平，鱼韵　词第四部　戏姑苏辙　（～雍）

（五）zháo[ㄓㄠˊ]　（同"着（二）"）

（六）zhe[·ㄓㄜ]　（同"着（四）"）

菱 líng[ㄌㄧㄥˊ]　力膺切　中庚韵，阳　平平，蒸韵　词第十一部　戏中东辙　曲庚青韵，阳

菈 là[ㄌㄚˋ]　卢合切　中麻韵，去　平入，合韵　词第十九部　戏发花辙

萚 tuò[ㄊㄨㄛˋ]　他各切　中波韵，去　平入，药韵　词第十六部　戏梭波辙

萁（一）jī[ㄐㄧ]　居之切　中齐韵，阴　平平，支韵　词第三部　戏一七辙　曲齐微韵，阳

（二）qí[ㄑㄧˊ]　渠之切　中齐韵，阳　平平，支韵　词第三部　戏一七辙　曲齐微韵，阳　（豆秆）

菆（一）zōu[ㄗㄡ]　侧鸠切　中尤韵，阴　平平，尤韵　词第十二部　戏由求辙

（二）cuán[ㄘㄨㄢˊ]　在丸切　中寒韵，阳　平平，寒韵　词第七部　戏言前辙　（攒堆）

（三）chù[ㄔㄨˋ]　刍注切　中姑韵，去　平去，遇韵　词第四部　戏姑苏辙　（鹰窠）

菻 lǐn[ㄌㄧㄣˇ]　力稔切　中文韵，上　平上，寝韵　词第十三部　戏人辰辙

萆（一）sī[ㄙ]　息移切　中支韵，阴　平平，支韵　词第三部　戏一七辙　（～麦）

　　(二) xī [ㄒ丨] 先击切　中齐韵，阴　平入，锡韵　词第十七部　戏一七辙　(~冀)

菘 sōng [ㄙㄨㄥ] 息弓切　中庚韵，阴　平平，东韵　词第一部　戏中东辙

堇 (一) jìn [ㄐ丨ㄣˋ] ①渠吝切　中文韵，去　平去，震韵　词第六部　戏人辰辙

　　　　　　　　　　②居焮切　中文韵，去　平去，问韵　词第六部　戏人辰辙　(~阴)

　　(二) jǐn [ㄐ丨ㄣˇ] ①居隐切　中文韵，上　平上，吻韵　词第六部　戏人辰辙　(~菜)

　　　　　　　　　　②渠吝切　中文韵，上　平去，震韵　词第六部　戏人辰辙　(通"仅""槿")

　　(三) qín [ㄑ丨ㄣˊ] 巨巾切　中文韵，阳　平平，真韵　词第六部　戏人辰辙　(粘土；诚恳)

萘 nài [ㄋㄞˋ] 奴带切　中开韵，去　平去，泰韵　词第五部　戏怀来辙　【音译字。借用同音字"奈"的反切。】

萐 shà [ㄕㄚˋ] ①所洽切　中麻韵，去　平入，洽韵　词第十九部　戏发花辙

　　　　　　②山辄切　中麻韵，去　平入，叶韵　词第十八部　戏发花辙　(又)

萋 qī [ㄑ丨] 七稽切　中齐韵，阴　平平，齐韵　词第三部　戏一七辙　曲齐微韵，阴

菿 dào [ㄉㄠˋ] 都导切　中豪韵，去　平去，号韵　词第八部　戏遥条辙

菲 (一) fěi [ㄈㄟˇ] 敷尾切　中微韵，上　平上，尾韵　词第三部　戏灰堆辙

　　(二) fēi [ㄈㄟ] 芳非切　中微韵，阴　平平，微韵　词第三部　戏灰堆辙　曲齐微韵，阴　(芳~)

　　(三) fèi [ㄈㄟˋ] 扶沸切　中微韵，去　平去，未韵　词第三部　戏灰堆辙　(草鞋)

菽 (一) shū [ㄕㄨ] 式竹切　中姑韵，阴　平入，屋韵　词第十五部　戏姑苏辙　曲鱼模韵，上

　　(二) jiāo [ㄐ丨ㄠ] 兹消切　中豪韵，阴　平平，萧韵　词第八部　戏遥条辙　(~薗)

菋 wèi [ㄨㄟˋ] 无沸切　中微韵，去　平去，未韵　词第三部　戏灰堆辙

菒 gǎo [ㄍㄠˇ] 古老切　中豪韵，上　平上，皓韵　词第八部　戏遥条辙

菎 kūn [ㄎㄨㄣ] 古浑切　中文韵，阴　平平，元韵　词第六部　戏人辰辙

菖 chāng [ㄔㄤ] 尺良切　中唐韵，阴　平平，阳韵　词第二部　戏江阳辙　曲江阳韵，阴

萌 (一) méng [ㄇㄥˊ] ①莫耕切　中庚韵，阳　平平，庚韵　词第十一部　戏中东辙　曲东钟韵，阳

　　　　　　　　　　②莫耕切　中庚韵，阳　平平，庚韵　词第十一部　戏中东辙　曲庚青韵，阳　(又)

　　(二) máng [ㄇㄤˊ] (同"氓(一)")

萜 tiē [ㄊ丨ㄝ] 他协切　中皆韵，阴　平入，叶韵　词第十八部　戏乜斜辙　【音译字。借用同音字"帖"的反切。】

萝 luó [ㄌㄨㄛˊ] 鲁何切　中波韵，阳　平平，歌韵　词第九部　戏梭波辙　曲歌戈韵，阳

菌 (一) jùn [ㄐㄩㄣˋ] 渠殒切　中文韵，去　平上，轸韵　词第六部　戏人辰辙

　　(二) jūn [ㄐㄩㄣ] 区伦切　中文韵，阴　平平，真韵　词第六部　戏人辰辙　(细~)【《集韵》：区伦切。借用之。】

菵 wǎng [ㄨㄤˇ] 文两切　中唐韵，上　平上，养韵　词第二部　戏江阳辙

菙 chuí [ㄔㄨㄟˊ] 时髓切　中微韵，阳　平上，纸韵　词第三部　戏灰堆辙

莉 lí [ㄌ丨ˊ] ①力脂切　中齐韵，阳　平平，支韵　词第三部　戏一七辙

　　　　　　②怜题切　中齐韵，阳　平平，齐韵　词第三部　戏一七辙　(又)

萎 (一) wěi [ㄨㄟˇ] 邬贿切　中微韵，上　平上，贿韵　词第三部　戏灰堆辙

　　(二) wēi [ㄨㄟ] 於为切　中微韵，阴　平平，支韵　词第三部　戏灰堆辙　(又)

萸 yú [ㄩˊ] 羊朱切　中齐韵，阳　平平，虞韵　词第四部　戏一七辙　曲鱼模韵，阳

萑 (一) zhuī [ㄓㄨㄟ] 职追切　中微韵，阴　平平，支韵　词第三部　戏灰堆辙

　　(二) huán [ㄏㄨㄢˊ] 胡官切　中寒韵，阳　平平，寒韵　词第七部　戏言前辙　(~苇；~兰)

萆 (一) pì [ㄆ丨ˋ] 房益切　中齐韵，去　平入，陌韵　词第十七部　戏一七辙　(~荔)

　　(二) bì [ㄅ丨ˋ] (隐蔽，同"蔽"；植物名，同"蓖")

荻 dì [ㄉ丨ˋ] 都历切　中齐韵，去　平入，锡韵　词第十七部　戏一七辙

菤 juǎn [ㄐㄩㄢˇ] 居转切　中寒韵，上　平上，铣韵　词第七部　戏言前辙

菜 cài [ㄘㄞˋ] 仓代切　中开韵，去　平去，队韵　词第五部　戏怀来辙　曲皆来韵，去

棻 fēn [ㄈㄣ] 府文切　中文韵，阴　平平，文韵　词第六部　戏人辰辙

萯 fú [ㄈㄨˊ] ①房六切　中姑韵，阳　平入，屋韵　词第十五部　戏姑苏辙

②蒲北切　中姑韵，阳　平入，职韵　词第十七部　戏姑苏辙　（又）

萉 ㈠fēi[ㄷㄟ] 扶沸切　中微韵，阴　平去，未韵　词第三部　戏灰堆辙

　　㈡féi[ㄷㄟˊ] 符非切　中微韵，阳　平平，微韵　词第三部　戏灰堆辙　（躲避）

菟 ㈠tù[ㄊㄨˋ] 汤故切　中姑韵，去　平去，遇韵　词第四部　戏姑苏辙

　　㈡tú[ㄊㄨˊ] 同都切　中姑韵，阳　平平，虞韵　词第四部　戏姑苏辙　曲鱼模韵，阳　（於~）

萄 táo[ㄊㄠˊ] 徒刀切　中豪韵，阳　平平，豪韵　词第八部　戏遥条辙　曲萧豪韵，阳

萏 dàn[ㄉㄢˋ] 徒感切　中寒韵，去　平上，感韵　词第十四部　戏言前辙　曲监咸韵，上

菊 jú[ㄐㄩˊ] 居六切　中齐韵，阳　平入，屋韵　词第十五部　戏一七辙　曲鱼模韵，上

萃 cuì[ㄘㄨㄟˋ] 秦醉切　中微韵，去　平去，寘韵　词第三部　戏灰堆辙　曲齐微韵，去

菩 ㈠pú[ㄆㄨˊ] 簿胡切　中姑韵，阳　平平，虞韵　词第四部　戏姑苏辙　（梵文音译）

　　㈡fù[ㄈㄨˋ] 房久切　中姑韵，去　平上，有韵　词第十二部［兼第四部虞韵］戏姑苏辙　（香草名）

　　㈢bèi[ㄅㄟˋ] 簿亥切　中微韵，去　平上，贿韵　词第五部　戏灰堆辙　（席草）

　　㈣bó[ㄅㄛˊ] 薄没切　中波韵，阳　平入，月韵　词第十八部　戏梭波辙　（麻~杨）

萋 jiē[ㄐㄧㄝ] 即叶切　中皆韵，阴　平入，叶韵　词第十八部　戏乜斜辙

菸 ㈠yù[ㄩˋ] 依倨切　中齐韵，去　平去，御韵　词第四部　戏一七辙　（臭草）

　　㈡yū[ㄩ] 衣虚切　中齐韵，阴　平平，鱼韵　词第四部　戏一七辙　（枯萎）

　　㈢yān[ㄧㄢ]　（烟草，同"烟㈠"）

菼 tǎn[ㄊㄢˇ] 吐敢切　中寒韵，上　平上，感韵　词第十四部　戏言前辙

菏 ㈠hé[ㄏㄜˊ] 寒歌切　中波韵，阳　平平，歌韵　词第九部　戏梭波辙　曲歌戈韵，阳

　　㈡gē[ㄍㄜ] 古俄切　中波韵，阴　平平，歌韵　词第九部　戏梭波辙　曲歌戈韵，阳　（古湖泊名）

萍 píng[ㄆㄧㄥˊ] 薄经切　中庚韵，阳　平平，青韵　词第十一部　戏中东辙　曲庚青韵，阳

菹 ㈠zū[ㄗㄨ] 侧鱼切　中姑韵，阴　平平，鱼韵　词第四部　戏姑苏辙

　　㈡jù[ㄐㄩˋ] 将豫切　中齐韵，去　平去，御韵　词第四部　戏一七辙　（草多的沼泽）

菠 bō[ㄅㄛ] 逋和切　中波韵，阴　平平，歌韵　词第九部　戏梭波辙

菭 tái[ㄊㄞˊ] ①徒哀切　中开韵，阳　平平，灰韵　词第五部　戏怀来辙　（青~）

　　　　　　②直尼切　中支韵，阳　平平，支韵　词第三部　戏一七辙　（水~）

菪 dàng[ㄉㄤˋ] 徒阆切　中唐韵，去　平平，阳韵　词第二部　戏江阳辙

菅 ㈠jiān[ㄐㄧㄢ] 古颜切　中寒韵，阴　平平，删韵　词第七部　戏言前辙　曲寒山韵，阴

　　㈡guān[ㄍㄨㄢ] 古顽切　中寒韵，阴　平平，删韵　词第七部　戏言前辙　曲寒山韵，阴　（古地名）

菀 ㈠wǎn[ㄨㄢˇ] ①於阮切　中寒韵，上　平上，阮韵　词第七部　戏言前辙

　　　　　　②纡物切　中齐韵，去　平入，物韵　词第十八部　戏一七辙　（茂盛状）

　　㈡yuàn[ㄩㄢˋ]　（园囿，同"苑㈠"）

　　㈢yùn[ㄩㄣˋ]　（郁积，同"蕴㈡"）

菺 jiān[ㄐㄧㄢ] 古贤切　中寒韵，阴　平平，先韵　词第七部　戏言前辙

萤 yíng[ㄧㄥˊ] 户扃切　中庚韵，阳　平平，青韵　词第十一部　戏中东辙　曲庚青韵，阳

营 yíng[ㄧㄥˊ] ①余倾切　中庚韵，阳　平平，庚韵　词第十一部　戏中东辙　曲庚青韵，阳

　　　　　　②玄扃切　中庚韵，阳　平平，青韵　词第十一部　戏中东辙　（辩解）

萦 yíng[ㄧㄥˊ] 於营切　中庚韵，阳　平平，庚韵　词第十一部　戏中东辙　曲庚青韵，阴

萧 xiāo[ㄒㄧㄠ] 苏彫切　中豪韵，阴　平平，萧韵　词第八部　戏遥条辙　曲萧豪韵，阴

菉 lù[ㄌㄨˋ] 力玉切　中姑韵，去　平入，沃韵　词第十五部　戏姑苏辙

菰 gū[ㄍㄨ] 古胡切　中姑韵，阴　平平，虞韵　词第四部　戏姑苏辙　曲鱼模韵，阴

萨 sà[ㄙㄚˋ] 桑割切　中麻韵，去　平入，曷韵　词第十八部　戏发花辙　曲家麻韵，上

菡 hàn[ㄏㄢˋ] 胡感切　中寒韵，去　平上，感韵　词第十四部　戏言前辙

菇 gū[ㄍㄨ] 古吴切　中姑韵，阴　平平，虞韵　词第四部　戏姑苏辙　曲鱼模韵，阴

菑 (一)zī[ㄗ] 侧持切　史支韵，阴　平平，支韵　词第三部　戏一七辙

　　(二)zì[ㄗˋ] 侧吏切　史支韵，去　平去，寘韵　词第三部　戏一七辙　（树立，插入；姓）

　　(三)zāi[ㄗㄞ] 将来切　史开韵，阴　平平，灰韵　词第五部　戏怀来辙　（灾害）

九画

葉 (见"叶(一)(二)")　韮 (同"韭")　萷 (见"蒴")　萬 (见"万(一)")　葍 (同"参(一)")　葅 (同"菹(一)")　菱 (同"萱")

茺 (同"茺")　蓟 (同"蓟")　萍 (同"萍")　葷 (见"荤")　葦 (见"苇")　荭 (见"荭")　葯 (见"药")

萴 qiā[ㄑ丨ㄚ] 丘八切　史麻韵，阴　平入，黠韵　词第十八部　戏发花辙

葑 (一)fèng[ㄈㄥˋ] 方用切　史庚韵，去　平去，宋韵　词第一部　戏中东辙

　　(二)fēng[ㄈㄥ] 府容切　史庚韵，阴　平平，冬韵　词第一部　戏中东辙　曲东钟韵，阴　（蔓菁）

萿 kuò[ㄎㄨㄛˋ] 古活切　史波韵，去　平入，曷韵　词第十八部　戏梭波辙

葚 shèn[ㄕㄣˋ] 食荏切　史文韵，去　平上，寝韵　词第十三部　戏人辰辙　曲侵寻韵，去

葫 hú[ㄏㄨˊ] 户吴切　史姑韵，阳　平平，虞韵　词第四部　戏姑苏辙

葙 xiāng[ㄒ丨ㄤ] 息良切　史唐韵，阴　平平，阳韵　词第二部　戏江阳辙

葧 bó[ㄅㄛˊ] 薄没切　史波韵，阳　平入，月韵　词第十八部　戏梭波辙

葍 fú[ㄈㄨˊ] 方六切　史姑韵，阳　平入，屋韵　词第十五部　戏姑苏辙

葽 (一)yāo[丨ㄠ] 於霄切　史豪韵，阴　平平，萧韵　词第八部　戏遥条辙　曲萧豪韵，阴

　　(二)yǎo[丨ㄠˇ] 乌皎切　史豪韵，上　平上，篠韵　词第八部　戏遥条辙　（~绕）

蒝 liàn[ㄌ丨ㄢˋ] 郎甸切　史寒韵，去　平去，霰韵　词第七部　戏言前辙

葴 (一)zhēn[ㄓㄣ] 职深切　史文韵，阴　平平，侵韵　词第十三部　戏人辰辙

　　(二)qián[ㄑ丨ㄢˊ] 其淹切　史寒韵，阳　平平，盐韵　词第十四部　戏言前辙　（人名）

葳 wēi[ㄨㄟ] 於非切　史微韵，阴　平平，微韵　词第三部　戏灰堆辙

蒇 chǎn[ㄔㄢˇ] 丑善切　史寒韵，上　平上，铣韵　词第七部　戏言前辙

葬 zàng[ㄗㄤˋ] 则浪切　史唐韵，去　平去，漾韵　词第二部　戏江阳辙　曲江阳韵，去

楷 kǎi[ㄎㄞˇ] 苦骇切　史开韵，上　平上，蟹韵　词第五部　戏怀来辙　【音译字。借用同音字"楷(一)"的反切。】

葝 (一)qíng[ㄑ丨ㄥˊ] 渠京切　史庚韵，阳　平平，庚韵　词第十一部　戏中东辙　（野薤头）

　　(二)jìng[ㄐ丨ㄥˋ] 坚正切　史庚韵，去　平去，敬韵　词第十一部　戏中东辙　（鼠尾草）

萷 xiāo[ㄒ丨ㄠ] ①思邀切　史豪韵，阴　平平，萧韵　词第八部　戏遥条辙

　　　　　　 ②师交切　史豪韵，阴　平平，肴韵　词第八部　戏遥条辙　（~蓡）

募 (一)mù[ㄇㄨˋ] 莫故切　史姑韵，去　平去，遇韵　词第四部　戏姑苏辙　曲鱼模韵，去

　　(二)mó[ㄇㄛˊ] （薄膜，同"膜"）

葺 qì[ㄑ丨ˋ] 七入切　史齐韵，去　平入，缉韵　词第十七部　戏一七辙　曲齐微韵，阳

蒀 yūn[ㄩㄣ] 於云切　史文韵，阴　平平，文韵　词第六部　戏人辰辙

葛 (一)gé[ㄍㄜˊ] 古达切　史波韵，阳　平入，曷韵　词第十八部　戏梭波辙　曲歌戈韵，上

　　(二)gě[ㄍㄜˇ] 古达切　史波韵，上　平入，曷韵　词第十八部　戏梭波辙　曲歌戈韵，上　（姓）

蒉 (一)kuài[ㄎㄨㄞˋ] ①苦怪切　史开韵，去　平去，卦韵　词第五部　戏怀来辙

　　　　　　　　 ②苦会切　史开韵，去　平去，队韵　词第三部　戏怀来辙　（土块）

　　(二)kuì[ㄎㄨㄟˋ] 求位切　史微韵，去　平去，寘韵　词第三部　戏灰堆辙　（草筐）

蓰 xǐ[ㄒ丨ˇ] 胥里切　史齐韵，上　平上，纸韵　词第三部　戏一七辙

萼 è[ㄜˋ] ①五各切　史波韵，去　平入，药韵　词第十六部　戏梭波辙　曲萧豪韵，去

　　　　 ②五各切　史波韵，去　平入，药韵　词第十六部　戏梭波辙　曲歌戈韵，去　（又）

骨 (一)gǔ[ㄍㄨˇ] 古忽切　史姑韵，上　平入，月韵　词第十八部　戏姑苏辙

　　(二)gū[ㄍㄨ] 古忽切　史姑韵，阴　平入，月韵　词第十八部　戏姑苏辙　（~葖）

萩 (一)qiū[ㄑ丨ㄡ] 七由切　史尤韵，阴　平平，尤韵　词第十二部　戏由求辙

（二）jiāo［ㄐㄧㄠ］兹消切　史豪韵，阴　乎平，萧韵　词第八部　戏遥条辙　（人名）

莪　ké［ㄎㄜˊ］苦禾切　史波韵，阳　乎平，歌韵　词第九部　戏梭波辙

董　dǒng［ㄉㄨㄥˇ］多动切　史庚韵，上　乎上，董韵　词第一部　戏中东辙　曲东钟韵，上

葆　（一）bǎo［ㄅㄠˇ］博抱切　史豪韵，上　乎上，皓韵　词第八部　戏遥条辙　曲萧豪韵，上

　　（二）bāo［ㄅㄠ］（~大，同"襃"）

葟　huáng［ㄏㄨㄤˊ］胡光切　史唐韵，阳　乎平，阳韵　词第二部　戏江阳辙

葩　pā［ㄆㄚ］普巴切　史麻韵，阴　乎平，麻韵　词第十部　戏发花辙　曲家麻韵，阴

蒐　sōu［ㄙㄡ］所鸠切　史尤韵，阴　乎平，尤韵　词第十二部　戏由求辙

萬　（一）jǔ［ㄐㄩˇ］俱雨切　史齐韵，上　乎上，麌韵　词第四部　戏一七辙

　　（二）yǔ［ㄩˇ］王矩切　史齐韵，上　乎上，麌韵　词第四部　戏一七辙　（草名）

葰　（一）suī［ㄙㄨㄟ］息遗切　史微韵，阴　乎平，支韵　词第三部　戏灰堆辙　（廉姜）

　　（二）jùn［ㄐㄩㄣˋ］祖峻切　史文韵，去　乎去，震韵　词第六部　戏人辰辙　（~茂）

　　（三）suǒ［ㄙㄨㄛˇ］苏果切　史波韵，上　乎上，弩韵　词第九部　戏梭波辙　（~人县）

葎　lù［ㄌㄩˋ］吕卹切　史齐韵，去　乎入，质韵　词第十七部　戏一七辙

葼　zōng［ㄗㄨㄥ］子红切　史庚韵，阴　乎平，东韵　词第一部　戏中东辙

葐　（一）pén［ㄆㄣˊ］蒲奔切　史文韵，阳　乎平，元韵　词第六部　戏人辰辙　（蕧~）

　　（二）fēn［ㄈㄣ］符分切　史文韵，阴　乎平，文韵　词第六部　戏人辰辙　（~蒀）

葄　zuò［ㄗㄨㄛˋ］存故切　史波韵，去　乎去，遇韵　词第四部　戏梭波辙

葡　pú［ㄆㄨˊ］薄胡切　史姑韵，阳　乎平，虞韵　词第四部　戏姑苏辙

葍　（一）bèi［ㄅㄟˋ］①簿亥切　史微韵，去　乎上，贿韵　词第五部　戏灰堆辙

　　　　　　　　②蒲昧切　史微韵，去　乎去，队韵　词第三部　戏灰堆辙　（~阳宫）

　　（二）fù［ㄈㄨˋ］房久切　史姑韵，去　乎上，有韵　词第十二部［兼第四部麌韵］　戏姑苏辙　（王~）

葱　cōng［ㄘㄨㄥ］仓红切　史庚韵，阴　乎平，东韵　词第一部　戏中东辙　曲东钟韵，阴

蒋　（一）jiāng［ㄐㄧㄤ］即良切　史唐韵，阴　乎平，阳韵　词第二部　戏江阳辙　曲江阳韵，阴

　　（二）jiǎng［ㄐㄧㄤˇ］即两切　史唐韵，上　乎上，养韵　词第二部　戏江阳辙　曲江阳韵，上　（国名，姓）

葶　tíng［ㄊㄧㄥˊ］①都挺切　史庚韵，上　乎上，迥韵　词第十一部　戏中东辙

　　　　　　　　②特丁切　史庚韵，阳　乎平，青韵　词第十一部　戏中东辙　（~苈）

蒂　dì［ㄉㄧˋ］都计切　史齐韵，去　乎去，霁韵　词第三部　戏一七辙　曲齐微韵，去【与"蒂"音同义同，用其反切。】

葹　shī［ㄕ］式支切　史支韵，阴　乎平，支韵　词第三部　戏一七辙

蒌　（一）lóu［ㄌㄡˊ］①落侯切　史尤韵，阳　乎平，尤韵　词第十二部　戏由求辙　曲鱼模韵，阳

　　　　　　　　②力朱切　史尤韵，阳　乎平，虞韵　词第四部　戏由求辙　曲鱼模韵，阳　（又）

　　（二）liǔ［ㄌㄧㄡˇ］力九切　史尤韵，上　乎上，有韵　词第十二部　戏由求辙　（~婁）

　　（三）lǔ［ㄌㄩˇ］陇主切　史齐韵，上　乎上，麌韵　词第四部　戏一七辙　（萬~）

葥　jiàn［ㄐㄧㄢˋ］子贱切　史寒韵，去　乎去，霰韵　词第七部　戏言前辙

蔿　wěi［ㄨㄟˇ］韦委切　史微韵，上　乎上，纸韵　词第三部　戏灰堆辙

葒　hóng［ㄏㄨㄥˊ］户公切　史庚韵，阳　乎平，东韵　词第一部　戏中东辙

萿　kuò［ㄎㄨㄛˋ］古活切　史波韵，去　乎入，曷韵　词第十八部　戏梭波辙

蒎　pài［ㄆㄞˋ］匹卦切　史开韵，去　乎去，卦韵　词第十部　戏怀来辙【音译字。借用同音字"派（一）"的反切。】

落　（一）luò［ㄌㄨㄛˋ］卢各切　史波韵，去　乎入，药韵　词第十六部　戏梭波辙　曲歌戈韵，去

　　（二）lào［ㄌㄠˋ］卢各切　史豪韵，去　乎入，药韵　词第十六部　戏遥条辙　曲萧豪韵，去　（停留；莲花~）【古今音。反切仍之。】

　　（三）là［ㄌㄚˋ］卢各切　史麻韵，去　乎入，药韵　词第十六部　戏发花辙　曲萧豪韵，去　（遗漏；篱~）【古今音。反切仍之。】

萱　xuān［ㄒㄩㄢ］况袁切　史寒韵，阴　乎平，元韵　词第七部　戏言前辙　曲先天韵，阴

葖 tū[ㄊㄨ] 陀骨切　中姑韵，阴　平入，月韵　词第十八部　戏姑苏辙

萹 biān[ㄅㄧㄢ] 布玄切　中寒韵，阴　平平，先韵　词第七部　戏言前辙

蕀 (一)jì[ㄐㄧˋ] 居豪切　中齐韵，去　平去，未韵　词第三部　戏一七辙

　　(二)xì[ㄒㄧˋ] 许既切　中齐韵，去　平去，未韵　词第三部　戏一七辙　（古地名）

葭 (一)jiā[ㄐㄧㄚ] 古牙切　中麻韵，阴　平平，麻韵　词第十部　戏发花辙　曲家麻韵，阴

　　(二)xiá[ㄒㄧㄚˊ] 何加切　中麻韵，阳　平平，麻韵　词第十部　戏发花辙　（~萌）

蒢 chú[ㄔㄨˊ] 直鱼切　中姑韵，阳　平平，鱼韵　词第四部　戏姑苏辙

菅 jiān[ㄐㄧㄢ] 古颜切　中寒韵，阴　平平，删韵　词第七部　戏言前辙

葵 kuí[ㄎㄨㄟˊ] 渠追切　中微韵，阳　平平，支韵　词第三部　戏灰堆辙　曲齐微韵，阳

葇 róu[ㄖㄡˊ] 耳由切　中尤韵，阳　平平，尤韵　词第十二部　戏由求辙

惹 （查"心"部）

十画

蓋（见"盖"）蓮（见"莲"）蒔（见"蒔"）夢（见"梦"）蓝（见"葐"）蔭（见"荫"）蓆（同"席"）

蒼（见"苍"）莅（同"莅①"）蓡（同"参(一)"）蓀（见"荪"）蒓（见"莼"）

蓁 zhēn[ㄓㄣ] 侧铣切　中文韵，阴　平平，真韵　词第六部　戏人辰辙

蔜 áo[ㄠˊ] 五劳切　中豪韵，阳　平平，豪韵　词第八部　戏遥条辙

蒜 suàn[ㄙㄨㄢˋ] 苏贯切　中寒韵，去　平去，翰韵　词第七部　戏言前辙　曲桓欢韵，去

蒲 pú[ㄆㄨˊ] 薄胡切　中姑韵，阳　平平，虞韵　词第四部　戏姑苏辙

蓍 shī[ㄕ] 式之切　中支韵，阴　平平，支韵　词第三部　戏一七辙　曲支思韵，阴

薄 pò[ㄆㄛˋ] 匹各切　中波韵，去　平入，药韵　词第十六部　戏梭波辙

蓐 rù[ㄖㄨˋ] 而蜀切　中姑韵，去　平入，沃韵　词第十五部　戏姑苏辙

蕇 diǎn[ㄉㄧㄢˇ] 多忝切　中寒韵，上　平上，俭韵　词第十四部　戏言前辙

蒝 yuán[ㄩㄢˊ] 愚袁切　中寒韵，阳　平平，元韵　词第七部　戏言前辙

蓫 (一)zhú[ㄓㄨˊ] 直六切　中姑韵，阳　平入，屋韵　词第十五部　戏姑苏辙

　　(二)chù[ㄔㄨˋ] 丑六切　中姑韵，去　平入，屋韵　词第十五部　戏姑苏辙　（羊蹄菜）

蓝 lán[ㄌㄢˊ] 鲁甘切　中寒韵，阳　平平，覃韵　词第十四部　戏言前辙　曲监咸韵，阳

墓 mù[ㄇㄨˋ] 莫故切　中姑韵，去　平去，遇韵　词第四部　戏姑苏辙　曲鱼模韵，去

幕 (一)mù[ㄇㄨˋ] ①慕各切　中姑韵，去　平入，药韵　词第十六部　戏姑苏辙　曲萧豪韵，去
　　　　　　　②慕各切　中姑韵，去　平入，药韵　词第十六部　戏姑苏辙　曲歌戈韵，去　（又）

　　(二)màn[ㄇㄢˋ] 莫半切　中寒韵，去　平去，翰韵　词第七部　戏言前辙　（钱币背面）

　　(三)mò[ㄇㄛˋ]　（沙漠，同"漠"）

蓦 mò[ㄇㄛˋ] 莫白切　中波韵，去　平入，陌韵　词第十七部　戏梭波辙　曲皆来韵，去

蒽 ēn[ㄣ] 乌痕切　中文韵，阴　平平，元韵　词第六部　戏人辰辙

葅 zū[ㄗㄨ] ①则吾切　中姑韵，阴　平平，虞韵　词第四部　戏姑苏辙
　　　　　②则古切　中姑韵，阴　平上，麌韵　词第四部　戏姑苏辙　（又）
　　　　　③七余切　中姑韵，阴　平平，鱼韵　词第四部　戏姑苏辙　（又）

蒨 qiàn[ㄑㄧㄢˋ] 仓甸切　中寒韵，去　平去，霰韵　词第七部　戏言前辙

蓧 (一)tiāo[ㄊㄧㄠ] 吐彫切　中豪韵，阴　平平，萧韵　词第八部　戏遥条辙　（古农具名）

　　(二)diào[ㄉㄧㄠˋ] 徒弔切　中豪韵，去　平去，啸韵　词第八部　戏遥条辙　（又）

　　(三)tiáo[ㄊㄧㄠˊ] 吐彫切　中豪韵，阳　平平，萧韵　词第八部　戏遥条辙　（羊蹄草）

　　(四)dí[ㄉㄧˊ] 徒历切　中齐韵，阳　平入，锡韵　词第十七部　戏一七辙　（盛谷种器）

蓨 (一)tiāo[ㄊㄧㄠ] ①他历切　中豪韵，阴　平入，锡韵　词第十七部　戏遥条辙
　　　　　　　　②他彫切　中豪韵，阴　平平，萧韵　词第八部　戏遥条辙　（又）

　　㈡tiáo[ㄊ丨ㄠˊ]　田聊切　中豪韵，阳　平平，萧韵　词第八部　戏遥条辙　（古地名）

薅 huò[ㄏㄨㄛˋ]①郁缚切　中波韵，去　平入，药韵　词第十六部　戏梭波辙

　　　　　　　　②胡陌切　中波韵，去　平入，陌韵　词第十七部　戏梭波辙　（又）

蓓 bèi[ㄅㄟˋ]　薄亥切　中微韵，去　平上，贿韵　词第五部　戏灰堆辙

葸 xī[ㄒ丨]　相即切　中齐韵，阴　平入，职韵　词第十七部　戏一七辙

葹 shī[ㄕ]　疏夷切　中支韵，阴　平平，支韵　词第三部　戏一七辙

蓖 bì[ㄅ丨ˋ]　边兮切　中齐韵，去　平平，齐韵　词第三部　戏一七辙

蓏 luǒ[ㄌㄨㄛˇ]　郎果切　中波韵，上　平上，哿韵　词第九部　戏梭波辙

莎 shā[ㄕㄚ]　所八切　中麻韵，阴　平入，黠韵　词第十八部　戏发花辙

蓌 cuò[ㄘㄨㄛˋ]　则卧切　中波韵，去　平去，箇韵　词第九部　戏梭波辙

薂 ㈠xì[ㄒ丨ˋ]　胡计切　中齐韵，去　平去，霁韵　词第三部　戏一七辙　（鞋带）

　　㈡xí[ㄒ丨ˊ]　胡鸡切　中齐韵，阳　平平，齐韵　词第三部　戏一七辙　（款冬）

蓊 wěng[ㄨㄥˇ]①乌孔切　中庚韵，上　平上，董韵　词第一部　戏中东辙

　　　　　　　　②乌红切　中庚韵，阴　平平，东韵　词第一部　戏中东辙　（～苔）

蓟 jì[ㄐ丨ˋ]　古诣切　中齐韵，去　平去，霁韵　词第三部　戏一七辙　曲齐微韵，去

蓬 péng[ㄆㄥˊ]　薄红切　中庚韵，阳　平平，东韵　词第一部　戏中东辙　曲东钟韵，阳

蓑 ㈠suō[ㄙㄨㄛ]　苏禾切　中波韵，阴　平平，歌韵　词第九部　戏梭波辙　曲歌戈韵，阴

　　㈡suī[ㄙㄨㄟ]　素回切　中微韵，阴　平平，灰韵　词第三部　戏灰堆辙　（下垂状）

蒿 hāo[ㄏㄠ]　呼毛切　中豪韵，阴　平平，豪韵　词第八部　戏遥条辙　曲萧豪韵，阴

蒺 jí[ㄐ丨ˊ]　秦悉切　中齐韵，阳　平入，质韵　词第十七部　戏一七辙

蓠 lí[ㄌ丨ˊ]　吕支切　中齐韵，阳　平平，支韵　词第三部　戏一七辙

蓘 gǔn[ㄍㄨㄣˇ]　古本切　中文韵，上　平上，阮韵　词第六部　戏人辰辙

蒟 jǔ[ㄐㄩˇ]①俱雨切　中齐韵，上　平上，麌韵　词第四部　戏一七辙

　　　　　　　　②九遇切　中齐韵，上　平去，遇韵　词第四部　戏一七辙　（又）

蔀 ㈠pǒu[ㄆㄡˇ]　蒲口切　中尤韵，上　平上，有韵　词第十二部　戏由求辙　（～法）

　　㈡bù[ㄅㄨˋ]　普后切　中姑韵，去　平上，有韵　词第十二部　戏姑苏辙　（～草）

蒡 ㈠bàng[ㄅㄤˋ]　北朗切　中唐韵，去　平上，养韵　词第二部　戏江阳辙　（牛蒡）

　　㈡páng[ㄆㄤˊ]①普光切　中唐韵，阳　平平，阳韵　词第二部　戏江阳辙　（隐苃）

　　　　　　　　②薄庚切　中唐韵，阳　平平，庚韵　词第十一部　戏江阳辙　（又）

蓿 xù[ㄒㄩˋ]　丑六切　中齐韵，去　平入，屋韵　词第十五部　戏一七辙

蒹 jiān[ㄐ丨ㄢ]　古甜切　中寒韵，阴　平平，盐韵　词第十四部　戏言前辙

蒴 shuò[ㄕㄨㄛˋ]　所角切　中波韵，去　平入，觉韵　词第十六部　戏梭波辙

蒲 ㈠pú[ㄆㄨˊ]　薄胡切　中姑韵，阳　平平，虞韵　词第四部　戏姑苏辙　曲鱼模韵，阳

　　㈡bó[ㄅㄛˊ]　白各切　中波韵，阳　平入，药韵　词第十六部　戏梭波辙　（～社）

蒤 tú[ㄊㄨˊ]　同都切　中姑韵，阳　平平，虞韵　词第四部　戏姑苏辙

蒗 làng[ㄌㄤˋ]　来宕切　中唐韵，去　平去，漾韵　词第二部　戏江阳辙

蓉 róng[ㄖㄨㄥˊ]　余封切　中庚韵，阳　平平，冬韵　词第一部　戏中东辙　曲东钟韵，阳

蒙 ㈠mēng[ㄇㄥ]　莫红切　中庚韵，阴　平平，东韵　词第一部　戏中东辙　曲东钟韵，阴　【与"蒙㈡"一音之转，
反切仍之。】

　　　　(1)欺骗：～骗　(2)胡猜：～对了　(3)昏迷，糊涂：被打～了

　　㈡méng[ㄇㄥˊ]　莫红切　中庚韵，阳　平平，东韵　词第一部　戏中东辙　曲东钟韵，阳

　　　　(4)草名：女罗的别名　(5)幼稚：～童　(6)无知识，愚昧：～昧　(7)覆盖，包裹：～头盖脑　(8)隐瞒：～蔽　(9)受
　　　　承～　⑽雨点细小：～～细雨　⑾迷茫不清：空～　⑿模糊不清：～眬　⒀眼失明：～瞍　⒁朴实敦厚：敦～纯
　　　　固　⒂地名　⒃姓　⒄萌生，通"萌"

㈢měng[ㄇㄥˇ] 母揔切 中庚韵，上 平上，董韵 词第一部 戏中东辙 （~族）

萺 ㈠mì[ㄇㄧˋ] 莫狄切 中齐韵，去 平入，锡韵 词第十七部 戏一七辙

㈡míng[ㄇㄧㄥˊ] 莫经切 中庚韵，阳 平平，青韵 词第十一部 戏中东辙 曲庚青韵，阳 （~荚）

蓶 yù[ㄩˋ] 余六切 中齐韵，去 平入，屋韵 词第十五部 戏一七辙

蓥 ㈠yìng[ㄧㄥˋ] 乌定切 中庚韵，去 平去，径韵 词第十一部 戏中东辙 （擦亮金属物品）

㈡yíng[ㄧㄥˊ] 余倾切 中庚韵，阳 平平，庚韵 词第十一部 戏中东辙 （华~山）

蒻 ruò[ㄖㄨㄛˋ] ①而灼切 中波韵，去 平入，药韵 词第十六部 戏梭波辙 曲萧豪韵，去

②而灼切 中波韵，去 平入，药韵 词第十六部 戏梭波辙 曲歌戈韵，去 （又）

蔯 chén[ㄔㄣˊ] 池邻切 中文韵，阳 平平，真韵 词第六部 戏人辰辙

蒸 zhēng[ㄓㄥ] 煮仍切 中庚韵，阴 平平，蒸韵 词第十一部 戏中东辙 曲庚青韵，阴

蒘 ㈠rú[ㄖㄨˊ] 女余切 中姑韵，阳 平平，鱼韵 词第四部 戏姑苏辙

㈡nā[ㄋㄚ] 女加切 中麻韵，阴 平平，麻韵 词第十部 戏发花辙 （又）

蓪 tōng[ㄊㄨㄥ] 他红切 中庚韵，阴 平平，东韵 词第一部 戏中东辙

蒣 yù[ㄩˋ] 羊洳切 中齐韵，去 平去，御韵 词第四部 戏一七辙

蓩 mǎo[ㄇㄠˇ] ①武道切 中豪韵，上 平上，皓韵 词第八部 戏遥条辙

②莫卜切 中豪韵，上 平入，屋韵 词第十五部 戏遥条辙 （又）

蒳 nà[ㄋㄚˋ] 奴答切 中麻韵，去 平入，合韵 词第十九部 戏发花辙

蒶 fén[ㄈㄣˊ] 符分切 中文韵，阳 平平，文韵 词第六部 戏人辰辙

蒯（查“刂”部）

十一画

蓳（同“堇㈡：②”；同“槿”）**蔕**（同“蒂”）**蓽**（见“荜”）**蔞**（见“蒌”）**蔮**（同“帼②”）**蔦**（见“茑”）**蔥**（同“葱”）**蓯**（见“苁”）**蔴**（同“麻”）**蓘**（同“蓑”）**蔍**（同“粗②”）**蔙**（同“旋㈡”）**蔏**（同“荻”）**蔆**（同“菱”）**蔰**（同“扈”）**蔣**（见“蒋”）**蔾**（见“芗”）

蔧 ㈠huì[ㄏㄨㄟˋ] 徐醉切 中微韵，去 平去，寘韵 词第三部 戏灰堆辙

㈡suì[ㄙㄨㄟˋ] 徐醉切 中微韵，去 平去，寘韵 词第三部 戏灰堆辙 （旧读）

蔫 ㈠niān[ㄋㄧㄢ] 谒言切 中寒韵，阴 平平，元韵 词第七部 戏言前辙

㈡yān[ㄧㄢ] ①谒言切 中寒韵，阴 平平，元韵 词第七部 戏言前辙 （旧读）

②於乾切 中寒韵，阴 平平，先韵 词第七部 戏言前辙 （又）

蓷 tuī[ㄊㄨㄟ] ①他回切 中微韵，阴 平平，灰韵 词第三部 戏灰堆辙

②叉隹切 中微韵，阴 平平，支韵 词第三部 戏灰堆辙 （又）

蓺 yì[ㄧˋ] 鱼祭切 中齐韵，去 平去，霁韵 词第三部 戏一七辙

蔷 ㈠qiáng[ㄑㄧㄤˊ] 在良切 中唐韵，阳 平平，阳韵 词第二部 戏江阳辙 （~薇）

㈡sè[ㄙㄜˋ] 所力切 中波韵，去 平入，职韵 词第十七部 戏梭波辙 （水蓼）

蔪 ㈠jiàn[ㄐㄧㄢˋ] 慈染切 中寒韵，去 平上，俭韵 词第十四部 戏言前辙 （麦芒）

㈡jiān[ㄐㄧㄢ] 将廉切 中寒韵，阴 平平，盐韵 词第十四部 戏言前辙 （麦苗抽穗开花）

㈢shān[ㄕㄢ] （除去，同“芟”）

蓴 ㈠tuán[ㄊㄨㄢˊ] 徒官切 中寒韵，阳 平平，寒韵 词第七部 戏言前辙 （蒲丛）

㈡chún[ㄔㄨㄣˊ] （同“莼”）

蔌 sù[ㄙㄨˋ] 桑谷切 中姑韵，去 平入，屋韵 词第十五部 戏姑苏辙 曲鱼模韵，上

蓲 ㈠qiū[ㄑㄧㄡ] 去鸠切 中尤韵，阴 平平，尤韵 词第十二部 戏由求辙 （草名）

㈡ōu[ㄡ] 乌侯切 中尤韵，阴 平平，尤韵 词第十二部 戏由求辙 （刺榆）

㈢xū[ㄒㄩ] 匈于切 中齐韵，阴 平平，虞韵 词第四部 戏一七辙 （和煦）

㈣fū[ㄈㄨ] 芳无切 中姑韵，阴 平平，虞韵 词第四部 戏姑苏辙 （~蔃）

蔈 biāo[ㄅㄧㄠ] 甫遥切　史豪韵，阴　平平，萧韵　词第八部　戏遥条辙

蕳 lǔ[ㄌㄨˇ] 郎古切　史姑韵，上　平上，麌韵　词第四部　戏姑苏辙

蓾 cuó[ㄘㄨㄛˊ] ①昨何切　史波韵，阳　平平，歌韵　词第九部　戏梭波辙　（草名）
　　　　　　　　②采古切　史姑韵，上　平上，麌韵　词第四部　戏姑苏辙　（草死）

蔽 bì[ㄅㄧˋ] 必袂切　史齐韵，去　平去，霁韵　词第三部　戏一七辙　曲齐微韵，去

摹 mó[ㄇㄛˊ] 莫胡切　史波韵，阳　平平，虞韵　词第四部　戏梭波辙

慕 mù[ㄇㄨˋ] 莫故切　史姑韵，去　平去，遇韵　词第四部　戏姑苏辙　曲鱼模韵，去

暮 mù[ㄇㄨˋ] 莫故切　史姑韵，去　平去，遇韵　词第四部　戏姑苏辙　曲鱼模韵，去

蔓 (一)màn[ㄇㄢˋ] 无贩切　史寒韵，去　平去，愿韵　词第七部　戏言前辙　曲寒山韵，去
　　(二)wàn[ㄨㄢˋ] 无贩切　史寒韵，去　平去，愿韵　词第七部　戏言前辙　曲寒山韵，去　（瓜~）【古今音。
反切仍之。】
　　(三)mán[ㄇㄢˊ] 母官切　史寒韵，阳　平平，寒韵　词第七部　戏言前辙　（~菁）

蔂 léi[ㄌㄟˊ] ①卢戈切　史微韵，阳　平平，歌韵　词第九部　戏灰堆辙
　　　　　　　②伦追切　史微韵，阳　平平，支韵　词第三部　戏灰堆辙　（又）

蓶 wéi[ㄨㄟˊ] ①以追切　史微韵，阳　平平，支韵　词第三部　戏灰堆辙
　　　　　　　②以水切　史微韵，阳　平上，纸韵　词第三部　戏灰堆辙　（又）

蔑 miè[ㄇㄧㄝˋ] 莫结切　史皆韵，去　平入，屑韵　词第十八部　戏乜斜辙　曲车遮韵，去

甍 méng[ㄇㄥˊ] 莫耕切　史庚韵，阳　平平，庚韵　词第十一部　戏中东辙　曲东钟韵，阳

蔍 kē[ㄎㄜ] 苦禾切　史波韵，阴　平平，歌韵　词第九部　戏梭波辙

蔸 dōu[ㄉㄡ] 当候切　史尤韵，阴　平平，尤韵　词第十二部　戏由求辙　【方言字。借用同音字"兜(一)"的反切。】

葰 xǐ[ㄒㄧˇ] ①想氏切　史齐韵，上　平上，纸韵　词第三部　戏一七辙
　　　　　　②山宜切　史支韵，阴　平平，支韵　词第三部　戏一七辙　（数量五倍）

蔹 (一)lián[ㄌㄧㄢˊ] 力盐切　史寒韵，阳　平平，盐韵　词第十四部　戏言前辙　（草名）
　　(二)liǎn[ㄌㄧㄢˇ] 良冉切　史寒韵，上　平上，俭韵　词第十四部　戏言前辙　（药草名）

蔔 (一)pú[ㄆㄨˊ] 蒲北切　史姑韵，阳　平入，职韵　词第十七部　戏姑苏辙
　　(二)bo[˙ㄅㄛ] （萝卜，同"卜(二)"）

蔛 hú[ㄏㄨˊ] 胡谷切　史姑韵，阳　平入，屋韵　词第十五部　戏姑苏辙

蘧 zhū[ㄓㄨ] 陟鱼切　史姑韵，阴　平平，鱼韵　词第四部　戏姑苏辙

蔡 (一)cài[ㄘㄞˋ] 仓大切　史开韵，去　平去，泰韵　词第五部　戏怀来辙　曲皆来韵，去
　　(二)sà[ㄙㄚˋ] 桑葛切　史麻韵，去　平入，曷韵　词第十八部　戏发花辙　（流放；减杀）
　　(三)cā[ㄘㄚ] 七曷切　史麻韵，阴　平入，曷韵　词第十八部　戏发花辙　（昧~）

蔎 shè[ㄕㄜˋ] 识列切　史波韵，去　平入，屑韵　词第十八部　戏梭波辙

蔗 zhè[ㄓㄜˋ] 之夜切　史波韵，去　平去，祃韵　词第十部　戏梭波辙

蔏 shāng[ㄕㄤ] 式羊切　史唐韵，阴　平平，阳韵　词第二部　戏江阳辙

蔟 (一)cù[ㄘㄨˋ] 千木切　史姑韵，去　平入，屋韵　词第十五部　戏姑苏辙
　　(二)còu[ㄘㄡˋ] 仓奏切　史尤韵，去　平去，宥韵　词第十二部　戏由求辙　（乐律名）
　　(三)chuò[ㄔㄨㄛˋ] 楚角切　史波韵，去　平入，觉韵　词第十六部　戏梭波辙　（叉取）

蔺 lìn[ㄌㄧㄣˋ] 良刃切　史文韵，去　平去，震韵　词第六部　戏人辰辙　曲真文韵，去

蔊 hǎn[ㄏㄢˇ] 呼旱切　史寒韵，上　平上，旱韵　词第七部　戏言前辙

蕖 qú[ㄑㄩˊ] 强鱼切　史齐韵，阳　平平，鱼韵　词第四部　戏一七辙　曲鱼模韵，阳

蓿 (一)xu[˙ㄒㄩ] 息逐切　史齐韵，阴　平入，屋韵　词第十五部　戏一七辙
　　(二)sù[ㄙㄨˋ] 息逐切　史姑韵，去　平入，屋韵　词第十五部　戏姑苏辙　（旧读）

蓰 mì[ㄇㄧˋ] 美毕切　史齐韵，去　平入，质韵　词第十七部　戏一七辙

蔻 kòu[ㄎㄡˋ] 呼漏切　史尤韵，去　平去，宥韵　词第十二部　戏由求辙　曲尤侯韵，去

蔼 ǎi[ㄞˇ] 於盖切　史开韵，上　平去，泰韵　词第五部　戏怀来辙　曲皆来韵，上

蔚 (一)wèi[ㄨㄟˋ] 於胃切　史微韵，去　平去，未韵　词第三部　戏灰堆辙

　　(二)yù[ㄩˋ] 纡物切　史齐韵，去　平入，物韵　词第十八部　戏一七辙　（地名）

蓼 (一)liǎo[ㄌㄧㄠˇ] 卢鸟切　史豪韵，上　平上，篠韵　词第八部　戏遥条辙　曲萧豪韵，上

　　(二)lù[ㄌㄨˋ] 力竹切　史姑韵，去　平入，屋韵　词第十五部　戏姑苏辙　（～萧）

　　(三)lǎo[ㄌㄠˇ] 鲁晧切　史豪韵，上　平上，皓韵　词第八部　戏遥条辙　（摎～）

　　(四)liǔ[ㄌㄧㄡˇ] 力久切　史尤韵，上　平上，有韵　词第十二部　戏由求辙　（纠～）

蓡 shén[ㄕㄣˊ] ①所今切　史文韵，阳　平平，侵韵　词第十三部　戏人辰辙　（葠～）

　　　　　　②苏含切　史寒韵，阴　平平，覃韵　词第十四部　戏言前辙　（下垂状）

蔠 zhōng[ㄓㄨㄥ] 职戎切　史庚韵，阴　平平，东韵　词第一部　戏中东辙

十二画

蕘（见"荛"）蓬（见"迖"）蕀（同"棘(一)"）蕓（同"芸(一)"）蕆（见"葴"）蕋（同"蕊"）蕢（见"蒉"）

蕒（见"荬"）蕉（见"芜"）蕎（见"荞"）蔿（见"蒍"）蕕（见"莸"）藕（同"藕"）蕩（见"荡"）

蕁（见"荨"）

蕡 fén[ㄈㄣˊ] 符分切　史文韵，阳　平平，文韵　词第六部　戏人辰辙

蕙 huì[ㄏㄨㄟˋ] 胡桂切　史微韵，去　平去，霁韵　词第三部　戏灰堆辙　曲齐微韵，去

蕈 xùn[ㄒㄩㄣˋ] 慈荏切　史文韵，去　平上，寝韵　词第十三部　戏人辰辙

蕨 jué[ㄐㄩㄝˊ] 居月切　史皆韵，阳　平入，月韵　词第十八部　戏乜斜辙　曲车遮韵，上

蕤 ruí[ㄖㄨㄟˊ] 儒佳切　史微韵，阳　平平，支韵　词第三部　戏灰堆辙　曲齐微韵，阳

蕞 (一)zuì[ㄗㄨㄟˋ] ①才外切　史微韵，去　平去，泰韵　词第三部　戏灰堆辙

　　　　　　②祖外切　史微韵，去　平去，泰韵　词第三部　戏灰堆辙　（古地名）

　　(二)zhuó[ㄓㄨㄛˊ] 侧劣切　史波韵，阳　平入，屑韵　词第十八部　戏梭波辙　（聚集状）

蕺 jí[ㄐㄧˊ] 阻立切　史齐韵，阳　平入，缉韵　词第十七部　戏一七辙

蕇 diǎn[ㄉㄧㄢˇ] 多殄切　史寒韵，上　平上，铣韵　词第七部　戏言前辙

萌 (一)méng[ㄇㄥˊ] ①莫中切　史庚韵，阳　平平，东韵　词第一部　戏中东辙　曲东钟韵，阳

　　　　　　②武登切　史庚韵，阳　平平，蒸韵　词第十一部　戏中东辙　曲庚青韵，阳　（又）

　　(二)mèng[ㄇㄥˋ] 莫凤切　史庚韵，去　平去，送韵　词第一部　戏中东辙　（做梦）

藜 lí[ㄌㄧˊ] 力脂切　史齐韵，阳　平平，支韵　词第三部　戏一七辙

稊 tí[ㄊㄧˊ] 杜奚切　史齐韵，阳　平平，齐韵　词第三部　戏一七辙

蕉 (一)jiāo[ㄐㄧㄠ] 即消切　史豪韵，阴　平平，萧韵　词第八部　戏遥条辙　曲萧豪韵，阴

　　(二)qiáo[ㄑㄧㄠˊ] （～鹿，同"樵"；～萃，同"憔"）

薁 yù[ㄩˋ] 於六切　史齐韵，去　平入，屋韵　词第十五部　戏一七辙

蕧 fù[ㄈㄨˋ] 房六切　史姑韵，去　平入，屋韵　词第十五部　戏姑苏辙

蕃 (一)fán[ㄈㄢˊ] 附袁切　史寒韵，阳　平平，元韵　词第七部　戏言前辙　曲寒山韵，阴

　　(二)fān[ㄈㄢ] 甫烦切　史寒韵，阴　平平，元韵　词第七部　戏言前辙　曲寒山韵，阴　（屏～；属国）

　　(三)pí[ㄆㄧˊ] 蒲糜切　史齐韵，阳　平平，支韵　词第三部　戏一七辙　（姓；汉县名）

蕣 shùn[ㄕㄨㄣˋ] 舒闰切　史文韵，去　平去，震韵　词第六部　戏人辰辙

蕫 dǒng[ㄉㄨㄥˇ] ①多动切　史庚韵，上　平上，董韵　词第一部　戏中东辙

　　　　　　②徒红切　史庚韵，上　平平，东韵　词第一部　戏中东辙　（又）

蕲 (一)qí[ㄑㄧˊ] ①渠之切　史齐韵，阳　平平，支韵　词第三部　戏一七辙　曲齐微韵，阳

　　　　　　②居依切　史齐韵，阴　平平，微韵　词第三部　戏一七辙　曲齐微韵，阳　（古～县）

　　(二)qín[ㄑㄧㄣˊ] 巨斤切　史文韵，阳　平平，文韵　词第六部　戏人辰辙　（山～）

蕰 (一)wēn[ㄨㄣ] 乌浑切　史文韵，阴　平平，元韵　词第六部　戏人辰辙　（～藻）

（二）yùn[ㄩㄣˋ] ①於问切　史文韵，去　平去，问韵　词第六部　戏人辰辙　（积聚）

②於粉切　史文韵，去　平上，吻韵　词第六部　戏人辰辙　（又）

蕍 yú[ㄩˊ] 羊朱切　史齐韵，阳　平平，虞韵　词第四部　戏一七辙

蕊 ruǐ[ㄖㄨㄟˇ] 如累切　史微韵，上　平上，纸韵　词第三部　戏灰堆辙　曲齐微韵，上

蕑 jiān[ㄐㄧㄢ] 古闲切　史寒韵，阴　平平，删韵　词第七部　戏言前辙

蕸 xiá[ㄒㄧㄚˊ] 胡加切　史麻韵，阳　平平，麻韵　词第十部　戏发花辙

蔬 （一）shū[ㄕㄨ] 所菹切　史姑韵，阴　平平，鱼韵　词第四部　戏姑苏辙　曲鱼模韵，阴

（二）xū[ㄒㄩ] （米粒，通"糈"）

薷 rú[ㄖㄨˊ] 人诸切　史姑韵，阳　平平，鱼韵　词第四部　戏姑苏辙

蕰 （一）yùn[ㄩㄣˋ] ①於问切　史文韵，去　平去，问韵　词第六部　戏人辰辙　曲真文韵，去

②於粉切　史文韵，去　平上，吻韵　词第六部　戏人辰辙　曲真文韵，去　（又）

（二）wēn[ㄨㄣ] （同"蕰（一）"）

蕝 jué[ㄐㄩㄝˊ] ①子悦切　史皆韵，阳　平入，屑韵　词第十八部　戏乜斜辙

②子芮切　史微韵，去　平去，霁韵　词第三部　戏灰堆辙　（泥橛）

劗 （查"刂"部）

十三画

薔（见"蔷"）薑（同"姜"）蔝（同"蔜"）薩（见"萨"）薟（见"莶"）薈（见"荟"）薊（见"蓟"）

薦（见"荐"）蕭（见"萧"）蕷（见"蓣"）

蕻 （一）hòng[ㄏㄨㄥˋ] 胡贡切　史庚韵，去　平去，送韵　词第一部　戏中东辙　（～菜）

（二）hóng[ㄏㄨㄥˊ] 胡贡切　史庚韵，阳　平去，送韵　词第一部　戏中东辙　（雪里～）

蕼 sì[ㄙˋ] 息利切　史支韵，去　平去，寘韵　词第三部　戏一七辙

薳 wěi[ㄨㄟˇ] 韦委切　史微韵，上　平上，纸韵　词第三部　戏灰堆辙

蓁 zhēn[ㄓㄣ] ①职邻切　史文韵，阴　平平，真韵　词第六部　戏人辰辙

②居延切　史文韵，阴　平平，先韵　词第七部　戏人辰辙　（又）

薢 xiè[ㄒㄧㄝˋ] 胡介切　史皆韵，去　平去，卦韵　词第五部　戏乜斜辙　曲皆来韵，去

薚 tāng[ㄊㄤ] 吐郎切　史唐韵，阴　平平，阳韵　词第二部　戏江阳辙

蓀 sūn[ㄙㄨㄣ] 思浑切　史文韵，阴　平平，元韵　词第六部　戏人辰辙

蕾 lěi[ㄌㄟˇ] 落猥切　史微韵，上　平上，贿韵　词第三部　戏灰堆辙　曲齐微韵，上

蔧 huì[ㄏㄨㄟˋ] 于废切　史微韵，去　平去，队韵　词第三部　戏灰堆辙

蓞 dǐng[ㄉㄧㄥˇ] 都挺切　史庚韵，上　平上，迥韵　词第十一部　戏中东辙

蕗 lù[ㄌㄨˋ] 鲁故切　史姑韵，去　平去，遇韵　词第四部　戏姑苏辙

薯 shǔ[ㄕㄨˇ] 常恕切　史姑韵，上　平去，御韵　词第四部　戏姑苏辙

薨 hōng[ㄏㄨㄥ] ①呼肱切　史庚韵，阴　平平，蒸韵　词第十一部　戏中东辙　曲东钟韵，阴

②呼肱切　史庚韵，阴　平平，蒸韵　词第十一部　戏中东辙　曲庚青韵，阴　（又）

薙 （一）tì[ㄊㄧˋ] 他计切　史齐韵，去　平去，霁韵　词第三部　戏一七辙

（二）zhì[ㄓˋ] 直几切　史支韵，去　平上，纸韵　词第三部　戏一七辙　（辛～）

薐 léng[ㄌㄥˊ] 卢登切　史庚韵，阳　平平，蒸韵　词第十一部　戏中东辙

薁 （一）yǔ[ㄩˇ] 余吕切　史齐韵，上　平上，语韵　词第四部　戏一七辙　（茂盛）

（二）yú[ㄩˊ] 以诸切　史齐韵，阳　平平，鱼韵　词第四部　戏一七辙　（香草名）

（三）yù[ㄩˋ] 羊洳切　史齐韵，去　平去，御韵　词第四部　戏一七辙　（藸～）

（四）xū[ㄒㄩ] 相居切　史齐韵，阴　平平，鱼韵　词第四部　戏一七辙　（姓）

（五）xù[ㄒㄩˋ] 徐吕切　史齐韵，去　平上，语韵　词第四部　戏一七辙　（美好貌）

薂 xí[ㄒㄧˊ] 胡狄切　史齐韵，阳　平入，锡韵　词第十七部　戏一七辙

薛 xuē［ㄒㄩㄝ］私列切　史皆韵，阴　平入，屑韵　词第十八部　戏乜斜辙　曲车遮韵，上

薇 wēi［ㄨㄟ］无非切　史微韵，阴　平平，微韵　词第三部　戏灰堆辙　曲齐微韵，阳

薆 ài［ㄞˋ］乌代切　史开韵，去　平去，队韵　词第五部　戏怀来辙

薍 （一）wàn［ㄨㄢˋ］五患切　史寒韵，去　平去，谏韵　词第七部　戏言前辙

　　（二）luàn［ㄌㄨㄢˋ］卢玩切　史寒韵，去　平去，翰韵　词第七部　戏言前辙　（～子）

薝 zhān［ㄓㄢ］之廉切　史寒韵，阴　平平，盐韵　词第十四部　戏言前辙

薢 xiè［ㄒㄧㄝˋ］①古隘切　史皆韵，去　平去，卦韵　词第十部　戏乜斜辙

　　　　　　　②佳买切　史皆韵，去　平上，蟹韵　词第五部　戏乜斜辙　（又）

　　　　　　　③古谐切　史皆韵，去　平平，佳韵　词第五部　戏乜斜辙　（又）

薧 （一）hāo［ㄏㄠ］呼毛切　史豪韵，阴　平平，豪韵　词第八部　戏遥条辙　（～里）

　　（二）kǎo［ㄎㄠˇ］苦浩切　史豪韵，上　平上，皓韵　词第八部　戏遥条辙　（干食物）

薕 lián［ㄌㄧㄢˊ］力盐切　史寒韵，阳　平平，盐韵　词第十四部　戏言前辙

薪 xīn［ㄒㄧㄣ］息邻切　史文韵，阴　平平，真韵　词第六部　戏人辰辙　曲真文韵，阴

薏 yì［ㄧˋ］於力切　史齐韵，去　平入，职韵　词第十七部　戏一七辙

薷 （一）yōng［ㄩㄥ］於容切　史庚韵，阴　平平，冬韵　词第一部　戏中东辙　（草丛生状）

　　（二）wèng［ㄨㄥˋ］乌贡切　史庚韵，去　平去，送韵　词第一部　戏中东辙　（～菜）　【《本草纲目》：与蕹同。用其反切（二）。】

薮 （一）sǒu［ㄙㄡˇ］苏后切　史尤韵，上　平上，有韵　词第十二部　戏由求辙　曲尤侯韵，上

　　（二）sōu［ㄙㄡ］（搜求，同“搜（一）”）

薠 fán［ㄈㄢˊ］附袁切　史寒韵，阳　平平，元韵　词第七部　戏言前辙

薋 cí［ㄘˊ］疾资切　史支韵，阳　平平，支韵　词第三部　戏一七辙

薄 （一）bó［ㄅㄛˊ］①傍各切　史波韵，阳　平入，药韵　词第十六部　戏梭波辙　曲萧豪韵，阳

　　　　　　　②傍各切　史波韵，阳　平入，药韵　词第十六部　戏梭波辙　曲歌戈韵，阳　（又）

　　（二）báo［ㄅㄠˊ］傍各切　史豪韵，阳　平入，药韵　词第十六部　戏遥条辙　曲萧豪韵，阳　（厚度小；不浓）【古今音。反切仍之。】

　　（三）bò［ㄅㄛˋ］傍各切　史波韵，去　平入，药韵　词第十六部　戏梭波辙　曲歌戈韵，阳　（～荷）【古今音。反切仍之。】

薅 hào［ㄏㄠˋ］胡老切　史豪韵，去　平上，皓韵　词第八部　戏遥条辙

薜 bì［ㄅㄧˋ］①博厄切　史齐韵，去　平入，陌韵　词第十七部　戏一七辙

　　　　　　②蒲计切　史齐韵，去　平去，霁韵　词第三部　戏一七辙　（～荔）

　　　　　　③弼角切　史齐韵，去　平入，觉韵　词第十六部　戏一七辙　（破裂）

薅 hāo［ㄏㄠ］呼毛切　史豪韵，阴　平平，豪韵　词第八部　戏遥条辙　曲萧豪韵，阴

燕 （查“火”部）

十四画

薮 （同“丛”）藍 （见“蓝”）舊 （见“旧”）薶 （同“埋（一）”）薺 （见“荠”）藻 （同“藻”）蕁 （见“荨（一）”）蓋 （见“荩”）

藉 （一）jiè［ㄐㄧㄝˋ］慈夜切　史皆韵，去　平去，祃韵　词第十部　戏乜斜辙　曲车遮韵，去

　　　　（1）垫在下面的东西：～用白茅　（2）衬垫：枕～　（3）抚慰：慰～　（4）含蓄：蕴～　（5）假设：～第令弗斩　（6）借口；凭借，同“借”

　　（二）jí［ㄐㄧˊ］秦昔切　史齐韵，阳　平入，陌韵　词第十七部　戏一七辙　曲齐微韵，阳

　　　　（7）践踏，凌辱：人皆～吾弟　（8）进贡：～于成周　（9）绳，系：执藉之狗来～　（10）姓　（11）通“籍”（一）

薹 tái［ㄊㄞˊ］徒哀切　史开韵，阳　平平，灰韵　词第五部　戏怀来辙

薵 chóu［ㄔㄡˊ］直由切　史尤韵，阳　平平，尤韵　词第十二部　戏由求辙

蘄 qí[ㄑㄧˊ] 渠之切　史齐韵，阳　乎平，支韵　词第三部　戏一七辙

薾 ㈠ nǐ[ㄋㄧˇ] 奴礼切　史齐韵，上　乎上，荠韵　词第三部　戏一七辙

　㈡ ěr[ㄦˇ] 忍氏切　史齐韵，上　乎上，纸韵　词第三部　戏一七辙　（又）

藏 ㈠ cáng[ㄘㄤˊ] 昨郎切　史唐韵，阳　乎平，阳韵　词第二部　戏江阳辙　曲江阳韵，阳

　　(1)隐匿：潜~　(2)收储：~书　(3)怀：中心~之，何日忘之

　㈡ zàng[ㄗㄤˋ] 徂浪切　史唐韵，去　乎去，漾韵　词第二部　戏江阳辙　曲江阳韵，去

　　(4)储物处：宝~　(5)宗教经典：三~　(6)族名：~族　(7)内脏，通"脏"㈠

　㈢ zāng[ㄗㄤ] 兹郎切　史唐韵，阴　乎平，阳韵　词第二部　戏江阳辙　（草名）

薷 rú[ㄖㄨˊ] 汝朱切　史姑韵，阳　乎平，虞韵　词第四部　戏姑苏辙　曲鱼模韵，阳

蔚 duì[ㄉㄨㄟˋ] 徒对切　史微韵，去　乎去，队韵　词第三部　戏灰堆辙

蔽 kuī[ㄎㄨㄟ] 苦圭切　史微韵，阴　乎平，齐韵　词第三部　戏灰堆辙

藋 guàn[ㄍㄨㄢˋ] 古玩切　史寒韵，去　乎去，翰韵　词第七部　戏言前辙

藒 jiē[ㄐㄧㄝ] 丘竭切　史皆韵，阴　乎入，屑韵　词第十八部　戏乜斜辙

藊 biǎn[ㄅㄧㄢˇ] 补典切　史寒韵，上　乎上，铣韵　词第七部　戏言前辙

薫 xūn[ㄒㄩㄣ] 许云切　史文韵，阴　乎平，文韵　词第六部　戏人辰辙　曲真文韵，阴

藐 ㈠ miǎo[ㄇㄧㄠˇ] 亡沼切　史豪韵，上　乎上，篠韵　词第八部　戏遥条辙　曲萧豪韵，上

　㈡ mò[ㄇㄛˋ] 莫角切　史波韵，去　乎入，觉韵　词第十六部　戏梭波辙　（茈草）

藿 huò[ㄏㄨㄛˋ] 乌郭切　史波韵，去　乎入，药韵　词第十六部　戏梭波辙

藓 xiǎn[ㄒㄧㄢˇ] 息浅切　史寒韵，上　乎上，铣韵　词第七部　戏言前辙　曲先天韵，上

藑 qióng[ㄑㄩㄥˊ] 渠营切　史庚韵，阳　乎平，庚韵　词第十一部　戏中东辙

薿 yǐ[ㄧˇ] 于纪切　史齐韵，上　乎上，纸韵　词第三部　戏一七辙

藁 gǎo[ㄍㄠˇ] 古老切　史豪韵，上　乎上，皓韵　词第八部　戏遥条辙　曲萧豪韵，上

藨 ㈠ piáo[ㄆㄧㄠˊ] 符宵切　史豪韵，阳　乎平，萧韵　词第八部　戏遥条辙

　㈡ piāo[ㄆㄧㄠ] 符宵切　史豪韵，阴　乎平，萧韵　词第八部　戏遥条辙　（又）

蕶 tuī[ㄊㄨㄟ] 他回切　史微韵，阴　乎平，灰韵　词第三部　戏灰堆辙

藋 ㈠ diào[ㄉㄧㄠˋ] 徒吊切　史豪韵，去　乎去，啸韵　词第八部　戏遥条辙　（草名）

　㈡ dí[ㄉㄧˊ] 徒历切　史齐韵，阳　乎入，锡韵　词第十七部　戏一七辙　（高粱）　【《康熙字典》：又音翟。
用其反切㈠。】

韽（查"音"部）

<h2>十五画</h2>

藝（见"艺"）蕗（见"蕗"）藪（见"薮"）繭（见"茧"）藥（见"药㈠"）薊（见"荞"）薀（见"蕴"）

藕 ǒu[ㄡˇ] 五口切　史尤韵，上　乎上，有韵　词第十二部　戏由求辙　曲尤侯韵，上

藚 xù[ㄒㄩˋ] 似足切　史齐韵，去　乎入，沃韵　词第十五部　戏一七辙

爇 ruò[ㄖㄨㄛˋ] 如劣切　史波韵，去　乎入，屑韵　词第十八部　戏梭波辙

藺 xián[ㄒㄧㄢˊ] 户闲切　史寒韵，阳　乎平，删韵　词第七部　戏言前辙

藞 lǎ[ㄌㄚˇ] 卢下切　史麻韵，上　乎上，马韵　词第十部　戏发花辙

藘 lú[ㄌㄩˊ] 力居切　史齐韵，阳　乎平，鱼韵　词第四部　戏一七辙

藟 lěi[ㄌㄟˇ] 力轨切　史微韵，上　乎上，纸韵　词第三部　戏灰堆辙

藜 lí[ㄌㄧˊ] 郎奚切　史齐韵，阳　乎平，齐韵　词第三部　戏一七辙　曲齐微韵，阳

藠 jiào[ㄐㄧㄠˋ] 胡了切　史豪韵，去　乎上，篠韵　词第八部　戏遥条辙

藤 téng[ㄊㄥˊ] 徒登切　史庚韵，阳　乎平，蒸韵　词第十一部　戏中东辙　曲庚青韵，阳

藗 liú[ㄌㄧㄡˊ] ①力求切　史尤韵，阳　乎平，尤韵　词第十二部　戏由求辙　（~莸）

　　　　　　②力九切　史尤韵，上　乎上，有韵　词第十二部　戏由求辙　（草名）

蕏 ㈠zhū[ㄓㄨ] 章鱼切　中姑韵，阴　平平，鱼韵　词第四部　戏姑苏辙　（～蔗）

　　㈡shǔ[ㄕㄨˇ] （同"薯"）

摩 mò[ㄇㄛˋ] 莫卧切　中波韵，去　平去，箇韵　词第九部　戏梭波辙

藨 ㈠biāo[ㄅㄧㄠ] ①甫娇切　中豪韵，阴　平平，萧韵　词第八部　戏遥条辙

　　　　　　　　②普袍切　中豪韵，阴　平平，豪韵　词第八部　戏遥条辙　（～莓）

　　㈡piǎo[ㄆㄧㄠˇ] 平表切　中豪韵，上　平上，篆韵　词第八部　戏遥条辙　（一种席草）

薂 yì[ㄧˋ] 鱼既切　中齐韵，去　平去，未韵　词第三部　戏一七辙

薚 tán[ㄊㄢˊ] 徒含切　中寒韵，阳　平平，覃韵　词第十四部　戏言前辙　曲监咸韵，阳

藩 ㈠fān[ㄈㄢ] 甫烦切　中寒韵，阴　平平，元韵　词第七部　戏言前辙　曲寒山韵，阴

　　㈡fán[ㄈㄢˊ] 附袁切　中寒韵，阳　平平，元韵　词第七部　戏言前辙　（洀～）

十六画

藃（见"荞"）薳（同"葶㈡"）蘑（见"劳"）蘆（见"芦"）蕳（见"蔺"）蕲（见"蕲"）蘇（见"苏"）

藠（见"蔼"）藼（同"萱"）蘢（见"龙"）蕿（同"萱"）蕊（同"蕊"）

薶 wù[ㄨˋ] 五故切　中姑韵，上　平去，遇韵　词第四部　戏姑苏辙

藾 lài[ㄌㄞˋ] 落盖切　中开韵，去　平去，泰韵　词第五部　戏怀来辙

藿 huò[ㄏㄨㄛˋ] 虚郭切　中波韵，去　平入，药韵　词第十六部　戏梭波辙

蘋 ㈠pín[ㄆㄧㄣˊ] 符真切　中文韵，阳　平平，真韵　词第六部　戏人辰辙　曲真文韵，阳　（草名）

　　㈡píng[ㄆㄧㄥˊ] （苹果，同"苹㈠：①"）

蘧 ㈠qú[ㄑㄩˊ] 强鱼切　中齐韵，阳　平平，鱼韵　词第四部　戏一七辙

　　㈡jù[ㄐㄩˋ] ①其据切　中齐韵，去　平去，御韵　词第四部　戏一七辙　（～然）

　　　　　　　②臼许切　中齐韵，去　平上，语韵　词第四部　戏一七辙　（草名）

薎 máng[ㄇㄤˊ] 谟郎切　中唐韵，阳　平平，阳韵　词第二部　戏江阳辙

藬 tuí[ㄊㄨㄟˊ] 杜回切　中微韵，阳　平平，灰韵　词第三部　戏灰堆辙

蕻 niè[ㄋㄧㄝˋ] 鱼列切　中皆韵，去　平入，屑韵　词第十八部　戏乜斜辙　曲车遮韵，去

蘅 héng[ㄏㄥˊ] 户庚切　中庚韵，阳　平平，庚韵　词第十一部　戏中东辙

蘑 mó[ㄇㄛˊ] 莫婆切　中波韵，阳　平平，歌韵　词第九部　戏梭波辙　【借用同音字"磨㈠"的反切。】

藻 zǎo[ㄗㄠˇ] 子皓切　中豪韵，上　平上，皓韵　词第八部　戏遥条辙　曲萧豪韵，上

蒦（查"彐"部）

十七画

蘴（见"葑"）蕳（见"兰"）薮（见"敩"）蕨（见"敩"）蘚（见"藓"）藘（同"蕾㈠"）

蘛 yù[ㄩˋ] 余六切　中齐韵，去　平入，屋韵　词第十五部　戏一七辙

蘤 ㈠huǎ[ㄏㄨㄚˇ] 胡瓦切　中麻韵，上　平上，马韵　词第十部　戏发花辙

　　㈡huī[ㄏㄨㄟ] 许规切　中微韵，阴　平平，支韵　词第三部　戏灰堆辙　（又）

薿 yì[ㄧˋ] 於计切　中齐韵，去　平去，霁韵　词第三部　戏一七辙

蘦 líng[ㄌㄧㄥˊ] 郎丁切　中庚韵，阳　平平，青韵　词第十一部　戏中东辙

蘡 yīng[ㄧㄥ] 於盈切　中庚韵，阴　平平，庚韵　词第十一部　戏中东辙

蘮 jì[ㄐㄧˋ] 居例切　中齐韵，去　平去，霁韵　词第三部　戏一七辙

蘩 fán[ㄈㄢˊ] 附袁切　中寒韵，阳　平平，元韵　词第七部　戏言前辙

薳 wěi[ㄨㄟˇ] 韦委切　中微韵，上　平上，纸韵　词第三部　戏灰堆辙

蘖 niè[ㄋㄧㄝˋ] 鱼列切　中皆韵，去　平入，屑韵　词第十八部　戏乜斜辙　曲车遮韵，去

蘛 yǔ[ㄩˇ] 鱼巨切　中齐韵，上　平上，语韵　词第四部　戏一七辙

蘥 yuè[ㄩㄝˋ] 以灼切　中皆韵，去　平入，药韵　词第十六部　戏乜斜辙

瓤 ráng[ㄖㄤˊ] 汝阳切　史唐韵，阳　乎平，阳韵　词第二部　戏江阳辙

蘪 méi[ㄇㄟˊ] 武悲切　史微韵，阳　乎平，支韵　词第三部　戏灰堆辙

檗 ㈠ bò[ㄅㄛˋ] 博厄切　史波韵，去　乎入，陌韵　词第十七部　戏梭波辙　（黄柏）

　　㈡ bì[ㄅㄧˋ]（同"薜②"）

夒（查"夂"部）

十八画

蘸（见"蔑"）

蘵 zhī[ㄓ] 之翼切　史支韵，阴　乎入，职韵　词第十七部　戏一七辙

巂 ㈠ kuī[ㄎㄨㄟ] 丘追切　史微韵，阴　乎平，支韵　词第三部　戏灰堆辙

　　㈡ huǐ[ㄏㄨㄟˇ]（同"巂㈠"）

十九画

蘿（见"萝"）

薺 jì[ㄐㄧˋ] 古诣切　史齐韵，去　乎去，霁韵　词第三部　戏一七辙

蘸 zhàn[ㄓㄢˋ] 庄陷切　史寒韵，去　乎去，陷韵　词第十四部　戏言前辙　曲监咸韵，去

蕌 lěi[ㄌㄟˇ] 力轨切　史微韵，上　乎上，纸韵　词第三部　戏灰堆辙

蘖 niè[ㄋㄧㄝˋ] 鱼列切　史皆韵，去　乎入，屑韵　词第十八部　戏乜斜辙

蘼 mí[ㄇㄧˊ] 靡为切　史齐韵，阳　乎平，支韵　词第三部　戏一七辙

蘱 lèi[ㄌㄟˋ]①力遂切　史微韵，去　乎去，寘韵　词第三部　戏灰堆辙

　　　　　②卢对切　史微韵，去　乎去，队韵　词第三部　戏灰堆辙　（又）

櫰 huái[ㄏㄨㄞˊ] 乎乖切　史开韵，阳　乎平，佳韵　词第五部　戏怀来辙

頀（查"音"部）

二十画

韤（同"袜㈡"）

瀸 jiān[ㄐㄧㄢ] 子廉切　史寒韵，阴　乎平，盐韵　词第十四部　戏言前辙

二十一画

藙 yì[ㄧˋ]①五革切　史齐韵，去　乎入，陌韵　词第十七部　戏一七辙

　　　　②五历切　史齐韵，去　乎入，锡韵　词第十七部　戏一七辙　（又）

虆 léi[ㄌㄟˊ]①力追切　史微韵，阳　乎平，支韵　词第三部　戏灰堆辙

　　　　②卢戈切　史微韵，阳　乎平，歌韵　词第九部　戏灰堆辙　（土筐）

蠨 xiāo[ㄒㄧㄠ] 许娇切　史豪韵，阴　乎平，萧韵　词第八部　戏遥条辙

虇 ㈠ quǎn[ㄑㄩㄢˇ] 去阮切　史寒韵，上　乎上，阮韵　词第七部　戏言前辙

　　㈡ quàn[ㄑㄩㄢˋ] 去愿切　史寒韵，去　乎去，愿韵　词第七部　戏言前辙　（又）

二十三画

飌（同"风㈠"）蠵（见"蠖"）

二十四画

蘉 biē[ㄅㄧㄝ] 并列切　史皆韵，阴　乎入，屑韵　词第十八部　戏乜斜辙

二十五画

蘽（同"糜㈠"）

羽 部

羽 yǔ[ㄩˇ] 玉矩切　ᢀ齐韵，上　ᢀ上，麌韵　词第四部　戏一七辙　曲鱼模韵，上

三画

扛 gòng[ㄍㄨㄥˋ] 古送切　ᢀ庚韵，去　ᢀ去，送韵　词第一部　戏中东辙

羿 yì[ㄧˋ] 五计切　ᢀ齐韵，去　ᢀ去，霁韵　词第三部　戏一七辙

四画

翍 （见"翅"）

翅 chì[ㄔˋ] 施智切　ᢀ支韵，去　ᢀ去，寘韵　词第三部　戏一七辙　曲支思韵，去

翀 chōng[ㄔㄨㄥ] 直弓切　ᢀ庚韵，阴　ᢀ平，东韵　词第一部　戏中东辙

翂 fēn[ㄈㄣ] 敷氛切　ᢀ文韵，阴　ᢀ平，文韵　词第六部　戏人辰辙

翁 (一)wēng[ㄨㄥ] 乌红切　ᢀ庚韵，阴　ᢀ平，东韵　词第一部　戏中东辙　曲东钟韵，阴

　　(二)wěng[ㄨㄥˇ] 邬孔切　ᢀ庚韵，上　ᢀ上，董韵　词第一部　戏中东辙　（通"滃"）

翉 （查"毛"部）扇 （查"户"部）

五画

習 （见"习"）

翏 (一)liù[ㄌㄧㄡˋ] 力救切　ᢀ尤韵，去　ᢀ去，宥韵　词第十二部　戏由求辙　（高飞）

　　(二)liáo[ㄌㄧㄠˊ] 落萧切　ᢀ豪韵，阳　ᢀ平，萧韵　词第八部　戏遥条辙　（风声）

翎 líng[ㄌㄧㄥˊ] 郎丁切　ᢀ庚韵，阳　ᢀ平，青韵　词第十一部　戏中东辙　曲庚青韵，阳

翌 yì[ㄧˋ] 与职切　ᢀ齐韵，去　ᢀ入，职韵　词第十七部　戏一七辙　曲齐微韵，去

翈 là[ㄌㄚˋ] 落合切　ᢀ麻韵，去　ᢀ入，合韵　词第十九部　戏发花辙

翊 yì[ㄧˋ] 与职切　ᢀ齐韵，去　ᢀ入，职韵　词第十七部　戏一七辙　曲齐微韵，去

翍 pī[ㄆㄧ] 敷羁切　ᢀ齐韵，阴　ᢀ平，支韵　词第三部　戏一七辙

六画

翘 (一)qiáo[ㄑㄧㄠˊ] 渠遥切　ᢀ豪韵，阳　ᢀ平，萧韵　词第八部　戏遥条辙　曲萧豪韵，阳

　　(二)qiào[ㄑㄧㄠˋ] 巨要切　ᢀ豪韵，去　ᢀ去，啸韵　词第八部　戏遥条辙　（一头向上仰起）

翙 huì[ㄏㄨㄟˋ] 呼会切　ᢀ微韵，去　ᢀ去，泰韵　词第三部　戏灰堆辙

翖 xī[ㄒㄧ] 许及切　ᢀ齐韵，阴　ᢀ入，缉韵　词第十七部　戏一七辙

翕 xī[ㄒㄧ] 许及切　ᢀ齐韵，阴　ᢀ入，缉韵　词第十七部　戏一七辙　曲齐微韵，上

翔 xiáng[ㄒㄧㄤˊ] 似羊切　ᢀ唐韵，阳　ᢀ平，阳韵　词第二部　戏江阳辙　曲江阳韵，阳

翚 huī[ㄏㄨㄣ] 许归切　ᢀ微韵，阴　ᢀ平，微韵　词第三部　戏灰堆辙　曲齐微韵，阴

七画

翣 shà[ㄕㄚˋ] ①色立切　ᢀ麻韵，去　ᢀ入，缉韵　词第十七部　戏发花辙　（棺材上的羽毛装饰）

　　　　　　②所甲切　ᢀ麻韵，去　ᢀ入，洽韵　词第十九部　戏发花辙　（飞得快）

翛 （查"彳"部）

八画

翥 zhù[ㄓㄨˋ] 章恕切　ᢀ姑韵，去　ᢀ去，御韵　词第四部　戏姑苏辙　曲鱼模韵，上

翡 fěi[ㄈㄟˇ] 扶沸切　ᢀ微韵，上　ᢀ去，未韵　词第三部　戏灰堆辙

翟 (一)dí[ㄉㄧˊ] 徒历切　ᢀ齐韵，阳　ᢀ入，锡韵　词第十七部　戏一七辙

　　(二)zhái[ㄓㄞˊ] 场伯切　ᢀ开韵，阳　ᢀ入，陌韵　词第十七部　戏怀来辙　（姓）

翿 (一)dào[ㄉㄠˋ]①徒刀切　叀豪韵，去　平平，豪韵　词第八部　戏遥条辙
　　　　　　　　　　②大到切　叀豪韵，去　平去，号韵　词第八部　戏遥条辙　（又）
　　(二)zhōu[ㄓㄡ]职流切　叀尤韵，阴　平平，尤韵　词第十二部　戏由求辙　（鸟名）【借用同音字"周"的反切。】

翠 cuì[ㄘㄨㄟˋ]七醉切　叀微韵，去　平去，寘韵　词第三部　戏灰堆辙　齐微韵，去

翜 shà[ㄕㄚˋ]所甲切　叀麻韵，去　平入，洽韵　词第十九部　戏发花辙

九画

翫（同"玩"）翬（见"翚"）

翅 chì[ㄔˋ]施智切　叀支韵，去　平去，寘韵　词第三部　戏一七辙

翭 (一)hóu[ㄏㄡˊ]户鉤切　叀尤韵，阳　平平，尤韵　词第十二部　戏由求辙
　　(二)hòu[ㄏㄡˋ]下遘切　叀尤韵，去　平去，宥韵　词第十二部　戏由求辙　（箭名）

翪 zōng[ㄗㄨㄥ]①子红切　叀庚韵，阴　平平，东韵　词第一部　戏中东辙
　　　　　　　　②作孔切　叀庚韵，阴　平上，董韵　词第一部　戏中东辙　（又）

翦 jiǎn[ㄐㄧㄢˇ]即浅切　叀寒韵，上　平上，铣韵　词第七部　戏言前辙　曲先天韵，上

翩 piān[ㄆㄧㄢ]芳连切　叀寒韵，阴　平平，先韵　词第七部　戏言前辙　曲先天韵，阴

十画

翮 (一)hé[ㄏㄜˊ]下革切　叀波韵，阳　平入，陌韵　词第十七部　戏梭波辙
　　(二)lì[ㄌㄧˋ]郎狄切　叀齐韵，去　平入，锡韵　词第十七部　戏一七辙　（同"鬲(一)"）

翱 áo[ㄠˊ]五劳切　叀豪韵，阳　平平，豪韵　词第八部　戏遥条辙

翯 hè[ㄏㄜˋ]①胡沃切　叀波韵，去　平入，沃韵　词第十五部　戏梭波辙
　　　　　　②胡觉切　叀波韵，去　平入，觉韵　词第十六部　戏梭波辙　（又）

翰（查"卓"部）

十一画

翲 piāo[ㄆㄧㄠ]①抚招切　叀豪韵，阴　平平，萧韵　词第八部　戏遥条辙
　　　　　　　　②匹妙切　叀豪韵，阴　平去，啸韵　词第八部　戏遥条辙　（又）

翳 yì[ㄧˋ]①於计切　叀齐韵，去　平去，霁韵　词第三部　戏一七辙　曲齐微韵，去
　　　　　②乌奚切　叀齐韵，去　平平，齐韵　词第三部　戏一七辙　曲齐微韵，去　（又）

翼 yì[ㄧˋ]与职切　叀齐韵，去　平入，职韵　词第十七部　戏一七辙　曲齐微韵，去

十二画

翹（见"翘"）翺（同"翱"）

翻 fān[ㄈㄢ]孚袁切　叀寒韵，阴　平平，元韵　词第七部　戏言前辙　曲寒山韵，阴

十三画

翽（见"翙"）

翾 xuān[ㄒㄩㄢ]许缘切　叀寒韵，阴　平平，先韵　词第七部　戏言前辙

十四画

翿 dào[ㄉㄠˋ]徒到切　叀豪韵，去　平去，号韵　词第八部　戏遥条辙

耀 yào[ㄧㄠˋ]弋照切　叀豪韵，去　平去，啸韵　词第八部　戏遥条辙　曲萧豪韵，去

糸（纟糹）部

糸 (一)mì[ㄇㄧˋ]莫狄切　叀齐韵，去　平入，锡韵　词第十七部　戏一七辙
　　(二)sī[ㄙ]（同"丝"）

一画

糺（同"纠㈠"）

系 ㈠xì［ㄒㄧˋ］胡计切　史齐韵，去　平去，霁韵　词第三部　戏一七辙　曲齐微韵，去

　　㈡jì［ㄐㄧˋ］古诣切　史齐韵，去　平去，霁韵　词第三部　戏一七辙　曲齐微韵，去　（打结；扣住）

二画

纠 ㈠jiū［ㄐㄧㄡ］居黝切　史尤韵，阴　平上，有韵　词第十二部　戏由求辙　曲尤侯韵，上

　　㈡jiǎo［ㄐㄧㄠˇ］举夭切　史豪韵，上　平上，篠韵　词第八部　戏遥条辙　（窈~）

三画

纡 ㈠yū［ㄩ］忆俱切　史齐韵，阴　平平，虞韵　词第四部　戏一七辙　曲鱼模韵，阴

　　㈡ōu［ㄡ］乌侯切　史尤韵，阴　平平，尤韵　词第十二部　戏由求辙　（阳~山）

红 ㈠hóng［ㄏㄨㄥˊ］户公切　史庚韵，阳　平平，东韵　词第一部　戏中东辙　曲东钟韵，阳

　　㈡gōng［ㄍㄨㄥ］沽红切　史庚韵，阳　平平，东韵　词第一部　戏中东辙　曲东钟韵，阴　（女~）

纣 zhòu［ㄓㄡˋ］除柳切　史尤韵，去　平上，有韵　词第十二部　戏由求辙　曲尤侯韵，去

纤 ㈠xiān［ㄒㄧㄢ］息廉切　史寒韵，阴　平平，盐韵　词第十四部　戏言前辙　曲廉纤韵，阴

　　㈡qiàn［ㄑㄧㄢˋ］①苦甸切　史寒韵，去　平去，霰韵　词第七部　戏言前辙　曲先天韵，去　（~绳）【与"牵㈠"音同义同，用其反切。】

　　　　　　　　②苦坚切　史寒韵，阴　平平，先韵　词第七部　戏言前辙　曲先天韵，去　（绳索）

　　㈢jiān［ㄐㄧㄢ］将廉切　史寒韵，阴　平平，盐韵　词第十四部　戏言前辙　曲廉纤韵，阴　（刺扎人体）

　　㈣qiān［ㄑㄧㄢ］（竹签，同"签"）

纥 ㈠hé［ㄏㄜˊ］①下没切　史波韵，阳　平入，月韵　词第十八部　戏梭波辙

　　　　　　　　②胡结切　史波韵，阳　平入，屑韵　词第十八部　戏梭波辙　（粗丝）

　　㈡gé［ㄍㄜˊ］九杰切　史波韵，阳　平入，屑韵　词第十八部　戏梭波辙　（~縫）【《集韵》：九杰切。借用之。】

细 xún［ㄒㄩㄣˊ］详遵切　史文韵，阳　平平，真韵　词第六部　戏人辰辙

约 ㈠yuē［ㄩㄝ］①於略切　史皆韵，阴　平入，药韵　词第十六部　戏乜斜辙　曲歌戈韵，去

　　　　　　　　②於笑切　史豪韵，去　平去，啸韵　词第八部　戏遥条辙　曲萧豪韵，去　（要领；关键）

　　㈡yāo［ㄧㄠ］於略切　史豪韵，阴　平入，药韵　词第十六部　戏遥条辙　曲歌戈韵，去　（用秤称）【古今音。反切仍之。】

级 jí［ㄐㄧˊ］居立切　史齐韵，阳　平入，缉韵　词第十七部　戏一七辙

纨 wán［ㄨㄢˊ］胡官切　史寒韵，阳　平平，寒韵　词第七部　戏言前辙　曲桓欢韵，阳

纩 kuàng［ㄎㄨㄤˋ］苦谤切　史唐韵，去　平去，漾韵　词第二部　戏江阳辙　曲江阳韵，去

纪 ㈠jì［ㄐㄧˋ］居里切　史齐韵，去　平上，纸韵　词第三部　戏一七辙　曲齐微韵，上

　　㈡jǐ［ㄐㄧˇ］居里切　史齐韵，上　平上，纸韵　词第三部　戏一七辙　曲齐微韵，上　（姓）

纫 rèn［ㄖㄣˋ］女邻切　史文韵，去　平平，真韵　词第六部　戏人辰辙　曲真文韵，阳

四画

紥（见"扎"）

素 sù［ㄙㄨˋ］桑故切　史姑韵，去　平去，遇韵　词第四部　戏姑苏辙　曲鱼模韵，去

纬 wěi［ㄨㄟˇ］于贵切　史微韵，上　平去，未韵　词第三部　戏灰堆辙　曲齐微韵，去

纭 yún［ㄩㄣˊ］王分切　史文韵，阳　平平，文韵　词第六部　戏人辰辙　曲真文韵，阳

索 suǒ［ㄙㄨㄛˇ］①苏各切　史波韵，上　平入，药韵　词第十六部　戏梭波辙　曲萧豪韵，上

　　　　　　　　②山戟切　史波韵，上　平入，陌韵　词第十七部　戏梭波辙　曲皆来韵，上　（寻求）

紑 fōu［ㄈㄡ］①甫鸠切　史尤韵，阴　平平，尤韵　词第十二部　戏由求辙　曲齐微韵，阴

　　　　　　　②芳否切　史尤韵，上　平上，有韵　词第十二部［兼第四部麌韵］　戏由求辙　曲齐微韵，阴　（又）

紭 hóng［ㄏㄨㄥˊ］户萌切　史庚韵，阳　平平，庚韵　词第十一部　戏中东辙　曲庚青韵，阳

紌 qiú［ㄑㄧㄡˊ］巨周切　史尤韵，阳　平平，尤韵　词第十二部　戏由求辙

纯 (一)chún［ㄔㄨㄣˊ］常伦切　史文韵，阳　平平，真韵　词第六部　戏人辰辙　曲真文韵，阳

　　(二)zhǔn［ㄓㄨㄣˇ］之尹切　史文韵，上　平上，轸韵　词第六部　戏人辰辙　（镶边）

　　(三)tún［ㄊㄨㄣˊ］徒浑切　史文韵，阳　平平，元韵　词第六部　戏人辰辙　（包裹；量词）

　　(四)quán［ㄑㄩㄢˊ］从缘切　史寒韵，阳　平平，先韵　词第七部　戏言前辙　（成双成对）

纰 (一)pī［ㄆㄧ］匹夷切　史齐韵，阴　平平，支韵　词第三部　戏一七辙　曲齐微韵，阴

　　(二)pí［ㄆㄧˊ］符支切　史齐韵，阳　平平，支韵　词第三部　戏一七辙　（镶边）

　　(三)bǐ［ㄅㄧˇ］补履切　史齐韵，上　平上，纸韵　词第三部　戏一七辙　（～廨）

紧 jǐn［ㄐㄧㄣˇ］居忍切　史文韵，上　平上，轸韵　词第六部　戏人辰辙

纱 (一)shā［ㄕㄚ］所加切　史麻韵，阴　平平，麻韵　词第十部　戏发花辙　曲家麻韵，阴

　　(二)miǎo［ㄇㄧㄠˇ］弭沼切　史豪韵，上　平上，篠韵　词第八部　戏遥条辙　（细微）

纲 gāng［ㄍㄤ］古郎切　史唐韵，阴　平平，阳韵　词第二部　戏江阳辙　曲江阳韵，阴

纳 nà［ㄋㄚˋ］奴答切　史麻韵，去　平入，合韵　词第十九部　戏发花辙　曲家麻韵，去

纴 (一)rèn［ㄖㄣˋ］汝鸩切　史文韵，去　平去，沁韵　词第十三部　戏人辰辙　曲侵寻韵，去

　　(二)rén［ㄖㄣˊ］如林切　史文韵，阳　平平，侵韵　词第十三部　戏人辰辙　曲侵寻韵，阳　（旧读）

紒 jì［ㄐㄧˋ］①吉诣切　史齐韵，去　平去，霁韵　词第三部　戏一七辙

　　　　　　②吉屑切　史皆韵，阳　平入，屑韵　词第十八部　戏乜斜辙　（同"结(一)(三)"）

纵 (一)zòng［ㄗㄨㄥˋ］子用切　史庚韵，去　平去，宋韵　词第一部　戏中东辙　曲东钟韵，去

　　(二)zōng［ㄗㄨㄥ］将容切　史庚韵，阴　平平，冬韵　词第一部　戏中东辙　曲东钟韵，阴　（合～连横）

　　(三)zǒng［ㄗㄨㄥˇ］祖动切　史庚韵，上　平上，董韵　词第一部　戏中东辙　（众多）

　　(四)sǒng［ㄙㄨㄥˇ］足勇切　史庚韵，上　平上，肿韵　词第一部　戏中东辙　（怂恿）

纶 (一)lún［ㄌㄨㄣˊ］力迍切　史文韵，阳　平平，真韵　词第六部　戏人辰辙　曲真文韵，阳

　　(二)guān［ㄍㄨㄢ］古顽切　史寒韵，阴　平平，删韵　词第七部　戏言前辙　曲寒山韵，阴　（～巾）

紟 jīn［ㄐㄧㄣ］①居吟切　史文韵，阴　平平，侵韵　词第十三部　戏人辰辙　（衣带）

　　　　　　②巨禁切　史文韵，去　平去，沁韵　词第十三部　戏人辰辙　（单被）

纷 fēn［ㄈㄣ］府文切　史文韵，阴　平平，文韵　词第六部　戏人辰辙　曲真文韵，阴

纸 zhǐ［ㄓˇ］诸氏切　史支韵，上　平上，纸韵　词第三部　戏一七辙　曲支思韵，上

纹 (一)wén［ㄨㄣˊ］无分切　史文韵，阳　平平，文韵　词第六部　戏人辰辙　曲真文韵，阳

　　(二)wèn［ㄨㄣˋ］（同"璺"）

紊 wěn［ㄨㄣˇ］亡运切　史文韵，上　平去，问韵　词第六部　戏人辰辙　曲真文韵，去

纺 fǎng［ㄈㄤˇ］妃两切　史唐韵，上　平上，养韵　词第二部　戏江阳辙

纻 zhù［ㄓㄨˋ］直吕切　史姑韵，去　平上，语韵　词第四部　戏姑苏辙　曲鱼模韵，去

紞 dǎn［ㄉㄢˇ］都敢切　史寒韵，上　平上，感韵　词第十四部　戏言前辙　曲监咸韵，上

纼 zhèn［ㄓㄣˋ］直引切　史文韵，去　平上，轸韵　词第六部　戏人辰辙

纽 niǔ［ㄋㄧㄡˇ］女久切　史尤韵，上　平上，有韵　词第十二部　戏由求辙　曲尤侯韵，上

纾 shū［ㄕㄨ］①伤鱼切　史姑韵，阴　平平，鱼韵　词第四部　戏姑苏辙　曲鱼模韵，阴

　　　　　　②神与切　史姑韵，阴　平上，语韵　词第四部　戏姑苏辙　曲鱼模韵，阴　（又）

五画

紥（见"扎"）絃（同"弦"）絣（见"绗"）紭（同"紘"）

线 xiàn［ㄒㄧㄢˋ］私箭切　史寒韵，去　平去，霰韵　词第七部　戏言前辙　曲先天韵，去

绀 gàn［ㄍㄢˋ］古暗切　史寒韵，去　平去，勘韵　词第十四部　戏言前辙　曲监咸韵，去

绁 (一)xiè［ㄒㄧㄝˋ］私列切　史皆韵，去　平入，屑韵　词第十八部　戏乜斜辙　曲车遮韵，上

(二) yì [丨ˋ] （超越，同"跇"）

绂 fú [ㄈㄨˊ] 分勿切　中姑韵，阳　平入，物韵　词第十八部　戏姑苏辙

练 liàn [ㄌ丨ㄢˋ] 郎甸切　中寒韵，去　平去，霰韵　词第七部　戏言前辙　曲先天韵，去

组 zǔ [ㄗㄨˇ] 则古切　中姑韵，上　平上，麌韵　词第四部　戏姑苏辙

绅 shēn [ㄕㄣ] 失人切　中文韵，阴　平平，真韵　词第六部　戏人辰辙　曲真文韵，阴

细 xì [ㄒ丨ˋ] 苏计切　中齐韵，去　平去，霁韵　词第三部　戏一七辙　曲齐微韵，去

䌷 (一) chōu [ㄔㄡ] 丑鸠切　中尤韵，阴　平平，尤韵　词第十二部　戏由求辙

(二) chóu [ㄔㄡˊ] 直由切　中尤韵，阳　平平，尤韵　词第十二部　戏由求辙　曲尤侯韵，阳　（粗绸）

累 (一) lěi [ㄌㄟˇ] 力委切　中微韵，上　平上，纸韵　词第三部　戏灰堆辙

　　(1)重叠，堆积：重台~榭，临高山些　(2)多次，连续：~战皆捷　(3)连累：~及家人

(二) lèi [ㄌㄟˋ] 良伪切　中微韵，去　平去，寘韵　词第三部　戏灰堆辙　曲齐微韵，去

　　(4)牵连，妨碍：通行无所~　(5)连累〈旧〉：不矜细行，终~大德　(6)烦劳，托付：小国英杰之士皆以国事~

　　君　(7)忧患，危难：生人之大~　(8)过失：君有三~　(9)家室：家~　(10)疲劳：劳~

(三) léi [ㄌㄟˊ] 力佳切　中微韵，阳　平平，支韵　词第三部　戏灰堆辙　曲齐微韵，阳

　　(11)连缀：果实~~　(12)多余的负担：~赘　(13)绳索　(14)缠绕

(四) liè [ㄌ丨ㄝˋ] 力涉切　中皆韵，去　平入，叶韵　词第十八部　戏乜斜辙　（肥~城）

织 (一) zhì [ㄓˋ] 职吏切　中支韵，去　平去，寘韵　词第三部　戏一七辙

(二) zhī [ㄓ] 之翼切　中支韵，阴　平入，职韵　词第十七部　戏一七辙　曲齐微韵，上　（织布）

絅 jiǒng [ㄐㄩㄥˇ] 口迥切　中庚韵，上　平上，迥韵　词第十一部　戏中东辙

绖 zhì [ㄓˋ] 直一切　中支韵，去　平入，质韵　词第十七部　戏一七辙

絁 shī [ㄕ] 式支切　中支韵，阴　平平，支韵　词第三部　戏一七辙

紾 (一) zhěn [ㄓㄣˇ] ①知演切　中文韵，上　平上，铣韵　词第七部　戏人辰辙

　　　　　　　　②章忍切　中文韵，上　平上，轸韵　词第六部　戏人辰辙　（又）

(二) tiǎn [ㄊ丨ㄢˇ] 徒典切　中寒韵，上　平上，铣韵　词第七部　戏言前辙　（纹理粗糙）

絇 qú [ㄑㄩˊ] 其俱切　中齐韵，阳　平平，虞韵　词第四部　戏一七辙

终 zhōng [ㄓㄨㄥ] 职戎切　中庚韵，阴　平平，东韵　词第一部　戏中东辙　曲东钟韵，阴

绉 zhòu [ㄓㄡˋ] ①侧救切　中尤韵，去　平去，宥韵　词第十二部　戏由求辙

　　　　　　②初教切　中豪韵，去　平去，效韵　词第八部　戏遥条辙　（劣质绢）

紸 zhù [ㄓㄨˋ] ①陟虑切　中姑韵，去　平去，御韵　词第四部　戏姑苏辙

　　　　　　②之树切　中姑韵，去　平去，遇韵　词第四部　戏姑苏辙　（又）

绊 bàn [ㄅㄢˋ] ①博慢切　中寒韵，去　平去，翰韵　词第七部　戏言前辙　曲寒山韵，去

　　　　　　②博慢切　中寒韵，去　平去，翰韵　词第七部　戏言前辙　曲桓欢韵，去　（又）

紽 tuó [ㄊㄨㄛˊ] 徒何切　中波韵，阳　平平，歌韵　词第九部　戏梭波辙　曲歌戈韵，阳

绋 fú [ㄈㄨˊ] 分勿切　中姑韵，阳　平入，物韵　词第十八部　戏姑苏辙

绌 chù [ㄔㄨˋ] 竹律切　中姑韵，去　平入，质韵　词第十七部　戏姑苏辙

绍 (一) shào [ㄕㄠˋ] 市沼切　中豪韵，去　平上，篠韵　词第八部　戏遥条辙　曲萧豪韵，去

(二) chāo [ㄔㄠ] 蚩招切　中豪韵，阴　平平，萧韵　词第八部　戏遥条辙　（缓慢）

绎 yì [丨ˋ] 羊益切　中齐韵，去　平入，陌韵　词第十七部　戏一七辙

经 (一) jīng [ㄐ丨ㄥ] 古灵切　中庚韵，阴　平平，青韵　词第十一部　戏中东辙　曲庚青韵，阴

(二) jìng [ㄐ丨ㄥˋ] 古定切　中庚韵，去　平去，径韵　词第十一部　戏中东辙　曲庚青韵，去　（织布前排布经线）

绐 dài [ㄉㄞˋ] 徒亥切　中开韵，去　平上，贿韵　词第五部　戏怀来辙　曲皆来韵，上

萦 （查"艹"部）

六画

絾（同"纩"）絑（同"朱㈠"）絛（同"绦"）紙（同"纸㈠"）縈（同"累㈠"）絲（见"丝"）

絜 ㈠xié[ㄒㄧㄝˊ]　显结切　史皆韵，阳　平入，屑韵　词第十八部　戏乜斜辙

　　㈡jié[ㄐㄧㄝˊ]　古屑切　史皆韵，阳　平入，屑韵　词第十八部　戏乜斜辙　（清洁；修整）

绑 bǎng[ㄅㄤˇ]　北朗切　史唐韵，上　平上，养韵　词第二部　戏江阳辙　【《字汇》：音榜。用其反切㈠。】

絓 guà[ㄍㄨㄚˋ]　①胡卦切　史麻韵，去　平去，卦韵　词第十部　戏发花辙　（阻碍，绊住）

　　　　　　　　②苦緺切　史麻韵，阴　平平，佳韵　词第十部　戏发花辙　（粗绸）

结 ㈠jié[ㄐㄧㄝˊ]　古屑切　史皆韵，阳　平入，屑韵　词第十八部　戏乜斜辙　曲车遮韵，上

　　㈡jiē[ㄐㄧㄝ]　古屑切　史皆韵，阴　平入，屑韵　词第十八部　戏乜斜辙　曲车遮韵，上　（~实；~巴）【与
"结㈠"一音之转，反切仍之。】

　　㈢jì[ㄐㄧˋ]　吉诣切　史齐韵，去　平去，霁韵　词第三部　戏一七辙　曲齐微韵，去　（通"髻"）

縶 zhí[ㄓˊ]　陟立切　史支韵，阳　平入，缉韵　词第十七部　戏一七辙

絙 ㈠huán[ㄏㄨㄢˊ]　胡官切　史寒韵，阳　平平，寒韵　词第七部　戏言前辙

　　㈡gēng[ㄍㄥ]　（粗绳，同"緪㈠"）

绒 róng[ㄖㄨㄥˊ]　如融切　史庚韵，阳　平平，东韵　词第一部　戏中东辙　曲东钟韵，阳

绔 kù[ㄎㄨˋ]　苦故切　史姑韵，去　平去，遇韵　词第四部　戏姑苏辙

緪 ㈠gēng[ㄍㄥ]　古恒切　史庚韵，阴　平平，蒸韵　词第十一部　戏中东辙

　　㈡gèng[ㄍㄥˋ]　古邓切　史庚韵，去　平去，径韵　词第十一部　戏中东辙　（接连，贯通）

绕 ㈠rào[ㄖㄠˋ]　人要切　史豪韵，去　平去，啸韵　词第八部　戏遥条辙

　　㈡rǎo[ㄖㄠˇ]　而沼切　史豪韵，上　平上，篠韵　词第八部　戏遥条辙　曲萧豪韵，上　（弯曲；姓）

绖 dié[ㄉㄧㄝˊ]　徒结切　史皆韵，阳　平入，屑韵　词第十八部　戏乜斜辙　曲车遮韵，阳

紫 zǐ[ㄗˇ]　将此切　史支韵，上　平上，纸韵　词第三部　戏一七辙　曲支思韵，上

緤 xiè[ㄒㄧㄝˋ]　私列切　史皆韵，去　平入，屑韵　词第十八部　戏乜斜辙

絪 yīn[ㄧㄣ]　於真切　史文韵，阴　平平，真韵　词第六部　戏人辰辙

綎 tíng[ㄊㄧㄥˊ]　特丁切　史庚韵，阳　平平，青韵　词第十一部　戏中东辙

綖 ㈠yán[ㄧㄢˊ]　以然切　史寒韵，阳　平平，先韵　词第七部　戏言前辙

　　㈡xiàn[ㄒㄧㄢˋ]　（同"线"）

绗 ㈠háng[ㄏㄤˊ]　下更切　史唐韵，阳　平去，敬韵　词第十一部　戏江阳辙

　　㈡xìng[ㄒㄧㄥˋ]　下更切　史庚韵，去　平去，敬韵　词第十一部　戏中东辙　（旧读）

絟 quān[ㄑㄩㄢ]　此缘切　史寒韵，阴　平平，先韵　词第七部　戏言前辙

绘 huì[ㄏㄨㄟˋ]　黄外切　史微韵，去　平去，泰韵　词第三部　戏灰堆辙　曲齐微韵，去

给 ㈠gěi[ㄍㄟˇ]　居立切　史微韵，上　平入，缉韵　词第十七部　戏灰堆辙　曲齐微韵，上

　　㈡jǐ[ㄐㄧˇ]　居立切　史齐韵，上　平入，缉韵　词第十七部　戏一七辙　曲齐微韵，上　（供应；充裕）

绚 xuàn[ㄒㄩㄢˋ]　许县切　史寒韵，去　平去，霰韵　词第七部　戏言前辙　曲先天韵，去

绛 jiàng[ㄐㄧㄤˋ]　古巷切　史唐韵，去　平去，绛韵　词第二部　戏江阳辙　曲江阳韵，去

络 ㈠luò[ㄌㄨㄛˋ]　卢各切　史波韵，去　平入，药韵　词第十六部　戏梭波辙　曲歌戈韵，去

　　㈡lào[ㄌㄠˋ]　卢各切　史豪韵，去　平入，药韵　词第十六部　戏遥条辙　曲萧豪韵，去　（~子）

绝 jué[ㄐㄩㄝˊ]　情雪切　史皆韵，阳　平入，屑韵　词第十八部　戏乜斜辙　曲车遮韵，阳

绞 ㈠jiǎo[ㄐㄧㄠˇ]　古巧切　史豪韵，上　平上，巧韵　词第八部　戏遥条辙　曲萧豪韵，上

　　㈡xiáo[ㄒㄧㄠˊ]　何交切　史豪韵，阳　平平，肴韵　词第八部　戏遥条辙　（苍黄色）

絘 cì[ㄘˋ]　七四切　史支韵，去　平去，真韵　词第三部　戏一七辙

絯 ㈠gāi[ㄍㄞ]　古哀切　史开韵，阴　平平，灰韵　词第五部　戏怀来辙

　　㈡hài[ㄏㄞˋ]　（惊骇，同"骇"）

统 tǒng［ㄊㄨㄥˇ］他综切　史庚韵，上　平去，宋韵　词第一部　戏中东辙　曲东钟韵，上

絣（一）bēng［ㄅㄥ］北萌切　史庚韵，阴　平平，庚韵　词第十一部　戏中东辙

　　（二）bīng［ㄅㄧㄥ］卑盈切　史庚韵，阴　平平，庚韵　词第十一部　戏中东辙　（排列）

　　（三）pēng［ㄆㄥ］披庚切　史庚韵，阴　平平，庚韵　词第十一部　戏中东辙　（没花纹的丝织品）

綣 quàn［ㄑㄩㄢˋ］①区倦切　史寒韵，去　平去，霰韵　词第七部　戏言前辙

　　　　　　　　②去愿切　史寒韵，去　平去，愿韵　词第七部　戏言前辙　（又）

　　　　　　　　③居玉切　史寒韵，去　平入，沃韵　词第十五部　戏言前辙　（又）

絮（一）xù［ㄒㄩˋ］息据切　史齐韵，去　平去，御韵　词第四部　戏一七辙　曲鱼模韵，去

　　（二）chù［ㄔㄨˋ］抽据切　史姑韵，去　平去，御韵　词第四部　戏姑苏辙　曲鱼模韵，去　（～羹）

　　（三）nǜ［ㄋㄩˋ］尼据切　史齐韵，去　平去，御韵　词第四部　戏一七辙　曲鱼模韵，去　（姓）

七画

綍（同"绋"）經（见"经"）覸（同"茧"）綑（同"捆"）綯（同"绹"）

絿 qiú［ㄑㄧㄡˊ］巨鸠切　史尤韵，阳　平平，尤韵　词第十二部　戏由求辙

綆 gěng［ㄍㄥˇ］古杏切　史庚韵，上　平上，梗韵　词第十一部　戏中东辙　曲庚青韵，上

綀 shū［ㄕㄨ］所菹切　史姑韵，阴　平平，鱼韵　词第四部　戏姑苏辙

綟 hù［ㄏㄨˋ］胡故切　史姑韵，去　平去，遇韵　词第四部　戏姑苏辙

綃（一）xiāo［ㄒㄧㄠ］相邀切　史豪韵，阴　平平，萧韵　词第八部　戏遥条辙　曲萧豪韵，阴

　　（二）shāo［ㄕㄠ］（船梢，同"梢（一）"）

绢 juàn［ㄐㄩㄢˋ］吉掾切　史寒韵，去　平去，霰韵　词第七部　戏言前辙　曲先天韵，去

绣（一）xiù［ㄒㄧㄡˋ］息救切　史尤韵，去　平去，宥韵　词第十二部　戏由求辙　曲尤侯韵，去

　　（二）tòu［ㄊㄡˋ］他候切　史尤韵，去　平去，宥韵　词第十二部　戏由求辙　曲尤侯韵，去　（量词）

絺 chī［ㄔ］丑饥切　史支韵，阴　平平，支韵　词第三部　戏一七辙　曲齐微韵，阴

綌 xì［ㄒㄧˋ］绮戟切　史齐韵，去　平入，陌韵　词第十七部　戏一七辙

绥（一）suí［ㄙㄨㄟˊ］息遗切　史微韵，阳　平平，支韵　词第三部　戏灰堆辙　曲齐微韵，阴

　　（二）tuǒ［ㄊㄨㄛˇ］（下垂，同"妥"）

綄（一）wèn［ㄨㄣˋ］亡运切　史文韵，去　平去，问韵　词第六部　戏人辰辙

　　（二）miǎn［ㄇㄧㄢˇ］亡辨切　史寒韵，上　平上，铣韵　词第七部　戏言前辙　（冠冕）

绦 tāo［ㄊㄠ］土刀切　史豪韵，阴　平平，豪韵　词第八部　戏遥条辙　曲萧豪韵，阴

继 jì［ㄐㄧˋ］古诣切　史齐韵，去　平去，霁韵　词第三部　戏一七辙　曲齐微韵，去

绨（一）tí［ㄊㄧˊ］杜奚切　史齐韵，阳　平平，齐韵　词第三部　戏一七辙　曲齐微韵，阳

　　（二）tì［ㄊㄧˋ］特计切　史齐韵，去　平去，霁韵　词第三部　戏一七辙　（线～）【借用同音字"悌"的反切。】

綄 huán［ㄏㄨㄢˊ］①胡官切　史寒韵，阳　平平，寒韵　词第七部　戏言前辙　曲桓欢韵，阳

　　　　　　　　②胡管切　史寒韵，上　平上，旱韵　词第七部　戏言前辙　（缠绕）

綅（一）xiān［ㄒㄧㄢ］息廉切　史寒韵，阴　平平，盐韵　词第十四部　戏言前辙

　　（二）qīn［ㄑㄧㄣ］七林切　史文韵，阴　平平，侵韵　词第十三部　戏人辰辙　曲侵寻韵，阴　（线）

八画

緊（见"紧"）綫（见"线"）綱（见"纲"）網（见"网"）緐（同"繁（一）"）綸（见"纶"）綵（同"彩"）

綧（同"准"）綠（见"绿"）

緅 zōu［ㄗㄡ］子侯切　史尤韵，阴　平平，尤韵　词第十二部　戏由求辙　曲尤侯韵，阴

綪（一）qiàn［ㄑㄧㄢˋ］仓甸切　史寒韵，去　平去，霰韵　词第七部　戏言前辙

　　（二）zhēng［ㄓㄥ］侧茎切　史庚韵，阴　平平，庚韵　词第十一部　戏中东辙　（屈曲）

绩 jì［ㄐㄧˋ］则历切　史齐韵，去　平入，锡韵　词第十七部　戏一七辙　曲齐微韵，上

绪 xù[ㄒㄩˋ] 徐吕切　史齐韵，去　乎上，语韵　词第四部　戏一七辙　曲鱼模韵，去

绫 líng[ㄌㄧㄥˊ] 力膺切　史庚韵，阳　乎平，蒸韵　词第十一部　戏中东辙　曲庚青韵，阳

綦 qí[ㄑㄧˊ] 渠之切　史齐韵，阳　乎平，支韵　词第三部　戏一七辙

綝 ㈠ chēn[ㄔㄣ] 丑林切　史文韵，阴　乎平，侵韵　词第十三部　戏人辰辙　曲侵寻韵，阳

　　㈡ shēn[ㄕㄣ] 疏簪切　史文韵，阴　乎平，侵韵　词第十三部　戏人辰辙　曲侵寻韵，阳　（～纚）

緎 yù[ㄩˋ] 雨逼切　史齐韵，去　乎入，职韵　词第十七部　戏一七辙

緉 liǎng[ㄌㄧㄤˇ] 良奖切　史唐韵，上　乎上，养韵　词第二部　戏江阳辙

续 xù[ㄒㄩˋ] 似足切　史齐韵，去　乎入，沃韵　词第十五部　戏一七辙　曲鱼模韵，阳

绮 ㈠ qǐ[ㄑㄧˇ] 墟彼切　史齐韵，上　乎上，纸韵　词第三部　戏一七辙　曲齐微韵，上

　　㈡ yǐ[ㄧˇ] 语绮切　史齐韵，上　乎上，纸韵　词第三部　戏一七辙　曲齐微韵，上　（人名用字）

緁 ㈠ qiè[ㄑㄧㄝˋ] 七接切　史皆韵，去　乎入，叶韵　词第十八部　戏乜斜辙

　　㈡ qī[ㄑㄧ] 七入切　史齐韵，阴　乎入，缉韵　词第十七部　戏一七辙　（又）

緀 qì[ㄑㄧˋ] 七稽切　史齐韵，去　乎平，齐韵　词第三部　戏一七辙

绯 fēi[ㄈㄟ] 甫微切　史微韵，阴　乎平，微韵　词第三部　戏灰堆辙　曲齐微韵，阴

绰 ㈠ chuò[ㄔㄨㄛˋ] 昌约切　史波韵，去　乎入，药韵　词第十六部　戏梭波辙　曲萧豪韵，上

　　㈡ chāo[ㄔㄠ] 楚交切　史豪韵，阴　乎平，肴韵　词第八部　戏遥条辙　（抓起；巡～）【同"抄"，用其反切。】

绱 shàng[ㄕㄤˋ] 时亮切　史唐韵，去　乎去，漾韵　词第二部　戏江阳辙　【同"上㈠"，用其反切。】

绲 gǔn[ㄍㄨㄣˇ] 古本切　史文韵，上　乎上，阮韵　词第六部　戏人辰辙

緆 xì[ㄒㄧˋ] 先击切　史齐韵，去　乎入，锡韵　词第十七部　戏一七辙

绳 ㈠ shéng[ㄕㄥˊ] 食陵切　史庚韵，阳　乎平，蒸韵　词第十一部　戏中东辙　曲庚青韵，阳

　　㈡ yìng[ㄧㄥˋ] 以证切　史庚韵，去　乎去，径韵　词第十一部　戏中东辙　（草结籽）

　　㈢ mǐn[ㄇㄧㄣˇ] 弭尽切　史文韵，上　乎上，轸韵　词第六部　戏人辰辙　（～～）

　　㈣ shèng[ㄕㄥˋ] 石证切　史庚韵，去　乎去，径韵　词第十一部　戏中东辙　（索；束）

緺 ㈠ guā[ㄍㄨㄚ] 古华切　史麻韵，阴　乎平，麻韵　词第十部　戏发花辙　（紫绶）

　　㈡ wā[ㄨㄚ] 古蛙切　史麻韵，阴　乎平，佳韵　词第十部　戏发花辙　（又）

　　㈢ guō[ㄍㄨㄛ] 古禾切　史波韵，阴　乎平，歌韵　词第九部　戏梭波辙　（又）

　　㈣ guā[ㄍㄨㄚ] 古华切　史麻韵，阴　乎平，麻韵　词第十部　戏发花辙　（女子头发一束）

　　㈤ wō[ㄨㄛ] 乌禾切　史波韵，阴　乎平，歌韵　词第九部　戏梭波辙　曲歌戈韵，阴　（又）【同"涡㈠"，用其反切。】

緌 ruí[ㄖㄨㄟˊ] 儒佳切　史微韵，阳　乎平，支韵　词第三部　戏灰堆辙

维 wéi[ㄨㄟˊ] 以追切　史微韵，阳　乎平，支韵　词第三部　戏灰堆辙　曲齐微韵，阳

绵 mián[ㄇㄧㄢˊ] 武延切　史寒韵，阳　乎平，先韵　词第七部　戏言前辙　曲先天韵，阳

綼 bì[ㄅㄧˋ] ①簿必切　史齐韵，去　乎入，质韵　词第十七部　戏一七辙

　　　②北激切　史齐韵，去　乎入，锡韵　词第十七部　戏一七辙　（給～）

绶 shòu[ㄕㄡˋ] ①殖酉切　史尤韵，去　乎上，有韵　词第十二部　戏由求辙　曲尤侯韵，去

　　　②承咒切　史尤韵，去　乎去，宥韵　词第十二部　戏由求辙　曲尤侯韵，去　（又）

绷 ㈠ bēng[ㄅㄥ] ①北萌切　史庚韵，阴　乎平，庚韵　词第十一部　戏中东辙　曲东钟韵，阴

　　　②北萌切　史庚韵，阴　乎平，庚韵　词第十一部　戏中东辙　曲庚青韵，阴　（又）

　　㈡ běng[ㄅㄥˇ] 边孔切　史庚韵，上　乎上，董韵　词第一部　戏中东辙　曲庚青韵，阴　（板着脸）【现代字。借用同音字"琫"的反切。】

绸 ㈠ chóu[ㄔㄡˊ] 直由切　史尤韵，阳　乎平，尤韵　词第十二部　戏由求辙　曲尤侯韵，阳

　　㈡ táo[ㄊㄠˊ] 土刀切　史豪韵，阳　乎平，豪韵　词第八部　戏遥条辙　（缠裹；套）

绹 táo[ㄊㄠˊ] 徒刀切　史豪韵，阳　乎平，豪韵　词第八部　戏遥条辙　曲萧豪韵，阳

绺 liǔ[ㄌㄧㄡˇ] 力久切　史尤韵，上　乎上，有韵　词第十二部　戏由求辙

綷 cuì［ㄘㄨㄟˋ］子对切　中微韵，去　平去，队韵　词第三部　戏灰堆辙

綣 quǎn［ㄑㄩㄢˇ］①去阮切　中寒韵，上　平上，阮韵　词第七部　戏言前辙　曲先天韵，去
　　　　　　　　　　②去愿切　中寒韵，上　平去，愿韵　词第七部　戏言前辙　曲先天韵，去　（又）

綖 tián［ㄊㄧㄢˊ］他酟切　中寒韵，阳　平平，覃韵　词第十四部　戏言前辙

综 (一) zōng［ㄗㄨㄥ］子宋切　中庚韵，阴　平去，宋韵　词第一部　戏中东辙　曲东钟韵，去
　　(二) zèng［ㄗㄥˋ］子宋切　中庚韵，去　平去，宋韵　词第一部　戏中东辙　曲东钟韵，去（织机上的一种装置）

绽 zhàn［ㄓㄢˋ］丈苋切　中寒韵，去　平去，谏韵　词第七部　戏言前辙　曲寒山韵，去

绾 wǎn［ㄨㄢˇ］①乌板切　中寒韵，上　平上，潸韵　词第七部　戏言前辙　曲寒山韵，上
　　　　　　　②乌患切　中寒韵，上　平去，谏韵　词第七部　戏言前辙　（结，系）

綟 lì［ㄌㄧˋ］郎计切　中齐韵，去　平去，霁韵　词第三部　戏一七辙

綮 (一) qǐ［ㄑㄧˇ］康礼切　中齐韵，上　平上，荠韵　词第三部　戏一七辙　曲齐微韵，上
　　(二) qìng［ㄑㄧㄥˋ］诘定切　中庚韵，去　平去，径韵　词第十一部　戏中东辙　（肯~）

绿 (一) lù［ㄌㄩˋ］力玉切　中齐韵，去　平入，沃韵　词第十五部　戏一七辙　曲鱼模韵，去
　　(二) lù［ㄌㄨˋ］力竹切　中姑韵，去　平入，屋韵　词第十五部　戏姑苏辙　曲鱼模韵，去　（菉草；~林）

缀 (一) zhuì［ㄓㄨㄟˋ］陟卫切　中微韵，去　平去，霁韵　词第三部　戏灰堆辙　曲齐微韵，去
　　(二) chuò［ㄔㄨㄛˋ］陟劣切　中波韵，去　平入，屑韵　词第十八部　戏梭波辙　（废止；牵制）

缁 zī［ㄗ］侧持切　中支韵，阴　平平，支韵　词第三部　戏一七辙

九画

缑（同"继(一)"）　練（见"练"）　緥（同"褓"）　緜（同"绵"）　緫（见"总(一)"）　緺（同"綌"）　緫（见"总(一)"）
緯（见"纬"）

緙 kè［ㄎㄜˋ］楷革切　中波韵，去　平入，陌韵　词第十七部　戏梭波辙

緗 xiāng［ㄒㄧㄤ］息良切　中唐韵，阴　平平，阳韵　词第二部　戏江阳辙

緸 yīn［ㄧㄣ］伊真切　中文韵，阴　平平，真韵　词第六部　戏人辰辙

缄 jiān［ㄐㄧㄢ］①古咸切　中寒韵，阴　平平，咸韵　词第十四部　戏言前辙　曲监咸韵，阴
　　　　　　　②公陷切　中寒韵，阴　平去，陷韵　词第十四部　戏言前辙　（~绳）

缅 miǎn［ㄇㄧㄢˇ］弥兖切　中寒韵，上　平上，铣韵　词第七部　戏言前辙

緛 ruǎn［ㄖㄨㄢˇ］而兖切　中寒韵，上　平上，铣韵　词第七部　戏言前辙

缆 lǎn［ㄌㄢˇ］卢瞰切　中寒韵，上　平去，勘韵　词第十四部　戏言前辙　曲监咸韵，去

缇 tí［ㄊㄧˊ］①杜奚切　中齐韵，阳　平平，齐韵　词第三部　戏一七辙
　　　　　　②他礼切　中齐韵，阳　平上，荠韵　词第三部　戏一七辙　（又）

缈 miǎo［ㄇㄧㄠˇ］米扰切　中豪韵，上　平上，篠韵　词第八部　戏遥条辙

缉 (一) qì［ㄑㄧˋ］七入切　中齐韵，去　平入，缉韵　词第十七部　戏一七辙
　　(二) qī［ㄑㄧ］七入切　中齐韵，阴　平入，缉韵　词第十七部　戏一七辙　（缝衣边）
　　(三) jī［ㄐㄧ］七入切　中齐韵，阴　平入，缉韵　词第十七部　戏一七辙　（~捕）
　　(四) jí［ㄐㄧˊ］即入切　中齐韵，阳　平入，缉韵　词第十七部　戏一七辙　（聚合；编辑）

缊 (一) yùn［ㄩㄣˋ］①於问切　中文韵，去　平去，问韵　词第六部　戏人辰辙
　　　　　　　　②於云切　中文韵，去　平平，文韵　词第六部　戏人辰辙　（又）
　　(二) wēn［ㄨㄣ］乌浑切　中文韵，阴　平平，元韵　词第六部　戏人辰辙　（浅红色）
　　(三) yūn［ㄩㄣ］乌伦切　中文韵，阴　平平，真韵　词第六部　戏人辰辙　（通"氲"）

缋 huì［ㄏㄨㄟˋ］胡对切　中微韵，去　平去，队韵　词第三部　戏灰堆辙

緦 sī［ㄙ］息兹切　中支韵，阴　平平，支韵　词第三部　戏一七辙

缎 duàn［ㄉㄨㄢˋ］徒管切　中寒韵，去　平上，旱韵　词第七部　戏言前辙

缏 (一) pián［ㄆㄧㄢˊ］房连切　中寒韵，阳　平平，先韵　词第七部　戏言前辙

㈡biàn[ㄅㄧㄢˋ] ①方典切　中寒韵，去　平上，铣韵　词第七部　戏言前辙　曲先天韵，上　（提起衣摆）

②蒲眠切　中寒韵，去　平平，先韵　词第七部　戏言前辙　（麦草辫）

线 xiàn[ㄒㄧㄢˋ] 私箭切　中寒韵，去　平去，霰韵　词第七部　戏言前辙　曲先天韵，去

缑 gōu[ㄍㄡ] 古侯切　中尤韵，阴　平平，尤韵　词第十二部　戏由求辙

缒 zhuì[ㄓㄨㄟˋ] 驰伪切　中微韵，去　平去，真韵　词第三部　戏灰堆辙　曲齐微韵，去

緰 tóu[ㄊㄡˊ] 度侯切　中尤韵，阳　平平，尤韵　词第十二部　戏由求辙

缓 huǎn[ㄏㄨㄢˇ] 胡管切　中寒韵，上　平上，旱韵　词第七部　戏言前辙　曲桓欢韵，去

緵 ㈠zōng[ㄗㄨㄥ] 子红切　中庚韵，阴　平平，东韵　词第一部　戏中东辙　（一种粗布）

㈡zòng[ㄗㄨㄥˋ] 作弄切　中庚韵，去　平去，送韵　词第一部　戏中东辙　（密网）

缔 dì[ㄉㄧˋ] ①特计切　中齐韵，去　平去，霁韵　词第三部　戏一七辙　曲齐微韵，去

②杜奚切　中齐韵，去　平平，齐韵　词第三部　戏一七辙　曲齐微韵，去　（又）

缕 lǚ[ㄌㄩˇ] 力主切　中齐韵，上　平上，麌韵　词第四部　戏一七辙　曲鱼模韵，上

緧 qiū[ㄑㄧㄡ] 七由切　中尤韵，阴　平平，尤韵　词第十二部　戏由求辙

緳 nì[ㄋㄧˋ] 宜戟切　中齐韵，去　平入，陌韵　词第十七部　戏一七辙

緷 yùn[ㄩㄣˋ] ①王问切　中文韵，去　平去，问韵　词第六部　戏人辰辙　（织布纬线）

②胡本切　中文韵，去　平上，阮韵　词第六部　戏人辰辙　（一大捆布）

编 ㈠biān[ㄅㄧㄢ] 卑连切　中寒韵，阴　平平，先韵　词第七部　戏言前辙　曲先天韵，阴

㈡biàn[ㄅㄧㄢˋ] 婢典切　中寒韵，去　平上，铣韵　词第七部　戏言前辙　曲先天韵，去　（结辫）

緡 mín[ㄇㄧㄣˊ] 武巾切　中文韵，阳　平平，真韵　词第六部　戏人辰辙　曲真文韵，阳

缘 ㈠yuán[ㄩㄢˊ] 与专切　中寒韵，阳　平平，先韵　词第七部　戏言前辙　曲先天韵，阳

㈡yuàn[ㄩㄢˋ] 以绢切　中寒韵，去　平去，霰韵　词第七部　戏言前辙　曲先天韵，去　（衣边装饰）

廛（查“广”部）

十画

緻（同“致㈠”）　縣（见“县”）　縧（见“绦”）　縚（同“绦”）　縐（见“绉”）　縈（见“萦”）

縸 mù[ㄇㄨˋ] 莫故切　中姑韵，去　平去，遇韵　词第四部　戏姑苏辙

縉 jìn[ㄐㄧㄣˋ] 即刃切　中文韵，去　平去，震韵　词第六部　戏人辰辙

縛 fù[ㄈㄨˋ] ①符卧切　中姑韵，去　平去，箇韵　词第九部　戏姑苏辙　曲歌戈韵，阳

②符钁切　中姑韵，去　平入，药韵　词第十六部　戏姑苏辙　曲萧豪韵，阳　（又）

縟 rù[ㄖㄨˋ] 而蜀切　中姑韵，去　平入，沃韵　词第十五部　戏姑苏辙

縝 zhěn[ㄓㄣˇ] ①章忍切　中文韵，上　平上，轸韵　词第六部　戏人辰辙

②昌真切　中文韵，阴　平平，真韵　词第六部　戏人辰辙　（麻丝）

③丑人切　中文韵，阴　平平，真韵　词第六部　戏人辰辙　（～纷）

縓 quàn[ㄑㄩㄢˋ] ①七绢切　中寒韵，去　平去，霰韵　词第七部　戏言前辙

②此缘切　中寒韵，去　平平，先韵　词第七部　戏言前辙　（又）

縜 yún[ㄩㄣˊ] 为赟切　中文韵，阳　平平，真韵　词第六部　戏人辰辙

縏 pán[ㄆㄢˊ] 薄官切　中寒韵，阳　平平，寒韵　词第七部　戏言前辙

缝 ㈠féng[ㄈㄥˊ] 符容切　中庚韵，阳　平平，冬韵　词第一部　戏中东辙　曲东钟韵，阳

㈡fèng[ㄈㄥˋ] 扶用切　中庚韵，去　平去，宋韵　词第一部　戏中东辙　曲东钟韵，去　（～隙）

縗 cuī[ㄘㄨㄟ] 仓回切　中微韵，阴　平平，灰韵　词第三部　戏灰堆辙

缟 gǎo[ㄍㄠˇ] ①古老切　中豪韵，上　平上，皓韵　词第八部　戏遥条辙　曲萧豪韵，上

②古到切　中豪韵，上　平去，号韵　词第八部　戏遥条辙　曲萧豪韵，上　（又）

缠 chán[ㄔㄢˊ] ①直连切　中寒韵，阳　平平，先韵　词第七部　戏言前辙　曲先天韵，阳

②持碾切　中寒韵，阳　平去，霰韵　词第七部　戏言前辙　曲先天韵，去　（又）

缡 lí［ㄌㄧˊ］吕支切　史齐韵，阳　平平，支韵　词第三部　戏一七辙

缢 yì［ㄧˋ］於赐切　史齐韵，去　平去，寘韵　词第三部　戏一七辙　曲齐微韵，去

缣 jiān［ㄐㄧㄢ］古甜切　史寒韵，阴　平平，盐韵　词第十四部　戏言前辙　曲廉纤韵，阴

缤 bīn［ㄅㄧㄣ］匹宾切　史文韵，阴　平平，真韵　词第六部　戏人辰辙

缒 zài［ㄗㄞˋ］①作代切　史开韵，去　平去，队韵　词第五部　戏怀来辙

　　　　　　　②作亥切　史开韵，去　平上，贿韵　词第五部　戏怀来辙　（又）

縠（查"殳"部）嚣（查"口"部）𦃃（查"月"部）

<h2 style="text-align:center">十一画</h2>

績（见"绩"）繄（见"繁"）縷（见"缕"）繃（见"绷"）總（见"总"）縱（见"纵"）縴（同"纤㈡：②"）

縺（同"缠"）

縳㈠ juàn［ㄐㄩㄢˋ］古倦切　史寒韵，去　平去，霰韵　词第七部　戏言前辙

　　㈡ zhuàn［ㄓㄨㄢˋ］①柱兖切　史寒韵，去　平上，铣韵　词第七部　戏言前辙　（羽数名）

　　　　　　　　　②柱恋切　史寒韵，去　平去，霰韵　词第七部　戏言前辙　（又）

缥㈠ piǎo［ㄆㄧㄠˇ］敷沼切　史豪韵，上　平上，篠韵　词第八部　戏遥条辙

　　㈡ piāo［ㄆㄧㄠ］纰绍切　史豪韵，阴　平平，萧韵　词第八部　戏遥条辙　（~缈；飞扬）【《集韵》、《韵会》：纰绍切。用之。】

繄 yī［ㄧ］①乌奚切　史齐韵，阴　平平，齐韵　词第三部　戏一七辙

　　　　　②於计切　史齐韵，去　平去，霁韵　词第三部　戏一七辙　（语气助词）

缦 màn［ㄇㄢˋ］①莫半切　史寒韵，去　平去，翰韵　词第七部　戏言前辙　曲桓欢韵，阳

　　　　　　②谟晏切　史寒韵，去　平去，谏韵　词第七部　戏言前辙　曲寒山韵，去　（~乐；同"慢"）

繂 bì［ㄅㄧˋ］卑吉切　史齐韵，去　平入，质韵　词第十七部　戏一七辙

缧 léi［ㄌㄟˊ］力追切　史微韵，阳　平平，支韵　词第三部　戏灰堆辙

缢 suì［ㄙㄨㄟˋ］苏内切　史微韵，去　平去，队韵　词第三部　戏灰堆辙

缨 yīng［ㄧㄥ］於盈切　史庚韵，阴　平平，庚韵　词第十一部　戏中东辙　曲庚青韵，阴

繁㈠ fán［ㄈㄢˊ］附袁切　史寒韵，阳　平平，元韵　词第七部　戏言前辙　曲寒山韵，阳

　　㈡ pán［ㄆㄢˊ］薄官切　史寒韵，阳　平平，寒韵　词第七部　戏言前辙　曲寒山韵，阳　（马肚带）

　　㈢ pó［ㄆㄛˊ］薄波切　史波韵，阳　平平，歌韵　词第九部　戏梭波辙　（姓）

縰 shǐ［ㄕˇ］所绮切　史支韵，上　平上，纸韵　词第三部　戏一七辙

繇㈠ yáo［ㄧㄠˊ］余昭切　史豪韵，阳　平平，萧韵　词第八部　戏遥条辙

　　㈡ yóu［ㄧㄡˊ］以周切　史尤韵，阳　平平，尤韵　词第十二部　戏由求辙　曲尤侯韵，阳　（通"由""猷"）

　　㈢ zhòu［ㄓㄡˋ］直祐切　史尤韵，去　平去，宥韵　词第十二部　戏由求辙　（卦辞）

　　㈣ yōu［ㄧㄡ］（~~ - 悠悠，同"悠"）

縩 cài［ㄘㄞˋ］仓代切　史开韵，去　平去，队韵　词第五部　戏怀来辙

旋 xuán［ㄒㄩㄢˊ］辞恋切　史寒韵，阳　平去，霰韵　词第七部　戏言前辙

縯㈠ yǎn［ㄧㄢˇ］以浅切　史寒韵，上　平上，铣韵　词第七部　戏言前辙　（延长）

　　㈡ yǐn［ㄧㄣˇ］余忍切　史文韵，上　平上，轸韵　词第六部　戏人辰辙　（引进）

缩㈠ suō［ㄙㄨㄛ］所六切　史波韵，阴　平入，屋韵　词第十五部　戏梭波辙　曲鱼模韵，上

　　㈡ cù［ㄘㄨˋ］子六切　史姑韵，去　平入，屋韵　词第十五部　戏姑苏辙　曲鱼模韵，上　（~祭）【同"蹙"，用其反切。】

　　㈢ sù［ㄙㄨˋ］息逐切　史姑韵，去　平入，屋韵　词第十五部　戏姑苏辙　曲鱼模韵，上　（~砂密）【借用同音字"宿㈠"的反切。】

缪㈠ móu［ㄇㄡˊ］莫浮切　史尤韵，阳　平平，尤韵　词第十二部　戏由求辙　曲尤侯韵，阳　（缠绵）

　　㈡ jiū［ㄐㄧㄡ］居虬切　史尤韵，阴　平平，尤韵　词第十二部　戏由求辙　（绞结）

（三）miù[ㄇㄧㄡˋ] 靡幼切　史尤韵，去　乎去，宥韵　词第十二部　戏由求辙　曲尤侯韵，去　（错；伪）

（四）miào[ㄇㄧㄠˋ] 弥笑切　史豪韵，去　乎去，啸韵　词第八部　戏遥条辙　（姓）【《正字通》：读若妙。用其反切。】

（五）liáo[ㄌㄧㄠˊ] 郎鸟切　史豪韵，阳　乎上，篠韵　词第八部　戏遥条辙　（缠绕）

（六）mù[ㄇㄨˋ] （同"穆"）

繆 （一）shān[ㄕㄢ] 所衔切　史寒韵，阴　乎平，咸韵　词第十四部　戏言前辙

（二）xiāo[ㄒㄧㄠ] 思邀切　史寒韵，阴　乎平，萧韵　词第八部　戏遥条辙　（缲帛）

缲 （一）zǎo[ㄗㄠˇ] 子皓切　史豪韵，上　乎上，皓韵　词第八部　戏遥条辙

（二）sāo[ㄙㄠ] 苏遭切　史豪韵，阴　乎平，豪韵　词第八部　戏遥条辙　曲萧豪韵，阴　（～丝）

徽（查"彳"部）麇（查"麻"部）

十二画

绕（见"绕"）缴（同"伞"）缋（见"绩"）繭（见"茧"）織（见"织"）

缬 xié[ㄒㄧㄝˊ] 胡结切　史皆韵，阳　乎入，屑韵　词第十八部　戏乜斜辙　曲车遮韵，阳

縫 da[˙ㄉㄚ] 唐割切　史麻韵，阴　乎入，曷韵　词第十八部　戏发花辙　【借用同音字"达（一）"的反切。】

緫 cōng[ㄘㄨㄥ] 仓红切　史庚韵，阴　乎平，东韵　词第一部　戏中东辙

繸 suì[ㄙㄨㄟˋ] 相锐切　史微韵，去　乎去，霁韵　词第三部　戏灰堆辙

缭 liáo[ㄌㄧㄠˊ] ①卢鸟切　史豪韵，阳　乎上，篠韵　词第八部　戏遥条辙

②落萧切　史豪韵，阳　乎平，萧韵　词第八部　戏遥条辙　（又）

繵 chǎn[ㄔㄢˇ] ①昌善切　史寒韵，上　乎上，铣韵　词第七部　戏言前辙

②徒干切　史寒韵，上　乎平，寒韵　词第七部　戏言前辙　（又）

繑 qiāo[ㄑㄧㄠ] 去遥切　史豪韵，阴　乎平，萧韵　词第八部　戏遥条辙

繙 （一）fán[ㄈㄢˊ] 附袁切　史寒韵，阳　乎平，元韵　词第七部　戏言前辙

（二）fān[ㄈㄢ] 孚袁切　史寒韵，阴　乎平，元韵　词第七部　戏言前辙　（翻覆）

繎 rán[ㄖㄢˊ] 如延切　史寒韵，阳　乎平，先韵　词第七部　戏言前辙

缮 shàn[ㄕㄢˋ] 时战切　史寒韵，去　乎去，霰韵　词第七部　戏言前辙

繜 （一）zūn[ㄗㄨㄣ] 祖昆切　史文韵，阴　乎平，元韵　词第六部　戏人辰辙

（二）zǔn[ㄗㄨㄣˇ] （～绌，同"撙"）

缯 zēng[ㄗㄥ] 疾陵切　史庚韵，阴　乎平，蒸韵　词第十一部　戏中东辙　曲庚青韵，阳

蕊 ruǐ[ㄖㄨㄟˇ] 如垒切　史微韵，上　乎上，纸韵　词第三部　戏灰堆辙

繣 huà[ㄏㄨㄚˋ] ①胡卦切　史麻韵，去　乎去，卦韵　词第十部　戏发花辙

②呼麦切　史麻韵，去　乎入，陌韵　词第十七部　戏发花辙　（又）

繈 qiǎng[ㄑㄧㄤˇ] 居两切　史唐韵，上　乎上，养韵　词第二部　戏江阳辙

繏 xuǎn[ㄒㄩㄢˇ] 息绢切　史寒韵，上　乎去，霰韵　词第七部　戏言前辙

繘 （一）yù[ㄩˋ] 余律切　史齐韵，去　乎入，质韵　词第十七部　戏一七辙

（二）jú[ㄐㄩˊ] 居聿切　史齐韵，阳　乎入，质韵　词第十七部　戏一七辙　（又）

彝（查"彑"部）

十三画

繫（见"系"）繩（见"绳"）繹（见"绎"）繪（见"绘"）繡（见"绣（一）"）

繮 jiāng[ㄐㄧㄤ] 居良切　史唐韵，阴　乎平，阳韵　词第二部　戏江阳辙　曲江阳韵，阴

繾 qiǎn[ㄑㄧㄢˇ] ①去演切　史寒韵，上　乎上，铣韵　词第七部　戏言前辙

②去战切　史寒韵，上　乎去，霰韵　词第七部　戏言前辙　（又）

繷 （一）náo[ㄋㄠˊ] 尼交切　史豪韵，阳　乎平，肴韵　词第八部　戏遥条辙

（二）nǒng[ㄋㄨㄥˇ] 乃湩切　史庚韵，阳　乎上，肿韵　词第一部　戏中东辙　（又）

缲 (一) zǎo［ㄗㄠˇ］子皓切　中豪韵，上　平上，皓韵　词第八部　戏遥条辙　（绀色帛）

　　(二) qiāo［ㄑㄧㄠ］千遥切　中豪韵，阴　平平，萧韵　词第八部　戏遥条辙　（~边）【《集韵》：千遥切。借用之。】

　　(三) sāo［ㄙㄠ］苏遭切　中豪韵，阴　平平，豪韵　词第八部　戏遥条辙　（同"缲(一)"）

缳 (一) xuàn［ㄒㄩㄢˋ］胡惯切　中寒韵，去　平去，谏韵　词第七部　戏言前辙

　　(二) huán［ㄏㄨㄢˊ］胡畎切　中寒韵，上　平上，铣韵　词第七部　戏言前辙　（绳圈）

缴 (一) jiǎo［ㄐㄧㄠˇ］古了切　中豪韵，上　平上，篠韵　词第八部　戏遥条辙　曲萧豪韵，上

　　(二) zhuó［ㄓㄨㄛˊ］之若切　中波韵，阳　平入，药韵　词第十六部　戏梭波辙　曲萧豪韵，上　（系在箭上的绳）

繲 jiè［ㄐㄧㄝˋ］古隘切　中皆韵，去　平去，卦韵　词第十部　戏乜斜辙

缠 chán［ㄔㄢˊ］澄延切　中寒韵，阳　平平，先韵　词第七部　戏言前辙

繶 yì［ㄧˋ］於力切　中齐韵，去　平入，职韵　词第十七部　戏一七辙

十四画

纊 (见"纩") **辮** (见"辫") **繽** (见"缤") **繼** (见"继")

繻 (一) xū［ㄒㄩ］相俞切　中齐韵，阴　平平，虞韵　词第四部　戏一七辙　曲鱼模韵，阴

　　(二) rú［ㄖㄨˊ］人朱切　中姑韵，阴　平平，虞韵　词第四部　戏姑苏辙　曲鱼模韵，阳　（旧读）

纁 xūn［ㄒㄩㄣ］许云切　中文韵，阴　平平，文韵　词第六部　戏人辰辙

襆 bǔ［ㄅㄨˇ］博木切　中姑韵，上　平入，屋韵　词第十五部　戏姑苏辙

籑 (查"竹"部) **辡** (查"辛"部)

十五画

縜 (见"缬") **績** (见"续") **纏** (见"缠")

繸 yōu［ㄧㄡ］於求切　中尤韵，阴　平平，尤韵　词第十二部　戏由求辙

纍 (一) léi［ㄌㄟˊ］①力追切　中微韵，阳　平平，支韵　词第三部　戏灰堆辙　曲齐微韵，阳

　　　　　　　　②力遂切　中微韵，去　平去，寘韵　词第三部　戏灰堆辙　曲齐微韵，去　（牵累）

　　(二) lěi［ㄌㄟˇ］鲁猥切　中微韵，上　平上，贿韵　词第三部　戏灰堆辙　（堆叠）

纆 mò［ㄇㄛˋ］莫北切　中波韵，去　平入，职韵　词第十七部　戏梭波辙

纇 (查"页"部)

十六画

挛 (见"孪") **變** (见"变")

纑 lú［ㄌㄨˊ］落胡切　中姑韵，阳　平平，虞韵　词第四部　戏姑苏辙

纂 zuǎn［ㄗㄨㄢˇ］作管切　中寒韵，上　平上，旱韵　词第七部　戏言前辙　曲桓欢韵，上

十七画

纓 (见"缨") **纖** (见"纤(一)(三)(四)") **欒** (见"栾")

縿 (一) shān［ㄕㄢ］所衔切　中寒韵，阴　平平，咸韵　词第十四部　戏言前辙

　　(二) cái［ㄘㄞˊ］（方始，仅仅，同"才"）

纕 (一) xiāng［ㄒㄧㄤ］息良切　中唐韵，阴　平平，阳韵　词第二部　戏江阳辙

　　(二) rǎng［ㄖㄤˇ］汝两切　中唐韵，上　平上，养韵　词第二部　戏江阳辙　（捋袖露臂）

十八画

纗 (一) xī［ㄒㄧ］户圭切　中齐韵，阴　平平，齐韵　词第三部　戏一七辙

　　(二) zuī［ㄗㄨㄟ］姊规切　中微韵，阴　平平，支韵　词第三部　戏灰堆辙　（又）

十九画

纘 (见"缵")

纛 dào[ㄉㄠˋ]①徒到切　史豪韵，去　平去，号韵　词第八部　戏遥条辙　曲萧豪韵，去
　　　　　　　　②徒沃切　史豪韵，去　平入，沃韵　词第十五部　戏遥条辙　曲鱼模韵，阳　（又）
纚 (一)shǐ[ㄕˇ]所绮切　史支韵，上　平上，纸韵　词第三部　戏一七辙
　　(二)sǎ[ㄙㄚˇ]所蟹切　史麻韵，上　平上，蟹韵　词第五部　戏发花辙　（网）
　　(三)lí[ㄌㄧˊ]邻知切　史齐韵，阳　平平，支韵　词第三部　戏一七辙　（通"缡"）
　　(四)lǐ[ㄌㄧˇ]辇尔切　史齐韵，上　平上，纸韵　词第三部　戏一七辙　（连）

二十一画

纜（见"缆"）

七 画

麦（麥）部

麥（见"麦"）
麦 mài[ㄇㄞˋ]莫获切　史开韵，去　平入，陌韵　词第十七部　戏怀来辙　曲皆来韵，去

四画

麪（同"面"）
麸 fū[ㄈㄨ]芳无切　史姑韵，阴　平平，虞韵　词第四部　戏姑苏辙　曲鱼模韵，阴
麨 chǎo[ㄔㄠˇ]尺沼切　史豪韵，上　平上，篠韵　词第八部　戏遥条辙

五画

麮 qù[ㄑㄩˇ]①羌举切　史齐韵，上　平上，语韵　词第四部　戏一七辙
　　　　②丘倨切　史齐韵，上　平去，御韵　词第四部　戏一七辙　（又）

六画

麯（同"曲(一)：②"）
麰 móu[ㄇㄡˊ]莫浮切　史尤韵，阳　平平，尤韵　词第十二部　戏由求辙　曲尤侯韵，阳

八画

麴 qū[ㄑㄩ]驱匊切　史齐韵，阴　平入，屋韵　词第十五部　戏一七辙

九画

麵（同"面"）

十八画

麷 fēng[ㄈㄥ]敷空切　史庚韵，阴　平平，东韵　词第一部　戏中东辙

走 部

走 zǒu[ㄗㄡˇ]①子苟切　史尤韵，上　平上，有韵　词第十二部　戏由求辙　曲尤侯韵，上
　　　　②则候切　史尤韵，上　平去，宥韵　词第十二部　戏由求辙　曲尤侯韵，上　（又）

二画

赴 fù[ㄈㄨˋ]芳遇切　史姑韵，去　平去，遇韵　词第四部　戏姑苏辙　曲鱼模韵，去

465

赵 (一)zhào[ㄓㄠˋ] 治小切　史豪韵，去　平上，篠韵　词第八部　戏遥条辙　曲萧豪韵，去
　　(二)diào[ㄉㄧㄠˋ]　①徒了切　史豪韵，去　平上，篠韵　词第八部　戏遥条辙　曲萧豪韵，去　（除草）
　　　　　　　　　　②起了切　史豪韵，去　平上，篠韵　词第八部　戏遥条辙　曲萧豪韵，去　（～缭）
赳 (一)jiū[ㄐㄧㄡ] 居黝切　史尤韵，阴　平上，有韵　词第十二部　戏由求辙
　　(二)jiù[ㄐㄧㄡˋ] 古幼切　史尤韵，去　平去，宥韵　词第十二部　戏由求辙　（～螑）

三画

赸 （同"讪①"）
赶 (一)gǎn[ㄍㄢˇ]　①古览切　史寒韵，上　平上，感韵　词第十四部　戏言前辙　曲寒山韵，上
　　　　　　　　　②古旱切　史寒韵，上　平上，旱韵　词第七部　戏言前辙　曲寒山韵，上　（同"趕"）
　　(二)qián[ㄑㄧㄢˊ]　①巨言切　史寒韵，阳　平平，元韵　词第七部　戏言前辙　（翘尾跑）
　　　　　　　　　　②其月切　史寒韵，阳　平入，月韵　词第十八部　戏言前辙　（又）
起 qǐ[ㄑㄧˇ] 虚里切　史齐韵，上　平上，纸韵　词第三部　戏一七辙　曲齐微韵，上

五画

赿 （同"趁(一)"）
越 (一)yuè[ㄩㄝˋ] 王伐切　史皆韵，去　平入，月韵　词第十八部　戏乜斜辙　曲车遮韵，去
　　(二)huó[ㄏㄨㄛˊ] 户括切　史波韵，阳　平入，曷韵　词第十八部　戏梭波辙　（瑟～）
趄 (一)jū[ㄐㄩ] 七余切　史齐韵，阴　平平，鱼韵　词第四部　戏一七辙　曲鱼模韵，阴
　　(二)qiè[ㄑㄧㄝˋ] 千谢切　史皆韵，去　平去，祃韵　词第十部　戏乜斜辙　曲车遮韵，去　（趔～）
趁 (一)chèn[ㄔㄣˋ] 丑刃切　史文韵，去　平去，震韵　词第六部　戏人辰辙　曲真文韵，去
　　(二)niǎn[ㄋㄧㄢˇ] 尼展切　史寒韵，上　平上，铣韵　词第七部　戏言前辙　（踩踏；追赶）
　　(三)zhěn[ㄓㄣˇ] 止忍切　史文韵，上　平上，轸韵　词第六部　戏人辰辙　（走）
趋 (一)qū[ㄑㄩ] 七逾切　史齐韵，阴　平平，虞韵　词第四部　戏一七辙　曲鱼模韵，阴
　　(二)cù[ㄘㄨˋ] 趋玉切　史姑韵，去　平入，沃韵　词第十五部　戏姑苏辙　（急速；催促）
　　(三)qù[ㄑㄩˋ]　（旨趣，同"趣(一)"）
超 chāo[ㄔㄠ] 敕宵切　史豪韵，阴　平平，萧韵　词第八部　戏遥条辙　曲萧豪韵，阴

六画

趌 （同"躲"）趍（同"趋(一)"）
趔 liè[ㄌㄧㄝˋ] 力拽切　史皆韵，去　平入，屑韵　词第十八部　戏乜斜辙
趎 chú[ㄔㄨˊ] 直诛切　史姑韵，阳　平平，虞韵　词第四部　戏姑苏辙
趑 zī[ㄗ] 取私切　史支韵，阴　平平，支韵　词第三部　戏一七辙

七画

趙 （见"赵"）趕 （见"赶(一)：②"）
趣 cù[ㄘㄨˋ]　①千木切　史姑韵，去　平入，屋韵　词第十五部　戏姑苏辙
　　　　　　②七玉切　史姑韵，去　平入，沃韵　词第十五部　戏一七辙　（催促）
趖 suō[ㄙㄨㄛ] 苏禾切　史波韵，阴　平平，歌韵　词第九部　戏梭波辙

八画

趣 (一)qù[ㄑㄩˋ] 七句切　史齐韵，去　平去，遇韵　词第四部　戏一七辙　曲鱼模韵，去
　　(二)qū[ㄑㄩ] 逡须切　史齐韵，阴　平平，虞韵　词第四部　戏一七辙　曲鱼模韵，阴　（同"趋(一)"）
　　(三)cù[ㄘㄨˋ] 亲足切　史姑韵，去　平入，沃韵　词第十五部　戏姑苏辙　曲鱼模韵，上　（催促；赶快）
　　(四)cǒu[ㄘㄡˇ] 仓苟切　史尤韵，上　平上，有韵　词第十二部　戏由求辙　（～马）
趠 (一)chào[ㄔㄠˋ] 丑教切　史豪韵，去　平去，效韵　词第八部　戏遥条辙

　　㈡ chuò［彳ㄨㄛˋ］敕角切　史波韵，去　平入，觉韵　词第十六部　戏梭波辙　（远走）

　　㈢ tiào［ㄊㄧㄠˋ］他弔切　史豪韵，去　平去，啸韵　词第八部　戏遥条辙　（腾越）

　　㈣ zhuó［ㄓㄨㄛˊ］竹角切　史波韵，阳　平入，觉韵　词第十六部　戏梭波辙　（卓绝；疾走）

趟 ㈠ zhēng［ㄓㄥ］①竹盲切　史庚韵，阴　平平，庚韵　词第十一部　戏中东辙

　　　　　　　②猪孟切　史庚韵，阴　平去，敬韵　词第十一部　戏中东辙　（又）

　　㈡ tàng［ㄊㄤˋ］徒浪切　史唐韵，去　平去，漾韵　词第二部　戏江阳辙　（量词）【借用同音字"烫"的反切。】

　　㈢ tāng［ㄊㄤ］他郎切　史唐韵，阴　平平，阳韵　词第二部　戏江阳辙　（~地）【同"蹚"，用其反切。】

趡 cuǐ［ㄘㄨㄟˇ］千水切　史微韵，上　平上，纸韵　词第三部　戏灰堆辙

趢 lù［ㄌㄨˋ］卢谷切　史姑韵，去　平入，屋韵　词第十五部　戏姑苏辙

九画

趫（同"趫"）

十画

趣（见"趋"）

十一画

趪 huáng［ㄏㄨㄤˊ］胡光切　史唐韵，阳　平平，阳韵　词第二部　戏江阳辙

十二画

趬 qiāo［ㄑㄧㄠ］①去遥切　史豪韵，阴　平平，萧韵　词第八部　戏遥条辙

　　　　　　　②丘召切　史豪韵，阴　平去，啸韵　词第八部　戏遥条辙　（又）

趭 qiáo［ㄑㄧㄠˊ］起嚣切　史豪韵，阳　平平，萧韵　词第八部　戏遥条辙　曲萧豪韵，阴

趮 jiào［ㄐㄧㄠˋ］才笑切　史豪韵，去　平去，啸韵　词第八部　戏遥条辙

十三画

趮 zào［ㄗㄠˋ］则到切　史豪韵，去　平去，号韵　词第八部　戏遥条辙

十四画

趯 ㈠ tì［ㄊㄧˋ］他历切　史齐韵，去　平入，锡韵　词第十七部　戏一七辙

　　㈡ yuè［ㄩㄝˋ］弋灼切　史皆韵，去　平入，药韵　词第十六部　戏乜斜辙　（跳跃）

十六画

趲 zǎn［ㄗㄢˇ］①藏早切　史寒韵，上　平上，旱韵　词第七部　戏言前辙　曲寒山韵，上

　　　　　　　②则旰切　史寒韵，去　平去，翰韵　词第七部　戏言前辙　（逼走）

十九画

趱（见"趲"）

赤　部

赤 ㈠ chì［彳ˋ］昌石切　史支韵，去　平入，陌韵　词第十七部　戏一七辙　曲齐微韵，上

　　㈡ chǐ［彳ˇ］（同"尺㈠"）

二画

郝（查"阝_右"部）

四画

梖 nǎn［ㄋㄢˇ］奴板切　史寒韵，上　平上，潸韵　词第七部　戏言前辙　曲寒山韵，上

救（查"攵"部）

六画

赪 chēng［ㄔㄥ］丑贞切　史庚韵，阴　平平，庚韵　词第十一部　戏中东辙　曲庚青韵，阴

𧓜 tóng［ㄊㄨㄥˊ］徒冬切　史庚韵，阳　平平，冬韵　词第一部　戏中东辙

𧓙 xì［ㄒㄧˋ］许极切　史齐韵，去　平入，职韵　词第十七部　戏一七辙

七画

赫 (一)hè［ㄏㄜˋ］呼格切　史波韵，去　平入，陌韵　词第十七部　戏梭波辙

　　(二)xì［ㄒㄧˋ］馨激切　史齐韵，去　平入，锡韵　词第十七部　戏一七辙　（~㵣）【同"烌"，用其反切。】

八画

赭 zhě［ㄓㄜˇ］章也切　史波韵，上　平上，马韵　词第十部　戏梭波辙　曲车遮韵，上

九画

赬（见"赪"）赮（同"霞"）

十画

䅣 táng［ㄊㄤˊ］徒郎切　史唐韵，阳　平平，阳韵　词第二部　戏江阳辙

<h1 align="center">豆　部</h1>

豆 dòu［ㄉㄡˋ］田候切　史尤韵，去　平去，宥韵　词第十二部　戏由求辙　曲尤侯韵，去

二画

郖（查"阝右"部）

三画

豈（见"岂"）

𧯛 jiāng［ㄐㄧㄤ］古双切　史唐韵，阴　平平，江韵　词第二部　戏江阳辙

四画

豉 chǐ［ㄔˇ］是义切　史支韵，上　平去，寘韵　词第三部　戏一七辙　曲支思韵，去

五画

剴（见"凯"）

壹（查"士"部）登（查"癶"部）

六画

登 dēng［ㄉㄥ］都滕切　史庚韵，阴　平平，蒸韵　词第十一部　戏中东辙

剴（查"刂"部）

七画

獃（同"呆(一)(二)"）

八画

豎（见"竖"）

豌 wān［ㄨㄢ］一丸切　史寒韵，阴　平平，寒韵　词第七部　戏言前辙　曲桓欢韵，阴

十画

豏 xiàn［ㄒㄧㄢˋ］①下斩切　史寒韵，去　平上，豏韵　词第十四部　戏言前辙
　　　　　　　　　　②乎韽切　史寒韵，去　平去，霰韵　词第七部　戏言前辙　（又）

十一画

豐（见"丰①"）

十三画

豒（同"秩"）

二十一画

豔（见"艳"）

酉　部

酉 yǒu［ㄧㄡˇ］与久切　史尤韵，上　平上，有韵　词第十二部　戏由求辙　曲尤侯韵，上

二画

酊 ㈠ dǐng［ㄉㄧㄥˇ］都挺切　史庚韵，上　平上，迥韵　词第十一部　戏中东辙　曲庚青韵，上　（酩~）
　㈡ dīng［ㄉㄧㄥ］当经切　史庚韵，阴　平平，青韵　词第十一部　戏中东辙　（碘~）【音译字。借用同音字"丁㈠"的反切。】

酋 qiú［ㄑㄧㄡˊ］自秋切　史尤韵，阳　平平，尤韵　词第十二部　戏由求辙　曲尤侯韵，阳

三画

酐 ㈠ hàng［ㄏㄤˋ］呼朗切　史唐韵，上　平上，养韵　词第二部　戏江阳辙　（苦酒）
　㈡ gān［ㄍㄢ］古寒切　史寒韵，阴　平平，寒韵　词第七部　戏言前辙　（酸~）【现代字。借用同音字"干㈠"的反切。】

酎 zhòu［ㄓㄡˋ］直祐切　史尤韵，去　平去，宥韵　词第十二部　戏由求辙　曲尤侯韵，上

酌 zhuó［ㄓㄨㄛˊ］之若切　史波韵，阳　平入，药韵　词第十六部　戏梭波辙　曲萧豪韵，上

配 pèi［ㄆㄟˋ］滂佩切　史微韵，去　平去，队韵　词第三部　戏灰堆辙　曲齐微韵，去

酏 ㈠ yí［ㄧˊ］弋支切　史齐韵，阳　平平，支韵　词第三部　戏一七辙
　㈡ yǐ［ㄧˇ］移尔切　史齐韵，上　平上，纸韵　词第三部　戏一七辙　（~剂）

庮（查"广"部）酒（查"氵"部）

四画

酝 yùn［ㄩㄣˋ］①於粉切　史文韵，去　平上，吻韵　词第六部　戏人辰辙　曲真文韵，去
　　　　　　②於问切　史文韵，去　平去，问韵　词第六部　戏人辰辙　曲真文韵，去　（又）

酞 tài［ㄊㄞˋ］他盖切　史开韵，去　平去，泰韵　词第五部　戏怀来辙【音译字。借用同音字"太㈠"的反切。】

酕 máo［ㄇㄠˊ］莫袍切　史豪韵，阳　平平，豪韵　词第八部　戏遥条辙

酓 yǎn［ㄧㄢˇ］①於琰切　史寒韵，上　平上，俭韵　词第十四部　戏言前辙
　　　　　　②於念切　史寒韵，上　平去，艳韵　词第十四部　戏言前辙　（又）

酗 xù［ㄒㄩˋ］香句切　史齐韵，去　平去，遇韵　词第四部　戏一七辙

酚 fēn［ㄈㄣ］府文切　史文韵，阴　平平，文韵　词第六部　戏人辰辙　（苯~）【音译字。借用同音字"分㈠"的反切。】

酘 dòu［ㄉㄡˋ］田候切　史尤韵，去　平去，宥韵　词第十二部　戏由求辙

酖 ㈠dān[ㄉㄢ] 丁含切　史寒韵，阴　平平，覃韵　词第十四部　戏言前辙　曲监咸韵，阴　（嗜酒）
　　㈡zhèn[ㄓㄣˋ]（鸩毒，同"鸩"）

五画

酣 ㈠hān[ㄏㄢ] 胡甘切　史寒韵，阴　平平，覃韵　词第十四部　戏言前辙　曲监咸韵，阴
　　㈡hàn[ㄏㄢˋ] 呼绀切　史寒韵，去　平去，勘韵　词第十四部　戏言前辙　（酒兴正浓）
酤 gū[ㄍㄨ] ①古胡切　史姑韵，阴　平平，虞韵　词第四部　戏姑苏辙　曲鱼模韵，阴
　　　　　②侯古切　史姑韵，阴　平上，虞韵　词第四部　戏姑苏辙　曲鱼模韵，阴　（又）
　　　　　③古暮切　史姑韵，阴　平去，遇韵　词第四部　戏姑苏辙　（卖酒）
酟 tiān[ㄊㄧㄢ] 他兼切　史寒韵，阴　平平，盐韵　词第十四部　戏言前辙
酢 ㈠zuò[ㄗㄨㄛˋ] 在各切　史波韵，去　平入，药韵　词第十六部　戏梭波辙　曲萧豪韵，阳
　　㈡cù[ㄘㄨˋ] 仓故切　史姑韵，去　平去，遇韵　词第四部　戏姑苏辙　曲鱼模韵，去　（~浆草）
酥 sū[ㄙㄨ] 素姑切　史姑韵，阴　平平，虞韵　词第四部　戏姑苏辙　曲鱼模韵，阴
酡 ㈠tuó[ㄊㄨㄛˊ] 徒河切　史波韵，阳　平平，歌韵　词第九部　戏梭波辙　曲歌戈韵，阳
　　㈡duò[ㄉㄨㄛˋ] 待可切　史波韵，去　平上，哿韵　词第九部　戏梭波辙　（将醉）
酦 pō[ㄆㄛ] 普活切　史波韵，阴　平入，曷韵　词第十八部　戏梭波辙
尊（查"寸"部）

六画

酧（同"酬"）
酭 yòu[ㄧㄡˋ] 于救切　史尤韵，去　平去，宥韵　词第十二部　戏由求辙
酮 tóng[ㄊㄨㄥˊ] 徒红切　史庚韵，阳　平平，东韵　词第一部　戏中东辙
酰 xiān[ㄒㄧㄢ] 苏前切　史寒韵，阴　平平，先韵　词第七部　戏言前辙　【音译字。借用同音字"先"的反切。】
酯 zhǐ[ㄓˇ] 职雉切　史支韵，上　平上，纸韵　词第三部　戏一七辙　【现代字。借用同音字"指"的反切。】
酪 lào[ㄌㄠˋ] ①卢各切　史豪韵，去　平入，药韵　词第十六部　戏遥条辙　曲萧豪韵，去
　　　　　②卢各切　史豪韵，去　平入，药韵　词第十六部　戏遥条辙　曲歌戈韵，去　（又）
酩 mǐng[ㄇㄧㄥˇ] 莫迥切　史庚韵，上　平上，迥韵　词第十一部　戏中东辙　曲庚青韵，上
酱 jiàng[ㄐㄧㄤˋ] 子亮切　史唐韵，去　平去，漾韵　词第二部　戏江阳辙　曲江阳韵，去
酬 chóu[ㄔㄡˊ] 市流切　史尤韵，阳　平平，尤韵　词第十二部　戏由求辙　曲尤侯韵，阳
戠（查"戈"部）

七画

醮 jiào[ㄐㄧㄠˋ] 古孝切　史豪韵，去　平去，效韵　词第八部　戏遥条辙　曲萧豪韵，去
酽 yàn[ㄧㄢˋ] 鱼欠切　史寒韵，去　平去，艳韵　词第十四部　戏言前辙　曲廉纤韵，去
酺 pú[ㄆㄨˊ] 薄胡切　史姑韵，阳　平平，虞韵　词第四部　戏姑苏辙　曲鱼模韵，阳
酾 ㈠shī[ㄕ] ①所宜切　史支韵，阴　平平，支韵　词第三部　戏一七辙
　　　　　②所菹切　史支韵，阴　平平，鱼韵　词第四部　戏一七辙　（又）
　　　　　③所绮切　史支韵，阴　平上，纸韵　词第三部　戏一七辙　（又）
　　㈡shāi[ㄕㄞ] 所宜切　史开韵，阴　平平，支韵　词第三部　戏怀来辙　（又）
　　㈢lí[ㄌㄧˊ] 邻知切　史齐韵，阳　平平，支韵　词第三部　戏一七辙　（薄酒；酒滓）
酲 chéng[ㄔㄥˊ] 直贞切　史庚韵，阳　平平，庚韵　词第十一部　戏中东辙　曲庚青韵，阳
酷 kù[ㄎㄨˋ] 苦沃切　史姑韵，去　平入，沃韵　词第十五部　戏姑苏辙　曲鱼模韵，上
酶 méi[ㄇㄟˊ] 谟杯切　史微韵，阳　平平，灰韵　词第三部　戏灰堆辙
酴 tú[ㄊㄨˊ] 同都切　史姑韵，阳　平平，虞韵　词第四部　戏姑苏辙
酹 lèi[ㄌㄟˋ] ①郎外切　史微韵，去　平去，泰韵　词第三部　戏灰堆辙　曲齐微韵，去

②卢对切　史微韵，去　平去，队韵　词第三部　戏灰堆辙　曲齐微韵，去　（又）

酿 niàng[ㄋㄧㄤˋ]　女亮切　史唐韵，去　平去，漾韵　词第二部　戏江阳辙　曲江阳韵，去

酸 suān[ㄙㄨㄢ]　素官切　史寒韵，阴　平平，寒韵　词第七部　戏言前辙　曲桓欢韵，阴

酳 yìn[ㄧㄣˋ]　羊晋切　史文韵，去　平去，震韵　词第六部　戏人辰辙

八画

醃（同"腌㈠：①"）

醋 cù[ㄘㄨˋ]　仓故切　史姑韵，去　平去，遇韵　词第四部　戏姑苏辙　曲鱼模韵，去

酼 lǎn[ㄌㄢˇ]　卢感切　史寒韵，上　平上，感韵　词第十四部　戏言前辙

醆 zhǎn[ㄓㄢˇ]　①旨善切　史寒韵，上　平上，铣韵　词第七部　戏言前辙
　　　　　　②阻限切　史寒韵，上　平上，潸韵　词第七部　戏言前辙　曲寒山韵，上　（同"盏"）

醌 kūn[ㄎㄨㄣ]　古浑切　史文韵，阴　平平，元韵　词第六部　戏人辰辙　【音译字。借用同音字"昆"的反切。】

醄 táo[ㄊㄠˊ]　徒刀切　史豪韵，阳　平平，豪韵　词第八部　戏遥条辙　曲萧豪韵，阳

醇 chún[ㄔㄨㄣˊ]　常伦切　史文韵，阳　平平，真韵　词第六部　戏人辰辙　曲真文韵，阳

醉 zuì[ㄗㄨㄟˋ]　将遂切　史微韵，去　平去，真韵　词第三部　戏灰堆辙　曲齐微韵，去

醅 pēi[ㄆㄟ]　①芳杯切　史微韵，阴　平平，灰韵　词第三部　戏灰堆辙　曲齐微韵，阴　（未过滤的酒）
　　　　　　②匹尤切　史尤韵，阴　平平，尤韵　词第十二部　戏由求辙　（醉饱）

醁 lù[ㄌㄨˋ]　力玉切　史姑韵，去　平入，沃韵　词第十五部　戏姑苏辙　曲鱼模韵，去

醊 zhuì[ㄓㄨㄟˋ]　①陟卫切　史微韵，去　平去，霁韵　词第三部　戏灰堆辙
　　　　　　②陟劣切　史微韵，去　平入，屑韵　词第十八部　戏灰堆辙　（又）

九画

醎（同"咸㈠"）**醖**（见"酝"）**醜**（同"丑"）

醛 quán[ㄑㄩㄢˊ]　此缘切　史寒韵，阳　平平，先韵　词第七部　戏言前辙　【现代字。借用同音字"荃"的反切。】

醐 hú[ㄏㄨˊ]　户吴切　史姑韵，阳　平平，虞韵　词第四部　戏姑苏辙　曲鱼模韵，阳

醍 ㈠tí[ㄊㄧˊ]　杜奚切　史齐韵，阳　平平，齐韵　词第三部　戏一七辙　曲齐微韵，阳　（～醐）
　　㈡tǐ[ㄊㄧˇ]　他礼切　史齐韵，上　平上，荠韵　词第三部　戏一七辙　（～齐）

醒 xǐng[ㄒㄧㄥˇ]　①桑经切　史庚韵，上　平平，青韵　词第十一部　戏中东辙　曲庚青韵，阴
　　　　　　②苏挺切　史庚韵，上　平上，迥韵　词第十一部　戏中东辙　曲庚青韵，上　（又）
　　　　　　③苏佞切　史庚韵，上　平去，径韵　词第十一部　戏中东辙　曲庚青韵，上　（又）

醙 sōu[ㄙㄡ]　①所鸠切　史尤韵，阴　平平，尤韵　词第十二部　戏由求辙
　　　　　　②息有切　史尤韵，阴　平上，有韵　词第十二部　戏由求辙　（又）

醝 cuō[ㄘㄨㄛ]　昨何切　史波韵，阴　平平，歌韵　词第九部　戏梭波辙

醚 mí[ㄇㄧˊ]　莫夷切　史齐韵，阳　平平，支韵　词第三部　戏一七辙　【《玉篇》：莫夷切。用之。】

醓 tǎn[ㄊㄢˇ]　他感切　史寒韵，上　平上，感韵　词第十四部　戏言前辙

醑 xǔ[ㄒㄩˇ]　私吕切　史齐韵，上　平上，语韵　词第四部　戏一七辙

十画

醖（见"酝"）**醣**（同"糖"）**醡**（同"榨"）

醢 hǎi[ㄏㄞˇ]　呼改切　史开韵，上　平上，贿韵　词第五部　戏怀来辙　曲皆来韵，上

醠 àng[ㄤˋ]　①乌浪切　史唐韵，去　平去，漾韵　词第二部　戏江阳辙
　　　　　　②乌朗切　史唐韵，去　平上，养韵　词第二部　戏江阳辙　（又）

醨 lí[ㄌㄧˊ]　吕支切　史齐韵，阳　平平，支韵　词第三部　戏一七辙　曲齐微韵，阳

醬（查"火"部）

十一画

醋（同"糟"）醫（见"医㈠"）醬（见"酱"）

醩 yù[ㄩˋ] 依倨切　史齐韵，去　乎去，御韵　词第四部　戏一七辙

醥 piǎo[ㄆㄧㄠˇ] 敷沼切　史豪韵，上　乎上，篠韵　词第八部　戏遥条辙

醪 láo[ㄌㄠˊ] 鲁刀切　史豪韵，阳　乎平，豪韵　词第八部　戏遥条辙　曲萧豪韵，阳

十二画

酸（见"酸"）

醰 ㈠ tán[ㄊㄢˊ] ①徒感切　史寒韵，阳　乎上，感韵　词第十四部　戏言前辙
　　　　　　　②徒南切　史寒韵，阳　乎平，覃韵　词第十四部　戏言前辙　（甜醇）

　　㈡ dàn[ㄉㄢˋ] 徒绀切　史寒韵，去　乎去，勘韵　词第十四部　戏言前辙　（酒苦）

醭 ㈠ bú[ㄅㄨˊ] 博木切　史姑韵，阳　乎入，屋韵　词第十五部　戏姑苏辙
　　㈡ pú[ㄆㄨˊ] 普木切　史姑韵，阳　乎入，屋韵　词第十五部　戏姑苏辙　（旧读）

醮 jiào[ㄐㄧㄠˋ] 子肖切　史豪韵，去　乎去，啸韵　词第八部　戏遥条辙　曲萧豪韵，去

醯 xī[ㄒㄧ] 呼鸡切　史齐韵，阴　乎平，齐韵　词第三部　戏一七辙　曲齐微韵，阴

十三画

醵 jù[ㄐㄩˋ] ①其据切　史齐韵，去　乎去，御韵　词第四部　戏一七辙
　　　　　　②强鱼切　史齐韵，去　乎平，鱼韵　词第四部　戏一七辙　（又）
　　　　　　③其虐切　史齐韵，去　乎入，药韵　词第十六部　戏一七辙　（又）

醴 lǐ[ㄌㄧˇ] 卢启切　史齐韵，上　乎上，荠韵　词第三部　戏一七辙　曲齐微韵，上

醲 nóng[ㄋㄨㄥˊ] 女容切　史庚韵，阳　乎平，冬韵　词第一部　戏中东辙　曲东钟韵，阳

醳 ㈠ yì[ㄧˋ] 羊益切　史齐韵，去　乎入，陌韵　词第十七部　戏一七辙
　　㈡ shì[ㄕˋ] （释放，同"释㈠"）

醷 yì[ㄧˋ] ①於力切　史齐韵，去　乎入，职韵　词第十七部　戏一七辙
　　　　　　②於拟切　史齐韵，去　乎上，纸韵　词第三部　戏一七辙　（又）

韶（查"音"部）

十四画

醻（同"酬"）

醹 rú[ㄖㄨˊ] ①人朱切　史姑韵，阳　乎平，虞韵　词第四部　戏姑苏辙
　　　　　　②而主切　史姑韵，阳　乎上，麌韵　词第四部　戏姑苏辙　（又）

醺 xūn[ㄒㄩㄣ] 许云切　史文韵，阴　乎平，文韵　词第六部　戏人辰辙

十六画

醼（同"宴①"）

十七画

釀（见"酿"）

醽 líng[ㄌㄧㄥˊ] 郎丁切　史庚韵，阳　乎平，青韵　词第十一部　戏中东辙

醿 mí[ㄇㄧˊ] 忙皮切　史齐韵，阳　乎平，支韵　词第三部　戏一七辙

十九画

釃（见"酾"）釄（见"醾"）釁（见"衅"）

辰　部

辰 chén[彳ㄣˊ] 植邻切　ⓤ文韵，阳　ⓟ平，真韵　词第六部　戏人辰辙　曲真文韵，阳

三画

辱 rǔ[ㄖㄨˇ] 而蜀切　ⓤ姑韵，上　ⓟ入，沃韵　词第十五部　戏姑苏辙　曲鱼模韵，去
唇（查"口"部）

四画

脣（见"唇㈠"）
晨（查"日"部）

六画

農（见"农"）

八画

辳（同"农"）

豕　部

豕 shǐ[ㄕˇ] 施是切　ⓤ支韵，上　ⓟ上，纸韵　词第三部　戏一七辙　曲支思韵，上

二画

彖（查"彑"部）

三画

豗（查"兀"部）冢（查"冖"部）

四画

豜 ㈠ jiān[ㄐㄧㄢ] 古贤切　ⓤ寒韵，阴　ⓟ平，先韵　词第七部　戏言前辙　（大猪）
　　㈡ yàn[ㄧㄢˋ] 吾甸切　ⓤ寒韵，去　ⓟ去，霰韵　词第七部　戏言前辙　（豬子）
豝 bā[ㄅㄚ] 伯加切　ⓤ麻韵，阴　ⓟ平，麻韵　词第十部　戏发花辙　曲家麻韵，阴
豚（查"月"部）

五画

㺑 ruí[ㄖㄨㄟˊ]　①儒佳切　ⓤ微韵，阳　ⓟ平，支韵　词第三部　戏灰堆辙
　　　　　　　　②如累切　ⓤ微韵，阳　ⓟ上，纸韵　词第三部　戏灰堆辙　（又）
豞 hòu[ㄏㄡˋ] 呼漏切　ⓤ尤韵，去　ⓟ去，宥韵　词第十二部　戏由求辙
象（查"⺈"部）

六画

豤（同"啃"）
豥 hài[ㄏㄞˋ]　①户来切　ⓤ开韵，去　ⓟ平，灰韵　词第五部　戏怀来辙
　　　　　　　②下楷切　ⓤ开韵，去　ⓟ上，蟹韵　词第五部　戏怀来辙　（又）
豢 huàn[ㄏㄨㄢˋ] 胡惯切　ⓤ寒韵，去　ⓟ去，谏韵　词第七部　戏言前辙　曲寒山韵，去
豦（查"虍"部）

七画

豩 ㈠ bīn[ㄅㄧㄣ] 悲巾切　ⓤ文韵，阴　ⓟ平，真韵　词第六部　戏人辰辙　（两只豕）

(二) huán[ㄏㄨㄢˊ] 呼关切　史寒韵，阳　乎平，删韵　词第七部　戏言前辙　（顽劣）

豨 xī[ㄒㄧ] ①香衣切　史齐韵，阴　乎平，微韵　词第三部　戏一七辙　曲齐微韵，阴
　　　　②虚岂切　史齐韵，阴　乎上，尾韵　词第三部　戏一七辙　曲齐微韵，阴　（又）

豪 háo[ㄏㄠˊ] 胡刀切　史豪韵，阳　乎平，豪韵　词第八部　戏遥条辙　曲萧豪韵，阳

八画

豬（见"猪"）

九画

豶 fén[ㄈㄣˊ] 符分切　史文韵，阳　乎平，文韵　词第六部　戏人辰辙

貆 wēn[ㄨㄣ] 乌浑切　史文韵，阴　乎平，元韵　词第六部　戏人辰辙

豭 jiā[ㄐㄧㄚ] 古牙切　史麻韵，阴　乎平，麻韵　词第十部　戏发花辙　曲家麻韵，阴

豫（查"亅"部）

十画

獂 huán[ㄏㄨㄢˊ] 胡官切　史寒韵，阳　乎平，寒韵　词第七部　戏言前辙

豳 (一) bīn[ㄅㄧㄣ] 府巾切　史文韵，阴　乎平，真韵　词第六部　戏人辰辙
　　(二) bān[ㄅㄢ]　（花纹，同"斑"）

豯 xī[ㄒㄧ] 胡鸡切　史齐韵，阴　乎平，齐韵　词第三部　戏一七辙

毂（查"殳"部）

十一画

猣 zōng[ㄗㄨㄥ] ①子红切　史庚韵，阴　乎平，东韵　词第一部　戏中东辙
　　　　②即容切　史庚韵，阴　乎平，冬韵　词第一部　戏中东辙　（又）

燹（查"火"部）

十二画

貕（见"豯"）豵（见"猣"）

貔 yì[ㄧˋ] ①於计切　史齐韵，去　乎去，霁韵　词第三部　戏一七辙
　　　　②许位切　史齐韵，去　乎去，寘韵　词第三部　戏一七辙　（又）

卤（鹵）部

鹵（见"卤"）

卤 (一) lǔ[ㄌㄨˇ] ①郎古切　史姑韵，上　乎上，麌韵　词第四部　戏姑苏辙　曲鱼模韵，上
　　　　②徒历切　史姑韵，上　乎入，锡韵　词第十七部　戏姑苏辙　曲鱼模韵，上　（又）
　　　　③昌石切　史姑韵，上　乎入，陌韵　词第十七部　戏姑苏辙　曲鱼模韵，上　（又）
　　(二) xī[ㄒㄧ]　（古同"西"）

九画

鹹（见"咸(一)"）

醝 cuó[ㄘㄨㄛˊ] 昨何切　史波韵，阳　乎平，歌韵　词第九部　戏梭波辙

十画

鹻（同"碱""硷①"）

十三画

鹽（见"盐"）鹼（见"硷"）

里　部

里 lǐ［ㄌㄧˇ］良士切　史齐韵，上　平上，纸韵　词第三部　戏一七辙　曲齐微韵，上

二画

重 (一) zhòng［ㄓㄨㄥˋ］①直陇切　史庚韵，去　平上，肿韵　词第一部　戏中东辙　曲东钟韵，去

②柱用切　史庚韵，去　平去，宋韵　词第一部　戏中东辙　曲东钟韵，去　（又）

(1)分量较重，与"轻"相对　(2)嚴：罪疑惟轻，功疑惟~　(3)味浓：九鼎~味，珠玉润泽　(4)庄严：君子不~则

不　(5)尊敬：人皆~之　(6)增加：是~我罪也　(7)辎重：~车　(8)程度深：~病　(9)数量多：任务~　(10)主要，要紧：

~任　(11)认为重要：~视　(12)不轻率：慎~　(13)姓

(二) chóng［ㄔㄨㄥˊ］直容切　史庚韵，阳　平平，冬韵　词第一部　戏中东辙　曲东钟韵，阳

(14)重复，再：~叠　(15)怀孕：~身　(16)拖累，牵连：事发相~，岂不危哉　(17)古丧礼上的临时灵牌　(18)量词

(三) tóng［ㄊㄨㄥˊ］（迟熟的谷物，同"穜(一):①"）

四画

野 yě［ㄧㄝˇ］羊者切　史皆韵，上　平上，马韵　词第十部　戏乜斜辙　曲车遮韵，上

五画

量 (一) liàng［ㄌㄧㄤˋ］力让切　史唐韵，去　平去，漾韵　词第二部　戏江阳辙　曲江阳韵，去

(二) liáng［ㄌㄧㄤˊ］吕张切　史唐韵，阳　平平，阳韵　词第二部　戏江阳辙　曲江阳韵，阳　（称~；酌~）

(三) liǎng［ㄌㄧㄤˇ］（双，同"緉"）

童（查"立"部）

十一画

釐 (一) xī［ㄒㄧ］虚其切　史齐韵，阴　平平，支韵　词第三部　戏一七辙

(二) lái［ㄌㄞˊ］郎才切　史开韵，阳　平平，灰韵　词第三部　戏怀来辙　（古诸侯国名；草名）

(三) lí［ㄌㄧˊ］（见"厘(一)"；寡妇，同"嫠"）

足（⻊）部

足 (一) zú［ㄗㄨˊ］即玉切　史姑韵，阳　平入，沃韵　词第十五部　戏姑苏辙　曲鱼模韵，上

(二) jù［ㄐㄩˋ］子句切　史齐韵，去　平去，遇韵　词第四部　戏一七辙　（~恭；增补）

二画

趴 pā［ㄆㄚ］普巴切　史麻韵，阴　平平，麻韵　词第十部　戏发花辙　【现代字。借用同音字"吧(一)"的反切。】

三画

趸 dǔn［ㄉㄨㄣˇ］东本切　史文韵，上　平上，阮韵　词第六部　戏人辰辙

趿 (一) tā［ㄊㄚ］苏合切　史麻韵，阴　平入，合韵　词第十九部　戏发花辙

(二) sà［ㄙㄚˋ］苏合切　史麻韵，去　平入，合韵　词第十九部　戏发花辙　（又）

趵 (一) bō［ㄅㄛ］北角切　史波韵，阴　平入，觉韵　词第十六部　戏梭波辙　（脚步声）

(二) bào［ㄅㄠˋ］巴校切　史豪韵，去　平去，效韵　词第八部　戏遥条辙　（跳跃）

四画

趼（同"刖①"）

趼 (一) jiǎn［ㄐㄧㄢˇ］古典切　史寒韵，上　平上，铣韵　词第七部　戏言前辙　（老茧）

(二) yán［ㄧㄢˊ］五坚切　史寒韵，阳　平平，先韵　词第七部　戏言前辙　（蹄平正）

（三）yàn［ㅣㄢˋ］吾甸切　史寒韵，去　平去，霰韵　词第七部　戏言前辙　（兽踮脚）

趺 fū［ㄈㄨ］甫无切　史姑韵，阴　平平，虞韵　词第四部　戏姑苏辙　曲鱼模韵，阴

跂 （一）qí［ㄑㄧˊ］巨支切　史齐韵，阳　平平，支韵　词第三部　戏一七辙

（二）qǐ［ㄑㄧˇ］丘弭切　史齐韵，上　平上，纸韵　词第三部　戏一七辙　（踮脚）

（三）qì［ㄑㄧˋ］去智切　史齐韵，去　平去，寘韵　词第三部　戏一七辙　（脚跟不着地的坐姿）

（四）zhī［ㄓ］章移切　史支韵，阴　平平，支韵　词第三部　戏一七辙　（蹊~）

距 jù［ㄐㄩˋ］其吕切　史齐韵，去　平上，语韵　词第四部　戏一七辙　曲鱼模韵，去

趾 zhǐ［ㄓˇ］诸市切　史支韵，上　平上，纸韵　词第三部　戏一七辙　曲支思韵，上

跃 （一）yuè［ㄩㄝˋ］①以灼切　史皆韵，去　平入，药韵　词第十六部　戏乜斜辙　曲萧豪韵，去

②以灼切　史皆韵，去　平入，药韵　词第十六部　戏乜斜辙　曲歌戈韵，去　（又）

（二）tì［ㄊㄧˋ］他历切　史齐韵，去　平入，锡韵　词第十七部　戏一七辙　（~~臲兔）

跉 chěn［ㄔㄣˇ］丑甚切　史文韵，上　平上，寝韵　词第十三部　戏人辰辙

跄 （一）qiāng［ㄑㄧㄤ］七羊切　史唐韵，阴　平平，阳韵　词第二部　戏江阳辙　曲江阳韵，阴

（二）qiàng［ㄑㄧㄤˋ］七亮切　史唐韵，去　平去，漾韵　词第二部　戏江阳辙　（跟~）

趹 （一）jué［ㄐㄩㄝˊ］古穴切　史皆韵，阳　平入，屑韵　词第十八部　戏乜斜辙　（~蹄）

（二）guì［ㄍㄨㄟˋ］涓惠切　史微韵，去　平去，霁韵　词第三部　戏灰堆辙　（尥蹶子）

跁 （一）bà［ㄅㄚˋ］①傍下切　史麻韵，去　平上，马韵　词第十部　戏发花辙

②白驾切　史麻韵，去　平去，祃韵　词第十部　戏发花辙　（~跨）

（二）pá［ㄆㄚˊ］蒲巴切　史麻韵，阳　平平，麻韵　词第十部　戏发花辙　曲家麻韵，阳　（通"爬"）

五画

践 jiàn［ㄐㄧㄢˋ］慈演切　史寒韵，去　平上，铣韵　词第七部　戏言前辙　曲先天韵，去

踦 yì［ㄧˋ］余制切　史齐韵，去　平去，霁韵　词第三部　戏一七辙

跒 qiǎ［ㄑㄧㄚˇ］苦下切　史麻韵，上　平上，马韵　词第十部　戏发花辙

跖 zhí［ㄓˊ］之石切　史支韵，阳　平入，陌韵　词第十七部　戏一七辙

跋 bá［ㄅㄚˊ］①蒲拨切　史麻韵，阳　平入，曷韵　词第十八部　戏发花辙　曲歌戈韵，阳

②蒲拨切　史麻韵，阳　平入，曷韵　词第十八部　戏发花辙　曲歌戈韵，上　（又）

跕 （一）tiē［ㄊㄧㄝ］他协切　史皆韵，阴　平入，叶韵　词第十八部　戏乜斜辙　（~屦）

（二）diǎn［ㄉㄧㄢˇ］（同"踮"）

（三）dié［ㄉㄧㄝˊ］（同"喋（一）：②"）

跙 （一）jù［ㄐㄩˋ］慈吕切　史齐韵，去　平上，语韵　词第四部　戏一七辙

（二）zhù［ㄓㄨˋ］庄助切　史姑韵，去　平去，御韵　词第四部　戏姑苏辙　（行不正）

（三）qiè［ㄑㄧㄝˋ］七夜切　史皆韵，去　平去，祃韵　词第十部　戏乜斜辙　（斜脚立）

跌 diē［ㄉㄧㄝ］徒结切　史皆韵，阴　平入，屑韵　词第十八部　戏乜斜辙　曲车遮韵，阳

跗 （一）fū［ㄈㄨ］甫无切　史姑韵，阴　平平，虞韵　词第四部　戏姑苏辙

（二）fù［ㄈㄨˋ］符遇切　史姑韵，去　平去，遇韵　词第四部　戏姑苏辙　（古人名）

跞 tuò［ㄊㄨㄛˋ］闼各切　史波韵，去　平入，药韵　词第十六部　戏梭波辙

趁 niǎn［ㄋㄧㄢˇ］乃殄切　史寒韵，上　平上，铣韵　词第七部　戏言前辙

跞 （一）lì［ㄌㄧˋ］郎击切　史齐韵，去　平入，锡韵　词第十七部　戏一七辙　（走动）

（二）luò［ㄌㄨㄛˋ］①卢各切　史波韵，去　平入，药韵　词第十六部　戏梭波辙　（卓~）

②力角切　史波韵，去　平入，觉韵　词第十六部　戏梭波辙　（又）

跔 jū［ㄐㄩ］举朱切　史齐韵，阴　平平，虞韵　词第四部　戏一七辙

跚 shān［ㄕㄢ］苏干切　史寒韵，阴　平平，寒韵　词第七部　戏言前辙　曲寒山韵，阴

跑 （一）pǎo［ㄆㄠˇ］滂保切　史豪韵，上　平上，皓韵　词第八部　戏遥条辙　【现代字。以"滂""保"二字可以切得。】

　　（二）páo［ㄆㄠˊ］薄交切　史豪韵，阳　平平，肴韵　词第八部　戏遥条辙　曲萧豪韵，阳　（用脚刨）

跓 zhù［ㄓㄨˋ］直主切　史姑韵，去　平上，麌韵　词第四部　戏姑苏辙

跎 tuó［ㄊㄨㄛˊ］徒何切　史波韵，阳　平平，歌韵　词第九部　戏梭波辙　曲歌戈韵，阳

跜 ní［ㄋㄧˊ］女夷切　史齐韵，阳　平平，支韵　词第三部　戏一七辙

跏 jiā［ㄐㄧㄚ］古牙切　史麻韵，阴　平平，麻韵　词第十部　戏发花辙

跛（一）bǒ［ㄅㄛˇ］布火切　史波韵，上　平上，哿韵　词第九部　戏梭波辙　曲歌戈韵，上　（瘸）

　　（二）bì［ㄅㄧˋ］彼义切　史齐韵，去　平去，寘韵　词第三部　戏一七辙　（偏）

跆 tái［ㄊㄞˊ］徒哀切　史开韵，阳　平平，灰韵　词第五部　戏怀来辙

六画

踩（同"踩"）**踪**（同"踩"）**跡**（同"迹"）

跬 kuǐ［ㄎㄨㄟˇ］丘弭切　史微韵，上　平上，纸韵　词第三部　戏灰堆辙

跱 zhì［ㄓˋ］直里切　史支韵，去　平上，纸韵　词第三部　戏一七辙

跫 qióng［ㄑㄩㄥˊ］①丘恭切　史庚韵，阳　平平，冬韵　词第一部　戏中东辙

　　　　　　　　　　②苦江切　史唐韵，阳　平平，江韵　词第一部　戏中东辙　（又）

跨 kuà［ㄎㄨㄚˋ］苦化切　史麻韵，去　平去，祃韵　词第十部　戏发花辙　曲家麻韵，去

跶（一）dá［ㄉㄚˊ］他达切　史麻韵，阳　平入，曷韵　词第十八部　戏发花辙　（跌倒）

　　（二）da［˙ㄉㄚ］他达切　史麻韵，阴　平入，曷韵　词第十八部　戏发花辙　（蹦~）

跠 yí［ㄧˊ］以脂切　史齐韵，阳　平平，支韵　词第三部　戏一七辙

跷 qiāo［ㄑㄧㄠ］去遥切　史豪韵，阴　平平，萧韵　词第八部　戏遥条辙

跸 bì［ㄅㄧˋ］卑吉切　史齐韵，去　平入，质韵　词第十七部　戏一七辙　曲齐微韵，上

踅（一）chì［ㄔˋ］①丑利切　史支韵，去　平去，寘韵　词第三部　戏一七辙

　　　　　　　　②丑栗切　史支韵，去　平入，质韵　词第十七部　戏一七辙　（足迹）

　　（二）dié［ㄉㄧㄝˊ］徒结切　史皆韵，阳　平入，屑韵　词第十八部　戏乜斜辙　（后退状）

跐（一）cǐ［ㄘˇ］雌氏切　史支韵，上　平上，纸韵　词第三部　戏一七辙　（践踏）

　　（二）cī［ㄘ］侧氏切　史支韵，阴　平上，纸韵　词第三部　戏一七辙　（脚滑）

跩（一）zhuǎi［ㄓㄨㄞˇ］仕蟹切　史开韵，上　平上，蟹韵　词第五部　戏怀来辙　【现代字。以"仕""蟹"二字可以切得。】

　　（二）yè［ㄧㄝˋ］时制切　史皆韵，去　平去，霁韵　词第三部　戏乜斜辙　（翻越）

跦（一）zhū［ㄓㄨ］陟输切　史姑韵，阴　平平，虞韵　词第四部　戏姑苏辙

　　（二）chú［ㄔㄨˊ］（踟~-踟蹰，同"蹰"）

跣（一）xiǎn［ㄒㄧㄢˇ］苏典切　史寒韵，上　平上，铣韵　词第七部　戏言前辙　曲先天韵，上　（光脚）

　　（二）xiān［ㄒㄧㄢ］（蹁~-蹁跹，同"跹"）

跹 xiān［ㄒㄧㄢ］苏前切　史寒韵，阴　平平，先韵　词第七部　戏言前辙　曲先天韵，阴

跧 quán［ㄑㄩㄢˊ］①庄缘切　史寒韵，阳　平平，先韵　词第七部　戏言前辙

　　　　　　　　②阻顽切　史寒韵，阳　平平，删韵　词第七部　戏言前辙　（又）

　　　　　　　　③从缘切　史寒韵，阳　平平，先韵　词第七部　戏言前辙　（蜷）

跲 jiá［ㄐㄧㄚˊ］①古洽切　史麻韵，阳　平入，洽韵　词第十九部　戏发花辙　（绊倒）

　　　　　　　②居怯切　史皆韵，阳　平入，洽韵　词第十九部　戏乜斜辙　（取代）

跳（一）tiào［ㄊㄧㄠˋ］①徒聊切　史豪韵，去　平平，萧韵　词第八部　戏遥条辙　曲萧豪韵，阳

　　　　　　　　　②徒聊切　史豪韵，去　平平，萧韵　词第八部　戏遥条辙　曲萧豪韵，去　（又）

　　（二）táo［ㄊㄠˊ］（同"逃"）

跺 duò［ㄉㄨㄛˋ］都果切　史波韵，去　平上，哿韵　词第九部　戏梭波辙

跪 guì［ㄍㄨㄟˋ］①去委切　史微韵，去　平上，纸韵　词第三部　戏灰堆辙　曲齐微韵，去

②渠委切　史微韵，去　平上，纸韵　词第三部　戏灰堆辙　曲齐微韵，去　（跽）

路 ㈠lù［ㄌㄨˋ］洛故切　史姑韵，去　平去，遇韵　词第四部　戏姑苏辙　曲鱼模韵，去

　　㈡luò［ㄌㄨㄛˋ］历各切　史波韵，去　平入，药韵　词第十六部　戏梭波辙　（虎~）

跢 duò［ㄉㄨㄛˋ］丁佐切　史波韵，去　平去，箇韵　词第九部　戏梭波辙

跻 jī［ㄐㄧ］①相稽切　史齐韵，阴　平平，齐韵　词第三部　戏一七辙　曲齐微韵，阴

　　　　②子计切　史齐韵，阴　平去，霁韵　词第三部　戏一七辙　曲齐微韵，阴　（又）

跤 jiāo［ㄐㄧㄠ］古肴切　史豪韵，阴　平平，肴韵　词第八部　戏遥条辙　【现代字。借用同音字"交"的反切。】

跰 ㈠bèng［ㄅㄥˋ］北孟切　史庚韵，去　平去，敬韵　词第十一部　戏中东辙　（四散）

　　㈡pián［ㄆㄧㄢˊ］部田切　史寒韵，阳　平平，先韵　词第七部　戏言前辙　（~踵；~跰）

跟 gēn［ㄍㄣ］古痕切　史文韵，阴　平平，元韵　词第六部　戏人辰辙　曲真文韵，阴

七画

踁（同"胫㈠：②"）**跼**（同"局"）

踌 chóu［ㄔㄡˊ］直由切　史尤韵，阳　平平，尤韵　词第十二部　戏由求辙　曲尤侯韵，阳

跿 tú［ㄊㄨˊ］同都切　史姑韵，阳　平平，虞韵　词第四部　戏姑苏辙

踅 xué［ㄒㄩㄝˊ］似绝切　史皆韵，阳　平入，屑韵　词第十八部　戏乜斜辙

踂 niè［ㄋㄧㄝˋ］尼辄切　史皆韵，去　平入，叶韵　词第十八部　戏乜斜辙

踃 xiāo［ㄒㄧㄠ］苏彫切　史豪韵，阴　平平，萧韵　词第八部　戏遥条辙

踉 ㈠liáng［ㄌㄧㄤˊ］吕张切　史唐韵，阳　平平，阳韵　词第二部　戏江阳辙　（跳跃）

　　㈡liàng［ㄌㄧㄤˋ］力让切　史唐韵，去　平去，漾韵　词第二部　戏江阳辙　（~跄）

跽 jì［ㄐㄧˋ］暨几切　史齐韵，去　平上，纸韵　词第三部　戏一七辙

踊 yǒng［ㄩㄥˇ］余陇切　史庚韵，上　平上，肿韵　词第一部　戏中东辙　曲东钟韵，上

踆 ㈠qūn［ㄑㄩㄣ］七伦切　史文韵，阴　平平，真韵　词第六部　戏人辰辙

　　㈡cún［ㄘㄨㄣˊ］徂遵切　史文韵，阳　平平，元韵　词第六部　戏人辰辙　（踢；蹲）

八画

践（见"践"）**踘**（同"鞠㈠：①"）**踡**（同"蜷"）

踛 lù［ㄌㄨˋ］力竹切　史姑韵，去　平入，屋韵　词第十五部　戏姑苏辙

踖 ㈠jí［ㄐㄧˊ］①资昔切　史齐韵，阳　平入，陌韵　词第十七部　戏一七辙

　　　　　②秦昔切　史齐韵，阳　平入，陌韵　词第十七部　戏一七辙　（跐~；践踏）

　　㈡què［ㄑㄩㄝˋ］七雀切　史皆韵，去　平入，药韵　词第十六部　戏乜斜辙　（~陵）

　　㈢qì［ㄑㄧˋ］七迹切　史齐韵，去　平入，陌韵　词第十七部　戏一七辙　（~~）

踦 ㈠qī［ㄑㄧ］去奇切　史齐韵，阴　平平，支韵　词第三部　戏一七辙

　　㈡yǐ［ㄧˇ］语绮切　史齐韵，上　平上，纸韵　词第三部　戏一七辙　（抵住）

　　㈢jǐ［ㄐㄧˇ］居绮切　史齐韵，上　平上，纸韵　词第三部　戏一七辙　（小腿；偏倚）

　　㈣jī［ㄐㄧ］居宜切　史齐韵，阴　平平，支韵　词第三部　戏一七辙　（单只；数奇）

　　㈤yì［ㄧˋ］於义切　史齐韵，去　平去，寘韵　词第三部　戏一七辙　（脚；站立）

　　㈥qí［ㄑㄧˊ］（崎岖，同"崎㈠：②"）

踧 ㈠cù［ㄘㄨˋ］子六切　史姑韵，去　平入，屋韵　词第十五部　戏姑苏辙

　　㈡dì［ㄉㄧˋ］徒历切　史齐韵，去　平入，锡韵　词第十七部　戏一七辙　（平坦状）

踔 ㈠chuō［ㄔㄨㄛ］①丑教切　史波韵，阴　平去，效韵　词第八部　戏梭波辙

　　　　　②敕角切　史波韵，阴　平入，觉韵　词第十六部　戏梭波辙　（跛行）

　　㈡diào［ㄉㄧㄠˋ］徒了切　史豪韵，去　平上，篠韵　词第八部　戏遥条辙　（路远）

踝 huái［ㄏㄨㄞˊ］胡瓦切　史开韵，阳　平上，马韵　词第十部　戏怀来辙

七 画

踢 tī［ㄊㄧ］他历切　⊕齐韵，阴　⊕入，锡韵　词第十七部　戏一七辙　曲齐微韵，上

踏 (一)tà［ㄊㄚˋ］他合切　⊕麻韵，去　⊕入，合韵　词第十九部　戏发花辙　曲家麻韵，阳

　　(二)tā［ㄊㄚ］他合切　⊕麻韵，阴　⊕入，合韵　词第十九部　戏发花辙　曲家麻韵，阳　（～实）

踟 chí［ㄔˊ］直离切　⊕支韵，阳　⊕平，支韵　词第三部　戏一七辙

踒 wō［ㄨㄛ］乌禾切　⊕波韵，阴　⊕平，歌韵　词第九部　戏梭波辙

踬 zhì［ㄓˋ］陟利切　⊕支韵，去　⊕去，寘韵　词第三部　戏一七辙

踩 cǎi［ㄘㄞˇ］仓宰切　⊕开韵，上　⊕上，贿韵　词第五部　戏怀来辙　【现代字。借用同音字"采(一)"的反切。】

踮 diǎn［ㄉㄧㄢˇ］多忝切　⊕寒韵，上　⊕上，俭韵　词第十四部　戏言前辙　【现代字。借用同音字"点"的反切。】

踤 (一)zú［ㄗㄨˊ］慈卹切　⊕姑韵，阳　⊕入，质韵　词第十七部　戏姑苏辙　（踢）

　　(二)cuì［ㄘㄨㄟˋ］秦醉切　⊕微韵，去　⊕去，寘韵　词第三部　戏灰堆辙　（聚集）

踣 bó［ㄅㄛˊ］①蒲北切　⊕波韵，阳　⊕入，职韵　词第十七部　戏梭波辙

　　　　　②匹候切　⊕波韵，阳　⊕去，宥韵　词第十二部　戏梭波辙　（倒下）

踥 qiè［ㄑㄧㄝˋ］七接切　⊕皆韵，去　⊕入，叶韵　词第十八部　戏乜斜辙

蹠 zhí［ㄓˊ］直炙切　⊕支韵，阳　⊕入，陌韵　词第十七部　戏一七辙

踪 zōng［ㄗㄨㄥ］即容切　⊕庚韵，阴　⊕平，冬韵　词第一部　戏中东辙　曲东钟韵，阴

踠 wǎn［ㄨㄢˇ］於阮切　⊕寒韵，上　⊕上，阮韵　词第七部　戏言前辙

踺 jiàn［ㄐㄧㄢˋ］渠建切　⊕寒韵，去　⊕去，愿韵　词第七部　戏言前辙

踞 jù［ㄐㄩˋ］居御切　⊕齐韵，去　⊕去，御韵　词第四部　戏一七辙　曲鱼模韵，去

九画
九画

踊（见"踊"）

踳 (一)chuǎn［ㄔㄨㄢˇ］尺兖切　⊕寒韵，上　⊕上，铣韵　词第七部　戏言前辙

　　(二)chǔn［ㄔㄨㄣˇ］尺尹切　⊕文韵，上　⊕上，轸韵　词第六部　戏人辰辙　（杂乱）

蹀 dié［ㄉㄧㄝˊ］徒协切　⊕皆韵，阳　⊕入，叶韵　词第十八部　戏乜斜辙

踸 chěn［ㄔㄣˇ］丑甚切　⊕文韵，上　⊕上，寝韵　词第十三部　戏人辰辙

蹅 chǎ［ㄔㄚˇ］初雅切　⊕麻韵，上　⊕上，马韵　词第十部　戏发花辙　【现代读音。借用同音字"叉"的反切。】

蹈 fú［ㄈㄨˊ］方六切　⊕姑韵，阳　⊕入，屋韵　词第十五部　戏姑苏辙

蹄 (一)dì［ㄉㄧˋ］特计切　⊕齐韵，去　⊕去，霁韵　词第三部　戏一七辙

　　(二)zhì［ㄓˋ］池尔切　⊕支韵，去　⊕上，纸韵　词第三部　戏一七辙　（～跂）

　　(三)tí［ㄊㄧˊ］（同"蹄(一)"）

　　(四)chí［ㄔˊ］（奔驰，同"驰"）

踼 (一)dàng［ㄉㄤˋ］①徒浪切　⊕唐韵，去　⊕去，漾韵　词第二部　戏江阳辙

　　　　　　②徒郎切　⊕唐韵，去　⊕平，阳韵　词第二部　戏江阳辙　（又）

　　(二)shāng［ㄕㄤ］尸羊切　⊕唐韵，阴　⊕平，阳韵　词第二部　戏江阳辙　（蹋～）

踹 (一)duàn［ㄉㄨㄢˋ］丁贯切　⊕寒韵，去　⊕去，翰韵　词第七部　戏言前辙

　　(二)shuàn［ㄕㄨㄢˋ］市兖切　⊕寒韵，去　⊕上，铣韵　词第七部　戏言前辙　（脚后跟）

　　(三)chuǎn［ㄔㄨㄢˇ］舡兖切　⊕寒韵，上　⊕上，铣韵　词第七部　戏言前辙　（小腿肚）

　　(四)chuài［ㄔㄨㄞˋ］楚夬切　⊕开韵，去　⊕去，卦韵　词第十部　戏怀来辙　（踩踏）【借用同音字"嘬(一)"的反切。】

踵 zhǒng［ㄓㄨㄥˇ］之陇切　⊕庚韵，上　⊕上，肿韵　词第一部　戏中东辙　曲东钟韵，上

踽 jǔ［ㄐㄩˇ］俱雨切　⊕齐韵，上　⊕上，麌韵　词第四部　戏一七辙

蹈 (一)yáo［ㄧㄠˊ］余招切　⊕豪韵，阳　⊕平，萧韵　词第八部　戏遥条辙　（～言）

　　(二)yú［ㄩˊ］（同"逾(一)""窬①"）

踱 duó［ㄉㄨㄛˊ］徒落切　⊕波韵，阳　⊕入，药韵　词第十六部　戏梭波辙　曲萧豪韵，阳

蹄 ㈠ tí[ㄊㄧˊ] 杜奚切　集齐韵，阳　平平，齐韵　词第三部　戏一七辙　曲齐微韵，阳
　　㈡ dì[ㄉㄧˋ]　（踶，同"踶㈠"）

蹉 cuō[ㄘㄨㄛ] 七何切　集波韵，阴　平平，歌韵　词第九部　戏梭波辙　曲歌戈韵，阴

蹁 pián[ㄆㄧㄢˊ] 部田切　集寒韵，阳　平平，先韵　词第七部　戏言前辙　曲先天韵，阴

蹂 ㈠ rǒu[ㄖㄡˇ] ①人九切　集尤韵，上　平上，有韵　词第十二部　戏由求辙
　　　　　　　　②人又切　集尤韵，上　平去，宥韵　词第十二部　戏由求辙　（又）
　　㈡ róu[ㄖㄡˊ] 耳由切　集尤韵，阳　平平，尤韵　词第十二部　戏由求辙　曲尤侯韵，阳　（践踏；同"揉"）

十画

蹟（同"颠"）蹏（同"蹄㈠"）蹌（见"跄"）

蹑 niè[ㄋㄧㄝˋ] 尼辄切　集皆韵，去　平入，叶韵　词第十八部　戏乜斜辙　曲车遮韵，去

蹒 ㈠ pán[ㄆㄢˊ] 薄官切　集寒韵，阳　平平，寒韵　词第七部　戏言前辙　（~跚）
　　㈡ mán[ㄇㄢˊ] 母官切　集寒韵，阳　平平，寒韵　词第七部　戏言前辙　（逾墙）

蹋 tà[ㄊㄚˋ] 徒盍切　集麻韵，去　平入，合韵　词第十九部　戏发花辙

蹈 dǎo[ㄉㄠˇ] 徒到切　集豪韵，上　平去，号韵　词第八部　戏遥条辙　曲萧豪韵，去

蹊 ㈠ xī[ㄒㄧ] 胡鸡切　集齐韵，阴　平平，齐韵　词第三部　戏一七辙　曲齐微韵，阳
　　㈡ qī[ㄑㄧ] 苦奚切　集齐韵，阴　平平，齐韵　词第三部　戏一七辙　曲齐微韵，阳　（~跷）【借用同音字"蹊㈡"的反切。】

蹓 ㈠ liū[ㄌㄧㄡ] 力求切　集尤韵，阴　平平，尤韵　词第十二部　戏由求辙　【现代字。同"遛㈡"，用其反切。】
　　㈡ liù[ㄌㄧㄡˋ]　（同"遛㈠"）

踖 jí[ㄐㄧˊ] 资昔切　集齐韵，阳　平入，陌韵　词第十七部　戏一七辙

蹍 ㈠ niǎn[ㄋㄧㄢˇ] 尼展切　集寒韵，上　平上，铣韵　词第七部　戏言前辙
　　㈡ zhǎn[ㄓㄢˇ] 知演切　集寒韵，上　平上，铣韵　词第七部　戏言前辙　（旧读）

蹇（查"宀"部）

十一画

蹟（同"迹"）蹣（见"蹒"）蹔（同"暂"）跐（同"跬"）踪（同"踪"）蹖（同"趟㈢"）蹕（见"跸"）
蹰（同"跙"）蹟（同"跄"）

蹰 ㈠ chú[ㄔㄨˊ] 直鱼切　集姑韵，阳　平平，鱼韵　词第四部　戏姑苏辙
　　㈡ chuò[ㄔㄨㄛˋ] 勑略切　集波韵，去　平入，药韵　词第十六部　戏梭波辙　（不按顺序走）

踶 ㈠ dài[ㄉㄞˋ] 当盖切　集开韵，去　平去，泰韵　词第五部　戏怀来辙　（环绕）
　　㈡ zhì[ㄓˋ] 直例切　集支韵，去　平去，霁韵　词第三部　戏一七辙　（停滞）
　　㈢ dān[ㄉㄢ] 都甘切　集寒韵，阴　平平，覃韵　词第十四部　戏言前辙　（~褴）

蹙 cù[ㄘㄨˋ] 子六切　集姑韵，去　平入，屋韵　词第十五部　戏姑苏辙　曲鱼模韵，上

蹩 bié[ㄅㄧㄝˊ] 蒲结切　集皆韵，阳　平入，屑韵　词第十八部　戏乜斜辙

蹦 bèng[ㄅㄥˋ] 方隥切　集庚韵，去　平去，径韵　词第十一部　戏中东辙　【现代字。借用同音字"塴"的反切。】

蹝 xǐ[ㄒㄧˇ] 所绮切　集齐韵，上　平上，纸韵　词第三部　戏一七辙

蹢 ㈠ zhí[ㄓˊ] 直炙切　集支韵，阳　平入，陌韵　词第十七部　戏一七辙　（~躅）
　　㈡ dí[ㄉㄧˊ] 都历切　集齐韵，阳　平入，锡韵　词第十七部　戏一七辙　（兽蹄）

蹜 sù[ㄙㄨˋ] 所六切　集姑韵，去　平入，屋韵　词第十五部　戏姑苏辙

十二画

蹺（见"跷"）蹚（见"趟"）蹞（见"跬"）蹣（同"蹒㈠"）蹽（同"踢"）跛（同"蹴"）

蹰 chú[ㄔㄨˊ] 直诛切　集姑韵，阳　平平，虞韵　词第四部　戏姑苏辙　曲鱼模韵，阳

蹶 ㈠ jué[ㄐㄩㄝˊ] 居月切　集皆韵，阳　平入，月韵　词第十八部　戏乜斜辙

(二) juě[ㄐㄩㄝˇ] 居月切　史皆韵，上　平入，月韵　词第十八部　戏乜斜辙　（炝~子）【方言读音。与"蹶"一音之转，反切仍之。】

(三) guì[ㄍㄨㄟˋ] 居卫切　史微韵，去　平去，霁韵　词第三部　戏灰堆辙　（急动）

蹽 liāo[ㄌㄧㄠ] 落萧切　史豪韵，阴　平平，萧韵　词第八部　戏遥条辙【方言字。借用同音字"撩(二)"的反切。】

蹼 pǔ[ㄆㄨˇ] 博木切　史姑韵，上　平入，屋韵　词第十五部　戏姑苏辙

蹪 tuí[ㄊㄨㄟˊ] 杜回切　史微韵，阳　平平，灰韵　词第三部　戏灰堆辙

蹻 (一) jiǎo[ㄐㄧㄠˇ] 居夭切　史豪韵，上　平上，篠韵　词第八部　戏遥条辙　（壮武）

(二) qiāo[ㄑㄧㄠ] （踮脚，同"跷"）

(三) juē[ㄐㄩㄝ] （鞋，同"属"）

蹯 fán[ㄈㄢˊ] 附袁切　史寒韵，阳　平平，元韵　词第七部　戏言前辙

蹙 (一) cù[ㄘㄨˋ] 七六切　史姑韵，去　平入，屋韵　词第十五部　戏姑苏辙

(二) zú[ㄗㄨˊ] 就六切　史姑韵，阳　平入，屋韵　词第十五部　戏姑苏辙　（~然）

蹾 dūn[ㄉㄨㄣ] 都昆切　史文韵，阴　平平，元韵　词第六部　戏人辰辙【同"擎"。用其反切。】

蹲 (一) dūn[ㄉㄨㄣ] 徂尊切　史文韵，阴　平平，元韵　词第六部　戏人辰辙

(二) cún[ㄘㄨㄣˊ] 七伦切　史文韵，阳　平平，真韵　词第六部　戏人辰辙　曲真文韵，阳　（腿脚猛然落地受伤）

(三) cǔn[ㄘㄨㄣˇ] 粗本切　史文韵，上　平上，阮韵　词第六部　戏人辰辙　（~甲交射）

(四) qǔn[ㄑㄩㄣˇ] 趣允切　史文韵，上　平上，轸韵　词第六部　戏人辰辙　（~循）

蹭 cèng[ㄘㄥˋ] 千邓切　史庚韵，去　平去，径韵　词第十一部　戏中东辙

蹿 cuān[ㄘㄨㄢ] 七丸切　史寒韵，阴　平平，寒韵　词第七部　戏言前辙　曲桓欢韵，去　【现代字。借用同音字"撺(一)"的反切。】

蹬 (一) dèng[ㄉㄥˋ] 徒亘切　史庚韵，去　平去，径韵　词第十一部　戏中东辙

(二) dēng[ㄉㄥ] （同"登"）

蹳 bō[ㄅㄛ] 北末切　史波韵，阴　平入，曷韵　词第十八部　戏梭波辙

十三画

蹒 （同"踞"）蹣 （同"躄"）

躁 zào[ㄗㄠˋ] 则到切　史豪韵，去　平去，号韵　词第八部　戏遥条辙　曲萧豪韵，去

躅 (一) zhuó[ㄓㄨㄛˊ] 直角切　史波韵，阳　平入，觉韵　词第十六部　戏梭波辙

(二) zhú[ㄓㄨˊ] 直录切　史姑韵，阳　平入，沃韵　词第十五部　戏姑苏辙　（踯~）

蹺 qiào[ㄑㄧㄠˋ] 诘吊切　史豪韵，去　平去，啸韵　词第八部　戏遥条辙

躄 bì[ㄅㄧˋ] 必益切　史齐韵，去　平入，陌韵　词第十七部　戏一七辙

十四画

躊 （见"踌"）躋 （见"跻"）躑 （见"踯"）躍 （见"跃"）

躏 lìn[ㄌㄧㄣˋ] 良刃切　史文韵，去　平去，震韵　词第六部　戏人辰辙

十五画

躐 （见"跹"）躒 （见"跞"）躓 （见"踬"）蹢 （同"踯"）

躠 sà[ㄙㄚˋ] 桑割切　史麻韵，去　平入，曷韵　词第十八部　戏发花辙

躗 wèi[ㄨㄟˋ] 火怪切　史微韵，去　平去，卦韵　词第五部　戏灰堆辙

躔 chán[ㄔㄢˊ] 直连切　史寒韵，阳　平平，先韵　词第七部　戏言前辙　曲先天韵，阳

躐 liè[ㄌㄧㄝˋ] 良涉切　史皆韵，去　平入，叶韵　词第十八部　戏乜斜辙

十六画

躜 zuān[ㄗㄨㄢ] 徂丸切　史寒韵，阴　平平，寒韵　词第七部　戏言前辙

十七画

蹰 jì[ㄐㄧˋ] 慈夜切　史齐韵，去　乎去，祃韵　词第十部　戏一七辙

蹑 xiè[ㄒㄧㄝˋ] 苏协切　史皆韵，去　乎入，叶韵　词第十八部　戏乜斜辙

蹾 ㈠rǎng[ㄖㄤˇ] 如两切　史唐韵，上　乎上，养韵　词第二部　戏江阳辙

　　㈡ráng[ㄖㄤˊ] 汝阳切　史唐韵，阳　乎平，阳韵　词第二部　戏江阳辙　（又）

十八画

蹰（见"蹑"）蹋（同"蹋"）蹾（见"蹲"）

躆 jù[ㄐㄩˋ] 其俱切　史齐韵，去　乎平，虞韵　词第四部　戏一七辙

十九画

蹰（见"蹑"）躜（见"蹿"）

躧 xǐ[ㄒㄧˇ] ①所绮切　史齐韵，上　乎上，纸韵　词第三部　戏一七辙

　　　　②所蟹切　史齐韵，上　乎上，蟹韵　词第五部　戏一七辙　（又）

二十画

躍 jué[ㄐㄩㄝˊ] 居缚切　史皆韵，阳　乎入，药韵　词第十六部　戏乜斜辙

躨 kuí[ㄎㄨㄟˊ] 渠追切　史微韵，阳　乎平，支韵　词第三部　戏灰堆辙

邑（阝右）部

邑 ㈠yì[ㄧˋ] 於汲切　史齐韵，去　乎入，缉韵　词第十七部　戏一七辙　曲齐微韵，去
　㈡è[ㄜˋ] 遏合切　史波韵，去　乎入，合韵　词第十九部　戏梭波辙　（阿~）

二画

邓 dèng[ㄉㄥˋ] 徒亘切　史庚韵，去　乎去，径韵　词第十一部　戏中东辙　曲庚青韵，去

三画

邗 hán[ㄏㄢˊ] ①胡安切　史寒韵，阳　乎平，寒韵　词第七部　戏言前辙
　　　　②古寒切　史寒韵，阴　乎平，寒韵　词第七部　戏言前辙　（越地的别名）

邘 yú[ㄩˊ] 羽俱切　史齐韵，阳　乎平，虞韵　词第四部　戏一七辙

邛 qióng[ㄑㄩㄥˊ] 渠容切　史庚韵，阳　乎平，冬韵　词第一部　戏中东辙　曲东钟韵，阳

邝 kuàng[ㄎㄨㄤˋ] ①呼光切　史唐韵，去　乎平，阳韵　词第二部　戏江阳辙
　　　　　②古晃切　史唐韵，去　乎上，养韵　词第二部　戏江阳辙　（又）

邙 máng[ㄇㄤˊ] 莫郎切　史唐韵，阳　乎平，阳韵　词第二部　戏江阳辙　曲江阳韵，阳

邔 qǐ[ㄑㄧˇ] ①墟里切　史齐韵，上　乎上，纸韵　词第三部　戏一七辙
　　　　②渠记切　史齐韵，上　乎去，寘韵　词第三部　戏一七辙　（又）

邕（查"巛"部）

四画

邨（同"村"）

邦 bāng[ㄅㄤ] 博江切　史唐韵，阴　乎平，江韵　词第二部　戏江阳辙　曲江阳韵，阴

邢 ㈠xíng[ㄒㄧㄥˊ] 户经切　史庚韵，阳　乎平，青韵　词第十一部　戏中东辙　曲庚青韵，阳
　㈡gěng[ㄍㄥˇ] 古幸切　史庚韵，上　乎上，梗韵　词第十一部　戏中东辙　（古地名）

邞 fū[ㄈㄨ] 甫无切　史姑韵，阴　乎平，虞韵　词第四部　戏姑苏辙

邧 yuán[ㄩㄢˊ] 愚袁切　史寒韵，阳　乎平，元韵　词第七部　戏言前辙

邪 (一)xié[ㄒㄧㄝˊ] 似嗟切　史皆韵，阳　乎平，麻韵　词第十部　戏乜斜辙　曲车遮韵，阳

　　(二)yé[ㄧㄝˊ] 以遮切　史皆韵，阳　乎平，麻韵　词第十部　戏乜斜辙　曲车遮韵，阳　（助词）

邠 bīn[ㄅㄧㄣ] 府巾切　史文韵，阴　乎平，真韵　词第六部　戏人辰辙

邬 wū[ㄨ] ①哀都切　史姑韵，阴　乎平，虞韵　词第四部　戏姑苏辙　曲鱼模韵，上

　　　　②安古切　史姑韵，阴　乎上，麌韵　词第四部　戏姑苏辙　曲鱼模韵，上　（又）

邟 (一)kāng[ㄎㄤ] 苦冈切　史唐韵，阴　乎平，阳韵　词第二部　戏江阳辙　（～城）

　　(二)kàng[ㄎㄤˋ] 苦浪切　史唐韵，去　乎去，漾韵　词第二部　戏江阳辙　（～乡；姓）

　　(三)háng[ㄏㄤˊ] 胡郎切　史唐韵，阳　乎平，阳韵　词第二部　戏江阳辙　（馀～）

邡 (一)fāng[ㄈㄤ] 府良切　史唐韵，阴　乎平，阳韵　词第二部　戏江阳辙　（什～）

　　(二)fǎng[ㄈㄤˇ] 敷亮切　史唐韵，上　乎去，漾韵　词第二部　戏江阳辙　（谋划）

邥 shěn[ㄕㄣˇ] 式任切　史文韵，上　乎上，寝韵　词第十三部　戏人辰辙

那 (一)nuó[ㄋㄨㄛˊ] 诺何切　史波韵，阳　乎平，歌韵　词第九部　戏梭波辙　曲歌戈韵，阳

　　(二)nà[ㄋㄚˋ] 奴箇切　史麻韵，去　乎去，箇韵　词第九部　戏发花辙　曲家麻韵，去　（指示代词；译音字）

　　(三)nuò[ㄋㄨㄛˋ] 奴箇切　史波韵，去　乎去，箇韵　词第九部　戏梭波辙　曲歌戈韵，去　（(二)旧读）

　　(四)nǎ[ㄋㄚˇ] 奴可切　史麻韵，上　乎上，哿韵　词第九部　戏发花辙　曲歌戈韵，上　（同"哪(四)"）

　　(五)nuǒ[ㄋㄨㄛˇ] 奴可切　史波韵，上　乎上，哿韵　词第九部　戏梭波辙　曲歌戈韵，上　（(四)旧读）

　　(六)nā[ㄋㄚ] 女加切　史麻韵，阴　乎平，麻韵　词第十部　戏发花辙　（姓）【借用同音字"拿"的反切。】

　　(七)nèi[ㄋㄟˋ] （"那""一"合音）

扈 （查"户"部）

五画

邯 (一)hán[ㄏㄢˊ] ①胡安切　史寒韵，阳　乎平，寒韵　词第七部　戏言前辙　曲寒山韵，阳

　　　　②胡甘切　史寒韵，阳　乎平，覃韵　词第十四部　戏言前辙　曲监咸韵，阳　（姓）

　　(二)hàn[ㄏㄢˋ] 户感切　史寒韵，去　乎上，感韵　词第十四部　戏言前辙　（～淡）

邴 bǐng[ㄅㄧㄥˇ] ①兵永切　史庚韵，上　乎上，梗韵　词第十一部　戏中东辙　曲庚青韵，上

　　　　②陂病切　史庚韵，去　乎去，敬韵　词第十一部　戏中东辙　（古地名；姓）

邳 pī[ㄆㄧ] 符悲切　史齐韵，阴　乎平，支韵　词第三部　戏一七辙　曲齐微韵，阴

邶 bèi[ㄅㄟˋ] ①蒲昧切　史微韵，去　乎去，队韵　词第三部　戏灰堆辙

　　　　②补妹切　史微韵，去　乎去，队韵　词第三部　戏灰堆辙　（～殿）

邺 yè[ㄧㄝˋ] 鱼怯切　史皆韵，去　乎入，洽韵　词第十九部　戏乜斜辙　曲车遮韵，去

邮 yóu[ㄧㄡˊ] 羽求切　史尤韵，阳　乎平，尤韵　词第十二部　戏由求辙　曲尤侯韵，阳

邱 qiū[ㄑㄧㄡ] 去鸠切　史尤韵，阳　乎平，尤韵　词第十二部　戏由求辙

邻 lín[ㄌㄧㄣˊ] 力珍切　史文韵，阳　乎平，真韵　词第六部　戏人辰辙　曲真文韵，阳

邸 dǐ[ㄉㄧˇ] 都礼切　史齐韵，上　乎上，荠韵　词第三部　戏一七辙　曲齐微韵，上

邹 zōu[ㄗㄡ] 侧鸠切　史尤韵，阴　乎平，尤韵　词第十二部　戏由求辙　曲尤侯韵，阴

邲 bì[ㄅㄧˋ] 房密切　史齐韵，去　乎入，质韵　词第十七部　戏一七辙

邵 shào[ㄕㄠˋ] 寔照切　史豪韵，去　乎去，啸韵　词第八部　戏遥条辙　曲萧豪韵，去

邰 tái[ㄊㄞˊ] 土来切　史开韵，阳　乎平，灰韵　词第五部　戏怀来辙

六画

邢 （见"邢(一)"）

邽 guī[ㄍㄨㄟ] 古携切　史微韵，阴　乎平，齐韵　词第三部　戏灰堆辙

邿 shī[ㄕ] 书之切　史支韵，阴　乎平，支韵　词第三部　戏一七辙

耶 (一)yé[ㄧㄝˊ] 以遮切　史皆韵，阳　乎平，麻韵　词第十部　戏乜斜辙　曲车遮韵，阳

　　(二)yē[ㄧㄝ] 以遮切　史皆韵，阴　乎平，麻韵　词第十部　戏乜斜辙　曲车遮韵，阳　（用于音译）【音译字。

借用同音字"椰"的反切。】

郁 yù[ㄩˋ] ①於六切 史齐韵，去 平入，屋韵 词第十五部 戏一七辙 曲鱼模韵，去

    (1)有文采：文采~~ (2)香气浓：馥~ (3)果实无核：~朴 (4)果名：~李 (5)温暖，通"燠" (6)姓 (7)余同下

        ②纡物切 史齐韵，去 平入，物韵 词第十八部 戏一七辙 曲鱼模韵，去

    (8)茂盛：~~葱葱 (9)香草名：~金香 (10)腐臭之气 (11)阻滞蕴结：~积 (12)甚，很：~有能名 (13)愁闷：~~不乐

郕 chéng[ㄔㄥˊ] 是征切 史庚韵，阳 平平，庚韵 词第十一部 戏中东辙

郟 jiá[ㄐㄧㄚˊ] 古洽切 史麻韵，阳 平入，洽韵 词第十九部 戏发花辙

郅 zhì[ㄓˋ] 之日切 史支韵，去 平入，质韵 词第十七部 戏一七辙

郘 lǔ[ㄌㄩˇ] 力举切 史齐韵，上 平上，语韵 词第四部 戏一七辙

邾 zhū[ㄓㄨ] 陟输切 史姑韵，阴 平平，虞韵 词第四部 戏姑苏辙 曲鱼模韵，阴

郔 yán[ㄧㄢˊ] 以然切 史寒韵，阳 平平，先韵 词第七部 戏言前辙

郋 xí[ㄒㄧˊ] 胡鸡切 史齐韵，阳 平平，齐韵 词第三部 戏一七辙

郈 hòu[ㄏㄡˋ] 胡口切 史尤韵，去 平上，有韵 词第十二部 戏由求辙

郐 kuài[ㄎㄨㄞˋ] 古外切 史开韵，去 平去，泰韵 词第三部 戏怀来辙

郃 hé[ㄏㄜˊ] 侯阁切 史波韵，阳 平入，合韵 词第十九部 戏梭波辙

郄 (一)xì[ㄒㄧˋ] 绮戟切 史齐韵，去 平入，陌韵 词第十七部 戏一七辙

  (二)qiè[ㄑㄧㄝˋ] 其虐切 史皆韵，去 平入，药韵 词第十六部 戏乜斜辙 （姓） 【同"郤"。《正韵》：
音其虐切。用之。】

郇 (一)xún[ㄒㄩㄣˊ] 相伦切 史文韵，阳 平平，真韵 词第六部 戏人辰辙 （古国名）

  (二)huán[ㄏㄨㄢˊ] 户关切 史寒韵，阳 平平，删韵 词第七部 戏言前辙 （姓）

郊 jiāo[ㄐㄧㄠ] 古肴切 史豪韵，阴 平平，肴韵 词第八部 戏遥条辙 曲萧豪韵，阴

郱 píng[ㄆㄧㄥˊ] 薄经切 史庚韵，阳 平平，青韵 词第十一部 戏中东辙

郑 zhèng[ㄓㄥˋ] 直正切 史庚韵，去 平去，敬韵 词第十一部 戏中东辙 曲庚青韵，去

郎 (一)láng[ㄌㄤˊ] 鲁当切 史唐韵，阳 平平，阳韵 词第二部 戏江阳辙 曲江阳韵，阳

  (二)làng[ㄌㄤˋ] 来宕切 史唐韵，去 平去，漾韵 词第二部 戏江阳辙 （屎克~） 【方言字。借用同音字"浪
(一)"的反切。】

郓 yùn[ㄩㄣˋ] 王问切 史文韵，去 平去，问韵 词第六部 戏人辰辙

七画

郏 （见"郟"）

郝 (一)hǎo[ㄏㄠˇ] ①呵各切 史豪韵，上 平入，药韵 词第十六部 戏遥条辙 （姓）

          ②昌石切 史支韵，去 平入，陌韵 词第十七部 戏一七辙 （古乡名）

  (二)shì[ㄕˋ] 施只切 史支韵，去 平入，陌韵 词第十七部 戏一七辙 （翻耕土地的声音）

郙 fǔ[ㄈㄨˇ] ①方矩切 史姑韵，上 平上，虞韵 词第四部 戏姑苏辙

    ②芳无切 史姑韵，上 平平，虞韵 词第四部 戏姑苏辙 （又）

郠 gěng[ㄍㄥˇ] 古杏切 史庚韵，上 平上，梗韵 词第十一部 戏中东辙

郚 (一)wú[ㄨˊ] 五乎切 史姑韵，阳 平平，虞韵 词第四部 戏姑苏辙

  (二)yú[ㄩˊ] 牛居切 史齐韵，阳 平平，鱼韵 词第四部 戏一七辙 （~乡）

郖 dòu[ㄉㄡˋ] ①田候切 史尤韵，去 平去，宥韵 词第十二部 戏由求辙

    ②当候切 史尤韵，去 平平，尤韵 词第十二部 戏由求辙 （又）

郦 lì[ㄌㄧˋ] ①吕支切 史齐韵，阳 平平，支韵 词第三部 戏一七辙 （地名）

    ②郎击切 史齐韵，去 平入，锡韵 词第十七部 戏一七辙 （姓）

郢 yǐng[ㄧㄥˇ] 以整切 史庚韵，上 平上，梗韵 词第十一部 戏中东辙 曲庚青韵，上

郧 yún[ㄩㄣˊ] 王分切 史文韵，阳 平平，文韵 词第六部 戏人辰辙

郜 gào［ㄍㄠˋ］古到切　史豪韵，去　平去，号韵　词第八部　戏遥条辙　曲萧豪韵，去

郗 xī［ㄒㄧ］丑饥切　史支韵，阴　平平，支韵　词第三部　戏一七辙　曲齐微韵，阴

郤 xì［ㄒㄧˋ］绮戟切　史齐韵，去　平入，陌韵　词第十七部　戏一七辙

郛 fú［ㄈㄨˊ］芳无切　史姑韵，阳　平平，虞韵　词第四部　戏姑苏辙　曲鱼模韵，阴

郡 jùn［ㄐㄩㄣˋ］渠运切　史文韵，去　平去，问韵　词第六部　戏人辰辙　曲真文韵，去

八画

郰（同"陬㈠"）郵（见"邮"）

都㈠dū［ㄉㄨ］当孤切　史姑韵，阴　平平，虞韵　词第四部　戏姑苏辙　曲鱼模韵，阴

　㈡dōu［ㄉㄡ］东徒切　史尤韵，阴　平平，虞韵　词第四部　戏由求辙　曲鱼模韵，阴　（副词）　【《集韵》、《韵会》、《正韵》：东徒切。用之。】

郘 ruò［ㄖㄨㄛˋ］而灼切　史波韵，去　平入，药韵　词第十六部　戏梭波辙

郴 chēn［ㄔㄣ］丑林切　史文韵，阴　平平，侵韵　词第十三部　戏人辰辙　曲侵寻韵，阴

郲 lái［ㄌㄞˊ］①落哀切　史开韵，阳　平平，灰韵　词第五部　戏怀来辙
　　　　　　②落猥切　史微韵，上　平上，贿韵　词第三部　戏灰堆辙　（不平坦）

郪 qī［ㄑㄧ］①七稽切　史齐韵，阴　平平，齐韵　词第三部　戏一七辙　（古～丘）
　　　　　　②取私切　史支韵，阴　平平，支韵　词第三部　戏一七辙　（古～县）

郳 ní［ㄋㄧˊ］五稽切　史齐韵，阳　平平，齐韵　词第三部　戏一七辙

郫 pí［ㄆㄧˊ］①符羁切　史齐韵，阳　平平，支韵　词第三部　戏一七辙
　　　　　　②薄佳切　史齐韵，阳　平平，佳韵　词第十部　戏一七辙　（又）

郭 guō［ㄍㄨㄛ］古博切　史波韵，阴　平入，药韵　词第十六部　戏梭波辙　曲萧豪韵，上

部㈠bù［ㄅㄨˋ］裴古切　史姑韵，去　平上，虞韵　词第四部　戏姑苏辙　曲鱼模韵，去
　㈡pǒu［ㄆㄡˇ］蒲口切　史尤韵，上　平上，有韵　词第十二部　戏由求辙　（小土丘）

郸 dān［ㄉㄢ］都寒切　史寒韵，阴　平平，寒韵　词第七部　戏言前辙　曲寒山韵，阴

郯 tán［ㄊㄢˊ］徒甘切　史寒韵，阳　平平，覃韵　词第十四部　戏言前辙

九画

鄀（同"邡①"）鄆（见"郓"）鄉（见"乡"）

鄢 yǎn［ㄧㄢˇ］於幰切　史寒韵，上　平上，阮韵　词第七部　戏言前辙

鄄 juàn［ㄐㄩㄢˋ］吉掾切　史寒韵，去　平去，霰韵　词第七部　戏言前辙

郹 jú［ㄐㄩˊ］古阒切　史齐韵，阳　平入，锡韵　词第十七部　戏一七辙

鄂 è［ㄜˋ］五各切　史波韵，去　平入，药韵　词第十六部　戏梭波辙　曲歌戈韵，去

鄋 sōu［ㄙㄡ］所鸠切　史尤韵，阴　平平，尤韵　词第十二部　戏由求辙

鄅 yǔ［ㄩˇ］王矩切　史齐韵，上　平上，虞韵　词第四部　戏一七辙

鄇 hóu［ㄏㄡˊ］①户钩切　史尤韵，阳　平平，尤韵　词第十二部　戏由求辙
　　　　　　②胡遘切　史尤韵，阳　平去，宥韵　词第十二部　戏由求辙　（又）

鄃 shū［ㄕㄨ］式朱切　史姑韵，阴　平平，虞韵　词第四部　戏姑苏辙

鄑 yī［ㄧ］於希切　史齐韵，阴　平平，微韵　词第三部　戏一七辙

鄈 méi［ㄇㄟˊ］①武悲切　史微韵，阳　平平，支韵　词第三部　戏灰堆辙
　　　　　　②明秘切　史微韵，阳　平去，寘韵　词第三部　戏灰堆辙　（又）

十画

鄍（见"郿"）鄒（见"邹"）鄒（见"邹"）

鄚㈠mào［ㄇㄠˋ］慕各切　史豪韵，去　平入，药韵　词第十六部　戏遥条辙
　㈡mò［ㄇㄛˋ］慕各切　史波韵，去　平入，药韵　词第十六部　戏梭波辙　（旧）

鄑 (一)zī[ㄗ] 即移切　古支韵，阴　平平，支韵　词第三部　戏一七辙

　　(二)jìn[ㄐㄧㄣ`] 即刃切　古文韵，去　平去，震韵　词第六部　戏人辰辙　（又）

鄏 rǔ[ㄖㄨˇ] 而蜀切　古姑韵，上　平入，沃韵　词第十五部　戏姑苏辙

鄎 xī[ㄒㄧ] 相即切　古齐韵，阴　平入，职韵　词第十七部　戏一七辙

鄗 (一)hào[ㄏㄠ`] ①胡老切　古豪韵，去　平上，皓韵　词第八部　戏遥条辙　曲萧豪韵，上

　　　　　　　②呵各切　古豪韵，去　平入，药韵　词第十六部　戏遥条辙　曲萧豪韵，上　（又）

　　(二)qiāo[ㄑㄧㄠ] 口交切　古豪韵，阴　平平，肴韵　词第八部　戏遥条辙　（山名）

郿 táng[ㄊㄤˊ] 徒郎切　古唐韵，阳　平平，阳韵　词第二部　戏江阳辙

鄐 chù[ㄔㄨ`] 丑六切　古姑韵，去　平入，屋韵　词第十五部　戏姑苏辙

鄍 míng[ㄇㄧㄥˊ] 莫经切　古庚韵，阳　平平，青韵　词第十一部　戏中东辙

十一画

鷩 bì[ㄅㄧ`] ①必袂切　古齐韵，去　平去，霁韵　词第三部　戏一七辙

　　　　②并列切　古齐韵，去　平入，屑韵　词第十八部　戏一七辙　（又）

鄢 yān[ㄧㄢ] 於乾切　古寒韵，阴　平平，先韵　词第七部　戏言前辙

鄞 yín[ㄧㄣˊ] ①语巾切　古文韵，阳　平平，真韵　词第六部　戏人辰辙

　　　　②语斤切　古文韵，阳　平平，文韵　词第六部　戏人辰辙　（又）

鄟 tuán[ㄊㄨㄢˊ] ①职缘切　古寒韵，阳　平平，先韵　词第七部　戏言前辙

　　　　　②度官切　古寒韵，阳　平平，寒韵　词第七部　戏言前辙　（又）

　　　　　③市兖切　古寒韵，阳　平上，铣韵　词第七部　戏言前辙　（又）

鄠 hù[ㄏㄨ`] 侯古切　古姑韵，去　平上，麌韵　词第四部　戏姑苏辙

鄙 bǐ[ㄅㄧˇ] 方美切　古齐韵，上　平上，纸韵　词第三部　戏一七辙　曲齐微韵，上

鄤 màn[ㄇㄢ`] ①无贩切　古寒韵，去　平去，愿韵　词第七部　戏言前辙

　　　　②莫半切　古寒韵，去　平去，翰韵　词第七部　戏言前辙　（又）

鄡 qiāo[ㄑㄧㄠ] 苦幺切　古豪韵，阴　平平，萧韵　词第八部　戏遥条辙

鄘 yōng[ㄩㄥ] 余封切　古庚韵，阴　平平，冬韵　词第一部　戏中东辙　曲东钟韵，阳

鄜 fū[ㄈㄨ] 芳无切　古姑韵，阴　平平，虞韵　词第四部　戏姑苏辙　曲鱼模韵，阴

鄣 (一)zhāng[ㄓㄤ] 诸良切　古唐韵，阴　平平，阳韵　词第二部　戏江阳辙

　　(二)zhàng[ㄓㄤ`] （同"障①"）

鄝 liǎo[ㄌㄧㄠˇ] 卢鸟切　古豪韵，上　平上，篠韵　词第八部　戏遥条辙

鄛 cháo[ㄔㄠˊ] 鉏交切　古豪韵，阳　平平，肴韵　词第八部　戏遥条辙

十二画

鄲 (见"郸")　鄦 (同"许(一)")　鄰 (见"邻")　鄭 (见"郑")　鄧 (见"邓")

鄱 pó[ㄆㄛˊ] 薄波切　古波韵，阳　平平，歌韵　词第九部　戏梭波辙　曲歌戈韵，阳

鄢 wéi[ㄨㄟˊ] ①薳支切　古微韵，阳　平平，支韵　词第三部　戏灰堆辙

　　　　②韦委切　古微韵，阳　平上，纸韵　词第三部　戏灰堆辙　（又）

鄮 mào[ㄇㄠ`] 莫候切　古豪韵，去　平去，宥韵　词第十二部　戏遥条辙

鄯 shàn[ㄕㄢ`] ①时战切　古寒韵，去　平去，霰韵　词第七部　戏言前辙

　　　　②常演切　古寒韵，去　平上，铣韵　词第七部　戏言前辙　（又）

鄫 (一)céng[ㄘㄥˊ] 疾陵切　古庚韵，阳　平平，蒸韵　词第十一部　戏中东辙

　　(二)zēng[ㄗㄥ] 疾陵切　古庚韵，阴　平平，蒸韵　词第十一部　戏中东辙　（又）

鄩 xún[ㄒㄩㄣˊ] 徐林切　古文韵，阳　平平，侵韵　词第十三部　戏人辰辙

鄪 bì[ㄅㄧ`] 兵媚切　古齐韵，去　平去，寘韵　词第三部　戏一七辙

十三画

鄭（见"邺"）鄶（见"邻"）

鄸 mèng［ㄇㄥˋ］①莫凤切　史庚韵，去　乎去，送韵　词第一部　戏中东辙

②谟蓬切　史庚韵，去　乎平，东韵　词第一部　戏中东辙　（又）

鄳 méng［ㄇㄥˊ］①武庚切　史庚韵，阳　乎平，庚韵　词第十一部　戏中东辙　（～县）

②莫幸切　史庚韵，上　乎上，梗韵　词第十一部　戏中东辙　（～阨）

鄵 cào［ㄘㄠˋ］七到切　史豪韵，去　乎去，号韵　词第八部　戏遥条辙

十四画

廓（见"邝"）

鄹 zōu［ㄗㄡ］①侧鸠切　史尤韵，阴　乎平，尤韵　词第十二部　戏由求辙　（春秋鲁邑名）

②辞纂切　史寒韵，上　乎上，旱韵　词第七部　戏言前辙　（古亭名）

十五画

鄺（同"廛"）

鄾 yōu［ㄧㄡ］於求切　史尤韵，阴　乎平，尤韵　词第十二部　戏由求辙

鄕（一）xiàng［ㄒㄧㄤˋ］（同"向①"）

（二）xiǎng［ㄒㄧㄤˇ］（受，同"享"；祭祀，同"飨"；回声，同"响"）

十六画

酇（一）zuǎn［ㄗㄨㄢˇ］作管切　史寒韵，上　乎上，旱韵　词第七部　戏言前辙　（古聚落名）

（二）zàn［ㄗㄢˋ］则旰切　史寒韵，去　乎去，翰韵　词第七部　戏言前辙　（～侯）

（三）cuó［ㄘㄨㄛˊ］才何切　史波韵，阳　乎平，歌韵　词第九部　戏梭波辙　（地名）

十七画

酃 líng［ㄌㄧㄥˊ］郎丁切　史庚韵，阳　乎平，青韵　词第十一部　戏中东辙

十八画

響（见"响"）

酆 fēng［ㄈㄥ］敷空切　史庚韵，阴　乎平，东韵　词第一部　戏中东辙

酅 xī［ㄒㄧ］户圭切　史齐韵，阴　乎平，齐韵　词第三部　戏一七辙

十九画

酈（见"郦"）酇（见"酇"）

身　部

身（一）shēn［ㄕㄣ］失人切　史文韵，阴　乎平，真韵　词第六部　戏人辰辙　曲真文韵，阴

（二）yān［ㄧㄢ］与专切　史寒韵，阴　乎平，先韵　词第七部　戏言前辙　（～毒国）【《史记·西南夷传·索隐》：音捐。用其反切。】

三画

躬 gōng［ㄍㄨㄥ］居戎切　史庚韵，阴　乎平，东韵　词第一部　戏中东辙　曲东钟韵，阴

射（查"寸"部）

四画

躭（同"耽①"）

躯 qū[ㄑㄩ] 岂俱切　史齐韵，阴　乎平，虞韵　词第四部　戏一七辙　曲鱼模韵，阴

六画

躳（同"躬"）躲（见"躲"）

躲 duǒ[ㄉㄨㄛˇ] 丁可切　史波韵，上　乎上，哿韵　词第九部　戏梭波辙　曲歌戈韵，上

八画

躴（同"裸"）

躺 tǎng[ㄊㄤˇ] 他朗切　史唐韵，上　乎上，养韵　词第二部　戏江阳辙　【借用同音字"傥㈠"的反切。】

十一画

軀（见"躯"）

十二画

軃（同"嚲"）

釆　部

釆 ㈠biǎn[ㄅㄧㄢˇ] 邦免切　史寒韵，上　乎上，铣韵　词第七部　戏言前辙
　　㈡biàn[ㄅㄧㄢˋ] 蒲苋切　史寒韵，去　乎去，谏韵　词第七部　戏言前辙　（分辨）

采（查"木"部）

五画

釉 yòu[ㄧㄡˋ] 余救切　史尤韵，去　乎去，宥韵　词第十二部　戏由求辙

释 ㈠shì[ㄕˋ] 施只切　史支韵，去　乎入，陌韵　词第十七部　戏一七辙　曲齐微韵，上
　　㈡yì[ㄧˋ] 羊益切　史齐韵，去　乎入，陌韵　词第十七部　戏一七辙　（喜悦）

十三画

釋（见"释"）

谷　部

谷 ㈠gǔ[ㄍㄨˇ] 古禄切　史姑韵，上　乎入，屋韵　词第十五部　戏姑苏辙　曲鱼模韵，上
　　㈡lù[ㄌㄨˋ] 卢谷切　史姑韵，去　乎入，屋韵　词第十五部　戏姑苏辙　（～蠡王）
　　㈢yù[ㄩˋ] 余蜀切　史齐韵，去　乎入，沃韵　词第十五部　戏一七辙　（吐～浑）

四画

谹 hóng[ㄏㄨㄥˊ] 户萌切　史庚韵，阳　乎平，庚韵　词第十一部　戏中东辙

谺 xiā[ㄒㄧㄚ] 许加切　史麻韵，阴　乎平，麻韵　词第十部　戏发花辙

谻 jí[ㄐㄧˊ] 竭戟切　史齐韵，阳　乎入，陌韵　词第十七部　戏一七辙

七画

谽 hān[ㄏㄢ] 火含切　史寒韵，阴　乎平，覃韵　词第十四部　戏言前辙

八画

谾 hōng[ㄏㄨㄥ] ①呼东切　史庚韵，阴　乎平，东韵　词第一部　戏中东辙
　　　　　　　　②许江切　史唐韵，阴　乎平，江韵　词第二部　戏江阳辙　（山谷空旷）

十画

谿（同"溪㈠"）

豁 ㈠huò［ㄏㄨㄛˋ］呼括切　中波韵，去　平入，曷韵　词第十八部　戏梭波辙

　　㈡huō［ㄏㄨㄛ］忽郭切　中波韵，阴　平入，药韵　词第十六部　戏梭波辙　（舍弃；残缺）【借用同音字"劐"的反切。】

　　㈢huá［ㄏㄨㄚˊ］（～拳－划拳，同"划㈠"）

十一画

瞰 kàn［ㄎㄢˋ］荒槛切　中寒韵，去　平上，赚韵　词第十四部　戏言前辙

豸　部

豸 zhì［ㄓˋ］池尔切　中支韵，去　平上，纸韵　词第三部　戏一七辙　曲皆来韵，去

三画

豻 ㈠án［ㄢˊ］①俄寒切　中寒韵，阳　平平，寒韵　词第七部　戏言前辙　（北地野狗）

　　　　　②可颜切　中寒韵，阳　平平，删韵　词第七部　戏言前辙　（又）

　　㈡àn［ㄢˋ］五旰切　中寒韵，去　平去，翰韵　词第七部　戏言前辙　（狴～）

豺 chái［ㄔㄞˊ］士皆切　中开韵，阳　平平，佳韵　词第五部　戏怀来辙　曲皆来韵，阳

豹 bào［ㄅㄠˋ］北教切　中豪韵，去　平去，效韵　词第八部　戏遥条辙　曲萧豪韵，去

四画

豽 nà［ㄋㄚˋ］女滑切　中麻韵，去　平入，黠韵　词第十八部　戏发花辙

五画

狖（同"狄"）貀（同"豽"）

貂 diāo［ㄉㄧㄠ］都聊切　中豪韵，阴　平平，萧韵　词第八部　戏遥条辙　曲萧豪韵，阴

六画

貅（同"貉㈠"）

貆 ㈠huán［ㄏㄨㄢˊ］①胡官切　中寒韵，阳　平平，寒韵　词第七部　戏言前辙　（豪猪）

　　　　　②况袁切　中寒韵，阳　平平，元韵　词第七部　戏言前辙　（又）

　　　　　③呼官切　中寒韵，阴　平平，寒韵　词第七部　戏言前辙　（獾子）

　　㈡xuān［ㄒㄩㄢ］许元切　中寒韵，阴　平平，元韵　词第七部　戏言前辙　（貉类）

貊 mò［ㄇㄛˋ］莫白切　中波韵，去　平入，陌韵　词第十七部　戏梭波辙　曲皆来韵，去

貅 xiū［ㄒㄧㄡ］许尤切　中尤韵，阴　平平，尤韵　词第十二部　戏由求辙　曲尤侯韵，阴

貉 ㈠hé［ㄏㄜˊ］下各切　中波韵，阳　平入，药韵　词第十六部　戏梭波辙

　　㈡háo［ㄏㄠˊ］胡刀切　中豪韵，阳　平平，豪韵　词第八部　戏遥条辙　（～子）

　　㈢mò［ㄇㄛˋ］（同"貊"）

　　㈣mà［ㄇㄚˋ］（同"祃"）

七画

貍 ㈠mái［ㄇㄞˊ］谟皆切　中开韵，阳　平平，佳韵　词第五部　戏怀来辙　（～沈）

　　㈡yù［ㄩˋ］纡勿切　中齐韵，去　平入，物韵　词第十八部　戏一七辙　（腐臭）

　　㈢lí［ㄌㄧˊ］（同"狸"）

貌 mào［ㄇㄠˋ］①莫教切　中豪韵，去　平去，效韵　词第八部　戏遥条辙　曲萧豪韵，去

②莫角切 史豪韵，去 平入，觉韵 词第十六部 戏遥条辙 曲萧豪韵，去 （同"兒"）

八画

貓（见"猫"）

豍 bǐ[ㄅㄧˇ] 部靡切 史齐韵，上 平上，纸韵 词第三部 戏一七辙

九画

貐（见"猰"）

貒 tuān[ㄊㄨㄢ] ①他端切 史寒韵，阴 平平，寒韵 词第七部 戏言前辙

②通贯切 史寒韵，去 平去，翰韵 词第七部 戏言前辙 （野猪）

貑 jiā[ㄐㄧㄚ] 古牙切 史麻韵，阴 平平，麻韵 词第十部 戏发花辙 曲家麻韵，阴

十画

貕（同"豯"）

貘 mò[ㄇㄛˋ] 莫白切 史波韵，去 平入，陌韵 词第十七部 戏梭波辙

貔 pí[ㄆㄧˊ] 房脂切 史齐韵，阳 平平，支韵 词第三部 戏一七辙

十一画

貙 chū[ㄔㄨ] 敕俱切 史姑韵，阴 平平，虞韵 词第四部 戏姑苏辙 曲鱼模韵，阴

十七画

貛（见"獾"）

二十画

貛（同"獾"）

龟（龜）部

龜（见"龟"）

龟 (一)guī[ㄍㄨㄟ] 居追切 史微韵，阴 平平，支韵 词第三部 戏灰堆辙 曲齐微韵，阴

(二)jūn[ㄐㄩㄣ] 俱伦切 史文韵，阴 平平，真韵 词第六部 戏人辰辙 （~裂）

(三)qiū[ㄑㄧㄡ] 祛尤切 史尤韵，阴 平平，尤韵 词第十二部 戏由求辙 （~兹）

角 部

角 (一)jiǎo[ㄐㄧㄠˇ] 古岳切 史豪韵，上 平入，觉韵 词第十六部 戏遥条辙 曲萧豪韵，上

(1)兽畜头上的角质物：犀~ (2)像角的东西：桌子~ (3)几何学名词 (4)角落：屋~ (5)古代儿童发髻：总~ (6)额头：额~ (7)突入海中的尖形陆地：好望~ (8)古量器 (9)星宿名 (10)植物果实名：豆~ (11)货币单位 (12)量词

(二)jué[ㄐㄩㄝˊ] 古岳切 史皆韵，阳 平入，觉韵 词第十六部 戏乜斜辙 曲萧豪韵，上

(13)古五声之一：宫商~徵羽 (14)古酒器名 (15)校正：同度量，钧衡石，~斗甬，正权概 (16)竞争，较量：~力 (17)演员：~色 (18)姓

(三)lù[ㄌㄨˋ] （~里-角里，同"角"）

二画

觗（同"觝"）觔（同"筋"；同"斤①"）

四画

觕（同"粗②"）

斛 (一)hú[ㄏㄨˊ] 胡谷切　史姑韵，阳　乎入，屋韵　词第十五部　戏姑苏辙　曲鱼模韵，阳

　　(二)jiào[ㄐㄧㄠˋ]（度量，同"斠"）

觖 jué[ㄐㄩㄝˊ] ①古穴切　史皆韵，阳　乎入，屑韵　词第十八部　戏乜斜辙

　　　　　②窥瑞切　史微韵，去　乎去，寘韵　词第三部　戏灰堆辙　（企望）

五画

觝（同"抵(一)"）

觛 dàn[ㄉㄢˋ] ①徒旱切　史寒韵，去　乎上，旱韵　词第七部　戏言前辙

　　　　　②得按切　史寒韵，去　乎去，翰韵　词第七部　戏言前辙　（又）

觞 shāng[ㄕㄤ] 式羊切　史唐韵，阴　乎平，阳韵　词第二部　戏江阳辙　曲江阳韵，阴

觚 gū[ㄍㄨ] 古胡切　史姑韵，阴　乎平，虞韵　词第四部　戏姑苏辙　曲鱼模韵，阴

六画

觧（同"解(一)(二)"）

觟 (一)huà[ㄏㄨㄚˋ] 胡瓦切　史麻韵，去　乎上，马韵　词第十部　戏发花辙

　　(二)xiè[ㄒㄧㄝˋ]（同"獬"）

觜 (一)zī[ㄗ] 即移切　史支韵，阴　乎平，支韵　词第三部　戏一七辙　曲支思韵，阴　（鸱角）

　　(二)zuǐ[ㄗㄨㄟˇ] 即委切　史微韵，上　乎上，纸韵　词第三部　戏灰堆辙　曲齐微韵，上　（鸟喙）

觥 gōng[ㄍㄨㄥ] ①古横切　史庚韵，阴　乎平，庚韵　词第十一部　戏中东辙　曲东钟韵，阴

　　　　　②古横切　史庚韵，阴　乎平，庚韵　词第十一部　戏中东辙　曲庚青韵，阴　（又）

觸 chù[ㄔㄨˋ] 尺玉切　史姑韵，去　乎入，沃韵　词第十五部　戏姑苏辙　曲鱼模韵，上

觢 shì[ㄕˋ] 时制切　史支韵，去　乎去，霁韵　词第三部　戏一七辙

觤 guǐ[ㄍㄨㄟˇ] 过委切　史微韵，上　乎上，纸韵　词第三部　戏灰堆辙

觡 gé[ㄍㄜˊ] 古伯切　史波韵，阳　乎入，陌韵　词第十七部　戏梭波辙

觠 quán[ㄑㄩㄢˊ] 巨员切　史寒韵，阳　乎平，先韵　词第七部　戏言前辙

解 (一)jiě[ㄐㄧㄝˇ] 佳买切　史皆韵，上　乎上，蟹韵　词第五部　戏乜斜辙　曲皆来韵，上

　　(二)jiè[ㄐㄧㄝˋ] 古隘切　史皆韵，去　乎去，卦韵　词第十部　戏乜斜辙　曲皆来韵，去　（送；典当）

　　(三)xiè[ㄒㄧㄝˋ] 胡买切　史皆韵，去　乎上，蟹韵　词第五部　戏乜斜辙　曲皆来韵，去　（姓；地名）

七画

觩 qiú[ㄑㄧㄡˊ] 渠幽切　史尤韵，阳　乎平，尤韵　词第十二部　戏由求辙

觫 sù[ㄙㄨˋ] 苏谷切　史姑韵，去　乎入，屋韵　词第十五部　戏姑苏辙

八画

觰 zhā[ㄓㄚ] 陟加切　史麻韵，阴　乎平，麻韵　词第十部　戏发花辙

觭 (一)qī[ㄑㄧ] ①去奇切　史齐韵，阴　乎平，支韵　词第三部　戏一七辙

　　　　　②墟彼切　史齐韵，上　乎上，纸韵　词第三部　戏一七辙　（牛角）

　　(二)jī[ㄐㄧ] 居宜切　史齐韵，阴　乎平，支韵　词第三部　戏一七辙　（一只）

觬 ní[ㄋㄧˊ] 五稽切　史齐韵，阳　乎平，齐韵　词第三部　戏一七辙

觶 zhì[ㄓˋ] 支义切　史支韵，去　乎去，寘韵　词第三部　戏一七辙

九画

觱 bì[ㄅㄧˋ] 卑吉切　史齐韵，去　乎入，质韵　词第十七部　戏一七辙

十画

毃（查"殳"部）

十一画

鯱（同"魷"）鰪（见"鲂"）

十二画

觶（见"觯"）

十三画

觸（见"触"）

觷 xué[ㄒㄩㄝˊ] 胡觉切　史皆韵，阳　乎入，觉韵　词第十六部　戏乜斜辙

十四画

觺 yí[ㄧˊ] ①语其切　史齐韵，阳　乎平，支韵　词第三部　戏一七辙

　　　　②鱼力切　史齐韵，阳　乎入，职韵　词第十七部　戏一七辙　（又）

十五画

觻 lù[ㄌㄨˋ] ①卢谷切　史姑韵，去　乎入，屋韵　词第十五部　戏姑苏辙

　　　　②郎击切　史齐韵，去　乎入，锡韵　词第十七部　戏一七辙　（兽角尖头）

觼 jué[ㄐㄩㄝˊ] 古穴切　史皆韵，阳　乎入，屑韵　词第十八部　戏乜斜辙

十六画

觾（同"燕㈠"）

十八画

觿 xī[ㄒㄧ] ①户圭切　史齐韵，阴　乎平，齐韵　词第三部　戏一七辙

　　　　②许规切　史齐韵，阴　乎平，支韵　词第三部　戏一七辙　（又）

言（讠言）部

言 ㈠yán[ㄧㄢˊ] 语轩切　史寒韵，阳　乎平，元韵　词第七部　戏言前辙　曲先天韵，阳

　 ㈡yàn[ㄧㄢˋ] 牛堰切　史寒韵，去　乎去，愿韵　词第七部　戏言前辙　（诉讼；弔慰）

　 ㈢yín[ㄧㄣˊ] 鱼巾切　史文韵，阳　乎平，真韵　词第六部　戏人辰辙　（~~）

二画

訆（同"叫"）

计 jì[ㄐㄧˋ] 古诣切　史齐韵，去　乎去，霁韵　词第三部　戏一七辙　曲齐微韵，去

订 dìng[ㄉㄧㄥˋ] ①他丁切　史庚韵，去　乎平，青韵　词第十一部　戏中东辙　曲庚青韵，去

　　　　②徒鼎切　史庚韵，去　乎上，迥韵　词第十一部　戏中东辙　曲庚青韵，去　（又）

　　　　③丁定切　史庚韵，去　乎去，径韵　词第十一部　戏中东辙　曲庚青韵，去　（又）

讣 fù[ㄈㄨˋ] 芳遇切　史姑韵，去　乎去，遇韵　词第四部　戏姑苏辙　曲鱼模韵，去

认 rèn[ㄖㄣˋ] 而振切　史文韵，去　乎去，震韵　词第六部　戏人辰辙　曲真文韵，去

讥 jī[ㄐㄧ] 居依切　史齐韵，阴　乎平，微韵　词第三部　戏一七辙　曲齐微韵，阴

訄 qiú[ㄑㄧㄡˊ] 巨鸠切　史尤韵，阳　乎平，尤韵　词第十二部　戏由求辙

訇（查"勹"部）

三画

託（同"托"）

讦 (一) jié[ㄐㄧㄝˊ] ①居列切　史皆韵，阳　平入，屑韵　词第十八部　戏乜斜辙

②居例切　史皆韵，阳　平去，霁韵　词第三部　戏乜斜辙　（又）

③居竭切　史皆韵，阳　平入，月韵　词第十八部　戏乜斜辙　（又）

(二) jì[ㄐㄧˋ] 九刈切　史齐韵，去　平去，队韵　词第三部　戏一七辙　（直言不讳）

訏 (一) xū[ㄒㄩ] 况于切　史齐韵，阴　平平，虞韵　词第四部　戏一七辙

(二) xǔ[ㄒㄩˇ] 火羽切　史齐韵，上　平上，麌韵　词第四部　戏一七辙　（川泽～～）

讧 hòng[ㄏㄨㄥˋ] 户公切　史庚韵，去　平平，东韵　词第一部　戏中东辙

讨 tǎo[ㄊㄠˇ] 他浩切　史豪韵，上　平上，皓韵　词第八部　戏遥条辙　曲萧豪韵，上

让 (一) ràng[ㄖㄤˋ] 人样切　史唐韵，去　平去，漾韵　词第二部　戏江阳辙　曲江阳韵，去

(二) rǎng[ㄖㄤˇ]　（窃夺，同"攘(一)"）

讪 shàn[ㄕㄢˋ] ①所晏切　史寒韵，去　平去，谏韵　词第七部　戏言前辙　曲监咸韵，去

②所奸切　史寒韵，去　平平，删韵　词第七部　戏言前辙　曲寒山韵，去　（又）

訔 yín[ㄧㄣˊ] 语巾切　史文韵，阳　平平，真韵　词第六部　戏人辰辙

讫 qì[ㄑㄧˋ] 居乞切　史齐韵，去　平入，物韵　词第十八部　戏一七辙　曲齐微韵，上

训 xùn[ㄒㄩㄣˋ] 许运切　史文韵，去　平去，问韵　词第六部　戏人辰辙　曲真文韵，去

议 yì[ㄧˋ] 宜寄切　史齐韵，去　平去，寘韵　词第三部　戏一七辙　曲齐微韵，去

讯 xùn[ㄒㄩㄣˋ] 息晋切　史文韵，去　平去，震韵　词第六部　戏人辰辙　曲真文韵，去

记 jì[ㄐㄧˋ] 居吏切　史齐韵，去　平去，寘韵　词第三部　戏一七辙　曲齐微韵，去

訑 (一) yí[ㄧˊ] 余支切　史齐韵，阳　平平，支韵　词第三部　戏一七辙

(二) tuó[ㄊㄨㄛˊ] 唐何切　史波韵，阳　平平，歌韵　词第九部　戏梭波辙　（欺诈）

(三) dàn[ㄉㄢˋ] 徒案切　史寒韵，去　平去，翰韵　词第七部　戏言前辙　（放肆）

讱 rèn[ㄖㄣˋ] 而振切　史文韵，去　平去，震韵　词第六部　戏人辰辙　曲真文韵，去

四画

訧（同"尤"）**訞**（同"妖"）

讲 (一) jiǎng[ㄐㄧㄤˇ] 古项切　史唐韵，上　平上，讲韵　词第二部　戏江阳辙　曲江阳韵，上

(二) gòu[ㄍㄡˋ]　（～若画一－觏若画一，同"觏"）

讳 huì[ㄏㄨㄟˋ] 许贵切　史微韵，去　平去，未韵　词第三部　戏灰堆辙　曲齐微韵，去

讴 ōu[ㄡ] 乌侯切　史尤韵，阴　平平，尤韵　词第十二部　戏由求辙　曲尤侯韵，阴

讵 jù[ㄐㄩˋ] ①其吕切　史齐韵，去　平上，语韵　词第四部　戏一七辙　曲鱼模韵，去

②其据切　史齐韵，去　平去，御韵　词第四部　戏一七辙　曲鱼模韵，去　（又）

讶 yà[ㄧㄚˋ] 吾驾切　史麻韵，去　平去，祃韵　词第十部　戏发花辙　曲家麻韵，去

訬 (一) chāo[ㄔㄠ] 楚交切　史豪韵，阴　平平，肴韵　词第八部　戏遥条辙

(二) miǎo[ㄇㄧㄠˇ] 亡沼切　史豪韵，上　平上，篠韵　词第八部　戏遥条辙　（高）

讷 nè[ㄋㄜˋ] 内骨切　史波韵，去　平入，月韵　词第十八部　戏梭波辙　曲鱼模韵，去

许 (一) xǔ[ㄒㄩˇ] 虚吕切　史齐韵，上　平上，语韵　词第四部　戏一七辙　曲鱼模韵，上

(二) hǔ[ㄏㄨˇ] 火五切　史姑韵，上　平上，麌韵　词第四部　戏姑苏辙　（拟声词）

讹 é[ㄜˊ] 五禾切　史波韵，阳　平平，歌韵　词第九部　戏梭波辙　曲歌戈韵，阳

訢 (一) xīn[ㄒㄧㄣ] 许斤切　史文韵，阴　平平，文韵　词第六部　戏人辰辙　（快乐）

(二) xī[ㄒㄧ] 虚其切　史齐韵，阴　平平，支韵　词第三部　戏一七辙　（～合）

(三) yín[ㄧㄣˊ] 鱼巾切　史文韵，阳　平平，真韵　词第六部　戏人辰辙　（～～，谨敬貌）

论 (一) lùn[ㄌㄨㄣˋ] ①卢困切　史文韵，去　平去，愿韵　词第六部　戏人辰辙　曲真文韵，去

　　　　②卢昆切　史文韵，去　平平，元韵　词第六部　戏人辰辙　曲真文韵，去　（又）

　（二）lún[ㄌㄨㄣˊ]　力迍切　史文韵，阳　平平，真韵　词第六部　戏人辰辙　曲真文韵，阳　（~语）

讻 xiōng[ㄒㄩㄥ]　许容切　史庚韵，阴　平平，冬韵　词第一部　戏中东辙　曲东钟韵，上

讼 （一）sòng[ㄙㄨㄥˋ]　①似用切　史庚韵，去　平去，送韵　词第一部　戏中东辙　曲东钟韵，去

　　　　　　　　　②祥容切　史庚韵，阴　平平，冬韵　词第一部　戏中东辙　（申雪）

　（二）gōng[ㄍㄨㄥ]　（公然，明白，同"公"）

　（三）róng[ㄖㄨㄥˊ]　（接纳，同"容"）

讽 fěng[ㄈㄥˇ]　方凤切　史庚韵，上　平去，送韵　词第一部　戏中东辙　曲东钟韵，去

设 shè[ㄕㄜˋ]　识列切　史波韵，去　平入，屑韵　词第十八部　戏梭波辙　曲车遮韵，上

访 fǎng[ㄈㄤˇ]　①敷亮切　史唐韵，上　平去，漾韵　词第二部　戏江阳辙　曲江阳韵，上

　　　　　　②敷亮切　史唐韵，上　平去，漾韵　词第二部　戏江阳辙　曲江阳韵，去　（又）

诀 jué[ㄐㄩㄝˊ]　古穴切　史皆韵，阳　平入，屑韵　词第十八部　戏乜斜辙　曲车遮韵，上

五画

詷（同"诉①"）　**註**（同"注(一)"）　**詠**（同"咏"）

证 zhèng[ㄓㄥˋ]　①之盛切　史庚韵，去　平去，敬韵　词第十一部　戏中东辙　曲庚青韵，去

　　　　　　　②诸应切　史庚韵，去　平去，径韵　词第十一部　戏中东辙　曲庚青韵，去　（又）

詓 qǔ[ㄑㄩˇ]　口举切　史齐韵，上　平上，语韵　词第四部　戏一七辙

詌 gàn[ㄍㄢˋ]　古暗切　史寒韵，去　平去，勘韵　词第十四部　戏言前辙

詍 yì[ㄧˋ]　余制切　史齐韵，去　平去，霁韵　词第三部　戏一七辙

诂 gǔ[ㄍㄨˇ]　公户切　史姑韵，上　平上，麌韵　词第四部　戏姑苏辙　曲鱼模韵，上

詘 xù[ㄒㄩˋ]　辛聿切　史齐韵，去　平入，质韵　词第十七部　戏一七辙

诃 hē[ㄏㄜ]　虎何切　史波韵，阴　平平，歌韵　词第九部　戏梭波辙　曲歌戈韵，阴

詟 zhé[ㄓㄜˊ]　之涉切　史波韵，阳　平入，叶韵　词第十八部　戏梭波辙

评 píng[ㄆㄧㄥˊ]　①符兵切　史庚韵，阳　平平，庚韵　词第十一部　戏中东辙　曲庚青韵，阳

　　　　　　　②皮命切　史庚韵，阳　平去，敬韵　词第十一部　戏中东辙　（品~）

詀 （一）zhān[ㄓㄢ]　竹咸切　史寒韵，阴　平平，咸韵　词第十四部　戏言前辙　曲监咸韵，阴　（~諵）

　（二）chè[ㄔㄜˋ]　叱涉切　史波韵，去　平入，叶韵　词第十八部　戏梭波辙　（~讘）

　（三）diān[ㄉㄧㄢ]　丁兼切　史寒韵，阴　平平，盐韵　词第十四部　戏言前辙　曲监咸韵，阴　（巧言）

诅 zǔ[ㄗㄨˇ]　庄助切　史姑韵，上　平去，御韵　词第四部　戏姑苏辙　曲鱼模韵，去

识 （一）shí[ㄕˊ]　赏职切　史支韵，阳　平入，职韵　词第十七部　戏一七辙　曲齐微韵，上

　（二）zhì[ㄓˋ]　职吏切　史支韵，去　平去，寘韵　词第三部　戏一七辙　曲支思韵，去　（记住；标~；款识）

詈 lì[ㄌㄧˋ]　力智切　史齐韵，去　平去，寘韵　词第三部　戏一七辙　曲齐微韵，去

诇 xiòng[ㄒㄩㄥˋ]　①休正切　史庚韵，去　平去，敬韵　词第十一部　戏中东辙　曲庚青韵，去

　　　　　　　②火迥切　史庚韵，去　平上，迥韵　词第十一部　戏中东辙　曲庚青韵，去　（又）

詄 dié[ㄉㄧㄝˊ]　徒结切　史皆韵，阳　平入，屑韵　词第十八部　戏乜斜辙

诈 zhà[ㄓㄚˋ]　侧驾切　史麻韵，去　平去，祃韵　词第十部　戏发花辙　曲家麻韵，去

诉 sù[ㄙㄨˋ]　桑故切　史姑韵，去　平去，遇韵　词第四部　戏姑苏辙　曲鱼模韵，去

诊 zhěn[ㄓㄣˇ]　①章忍切　史文韵，上　平上，轸韵　词第六部　戏人辰辙　曲真文韵，上

　　　　　　　②直刃切　史文韵，上　平去，震韵　词第六部　戏人辰辙　曲真文韵，上　（又）

詅 líng[ㄌㄧㄥˊ]　①郎丁切　史庚韵，阳　平平，青韵　词第十一部　戏中东辙

　　　　　　　②力政切　史庚韵，阳　平去，敬韵　词第十一部　戏中东辙　（又）

诋 dǐ[ㄉㄧˇ]　①都礼切　史齐韵，上　平上，荠韵　词第三部　戏一七辙　曲齐微韵，上

　　　　　　②杜奚切　史齐韵，上　平平，齐韵　词第三部　戏一七辙　曲齐微韵，上　（又）

诌 zhōu[ㄓㄡ] ①楚鸠切　中尤韵，阴　平平，尤韵　词第十二部　戏由求辙
②初爪切　中豪韵，上　平上，巧韵　词第八部　戏遥条辙　（吵；打扰）

詃 juǎn[ㄐㄩㄢˇ] 姑泫切　中寒韵，上　平上，铣韵　词第七部　戏言前辙

訏 zhǔ[ㄓㄨˇ] 丁吕切　中姑韵，上　平上，语韵　词第四部　戏姑苏辙

词 cí[ㄘˊ] 似兹切　中支韵，阳　平平，支韵　词第三部　戏一七辙　曲支思韵，阳

诎 (一)qū[ㄑㄩ] 区勿切　中齐韵，阴　平入，物韵　词第十八部　戏一七辙
(二)chù[ㄔㄨˋ] 勑律切　中姑韵，去　平入，质韵　词第十七部　戏姑苏辙　（贬黜）

詉 náo[ㄋㄠˊ] ①尼交切　中豪韵，阳　平平，肴韵　词第八部　戏遥条辙　（喧哗）
②女加切　中麻韵，阳　平平，麻韵　词第十部　戏发花辙　（吐词不清）
③奴故切　中姑韵，去　平去，遇韵　词第四部　戏姑苏辙　（恶语）

诏 (一)zhào[ㄓㄠˋ] 之少切　中豪韵，去　平去，啸韵　词第八部　戏遥条辙　曲萧豪韵，去
(二)shào[ㄕㄠˋ] （介绍，通"绍"）

诐 bì[ㄅㄧˋ] 彼义切　中齐韵，去　平去，寘韵　词第三部　戏一七辙　曲齐微韵，去

译 yì[ㄧˋ] 羊益切　中齐韵，去　平入，陌韵　词第十七部　戏一七辙　曲齐微韵，去

诒 (一)yí[ㄧˊ] 与之切　中齐韵，阳　平平，支韵　词第三部　戏一七辙
(二)dài[ㄉㄞˋ] 徒亥切　中开韵，去　平上，贿韵　词第五部　戏怀来辙　曲皆来韵，上　（欺骗）
(三)tái[ㄊㄞˊ] 唐来切　中开韵，阳　平平，灰韵　词第五部　戏怀来辙　（懒倦貌）

六画

誇（见"夸(一)：①"）訛（同"訾(二)"）詢（见"讯"）詧（同"察①③"）詸（同"谜"）詶（同"酬"）

诓 kuāng[ㄎㄨㄤ] 渠放切　中唐韵，阴　平去，漾韵　词第二部　戏江阳辙

诔 lěi[ㄌㄟˇ] 力轨切　中微韵，上　平上，纸韵　词第三部　戏灰堆辙　曲齐微韵，去

试 shì[ㄕˋ] 式吏切　中支韵，去　平去，寘韵　词第三部　戏一七辙　曲支思韵，去

诖 guà[ㄍㄨㄚˋ] 古卖切　中麻韵，去　平去，卦韵　词第十部　戏发花辙

诗 shī[ㄕ] 书之切　中支韵，阴　平平，支韵　词第三部　戏一七辙　曲支思韵，阴

诘 (一)jié[ㄐㄧㄝˊ] 去吉切　中皆韵，阳　平入，质韵　词第十七部　戏乜斜辙
(二)jí[ㄐㄧˊ] 巨乙切　中齐韵，阳　平入，质韵　词第十七部　戏一七辙　（~屈）

诙 huī[ㄏㄨㄟ] 苦回切　中微韵，阴　平平，灰韵　词第三部　戏灰堆辙

诚 chéng[ㄔㄥˊ] 是征切　中庚韵，阳　平平，庚韵　词第十一部　戏中东辙　曲庚青韵，阳

訾 (一)zī[ㄗ] 即移切　中支韵，阴　平平，支韵　词第三部　戏一七辙
(二)zǐ[ㄗˇ] 将此切　中支韵，上　平上，纸韵　词第三部　戏一七辙　（诋毁；厌恨）
(三)cī[ㄘ] （疾病，缺点，同"疵(一)"）

詷 dòng[ㄉㄨㄥˋ] 徒弄切　中庚韵，去　平去，送韵　词第一部　戏中东辙

诛 zhū[ㄓㄨ] 陟输切　中姑韵，阴　平平，虞韵　词第四部　戏姑苏辙　曲鱼模韵，阴

诜 shēn[ㄕㄣ] 所臻切　中文韵，阴　平平，真韵　词第六部　戏人辰辙　曲真文韵，阴

话 huà[ㄏㄨㄚˋ] 下快切　中麻韵，去　平去，卦韵　词第十部　戏发花辙　曲家麻韵，去

诞 dàn[ㄉㄢˋ] 徒旱切　中寒韵，去　平上，旱韵　词第七部　戏言前辙　曲寒山韵，去

诟 gòu[ㄍㄡˋ] ①苦候切　中尤韵，去　平去，宥韵　词第十二部　戏由求辙　曲尤侯韵，去
②古厚切　中尤韵，去　平上，有韵　词第十二部　戏由求辙　曲尤侯韵，去　（又）

诠 quán[ㄑㄩㄢˊ] 此缘切　中寒韵，阳　平平，先韵　词第七部　戏言前辙　曲先天韵，阴

誂 tiǎo[ㄊㄧㄠˇ] 徒了切　中豪韵，上　平上，篠韵　词第八部　戏遥条辙

詤 huāng[ㄏㄨㄤ] 呼光切　中唐韵，阴　平平，阳韵　词第二部　戏江阳辙

诡 guǐ[ㄍㄨㄟˇ] 过委切　中微韵，上　平上，纸韵　词第三部　戏灰堆辙　曲齐微韵，上

询 xún[ㄒㄩㄣˊ] 相伦切　中文韵，阳　平平，真韵　词第六部　戏人辰辙　曲真文韵，阴

诣 yì[丨 ˋ] 五计切　中齐韵，去　平去，霁韵　词第三部　戏一七辙　曲齐微韵，去
詺 mìng[ㄇ丨ㄥ ˋ] 弥正切　中庚韵，去　平去，敬韵　词第十一部　戏中东辙
詻 è[ㄜ ˋ] 五陌切　中波韵，去　平入，陌韵　词第十七部　戏梭波辙
誃 yí[丨 ˊ] 余支切　中齐韵，阳　平平，支韵　词第三部　戏一七辙
诤 ㈠zhèng[ㄓㄥ ˋ] 侧迸切　中庚韵，去　平去，敬韵　词第十一部　戏中东辙　曲庚青韵，去
㈡zhēng[ㄓㄥ] （同“争㈠”）
詨 xiào[ㄒ丨ㄠ ˋ] 胡教切　中豪韵，去　平去，效韵　词第八部　戏遥条辙
该 gāi[ㄍㄞ] 古哀切　中开韵，阴　平平，灰韵　词第五部　戏怀来辙　曲皆来韵，阴
详 ㈠xiáng[ㄒ丨ㄤ ˊ] 似羊切　中唐韵，阳　平平，阳韵　词第二部　戏江阳辙　曲江阳韵，阳
㈡yáng[丨ㄤ ˊ] 与章切　中唐韵，阳　平平，阳韵　词第二部　戏江阳辙　曲江阳韵，阳　（假装）
誊 téng[ㄊㄥ ˊ] 徒登切　中庚韵，阳　平平，蒸韵　词第十一部　戏中东辙　曲庚青韵，阳
誉 yù[ㄩ ˋ] ①羊洳切　中齐韵，去　平去，御韵　词第四部　戏一七辙　曲鱼模韵，去
②以诸切　中齐韵，去　平平，鱼韵　词第四部　戏一七辙　曲鱼模韵，阳　（又）
诧 chà[ㄔㄚ ˋ] ①丑亚切　中麻韵，去　平去，祃韵　词第十部　戏发花辙　曲家麻韵，去
②丑亚切　中麻韵，去　平去，祃韵　词第十部　戏发花辙　曲家麻韵，上　（又）
诨 hùn[ㄏㄨㄣ ˋ] 五困切　中文韵，去　平去，愿韵　词第六部　戏人辰辙　曲真文韵，去
诩 xǔ[ㄒㄩ ˇ] 况羽切　中齐韵，上　平上，麌韵　词第四部　戏一七辙　曲鱼模韵，上
詹（查“⺈”部）

七画

誌（同“志”）**誖**（同“悖”）**認**（见“认”）
诫 jiè[ㄐ丨ㄝ ˋ] 古拜切　中皆韵，去　平去，卦韵　词第五部　戏乜斜辙　曲皆来韵，去
誓 shì[ㄕ ˋ] 时制切　中支韵，去　平去，霁韵　词第三部　戏一七辙　曲齐微韵，去
诬 wū[ㄨ] 武夫切　中姑韵，阴　平平，虞韵　词第四部　戏姑苏辙　曲鱼模韵，阳
语 ㈠yǔ[ㄩ ˇ] 鱼巨切　中齐韵，上　平上，语韵　词第四部　戏一七辙　曲鱼模韵，上
㈡yù[ㄩ ˋ] 牛倨切　中齐韵，去　平去，御韵　词第四部　戏一七辙　（告诉，告诫）
誙 kēng[ㄎㄥ] 口茎切　中庚韵，阴　平平，庚韵　词第十一部　戏中东辙　曲庚青韵，阴
诮 qiào[ㄑ丨ㄠ ˋ] 才笑切　中豪韵，去　平去，啸韵　词第八部　戏遥条辙　曲萧豪韵，去
误 wù[ㄨ ˋ] 五故切　中姑韵，去　平去，遇韵　词第四部　戏姑苏辙　曲鱼模韵，去
诰 gào[ㄍㄠ ˋ] 古到切　中豪韵，去　平去，号韵　词第八部　戏遥条辙　曲萧豪韵，去
诱 yòu[丨ㄡ ˋ] 与久切　中尤韵，去　平上，有韵　词第十二部　戏由求辙　曲尤侯韵，上
诲 huì[ㄏㄨㄟ ˋ] 荒内切　中微韵，去　平去，队韵　词第三部　戏灰堆辙　曲齐微韵，去
诳 kuáng[ㄎㄨㄤ ˊ] 居况切　中唐韵，阳　平去，漾韵　词第二部　戏江阳辙　曲江阳韵，去
说 ㈠shuō[ㄕㄨㄛ] 失爇切　中波韵，阴　平入，屑韵　词第十八部　戏梭波辙　曲车遮韵，上
㈡shuì[ㄕㄨㄟ ˋ] 舒芮切　中微韵，去　平去，霁韵　词第三部　戏灰堆辙　曲齐微韵，去　（劝~）
㈢yuè[ㄩㄝ ˋ] 弋雪切　中皆韵，去　平入，屑韵　词第十八部　戏乜斜辙　曲车遮韵，去　（喜悦）
㈣tuō[ㄊㄨㄛ] （解脱，同“脱㈠”）
誋 jì[ㄐ丨 ˋ] 渠记切　中齐韵，去　平去，寘韵　词第三部　戏一七辙
诵 sòng[ㄙㄨㄥ ˋ] 似用切　中庚韵，去　平去，宋韵　词第一部　戏中东辙　曲东钟韵，去
诶 xī[ㄒ丨] 许其切　中齐韵，阴　平平，支韵　词第三部　戏一七辙

八画

誷（同“罔㈠”）**諐**（同“愆”）**論**（见“论”）
请 ㈠qǐng[ㄑ丨ㄥ ˇ] 七静切　中庚韵，上　平上，梗韵　词第十一部　戏中东辙　曲庚青韵，上
㈡qìng[ㄑ丨ㄥ ˋ] 疾政切　中庚韵，去　平去，敬韵　词第十一部　戏中东辙　曲庚青韵，去　（朝~）

诸 ㈠zhū[ㄓㄨ] 章鱼切　史姑韵，阴　平平，鱼韵　词第四部　戏姑苏辙　曲鱼模韵，阴

　　㈡zū[ㄗㄨ] （酱，同"菹㈠"）

　　㈢chú[ㄔㄨˊ] （同"蜍㈠"）

諆 jī[ㄐㄧ] 居之切　史齐韵，阴　平平，支韵　词第三部　戏一七辙

诹 zōu[ㄗㄡ] 子于切　史尤韵，阴　平平，虞韵　词第四部　戏由求辙　曲尤侯韵，阴

诺 nuò[ㄋㄨㄛˋ] ①奴各切　史波韵，去　平入，药韵　词第十六部　戏梭波辙　曲萧豪韵，去

　　　　　　②奴各切　史波韵，去　平入，药韵　词第十六部　戏梭波辙　曲歌戈韵，去　（又）

读 ㈠dú[ㄉㄨˊ] 徒谷切　史姑韵，阳　平入，屋韵　词第十五部　戏姑苏辙　曲鱼模韵，阳

　　㈡dòu[ㄉㄡˋ] 惰候切　史尤韵，去　平去，宥韵　词第十二部　戏由求辙　曲尤侯韵，去　（句~）

诼 zhuó[ㄓㄨㄛˊ] 竹角切　史波韵，阳　平入，觉韵　词第十六部　戏梭波辙

谏 jiàn[ㄐㄧㄢˋ] ①慈演切　史寒韵，去　平上，铣韵　词第七部　戏言前辙

　　　　　　②才线切　史寒韵，去　平去，霰韵　词第七部　戏言前辙　（又）

诽 fěi[ㄈㄟˇ] ①甫微切　史微韵，上　平平，微韵　词第三部　戏灰堆辙

　　　　　　②方味切　史微韵，上　平去，未韵　词第三部　戏灰堆辙　（又）

諔 chù[ㄔㄨˋ] 昌六切　史姑韵，去　平入，屋韵　词第十五部　戏姑苏辙

諕 ㈠háo[ㄏㄠˊ] 乎刀切　史豪韵，阳　平平，豪韵　词第八部　戏遥条辙　（号呼）

　　㈡huò[ㄏㄨㄛˋ] （同"謋"）

　　㈢xià[ㄒㄧㄚˋ] （吓唬，同"吓㈡"）

课 kè[ㄎㄜˋ] 苦卧切　史波韵，去　平去，箇韵　词第九部　戏梭波辙　曲歌戈韵，去

諮 tà[ㄊㄚˋ] 徒合切　史麻韵，去　平入，合韵　词第十九部　戏发花辙

諈 zhuì[ㄓㄨㄟˋ] 竹恚切　史微韵，去　平去，寘韵　词第三部　戏灰堆辙

诿 wěi[ㄨㄟˇ] 女恚切　史微韵，上　平去，寘韵　词第三部　戏灰堆辙

谀 yú[ㄩˊ] 羊朱切　史齐韵，阳　平平，虞韵　词第四部　戏一七辙　曲鱼模韵，阳

詉 ㈠ná[ㄋㄚˊ] 妳佳切　史麻韵，阳　平平，佳韵　词第十部　戏发花辙

　　㈡nì[ㄋㄧˋ] 研计切　史齐韵，去　平去，霁韵　词第三部　戏一七辙　（刺探）

谁 ㈠shuí[ㄕㄨㄟˊ] 视佳切　史微韵，阳　平平，支韵　词第三部　戏灰堆辙　曲齐微韵，阳

　　㈡shéi[ㄕㄟˊ] 视佳切　史微韵，阳　平平，支韵　词第三部　戏灰堆辙　曲齐微韵，阳　（又）

谂 shěn[ㄕㄣˇ] 式任切　史文韵，上　平上，寝韵　词第十三部　戏人辰辙

调 ㈠diào[ㄉㄧㄠˋ] 徒吊切　史豪韵，去　平去，啸韵　词第八部　戏遥条辙　曲萧豪韵，去

　　㈡tiáo[ㄊㄧㄠˊ] 徒聊切　史豪韵，阳　平平，萧韵　词第八部　戏遥条辙　曲萧豪韵，阳　（~节；~教；~笑）

　　㈢zhōu[ㄓㄡ] 张流切　史尤韵，阴　平平，尤韵　词第十二部　戏由求辙　（~饥）

谄 chǎn[ㄔㄢˇ] 丑琰切　史寒韵，上　平上，俭韵　词第十四部　戏言前辙　曲廉纤韵，上

谅 liàng[ㄌㄧㄤˋ] 力让切　史唐韵，去　平去，漾韵　词第二部　戏江阳辙　曲江阳韵，去

谆 zhūn[ㄓㄨㄣ] ①章伦切　史文韵，阴　平平，真韵　词第六部　戏人辰辙　曲真文韵，阴

　　　　　　②之闰切　史文韵，阴　平去，震韵　词第六部　戏人辰辙　曲真文韵，阴　（又）

谇 suì[ㄙㄨㄟˋ] ①虽遂切　史微韵，去　平去，寘韵　词第三部　戏灰堆辙

　　　　　　②苏内切　史微韵，去　平去，队韵　词第三部　戏灰堆辙　（骂）

谈 tán[ㄊㄢˊ] 徒甘切　史寒韵，阳　平平，覃韵　词第十四部　戏言前辙　曲监咸韵，阳

谉 shěn[ㄕㄣˇ] 式任切　史文韵，上　平上，寝韵　词第十三部　戏人辰辙　【同"审"，用其反切。】

谊 yì[ㄧˋ] 宜寄切　史齐韵，去　平去，寘韵　词第三部　戏一七辙　曲齐微韵，去

諆 qū[ㄑㄩ] 曲勿切　史齐韵，阴　平入，物韵　词第十八部　戏一七辙

誸 xián[ㄒㄧㄢˊ] 胡千切　史寒韵，阳　平平，先韵　词第七部　戏言前辙

闍 （查"门"部）

九画

諵（同"喃"）諰（同"葸"）謚（同"谥"）諷（见"讽"）諠（同"喧㈠"）譁（见"诨"）諱（见"讳"）

谋 móu[ㄇㄡˊ] 莫浮切　史尤韵，阳　平平，尤韵　词第十二部　戏由求辙　曲鱼模韵，阳

谌 chén[ㄔㄣˊ] 氏任切　史文韵，阳　平平，侵韵　词第十三部　戏人辰辙

谍 dié[ㄉｌㄝˊ] 徒协切　史皆韵，阳　平入，叶韵　词第十八部　戏乜斜辙　曲车遮韵，阳

谎 ㈠huāng[ㄏㄨㄤ] 呼光切　史唐韵，阴　平平，阳韵　词第二部　戏江阳辙　曲江阳韵，阴　（梦言）

　　㈡huǎng[ㄏㄨㄤˇ] 呼晃切　史唐韵，上　平上，养韵　词第二部　戏江阳辙　曲江阳韵，上　（假话）

谏 jiàn[ㄐｌㄢˋ] 古晏切　史寒韵，去　平去，谏韵　词第七部　戏言前辙　曲寒山韵，去

諴 xián[ㄒｌㄢˊ] 胡谗切　史寒韵，阳　平平，咸韵　词第十四部　戏言前辙　曲监咸韵，阳

谐 xié[ㄒｌㄝˊ] 户皆切　史皆韵，阳　平平，佳韵　词第五部　戏乜斜辙　曲皆来韵，阳

谑 xuè[ㄒㄩㄝˋ] 虚约切　史皆韵，去　平入，药韵　词第十六部　戏乜斜辙　曲萧豪韵，上

諟 shì[ㄕˋ] 承纸切　史支韵，去　平上，纸韵　词第三部　戏一七辙

谒 yè[ｌㄝˋ] 於歇切　史皆韵，去　平入，月韵　词第十八部　戏乜斜辙　曲车遮韵，去

谓 wèi[ㄨㄟˋ] 于贵切　史微韵，去　平去，未韵　词第三部　戏灰堆辙　曲齐微韵，去

谔 è[ㄜˋ] 五各切　史波韵，去　平入，药韵　词第十六部　戏梭波辙

謏 xiǎo[ㄒｌㄠˇ] ①先鸟切　史豪韵，上　平上，篠韵　词第八部　戏遥条辙　曲萧豪韵，上

　　　　　　②所六切　史豪韵，上　平入，屋韵　词第十五部　戏遥条辙　曲萧豪韵，上　（又）

谕 yù[ㄩˋ] 羊戍切　史齐韵，去　平去，遇韵　词第四部　戏一七辙　曲鱼模韵，去

谖 xuān[ㄒㄩㄢ] ①况袁切　史寒韵，阴　平平，元韵　词第七部　戏言前辙

　　　　　　②况晚切　史寒韵，阴　平上，阮韵　词第七部　戏言前辙　（又）

谗 chán[ㄔㄢˊ] ①士咸切　史寒韵，阳　平平，咸韵　词第十四部　戏言前辙　曲监咸韵，阳

　　　　　　②士忏切　史寒韵，阳　平去，陷韵　词第十四部　戏言前辙　曲监咸韵，阳　（又）

谘 zī[ㄗ] 即夷切　史支韵，阴　平平，支韵　词第三部　戏一七辙　曲支思韵，阴

谙 ān[ㄢ] 乌含切　史寒韵，阴　平平，覃韵　词第十四部　戏言前辙　曲监咸韵，阴

谚 yàn[ｌㄢˋ] 鱼变切　史寒韵，去　平去，霰韵　词第七部　戏言前辙　曲先天韵，去

谛 ㈠dì[ㄉｌˋ] 都计切　史齐韵，去　平去，霁韵　词第三部　戏一七辙　曲齐微韵，去

　　㈡tí[ㄊｌˊ]（同"啼"）

谜 mí[ㄇｌˊ] 莫计切　史齐韵，阳　平去，霁韵　词第三部　戏一七辙　曲齐微韵，去

谝 ㈠piǎn[ㄆｌㄢˇ] 符蹇切　史寒韵，上　平上，铣韵　词第七部　戏言前辙

　　㈡pián[ㄆｌㄢˊ] 房连切　史寒韵，阳　平平，先韵　词第七部　戏言前辙　（旧）

谞 ㈠xū[ㄒㄩ] 相居切　史齐韵，阴　平平，鱼韵　词第四部　戏一七辙

　　㈡xǔ[ㄒㄩˇ] 私吕切　史齐韵，上　平上，语韵　词第四部　戏一七辙　（旧读）

十画

講（见"讲"）譁（见"哗"）諦（同"啼"）謄（见"誊"）謅（见"诌"）

謷 ㈠áo[ㄠˊ] ①五劳切　史豪韵，阳　平平，豪韵　词第八部　戏遥条辙　曲萧豪韵，阳

　　　　　　②五交切　史豪韵，阳　平平，肴韵　词第八部　戏遥条辙　曲萧豪韵，阳　（又）

　　㈡ào[ㄠˋ]（骄傲，同"傲"）

谟 mó[ㄇㄛˊ] 莫胡切　史波韵，阳　平平，虞韵　词第四部　戏梭波辙　曲鱼模韵，阳

謰 lián[ㄌｌㄢˊ] 陵延切　史寒韵，阳　平平，先韵　词第七部　戏言前辙

谠 dǎng[ㄉㄤˇ] 多朗切　史唐韵，上　平上，养韵　词第二部　戏江阳辙　曲江阳韵，上

谡 sù[ㄙㄨˋ] 所六切　史姑韵，去　平入，屋韵　词第十五部　戏姑苏辙　曲鱼模韵，上

谢 xiè[ㄒｌㄝˋ] 辞夜切　史皆韵，去　平去，祃韵　词第十部　戏乜斜辙　曲车遮韵，去

谣 yáo[ｌㄠˊ] 余昭切　史豪韵，阳　平平，萧韵　词第八部　戏遥条辙　曲萧豪韵，阳

謟 tāo［ㄊㄠ］ 土刀切　ゆ豪韵，阴　乎平，豪韵　词第八部　戏遥条辙

謑 ㈠xǐ［ㄒㄧˇ］ 胡礼切　ゆ齐韵，上　乎上，荠韵　词第三部　戏一七辙

　　㈡xí［ㄒㄧˊ］ 弦鸡切　ゆ齐韵，阳　乎平，齐韵　词第三部　戏一七辙　（～髁）

謋 huò［ㄏㄨㄛˋ］ 虎伯切　ゆ波韵，去　乎入，陌韵　词第十七部　戏梭波辙

謞 hè［ㄏㄜˋ］ ①呵各切　ゆ波韵，去　乎入，药韵　词第十六部　戏梭波辙

　　　　　　②许角切　ゆ波韵，去　乎入，觉韵　词第十六部　戏梭波辙　（又）

谤 bàng［ㄅㄤˋ］ 补旷切　ゆ唐韵，去　乎去，漾韵　词第二部　戏江阳辙　曲江阳韵，去

谥 shì［ㄕˋ］ 神至切　ゆ支韵，去　乎去，真韵　词第三部　戏一七辙　曲支思韵，去

谦 ㈠qiān［ㄑㄧㄢ］ 苦兼切　ゆ寒韵，阴　乎平，盐韵　词第十四部　戏言前辙　曲廉纤韵，阴

　　㈡qiàn［ㄑㄧㄢˋ］ 苦簟切　ゆ寒韵，去　乎上，俭韵　词第十四部　戏言前辙　（满足）

谧 mì［ㄇㄧˋ］ 弥毕切　ゆ齐韵，去　乎入，质韵　词第十七部　戏一七辙

諥 chí［ㄔˊ］ 直尼切　ゆ支韵，阳　乎平，支韵　词第三部　戏一七辙

暜（查"日"部）謍（查"火"部）騫（查"宀"部）

十一画

謳（见"讴"）謯（同"诅"）謼（同"呼㈠"）

謦 qǐng［ㄑㄧㄥˇ］ 去挺切　ゆ庚韵，上　乎上，迥韵　词第十一部　戏中东辙　曲庚青韵，去

谨 jǐn［ㄐㄧㄣˇ］ 居隐切　ゆ文韵，上　乎上，吻韵　词第六部　戏人辰辙　曲真文韵，上

譀 ㈠yú［ㄩˊ］ 羽俱切　ゆ齐韵，阳　乎平，虞韵　词第四部　戏一七辙

　　㈡xū［ㄒㄩ］ 匈于切　ゆ齐韵，阴　乎平，虞韵　词第四部　戏一七辙　（～舆）

謱 lóu［ㄌㄡˊ］ 落侯切　ゆ尤韵，阳　乎平，尤韵　词第十二部　戏由求辙

谩 ㈠mán［ㄇㄢˊ］ ①母官切　ゆ寒韵，阳　乎平，寒韵　词第七部　戏言前辙　曲桓欢韵，阳

　　　　　　②莫还切　ゆ寒韵，阳　乎平，删韵　词第七部　戏言前辙　曲桓欢韵，阳　（惧怕）

　　㈡màn［ㄇㄢˋ］ 谟晏切　ゆ寒韵，去　乎去，谏韵　词第七部　戏言前辙　曲寒山韵，去　（轻慢）

謻 yí［ㄧˊ］ 弋支切　ゆ齐韵，阳　乎平，支韵　词第三部　戏一七辙

謥 còng［ㄘㄨㄥˋ］ 千弄切　ゆ庚韵，去　乎去，送韵　词第一部　戏中东辙

谪 zhé［ㄓㄜˊ］ 陟革切　ゆ波韵，阳　乎入，陌韵　词第十七部　戏梭波辙　曲皆来韵，上

谫 jiǎn［ㄐㄧㄢˇ］ 子浅切　ゆ寒韵，上　乎上，铣韵　词第七部　戏言前辙

谬 miù［ㄇㄧㄡˋ］ 靡幼切　ゆ尤韵，去　乎去，宥韵　词第十二部　戏由求辙　曲尤侯韵，去

谮 ㈠càn［ㄘㄢˋ］ 七绀切　ゆ寒韵，去　乎去，勘韵　词第十四部　戏言前辙　（怒）

　　㈡zào［ㄗㄠˋ］ （喧闹，同"噪"）

十二画

嘲（同"嘲㈠"）譕（同"谟"）譌（同"讹"）譓（同"憨"）識（见"识"）證（见"证②"）譏（见"讥"）

譊 náo［ㄋㄠˊ］ 女交切　ゆ豪韵，阳　乎平，肴韵　词第八部　戏遥条辙　曲萧豪韵，阳

譆 xī［ㄒㄧ］ 许其切　ゆ齐韵，阴　乎平，支韵　词第三部　戏一七辙

警 jǐng［ㄐㄧㄥˇ］ 居影切　ゆ庚韵，上　乎上，梗韵　词第十一部　戏中东辙　曲庚青韵，上

譓 huì［ㄏㄨㄟˋ］ 胡桂切　ゆ微韵，去　乎去，霁韵　词第三部　戏灰堆辙

谭 tán［ㄊㄢˊ］ 徒含切　ゆ寒韵，阳　乎平，覃韵　词第十四部　戏言前辙　曲监咸韵，阳

谮 ㈠zèn［ㄗㄣˋ］ 庄荫切　ゆ文韵，去　乎去，沁韵　词第十三部　戏人辰辙　曲侵寻韵，去　（诬陷）

　　㈡jiàn［ㄐㄧㄢˋ］ 子念切　ゆ寒韵，去　乎去，艳韵　词第十四部　戏言前辙　曲廉纤韵，去　（同"僭"）

譑 jiǎo［ㄐㄧㄠˇ］ 居夭切　ゆ豪韵，上　乎上，篠韵　词第八部　戏遥条辙

谯 ㈠qiáo［ㄑㄧㄠˊ］ 昨焦切　ゆ豪韵，阳　乎平，萧韵　词第八部　戏遥条辙　曲萧豪韵，阳

　　㈡qiào［ㄑㄧㄠˋ］ 才笑切　ゆ豪韵，去　乎去，啸韵　词第八部　戏遥条辙　（责备）

斓 lán[ㄌㄢˊ] ①落干切　史寒韵，阳　平平，寒韵　词第七部　戏言前辙
　　　　　　　　②郎旰切　史寒韵，阳　平去，翰韵　词第七部　戏言前辙　（又）

谱 pǔ[ㄆㄨˇ] 博古切　史姑韵，上　平上，麌韵　词第四部　戏姑苏辙　曲鱼模韵，上

譐 zǔn[ㄗㄨㄣˇ] 兹损切　史文韵，上　平上，阮韵　词第六部　戏人辰辙

譔 zhuàn[ㄓㄨㄢˋ] ①士免切　史寒韵，去　平上，铣韵　词第七部　戏言前辙　曲寒山韵，去
　　　　　　　　②士恋切　史寒韵，去　平去，霰韵　词第七部　戏言前辙　曲寒山韵，去　（又）

谲 jué[ㄐㄩㄝˊ] 古穴切　史皆韵，阳　平入，屑韵　词第十八部　戏乜斜辙　曲车遮韵，上

十三画

護（见"护"）譟（同"噪"）譯（见"译"）譽（见"誉"）譭（同"毁①"）譍（同"应㈡"）譩（同"噫㈡"）
譱（同"善"）議（见"议"）

讞 yàn[ㄧㄢˋ] ①鱼列切　史寒韵，去　平入，屑韵　词第十八部　戏言前辙　曲先天韵，上
　　　　　　　　②鱼塞切　史寒韵，去　平上，铣韵　词第七部　戏言前辙　曲先天韵，上　（又）

譝 shéng[ㄕㄥˊ] 食陵切　史庚韵，阳　平平，蒸韵　词第十一部　戏中东辙

譴 qiǎn[ㄑㄧㄢˇ] 去战切　史寒韵，上　平去，霰韵　词第七部　戏言前辙　曲先天韵，去

譨 nóu[ㄋㄡˊ] 奴侯切　史尤韵，阳　平平，尤韵　词第十二部　戏由求辙

譥 jiào[ㄐㄧㄠˋ] 古吊切　史豪韵，去　平去，啸韵　词第八部　戏遥条辙

譫 zhān[ㄓㄢ] 之廉切　史寒韵，阴　平平，盐韵　词第十四部　戏言前辙

譬 pì[ㄆㄧˋ] 匹赐切　史齐韵，去　平去，真韵　词第三部　戏一七辙

十四画

讄（同"俩"）譹（同"嚎"）譎（同"谪"）譅（同"涩①"）

譻 yīng[ㄧㄥ] 乌茎切　史庚韵，阴　平平，庚韵　词第十一部　戏中东辙

讂 ㈠xuàn[ㄒㄩㄢˋ] 许县切　史寒韵，去　平去，霰韵　词第七部　戏言前辙
　　㈡juàn[ㄐㄩㄢˋ] 古县切　史寒韵，去　平去，霰韵　词第七部　戏言前辙　（又）

礙 ài[ㄞˋ] 五介切　史开韵，去　平去，卦韵　词第五部　戏怀来辙

囆 zhí[ㄓˊ] ①直立切　史支韵，阳　平入，缉韵　词第十七部　戏一七辙　（话多不止）
　　　　　②徒合切　史麻韵，去　平入，合韵　词第十九部　戏发花辙　（说话快）

辩（查"辛"部）

十五画

讈（同"讔"）讀（见"读"）讕（见"谰"）譖（见"谮"）孿（见"孪"）變（见"变"）

十六画

雠（见"雠"）讐（同"雠"）奢（见"奢"）欒（见"栾"）變（见"变"）

讌 yàn[ㄧㄢˋ] 於甸切　史寒韵，去　平去，霰韵　词第七部　戏言前辙　曲先天韵，去

讆 wèi[ㄨㄟˋ] 于岁切　史微韵，去　平去，霁韵　词第三部　戏灰堆辙

讘 ㈠yán[ㄧㄢˊ] 余廉切　史寒韵，阳　平平，盐韵　词第十四部　戏言前辙
　　㈡chǎn[ㄔㄢˇ]（卑顺，同"谄"）

讔 yǐn[ㄧㄣˇ] 倚谨切　史文韵，上　平上，吻韵　词第六部　戏人辰辙

雒（查"隹"部）

十七画

讕（见"谰"）讒（见"谗"）讓（见"让"）

讖 chèn[ㄔㄣˋ] 楚谮切　史文韵，去　平去，沁韵　词第十三部　戏人辰辙　曲侵寻韵，去

讙 huān[ㄏㄨㄢ] ①呼官切　史寒韵，阴　平平，寒韵　词第七部　戏言前辙　曲桓欢韵，阴

②况袁切　史寒韵，阳　平平，元韵　词第七部　戏言前辙　曲桓欢韵，阴　（惊呼；责备）

十八画

讋 zhé[ㄓㄜˊ] 而涉切　史波韵，阳　平入，叶韵　词第十八部　戏梭波辙

十九画

讘（同"呓"）讚（同"赞"）

二十画

讜（见"谠"）讞（见"谳"）讝（同"谵"）

二十二画

讟 dú[ㄉㄨˊ] 徒谷切　史姑韵，阳　平入，屋韵　词第十五部　戏姑苏辙

辛 部

辛 xīn[ㄒㄧㄣ] 息邻切　史文韵，阴　平平，真韵　词第六部　戏人辰辙　曲真文韵，阴

五画

辝（同"辞"）

辜 (一)gū[ㄍㄨ] 古胡切　史姑韵，阴　平平，虞韵　词第四部　戏姑苏辙　曲鱼模韵，阴

(二)gù[ㄍㄨˋ]（原因，同"故"）

六画

辠（同"罪"）

辟 (一)pì[ㄆㄧˋ] 房益切　史齐韵，去　平入，陌韵　词第十七部　戏一七辙　曲齐微韵，上

(1)打开：寝门~　(2)开拓：开天~地　(3)驳斥，排除：~谣　(4)不实在，偏颇：便~　(5)侧面的屋子：西~　(6)透彻：精~　(7)刑法：大~　(8)缉麻：~纑　(9)抚心，通"擗"(一)　(10)比喻，通"譬"

(二)bì[ㄅㄧˋ] 必益切　史齐韵，去　平入，陌韵　词第十七部　戏一七辙　曲齐微韵，上

(11)君主：复~　(12)法，罪：土不备垦，~在司寇　(13)征召：初举孝廉，又~公府　(14)闭：口~焉而不能言　(15)彰明：对扬以~之　(16)避开，通"避"　(17)腿瘸，通"躄"

(三)mǐ[ㄇㄧˇ] 母婢切　史齐韵，上　平上，纸韵　词第三部　戏一七辙　（止息）

(四)bò[ㄅㄛˋ] 博厄切　史波韵，去　平入，陌韵　词第十七部　戏梭波辙　（剖开；剁碎）

(五)pí[ㄆㄧˊ] 频弥切　史齐韵，阳　平平，支韵　词第三部　戏一七辙　（边缘装饰）

辝（查"舌"部）

七画

辢（同"辣"）

辣 là[ㄌㄚˋ] 郎达切　史麻韵，去　平入，曷韵　词第十八部　戏发花辙　曲家麻韵，去

八画

辤（同"辞"）

九画

辥（同"薛"）辦（见"办"）

辨 (一)biàn[ㄅㄧㄢˋ] 符蹇切　史寒韵，去　平上，铣韵　词第七部　戏言前辙　曲先天韵，去

(二)bàn[ㄅㄢˋ] 蒲苋切　史寒韵，去　平去，谏韵　词第七部　戏言前辙　曲寒山韵，去　（治理；具备）

(三)piàn[ㄆㄧㄢˋ] 匹见切　史寒韵，去　平去，霰韵　词第七部　戏言前辙　（皮革断裂）

㈣biǎn[ㄅㄧㄢˇ]（～卑，同"贬"）

辩 ㈠biàn[ㄅㄧㄢˋ]　符塞切　史寒韵，去　平上，铣韵　词第七部　戏言前辙　曲先天韵，去

　㈡pián[ㄆㄧㄢˊ]　毗连切　史寒韵，阳　平平，先韵　词第七部　戏言前辙　（～～而言）

婪（查"女"部）

<h2 style="text-align:center">十画</h2>

辫 biàn[ㄅㄧㄢˋ]　薄泫切　史寒韵，去　平上，铣韵　词第七部　戏言前辙　曲先天韵，去

檗（查"木"部）

<h2 style="text-align:center">十一画</h2>

斒（同"斑"）

<h2 style="text-align:center">十二画</h2>

孹（同"孽"）辝（见"辞"）

瓣 bàn[ㄅㄢˋ]　蒲苋切　史寒韵，去　平去，谏韵　词第七部　戏言前辙　曲寒山韵，去

<h2 style="text-align:center">十三画</h2>

虊（同"虆"）辯（见"辩"）

<h2 style="text-align:center">十四画</h2>

辮（见"辫"）

八　画

青　部

青 qīng[ㄑㄧㄥ]　仓经切　史庚韵，阴　平平，青韵　词第十一部　戏中东辙　曲庚青韵，阴

<h2 style="text-align:center">四画</h2>

靓 ㈠jìng[ㄐㄧㄥˋ]　疾政切　史庚韵，去　平去，敬韵　词第十一部　戏中东辙

　㈡liàng[ㄌㄧㄤˋ]　力让切　史唐韵，去　平去，漾韵　词第二部　戏江阳辙　（漂亮）【方言字。借用同音字"亮㈠"的反切。】

<h2 style="text-align:center">五画</h2>

靖 jìng[ㄐㄧㄥˋ]　疾郢切　史庚韵，去　平上，梗韵　词第十一部　戏中东辙　曲庚青韵，去

<h2 style="text-align:center">六画</h2>

静 jìng[ㄐㄧㄥˋ]　疾郢切　史庚韵，去　平上，梗韵　词第十一部　戏中东辙　曲庚青韵，去

靘 qìng[ㄑㄧㄥˋ]　千定切　史庚韵，去　平去，径韵　词第十一部　戏中东辙

<h2 style="text-align:center">七画</h2>

靚（见"靓"）

<h2 style="text-align:center">八画</h2>

靛 diàn[ㄉㄧㄢˋ]　堂练切　史寒韵，去　平去，霰韵　词第七部　戏言前辙　曲先天韵，去

卓　部

二画

訐 gàn[ㄍㄢˋ] 古案切　囯寒韵，去　平去，翰韵　词第七部　戏言前辙　曲寒山韵，去

三画

乾 (一)qián[ㄑㄧㄢˊ] 渠焉切　囯寒韵，阳　平平，先韵　词第七部　戏言前辙　曲先天韵，阳
　　(二)gān[ㄍㄢ] （见“干(一)”）

四画

韩 hán[ㄏㄢˊ] 胡安切　囯寒韵，阳　平平，寒韵　词第七部　戏言前辙　曲寒山韵，阳
戟 jǐ[ㄐㄧˇ] 几剧切　囯齐韵，上　平入，陌韵　词第十七部　戏一七辙　曲齐微韵，上

五画

斡 （见“干(二)：②；(三)”）

六画

榦 （见“干(二)”）
斡 (一)wò[ㄨㄛˋ] 乌括切　囯波韵，去　平入，曷韵　词第十八部　戏梭波辙
　　(二)guǎn[ㄍㄨㄢˇ] 古缓切　囯寒韵，上　平上，旱韵　词第七部　戏言前辙　（掌管）

八画

翰 hàn[ㄏㄢˋ] 侯旰切　囯寒韵，去　平去，翰韵　词第七部　戏言前辙　曲寒山韵，去
翰 hàn[ㄏㄢˋ] ①侯旰切　囯寒韵，去　平去，翰韵　词第七部　戏言前辙　曲寒山韵，去
　　　　②胡安切　囯寒韵，去　平平，寒韵　词第七部　戏言前辙　曲寒山韵，阳　（又）

九画

韓 （见“韩”）

十画

雗 hàn[ㄏㄢˋ] 侯旰切　囯寒韵，去　平去，翰韵　词第七部　戏言前辙　曲寒山韵，去

十三画

鶾 hán[ㄏㄢˊ] 胡安切　囯寒韵，阳　平平，寒韵　词第七部　戏言前辙　曲寒山韵，阳

雨　部

雨 (一)yǔ[ㄩˇ] 玉矩切　囯齐韵，上　平上，麌韵　词第四部　戏一七辙　曲鱼模韵，上
　　(二)yù[ㄩˋ] 玉遇切　囯齐韵，去　平去，遇韵　词第四部　戏一七辙　（降水）

三画

雩 (一)yú[ㄩˊ] 羽俱切　囯齐韵，阳　平平，虞韵　词第四部　戏一七辙　曲鱼模韵，阳
　　(二)xū[ㄒㄩ] 况于切　囯齐韵，阴　平平，虞韵　词第四部　戏一七辙　（~娄县）
　　(三)yù[ㄩˋ] 王遇切　囯齐韵，去　平去，遇韵　词第四部　戏一七辙　（虹的又名）
雪 xuě[ㄒㄩㄝˇ] 相绝切　囯皆韵，上　平入，屑韵　词第十八部　戏乜斜辙　曲车遮韵，上

四画

雲 （见“云”）

雳 lì[ㄌㄧˋ] 郎击切　史齐韵，去　平入，锡韵　词第十七部　戏一七辙　曲齐微韵，去

雰 fēn[ㄈㄣ] 府文切　史文韵，阴　平平，文韵　词第六部　戏人辰辙

雯 wén[ㄨㄣˊ] 无分切　史文韵，阳　平平，文韵　词第六部　戏人辰辙

雱 (一)pāng[ㄆㄤ] 普郎切　史唐韵，阴　平平，阳韵　词第二部　戏江阳辙
　　(二)páng[ㄆㄤˊ] 步郎切　史唐韵，阳　平平，阳韵　词第二部　戏江阳辙　（同"旁(一)"）

五画

電（见"电"）

雷 léi[ㄌㄟˊ] 鲁回切　史微韵，阳　平平，灰韵　词第三部　戏灰堆辙　曲齐微韵，阳

零 (一)líng[ㄌㄧㄥˊ] 郎丁切　史庚韵，阳　平平，青韵　词第十一部　戏中东辙　曲庚青韵，阳
　　(二)lián[ㄌㄧㄢˊ] 落贤切　史寒韵，阳　平平，先韵　词第七部　戏言前辙　（先~）

雾 wù[ㄨˋ] 亡遇切　史姑韵，去　平去，遇韵　词第四部　戏姑苏辙　曲鱼模韵，去

雹 báo[ㄅㄠˊ] 蒲角切　史豪韵，阳　平入，觉韵　词第十六部　戏遥条辙

雺 wù[ㄨˋ] ①亡遇切　史姑韵，去　平去，遇韵　词第四部　戏姑苏辙　曲鱼模韵，去
　　　　②莫候切　史姑韵，去　平去，宥韵　词第十二部　戏姑苏辙　曲鱼模韵，去　（又）
　　　　③莫浮切　史姑韵，去　平平，尤韵　词第十二部　戏姑苏辙　曲鱼模韵，去　（又）

六画

需 (一)xū[ㄒㄩ] 相俞切　史齐韵，阴　平平，虞韵　词第四部　戏一七辙　曲鱼模韵，阴
　　(二)ruǎn[ㄖㄨㄢˇ]（同"软"）

霆 tíng[ㄊㄧㄥˊ] ①特丁切　史庚韵，阳　平平，青韵　词第十一部　戏中东辙　曲庚青韵，阳
　　　　　②徒鼎切　史庚韵，阳　平上，迥韵　词第十一部　戏中东辙　（疾雷）

霔 zhào[ㄓㄠˋ] 徒弔切　史豪韵，去　平去，啸韵　词第八部　戏遥条辙

霁 jì[ㄐㄧˋ] 子计切　史齐韵，去　平去，霁韵　词第三部　戏一七辙　曲齐微韵，去

七画

震 zhèn[ㄓㄣˋ] 章刃切　史文韵，去　平去，震韵　词第六部　戏人辰辙　曲真文韵，去

霄 xiāo[ㄒㄧㄠ] 相邀切　史豪韵，阴　平平，萧韵　词第八部　戏遥条辙　曲萧豪韵，阴

霉 méi[ㄇㄟˊ] ①莫裴切　史微韵，阳　平平，灰韵　词第三部　戏灰堆辙
　　　　②武悲切　史微韵，阳　平平，支韵　词第三部　戏灰堆辙　（衣物~点；脸上黑垢）

霅 (一)zhá[ㄓㄚˊ] ①之涉切　史麻韵，阳　平入，叶韵　词第十八部　戏发花辙
　　　　　②丈甲切　史麻韵，阳　平入，洽韵　词第十九部　戏发花辙　（又）
　　(二)zhà[ㄓㄚˋ] 丈甲切　史麻韵，去　平入，洽韵　词第十九部　戏发花辙　（~溪）
　　(三)xiá[ㄒㄧㄚˊ] 胡甲切　史麻韵，阳　平入，洽韵　词第十九部　戏发花辙　（人声嘈杂）
　　(四)sà[ㄙㄚˋ] 苏合切　史麻韵，去　平入，合韵　词第十九部　戏发花辙　（雨声；忽然）

霂 mù[ㄇㄨˋ] 莫卜切　史姑韵，去　平入，屋韵　词第十五部　戏姑苏辙

霈 pèi[ㄆㄟˋ] 普盖切　史微韵，去　平去，泰韵　词第三部　戏灰堆辙　曲齐微韵，去

八画

霑（同"沾(一)：①"）

霒 yīn[ㄧㄣ] 於金切　史文韵，阴　平平，侵韵　词第十三部　戏人辰辙

霙 yīng[ㄧㄥ] 於惊切　史庚韵，阴　平平，庚韵　词第十一部　戏中东辙

霖 lín[ㄌㄧㄣˊ] 力寻切　史文韵，阳　平平，侵韵　词第十三部　戏人辰辙　曲侵寻韵，阳

霏 fēi[ㄈㄟ] 芳非切　史微韵，阴　平平，微韵　词第三部　戏灰堆辙　曲齐微韵，阴

霓 ní[ㄋㄧˊ] 五稽切　史齐韵，阳　平平，齐韵　词第三部　戏一七辙　曲齐微韵，阳

霍 huò[ㄏㄨㄛˋ] 虚郭切　史波韵，去　平入，药韵　词第十六部　戏梭波辙
霎 shà[ㄕㄚˋ] ①山洽切　史麻韵，去　平入，洽韵　词第十九部　戏发花辙　曲家麻韵，上
　　　　　　②山辄切　史麻韵，去　平入，叶韵　词第十八部　戏发花辙　曲家麻韵，上　（又）
霆 zhù[ㄓㄨˋ] 之戍切　史姑韵，去　平去，遇韵　词第四部　戏姑苏辙

九画

霛（同"灵"）霚（同"雾②③"）
霜 shuāng[ㄕㄨㄤ] 色庄切　史唐韵，阴　平平，阳韵　词第二部　戏江阳辙　曲江阳韵，阴
霡 mài[ㄇㄞˋ] 莫获切　史开韵，去　平入，陌韵　词第十七部　戏怀来辙
霞 xiá[ㄒㄧㄚˊ] 胡加切　史麻韵，阳　平平，麻韵　词第十部　戏发花辙　曲家麻韵，阳

十画

霢（同"霡"）霤（同"溜㈠"）霧（见"雾"）
霣 yǔn[ㄩㄣˇ] 于敏切　史文韵，上　平上，轸韵　词第六部　戏人辰辙
霩 kuò[ㄎㄨㄛˋ] 虚郭切　史波韵，去　平入，药韵　词第十六部　戏梭波辙

十一画

霪 yín[ㄧㄣˊ] 余针切　史文韵，阳　平平，侵韵　词第十三部　戏人辰辙　曲侵寻韵，阳
霭 ǎi[ㄞˇ] ①於盖切　史开韵，上　平去，泰韵　词第五部　戏怀来辙　曲皆来韵，上
　　　　②乌葛切　史开韵，上　平入，曷韵　词第十八部　戏怀来辙　曲皆来韵，上　（又）
霫 xí[ㄒㄧˊ] 先立切　史齐韵，阳　平入，缉韵　词第十七部　戏一七辙

十二画

霰 xiàn[ㄒㄧㄢˋ] 苏佃切　史寒韵，去　平去，霰韵　词第七部　戏言前辙　曲先天韵，去
霮 dàn[ㄉㄢˋ] 徒感切　史寒韵，去　平上，感韵　词第十四部　戏言前辙
霱 yù[ㄩˋ] 余律切　史齐韵，去　平入，质韵　词第十七部　戏一七辙

十三画

霶（同"滂"）
霸 ㈠bà[ㄅㄚˋ] 必驾切　史麻韵，去　平去，祃韵　词第十部　戏发花辙　曲家麻韵，去
　　㈡pò[ㄆㄛˋ] 匹陌切　史波韵，去　平入，陌韵　词第十七部　戏梭波辙　（月魄）
霵 jí[ㄐㄧˊ] ①阻立切　史齐韵，阳　平入，缉韵　词第十七部　戏一七辙
　　　　　②仕戢切　史齐韵，阳　平入，缉韵　词第十七部　戏一七辙　（暴雨状）
露 ㈠lù[ㄌㄨˋ] 洛故切　史姑韵，去　平去，遇韵　词第四部　戏姑苏辙　曲鱼模韵，去
　　㈡lòu[ㄌㄡˋ] 洛故切　史尤韵，去　平去，遇韵　词第四部　戏由求辙　曲鱼模韵，去　（显出）
霹 pī[ㄆㄧ] 普击切　史齐韵，阴　平入，锡韵　词第十七部　戏一七辙
霿 ㈠méng[ㄇㄥˊ] ①莫红切　史庚韵，阳　平平，东韵　词第一部　戏中东辙
　　　　　　　②莫弄切　史庚韵，阳　平去，送韵　词第一部　戏中东辙　（雾气）
　　㈡mào[ㄇㄠˋ] 莫候切　史豪韵，去　平去，宥韵　词第十二部　戏遥条辙　（昏昧；愚蒙）
　　㈢wù[ㄨˋ] （同"雾"）

十四画

霽（见"霁"）
霼 xì[ㄒㄧˋ] 许既切　史齐韵，去　平去，未韵　词第三部　戏一七辙
霾 mái[ㄇㄞˊ] 莫皆切　史开韵，阳　平平，佳韵　词第五部　戏怀来辙　曲皆来韵，阳

十五画

鼝（见"礌"）䨓（同"雷"）

十六画

霺（见"霈"）靈（见"灵"）靆（见"霭"）

靃 ㈠huò［ㄏㄨㄛˋ］虚郭切　史波韵，去　平入，药韵　词第十六部　戏梭波辙
　　㈡suǐ［ㄙㄨㄟˇ］息委切　史微韵，上　平上，纸韵　词第三部　戏灰堆辙　（～靡）

十七画

靉（见"靆"）

非 部

非 ㈠fēi［ㄈㄟ］甫微切　史微韵，阴　平平，微韵　词第三部　戏灰堆辙　曲齐微韵，阴
　　㈡fěi［ㄈㄟˇ］妃尾切　史微韵，上　平上，尾韵　词第三部　戏灰堆辙　（诽谤）

三画

啡（查"口"部）婓（查"女"部）

四画

辈 bèi［ㄅㄟˋ］补妹切　史微韵，去　平去，队韵　词第三部　戏灰堆辙　曲齐微韵，去
棐（查"木"部）斐（查"文"部）扉（查"户"部）

六画

翡（查"羽"部）

七画

輩（见"辈"）
靠 kào［ㄎㄠˋ］苦到切　史豪韵，去　平去，号韵　词第八部　戏遥条辙

十一画

靡（查"麻"部）

齿（齒）部

齒（见"齿"）
齿 chǐ［ㄔˇ］昌里切　史支韵，上　平上，纸韵　词第三部　戏一七辙　曲支思韵，上

一画

龀（同"龇"）

二画

龀 chèn［ㄔㄣˋ］①初觐切　史文韵，去　平去，震韵　词第六部　戏人辰辙　曲真文韵，去
　　　　　　　　②初谨切　史文韵，去　平上，吻韵　词第六部　戏人辰辙　曲真文韵，去　（又）

三画

齕 hé［ㄏㄜˊ］①下没切　史波韵，阳　平入，月韵　词第十八部　戏梭波辙
　　　　　　　②胡结切　史波韵，阳　平入，屑韵　词第十八部　戏梭波辙　（又）

四画

齖 yá[ㄧㄚˊ] ①五加切　史麻韵，阳　乎平，麻韵　词第十部　戏发花辙　（齿不平正）

　　　　　　　②吾驾切　史麻韵，去　乎去，祃韵　词第十部　戏发花辙　（上下牙咬不吻合）

齗 (一)yín[ㄧㄣˊ] 语斤切　史文韵，阳　乎平，文韵　词第六部　戏人辰辙

　　(二)yǎn[ㄧㄢˇ] 语蹇切　史寒韵，上　乎上，铣韵　词第七部　戏言前辙　（露出牙齿）

齘 xiè[ㄒㄧㄝˋ] 胡介切　史皆韵，去　乎去，卦韵　词第五部　戏乜斜辙

齙 (一)bà[ㄅㄚˋ] 步化切　史麻韵，去　乎去，祃韵　词第十部　戏发花辙

　　(二)bā[ㄅㄚ] 邦加切　史麻韵，阴　乎平，麻韵　词第十部　戏发花辙　（又）

五画

齣 （同"出①"）

齛 (一)xiè[ㄒㄧㄝˋ] 私列切　史皆韵，去　乎入，屑韵　词第十八部　戏乜斜辙

　　(二)shì[ㄕˋ] 常世切　史支韵，去　乎去，霁韵　词第三部　戏一七辙　（咬）

齟 jǔ[ㄐㄩˇ] 床吕切　史齐韵，上　乎上，语韵　词第四部　戏一七辙

齞 yǎn[ㄧㄢˇ] 研岘切　史寒韵，上　乎上，铣韵　词第七部　戏言前辙

齚 zé[ㄗㄜˊ] 锄陌切　史波韵，阳　乎入，陌韵　词第十七部　戏梭波辙

齡 líng[ㄌㄧㄥˊ] 郎丁切　史庚韵，阳　乎平，青韵　词第十一部　戏中东辙　曲庚青韵，阳

齠 bāo[ㄅㄠ] 蒲交切　史豪韵，阴　乎平，肴韵　词第八部　戏遥条辙

齠 tiáo[ㄊㄧㄠˊ] ①田聊切　史豪韵，阳　乎平，萧韵　词第八部　戏遥条辙　（儿童换牙）

　　　　　　　　②徒聊切　史豪韵，阳　乎平，萧韵　词第八部　戏遥条辙　（同"髫"）

齝 chī[ㄔ] 丑之切　史支韵，阴　乎平，支韵　词第三部　戏一七辙

六画

齧 （同"啮(一)"）　齟 （同"齛(一)"）　齩 （同"咬(一)"）

齜 zī[ㄗ] 阻宜切　史支韵，阴　乎平，支韵　词第三部　戏一七辙

齤 quán[ㄑㄩㄢˊ] 巨员切　史寒韵，阳　乎平，先韵　词第七部　戏言前辙

齦 (一)yín[ㄧㄣˊ] 语巾切　史文韵，阳　乎平，文韵　词第六部　戏人辰辙　曲真文韵，阳　（牙根肉）

　　(二)kěn[ㄎㄣˇ] （同"啃①"）

七画

齬 yǔ[ㄩˇ] ①鱼巨切　史齐韵，上　乎上，语韵　词第四部　戏一七辙　曲鱼模韵，上

　　　　　　②语居切　史齐韵，上　乎平，鱼韵　词第四部　戏一七辙　曲鱼模韵，上　（又）

　　　　　　③五乎切　史齐韵，上　乎平，虞韵　词第四部　戏一七辙　曲鱼模韵，上　（又）

齪 chuò[ㄔㄨㄛˋ] 测角切　史波韵，去　乎入，觉韵　词第十六部　戏梭波辙

八画

齱 (一)zōu[ㄗㄡ] 侧鸠切　史尤韵，阴　乎平，尤韵　词第十二部　戏由求辙　（牙不正）

　　(二)chuò[ㄔㄨㄛˋ] （同"齪"）

齰 zé[ㄗㄜˊ] ①锄陌切　史波韵，阳　乎入，陌韵　词第十七部　戏梭波辙

　　　　　　②锄驾切　史麻韵，去　乎去，祃韵　词第十部　戏发花辙　（～齖）

齮 yǐ[ㄧˇ] 鱼倚切　史齐韵，上　乎上，纸韵　词第三部　戏一七辙

齯 ní[ㄋㄧˊ] 五稽切　史齐韵，阳　乎平，齐韵　词第三部　戏一七辙

九画

齶 （见"腭"）

齵 óu[ㄡˊ] 五娄切　史尤韵，阳　乎平，尤韵　词第十二部　戏由求辙

齲 qǔ[ㄑㄩˇ] 驱雨切　史齐韵，上　乎上，麌韵　词第四部　戏一七辙

齴 yǎn[ㄧㄢˇ] ①鱼蹇切　史寒韵，上　乎上，铣韵　词第七部　戏言前辙

　　　　　　②语限切　史寒韵，上　乎上，潸韵　词第七部　戏言前辙　（栈～）

齳 yǔn[ㄩㄣˇ] 鱼吻切　史文韵，上　乎上，吻韵　词第六部　戏人辰辙

齷 wò[ㄨㄜˋ] 於角切　史波韵，去　乎入，觉韵　词第十六部　戏梭波辙

<h3 style="text-align:center">十画</h3>

齻 diān[ㄉㄧㄢ] 都年切　史寒韵，阴　乎平，先韵　词第七部　戏言前辙

齱 zōu[ㄗㄡ] ①士角切　史尤韵，阴　乎入，觉韵　词第十六部　戏由求辙　（牙齿上下相合）

　　　　　　②甾尤切　史尤韵，阴　乎平，尤韵　词第十二部　戏由求辙　（牙齿折断）

齸 yì[ㄧˋ] ①夷质切　史齐韵，去　乎入，质韵　词第十七部　戏一七辙

　　　　　②伊昔切　史齐韵，去　乎入，陌韵　词第十七部　戏一七辙　（又）

<h3 style="text-align:center">十三画</h3>

齼 jìn[ㄐㄧㄣˋ] 巨禁切　史文韵，去　乎去，沁韵　词第十三部　戏人辰辙

齾 chǔ[ㄔㄨˇ] 创举切　史姑韵，上　乎上，语韵　词第四部　戏姑苏辙

<h3 style="text-align:center">二十画</h3>

齾 yà[ㄧㄚˋ] ①五鎋切　史麻韵，去　乎入，黠韵　词第十八部　戏发花辙

　　　　　②五割切　史麻韵，去　乎入，曷韵　词第十八部　戏发花辙　（又）

　　　　　③五葛切　史麻韵，去　乎入，曷韵　词第十八部　戏发花辙　（野兽吃剩下的残留物）

<h2 style="text-align:center">黾（黽）部</h2>

黽（见"黾"）

黾 (一)miǎn[ㄇㄧㄢˇ] ①弥兖切　史寒韵，上　乎上，铣韵　词第七部　戏言前辙　曲先天韵，上　（～池）

　　　　　　②武尽切　史寒韵，上　乎上，轸韵　词第六部　戏言前辙　曲先天韵，上　（又）

　(二)měng[ㄇㄥˇ] 武幸切　史庚韵，上　乎上，梗韵　词第十一部　戏中东辙　（金线蛙）

　(三)mǐn[ㄇㄧㄣˇ] 弭尽切　史文韵，上　乎上，轸韵　词第六部　戏人辰辙　（～勉）

　(四)méng[ㄇㄥˊ] 眉耕切　史庚韵，阳　乎平，庚韵　词第十一部　戏中东辙　（～陋）

<h3 style="text-align:center">四画</h3>

黿 yuán[ㄩㄢˊ] ①愚袁切　史寒韵，阳　乎平，元韵　词第七部　戏言前辙　曲先天韵，阳

　　　　　　②五丸切　史寒韵，阳　乎平，寒韵　词第七部　戏言前辙　曲先天韵，阳　（又）

<h3 style="text-align:center">五画</h3>

鼀 cù[ㄘㄨˋ] 七宿切　史姑韵，去　乎入，屋韵　词第十五部　戏姑苏辙

鼂 (一)zhāo[ㄓㄠ] 陟遥切　史豪韵，阴　乎平，萧韵　词第八部　戏遥条辙　（早晨）

　(二)cháo[ㄔㄠˊ]　（同"晁(一)"）

<h3 style="text-align:center">六画</h3>

鼃（同"蛙①"）鼃（同"蛛"）

<h3 style="text-align:center">八画</h3>

鼄（同"蜘"）

<h3 style="text-align:center">十画</h3>

鼇（同"鳌"）

黽（一）měng［ㄇㄥˇ］武幸切　囲庚韵，上　平上，梗韵　词第十一部　戏中东辙

　　（二）méng［ㄇㄥˊ］眉耕切　囲庚韵，阳　平平，庚韵　词第十一部　戏中东辙　（冥）

十一画

鼈（同"鳖"）

十二画

鼉 tuó［ㄊㄨㄛˊ］徒河切　囲波韵，阳　平平，歌韵　词第九部　戏梭波辙　曲歌戈韵，阳

十三画

鼊 bì［ㄅㄧˋ］北激切　囲齐韵，去　平入，锡韵　词第十七部　戏一七辙

隹　部

隹 zhuī［ㄓㄨㄟ］职追切　囲微韵，阴　平平，支韵　词第三部　戏灰堆辙

二画

隻（见"只（二）"）

隼 sǔn［ㄙㄨㄣˇ］思尹切　囲文韵，上　平上，轸韵　词第六部　戏人辰辙　曲真文韵，上

隺 hè［ㄏㄜˋ］①胡沃切　囲波韵，去　平入，沃韵　词第十五部　戏梭波辙

　　　　　　②克角切　囲皆韵，去　平入，觉韵　词第十六部　戏乜斜辙　（～然）

　　　　　　③曷各切　囲波韵，去　平入，药韵　词第十六部　戏梭波辙　（高飞；同"鹤"）

隽（一）juàn［ㄐㄩㄢˋ］徂兖切　囲寒韵，去　平上，铣韵　词第七部　戏言前辙

　　（二）jùn［ㄐㄩㄣˋ］即慎切　囲文韵，去　平去，震韵　词第六部　戏人辰辙　曲真文韵，去　（同"俊"）

难（一）nàn［ㄋㄢˋ］奴案切　囲寒韵，去　平去，翰韵　词第七部　戏言前辙　曲寒山韵，去

　　（二）nán［ㄋㄢˊ］那干切　囲寒韵，阳　平平，寒韵　词第七部　戏言前辙　曲寒山韵，阳　（不容易）

　　（三）nuó［ㄋㄨㄛˊ］奴何切　囲波韵，阳　平平，歌韵　词第九部　戏梭波辙　曲歌戈韵，阳　（盛；同"傩"）

三画

雀（一）què［ㄑㄩㄝˋ］即略切　囲皆韵，去　平入，药韵　词第十六部　戏乜斜辙　曲萧豪韵，上

　　（二）qiǎo［ㄑㄧㄠˇ］即略切　囲豪韵，上　平入，药韵　词第十六部　戏遥条辙　曲萧豪韵，上　（口语）

　　（三）qiāo［ㄑㄧㄠ］即略切　囲豪韵，阴　平入，药韵　词第十六部　戏遥条辙　曲萧豪韵，上　（～子）

售 shòu［ㄕㄡˋ］承咒切　囲尤韵，去　平去，宥韵　词第十二部　戏由求辙　曲尤侯韵，去

帷（查"巾"部）崔（查"山"部）

四画

雋（见"隽"）凖（见"准"）

雄 xióng［ㄒㄩㄥˊ］羽弓切　囲庚韵，阳　平平，东韵　词第一部　戏中东辙　曲东钟韵，阳

雅（一）yǎ［ㄧㄚˇ］五下切　囲麻韵，上　平上，马韵　词第十部　戏发花辙　曲家麻韵，上

　　（二）yā［ㄧㄚ］於加切　囲麻韵，阴　平平，麻韵　词第十部　戏发花辙　（乌鸦）

雂（一）qín［ㄑㄧㄣˊ］①巨金切　囲文韵，阳　平平，侵韵　词第十三部　戏人辰辙

　　　　　　　②巨淹切　囲文韵，阳　平平，盐韵　词第十四部　戏人辰辙　（又）

　　（二）án［ㄢˊ］五甘切　囲寒韵，阳　平平，覃韵　词第十四部　戏言前辙　（古人名）

焦（查"火"部）集（查"木"部）雇（查"户"部）雁（查"厂"部）

五画

凖（同"准"）

雎 jū[ㄐㄩ] 七余切 史齐韵，阴 乎平，鱼韵 词第四部 戏一七辙 曲鱼模韵，阴

雉 (一)zhì[ㄓˋ] 直几切 史支韵，去 乎上，纸韵 词第三部 戏一七辙 曲齐微韵，去

  (二)yǐ[丨ˇ] 演尔切 史齐韵，上 乎上，纸韵 词第三部 戏一七辙 曲齐微韵，去 （下~县）

雊 gòu[ㄍㄡˋ] 古候切 史尤韵，去 乎去，宥韵 词第十二部 戏由求辙

雏 (一)chú[彳ㄨˊ] 仕于切 史姑韵，阳 乎平，虞韵 词第四部 戏姑苏辙 曲鱼模韵，阳

  (二)jù[ㄐㄩˋ] 从遇切 史齐韵，去 乎去，遇韵 词第四部 戏一七辙 （颜浊~）

雍 （查"亠"部）

六画

雌 cí[ㄘˊ] 此移切 史支韵，阳 乎平，支韵 词第三部 戏一七辙 曲支思韵，阴

雒 luò[ㄌㄨㄛˋ] 卢各切 史波韵，去 乎入，药韵 词第十六部 戏梭波辙

截 （查"戈"部）翟 （查"羽"部）

七画

雝 （同"雍"）

崔 （查"山"部）

八画

奞 （见"奋"）

雔 chóu[彳ㄡˊ] 市流切 史尤韵，阳 乎平，尤韵 词第十二部 戏由求辙

雕 diāo[ㄉ丨ㄠ] 都聊切 史豪韵，阴 乎平，萧韵 词第八部 戏遥条辙 曲萧豪韵，阴

九画

虽 （见"虽"）

蘁 （查"艹"部）膗 （查"艹"部）

十画

崔 （同"崔"）雙 （见"双①"）雞 （见"鸡"）鶵 （见"雏"）雜 （见"杂"）離 （见"离"）雝 （同"雍①"）

雠 chóu[彳ㄡˊ] 市流切 史尤韵，阳 乎平，尤韵 词第十二部 戏由求辙 曲尤侯韵，阳

雗 （查"卓"部）瞿 （查"目"部）

十一画

難 （见"难"）

十二画

矍 （查"目"部）犨 （查"牛"部）

十五画

讐 （同"雔"）鱃 （见"雠"）

十六画

雧 zá[ㄗㄚˊ] 徂合切 史麻韵，阳 乎入，合韵 词第十九部 戏发花辙

阜（阝左）部

阜 fù[ㄈㄨˋ] 房久切 史姑韵，去 乎上，有韵 词第十二部〔兼第四部麌韵〕 戏姑苏辙 曲鱼模韵，去

二画

队 duì[ㄉㄨㄟˋ] 徒对切 史微韵，去 乎去，队韵 词第三部 戏灰堆辙 曲齐微韵，去

阞 lè[ㄌㄜˋ] 卢则切　史波韵，去　平入，职韵　词第十七部　戏梭波辙

三画

阢 wù[ㄨˋ] 五忽切　史姑韵，去　平入，月韵　词第十八部　戏姑苏辙

阡 qiān[ㄑㄑㄢ] 苍先切　史寒韵，阴　平平，先韵　词第七部　戏言前辙　曲先天韵，阴

阤 ㈠zhì[ㄓˋ] 池尔切　史支韵，去　平上，纸韵　词第三部　戏一七辙

　　㈡shǐ[ㄕˇ] 施是切　史支韵，上　平上，纸韵　词第三部　戏一七辙　（崩坏）

　　㈢yǐ[ㄑˇ] 演尔切　史齐韵，上　平上，纸韵　词第三部　戏一七辙　（~靡）

　　㈣tuó[ㄊㄨㄛˊ]　（陂~-陂陀，同"陀㈠"）

四画

阯（同"址"）阠（同"陡"）

阱 jǐng[ㄐㄑㄥˇ] ①疾郢切　史庚韵，上　平上，梗韵　词第十一部　戏中东辙　曲庚青韵，去
　　　　　　　　②疾政切　史庚韵，上　平去，敬韵　词第十一部　戏中东辙　曲庚青韵，去　（又）

阮 ㈠ruǎn[ㄖㄨㄢˇ] 虞远切　史寒韵，上　平上，阮韵　词第七部　戏言前辙　曲先天韵，上

　　㈡yuán[ㄩㄢˊ] 愚袁切　史寒韵，阳　平平，元韵　词第七部　戏言前辙　（五~关）

阫 ㈠péi[ㄆㄟˊ] 蒲枚切　史微韵，阳　平平，灰韵　词第三部　戏灰堆辙

　　㈡pēi[ㄆㄟ] 铺枚切　史微韵，阴　平平，灰韵　词第三部　戏灰堆辙　（又）

阨 ㈠è[ㄜˋ] 乙革切　史波韵，去　平入，陌韵　词第十七部　戏梭波辙　曲皆来韵，去

　　㈡ài[ㄞˋ]　（狭窄，同"隘㈠"）

阵 zhèn[ㄓㄣˋ] 直刃切　史文韵，去　平去，震韵　词第六部　戏人辰辙　曲真文韵，去

阰 pí[ㄆㄑˊ] 房脂切　史齐韵，阳　平平，支韵　词第三部　戏一七辙

阳 yáng[ㄑㄤˊ] 与章切　史唐韵，阳　平平，阳韵　词第二部　戏江阳辙　曲江阳韵，阳

阪 bǎn[ㄅㄢˇ] ①扶板切　史寒韵，上　平上，潸韵　词第七部　戏言前辙
　　　　　②府远切　史寒韵，上　平上，阮韵　词第七部　戏言前辙　（又）

阶 jiē[ㄐㄑㄝ] 古谐切　史皆韵，阴　平平，佳韵　词第五部　戏乜斜辙　曲皆来韵，阴

阴 ㈠yīn[ㄑㄣ] 於金切　史文韵，阴　平平，侵韵　词第十三部　戏人辰辙　曲侵寻韵，阴

　　㈡yìn[ㄑㄣˋ] 於禁切　史文韵，去　平去，沁韵　词第十三部　戏人辰辙　曲侵寻韵，去　（通"荫"）

　　㈢ān[ㄢ] 乌含切　史寒韵，阴　平平，覃韵　词第十四部　戏言前辙　（谙~）

阬 ㈠gāng[ㄍㄤ] 居郎切　史唐韵，阴　平平，阳韵　词第二部　戏江阳辙　（丘冈）

　　㈡kàng[ㄎㄤˋ] 苦浪切　史唐韵，去　平去，漾韵　词第二部　戏江阳辙　（对抗）

　　㈢kēng[ㄎㄥ]　（同"坑㈠"）

防 fáng[ㄈㄤˊ] ①符方切　史唐韵，阳　平平，阳韵　词第二部　戏江阳辙　曲江阳韵，阳
　　　　　　　②符况切　史唐韵，阳　平去，漾韵　词第二部　戏江阳辙　曲江阳韵，阳　（守御）

五画

际 jì[ㄐㄑˋ] 子例切　史齐韵，去　平去，霁韵　词第三部　戏一七辙　曲齐微韵，去

陆 ㈠lù[ㄌㄨˋ] 力竹切　史姑韵，去　平入，屋韵　词第十五部　戏姑苏辙　曲鱼模韵，去

　　㈡liù[ㄌㄑㄡˋ]　（同"六㈠"）

阹 qū[ㄑㄩ] 去鱼切　史齐韵，阴　平平，鱼韵　词第四部　戏一七辙

阿 ㈠ē[ㄜ] 乌何切　史波韵，阴　平平，歌韵　词第九部　戏梭波辙　曲歌戈韵，阴

　　㈡ā[ㄚ] 乌何切　史麻韵，阴　平平，歌韵　词第九部　戏发花辙　曲歌戈韵，阴　（前缀字；译音字）【古今音。
反切仍之。】

陇 lǒng[ㄌㄨㄥˇ] 力踵切　史庚韵，上　平上，肿韵　词第一部　戏中东辙　曲东钟韵，上

陈 ㈠chén[ㄔㄣˊ] 直珍切　史文韵，阳　平平，真韵　词第六部　戏人辰辙　曲真文韵，阳

㈡zhèn［ㄓㄣ ˋ］直刃切　史文韵，去　平去，震韵　词第六部　戏人辰辙　曲真文韵，去　（战阵；军伍）

阽 ㈠diàn［ㄉ丨ㄢ ˋ］都念切　史寒韵，去　平去，艳韵　词第十四部　戏言前辙

㈡yán［丨ㄢ ´］余廉切　史寒韵，阳　平平，盐韵　词第十四部　戏言前辙　（又）

阻 zǔ［ㄗㄨ ˇ］侧吕切　史姑韵，上　平上，语韵　词第四部　戏姑苏辙　曲鱼模韵，上

阼 zuò［ㄗㄨㄛ ˋ］昨误切　史波韵，去　平去，遇韵　词第四部　戏梭波辙

陁 ㈠chí［ㄔ ´］丈尔切　史支韵，阳　平上，纸韵　词第三部　戏一七辙　（崖边）

㈡yǐ［丨 ˇ］演尔切　史齐韵，上　平上，纸韵　词第三部　戏一七辙　（~靡）

㈢tuó［ㄊㄨㄛ ´］（陂陁，同"陀㈠"）

㈣duò［ㄉㄨㄛ ˋ］（崩塌，同"陀㈡"）

附 ㈠fù［ㄈㄨ ˋ］符遇切　史姑韵，去　平去，遇韵　词第四部　戏姑苏辙　曲鱼模韵，去

㈡pǒu［ㄆㄡ ˇ］薄口切　史尤韵，上　平上，有韵　词第十二部　戏由求辙　（~娄）

阺 dǐ［ㄉ丨 ˇ］①典礼切　史齐韵，上　平上，荠韵　词第三部　戏一七辙

　　　　　　②直尼切　史齐韵，上　平平，支韵　词第三部　戏一七辙　（又）

陀 ㈠tuó［ㄊㄨㄛ ´］徒河切　史波韵，阳　平平，歌韵　词第九部　戏梭波辙　曲歌戈韵，阳

㈡duò［ㄉㄨㄛ ˋ］待可切　史波韵，去　平上，哿韵　词第九部　戏梭波辙　（崩塌）

阨 ㈠è［ㄜ ˋ］①於革切　史波韵，去　平入，陌韵　词第十七部　戏梭波辙

　　　　　　②乌懈切　史波韵，去　平去，卦韵　词第十部　戏梭波辙　（又）

㈡ài［ㄞ ˋ］（狭窄，同"隘㈠"）

陂 ㈠bēi［ㄅㄟ］彼为切　史微韵，阴　平平，支韵　词第三部　戏灰堆辙　曲齐微韵，阴

㈡bì［ㄅ丨 ˋ］彼义切　史齐韵，去　平去，寘韵　词第三部　戏一七辙　（倾斜；不正）

㈢pō［ㄆㄛ］蒲波切　史波韵，阴　平平，歌韵　词第九部　戏梭波辙　曲歌戈韵，阴　（~陀）

㈣pí［ㄆ丨 ´］班麋切　史齐韵，阳　平平，支韵　词第三部　戏一七辙　曲齐微韵，阳　（黄~县）

陉 ㈠xíng［ㄒ丨ㄥ ´］户经切　史庚韵，阳　平平，青韵　词第十一部　戏中东辙

㈡jìng［ㄐ丨ㄥ ˋ］（小路，同"径㈠"）

六画

陋 lòu［ㄌㄡ ˋ］卢候切　史尤韵，去　平去，宥韵　词第十二部　戏由求辙　曲尤侯韵，去

陏 duò［ㄉㄨㄛ ˋ］徒火切　史波韵，去　平上，哿韵　词第九部　戏梭波辙

陌 mò［ㄇㄛ ˋ］莫白切　史波韵，去　平入，陌韵　词第十七部　戏梭波辙　曲皆来韵，去

陑 ér［ㄦ ´］如之切　史齐韵，阳　平平，支韵　词第三部　戏一七辙

陕 shǎn［ㄕㄢ ˇ］失冉切　史寒韵，上　平上，俭韵　词第十四部　戏言前辙　曲廉纤韵，上

陒 guǐ［ㄍㄨㄟ ˇ］①过委切　史微韵，上　平上，纸韵　词第三部　戏灰堆辙

　　　　　　②虚宜切　史微韵，上　平平，支韵　词第三部　戏灰堆辙　（又）

降 ㈠jiàng［ㄐ丨ㄤ ˋ］古巷切　史唐韵，去　平去，绛韵　词第二部　戏江阳辙　曲江阳韵，去

㈡xiáng［ㄒ丨ㄤ ´］下江切　史唐韵，阳　平平，江韵　词第二部　戏江阳辙　曲江阳韵，阳　（~伏；和同）

㈢hóng［ㄏㄨㄥ ´］乎攻切　史庚韵，阳　平平，冬韵　词第一部　戏中东辙　（诞生）

㈣xiàng［ㄒ丨ㄤ ˋ］胡降切　史唐韵，去　平去，绛韵　词第二部　戏江阳辙　曲江阳韵，去　（~娄）

陊 ㈠duò［ㄉㄨㄛ ˋ］徒可切　史波韵，去　平上，哿韵　词第九部　戏梭波辙　（垮塌）

㈡chǐ［ㄔ ´］池尔切　史支韵，上　平上，纸韵　词第三部　戏一七辙　（山崩）

陔 gāi［ㄍㄞ］古哀切　史开韵，阴　平平，灰韵　词第五部　戏怀来辙　曲皆来韵，阴

限 xiàn［ㄒ丨ㄢ ˋ］胡简切　史寒韵，去　平上，渐韵　词第七部　戏言前辙　曲寒山韵，去

七画

陣（见"阵"）**陜**（同"狭"）**陝**（见"陕"）**陘**（见"陉"）**陗**（同"峭"）**陞**（同"升"）

陡 dǒu［ㄉㄡˇ］当口切　屮尤韵，上　平上，有韵　词第十二部　戏由求辙　曲尤侯韵，上

陛 bì［ㄅㄧˋ］傍礼切　屮齐韵，去　平上，荠韵　词第三部　戏一七辙　曲齐微韵，去

陟 zhì［ㄓˋ］竹力切　屮支韵，去　平入，职韵　词第十七部　戏一七辙　曲齐微韵，上

陧 niè［ㄋㄧㄝˋ］五结切　屮皆韵，去　平入，屑韵　词第十八部　戏乜斜辙

陨 yǔn［ㄩㄣˇ］于敏切　屮文韵，上　平上，轸韵　词第六部　戏人辰辙　曲真文韵，上

除 (一)chú［ㄔㄨˊ］直鱼切　屮姑韵，阳　平平，鱼韵　词第四部　戏姑苏辙　曲鱼模韵，阳

　　(二)zhù［ㄓㄨˋ］迟倨切　屮姑韵，去　平去，御韵　词第四部　戏姑苏辙　（给予）

　　(三)shū［ㄕㄨ］商居切　屮姑韵，阴　平平，鱼韵　词第四部　戏姑苏辙　（四月的别名）

险 (一)xiǎn［ㄒㄧㄢˇ］虚检切　屮寒韵，上　平上，俭韵　词第十四部　戏言前辙　曲廉纤韵，上

　　(二)jiǎn［ㄐㄧㄢˇ］（同“俭”）

　　(三)yán［ㄧㄢˊ］（同“岩”）

院 yuàn［ㄩㄢˋ］①王眷切　屮寒韵，去　平去，霰韵　词第七部　戏言前辙　曲先天韵，去

　　　　　　　　②胡官切　屮寒韵，去　平平，寒韵　词第七部　戏言前辙　曲先天韵，去　（又）

陖 jùn［ㄐㄩㄣˋ］私闰切　屮文韵，去　平去，震韵　词第六部　戏人辰辙

八画

陼 (同“渚”)　陸 (见“陆”)　陳 (见“陈”)　陰 (见“阴”)

陵 líng［ㄌㄧㄥˊ］力膺切　屮庚韵，阳　平平，蒸韵　词第十一部　戏中东辙　曲庚青韵，阳

陬 (一)zōu［ㄗㄡ］侧鸠切　屮尤韵，阴　平平，尤韵　词第十二部　戏由求辙　曲尤侯韵，阴

　　(二)zhé［ㄓㄜˊ］知涉切　屮波韵，阳　平入，叶韵　词第十八部　戏梭波辙　（有~）

陭 (一)yī［ㄧ］於离切　屮齐韵，阴　平平，支韵　词第三部　戏一七辙　（~氏县）

　　(二)qí［ㄑㄧˊ］（崎岖，同“崎(一)：②”）

陫 fěi［ㄈㄟˇ］浮鬼切　屮微韵，上　平上，尾韵　词第三部　戏灰堆辙

陲 chuí［ㄔㄨㄟˊ］是为切　屮微韵，阳　平平，支韵　词第三部　戏灰堆辙　曲齐微韵，阳

陴 pí［ㄆㄧˊ］符支切　屮齐韵，阳　平平，支韵　词第三部　戏一七辙

陶 (一)táo［ㄊㄠˊ］徒刀切　屮豪韵，阳　平平，豪韵　词第八部　戏遥条辙　曲萧豪韵，阳

　　(二)yáo［ㄧㄠˊ］余昭切　屮豪韵，阳　平平，萧韵　词第八部　戏遥条辙　曲萧豪韵，阳　（皋~）

陷 xiàn［ㄒㄧㄢˋ］户籀切　屮寒韵，去　平去，陷韵　词第十四部　戏言前辙　曲监咸韵，去

陪 péi［ㄆㄟˊ］薄回切　屮微韵，阳　平平，灰韵　词第三部　戏灰堆辙　曲齐微韵，阳

婴 (查“女”部)

九画

隁 (同“堰②”)　陻 (同“堙”)　階 (见“阶”)　隄 (同“堤(一)”)　陽 (见“阳”)　隉 (见“陧”)　陰 (见“阴”)

陿 (同“狭”)

隋 (一)suí［ㄙㄨㄟˊ］旬为切　屮微韵，阳　平平，支韵　词第三部　戏灰堆辙　曲齐微韵，阳

　　(二)duò［ㄉㄨㄛˋ］①杜果切　屮波韵，去　平上，哿韵　词第九部　戏梭波辙　（剩余的祭品）

　　　　　　　　②他果切　屮波韵，去　平上，哿韵　词第九部　戏梭波辙　（古祭祀名）

　　(三)tuǒ［ㄊㄨㄛˇ］（同“椭(一)”）

随 suí［ㄙㄨㄟˊ］旬为切　屮微韵，阳　平平，支韵　词第三部　戏灰堆辙　曲齐微韵，阳

陾 réng［ㄖㄥˊ］如蒸切　屮庚韵，阳　平平，蒸韵　词第十一部　戏中东辙

隅 yú［ㄩˊ］遇俱切　屮齐韵，阳　平平，虞韵　词第四部　戏一七辙　曲鱼模韵，阳

隈 wēi［ㄨㄟ］①乌恢切　屮微韵，阴　平平，灰韵　词第三部　戏灰堆辙　曲齐微韵，阴

　　　　　　　②乌缋切　屮微韵，阴　平去，队韵　词第三部　戏灰堆辙　曲齐微韵，阴　（又）

隍 huáng［ㄏㄨㄤˊ］胡光切　屮唐韵，阳　平平，阳韵　词第二部　戏江阳辙　曲江阳韵，阳

隗 (一)wěi[ㄨㄟˇ] 五罪切　史微韵，上　平上，贿韵　词第三部　戏灰堆辙　曲齐微韵，上　（高峻）

　　(二)kuí[ㄎㄨㄟˊ] 五罪切　史微韵，阳　平上，贿韵　词第三部　戏灰堆辙　曲齐微韵，上　（古国名；姓）

隃 (一)yú[ㄩˊ] 羊朱切　史齐韵，阳　平平，虞韵　词第四部　戏一七辙

　　(二)yáo[ㄧㄠˊ] 余招切　史豪韵，阳　平平，萧韵　词第八部　戏遥条辙　（遥远）

　　(三)shù[ㄕㄨˋ] ①伤遇切　史姑韵，去　平去，遇韵　词第四部　戏姑苏辙　（西～）

　　　　　　　　②式朱切　史姑韵，去　平平，虞韵　词第四部　戏姑苏辙　（又）

隆 lóng[ㄌㄨㄥˊ] 力中切　史庚韵，阳　平平，东韵　词第一部　戏中东辙　曲东钟韵，阳

隐 (一)yǐn[ㄧㄣˇ] 於谨切　史文韵，上　平上，吻韵　词第六部　戏人辰辙　曲真文韵，上

　　(二)yìn[ㄧㄣˋ] 於靳切　史文韵，去　平去，问韵　词第六部　戏人辰辙　（倚靠）

隧 (一)suì[ㄙㄨㄟˋ] 徐醉切　史微韵，去　平去，寘韵　词第三部　戏灰堆辙　（隧道）

　　(二)zhuì[ㄓㄨㄟˋ] 直类切　史微韵，去　平去，寘韵　词第三部　戏灰堆辙　（坠落）

　　(三)duì[ㄉㄨㄟˋ] （见"队"）

十画

隑 (见"陨"）**隥** (同"埼②"）**隖** (同"坞①"）

隔 gé[ㄍㄜˊ] 古核切　史波韵，阳　平入，陌韵　词第十七部　戏梭波辙　曲皆来韵，上

隙 xì[ㄒㄧˋ] 绮戟切　史齐韵，去　平入，陌韵　词第十七部　戏一七辙　曲齐微韵，上

隘 (一)ài[ㄞˋ] 乌懈切　史开韵，去　平去，卦韵　词第十部　戏怀来辙　曲皆来韵，去

　　(二)è[ㄜˋ] （同"厄"）

隒 yǎn[ㄧㄢˇ] 鱼检切　史寒韵，上　平上，俭韵　词第十四部　戏言前辙

十一画

隝 (同"岛"）**際** (见"际"）

障 zhàng[ㄓㄤˋ] ①之亮切　史唐韵，去　平去，漾韵　词第二部　戏江阳辙　曲江阳韵，去

　　　　　　②诸良切　史唐韵，去　平平，阳韵　词第二部　戏江阳辙　（平顶土山）

十二画

隨 (见"随"）**隣** (见"邻"）

隫 fén[ㄈㄣˊ] 符分切　史文韵，阳　平平，文韵　词第六部　戏人辰辙

隤 tuí[ㄊㄨㄟˊ] 杜回切　史微韵，阳　平平，灰韵　词第三部　戏灰堆辙

隩 (一)ào[ㄠˋ] 乌到切　史豪韵，去　平去，号韵　词第八部　戏遥条辙

　　(二)yù[ㄩˋ] 於六切　史齐韵，去　平入，屋韵　词第十五部　戏一七辙　（水湾）

隧 (一)suì[ㄙㄨㄟˋ] 徐醉切　史微韵，去　平去，寘韵　词第三部　戏灰堆辙　曲齐微韵，去

　　(二)zhuì[ㄓㄨㄟˋ] （同"坠"）

隥 dèng[ㄉㄥˋ] 都邓切　史庚韵，去　平去，径韵　词第十一部　戏中东辙　曲庚青韵，去

十三画

險 (见"险"）

十四画

隱 (见"隐"）

隰 xí[ㄒㄧˊ] 似入切　史齐韵，阳　平入，缉韵　词第十七部　戏一七辙

隮 jī[ㄐㄧ] ①祖稽切　史齐韵，阴　平平，齐韵　词第三部　戏一七辙

　　　　　②子计切　史齐韵，阴　平去，霁韵　词第三部　戏一七辙　（又）

隳 （查"木"部）

十五画

隳（查"心"部）

十六画

隴（见"陇"）

十八画

巆（同"巇"）

金（钅釒）部

金 jīn[ㄐㄧㄣ] 居吟切　史文韵，阴　平平，侵韵　词第十三部　戏人辰辙　曲侵寻韵，阴

一画

钆 gá[ㄍㄚˊ] 古黠切　史麻韵，阳　平入，黠韵　词第十八部　戏发花辙　【音译字。借用同音字"轧㈢"的反切。】

钇 yǐ[ㄧˇ] 於笔切　史齐韵，上　平入，质韵　词第十七部　戏一七辙　【音译字。借用同音字"乙"的反切。】

二画

针 zhēn[ㄓㄣ] ①职深切　史文韵，阴　平平，侵韵　词第十三部　戏人辰辙　曲侵寻韵，阴
　　　　②之任切　史文韵，上　平去，沁韵　词第十三部　戏人辰辙　（缝；刺）

钉 ㈠ dīng[ㄉㄧㄥ] 当经切　史庚韵，阴　平平，青韵　词第十一部　戏中东辙　曲庚青韵，阴
　㈡ dìng[ㄉㄧㄥˋ] 丁定切　史庚韵，去　平去，径韵　词第十一部　戏中东辙　曲庚青韵，去　（用钉子钉）

钊 zhāo[ㄓㄠ] 止遥切　史豪韵，阴　平平，萧韵　词第八部　戏遥条辙

钋 pō[ㄆㄛ] 匹角切　史波韵，阴　平入，觉韵　词第十六部　戏梭波辙

钌 ㈠ diǎo[ㄉㄧㄠˇ] 都了切　史豪韵，上　平上，篠韵　词第八部　戏遥条辙　（~钚）
　㈡ liǎo[ㄌㄧㄠˇ] 朗鸟切　史豪韵，上　平上，篠韵　词第八部　戏遥条辙　（元素名）
　㈢ liào[ㄌㄧㄠˋ] 力吊切　史豪韵，去　平去，啸韵　词第八部　戏遥条辙　（~锦儿）【借用同音字"旭"的反切。】

釜（查"父"部）

三画

铊（同"鏇"）

釬 hàn[ㄏㄢˋ] 侯旰切　史寒韵，去　平去，翰韵　词第七部　戏言前辙

釪 yú[ㄩˊ] 羽俱切　史齐韵，阳　平平，虞韵　词第四部　戏一七辙

钨 ㈠ wū[ㄨ] 哀都切　史姑韵，阴　平平，虞韵　词第四部　戏姑苏辙　（粉刷工具，同"圬"）
　㈡ huá[ㄏㄨㄚˊ] （农具，同"铧"）

釭 ㈠ gōng[ㄍㄨㄥ] ①古红切　史庚韵，阴　平平，东韵　词第一部　戏中东辙
　　　　②古冬切　史庚韵，阴　平平，冬韵　词第一部　戏中东辙　（灯）
　㈡ gāng[ㄍㄤ] 古双切　史唐韵，阴　平平，江韵　词第二部　戏江阳辙　曲江阳韵，阴　（金属轴套）

钍 tǔ[ㄊㄨˇ] 他鲁切　史姑韵，上　平上，麌韵　词第四部　戏姑苏辙　【音译字。借用同音字"土㈠"的反切。】

釱 ㈠ dì[ㄉㄧˋ] 特计切　史齐韵，去　平去，霁韵　词第三部　戏一七辙　（脚镣）
　㈡ dài[ㄉㄞˋ] 徒盖切　史开韵，去　平去，泰韵　词第五部　戏怀来辙　（车辖）

钐 qiǎo[ㄑㄧㄠˇ] 亲小切　史豪韵，上　平上，篠韵　词第八部　戏遥条辙

钮 kòu[ㄎㄡˋ] ①苦后切　史尤韵，去　平上，有韵　词第十二部　戏由求辙
　　　　②丘堠切　史尤韵，去　平去，宥韵　词第十二部　戏由求辙　（又）

钎 qiān[ㄑㄧㄢ] 苍先切　史寒韵，阴　平平，先韵　词第七部　戏言前辙　【现代字。借用同音字"千"的反切。】

铔 xì［ㄒㅣˋ］许讫切　史齐韵，去　罕入，物韵　词第十八部　戏一七辙

钏 chuàn［ㄔㄨㄢˋ］尺绢切　史寒韵，去　罕去，霰韵　词第七部　戏言前辙　曲先天韵，去

钐 (一)shàn［ㄕㄢˋ］所鉴切　史寒韵，去　罕去，陷韵　词第十四部　戏言前辙

　　(二)shān［ㄕㄢ］师咸切　史寒韵，阴　罕平，咸韵　词第十四部　戏言前辙　（姓；元素名）

钑 (一)sè［ㄙㄜˋ］色立切　史波韵，去　罕入，缉韵　词第十七部　戏梭波辙　（铁把短矛）

　　(二)sà［ㄙㄚˋ］苏合切　史麻韵，去　罕入，合韵　词第十九部　戏发花辙　（镂刻）

钒 (一)fǎn［ㄈㄢˇ］峰犯切　史寒韵，上　罕上，赚韵　词第十四部　戏言前辙

　　(二)fán［ㄈㄢˊ］符泛切　史寒韵，阳　罕平，咸韵　词第十四部　戏言前辙　（元素名）【音译字。借用同音字"凡"的反切。】

钓 diào［ㄉㄧㄠˋ］多啸切　史豪韵，去　罕去，啸韵　词第八部　戏遥条辙　曲萧豪韵，去

钔 mén［ㄇㄣˊ］莫奔切　史文韵，阳　罕平，元韵　词第六部　戏人辰辙　【音译字。借用同音字"门"的反切。】

钕 nǔ［ㄋㄩˇ］尼吕切　史齐韵，上　罕上，语韵　词第四部　戏一七辙　【音译字。借用同音字"女(一)"的反切。】

钖 yáng［ㄧㄤˊ］与章切　史唐韵，阳　罕平，阳韵　词第二部　戏江阳辙

钗 chāi［ㄔㄞ］楚佳切　史开韵，阴　罕平，佳韵　词第十部　戏怀来辙　曲皆来韵，阴

鉴（查"山"部）

四画

钘 (一)xíng［ㄒㄧㄥˊ］户经切　史庚韵，阳　罕平，青韵　词第十一部　戏中东辙

　　(二)jiān［ㄐㄧㄢ］经天切　史寒韵，阴　罕平，先韵　词第七部　戏言前辙　（人名）

鈇 fū［ㄈㄨ］甫无切　史姑韵，阴　罕平，虞韵　词第四部　戏姑苏辙　曲鱼模韵，阴

钙 gài［ㄍㄞˋ］古太切　史开韵，去　罕去，泰韵　词第五部　戏怀来辙　【音译字。借用同音字"丐"的反切。】

钚 bù［ㄅㄨˋ］分物切　史姑韵，去　罕入，物韵　词第十八部　戏姑苏辙　【音译字。借用同音字"不(一)"的反切。】

钛 tài［ㄊㄞˋ］他大切　史开韵，去　罕去，泰韵　词第五部　戏怀来辙

钜 jù［ㄐㄩˋ］其吕切　史齐韵，去　罕上，语韵　词第四部　戏一七辙

釾 (一)yá［ㄧㄚˊ］五加切　史麻韵，阳　罕平，麻韵　词第十部　戏发花辙　【音译字。借用同音字"牙"的反切。】

　　(二)yé［ㄧㄝˊ］（镆～-镆铘同"铘"）

钝 dùn［ㄉㄨㄣˋ］徒困切　史文韵，去　罕去，愿韵　词第六部　戏人辰辙　曲真文韵，去

鈚 pī［ㄆㄧ］①匹迷切　史齐韵，阴　罕平，齐韵　词第三部　戏一七辙　曲齐微韵，阴　（铁镞箭）

　　　②房脂切　史齐韵，阳　罕平，支韵　词第三部　戏一七辙　曲齐微韵，阴　（犁～）

钞 (一)chāo［ㄔㄠ］①楚交切　史豪韵，阴　罕平，肴韵　词第八部　戏遥条辙　曲萧豪韵，阴

　　　　②初教切　史豪韵，阴　罕去，效韵　词第八部　戏遥条辙　曲萧豪韵，去　（～盗；交～）

　　(二)miǎo［ㄇㄧㄠˇ］（深远，同"眇(一)"）

钟 zhōng［ㄓㄨㄥ］职容切　史庚韵，阴　罕平，冬韵　词第一部　戏中东辙　曲东钟韵，阴

钠 nà［ㄋㄚˋ］诺苔切　史麻韵，去　罕入，合韵　词第十九部　戏发花辙

钡 bèi［ㄅㄟˋ］博盖切　史微韵，去　罕去，泰韵　词第三部　戏灰堆辙

钢 (一)gāng［ㄍㄤ］古郎切　史唐韵，阴　罕平，阳韵　词第二部　戏江阳辙　曲江阳韵，阴

　　(二)gàng［ㄍㄤˋ］居浪切　史唐韵，去　罕去，漾韵　词第二部　戏江阳辙　曲江阳韵，去　（磨擦刀口）

釿 (一)jīn［ㄐㄧㄣ］举欣切　史文韵，阴　罕平，文韵　词第六部　戏人辰辙　（砍木工具）

　　(二)yín［ㄧㄣˊ］①宜引切　史文韵，上　罕上，轸韵　词第六部　戏人辰辙　（截断）

　　　　②鱼巾切　史文韵，阳　罕平，真韵　词第六部　戏人辰辙　（雕刻的凹纹）

　　　　③鱼斤切　史文韵，阳　罕平，文韵　词第六部　戏人辰辙　（平木器）

鈬 pī［ㄆㄧ］①匹历切　史齐韵，阴　罕入，锡韵　词第十七部　戏一七辙

　　　②匹麦切　史齐韵，阴　罕入，陌韵　词第十七部　戏一七辙　（又）

钣 bǎn［ㄅㄢˇ］布绾切　史寒韵，上　罕上，潸韵　词第七部　戏言前辙　曲寒山韵，上

钤 qián[ㄑㄧㄢˊ] 巨淹切　史寒韵，阳　平平，盐韵　词第十四部　戏言前辙　曲廉纤韵，阳

鈆 yán[ㄧㄢˊ] 与专切　史寒韵，阳　平平，先韵　词第七部　戏言前辙

钥 ㈠yuè[ㄩㄝˋ] 以灼切　史皆韵，去　平入，药韵　词第十六部　戏乜斜辙　曲歌戈韵，去

　　㈡yào[ㄧㄠˋ] 以灼切　史豪韵，去　平入，药韵　词第十六部　戏遥条辙　曲萧豪韵，去　（又）

钦 qīn[ㄑㄧㄣ] 去金切　史文韵，阴　平平，侵韵　词第十三部　戏人辰辙　曲侵寻韵，阴

钧 jūn[ㄐㄩㄣ] 居匀切　史文韵，阴　平平，真韵　词第六部　戏人辰辙　曲真文韵，阴

钨 wū[ㄨ] 哀都切　史姑韵，阴　平平，虞韵　词第四部　戏姑苏辙

钩 gōu[ㄍㄡ] 古侯切　史尤韵，阴　平平，尤韵　词第十二部　戏由求辙　曲尤侯韵，阴

钪 kàng[ㄎㄤˋ] 苦浪切　史唐韵，去　平去，漾韵　词第二部　戏江阳辙　【《篇海》：音亢。用其反切㈠。】

钫 fāng[ㄈㄤ] 府良切　史唐韵，阴　平平，阳韵　词第二部　戏江阳辙

钬 huǒ[ㄏㄨㄛˇ] 呼果切　史波韵，上　平上，哿韵　词第九部　戏梭波辙

钭 ㈠tǒu[ㄊㄡˇ] 天口切　史尤韵，上　平上，有韵　词第十二部　戏由求辙

　　㈡dǒu[ㄉㄡˇ] 徒口切　史尤韵，上　平上，有韵　词第十二部　戏由求辙　（又）

鈩 lú[ㄌㄨˊ] 落胡切　史姑韵，阳　平平，虞韵　词第四部　戏姑苏辙

铏 yǐn[ㄧㄣˇ] 余忍切　史文韵，上　平上，轸韵　词第六部　戏人辰辙

钮 niǔ[ㄋㄧㄡˇ] 女久切　史尤韵，上　平上，有韵　词第十二部　戏由求辙　曲尤侯韵，上

钯 ㈠pā[ㄆㄚ] 普巴切　史麻韵，阴　平平，麻韵　词第十部　戏发花辙　曲家麻韵，去

　　㈡bā[ㄅㄚ] 伯加切　史麻韵，阴　平平，麻韵　词第十部　戏发花辙　曲家麻韵，去　（~车）

　　㈢bǎ[ㄅㄚˇ] 搏下切　史麻韵，上　平上，马韵　词第十部　戏发花辙　（元素名）　【音译字。借用同音字"把㈠"的反切。】

　　㈣pá[ㄆㄚˊ]　（农具，同"耙㈠"）

五画

铇　（同"刨㈡"）

钰 yù[ㄩˋ] 五录切　史齐韵，去　平入，沃韵　词第十五部　戏一七辙

钱 ㈠qián[ㄑㄧㄢˊ] 昨仙切　史寒韵，阳　平平，先韵　词第七部　戏言前辙　曲先天韵，阳

　　㈡jiǎn[ㄐㄧㄢˇ] 即浅切　史寒韵，上　平上，铣韵　词第七部　戏言前辙　（铁铲）

钲 zhēng[ㄓㄥ] 诸盈切　史庚韵，阴　平平，庚韵　词第十一部　戏中东辙

钳 qián[ㄑㄧㄢˊ] 巨淹切　史寒韵，阳　平平，盐韵　词第十四部　戏言前辙　曲廉纤韵，阳

钴 gǔ[ㄍㄨˇ] 公户切　史姑韵，上　平上，麌韵　词第四部　戏姑苏辙

钵 bō[ㄅㄛ] 北末切　史波韵，阴　平入，曷韵　词第十八部　戏梭波辙　曲歌戈韵，上

鉥 ㈠shù[ㄕㄨˋ] 食聿切　史姑韵，去　平入，质韵　词第十七部　戏姑苏辙　（长针）

　　㈡xù[ㄒㄩˋ] 雪聿切　史齐韵，去　平入，质韵　词第十七部　戏一七辙　（引导）

钶 ㈠kē[ㄎㄜ] 乌何切　史波韵，阴　平平，歌韵　词第九部　戏梭波辙　（铌的旧称）

　　㈡ē[ㄜ] 乌何切　史波韵，阴　平平，歌韵　词第九部　戏梭波辙　（小锅）

钷 ㈠pō[ㄆㄛ] 滂禾切　史波韵，阴　平平，歌韵　词第九部　戏梭波辙　（~锣）

　　㈡pǒ[ㄆㄛˇ] 普火切　史波韵，上　平上，哿韵　词第九部　戏梭波辙　（元素名）　【音译字。借用同音字"叵"的反切。】

鉔 zā[ㄗㄚ] 作答切　史麻韵，阴　平入，合韵　词第十九部　戏发花辙

钚 pī[ㄆㄧ] 敷悲切　史齐韵，阴　平平，支韵　词第三部　戏一七辙

钹 bó[ㄅㄛˊ] 蒲拨切　史波韵，阳　平入，曷韵　词第十八部　戏梭波辙

钺 yuè[ㄩㄝˋ] 王伐切　史皆韵，去　平入，月韵　词第十八部　戏乜斜辙　曲车遮韵，去

钻 ㈠zuān[ㄗㄨㄢ] 借官切　史寒韵，阴　平平，寒韵　词第七部　戏言前辙　曲桓欢韵，阴

　　　　(1)穿孔洞：~探　(2)进入：~空子　(3)深入研究：~研

(二) zuàn[ㄗㄨㄢˋ] 子算切　中寒韵，去　平去，翰韵　词第七部　戏言前辙　曲桓欢韵，去

　　　(4)穿孔洞的工具　(5)古代的一种刑具　(6)金刚石：～戒　(7)同(1)

(三) qián[ㄑㄧㄢˊ] 巨淹切　中寒韵，阳　平平，盐韵　词第十四部　戏言前辙　曲廉纤韵，阳

　　　(8)钳　(9)古刑具　⑩用铁片加固器物结合处　⑪楔子

(四) chān[ㄔㄢ] 痴廉切　中寒韵，阴　平平，盐韵　词第十四部　戏言前辙

　　　⑫镲子　⑬古代给车毂上油膏的铁制工具

(五) cuán[ㄘㄨㄢˊ]　（簇聚，同"攒(二)"）

鉴 jiàn[ㄐㄧㄢˋ] ①古衔切　中寒韵，去　平平，咸韵　词第十四部　戏言前辙　曲监咸韵，去
　　　　　　②格忏切　中寒韵，去　平去，陷韵　词第十四部　戏言前辙　曲监咸韵，去　（又）

钼 mù[ㄇㄨˋ] 莫六切　中姑韵，去　平入，屋韵　词第十五部　戏姑苏辙　【音译字。借用同音字"目"的反切。】

鉏 (一) jǔ[ㄐㄩˇ] 床吕切　中齐韵，上　平上，语韵　词第四部　戏一七辙　（～铻）

(二) chá[ㄔㄚˊ] 锄加切　中麻韵，阳　平平，麻韵　词第十部　戏发花辙　（～牙）

(三) xú[ㄒㄩˊ] 详余切　中齐韵，阳　平平，鱼韵　词第四部　戏一七辙　（古国名；姓）

(四) chú[ㄔㄨˊ]　（同"锄"）

钽 tǎn[ㄊㄢˇ] 他但切　中寒韵，上　平上，旱韵　词第七部　戏言前辙　【音译字。借用同音字"坦"的反切。】

钾 (一) jiǎ[ㄐㄧㄚˇ] 古狎切　中麻韵，上　平入，洽韵　词第十九部　戏发花辙

(二) gé[ㄍㄜˊ] 古盍切　中波韵，阳　平入，合韵　词第十九部　戏梭波辙　（～鑸）

钿 (一) tián[ㄊㄧㄢˊ] 徒年切　中寒韵，阳　平平，先韵　词第七部　戏言前辙　曲先天韵，阳　（金花）

(二) diàn[ㄉㄧㄢˋ] 堂练切　中寒韵，去　平去，霰韵　词第七部　戏言前辙　曲先天韵，去　（器物上的镶嵌物）

铀 yóu[ㄧㄡˊ] 以周切　中尤韵，阳　平平，尤韵　词第十二部　戏由求辙　【音译字。借用同音字"由"的反切。】

鉠 yāng[ㄧㄤ] ①於良切　中唐韵，阴　平平，阳韵　词第二部　戏江阳辙
　　　　　②於惊切　中唐韵，阴　平平，庚韵　词第十一部　戏江阳辙　（又）

铁 (一) tiě[ㄊㄧㄝˇ] 他结切　中皆韵，上　平入，屑韵　词第十八部　戏乜斜辙　曲车遮韵，上

(二) zhì[ㄓˋ] 持栉切　中支韵，去　平入，质韵　词第十七部　戏一七辙　（同"铚"）

鈇 fú[ㄈㄨˊ] 缚谋切　中姑韵，阳　平平，尤韵　词第十二部　戏姑苏辙

铂 bó[ㄅㄛˊ] 白各切　中波韵，阳　平入，药韵　词第十六部　戏梭波辙

铃 líng[ㄌㄧㄥˊ] 郎丁切　中庚韵，阳　平平，青韵　词第十一部　戏中东辙　曲庚青韵，阳

铄 (一) shuò[ㄕㄨㄛˋ] 书药切　中波韵，去　平入，药韵　词第十六部　戏梭波辙　曲萧豪韵，上

(二) yuè[ㄩㄝˋ] 弋灼切　中皆韵，去　平入，药韵　词第十六部　戏乜斜辙　曲萧豪韵，上　（烧；烙）

鉤 (一) qú[ㄑㄩˊ] 权俱切　中齐韵，阳　平平，虞韵　词第四部　戏一七辙　（～酊）

(二) gòu[ㄍㄡˋ] 居候切　中尤韵，去　平去，宥韵　词第十二部　戏由求辙　（～梯）

(三) gōu[ㄍㄡ]　（同"钩"）

铅 (一) qiān[ㄑㄧㄢ] 与专切　中寒韵，阴　平平，先韵　词第七部　戏言前辙　曲先天韵，阳

(二) yán[ㄧㄢˊ] 与专切　中寒韵，阳　平平，先韵　词第七部　戏言前辙　曲先天韵，阳　（～山；姓）

铆 (一) liǔ[ㄌㄧㄡˇ] 力久切　中尤韵，上　平上，有韵　词第十二部　戏由求辙

(二) mǎo[ㄇㄠˇ] 莫饱切　中豪韵，上　平上，巧韵　词第八部　戏遥条辙　（～接）　【现代字。借用同音字"卯"的反切。】

鉒 zhù[ㄓㄨˋ] 中句切　中姑韵，去　平去，遇韵　词第四部　戏姑苏辙

铈 shì[ㄕˋ] 士止切　中支韵，去　平上，纸韵　词第三部　戏一七辙

铉 xuàn[ㄒㄩㄢˋ] 胡畎切　中寒韵，去　平上，铣韵　词第七部　戏言前辙

铊 (一) tā[ㄊㄚ] 托何切　中麻韵，阴　平平，歌韵　词第九部　戏发花辙　（元素名）　【音译字。借用同音字"它(一)"的反切。】

(二) shé[ㄕㄜˊ] ①视遮切　中波韵，阳　平平，麻韵　词第十部　戏梭波辙　（短矛）
　　　　　②式支切　中波韵，阳　平平，支韵　词第三部　戏梭波辙　（又）

（三）tuó[ㄊㄨㄛˊ]　（同"砣"）

铋 bì[ㄅㄧˋ]　①兵媚切　史齐韵，去　平去，寘韵　词第三部　戏一七辙
　　　　　　　　②鄙密切　史齐韵，去　平入，质韵　词第十七部　戏一七辙　（又）

铌 ní[ㄋㄧˊ]　女夷切　史齐韵，阳　平平，支韵　词第三部　戏一七辙　【音译字。借用同音字"尼(一)"的反切。】

鉊 zhāo[ㄓㄠ]　止遥切　史豪韵，阴　平平，萧韵　词第八部　戏遥条辙

铍 （一）pī[ㄆㄧ]　敷羁切　史齐韵，阴　平平，支韵　词第三部　戏一七辙

　　（二）pí[ㄆㄧˊ]　篇夷切　史齐韵，阳　平平，支韵　词第三部　戏一七辙　（元素名）【《正韵》：篇夷切。借用之。】

铍 pō[ㄆㄛ]　普活切　史波韵，阴　平入，曷韵　词第十八部　戏梭波辙

铎 duó[ㄉㄨㄛˊ]　①徒落切　史波韵，阳　平入，药韵　词第十六部　戏梭波辙　曲萧豪韵，阳
　　　　　　　　②徒落切　史波韵，阳　平入，药韵　词第十六部　戏梭波辙　曲歌戈韵，阳　（又）

铈 sì[ㄙˋ]　详里切　史支韵，去　平上，纸韵　词第三部　戏一七辙

鉧 mǔ[ㄇㄨˇ]　莫补切　史姑韵，上　平上，麌韵　词第四部　戏姑苏辙

莶 （查"艹"部）

六画

鈃（见"钘"）**銕**（同"铁(一)"）**銜**（见"衔"）

铏 xíng[ㄒㄧㄥˊ]　户经切　史庚韵，阳　平平，青韵　词第十一部　戏中东辙　曲庚青韵，阳

铐 kào[ㄎㄠˋ]　苦到切　史豪韵，去　平去，号韵　词第八部　戏遥条辙　【现代字。借用同音字"靠"的反切。】

铑 lǎo[ㄌㄠˇ]　卢皓切　史豪韵，上　平上，皓韵　词第八部　戏遥条辙　【借用同音字"老"的反切。】

銎 （一）qióng[ㄑㄩㄥˊ]　曲恭切　史庚韵，阳　平平，冬韵　词第一部　戏中东辙　（斧子装柄的孔）

　　（二）xiōng[ㄒㄩㄥ]　许容切　史庚韵，阴　平平，冬韵　词第一部　戏中东辙　（矛刃的下口）

铒 （一）èr[ㄦˋ]　如志切　史齐韵，去　平去，寘韵　词第三部　戏一七辙

　　（二）ěr[ㄦˇ]　而止切　史齐韵，上　平上，纸韵　词第三部　戏一七辙　（元素名）【音译字。借用同音字"耳(一)"的反切。】

鈜 hóng[ㄏㄨㄥˊ]　户公切　史庚韵，阳　平平，冬韵　词第一部　戏中东辙

铓 máng[ㄇㄤˊ]　武方切　史唐韵，阳　平平，阳韵　词第二部　戏江阳辙　曲江阳韵，阳

铔 yā[ㄧㄚ]　於加切　史麻韵，阴　平平，麻韵　词第十部　戏发花辙

鈚 pī[ㄆㄧ]　攀悲切　史齐韵，阳　平平，支韵　词第三部　戏一七辙

铕 yǒu[ㄧㄡˇ]　云久切　史尤韵，上　平上，有韵　词第十二部　戏由求辙　【借用同音字"有(一)"的反切。】

銙 kuǎ[ㄎㄨㄚˇ]　苦瓦切　史麻韵，上　平上，马韵　词第十部　戏发花辙

铖 chéng[ㄔㄥˊ]　是征切　史庚韵，阳　平平，庚韵　词第十一部　戏中东辙　【《龙龛手鉴》：音成。用其反切。】

铗 jiá[ㄐㄧㄚˊ]　古协切　史麻韵，阳　平入，叶韵　词第十八部　戏发花辙　曲车遮韵，上

铘 yé[ㄧㄝˊ]　余遮切　史皆韵，阳　平平，麻韵　词第十部　戏乜斜辙

铙 náo[ㄋㄠˊ]　女交切　史豪韵，阳　平平，肴韵　词第八部　戏遥条辙　曲萧豪韵，阳

铚 zhì[ㄓˋ]　①陟栗切　史支韵，去　平入，质韵　词第十七部　戏一七辙
　　　　　　②之日切　史支韵，去　平入，质韵　词第十七部　戏一七辙　（古县名）

铛 （一）tāng[ㄊㄤ]　他郎切　史唐韵，阴　平平，阳韵　词第二部　戏江阳辙

　　（二）dāng[ㄉㄤ]　都郎切　史唐韵，阴　平平，阳韵　词第二部　戏江阳辙　（银~；耳~）

　　（三）chēng[ㄔㄥ]　楚庚切　史庚韵，阴　平平，庚韵　词第十一部　戏中东辙　曲庚青韵，阴　（锅类）

铜 tóng[ㄊㄨㄥˊ]　徒红切　史庚韵，阳　平平，东韵　词第一部　戏中东辙　曲东钟韵，阳

铝 （一）lǚ[ㄌㄩˇ]　力举切　史齐韵，上　平上，语韵　词第四部　戏一七辙　【现代字。借用同音字"吕"的反切。】

　　（二）lǜ[ㄌㄩˋ]　（同"鑢"）

铞 diào[ㄉㄧㄠˋ]　多啸切　史豪韵，去　平去，啸韵　词第八部　戏遥条辙　【现代字。借用同音字"吊"的反切。】

铟 yīn[ㄧㄣ]　於真切　史文韵，阴　平平，真韵　词第六部　戏人辰辙　【音译字。借用同音字"因"的反切。】

铠 kǎi[ㄎㄞˇ] ①苦亥切　中开韵，上　平上，贿韵　词第五部　戏怀来辙　曲皆来韵，上

　　　　　　　　②苦盖切　中开韵，上　平去，队韵　词第五部　戏怀来辙　曲皆来韵，上　（又）

铡 zhá[ㄓㄚˊ] 士戛切　中麻韵，阳　平入，黠韵　词第十八部　戏发花辙

铢 zhū[ㄓㄨ] 市朱切　中姑韵，阴　平平，虞韵　词第四部　戏姑苏辙　曲鱼模韵，阳

铣 (一)xiǎn[ㄒㄧㄢˇ] 苏典切　中寒韵，上　平上，铣韵　词第七部　戏言前辙　曲先天韵，上

　　(二)xǐ[ㄒㄧˇ] 先礼切　中齐韵，上　平上，荠韵　词第三部　戏一七辙　（~床）【现代字。借用同音字"洗(一)"
的反切。】

　　(三)xiān[ㄒㄧㄢ] （农具名，同"锨"）

铤 (一)dìng[ㄉㄧㄥˋ] 徒鼎切　中庚韵，去　平上，迥韵　词第十一部　戏中东辙　曲庚青韵，上

　　(二)tǐng[ㄊㄧㄥˇ] 他顶切　中庚韵，上　平上，迥韵　词第十一部　戏中东辙　曲庚青韵，上　（疾走状）

铥 diū[ㄉㄧㄡ] 丁羞切　中尤韵，阴　平平，尤韵　词第十二部　戏由求辙【音译字。借用同音字"丢"的反切。】

铦 (一)xiān[ㄒㄧㄢ] 息廉切　中寒韵，阴　平平，盐韵　词第十四部　戏言前辙　曲廉纤韵，阴

　　(二)tiǎn[ㄊㄧㄢˇ] 他玷切　中寒韵，上　平上，忝韵　词第十四部　戏言前辙　（挑取）

铤 (一)chán[ㄔㄢˊ] 市连切　中寒韵，阳　平平，先韵　词第七部　戏言前辙　曲先天韵，阳

　　(二)yán[ㄧㄢˊ] 以然切　中寒韵，阳　平平，先韵　词第七部　戏言前辙　曲先天韵，阳　（又）

铽 (一)rén[ㄖㄣˊ] 如林切　中文韵，阳　平平，侵韵　词第十三部　戏人辰辙

　　(二)rěn[ㄖㄣˇ] 如甚切　中文韵，上　平上，寝韵　词第十三部　戏人辰辙　（鍖~）

铧 huá[ㄏㄨㄚˊ] 户花切　中麻韵，阳　平平，麻韵　词第十部　戏发花辙

铴 (一)hóu[ㄏㄡˊ] 户钩切　中尤韵，阳　平平，尤韵　词第十二部　戏由求辙　（鏂~）

　　(二)xiàng[ㄒㄧㄤˋ] （同"鉲"）

铨 quán[ㄑㄩㄢˊ] 此缘切　中寒韵，阳　平平，先韵　词第七部　戏言前辙　曲先天韵，阴

铩 (一)shā[ㄕㄚ] ①所拜切　中麻韵，阴　平去，卦韵　词第五部　戏发花辙　曲皆来韵，去

　　　　　　②所八切　中麻韵，阴　平入，黠韵　词第十八部　戏发花辙　曲皆来韵，去　（又）

　　　　　　③所例切　中支韵，去　平去，霁韵　词第三部　戏一七辙　（载类）

　　(二)sè[ㄙㄜˋ] 色入切　中波韵，去　平入，缉韵　词第十七部　戏梭波辙　（铁把小矛）

铪 hā[ㄏㄚ] 五合切　中麻韵，阴　平入，合韵　词第十九部　戏发花辙【音译字。借用同音字"哈(一)"的反切。】

铫 (一)yáo[ㄧㄠˊ] 余昭切　中豪韵，阳　平平，萧韵　词第八部　戏遥条辙

　　(二)tiáo[ㄊㄧㄠˊ] 田聊切　中豪韵，阳　平平，萧韵　词第八部　戏遥条辙　（矛）

　　(三)diào[ㄉㄧㄠˋ] 徒吊切　中豪韵，去　平去，啸韵　词第八部　戏遥条辙　（有柄有流的小锅）

铬 (一)gè[ㄍㄜˋ] 古伯切　中波韵，去　平入，陌韵　词第十七部　戏梭波辙

　　(二)luò[ㄌㄨㄛˋ] 卢各切　中波韵，去　平入，药韵　词第十六部　戏梭波辙　（剔发）

铭 míng[ㄇㄧㄥˊ] 莫经切　中庚韵，阳　平平，青韵　词第十一部　戏中东辙　曲庚青韵，阳

铮 zhēng[ㄓㄥ] 楚耕切　中庚韵，阴　平平，庚韵　词第十一部　戏中东辙　曲庚青韵，阴

铯 sè[ㄙㄜˋ] 所力切　中波韵，去　平入，职韵　词第十七部　戏梭波辙【音译字。借用同音字"色"的反切。】

銮 luán[ㄌㄨㄢˊ] 落官切　中寒韵，阳　平平，寒韵　词第七部　戏言前辙　曲桓欢韵，阳

铰 jiǎo[ㄐㄧㄠˇ] ①古巧切　中豪韵，上　平上，巧韵　词第八部　戏遥条辙　曲萧豪韵，上

　　　　　　②古肴切　中豪韵，上　平平，肴韵　词第八部　戏遥条辙　曲萧豪韵，上　（又）

　　　　　　③古孝切　中豪韵，上　平去，效韵　词第八部　戏遥条辙　曲萧豪韵，去　（又）

铱 yī[ㄧ] 於希切　中齐韵，阴　平平，微韵　词第三部　戏一七辙【音译字。借用同音字"衣(一)"的反切。】

铲 chǎn[ㄔㄢˇ] ①初限切　中寒韵，上　平上，潸韵　词第七部　戏言前辙　曲寒山韵，上

　　　　　　②初雁切　中寒韵，上　平去，谏韵　词第七部　戏言前辙　曲寒山韵，上　（又）

铳 chòng[ㄔㄨㄥˋ] 充仲切　中庚韵，去　平去，送韵　词第一部　戏中东辙　曲东钟韵，去

铺 (一)bīng[ㄅㄧㄥˇ] 必郢切　中庚韵，上　平上，梗韵　词第十一部　戏中东辙

　　(二)píng[ㄆㄧㄥˊ] 旁经切　中庚韵，阳　平平，青韵　词第十一部　戏中东辙　（古县名）

铵 ǎn[ㄢˇ] 乌感切　ⓗ寒韵，上　ⓟ上，感韵　词第十四部　戏言前辙　【音译字。借用同音字"匼(三)"的反切。】

铴 (一)tàng[ㄊㄤˋ] 他浪切　ⓗ唐韵，去　ⓟ去，漾韵　词第二部　戏江阳辙　（刨类）

　　(二)tāng[ㄊㄤ] 吐郎切　ⓗ唐韵，阴　ⓟ平，阳韵　词第二部　戏江阳辙　（小锣）【借用同音字"铛(一)"的反切。】

银 yín[ㄧㄣˊ] 语巾切　ⓗ文韵，阳　ⓟ平，真韵　词第六部　戏人辰辙　曲真文韵，阳

铷 rú[ㄖㄨˊ] 尼主切　ⓗ齐韵，阳　ⓟ上，虞韵　词第四部　戏姑苏辙

衔（查"彳"部）

七画

錴（同"汞"）銍（同"志"）鋏（见"铗"）銲（同"焊(一)"）鋇（见"钡"）

铸 zhù[ㄓㄨˋ] 之戍切　ⓗ姑韵，去　ⓟ去，遇韵　词第四部　戏姑苏辙　曲鱼模韵，去

鋬 pàn[ㄆㄢˋ] 普患切　ⓗ寒韵，去　ⓟ去，谏韵　词第七部　戏言前辙

鋆 (一)yún[ㄩㄣˊ] 平均切　ⓗ文韵，阳　ⓟ平，真韵　词第六部　戏人辰辙　（金子）

　　(二)jūn[ㄐㄩㄣ] 居匀切　ⓗ文韵，阴　ⓟ平，真韵　词第六部　戏人辰辙　（人名用字）【借用同音字"均(一)"的反切。】

铹 láo[ㄌㄠˊ] 郎刀切　ⓗ豪韵，阳　ⓟ平，豪韵　词第八部　戏遥条辙

銶 qiú[ㄑㄧㄡˊ] 巨鸠切　ⓗ尤韵，阳　ⓟ平，尤韵　词第十二部　戏由求辙　曲尤侯韵，阳

铺 (一)pū[ㄆㄨ] 普胡切　ⓗ姑韵，阴　ⓟ平，虞韵　词第四部　戏姑苏辙　曲鱼模韵，阴

　　　　(1)门上的兽面衔环：~首　(2)古铜器名　(3)布设，敷陈：平~直叙　(4)遍：~观　(5)病，通"痛"

　　(二)pù[ㄆㄨˋ] 普故切　ⓗ姑韵，去　ⓟ去，遇韵　词第四部　戏姑苏辙　曲鱼模韵，去

　　　　(6)床：上下~　(7)古称驿站：十里~　(8)商店：~面

铻 (一)yǔ[ㄩˇ] 鱼巨切　ⓗ齐韵，上　ⓟ上，语韵　词第四部　戏一七辙　（鉏~）

　　(二)wú[ㄨˊ] 讹胡切　ⓗ姑韵，阳　ⓟ平，虞韵　词第四部　戏姑苏辙　（锟~）

铼 lái[ㄌㄞˊ] 落哀切　ⓗ开韵，阳　ⓟ平，灰韵　词第五部　戏怀来辙　【音译字。借用同音字"来(一)"的反切。】

铽 tè[ㄊㄜˋ] 他德切　ⓗ波韵，去　ⓟ入，职韵　词第十七部　戏梭波辙　【音译字。借用同音字"忒(一)"的反切。】

链 (一)lián[ㄌㄧㄢˊ] 力延切　ⓗ寒韵，阳　ⓟ平，先韵　词第七部　戏言前辙　（铅矿石）

　　(二)liàn[ㄌㄧㄢˋ] 郎佃切　ⓗ寒韵，去　ⓟ去，霰韵　词第七部　戏言前辙　（锁~）

铿 kēng[ㄎㄥ] 口茎切　ⓗ庚韵，阴　ⓟ平，庚韵　词第十一部　戏中东辙　曲庚青韵，阴

销 xiāo[ㄒㄧㄠ] 相邀切　ⓗ豪韵，阴　ⓟ平，萧韵　词第八部　戏遥条辙　曲萧豪韵，阴

锁 suǒ[ㄙㄨㄛˇ] 苏果切　ⓗ波韵，上　ⓟ上，哿韵　词第九部　戏梭波辙　曲歌戈韵，上

锂 lǐ[ㄌㄧˇ] 良宜切　ⓗ齐韵，上　ⓟ平，支韵　词第三部　戏一七辙

锃 zèng[ㄗㄥˋ] 除更切　ⓗ庚韵，去　ⓟ去，敬韵　词第十一部　戏中东辙

鋘 (一)huá[ㄏㄨㄚˊ] 户花切　ⓗ麻韵，阳　ⓟ平，麻韵　词第十部　戏发花辙　（两刃舌）

　　(二)wú[ㄨˊ] 五乎切　ⓗ姑韵，阳　ⓟ平，虞韵　词第四部　戏姑苏辙　（刀名）

　　(三)hú[ㄏㄨˊ] 洪孤切　ⓗ姑韵，阳　ⓟ平，虞韵　词第四部　戏姑苏辙　（泥镘）

鋧 xiàn[ㄒㄧㄢˋ] 胡典切　ⓗ寒韵，去　ⓟ上，铣韵　词第七部　戏言前辙

锄 chú[ㄔㄨˊ] 士鱼切　ⓗ姑韵，阳　ⓟ平，鱼韵　词第四部　戏姑苏辙　曲鱼模韵，阳

鋜 zhuó[ㄓㄨㄛˊ] 士角切　ⓗ波韵，阳　ⓟ入，觉韵　词第十六部　戏梭波辙

銷 (一)juān[ㄐㄩㄢ] 古玄切　ⓗ寒韵，阴　ⓟ平，先韵　词第七部　戏言前辙　【《正字通》：音蠲。用其反切。】

　　(二)xuān[ㄒㄩㄢ] 火玄切　ⓗ寒韵，阴　ⓟ平，先韵　词第七部　戏言前辙　（小盆）

锅 guō[ㄍㄨㄛ] 古禾切　ⓗ波韵，阴　ⓟ平，歌韵　词第九部　戏梭波辙　曲歌戈韵，阴

锆 gào[ㄍㄠˋ] 古到切　ⓗ豪韵，去　ⓟ去，号韵　词第八部　戏遥条辙　【音译字。借用同音字"告(一)"的反切。】

锇 é[ㄜˊ] 五何切　ⓗ波韵，阳　ⓟ平，歌韵　词第九部　戏梭波辙　【音译字。借用同音字"俄"的反切。】

锈 xiù[ㄒㄧㄡˋ] 息救切　ⓗ尤韵，去　ⓟ去，宥韵　词第十二部　戏由求辙

鋂 méi[ㄇㄟˊ] 莫杯切　ⓗ微韵，阳　ⓟ平，灰韵　词第三部　戏灰堆辙

鋽 tiáo[ㄊㄧㄠˊ] 徒聊切 史豪韵，阳 平平，萧韵 词第八部 戏遥条辙

鍶 sī[ㄙ] 息夷切 史支韵，阴 平平，支韵 词第三部 戏一七辙

銼 cuò[ㄘㄨㄛˋ] ①麤卧切 史波韵，去 平去，简韵 词第九部 戏梭波辙 曲歌戈韵，去
　　　　　　②昨禾切 史波韵，阳 平平，歌韵 词第九部 戏梭波辙 （小釜）
　　　　　　③昨木切 史姑韵，阳 平入，屋韵 词第十五部 戏姑苏辙 （箭镞）

鋊 yù[ㄩˋ] 余蜀切 史齐韵，去 平入，沃韵 词第十五部 戏一七辙

锊 lüè[ㄌㄩㄝˋ] 力辍切 史皆韵，去 平入，屑韵 词第十八部 戏乜斜辙

锋 fēng[ㄈㄥ] 敷容切 史庚韵，阴 平平，冬韵 词第一部 戏中东辙 曲东钟韵，阴

锌 (一)xīn[ㄒㄧㄣ] 息邻切 史文韵，阴 平平，真韵 词第六部 戏人辰辙【音译字。借用同音字"辛(一)"的反切。】
(二)zǐ[ㄗˇ] 祖似切 史支韵，上 平上，纸韵 词第三部 戏一七辙 （坚硬）

锍 liǔ[ㄌㄧㄡˇ] 力久切 史尤韵，上 平上，有韵 词第十二部 戏由求辙【现代字。借用同音字"柳(一)"的反切。】

锎 kāi[ㄎㄞ] 苦迴切 史开韵，阴 平平，灰韵 词第五部 戏怀来辙

锏 (一)jiàn[ㄐㄧㄢˋ] 古晏切 史寒韵，去 平去，谏韵 词第七部 戏言前辙 （车轴铁）
(二)jiǎn[ㄐㄧㄢˇ] 古限切 史寒韵，上 平上，潸韵 词第七部 戏言前辙 （古兵器）【借用同音字"简"的反切。】

锐 (一)ruì[ㄖㄨㄟˋ] 以芮切 史微韵，去 平去，霁韵 词第三部 戏灰堆辙 曲齐微韵，去
(二)duì[ㄉㄨㄟˋ] 杜外切 史微韵，去 平去，泰韵 词第三部 戏灰堆辙 （矛类）

锑 (一)tí[ㄊㄧˊ] 杜奚切 史齐韵，阳 平平，齐韵 词第三部 戏一七辙 （鏅~）
(二)tī[ㄊㄧ] 土鸡切 史齐韵，阴 平平，齐韵 词第三部 戏一七辙 （元素名）【借用同音字"梯"的反切。】

鋈 wù[ㄨˋ] 乌酷切 史姑韵，去 平入，沃韵 词第十五部 戏姑苏辙

锒 láng[ㄌㄤˊ] 鲁当切 史唐韵，阳 平平，阳韵 词第二部 戏江阳辙

锓 (一)qǐn[ㄑㄧㄣˇ] 七稔切 史文韵，上 平上，寝韵 词第十三部 戏人辰辙
(二)jiān[ㄐㄧㄢ] 子廉切 史寒韵，阴 平平，盐韵 词第十四部 戏言前辙 （尖锐）

锔 (一)jū[ㄐㄩ] 居玉切 史齐韵，阴 平入，沃韵 词第十五部 戏一七辙
(二)jú[ㄐㄩˊ] 渠玉切 史齐韵，阳 平入，沃韵 词第十五部 戏一七辙 （元素名）【音译字。借用同音字"局"的反切。】

锕 ā[ㄚ] 乌何切 史麻韵，阴 平平，歌韵 词第九部 戏发花辙【音译字。借用同音字"阿"的反切。】

八画

錶（同"表"）鎄（见"锿"）鍊（见"铼"）錢（见"钱"）釘（见"钉"）鋼（见"钢"）鍋（见"锅"）

鄉（同"榔(一)"）錄（见"录(一)：①"）

锖 qiāng[ㄑㄧㄤ] 千羊切 史唐韵，阴 平平，阳韵 词第二部 戏江阳辙

锠 chǎng[ㄔㄤˇ] 丑两切 史唐韵，上 平上，养韵 词第二部 戏江阳辙

锗 (一)zhě[ㄓㄜˇ] 章也切 史波韵，上 平上，马韵 词第十部 戏梭波辙【音译字。借用同音字"者"的反切。】
(二)duǒ[ㄉㄨㄛˇ] 丁果切 史波韵，上 平上，哿韵 词第九部 戏梭波辙 （车铜）

锘 jī[ㄐㄧ] 居之切 史齐韵，阴 平平，支韵 词第三部 戏一七辙

锘 (一)nuò[ㄋㄨㄛˋ] 奴各切 史波韵，去 平入，药韵 词第十六部 戏梭波辙【音译字。借用同音字"诺"的反切。】
(二)tiǎn[ㄊㄧㄢˇ] 他点切 史寒韵，上 平上，铣韵 词第七部 戏言前辙 （取）

错 cuò[ㄘㄨㄛˋ] ①仓各切 史波韵，去 平入，药韵 词第十六部 戏梭波辙 曲萧豪韵，上
　　　　　②仓故切 史波韵，去 平去，遇韵 词第四部 戏梭波辙 曲鱼模韵，去 （安置；停止）

锚 máo[ㄇㄠˊ] 眉韶切 史豪韵，阳 平平，萧韵 词第八部 戏遥条辙

锛 bēn[ㄅㄣ] 博昆切 史文韵，阴 平平，元韵 词第六部 戏人辰辙

锜 (一)qí[ㄑㄧˊ] ①渠羁切 史齐韵，阳 平平，支韵 词第三部 戏一七辙 （凿类）
　　　　　②渠绮切 史齐韵，上 平上，纸韵 词第三部 戏一七辙 （三脚锅）

（二）yǐ［ㄧˇ］鱼倚切　史齐韵，上　平上，纸韵　词第三部　戏一七辙　曲齐微韵，上　（兵器架；姓）

錽（一）wǎn［ㄨㄢˇ］亡范切　史寒韵，上　平上，赚韵　词第十四部　戏言前辙

（二）jiǎn［ㄐㄧㄢˇ］古斩切　史寒韵，上　平上，赚韵　词第十四部　戏言前辙　（铜铁器上嵌金银丝）

鏨（一）zàn［ㄗㄢˋ］①藏滥切　史寒韵，去　平去，勘韵　词第十四部　戏言前辙　曲监咸韵，去

②才敢切　史寒韵，去　平上，感韵　词第十四部　戏言前辙　曲监咸韵，去　（又）

③昨甘切　史寒韵，去　平平，覃韵　词第十四部　戏言前辙　曲监咸韵，去　（又）

（二）cán［ㄘㄢˊ］①慈染切　史寒韵，阳　平上，俭韵　词第十四部　戏言前辙　曲监咸韵，去　（又）

②士咸切　史寒韵，阳　平平，咸韵　词第十四部　戏言前辙　曲监咸韵，去　（又）

锝 dé［ㄉㄜˊ］多则切　史波韵，阳　平入，职韵　词第十七部　戏梭波辙　【音译字。借用同音字"得"的反切。】

锞（一）guǒ［ㄍㄨㄛˇ］古火切　史波韵，上　平上，哿韵　词第九部　戏梭波辙

（二）kè［ㄎㄜˋ］苦卧切　史波韵，去　平去，箇韵　词第九部　戏梭波辙　（金银锭）【借用同音字"堁"的反切。】

（三）kuǎ［ㄎㄨㄚˇ］苦瓦切　史麻韵，上　平上，马韵　词第十部　戏发花辙　（腰带构件）

锟 kūn［ㄎㄨㄣ］古浑切　史文韵，阴　平平，元韵　词第六部　戏人辰辙

锡 xī［ㄒㄧ］先击切　史齐韵，阴　平入，锡韵　词第十七部　戏一七辙　曲齐微韵，上

锢 gù［ㄍㄨˋ］古暮切　史姑韵，去　平去，遇韵　词第四部　戏姑苏辙　曲鱼模韵，去

锣 luó［ㄌㄨㄛˊ］鲁何切　史波韵，阳　平平，歌韵　词第九部　戏梭波辙　曲歌戈韵，阳

鎉 tà［ㄊㄚˋ］他合切　史麻韵，去　平入，合韵　词第十九部　戏发花辙

锤 chuí［ㄔㄨㄟˊ］①直垂切　史微韵，阳　平平，支韵　词第三部　戏灰堆辙　曲齐微韵，阳

②驰伪切　史微韵，去　平去，真韵　词第三部　戏灰堆辙　（秤砣）

锥 zhuī［ㄓㄨㄟ］职追切　史微韵，阴　平平，支韵　词第三部　戏灰堆辙　曲齐微韵，阴

锦 jǐn［ㄐㄧㄣˇ］居饮切　史文韵，上　平上，寝韵　词第十三部　戏人辰辙　曲侵寻韵，上

鎞（一）pī［ㄆㄧ］匹迷切　史齐韵，阴　平平，齐韵　词第三部　戏一七辙　（箭镞名）

（二）bēi［ㄅㄟ］府移切　史微韵，阴　平平，支韵　词第三部　戏灰堆辙　（斧）

锧 zhì［ㄓˋ］之日切　史支韵，去　平入，质韵　词第十七部　戏一七辙

锨 xiān［ㄒㄧㄢ］虚严切　史寒韵，阴　平平，盐韵　词第十四部　戏言前辙　曲廉纤韵，阴　【同"枚"，用其反切。】

鎒 huō［ㄏㄨㄛ］忽郭切　史波韵，阴　平入，药韵　词第十六部　戏梭波辙　【同"劐"，用其反切。】

锩 juǎn［ㄐㄩㄢˇ］①窘远切　史寒韵，上　平上，阮韵　词第七部　戏言前辙

②驱圆切　史寒韵，上　平平，先韵　词第七部　戏言前辙　（又）

鑷 niè［ㄋㄧㄝˋ］奴协切　史皆韵，去　平入，叶韵　词第十八部　戏乜斜辙

錞（一）chún［ㄔㄨㄣˊ］常伦切　史文韵，阳　平平，真韵　词第六部　戏人辰辙

（二）duì［ㄉㄨㄟˋ］①徒猥切　史微韵，去　平上，贿韵　词第三部　戏灰堆辙　（矛戟尾端的金属套）

②徒对切　史微韵，去　平去，队韵　词第三部　戏灰堆辙　（又）

锫（一）póu［ㄆㄡˊ］蒲侯切　史尤韵，阳　平平，尤韵　词第十二部　戏由求辙

（二）fú［ㄈㄨˊ］房尤切　史姑韵，阳　平平，尤韵　词第十二部　戏姑苏辙　（～鍝）

（三）péi［ㄆㄟˊ］薄回切　史微韵，阳　平平，灰韵　词第三部　戏灰堆辙　（元素名）【音译字。借用同音字"培（一）"的反切。】

鋊 yù［ㄩˋ］余六切　史齐韵，去　平入，屋韵　词第十五部　戏一七辙

锬（一）tán［ㄊㄢˊ］徒甘切　史寒韵，阳　平平，覃韵　词第十四部　戏言前辙　（长矛）

（二）xiān［ㄒㄧㄢ］思廉切　史寒韵，阴　平平，盐韵　词第十四部　戏言前辙　（锐利）

锭 dìng［ㄉㄧㄥˋ］丁定切　史庚韵，去　平去，径韵　词第十一部　戏中东辙　曲庚青韵，去

錧 guǎn［ㄍㄨㄢˇ］①古满切　史寒韵，上　平上，旱韵　词第七部　戏言前辙

②古玩切　史寒韵，上　平去，翰韵　词第七部　戏言前辙　（又）

键 jiàn［ㄐㄧㄢˋ］①其偃切　史寒韵，去　平上，阮韵　词第七部　戏言前辙

②其蹇切　史寒韵，去　平上，铣韵　词第七部　戏言前辙　（钥匙）

锯 (一)jù[ㄐㄩˋ] 居御切　史齐韵，去　乎去，御韵　词第四部　戏一七辙　曲鱼模韵，去

　　(二)jū[ㄐㄩ] （同"锔(一)"）

锰 měng[ㄇㄥˇ] 莫幸切　史庚韵，上　乎上，梗韵　词第十一部　戏中东辙 【音译字。借用同音字"猛"的反切。】

缀 (一)zhuì[ㄓㄨㄟˋ] ①陟卫切　史微韵，去　乎去，霁韵　词第三部　戏灰堆辙

　　　　　　　②下刮切　史微韵，去　乎入，黠韵　词第十八部　戏灰堆辙 （马鞭梢的刺）

　　(二)chuò[ㄔㄨㄛˋ] 丁劣切　史波韵，去　乎入，屑韵　词第十八部　戏梭波辙 （计数的筹码）

镏 zī[ㄗ] 侧持切　史支韵，阴　乎平，支韵　词第三部　戏一七辙

九画

鍊 （见"炼"；同"链(二)"）　釧 （见"钏"）　錫 （见"锡"）　鍫 （同"锹"）　鍾 （见"钟"）　鎚 （同"锤①"）

鍧 （同"轰①"）

锲 qiè[ㄑㄧㄝˋ] 苦结切　史皆韵，去　乎入，屑韵　词第十八部　戏乜斜辙

锓 (一)chěn[ㄔㄣˇ] 丑甚切　史文韵，上　乎上，寝韵　词第十三部　戏人辰辙 （不自满）

　　(二)zhēn[ㄓㄣ] 知林切　史文韵，阴　乎平，侵韵　词第十三部　戏人辰辙　曲侵寻韵，阳 （斧锁）

鍱 yè[ㄧㄝˋ] 与涉切　史皆韵，去　乎入，叶韵　词第十八部　戏乜斜辙

鎝 (一)dā[ㄉㄚ] 悉合切　史麻韵，阴　乎入，合韵　词第十九部　戏发花辙 （农具名）

　　(二)sà[ㄙㄚˋ] 悉合切　史麻韵，去　乎入，合韵　词第十九部　戏发花辙 （雕镂）

鍼 (一)qián[ㄑㄧㄢˊ] 巨淹切　史寒韵，阳　乎平，盐韵　词第十四部　戏言前辙 （人名）

　　(二)zhēn[ㄓㄣ] （同"针①"）

锴 kǎi[ㄎㄞˇ] 苦骇切　史开韵，上　乎上，蟹韵　词第五部　戏怀来辙

锵 qiāng[ㄑㄧㄤ] 七羊切　史唐韵，阴　乎平，阳韵　词第二部　戏江阳辙　曲江阳韵，阴

鍉 (一)shí[ㄕˊ] 常支切　史支韵，阳　乎平，支韵　词第三部　戏一七辙 （钥匙）

　　(二)chí[ㄔˊ] 常支切　史支韵，阳　乎平，支韵　词第三部　戏一七辙 （又）

　　(三)dī[ㄉㄧ] 都奚切　史齐韵，阴　乎平，齐韵　词第三部　戏一七辙 （歃血器）

　　(四)dí[ㄉㄧˊ] 丁历切　史齐韵，阳　乎入，锡韵　词第十七部　戏一七辙 （箭镞）

鍝 yú[ㄩˊ] 遇俱切　史齐韵，阳　乎平，虞韵　词第四部　戏一七辙

锶 (一)sī[ㄙ] 息兹切　史支韵，阴　乎平，支韵　词第三部　戏一七辙 【音译字。借用同音字"思(一)"的反切。】

　　(二)sōng[ㄙㄨㄥ] 息恭切　史庚韵，阴　乎平，冬韵　词第一部　戏中东辙 （古铁器名）

锷 è[ㄜˋ] 五各切　史波韵，去　乎入，药韵　词第十六部　戏梭波辙

锸 chā[ㄔㄚ] ①楚洽切　史麻韵，阴　乎入，洽韵　词第十九部　戏发花辙　曲家麻韵，上

　　　　　　　②丑辄切　史波韵，去　乎入，叶韵　词第十八部　戏梭波辙 （缀衣针）

锹 qiāo[ㄑㄧㄠ] 千遥切　史豪韵，阴　乎平，萧韵　词第八部　戏遥条辙　曲萧豪韵，阴

鍑 fù[ㄈㄨˋ] ①方副切　史姑韵，去　乎去，宥韵　词第十二部　戏姑苏辙

　　　　　　②方六切　史姑韵，去　乎入，屋韵　词第十五部　戏姑苏辙 （又）

锻 duàn[ㄉㄨㄢˋ] 丁贯切　史寒韵，去　乎去，翰韵　词第七部　戏言前辙　曲桓欢韵，去

锼 sōu[ㄙㄡ] 先侯切　史尤韵，阴　乎平，尤韵　词第十二部　戏由求辙　曲尤侯韵，阴

锽 huáng[ㄏㄨㄤˊ] 户盲切　史唐韵，阳　乎平，庚韵　词第十一部　戏江阳辙

線 xiàn[ㄒㄧㄢˋ] 私箭切　史寒韵，去　乎去，霰韵　词第七部　戏言前辙 【现代字。同"线"，用其反切。】

鍭 hóu[ㄏㄡˊ] ①户钩切　史尤韵，阳　乎平，尤韵　词第十二部　戏由求辙

　　　　　　②胡遘切　史尤韵，阳　乎去，宥韵　词第十二部　戏由求辙 （又）

鍮 tōu[ㄊㄡ] 托侯切　史尤韵，阴　乎平，尤韵　词第十二部　戏由求辙

鍰 huán[ㄏㄨㄢˊ] 户关切　史寒韵，阳　乎平，删韵　词第七部　戏言前辙

鏓 zōng[ㄗㄨㄥ] 子红切　史庚韵，阴　乎平，东韵　词第一部　戏中东辙

鏓 cōng[ㄘㄨㄥ] 仓红切　史庚韵，阴　乎平，东韵　词第一部　戏中东辙

锿 āi[ㄞ] 乌开切　史开韵，阴　㿟平，灰韵　词第五部　戏怀来辙　【音译字。借用同音字"哀"的反切。】

镀 dù[ㄉㄨˋ] ①徒故切　史姑韵，去　㿟去，遇韵　词第四部　戏姑苏辙　曲鱼模韵，去
　　　　　②同都切　史姑韵，去　㿟平，虞韵　词第四部　戏姑苏辙　曲鱼模韵，去　（又）

铘 (一) shé[ㄕㄜˊ] 视遮切　史波韵，阳　㿟平，麻韵　词第十部　戏梭波辙
　　(二) shī[ㄕ] 式支切　史支韵，阴　㿟平，支韵　词第三部　戏一七辙　（又）

镁 měi[ㄇㄟˇ] 无鄙切　史微韵，上　㿟上，纸韵　词第三部　戏灰堆辙　【音译字。借用同音字"美"的反切。】

镂 (一) lòu[ㄌㄡˋ] 卢候切　史尤韵，去　㿟去，宥韵　词第十二部　戏由求辙　曲尤侯韵，去
　　(二) lú[ㄌㄨˊ] 力朱切　史姑韵，阳　㿟平，虞韵　词第四部　戏姑苏辙　（剑名）

镃 zī[ㄗ] 子之切　史支韵，阴　㿟平，支韵　词第三部　戏一七辙

镄 fèi[ㄈㄟˋ] 扶沸切　史微韵，去　㿟去，未韵　词第三部　戏灰堆辙　【音译字。借用同音字"费(一)"的反切。】

镅 méi[ㄇㄟˊ] 武悲切　史微韵，阳　㿟平，支韵　词第三部　戏灰堆辙　【音译字。借用同音字"眉"的反切。】

鍒 róu[ㄖㄡˊ] 耳由切　史尤韵，阳　㿟平，尤韵　词第十二部　戏由求辙　曲尤侯韵，阳

鍪 móu[ㄇㄡˊ] 莫浮切　史尤韵，阳　㿟平，尤韵　词第十二部　戏由求辙　曲尤侯韵，阳

十画

鏵（见"铧"）鏈（见"链"）鏁（见"锁"）鎧（见"铠"）鎢（见"钨"）鍱（见"铼"）鏠（同"锋"）

鎌（同"镰"）鎣（见"蓥"）鐯（同"镥"）鎞（同"钐"）

鳌 ào[ㄠˋ] 五到切　史豪韵，去　㿟去，号韵　词第八部　戏遥条辙

镆 mò[ㄇㄛˋ] 慕各切　史波韵，去　㿟入，药韵　词第十六部　戏梭波辙

镇 zhèn[ㄓㄣˋ] ①陟刃切　史文韵，去　㿟去，震韵　词第六部　戏人辰辙　曲真文韵，去
　　　　　②陟邻切　史文韵，去　㿟平，真韵　词第六部　戏人辰辙　（戍守）

镈 bó[ㄅㄛˊ] 补各切　史波韵，阳　㿟入，药韵　词第十六部　戏梭波辙

镉 (一) gé[ㄍㄜˊ] 古核切　史波韵，阳　㿟入，陌韵　词第十七部　戏梭波辙　【音译字。借用同音字"鬲(一)"的反切。】
　　(二) lì[ㄌㄧˋ] 郎击切　史齐韵，去　㿟入，锡韵　词第十七部　戏一七辙　（同"鬲(二)"）

鎒 (一) nòu[ㄋㄡˋ] 奴豆切　史尤韵，去　㿟去，宥韵　词第十二部　戏由求辙　（除草农具）
　　(二) hāo[ㄏㄠ] （除草，同"薅"）

镊 niè[ㄋㄧㄝˋ] 尼辄切　史皆韵，去　㿟入，叶韵　词第十八部　戏乜斜辙　曲车遮韵，去

镋 tǎng[ㄊㄤˇ] 胡广切　史唐韵，上　㿟上，养韵　词第二部　戏江阳辙　【借用同音字"攩(一)"的反切。】

镌 juān[ㄐㄩㄢ] 子泉切　史寒韵，阴　㿟平，先韵　词第七部　戏言前辙　曲先天韵，阴

镍 niè[ㄋㄧㄝˋ] 五结切　史皆韵，去　㿟入，屑韵　词第十八部　戏乜斜辙　【音译字。借用同音字"臬"的反切。】

鎞 (一) bī[ㄅㄧ] 边兮切　史齐韵，阴　㿟平，齐韵　词第三部　戏一七辙　（钗）
　　(二) pī[ㄆㄧ] 篇迷切　史齐韵，阴　㿟平，齐韵　词第三部　戏一七辙　（箭镞）

镎 ná[ㄋㄚˊ] 女加切　史麻韵，阳　㿟平，麻韵　词第十部　戏发花辙　【音译字。借用同音字"拿"的反切。】

鎗 (一) qiāng[ㄑㄧㄤ] 千羊切　史唐韵，阴　㿟平，阳韵　词第二部　戏江阳辙
　　(二) chēng[ㄔㄥ] 楚庚切　史庚韵，阴　㿟平，庚韵　词第十一部　戏中东辙　（古炊器）
　　(三) qiàng[ㄑㄧㄤˋ] 青向切　史唐韵，去　㿟去，漾韵　词第二部　戏江阳辙　（~金）

镏 (一) liù[ㄌㄧㄡˋ] 力救切　史尤韵，去　㿟去，宥韵　词第十二部　戏由求辙　曲尤侯韵，去
　　(二) liú[ㄌㄧㄡˊ] 力求切　史尤韵，阳　㿟平，尤韵　词第十二部　戏由求辙　（~金）

镐 (一) hào[ㄏㄠˋ] 胡老切　史豪韵，去　㿟上，皓韵　词第八部　戏遥条辙　曲萧豪韵，上
　　(二) gǎo[ㄍㄠˇ] 苦浩切　史豪韵，上　㿟上，皓韵　词第八部　戏遥条辙　曲萧豪韵，上　（~头）【现代字。
借用同音字"槁(一)"的反切。】

鎕 táng[ㄊㄤˊ] 徒郎切　史唐韵，阳　㿟平，阳韵　词第二部　戏江阳辙

镑 (一) bàng[ㄅㄤˋ] 蒲浪切　史唐韵，去　㿟去，漾韵　词第二部　戏江阳辙　【音译字。借用同音字"傍(一)"的反切。】
　　(二) páng[ㄆㄤˊ] 普郎切　史唐韵，阳　㿟平，阳韵　词第二部　戏江阳辙　曲江阳韵，阴　（削）

镒 yì[丨丶] 夷质切 史齐韵，去 平入，质韵 词第十七部 戏一七辙 曲齐微韵，去

鎏 liú[ㄌㄧㄡˊ] 力求切 史尤韵，阳 平平，尤韵 词第十二部 戏由求辙

镓 jiā[ㄐㄧㄚ] 古牙切 史麻韵，阴 平平，麻韵 词第十部 戏发花辙 【音译字。借用同音字"家(一)"的反切。】

镔 bīn[ㄅㄧㄣ] 必邻切 史文韵，阴 平平，真韵 词第六部 戏人辰辙

镕 róng[ㄖㄨㄥˊ] 余封切 史庚韵，阳 平平，冬韵 词第一部 戏中东辙 曲东钟韵，阳

十一画

鋻（见"鉴"）鏗（见"铿"）鏚（同"戚(一)"）鍚（同"钖"）鏤（见"镂"）鏟（见"铲"）鏘（见"锵"）

鏁（同"锁"）

鐩 suì[ㄙㄨㄟˋ] 祥岁切 史微韵，去 平去，霁韵 词第三部 戏灰堆辙

鐯 zhuō[ㄓㄨㄛ] 张略切 史波韵，阴 平入，药韵 词第十六部 戏梭波辙

鐄 huáng[ㄏㄨㄤˊ] 户盲切 史寒韵，阳 平平，庚韵 词第十一部 戏江阳辙

鏌 mài[ㄇㄞˋ] 莫获切 史开韵，去 平入，陌韵 词第十七部 戏怀来辙 【音译字。借用同音字"麦"的反切。】

鏩 jiàn[ㄐㄧㄢˋ] ①锄咸切 史寒韵，去 平平，咸韵 词第十四部 戏言前辙

　　　　　　　②疾染切 史寒韵，去 平上，俭韵 词第十四部 戏言前辙 （又）

鏂 ōu[ㄡ] 乌侯切 史尤韵，阴 平平，尤韵 词第十二部 戏由求辙

镖 biāo[ㄅㄧㄠ] 抚招切 史豪韵，阴 平平，萧韵 词第八部 戏遥条辙

镗 (一)tāng[ㄊㄤ] 吐郎切 史唐韵，阴 平平，阳韵 词第二部 戏江阳辙 曲江阳韵，阴

　(二)táng[ㄊㄤˊ] 徒郎切 史唐韵，阳 平平，阳韵 词第二部 戏江阳辙 （~床）【现代字。借用同音字"堂"的反切。】

镘 màn[ㄇㄢˋ] ①莫半切 史寒韵，去 平去，翰韵 词第七部 戏言前辙 曲桓欢韵，去

　　　　　②母官切 史寒韵，去 平平，寒韵 词第七部 戏言前辙 曲桓欢韵，阳 （又）

鏙 cuī[ㄘㄨㄟ] 七罪切 史微韵，阴 平上，贿韵 词第三部 戏灰堆辙

镚 bèng[ㄅㄥˋ] 方隥切 史庚韵，去 平去，径韵 词第十一部 戏中东辙 【现代字。借用同音字"塴"的反切。】

鏦 cōng[ㄘㄨㄥ] ①七恭切 史庚韵，阴 平平，冬韵 词第一部 戏中东辙 （矛）

　　　　　②楚江切 史庚韵，阴 平平，江韵 词第二部 戏中东辙 （撞刺）

镛 yōng[ㄩㄥ] 余封切 史庚韵，阴 平平，冬韵 词第一部 戏中东辙 曲东钟韵，阳

鏖 áo[ㄠˊ] 於刀切 史豪韵，阳 平平，豪韵 词第八部 戏遥条辙 曲萧豪韵，阴

镜 jìng[ㄐㄧㄥˋ] 居庆切 史庚韵，去 平去，敬韵 词第十一部 戏中东辙 曲庚青韵，去

镝 (一)dí[ㄉㄧˊ] 都历切 史齐韵，阳 平入，锡韵 词第十七部 戏一七辙

　(二)dī[ㄉㄧ] 都历切 史齐韵，阴 平入，锡韵 词第十七部 戏一七辙 （元素名）

镞 (一)zú[ㄗㄨˊ] 作木切 史姑韵，阳 平入，屋韵 词第十五部 戏姑苏辙 曲鱼模韵，阳

　(二)chuò[ㄔㄨㄛˋ] 测角切 史波韵，去 平入，觉韵 词第十六部 戏梭波辙 （小尖锄）

镟 xuàn[ㄒㄩㄢˋ] ①辞恋切 史寒韵，去 平去，霰韵 词第七部 戏言前辙 曲先天韵，去

　　　　　②似宣切 史寒韵，阳 平平，先韵 词第七部 戏言前辙 （辘轳）

镠 liú[ㄌㄧㄡˊ] 力求切 史尤韵，阳 平平，尤韵 词第十二部 戏由求辙

十二画

鐃（见"铙"）鐦（见"锎"）鐧（见"锏"）鐀（同"柜(一)"）鐫（见"镌"）鐘（见"钟"）鐥（同"钐(一)"）

鐮（见"镰"）鐊（见"钖"）鐭（见"锇"）鐷（见"铗"）

鐁 sī[ㄙ] 息移切 史支韵，阴 平平，支韵 词第三部 戏一七辙

鐌 xiàn[ㄒㄧㄢˋ] 先谏切 史寒韵，去 平去，谏韵 词第七部 戏言前辙 （阉鸡）

鐬 huì[ㄏㄨㄟˋ] 胡桂切 史微韵，去 平去，霁韵 词第三部 戏灰堆辙

镡 (一)xín[ㄒㄧㄣˊ] 徐林切 史文韵，阳 平平，侵韵 词第十三部 戏人辰辙 曲侵寻韵，阳

　(二)tán[ㄊㄢˊ] 徒含切 史寒韵，阳 平平，覃韵 词第十四部 戏言前辙 （地势险要）

镢 jué［ㄐㄩㄝˊ］其月切　史皆韵，阳　平入，月韵　词第十八部　戏乜斜辙　曲车遮韵，阳

镣 (一)liáo［ㄌㄧㄠˊ］①落萧切　史豪韵，阳　平平，萧韵　词第八部　戏遥条辙
　　　　　　　　②力吊切　史豪韵，阳　平去，啸韵　词第八部　戏遥条辙　（又）
　　(二)liào［ㄌㄧㄠˋ］力吊切　史豪韵，去　平去，啸韵　词第八部　戏遥条辙　曲萧豪韵，去　（刑具）

鐕 zān［ㄗㄢ］作含切　史寒韵，阴　平平，覃韵　词第十四部　戏言前辙　曲监咸韵，阴

镤 (一)pū［ㄆㄨ］蒲沃切　史姑韵，阴　平入，沃韵　词第十五部　戏姑苏辙
　　(二)pú［ㄆㄨˊ］蒲沃切　史姑韵，阳　平入，沃韵　词第十五部　戏姑苏辙　（元素名）

鐎 jiāo［ㄐㄧㄠ］即消切　史豪韵，阴　平平，萧韵　词第八部　戏遥条辙

镥 lǔ［ㄌㄨˇ］郎古切　史姑韵，上　平上，麌韵　词第四部　戏姑苏辙　【音译字。借用同音字"鲁"的反切。】

镦 (一)dūn［ㄉㄨㄣ］都昆切　史文韵，阴　平平，元韵　词第六部　戏人辰辙
　　(二)duì［ㄉㄨㄟˋ］①徒猥切　史微韵，去　平上，贿韵　词第三部　戏灰堆辙（矛戟尾端的金属箍）
　　　　　　　　②徒对切　史微韵，去　平去，队韵　词第三部　戏灰堆辙　（又）
　　(三)duī［ㄉㄨㄟ］都回切　史微韵，阴　平平，灰韵　词第三部　戏灰堆辙　（夯锤）

镧 lán［ㄌㄢˊ］落干切　史寒韵，阳　平平，寒韵　词第七部　戏言前辙　【音译字。借用同音字"阑"的反切。】

镨 pǔ［ㄆㄨˇ］滂古切　史姑韵，上　平上，麌韵　词第四部　戏姑苏辙　【音译字。借用同音字"普"的反切。】

鐏 zūn［ㄗㄨㄣ］祖闷切　史文韵，阴　平去，愿韵　词第六部　戏人辰辙

鐩 suì［ㄙㄨㄟˋ］徐醉切　史微韵，去　平去，寘韵　词第三部　戏灰堆辙

镩 (一)cuàn［ㄘㄨㄢˋ］七乱切　史寒韵，去　平去，翰韵　词第七部　戏言前辙
　　(二)cuān［ㄘㄨㄢ］七丸切　史寒韵，阴　平平，寒韵　词第七部　戏言前辙　（冰~）【借用同音字"撺"的反切。】

镪 (一)qiǎng［ㄑㄧㄤˇ］居两切　史唐韵，上　平上，养韵　词第二部　戏江阳辙　曲江阳韵，上　（钱）
　　(二)qiāng［ㄑㄧㄤ］在良切　史唐韵，阴　平平，阳韵　词第二部　戏江阳辙　（~水）【借用同音字"戕"的反切。】

镫 (一)dēng［ㄉㄥ］都腾切　史庚韵，阴　平平，蒸韵　词第十一部　戏中东辙
　　(二)dèng［ㄉㄥˋ］都邓切　史庚韵，去　平去，径韵　词第十一部　戏中东辙　曲庚青韵，去　（马~）

鐍 jué［ㄐㄩㄝˊ］古穴切　史皆韵，阳　平入，屑韵　词第十八部　戏乜斜辙

鐖 (一)jī［ㄐㄧ］居依切　史齐韵，阴　平平，微韵　词第三部　戏一七辙
　　(二)ái［ㄞˊ］①鱼开切　史开韵，阳　平平，灰韵　词第五部　戏怀来辙　（大镰）
　　　　　　　②渠希切　史开韵，阳　平平，微韵　词第三部　戏怀来辙　（又）

十三画

鐵（见"铁(一)"）鐺（见"铛"）鐸（见"铎"）鏽（同"锈"）

镬 huò［ㄏㄨㄛˋ］①胡郭切　史波韵，去　平入，药韵　词第十六部　戏梭波辙　曲萧豪韵，阳
　　　　　　　②胡郭切　史波韵，去　平入，药韵　词第十六部　戏梭波辙　曲歌戈韵，阳　（又）

镭 léi［ㄌㄟˊ］鲁回切　史微韵，阳　平平，灰韵　词第三部　戏灰堆辙

鐻 (一)jù［ㄐㄩˋ］①其吕切　史齐韵，去　平上，语韵　词第四部　戏一七辙　（钟鼓架）
　　　　　　　②居御切　史齐韵，去　平去，御韵　词第四部　戏一七辙　（古乐器名）
　　(二)qú［ㄑㄩˊ］强鱼切　史齐韵，阳　平平，鱼韵　词第四部　戏一七辙　（金银饰品名）

镮 huán［ㄏㄨㄢˊ］户关切　史寒韵，阳　平平，删韵　词第七部　戏言前辙　曲寒山韵，阳

镯 zhuó［ㄓㄨㄛˊ］①市玉切　史波韵，阳　平入，沃韵　词第十五部　戏梭波辙　曲萧豪韵，阳
　　　　　　　②直角切　史波韵，阳　平入，觉韵　词第十六部　戏梭波辙　曲歌戈韵，阳　（古军乐器）

镰 lián［ㄌㄧㄢˊ］力盐切　史寒韵，阳　平平，盐韵　词第十四部　戏言前辙

镱 yì［ㄧ］於记切　史齐韵，去　平去，寘韵　词第三部　戏一七辙　【音译字。借用同音字"意(一)"的反切。】

鐾 (一)bèi［ㄅㄟˋ］蒲计切　史微韵，去　平去，霁韵　词第三部　戏灰堆辙
　　(二)bì［ㄅㄧˋ］必益切　史齐韵，去　平入，陌韵　词第十七部　戏一七辙　（犁耳）

十四画

鑄（见"铸"）鑑（见"鉴"）鑒（见"鉴"）鑛（同"矿"）鑌（见"镔"）

鑐 (一)xū[ㄒㄩ] 相俞切　史齐韵，阴　乎平，虞韵　词第四部　戏一七辙　（锁簧）

　　(二)rú[ㄖㄨˊ] 汝朱切　史姑韵，阳　乎平，虞韵　词第四部　戏姑苏辙　（短衣）

鑔 chǎ[ㄔㄚˇ] 初雅切　史麻韵，上　乎上，马韵　词第十部　戏发花辙　【方言字。借用同音字"笼"的反切。】

十五画

鑤（同"刨(二)"）鑠（见"铄"）鑕（见"锧"）鑥（见"镥"）

鑢 lù[ㄌㄩˋ] 良倨切　史齐韵，去　乎去，御韵　词第四部　戏一七辙

鑣 biāo[ㄅㄧㄠ] 甫娇切　史豪韵，阴　乎平，萧韵　词第八部　戏遥条辙　曲萧豪韵，阴

鑞 là[ㄌㄚˋ] 卢盍切　史麻韵，去　乎入，合韵　词第十九部　戏发花辙　曲家麻韵，去

十六画

鏄（同"镈"）鑪（见"鈩"；同"炉"）

鑫 xīn[ㄒㄧㄣ] 许金切　史文韵，阴　乎平，侵韵　词第十三部　戏人辰辙

十七画

罐（同"罐"）鑭（见"镧"）鑰（见"钥"）

鑱 chán[ㄔㄢˊ] ①锄衔切　史寒韵，阳　乎平，咸韵　词第十四部　戏言前辙　曲监咸韵，阳

　　　　　　　②士忏切　史寒韵，去　乎去，陷韵　词第十四部　戏言前辙　（掘土）

鑲 (一)ráng[ㄖㄤˊ] 汝阳切　史唐韵，阳　乎平，阳韵　词第二部　戏江阳辙

　　(二)xiāng[ㄒㄧㄤ] 息良切　史唐韵，阴　乎平，阳韵　词第二部　戏江阳辙　（~嵌）

十八画

鑷（见"镊"）鑹（同"镩"）

鑴 (一)xí[ㄒㄧˊ] 户圭切　史齐韵，阳　乎平，齐韵　词第三部　戏一七辙

　　(二)huī[ㄏㄨㄟ] 许规切　史微韵，阴　乎平，支韵　词第三部　戏灰堆辙　（又）

十九画

鑼（见"锣"）鑽（见"钻(一)(二)(五)"）鑾（见"銮"）

二十画

鑿（见"凿"）鑻（同"锐"）

鑷 niè[ㄋㄧㄝˋ] ①鱼列切　史皆韵，去　乎入，屑韵　词第十八部　戏乜斜辙

　　　　　　②语讦切　史皆韵，去　乎入，月韵　词第十八部　戏乜斜辙　（又）

鑺 jué[ㄐㄩㄝˊ] 居缚切　史皆韵，阳　乎入，药韵　词第十六部　戏乜斜辙

二十一画

鑳 zhú[ㄓㄨˊ] 陟玉切　史姑韵，阳　乎入，沃韵　词第十五部　戏姑苏辙

鱼（魚）部

鱼（见"鱼"）

鱼 yú[ㄩˊ] 语居切　史齐韵，阳　乎平，鱼韵　词第四部　戏一七辙　曲鱼模韵，阳

二画

魜 rén[ㄖㄣˊ] 而真切　史文韵，阳　乎平，真韵　词第六部　戏人辰辙

鱽 dāo［ㄉㄠ］都牢切　史豪韵，阴　平平，豪韵　词第八部　戏遥条辙　曲萧豪韵，阴

三画

魟 hōng［ㄏㄨㄥ］呼东切　史庚韵，阴　平平，东韵　词第一部　戏中东辙

魠 tuò［ㄊㄨㄛˋ］他各切　史波韵，去　平入，药韵　词第十六部　戏梭波辙

魡 (一) dí［ㄉㄧˊ］都历切　史齐韵，阳　平入，锡韵　词第十七部　戏一七辙　（鱼名）

　　(二) diào［ㄉㄧㄠˋ］（同"钓"）

魢 jǐ［ㄐㄧˇ］居理切　史齐韵，上　平上，纸韵　词第三部　戏一七辙　【借用同音字"己(一)"的反切。】

四画

鲨（同"鲨"）

鱿 (一) wǎn［ㄨㄢˇ］五管切　史寒韵，上　平上，旱韵　词第七部　戏言前辙　（～断）

　　(二) yuán［ㄩㄢˊ］（同"鼋①"）

鱿 yóu［ㄧㄡˊ］羽求切　史尤韵，阳　平平，尤韵　词第十二部　戏由求辙　【借用同音字"尤"的反切。】

鲀 tún［ㄊㄨㄣˊ］徒浑切　史文韵，阳　平平，元韵　词第六部　戏人辰辙　【《五音集韵》：徒浑切。用之。】

鲏 pí［ㄆㄧˊ］房脂切　史齐韵，阳　平平，支韵　词第三部　戏一七辙

鲄 hú［ㄏㄨˊ］户吴切　史姑韵，阳　平平，虞韵　词第四部　戏姑苏辙

鲁 lǔ［ㄌㄨˇ］郎古切　史姑韵，上　平上，虞韵　词第四部　戏姑苏辙　曲鱼模韵，上

魶 nà［ㄋㄚˋ］①奴盍切　史麻韵，去　平入，合韵　词第十九部　戏发花辙　（鲵；鲸）

　　　　　　　②奴答切　史麻韵，去　平入，合韵　词第十九部　戏发花辙　（海鹅鱼）

魬 bàn［ㄅㄢˋ］扶板切　史寒韵，去　平上，潸韵　词第七部　戏言前辙

魪 jiè［ㄐㄧㄝˋ］古拜切　史皆韵，去　平去，卦韵　词第五部　戏乜斜辙

魵 fén［ㄈㄣˊ］①符分切　史文韵，阳　平平，文韵　词第六部　戏人辰辙

　　　　　　②敷粉切　史文韵，阳　平上，吻韵　词第六部　戏人辰辙　（又）

魧 (一) gāng［ㄍㄤ］古郎切　史唐韵，阴　平平，阳韵　词第二部　戏江阳辙　（大贝）

　　(二) háng［ㄏㄤˊ］胡郎切　史唐韵，阳　平平，阳韵　词第二部　戏江阳辙　（鱼名）

鲂 fáng［ㄈㄤˊ］符方切　史唐韵，阳　平平，阳韵　词第二部　戏江阳辙

魫 shěn［ㄕㄣˇ］式任切　史文韵，上　平上，寝韵　词第十三部　戏人辰辙

鲃 bā［ㄅㄚ］伯加切　史麻韵，阴　平平，麻韵　词第十部　戏发花辙　【借用同音字"巴"的反切。】

五画

鲏（同"鲦"）

鲔 wèi［ㄨㄟˋ］无沸切　史微韵，去　平去，未韵　词第三部　戏灰堆辙

鮕 (一) qū［ㄑㄩ］去鱼切　史齐韵，阴　平平，鱼韵　词第四部　戏一七辙

　　(二) tà［ㄊㄚˋ］吐盍切　史麻韵，去　平入，合韵　词第十九部　戏发花辙　（同"鲽(二)"）

　　(三) xié［ㄒㄧㄝˊ］迄业切　史皆韵，阳　平入，洽韵　词第十九部　戏乜斜辙　（鱼的胁部）

鲅 bà［ㄅㄚˋ］北末切　史麻韵，去　平入，曷韵　词第十八部　戏发花辙　【《唐韵》、《集韵》、《正韵》：北末切。用之。】

鲆 píng［ㄆㄧㄥˊ］符兵切　史庚韵，阳　平平，庚韵　词第十一部　戏中东辙　【《五音集韵》：符兵切。用之。】

鲇 nián［ㄋㄧㄢˊ］奴兼切　史寒韵，阳　平平，盐韵　词第十四部　戏言前辙　曲廉纤韵，阳

鲈 lú［ㄌㄨˊ］落湖切　史姑韵，阳　平平，虞韵　词第四部　姑苏辙　戏鱼模韵，阳

鲓 qià［ㄑㄧㄚˋ］迄甲切　史麻韵，去　平入，洽韵　词第十九部　戏发花辙

鲉 (一) yóu［ㄧㄡˊ］以周切　史尤韵，阳　平平，尤韵　词第十二部　戏由求辙　（鱼名）

　　(二) chóu［ㄔㄡˊ］市流切　史尤韵，阳　平平，尤韵　词第十二部　戏由求辙　（小鱼）

鲊 (一) zhǎ［ㄓㄚˇ］侧下切　史麻韵，上　平上，马韵　词第十部　戏发花辙

529

（二）zhà［ㄓㄚˋ］助驾切　史麻韵，去　乎去，祃韵　词第十部　戏发花辙　（海蜇）

稣　sū［ㄙㄨ］素姑切　史姑韵，阴　乎平，虞韵　词第四部　戏姑苏辙

鲋　fù［ㄈㄨˋ］符遇切　史姑韵，去　乎去，遇韵　词第四部　戏姑苏辙　曲鱼模韵，去

鲌（一）bó［ㄅㄛˊ］傍佰切　史波韵，阳　乎入，陌韵　词第十七部　戏梭波辙
　　（二）bà［ㄅㄚˋ］（同"鲅"）

鲎　yìn［ㄧㄣˋ］於刃切　史文韵，去　乎去，震韵　词第六部　戏人辰辙

鲍　bào［ㄅㄠˋ］薄巧切　史豪韵，去　乎上，巧韵　词第八部　戏遥条辙　曲萧豪韵，去

鲎　hòu［ㄏㄡˋ］①胡遘切　史尤韵，去　乎去，宥韵　词第十二部　戏由求辙
　　　　　　　　②乌酷切　史尤韵，去　乎入，沃韵　词第十五部　戏由求辙　（又）

鮀　tuó［ㄊㄨㄛˊ］徒河切　史波韵，阳　乎平，歌韵　词第九部　戏梭波辙　曲歌戈韵，阳

鲏　pí［ㄆㄧˊ］符羁切　史齐韵，阳　乎平，支韵　词第三部　戏一七辙　【借用同音字"皮（一）"的反切。】

鲐　tái［ㄊㄞˊ］土来切　史开韵，阳　乎平，灰韵　词第五部　戏怀来辙

六画

鲑（一）guī［ㄍㄨㄟ］古携切　史微韵，阴　乎平，齐韵　词第三部　戏灰堆辙
　　（二）kuī［ㄎㄨㄟ］苦圭切　史微韵，阴　乎平，齐韵　词第三部　戏灰堆辙　（～阳）
　　（三）xié［ㄒㄧㄝˊ］户佳切　史皆韵，阳　乎平，佳韵　词第五部　戏乜斜辙　（～菜）
　　（四）wā［ㄨㄚ］乌蜗切　史麻韵，阴　乎平，佳韵　词第十部　戏发花辙　（～鼉）

鲒（一）jié［ㄐㄧㄝˊ］吉屑切　史皆韵，阳　乎入，屑韵　词第十八部　戏乜斜辙
　　（二）jí［ㄐㄧˊ］巨乙切　史齐韵，阳　乎入，质韵　词第十七部　戏一七辙　（旧读）

鲔　wěi［ㄨㄟˇ］荣美切　史微韵，上　乎上，纸韵　词第三部　戏灰堆辙

鲕　ér［ㄦˊ］①如之切　史齐韵，阳　乎平，支韵　词第三部　戏一七辙
　　　　　　②如六切　史齐韵，阳　乎入，屋韵　词第十五部　戏一七辙　（又）

鲈　kū［ㄎㄨ］①苦胡切　史姑韵，阴　乎平，虞韵　词第四部　戏姑苏辙
　　　　　　②薄故切　史姑韵，阴　乎去，遇韵　词第四部　戏姑苏辙　（又）

鲠（一）yí［ㄧˊ］以脂切　史齐韵，阳　乎平，支韵　词第三部　戏一七辙　（鳎～）
　　（二）tí［ㄊㄧˊ］杜奚切　史齐韵，阳　乎平，齐韵　词第三部　戏一七辙　（鲇鱼）

鲭　zī［ㄗ］即移切　史支韵，阴　乎平，支韵　词第三部　戏一七辙

鲖　tóng［ㄊㄨㄥˊ］徒红切　史庚韵，阳　乎平，东韵　词第一部　戏中东辙

鲗（一）zéi［ㄗㄟˊ］昨则切　史微韵，阳　乎入，职韵　词第十七部　戏灰堆辙
　　（二）zé［ㄗㄜˊ］昨则切　史波韵，阳　乎入，职韵　词第十七部　戏梭波辙　（旧）

鲙　kuài［ㄎㄨㄞˋ］古外切　史开韵，去　乎去，泰韵　词第三部　戏怀来辙　曲齐微韵，去

鲄　gé［ㄍㄜˊ］古沓切　史波韵，阳　乎入，合韵　词第十九部　戏梭波辙

鲓　wéi［ㄨㄟˊ］五灰切　史微韵，阳　乎平，灰韵　词第三部　戏灰堆辙

鳍（一）qí［ㄑㄧˊ］渠脂切　史齐韵，阳　乎平，支韵　词第三部　戏一七辙
　　（二）yì［ㄧˋ］研计切　史齐韵，去　乎去，霁韵　词第三部　戏一七辙　（鱼名）

鲼（一）luò［ㄌㄨㄛˋ］卢各切　史波韵，去　乎入，药韵　词第十六部　戏梭波辙
　　（二）gé［ㄍㄜˊ］刚鹤切　史波韵，阳　乎入，药韵　词第十六部　戏梭波辙　（鳄鱼）

鲚　jì［ㄐㄧˋ］徂礼切　史齐韵，去　乎上，荠韵　词第三部　戏一七辙

鲛　jiāo［ㄐㄧㄠ］古肴切　史豪韵，阴　乎平，肴韵　词第八部　戏遥条辙　曲萧豪韵，阴

鲜（一）xiān［ㄒㄧㄢ］相然切　史寒韵，阴　乎平，先韵　词第七部　戏言前辙　曲先天韵，阴
　　（二）xiǎn［ㄒㄧㄢˇ］①息浅切　史寒韵，上　乎上，铣韵　词第七部　戏言前辙　曲先天韵，上　（不多；朝～）
　　　　　　　　　　　②思句切　史寒韵，上　乎去，遇韵　词第四部　戏言前辙　曲先天韵，上　（又）
　　（三）xiàn［ㄒㄧㄢˋ］私箭切　史寒韵，去　乎去，霰韵　词第七部　戏言前辙　（姓）

鮺 zhǎ[ㄓㄚˇ] 侧下切　中麻韵，上　平上，马韵　词第十部　戏发花辙

鮿 xiǎng[ㄒㄧㄤˇ] 写两切　中唐韵，上　平上，养韵　词第二部　戏江阳辙

鮟 ān[ㄢ] 乌寒切　中寒韵，阴　平平，寒韵　词第七部　戏言前辙 【借用同音字"安"的反切。】

鲟 xún[ㄒㄩㄣˊ] 徐林切　中文韵，阳　平平，侵韵　词第十三部　戏人辰辙　曲侵寻韵，阳

七画

鯗（同"鮺"）

鮂 zhé[ㄓㄜˊ] 陟叶切　中波韵，阳　平入，叶韵　词第十八部　戏梭波辙

鯆 (一)pū[ㄆㄨ] 普胡切　中姑韵，阴　平平，虞韵　词第四部　戏姑苏辙 （江豚）

　　(二)bū[ㄅㄨ] 奔模切　中姑韵，阴　平平，虞韵　词第四部　戏姑苏辙 （~魢）

鯁 gěng[ㄍㄥˇ] 古杏切　中庚韵，上　平上，梗韵　词第十一部　戏中东辙　曲庚青韵，上

鱱 (一)lǐ[ㄌㄧˇ] 卢启切　中齐韵，上　平上，荠韵　词第三部　戏一七辙 （同"鳢"）

　　(二)lí[ㄌㄧˊ] 怜题切　中齐韵，阳　平平，齐韵　词第三部　戏一七辙 （鳗~）

鰱 lián[ㄌㄧㄢˊ] 力延切　中寒韵，阳　平平，先韵　词第七部　戏言前辙

鰹 jiān[ㄐㄧㄢ] 古贤切　中寒韵，阴　平平，先韵　词第七部　戏言前辙

鮹 (一)shāo[ㄕㄠ] 所交切　中豪韵，阴　平平，看韵　词第八部　戏遥条辙

　　(二)xiāo[ㄒㄧㄠ] 相邀切　中豪韵，阴　平平，萧韵　词第八部　戏遥条辙 （又）

鯉 lǐ[ㄌㄧˇ] 良士切　中齐韵，上　平上，纸韵　词第三部　戏一七辙　曲齐微韵，上

鰣 shí[ㄕˊ] 市之切　中支韵，阳　平平，支韵　词第三部　戏一七辙　曲支思韵，阳

鮸 miǎn[ㄇㄧㄢˇ] 亡辨切　中寒韵，上　平上，铣韵　词第七部　戏言前辙

鰷 tiáo[ㄊㄧㄠˊ] 徒聊切　中豪韵，阳　平平，萧韵　词第八部　戏遥条辙

鯀 gǔn[ㄍㄨㄣˇ] 古本切　中文韵，上　平上，阮韵　词第六部　戏人辰辙

鯷 tí[ㄊㄧˊ] 杜奚切　中齐韵，阳　平平，齐韵　词第三部　戏一七辙

鲨 shā[ㄕㄚ] 所加切　中麻韵，阴　平平，麻韵　词第十部　戏发花辙　曲家麻韵，阴

鯇 huàn[ㄏㄨㄢˋ] 户板切　中寒韵，去　平上，潸韵　词第七部　戏言前辙

鯟 jūn[ㄐㄩㄣ] 举云切　中文韵，阴　平平，文韵　词第六部　戏人辰辙

鯽 jì[ㄐㄧˋ] ①资昔切　中齐韵，去　平入，陌韵　词第十七部　戏一七辙　曲齐微韵，上

　　　②子力切　中齐韵，去　平入，职韵　词第十七部　戏一七辙　曲齐微韵，上 （又）

鯒 yǒng[ㄩㄥˇ] 余陇切　中庚韵，上　平上，肿韵　词第一部　戏中东辙 【借用同音字"涌"的反切。】

鵨（查"亻"部）

八画

鯰（同"鲇"）

鯖 qīng[ㄑㄧㄥ] 仓经切　中庚韵，阴　平平，青韵　词第十一部　戏中东辙　曲庚青韵，阴

鲮 líng[ㄌㄧㄥˊ] 力膺切　中庚韵，阳　平平，蒸韵　词第十一部　戏中东辙

鯥 lù[ㄌㄨˋ] 力竹切　中姑韵，去　平入，屋韵　词第十五部　戏姑苏辙

鯕 qí[ㄑㄧˊ] 渠之切　中齐韵，阳　平平，支韵　词第三部　戏一七辙

鯫 zhōu[ㄓㄡ] ①俎钩切　中尤韵，阴　平平，尤韵　词第十二部　戏由求辙　曲尤侯韵，阴

　　　②仕垢切　中尤韵，阴　平上，有韵　词第十二部　戏由求辙　曲尤侯韵，阴 （又）

鯠 lái[ㄌㄞˊ] 落哀切　中开韵，阳　平平，灰韵　词第五部　戏怀来辙

鯡 fēi[ㄈㄟ] ①匪微切　中微韵，阴　平平，微韵　词第三部　戏灰堆辙

　　　②方未切　中微韵，阴　平去，未韵　词第三部　戏灰堆辙 （~鱼）

鲲 kūn[ㄎㄨㄣ] 古浑切　中文韵，阴　平平，元韵　词第六部　戏人辰辙　曲真文韵，阴

鯧 chāng[ㄔㄤ] 尺良切　中唐韵，阴　平平，阳韵　词第二部　戏江阳辙

鲴 gù[ㄍㄨˋ] 古暮切　史姑韵，去　乎去，遇韵　词第四部　戏姑苏辙

鯯 zhì[ㄓˋ] 征例切　史支韵，去　乎去，霁韵　词第三部　戏一七辙

鰲 lí[ㄌㄧˊ] ①力脂切　史齐韵，阳　乎平，支韵　词第三部　戏一七辙
　　　　　　②郎奚切　史齐韵，阳　乎平，齐韵　词第三部　戏一七辙　（又）

鯢 ní[ㄋㄧˊ] 五稽切　史齐韵，阳　乎平，齐韵　词第三部　戏一七辙　曲齐微韵，阳

鯩 lún[ㄌㄨㄣˊ] 力迍切　史文韵，阳　乎平，真韵　词第六部　戏人辰辙

鯛 diāo[ㄉㄧㄠ] 都聊切　史豪韵，阴　乎平，萧韵　词第八部　戏遥条辙

鲸 (一)jīng[ㄐㄧㄥ] 渠京切　史庚韵，阴　乎平，庚韵　词第十一部　戏中东辙　曲庚青韵，阳
　　(二)qíng[ㄑㄧㄥˊ] 渠京切　史庚韵，阳　乎平，庚韵　词第十一部　戏中东辙　曲庚青韵，阳　（旧读）

鯞 zhǒu[ㄓㄡˇ] 之九切　史尤韵，上　乎上，有韵　词第十二部　戏由求辙

鯴 shī[ㄕ] 所梽切　史支韵，阴　乎入，质韵　词第十七部　戏一七辙　【借用同音字"虱"的反切。】

鯵 shēn[ㄕㄣ] 所今切　史文韵，阴　乎平，侵韵　词第十三部　戏人辰辙　【借用同音字"参(一)"的反切。】

鯔 zī[ㄗ] 侧持切　史支韵，阴　乎平，支韵　词第三部　戏一七辙

九画

鰤（见"鯯"）

鰆 chūn[ㄔㄨㄣ] 枢伦切　史文韵，阴　乎平，真韵　词第六部　戏人辰辙

鲼 fèn[ㄈㄣˋ] 房吻切　史文韵，去　乎上，吻韵　词第六部　戏人辰辙

鰈 (一)dié[ㄉㄧㄝˊ] 达协切　史皆韵，阳　乎入，叶韵　词第十八部　戏乜斜辙
　　(二)tà[ㄊㄚˋ] 吐盍切　史麻韵，去　乎入，合韵　词第十九部　戏发花辙　（旧读）

鰋 yǎn[ㄧㄢˇ] 於幰切　史寒韵，上　乎上，阮韵　词第七部　戏言前辙

鯿 bī[ㄅㄧ] 彼力切　史齐韵，阴　乎入，职韵　词第十七部　戏一七辙

鲿 cháng[ㄔㄤˊ] 市阳切　史唐韵，阳　乎平，阳韵　词第二部　戏江阳辙

鯷 tí[ㄊㄧˊ] ①是义切　史齐韵，阳　乎去，真韵　词第三部　戏一七辙
　　　　　　②田黎切　史齐韵，阳　乎平，齐韵　词第三部　戏一七辙　（又）
　　　　　　③特计切　史齐韵，阳　乎去，霁韵　词第三部　戏一七辙　（又）

鳁 wēn[ㄨㄣ] 乌浑切　史文韵，阴　乎平，元韵　词第六部　戏人辰辙　【借用同音字"温(一)"的反切。】

鰫 (一)yóng[ㄩㄥˊ] 鱼容切　史庚韵，阳　乎平，冬韵　词第一部　戏中东辙
　　(二)yú[ㄩˊ] 遇俱切　史齐韵，阳　乎平，虞韵　词第四部　戏一七辙　（又）

鰃 wēi[ㄨㄟ] 乌恢切　史微韵，阴　乎平，灰韵　词第三部　戏灰堆辙

鰓 sāi[ㄙㄞ] 苏来切　史开韵，阴　乎平，灰韵　词第五部　戏怀来辙

鳄 è[ㄜˋ] ①五各切　史波韵，去　乎入，药韵　词第十六部　戏梭波辙　曲萧豪韵，去
　　　　②五各切　史波韵，去　乎入，药韵　词第十六部　戏梭波辙　曲歌戈韵，去　（又）

鳅 qiū[ㄑㄧㄡ] 七由切　史尤韵，阴　乎平，尤韵　词第十二部　戏由求辙　曲尤侯韵，阴

鰒 fù[ㄈㄨˋ] 房六切　史姑韵，去　乎入，屋韵　词第十五部　戏姑苏辙

鳇 huáng[ㄏㄨㄤˊ] 胡光切　史唐韵，阳　乎平，阳韵　词第二部　戏江阳辙　曲江阳韵，阳

鰁 quán[ㄑㄩㄢˊ] 从缘切　史寒韵，阳　乎平，先韵　词第七部　戏言前辙

鯸 hóu[ㄏㄡˊ] 户钩切　史尤韵，阳　乎平，尤韵　词第十二部　戏由求辙

鯼 zōng[ㄗㄨㄥ] ①子红切　史庚韵，阴　乎平，东韵　词第一部　戏中东辙
　　　　　　②作弄切　史庚韵，阴　乎去，送韵　词第一部　戏中东辙　（又）

鰌 qiū[ㄑㄧㄡ] 自秋切　史尤韵，阴　乎平，尤韵　词第十二部　戏由求辙

鱂 jiāng[ㄐㄧㄤ] 即良切　史唐韵，阴　乎平，阳韵　词第二部　戏江阳辙

鯶 hún[ㄏㄨㄣˊ] 胡本切　史文韵，阳　乎上，阮韵　词第六部　戏人辰辙

鳊 biān[ㄅㄧㄢ] ①卑连切　史寒韵，阴　乎平，先韵　词第七部　戏言前辙　曲先天韵，阴

②布还切　史寒韵，阴　乎平，删韵　词第七部　戏言前辙　曲先天韵，阴　（又）

鰕㈠xiá[ㄒㄧㄚˊ] 胡加切　史麻韵，阳　乎平，麻韵　词第十部　戏发花辙

　　㈡xiā[ㄒㄧㄚ]（同"虾㈠"）

鱀 jì[ㄐㄧˋ] 具冀切　史齐韵，去　乎去，寘韵　词第三部　戏一七辙

十画

鰱（见"鲢"）**鰤**（见"鲥"）**鰷**（见"鲦"）**鰫**（同"鳙"）

鰲 áo[ㄠˊ] 五劳切　史豪韵，阳　乎平，豪韵　词第八部　戏遥条辙　曲萧豪韵，阳

鰭 qí[ㄑㄧˊ] 渠脂切　史齐韵，阳　乎平，支韵　词第三部　戏一七辙

鱁 zhú[ㄓㄨˊ] 直六切　史姑韵，阳　乎入，屋韵　词第十五部　戏姑苏辙

鰬 qián[ㄑㄧㄢˊ] 渠焉切　史寒韵，阳　乎平，先韵　词第七部　戏言前辙

鰨㈠tǎ[ㄊㄚˇ] 吐盍切　史麻韵，上　乎入，合韵　词第十九部　戏发花辙

　　㈡tà[ㄊㄚˋ] 吐盍切　史麻韵，去　乎入，合韵　词第十九部　戏发花辙　（旧读）

鰥 guān[ㄍㄨㄢ] ①古顽切　史寒韵，阴　乎平，先韵　词第七部　戏言前辙　曲寒山韵，阴

　　②古幻切　史寒韵，去　乎去，谏韵　词第七部　戏言前辙　（盯着看）

鰩 yáo[ㄧㄠˊ] 余昭切　史豪韵，阳　乎平，萧韵　词第八部　戏遥条辙

鰝 hào[ㄏㄠˋ] ①胡老切　史豪韵，去　乎上，皓韵　词第八部　戏遥条辙

　　②呵各切　史豪韵，去　乎入，药韵　词第十六部　戏遥条辙　（又）

鰟㈠fáng[ㄈㄤˊ] 符方切　史唐韵，阳　乎平，阳韵　词第二部　戏江阳辙

　　㈡páng[ㄆㄤˊ] 步光切　史唐韵，阳　乎平，阳韵　词第二部　戏江阳辙　（～鮍）【借用同音字"旁㈠"的反切。】

鰜㈠qiàn[ㄑㄧㄢˋ] ①诘念切　史寒韵，去　乎去，艳韵　词第十四部　戏言前辙

　　②胡谗切　史寒韵，去　乎平，咸韵　词第十四部　戏言前辙　（又）

　　㈡jiān[ㄐㄧㄢ] 古甜切　史寒韵，阴　乎平，盐韵　词第十四部　戏言前辙　曲廉纤韵，阴　（比目鱼）

臔（查"月"部）

十一画

鰹（见"鲣"）**鱸**（同"鲀㈠"）**鰺**（见"鲹"）**鰁**（见"鳈"）

鰿 jì[ㄐㄧˋ] 资昔切　史齐韵，去　乎入，陌韵　词第十七部　戏一七辙

鱲 lè[ㄌㄜˋ] ①卢白切　史波韵，去　乎入，陌韵　词第十七部　戏梭波辙

　　②历得切　史波韵，去　乎入，职韵　词第十七部　戏梭波辙　（又）

鱄㈠zhuān[ㄓㄨㄢ] 职缘切　史寒韵，阴　乎平，先韵　词第七部　戏言前辙

　　㈡zhuǎn[ㄓㄨㄢˇ] 旨兖切　史寒韵，上　乎上，铣韵　词第七部　戏言前辙　（又）

　　㈢tuán[ㄊㄨㄢˊ] 徒官切　史寒韵，阳　乎平，寒韵　词第七部　戏言前辙　（传说鱼名）

鰾 biào[ㄅㄧㄠˋ] 符少切　史豪韵，去　乎上，篠韵　词第八部　戏遥条辙　曲萧豪韵，去

鱈 xuě[ㄒㄩㄝˇ] 相绝切　史皆韵，上　乎入，屑韵　词第十八部　戏乜斜辙【借用同音字"雪"的反切。】

鱉 biē[ㄅㄧㄝ] 并列切　史皆韵，阴　乎入，屑韵　词第十八部　戏乜斜辙　曲车遮韵，上

鳗 mán[ㄇㄢˊ] ①母官切　史寒韵，阳　乎平，寒韵　词第七部　戏言前辙

　　②无贩切　史寒韵，阳　乎去，愿韵　词第七部　戏言前辙　（又）

鳘 mǐn[ㄇㄧㄣˇ] 眉殒切　史文韵，上　乎上，轸韵　词第六部　戏人辰辙

鳙㈠yōng[ㄩㄥ] 余封切　史庚韵，阴　乎平，冬韵　词第一部　戏中东辙　曲东钟韵，阳

　　㈡yóng[ㄩㄥˊ] 余封切　史庚韵，阳　乎平，冬韵　词第一部　戏中东辙　曲东钟韵，阳　（旧读）

鱇 kāng[ㄎㄤ] 苦冈切　史唐韵，阴　乎平，阳韵　词第二部　戏江阳辙【借用同音字"康㈠"的反切。】

鳚 wèi[ㄨㄟˋ] 於胃切　史微韵，去　乎去，未韵　词第三部　戏灰堆辙

鳛 xí[ㄒㄧˊ] 似入切　史齐韵，阳　乎入，缉韵　词第十七部　戏一七辙

十二画

鱌（见"鲭"）鱐（同"鲟"）鱏（见"鲟"）

鳜 （一）guì[ㄍㄨㄟˋ] 居卫切　史微韵，去　乎去，霁韵　词第三部　戏灰堆辙　曲齐微韵，去　（鱼名）
　　　（二）jué[ㄐㄩㄝˊ] 居月切　史皆韵，阳　乎入，月韵　词第十八部　戏乜斜辙　（~鱼为）

鳝 （一）shàn[ㄕㄢˋ] 常演切　史寒韵，去　乎上，铣韵　词第七部　戏言前辙　曲先天韵，去　（同"鳝"）
　　　（二）tuó[ㄊㄨㄛˊ] 唐何切　史波韵，阳　乎平，歌韵　词第九部　戏梭波辙　曲歌戈韵，阳　（同"鼍"）

鱎 jiǎo[ㄐㄧㄠˇ] 居天切　史豪韵，上　乎上，筱韵　词第八部　戏遥条辙

鱕 fān[ㄈㄢ] 甫烦切　史寒韵，阴　乎平，元韵　词第七部　戏言前辙

鳝 shàn[ㄕㄢˋ] 上演切　史寒韵，去　乎上，铣韵　词第七部　戏言前辙　曲先天韵，去

鳞 lín[ㄌㄧㄣˊ] 力珍切　史文韵，阳　乎平，真韵　词第六部　戏人辰辙　曲真文韵，阳

鳟 zūn[ㄗㄨㄣˋ] ①祖闷切　史文韵，阴　乎去，愿韵　词第六部　戏人辰辙　（鱼名）
　　　　　　　②才本切　史文韵，阴　乎上，阮韵　词第六部　戏人辰辙　（赤目鱼）

鲅 bō[ㄅㄛ] 北末切　史波韵，阴　乎入，曷韵　词第十八部　戏梭波辙

鳿 yù[ㄩˋ] 余律切　史齐韵，去　乎入，质韵　词第十七部　戏一七辙

十三画

鱢（同"臊（二）"）鱟（见"鲎"）鱠（见"鲙"）

鳡 gǎn[ㄍㄢˇ] 古禫切　史寒韵，上　乎上，感韵　词第十四部　戏言前辙　曲监咸韵，上

鳢 lǐ[ㄌㄧˇ] 卢启切　史齐韵，上　乎上，荠韵　词第三部　戏一七辙

鱮 xù[ㄒㄩˋ] 徐吕切　史齐韵，去　乎上，语韵　词第四部　戏一七辙

鳣 （一）zhān[ㄓㄢ] 张连切　史寒韵，阴　乎平，先韵　词第七部　戏言前辙　曲先天韵，阴
　　　（二）shàn[ㄕㄢˋ]　（同"鳝"）

鱐 sù[ㄙㄨˋ] 息逐切　史姑韵，去　乎入，屋韵　词第十五部　戏姑苏辙

十四画

鱚（见"鲑"）鳍（见"鲬"）

鱴 miè[ㄇㄧㄝˋ] 莫结切　史皆韵，去　乎入，屑韵　词第十八部　戏乜斜辙

鳤 guǎn[ㄍㄨㄢˇ] 古满切　史寒韵，上　乎上，旱韵　词第七部　戏言前辙　【借用同音字"管"的反切。】

十五画

鱵 zhēn[ㄓㄣ] 职深切　史文韵，阴　乎平，侵韵　词第十三部　戏人辰辙

十六画

鳄（同"鳄"）鲈（见"鲈"）

十七画

鳡 guàn[ㄍㄨㄢˋ] 古玩切　史寒韵，去　乎去，翰韵　词第七部　戏言前辙

十九画

鱲（见"鲡"）

翽 huī[ㄏㄨㄟ] 许归切　史微韵，阴　乎平，微韵　词第三部　戏灰堆辙

二十二画

鱻（同"鲜（一）"）

隶　部

隶 (一)lì[ㄌㄧˋ] 郎计切　史齐韵，去　平去，霁韵　词第三部　戏一七辙　曲齐微韵，去

　　(二)dài[ㄉㄞˋ] （同"逮(一)"）

三画

康（查"广"部）

八画

隸（见"隶(一)"）

九画

隸（见"隶(一)"）

九　画

革　部

革 (一)gé[ㄍㄜˊ] 古核切　史波韵，阳　平入，陌韵　词第十七部　戏梭波辙　曲皆来韵，上

　　(二)jí[ㄐㄧˊ] 竭亿切　史齐韵，阳　平入，职韵　词第十七部　戏一七辙　（病~）

二画

靪 dīng[ㄉㄧㄥ] 当经切　史庚韵，阴　平平，青韵　词第十一部　戏中东辙

三画

靭（同"韧"）

靬 jiān[ㄐㄧㄢ] ①居言切　史寒韵，阴　平平，元韵　词第七部　戏言前辙

　　　　　　　②苦寒切　史寒韵，阴　平平，寒韵　词第七部　戏言前辙　（弓衣）

　　　　　　　③古闲切　史寒韵，阴　平平，删韵　词第七部　戏言前辙　（鞬~）

靰 wù[ㄨˋ] 五忽切　史姑韵，去　平入，月韵　词第十八部　戏姑苏辙　【方言字。借用同音字"兀"的反切。】

靸 sǎ[ㄙㄚˇ] 苏合切　史麻韵，上　平入，合韵　词第十九部　戏发花辙　曲家麻韵，上

靮 dí[ㄉㄧˊ] 都历切　史齐韵，阳　平入，锡韵　词第十七部　戏一七辙

靫 chá[ㄔㄚˊ] ①初牙切　史麻韵，阳　平平，麻韵　词第十部　戏发花辙

　　　　　　　②楚佳切　史麻韵，阳　平平，佳韵　词第十部　戏发花辙　（又）

四画

靴 xuē[ㄒㄩㄝ] 许茄切　史皆韵，阴　平平，歌韵　词第九部　戏乜斜辙　曲车遮韵，阴

靳 jìn[ㄐㄧㄣˋ] 居焮切　史文韵，去　平去，问韵　词第六部　戏人辰辙

靲 qín[ㄑㄧㄣˊ] 巨金切　史文韵，阳　平平，侵韵　词第十三部　戏人辰辙

靷 yǐn[ㄧㄣˇ] ①余忍切　史文韵，上　平上，轸韵　词第六部　戏人辰辙

　　　　　　　②羊晋切　史文韵，上　平去，震韵　词第六部　戏人辰辙　（又）

靶 (一)bà[ㄅㄚˋ] 必驾切　史麻韵，去　平去，祃韵　词第十部　戏发花辙　曲家麻韵，去

　　(二)bǎ[ㄅㄚˇ] 搏下切　史麻韵，上　平上，马韵　词第十部　戏发花辙　（箭~）【现代字。借用同音字"把(一)"的反切。】

五画

靺 mò[ㄇㄛˋ] 莫拨切　史波韵，去　平入，曷韵　词第十八部　戏梭波辙

靼 dá[ㄉㄚˊ] ①当割切　史麻韵，阳　平入，曷韵　词第十八部　戏发花辙
　　　　②旨热切　史麻韵，阳　平入，屑韵　词第十八部　戏发花辙　（又）

鞅 (一)yāng[丨ㄤ] ①於两切　史唐韵，阴　平上，养韵　词第二部　戏江阳辙　曲江阳韵，上
　　　　②於良切　史唐韵，阴　平平，阳韵　词第二部　戏江阳辙　（马颈革）
　(二)yàng[丨ㄤˋ] 於亮切　史唐韵，去　平去，漾韵　词第二部　戏江阳辙　（牛~）【《集韵》：於亮切，马驾之具也。】

靳 jiē[ㄐ丨ㄝ] 古黠切　史皆韵，阴　平入，黠韵　词第十八部　戏乜斜辙

鞄 bào[ㄅㄠˋ] ①防教切　史豪韵，去　平去，效韵　词第八部　戏遥条辙　曲萧豪韵，阳
　　　　②匹角切　史豪韵，去　平入，觉韵　词第十六部　戏遥条辙　曲萧豪韵，阳　（又）

靽 bàn[ㄅㄢˋ] 博漫切　史寒韵，去　平去，翰韵　词第七部　戏言前辙

靾 hóng[ㄏㄨㄥˊ] 胡肱切　史庚韵，阳　平平，蒸韵　词第十一部　戏中东辙

韬 táo[ㄊㄠˊ] 徒刀切　史豪韵，阳　平平，豪韵　词第八部　戏遥条辙

鞁 bèi[ㄅㄟˋ] 平义切　史微韵，去　平去，真韵　词第三部　戏灰堆辙

靿 yào[丨ㄠˋ] 於教切　史豪韵，去　平去，效韵　词第八部　戏遥条辙

六画

鞏 (见"巩")　**鞉** (同"鼗")

鞋 xié[ㄒ丨ㄝˊ] ①户皆切　史皆韵，阳　平平，佳韵　词第五部　戏乜斜辙　曲皆来韵，阳
　　　　②户佳切　史皆韵，阳　平平，佳韵　词第十部　戏乜斜辙　曲皆来韵，阳　（又）

鞑 dá[ㄉㄚˊ] 他达切　史麻韵，阳　平入，曷韵　词第十八部　戏发花辙

鞇 yīn[丨ㄣ] 於真切　史文韵，阴　平平，真韵　词第六部　戏人辰辙

鞒 (一)qiāo[ㄑ丨ㄠ] 起嚣切　史豪韵，阴　平平，萧韵　词第八部　戏遥条辙
　(二)qiáo[ㄑ丨ㄠˊ] 巨娇切　史豪韵，阳　平平，萧韵　词第八部　戏遥条辙　（鞍~）【《集韵》：又作桥。用其反切。】

鞈 (一)jiá[ㄍ丨ㄚˊ] 古洽切　史麻韵，阳　平入，洽韵　词第十九部　戏发花辙
　(二)gé[ㄍㄜˊ] 古沓切　史波韵，阳　平入，合韵　词第十九部　戏梭波辙　（又）
　(三)tà[ㄊㄚˋ] 托合切　史麻韵，去　平入，合韵　词第十九部　戏发花辙　（鼓声）

鞍 ān[ㄢ] 於寒切　史寒韵，阴　平平，寒韵　词第七部　戏言前辙　曲寒山韵，阴

鞌 ān[ㄢ] 乌寒切　史寒韵，阴　平平，寒韵　词第七部　戏言前辙

鞎 hén[ㄏㄣˊ] 户恩切　史文韵，阳　平平，元韵　词第六部　戏人辰辙

鞗 （查"彳"部）

七画

鞘 (一)qiào[ㄑ丨ㄠˋ] 私妙切　史豪韵，去　平去，啸韵　词第八部　戏遥条辙　曲萧豪韵，去
　(二)shāo[ㄕㄠ] 所交切　史豪韵，阴　平平，肴韵　词第八部　戏遥条辙　曲萧豪韵，阴　（鞭梢）

鞙 xuàn[ㄒㄩㄢˋ] 胡畎切　史寒韵，去　平上，铣韵　词第七部　戏言前辙

鞓 tīng[ㄊ丨ㄥ] 他丁切　史庚韵，阴　平平，青韵　词第十一部　戏中东辙

鞔 mán[ㄇㄢˊ] 母官切　史寒韵，阳　平平，寒韵　词第七部　戏言前辙

八画

鞡 la[·ㄌㄚ] 卢合切　史麻韵，阴　平入，合韵　词第十九部　戏发花辙　【方言字。借用同音字"拉"的反切。】

鞝 (一)zhǎng[ㄓㄤˇ] 诸两切　史唐韵，上　平上，养韵　词第二部　戏江阳辙　【《玉篇》：诸两切。用之。】
　(二)shàng[ㄕㄤˋ]　（同"绱"）

鞜 tà[ㄊㄚˋ] 他合切　史麻韵，去　平入，合韵　词第十九部　戏发花辙

鞞 (一)bǐng[ㄅ丨ㄥˇ] 补鼎切　史庚韵，上　平上，迥韵　词第十一部　戏中东辙　（刀鞘）

　　(二)pí[ㄆ丨ˊ] 部迷切　史齐韵，阳　平平，齐韵　词第三部　戏一七辙　（~鼓）

　　(三)bēi[ㄅㄟ] 府移切　史微韵，阴　平平，支韵　词第三部　戏灰堆辙　（牛~县）

鞠 (一)jū[ㄐㄩ] ①居六切　史齐韵，阴　平入，屋韵　词第十五部　戏一七辙　曲鱼模韵，上

　　　　　　　②渠竹切　史齐韵，阴　平入，屋韵　词第十五部　戏一七辙　曲鱼模韵，上　（蹴~）

　　(二)jú[ㄐㄩˊ]（同"菊"）

鞟 kuò[ㄎㄨㄛˋ] 阔镬切　史波韵，去　平入，药韵　词第十六部　戏梭波辙

鞛 běng[ㄅㄥˇ] 必孔切　史庚韵，上　平上，董韵　词第一部　戏中东辙

鞚 kòng[ㄎㄨㄥˋ] 苦贡切　史庚韵，去　平去，送韵　词第一部　戏中东辙　曲东钟韵，去

鞬 (一)jiān[ㄐ丨ㄢ] 居言切　史寒韵，阴　平平，元韵　词第七部　戏言前辙

　　(二)jiàn[ㄐ丨ㄢˋ] 巨展切　史寒韵，去　平上，铣韵　词第七部　戏言前辙　（束）

九画

鞯 jiān[ㄐ丨ㄢ] 则前切　史寒韵，阴　平平，先韵　词第七部　戏言前辙　曲先天韵，阴

鞮 dī[ㄉ丨] 都奚切　史齐韵，阴　平平，齐韵　词第三部　戏一七辙

鞨 (一)hé[ㄏㄜˊ] 胡葛切　史波韵，阳　平入，曷韵　词第十八部　戏梭波辙

　　(二)mò[ㄇㄛˋ] 莫辖切　史波韵，去　平入，黠韵　词第十八部　戏梭波辙　（帕头）

鞦 qiū[ㄑ丨ㄡ] 七由切　史尤韵，阴　平平，尤韵　词第十二部　戏由求辙　曲尤侯韵，阴

鞭 biān[ㄅ丨ㄢ] 卑连切　史寒韵，阴　平平，先韵　词第七部　戏言前辙　曲先天韵，阴

鞥 ēng[ㄥ] ①一憎切　史庚韵，阴　平平，蒸韵　词第十一部　戏中东辙

　　　　②乌合切　史庚韵，阴　平入，合韵　词第十九部　戏中东辙　（又）

鞫 jū[ㄐㄩ] 居六切　史齐韵，阴　平入，屋韵　词第十五部　戏一七辙

鞧 qiū[ㄑ丨ㄡ] 七由切　史尤韵，阴　平平，尤韵　词第十二部　戏由求辙　曲尤侯韵，阴

鞣 róu[ㄖㄡˊ] ①耳由切　史尤韵，阳　平平，尤韵　词第十二部　戏由求辙　曲尤侯韵，阳

　　　　　　②人又切　史尤韵，阳　平去，宥韵　词第十二部　戏由求辙　曲尤侯韵，阳　（又）

鞪 (一)mù[ㄇㄨˋ] 莫卜切　史姑韵，去　平入，屋韵　词第十五部　戏姑苏辙

　　(二)móu[ㄇㄡˊ] 莫浮切　史尤韵，阳　平平，尤韵　词第十二部　戏由求辙　（皮盔）

十画

鞾（同"靴"）鞵（同"鞋"）鞰（同"鞲"）

鞲 gōu[ㄍㄡ] 恪侯切　史尤韵，阴　平平，尤韵　词第十二部　戏由求辙

鞴 (一)bèi[ㄅㄟˋ] 平祕切　史微韵，去　平去，寘韵　词第三部　戏灰堆辙

　　(二)bì[ㄅ丨ˋ] 平祕切　史齐韵，去　平去，寘韵　词第三部　戏一七辙　（又）

　　(三)bù[ㄅㄨˋ] ①蒲故切　史姑韵，阳　平去，遇韵　词第四部　戏姑苏辙　（箭袋）

　　　　　　　②房六切　史姑韵，去　平入，屋韵　词第十五部　戏姑苏辙　（皮囊）

鞳 tà[ㄊㄚˋ] 吐盍切　史麻韵，去　平入，合韵　词第十九部　戏发花辙

鞶 pán[ㄆㄢˊ] 薄官切　史寒韵，阳　平平，寒韵　词第七部　戏言前辙

十一画

鏜（同"镗(一)"）

鞻 (一)lóu[ㄌㄡˊ] 落侯切　史尤韵，阳　平平，尤韵　词第十二部　戏由求辙

　　(二)lǚ[ㄌㄩˇ] 落侯切　史齐韵，上　平平，尤韵　词第十二部　戏一七辙　（又）

十二画

韂（见"靵"）鞽（见"鞒"）

鐀 guì[ㄍㄨㄟˋ] ①求位切　韵微韵，去　平去，寘韵　词第三部　戏灰堆辙

　　　　　　　　②公回切　韵微韵，去　平平，灰韵　词第三部　戏灰堆辙　（又）

鐖 jī[ㄐㄧ] 居依切　韵齐韵，阴　平平，微韵　词第三部　戏一七辙

<h2 style="text-align:center">十三画</h2>

韁（同"缰"）

韄 ㈠hù[ㄏㄨˋ] 胡误切　韵姑韵，去　平去，遇韵　词第四部　戏姑苏辙

　㈡huò[ㄏㄨㄛˋ] 胡误切　韵波韵，去　平去，遇韵　词第四部　戏梭波辙　（又）

韂 chàn[ㄔㄢˋ] 昌艳切　韵寒韵，去　平去，艳韵　词第十四部　戏言前辙　曲廉纤韵，去

<h2 style="text-align:center">十四画</h2>

韈（同"袜㈡"）

韅 xiǎn[ㄒㄧㄢˇ] 呼典切　韵寒韵，上　平上，铣韵　词第七部　戏言前辙

<h2 style="text-align:center">十五画</h2>

韆（同"千②"）

韇 dú[ㄉㄨˊ] 徒谷切　韵姑韵，阳　平入，屋韵　词第十五部　戏姑苏辙

<h2 style="text-align:center">十六画</h2>

韉（见"鞯"）

<h2 style="text-align:center">二十画</h2>

韊 lán[ㄌㄢˊ] ①落干切　韵寒韵，阳　平平，寒韵　词第七部　戏言前辙

　　　　　　②离闲切　韵寒韵，阳　平平，删韵　词第七部　戏言前辙　（又）

<h1 style="text-align:center">面 部</h1>

面 miàn[ㄇㄧㄢˋ] 弥箭切　韵寒韵，去　平去，霰韵　词第七部　戏言前辙　曲先天韵，去

<h2 style="text-align:center">五画</h2>

靤 pào[ㄆㄠˋ] 防教切　韵豪韵，去　平去，效韵　词第八部　戏遥条辙

<h2 style="text-align:center">六画</h2>

靥（查"厂"部）

<h2 style="text-align:center">七画</h2>

靦 ㈠tiǎn[ㄊㄧㄢˇ] 他典切　韵寒韵，上　平上，铣韵　词第七部　戏言前辙　（～然）

　㈡miǎn[ㄇㄧㄢˇ] 弥兖切　韵寒韵，上　平上，铣韵　词第七部　戏言前辙　（～觍）【借用同音字"偭"的反切。】

<h2 style="text-align:center">十二画</h2>

靧 huì[ㄏㄨㄟˋ] 荒内切　韵微韵，去　平去，队韵　词第三部　戏灰堆辙

<h2 style="text-align:center">十四画</h2>

靨（见"靥"）

<h1 style="text-align:center">韭 部</h1>

韭 jiǔ[ㄐㄧㄡˇ] 举有切　韵尤韵，上　平上，有韵　词第十二部　戏由求辙　曲尤侯韵，上

七画

鞋 xiè[ㄒㄧㄝˋ] 胡介切　史皆韵，去　乎去，卦韵　词第五部　戏乜斜辙

八画

鏚（查"戈"部）

骨　部

骨 (一)gǔ[ㄍㄨˇ] 古忽切　史姑韵，上　乎入，月韵　词第十八部　戏姑苏辙　曲鱼模韵，上
　　(二)gū[ㄍㄨ] 古胡切　史姑韵，阴　乎平，虞韵　词第四部　戏姑苏辙　（～朵；～碌）【现代字。借用同音字"呱(一)"的反切。】

三画

骭 gàn[ㄍㄢˋ] ①古案切　史寒韵，去　乎去，翰韵　词第七部　戏言前辙
　　　　　　　②下晏切　史寒韵，去　乎去，谏韵　词第七部　戏言前辙　（又）

骬 yú[ㄩˊ] 羽俱切　史齐韵，阳　乎平，虞韵　词第四部　戏一七辙

骪 wěi[ㄨㄟˇ] 於诡切　史微韵，上　乎上，纸韵　词第三部　戏灰堆辙

四画

骱 (一)jiá[ㄐㄧㄚˊ] 古黠切　史麻韵，阳　乎入，黠韵　词第十八部　戏发花辙　（小骨）
　　(二)hé[ㄏㄜˊ] ①胡葛切　史波韵，阳　乎入，曷韵　词第十八部　戏梭波辙　（骨坚硬）
　　　　　　　　②下介切　史波韵，阳　乎去，卦韵　词第五部　戏梭波辙　（又）

骰 tóu[ㄊㄡˊ] 度侯切　史尤韵，阳　乎平，尤韵　词第十二部　戏由求辙　曲尤侯韵，阳

骯 (一)kāng[ㄎㄤ] 苦朗切　史唐韵，阴　乎上，养韵　词第二部　戏江阳辙
　　(二)āng[ㄤ] 　（肮脏，同"肮(二)"）

五画

骷 kū[ㄎㄨ] 空胡切　史姑韵，阴　乎平，虞韵　词第四部　戏姑苏辙

骶 dǐ[ㄉㄧˇ] 都计切　史齐韵，上　乎去，霁韵　词第三部　戏一七辙

骲 bào[ㄅㄠˋ] ①薄巧切　史豪韵，去　乎上，巧韵　词第八部　戏遥条辙
　　　　　　　②蒲角切　史豪韵，去　乎入，觉韵　词第十六部　戏遥条辙　（又）

骳 (一)mǐ[ㄇㄧˇ] 文彼切　史齐韵，上　乎上，纸韵　词第三部　戏一七辙
　　(二)bèi[ㄅㄟˋ] 部靡切　史微韵，去　乎上，纸韵　词第三部　戏灰堆辙　（又）

六画

骻 kuà[ㄎㄨㄚˋ] ①苦瓦切　史麻韵，去　乎上，马韵　词第十部　戏发花辙
　　　　　　　②苦化切　史麻韵，去　乎去，祃韵　词第十部　戏发花辙　（又）

骴 cī[ㄘ] 疾移切　史支韵，阴　乎平，支韵　词第三部　戏一七辙　曲支思韵，去

骼 gé[ㄍㄜˊ] 古伯切　史波韵，阳　乎入，陌韵　词第十七部　戏梭波辙　曲皆来韵，上

骹 (一)qiāo[ㄑㄧㄠ] 口交切　史豪韵，阴　乎平，肴韵　词第八部　戏遥条辙
　　(二)xiāo[ㄒㄧㄠ] 虚交切　史豪韵，阴　乎平，肴韵　词第八部　戏遥条辙　（响箭）

骸 hái[ㄏㄞˊ] 户皆切　史开韵，阳　乎平，佳韵　词第五部　戏怀来辙　曲皆来韵，阳

骿 pián[ㄆㄧㄢˊ] 部田切　史寒韵，阳　乎平，先韵　词第七部　戏言前辙

七画

骾（同"鲠"）髁（同"腿"）

八画

髁 (一)kē[ㄎㄜ] ①苦卧切　史波韵，阴　乎去，箇韵　词第九部　戏梭波辙
　　　　　　②苦禾切　史波韵，阴　乎平，歌韵　词第九部　戏梭波辙　（膝盖骨）
　　(二)kuà[ㄎㄨㄚˋ] 苦瓦切　史麻韵，去　乎上，马韵　词第十部　戏发花辙　（胯骨）

髀 (一)bì[ㄅㄧˋ] 傍礼切　史齐韵，去　乎去，霁韵　词第三部　戏一七辙
　　(二)bǐ[ㄅㄧˇ] 卑履切　史齐韵，上　乎上，纸韵　词第三部　戏一七辙　（又）

九画

髃 (一)yú[ㄩˊ] 遇俱切　史齐韵，阳　乎平，虞韵　词第四部　戏一七辙
　　(二)ǒu[ㄡˇ] 五口切　史尤韵，上　乎上，有韵　词第十二部　戏由求辙　（又）

髊 cī[ㄘ] 疾智切　史支韵，阴　乎去，寘韵　词第三部　戏一七辙

髏 lóu[ㄌㄡˊ] 落侯切　史尤韵，阳　乎平，尤韵　词第十二部　戏由求辙　曲尤侯韵，阳

骼 qià[ㄑㄧㄚˋ] 枯驾切　史麻韵，去　乎去，祃韵　词第十部　戏发花辙

十画

髆 (一)bó[ㄅㄛˊ] 补各切　史波韵，阳　乎入，药韵　词第十六部　戏梭波辙
　　(二)pò[ㄆㄛˋ] 匹各切　史波韵，去　乎入，药韵　词第十六部　戏梭波辙　（腰部）

髇 xiāo[ㄒㄧㄠ] 许交切　史豪韵，阴　乎平，肴韵　词第八部　戏遥条辙

髈 bǎng[ㄅㄤˇ] 匹朗切　史唐韵，上　乎上，养韵　词第二部　戏江阳辙

髋 kuān[ㄎㄨㄢ] 苦官切　史寒韵，阴　乎平，寒韵　词第七部　戏言前辙

髌 bìn[ㄅㄧㄣˋ] 毗忍切　史文韵，去　乎上，轸韵　词第六部　戏人辰辙

十一画

髅 （见"髏"）

髍 mó[ㄇㄛˊ] 眉波切　史波韵，阳　乎平，歌韵　词第九部　戏梭波辙

髎 liáo[ㄌㄧㄠˊ] 落萧切　史豪韵，阳　乎平，萧韵　词第八部　戏遥条辙

十二画

髐 xiāo[ㄒㄧㄠ] 虚交切　史豪韵，阴　乎平，肴韵　词第八部　戏遥条辙

髒 (一)zǎng[ㄗㄤˇ] 子朗切　史唐韵，上　乎上，养韵　词第二部　戏江阳辙　曲江阳韵，上
　　(二)zāng[ㄗㄤ] （肮脏，同"脏(二)"）

髓 suǐ[ㄙㄨㄟˇ] 息委切　史微韵，上　乎上，纸韵　词第三部　戏灰堆辙　曲齐微韵，上

十三画

體 （见"体(一)(二)"）

髑 dú[ㄉㄨˊ] 徒谷切　史姑韵，阳　乎入，屋韵　词第十五部　戏姑苏辙

十四画

髕 （见"髌"）髖 （见"髋"）

十六画

髗 （同"颅"）

香　部

香 xiāng[ㄒㄧㄤ] 许良切　史唐韵，阴　乎平，阳韵　词第二部　戏江阳辙　曲江阳韵，阴

五画

祕 bì[ㄅㄧˋ] ①毗必切　史齐韵，去　ɪ入，质韵　词第十七部　戏一七辙
　　　　　　②蒲结切　史齐韵，去　ɪ入，屑韵　词第十八部　戏一七辙　（又）

七画

馞 bó[ㄅㄛˊ] 普没切　史波韵，阳　ɪ入，月韵　词第十八部　戏梭波辙

八画

馢 jiān[ㄐㄧㄢ] 将先切　史寒韵，阴　ɪ平，先韵　词第七部　戏言前辙
馡 fēi[ㄈㄟ] 甫微切　史微韵，阴　ɪ平，微韵　词第三部　戏灰堆辙

九画

馤 ài[ㄞˋ] 於盖切　史开韵，去　ɪ去，泰韵　词第五部　戏怀来辙
馥 (一)fù[ㄈㄨˋ] 房六切　史姑韵，去　ɪ入，屋韵　词第十五部　戏姑苏辙
　　(二)bì[ㄅㄧˋ] 符逼切　史齐韵，去　ɪ入，职韵　词第十七部　戏一七辙　（拟声词）

十一画

馨 xīn[ㄒㄧㄣ] 呼刑切　史文韵，阴　ɪ平，青韵　词第十一部　戏人辰辙　曲庚青韵，阴

十二画

馩 fén[ㄈㄣˊ] 符分切　史文韵，阳　ɪ平，文韵　词第六部　戏人辰辙

鬼　部

鬼 guǐ[ㄍㄨㄟˇ] 居伟切　史微韵，上　ɪ上，尾韵　词第三部　戏灰堆辙　曲齐微韵，上

三画

彪（同"魅"）
庬（查"广"部）

四画

魂 hún[ㄏㄨㄣˊ] 户昆切　史文韵，阳　ɪ平，元韵　词第六部　戏人辰辙　曲真文韵，阳
魃 qí[ㄑㄧˊ] 渠希切　史齐韵，阳　ɪ平，微韵　词第三部　戏一七辙
魁 (一)kuí[ㄎㄨㄟˊ] 苦回切　史微韵，阳　ɪ平，灰韵　词第三部　戏灰堆辙　曲齐微韵，阴
　　(二)kuǐ[ㄎㄨㄟˇ] 苦猥切　史微韵，上　ɪ上，贿韵　词第三部　戏灰堆辙　（躲藏；~瘣）

五画

魅 mèi[ㄇㄟˋ] 明祕切　史微韵，去　ɪ去，寘韵　词第三部　戏灰堆辙　曲齐微韵，去
魃 bá[ㄅㄚˊ] 蒲拨切　史麻韵，阳　ɪ入，曷韵　词第十八部　戏发花辙　曲歌戈韵，阳
魆 xū[ㄒㄩ] 许屈切　史齐韵，阴　ɪ入，物韵　词第十八部　戏一七辙
魄 (一)pò[ㄆㄛˋ] 普伯切　史波韵，去　ɪ入，陌韵　词第十七部　戏梭波辙　曲皆来韵，上
　　(二)tuò[ㄊㄨㄛˋ] 他各切　史波韵，去　ɪ入，药韵　词第十六部　戏梭波辙　曲萧豪韵，上　（落~）
　　(三)bó[ㄅㄛˊ] 白各切　史波韵，阳　ɪ入，药韵　词第十六部　戏梭波辙　（拟声词）

六画

魇（查"厂"部）

七画

魉 liǎng[ㄌㄧㄤˇ] 良奖切　中唐韵，上　平上，养韵　词第二部　戏江阳辙　曲江阳韵，上

魈 xiāo[ㄒㄧㄠ] 相邀切　中豪韵，阴　平平，萧韵　词第八部　戏遥条辙　曲萧豪韵，阴

八画

魊（同"蜮"）**魀**（见"魉"）

魌 qī[ㄑㄧ] 去其切　中齐韵，阴　平平，支韵　词第三部　戏一七辙

魍 wǎng[ㄨㄤˇ] 文两切　中唐韵，上　平上，养韵　词第二部　戏江阳辙

魏 (一)wèi[ㄨㄟˋ] 鱼贵切　中微韵，去　平去，未韵　词第三部　戏灰堆辙　曲齐微韵，去

　　(二)wéi[ㄨㄟˊ] 语韦切　中微韵，阴　平平，微韵　词第三部　戏灰堆辙　（独立状）

巍 (一)tuí[ㄊㄨㄟˊ] 杜回切　中微韵，阳　平平，灰韵　词第三部　戏灰堆辙　曲齐微韵，阳

　　(二)zhuī[ㄓㄨㄟ] 传追切　中微韵，阴　平平，支韵　词第三部　戏灰堆辙　（~结）

　　(三)cuī[ㄘㄨㄟ] 昨回切　中微韵，阴　平平，灰韵　词第三部　戏灰堆辙　（高大；突出）【同"崔"，用其反切。】

十画

魑 chī[ㄔ] 丑知切　中支韵，阴　平平，支韵　词第三部　戏一七辙　曲齐微韵，阴

十一画

魆 xū[ㄒㄩ] 朽居切　中齐韵，阴　平平，鱼韵　词第四部　戏一七辙

魔（查"麻"部）

十四画

魘（见"魔"）

魋 (一)chóu[ㄔㄡˊ] 市流切　中尤韵，阳　平平，尤韵　词第十二部　戏由求辙

　　(二)chǒu[ㄔㄡˇ] 昌九切　中尤韵，上　平上，有韵　词第十二部　戏由求辙　（又）

食（饣飠）部

食 (一)shí[ㄕˊ] 乘力切　中支韵，阳　平入，职韵　词第十七部　戏一七辙　曲齐微韵，阳

　　(二)sì[ㄙˋ] 详吏切　中支韵，去　平去，寘韵　词第三部　戏一七辙　曲支思韵，去　（给食物）

　　(三)yì[ㄧˋ] 羊吏切　中齐韵，去　平去，寘韵　词第三部　戏一七辙　（用于人名）

二画

飤（同"饲"）**飡**（同"餐"）

饤 dìng[ㄉㄧㄥˋ] 丁定切　中庚韵，去　平去，径韵　词第十一部　戏中东辙　曲庚青韵，去

饥 jī[ㄐㄧ] ①居夷切　中齐韵，阴　平平，支韵　词第三部　戏一七辙　曲齐微韵，阴

　　　　　②居依切　中齐韵，阴　平平，微韵　词第三部　戏一七辙　曲齐微韵，阴　（荒年）

三画

飦（同"饘"）

饦 tuō[ㄊㄨㄛ] 他各切　中波韵，阴　平入，药韵　词第十六部　戏梭波辙

飧 sūn[ㄙㄨㄣ] 思浑切　中文韵，阴　平平，元韵　词第六部　戏人辰辙　曲真文韵，阴

饧 (一)xíng[ㄒㄧㄥˊ] 徐盈切　中庚韵，阳　平平，庚韵　词第十一部　戏中东辙　曲庚青韵，阳

　　(二)táng[ㄊㄤˊ]　（同"糖"）

餉 xiǎng[ㄒㄧㄤˇ] 许两切　中唐韵，上　平上，养韵　词第二部　戏江阳辙　曲江阳韵，上

四画

饨 tún[ㄊㄨㄣˊ] 徒浑切　史文韵，阳　平平，元韵　词第六部　戏人辰辙　曲真文韵，阳

饩 xì[ㄒㄧˋ] 许既切　史齐韵，去　平去，未韵　词第三部　戏一七辙

饪 rèn[ㄖㄣˋ] 如甚切　史文韵，去　平上，寝韵　词第十三部　戏人辰辙

饫 yù[ㄩˋ] 依倨切　史齐韵，去　平去，御韵　词第四部　戏一七辙　曲齐微韵，去

饬 ㈠chì[ㄔˋ] 耻力切　史支韵，去　平入，职韵　词第十七部　戏一七辙

　　㈡shì[ㄕˋ] （修饰；掩饰，同"饰"）

饭 fàn[ㄈㄢˋ] ①扶晚切　史寒韵，去　平上，阮韵　词第七部　戏言前辙

　　　　　　②符万切　史寒韵，去　平去，愿韵　词第七部　戏言前辙　曲寒山韵，去 （～食）

饮 ㈠yǐn[ㄧㄣˇ] 於锦切　史文韵，上　平上，寝韵　词第十三部　戏人辰辙　曲侵寻韵，上

　　㈡yìn[ㄧㄣˋ] 於禁切　史文韵，去　平去，沁韵　词第十三部　戏人辰辙　曲侵寻韵，去 （给饮食）

五画

饯 jiàn[ㄐㄧㄢˋ] ①才线切　史寒韵，去　平去，霰韵　词第七部　戏言前辙　曲先天韵，去

　　　　　　②慈演切　史寒韵，去　平上，铣韵　词第七部　戏言前辙　曲先天韵，去 （又）

饰 shì[ㄕˋ] 赏识切　史支韵，去　平入，职韵　词第十七部　戏一七辙　曲齐微韵，上

饱 bǎo[ㄅㄠˇ] 博巧切　史豪韵，上　平上，巧韵　词第八部　戏遥条辙　曲萧豪韵，上

饆 bì[ㄅㄧˋ] ①毗必切　史齐韵，去　平入，质韵　词第十七部　戏一七辙

　　　　　②蒲结切　史齐韵，去　平入，屑韵　词第十八部　戏一七辙 （又）

饲 sì[ㄙˋ] 祥吏切　史支韵，去　平去，寘韵　词第三部　戏一七辙　曲支思韵，去

饳 duò[ㄉㄨㄛˋ] 当没切　史波韵，去　平入，月韵　词第十八部　戏梭波辙

饴 ㈠yí[ㄧˊ] 与之切　史齐韵，阳　平平，支韵　词第三部　戏一七辙　曲齐微韵，阳

　　㈡sì[ㄙˋ] （同"饲"）

六画

餌（同"饪"）養（见"养"）餈（同"糍"）

饵 ěr[ㄦˇ] ①仍吏切　史齐韵，上　平去，寘韵　词第三部　戏一七辙　曲支思韵，上

　　　　　②仍吏切　史齐韵，上　平去，寘韵　词第三部　戏一七辙　曲支思韵，去 （又）

饶 ráo[ㄖㄠˊ] ①如招切　史豪韵，阳　平平，萧韵　词第八部　戏遥条辙

　　　　　②人要切　史豪韵，阳　平去，啸韵　词第八部　戏遥条辙 （又）

餈 cí[ㄘˊ] 疾移切　史支韵，阳　平平，支韵　词第三部　戏一七辙

蚀 shí[ㄕˊ] 乘力切　史支韵，阳　平入，职韵　词第十七部　戏一七辙　曲齐微韵，阳

餂 ㈠tiǎn[ㄊㄧㄢˇ] 他点切　史寒韵，上　平上，俭韵　词第十四部　戏言前辙

　　㈡tián[ㄊㄧㄢˊ] （同"甜"）

饷 ㈠xiàng[ㄒㄧㄤˋ] ①式亮切　史唐韵，去　平去，漾韵　词第二部　戏江阳辙　曲江阳韵，去

　　　　　　②式羊切　史唐韵，去　平平，阳韵　词第二部　戏江阳辙　曲江阳韵，去 （又）

　　㈡xiǎng[ㄒㄧㄤˇ] 书两切　史唐韵，上　平上，养韵　词第二部　戏江阳辙　曲江阳韵，去 （薪～）

饸 ㈠jiá[ㄐㄧㄚˊ] 古洽切　史麻韵，阳　平入，洽韵　词第十九部　戏发花辙

　　㈡hé[ㄏㄜˊ] 侯阁切　史波韵，阳　平入，合韵　词第十九部　戏梭波辙 （～饹）【方言字。借用同音字"合㈠"的反切。】

饹 le[˙ㄌㄜ] 卢则切　史波韵，阴　平入，职韵　词第十七部　戏梭波辙 【方言字。借用同音字"仂"的反切。】

饺 jiǎo[ㄐㄧㄠˇ] 居效切　史豪韵，上　平去，效韵　词第八部　戏遥条辙

饻 xī[ㄒㄧ] 虚其切　史齐韵，阴　平平，支韵　词第三部　戏一七辙 【现代字。借用同音字"饎"的反切。】

饼 bǐng[ㄅㄧㄥˇ] 必郢切　史庚韵，上　平上，梗韵　词第十一部　戏中东辙　曲庚青韵，上

餍（查"厂"部）

七画

饽 bō[ㄅㄛ] 蒲没切　史波韵，阴　乎入，月韵　词第十八部　戏梭波辙

餔 (一)bū[ㄅㄨ] 博孤切　史姑韵，阴　乎平，虞韵　词第四部　戏姑苏辙　曲鱼模韵，阴
　　(二)bù[ㄅㄨ丶] 薄故切　史姑韵，去　乎去，遇韵　词第四部　戏姑苏辙　（给食物）

餗 sù[ㄙㄨ丶] 桑谷切　史姑韵，去　乎入，屋韵　词第十五部　戏姑苏辙

餖 dòu[ㄉㄡ丶] 田候切　史尤韵，去　乎去，宥韵　词第十二部　戏由求辙

餐 cān[ㄘㄢ] 七安切　史寒韵，阴　乎平，寒韵　词第七部　戏言前辙　曲寒山韵，阴

饿 è[ㄜˊ] 五个切　史波韵，去　乎去，箇韵　词第九部　戏梭波辙　曲歌戈韵，去

馀 yú[ㄩˊ] 以诸切　史齐韵，阳　乎平，鱼韵　词第四部　戏一七辙　曲鱼模韵，阳

馁 něi[ㄋㄟˇ] 奴罪切　史微韵，上　乎上，贿韵　词第三部　戏灰堆辙　曲齐微韵，上

餕 jùn[ㄐㄩㄣ丶] 子峻切　史文韵，去　乎去，震韵　词第六部　戏人辰辙

八画

饯（见"饯"）餅（见"饼"）餚（同"肴"）

餦 zhāng[ㄓㄤ] 陟良切　史唐韵，阴　乎平，阳韵　词第二部　戏江阳辙

餴 fēn[ㄈㄣ] 府文切　史文韵，阴　乎平，文韵　词第六部　戏人辰辙

餜 guǒ[ㄍㄨㄛˇ] 古火切　史波韵，上　乎上，哿韵　词第八部　戏梭波辙

餛 hún[ㄏㄨㄣˊ] 户昆切　史文韵，阳　乎平，元韵　词第六部　戏人辰辙

餧 (一)něi[ㄋㄟˇ] 奴罪切　史微韵，上　乎上，贿韵　词第三部　戏灰堆辙
　　(二)wèi[ㄨㄟ丶] 于伪切　史微韵，去　乎去，寘韵　词第三部　戏灰堆辙　曲齐微韵，去　（喂食）

餲 è[ㄜ丶] 爱黑切　史波韵，去　乎入，职韵　词第十七部　戏梭波辙

馅 xiàn[ㄒㄧㄢ丶] 乎鉴切　史寒韵，去　乎去，陷韵　词第十四部　戏言前辙　曲监咸韵，去

餶 bù[ㄅㄨ丶] 薄口切　史姑韵，去　乎上，有韵　词第十二部　戏姑苏辙

餤 (一)dàn[ㄉㄢ丶] 徒滥切　史寒韵，去　乎去，勘韵　词第十四部　戏言前辙
　　(二)tán[ㄊㄢˊ] 徒甘切　史寒韵，阳　乎平，覃韵　词第十四部　戏言前辙　曲监咸韵，阳　（进食）

馆 guǎn[ㄍㄨㄢˇ] 古玩切　史寒韵，上　乎去，翰韵　词第七部　戏言前辙　曲桓欢韵，上

餟 chuò[ㄔㄨㄛ丶] ①陟劣切　史波韵，去　乎入，屑韵　词第十八部　戏梭波辙
　　　　　　　②陟卫切　史波韵，去　乎去，霁韵　词第三部　戏梭波辙　（又）

九画

餬（同"糊(一)"）餳（见"饧"）餵（同"喂"）餽（同"馈"）餱（同"糇"）餰（同"饘"）

馇 chā[ㄔㄚ] 初牙切　史麻韵，阴　乎平，麻韵　词第十部　戏发花辙　【方言字。借用同音字"叉(一)"的反切。】

餪 (一)nuǎn[ㄋㄨㄢˇ] 乃管切　史寒韵，上　乎上，旱韵　词第七部　戏言前辙　曲桓欢韵，上
　　(二)nuàn[ㄋㄨㄢ丶] 奴乱切　史寒韵，去　乎去，翰韵　词第七部　戏言前辙　（结婚第三天的宴庆）

餮 tiè[ㄊㄧㄝ丶] 他结切　史皆韵，去　乎入，屑韵　词第十八部　戏乜斜辙　曲车遮韵，上

餲 (一)ài[ㄞ丶] ①於犗切　史开韵，去　乎去，卦韵　词第十部　戏怀来辙　曲皆来韵，去　（食物馊）
　　　　　　　②於罽切　史开韵，去　乎去，霁韵　词第三部　戏怀来辙　曲皆来韵，去　（又）
　　　　　　　③乌葛切　史开韵，去　乎入，曷韵　词第十八部　戏怀来辙　曲皆来韵，去　（又）
　　(二)hé[ㄏㄜˊ] 胡葛切　史波韵，阳　乎入，曷韵　词第十八部　戏梭波辙　（饸子）

馈 kuì[ㄎㄨㄟ丶] 求位切　史微韵，去　乎去，寘韵　词第三部　戏灰堆辙　曲齐微韵，去

餶 gǔ[ㄍㄨˇ] 姑忽切　史姑韵，上　乎入，月韵　词第十八部　戏姑苏辙

馊 sōu[ㄙㄡ] 所鸠切　史尤韵，阴　乎平，尤韵　词第十二部　戏由求辙　曲尤侯韵，阴

馍 huáng[ㄏㄨㄤˊ] 胡光切　史唐韵，阳　乎平，阳韵　词第二部　戏江阳辙

馋 chán［彳ㄢˊ］士咸切　中寒韵，阳　平平，咸韵　词第十四部　戏言前辙　曲监咸韵，阳

餫 （一）yùn［ㄩㄣˋ］王问切　中文韵，去　平去，问韵　词第六部　戏人辰辙　（运送粮食）

　　（二）hún［ㄏㄨㄣˊ］（同"馄"）

十画

飺（见"饻"）餹（同"糖"）餻（同"糕"）

馌 yè［丨ㄝˋ］筠辄切　中皆韵，去　平入，叶韵　词第十八部　戏乜斜辙

馍 mó［ㄇㄛˊ］莫婆切　中波韵，阳　平平，歌韵　词第九部　戏梭波辙　【方言字。同"馎"，用其反切。】

馎 bó［ㄅㄛˊ］补各切　中波韵，阳　平入，药韵　词第十六部　戏梭波辙

馏 （一）liù［ㄌ丨ㄡˋ］力救切　中尤韵，去　平去，宥韵　词第十二部　戏由求辙　曲尤侯韵，去

　　（二）liú［ㄌ丨ㄡˊ］力求切　中尤韵，阳　平平，尤韵　词第十二部　戏由求辙　（蒸~）

馐 xiū［ㄒ丨ㄡ］思留切　中尤韵，阴　平平，尤韵　词第十二部　戏由求辙　曲尤侯韵，阴

十一画

饗（同"飨"）

馑 jǐn［ㄐ丨ㄣˇ］渠遴切　中文韵，上　平去，震韵　词第六部　戏人辰辙

饇 yù［ㄩˋ］衣遇切　中齐韵，去　平去，遇韵　词第四部　戏一七辙

饆 bì［ㄅ丨ˋ］卑吉切　中齐韵，去　平入，质韵　词第十七部　戏一七辙

馒 mán［ㄇㄢˊ］母官切　中寒韵，阳　平平，寒韵　词第七部　戏言前辙　曲桓欢韵，阳

十二画

饒（见"饶"）饋（同"馂"）饋（见"馈"）饍（同"膳"）饑（见"饥②"）

饎 （一）xī［ㄒ丨］虚其切　中齐韵，阴　平平，支韵　词第三部　戏一七辙

　　（二）chì［彳ˋ］昌志切　中支韵，去　平去，寘韵　词第三部　戏一七辙　（又）

饐 （一）yì［丨ˋ］乙冀切　中齐韵，去　平去，寘韵　词第三部　戏一七辙

　　（二）yè［丨ㄝˋ］（哽咽，同"咽（一）"；梗塞，同"噎"）

馓 sǎn［ㄙㄢˇ］苏旱切　中寒韵，上　平上，旱韵　词第七部　戏言前辙

馔 （一）zhuàn［ㄓㄨㄢˋ］①雏鲩切　中寒韵，去　平上，清韵　词第七部　戏言前辙　曲寒山韵，去

　　　　　　　　　　　②士恋切　中寒韵，去　平去，霰韵　词第七部　戏言前辙　曲寒山韵，去　（又）

　　（二）xuǎn［ㄒㄩㄢˇ］须兖切　中寒韵，上　平上，铣韵　词第七部　戏言前辙　（通"撰"）

十三画

饛 méng［ㄇㄥˊ］莫红切　中庚韵，阳　平平，东韵　词第一部　戏中东辙

饕 tāo［ㄊㄠ］土刀切　中豪韵，阴　平平，豪韵　词第八部　戏遥条辙　曲萧豪韵，阴

饘 zhān［ㄓㄢ］诸延切　中寒韵，阴　平平，先韵　词第七部　戏言前辙　曲先天韵，阴

饔 yōng［ㄩㄥ］於容切　中庚韵，阴　平平，冬韵　词第一部　戏中东辙

十四画

饜（见"餍"）

十六画

饡（同"馍"）

十七画

饞（见"馋"）饟（同"饷"）

十九画

儸 luō [ㄌㄨㄛ] 鲁何切　史波韵，阴　平平，歌韵　词第九部　戏梭波辙

饡 zàn [ㄗㄢˋ] 则旰切　史寒韵，去　平去，翰韵　词第七部　戏言前辙

二十二画

馕 (一) nǎng [ㄋㄤˇ] 乃党切　史唐韵，上　平上，养韵　词第二部　戏江阳辙【方言字。借用同音字"攮"的反切。】

　　(二) náng [ㄋㄤˊ] 奴当切　史唐韵，阳　平平，阳韵　词第二部　戏江阳辙　（维族烤饼）【音译字。借用同音字"囊"的反切。】

音　部

音 yīn [ㄧㄣ] 於金切　史文韵，阴　平平，侵韵　词第十三部　戏人辰辙　曲侵寻韵，阴

四画

韵 yùn [ㄩㄣˋ] 王问切　史文韵，去　平去，问韵　词第六部　戏人辰辙　曲真文韵，去

歆 （查"欠"部）

五画

韶 sháo [ㄕㄠˊ] 市招切　史豪韵，阳　平平，萧韵　词第八部　戏遥条辙　曲萧豪韵，阳

七画

韸 péng [ㄆㄥˊ] 薄红切　史庚韵，阳　平平，东韵　词第一部　戏中东辙

八画

韺 yīng [ㄧㄥ] 於惊切　史庚韵，阴　平平，庚韵　词第十一部　戏中东辙

十画

韻 （同"韵"）

十一画

響 （见"响"）

韽 ān [ㄢ] ①乌含切　史寒韵，阴　平平，覃韵　词第十四部　戏言前辙

　　　　　②於陷切　史寒韵，阴　平去，陷韵　词第十四部　戏言前辙　（又）

十三画

頀 hù [ㄏㄨˋ] 胡误切　史姑韵，去　平去，遇韵　词第四部　戏姑苏辙　曲鱼模韵，去

首　部

首 shǒu [ㄕㄡˇ] ①书九切　史尤韵，上　平上，有韵　词第十二部　戏由求辙　曲尤侯韵，上

　　(1)头：～饰　(2)领导人：～长　(3)最高的：～要　(4)最先，最早：～创　(5)要领：群言之～　(6)标志：～其内而见诸

　　　外　(7)量词　(8)开始：～途

　　　　　②舒救切　史尤韵，上　平去，宥韵　词第十二部　戏由求辙　曲尤侯韵，去

　　(9)朝向：东～　⑩出头告发：～告　⑪位次：下～　⑫投降：降

二画

馗 kuí [ㄎㄨㄟˊ] ①渠追切　史微韵，阳　平平，支韵　词第三部　戏灰堆辙　曲齐微韵，阳

　　　　　②巨鸠切　史尤韵，阳　平平，尤韵　词第十二部　戏由求辙　（中～）

六画

導（见"导"）

八画

馘 ㈠guó［ㄍㄨㄛˊ］古获切　史波韵，阳　乎入，陌韵　词第十七部　戏梭波辙
　　㈡xù［ㄒㄩˋ］况璧切　史齐韵，去　乎入，锡韵　词第十七部　戏一七辙　（脸）

十　画

鬥　部

鬥（见"斗㈡"）

四画

鬦（同"斗㈡"）

五画

鬧（同"闹"）

六画

鬨（同"哄㈠"）

八画

鬩（同"阋"）

十一画

鬫（同"阚㈡：③"）

十四画

鬭（见"斗㈡"）

十六画

鬮（同"阄"）

髟　部

髟 ㈠biāo［ㄅㄧㄠ］①甫遥切　史豪韵，阴　乎平，萧韵　词第八部　戏遥条辙
　　　　　　　　②甫烋切　史豪韵，阴　乎平，尤韵　词第十二部　戏遥条辙　（又）
　　㈡shān［ㄕㄢ］所衔切　史寒韵，阴　乎平，咸韵　词第十四部　戏言前辙　（房屋的飞檐）
　　㈢piào［ㄆㄧㄠˋ］匹妙切　史豪韵，去　乎去，啸韵　词第八部　戏遥条辙　（长髦）

二画

髡（同"髡"）

三画

髡 kūn［ㄎㄨㄣ］苦昆切　史文韵，阴　乎平，元韵　词第六部　戏人辰辙　曲真文韵，阴
髢 ㈠dí［ㄉㄧˊ］思积切　史齐韵，阳　乎入，陌韵　词第十七部　戏一七辙

547

（二）dì［ㄉㄧˋ］ 特计切　史齐韵，去　平去，霁韵　词第三部　戏一七辙 （又）

四画

髹（同"髤"）髳（同"鬓"）髣（同"仿（一）"）

髦 máo［ㄇㄠˊ］ 莫袍切　史豪韵，阳　平平，豪韵　词第八部　戏遥条辙　曲萧豪韵，阳

髧 dàn［ㄉㄢˋ］ 徒感切　史寒韵，去　平上，感韵　词第十四部　戏言前辙

五画

髪（见"发（一）"）

髬 pī［ㄆㄧ］ 敷悲切　史齐韵，阴　平平，支韵　词第三部　戏一七辙

髥 rán［ㄖㄢˊ］ 汝盐切　史寒韵，阳　平平，盐韵　词第十四部　戏言前辙　曲廉纤韵，阳

髴 （一）fú［ㄈㄨˊ］ ①分勿切　史姑韵，阳　平入，物韵　词第十八部　戏姑苏辙 （古代妇女首饰）
　　　　　　　　②敷勿切　史姑韵，阳　平入，物韵　词第十八部　戏姑苏辙 （仿佛）

（二）fèi［ㄈㄟˋ］ 芳未切　史微韵，去　平去，未韵　词第三部　戏灰堆辙 （同"狒"）

髫 tiáo［ㄊㄧㄠˊ］ 徒聊切　史豪韵，阳　平平，萧韵　词第八部　戏遥条辙　曲萧豪韵，阳

髲 bì［ㄅㄧˋ］ 平义切　史齐韵，去　平去，真韵　词第三部　戏一七辙

髳 （一）máo［ㄇㄠˊ］ 谟袍切　史豪韵，阳　平平，豪韵　词第八部　戏遥条辙
　　 （二）méng［ㄇㄥˊ］ 莫红切　史庚韵，阳　平平，东韵　词第一部　戏中东辙 （草木繁茂状）

六画

髻 （一）jì［ㄐㄧˋ］ 古诣切　史齐韵，去　平去，霁韵　词第三部　戏一七辙　曲齐微韵，去
　　 （二）jié［ㄐㄧㄝˊ］ 吉屑切　史皆韵，阳　平入，屑韵　词第十八部　戏乜斜辙 （灶神名）

髶 （一）róng［ㄖㄨㄥˊ］ 而容切　史庚韵，阳　平平，冬韵　词第一部　戏中东辙
　　 （二）èr［ㄦˋ］ 而至切　史齐韵，去　平去，真韵　词第三部　戏一七辙 （古代一种披着头发的装束）

髭 zī［ㄗ］ 将支切　史支韵，阴　平平，支韵　词第三部　戏一七辙　曲支思韵，阴

髺 kuò［ㄎㄨㄛˋ］ 古活切　史波韵，去　平入，曷韵　词第十八部　戏梭波辙

髹 xiū［ㄒㄧㄡ］ 许尤切　史尤韵，阴　平平，尤韵　词第十二部　戏由求辙

髵 zhēng［ㄓㄤ］ 助庚切　史庚韵，阴　平平，庚韵　词第十一部　戏中东辙

七画

髽（同"瘌"）髾（同"剃"）

髾 shāo［ㄕㄠ］ 所交切　史豪韵，阴　平平，看韵　词第八部　戏遥条辙

髽 zhuā［ㄓㄨㄚ］ 庄华切　史麻韵，阴　平平，麻韵　词第十部　戏发花辙

髼 péng［ㄆㄥˊ］ 薄红切　史庚韵，阳　平平，东韵　词第一部　戏中东辙

髿 shā［ㄕㄚ］ ①所加切　史麻韵，阴　平平，麻韵　词第十部　戏发花辙
　　　　　　②苏禾切　史麻韵，阴　平平，歌韵　词第九部　戏发花辙 （又）

八画

鬆（见"松①②"）

鬀 （一）tì［ㄊㄧˋ］ ①思积切　史齐韵，去　平入，陌韵　词第十七部　戏一七辙
　　　　　　　　 ②他计切　史齐韵，去　平去，霁韵　词第三部　戏一七辙 （又）
　　 （二）tī［ㄊㄧ］ （肢解牲畜，同"剔"）

鬅 péng［ㄆㄥˊ］ 步崩切　史庚韵，阳　平平，蒸韵　词第十一部　戏中东辙

鬈 quán［ㄑㄩㄢˊ］ 巨员切　史寒韵，阳　平平，先韵　词第七部　戏言前辙　曲先天韵，阳

鬃 zōng［ㄗㄨㄥ］ ①藏宗切　史庚韵，阴　平平，冬韵　词第一部　戏中东辙　曲东钟韵，阴
　　　　　　　②士江切　史庚韵，阴　平平，江韵　词第二部　戏中东辙　曲东钟韵，阴 （又）

③子红切　史庚韵，阴　乎平，东韵　词第一部　戏中东辙　曲东钟韵，阴　（同"騣""鬃"）

九画

鬍（同"胡"）鬎（见"瘌"）鬇（同"鬃③"）

䰂 shùn[ㄕㄨㄣˋ] 舒闰切　史文韵，去　乎去，震韵　词第六部　戏人辰辙

鬌 duǒ[ㄉㄨㄛˇ] ①丁果切　史波韵，上　乎上，哿韵　词第九部　戏梭波辙
②直垂切　史微韵，阳　乎平，支韵　词第三部　戏灰堆辙　（头发脱落）

髤 jiū[ㄐㄧㄡ] 即由切　史尤韵，阴　乎平，尤韵　词第十二部　戏由求辙　【黄侃《蕲春语》：即由切。】

鬋 (一)jiān[ㄐㄧㄢ] 子仙切　史寒韵，阴　乎平，先韵　词第七部　戏言前辙
(二)jiǎn[ㄐㄧㄢˇ] ①即浅切　史寒韵，上　乎上，铣韵　词第七部　戏言前辙　（剃须发）
②子贱切　史寒韵，上　乎去，霰韵　词第七部　戏言前辙　（又）

十画

鬐 qí[ㄑㄧˊ] 渠脂切　史齐韵，阳　乎平，支韵　词第三部　戏一七辙　曲齐微韵，阳
鬘 mà[ㄇㄚˋ] 莫驾切　史麻韵，去　乎去，祃韵　词第十部　戏发花辙
鬒 zhěn[ㄓㄣˇ] 章忍切　史文韵，上　乎上，轸韵　词第六部　戏人辰辙
鬔 péng[ㄆㄥˊ] 蒲蒙切　史庚韵，阳　乎平，东韵　词第一部　戏中东辙
鬑 lián[ㄌㄧㄢˊ] 力盐切　史寒韵，阳　乎平，盐韵　词第十四部　戏言前辙
鬓 bìn[ㄅㄧㄣˋ] 必印切　史文韵，去　乎去，震韵　词第六部　戏人辰辙　曲真文韵，去

十一画

鬗 mán[ㄇㄢˊ] ①母官切　史寒韵，阳　乎平，寒韵　词第七部　戏言前辙
②无贩切　史寒韵，阳　乎去，愿韵　词第七部　戏言前辙　（又）
鬘 mán[ㄇㄢˊ] 莫还切　史寒韵，阳　乎平，删韵　词第七部　戏言前辙
鬖 (一)sān[ㄙㄢ] 苏甘切　史寒韵，阴　乎平，覃韵　词第十四部　戏言前辙
(二)sàn[ㄙㄢˋ] 苏暂切　史寒韵，去　乎去，勘韵　词第十四部　戏言前辙　（毛长貌）

十二画

鬚（同"须"）
鬙 sēng[ㄙㄥ] 苏增切　史庚韵，阴　乎平，蒸韵　词第十一部　戏中东辙
鬜 qiān[ㄑㄧㄢ] ①苦闲切　史寒韵，阴　乎平，删韵　词第七部　戏言前辙
②格八切　史寒韵，阴　乎入，黠韵　词第十八部　戏言前辙　（又）

十三画

鬟 huán[ㄏㄨㄢˊ] 户关切　史寒韵，阳　乎平，删韵　词第七部　戏言前辙　曲寒山韵，阳
鬠 kuò[ㄎㄨㄛˋ] ①户括切　史波韵，去　乎入，曷韵　词第十八部　戏梭波辙
②古外切　史开韵，去　乎去，泰韵　词第三部　戏怀来辙　（用彩线束发）

十四画

鬢（见"鬓"）
鬡 níng[ㄋㄧㄥˊ] 女耕切　史庚韵，阳　乎平，庚韵　词第十一部　戏中东辙

十五画

鬣 liè[ㄌㄧㄝˋ] 良涉切　史皆韵，去　乎入，叶韵　词第十八部　戏乜斜辙　曲车遮韵，去

十七画

鬤 (一)níng[ㄋㄧㄥˊ] 乃庚切　史庚韵，阳　乎平，庚韵　词第十一部　戏中东辙

(二) ráng[日尢´] 汝阳切　史唐韵，阳　平平，阳韵　词第二部　戏江阳辙　（又）

鬲　部

鬲 (一) gé[《さ´] 古核切　史波韵，阳　平入，陌韵　词第十七部　戏梭波辙
　(二) lì[ㄌ丨ˋ] 郎击切　史齐韵，去　平入，锡韵　词第十七部　戏一七辙　（古炊具）
　(三) è[さˋ] 乙革切　史波韵，去　平入，陌韵　词第十七部　戏梭波辙　（两手围着测量物体的周长）

六画

融 róng[日ㄨㄥ´] 以戎切　史庚韵，阳　平平，东韵　词第一部　戏中东辙　曲东钟韵，阳

七画

鬴 fǔ[ㄈㄨˇ] 扶雨切　史姑韵，上　平上，麌韵　词第四部　戏姑苏辙

八画

鬶 guī[《ㄨㄟ] 居隋切　史微韵，阴　平平，支韵　词第三部　戏灰堆辙
鬵 xín[ㄒ丨ㄣ´] ①徐林切　史文韵，阳　平平，侵韵　词第十三部　戏人辰辙　曲侵寻韵，阳
　　　　　　②昨盐切　史文韵，阳　平平，盐韵　词第十四部　戏人辰辙　曲侵寻韵，阳　（又）

九画

鬷 zōng[ㄗㄨㄥ] ①子红切　史庚韵，阴　平平，东韵　词第一部　戏中东辙
　　　　　　②作孔切　史庚韵，上　平上，董韵　词第一部　戏中东辙　（草名）

十一画

鬵 （见"鬵"）
鬺 shāng[ㄕㄤ] 尸羊切　史唐韵，阴　平平，阳韵　词第二部　戏江阳辙

十二画

鬻 (一) yù[ㄩˋ] 余六切　史齐韵，去　平入，屋韵　词第十五部　戏一七辙　曲鱼模韵，去
　(二) zhōu[ㄓㄡ] 之六切　史尤韵，阴　平入，屋韵　词第十五部　戏由求辙　曲鱼模韵，上　（粥）

十一画

黄　部

黄 huáng[ㄏㄨㄤ´] 胡光切　史唐韵，阳　平平，阳韵　词第二部　戏江阳辙　曲江阳韵，阳

三画

廣 （见"广(一)(二)(五)"）
彉 （同"彍"）

四画

黇 (一) tǒu[ㄊㄡˇ] 天口切　史尤韵，上　平上，有韵　词第十二部　戏由求辙　（黄色）
　(二) tiǎo[ㄊ丨ㄠˇ] 土了切　史豪韵，上　平上，篠韵　词第八部　戏遥条辙　（调换）【方言字。借用同音字"朓"的反切。】
黆 guāng[《ㄨㄤ] 姑黄切　史唐韵，阴　平平，阳韵　词第二部　戏江阳辙

五画

黇 tiān[ㄊㄧㄢ] 他兼切 史寒韵，阴 平平，盐韵 词第十四部 戏言前辙

黈 tǒu[ㄊㄡˇ] 天口切 史尤韵，上 平上，有韵 词第十二部 戏由求辙

黉 hóng[ㄏㄨㄥˊ] 户盲切 史庚韵，阳 平平，庚韵 词第十一部 戏中东辙

八画

黗 tūn[ㄊㄨㄣ] 他昆切 史文韵，阴 平平，元韵 词第六部 戏人辰辙

十三画

黌（见"黉"）

麻　部

麻 má[ㄇㄚˊ] 莫霞切 史麻韵，阳 平平，麻韵 词第十部 戏发花辙 曲家麻韵，阳

三画

麿 méi[ㄇㄟˊ] ①莫杯切 史微韵，阳 平平，灰韵 词第三部 戏灰堆辙 曲齐微韵，阳
　　　　　　　②摸卧切 史微韵，阳 平去，箇韵 词第九部 戏灰堆辙 曲齐微韵，阳 （又）

麼 (一)mó[ㄇㄛˊ] ①亡果切 史波韵，阳 平上，哿韵 词第九部 戏梭波辙 曲歌戈韵，去
　　　　　　　②眉波切 史波韵，阳 平平，歌韵 词第九部 戏梭波辙 曲歌戈韵，阴 （又）

　　(二)me[˙ㄇㄛ] （见"么(一)"）

四画

摩 má[ㄇㄚˊ] 莫霞切 史麻韵，阳 平平，麻韵 词第十部 戏发花辙

麾 huī[ㄏㄨㄟ] 许为切 史微韵，阴 平平，支韵 词第三部 戏灰堆辙 曲齐微韵，阴

摩 (一)mó[ㄇㄛˊ] ①莫婆切 史波韵，阳 平平，歌韵 词第九部 戏梭波辙 曲歌戈韵，阳
　　　　　　　②莫卧切 史波韵，阳 平去，箇韵 词第九部 戏梭波辙 （按～）

　　(二)mā[ㄇㄚ] 莫发切 史麻韵，阴 平入，月韵 词第十八部 戏发花辙 （～挲）【借用同音字"抹(三)"的反切。】

　　(三)mí[ㄇㄧˊ] 忙皮切 史齐韵，阳 平平，支韵 词第三部 戏一七辙 （施～）

五画

磨 (一)mó[ㄇㄛˊ] 莫婆切 史波韵，阳 平平，歌韵 词第九部 戏梭波辙 曲歌戈韵，阳

　　(二)mò[ㄇㄛˋ] 摸卧切 史波韵，去 平去，箇韵 词第九部 戏梭波辙 曲歌戈韵，去 （磨粉用具）

糜 (一)mén[ㄇㄣˊ] 谟奔切 史微韵，阳 平平，元韵 词第六部 戏灰堆辙

　　(二)mí[ㄇㄧˊ] 忙皮切 史齐韵，阳 平平，支韵 词第三部 戏一七辙 （又）

六画

糜 (一)mí[ㄇㄧˊ] 靡为切 史齐韵，阳 平平，支韵 词第三部 戏一七辙 曲齐微韵，阳

　　(二)méi[ㄇㄟˊ] 靡为切 史微韵，阳 平平，支韵 词第三部 戏灰堆辙 曲齐微韵，阳 （～子）

蘼 mí[ㄇㄧˊ] 靡为切 史齐韵，阳 平平，支韵 词第三部 戏一七辙

八画

廲 zōu[ㄗㄡ] 侧鸠切 史尤韵，阴 平平，尤韵 词第十二部 戏由求辙

靡 (一)mǐ[ㄇㄧˇ] 文彼切 史齐韵，上 平上，纸韵 词第三部 戏一七辙
　　　　(1)倒下：披～ (2)无：～不有初，鲜克有终 (3)细小：～细 (4)细腻：～颜腻理 (5)美好：～言而弗华 (6)边，涯：
　　　　明月珠子，的皪江～

　　(二)mí[ㄇㄧˊ] 忙皮切 史齐韵，阳 平平，支韵 词第三部 戏一七辙 曲齐微韵，阳

(7)浪费：～费钱财　(8)分散：我有好爵，吾与尔～之　(9)损害：妨于国家，～王躬身　⑽腐烂：龙逢斩……子胥～

㈢má[ㄇㄚˊ]　谟加切　史麻韵，阳　乎平，麻韵　词第十部　戏发花辙　（收～县）

㈣mó[ㄇㄛˊ]　（接触，同"摩㈠：①"）

九画

麕 nún[ㄋㄨㄣˊ]　奴昆切　史文韵，阳　乎平，元韵　词第六部　戏人辰辙

魔 mó[ㄇㄛˊ]　莫婆切　史波韵，阳　乎平，歌韵　词第九部　戏梭波辙　曲歌戈韵，阳

十二画

麏 fén[ㄈㄣˊ]　①扶沸切　史文韵，阳　乎去，未韵　词第三部　戏人辰辙
　　　　　　　　②符分切　史文韵，阳　乎平，文韵　词第六部　戏人辰辙　（又）

麛 mí[ㄇㄧˊ]　靡为切　史齐韵，阳　乎平，支韵　词第三部　戏一七辙

鹿　部

鹿 lù[ㄌㄨˋ]　卢谷切　史姑韵，去　乎入，屋韵　词第十五部　戏姑苏辙　曲鱼模韵，去

二画

麁（同"粗②"）

麂 jǐ[ㄐㄧˇ]　居履切　史齐韵，上　乎上，纸韵　词第三部　戏一七辙　曲齐微韵，上

麀 yōu[ㄧㄡ]　於求切　史尤韵，阴　乎平，尤韵　词第十二部　戏由求辙　曲尤侯韵，阴

鄜（查"阝右"部）

三画

塵（见"尘"）

四画

麄（同"粗②"）

麃 ㈠biāo[ㄅㄧㄠ]　悲娇切　史豪韵，阴　乎平，萧韵　词第八部　戏遥条辙
　　㈡páo[ㄆㄠˊ]　薄交切　史豪韵，阳　乎平，肴韵　词第八部　戏遥条辙　（同"狍"）
　　㈢piǎo[ㄆㄧㄠˇ]　滂表切　史豪韵，上　乎上，篠韵　词第八部　戏遥条辙　（毛羽变色）

五画

麅（同"狍"）

麆 zhù[ㄓㄨˋ]　床据切　史姑韵，去　乎去，御韵　词第四部　戏姑苏辙

麇 ㈠jūn[ㄐㄩㄣ]　居筠切　史文韵，阴　乎平，真韵　词第六部　戏人辰辙
　　㈡qún[ㄑㄩㄣˊ]　衢云切　史文韵，阳　乎平，文韵　词第六部　戏人辰辙　（成群）
　　㈢kǔn[ㄎㄨㄣˇ]　苦允切　史文韵，上　乎上，轸韵　词第六部　戏人辰辙　（捆绑）

麈 zhǔ[ㄓㄨˇ]　之庚切　史姑韵，上　乎上，麌韵　词第四部　戏姑苏辙　曲鱼模韵，上

六画

麏（同"麇㈠"）

麉 jiān[ㄐㄧㄢ]　古贤切　史寒韵，阴　乎平，先韵　词第七部　戏言前辙

麋 ㈠mí[ㄇㄧˊ]　武悲切　史齐韵，阳　乎平，支韵　词第三部　戏一七辙　曲齐微韵，阳
　　㈡méi[ㄇㄟˊ]　（同"湄""眉"）

七画

麐（同"麟"）**麎**（同"麋㈠"）

麌 yǔ[ㄩˇ] 虞矩切　史齐韵，上　平上，麌韵　词第四部　戏一七辙

八画

麗（见"丽"）麕（同"麇㊀㊁"）

麒 qí[ㄑㄧˊ] 渠之切　史齐韵，阳　平平，支韵　词第三部　戏一七辙　曲齐微韵，阳

麓 lù[ㄌㄨˋ] 卢谷切　史姑韵，去　平入，屋韵　词第十五部　戏姑苏辙　曲鱼模韵，去

麑 ní[ㄋㄧˊ] 五稽切　史齐韵，阳　平平，齐韵　词第三部　戏一七辙

麖 jīng[ㄐㄧㄥ] 举卿切　史庚韵，阴　平平，庚韵　词第十一部　戏中东辙

九画

麙 yán[ㄧㄢˊ] 五咸切　史寒韵，阳　平平，咸韵　词第十四部　戏言前辙

麚 jiā[ㄐㄧㄚ] 古牙切　史麻韵，阴　平平，麻韵　词第十部　戏发花辙

麛 mí[ㄇㄧˊ] 莫兮切　史齐韵，阳　平平，齐韵　词第三部　戏一七辙

十画

麝 shè[ㄕㄜˋ] ①神夜切　史波韵，去　平去，祃韵　词第十部　戏梭波辙　曲车遮韵，去

②食亦切　史波韵，去　平入，陌韵　词第十七部　戏梭波辙　曲车遮韵，去　（又）

十一画

麞（同"獐"）

十二画

麟 lín[ㄌㄧㄣˊ] 力珍切　史文韵，阳　平平，真韵　词第六部　戏人辰辙　曲真文韵，阳

十四画

麡 qí[ㄑㄧˊ] ①徂奚切　史齐韵，阳　平平，齐韵　词第三部　戏一七辙

②士皆切　史齐韵，阳　平平，佳韵　词第五部　戏一七辙　（又）

十七画

麢（同"羚"）

二十二画

麤（同"粗②"）

十二画

鼎　部

鼎 dǐng[ㄉㄧㄥˇ] 都挺切　史庚韵，上　平上，迥韵　词第十一部　戏中东辙　曲庚青韵，上

二画

鼐 ㊀nài[ㄋㄞˋ] 奴代切　史开韵，去　平去，队韵　词第五部　戏怀来辙　曲皆来韵，去

㊁nǎi[ㄋㄞˇ] 奴亥切　史开韵，上　平上，贿韵　词第五部　戏怀来辙　曲皆来韵，去　（又）

鼏 mì[ㄇㄧˋ] 莫狄切　史齐韵，去　平入，锡韵　词第十七部　戏一七辙

三画

鼒 zī[ㄗ] ①子之切　史支韵，阴　平平，支韵　词第三部　戏一七辙

②昨哉切　史支韵，阴　乎平，灰韵　词第五部　戏一七辙　（又）

黑　部

黑 hēi［ㄏㄟ］呼北切　史微韵，阴　乎入，职韵　词第十七部　戏灰堆辙　曲齐微韵，上

三画

默 yì［丨ˋ］与职切　史齐韵，去　乎入，职韵　词第十七部　戏一七辙

墨（查"土"部）

四画

默 mò［ㄇㄛˋ］莫北切　史波韵，去　乎入，职韵　词第十七部　戏梭波辙

黖 xī［ㄒ丨］许既切　史齐韵，阴　乎去，未韵　词第三部　戏一七辙

黔 qián［ㄑ丨ㄢˊ］①巨淹切　史寒韵，阳　乎平，盐韵　词第十四部　戏言前辙　曲廉纤韵，阳

　　　　　　　②巨金切　史文韵，阳　乎平，侵韵　词第十三部　戏人辰辙　（~雷）

黕 dǎn［ㄉㄢˇ］都感切　史寒韵，上　乎上，感韵　词第十四部　戏言前辙

五画

點（见"点"）

黛 dài［ㄉㄞˋ］徒耐切　史开韵，去　乎去，队韵　词第五部　戏怀来辙　曲皆来韵，去

黜 chù［ㄔㄨˋ］丑律切　史姑韵，去　乎入，质韵　词第十七部　戏姑苏辙　曲鱼模韵，上

黝 ㈠yǒu［丨ㄡˇ］於纠切　史尤韵，上　乎上，有韵　词第十二部　戏由求辙　曲尤侯韵，上

　　㈡yī［丨］於脂切　史齐韵，阴　乎平，支韵　词第三部　戏一七辙　（古县名）

六画

黠 xiá［ㄒ丨ㄚˊ］胡八切　史麻韵，阳　乎入，黠韵　词第十八部　戏发花辙

黟 yī［丨］①乌奚切　史齐韵，阴　乎平，齐韵　词第三部　戏一七辙

　　　　　②於脂切　史齐韵，阴　乎平，支韵　词第三部　戏一七辙　（又）

黡（查"厂"部）

七画

黣（同"霉②"）

黢 qū［ㄑㄩ］促律切　史齐韵，阴　乎入，质韵　词第十七部　戏一七辙

八画

黨（见"党"）

黩 dú［ㄉㄨˊ］徒谷切　史姑韵，阳　乎入，屋韵　词第十五部　戏姑苏辙

黤 yǎn［丨ㄢˇ］①於槛切　史寒韵，上　乎上，豏韵　词第十四部　戏言前辙

　　　　　②乌感切　史寒韵，上　乎上，感韵　词第十四部　戏言前辙　（又）

黧 lí［ㄌ丨ˊ］郎奚切　史齐韵，阳　乎平，齐韵　词第三部　戏一七辙　曲齐微韵，阳

黥 qíng［ㄑ丨ㄥˊ］渠京切　史庚韵，阳　乎平，庚韵　词第十一部　戏中东辙　曲庚青韵，阳

黦 ㈠yuè［ㄩㄝˋ］①纡物切　史皆韵，去　乎入，物韵　词第十八部　戏乜斜辙

　　　　　　②於月切　史皆韵，去　乎入，月韵　词第十八部　戏乜斜辙　（又）

　　㈡yè［丨ㄝˋ］於歇切　史皆韵，去　乎入，月韵　词第十八部　戏乜斜辙　（颜色变坏）

九画

黮 ㈠tǎn［ㄊㄢˇ］他感切　史寒韵，上　乎上，感韵　词第十四部　戏言前辙　（深黑色）

（二）dǎn[ㄉㄢˇ] 徒感切 史寒韵，上 乎上，感韵 词第十四部 戏言前辙 （不清晰）

（三）tàn[ㄊㄢˋ] 他绀切 史寒韵，去 乎去，勘韵 词第十四部 戏言前辙 （~闇）

黫 yān[ㄧㄢ] 乌闲切 史寒韵，阴 乎平，删韵 词第七部 戏言前辙

黬 （一）jiān[ㄐㄧㄢ] 古咸切 史寒韵，阴 乎平，咸韵 词第十四部 戏言前辙

（二）yán[ㄧㄢˊ] 五咸切 史寒韵，阳 乎平，咸韵 词第十四部 戏言前辙 （黑色）

（三）yǎn[ㄧㄢˇ] 於琰切 史寒韵，上 乎上，俭韵 词第十四部 戏言前辙 （黑痣）

黤 yǎn[ㄧㄢˇ] ①乌感切 史寒韵，上 乎上，感韵 词第十四部 戏言前辙

②衣检切 史寒韵，上 乎上，俭韵 词第十四部 戏言前辙 （又）

黯 àn[ㄢˋ] ①乙咸切 史寒韵，去 乎平，咸韵 词第十四部 戏言前辙 曲监咸韵，上

②乙减切 史寒韵，去 乎上，赚韵 词第十四部 戏由求辙 曲监咸韵，上 （又）

十画

黰 zhěn[ㄓㄣˇ] 章忍切 史文韵，上 乎上，轸韵 词第六部 戏人辰辙

朦（查"月"部）

十一画

黴（同"霉②"）

黳 yī[ㄧ] 乌奚切 史齐韵，阴 乎平，齐韵 词第三部 戏一七辙

黪 cǎn[ㄘㄢˇ] ①七感切 史寒韵，上 乎上，感韵 词第十四部 戏言前辙 曲监咸韵，上 （浅青黑色）

②仓敢切 史寒韵，上 乎上，感韵 词第十四部 戏言前辙 曲监咸韵，上 （日光暗）

十三画

黵 （一）zhǎn[ㄓㄢˇ] 止染切 史寒韵，上 乎上，俭韵 词第十四部 戏言前辙

（二）dǎn[ㄉㄢˇ] 都敢切 史寒韵，上 乎上，感韵 词第十四部 戏言前辙 （又）

十四画

黶（见"厣"）

十五画

黷（见"黩"）

黍 部

黍 shǔ[ㄕㄨˇ] 舒吕切 史姑韵，上 乎上，语韵 词第四部 戏姑苏辙 曲鱼模韵，上

三画

黎（查"水"部）

五画

黏 nián[ㄋㄧㄢˊ] 女廉切 史寒韵，阳 乎平，盐韵 词第十四部 戏言前辙 曲廉纤韵，阳

十画

黐 （一）chī[ㄔ] 丑知切 史支韵，阴 乎平，支韵 词第三部 戏一七辙

（二）lí[ㄌㄧˊ] 吕支切 史齐韵，阳 乎平，支韵 词第三部 戏一七辙 （又）

十三画

鼓 部

皷（同"鼓"）

鼓 gǔ［ㄍㄨˇ］公户切　史姑韵，上　平上，麌韵　词第四部　戏姑苏辙

五画

鼕（同"冬"）

鼖 fén［ㄈㄣˊ］符分切　史文韵，阳　平平，文韵　词第六部　戏人辰辙

瞽（查"目"部）

六画

鼗 táo［ㄊㄠˊ］徒刀切　史豪韵，阳　平平，豪韵　词第八部　戏遥条辙　曲萧豪韵，阳

八画

鼚 chāng［ㄔㄤ］褚羊切　史唐韵，阴　平平，阳韵　词第二部　戏江阳辙

鼙 pí［ㄆㄧˊ］部迷切　史齐韵，阳　平平，齐韵　词第三部　戏一七辙

鼛 gāo［ㄍㄠ］古劳切　史豪韵，阴　平平，豪韵　词第八部　戏遥条辙

九画

鼘 yuān［ㄩㄢ］①乌玄切　史寒韵，阴　平平，先韵　词第七部　戏言前辙

②於巾切　史寒韵，阴　平平，真韵　词第六部　戏言前辙　（又）

十画

鼜 ㈠qì［ㄑㄧˋ］仓历切　史齐韵，去　平入，锡韵　词第十七部　戏一七辙

㈡cào［ㄘㄠˋ］七到切　史豪韵，去　平去，号韵　词第八部　戏遥条辙　（又）

十二画

鼟 tēng［ㄊㄥ］他登切　史庚韵，阴　平平，蒸韵　词第十一部　戏中东辙

鼠 部

鼠 shǔ［ㄕㄨˇ］舒吕切　史姑韵，上　平上，语韵　词第四部　戏姑苏辙　曲鱼模韵，上

四画

鼢 fén［ㄈㄣˊ］①符分切　史文韵，阳　平平，文韵　词第六部　戏人辰辙　（田鼠）

②房吻切　史文韵，去　平上，吻韵　词第六部　戏人辰辙　（鼹鼠）

五画

貂（同"貂"）

鼫 shí［ㄕˊ］常只切　史支韵，阳　平入，陌韵　词第十七部　戏一七辙

鼥 bá［ㄅㄚˊ］蒲拨切　史麻韵，阳　平入，曷韵　词第十八部　戏发花辙

鼬 yòu［ㄧㄡˋ］余救切　史尤韵，去　平去，宥韵　词第十二部　戏由求辙

鼪 shēng［ㄕㄥ］①所庚切　史庚韵，阴　平平，庚韵　词第十一部　戏中东辙

②所敬切　史庚韵，阴　平去，敬韵　词第十一部　戏中东辙　（又）

軥 qú[ㄑㄩˊ] 其俱切　史齐韵，阳　平平，虞韵　词第四部　戏一七辙

終 zhōng[ㄓㄨㄥ] 职戎切　史庚韵，阴　平平，东韵　词第一部　戏中东辙

䭹 tuó[ㄊㄨㄛˊ] 徒何切　史波韵，阳　平平，歌韵　词第九部　戏梭波辙

六画

䮗 tíng[ㄊㄧㄥˊ] 特丁切　史庚韵，阳　平平，青韵　词第十一部　戏中东辙

七画

䮴 wú[ㄨˊ] 五乎切　史姑韵，阳　平平，虞韵　词第四部　戏姑苏辙　曲鱼模韵，阳

八画

䴖 jīng[ㄐㄧㄥ] 子盈切　史庚韵，阴　平平，庚韵　词第十一部　戏中东辙

九画

鼺（同"鼺"）

鼰 (一)qù[ㄑㄩˋ] 古阒切　史齐韵，去　平入，锡韵　词第十七部　戏一七辙

　　(二)xí[ㄒㄧˊ] 刑狄切　史齐韵，阳　平入，锡韵　词第十七部　戏一七辙　（松鼠）

鼵 tū[ㄊㄨ] 陀骨切　史姑韵，阴　平入，月韵　词第十八部　戏姑苏辙

鼲 hún[ㄏㄨㄣˊ] 户昆切　史文韵，阳　平平，元韵　词第六部　戏人辰辙

十画

鼴 yǎn[ㄧㄢˇ] 於幰切　史寒韵，上　平上，阮韵　词第七部　戏言前辙　曲先天韵，上

鼸 xiàn[ㄒㄧㄢˋ] 胡忝切　史寒韵，去　平上，俭韵　词第十四部　戏言前辙

鼶 sī[ㄙ] 息夷切　史支韵，阴　平平，支韵　词第三部　戏一七辙

鼷 xī[ㄒㄧ] 胡鸡切　史齐韵，阴　平平，齐韵　词第三部　戏一七辙

十五画

鼺 léi[ㄌㄟˊ] 论为切　史微韵，阳　平平，支韵　词第三部　戏灰堆辙

十四画

鼻 部

鼻 bí[ㄅㄧˊ] 毗至切　史齐韵，阳　平去，寘韵　词第三部　戏一七辙　曲齐微韵，阳

二画

鼽 qiú[ㄑㄧㄡˊ] 巨鸠切　史尤韵，阳　平平，尤韵　词第十二部　戏由求辙

三画

鼾 hān[ㄏㄢ] ①许干切　史寒韵，阴　平平，寒韵　词第七部　戏言前辙　曲寒山韵，去

　　　　　②侯旰切　史寒韵，阴　平去，翰韵　词第七部　戏言前辙　曲寒山韵，去　（又）

鼿 wù[ㄨˋ] 五忽切　史姑韵，去　平入，月韵　词第十八部　戏姑苏辙

四画

魖（同"衄"）

五画

齁 hōu［ㄏㄡ］呼侯切　史尤韵，阴　平平，尤韵　词第十二部　戏由求辙　曲尤侯韵，阴

九画

齃 è［ㄜˋ］乌葛切　史波韵，去　平入，曷韵　词第十八部　戏梭波辙

十画

齅（同"嗅"）

齆 wèng［ㄨㄥˋ］乌贡切　史庚韵，去　平去，送韵　词第一部　戏中东辙

十一画

齇 zhā［ㄓㄚ］庄加切　史麻韵，阴　平平，麻韵　词第十部　戏发花辙

十三画

齈 nòng［ㄋㄨㄥˋ］奴冻切　史庚韵，去　平去，送韵　词第一部　戏中东辙

二十二画

齉 nàng［ㄋㄤˋ］奴浪切　史唐韵，去　平去，漾韵　词第二部　戏江阳辙【同"齉"，用其反切。】

十七画

龠 部

龠 yuè［ㄩㄝˋ］以灼切　史皆韵，去　平入，药韵　词第十六部　戏乜斜辙

四画

龡（同"吹"）

五画

龢（同"和㈠"）

八画

龣㈠ jué［ㄐㄩㄝˊ］古岳切　史皆韵，阳　平入，觉韵　词第十六部　戏乜斜辙
　㈡ lù［ㄌㄨˋ］卢谷切　史姑韵，去　平入，屋韵　词第十五部　戏姑苏辙　（又）

九画

龤（同"谐"）

附　录

（一）难检字表

一画

一（"一"部部首）　　　丨（"丨"部部首）　　　丿（"丿"部部首）　　　、（"、"部部首）

乛𠃌⺄乚乙（“乙”部部首）

二画

丂（“一”部1画）
乂乃（“丿”部1画）
了乜刁九（“乙”部1画）
十（“十”部部首）
厂（“厂”部部首）
匚匸（“匚”部部首）
卜⺊（“卜”部部首）
冂⺆（“冂”部部首）
人入亻（“人”部部首）
八丷（“八”部部首）
勹（“勹”部部首）
匕（“匕”部部首）
儿（“儿”部部首）
几⺇（“几”部部首）
亠（“亠”部部首）
冫（“冫”部部首）
冖（“冖”部部首）
凵（“凵”部部首）
卩㔾（“卩”部部首）
刀刂⺈（“刀”部部首）
力（“力”部部首）
厶（“厶”部部首）
又（“又”部部首）
廴（“廴”部部首）
阝（“邑”部部首）
讠（“言”部部首）
阝（“阜”部部首）

三画

于亍亏才丌丈万与（“一”部2画）
川久及（“丿”部2画）
义丸之（“丶”部2画）
乞也习乡（“乙”部2画）
卄千（“十”部1画）
个（“人”部1画）
丫（“八”部1画）
九凡（“几”部1画）
亡（“亠”部1画）
卫（“卩”部1画）
刃（“刀”部1画）
么（“厶”部1画）
叉（“又”部1画）
干（“干”部部首）
工（“工”部部首）
土士（“土”部部首）
寸（“寸”部部首）
廾（“廾”部部首）
大（“大”部部首）
尢兀（“尢”部部首）
弋（“弋”部部首）
小⺌（“小”部部首）
门（“门”部部首）
口（“口”部部首）
囗（“囗”部部首）
巾（“巾”部部首）
山（“山”部部首）
彳（“彳”部部首）
彡（“彡”部部首）
夕（“夕”部部首）
夂夊（“夂”部部首）
广（“广”部部首）
宀（“宀”部部首）
辶（“辶”部部首）
彐彑⺕（“彐”部部首）
尸（“尸”部部首）
己已巳（“己”部部首）
弓（“弓”部部首）
子（“子”部部首）
孑孓（“子”部0画）
女（“女”部部首）
飞（“飞”部部首）
马（“马”部部首）
幺（“幺”部部首）
巛（“巛”部部首）
犭（“犬”部部首）
氵（“水”部部首）
扌（“手”部部首）
忄（“心”部部首）
丬（“爿”部部首）
艹（“艸”部部首）
纟（“糸”部部首）
饣（“食”部部首）

四画

丐丏不屯牙井五专亓廿互（“一”部3画）
书（“丨”部3画）
饣（“食”部部首）
爻乌升午壬乏（“丿”部3画）
为（“丶”部3画）
丑予尹夬巴（“乙”部3画）
卆卅（“十”部2画）
冄有丹（“冂”部2画）
从以（“人”部2画）
兮（“八”部2画）
元（“儿”部2画）
凤（“几”部2画）
卞亢（“亠”部2画）
冘（“冖”部2画）
印（“卩”部2画）
办切（“刀”部2画）
办（“力”部2画）
厸厷云厹（“厶”部2画）
收双反友（“又”部2画）
太夫天夭（“大”部1画）
尣（“尢”部部首）
尤（“尢”部1画）
少（“小”部1画）
币帀市（“巾”部1画）
尺（“尸”部1画）
弔（“弓”部1画）
孔（“子”部1画）
幻（“幺”部1画）
王（“王”部部首）
无旡（“无”部部首）
韦（“韦”部部首）
木朩（“木”部部首）
支（“支”部部首）
犬（“犬”部部首）
歹（“歹”部部首）
车（“车”部部首）
戈（“戈”部部首）
比（“比”部部首）
瓦（“瓦”部部首）
止（“止”部部首）
攴攵（“攴”部部首）
日曰（“日”部部首）
水（“水”部部首）
贝（“贝”部部首）
见（“见”部部首）
牛牜（“牛”部部首）
手（“手”部部首）
毛（“毛”部部首）
气（“气”部部首）
长（“长”部部首）
片（“片”部部首）
斤（“斤”部部首）
爪爫（“爪”部部首）
父（“父”部部首）

月冃（"月"部部首）　氏（"氏"部部首）　欠（"欠"部部首）　风（"风"部部首）

殳（"殳"部部首）　文（"文"部部首）　方（"方"部部首）　火灬（"火"部部首）

斗（"斗"部部首）　户（"户"部部首）　心小（"心"部部首）　爿（"爿"部部首）

毋（"毋"部部首）　毌（"毋"部0画）　礻（"示"部部首）　耂（"老"部部首）

肀（"聿"部部首）

五画

世丕且甘丝丘丙平东（"一"部4画）　卟（"丨"部4画）　乎失生乍乐（"丿"部4画）

民（"乙"部4画）　卉册（"十"部3画）　卢卡（"卜"部3画）　册冊用甩冉（"冂"部3画）

令全（"人"部3画）　半（"八"部3画）　包（"勹"部3画）　北（"匕"部3画）

玄（"亠"部3画）　凸凹击出（"凵"部3画）　厄印卯（"卩"部3画）　刍（"刀"部3画）

务（"力"部3画）　去（"厶"部3画）　发（"又"部3画）　左巧（"工"部2画）

圣（"土"部2画）　弁（"廾"部2画）　夯头央（"大"部2画）　尒尔尓（"小"部2画）

叴可司史号另只占召台右古（"口"部2画）　四（"囗"部2画）　市布帅（"巾"部2画）

屴（"山"部2画）　外（"夕"部2画）　处处冬（"夂"部2画）　归（"彐"部2画）

尼尻（"尸"部2画）　弗（"弓"部2画）　孕（"子"部2画）　幼（"幺"部2画）

玉（"王"部部首）　玊（"王"部1画）　未末本术（"木"部1画）　犮（"犬"部1画）

戉戊戋（"戈"部1画）　正（"止"部1画）　旦旧（"日"部1画）　氷（"水"部部首）

氷氹永（"水"部1画）　灭（"火"部1画）　㞞（"户"部1画）　母（"毋"部部首）

示（"示"部部首）　石（"石"部部首）　龙（"龙"部部首）　业（"业"部部首）

目（"目"部部首）　田（"田"部部首）　申甲由电（"田"部0画）　罒（"罒"部部首）

皿（"皿"部部首）　生（"生"部部首）　矢（"矢"部部首）　禾（"禾"部部首）

白（"白"部部首）　瓜（"瓜"部部首）　鸟（"鸟"部部首）　疒（"疒"部部首）

立（"立"部部首）　穴（"穴"部部首）　衤（"衣"部部首）　疋（"疋"部部首）

皮（"皮"部部首）　癶（"癶"部部首）　矛（"矛"部部首）　肀（"聿"部部首）

钅（"金"部部首）

六画

互丢丞亚再吏（"一"部5画）　乒乓角乔后年向囟丢乑（"丿"部5画）

州农（"丶"部5画）　乩买乱（"乙"部5画）　吉华协卍（"十"部4画）　朿（"卜"部4画）

关并兴共（"八"部4画）　兆先（"儿"部4画）　咼凤（"几"部4画）　交亦亢亥（"亠"部4画）

争危（"刀"部4画）　劣（"力"部4画）　开（"干"部3画）　巩（"工"部3画）

在圭尘（"土"部3画）　异（"廾"部3画）　夺夸夼夷夹（"大"部3画）　尧（"尢"部3画）

尖尖当（"小"部3画）　吕吊吉（"口"部3画）　回（"囗"部3画）　师（"巾"部3画）

岂岁岌（"山"部3画）　行（"彳"部3画）　舛多名（"夕"部3画）　各（"夂"部3画）

尽（"尸"部3画）　存（"子"部3画）　妄（"女"部3画）　朵束朱杂（"木"部2画）

攱（"支"部2画）　死（"歹"部2画）　成戍戌戎（"戈"部2画）　此（"止"部2画）

曲曳（"日"部2画）　汆氽求（"水"部2画）　牟（"牛"部2画）　肎有（"月"部2画）

灰（"火"部2画）　甶（"田"部1画）　百（"白"部1画）　产（"立"部1画）

耒（"耒"部部首）　耳（"耳"部部首）　老（"老"部部首）　考（"老"部0画）

臣（"臣"部部首）　西西覀（"西"部部首）　而（"而"部部首）　页（"页"部部首）

至（"至"部部首）　虍（"虍"部部首）　虫（"虫"部部首）　肉（"肉"部部首）

缶（"缶"部部首）　　　舌（"舌"部部首）　　　竹⺮（"竹"部部首）　　　臼（"臼"部部首）

自（"自"部部首）　　　血（"血"部部首）　　　舟（"舟"部部首）　　　色（"色"部部首）

衣（"衣"部部首）　　　齐（"齐"部部首）　　　羊𦍌⺶（"羊"部部首）　　　米（"米"部部首）

聿（"聿"部部首）　　　艮（"艮"部部首）　　　艸（"艸"部部首）　　　羽（"羽"部部首）

糸糹（"糸"部部首）

七画

亞严甫更两丽来（"一"部6画）　　　　　　丰（"丨"部6画）　　　兎卮囱（"丿"部6画）

甬（"乙"部6画）　　　协丧卖卓直（"十"部5画）　　　　　　卤（"卜"部5画）

弟兵（"八"部5画）　　　兑（"儿"部5画）　　　亨（"亠"部5画）　　　罕（"冖"部5画）

卵（"卩"部5画）　　　免兔劫（"刀"部5画）　　　努（"力"部5画）　　　县（"厶"部5画）

巫（"工"部4画）　　　壳声坐（"土"部4画）　　　寿（"寸"部4画）　　　夹夾夼（"大"部4画）

尪尨（"尢"部4画）　　　吴呂呙员吴呈呆君告吾含否吞（"口"部4画）　　　帋希（"巾"部4画）

岛岑岽屽呑岔（"山"部4画）　　　　　　彣彸（"彡"部4画）　　　夆（"夂"部4画）

尿局层屁屃尾（"尸"部4画）　　　　　　㠯（"己"部4画）　　　妥（"女"部4画）

束李杏条（"木"部3画）　　　我戒（"戈"部3画）　　　步（"止"部3画）　　　肖（"月"部3画）

灾灸灾（"火"部3画）　　　戹启（"户"部3画）　　　男甹（"田"部2画）　　　矣（"矢"部2画）

秀（"禾"部2画）　　　皂（"白"部2画）　　　系（"糸"部1画）　　　辵（"辶"部部首）

車（"车"部部首）　　　貝（"贝"部部首）　　　見（"见"部部首）　　　麦（"麦"部部首）

走（"走"部部首）　　　赤（"赤"部部首）　　　豆（"豆"部部首）　　　酉（"酉"部部首）

辰（"辰"部部首）　　　豕（"豕"部部首）　　　卤（"卤"部部首）　　　里（"里"部部首）

足𧾷（"足"部部首）　　　邑（"邑"部部首）　　　身（"身"部部首）　　　采（"采"部部首）

谷（"谷"部部首）　　　豸（"豸"部部首）　　　龟（"龟"部部首）　　　角（"角"部部首）

言訁（"言"部部首）　　　辛（"辛"部部首）　　　镸（"长"部部首）

八画

面兩亞来並表事奉（"一"部7画）　　　　　　乖垂卑（"丿"部7画）　　　亟承乳（"乙"部7画）

卦（"卜"部6画）　　　冈（"门"部6画）　　　兩来舍（"人"部6画）　　　並单具其典（"八"部6画）

兖（"儿"部6画）　　　凭凯（"几"部6画）　　　画函（"凵"部6画）　　　卒享夜京氓（"亠"部6画）

卷卺（"卩"部6画）　　　刱㓟兔券（"刀"部6画）　　　势劵（"力"部6画）　　　参叁（"厶"部6画）

叕叔变受（"又"部6画）　　　并（"干"部5画）　　　幸（"土"部5画）　　　弄弃弅弄（"廾"部5画）

奈奇奔奄奋奇奊（"大"部5画）　　　　　　弎（"弋"部5画）　　　尚（"小"部5画）

面咼咒咎（"口"部5画）　　　帛帚帑（"巾"部5画）　　　岢岳（"山"部5画）　　　姓（"夕"部5画）

备（"夂"部5画）　　　录（"彐"部5画）　　　弩（"弓"部5画）　　　届届居屈屈（"尸"部5画）

孛孝孛孚孟学孥（"子"部5画）　　　　　　妻妾委娶（"女"部5画）　　　東枣杏果枭（"木"部4画）

或（"戈"部4画）　　　武些（"止"部4画）　　　昌畅者（"日"部4画）　　　觅（"见"部4画）

爭（"爪"部4画）　　　肴（"月"部4画）　　　斉（"文"部4画）　　　忝（"心"部4画）

畀畄（"田"部3画）　　　季秉（"禾"部3画）　　　的（"白"部3画）　　　臾（"臼"部2画）

羌（"羊"部2画）　　　門（"门"部部首）　　　镸（"长"部部首）　　　青（"青"部部首）

卓（"卓"部部首）　　　雨（"雨"部部首）　　　非（"非"部部首）　　　齿（"齿"部部首）

黾（"黾"部部首）　　　隹（"隹"部部首）　　　阜（"阜"部部首）　　　金釒（"金"部部首）

鱼（"鱼"部部首）　　　隶（"隶"部部首）　　　食（"食"部部首）

九画

甭甚（“一”部8画） 临（“丨”部8画） 禹烏胤（“丿”部8画） 举（“丶”部8画）

南（“十”部7画） 俞俞俎（“人”部7画） 兹前（“八”部7画） 凫（“几”部7画）

兖哀亱玅亭亮彦（“亠”部7画） 冠（“冖”部7画） 剏剋奐（“刀”部7画）

勇（“力”部7画） 叚叛叟（“又”部7画） 差（“工”部6画） 垔垚垩（“土”部6画）

弇弈（“廾”部6画） 奐奓奎奕奖奏契（“大”部6画） 贰（“弋”部6画）

尜尝（“小”部6画） 咢骂咨呰（“口”部6画） 帥帝帣带帤帮（“巾”部6画）

耑峑炭（“山”部6画） 复（“夂”部6画） 彖（“彑”部6画） 屍咫昼（“尸”部6画）

巷（“己”部6画） 弮弯（“弓”部6画） 孪（“子”部6画） 姘姿姜娄娈（“女”部6画）

幽（“幺”部6画） 威咸哉（“戈”部5画） 歪（“止”部5画） 柬柰查某枭柔（“木”部5画）

昚亱昶春（“日”部5画） 泰（“水”部5画） 觉（“见”部5画） 牵（“牛”部5画）

拜（“手”部5画） 爰（“爪”部5画） 炥為点（“火”部5画） 扁扂扃（“户”部5画）

祘祟（“示”部4画） 砉（“石”部4画） 省眉盾看（“目”部4画） 界禺畏畐（“田”部4画）

亲（“立”部4画） 耷（“耳”部3画） 臿（“臼”部3画） 耑耎要耐耏（“而”部3画）

羑养（“羊”部3画） 茻（“艸”部3画） 重（“里”部2画） 訄（“言”部2画）

飛（“飞”部部首） 韋（“韦”部部首） 風（“风”部部首） 頁（“页”部部首）

革（“革”部部首） 面（“面”部部首） 韭（“韭”部部首） 骨（“骨”部部首）

香（“香”部部首） 鬼（“鬼”部部首） 食（“食”部部首） 音（“音”部部首）

首（“首”部部首）

十画

叀（“一”部9画） 乘（“丿”部9画） 真（“十”部8画） 卨（“卜”部8画）

倉（“人”部8画） 兼（“八”部8画） 匘（“匕”部8画） 畝离兹高亳（“亠”部8画）

冤冥（“冖”部8画） 卿（“卩”部8画） 剏（“刀”部8画） 能畚（“厶”部8画）

埊袁壶（“土”部7画） 専尅（“寸”部7画） 套奘奚（“大”部7画） 党（“小”部7画）

哿哥哭唇（“口”部7画） 師帬（“巾”部7画） 崟島豈（“山”部7画） 彧（“彡”部7画）

夏（“夊”部7画） 弱（“弓”部7画） 孨娑婴（“女”部7画） 邕（“巛”部7画）

桌桊（“木”部6画） 戕威栽载（“戈”部6画） 歬（“止”部6画） 書（“日”部6画）

拳拲（“手”部6画） 爱（“爪”部6画） 釜（“父”部6画） 斋（“文”部6画）

旁（“方”部6画） 恭（“心”部6画） 眘眞眢（“目”部5画） 畟畝（“田”部5画）

秦（“禾”部5画） 竞（“立”部5画） 疍（“疋”部5画） 虒（“虍”部4画）

羞（“羊”部4画） 肃（“聿”部4画） 紊索（“糸”部4画） 隺（“隹”部2画）

馬（“马”部部首） 髟（“髟”部部首） 鬲（“鬲”部部首）

十一画

焉（“一”部10画） 啬（“十”部9画） 离（“卜”部9画） 兽（“八”部9画）

匙（“匕”部9画） 兜（“儿”部9画） 凰（“几”部9画） 率旂孰商啇（“亠”部9画）

剪（“刀”部9画） 參（“厶”部9画） 將專（“寸”部8画） 執堊埶壶基（“土”部8画）

爽匏奝奢（“大”部8画） 常（“小”部8画） 啓唔啚（“口”部8画） 帶（“巾”部8画）

彪（“彡”部8画） 够夠梦（“夕”部8画） 彗（“彐”部8画） 婁婆娶婪婓婴（“女”部8画）

巢（“巛”部8画） 梟桼梵（“木”部7画） 戚戛（“戈”部7画） 曼曹（“日”部7画）

覔（“见”部4画） 牽（“牛”部7画） 毫（“毛”部7画） 旉（“方”部7画）

祭（"示"部6画）　　　眷（"目"部6画）　　　畢畧異（"田"部6画）　　　産（"生"部6画）

竟章（"立"部6画）　　　考耉（"老"部5画）　　　春（"臼"部5画）　　　羡羨着（"羊"部5画）

雀（"隹"部3画）　　　馗（"首"部2画）　　　鳥（"鸟"部部首）　　　麥（"麦"部部首）

鹵（"卤"部部首）　　　魚（"鱼"部部首）　　　黃（"黄"部部首）　　　麻（"麻"部部首）

鹿（"鹿"部部首）

十二画

翼（"一"部11画）　　　喬（"丿"部11画）　　　準博（"十"部10画）　　　舒禽（"人"部10画）

巽（"八"部10画）　　　兟（"儿"部10画）　　　凱（"几"部10画）　　　就（"亠"部10画）

凿（"凵"部10画）　　　象（"刀"部10画）　　　巯（"工"部9画）　　　壺堯報喆壹喜（"土"部9画）

尋尊（"寸"部9画）　　　奠奥（"大"部9画）　　　弑（"弋"部9画）　　　寮掌（"小"部9画）

單喪喬嵒喌啙啬啻啇（"口"部9画）　　　彘（"彐"部9画）　　　粥弼（"弓"部9画）

孳（"子"部9画）　　　婆婺（"女"部9画）　　　幾（"幺"部9画）　　　敧（"支"部8画）

集棠椉棊棗棄棘棼棽（"木"部8画）　　　軎（"车"部5画）　　　輝（"车"部8画）

甇（"瓦"部8画）　　　寮暑暑曾（"日"部8画）　　　弄掰（"手"部8画）　　　戞戟戠戢裁（"戈"部8画）

舜（"爪"部8画）　　　菁脊（"月"部8画）　　　斐斌（"文"部8画）　　　勞無（"火"部8画）

斝（"斗"部8画）　　　惎（"心"部8画）　　　畫（"田"部7画）　　　甥甥（"生"部7画）

童（"立"部7画）　　　矞（"矛"部7画）　　　與舄（"臼"部6画）　　　臯臮（"自"部6画）

善羡（"羊"部6画）　　　茻（"艸"部6画）　　　翚翕（"羽"部6画）　　　絛絷（"糸"部6画）

農（"辰"部5画）　　　量（"里"部5画）　　　辜（"辛"部5画）　　　辈（"非"部4画）

鼎（"鼎"部部首）　　　黑（"黑"部部首）　　　黍（"黍"部部首）

十三画

蓥亂凱（"乙"部12画）　　　準奢（"十"部11画）　　　雍亶（"亠"部11画）　　　勦勜詹（"刀"部11画）

勢（"力"部11画）　　　叠（"又"部11画）　　　塵堃壼（"土"部10画）　　　奥（"大"部10画）

當尟尟（"小"部10画）　　　嗇嗸嗣嗧（"口"部10画）　　　嵞峯（"山"部10画）　　　彙（"彐"部10画）

睿（"子"部10画）　　　嫠嬰（"女"部10画）　　　韙（"韦"部9画）　　　楚替窠楙（"木"部9画）

犎犙（"车"部6画）　　　戡戤（"戈"部9画）　　　歲（"止"部9画）　　　會暓（"日"部9画）

赖（"贝"部9画）　　　愛（"爪"部9画）　　　煸（"文"部9画）　　　煢黏（"火"部9画）

愛（"心"部9画）　　　禁禀（"示"部8画）　　　碁（"石"部8画）　　　竪（"立"部8画）

稟（"禾"部8画）　　　皙（"白"部8画）　　　竪（"立"部8画）　　　聖（"耳"部7画）

與舅（"臼"部7画）　　　皋（"自"部7画）　　　羡羣義（"羊"部7画）　　　肅（"聿"部8画）

翜（"羽"部7画）　　　綜（"糸"部7画）　　　豢（"豕"部6画）　　　觡（"角"部6画）

督誉誊（"言"部6画）　　　皐（"辛"部7画）　　　電（"黾"部部首）　　　鼓（"鼓"部部首）

鼠（"鼠"部部首）

十四画

爾（"一"部13画）　　　睾（"丿"部13画）　　　嘏（"十"部12画）　　　僰（"人"部12画）

兢（"儿"部12画）　　　凴鳳凳（"几"部12画）　　　勩（"力"部12画）　　　叆（"厶"部12画）

甃（"工"部11画）　　　壽嘉（"土"部11画）　　　弊（"廾"部11画）　　　奬奪奩奩（"大"部11画）

嘗（"小"部11画）　　　嘗嚻嫛（"口"部11画）　　　夤舞夥（"夕"部11画）　　　夐（"夂"部11画）

彃（"弓"部11画）　　　孵嫛（"子"部11画）　　　暨（"无"部10画）　　　嫠嫛嫛嫛（"女"部11画）

槑槀槀（"木"部10画）　　　馘臧截（"戈"部10画）　　　翠（"止"部10画）　　　暢暕暍（"日"部10画）

黎（"水"部 10 画）　　犛（"牛"部 10 画）　　膏（"月"部 10 画）　　熏（"火"部 10 画）

毓（"毋"部 9 画）　　瞂睿（"目"部 9 画）　　踅疑（"疋"部 9 画）　　聞聚（"耳"部 8 画）

臺（"自"部 8 画）　　養（"羊"部 8 画）　　肇肇（"聿"部 8 画）　　翠（"羽"部 8 画）

綮綦綮（"糸"部 8 画）　　豪（"豕"部 7 画）　　静（"青"部 6 画）　　齊（"齐"部部首）

鼻（"鼻"部部首）

十五画

豫（"乙"部 14 画）　　頤（"匚"部 13 画）　　舗（"人"部 13 画）　　劈劕（"刀"部 13 画）

勰（"力"部 13 画）　　叇（"厶"部 13 画）　　奭（"大"部 12 画）　　嚚（"口"部 12 画）

幣（"巾"部 12 画）　　嶜嶜嶜嶲（"山"部 12 画）　　憂（"夂"部 12 画）　　畿（"幺"部 12 画）

鼫（"巛"部 12 画）　　韏（"韦"部 6 画）　　樞樂樊（"木"部 11 画）　　暬（"日"部 11 画）

漦（"水"部 11 画）　　犚（"牛"部 11 画）　　膚（"月"部 11 画）　　熲熭（"火"部 11 画）

憂（"心"部 11 画）　　穀槀（"禾"部 10 画）　　皝（"白"部 10 画）　　題（"页"部 9 画）

舗（"舌"部 9 画）　　興（"臼"部 9 画）　　翬翫翟（"羽"部 9 画）　　緜（"糸"部 9 画）

靠（"非"部 7 画）　　齒（"齿"部部首）

十六画

舘（"乙"部 14 画）　　冀（"八"部 14 画）　　嬴辦（"亠"部 14 画）　　叡（"又"部 14 画）

導（"寸"部 13 画）　　奮奯（"大"部 13 画）　　襉（"门"部 8 画）　　噩器（"口"部 13 画）

帑（"巾"部 13 画）　　嶜（"山"部 13 画）　　彜（"彑"部 13 画）　　學（"子"部 13 画）

嬖（"女"部 13 画）　　橐橐榮燊橐橐（"木"部 12 画）　　遅（"支"部 12 画）

整氅（"攴"部 12 画）　　曆曌龥（"日"部 12 画）　　毈（"殳"部 12 画）　　斓（"文"部 12 画）

窻（"穴"部 11 画）　　臻（"至"部 10 画）　　融（"虫"部 10 画）　　舘（"舌"部 10 画）

輿舉（"臼"部 10 画）　　匒（"自"部 10 画）　　翯（"羽"部 10 画）　　縈縈縣（"糸"部 10 画）

靛（"青"部 8 画）　　黔（"雨"部 8 画）　　隸（"隶"部 8 画）　　璽（"韭"部 7 画）

龍（"龙"部部首）

十七画

嬴襄（"亠"部 15 画）　　劐（"刀"部 15 画）　　燮（"又"部 15 画）　　嚬（"口"部 14 画）

幫（"巾"部 14 画）　　嬲（"女"部 14 画）　　戴戴（"戈"部 13 画）　　曑曑（"日"部 13 画）

鼢鼤（"水"部 13 画）　　爵（"爪"部 13 画）　　營燄燕（"火"部 13 画）　　隳（"心"部 13 画）

禦（"示"部 12 画）　　舉（"臼"部 11 画）　　義（"羊"部 11 画）　　翼（"羽"部 11 画）

縩（"糸"部 11 画）　　豳（"豕"部 10 画）　　鄺（"邑"部 15 画）　　隸（"隶"部 9 画）

馘（"首"部 8 画）　　鼃（"龟"部部首）　　龠（"龠"部部首）

十八画

輾（"八"部 16 画）　　奰（"大"部 15 画）　　器嚚（"口"部 15 画）　　巂（"山"部 15 画）

歸彝（"彑"部 15 画）　　檾（"木"部 14 画）　　歸（"止"部 14 画）　　擵（"手"部 14 画）

毉（"殳"部 14 画）　　礜礐（"石"部 13 画）　　瞿（"目"部 13 画）　　繭（"虫"部 12 画）

舊（"臼"部 12 画）　　釐（"里"部 11 画）　　謦（"言"部 11 画）　　巂雙（"隹"部 10 画）

十九画

嬴嬴（"亠"部 17 画）　　嚴嚚（"口"部 16 画）　　彠（"彐"部 16 画）　　疆（"弓"部 16 画）

孽（"子"部 16 画）　　櫜（"木"部 15 画）　　藜（"攴"部 15 画）　　疊（"日"部 15 画）

攀（"手"部 15 画）　　　積（"禾"部 14 画）　　　疊（"白"部 13 画）　　　羹（"羊"部 13 画）
繭（"糸"部 15 画）

二十画

韡（"宀"部 18 画）　　　譽（"口"部 17 画）　　　夔（"夂"部 17 画）　　　孿（"子"部 17 画）
璺（"王"部 15 画）　　　欒欐（"木"部 16 画）　　　轟（"车"部 13 画）　　　犨（"牛"部 16 画）
礬（"石"部 15 画）　　　矍（"目"部 15 画）　　　疄（"田"部 15 画）　　　競（"立"部 15 画）
蕭（"羊"部 14 画）　　　朧（"艹"部 14 画）　　　耀（"羽"部 14 画）　　　辮（"糸"部 14 画）
醜（"豆"部 13 画）　　　觰（"角"部 13 画）　　　譽（"言"部 13 画）　　　龥（"音"部 11 画）

二十一画

贏（"宀"部 19 画）　　　躐（"口"部 18 画）　　　曩（"日"部 17 画）　　　顥贛（"立"部 16 画）
贔（"页"部 12 画）

二十二画

襄（"十"部 20 画）　　　寶（"宀"部 20 画）　　　囊（"口"部 19 画）　　　彎（"弓"部 19 画）
孿（"子"部 19 画）　　　變（"女"部 19 画）　　　贖（"贝"部 15 画）　　　懿（"心"部 18 画）
龓（"龙"部 6 画）　　　疊（"田"部 17 画）　　　聽（"耳"部 16 画）　　　霾（"雨"部 14 画）
響（"音"部 19 画）

二十三画

贏（"宀"部 21 画）　　　鼗（"大"部 20 画）　　　囍（"口"部 20 画）　　　變（"攴"部 19 画）
蠲（"皿"部 18 画）　　　蠱（"虫"部 17 画）　　　靆（"雨"部 15 画）　　　鼉（"黾"部 10 画）

二十四画

矗（"十"部 22 画）　　　贛（"立"部 19 画）　　　蠹（"虫"部 18 画）　　　衋（"血"部 18 画）
鹽（"卤"部 13 画）

二十五画

纛（"糸"部 19 画）　　　靉（"雨"部 17 画）

二十六画

彠（"彐"部 23 画）　　　飆（"风"部 17 画）

二十七画

飜（"飞"部 18 画）

二十八画

豔（"豆"部 21 画）

二十九画

鬱（"木"部 25 画）　　　爨（"火"部 25 画）

（二）中华新韵常用字表

一麻（a，ia，ua；Ｙ，ㄧㄚ，ㄨㄚ）

【阴平】叭扒趴巴粑犯岜芭笆葩叉杈瓜呱胍加咖枷珈枷茄（又皆韵阳平）笳嘉袈迦痂家傢猳葭夸姱摩嬷砂纱沙莎（又

波韵阴平）搲袈鲨痧他她佳哇洼蛙呀鸦哑桠查喳楂揸馇吗妈蚂花哗拉啦呵啊哈杉娲虾欻仁趿挞（又波韵阴平）腌嚓它旮差丫

【派入阴平的入声字】插锸袷答嗒褡鎝括栝聒刮鸹杀铩刹塌溻褐耷哒呷押鸭匝呷夹浃扎拉抹挖捺掐捌撒擦咔唽嘎趿踏刷瞎阿（又波韵阴平）薢煞（又去声入）邋压发（又去声入）八

【阳平】茶搽查嵖猹楂碴（米查）华哗骅铧麻嘛杷耙钯爬琶笆瑕暇（又去声）霞遐蛤拿牙伢岈玡蚜芽涯睚崖槎啊垞蟆扒娃衙苴

【派入阳平的入声字】跋魃拔茇菝察檫达跶靼妲怛鞑笪伐筏垡阀夹侠峡挟狭硖铗颊郏荚滑猾夏嘎狎柙匣闸札扎轧答剳硖砸划拉辖黠炸铡喋（又读dié）沓兒怒杂罚乏

【上声】把靶叉扠衩（又去声）礤镲假瘕卡佧咔马吗玛码蚂瓦佤咋砟鲊哈咯哑哪喇俩侉踏打剐洒傻雅寡贾耍苴爪

【派入上声的入声字】甲岬胛铗法撒靫塔獭蝲眨

【去声】弚把耙爸霸灞汊衩（又上声）侘咤姹诧挂诖絓卦褂罣化华桦架驾嫁稼挎胯跨祃蚂骂那娜夏嗄厦（又音shà）假暇砑讶迓乍炸蚱诈痄榨亚娅挜氩价尬骼落坝鲅划话罅怕罢岔差画瓦大下

【派入去声的入声字】腊蜡辣刺瘌呐肭纳衲钠恰洽袷唼霎挞跶闼榻蹋鳎遢沓踏划刹拓捺撷吓嗒砝帕镴飒歃漯袜腽轧栅萨箑煞（又阴平入）压发（又阴平入）卅

二波（o，e，uo；ㄜ，ㄛ，ㄨㄛ）

【阴平】坡玻陂颇波菠幡播搓瑳磋蹉多哆冯㶽涡蜗锅莴窝莎娑挲咚梭唆呵柯珂轲苛疴阿婀屙痾菏哥歌科蝌棵髁颗窠赊畲倭蹉呢嗦唷嗍拖仡犵的蓑奢它过遮么车戈了

【派入阴平的入声字】倬焯踔桌逴掇裰剟崞郭掴扏拨泼钹榃瞌磕割豁嗑撮咄拙脱说剥劚托捉捋搁泊涿喔喝作趵钵般饽聒蝈缩鸪苛

【阳平】铧痤嵯嵳瘥罗啰锣椤箩萝箩逻骡螺模膜谟馍蓦摩麽嬷磨蘑魔那哪挪嶓鄱佗坨柁沱砣蛇跎驼鸵酡陀俄哦峨娥蛾鹅莪河涸何荷禾和胭脖傩驮讹掇婆繁（又寒韵阳平）鼍阁无（又姑韵阳平）

【派入阳平的入声字】孛荸浡勃渤鹁荸伯柏泊舶铂魄箔帛博搏膊薄（又去声）樽礴度（又姑韵去）踱佛怫掇裰剟国帼掴漍腘勺杓灼酌焩卓踔啄椓琢（又音zúo）诼翟擢濯蠋蹢镯作咋昨莋笮合蛤颌盒格貉骼额阁盍阖曷鹖葛（又上声入）折（又音shé）哲辄蛰鬲嗝塥槅膈涸隔镉翮咳核劾颏阋择泽铎责啧帻赜咄拙苩舌活浊泏涸得德斫碏捽摺纥缴辄辙膜膌驳钹踣襏虢臧棁则滴亳（又去声）夺橐壳蛰宅着凿革

【上声】跛颇簸（又去声）朵垛躲果裸夥裹火伙叵筐唢琐锁左佐可坷砢舸岢哿者赭啫惹椭倭扯胜所祸恶妥舍瘰屎（又齐韵上声入）我

【派入上声的入声字】渴葛（又阳平入）抹撮樟索庹

【去声】措错厝坐挫锉剉座垛跺剁懦糯作柞胙祚酢阼哦硪饿鹅蔗课锞舍猞惰堕射麝破簸（又上声）社祸佫做播舵和唾卧涴那驮赦柘薄（又阳平入）蓦贺货箇磨些过这库个

【派入去声的入声字】檗擘啜惙辍歠婥绰婼妠或惑喔腭镬蠖镬括栝蛞笮适阔鞟廓各骆珞洛烙硌络酪雒客落末沫抹眜秣袜靺茉作柞酢没殁设莫漠镆貘寞瘼珀魄（又阳平入）迫貊默墨嘿缪弱搦蒻若偌婼诺箬妠芍乐（又豪韵去声）泺烁跞铄朔槊搠菾棷擢箨圻拆柝跞偓喔幄握渥齷垩恶崿愕腭谔鳄鳄鄂萼嗌溢楻喝褐遏侧测恻崱厕撤澈厄呃扼轭肋勒泐摄慑仄昃拓跖硕啬错霍藿亳熇赫沃涩涉浙潩讷谳扩脉屹吓垃圷朴豁数斡鹤彻颏刻缂稿特荦获蒸忒愿壑塞掣瑟克冒策热这可凿册罂万（又寒韵去声）色

三皆（ie，üe；丨ㄝ，凵ㄝ）

【阴平】皆偕喈楷湝耶倻椰咩嗟阶街靴掖爹些乜

【派入阴平的入声字】撒憋蹩鳖节疖秸结噘撅阙帖怗贴揭蝎歇捏接跌切缺楔削噎约薛瘪曰

【阳平】偕谐伽茄瘸耶椰邪斜鞋携鲑爷趷

【派入阳平的入声字】趹趹迭垤绖耋喋堞揲碟蝶蹀蹀谍拮洁桔结诘劫颉撷襭倔崛掘厥獗橛蹶劂蕨玦觖爵嚼爝矍攫钁协胁飒学觉讦谲挟捷楬别劫偈绝脚噱（又音jié）孑叠桀絜杰节穴孑

【上声】且姐冶野咧解（又去声）写瘪也

【派入上声的入声字】咧噘撇铁帖雪血

【去声】介蚧芥界疥戒械诫谢榭解（xi è）解（又上声）懈獬澥蟹邂薤瀣借卸炧藉届趄夜曳

【派入去声的入声字】列冽烈裂洌趔躐鬣蔑蠛涅陧聂嗫蹑镊颞臬嵲孽蘖蘗疟虐谑切窃挈契锲惬箧泄绁媟渫燮躞晔烨掖液腋月抈玥钥刖乐栎钺越樾龠瀹爚悦说（又音 yu è）阅猎鹊业邺怯却谒揭掠捩叶咽啮倔埒略慊确榷帖泻餂軏跃劣雀妾悫饕粤岳亵灭屑靥阕阙曳血页

四开（ai，uai；ㄞ，ㄨㄞ）

【阴平】哀衰（又微韵阴平）埃唉娭挨欸垓赅该陔荄偲腮鳃毸台（又阳平）胎苔（又阳平）哉栽揣揩摔（又上声）哎掰钗酾（又齐韵去声）呆歪斋甾筛灾差乖开

【派入阴平的入声字】拆拍摘塞

【阳平】台（又阴平）抬骀鲐邰苔（又阴平）臭怀还（又寒韵阳平）才材财豺孩骸来崃徕涞莱埋霾俳徘排牌箄騃挨皑侪徊淮槐踝柴癌裁

【派入阳平的入声字】翟（又齐韵入）宅白

【上声】蔼霭采睬踩彩垲恺铠剀凯闿楷锴乃奶艿氖拐揣捭摆摔（又阴平）嗳矮倷逮改海醢慨蒯崽崴宰窄买迺载甩歹

【派入上声的入声字】百伯柏佰

【去声】爱僾嗳瑷叆暧嗌隘采菜代玳岱贷袋黛骀殆绐怠迨埭逮逮丐钙溉概亥骇欬块快筷会侩哙狯浍脍鲙郐徕睐赉赖濑籁癞劢虿迈柰奈萘塞赛寨大太汰钛态载戴祭縩蔡瘵呗败拜湃忾怪碍稗踹膪嘬待坏耐褦派晒帅外债拽艾（又齐韵去）芥带害卖鼐砦盖泰率（又齐韵去入）瘥再在

【派入去声的入声字】脉塞麦

五微（ei，ui，uei；ㄟ，ㄨㄟ）

【阴平】卑碑鹎崔催摧衰（又开韵阴平）榱缞吹炊诶欸非啡绯霏騑鲱菲霏悲蜚扉圭硅鲑封邦闺黑嘿灰咴恢诙盔傀瑰瘣巍挥珲晖辉翚溦微徽薇虺尵规窥杯衃呸胚绥荽堆骓椎推锥睢滙委萎逶威蝛葳偎椳煨隈归岿妃妫陂敦袆勒悝醅背虽麾危尿（又豪韵去声）忒追龟（又尤、文韵平声）亏飞

【阳平】垂倕棰捶锤陲诶欸肥淝回徊洄蛔茴骙揆睽暌戣葵隗魁鬼奎蝰雷擂檑礌镭累嫘缧罍虆玫枚脢梅酶莓霉眉嵋猸湄楣镅媒煤培赔陪隋随唯帷惟椎谁维潍韦帏违闱围为沩腓裴桅槌没绥颓贼圩蕤羸縻逵遂馗

【上声】诶欸悱诽菲斐棐翡蜚匪榧篚氿宄轨匦佹垝姽诡鬼傀耒诔蕾瘣儡藟美镁伟玮炜纬苇韪委诿萎痿洧痏尾娓每悔唯嘴璀给毁跬浼馁髓腿猥垒磊蕊晷累癸庋虺北水

【派入上声的入声字】北

【去声】贝狈钡邶背褙孛悖倍焙碚蓓臂鐾啐淬脺悴晬碎睟綷粹醉谇萃翠瘁对怼敦憝诶欸沛肺芾霈旆沸狒会浍烩绘桧刽荟岁哕秽刿晦诲痗惠穗蟪繐蕙彗嘒慧篲贵溃愦愧聩馈匮蒉遗（又齐韵阳平）匮阓类颣未味妹昧寐魅内枘蚋芮兑侻帨税蜕说锐遂燧隧邃胃喟渭谓畏喂猥尉蔚熨慰队坠最蕞瑞惴缀醊被帔鞁罪辈痱脆跪桂恚吹吠喙柜樻汇泪配酹位佩袂鞴碓鳜讳贿肋擂媚睡魏缒备毳累辔睿祟赘废退卉为卫

六豪（ao，iao；ㄠ，丨ㄠ）

【阴平】包孢泡胞龅苞煲褒僄骠摽漂慓膘缥螵镖剽飘瘭镳瀌藨猋飙抄钞刀叨忉刁叼汈怊招蛁貂超照凋啁碉鲷雕皋槔高歊敲篙膏蒿嚆缫剿（又上声）肖消悄（又上声）梢捎硝稍绡蛸艄销削宵霄筲逍魈羔糕交姣胶蛟跤鲛郊茭焦僬噍嶕礁鹪鹪蕉喵猫操臊缲搔骚哓骁浇烧硗慆滔韬梼鸮饕佻祧萧潇蠨箫嘐轇翛绦幺吆夭妖要喓腰糟遭朝嘲杓约虓尻尻哮教捞抛掏撩（又阳平）钊剥标椒橇坳糙娇脬锹涛弢薅熬枭骉嚣皋孬雀彪邀着凹

【派入阴平的入声字】剥削约

【阳平】敖嗷璈隞嶅獒熬鹜螯謷鳌廒遨曹嘈槽漕螬朝嘲潮嗥翱毫豪壕嚎濠蠓劳唠崂捞痨僚嘹嫽憭撩（又阴平）獠燎缭寮

疗辽漻醪髎寥毛牦旄酕髦矛茅蟊蛮苗描瞄锚尧佻峣嶢峣挠饶蛲翘荛咆狍炮袍匏跑刨雹庖嫖瓢瀌乔侨峤桥硚轿荞憔樵瞧谯昭轺韶韶岩苕笤髫迢佻姚洮桃鼗逃啕淘綯醄陶萄蛪调条鲦爻肴崤淆窑徭摇猺瑶谣鳐飖鹞遥捎咬嚼朴梼貉聊猕洨庰薄牢巢号着麈凿勺

【上声】保褓葆堡表俵婊裱小少吵炒秒眇渺缈岛捣祷搞槁稿缟镐暠藁佼咬狡饺皎绞铰傲微缴考拷栲烤老佬姥憭燎潦卯泖铆峁昴藐邈舀蹈恼脑瑙鸟茑袅漂摽缥缥佻娆晓绕挑窕早草懆璪澡藻愀湫拗窈夭袄饱跑好媪嫂扫找扰挢搅鸨倒郝孵巧讨沼悄（又阴平）脚蹶剿（又阴平）淼蚤杏导宝葽筱枣雀角了爪

【派入上声的入声字】邈

【去声】坳拗翱傲慠骜鳌奥澳懊燠抱泡炮鲍刨疱趵豹钓庖暴瀑曝爆到倒吊锦悼掉棹淖罩告浩皓诰靠造慥糙篢滈犒镐颢灏昊淏峤挢轿孝哮酵教嚼懆噭徼唠涝耢烙络酪落嫽缪廖燎镣冒帽媢袤麦督懋票漂骠鳔剽肖俏哨峭诮鞘稍矟淖绕翘噪燥臊躁召绍诏劭邵照兆眺跳铫旐笑吞校效曜耀蘸少妙秒皂咟耗撬耄扫埽报摺叫啸噍钉钥铐溺瀹鹞帱稻调好婞料貌灶茂蔃窍鸢筇觉套肇枭墅要暴贸盗号庙瘙尿（又微韵阴平）道赵闹乐（又波韵去入）

七尤（ou, iu, iou；ㄡ，ㄧㄡ）

【阴平】抽紬兜蔸勾沟钩句佝枸（又上声）韝鞲篝纠收起鸠究夂秋啾楸湫揪鍬鞦鹙輶瘳溜熘嘍搂区呕沤抠呕讴瓯欧殴鸥嗖搜溲馊锼飕艘廋修脩休咻貅鸺髹攸悠优忧周啁赒舟侜辀州洲驺邹緅诹陬鲰耶丘蚯邱羞馐龟（又微、文韵平声）阄哞呦妞偷都粥猴蝤扰麀幽丢

【派入阴平的入声字】粥

【阳平】俦帱畴踌筹惆绸稠裯侯喉猴糇篌瘊留榴骝镏鹠遛飗瘤刘浏琉硫流鎏旒娄偻喽楼耧蝼髅蒌牟眸蛑仇犰囚泅求俅球赇裘逑酋蝤猷遒璆缪柔揉煣糅蹂鞣投骰尤犹鱿莸疣由油柚铀邮游蝣抔培雠谋虬蹂愁鳌哀牛头

【派入阳平的入声字】妯轴（又姑韵阳平入）

【上声】斗科抖蚪峋狗枸（又阴平）苟笱吼狃久玖灸羑嶁搂篓擞薮丑忸扭杻狃纽钮偶藕叟瞍友有走陡酉酒朽柳呕嗽瞅绺掊糗腩黝肘守宿（又去声）莠首帚否某卣韭缶九口手

【去声】奏凑揍辏腠豆脰逗痘读窦勾构购够后垢诟逅候堠臼柏舅就僦鹫疚枢叩扣箔寇蔻溜馏遛簋镂瘘擞缪谬沤怄受授绶秀绣诱锈透岫袖柚鼬宙胄臭嗅溴右佑侑宥囿幼拗蚴纣酎寿绉皱媾旧救陋漏耨狩嗽骤咎露售咒鍪昼宿（又上声）厚厩瘦斗又

【派入去声的入声字】兽肉六（又姑韵去入）

八寒（an, ian, uan, üan；ㄢ，ㄧㄢ，ㄨㄢ，ㄩㄢ）

【阴平】安桉鞍氨奄唵崦淹腌庵鹌阉斑瘢干（又去声）奸杆玕轩肝骭刊预竿敉颁般搬瘢叁参（又文韵阴平）骖詹儋幨瞻襜谵掸镡眈酖耽单弹郸箪番幡潘翻蕃藩甘柑酣疳官倌棺菅鳏欢观（又去声）獾讙驩堪勘戡杉衫姗栅珊珊珊删山仙籼舢氙宽髋扇煽拴栓丹坍旃摊滩瘫湍端颛弯湾智鸳蜿豌剜鹓箢占拈沾粘钻（又去声）黇觇毡专砖边笾扁偏煸犏编蝙鳊翩篇萹鞭笾稹滇巅癫监岚戋淺笺兼搛磏缣谦鲦鹣蒹溅煎蓠簪娟捐涓鹃千仟扦歼纤阡轩悭迁跹骞搴褰寒卷圈掀锨先酰宣喧揎瑄暄萱煖媛儇悭咽胭烟焉嫣鄢蔫犍犍膻遭悛脧酸矜（又文韵阴平）贪坚悭金签扳担掂搀纶缄铅钴镜忺恢谄聃帆颠添渊湮渐湉糌躜砭艰韂鸽鲜殷褫冤冠悉悫籴兔盦艾燕餐穿攀尖牵詹鸾看暹肩冃间阗囡关天片川三

【阳平】馋谗巉镵单婵弹（又去声）禅蝉缠廛躔孱僝潺凡矾燔璠膰燔蟠蕃樊繁（又波韵阳平）繁汗邗含玲焓晗函涵环还（又开韵阳平）澴镮缳寰鬟圜垣桓洹狟言兰拦栏阑澜斓镧褴篮蓝岚峦孪栾鸾銮滦谩馒鳗鬘鬘南喃楠般盘磐瞒蹒然燃蚺髯坛县炎佥谈郯痰覃潭谭镡檀澶传抟丸汍纨元玩沅刓顽芫鼋园完烷连涟鲢莲嫌磏鬑廉濂鎌棉绵粘鲇黏骈胼钳邯钤黔全佺诠铨荃筌醛痊拳惓蜷鬈泉鲸田佃钿畋男恬湉甜员（又文韵阳平）圆填阗延涎蜒鋋筵玄弦舷闲娴鹇癎痫旋漩璇沿船铅妍研檐蟾媛（又去声）援湲原塬嫄源源袁猿辕橼缘橼残钱乾韩寒怜恹挦捐攒烦颜颟郇鞔难咱联胖（又唐韵去声）眠蹁潜犍衔便（又去声）岚岩蚕婪佥前贤悬盐帘虔咸遄阎团严言爿年

【上声】奄俺唵掩掩反坂板舨钣版蝂返惨掺糁黪产浐铲坦胆袒钽疸啴掸阐杆秆罕赶擀敢橄澉噉感鳡馆琯绾管脘阮远皖皖笕茧莰砍欿坎莰喊蜒减碱颟款窾览榄缆满螨蝻罱暖缓冉苒散愍免娩挽晚勉冕宛婉惋琬菀菀攒趱斩崭贬乏浅划盏扁碥褊匾藕典湴腼碘舰俭崟检捡睑脸脸敛锏简蠒剪谄塞謇卷锩錈黾渑偭湎腼缅腼辇撵展碾遣缱缱犬甽忝舔洗跣铣选毪

笕鲜薛癣眶烜琰剡毯偃鼹郾鼷演缤觇点踮柬拣蚬笕拐揞捻喘嘈侃俨沔溇铵谄短槛壕懒卵赧陕瞳转舛戬琏珍餂衍眼跰亶兖染忐昝显燹伞弇茧纂虪闪丏

【去声】按胺案暗黯半伴拌泮畔裈绊判叛旦但担唉掞淡剡氮焱单弹（又阳平）惮掸禅禫赙簟澹赡鞫段煅椴煆破缎锻断箭串窜患渁干（又阴平）旰犴扞汗骭岸犯范饭贩畈鋆贯惯掼劝观（又阴平）灌瓘罐鹳旱埠捍悍焊撼憾翰瀚奂唤换涣焕痪擐轘欠茨埃嵌羡忕垸浣院院瞰阚曼幔墁嫚漫慢缦熳谩镘曼扮盼灿汕讪疝趄善墦膳缮蟮鳝鄯嬗擅颤（又音chàn）叹汉难扇骟炭碳渐堑椠暂錾占玷站钻（又阴平）贴战苫店惦传转（又上声）啭撰馔篡攥卞拚汴忭苄弁拚昪辨瓣辩辫便（又阳平）缠佃钿甸淀绽靛建健楗腱键健栈践饯线贱溅间涧睊铜鉴监槛滥殿瘀券恭豢拳卷倦圈绢炼练楝谏验殓剑溅念埝骗遍倩绩慊赚（又音zuàu）欸见岘现砚舰苋焰陷馅莒腺線散霰泫眩炫眩渲楦碹艳滟彦谚媛（又阳平）瑗晏鷃宴堰献谳雁赝燕燕苑怨腕象篆厌餍忏纤湛塴变恋泛滏湴涫涮探揿掺钏钐链绀绚件僣咽唁诞赣裸领烂乱幻鄄甽限旋酽研茜荐蒜菌蘸宪宦算箭粲爨蛋髦梵盥冠赞垫奠垯隽看屛愿县办石（又齐韵阳平入）万电面廿片

九文 (en, in, ien, un, uen, ün, üen；ㄣ，丨ㄣ，ㄨㄣ，ㄩㄣ)

【阴平】贲喷奔（又去声）锛宾傧滨槟缤彬郴桃真嗔瞋春椿蝽踆皴逡惇谆敦墩礅碰分吩芬纷雰氛芬棻根跟昏婚惛闇今衿矜（又寒韵阴平）衾禁襟参（又寒韵阴平）糁均钧昆焜琨锟鲲鹍崑姘拼欣歆钦嵚侵駸申伸呻坤抻砷砷绅侁诜深琛孙狲荪温煴缊瘟氲心芯辛锌莘亲新薪斤忻昕炘垠勋熏獯曛醺薰金鑫因姻洇裀茵恩氤阴荫音喑愔窨（又去声）堙禋甄闉军裈鞁晕斌赟贞侦浈帧桢祯珍胗獉溱榛臻蓁屯肫窀迍尊樽蹲鳟遵拎紟津濑抡伦村娠飧殷针砧斟筋箴堃髡燊森馨吞君麇闷麕困巾龟（又微、尤韵平）身

【阳平】吟矜岑琴岑涔辰宸晨唇湣屯饨囤纯莼淳醇鹑汾棼贫盆溢贲渍浑珲哏垠银龈痕混馄林淋琳霖焚嶙潾辚磷瞵鳞麟粼遴仑伦抡沦轮纶论们扪闻文坟炆纹蚊忞旻雯岷缗频颦鄞勤慭禽噙擒秦蓁裙群人仁壬任旬峋洵恂询荀郇猁崟员（又寒韵阴平）筼寅夤淫霪云沄纭耘芸匀昀畇筠鲟荨沉忱臣囂罩蟫橙陈谌蹲邻临嫔神豚循什尘您芹臀岑存巡

【上声】本苯忖刌衮滚磙很狠垦恳肯啃堇槿瑾谨馑捆悃阃凛懔廪抿泯澌愍品榀锓寝准隼榫审婶吻刎扻紊闵悯尹笋引矧蚓稳隐瘾损殒陨枕沈轸袗诊疹允吮绲缤鲧碜踸盹粉仅锦敏墩瓷哂饮殷撙忍怎畚蠢迲鼍紧壶荏尽闽黾皿

【去声】奔（又阴平）倅债喷愤摈殡膑沌炖钝顿囤盾遁分份坋恡粪瀵艮恨棍混裉溷圂恩寸衬尽烬脪炱浸祲晋缙殣觐禁噤牝（又齐韵上声）龀俊峻骏浚焌竣饺蔺躏闷焖扢纴钍任赁恁沁刃仞韧纫亲榇闰润甚椹揕葚舜瞬汶吝圳驯训顺汛讯迅徇殉巽嘳诨郓晕酝运揾愠韫缊蕴振赈震蜃慎镇进逬靳近认论谮仅信妗渗嫩淋摁称劲啈郡聘衅印饮胤韵阵鸩朕蕈荫菌笨奋亘瀗肾壐窨孕熨疢趁逊问困囡

十唐 (ang, iang, uang；ㄤ，丨ㄤ，ㄨㄤ)

【阴平】邦梆帮仓枪沧舱跄创戗鸧苍疮昌倡娼猖菖阊当珰裆铛（又音chēng）筜方坊枋钫邡芳雱冈纲钢刚岗（又上声）杠江肛矼缸豇釭罡堩光咣胱桄肓荒塃慌浆将螀僵缰疆康慷糠匡恇诓劻筐滂膀汤锡殇觞商墒熵相湘缃箱厢霜孀骦鸘噇蹚镗糖乡芗襄蟓骧镶央殃鞅鸯庄桩赃脏章嫜獐璋樟蟑彰伥张吭腔汪浜泷妆戕镪牥蛜伤双窗夯姜乓丧桑香装臧

【阳平】卬昂长苌场（又上声）肠扬场炀杨旸飏疡行（又庚韵阳平）絎尝偿徜棠裳常嫦堂樘螳坊彷防妨魴房旁膀磅螃蒡忼杭航颃迒皇喤徨湟惶隍蝗锽鳇篁遑凰黄潢璜磺蟥簧狂诳篜良俍娘狼粮琅硠稂粮狼稂稂踉筤莨阆郎廊榔螂蜋郎廊棚凉椋梁粱亡忙杜邙氓盲芒茫硭铓囊馕墙嫱樯蔷襄瓢穰瀼唐塘搪溏瑭糖螗糖郎降逢羊佯徉洋祥详翔庠幢扛犷阳强（又上声）量藏床庞王（又去声）

【上声】倘淌惝躺敞掌赏党傥谠仿彷纺昉舫访榜膀广犷恍晃幌奖桨蒋两俩魉莽漭蟒嚷壤攘曩攘强（又阳平）膦禳镪搡磉颡坰晌饷爽塽往枉罔惘魍养痒氧长涨（又去声）抢挡讲谎绑场港悦糠飨仰駔岗（又阴平）帑享想鲞奖（又去声）昶网闯厂

【去声】傍搒磅谤镑蒡当垱挡档砀畅荡烫宕菪啌怆跄创戗晃滉榥杠虹项状壮奘（又上声）强糨犟将酱亢伉抗沆炕闶圹旷矿纩邝况贶样烊恙漾（又音shàng）框眶悢浪踉莨阆凉弶谅晾帐账胀怅张涨上（又上声）让尚绱趟像橡怏盎妄忘丈仗杖嶂嶂瘴幢撞王望逛脏胖（又寒韵阳平）相棒唱呒勷蚌稖放降辆靓葬藏箦戆巷量匠向丧

十一庚（eng, ing, ieng, ong, ueng, iong, üeng；ㄥ，丨ㄥ，ㄨㄥ，ㄩㄥ）

【阴平】绷崩嘣并屏柽蛏瞠撑登噔蹬镫丁仃叮玎汀灯町酊钉靪厅疔风枫疯封葑峰烽蜂锋庚鹒赓亨哼烹生牲胜（又去声）
鼪甥笙星惺腥旌京惊鲸泾轻经硁茎氢青清晴蜻精鲭菁圊更粳坑吭伻抨怦砰乒兵槟（又音 bīn）傧娉罂嘤嘤撄璎樱缨鹦英
媖瑛鹰鹰曾僧噌增憎缯罾正（又去声）征怔钲症争峥狰挣狰睁铮中冲忡翀钟忠盅衷枞伀匆葱骢璁熜冬咚终螽东鸫工功攻
空倥崆箜公忪蚣松淞菘翁嗡供哄烘恭龚垌峒弓躬芎通（又去声）恫凶汹匈恟胸佣拥痈墉镛鳙雍雝壅宗棕综踪鬃铛铿
听嘭恸称祊冰赪耕荆兢倾卿扔氇聪肱觥驾蒙觉兄充羹晶声烝春宫轰嵩邕匉囟丰升

【阳平】曾嶒逢缝（又去声）蓬篷丞承澄（又去声）橙令（又上去声）伶泠玲聆蛉舲羚铃龄翎鸰瓴苓零图成城诚宬盛呈
程裎娙恒行（又唐韵阴平）桁珩衡蘅灵棂凌棱绫陵鲮菱明萌盟虻岷甍薨蒙懞檬濛曚朦瞢朦艨茕荧萤莹莺荥濙萦濚名洺
铭茗冥溟瞑瞑螟甍咛拧狞柠朋堋棚硼鹏髯彭膨澎平坪枰评苹萍骈洴瓶屏情晴渑绳蝇亭停婷廷蜓霆誉螣腾螣藤檠擎琼黥
勍形邢型盈楹嬴瀛从丛惊琮崇吰翃雄宏闳弘泓虹红荭邛筇蛩龙咙泷珑胧眬昽笼茏聋隆窿穋农侬哝浓脓秋穹薭穷戎绒
容溶瑢榕蓉同侗峒峒桐烔铜酮茼佟岑疼童僮橦潼膧瞳曈曈朣能熊喁颙横黉枞楞冯凝洪鸿鄹陉鸣融彤砼芃葺誩凭层乘重虫

【上声】令（又阳、去）冷岭领丙柄炳饼屏酊顶顷哽梗绠鲠井阱到颈景憬璟影儆警猛蜢艋锰猛蠓唪捧倡挺艇滃蓊耆
醒顷颍颍颖郢逞董懂哄拱珙栱巩恐汞唪洞炯迥炅耿拢陇宠笼垄怂耸悚竦俑捅桶涌蛹踊勇恿永咏泳肿种统绷讽请拯攘倥
偬（又去声）鞚骋戤耿憎酩乳踵冗冢筒等冀整窘总鼎秉

【去声】绷（又上声）蹦并进摒椪碰嶝澄磴瞪蹬镫凳订钉定碇锭奉俸径胫劲痉竞竟境獍镜清婧靖静箐宁拧泞磬罄乘剩盛
晟幸啈悖姓性胜赠蹭甑更硬正（又阴平）怔证政症净挣诤铮冻栋胨侗峒恫胴硐共供哄空控鞚讧贡颈颂瓮诵通（又
阴平）用佣中仲冲种综粽令（又阳、上）命邓郑纵缝锃铳蚌秤横敬愣佞映媵动荇蕹泵掌另孟梦綮圣兴杏弄宋众庆应病
送凤重

十二齐（i, er, ü；丨，儿，ㄩ）

【阴平】氐低羝堤提几（又上声）叽玑机肌矶讥饥奇犄畸剞敧猗漪期欺箕基咪眯不坏邝批砒纰妻萋西栖牺粞茜羲曦奚傒
溪蹊希唏惕晞稀豨郗僖嘻嬉熹衣依铱伊咿犀樨且俱狙疽苴苴趄疽驹拘居据琚裾区岖驱躯伕祛焌駿圩吁盱纡迂胥湑
谞虚嘘墟耆稽医繄妮姬沏淤乣鸡跻披梯醯巇巇礼裼噫须筓赍廲羁熙兮展（又入声）趋畿车

【派入阴平的入声字】嘀滴圾吸芨噼霹劈七柒戚喊踢锡剔夕汐矽歹析晰浙蜥蜇昔惜腊息熄螅翕嗡歙悉蟋窸漆膝揖缉掬
鞠曲蛐唧积激禝欻壹逼迹屈戌击一

【阳平】狸厘喱骊鲡鹂离漓璃缡蓠藜梨犁鳘黎藜嫠挈眯迷谜縻糜醾弥猕麇（又上声）蘼尼坭呢妮泥怩儿倪猊輗鲵霓麑皮
狓陂疲枇毗蚍芘琵埤啤脾裨蜱髀劈圻沂祈颀斫蕲祁衹芪岐岐跂齐脐蛴荠奇崎骑琦錡其淇琪棋祺麒其綦旗耆鳍鬐提騠缇
醍题梯绨鹈荑姨胰黄痍楲迤匜怡饴贻贻饴移簃庤疑嶷间桐渠薬瞿矍瘴衢蚼鸲予好玙欤余徐畲畀奥腴滇于竽盂鱼渔俞
揄渝愉瑜榆觎嵛逾喁隅鹮愚虞虞啼蹄仪俟蕤圮蛇颐驴罴罹蓬蠡彝雯舆宜遗（又微韵去声）而

【派入阳平的入声字】及仮汲极级岌芨翟（又开韵阳平入）嵫嫡镝吉桔诘疾蒺楫辑脊嵴瘠踏藉籍媳熄局焗锡敌檄的涤
即棘殛阋隙橘荸荻菊戤鼻急集袭亟席迪革曲（又上声入）习

【上声】匕牝（又文韵去声）比仳吡妣泚秕氏坻抵砥诋骶邸几虮麂里俚俾悝悝理鲤米籹己圮屺杞起岂否痞倚椅旖踦猗
启棨启洗铣澧醴徙徒屣喜禧蟢以拟苡耳弭弭饵尔你玺迩咀沮龃吕侣铝苣举榉柜矩枸蒟偻褛屡旅膂禹偊瑀踽龋羽
栩诩湑糈醑语龉圉庾痍与屿伛体俣俾彼鄙挤礼旎稽蚁许李蠡企葸矣宇窳迤逦尾履靡（又阳平）芈圉予女雨

【派入上声和入声字】擗劈脾乙乞给戟笔脊匹曲（又阴平入）

【去声】泌駜秘閟毖毙庇屁狴陛敝蔽弊婢睥睥髀库劈臂薜避媲萆篦第弟娣涕悌睇绨剃递的荑帝缔谛蒂纪记忌跽伎妓技
芰垍洎憩济鲚剂荠霁季悸犄骑寄祭漈既暨翼冀骥利俐猁莉痢疠厉砺粝励戾唳泥昵义议刈艾（又开韵去声）丽俪气汽饩契
褉亿忆艺呓禨翊翊翌瞖意臆薏癔巨炬炬距讵钜苣具俱惧觊飓倨踞锯衣裔遽醵虑滤觑喻谕愈预预寓遇叙溆
豫序聚趣瞿懼吁芋隶棣贰腻彘遗句煦诐陂绋语谊细继绪缢例偈盼睨妪婿地际觊砌嚏毅劓沮酗驭御裕饫肄戏（又齐韵阴
平）苽荔蓟誓誉系絮费綦弃妻器替率痹瘵屄屦腻闭吏二女与玉币

【派入去声的入声字】必秘苾宓密蜜谧毕哔荜筚淠愊煏揊僻澼薜嬖壁甓璧襞躄譬力历呖沥枥雳立泣笠昱煜绿氯（又
开韵去声）栗傈溧篥砾跞仡屹讫迄舄潟弋杙佚泆轶峄驿怿峄译役疫亦弈奕迹邑把悒益嗌溢镒易场惕蝎畜蓄油恤衄玉钰
峪浴欲鹆郤域蜮阈溢鹬尉熨的弼碧碛绩泪滢溺瀹倜倜熠煜复稷鲫躒隙抑柸剧律续勖郁狱毓葺葆寂幂巂髻恶育鼳觅壹率

逆逸逖旭趯疠阋阒匿一

十三支（－i；零韵母）

【阴平】絺疵蚩嗤媸摛螭魑呲跐骴龇赀觜訾（又上声）疵尸鸤师狮蛳絁施葹丝咝鸶斯嘶澌撕厮飔罳知蜘痴之芝胝祗鸱支吱枝肢咨姿资粢趑兹嗞滋孳辎缁锱鲻菑仔孜龇（又开韵阴平）哧眵诗私栀脂笞蓍差司氏

【派入阴平的入声字】浉湿织吃只虱失

【阳平】弛驰池祠词茨瓷磁糍慈坻墀持辞雌时粢篪茈迟匙

【派入阳平的入声字】直值植殖识职执拾摭跖蹠侄蚀实食絷石（又寒韵去声）十

【上声】侈哆止沚祉耻茈此泚跐紫訾（又阴平）史驶只枳轵咫旨指子仔籽姊秭梓滓使豉始黴抵纸齿屎死矢豕

【派入上声的入声字】尺（又波韵上声）

【去声】士仕式拭试弑世贳寺侍峙恃势挚贽誓逝筮噬似姒巳汜祀伺嗣笥帜炽识至轻致雉稚市柿质踬治眙氏舐志痣示视制刺滞渍翅次赐谥耜俟眦啻是莳兕智彘置字食事四自豸

【派入去声的入声字】饬饰式拭轼贽挚鸷桎轾蛭郅室帙秩赤螯敕释叱栉陟掷炙适质斥日彳

十四姑（u；ㄨ）

【阴平】铺逋痡阇都嘟诸楮猪潴橥夫肤趺佶咕枯沽轱蛄酤骷鸪辜姑菇呱觚孤菰罛乎呼噜撸抒纾舒圬污摴樗梳疏蔬输毹乌呜钨邬朱侏珠株洙殊蛛诛铢茱租粗葅枢初鄜孵敷戏（又齐韵去声）糊刳矻摅稣於箍苏殳恶（又去声）巫书

【派入阴平的入声字】忽唿惚淴仆扑叔淑菽督突葖噗窣窟哭秃屋出

【阳平】涂蜍酴途荼除滁篨无（又波韵阳平）芜厨橱蹰徂殂刍雏孚俘浮桴蜉郛莩符苻弧狐瓠湖猢瑚糊蝴粡醐鹕葫炉芦庐卢垆泸栌轳胪舻鲈鸬颅奴孥驽脯莆匍葡蒲儒嚅孺濡襦蠕薷如茹吾唔梧鼯吴蜈躇屠扶蚨锄涪和模徒菟罘壶凫图毋

【派入阳平的入声字】椟牍渎犊赎读弗佛彿怫拂绋刜艴茀氟伏洑袱茯祓绂服菔幅辐福蝠匐幞璞濮襆醭孰塾熟竹竺独烛躅髑卒崒族镞术（zhú）秫顿斛觳鹘俗舳毒芾瘃逐囫足

【上声】甫埔哺捕浦辅脯蜅圃簠溥堵赌渚楮褚睹煮储拊府俯腑腐父斧釜古牯蛄诂嘏苦罟鼓瞽虎唬鲁橹镥母姆拇努弩簃普谱镨暑署曙薯土吐肚牡五伍午仵杵忤浒妩抚怃庑捂牾武鹉主拄麈俎祖组诅阻补础頫股搰姥汝乳数侮堡（又豪韵上声）楚贾蛊舞鼠亩黍处卤

【派入上声的入声字】毂（又阴平入）縠骨榾鹘卜朴属（又音 zhǔ）嘱瞩鹄汩蹼笃辱蜀谷

【去声】布怖簿部蔀吐杜肚度渡镀付咐驸附鲋讣赴副富埔铺傅赙缚簿固堌锢崮痼户妒护沪戽雇扈互冱岵怙故库裤辂赂路璐露鹭绔瓠募幕墓慕暮素嗉愫溯塑愬兔堍菟悟晤焐寤树澍婺骛鹜伫贮纻苎住驻注柱炷蛀箸著蠹务雾戍戌阜埠负蝜妇妬服腧诉误杌杼醋赋顾数漱坞助僇铸怒恶竖墅蠹处庶步父

【派入去声的入声字】假謏畜搐滀绌黜簇蔟卒猝复腹蝮馥鳆覆梏酷喾录渌琭禄碌睩绿醁箓菉僇戮蓼鹿辘漉簏麓木沐霂目苜睦陆瀑曝溽缛褥蓐术沭怵述束觫簌蔌速肃骕鹔宿缩勿物芴兀杌促蹙触凅蹴缚牧穆谡祝矗幕筑粟夙不亍六（又尤韵去入）入

（三）古诗词平水韵常用字表

上平声

一东【词韵第一部】东同侗恫铜桐峒筒童僮瞳潼中（中间）冲（沖）忡种（姓）盅忠衷虫融终螽戎绒狨棕崇弓躬穹芎穷风枫丰（豐）酆空（空虚）倥公翁工红虹讧功攻鸿蒙幪朦濛艨昽胧栊庞砻聋龍笼（名词，董韵同，又动词，独用）烘洪匆葱聪骢蓬篷懵梦（不明）隆窿雄冯嵩（崧）宫熊充丛通

二冬【词韵第一部】冬钟冲（衝）农侬浓脓宗淙（江韵同）踪松淞蚣（蚣蝑）容溶榕蓉庸慵墉镛佣雍（和也）壅从（顺从，随从）枞纵（纵横）峰蜂锋烽逢缝（缝纫）邛筇蛩共（共工）供（供给）恭龚龙凶汹匈胸禺（禺禺，鱼名）喁彤封憧舂重（重

复，层）邕茸丰

三江【词韵第二部】江釭（灯也）扛豇缸舡逄降（降服）泷庞幢撞（绛韵同）桩淙（冬韵同）邦双腔窗

四支【词韵第三部】支枝肢歧岐脂之芝垂陲锤炊吹（吹嘘）卑碑脾睥裨庳奇琦崎畸骑（跨马）猗漪椅（音漪，木名）皮披陂疲离漓璃篱螭魑知踟痴池驰施夷姨痍师狮筛茨瓷资咨姿眉湄楣时诗持其淇棋琪祺骐麒期欺箕基綦旗斯澌厮司词祠疑嶷帷唯惟维谁锥椎推睢思（动词）缌飔兹滋磁鹚慈随隋堕（音隳）厄栀麾糜劓縻雌觜訾（音资）髭疵僖嘻嬉禧熹羲曦牺台（音怡）怡饴贻治（治理，动词）笞肌饥氏（阏氏）坻祇胝鸥鲞鳍蓍淄缁辎匙提（提月）尼怩蚩嗤丽（音骊）骊鹂郦比（皋比）仳枇琵貔嵋郿委（委蛇）痿逶萎倭（曲折）墀迟仔孜规窥姬颐熙仪伊移私丝绥缔剂戏（音羲）辞弥狸涯（佳麻韵同）祁噫馗蛇（委蛇）黑罹羁葵蕤彝蠡（瓠勺，齐韵同）宜寅丕衰虽悲夔簛赢累（绳索）追隹逵遗（遗失）居（语助词）危差（参差）嫠医（医药）龟为（施为）儿尸亏而（灰韵同）

五微【词韵第三部】微薇徽晖辉挥韦帏违围非绯腓诽霏菲（芳菲）痱扉威葳圻沂祈颀旂几（细微）机讥矶饥畿希稀郗欷衣（衣服）依归妃肥巍飞

六鱼【词韵第四部】鱼渔居据（拮据）裾鸥渠蕖余馀徐涂（涂月）蜍除滁畲予（我）好纾舒梳疏（疏密）蔬虚嘘墟歔摅驴庐如迦茹（茅茹）且（助词）沮狙蛆趄雎锄苴苴（菹）疽闾榈猪诸储屠（休屠王）躇玙龉初樗淤祛誉（动词）舆胥书车（麻韵同）于（於）

七虞【词韵第四部】虞吴娱模谟摹禺喁（私语声）隅愚无芜巫诬吁纡竽盂迂瞿鸜衢需儒嚅濡襦繻懦蠕（铣韵同）朱侏珠洙诛蛛铢姝殊邾茱俞渝瑜揄榆愉输觎逾（瑜）臾谀腴萸区岖枢驱躯夫扶肤蚨麸芙厨蹰劬拘驹胡湖瑚糊蝴醐葫乎呼滹呱（儿啼）孤弧狐瓠瓠菰沽姑枯蛄酤鸪辜涂堍荼途吾梧鼯鼯卢垆炉泸栌舻轳鲈顱鸬芦乌鸣晡铺匍葡逋蒲敷拊（俞拊）符苻娄（牵拉）镂（属镂）孚俘桴奴孥帑弩徂租粗刍雏趋污洿零都屠酥须俱徒取陬鄹苏菟壶爻凫图毋

八齐【词韵第三部】齐蛴脐跻赍鹥黎藜犁梨妻（夫妻）凄萋氏（氏羌）低诋堤提题啼蹄梯绨鹈奚溪蹊鹨嵇稽儿（姓）倪霓蜺西栖嘶撕（提撕）圭畦奎闺批（屑韵同）携鸡泥（泥土）骊睨醯贲蠡（支韵同）黄（柔黄）篦䚉兮犀迷

九佳【词韵第五、十部】
【第五部】皆偕谐喈揩楷阶俳排鞋街埋牌钗豺侪槐（灰韵同）怀淮骸霾柴斋差（差使）乖
【第十部】佳涯（支麻韵同）崖娲蜗娃哇蛙

十灰【词韵第三、五部】
【第三部】灰恢诙偎煨隈回徊（音回）洄茴傀槐（音回，佳韵同）瑰魁嵬（贿韵同）梅酶媒煤雷罍堆推（支韵同）培陪醅杯坏隤脮崔催摧徘（音裴）裴枚颏桅
【第五部】哈台胎苔来崃徕骎莱唉埃咳该颏才材财哉栽裁孩垓陔能皑猜腮哀灾开

十一真【词韵第六部】真填（音尘，长久）瞋谆（震韵同）淳醇鹑臻秦溱榛蓁因姻茵氤辛莘（细辛，药名）亲新薪辰娠振（振振）宸晨唇申伸呻绅神宾嫔滨嶙磷辚鳞麟粼珍畛春椿频濒蘋颦颦垠银民岷泯（轸韵同）珉缗屯（卦名）纯莼伦抡沦纶轮匀均钧筠旬峋恂询郇荀寅禽竣皴逡堙湮甄驯巡人仁鄞邻陈循彬狺诜纫斌津旻尘莘贫遵闽闉囷臣身巾

十二文【词韵第六部】文玟纹蚊雯欣斤昕芹云沄纭耘芸分（分离）汾纷芬雰氛君裙群军荤熏曛醺薰员（姓名）勋郧殷（众多）勤靳（宏大）棼筋氲闻

十三元【词韵第六、七部】

【第六部】魂痕垠根跟温蕴孙荪门扪尊樽蹲敦墩暾屯炖饨奔喷仑（崙）抡论（动词）昏婚阍昆琨鲲飧坤豚浑村髡臀盆恩吞存

【第七部】元沅鼋园原源袁猿辕番幡璠蹯翻蕃藩垣喧暄萱爰媛援湲怨鸳宛蜿鹓掀轩犍烦埙繁樊骞冤言反

十四寒【词韵第七部】寒桓洹韩翰（羽翮）单弹殚郸安鞍难（艰难）滩摊干（干湿）奸（干犯）汗（可汗）玕肝刊竿兰拦栏阑澜谰丸纨湍端叹（翰韵同）欢观（观看）峦栾滦銮鸾盘般磐瘢潘磻蟠漫（大水貌）谩（欺诈）馒鳗珊姗官倌棺拌（舍弃）胖（大）完莞（莞蒲，草名）狻酸抟攒坛檀残剜钻（钻营）瞒邯獾萑（萑苇）冠（衣冠）宽繁（繁缨）餐弁（欢乐）看（翰韵同）团丹

十五删【词韵第七部】删山讪蛮弯湾还环寰鬟班斑间（中间）闲娴孱（先韵同）潺（先韵同）颁顽颜般殷（颜色）奸（奸猾）艰悭扳鳏潸（潸韵同）菅攀患（谏韵同）关

下平声

一先【词韵第七部】先仙前煎千阡迁跹戋（戋戋）钱溅（溅溅，疾流貌）笺玄弦舷咽（咽喉）烟胭连涟莲怜零（先零，古族名）填滇阗田钿（霰韵同）畋颠巅癫妍汧研娟捐涓鹃扁（扁舟）偏编翩篇然燃延涎蜒筵澶膻鳣鹯邅单（单于）婵禅（参禅）蝉缠躔便（安也）鞭棉绵全诠铨筌荃痊椽缘沿船铅专传（传授）砖旋（回旋）璇搴褰骞卷（音拳）蜷拳颛遄孱（删韵同）潺（删韵同）焉嫣鄢员圆坚贤悛犍（犍为郡）鞯眠渊蠲鲜（新鲜）旃联镌乾权骈愆悬肩扇（动词）挛燕（国名）牵泉宣穿鸢边毡虔天平（平章）年川

二萧【词韵第八部】萧箫潇宵霄哨消硝绡销逍佻姚挑（挑担）祧跳招昭韶貂苕髫迢超凋蜩调（调和）雕尧侥（僬侥）娆（妖娆）浇梼烧（焚烧）蛲饶骁翘僚嘹撩獠燎（火炬）鹩寮朝潮焦憔樵谯鷦蕉乔侨娇峤桥骄轿荞徭瑶摇谣飘鹞（音邀，雉也）遥苗描猫要（要求，要约）腰夭（夭夭）妖嫖漂（漂浮）剽瓢飘徼（同邀，徼福）邀条翛鸮枭橇椒标杓（独木桥，杓星）钊镳聊料飚陶（皋陶）寥嚣辽幺刁

三肴【词韵第八部】肴爻峭淆巢剿（音抄，抄袭）交咬（咬咬，鸟声）姣（虫名）胶蛟鲛郊鵁茭抄钞包咆泡炮胞匏跑（用足刨地）刨庖苞捎梢鞘哮教（动词）啁嘲抓唠铙坳敲抛茅

四豪【词韵第八部】豪壕濠毫操（操持）臊毛髦旄刀叨啕淘陶萄挑（挑达）洮桃逃曹嘈槽漕糟遭高蒿篙膏皋嗥翱号（呼号）饕敖嗷螯骜鳌熬遨羔糕搔骚滔韬劳（劳苦）捞涝（音劳）绦缫涛袍醪猱挠（巧韵同）艘嚣（嚣然）薅咎褒牢尻

五歌【词韵第九部】歌哥戈罗锣萝箩何呵河柯珂诃轲（孟轲）阿苛荷（荷花）屙禾和（平和）坡波颇（偏颇）婆科蝌佗（他）沱驼跎陀俄哦峨娥蛾鹅螺骡莎娑摩磨（动词）魔讹靴番（番番）皤涡锅窝伽（伽蓝）茄（茄子）迦嵯（嵯峨）搓磋蹉拖驮（驮运）献（献豆）倭（日本）梭那多窠蓑鼍过（经过，箇韵同）么

六麻【词韵第十部】麻华哗桦骅花沙砂纱裟鲨牙呀邪鸦芽加枷珈笳茄（荷茎）嘉袈迦痂瑕葭霞遐巴杷爬芭笆琶葩吾（允吾）衙佘赊畲哇洼蛙涯（支佳运同）差（差错）嗟槎娲蜗叉杈耶椰揶哆（张口）爹蛇蟆虾咤哑（呕哑）划（划船）斜楂挝（敲打）夸奢爷拿些家茶遮丫车（鱼韵同）瓜

七阳【词韵第二部】阳唐塘搪糖场扬杨汤炀（熔化）肠飏疡殇觞伤光胱昌倡猖阊常棠裳堂螳尝偿当（应当）珰裆王（帝王）尪汪狂望（观望，漾韵同）匡眶筐方坊妨彷（彷徨）防鲂芳房旁傍（侧也）滂磅膀（膀胱）螃长（长短）伥（伥鬼）张臧藏（收藏）央泱秧殃鸯墙嫱樯蔷良娘浪（沧浪）琅粮踉（跳跃）阆（漾韵同）郎螂廊仓枪抢（挡，逆）沧创（创伤）鸧苍疮相（互相）湘缃箱厢霜孀骦亡忙邙芒茫忘盲荒冈纲钢刚羊佯徉洋祥详翔羌姜庠僵缰疆将（送，持）锵蒋（菰蒋）浆梁粱章嫜樟漳璋障（平顶土山）彰皇徨惶煌蝗隍篁遑凰黄潢璜簧亢吭杭航襄骧攘禳穰镶瓤庄赃彭（盛，多）妆凉强（刚

强）行（行列）昂量（动词）香装囊桑康床庆（发语词）商丧（丧葬）乡

八庚【词韵第十一部】庚鹒赓耕清情晴睛蜻（青韵同）精鶄（青韵同）菁更（更改）粳亨烹英瑛平坪抨枰砰评京惊琼鲸勍明萌盟茎莹（径韵同）营萦莺荣嵘生牲甥笙旌甍擎行（行走）珩衡蘅宏闳泓轻茎翟婴嘤樱缨鹦橙瞠争峥铮筝盈楹嬴赢瀛成城诚盛（盛受）呈程正（正月）征钲顷（歪偏）倾伧枪（橾枪）氓盲棚绷贞侦撑瞠榜（榜掠）横（纵横）猩铿坑觥彭荆鸣卿晶轰薨羹声名兵兄令（使令）并（交并）匉趟（跳跃）迎丁（丁丁）

九青【词韵第十一部】青蜻（庚韵同）鶄（庚韵同）泾经陉刑形邢硎型亭停婷廷蜓霆庭丁仃汀町钉宁厅星惺（领会）腥醒（迥韵同）傅娉灵棂伶玲聆舲铃龄瓴翎鸰苓零囹冥暝溟蓂瞑瓶屏荧荥萤坰听（径韵同）铭萍馨

十蒸【词韵第十一部】蒸烝丞承登澄（澄清）征（征求）惩凌崚棱稜绫陵菱膺鹰应（应当）渑（音绳，水名）蝇绳仍扔曾僧增嶒憎缯缯罾层朋鹏崩弘肱薨薨誊塍腾滕藤胜（胜任）恒姮冯（音凭）冰凝竞矜称（称赞）灯能凭（径韵同）兴（兴起）乘（动词）升

十一尤【词韵第十二部】尤优忧犹疣幽侯喉猴糇由妯（激动）油抽邮流琉旒留榴骝瘤刘浏酋鞧猷道攸悠修脩秋啾楸湫（音秋）愁鸳周惆稠赒州洲酬仇鸠馗（中馗）俦畴踌筹丘蚯邱缪（缠绵，绞结）瘳不（姓）罘休貅囚泅求俅球裘述浮桴蜉牟侔眸区（姓）呕抠沤（气泡）讴瓯欧鸥娄偻（偻啰）楼搂（搜刮，牵拉）蝼髅篓勾沟钩柔揉踝叟（叟叟）搜驺邹雠雔韝呦繇（音由）游虬（宥韵同）收谋陬偷投兜彪羞矛头牛舟

十二侵【词韵第十三部】侵祲骎寻浔林淋琳郴霖湛（沉没）椹（砧板）谌斟忱沈深琛淫霪禽擒钦嵚今吟衿黔（盐韵同）琴岑涔衾禁（力能胜任）襟音暗（音音）歆壬任（负荷）妊（姓）临针砧阴箴簪（覃韵同）森参（参差）金心

十三覃【词韵第十四部】覃潭谭谈郯痰参（参与）骖南楠含颔函（包函）涵堪戡甘柑酣襂蓝篮探担（动词）惭耽谙澹（澹台，澹林）婪岚男蚕簪（侵韵同）贪龛昙庵三（数字）

十四盐【词韵第十四部】盐添严沾占（占卜）拈粘黏苫（草垫）兼嫌缣谦廉镰蒹纤奸詹檐瞻蟾崦淹阉甜箝恬铦钤黔（侵韵同）潜渐（流入，浸润）砭炎帘髯奁签尖暹阎

十五咸【词韵第十四部】咸缄凡衔杉衫挦谗馋巉镵帆喃掺（纤细）岩嵌芟监（监察）函（书函）

上声

一董【词韵第一部】董懂拢笼（名词，东韵同）侗（直通）洞（澒洞）动孔澒桶空（音孔）总汞

二肿【词韵第一部】肿种（种子）陇垄宠重（轻重）踵奉捧甬俑涌蛹踊勇巩恐拱栱悚竦溶拥茸（茸阘）耸冗冢壅

三讲【词韵第二部】讲耩港棒蚌项

四纸【词韵第三部】纸氏旨指止址沚耻趾芷此紫訾（訾毁）觜（鸟喙）嘴只枳咫抵（击）砥彼被（寝衣）诡跪倚绮徙屣尔你玺迤耳弭婢髀否（臧否）痞几麂姊秭匕死比（比较）妣轨宄峙恃畤痔已己圮杞纪起巳祀伎妓技跂（跂脚）矢雉癸揆以似耜拟苡史使（使令）驶里俚娌悝（忧愁）理鲤诔耔士仕矣俟子仔捶揣（揣测）侈傀滓蚁梓徵（古五音之一）鄙视始襂弛跬唯（答应声）毁髓篪晷李垒市兕齿委累（积累）蕊企美是喜履宥靡迤（迤逦）豕水

五尾【词韵第三部】尾伟炜韪苇菲（菲薄）斐蜚（虫名）匪篚悱岂鬼卉（未韵同）几（几多）

六语【词韵第四部】语（语言）龉圄吕侣莒旅膂仵贮苎宁（屏门之间）予（给）抒杼纾序与（给予）屿渚褚绪煮暑女汝茹（吃）杵许巨拒炬讵距苣咀沮俎阻举榉叙溆御础处（居住）所墅楚黍圉鼠去（除去）

七麌【词韵第四部】麌姥羽栩诩父斧釜溢拊府俯腑腐鼓瞽虏虎琥古估怙牯祜酤诂罟苦土吐（遇韵同）杜肚甫浦脯辅圃溥簿普谱户沪扈雇（九扈鸟）偻嵝（岣嵝）缕数（动词）篓努弩怒枸（枸橼）煦祖组鲁橹堵睹赌五伍抚庑剖部主拄柱武鹉午浒伛侮乳补矩取坞股树（动词）愈宇竖聚莽（养韵同）舞贾（商贾）蛊庾禹卤雨

八荠【词韵第三部】荠济（水名）米眯启棨澧醴坻抵柢诋邸底弟悌涕（霁韵同）递（霁韵同）礼祢醍体陛洗蠡（范蠡）

九蟹【词韵第五部】蟹解澥獬楷锴摆拐矮骇洒买

十贿【词韵第三、五部】
【第三部】贿每悔倍蓓儡蕾浼汇馁猥璀罪嵬（灰韵同）
【第五部】海采彩恺铠诒（欺骗）殆怠亥颏（丑）乃鼐待醢改宰载（年）在（存在）

十一轸【词韵第六部】轸诊畛准隼允吮（舐）引矧蚓尹笋闵悯泯（真韵同）愍赈蜃殒陨稹缜纯（镶边）朕（朕兆）嶙（嶙峋）敏哂牝菌肾窘蠢忍紧尽盾（阮韵同）

十二吻【词韵第六部】吻刎隐槿谨粉愤坟（土质肥沃）殷（雷声震响）忿忿（问韵同）蕴近（远近）

十三阮【词韵第六、七部】
【第六部】混棍（捆束）很垦恳捆阃盾（轸韵同）遁（愿韵同）损稣稳沌畚衮本
【第七部】阮远（远近）偃堰苑（愿韵同）宛婉晚琬蜿（蜿蟮）绻圈（畜圈）反阪饭（动词）返巘（铣韵同）娩（柔美）塞（铣韵同）

十四旱【词韵第七部】旱悍（翰韵同）缓暖琯馆（翰韵同）管满灗瓉缵趱但坦袒伴侃浣碗短款懒卵（骖韵同）散（无拘束）诞断（断绝）瞳纂算（动词）盥（翰韵同）罕伞

十五潸【词韵第七部】潸（删韵同）产板版栈（谏韵同）盏眼限拣撰绾（谏韵同）赧简莞（莞尔）柬

十六铣【词韵第七部】铣冼（姓）跣选狝遣缱栈（潸韵同）浅饯（霰韵同）践钱（铁铲）典腆犬猃免勉冕辨辫辩剪翦沔眄（霰韵同）搴塞（阮韵同）岘蚬扁（扁形）褊匾单（姓）阐鲜（少）藓癣湎腼缅觍殄趁（撵）演湎（渑池）喘吮（吸）转（转移）软琏键戬件衍撚舛巘（阮韵同）蝡（虞韵同）燹善（善恶）篆卷（动词）宴显兖变辇茧展

十七篠【词韵第八部】篠筱小少（多少）杪秒眇鸟袅茑（啸韵同）娆晓绕沼绍娇矫僚燎（烘烤）瞭缭窅窈窕兆挑（挑逗）朓渺缈扰掉（啸韵同）缥缴（缴纳）殍悄赵皎蓼藐肇淼杳表夭（夭折）了

十八巧【词韵第八部】巧卯昂咬姣狡绞饱鲍挠（豪韵同）搅拗炒爪

十九皓【词韵第八部】皓浩造（制造）燥澡藻早草脑恼岛捣槁稿缟镐保褓葆堡颢灏昊呆媪嫂好（好坏）抱扫（号韵同）潦涝（旱涝，号韵同）袄鸨稻倒（倒塌）祷（号韵同）讨皂蚤宝枣考道老

二十哿【词韵第九部】哿可坷舸荷（负荷）果裸夥颗裹火伙柁舵锁琐惰隋（古祭祀名）椭堕朵垛跛颇（稍微）簸（颠簸）祸亸娜卵（旱韵同）妥（坐立）娑（婆娑）爹（古时敬称）左坐叵我

二十一马【词韵第十部】马者赭写泻（祃韵同）夏（华夏）厦假（真假）嘏瘕若（般若）惹且姐哆（哆然）哑雅把洒（洒水）社野冶踝寡贾（姓）舍瓦下（上下）也

二十二养【词韵第二部】养痒荡怏泱（泱漭）鞅盎象像橡奖桨倘掌赏党傥谠敞氅强（勉强）襁网罔惘魍仿纺放（依据）榜两魉壤攘曩厂广丈仗（漾韵同）杖晃幌莽（虞韵同）漭蟒抢（争抢）苍（苍莽）慌（恍惚）慷颡往仰朗枉沆响蒋（姓）想享爽长（长幼）上（上声）

二十三梗【词韵第十一部】梗哽鲠耿静靖请景憬影冷岭领饼屏（屏退）顷颍颖丙炳郢逞猛打矿境颈骋整省杏幸警荇秉永井

二十四迥【词韵第十一部】迥泂炯等拯抍酩茗梃挺艇铤町酊（酩酊）顶胫到醒（青韵同）溟（溟涬）肯并（并排）鼎

二十五有【词韵第十二部】有友右厚黝酉酒口咎否（是否）扣叩母拇斗蚪走陡枸（枸杞）狗笱苟久玖肘纣守受绶偶耦藕擞薮后垢臼舅丑纽钮诱莠欧（呕吐）殴纠赳培（培塿）剖柳朽妇牖吼牡踩糗浏叟负某帚亩寿首阜韭趣（趣马）手缶九
【词韵兼入麌】否母拇妇牡负某亩阜缶

二十六寝【词韵第十三部】寝寝枕（衾枕）沈（姓）审婶禀凛懔廪衽饪荏恁饮（饮食）锦稔噤朕（我）品您甚（沁韵同）

二十七感【词韵第十四部】感撼喊（尝味）敢橄览揽榄啖淡（勘韵同）毯坎嵌惨糁胆澹（勘韵同）颔

二十八俭【词韵第十四部】俭检脸险敛（艳韵同）俨忝（艳韵同）琰剡焰谄奄崦掩冉苒渐（渐进）崭玷点歉芡贬陕染簟闪广（小屋）

二十九豏【词韵第十四部】豏槏歉范犯槛滥（滥泉）减喊（叫喊）舰湛斩黯掺（执持）阚（虎啸）

去声

一送【词韵第一部】送贡赣（赐给）空（空缺）控鞚冻栋中（中的）仲衷（恰当）凤讽洞（岩洞）恸粽哄（哄闹）梦瓮瓷弄众痛

二宋【词韵第一部】宋用讼颂从（仆从）纵（放纵）共供（名词）统综缝（缝隙）种（种植）诵俸雍（雍州）恐（担心）重（再）

三绛【词韵第二部】绛泽降（升降）撞（江韵同）虹（东韵同）淙（流注）巷

四寘【词韵第三部】寘值植（立柱）置志痣至轻致意薏（职韵同）易（容易）赐义议利痢吹（名词）次恣寺侍瑞悕（惶恐）记忌异肆肄粹醉萃翠珥饵鼻觯翅芰臂譬避饲饲嗣笥帜炽识（标识）贰遂燧隧邃四泗驷冀骥魅寐被（覆盖）陂（倾斜）季悸坠暨馈篑遗（馈赠）匮比（近）庇恣泌（分泌）秘阄界痹挚贽鸷自洎示祟为（伪）渍治（治安，太平）泪穗稚谥谊试诿位使（使者）嗜施（恩惠，延伸）柜愧刺骑（车骑，名词）踦戏媚帅（将帅）睡腻懿觊地啻缢罾喾企（因为）食（给吃）字寄思（名词）柴（堆积物）智器累（连累）类备弃坠出（由内到外）厕迟（等待，希望）事吏二

五未【词韵第三部】未味气忾（叹息）沸费尉慰蔚畏胃渭猬谓纬讳既溉暨诽蜚翡痱（痱子）魏汇（汇集）毅贵衣（穿衣）卉

六御【词韵第四部】御虑嘘觑遽署曙据踞锯沮（沮洳）诅助如（语助词）茹恕絮箸著（显著）翥预豫蓣与（参与）欤讵语（告诉）驭饫疏（书疏）除（给予）誉（名词）楚（树名）处（处所）庶去（来去）女（嫁女）

七遇【词韵第四部】遇寓莫（言采其莫）暮募墓慕路辂赂露鹭度（制度）渡镀布怖酤（卖酒）故固具惧数（数量）屦屦务雾婺鹜鹜付附驸句煦住注驻悟牾晤寤库裤妒护娶趣孺哺捕铺（店铺）圃（悬圃）傅喻谕输（所送之物）妪驱芋污（动词）措错（安置）醋互冱塑愬讣误诉孺裕吐（虞韵同）酤树（树木）赋顾祚铸忤怒（虞韵同）恶（憎恶）瞿（惊愕）素蠹雇戍（戍守）赴兔雨（降水）足（足恭，增补）步

八霁【词韵第三部】霁齐（混合，调和）挤济（横渡）剂（药剂）祭世泄（泄泄）丽俪弟娣涕（荠韵同）睇第递艺呓惠穗蕙彗慧厉砺粝励敝蔽弊帝缔谛蒂税蜕说（劝说）锐庆唳捩隶棣逮医（弓箭匣）翳誓逝筮噬偈（偈语）揭（提起衣摆）制掣跇（急动）鳜（鱼名）薜髀计诣谜缀继细睥睨滞濞泥（拘泥）婿脆例蚋桂际砌袂芮蓟荔币系霓憩贽裔羿睿势岁替髻契毙妻（嫁人为妻）觑离（附丽）瘗闭曳卫（契约）

九泰【词韵第三、五部】
【第三部】泰大（箇韵同）太汰赖濑籁癞蔼霭奈柰外粝蔡艾带盖害丐
【第五部】会侩桧脍绘鲙荟沛霈旆最蕞贝狈兑蜕醉（队韵同）

十卦【词韵第五、十部】
【第五部】怪薤澥懈廨戒械诫介玠芥界疥虿迈祭瘵派湃喟噫（呼气）隘债坏拜败稗晒聩鞴快卖夬（姓）届
【第十部】卦挂夬话喝（流喝）解（发送）呗塞画（图画）

十一队【词韵第三、五部】
【第三部】队废悔晦昧孛悖淬碎北（相背）背妹昧义刈配醅（泰韵同）吠喙焙对碓敦（盛谷器）佩秣溃肺块辈退内末
【第五部】代玳岱贷黛睐赛栽（筑墙立版）载（运载）戴塞（边塞）赛爱暖采（采邑）菜慨概溉耐碍铠劾态矊再逮在（所在）

十二震【词韵第六部】震娠振赈（救济）蜃顺稕谆（真韵同）闰润慎镇刃仞韧韧摈殡鬓晋缙俊峻浚骏舜瞬汛讯迅亲（亲家）榇瑾馑觐蔺躏诊趁仅信认徇（宣示）衅烬衬磷（损伤）引（名词）印阵隽吝进胤

十三问【词韵第六部】问闻（名誉）焌酝运郓晕分（名分）忿（吻韵同）汶素斤（斤斤其明）靳近（动词）韵愠训郡抿（扫除）隐（倚靠）员（姓）粪奋

十四愿【词韵第六、七部】
【第六部】恩溷恨艮褪钝顿论（名词）嫩敦（浑敦）喷（喷鼻）逊遁（阮韵同）巽困闷寸
【第七部】愿曼蔓苑（愿韵同）怨饭（名词）贩建健献劝堰宪券远（动词）万

十五翰【词韵第七部】翰（翰墨）瀚换唤涣焕干汗衍悍岸叹（寒韵同）汉观（楼观）难（灾难）半泮胖（半边牲肉）畔绊判叛按案幔漫（寒韵同）缦灌鹳粲璨弹（名词）惮段锻腕惋灿烂玩馆（旱韵同）散（解散）钻（钻石）谰断（决断）乱炭爨旦蒜算（名词）盥（旱韵同）贯赞冠（冠军）窜看（寒韵同）

十六谏【词韵第七部】谏裥间（间隔）涧串患（删韵同）慢谩（轻慢）扮盼汕疝栅栈（潸韵同）绽绾（潸韵同）幻惯瓣铲办苋篡宦晏豢雁

十七霰【词韵第七部】霰线变恋扇煽（炽热）善（动词）膳缮传（传记）转（转圈）啭见砚先（先马）选（量才授官）拣练燕谳宴堰线钱（铣韵同）贱溅电佃（租种）钿（先韵同）甸狷绢彦谚掾缘（衣边装饰）眷卷（书卷）倦炫眩卞汴遣（送葬）

缱谴擅颤媛援（救助）瑗唁咽缠缐绚链钏倩便（便利）淀殿眄（铣韵同）旋（旋风）衍战院馔禅（封禅）茜荐奠羡穿（贯通）牵（纤绳）箭弁遍县面片

十八啸【词韵第八部】啸笑召诏邵照少（老少）妙曜耀约（要领）钓嘹燎（燎祭）肖哨峭诮漂（漂亮）骠剽摇（摇动）鹞（鹞鹰）烧（野火）绕峤轿调（音调）掉（筿韵同）叫徼（边界）眺料吊醮裱粜茑（筿韵同）窍要（重要）尿疗庙

十九效【词韵第八部】效効校较孝酵教（教训）棹淖罩豹貌炮（武器）爆拗（拗口）钞（钞盗）敲稍窖觉（睡觉）闹乐（喜爱）

二十号【词韵第八部】号（名号，号令）冒帽噪操（操守）躁奥懊（后悔）澳告（告诉）诰部靠造（造就）糙暴（强暴）瀑（水飞溅）到倒（颠倒）劳（慰劳）涝（旱涝）傲骜耗旄（毛长）犒缟膏（润滑）报扫（皓韵同）蹈悼祷（皓韵同）灶好（喜好）漕导盗

二十一箇【词韵第九部】箇过（歌韵同）左（辅助，证据）佐坐（坐卧）挫座破簸大（泰韵同）奈坷（坎坷）饿那（指示代词）和（唱和）课唾播卧涴惰做贺货些（语气助词）逻磨（石磨）个

二十二祃【词韵第十部】祃骂架驾射榭谢麝假（假期）暇霸灞嫁稼借藉（凭藉）乍诈胯跨咤诧帕怕讶迓杷靶（缰绳）化价柘桦赦罅卸泻（马韵同）夏（春夏）舍（庐舍）夜罢炙蔗下（下降）亚

二十三漾【词韵第二部】漾宕上（上下）让将（将帅）酱壮状长（多余的）帐怅张（张天）涨浪（波浪）酿广（兵车十五乘）圹旷妨舫访防（守御）放向饷炀（烧，烤）砀畅嶂障瘴傍（依傍）谤样养（奉养）恙亢（高亢）吭（咽喉）抗炕（炕床）航况贶当（适当）挡（摒挡）尚偿傥（意外，希望）王（王天下）旺望（阳韵同）亮掠（掳抢）谅妄忘怆（悲伤）创（开创）怏盎仗（养韵同）仰（仰给）相（卿相）唱脏（内脏）行（刚强）葬藏（库藏）量（数量）匠丧（丧失）

二十四敬【词韵第十一部】敬檠（独脚盘）映诤净劲轻（迅疾）正（正直）证政令（命令）命姓性竞竟獍镜晟盛（多）咏泳柄病孟盟（盟津）并（合并）迸娉（订婚）聘倩（借助）请（朝请）更（更加）硬横（横逆）榜（船桨）行（品行）郑阱评（品评）侦圣敻迎（迎娶）庆

二十五径【词韵第十一部】径胫经（排布经线）证嶝隥定锭磬罄乘（车乘）剩赠甑橙（凳子）蹬凳廷庭（径庭）媵胜（胜败）佞凝（寒凝）称（相称）邓醒钉（用钉子钉）暝（日暮）听（青韵同）莹（庚韵同）宁（姓）孕兴（兴趣）凭（蒸韵同）应（答应）

二十六宥【词韵第十二部】宥侑囿幼候堠犹（兽名）就鹫秀绣透奏凑副富守（郡守）狩寇蔻戊茂岫柚袖鼬宙胄复（再，又）覆（盖）臭嗅右（偏袒）佑祐豆逗溜瘤构购媾遘后诟逅缪（错，伪）谬灸疚柩绉皱扣授漏漱沤（浸泡）油（浩油）读（句读）陋镂骤旧救伏（鸟孵蛋）蹂吼兽售（尤韵同）究窦宿（星宿）畜（牲畜）昼咒懋贸厩厚（忠厚）寿（有韵同）瘦首（出首）斗走又

【词韵兼入遇】副富

二十七沁【词韵第十三部】沁禁（禁止）噤妊衽任（负担）赁枕（动词）鸩谮谶浸渗（渗漏）饮（给饮食）吟（长吟）临（吊丧）荫甚（寝韵同）

二十八勘【词韵第十四部】勘阚（姓）瞰憨滥缆啖淡澹（感韵同）淦（水名）暗担（名词）憾绀暂参（击鼓三下）三（再三）

二十九艳【词韵第十四部】艳滟酽?忝（俭韵同）殓验剑敛（聚敛，俭韵同）潋念埝占（占据）沾（水名）苫（盖草垫）店厌餍僭俺（大）焰砭赡垫兼欠

三十陷【词韵第十四部】陷鉴监（官署名）梵帆（张帆行驶）泛忏谗赚站剑蘸嵌（嵌入）欠

入声

一屋【词韵第十五部】屋木沐竹竺目苜幅福蝠辐匐禄碌孰塾熟族镞簇鹿漉辘麓簏复腹蝮馥覆（翻覆）掬麴菊睦陆伏茯宿（住宿）缩蓿椟渎犊牍读（读书）黩粥鬻肃骕仆朴（树丛，击打）扑畜蓄斛觫速叔俶淑菽暴（显露）曝（晒）瀑服鹏轴舳啄逐郁囿蹴穆忸縠煜毓戮祝髑谡倏牧独濮蹙秃恶育筑哭蠹鹜卡夙肉谷六

二沃【词韵第十五部】沃烛触俗浴欲鹄足促属瞩录渌绿逯辱缛蓐告（告朔）梏酷鹄蜀躅续赎狱旭项勖仆（飞扑）粟毒督笃束局曲玉

三觉【词韵第十六部】觉（知觉）角桷确榷搉啄涿琢擢濯喔幄握渥捉搦较（猎较）朔数（多次）斫浊镯（古军乐器）剥趵（脚步声）爆（爆烁）璞朴驳岳雹壳荦学卓邈乐（礼乐）

四质【词韵第十七部】质（性质）栉术怵秫述日汩（迅疾）出黜苗（草芽）侄桎蛭郅室室失佚秩轶（超过，散失）疾嫉蒺吉佶诘必泌宓谧瑟密蜜率蟀聿律漆膝栗篥毕跸荜筚橘滴七叱尼（止）昵悉蟋窸弼溢恤唧帅（动词）笔实壹卒（结束）逸戌（地支名）虱匹一乙

五物【词韵第十八部】物勿芴（萝藦）迄乞吃（口吃）屹讫弗佛拂绋诎屈倔崛掘（月韵同）祓绂黻尉（尉迟）蔚（地名）熨（熨斗）郁厥（突厥）不

六月【词韵第十八部】月没殁骨榾滑（音骨，滑稽）鹘（黠韵同）阙厥橛蹶蕨钺越樾揭（屑韵同）暍碣（屑韵同）竭蝎羯谒歇伐筏垡阀卒（士卒）猝咄（指责）堀掘（物韵同）窟笏忽孛悖（旺盛）饽勃渤曰汩纥龁（屑韵同）讦讷袜（袜子）核（煤核）突罚粤阆（单阆）凸（凸现）发兀

七曷【词韵第十八部】曷喝（怒喝）渴褐葛遏末沫抹秣袜（抹胸）达挞闼栝括聒适（疾速）活阔割豁拨泼拔（拔起）跋魃钹妲怛捋撮掇（屑韵同）咄（呵斥）钵脱獭（黠韵同）刺斡萨夺

八黠【词韵第十八部】黠秸鹖瞎辖札轧滑猾鹘（月韵同）杀铩刹戛嘎刷刮刖拔（拔擢）獭（曷韵同）帕察八

九屑【词韵第十八部】屑薛蘖蕺节疖列冽洌烈裂拮桔洁结颉撷缬悦说阅决抉玦缺诀热蓺裛铁跌迭飐折浙哲切彻窃撤澈辙泄绁渫撇瞥蹩啮龁揭（月韵同）碣（月韵同）竭啜掇（曷韵同）缀（废止，牵制）辍挈契（人名）楔篾蔑捏涅侄蛭拙捩（扭转）拽（牵拉）咽噎呐（唢呐）设谲绝别掣臬桀雪穴杰劣灭截子舌血

十药【词韵第十六部】药勺灼约酌芍铎泽（格泽）箨博搏膊缚薄礴各恪格烙略络酪貉骆洛落阁作柞（柞树）昨酢迮乐（快乐）烁铄爵嚼却脚莫摸漠膜幕寞郭廓昔（粗糙）猎（良犬名）错鹊厝若诺托亳度（测度）踱愕谔锷鳄鄂萼疟虐谑粕魄（落魄）泊箔霍藿焯（照耀）绰矍攫蠖镬拓掠缴（弓缴）柝郝（姓）涸鹤跃钥弱削获著橐恶（善恶）鞹籥索着雀凿礴

十一陌【词韵第十七部】陌白伯拍柏珀舶貊魄帛百迫碧益麦昔借（借第）惜腊（晒干）籍（典籍）藉（音籍）格骼客额峄怿择泽驿绎译释赤赫螫亦弈奕迹刺策役疫辟僻擘璧癖石跖硕只（量词）积（积聚）夕汐屐掖腋液册栅易（变易）场蜴脊蹐鶺瘠鬲隔翻责啧帻碛咋（大声，啃咬）窄厄轭掷踯斥坼摘谪帼蝈绀邰戟划（筹划）剧脉隙颐射（无射）摭核（核

查）虢鲫吓宅翟（姓）舄炙（动词）霸（月魄）获逆适（合适）席屐尺画革

十二锡【词韵第十七部】锡惕踢剔壁甓霹历枥沥霹笛迪嫡摘（动，扰动）滴镝檄激狄获逖析晰淅蜥栎（栎树）砾觋觌涤溺绩敌的鹢吃倜觅翟籴寂幂戚阒击

十三职【词韵第十七部】职织识（知识）得德直植殖黑默墨息熄则侧恻测刻劾式拭轼或域蜮惑亿忆臆薏力肋勒仄昃崱逼克剋即唧鲫弋忒翊翌亟殛啬穑饬饰蚀抑极棘贼敕特稷陟洫愎北翼嶷冒（冒顿）塞（闭塞）匿国食（饮食）色

十四缉【词韵第十七部】缉楫（叶韵同）揖辑戢茸立泣粒笠邑悒挹浥习熠拾给翕歙（吸气）十什汁及吸汲级岌笈（叶韵同）执蛰絷隰湿涩集急袭入

十五合【词韵第十九部】合蛤鸽答阁搭塔盍嗑榼溘阖纳衲塌榻腊蜡匝咂沓踏飒拉杂逻

十六叶【词韵第十八部】叶帖怗贴喋喋（喋血）牒蝶谍蹀妾接霎叠氎侠浃挟峡铗颊荚悏箧鬣躐婕捷睫聂慑摄蹑镊靥魇捻折（摺）楫（缉韵同）协褶辄猎涉烨镉笈（缉韵同）燮奢

十七洽【词韵第十九部】洽恰袷业邺乏眨狎甲呷押钾（元素名）鸭匣夹峡狭硖怯法劫插锸歃掐喋（喋喋）胁压

（四）十三辙常用字表

一发花（a，ua，ia）

【阴平】巴吧粑芭笆疤八叭扒趴哈答搭他她垃拉啦花哗加咖枷笳袈嘉查喳渣沙纱砂鲨痧杀刹咂呕嚓擦阿啊呷押鸭呀鸦佳哇洼蛙扎抓抹掐挖捌插撒刮刷它家喀嘎虾瞎妈塌踏杉旮差压邋夹丫瓜发叉夸

【阳平】拔跋爬杷耙琶伐筏阀蛤拿答瘩札扎轧茶搽查碴夹侠峡狭铗袷颊荚暇瑕霞狎匣闸牙蚜芽华哗铧滑猾娃崖扒打旮杂哈噶蟆炸铡砸辖衔划罚茬察乏麻达

【上声】马码蚂法砝甲岬胛钾打把撒塔垮哈哑哪喇俩假傻獭砟眨镲衩洒雅剐贾寡耍尕爪瓦卡

【去声】把爸帕怕蚂骂沓踏呐纳钠辣剌瘌腊蜡乍炸咋诈榨嫁稼架驾恰洽夏厦下吓挂卦褂垮胯跨化华桦栅榻诧讶刷划刹霎霸价假拓捺挜轧话袜坝珐那镧煞萨岔罢差尬压画叉卅亚发大

二梭波（o，uo，e）

【阴平】坡玻颇波菠拨泼多哆搓磋唆梭咄拙涡蜗锅莴窝柯苛哥歌科蝌棵颗磕瞌阿婀胳搁脱说割豁掇拖托捋捉撮捯播摸啰喔喝涿泊作倭郭蝈聒戳缩肋鸽赊馇剥钵朴桌娑蓑奢疙遮戈车

【阳平】伯舶泊箔帛脖勃渤博搏脯薄模膜馍摹摩魔磨蘑坨柁驼蛇哪娜挪骡螺罗锣萝箩逻国帼灼酌啄琢诼擢濯格骼阁额膈隔禾和河何荷合蛤盒咳核劾阂折哲择泽铎俄蛾鹅度踱舌活驮驳浊涸镯钹得辙轭谪讹昨磔则佛葛茁革着婆蛰责壳卓夺

【上声】跛簸果裸裹火伙左佐琐锁朵躲渴葛者赭可叵抹扯椭所褶惹恶妥索舍我

【去声】簸破珀粕魄迫陌末沫抹茉莫漠寞默墨没殁设垛跺剁惰堕懦糯各恪烙络骆铬洛落客括舍阔或惑啜辍乐烁铄朔搠槊蒴坐挫锉座作柞酢措错幄握龌忒忑撒澈喝褐遏摄慑侧测恻厕色铯啬穑厄扼轭腭鳄鄂若诺拓柘硕赫赦射麝吓唾祸社沃浙涉涩讷课舵驮柝扩豁绰龊妠弱做卧斡特勒刻鹤彻饿薄获蔗货贺壑塞磨霍掣热瑟恶策过这廓仄噩册克个

三乜斜（ê，ie，üe）

【阴平】撒憋蹩鳖帖贴揭蝎歇咩噎捏接撅楔耶跌阶街秸切缺靴削约爹薛些疖曰

【阳平】堞碟牒蝶谍洁结诘捷睫协胁决抉诀倔崛掘厥橛蹶爵嚼茄瘸学觉挟携攫别劫竭偕鞋邪斜珏绝噱蹩叠杰爷穴节截迭子

【上声】且姐哪咧铁帖解冶野写雪瘪血也

【去声】聂蹑镊孽蘖列冽烈借猎鹊介芥界疥戒械诫怯却切窃挈锲懈蟹夜液掖腋疟虐谑悦阅钺越月钥涅泻泄谒谢叶咽劣雀别帖镍卸略掠倔确跃蔑妾亵燮粤岳届屑阙阕灭页业血乐

四姑苏（u）

【阴平】晡铺逋敷夫肤麸估姑枯沽菇辜乎呼忽惚朱株殊珠蛛猪诸梳疏蔬抒舒叔淑租粗乌呜钨扑孵都嘟孤毂初输枢酥诬污督秃突苏箍窟哭屋凸骨出书

【阳平】葡蒲俘浮弗佛拂伏袱茯幅福辐匐轵牍赎读涂除途炉芦庐卢泸轳颅胡湖蝴糊葫弧狐厨橱孰塾熟如茹儒孺蠕族镞徂殂吾梧吴蜈无芜仆俗醭模扶服独徒奴斛鹄烛锄蹰秫竺符毒囤图屠逐骨壶术刍足卒竹

【上声】卜朴补甫哺捕浦辅普谱母姆拇府俯腑腐斧釜堵赌睹褚储暑署曙薯土吐肚牡努弩鲁橹虏虎唬属嘱瞩祖组五伍汝浒古苦蹼抚鼓股础杵数乳侮亩煮楚黍蜀辱舞处武卤骨谷主鼠午

【去声】布怖暴瀑曝募墓幕暮慕木沐目苜付附副富铺傅缚簿复腹蝮鳆馥覆吐杜肚度镀赂路露鹭鹿漉辘麓录绿禄碌故固锢库裤梏酷户妒沪护住注柱蛀驻贮苎畜搐绌黜术怵述悟晤务雾勿物笏戊戌坞埠诉误部睦穆牧妇赋陆戮顾助铸祝触树漱数褥醋促蹴堡墅塑恕怒恶筑簇负著蠹竖素宿粟赴处速雇凤肃步不父兔互束入

五一七（i, -i, ü, er）

【阴平】咨姿资兹滋斯撕之芝支吱枝肢知蜘痴师狮蛳拘驹掬鞠区岖驱躯丝鸶虚嘘墟批砒劈霹只织蛆疽汁湿滴淤坏堤辎孜戍私脂吃诗施锔须披眯低思蚩笤需差趋疵司虱迂逼屈居尸失车曲

【阳平】祠词慈磁直值植殖弛驰十什俞渝愉榆鱼渔眯迷谜皮疲啤脾枇琶笛迪隅愚职识余徐敌辞娱虞执持拾池涤雌侄时蚀驴桔衢弥狄的嫡荸菊瓷实渠盂鼻迟匙麾闾舆石食儿而予

【上声】子仔籽此紫匕比死止址耻趾旨指史使驶耳饵尔迩吕侣铝莒缕屡取娶羽栩与屿劈癖抵诋底米屎始姊沮滓许语纸侈豉旅矩龃彼举宇笔靡履痞只齿尺矢女曲予雨匹

【去声】次恣志痣寺恃痔伺饲至蛭致室市柿势挚誓逝式拭试弑虑滤绿氯巨拒炬距具俱惧飓踞锯剧聚趣畜蓄预豫喻谕愈吁芋寓遇浴裕欲蔽弊辟僻壁璧譬避毕庇屁毙必泌秘密蜜弟第递帝谛缔蒂帜炽律肆示视刺制弼治滞稚秩饬饰绪续恤愎地域郁掷赐似叱释蚵叙婿酗御狱毓的字智置炙是率絮煦誉育篦碧觅幂质翅适旭贰序痹句闭事自四斥赤士世氏日二去玉币

六怀来（ai, uai）

【阴平】哉栽腮鳃唉埃挨拆拍揩摘揣摔掰该嗨钗猜哎灾塞哀衰呆苔斋差歪筛乖开

【阳平】徘排台抬苔才材财豺怀还牌埋孩挨皑槐淮徊宅翟柴裁癌来白

【上声】百柏迫乃奶采睬踩彩拐揣摆傣改楷凯慨海矮蒯崴宰窄载买歹色甩

【去声】拜湃代玳袋贷黛大奈太汰态溉概丐钙塞寨赛赖癞爱暖块快筷率蟀殆怠会脍忾怪败稗派脉待耐骇债晒隘碍坏踹帅外艾菜蔡卖麦带泰盖害迈逮戴载在再

七灰堆（ei, uei ＜ui＞）

【阴平】卑碑呸胚非啡菲悲蜚扉黑嘿堆椎推锥硅闺灰恢盔挥晖辉吹炊崔催摧瑰巍微徽归岿规窥杯妃勒偎背追尿危威飞龟亏虽

【阳平】培陪赔枚玫媒煤梅酶莓霉睽葵雷擂镭回蛔茴垂捶锤陲唯惟维谁违围槌桅腓裴没肥贼颓随绥累蕤奎遂逶眉魁为

【上声】美镁诽菲翡匪傀累蕾伟纬苇腿委诿萎痿鬼傀每悔诲馁给腿诡轨毁嘴璀髓猥伪垒蕊尾水北

【去声】焙倍蓓备惫未味昧妹寐沸费沛肺兑税蜕说锐贵溃馈匮会烩绘刽晦海淬悴碎粹醉萃翠瘁遂隧畏喂胃渭猬谓尉蔚

581

慰愧魏慧惠穗退褪脆跪岁秽罪辈队坠袂被位佩汇泪柜桂配媚吠擂肋对碓鳜贿讳缀睡瑞背类累赘最祟废内卉为卫贝

八遥条（ao，iao）

【阴平】包胞苞刀叨羔糕高敲蒿篙膏招昭貂超抄钞糟遭搔骚操臊漂膘缥剽飘刁叼凋碉雕喵猫交姣胶蛟郊茭娇骄焦礁蕉肖悄梢捎消硝稍销削宵霄萧箫幺吆夭妖要腰滔韬浇烧跷挑捞抛撩掏约缫标椒橇剥涛朝糙教锹熬褒孬皋薅嚣着邀彪尻凹

【阳平】咆袍刨雹矛茅姚桃晁逃淘陶萄尧娆挠蛲饶铙翘劳痨毫豪壕嚎朝嘲潮勺芍曹嘈漕槽熬鳌遨苗描瞄锚韶笤迢僚潦燎缭辽疗乔侨桥荞摇谣遥嫖瓢肴淆翱朴调聊嚼瞧牢寥窑薄号巢条着凿鏖毛

【上声】保褓葆堡饱跑卯铆岛捣恼脑老姥考拷烤搞稿镐小少吵炒秒渺缈澡藻早草表裱鸟袅咬狡绞饺铰舀蹈侥晓好嫂媪扫找扰挑搅沼漂倒剿祷讨郝袄缴矫脚巧藐蓼宝导蚤杳枣角爪了

【去声】抱泡炮鲍刨暴爆曝冒帽瑁到倒唠涝烙酪告浩靠窖造召绍邵照少妙耖噪燥臊躁奥澳懊坳拗票漂鳔兆眺跳豹钓药校较效肖俏哨孝哮酵教悼掉罩耗撬扫报撂钌钥铐镣叫啸貌稻犒好绕灶傲调料轿鹞耀号吊茂贸盗套肇皂枭觉窍笑要壳庙廖道赵尿闹

九由求（ou，iou < iu >）

【阴平】勾沟钩州洲诌邹搜馊艘区抠讴殴欧鸥纠赳收丘蚯邱秋揪鳅优忧修悠鸠究妞羞休偷抽搂剖哞都齁粥溜兜丢周阄幽舟

【阳平】牟眸喽楼耧髅侯喉猴由妯油轴蚰铀邮稠绸畴踌筹柔揉糅流琉硫留榴镏瘤求球裘囚泅尤犹酬酋谋缪投仇刘游裒愁熟头牛

【上声】斗抖蚪搂篓擞薮狗苟偶藕丑忸扭纽久玖灸友有酉酒走陡口否呕吼嗾朽柳掊肘瞅绺糗某帚守叟首韭手九

【去声】豆逗痘勾构购寇蔻受授奏凑揍腠沤怄溜镏疚柩秀诱锈透臭嗅右佑柚袖釉宙胄后垢幼拗陋漏够扣候皱骤狩嗽谬旧救就兽售窦露昼咒舅厚瘦寿斗肉六臼又

十言前（an，ian，uan，üan）

【阴平】般搬班斑番幡翻潘藩耽眈摊滩瘫干奸杆肝轩鼾刊顸竿甘柑泔蚶酣堪勘戡占沾拈粘钻苫毡山仙舢姗珊删杉衫参叁安桉鞍偏蝙编翩篇滇颠癫千扦歼纤钎迁掀锨咽烟胭焉蔫淹腌庵阉湍端官棺菅专砖弯湾蜿豌剜捐涓鹃宣喧暄萱丹坍单箪兼谦欢观艰颁颟扳担掂搀添渊纶缄鲜鳏帆瞻煽膻谙鞭砭铅獾蹿酸笺签簪冠冤鸢鸳攀贪芟餐坚监煎牵宽穿汆尖先关看肩边间圈三片天川

【阳平】盘磐瞒蹒凡矾炎谈痰潭谭南喃楠兰拦栏蓝篮阑澜函涵婵弹禅蝉谗馋然燃棉绵鲇黏连涟鲢莲嫌廉镰延涎蜒筵峦孪挛蛮栾滦丸纨元玩顽完园全诠痊员圆袁猿辕原源恬甜还环玄弦椽缘坛昙钳邯檐蟾残钱沿船钤黔含田男权桓檀乾韩潜潺怜惭传便掮援攒烦颜蟠馒难缠咱骈眠填旋联衔研寰寒繁樊婪岚蚕帘贤盐岩拳泉悬虔闲阎咸团前年言严

【上声】反坂板版返坦胆袒疸览揽榄缆杆秆罕赶敢橄坎砍软款展辗碾产铲冉苒扁匾免娩挽晚勉冕沔眄典腆碘俭捡检脸险敛减喊碱感遣谴暖缓宛婉惋碗浅盏掸阐俺掩馆管阮远皖冼选点踮满演惨懒斩转拣捻撵攒蝻赧侃槛谄陕散贬缅舔衍眼短喘舛卵简纂忐染茧剪显卷毯癣闪伞柬犬

【去声】半伴拌绊畔判叛扮盼慢漫熳蔓贩饭犯范旦但担淡氮炭碳干汗岸旱悍捍焊翰瀚善膳缮按案暗黯辨瓣辩辫电佃钿甸淀绽靛占玷站钻战苫店惦炼练间涧建健键毽鉴监槛滥栈线饯践贱溅见现砚舰苋焰陷馅宴堰段煅缎灌罐鹳贯惯唤换涣焕痪传转赚歉算篡攥券眷豢卷倦圈泫炫眩苑怨腕叹汉劝难单弹擅颤忏纤渐堑暂骗遍变恋验殓剑欠嵌串窜患浣院汴泛淦涮谚诞探舔撰灿烂件便绚绢赣瞰憾赡散殿链限献腺咽艳断乱幻钏楦旋荐蒜蘸燕篆箭念愿宪宦冠赞蛋盥奠垫羡看厌雁扇办石片面廿县万

十一人辰（en，ien < in >，uen < un >，üen < ün >）

【阴平】奔锛喷分吩纷芬氛根跟贞侦帧珍胗真嗔申伸坤呻抻绅深琛宾滨槟缤姘拼今矜衾禁襟亲新薪辛莘锌因姻茵恩谆

敦墩昏婚春椿尊蹲遵孙狲温瘟军荤晕斤欣针钦村彬津溽甄斟砧娠斌侵殷阴吨抡皴均勋参森筋菌馨音吞昆熏君闷身巾金心龟

【阳平】门扪闻辰晨唇壬任汾盆贫磷鳞麟遴林淋琳焚吟岑琴禽噙擒垠银龈痕屯纯囤仑伦沦纶轮论淳醇文坟纹蚊裙群旬询云魂沉忱什仁淫浑陈神频邻临勤循尘您芹秦寅臀寻巡匀民存臣人

【上声】本苯肯啃很狠垦恳诊疹沈枕抿泯闽悯凛標谨馑引蚓稳隐瘾尹笋隼榫吻刎允吮审婶损陨捆撙粉敏仅锦饮盹滚辊准忖紧忍怎品蠢趸寝尽皿

【去声】笨奔喷愤分份艮恨振赈震蜃刃纫韧妊衽任赁摈殡鬓炖钝顿囤盾遁混棍舜瞬闰润俊峻浚骏竣训驯顺汛讯迅徇殉蔺躏问闷慎镇甚葚寸衬淋禁尽烬妗嫩沁浸渗认论阵称摁聘牝劲信衅印饮韵酝褪菌荫蕴奋粪亘肾吝晋晕熨孕趁逊运近进困囟

十二江阳（ang, iang, uang）

【阴平】邦梆帮方坊芳当裆江肛豇缸冈纲钢刚康慷糠章樟璋彰昌娼猖菖伥张商墒庄桩脏赃仓枪沧舱创苍疮僵缰疆浆将锵相湘箱厢霜孀襄骧镶央泱殃秧光胱诓筐肓荒慌羌姜汪汤肮腔曀伤锒双妆桑香装窗夯丧乓乡

【阳平】妨肪防房旁膀磅螃亡忙氓芒茫盲唐塘搪糖尝偿常嫦棠堂膛螳良娘狼琅粮锒郎榔螂廊吭杭航场肠扬杨梁粱墙蔷羊洋详祥翔王狂诳皇蝗凰黄璜磺簧阳杨扛行瓤凉强昂量床庞襄藏长

【上声】榜膀耪莽蟒仿纺访舫倘淌躺党掌赏长涨敞氅坰响晌饷嚷壤攘曩奖桨蒋强褶养痒氧恍晃幌广犷抢挡讲谎绑朗港场嗓仰往枉岗享想奘冏网闯两爽厂上

【去声】傍磅谤当档尚绱趟趟畅荡烫亢抗炕丈仗杖帐怅胀涨障瘴倡唱晾谅杠虹将酱绛降呛创戗象像橡样恙漾旷矿状壮奘幢撞妄忘旺望浪酿上让快刽相框棒胖脏蚌放纩辆强项况葬藏量晃宕巷亮丧逛匠向

十三中东（eng, ieng < ing >, ueng < ong >, üeng < iong >）

【阴平】绷崩峰烽蜂锋风枫疯坑吭亨哼烹正征症争峥挣狰睁筝生牲甥笙曾僧增憎兵乒槟丁仃叮灯汀盯钉厅京惊鲸泾经轻茎氢青清睛蜻精菁星猩腥婴缨樱鹦翁嗡工功攻空公松蚣弓躬供哄烘恭中冲钟忠盅衷宗棕踪综鬃匆葱凶汹匈胸佣拥臃壅通熥更粳冬终庚庸应鹰扔抨拎撑铛铿封棱耕称瞠冰听荆兢倾卿聪蒙蒸莺英登羹声晶宫兴轰充春兄东丰升囱

【阳平】朋棚硼彭澎膨逢缝篷蒙檬濛朦誊腾藤明萌盟成城诚盛呈程橙澄丞承平评苹萍瓶屏名铭茗冥溟暝瞑螟廷蜓庭宁咛拧狞亭停伶玲蛉铃龄零凌棱陵菱情晴形邢刑型盈楹荣荧莹萤营萦同桐铜童潼瞳农浓脓隆窿龙咙胧笼聋红虹弘泓雄宏容榕熔蓉戎绒从丛行衡衔绳蝇淙崇冯虫融洪鸿能恒横仍鸣琼惩凭凭灵擎赢茸穷熊甬疼层迎重乘虫

【上声】猛蜢锰勐哽梗鲠丙柄挺艇冷岭领景影顷颖董懂拢陇宠笼垄肿种悚竦永咏泳桶捅涌蛹踊勇饼屏井阱哄拱巩恐统绷拧捧拯讽请酩耿醒顶颈骋孔蒙蓊等筒整等省耸总窘冗逞迥秉鼎

【去声】澄瞪磴镫凳正证政症赠蹭甑并进摒定锭订钉宁泞竞竟境镜径劲痉净静姓性胜幸悻同侗恫洞冻栋共供哄讧贡空控中仲冲种讼颂瓮奉俸更硬诵痛众纵郑送蹦碰缝邓愣横秤剩佞敬映动粽盛孟命令泵梦掌蕻宋重圣弄另亲杏兴病应庆凤用

（五）曲韵常用字表

一东钟

【阴平声】東东冬〇鐘锺钟中（中间）忠衷终〇通〇鬆松嵩〇衝沖冲舂春充忡艟种〇邕喁雍〇空（空虚）悾〇椶棕骏鬃宗〇風风楓枫豐丰封葑峯峰锋烽蜂〇聰聪葱骢囱〇蹤踪縱纵（合纵连横）樅枞〇穹芎倾〇龔龚工功攻公蚣弓躬恭宫供（供给）肱觥〇轟轰烘薨〇兕凶洶汹（上声同）胸兄〇癰痈翁廱壅泓〇繃绷崩〇烹

【阳平声】同筒铜桐峒童僮瞳曈朣潼鼕冬〇戎茙駥绒茸〇龍龙隆癃窿〇窮穷藭茕〇莛邛筇〇籠笼矓胧朧胧欚栊瓏珑礱砻（去声同）聾聋嚨咙〇膿脓農农儂侬〇濃浓穠秾醲〇蟲虫重（重复）慵鱅崇〇馮冯逢缝（缝纫）〇叢丛琼〇熊雄〇榮荣容溶蓉瑢鎔熔庸佣鄘镛墉融〇蒙濛朦曚瞢盲蓸萌〇嶸嵘红虹（江阳韵同）洪鸿紘宏横（纵横）弘〇蓬篷芃彭棚鹏

○從从（顺从）

【上声】董懂○腫肿種种（种子）冢踵○孔恐○桶统○汞○隴陇壠垅壟垄○攏拢簅○汹汹（阴平声同）讻讼○聳耸竦○鞏巩拱珙○勇涌踊惝永俑○蠓懵猛艋蜢○總总○捧○寵宠○冗

【去声】動动洞栋冻蝀○鳳凤諷讽奉縫（縫隙）○貢共供（供设）○宋送○甏砼（阳平声同）弄○控空（空缺）鞚○訟诵颂○甕瓮○慟恸痛○衆众種种（种植）中（射中，击中）仲重（轻重）○縱纵（放纵）從从（仆从）粽○夢梦孟○詠咏瑩莹用○閧哄横（横逆）○综○进○铳

二江阳

【阴平声】薑姜韁缰江杠釭疆殭僵○幫帮邦梆○喪丧（丧葬）桑○雙双霜孀鸘○麞獐張张章漳獐樟璋彰○傷伤殤殇觴○舩湯汤（汤汤，水流貌）商○漿浆將将（欲也）○莊庄粧妆椿桩装○岡冈剛刚鋼钢綱纲扛亢○康糠○光胱○當当（应当）璫珰禧裆○荒肓○鄉乡香○鎊滂○腔蜣羌○鴦央姎秧泱○方芳枋妨坊防○昌猖娼菖闾○湯汤（热水）鏜○廂厢湘相（互相）箱襄驤○搶抢（突也，拒也）鏘锵踉蹌蹡○匡筐眶○汪○倉仓蒼苍○牎窗瘡疮○臟赃臧

【阳平声】陽阳揚扬楊杨颺颺暘易羊祥洋佯○忙茫邙芒鋩厖○糧粮涼凉良輬梁樑量（衡量，动词）○穰禳瓤○忘（去声同）亡○郎槤廊螂榔浪（沧浪）琅狼○杭行（行列）頏航○昂卬○牀床幢撞（去声同）○龐庞傍（侧也）旁房逢逄○房防○長长（长短）萇茛腸肠場场嘗甞償偿常裳○唐搪塘糖堂棠○詳祥翔○牆墙檣嬙戕○黃潢簧鰉蝗皇篁凰惶艎遑隍○藏（收藏）○強强（刚强）○娘○降（降服）○王（帝王）○狂○囊

【上声】講讲港锵○養养（养育，教养）痒鞅○獎奖槳桨蔣蒋○兩两魎○想○蟒莽漭○爽○響响饗鬶享夯○敞氅昶○壤穰○倣仿舫放（同仿）访訪○網网輞罔○枉往○顙嗓○榜牓○倘帑○黨党讜谠○長长（长幼）掌○朗○謊恍○仰（举首望也）廣广○沆○髒脏○強强（勉强）○搶抢（争抢）○賞晌

【去声】絳降（升降）洚虹（东钟韵同）○象像相（卿相）○輛辆亮諒量（度量，数量，名词）○煬炀養养（供养）樣样快漾恙○狀状壯壮撞（阳平声同）○上尚餉○讓让饟○帳胀涨丈仗杖障瘴○巷向項项○醬酱匠將将（将帅）○暢畅唱倡悵○弽刱創创○望忘（阳平声同）妄○旺王（王天下，霸王）○放（释放，放肆）访○蕩荡碭砀檔档當当（适当）擋挡宕○浪（波浪）閬○葬藏（库藏）戇○謗傍（依傍）○蚌棒○炕亢抗○曠旷壙圹纊纩○晃幌○況况貺○釀酿○仰（仰恃）○喪丧（丧失）○胖○行（品行）○愴怆○诳○盎○鋼钢○蘯荡湯汤（以热水沃物也，动词）燙烫

三支思

【阴平声】卮厄支枝肢氏梔之芝脂○髭訾觜兹（兹益，又此也）孳孜滋资咨淄谘姿○眵差（参差）○師师獅狮尸屍施（施行，施设）詩鳲蓍○絲丝鷥鷥鸍颸飔斯厮澌思（动词）司私偲○雌

【阳平声】兒儿（儿子）而○鵜鶿慈磁兹（龟兹）○茨疵玭玼○時时塒坻鰣鰤匙○辭辤辭词祠

【上声】紙砥旨指止沚芷趾阯阯址徵（角徵）咫○爾尔邇迩耳餌（去声同）珥駬○此玼泚○駛驶史使（使令）弛豕矢始屎○子紫姊梓○死○齒齿佌

【入声作上声】澀涩瑟○塞

【去声】蒔蒔是氏市柿侍士仕使（使者）示諡恃事施（惠也，与也）嗜豉試弑笫視嗜○似兕賜姒巳汜祀嗣飼笥耜涘俟寺食思（名词）四肆泗駟○次刺（刺杀）○字漬牸自恣眥眥○誌志至○二貳餌（上声同）○翅○廁厕

四齐微

【阴平声】機机幾几磯矶璣玑譏讥饑饥萁期雞鸡肌羈羇笄箕基稽姬奇（奇偶）○歸归龜龟圭閨规○薺虀齏賫擠挤（上声同）躋跻○雖虽荽綏睢尿○碑"低堤氐羝○棲栖妻（夫妻）淒萋悽○西犀嘶○灰揮晖輝辉翬麾徽隳○杯悲卑碑陂○追騅錐锥○威偎隈煨○飛飞非扉緋绯霏騑菲妃○溪欹敧○犧牺希稀豨羲曦醯熹嘻僖憘熙○醫医衣依伊猗漪噫○吹（吹嘘）炊推○醅披邳丕胚紕○虧亏魁盉窺瑰奎○癡痴笞郋蚩媸螭魑絺○崔催衰榱○批○鈚○堆○箄○知蜘○梯

【阳平声】微薇維惟惟○離离籬篱鸝鹂驪骊麗丽黎鸝犁梨藜璆璃醨罹狸厘嫠漓○泥（泥土）尼○梅莓枚媒煤眉湄楣嵋縻糜麼靡○縲累雷檑礧羸○隋隨随○齊齐臍脐○迴回徊○圍围闈闺韋韦幃帏違违爲为为（作为）帷○鬼巍危桅○肥淝淝○攜携其

期萁棋奇（奇异）骑（跨马）琦旗旂祈祁其畿衹耆鬐芪歧麒琪蕲奚兮畦蹊〇儀仪兒儿（姓也）移鯢霓倪猊輗姨夷痍疑嶷沂宜彝貽怡飴圯頤遺虵蛇〇啼蹄提題醍緹稊〇鎚錘垂陲〇裴陪培皮〇葵馗夔逵〇遲迟篪簾池馳墀持〇頹嵬〇羆罴脾疲比（皋比）毗〇彌弥瀰迷〇谁〇摧〇蕤

【入聲作平聲】實实十什石射（以矢射物）食蝕拾〇姪侄擲掷直值秩〇疾嫉茸集寂籍〇襲袭習习夕席〇敵敌羅籴获狄逖笛〇極极及〇惑或〇逼偪〇劾〇賊

【去聲作平聲】鼻

【上聲】迤崎〇尾亹〇蟻蚁擬拟倚椅錡庡矣已以苡〇浼美〇蟣蟣幾几己麂紀〇恥耻侈〇捶箠棰〇痞否（否泰）嚭圮秕〇鬼簋癸軌詭晷宄〇毇燬毀悔賄卉虺〇妣比（比较）匕〇禮礼裏里醴理鯉娌李蠡（食木虫）履〇濟济（水名）擠挤（阴平声同）〇底邸詆柢紙抵〇璽玺洗（洗涤）枲徙屣〇豈岂啓启起棨綮綺〇米弭眯〇禰祢你旎〇彼鄙〇喜蟢〇葦苇偉伟委猥唯隗〇壘垒磊儡蕾〇體体〇腿〇蕊〇觜〇髓〇水〇餒

【入聲作上聲】質质（朴也）隻只織织執执炙隰汁陟〇七戚漆刺（黥也，侦刺）〇闢辟匹僻劈〇擊击吉激棘戟急汲給給〇亟〇筆笔北〇識识適适釋释濕湿失室拭軾飾鱥〇積积跡迹唧稷績脊鯽即稷〇畢毕蹕踔篳筚必〇碧壁璧甓辟〇昔惜息錫浙〇喫吃尺赤勑敕叱〇的嫡滴〇德得〇滌涤剔踢〇吸隙翕歙覡〇乞泣讫〇國国〇黑〇一（去声同）壹〇克

【去聲】未味〇緯纬穢秽衛卫餧喂爲为（因为）僞伪胃蝟猬渭謂尉慰魏畏位飫〇櫃柜餒馈檜栝膾鱠鱠繪绘會会（会计）貴愧桂跪〇廢废吠沸費肺芾〇會会（聚会）諱讳晦誨惠蕙慧潰〇翠脆顇萃悴淬焠〇異异義义議议藝艺裔誼毅易鷖瘞枻曳瞖詣刈義劓懿〇氣气棄弃器憩契禊〇霽霁濟济（渡也）際际劑剂祭〇替剃涕嚏〇遞递蒂蔕帝諦締弟娣第悌地棣〇備备幣币背貝狽焙倍婢逮輩被弊臂诐詖〇麗丽癘疠礪砺厲厉砅苙利痢莉俐例喙庨滲隸隶荔瞾吏〇砌妻（以女妻人）〇墳婿细〇罪醉最〇對对隊队碓兑〇繫系繼继計记寄妓忮技髻偈忌季緝騎（车骑，名词）既驥冀薊鱖〇憩毙闭蔽界侘褙庇比（近也）秘陛賁〇謎粢〇睡稅说（游说）瑞〇退蜕〇歲岁碎粹晬邃繐穗燧隧遂彗〇墜坠懟怼贅綴缒〇製制幟帜熾炽質质（抵押）置滯雉稚致彘治智〇勢势世逝誓〇淚泪類类累酹擂誄未〇珮佩霈沛誖悖配轡〇妹昧媚魅袂瑁寐〇戲戏係系〇箅揆匱〇膩泥（拘泥）〇蚋芮銳锐〇吹（鼓吹，名词）〇喙〇內

【入聲作去聲】日入〇蜜〇墨密〇曆历歷壢枥瀝沥霹雳立粒笠櫟力栗〇憶忆譯译驛驿逸易益溢鎰鷁液腋掖疫役一（上声同）佾泆逆乙邑揖射（无射，乐律之一）翊翼〇勒肋〇劇剧〇匿

五魚模

【陰平聲】車车（车遮韵同）駒拘俱居裾琚〇豬猪瀦潴諸朱姝株蛛誅珠邾侏〇甦蘇苏酥〇逋舖哺〇樞枢楄攄摅〇芻芻粗〇梳蔬疏（疏密）疎〇虛墟歔吁〇趨趋蛆〇疽沮趄苴狙睢〇孤姑辜鴣酤沽蛄菰觚〇枯刳〇迂紆於〇嗚污汙污（污秽）烏乌〇書书舒輸输紓〇區区軀躯驅驱嶇岖貙〇鬚须胥需繻〇膚肤夫（夫妇）鈇〇麩麸玞趺敷孚枹荸郛桴郭〇呼〇初〇都〇租〇鋪（铺设）

【陽平聲】廬庐驢驴臚胪蘆藘閭〇如茹（茅茹）儒蕘襦繻嚅濡〇無无蕪芜巫誣〇模謨摸謀〇圖图塗涂菟屠荼途瘏徒〇拏挐奴駑〇盧卢蘆芦顱颅鱸鱸轤盧瀘泸壚炉爐炉〇歈歟譽誉（动词）璵玙魚鱼漁虞餘徐竽畬雩輿與与（语气词，通歟）輿旟舁好愚盂隅禺臾腴榆愉俞覦瑜窬逾渝腴諛萸踰〇吾蜈吳梧娛齬〇雛雏鋤〇殊茱銖洙〇渠蕖磲劬瞿衢臞〇廚厨除滁嶹躕儲〇扶夫（指示代词，句首语气词）蚨符芙鳧浮〇蒲脯醭捕〇壺壶胡糊湖醐瑚蝴狐弧乎〇姐祖〇徐

【入聲作平聲】獨独讀读牘牍犢渎犢犊毒突〇突蠹〇復复佛（歌戈韵同）伏鵩袱服〇鵠鵠斛槲〇贖赎屬属術术述秫〇續续俗〇逐（尤侯韵同）軸（尤侯韵同）〇族鏃〇僕仆局〇淑蜀孰熟（尤侯韵同）塾

【上聲】與与（给予）禦御語语雨圄圉齬敔愈羽宇禹庚〇縷缕僂偻呂侶旅膂〇主煮拄渚麈塺墅麈〇汝乳〇鼠黍暑〇阻俎〇處处（居住，处理）杵杵楮褚〇數数（动词）所〇祖組组武舞鵡侮廡庑〇土吐（吞吐）〇虜房澦鹵鹵魯櫓〇覩睹堵賭〇蠱蛊古罟詁沽牯估鹽督股牧賈（商贾）〇五伍午仵忤塢嫗〇虎滸〇補补浦圃〇普溥譜〇撫抚甫斧黼脯府俯腑父（男子之美称）否（是否，尤侯韵同）〇畝亩母某牡姆〇礎础楚〇舉举莒矩〇弩努〇許诩〇取〇苦〇咀〇女〇嶼屿〇傴伛去（除去，彻也）

【入聲作上聲】穀谷縠骨〇蓛縮谡速〇復复福幅蝠腹覆拂〇卜不〇踘鞠菊局〇芴忽〇築筑燭烛（尤侯韵同）粥（尤侯韵同）竹（尤侯韵同）〇衄恤粟宿（住宿，尤侯韵同）〇麯曲屈〇哭窟酷〇出黜畜〇叔菽〇督笃〇撲扑暴（暴露）〇觸触束〇簇〇足〇促〇禿〇卒〇蹙〇屋沃兀

【去声】嫗姁譽誉（名词）御驭遇裕谕芋预豫喻○慮虑濾滤屢屡○懼惧據据锯屨屦句讵巨拒秬距炬苣踞具○樹树豎竖恕庶戍署曙○覷趣娶○註注鑄铸苎苧貯贮竚伫注澍住著（显著）柱炷驻絟○數数（数量）疏（书疏）○絮序叙绪○孺茹（食也）○蠹蠹杜妬妒肚渡镀斁度（制度）○婦妇赴父（父母）釜辅付赋傅富仆鲋赙讣䄂附阜负○護护户扈瓠互戽護岵怙○務务雾雾鹜戊○素诉塑溯泝○暮慕墓募○路潞鹭辂露赂○故锢固顾雇○汙污（动词）误悞悟寤恶（憎恶）○佈布怖部簿哺捕步○醋措错○做祚胙诅○兔吐（呕吐）○怒○铺（贾肆也）○處处（处所）○去（离也）○聚○助

【入声作去声】禄鹿漉麓○木沐穆睦没牧目○録录錄篆陆陆绿醁戮律○物勿○辱褥（尤侯韵同）入○玉狱欲浴郁育鬻○讷

六皆来

【阴平声】階阶稭秸皆喈嗐街偕楷（木名）○该垓荄陔○哉栽灾灾○钗差（差使）○台胎骀咍○哀埃唉○猜○挨○衰○腮○歪○開开○揩○齋斋○乖○篩筛○揣（上声同）

【阳平声】來来萊莱○鞋谐骸○排牌俳○懷怀淮槐○埋霾○皚皑駭○孩颏○儕侪柴豺豺○崖厓捱○纔才材财裁○臺台擡抬薹苔○能（三足鳖）

【入声作平声】白帛舶○澤泽擇择宅○畫画（画分）○劃划

【上声】海醢○騃憇詒给○骇蟹○宰载○採采綵彩○蔼蔼○奶乃○蒯拐夬○凯凯鎧铠塏垲○揣（阴平声同）○擺摆○矮○解（解剖）○楷（楷模）○買买○改

【入声作上声】拍珀魄（魂魄）○策册栅测○伯百栢柏迫擘檗○骼革隔格○客（车遮韵同）刻○责帻摘谪侧窄仄昃簀○穑穑色索○摑掴○摔○嚇吓○则

【去声】懈械薤解（通懈，又姓）○獬○薑虿寨豸瘵债眦○態态泰太汰○蓋盖丏○愛爱艾餲○隘厄搤扼○奈奈耐鼐○害亥○帶带戴怠待代袋大（歌戈韵同）○黛岱逮殆○屆届戒诫廨解（发送，发解）界介芥疥玠○外○嚍哙块块快○在再载○賣卖迈迈○薋赍赖籁瀬癞○拜湃败稗○菜蔡○曬晒灑洒鎩铩煞○赛塞○壞坏○慨○派○帅帅率（同帅）○溦

【入声作去声】麥麦貊陌霾脉脉○额（车遮韵同）厄○搦

七真文

【阴平声】分（分离）纷芬氛汾○昏婚葷○煙烟因姻茵湮殷○申绅伸身○嗔瞋○春椿○询荀○吞○暾○谆○逡○根跟○欣昕○氲煴○真珍振（振振，盛貌）甄（先天韵同）○新薪辛○賓宾滇滨彬○坤髡○君军均钧○榛臻○莘诜○勳勋燻熏薰曛○鲲鹍裩昆○温瘟○孙孙荪狲飱○尊樽○敦墩燉炖○奔（去声同）贲（虎贲）犇○巾斤筋○村○親亲○遵○恩○喷（去声同）○津

【阳平声】隣邻燐鳞磷麟辚辚○蘋萍贫濒频颦嚬○民珉缗旻○人仁○倫伦綸纶（丝纶）○掄抡輪轮淪沦○羣群裙○勤芹○門门扪扪○論论（动词）崘仑○文纹闻蚊○齦龈（齿根肉）垠银闉寅黄嚚○盆○陳陈塵尘臣娠辰晨宸○秦○脣唇蒪○莼纯淳醇鹑○巡旬驯循○雲云芸纭耘匀员（伍员，人名）筠○坟坟焚棼○魂浑○豚屯饨臀○神○存蹲○痕○纫

【上声】轸疹诊稹○懇恳垦垦齦龈（啮也）肯○緊紧谨槿堇瑾○隱隐引蚓尹○闵悯泯愍敏○準准准○刎吻○筍笋隼○允殒陨狁○本畚○壺壶悃阃○窘困○哂矧○牝品○很○忍○盾○损○蠢○忖○粉○穩稳○衮○瞬○儘尽

【去声】陣阵震振（振奋）○賑镇○矉赆燼烬信讯迅○認认刃韧仞○吝恡蔺○鬢鬓殯殡膑膑○肾慎○醖酝運运韻韵蕴恽○愠晕○盡尽晉晋進进○糞粪奮奋忿分（名分）愤○近觐○衬龀○印孕○峻浚殉蹯○遜逊巽○俊骏○舜顺○闰润○问紊○顿囤钝遁盾沌○闷溷○奔（阴平声同）○训○郡○困○喷（阴平声同）○齻蚡○論论（名词）○混○寸○恨○嫩○褪○搵诨○趁

八寒山

【阴平声】山删潸○單单（孤单）殫殚鄲郸簞箪丹○干乾（乾湿）○竿肝玕○安鞍○奸奸艱艰间（中间）菅○刊看（去声同）○闌关綸纶（纶巾）鳏擐（去声同）○闩拴○斑班般（分布，通斑，又乱也，通斑）扳颁○彎弯灣湾○灘滩攤摊○旛幡番（量词）蕃翻藩反（通翻，又反切）○珊跚○攀○慳悭○餐○殷

【阳平声】寒邯韩汗(可汗，汗漫)翰(羽翮)○蘭兰欄栏攔拦阑斓○還还環环鬟寰圜鐶○戔戋残○癇痫闲鹇○壇坛彈弹(动词)檀○礬矾烦繁膰鐢帆樊凡○難难（艰难）○蠻蛮○颜○潺○顽
【上声】反（反覆）返坂○繖傘伞散（闲散，又丸散）○晚挽○板钣○揀拣简○産产剗鏟铲○瘅亶○趕赶稈秆○坦袒○罕○侃○懒○趱○绾○赧○盏琖○眼
【去声】漢汉旱悍翰（翰墨）瀚汗（汗液）骭○旦诞弹（名词）惮但○萬万蔓曼○嘆叹炭○案按岸犴旰閈○幹榦干○燦灿粲璨○栈绽○盼○譔撰馔○渲○慢嫚谩○惯掼○讚赞瓒○患幻宦擐（阴平声同）豢○间（间隔）涧谏○讪疝汕○辦办瓣扮拌绊（桓欢韵同）○饭贩畈範范泛范犯○限苋○贋雁赝晏鷃○看（阴平声同）○爛烂○篡○散（聚散）○難难（灾难）○腕（桓欢韵同）

九桓欢

【阴平声】觀观（观看）官冠（衣冠）棺○搬般（一般）○讙歡欢驩貛獾○潘○端耑○剜豌蜿○酸狻○宽○鑽钻（钻研）○湍○攛撺（去声同）
【阳平声】鸞鸾鑾銮巒峦欒栾灤滦圞○瞞瞒谩缦漫（大水貌）馒镘（去声同）○桓○丸刓綄纨完瓛○團团摶抟漙慱○盤盘槃瘢磐般（乐也，大也，通盘）磻蟠胖（大也，安舒也）弁（乐也）○攢
【上声】馆管琯○纂缵○欵款○盥澣浣○满懑○暖餪○椀碗○卵○短
【去声】唤换焕涣缓奂○翫玩腕(寒山韵同)惋○镘(阴平声同)幔漫(阳平声同，又副词独用)墁○竄窜攛撺(阴平声同)躥蹿爨○斷断锻段○算蒜○判拚○觀观（楼观）灌瓘鹳贯冠（冠军）○半伴泮畔绊（寒山韵同）○鑽钻（穿孔之器）○亂乱○彖○愞懦

十先天

【阴平声】躚跹先仙鲜（新鲜）○韉鞯煎（煎熬）湔笺溅（溅溅，水流貌）○坚肩甄（真文韵同）○瘨癫巅颠○鹃涓娟蠲○邊边籩笾编鞭鳊○喧暄萱諠○氈毡鸇鳣饘邅旃栴○羶膻扇（动词）煽（去声同）○專专磚砖○遷迁千阡韆○轩掀○烟燕（国名）胭咽嫣○牽牵（牵引）愆褰骞○篇扁（扁舟）蹁偏翩○淵渊冤宛鵷鸳蜿○痊诠筌铨悛荃○宣揎○川穿（穿通）○圈（圆圈）○天○鐫镌
【阳平声】連连憐怜莲○眠绵○然燃○纏缠（去声同）禅（参禅，逃禅）蝉廛躔○前钱○畋田阗（盛也）填（去声同）钿（去声同）○懸悬賢贤絃弦舷○玄○延筵鋋埏蜒缘（因也）妍言研焉沿○乾（乾坤）虔○黿鼋圆员（官员）園园圜袁猿辕原嫄源垣铅鸢湲援（援引）元○全泉○還还旋（周旋，回旋）璇○傳传（传授）椽船○權权鬈拳颧○胼骿便（安也）○聯联攣挛○年○涎
【上声】遠远（远近）阮苑畹○兖偃演堰（去声同）衍鼴○捲卷○獮狝藓蘚鲜（少也）跣洗（洗马，官名）铣癣○腆殄沴○繭茧蹇笕枧○剪翦○钀巘撚捻辗碾○辇琏○臠脔孌娈○囀啭（去声同）轉转（自转，不及物动词）○贬扁（不正圆）匾艑缏○黽黾免冕勉俛眄沔湎○喘舛○阐○典○顯显○犬○浅○展○遣○吮○软○選选（选择）
【去声】願愿遠远（动词）援（助也）院怨○勸劝券○见建健件○獻献憲宪縣县现○眩绚○電电殿甸佃钿（阳平声同）填（阳平声同）阗（于阗）靛奠○嚥咽讌宴砚燕（燕子）谚堰（上声同）缘（衣纯也）掾宴彦嬿○眷倦圈（猪牛圈）绻绢狷罥○麪面○片骗○變变便（便利）遍徧辨辫卞汴弁（冠弁）○線线羡霰○钏穿（贯穿）串○饍膳扇（名词）善煽（阴平声同）鳝禅（封禅，禅让）擅单（姓也）○薦荐箭煎（阴平声同）贱溅（水激洒也）饯践○镟選选（铨官也）旋（绕也，又已而，副词）漩○傳传（传记）囀啭（上声同）轉转（以力转动，及物动词）篆○戰战纏缠（阳平声同）颤○牽牵（挽舟索，同縴）連连練练煉炼楝栋谴○戀恋

十一萧豪

【阴平声】蕭萧簫箫瀟潇绡消销宵霄硝蛸魈翛○鵰雕彫凋刁貂琱○驍骁枭鸮嚣枵○梢捎弰筲鞘（鞭鞘）○嬌娇驕骄○蕉焦椒燋憔○镳標标臕膘杓（斗柄）飚○交蛟咬郊茭鲛膠胶教（使也）○包胞（又音抛，义同）苞○嘲抓啁○高稿膏羔糕槔橰橐○刀叨舠魛○骚搔艘臊缫○遭糟○鏖熬爊○昭招朝（早晨）○邀夭（夭夭）么喓腰妖要（要求，要盟）葽

〇飘漂（漂浮）〇抛胞（又音包，义同）脬〇絛绦韜韬掏饕叨滔慆〇趫橇〇哮虓烋〇磽硗敲〇抄〇坳凹（去声同）〇蒿蓐〇燒烧（焚烧）〇褒〇挑（挑担）〇超〇锹〇操（操持）

【阳平声】豪毫號号嘷（号呼）濠嗥〇遼辽寮僚鷯憀聊〇橈桡蕘荛〇苗描貓〇毛芼旄茅蝥猫髦〇鐃铙譊呶撓挠（上声同）猱怓〇勞劳（劳苦）澇涝（水名）撈捞牢醪〇條条迢髫蜩调（调和）佻跳（去声同）〇鼂晁潮朝（朝见，朝廷）韶〇窯窑堯尧嶢峣遥摇謠谣瑶飖陶（皋陶）姚〇樵瞧譙〇鼇鳌嗷敖璈獒骜遨謷〇喬乔蕎荞橋桥僑侨翹翘〇爻肴淆殽〇袍炮（炰）跑鞄匏咆庖〇濤涛咷啕桃逃蕟陶（陶瓷）萄綯醄淘〇曹漕（去声同）槽嘈螬〇瓢〇巢漅

【入声作平声】濁浊（歌戈韵同）濯（歌戈韵同）镯（歌戈韵同）擢〇鐸铎（歌戈韵同）度（测度）踱〇薄（歌戈韵同）箔（歌戈韵同）泊（歌戈韵 同）博〇學学（歌戈韵同）鸑鸴〇缚（歌戈韵同）〇鹤（歌戈韵同）涸〇鑿凿（歌戈韵同）昨酢〇镬（歌戈韵同）〇著（着）〇芍杓（杯杓，通勺，歌戈韵同）

【上声】篠筿小筱謏〇矯矫皎缴（缴纳）〇嫋袅鸟〇了瞭燎蓼〇杳夭（夭折）殀窅〇遶繞绕嬈娆擾扰〇淼渺眇杪藐〇悄愀〇寶宝保堡褓葆〇卯昴〇攪搅狡铰姣茭绞〇老姥獠潦〇腦脑惱恼碯〇掃扫（去声同）嫂〇殍漂（以水澄物）僄剽勡〇棗枣早澡藻蚤璪〇禱祷倒（仆也）岛捣〇杲藁缟镐鄗槁稿〇襖袄懊媪〇考栲〇挑（挑引）窕〇沼〇少（多少）〇表〇巧〇曉晓〇饱〇爪〇炒〇讨〇草〇好（好丑）〇撓挠（阳平声同）〇齩咬〇稍〇剖（尤侯韵同）〇缶

【入声作上声】覺觉（觉悟）脚桷角〇捉卓琢〇斫酌缴（生丝缕，弓缴）灼〇爍烁鑠铄〇鹊雀却〇託托拓橐魄（落魄）柝〇索〇郭廓〇朔〇剥驳〇爵〇削〇柞作〇错道〇阁（歌戈韵同）各〇壑〇绰婥〇谑〇戳槊

【去声】嘯啸笑肖鞘（刀室）〇糶粜眺跳（阳平声同）〇钓吊调（音调）掉〇豹爆瀑〇報报抱暴（强暴）鲍〇竈灶皂造（造作）漕（阳平声同）慥躁〇料镣廖療疗〇傲〇趙赵兆照旐诏召肇〇燒烧（野火）少（老少）绍邵〇號号（号令，名号）皞暤皓好（喜好）昊秏浩颢灏〇纛焘盗盜導导道纛悼蹈稻到倒（颠倒）〇曜耀要（重要）鹞〇轎轿嶠峤叫〇醮噍〇糙操（所守也）造（造就）〇俏峭诮〇俵鳔〇効傚效校（学校）孝〇覺觉（睡醒）窖校（计校，校对）教（教训）珓铰较酵儌〇罩笊棹〇樂乐（喜爱）凹（阴平声同）拗〇貌冒帽耄眊茂〇礮砲炮泡〇告诰郜〇澇涝（淹也）勞劳（慰劳）嫪〇譟噪掃扫（上声同）燥〇廟庙妙〇鬧闹淖〇奥懊澳〇钞〇窔窍〇溺〇哨〇覆

【入声作去声】嶽岳樂乐（音乐，歌戈韵同）藥药躍跃（歌戈韵同）鑰钥（歌戈韵同）瀹约（歌戈韵同）〇搭（歌戈韵同）诺（歌戈韵同）〇末（歌戈韵同）幕（歌戈韵同）漠寞（歌戈韵同）莫（歌戈韵同）沫（涂沫，歌戈韵同）〇樂乐（快乐，歌戈韵同）落（歌戈韵同）络（歌戈韵同）烙（歌戈韵同）洛（歌戈韵同）酪（歌戈韵同）珞〇鱷鳄（歌戈韵同）惡恶（善恶，歌戈韵同）萼（歌戈韵同）鹗（歌戈韵同）愕〇蒻（歌戈韵同）箬弱（歌戈韵同）〇略（歌戈韵同）掠（歌戈韵同）〇瘧疟（歌戈韵同）虐（歌戈韵同）

十二歌戈

【阴平声】歌哥柯〇科蝌窠〇轲（孟轲）珂〇過过（经过）鍋锅戈〇簑蓑唆睃梭娑挲莎〇磋瑳蹉瘥搓〇他拖佗〇阿痾〇窩窝渦涡倭〇坡颇（偏颇）〇波玻皤番（番番，勇武貌）〇呵诃〇多〇麼么（去声同）

【阳平声】羅罗蘿萝籮箩儸㑩囉啰鑼锣螺骡蠡（通蠃）〇摩磨（琢磨，动词）魔〇儺傩挪那（多也，美也）挼〇禾和（和平）〇何河荷（荷花）苛菏〇驼紽陀跎鮀酡沱鼍驮（去声同）〇矬〇峩峨哦蛾娥鹅俄〇婆皤鄱磻〇讹

【入声作平声】合盒鹤（萧豪韵同）盍褐〇跋魃〇穫获缚（萧豪韵同）佛（鱼模韵同）〇活镬（萧豪韵同）〇薄（萧豪韵同）箔（萧豪韵同）勃泊（萧豪韵同）渤〇鐸铎（萧豪韵同）度（测度）〇濁浊（萧豪韵同）濯（萧豪韵同）镯（萧豪韵同）〇學学（萧豪韵同）〇鑿凿（萧豪韵同）〇奪夺〇着〇杓（萧豪韵同）

【上声】锁琐〇果裹蜾〇裸蠃攞㰁〇舸哿〇趓躲軃亸朵〇娜那（哪，疑问代词）〇荷（负荷，去声同）〇可坷轲（轗轲）〇颇（稍也）叵〇跛簸（去声同）〇我〇左（左右）〇妥〇火〇颗〇脞

【入声作上声】葛割鸽阁（萧豪韵同）蛤〇撥拨跋钵〇潑泼粕〇括〇渴〇阔〇撮〇掇〇脱〇抹（涂抹，萧豪韵同）

【去声】贺荷（上声同）〇佐左（通佐）坐座〇墮堕舵惰剁垛大（皆来韵同）驮（阴平声同）〇锉挫剉磋〇禍祸货和（唱和）〇邏逻摞〇簸（上声同）播譒〇麼么（阴平声同）磨（石磨，名词）〇卧涴〇糯懦那（语气词）奈〇箇個个〇饿〇些（语气词）〇過过（经过，阴平声同，又过失，独用）〇课〇唾〇破〇嗑

【入声作去声】嶽岳樂乐（萧豪韵同）躍跃（萧豪韵同）鑰钥（萧豪韵同）约（萧豪韵同）〇幕（萧豪韵同）末（萧豪韵同）沫（萧豪韵同）莫（萧豪韵同）寞（萧豪韵同）〇诺（萧豪韵同）搭（萧豪韵同）〇若（假若）弱（萧豪韵同）蒻（萧

豪韵同）〇樂乐（萧豪韵同）落（萧豪韵同）洛（萧豪韵同）络（萧豪韵同）酪（萧豪韵同）烙（萧豪韵同）〇鱷鳄（萧豪韵同）惡恶（萧豪韵同）堊垩萼（萧豪韵同）鹗（萧豪韵同）鄂〇略（萧豪韵同）掠（萧豪韵同）〇瘧疟（萧豪韵同）虐（萧豪韵同）

十三家麻

【阴平声】貑猳家加珈笳枷猳迦痂葭佳嘉〇巴疤笆豝芭〇窪洼媧娲蝸蜗蛙哇〇沙砂纱鲨裟〇查楂吒〇撾抯抓〇鸦丫呀〇叉杈差（差错）艖〇誇夸〇蝦虾〇葩〇花〇瓜

【阳平声】麻蟆麻（麻疹）〇譁哗華华（荣华）〇驊骅划〇牙芽涯衙〇霞遐瑕〇琵杷耙爬〇茶槎搽〇拏拿〇咱

【入声作平声】達达撻挞踏沓〇滑猾〇辖鎋狎侠（车遮韵同）〇峡洽匣袷〇乏伐筏罚〇拔〇雜杂〇闸

【上声】馬马媽妈〇雅〇灑洒傻〇賈（姓贾）假（真假）〇叚叚剮剐寡〇姹诧〇把〇瓦〇打〇耍

【入声作上声】塔獺榻塌〇殺杀霎〇剳札扎〇啞匤〇察插锸〇發髮发法〇甲胛夹〇搭搭嗒答〇颯飒薩萨撒靸〇筴〇刮〇瞎〇八〇恰悒

【去声】價价驾嫁稼架假（借也，又休假）〇凹（音洼，下不平也）〇跨胯〇亞亚婭娅迓讶〇咤姹诧〇帕怕〇诈乍榨〇嚇吓（笑声）廈厦下夏暇〇畫画（绘画）華华（华山，姓华）樺桦话化〇那（指示代词）〇罷罢欛把壩坝霸钯靶〇掛挂卦〇大（皆来韵同）〇罵骂

【入声作去声】臘腊蠟蜡糯粝辣鑞拉〇纳衲〇壓压押鸭〇抹（擦拭）〇襪袜〇刷

十四车遮

【阴平声】嗟罝〇奢赊〇車车（鱼模韵同）〇遮〇爹〇靴〇些（少也）

【阳平声】爺爷耶琊呆〇斜邪〇蛇佘〇佮佮〇瘸

【入声作平声】協协穴侠（家麻韵同）〇挟缬〇傑杰竭碣〇疊叠迭牒揲喋谍垤絰凸蝶跌〇锧撅〇折（断，不及物动词）舌涉〇捷截睫〇别〇绝

【上声】野也冶〇者赭〇寫写瀉泻（去声同）〇捨舍（通舍）〇惹若（般若，梵语智慧的译音）〇撦扯哆〇姐〇且

【入声作上声】襭褻屑薛绁泄媟爕屧疟〇竊窃妾沏切〇潔洁结劫颊铗荚〇怯挈篋客（皆来韵同）〇癤疖節节接楫〇嚇吓（怒也）蠍蝎血歇〇闕缺阕〇玦决诀谲蕨鴂〇鐵铁餮帖贴〇瞥撇〇鼈鳖别〇拙辍〇辙撤澈掣〇摺折（断，弄断，及物动词）〇浙哲褶〇攝摄设〇啜〇雪〇说（说明，释解）

【去声】舍（庐舍）〇社射（射箭）麝赦赦〇瀉泻（上声同）谢卸榭〇夜射（仆射，官名）〇柘鹧炙〇借藉〇趄

【入声作去声】捏捏聶聂躡蹑鑷镊齧啮臬蘗〇滅灭篾蔑〇葉叶燁烨拽噎谒〇業业鄴邺额（皆来韵同）〇獵猎鬣列烈裂洌〇月悦说（同悦）阅軏越钺樾刖〇熱热〇劣

十五庚青

【阴平声】驚惊經经（经纬，去声同，又经常，经营，独用）涇泾京庚鶊賡更（更改）粳羹畊荆兢矜〇精睛晶旌鶄菁〇生甥笙牲猩〇筝争〇丁钉（钉子，名词）仃〇埛垧扃〇徵征（征求）蒸烝征正（正月）贞祯〇并并（交并）冰兵〇燈灯登簦〇轟轰薨〇憎曾（姓曾）矰罾增〇鏜铛铮狰琤撑（去声同）瞠〇稱称（称赞）秤（动词）樫柽蟶蛏頳〇應应（应当）鷹（去声同）鶯莺英瑛鹰樱婴嚶膺鸚缨瓔〇輕轻鏗铿坑卿誙硎倾〇興兴（兴起）馨〇青清鯖〇聲声昇陞升勝胜（胜任）〇廳厅聽听（聆也，去声同）汀〇星醒（上声同）惺（上声同）鯹腥騂〇繃绷崩〇觥肱〇甖甖〇僧〇亨〇兄〇泓〇烹

【阳平声】憑冯凭（去声同）傅娉（娉婷）平评萍枰屏（屏障，屏风）瓶〇明盟名铭鸣冥溟暝（去声同）螟蓂〇靈灵櫺棂令（使令）零苓伶聆铃龄蛉泠瓴翎鴒陵淩（去声同）菱绫凌〇鹏朋棚〇楞棱〇層层曾（曾经）〇獰狞能（才能）〇膯眷藤滕腾縢疼〇莖茎恆恒〇蠅蝇塍荦螢萤營营盈嬴瀛迎凝（去声同）赢〇檠擎鲸黥勍〇行（行走）刑形邢桁衡鉶珩硎〇情晴缯〇亭停婷廷庭蜓霆〇瓊琼惸煢嫈〇懲惩澄呈程醒成城宬诚盛（盛受）承丞乘（驾乘，动词）塍〇焚荧〇盲岷氓萌〇嵘嵘横（纵横）宏紘闳鈜弘〇桹枨橙〇榮荣〇寧宁〇仍〇繩绳〇鍚饧

【上声】儆警睘鯁颈颈景璟撽绠梗境耿哽〇顷〇丙炳邴秉饼屏（屏弃）〇惺（阴平声同）醒（阴平声同）省（省视，反省）

○影郢颖瘿○省（官署，行政区域）○礦鑛矿懭○冋○艋蜢○整拯○茗皿酩○骋逞○嶺岭领○鼎酊顶○艇挺铤町奵○冷○井○请（请求）○等○永○涬

【去声】俓徑径經经（经纬，阴平声同）競竞勁劲镜獍竟更（更加）敬○應应（答应）膺（阴平声同）凝（阳平声同）硬暎映○慶庆磬謦罄○命暝（阳平声同）○鄧邓凳嶝隥鐙磴○迥诇敻○倩请（朝请）○诤挣○鄭郑證证正（正直）政○詠咏瑩莹○並并病柄凭（阳平声同）○淩凌（阳平声同）令（命令）○聖圣勝胜（胜败）乘（车乘，名词）剩盛（兴盛）○性姓○娉（娉问）聘○濘泞甯宁佞○穽阱净静甑靖清圊○脛胫興兴（兴趣）杏幸幸行（品行）○稱称（相称）秤（名词）○矴碇定锭钉（动词）订飣○赠○聽听（聆也，阴平声同，又听从，独用）○迸○孟○横（横逆）○撑（阴平声同）○亘

十六尤侯

【阴平声】 啾揫湫○鬮阄鸠○搜飕○鄒邹騶驺诹鯫陬緅○休咻貅庥○謳讴鷗鸥漚沤甌瓯歐欧區区○溝沟钩勾（勾当，去声同，又勾曲、勾描，独用）篝○兜篼○鞦鞧秋鳅楸鶖○憂忧優优幽耰麀○脩修鎀羞○抽瘳○賙週周啁洲州舟輈○坵丘○偷媮○篘搊○溲锼馊○彪○收○齁○摳抠

【阳平声】猶犹郵邮遊游尤蚰疣訧蝣由油牛猷輶繇楢悠攸○餱糇侯猴喉篌○劉刘留（停留）遛瘤（去声同）榴鶹骝流旒○柔揉（上声同）鍒蹂鞣○抔裒○缪（绸缪）矛眸鍪蝥牟辫侔○樓楼婁娄摟搂（上声同）髏髅慺艛○囚泅○籌筹儔俦躊踌疇畴犨犫雠仇紬绸稠酬惆○毬球求赇銶逑俅仇艽裘虬○酋遒○頭头投骰○愁

【入声作平声】轴（鱼模韵同）逐（鱼模韵同）○熟（鱼模韵同）

【上声】有酉牖羑友诱莠黝○柳罶○杻狃纽钮忸○醜丑○九韭久玖纠灸疚○首（头也）手守○藪薮叟瞍○科斗蚪陡抖○狗垢苟耇枸○嘔呕毆殴藕耦偶○摟搂（阳平声同）簍篓塿○箒帚肘酎○朽○酒○剖（萧豪韵同）○吼○走○否（是否，鱼模韵同）○揉（阳平声同）○口○㑇㑳

【入声作上声】燭烛（鱼模韵同）粥（鱼模韵同）竹（鱼模韵同）○宿（住宿，鱼模韵同）

【去声】祐佑又右宥柚幼囿侑○晝昼呪咒胄纣宙籀咮○舊旧廄厩臼舅咎救柩究○壽寿獸兽首（有咎自陈）售狩受授绶○秀岫袖绣琇宿（星宿）○嗽潄○皺皱骤○瀏浏霤溜留（宿留，停待）馏镏瘤（阳平声同）○扣寇蔻○後后逅候堠厚○就鹫○竇窦鬬斗豆脰逗○構构購购遘媾姤彀够诟勾（勾当，阴平声同）○溙凑辏甃○鏤镂瘻瘘○谬缪（缪误）漏陋○臭○嗅○瘦○奏○透○贸懋

【入声作去声】肉褥（鱼模韵同）○六

十七侵寻

【阴平声】针斟箴砧椹瑊○金今衿襟禁（力能胜任）矜○駸綅浸（去声同）祲（去声同）○深○簪（监咸韵同）○參参（星名，又参茸）森○琛賝郴○陰阴音瘖喑○心○钦衾衿嶔○侵○歆

【阴平声】臨临（监临）林淋（去声同）琳痳（痳病）霖綝○壬任（负荷）紝（去声同）○尋寻潯浔鱘鲟鐔燖（廉纤韵同）鬵○霪婬淫崟吟○琴芩禽檎擒噙○岑鋟涔○沈（沈没）鈂湛（深也，又通沈）○忱煁

【上声】廩懔凛○稔淰衽（去声同）荏○審审嬸婶沈（姓沈）瞫○锦噤（去声同）○磣碜墋○枕（衾枕）○饮（饮食）○您○怎○寝寑

【去声】朕沈（阳平声同）鸩枕（动词）○甚葚○姙妊任（担任）衽（上声同）紝（阳平声同）○禁（禁令，宫禁）噤（上声同）澿○廕蔭荫窨饮（使饮）赁○沁吣○浸（阴平声同）祲（阴平声同）○臨临（哭丧）淋（阳平声同）○滲渗○譖○潛○赁

十八监咸

【阴平声】菴庵鹌唵谙○躭耽擔担（动词）聃儋眈湛（乐也）酖○監监（监察）缄椷○龕龛堪戡弇○毵毿三（数目）○甘柑疳泔○杉衫○贪探（去声同）○參参（参拜，参考）驂骖○憨酣○簪（侵寻韵同）篸鐕○嵌（山深貌）○詀○湆（去声同）○攙搀

【阳平声】諵喃楠南男〇衔啣咸醎諴函〇藍蓝籃篮燅燣岚〇曇昙覃潭谈餤谭燂薀痰〇蠶蚕惭〇含涵邯〇讒谗饞馋劖鑱〇巉巇〇巖岩〇喒咱

【上声】感鱤敢〇覽览攬揽欖榄爦〇膽胆紞〇憯憯（愁恨也）黪〇揞揜（暗也）〇喊〇毯襢倓萏〇減减鹻碱碜〇坎〇砍〇昝歁〇俺〇槮槮〇黬〇斩〇腩

【去声】勘磡〇贛淦绀〇憾撼頷琀啥〇擔担（名词）淡啖惔〇檻槛艦舰轞馅陷〇灆滥纜缆〇瞰嵌（嵌入）阚〇蘸站赚湛（厚也，澄也）〇鑑鉴監监（同鉴，又中书监）〇暂錾〇闇暗〇三（再三）〇探（阴平声同）〇淊淹（阴平声同）〇憯憯（痛也）〇懺忏〇汕

十九廉纤

【阴平声】霑沾瞻詹占（占卜）粘〇兼缣鶼鰜〇憸忺淹腌醃阉猒〇纎纤銛憸暹〇敛金籤签桀〇襜觇〇杴锨忺〇殲歼尖渐（浸润）〇掂〇苫（去声同）谦〇添

【阳平声】簾帘奩奁廉臁〇鮎黏拈〇捵捵焊（侵寻韵同）〇钤钳黔〇蟾憺〇鹽盐簷檐嚴严炎阎〇甜恬〇髯〇潜〇嫌

【上声】魘魔黡黡掩崦奄晻（晻晻，日无光）崦琰剡〇撿捡瞼睑檢检〇敛敛臉脸〇染（去声同）苒冉〇闪陕〇忝舔〇險险譣〇點点诂

【去声】艶艳厭厌魘魇餍验验灔滟釅酽焰〇赡苫（阴平声同）〇欠茨歉〇垫垫玷店〇潋潋敛敛殮殓〇念〇劍剑儉俭〇僭渐（徐进）〇堑茜〇染（上声同）〇占（占据）〇韂